TRAITÉ DES MATIERES CRIMINELLES,

SUIVANT L'ORDONNANCE DU MOIS D'AOUT 1670; & les Edits, Déclarations du Roi, Arrêts & Réglemens intervenus jusqu'à présent.

DIVISÉ EN QUATRE PARTIES.

LA PREMIERE, De la nature des Crimes, & des Peines.

LA SECONDE, De la Compétence des Juges, sur les Délits commis, tant par les Laïques, que par les Ecclésiastiques; des Récusations, Prises à Partie, &c.

LA TROISIEME, De la maniere d'instruire les Procès, avec le Stile ou Modele des Procédures.

LA QUATRIEME, Contient les Edits, Déclarations, Arrêts, & Réglemens intervenus depuis l'Ordonnance.

Par Me. GUY DU ROUSSEAUD DE LA COMBE,
Avocat au Parlement.

SEPTIEME ÉDITION,
REVUE ET AUGMENTÉE CONSIDERABLEMENT.

A PARIS, AU PALAIS;
Chez THEODORE LE GRAS, au troisieme Pilier de la Grande Salle, à l'L couronnée.

M. DCC. LXVIII.
AVEC APPROBATION ET PRIVILEGE DU ROI.

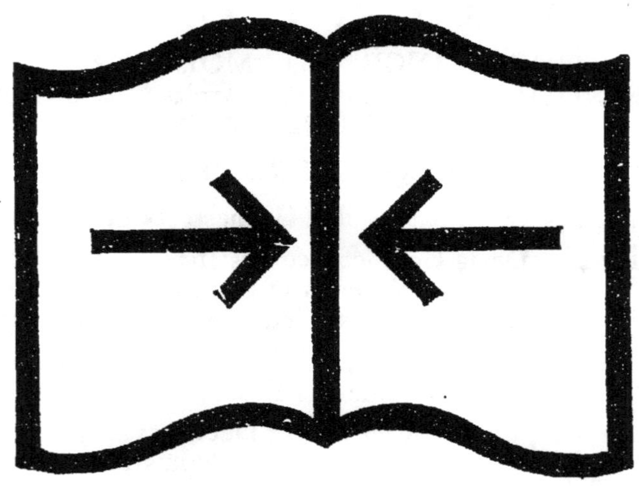

RELIURE SERRÉE
ABSENCE DE MARGES INTÉRIEURES

A MONSEIGNEUR

DE LA MOIGNON DE MONTREVAULT,

PRESIDENT DU PARLEMENT.

ONSEIGNEUR,

J'ai l'honneur de présenter à VOTRE GRANDEUR une nouvelle Edition du Traité des Matieres Criminelles, par feu Me. GUY DU ROUSSEAUD DE LA COMBE, *ancien Avocat au Parlement. J'espere que cette nouvelle &* septieme Edition, *infiniment plus parfaite que les précédentes, par les corrections & additions considérables que l'*Editeur *y a faites, méritera l'honneur de votre suffrage.*

Je suis avec un très-profond respect,

MONSEIGNEUR,

DE VOTRE GRANDEUR,

Le très-humble, très-obéissant & très-obligé Serviteur,
LE GRAS, Libraire.

AVERTISSEMENT

Sur cette nouvelle & septieme Edition du Traité des Matieres Criminelles.

LA Jurisprudence Criminelle est d'autant plus importante, que non-seulement elle conserve les Particuliers dans la possession paisible de leurs biens, ainsi que la Civile; mais encore elle assure le repos public, & contient par la crainte des châtimens ceux qui ne sont pas retenus par la considération de leurs devoirs: Tels sont les motifs qui ont déterminé le feu Roi Louis XIV. à nous donner l'Ordonnance Criminelle du mois d'Août 1670.

Ceux qui sont chargés par état de juger les Procès criminels, & ceux qui en entreprennent la conduite & la défense, doivent être parfaitement instruits de toutes les regles qui concernent cette matiere, où tout est de rigueur. L'objet le moins intéressant, est sans doute la peine imposée à un Juge qui manque en quelque chose dans la procédure: cette peine est qu'elle soit recommencée à ses frais, & quelquefois avec dommages & intérêts; mais ce qui est de plus à considérer, c'est qu'il s'agit non-seulement de la fortune des particuliers, mais même de leur honneur, de leur réputation, & de leur vie.

C'est l'importance de cette matiere, l'exactitude qu'elle exige, & l'amour du bien public qui ont porté l'Auteur à changer & refondre entiérement les premieres Editions de ce Livre, qui n'étoient, pour ainsi dire, qu'un essai; & afin qu'il ne manquât rien de tout ce qu'on peut desirer dans une matiere aussi vaste & de si grande conséquence, en un mot, pour donner un Traité complet des *Matieres Criminelles*, il a eu pour objet de les traiter méthodiquement suivant le Droit & la Pratique.

Cet Ouvrage est divisé en quatre Parties. Dans la premiere, il est traité des Crimes & des Peines en général, de la nature de chaque crime en particulier, & des Peines qu'ils méritent, soit ordinaires, c'est-à-dire, fixées par les Loix du Royaume, ou arbitraires, & cependant usitées.

Dans la seconde, de la Compétence des Juges en matiere criminelle, des Cas Royaux, Présidiaux & Prévôtaux, des Récusations, Prises à Partie, du Privilege Clérical, du Délit commun, & du Cas privilégié.

Dans la troisieme, de la maniere de procéder suivant l'Ordonnance criminelle, & suivant les Edits & Déclarations du Roi, intervenus depuis cette Ordonnance : à quoi l'on a joint, en suivant les titres de l'Ordonnance, le stile ou modele des Procedures en cette matiere ; le modele des Procedures sur le Faux incident, & la Reconnoissance des Ecritures privées en matiere criminelle, suivant la nouvelle Ordonnance du mois de Juillet 1737, qui contient en tout 142 articles, laquelle a été donnée pour tenir lieu à l'avenir des dispositions contenues dans les Titres VIII. & IX. de l'Ordonnance du mois d'Août 1670, concernant le Faux principal, le Faux incident, & la Reconnoissance des Ecritures & Signatures privées en matiere criminelle : ce qui étoit d'autant plus important, que plusieurs Praticiens qui ne sont pas faits pour méditer les Loix & les étudier avec toute l'attention requise & necessaire, sont contenus de bonne foi qu'ils se trouvoient embarrassés de suivre une instruction de Faux, suivant cette nouvelle Ordonnance ; mais au moyen du travail methodique auquel l'Auteur s'est assujetti, il y a lieu d'espérer que tout Praticien sera en état de conduire facilement la procédure du Faux principal, du Faux incident, & de la Reconnoissance des Ecritures & Signatures en matiere criminelle : de reconnoître par lui-même l'attention avec laquelle cette nouvelle Ordonnance a été faite, & qu'elle termine, conformément à l'objet du Législateur, les difficultés immenses qu'il y avoit auparavant sur cette matiere.

Dans la quatrieme & derniere Partie, l'on trouvera les Edits, Déclarations, & Réglemens en matiere criminelle, intervenus depuis l'Ordonnance de 1670 jusqu'à celle du mois de Juillet 1737.

Dans cette nouvelle Edition, qui est la septieme, l'Editeur, qui n'a rien changé à l'ordre de la precédente, s'est appliqué, 1°. à y faire plusieurs corrections & additions, jugées necessaires par les plus celebres Criminalistes de nos jours ; elles sont marquées d'un pié de mouche ¶ ; 2°. à y refondre le nouveau Supplement qui a paru separément, en y plaçant les Articles dans leur lieu naturel : 3°. pourrendre la quatrieme Partie de cet Ouvrage plus intéressante & plus utile, l'Editeur a arrangé par matiere les Edits & Déclarations du Roi, Arrêts & Réglemens qui en font le sujet : l'étoile *, qui se trouve à la tête de quelques Edits, Déclarations, Arrêts & Réglemens, marque ceux & celles qui ne se trouvent pointdans les precedentes Editions, & qui ont paru depuis la derniere.

TABLE DES CHAPITRES CONTENUS DANS CE TRAITÉ.

PREMIERE PARTIE.

SECONDE PARTIE.

De la Compétence des Juges en Matiere Criminelle.

TROISIEME PARTIE.

De la maniere de procéder en Matiere Criminelle.

QUATRIEME PARTIE.

Edits, Déclarations, Arrêts & Reglemens, concernant les Matieres Criminelles.

ARRETS.

TRAITE'

TRAITÉ DES MATIERES CRIMINELLES,

SUIVANT L'ORDONNANCE DU MOIS d'Août 1670, Edits, Déclarations du Roi, Arrêts & Réglemens intervenus jusqu'à présent.

PREMIERE PARTIE.

DANS cette premiere Partie il sera traité des Crimes & Peines en général, de la nature de chaque crime en particulier, & des peines qu'il mérite.

CHAPITRE PREMIER.

Des Crimes & Peines en général.

1. LE mot de crime renferme l'idée d'une détermination & d'un dessein formé de faire injure. Crime, ce que c'est.

Le crime est une action faite contre la prohibition de la Loi, soit naturelle, soit divine, soit ecclésiastique, soit civile, laquelle assujettit à quelque peine.

Les mots de crime, maléfice, délit, signifient une même chose; cependant on se sert ordinairement du mot de *délit* pour exprimer les moindres crimes, & du mot de *crime* pour exprimer les plus atroces, & qui méritent une punition exemplaire.

Division des crimes suivant le Droit Romain.

2. Les Romains distinguoient deux espéces de crimes ou délits, les uns publics, & les autres privés. Les crimes publics, dont la poursuite étoit permise à toutes sortes de personnes, bien que non intéressées : *§. 1. instit. de public. judic. leg. 1. ff. eod. tit.* Les crimes privés, qui ne regardoient que les Particuliers, & dont la poursuite n'étoit permise par les Loix qu'à ceux qui y étoient intéressés ; *leg. ult. ff. de privat. delict. & leg. ult. ff. de furt.*

L'on subdivisoit encore les crimes publics en ordinaires & extraordinaires. Ordinaires, parce que la peine en étoit établie par la Loi, par les Constitutions des Empereurs, ou par l'usage ; laquelle peine le Juge ne pouvoit pas diminuer ni augmenter qu'en certains cas. *Vid. leg. 1. §. 2. ff. ad Sen. Turpill. leg. 1. cod. ad leg. Jul. repetund. leg. 13. §. 7. ff. de his qui notant infam. leg. 11. ff. de pœnis.* On appelloit crimes extraordinaires, ceux dont les peines étoient arbitraires selon l'atrocité du crime & la qualité de la personne, *ut in leg. 1. §. 1. ff. de refractorib. & expilatorib. leg. 1. ff. de public. judic. leg. 7. §. 3. ad leg. Jul. repetund. & leg. ult. ad leg. Flav. de Plagiar.*

L'on distinguoit encore les crimes ou délits en capitaux, qui assujettissoient au dernier supplice, comme la peine du sang, la confiscation des biens ou l'exil ; & non capitaux, ceux qui devoient seulement être punis de quelque peine qui emportoit note d'infamie avec quelque condamnation pécuniaire, ou quelque légere punition corporelle ; *leg. 2. ff. de public. judic. §. 2. inst. eod.*

Division des crimes en France

3. Parmi nous, les crimes publics sont ceux qui nuisent au bon ordre & à la sûreté publique ; comme sont les crimes de leze-Majesté divine ou humaine, hérésie, fausse monnoie, vol sur les grands chemins ou avec effraction, port d'armes & assemblées illicites, meurtre de guet-à-pens & assassinats prémédités, empoisonnemens, rébellion à Justice, blasphêmes & autres de cette nature, dont le Ministere public est chargé de faire la poursuite à sa requête, & qu'un chacun peut dénoncer, mais non pas poursuivre, ni s'en rendre accusateur & Partie civile, s'il n'y a un intérêt personnel, ou à cause des siens, comme il se peut rencontrer dans les crimes de vols sur les grands chemins, & de meurtres de guet-à-pens ou assassinats prémédités & autres.

Les crimes ou délits privés sont ceux qui n'intéressent que les Particuliers qui se trouvent offensés, & non le repos & la sûreté publique, comme les simples injures, légeres voies de fait, & autres de cette nature, lesquels le Ministere public n'est pas obligé de poursuivre, & n'est pas même en droit de le faire à sa requête ; mais la poursuite en doit être faite à la requête des Particuliers offensés, pour la réparation civile, à quoi seuls ils peuvent conclure, toujours cependant avec la jonction du Ministere public, pour la vengeance publique, en cas qu'il y ait lieu, dont le droit en France réside uniquement en la personne des Procureurs Généraux, Procureurs du Roi, & Procureurs Fiscaux des Seigneurs.

4. Par rapport aux autres divisions du Droit Romain en crimes ordinaires & extraordinaires, capitaux & non capitaux, il n'y a rien de contraire à nos usages ; mais il faut remarquer que nous ne suivons point les peines qui étoient en usage chez les Romains, ni celles qui sont établies par le Droit civil pour chaque nature de crime, mais seulement celles en général qui sont usitées en France, & en particulier celles qui sont déterminées pour certains crimes par les Ordonnances de nos Rois, ou par un usage constant fondé sur la Jurisprudence des Arrêts. Voyez ci-après, Part. 3. chap. 24. nomb. 42. *in fin.*

Peines qui ne se pratiquent plus en France.

5. Il y avoit autrefois des peines qui ne se pratiquent plus aujourd'hui en France, comme d'écrire sur le visage ou sur le front d'un condamné, sa peine ; & la prison perpétuelle, parce que la prison ne doit pas être regardée comme une peine, que comme un lieu pour y garder les prisonniers pendant un certain tems : c'est pourquoi le Jugement ne doit point porter de condamnation à une prison perpétuelle ; comme aussi on ne doit plus condamner un criminel à être exposé aux bêtes féroces, ni aux mines, lui interdire le feu & l'eau, à avoir les deux mains ou les deux pieds, ou les oreilles, ou le nez, coupés & fendus, les deux yeux crevés, être précipité du haut d'une tour ou d'un rocher, à être jetté dans la mer ou dans un fleuve, être fustigé jusqu'à ce que mort s'ensuive, ni à souffrir un fer chaud sur le visage, à la marque du Roi, Prince ou Souverain.

Parmi nous, on usite la flétrissure & marque d'un fer chaud, avec certaines empreintes ou lettres : à Rome, ce fer est l'empreinte de deux clefs en sautoir, qui sont les armes de la Papauté. La peine du talion est encore abrogée parmi nous.

Enumération des peines.

6. Les peines afflictives ou infamantes en général, sont aujourd'hui en France, le blâme, le carcan, le fouet avec une marque d'un fer chaud, ou sans être marqué, s'il ne s'agit

que d'avoir tendu des filets ou lacs pour prendre du gibier; d'être pendu sous les bras, qui est la peine des jeunes gens non adultes, ou à peine adultes; le bannissement à tems ou à toujours hors le Royaume; les galeres à tems ou à perpétuité; l'amende honorable *in figuris*, & l'amende honorable séche; le pilori; & finalement le dernier supplice.

L'admonition n'est point une peine afflictive ni infamante; ce n'est qu'un avertissement: cela est si vrai, qu'elle ne rend point un Officier incapable de ses fonctions. Par Arrêt du 26 Octobre 1708, il a été fait défenses au Lieutenant Criminel de Saint-Estienne en Forez, de condamner un accusé à être blâmé & admonesté en même tems.

La question n'est pas non plus une peine afflictive du crime; elle n'est peine que par la gêne que souffre l'accusé. Elle ne peut pas même être regardée en elle-même comme une peine infamante; parce que l'accusé après avoir eu la question, peut être reconnu innocent & renvoyé de l'accusation, & alors il rentre dans son premier état; ou pour mieux dire, il le conserve sans avoir besoin des Lettres du Prince.*

Il en est de même du fouet sous la Custode, qui n'est qu'une correction, & ne s'exécute que par le Questionnaire.

Il y a encore une autre espece de peine qui n'est ni afflictive ni infamante; c'est l'abstention d'un lieu, ou des endroits où l'accusateur se trouvera.

7. La condamnation au dernier supplice est différente suivant que le crime est grave & atroce, comme à être pendu, ou avoir la tête tranchée, suivant la condition des personnes, à être rompu & exposé sur la roue, à être brûlé vif, & autres peines arbitraires selon les circonstances du fait & la qualité du crime.

8. On condamne aussi un complice à assister à une amende honorable, ou à l'exécution d'un condamné à être pendu; quant à l'effigie, elle n'a lieu que dans le cas de la contumace.

9. Il y a des peines plus légeres, par rapport aux délits & crimes légers, comme de demander pardon & excuse à la personne offensée, soit à l'Audience, à genoux ou debout, soit en la Chambre du Conseil, en présence de telles personnes que la Partie civile voudra choisir; ordonner que des libelles ou écrits seront supprimés ou lacerés par le Greffier ou Huissier, ou par l'Exécuteur de la Haute-Justice, & même brûlés; donner un acte au Greffe de réparation, & de reconnoissance que l'on tient la personne offensée & injuriée pour personne d'honneur & non entachée des faits faux & calomnieux, & injures mentionnées en la plainte, le tout aux frais & dépens de la Partie condamnée; & autres peines arbitraires, mais légeres & non infamantes & afflictives, suivant les circonstances des faits contenus en la plainte, & prouvés par les informations, enquêtes ou écrits.

10. Il y a enfin les peines pécuniaires, telles que sont l'aumône, l'amende, les intérêts civils par forme de réparation civile, les dommages & intérêts, la condamnation par corps pour cause de stellionat, & autres peines pécuniaires qui peuvent tomber dans un Jugement de condamnation.

A l'égard de la confiscation de biens, elle ne doit pas être mise au nombre des peines pécuniaires; elle n'est qu'une suite des condamnations à mort naturelle ou civile, comme galeres à perpétuité, & bannissement à perpétuité, dans le cas & dans les Provinces où confiscation a lieu.

11. Les Jugemens ne portent plus, *& sera le condamné noté d'infamie;* la note d'infamie est encourue de plein droit par la qualité de la peine prononcée par le Jugement contre le condamné.

12. Tous les Jugemens de condamnation à peine afflictive, depuis & compris la peine du blâme, jusques & compris la peine de mort, emportent note d'infamie.

13. Un Jugement de suspension d'un Juge ou autre Officier dans ses fonctions pour un tems, n'emporte point note d'infamie contre lui.

14. L'aumône en matiere criminelle n'emporte point note d'infamie, mais bien en matiere civile.

15. A l'égard de l'amende, elle est infamante au criminel, mais non au civil. Cependant il faut observer que les Cours peuvent au criminel condamner en l'amende, sans qu'elle emporte note d'infamie; mais en ce cas elles ajoutent, *sans que l'amende puisse porter note d'infamie.*

Au reste, on ne peut condamner les accusés en l'amende & en l'aumône conjointement, qu'en certains cas. Voyez ci-après, part. 3. chap. 24. nomb. 42. *in fine*. A quoi lesdites condamnations d'aumônes doivent être employées. Voyez *ibid.*

16. Si plusieurs condamnés solidairement en des peines pécuniaires emportant la contrainte par corps, comme aumône, amende intérêts civils, ou dommages & intérêts après les quatre mois, & étant emprisonnés ou recommandés pour ces causes, l'un d'eux pour avoir Quand plusieurs sont condamnés solidairement,

sa liberté, paye toutes les causes de l'emprisonnement ou recommandation, au moyen de quoi les autres condamnés solidairement recouvrent pareillement leur liberté, quoiqu'ils n'ayent rien payé ; celui qui a payé pour les autres, n'a point la voie de la contrainte par corps contre les autres condamnés, pour se faire rendre les sommes qu'il a payées pour eux pour leur quote-part des condamnations ; la contrainte par corps a été éteinte par ce seul payement, & ce créancier n'a plus qu'une action civile & la voie de se faire payer sur les biens de ceux pour lesquels il a payé la dette de chacun pour sa part personnelle.

En quel cas le mari est tenu des condamnations pecuniaires contre sa femme.

17. Le mari n'est point tenu des condamnations pécuniaires intervenues contre sa femme en matiere criminelle, s'il ne l'a point autorisée, ni été Partie dans la poursuite, ni même des dépens ; & ces condamnations ne peuvent point être prises sur les effets de la communauté tant qu'elle subsiste, attendu que le mari en est le maître tant qu'elle dure. Il y en a un Arrêt formel de la Chambre de la Tournelle du Parlement de Paris, du 16 Juillet 1709. Il faut qu'un créancier de cette qualité attende la mort de la femme, ou la dissolution de la communauté.

Si la mort civile éteint une pension viagere d'un condamné.

18. Une pension viagere n'est point éteinte par la condamnation de celui à qui elle est dûe, à un bannissement perpétuel ou aux galeres à perpétuité ; Arrêt du Parlement de Paris en la Chambre de la Tournelle, du 5 Septembre 1699, sur les conclusions de M. Joly de Fleury, Avocat Général : la raison en est qu'il n'y a que la mort naturelle qui puisse éteindre une pension viagere, aussi-bien que le douaire, par rapport à la jouissance & usufruit de la femme.

Privilége des deniers de la Charité.

19. Un condamné à des peines pécuniaires en matiere criminelle, ou à des condamnations pécuniaires en matiere civile, qui est élargi & mis hors des prisons par les deniers de la Charité, qui ont servi à payer une partie des causes de l'emprisonnement, ne peut être réintegré dans les prisons, faute du payement du surplus de la dette ; la contrainte par corps a été totalement éteinte par un payement de cette qualité ; le créancier n'a plus que la voie de se pourvoir sur les biens du condamné, s'il en a ou en peut avoir dans la suite. Il y a plus, c'est que si la caution des condamnations qui avoient donné lieu à l'emprisonnement, avoit été poursuivie, même mise en prison à la requête du créancier, ou payé le reste de la dette depuis que le débiteur étoit sorti de prison par les deniers de la Charité, cette caution n'auroit plus la contrainte par corps contre ce débiteur, pour répéter contre lui ce qu'elle auroit payé ; la contrainte par corps est censée éteinte & contre le créancier originaire, & contre la caution : autrement le secours de la Charité seroit imparfait & ne serviroit de rien à ce malheureux débiteur ; parce qu'après avoir trouvé par ce moyen charitable sa pleine liberté contre le créancier principal & originaire, il se trouveroit exposé à la même contrainte par corps envers la caution, quoiqu'il ne le fût plus envers le créancier originaire ; mais la caution n'est point déchargée du surplus de la dette envers le créancier originaire, à plus forte raison les biens de la caution, parce que ce payement n'a servi qu'au débiteur, & non à la caution.

Condamné aux galeres doit être mis hors des prisons pour subir la peine, nonobstant les intérêts civils.

20. Par la raison que l'intérêt public doit l'emporter & prévaloir sur l'intérêt particulier, la Jurisprudence du Parlement de Paris est, qu'un condamné aux galeres, soit perpétuelles ou pour un tems, est mis hors des prisons pour être mis à la chaîne des Galeriens, nonobstant & sans avoir égard aux condamnations pécuniaires qui emportent la condamnation par corps prononcée par le Jugement ; parce qu'il est d'une trop grande conséquence que les crimes soient punis & que les peines soient subies par les accusés, & alors l'exemple est nécessaire. La Jurisprudence de toutes les Cours est uniforme à cet égard.

Lorsqu'un accusé, condamné aux galeres à tems & en des réparations civiles, a servi sur les galeres pendant le tems porté par la condamnation, la partie civile peut le faire emprisonner pour le payement de ces mêmes réparations civiles.

Il en est autrement du condamné au bannissement.

Mais dans le cas du bannissement, même perpétuel, comme cette espéce de peine n'est pas tant une peine afflictive, qu'une voie pour purger le pays & la société, de sujets qui s'en sont rendus indignes par leurs forfaits, rien n'est plus juste que de faire garder prison aux condamnés au bannissement, jusqu'à ce qu'ils ayent payé les intérêts civils : s'il en étoit autrement, il n'y auroit point d'accusés qui ne se dispensassent de payer les dommages & intérêts ausquels ils auroient été condamnés ; ce qui seroit rendre illusoires les arrêts.

Dans le cas du bannissement, le tems de prison ne doit point être compté sur celui du ban.

Même dans le cas du bannissement à tems, celui pendant lequel le banni est démeuré en prison, faute de payement des intérêts civils, ne doit point être compté sur celui du ban ; parce qu'en ne faisant courir le tems du bannissement que du jour de la sortie de prison, après avoir payé les intérêts civils, l'on ménage par ce moyen & la vindicte publique, & la satisfaction particuliere de la Partie civile. Autrement si le tems de la prison étoit imputé sur celui du bannissement, il arriveroit de là qu'un condamné qui auroit laissé écouler dans la prison le tems de son bannissement, se trouveroit exempt de la peine dûe à son crime, quoiqu'il ne l'eut point subie; ce qui seroit pareillement rendre illusoire les Jugemens de condamnation. A la vérité la prison est plus dure que le bannissement; mais la prison n'est point regardée comme une peine, elle sert seulement à assurer aux Parties offensées leur réparation.

Tels sont les motifs dont s'est servi M. Gilbert, Avocat Général, lors de l'Arrêt du Samedi 30 Mars 1743, rendu à la Tournelle criminelle, conformément à ses conclusions, plaidans Mes. Chatelain & Boucher d'Argis; par lequel il a été jugé qu'un condamné au bannissement pour neuf ans garderoit prison jusqu'à ce qu'il eût payé les intérêts civils auxquels il avoit été condamné envers la Partie civile, & que le tems de sa prison ne seroit point compté sur celui du bannissement; de sorte que les neuf années de bannissement ne commenceroient à courir que du jour qu'il sortiroit de prison après avoir payé les intérêts civils.

M. l'Avocat Général ajouta que c'étoit la Jurisprudence de la Cour, suivant qu'il paroissoit par Arrêt du 10. Mars 1660. rapporté au Journal des Audiences, & par Soëfve, tom. 2. cent. 2. ch. 17, & par Arrêt du dernier Décembre 1666, aussi rapporté par Soefve, tom. 2. cent. 3. chap. 83, lesquels ont jugé la prémiere question dans le cas du bannissement perpétuel; & qu'à l'égard de la seconde question, elle avoit été jugée *in terminis* par un Arrêt de 1712. Qu'à la vérité la Jurisprudence du Parlement de Bourdeaux paroissoit contraire par l'Arrêt du 12. Septembre 1671, rapporté au Journal du Palais, aussi bien que la Loi *Omnes* 23. *De pœnis*; mais qu'elle étoit en cela différente de celle de la Cour.

Peines de ceux qui ne gardent pas leur ban.

Ceux qui ont été condamnés au bannissement par Sentence prévôtale, & Jugement présidial rendu en dernier ressort, & qui ne gardent pas leur ban, doivent être condamnés aux galeres, & les femmes & filles être renfermées dans des Hôpitaux, sans qu'il soit permis aux Juges de modérer cette peine, mais seulement de l'arbitrer à tems ou à perpétuité, selon qu'ils l'estimeront à propos. Quant à ceux & celles qui ont été bannis par Arrêts des Cours, & qui sont pareillement repris pour n'avoir gardé leur ban, lesdites Cours & Juges qui ont pouvoir de juger en dernier ressort, peuvent ordonner leur châtiment, eu égard à la qualité des crimes pour lesquels ils ont été bannis, & à l'âge & condition des personnes. C'est ce que portent la Déclaration du 31 Mai 1682. pour les hommes, & celle du 29. Avril 1687. pour les femmes.

Et afin que les bannis ne prétendent cause d'ignorance de la disposition de cette Déclaration du 31 Mai 1682, & de la peine qu'ils encouroient par l'infraction de leur ban, il a été ordonné par Arrêt du Parlement de Paris du 12. Mai 1685, que cette Déclaration seroit lûe & prononcée à ceux qui seroient condamnés au bannissement. Cet Arrêt est rapporté au Recueil de la Maréchaussée, tom. 1. pag. 1029: ce qui doit pareillement être observé à l'égard des femmes qui sont bannies, quoique cet Arrêt du 12 Mai 1685. soit antérieur à la Déclaration qui les concerne, *nam ubi eadem ratio, idem jus.*

Recommandation pour condamnation pécuniaire.

21. Suivant la Jurisprudence du même Parlement de Paris, on n'admet point de recommandations pour condamnations pécuniaires, contre un accusé qui a été renvoyé & déchargé de l'accusation, & dont il a été ordonné que l'écroue seroit rayé & biffé; il en seroit autrement si la recommandation étoit pour raison d'un nouveau crime, ou autre crime depuis découvert, & en vertu d'un décret.

Cependant au premier cas, les recommandations peuvent être reçûes au Greffe; mais par le Jugement ou l'Arrêt définitif, on ordonne que l'accusé sera mis en liberté, nonobstant les recommandations; & dans la crainte qu'en sortant de prison, un Créancier de mauvaise humeur ne fasse réintégrer l'accusé ainsi déchargé de l'accusation, on ajoute dans le Jugement ou Arrêt, que l'accusé sera réintégré dans sa maison par un Huissier.

22. Au commencement de la Monarchie Françoise, il n'y avoit point dans l'ordre judiciaire d'autres peines que des peines pécuniaires.

Peine des galeres.

23. On ne sçait pas bien l'origine de la punition aux galeres, soit en France, soit dans les autres Royaumes; mais ce qu'il y a de certain, c'est que cette peine n'étoit point usitée chez les Romains; il n'y en a pas le moindre vestige ni la moindre mention dans tout le Droit Civil.

Il y a une Déclaration du Roi du 4 Septembre 1677, par laquelle il y a peine de mort contre ceux qui étant condamnés aux galeres, mutilent leurs membres, afin de n'être plus en état de servir sur les galeres.

C'est un crime capital & dont les coupables méritent le dernier supplice, de forcer la chaîne des galeres, & recourir les galeriens attachés à la chaîne. Il y a un Arrêt du Parlement en la Chambre de la Tournelle, du 3. Juin 1681, qui a condamné à la rouë trois particuliers accusés & convaincus de ce fait.

Les Capitaines de Galeres ne peuvent retenir un galerien plus de tems qu'il n'est porté par son Jugement de condamnation, à peine de privation de leur état; parce que ce seroit contrevenir aux ordres de la Justice & du Roi.

De la confiscation de corps & de biens.

24. La confiscation de biens dans les Coutumes qui portent que *qui confisque le corps, confisque les biens*, est une suite nécessaire de la confiscation de Corps : cette confiscation de biens appartient au Roi ou au Seigneur Haut-Justicier du lieu où les biens sont situés; c'est un droit de Justice, & non pas féodal, *debetur ratione Jurisdictionis*, & *non ratione feudi*.

Par Arrêt du Parlement de Paris du premier Septembre 1704, en la Grand'Chambre, sur les conclusions de M. Joly de Fleury, Avocat Général, M. le Premier Président de Harlay prononçant, il a été jugé qu'un Seigneur Haut-Justicier, confiscataire des biens d'un condamné à une peine emportant confiscation de biens, n'étoit point recevable à interjetter appel de la Sentence de condamnation, en ce qu'elle avoit adjugé 2000. liv. de dommages & intérêts à la Partie civille; parce que le Seigneur confiscataire doit prendre les biens en l'état qu'ils se trouvent lors du Jugement du Procès, c'est-à-dire, avec les charges pécuniaires de la condamnation. *Journal des Audiences.*

La mort civile & la mort naturelle emportent la confiscation de biens.

Mort civile, ce que c'est, & quand est encourue.

La mort civile est celle par laquelle on perd la capacité de tester, de succéder, d'intenter des actions en Justice; elle est encourue par la condamnation aux galeres à perpétuité, & par le bannissement perpétuel hors le Royaume. Et suivant la derniere Jurisprudence du Droit Romain, introduite par l'Empereur Justinien, la confiscation de biens a lieu pour le crime de leze-Majesté divine ou humaine; ce qui se pratique encore dans les Provinces qui se régissent par le Droit écrit.

Dans le Pays coutumier, la confiscation de biens a presque lieu dans toutes les Coutumes du Royaume, à la réserve de quelques-unes, entr'autres, Boulonnois, Berry, Maine, Poitou, Bretagne, Saint Sever & Calais. Voyez mon Recueil de Jurisprudence civile, *verbo* Confiscation.

Peine de ceux qui refusent de faire amende honorable.

25. Par Arrêt du Parlement de Paris en la Grand'Chambre, sur les conclusions de M. Bignon, Avocat Général, du 27 Mai 1632, un criminel condamné à neuf ans de galeres, & à faire amende honorable, n'ayant point voulu proférer les paroles, sa peine fut augmentée sur le champ des galeres à perpétuité. C'est Bardet qui rapporte cet Arrêt, *tom. 2. liv. 1. chap. 28.* Aujourd'hui il semble qu'on a plus de tolérence.

Supplice de la rouë.

26. Le supplice de la rouë est fort ancien; il en est fait mention dans S. Jerôme. Il est rapporté qu'Apollinaris, Sénateur de Rome, ayant été accusé d'être Chrétien du tems de l'Empereur Commode, son accusateur qui étoit esclave fut condamné par le Jugement de Perennis, Préfet du Prétoire, à avoir les os brisés. L'Empereur Commode vivoit l'an 181. Il y a donc presque seize cens ans qu'on punit les coupables du supplice de la rouë. Quelques-uns prétendent que cette peine n'a commencé en France que sous le regne de François I. Elle étoit long-tems auparavant en usage en Allemagne.

Il y a des endroits, comme en Allemagne, où l'on rouë avec la rouë : cela se pratiquoit autrefois en France; mais comme disent nos Auteurs, ce supplice *erat barbarum.* Dès le regne d'Henri IV. on changea ce supplice; on rompt le coupable sur une croix de S. André avec une barre de fer, après quoi on le met sur une rouë encore vif ou mort. Si l'on en croit une certaine tradition du Parlement de Paris, anciennement le coupable n'expiroit point sur la rouë, on l'étrangloit s'il n'expiroit point sous les coups; & on dit que le contraire n'a commencé que sous un Président de Maine, qui par l'Arrêt ordonna qu'un enfant qui avoit tué son pere, seroit roué vif, & expireroit sur la roue; ce qui fut exécuté.

Autrefois on avoit coutume de laisser expirer sur la rouë ceux qui étoient condamnés; mais les Cours se sont beaucoup relâchées de cette rigueur, soit par humanité, ou de crainte qu'un supplicié dans un pareil état ne se porte au désespoir par l'excès des douleurs, & à des imprécations qui pourroient faire douter de son salut. Ainsi il arrive très-souvent que par un *Retentum* on arrête que le coupable sera secretement étranglé, sans même sentir de coups vifs, ou après en avoir senti un, ou quelquefois tous, suivant l'atrocité de l'action. Et quoiqu'il n'y ait pas de pareil *Retentum*, quand un supplicié reste un tems considérable vif sur la rouë, la Cour ordonne qu'il sera étranglé : cela est arrivé en l'année 1743, à l'égard d'un de ces Assommeurs à coups de bâtons dans les rues de Paris. Ce fut un simple ordre de la Chambre ; il n'y eut à ce sujet aucun Arrêt, ni arrêté particulier.

27. Dans l'ordre judiciaire, les filles & femmes peuvent être condamnées à toutes sortes de peines, à la réserve des galeres & de la roue ; il n'y a que les hommes qui puissent être condamnés à ces deux dernieres peines, de quelque état, qualité & condition qu'ils soient, les Gentilshommes comme les Roturiers, même les Prêtres & autres Ecclésiastiques.

Quelles personnes on ne condamne point aux galeres ni à la roue.

Les filles & femmes ne sont pas non plus condamnées au bannissement hors du Royaume, à cause de la décence dûe au sexe. V. ci-après, ch. 2. sect. 1. dist. 2. n. 3. l'Arrêt du 11. Mars 1730.

28. L'usage du Parlement de Paris en la Chambre de la Tournelle, est de ne point prononcer de condamnation d'amende contre un condamné aux galeres, parce qu'un tel condamné en payant la peine de son corps pour son crime, & en servant le Roi sur ses galeres, ses biens ne doivent point en souffrir ; ce qui s'entend quand il est condamné aux galeres à tems, ou quand étant condamné aux galeres à perpétuité, ses biens sont situés en pays où confiscation a lieu.

On ne prononce point d'amende contre les condamnés aux galeres.

Cependant il faut remarquer, que quand le procès est fait par les Juges d'un Siége royal dont le Domaine est engagé, ou par un Juge de Seigneur, en condamnant aux galeres, quoiqu'à tems seulement, on condamne toujours l'accusé en une amende, pour indemniser le Seigneur Engagiste ou le Seigneur Haut Justicier où le procès a été fait.

¶ A l'Egard de toutes les autres condamnations à peines afflictives, corporelles ou infamantes, il s'adjuge toujours des amendes au Roi, aux Engagistes & aux Seigneurs, lesquelles sont un peu plus fortes pour les Engagistes & les Seigneurs, à l'effet de les indemniser des fraix qu'il convient faire pour l'instruction des procès & translations des accusés ; d'autant qu'on ne peut condamner les accusés aux dépens, lorsqu'il n'y a que les Procureurs du Roi & les Procureurs Fiscaux de Parties. Et comme il arrive souvent que les premiers Juges tombent dans cette erreur ; quand le cas échet, la Cour ne manque pas de leur faire défenses de les y plus condamner, ni de se taxer aucunes épices ; elle les condamne même à rendre celles qu'ils ont reçues, dans le cas même où ils ordonnent la confiscation de biens, & qu'ils disent que sur iceux seront pris les fraix de Justice, ou bien sans confiscation, que sur les amendes qu'ils adjugent ils seront pareillement pris ; parce que ces prononciations équipollent à une condamnation des dépens, au lieu qu'ils se doivent renfermer uniquement en des condamnations d'amende.

29. Henris, tom. 1. liv. 2. quest. 31. rapporte un Arrêt rendu en forme de Reglement pour le Baillage de Forez, qui fait défenses aux Juges seigneuriaux de condamner aux galeres. Mais Bretonier observe judicieusement *ibidem*, que l'Ordonnance de 1670. intervenue depuis cet Arrêt, ne fait point de différence entre les Juges de Seigneurs & les Juges royaux, & permet à tous également de prononcer la peine des galeres. Il est vrai que de la maniere dont Bretonnier parle, il paroît douter si les Juges des Seigneurs peuvent condamner aux galeres perpétuelles ; mais il n'y a nul doute qu'ils ne le puissent : car, comme dit cet Auteur lui-même, qui peut le plus, peut le moins ; ainsi pouvant condamner à la mort, ils peuvent à plus forte raison condamner aux galeres perpetuelles. Ainsi jugé par Arrêt rendu en la Tournelle le 27. Octobre 1734, confirmatif d'une Sentence rendue par le Bailli du Fort-aux-Dames transferé à Montmartre, par laquelle Jean Mulard le jeune Cabaretier, avoit été condamné aux galeres perpétuelles.

Si les Juges de Seigneurs peuvent condamner aux galeres.

30. L'on a déja observé qu'il n'est point d'usage en France de condamner un coupable à une prison perpétuelle, parce que la prison n'est pas une peine, mais un lieu destiné *ad custodiam reorum* pendant l'instruction de leur procès, & d'autres emprisonnés pour cause civile. Cependant on condamne souvent des hommes & des femmes à être renfermés pour toujours & pendant leur vie à l'Hôpital, pour cause de débauche, folie, ou autre cause qui ne peut donner lieu qu'à cette punition.

Il n'est point d'usage en France de condamner à une prison perpétuelle.

A l'égard du dérangement d'esprit, il est important d'observer qu'il arrive souvent qu'un accusé étant prévenu de crime de quelque nature qu'il soit, on reconnoît en lui quelque marque de foiblesse d'esprit : alors, quoique les premiers Juges reconnoissent ce dérangement d'esprit, ils ne peuvent point en informer, ils doivent faire l'instruction & juger à la rigueur. Ainsi jugé par Arrêts de la Tournelle criminelle des 11 Fév. 1732, 12 Sept. 1733. & 8 Juill. 1738. Mais en ce cas la Cour avant faire droit sur l'appel, ordonne qu'il sera informé des vie & mœurs & emportement de l'accusé. Si cette information constate le dérangement d'esprit, on ordonne que l'accusé sera renfermé à l'Hôpital général, pour y être traité comme les autres insensés. Quand les premiers Juges jugent présidialement ou prevôtalement, il n'y a pas de doute pour lors qu'ils ne puissent ordonner l'information de vie & mœurs à l'effet de sçavoir si l'accusé est fou.

Si un accusé peut disposer de ses biens.

31. Par Arrêt du Parlement de Paris du 25 Juin 1619, rendu en la Grand'Chambre, sur les conclusions de M. le Bret, Avocat Général, il a été jugé que dans les crimes atroces le coupable perd la disposition de ses biens du jour du crime commis : le crime étoit un parricide. Cet Arrêt est rapporté par Bardet dans son Recueil d'Arrêts, *tome* 1. *liv.* 1. *chap.* 63. il est aussi rapporté par le Bret, liv. 6. décis. 4.

Par l'Arrêt du Parlement de Paris du 16 juillet 1676, rendu contre la Dame de Brainvilliers, elle a été déclarée indigne des successions de ses pere, freres & sœurs, à cause des crimes d'empoisonnement par elle commis.

Mais la regle est que *pendente accusatione*, l'accusé n'est point interdit de l'administration de son bien, & pour recevoir ce qui lui est dû, excepté en crime de leze-Majesté, ou quand il est en fuite, & que ses biens sont annotés, comme l'enseigne le Prêtre, centurie 1, chap. 84.

A l'égard des donations, étant faites après le crime capital commis, elles sont nulles, si la condamnation a suivi, suivant la Loi, 15. *ff. de donationibus.* La Loi 28. *ff. de pœnis*, explique ce qui est crime capital suivant le Droit ; mais parmi nous, c'est tout crime qui emporte mort civile ou naturelle.

Les donations à cause de mort, de même que les Testamens, sont aussi nulles, même quoiqu'elles soient faites avant le crime commis, *leg.* 7. *ff. de mort. caus. donationib.* ce qui ne s'entend pas des donations entre mari & femme faites entrevifs en Pays de Droit écrit avant le crime commis, lesquelles suivant le Droit sont confirmées par mort, *leg.* 24. *eod. de donat. int. vir. & uxor.* ni des donations faites par le pere au fils, qui sont aussi confirmées par mort, *leg.* 25. *eod.*

Quand à l'aliénation par vente faite par l'accusé après le crime commis, rien n'est plus controversé que cette question. Ricard, Traité des Donations, *part.* 1. *nom.* 24. use d'un tempérament qui paroit fort équitable; il dit que l'acquéreur doit du moins recouvrer les deniers qu'il a déboursés, à moins qu'il n'ait été d'intelligence avec le vendeur & qu'il n'ait eu part à sa mauvaise foi, qui se présume particulièrement lorsque le crime a été connu a l'acquéreur, & que l'aliénation a été faite sans nécessité & sans emploi du prix. A quoi il faut ajouter que l'aliénation est censée frauduleuse, lorsque la vente est générale, *leg.* 17. §. 1. *ff. quæ in fraud. creditor.* ou si l'accusé est resté en possession des biens par lui vendus, & en a perçu les fruits, *leg.* 8. §. 7. *ff. quib. mod. pign. vel hypoth. solvit.* ou s'il a vendu clandestinement & à fort vil prix, *leg. ult. de ritu nuptiarum in fin. leg.* 54. *ff. de administrat. & peric. tutor. leg.* 1. §. 16. *ff. si quid in fraudem patroni.*

¶ Par Arrêt du 11 Septembre 1708, au rapport de M. Dreux, il a été jugé qu'un cessionnaire d'une somme de 6600 liv. transportée par acte passé devant Notaires, pour intérêts civils adjugés à une mere contre l'assassin de son fils, avoit hypotéque du jour du décret de prise de corps prononcé contre le meurtrier, qui posterieurement à ce dégret, & avant le Jugement définitif, avoit vendu partie de ses biens, & contracté frauduleusement plusieurs dettes hypothécaires.

De la vacance du bénéfice pour crime du titulaire.

32. Sur la question de sçavoir si le crime du titulaire d'un Bénéfice, le fait vaquer de plein droit, il faut d'abord observer que suivant la Clementine premiere, *de sent. & re judicata*, ce n'est qu'après trois Sentences que l'on peut impétrer le Bénéfice vacant par l'irrégularité du titulaire. Mais Tournet, *lettre V. chap.* 2. dit que le Bénéfice vacant par irrégularité se peut impétrer de plein vol, sans attendre aucune Déclaration ni Sentence, & que l'impétrant peut montrer du vice & obtenir maintenue. Il rapporte un Arrêt de l'an 1543. qui l'a ainsi jugé dans le cas d'un pourvû par résignation simoniaque. C'est aussi ce qui a été jugé par Arrêt de l'an 1531. rapporté par Louet, *lettre B. sommaire* 1. dans le cas de l'irrégularité encourue par un Bénéficier pour avoir assisté à un Jugement de mort.

Cependant Tournet, *loc. cit.* remarque qu'un titulaire de Bénéfice, quoiqu'irrégulier, même à cause d'un crime capital, peut resigner son Bénéfice purement & simplement après le crime par lui commis, avant la condamnation, & même pendant l'appel. C'est aussi ce qu'enseignent Guimier sur la Pragmatique-Sanction, §. *item insuper*, *verbo*, *disponere* ; Coras en son Traité des Bénéfices, *part.* 3. *chap.* 6. & Louet sur la régle *de infirm. resignantib.* sur du Moulin, *num.* 98. 366. & 367. & sur la régle *de publicandis*, *num.* 98. Mais Tournet met cette restriction : sinon que le crime fût si grand & abominable qu'il fît vaquer le Bénéfice *jure & facto*, auquel cas, selon cet Auteur, la la résignation ne seroit pas valable après le crime commis : en quoi il a suivi le sentiment de du Moulin, qui en ce cas admet la démission entre les mains de l'Ordinaire après le crime commis, mais non pas la résignation *in favorem*.

Il faut convenir que cette restriction de Tournet est réguliere & conforme à la Jurisprudence, quand le Bénéficier coupable d'un crime atroce qui a fait vaquer son Bénéfice de plein droit, a été prevenu par la collation de l'Ordinaire, ou du Pape, par dévolut ou autrement. C'est le véritable point de décision des Arrêts des 21. Mai 1620. & 11. Juillet 1626, rapportés au Journal des Audiences, *tom.* 1. *liv. chap.* 125. qui ont confirmé, l'un la collation faite par l'Ordinaire, l'autre les provisions par dévolut, sans s'arrêter aux résignations faites par les Bénéficiers, qui avoient été prévenus, l'un par l'Ordinaire, l'autre par dévolut.

Mais au contraire quand le Bénéficier, quoique coupable de crime atroce qui a rendu son Bénéfice vacant & impétrable de plein droit, a prevenu lui-même & résigné à une personne capable, & que la résignation a été admise avant qu'il y eût aucune provision de l'Ordinaire, ni du Pape, alors la résignation *in favorem* est valable. C'est ce qui a été jugé par Arrêt du 27. Juillet 1694, rapporté au Journal des Audiences, rendu suivant les conclusions de M. de Lamoignon, Avocat général, plaidans Mes. Nouet le jeune & Sachot ; parce que selon les Canonistes, le résignataire ne tire pas son droit du résignant, mais du collateur, *sumit jus à collatore, non à resignante* : & comme observa M. l'Avocat général lors de cet Arrêt, si l'Eglise se trouve purgée d'un injuste possesseur, & qu'elle soit entierement satisfaite, il n'est pas nécessaire d'entrer dans la discussion des cas qui ont donné lieu à l'accusation.

Ainsi en faisant attention aux espéces des Arrêts de 1620, 1626 & 1694, non aux intitulés qui leur sont donnés par les Arrêtistes qui les rapportent, l'on reconnoît qu'ils ne sont point contraires entr'eux, mais qu'ils sont conformes aux véritables principes.

C'est aussi sur cette Jurisprudence & sur ces principes qu'il faut temperer le sentiment de Guymier, Coras & Louet, *loc. cit.* qui tiennent indistinctement contre du Moulin & Tournet, qu'un Bénéficier, quoique coupable de vice atroce qui a rendu son Bénéfice vacant & impétrable de plein droit, peut résigner, même *in favorem*, avant la condamnation, & même pendant l'appel.

Au reste, voyez Blondeau, *verbo Benefice*, à l'article *quibus modis beneficium amittitur*, où il fait l'énumeration des crimes ou délits qui font vaquer les Bénéfices *de jure & facto*. Voyez aussi Papon en ses Notaires, *tome* 2. *liv.* 8. des interdits & actions possessoires pour Bénéfices.

33. Mornac, sur la loi premiere au digeste *de iis qui effuderint vel dejecerint*, parle d'un fait criminel qui arriva de son tems. Un particulier fut accusé & convaincu d'avoir jetté de la chaux détrempée dans du vin sur le visage & dans les yeux d'un autre, afin de le rendre aveugle ; ce crime est grave & la peine est arbitraire, les Ordonnances n'ayant pas prévu un fait de cette qualité ; un tel coupable ne pourroit guére éviter les galeres ou le bannissement, avec des intérets civils considérables, quand même l'offensé ne seroit pas devenu aveugle. Espéce de crime où la peine est arbitraire.

34. L'héritier d'un accusé qui décede pendant l'instruction du procès, peut être assigné en reprise, & est tenu quant aux peines pecuniaires & intérêts civils ou dommages & intérêts, si par l'événement du procès il en est adjugé à la Partie civile ; il n'y a que la peine afflictive qui soit éteinte par la mort de l'accusé ; il seroit même tenu des provisions adjugées contre l'accusé de son vivant. Arrêt du Parlement de Paris du 29. Juillet 1628, rapporté par Bardet, *tom.* 1. *liv.* 3. *chap.* 12. Voyez Louet, *lettre A somm.* 18. En quel cas la Partie civile peut assigner en reprise pour ses intérêts civils, l'héritier d'un accusé décédé pendant l'instruction du procès.

Un dénonciateur n'a pas le même droit ; il ne peut point contraindre les héritiers de l'accusé de reprendre après sa mort le procès criminel ; c'est ce qui a été jugé par Arrêt du 14. Décembre 1703, conformément aux conclusions de M. Joly de Fleury, Avocat général, parce qu'un dénonciateur est sans intérêt. *Journal des Audiences.* La Partie publique n'a pas non plus le droit d'assigner les héritiers en reprise, parce que son seul objet est la vengeance publique, qui ne peut plus avoir lieu. Mais un plaignant, sans s'être rendu Partie civile, le pourroit, parce qu'il peut obtenir des dommages & intérêts, aux termes de l'art. 5. du titre 3. de l'Ordonnance de 1670. Si le dénonciateur le peut.

35. En matiere de substitution ou de fidéicommis, la mort civile a le même effet que la mort naturelle ; de sorte que la mort civile, la substitution ou fidéicommis n'est pas moins ouverte que par la mort naturelle. Arrêt du Parlement de Paris en la Grand- Effets de la mort civile.

Chambre, sur les conclusions de M. Talon, Avocat général, du 25. Mai 1660. Il est rapporté dans le Journal des Audiences, *tom. 2. liv. 3. chap. 22.*

Les substitutions finissent par le crime de leze-Majesté, *substitutiones expirant crimine læsæ-Majestatis*, dit Mornac sur la Loi 31. du dig. *de pignoribus.* Il en rapporte un Arrêt du Parlement de Paris du 23. Août 1613.

L'appel éteint la Sentence de condamnation.

36. Un condamné par Sentence à une peine emportant mort naturelle ou civile, avec confiscation de biens, & de laquelle Sentence le condamné étoit appellant, mais s'étoit sauvé des prisons pendant son appel, est capable de recueillir une succession échue pendant l'appel, cette capacité de succeder lui ayant été conservée *in vim* de son appel. Bardet, *tome 2. liv. 1. chap. 45.* rapporte la question dans une cause qui se présenta en 1632. en la Chambre de la Tournelle du Parlement de Paris. C'étoit un Particulier qui avoit été condamné aux galeres à perpétuité par une Sentence, & à qui il étoit échu une succession pendant l'appel, & dans le tems qu'il s'étoit évadé des prisons, avant que d'être transferé sur l'appel qu'il avoit déclaré interjetter de la Sentence lors de la prononciation qui lui en fut faite. Procès pour sçavoir à qui appartiendroit cette succession, ou au condamné, ou à son frere. M. Bignon, Avocat général, conclut en faveur du condamné, par le seul moyen que la succession étoit échue pendant son appel, & qu'en matiere criminelle l'appel éteint la Sentence de condamnation, & laisse le condamné dans son droit & capacité de succéder jusqu'après le Jugement de l'appel par le Parlement ou autre Cour en dernier ressort. Cependant la cause fut appointée par Arrêt du 18. Décembre 1632.

Au reste il faut observer que l'axiome en matiere criminelle, *appellatio extinguit judicatum*, suivant la Loi 1. ff. *ad Senatusconsf. Turpilian.* n'est point absolument vrai, puisque la Sentence peut être conformée sur l'appel ; mais il faut dire, pour parler plus juste, qu'en matiere criminelle, l'appel suspend l'exécution de la condamnation, comme il est décidé en la Loi 6. §. 1. ff. *de his qui notant. infam.*

En quel cas celui qui a blessé peut être poursuivi *tanquam de occiso*.

37. Il y a des Criminalistes qui pensent qu'un accusé d'avoir blessé griévement un autre, si le blessé vient à décéder après quarante jours, ne peut être poursuivi, ni être condamné *tanquam de occiso*, mais seulement *tanquam de vulnerato*, & par conséquent qu'il peut être seulement condamné en des dommages & intérêts ou intérêts civils, & autres peines pecuniaires. Nous avons sur cela entr'autres Arrêts, un Arrêt du Parlement d'Aix en Provence, en la Chambre de la Tournelle, du 19. Janvier 1652, qui est rapporté par Boniface en ses Arrêts, *tome 2. part. 3. liv. 1. chap. 19.* Mais voyez ci-après, *chap. 2. sect. 7. dist. 5. nomb. 10.*

Si un impubere est capable de délit.

38. Un enfant impubere n'est point capable de délit, & son pere ne peut être condamné civilement aux dommages & intérêts envers la Partie civile. Ainsi jugé par deux Arrêts du Parlement de Paris, en la Chambre de la Tournelle, des 9. Juin 1625. & 19. Mars 1629. Dans l'espéce du premier Arrêt, c'étoit un enfant âgé de sept ans trois mois, qui ayant jetté un éclat de bois à un autre enfant de sept à huit ans, lui avoit crevé un œil. Dans le cas du second arrêt c'étoit un enfant de huit ans, qui jouant avec d'autres enfans de son âge, reçut un coup de pierre, dont il perdit l'œil qui seul lui restoit, ayant perdu l'autre dans une maladie : il accusoit Pierre Bois de lui avoir jetté la pierre. Ces deux Arrêts sont dans Bardet, *tom. 1. liv. 2. chap. 46. & liv. 3. chap. 34.* Voyez ci-après, *chap. 2. sect. 3. nomb. 22.*

Si le Juge d'Eglise peut condamner au bannissement.

39. Le Juge d'Eglise ne peut point condamner au bannissement, parce qu'il n'a pas de territoire ; mais il peut en joindre à un Prêtre de sortir de son Diocèse, suivant un Arrêt du 15. Juillet 1631, rapporté par Bardet : ce qui doit s'entendre lorsque ce Prêtre n'est pas originairement de son Diocèse ; car autrement il ne pourroit pas l'en faire sortir, sauf à lui faire son procès.

A l'égard des Juges des Seigneurs, ils ne peuvent pas, ni même les Juges Royaux, bannir hors du Royaume ; ils ne le peuvent pas même hors du ressort du Parlement ; ils le peuvent seulement hors de leur ressort, à tems ou à perpétuité. La maxime en est constante au Parlement de Paris ; il y a un Arrêt tout récent du 11. Février 1743. pour Vendôme. Mais cette maxime n'est pas suivie au Parlement de Rouen. Voyez ci-après, *part. 3. chap. 24. nomb. 42.* Au reste, il faut remarquer que toute condamnation au bannissement à perpétuité emporte mort civile.

40. Il y a entr'autres deux Déclarations du Roi des 11. Juillet 1682. & 27. Août 1701. contre les vagabons, gueux de profession & gens sans aveu, portant qu'ils seront attachés à la chaîne pour être conduits aux galeres & y servir à perpétuité, sans faire

pour parvenir à cette condamnation aucunes procédures. Il y a pareillement à ce sujet un Réglement du Parlement de Paris du 25. Mai 1693.

41. Si l'accusé a été poursuivi à la requête du Procureur du Roi, ou du Procureur Fiscal, ou de M. le Procureur général, il ne peut être condamné aux dépens.

Par Arrêt du 12. Juillet 1702. il a été fait défenses à un Prevôt de condamner les accusés aux frais du procès, lorsqu'il n'y aura d'autre Partie que le Substitut de M. le Procureur général. Cet Arrêt est rapporté par Bruneau, *Mat. crimin. part. 2. tit. 30. max.* 7. De même un Ecclésiastique auquel le Promoteur auroit fait faire le procès, ne doit pas être condamné aux dépens envers lui. Augeard; *tome 2. chap.* 46. en rapporte un Arrêt du 6. Février 1700. sur les conclusions de M. Joly de Fleury, Avocat général, qui l'a ainsi jugé, & déclaré abusive une Sentence de l'Official de Sens, qui avoit condamné un Prêtre accusé aux dépens envers le Promoteur, qui étoit seul Partie. Il n'y a que la Partie civile, s'il y en a une, envers laquelle un accusé puisse être condamné aux dépens. Accusés ne peuvent être condamnés aux dépens envers la Partie publique.

Mais en ce cas on peut condamner le coupable envers le Roi, ou envers le Seigneur, en l'amende. Voyez ci-devant, nombre 26. ou à l'aumône *ad pios usus*, par rapport aux Ecclésiastiques.

CHAPITRE II.

Des Crimes & Peines en particulier.

CE Chapitre sera divisé en différentes sections, où il sera traité de la nature de chaque crime en particulier. L'on fera voir quelles personnes sont recevables à en faire la dénonciation, ou à en rendre plainte; de quelle peine chaque crime doit être puni; & quoiqu'il soit traité de la compétence des Juges en matiere criminelle dans la seconde Partie, on en parlera sommairement, en expliquant la nature de chaque crime en particulier.

SECTION PREMIERE.

Du crime de Luxure.

Ce terme de luxure renferme plusieurs espéces de crimes contre la chasteté; sçavoir, la fornication, l'avortement, recelement de grossesse, supposition & exposition de part, le maquerellage, l'adultere, la bigamie & poligamie, l'inceste, le rapt & viol, le péché contre nature.

L'on commence par ces sortes de crimes, pour être plutôt sorti de ce bourbier.

DISTINCTION PREMIERE.

De la Fornication

1. La fornication est quelquefois un terme générique, qui comprend toutes les espéces de crimes qui sont contre la pureté. Ici ce mot de fornication, terme Doctrinal & Théologique, se prend pour le péché de luxure, qui se commet entre personnes libres, c'est-à-dire, entre personnes de différend sexe, qui ne sont ni l'un ni l'autre liés par le Sacrement de mariage, ni par un vœu solemnel de Religion, ni le mâle engagé dans les Ordres sacrés

2. La fornication prise dans son sens étroit, & dont il s'agit ici, se divise en fornication simple, qui se commet avec des personnes libres, mais débauchées, appellée en Latin *fornicatio*; & en fornication qui se commet avec des personnes libres & d'honnête condition, qui s'appelle en Latin *stuprum*.

3. Par rapport à la fornication simple, comme on ne s'est proposé de traiter cette matiere qu'en Jurisconsulte, & non en Casuiste & en Théologien, l'on observera seulement qu'encore que cette fornication rende coupable devant Dieu, suivant les Des différentes espéces de fornication.

Textes sacrés, même que, comme l'enseigne Saint Thomas, elle soit défendue par la Loi naturelle, néanmoins il n'y a point de peine judiciaire contre ce crime; c'est-à-dire, que celui qui a connu charnellement une prostituée, n'en est pas puni, suivant la Loi *si uxor non fuerit* 13. §. *sed & in eâ* 2. *ff. ad leg. Juliam de adulter.* & la Loi *si ea* 22. *cod. eodem*, que nous suivons en ce point, non pas pour autoriser ces crimes, mais en les tolérant, & en laissant la vengeance à Dieu; sauf à sévir par nos Loix du Royaume contre les scandales & prostitutions publiques, comme on le verra ci-après à la distinction troisiéme.

C'est pourquoi Papon, *livre* 22. *titre* 8. après Paul de Castre, tient que force commise contre une prostituée publique, n'est même pas digne de mort, ni d'aucune autre peine, suivant Ranchin, *part.* 3. *conclus.* 184. à moins que ce ne fût une femme mariée, auquel cas la force est capitale, comme le dit Papon *eodem* après Balde: ce qui doit s'entendre en cas que l'on ait pû sçavoir que cette prostituée étoit mariée; car une telle personne étant trouvée en lieu public de prostitution, il n'y auroit point lieu à l'accusation d'adultere contre celui qui seroit prostitué avec elle.

Cependant si un Géolier avoit eu commerce avec sa prisonniere, soit prostituée publique ou non, il seroit sujet à la peine de mort, soit qu'il l'eût connue de force ou de gré, suivant la Jurisprudence du Sénat de Chambery, attestée par Jean Faber *in* §. *item lex instit. de public. judic.* ce qui n'a pas lieu par-tout, comme l'observe *Julius Clarus*, *lib.* 5. *sentent.* §. *fornicatio*, *num.* 24. qui dit que quand il s'agit d'une prostituée, le Géolier ne doit pas être puni si sévérement, quoiqu'il l'ait connue de force; contre Bartole, qui tient *in lege inauditum*, *ff. de sicariis*, que le Géolier n'est punissable que de la force, quand il a connu sa prisonniere femme prostituée. Aussi Papon, *loc. cit.* rapporte-t-il un Arrêt du Parlement de Bourdeaux de l'an 1536. qui a condamné le Géolier de Saint Eloy de la Ville de Bourdeaux à être battu de verges dans la Conciergerie, pour avoir connu une sienne prisonniere contre son gré, quoiqu'elle fût une prostituée. *Voyez ci après*, *nombre* 8.

4. Quant à la fornication appellée *stuprum*, c'est-à-dire, avec une personne libre d'une condition honnête, & qui n'est pas une prostituée publique, il y a des Parlemens qui condamnent à la mort, ou à épouser; mais au Parlement de Paris, & presque dans tous les autres Parlemens du Royaume, à moins que cette espéce de fornication ne soit accompagnée de vol, rapt, & autres circonstances aggravantes, la peine de ce délit se réduit en dommages & intérêts plus ou moins forts, suivant les facultés & la qualité des Parties. Ainsi jugé par l'Arrêt du 28. Avril 1691, rapporté au Journal des Audiences; & lorsqu'il est survenu un enfant de cette espece de fornication, le pere est obligé de le nourrir.

Si la déclaration de la fille suffit pour obliger l'accusé à nourrir l'enfant par provision.

5. La déclaration & serment de la fille non prostituée à plusieurs, qu'elle est grosse des œuvres d'un tel, suffit pour obliger l'accusé à nourrir l'enfant par provision. Cette prétendue maxime est attestée par Faber, *cod. de probationib. definit.* 18. par Papon, *liv.* 22. *tit.* 9. *art.* 13. Cependant cela ne feroit aucun préjudice pour le Jugement du fond: *neque enim alimentorum causa veritati facit præjudicium*, *leg.* 10. *ff. de his qui sui*, *vel alieni juris sunt.* Et contre un homme marié, cette seule déclaration de fille ne seroit pas suffisante pour l'obliger par provision à nourrir l'enfant, suivant le même Faber, *cod. de testib. definit.* 49. & Papon, *loc. cit.*

Mais l'usage est constant parmi nous, que la déclaration & le serment de la fille, quoique non prostituée à plusieurs, qu'elle est grosse des œuvres d'un tel, ne suffisent point pour obliger l'accusé à nourrir l'enfant par provision; cela peut suffire seulement pour accorder une provision d'une somme modique, encore est-il plus régulier de ne le faire qu'après l'information; & on ne peut condamner l'auteur de la grossesse de nourrir l'enfant & de s'en charger, que par un Jugement définitif. V. l'Arrêt du 10. Juillet 1706. au Journal des Audiences, tom. 5. de la dern. édit.*

6. On doit s'en tenir à la déclaration de la concubine qu'un Maître tient dans sa maison, si elle affirme que l'enfant est de son Maître, quoiqu'il prouve qu'elle s'est prostituée dans ce tems à un autre qu'à lui. Mais une servante ne doit point être crue dans la déclaration qu'elle fait pendant les douleurs de l'enfantement, que l'enfant vient de son Maître, ou du fils de son Maître, si d'ailleurs il n'appert de la bonne conduite de la servante, & des familliarités du Maître ou de son fils. Ainsi jugé par Arrêt du Parlement de Tournay du 13. Août 1696. rapporté par Dupineau, *tom.* 1. Arrêt 112. Voyez Boërius, *decis.* 199.

Peine du Tuteur qui abuse de sa pupille.

7. La peine de fornication commise par un Tuteur avec sa pupille, est le bannissement perpétuel & la confiscation des biens, suivant la Loi unique, cod. *si quis eam cuj. tur. fuer. corruperit*; ce qui auroit lieu parmi nous; il pourroit même être condamné en plus grande peine: car entre un Tuteur & sa pupille, l'on présume toujours qu'il y a de la séduction de la part du Tuteur. L'on voit même que par l'Arrêt du Parlement de Toulouse du 11. Septembre 1571, rapporté par la Roche, *liv.* 4. *titre* 9. *art.* 12. un Tuteur, pour avoir été trouvé couché en chemise avec sa pupille âgée de dix à douze ans, aussi toute nue dans un lit, quoiqu'elle eût été trouvée pucelle par le rapport des Chirurgiens & Matrônes, a été condamné de faire amende honorable à l'Audience, en chemise, tête nue, la corde au col, avec une torche à la main, aux galeres pour dix ans, en cinq cens livres de dommages & intérêts envers la pupille pour son mariage, & en cent livres à la réparation de la Ville: *quoniam cujus magister esse debuerat, sanctitatis corruptor tentabat existere*, comme dit Valere Maxime *lib.* 6. *cap.* 1. en pareil cas.

8. De même telle fornication commise *etiam citrà vim* par le Géolier avec sa prisonniere, donne lieu à prononcer contre lui la peine de mort, suivant Guy Pape *quæst.* 448. *nomb.* 3. & Boërius, *decis.* 317.

Antoine Faber en son Code, *lib.* 9. *tit.* 4. *definit.* 2. en rapporte un Arrêt de Chambery; ce qui nest pas surprenant, attendu l'usage de ce Sénat, dont on a ci-devant parlé, lequel jugeroit de même dans le cas d'une prostituée, *& citra vim.* Voyez *ci-devant*, *nomb.* 3.

9. Les Maîtres d'Arts & Sciences que les parens donnent à leurs filles, seroient par la même raison sujets aux mêmes peines.

10. Le serviteur qui abuse de la fille de son Maître, doit être puni de mort: c'est la disposition de l'article 106. de la Coutume de Bourdeaux, qui doit être suivi en ce point. Le serviteur mérite peine afflictive, quoique la fille soit majeure, qu'elle dise l'en avoir prié, & qu'elle veuille l'épouser; cela dépend de la condition des Parties & des autres circonstances. Voyez l'Arrêt de la Tournelle criminelle du 30. Janvier 1694. rapporté au Journal des Audiences, qui a ordonné en pareil cas que le procès seroit instruit contre un valet chartier, en état de prise de corps.

Régle pour la compétence en fait de débauche & grossesse.

11. Par rapport à la compétence, il faut remarquer que ce n'est point le lieu de l'accouchement qui forme le lieu du délit; c'est le lieu où la débauche a été consommée, où la grossesse a commencé: car c'est la grossesse qui forme le délit, & non l'accouchement qui n'en est qu'une suite; c'est un lieu fixe & certain, au lieu que celui de l'accouchement est incertain & dépend de la volonté de la mere. Voyez les Arrêts des 10. Juillets 1706. & 10. Mai 1709, au Journal des Audiences, tom. 5. liv. 6. chap. 21. & liv. 9. chap. 20.

DISTINCTION DEUXIEME.

De l'Avortement, Recelement de grossesse, Supposition & exposition de part.

De l'avortement.

1. Le crime d'avortement se trouve justement placé après la fornication appellée *stuprum*, parce qu'elle donne souvent occasion de commettre ce crime.

Suivant la disposition du Droit, quiconque procure l'avortement à une femme ou fille par des potions, doit être puni de mort, s'il conste que le fruit dont elle étoit grosse eût pris vie, *leg.* 38. §. 5. *ff. de pœnis in fine*, *leg. penult. ff. ad leg. Cornel. de Sicar. leg.* 1. *eod. leg.* 1. *ff. ad leg. Pompei de parricid.* Quand il est certain que le fruit n'a pas encore pris vie, le crime n'étant pas si énorme, la peine est le bannissement, ou autre à l'arbitrage du Juge; ce qui se doit régler selon les circonstances du fait & la qualité des Parties, *leg. si quis aliquid*, §. *qui abortionis*, *ff. de pœnis leg. Cicero*, §. *fin. eod. leg. Divus*, *ff. de extraord. crimin. leg. si mulierem visceribus*, *ff. ad leg. Cornel. de Sicar.*

A l'égard des femmes ou filles qui se procurent l'avortement à elles-mêmes expressement avec des potions, ou de quelque maniere que ce soit, elles sont aussi punissables de mort, si leur fruit avoit pris vie; sinon elles doivent être condamnées au bannissement, ou à quelqu'autre peine extraordinaire, *citra mortem*, suivant les Loix ci-dessus citées; mais si elles avoient pris de l'argent pour se faire avorter, en ce cas, quoique leur fruit ne fût pas encore animé, elles seroient condamnées à mort, *propter detestabilem illam pecuniæ receptæ turpitudinem*, *quam assassiniam vocant*, *dict. leg. Cicero.*

Les Docteurs tiennent aussi que, quand l'effet de l'avortement ne s'est pas ensuivi, que nonobstant la potion, l'enfant est né vivant, & qu'il a survécu pendant quelque peu de tems, celui qui a donné la potion & celle qui l'a prise, sont punis, mais non pas du dernier supplice, parce que ladite Loi *si quis aliquid*, §. *qui abortionis*, dit, *si perierit partus.*

Cette distinction, *inter partum animatum & inanimatum*, est portée *can. Moyses* 60. *caus.* 32. *quæst.* 2. & *cap. sicut ex litterarum* 20. *extr. de homicid.* & à cette occasion quelques Docteurs tiennent que le fruit prend vie le trentiéme, ou tout au plus tard le trente cinquiéme jour après qu'il a été conçu ; d'autres pensent suivant la glose, *dist.* 5. *in princip. in verb.* 40. qui est suivie par Abbas, *in dict. cap.* 20. *extr. de homicid.* que le fœtus masculin est animé le quatriéme jour, & que le feminin ne l'est que le quatre-vingtiéme jour : & Bartole est d'avis que c'est le quarantiéme jour pour les mâles, & soixantiéme pour les femelles ; cependant il convient de bonne foi qu'il faut laisser ces choses à discuter aux Naturalistes.

Parmi nous, l'avortement procuré, soit avant, soit après l'animation, a toujours été regardé comme un crime horrible, soit à cause de l'incertitude qu'il y a de fixer précisément le tems dans lequel le fruit devient animé ; ce qui se trouve solidement établi parmi les œuvres de Guy Patin, célébre Médecin, dans la réponse à une question qui lui fut faite à ce sujet par M. le premier Président de Lamoignon ; soit parce que, comme dit Tertulien, *Apologet. cap.* 9. l'un est *homicidium*, & l'autre *homicidii festinatio* : & comme dit encore Lactance, *lib.* 6. *instit. nec refert natam quis eripiat animam, aut nascentem disturbet.*

Cependant, quoique l'avortement procuré soit un crime horrible, soit avant, soit après l'animation, néanmoins pour infliger le genre de peine corporelle, l'on voit, comme on l'a ci-devant observé, que la Jurisprudence civile & canonique a fait distinction *inter fœtum animatum & inanimatum*, ayant voulu qu'au premier cas la mere fût punie plus rigoureusement qu'au second cas.

Mais suivant notre Jurisprudence Françoise, il paroît qu'on ne peut pas s'empêcher de prononcer la peine de mort en l'un & l'autre cas, à cause de l'Ordonnance d'Henri II. de l'an 1556, conçue en ces termes.

» Parce que plusieurs femmes ayant conçu enfant, par moyens deshonnêtes ou autrement, persuadées par mauvais vouloir & conseil, déguisent, occultent & cachent leurs grossesses, sans en rien découvrir & déclarer, & advenant le tems de leur part & délivrance de leur fruit, occultement s'en délivrent, puis les suffoquent, meurtrissent, & autrement suppriment sans leur avoir fait départir le Sacrement de Baptême : ce fait, les jettent en lieux secrets & immondes, ou enfouissoient en terre profane, les privant par tel moyen de la sépulture coutumière des Chrétiens : Ordonnons que toute femme qui se trouvera duement atteinte & convaincue d'avoir celé, couvert & occulté tant sa grossesse qu'enfantement, sans avoir déclaré l'un ou l'autre ; & avoir pris de l'un ou de l'autre témoignage suffisant, même de la mort ou de la vie de son enfant lors de l'issue de son ventre ; & après se trouve l'enfant avoir été privé, tant du saint Sacrement de Baptême, que sépulture publique & accoutumée, soit telle femme tenue d'avoir homicidé son enfant, & pour réparation publique, punie de mort & dernier supplice, de telle rigueur que la qualité particuliere du cas le méritera.

Par un autre Edit de l'an 1585, Henri III. a ordonné la publication de cette Ordonnance au Prône ; & par déclaration de Louis XIV. du 25. Fév. 1708, registrée au Parlement le 2. Mars suivant, il est ordonné que l'Edit d'Henri II. du mois de Février 1556. soit exécuté selon sa forme & teneur ; ce faisant, que ledit Edit soit publié de trois mois en trois mois, par tous les Curés ou leurs Vicaires, aux Prônes des Messes Paroissiales. Enjoint auxdit Curés & Vicaires de faire ladite publication, & d'en envoyer un Certificat signé d'eux aux Procureurs du Roi des Baillages & Sénéchaussées, dans l'étendue desquels leurs Paroisses sont situées. Veut qu'en cas de refus, ils puissent y être contrains par saisie de leur temporel, à la requête des Procureurs Généraux ès Cours de Parlement, poursuite & diligence de leurs Substituts, chacun dans leur ressort.

Il seroit à souhaiter que les Substituts des Procureurs Généraux dans les Baillages & Sénéchaussées veillassent soigneusement à l'exécution de cette Déclaration du Roi, en ce qui concerne les certificats de la publication au Prône de l'Ordonnance d'Henri II. de 1556 ; ce qui paroît fort négligé.

Thevenau, sur ces termes de l'Ordonnance 1556, *occultement s'en délivrent*, dit avec raison qu'il falloit ajouter à l'Ordonnance, *ou prennent médicament & breuvages pour s'en délivrer auparavant le tems.*

Ce même Auteur dit après Aristote *de conceptionibus, effluxionibus & ejectionibus lib. 7. de animal.* que ces espéces d'avortemens qui se font jusqu'au septiéme jour de la conception, s'appellent écoulemens, ce qu'on appelle vulgairement perte de sang, ou faux germe; celles qui se font jusqu'au quarantiéme jour, s'appellent simplement avortemens, ce qu'on appelle vulgairement fausse couche; & celles qui se font après le quarantiéme jour de la conception, s'appellent enfantemens précipités ou prématurés, parmi lesquels les uns sont viables, les autres ne sont pas viables; du nombre de ces derniers, sont ceux qui viennent au cinquiéme, sixiéme & huitiéme mois; & Theveneau ajoute qu'il est nécessaire d'entendre cela en Jurisprudence, parce que cela aide beaucoup aux Jugemens qu'il faut faire en telles rencontres, sçavoir pour infliger les peines comme on l'a dit. Mais enfin quand les filles pour cacher leur vice, ou des femmes mariées, soit pour couvrir leur adultere, ou en haine de leurs maris, prennent des médicamens & breuvages pour se faire avorter, en ce cas elles sont punissables de mort, aussi bien que ceux qui leur en procurent les moyens: & il seroit d'une dangereuse conséquence d'applaudir publiquement aux distinctions, tant d'Aristote que des autres Naturalistes, sur les différens tems depuis la conception; sauf à l'égard des Médecins, Chirurgiens & Apoticaires, qui par ignorance des régles, donnent des médicamens abortifs pour sauver la mere en péril, à tempérer la peine suivant les circonstances.

Recelement de grossesse, & suppression de part.

2. Par rapport au recélement de grossesse & suppression de part, il faut observer que la peine portée par l'Edit d'Henri II. de 1556. ne doit avoir lieu qu'en cas qu'il soit prouvé que les femmes ou filles qui ont celé leur grossesse, ayent fait périr leur fruit.

Supposition de part.

3. La supposition de part est lorsqu'on suppose un enfant pour & en la place d'un autre, soit qu'on en suppose un faussement à des pere & mere, ou qu'un homme & une femme se disent pere & mere d'un enfant qui n'est pas à eux. Ce crime dont il est parlé au titre *ff. de incipiend. ventr.* est d'autant plus grand, qu'il trouble l'ordre des familles entiéres. *Publicè enim interest partus non subjici, ut ordinum dignitas familiarumque salva sit, leg.* 1. §. 13. *dict. tit.* La peine de mort civile est ordinairement la punition de ce crime; de quoi il y a plusieurs exemples fameux dans les Causes célébres rédigées par M. Pitaval, avocat. Par Arrêt de la Tournelle Criminelle du 11. Mars 1730. Barbe-Francoise de *** atteinte & convaincue de supposition de part a été condamnée à faire amende honorable en la Grand'Chambre, ayant écriteaux, torche à la main, & au bannissement à perpétuité du ressort du Parlement. On a ci-devant observé chapitre 2. nombre 27. qu'on ne condamne point les filles & femmes au bannissement hors du Royaume.

Ce crime se prescrit par vingt ans de possession d'état; ainsi ce qui est dit en la Loi 19. *ad leg. Cornel. de fals. quod accusatio suppositi partus nulla temporis prescriptione depellitur*, doit s'entendre *nisi vicennium præterierit.* Cujas en ses Observations, *lib.* 4. *cap.* 14. Ainsi jugé par Arrêt du 28. Mars 1665. rapporté par Soefve, *tome* 2. *centurie* 3. *chap.* 53.

Des enfans exposés.

4. L'exposition de part se commet, quand après l'enfantement les pere & mere exposent ou font exposer leurs enfans pour se délivrer de la honte que leur pourroit causer l'enfant, ou pour ne le pouvoir nourrir, attendu leur pauvreté.

L'exposition de part peut tomber dans le cas de l'Edit de 1556. Autrefois l'on sévissoit contre ceux qui exposoient des enfans; mais aujourd'hui pour éviter de plus grands maux, la Justice ferme les yeux sur ce délit. A Paris, la premiere personne avertit un Commissaire, on lui porte l'enfant, il en dresse son procès verbal, & le fait transporter aux Enfans trouvés. A présent même il n'est pas besoin de procès verbal, on reçoit l'Enfant aux enfans trouvés sans aucune information juridique. Ailleurs les Hauts-Justiciers sont tenus de se charger des enfans exposés & qui ne sont reclamés de personne, les faire nourrir & élever en la crainte de Dieu, Religion Catholique, Apostolique & Romaine, suivant l'Arrêt du réglement du 30. Juin 1664, rapporté au Journal des Audiences, & par Soefve, *tome* 2. *centurie* 3. *chap.* 19.

Mais si dans la suite les enfans viennent à être reconnus, & leurs pere & mere découverts, ils sont condamnés à restituer les nourritures, alimens & entretiens à ceux qui les ont fournis, suivant la Loi *cod. de infantib. exposit.* même par corps, étant une dette qui procede du délit, suivant Fanchin, *controv. jur. lib.* 1. *cap.* 54. Bruneau, des Matieres criminelles, *part.* 2. *tit.* 22. *max.* 5. en cite un Arrêt du 6. Août 1611. A Paris, l'usage en ce cas est de condamner à payer une somme pour la couche des enfans trouvés.

DISTINCTION TROISIEME.

Du Maquerellage.

Du Maquerellage.

1. Le crime de Maquerellage appellé *lenocinium*, eſt un commerce abominable dont on ſe ſert pour débaucher & proſtituer des femmes & filles, ou pour les entretenir dans la débauche, ſoit en tenant un lieu de proſtitution, ou en faiſant les intrigues, allées & venues néceſſaires pour cela. Ces perſonnes infames ſont appellées en Latin *lenones*, terme maſculin & feminin.

Sans parler des Loix du digeſte & du code, il ſuffira d'obſerver que l'Empereur Juſtinien en la Novelle 14. *de lenonibus*, veut que ce crime ſoit puni de mort; & que ceux qui ſciemment louent leurs maiſons à ces perſonnes infames, ſoient condamnés en l'amende, avec privation de la propriété de la maiſon.

2. Suivant les Ordonnances de Louis IX. de 1254, de Charles VI. de 1319, de Charles IX, ès Etats d'Orleans du mois de Janvier 1560, des Etats de Moulins du mois de Février 1566, & d'Henri III. de 1586, ce crime doit être puni extraordinairement; & par l'Ordonnance de Charles IX. de 1566. & celle d'Henri III. de l'an 1586, il eſt dit : Défendons à tous propriétaires de louer maiſons à autres qu'à gens bien famés & nommés, & ne ſouffrir en icelles aucun mauvais train & bordeau ſecret ni public, ſur peine de ſoixante livres pariſis d'amende pour la premiere fois, & de ſix vingts livres pariſis pour la ſeconde fois, & pour la troiſiéme fois de privation de la propriété des maiſons. Voyez Theveneau, *liv.* 4. *tit.* 19. *art.* 1. & 2.

3. Le genre de cette punition extraordinaire dépend des circonſtances & de la qualité des Parties. Ceux qu'on appelle *lenones*, & contre leſquels cette punition extraordinaire & prononcée par les Ordonnances, *ſunt qui ex fornicationibus ſibi quæſtum faciunt, non quidem proprio corpore, ſed virgines, mulieres, matronas, aliorum uxores, aut meretrices, hujuſmodi quæſtus gratia, ad actum venereum aut publicè aut occultè pellicentes; vel etiam ad hoc privatim domi alentes, & ex eo meretricio quæſtu viventes.*

La longue habitude dans ce crime eſt une circonſtance aggravante. La corruption des femmes & filles d'honneur, donneroit lieu à la peine de mort; & la ſeule ſollicitation ſans effet, avec preuves ſuffiſantes, mérite les galeres contre les ſolliciteurs mâles, & le fouet & banniſſement contre les femelles, dit Theveneau, *loc. cit.*

Il y a pluſieurs Arrêts ſur cette matiere, entr'autres celui du 3. Mars 1716, contre Pierre-Alexandre Borlier de Monrival, & Eliſabeth le Boucher ſa femme, leſquels faiſoient un commerce public de Maquerellage, pour leſquels ils ont été condamnés d'avoir un chapeau de paille, écriteaux, à être battus, & fuſtigés, bannis pour neuf ans; Renée Dupré, Thereſe *** & Marguerite *** filles proſtituées, à être renfermées à l'Hôpital.

Par un autre Arrêt du 13. Mai 1726, rendu pour Orleans, en infirmant la Sentence, Anne Bertrand & Jeanne Tribery ont été condamnées à être battues & fuſtigées, ayant écriteaux, ladite Tribery marquée de la lettre M. deſſus les deux épaules, bannie à perpétuité du reſſort du Parlement, ſes biens confiſqués.

Par un troiſiéme Arrêt du 23. Septembre 1754, rendu ſur l'appel d'une Sentence du Juge de Montmartre, Pierre-Guillaume, dit la Motte, a été condamné au carcan, ayant chapeau de paille, & banni pour neuf ans.

¶ Par un quatriéme Arrêt du 7. Septembre 1734, confirmatif d'une Sentence rendue par le Baillif du Fort-aux-Dames, transferé à Montmartre, Marie Deane veuve Teſſard, convaincue d'avoir depuis quelques années fait commerce de Bordel & Maquerellage public par récidive, a été condamnée à être attachée & miſe au carcan au milieu de la rue des Porcherons, pour y reſter pendant deux heures, ayant écriteaux devant & derriere, portant ces mots (*Maquerelle publique*), coëffée d'un chapeau de paille; ce fait, bannie pour neuf ans du reſſort du Bailliage, &c.

Nota. L'Arrêt porte : » Pendant leſquelles neuf années de banniſſement portées par la » Sentence, elle ſera néanmoins renfermée à l'Hôpital «, & cela attendu la débauche, & qu'un Juge de Seigneur ne peut condamner à l'Hôpital, ni à un banniſſement hors l'étendue de ſon reſſort.

Par un cinquiéme Arrêt du 7. Juillet 1750, confirmatif d'une Sentence rendue par le Lieutenant Criminel du Châtelet, Jeanne Moyon, convaincue de proſtitution publique, &

& d'avoir de même que Michel-Louis Benoist, Marguerite Monroy & Marguerite Courteau, attiré & enlevé une jeune fille de l'âge de neuf à dix ans, dans le dessein de la débaucher & de la livrer à la prostitution, ont été condamnés ; sçavoir, ladite Moyon à être conduite dans les lieux ordinaires & accoutumés, même à la Porte S. Michel, montée sur un âne, le visage tourné vers la queue, ayant sur la tête un chapeau de paille, avec écriteaux devant & derriere, portant ces mots (*Maquerelle publique*) ; lesdits Michel-Louis Benoist, Marguerite Monroy & Marguerite Courteau, à assister ladite Moyon, & ladite Jeanne Moyon à être battue & fustigée nue de verges par l'Exécuteur de la Haute-Justice dans lesdits carrefours accoutumés ; & étant à la Porte S. Michel, flétrie d'un fer chaud en forme d'une fleurs-de-lys sur l'épaule dextre ; ce fait, ladite Jeanne Moyon, Michel-Louis Benoist, Marguerite Monroy & Marguerite Courteau bannis : sçavoir, ladite Moyon pour le tems & espace de cinq ans ; & lesdits Benoist, Monroy & Courteau pour trois ans de la Ville, Prévôté & Vicomté de Paris ; à eux enjoint de garder leur ban, sous les peines portées par la Déclaration du Roi, qui sont à l'égard dudit Benoist les galeres ; & à l'égard desdites Moyon, Monroy & Courteau, d'être renfermées dans la Maison de force de l'Hôpital Général, s'ils sont pris & rencontrés dans la Ville, Prévôté & Vicomté de Paris, ou à la suite de la Cour : les condamne chacun en trois livres d'amende envers le Roi.

Déclaration du Roi au sujet des filles & femmes débauchées.

4. Par Déclaration du Roi du 26 Juillet 1713, registrée au Parlement le 9. Août suivant, pour la Ville de Paris, il est dit : que dans le cas de débauche publique & vie scandaleuse de filles ou de femmes, où il n'échera que de prononcer des condamnations d'amende ou d'aumônes, ou des injonctions de vuider les lieux ou même la Ville, & d'ordonner que les meubles desdites filles ou femmes seront jettés sur le carreau, & confisqués au profit des pauvres de l'Hôpital Général, les Commissaires du Châtelet pourront dans leur quartier recevoir les déclarations qui leur en seront faites & signées par les voisins, auxquels ils feront prêter serment avant que de recevoir lesdites déclarations, dont ils seront tenus de faire mention, à peine de nullité, dans le procès-verbal qui sera par eux dressé. Le rapport des faits contenus dans le procès-verbal, sera fait par lesdits Commissaires au Lieutenant Général de Police, auxquelles les Parties intéressées seront assignées en la maniere accoutumée, pour y être pourvû contradictoirement ou par défaut, ainsi qu'il appartiendra, sur les conclusions de celui des Avocats du Roi au Châtelet qui sera présent à l'Audience, & entre les mains duquel lesdites déclarations seront remises, pour faire connoître au Lieutenant Général de Police, les noms & les qualités des voisins qui les auront faites. En cas que lesdites Parties dénient les faits contenus auxdites déclarations, le Lieutenant Général de Police, pourra, s'il le juge à propos, pour la suspicion des voisins, ou pour autres considérations, ordonner qu'il sera informé desdits faits devant l'un desdits commissaires, à la requête du Substitut du Procureur général au Châtelet, pour y être statué ensuite définitivement ou autrement par ledit Lieutenant général de Police, sur le récit des informations qui sera fait à l'Audience par l'un des Avocats du Roi, ou en cas qu'il juge à propos d'en déliberer sur le registre, sur les conclusions par écrit du Procureur du Roi au Siége, le tout à la charge de l'appel en la Cour de Parlement. Veut que sur ledit appel, soit que l'affaire ait été jugée sur le simple procès-verbal du Commissaire, ou sur le récit ou le vû des informations, les Parties procedent en la Grand'Chambre de ladite Cour, encore qu'il y ait eu un décret sur lesdites informations, & que la suite de la procédure ait obligé ledit Lieutenant général de Police, à ordonner que lesdites femmes ou filles seront enfermées pour un tems dans la Maison de force de l'Hôpital Général ; & en cas de maquerellage, prostitution publique & autres, où il échera peine afflictive ou infamante, ledit Lieutenant général de Police sera tenu d'instruire le Procès aux accusés ou accusées, par recollement & confrontation, suivant les Ordonnances & les Arrêts & Réglemens de la Cour, auquel cas l'appel sera porté en la Chambre de la Tournelle, à quelque genre de peine que les accusés ou accusées ayent été condamnés ; le tout sans préjudice de la Jurisdiction du Lieutenant criminel du Châtelet, qu'il pourra exercer en cas de maquerellage, concurremment avec le Lieutenant général de Police, auquel néanmoins la préférence appartiendra, lorsqu'il aura informé & formé & décreté avant le Lieutenant criminel, ou le même jour.

Quoique cette Déclaration du Roi ne soit que pour Paris, comme on l'a observé, & comme on le voit par ses termes, néanmoins elle peut servir de régle pour ailleurs en plusieurs points.

DISTINCTION QUATRIEME.

Du crime d'Adultere.

Du crime d'adultere.

1. L'adultere considéré en lui-même est un grand crime ; & respectivement à la société civile, il est des plus mauvais & des plus funestes, soit à cause de l'injure faite au mari, soit à cause de l'injustice qui est faite aux héritiers légitimes. Sans parler des Nations les plus barbares chez qui la foi conjugale a toujours été en vénération, dans le Christianisme, & auparavant parmi le peuple choisi de Dieu, le lien conjugal a toujours été regardé comme un lien indissoluble, institué de Droit divin dans le Paradis terrestre, & élevé à la dignité de Sacrement dans le Christianisme ; ce qui fait que le mari & la femme qui commettent adultere, sont également coupables l'un & l'autre devant Dieu.

2. Pour ne parler que des peines judiciaires & temporellles, par l'ancienne Loi, la peine de l'un & de l'autre adultere ; c'est-à-dire, contre la femme qui l'avoit commis, & contre celui avec qui elle l'avoit commis, étoit d'être condamnés à être lapidés. *Exod. cap.* 22. *Deuteron. cap.* 22. *Levit. cap.* 20. *Daniel, cap.* 13. & en S. Jean, *Chapitre* 8. Les Loix Romaines condamnoient aussi l'un & l'autre à mourir par le fer, & comme il se voit aux titres *ff. & cod. ad leg. Jul. de adulter.* en la Loi *transigere* 18. *cod. de transactionib. & §. item lex Julia, institut. de public judic.*

Il y en a qui prétendent que la peine de mort contre celui qui a commis l'adultere avec la femme d'autrui, subsiste encore, suivant la disposition des Loix Romaines, à cause de ces termes de la Loi *quamvis* 30. §. 1. *cod. ad leg. Jul. de adulter.* qui est de l'Empereur Constantin : *sacrilegos autem nuptiarum gladio puniri oportet*, & des termes de la Novelle 134. *cap.* 10. *in princip.*

A l'égard de la femme adultere, par l'authentique *sed hodie, cod. eodem*, tirée de ladite Novelle 134. *cap.* 10, la peine a été moderée au fouet, & à être renfermée dans un Monastere, son mari pouvant la retirer pendant deux ans ; mais si ce tems étoit écoulé sans qu'il l'eût retirée, ou qu'il fût mort dans l'intervalle de ces deux ans sans l'avoir retirée, elle étoit rasée, & on lui donnoit l'habit monacal pour demeurer dans le Monastere pendant sa vie, & on laissoit partie de ses biens à ses enfans ou autres héritiers, & l'autre partie au Couvent ; sauf néanmoins l'exécution des conventions portées par le Contrat de mariage du mari & de la femme, qui restoit en son entier en faveur du mari.

3. Il n'étoit pas même permis de transiger sur un tel crime, *dict. leg. transigere, cod. de transaction.*

4. L'adultere étoit en si grande exécration chez les Romains, qu'il étoit permis au mari de tuer impunément un Plebeïen qu'il trouvoit commettre actuellement ce crime avec sa femme ; & si c'étoit une personne noble, il n'étoit puni que de l'exil pour l'avoir tué, *leg. marito, ff. ad leg. Jul. de adulter. leg. Gracchus, cod. eod.* De même du pere de la femme, *leg. nec in ea, §.* 2. *& leg. quod ait lex, ff. eod.* mais il falloit que ce fût dans certaines circonstances exprimées par les Loix.

Peine de ce crime en France

En France, à l'égard de la femme adultere, l'on suit en partie la Novelle 134. *cap.* 10. & l'authentique *sed hodie*, au code *ad leg. Jul. de adulter.* Elle est condamnée à être renfermée deux ans à l'Hôpital, ou dans un Couvent tel que le mari voudra choisir, selon les circonstances de la publicité & fréquentes habitudes de débauches, & la condition de la femme, durant lesquels son mari la pourra voir & reprendre, si bon lui semble ; sinon ledit tems passé, sera ladite femme rasée & gardée dans ledit Hôpital ou Couvent le reste de ses jours ; en conséquence déchue de ses dot, douaire, préciput, & autres avantages portés par son Contrat de mariage. Voyez les Arrêts des 5. Octobre 1637, & 1 Décembre 1701, rapportés *au Journal des Audiences.* Voyez ci-après nombre 6. *in fin.* l'Arrêt du 5 Octobre 1723. Cependant le mari Magistrat qui a fait condamner sa femme pour adultere, ne la peut pas reprendre tant qu'il reste Magistrat. *Senatus sensuit ; non conveniens esse ulli Senatori uxorem ducere aut retinere damnatam publico judicio, leg.* 43. *§.* 10. *ff. de ritu nupt.* Ainsi jugé au Parlement de Toulouse contre un Conseiller. Corrasius, *in cent. cap.* 81.

A qui les conventions matrimoniales d'une

5. Mais c'est une question de sçavoir à qui les dot, douaire, préciput, & autres avantages portés par le Contrat de mariage de la femme condamnée pour adultere, doivent être adjugés, & au profit de qui elle en est privée. Suivant la Loi *consensu* 8. §. *virum.* 5.

cod. de repud. & la Loi *libertatem 36. cod. ad leg. Jul. de adulter.* & les Auteurs cités par Despeisses, *tom.* 1. *pag.* 476, *nomb.* 8, la dot doit être adjugée au mari, même les paraphernaux, suivant Boërius, *decis.* 338. *num.* 2.

Le Brun, des successions, *liv.* 2. *chap.* 5. *sect.* 1. *dist.* 1. *nomb.* 6, dit que la femme condamnée pour adultere perd son douaire ; qu'on juge aussi qu'elle perd son droit de communauté, suivant l'Arrêt du 23 Décembre 1522, rapporté par Rebuffe, *de sent. provis. art.* 3. *gl.* 1. *n.* 16. qui est aussi rapporté par Papon, *liv.* 22. *tit.* 9. *Arrêt* 1 ; que l'on va jusqu'à déclarer la dot confisquée au profit du mari, lorsqu'il n'y a point d'enfans.

Femme condamnée pour adultere, doivent être adjugées.

Ce que dit Brodeau sur Louet, lettre *A. sommaire* 18. *nomb.* 8. 9. & 10, ne peut pas servir d'un grand éclaircissement. L'Arrêt ci-dessus du 5 Octobre 1637, paroît être dans le cas où il n'y avoit point d'enfans ; il déclare la femme déchue de tout droit de communauté, & la prive de ses conventions matrimoniales ; & cependant il n'adjuge au mari que l'usufruit des biens de la femme, & le charge de payer sa pension. L'on voit seulement par l'Arrêt ci-dessus du 23 Décembre 1522, suivant Papon, qu'il fut adjugé au mari tous les avantages ou profits de la société qu'elle avoit avec lui par la Coutume, & privée de son douaire. Dans l'espéce de l'Arrêt ci-dessus du premier Décembre 1701, qui est un Arrêt de rapport, il n'y avoit d'enfans du mariage : l'on voit que le mari a été chargé de payer 150 livres par chacun an pour la pension de la femme sur ses biens, & subsidiairement sur ceux de sa femme ; en conséquence la femme privée de sa dot, douaire & préciput, droit de communauté & conventions matrimoniales ; mais il n'est point dit en faveur de qui, & cela même ne se pouvoit pas juger définitivement, puisque les présomptifs héritiers de la femme n'étoient point en cause. Voyez ci-après nombre 6. *in fin.* l'Arrêt du 5. Octobre 1723.

Ce qu'il y a de certain en ce point, c'est qu'en ce cas qu'après la mort du mari, la femme authentiquée se remarie à un autre, comme il a été permis par Arrêts du 21 Juin 1684 ; mais voyez ci-après le nombre de 6 : elle ni ses enfans de ce second mariage, ne peuvent point se pourvoir contre l'Arrêt qui l'aura déclarée privée de sa dot & autres conventions : c'est ce qui a été jugé par ce même Arrêt en faveur des enfans du premier mariage ; mais en ce cas sa pension viagere lui doit être continuée. *Journal des Audiences*, *tom.* 4. *liv.* 7. *chap.* 3.

Quand il n'y a point d'enfant du mariage actuel ni d'un précédent de la femme adultere ; dans la bonne régle le mari doit gagner la dot, tant en propriété qu'en usufruit, & à plus forte raison doit-il profiter des reprises & autres conventions de sa femme adultere ; voyez ci-après le nombre 6. Mais quand il y a des enfants actuels du mariage, l'équité exige qu'ils ne souffrent point du crime de leur mere, & que leur pere n'en profite point à leur préjudice, sauf sa jouissance des biens de la communauté, & de la dot & des propres pendant la vie naturelle de sa femme. Et si la femme authentiquée pour adultere a des enfans d'un précédent mariage, Papon, *liv.* 22. *tit.* 9. *Arrêt*, 5, dit après Balde, qu'il ne faut adjuger à son second mari accusateur que le montant de la légitime d'un de ses enfans du premier lit ; mais il est plus régulier de lui adjuger une portion égale à l'un des enfans moins prenant, en se conformant à la Loi *hac edictali*, *cod. de secund. nupt.* & à l'Edit des secondes noces.

A l'égard des biens paraphernaux, quoiqu'il n'y ait point d'enfans, le mari ne les doit point gagner ; il se doit contenter de la dot à lui adjugée par les Loix, parce que les Loix pénales ne doivent point recevoir d'extension, quoiqu'en disent à cet égard la grande Glose & Boërius. Il faut aussi remarquer que la débauche du mari, & les adulteres par lui commis, ne peuvent point donner lieu à la compensation, ni l'empêcher d'intenter contre sa femme l'accusation d'adultere, comme l'établit le Bret *en ses decis. mot. liv.* 1. *dec.* 13, ce qui est conforme à la Loi 2. §. 5. *ff. ad leg. Jul. de adulter.* contre le Droit Canon, *cap. pen. extr. de adulter.* & contre la Loi 39. *ff. solut. matrim.* qui dit que *paria delicta mutua pensatione dissolvuntur*, laquelle ne s'entend que d'une accusation appellée *de moribus*, qu'on intentoit civilement pour la répétition de la dot ou de l'augment, mais non pas en l'accusation d'adultere qui s'intentoit criminellement, *dict. leg.* 2. §. 5. Ainsi ce que dit Tiraqueau, *in leg. Connub. lib.* 1. *gl.* 1. *part.* 1. *n.* 2, que, *si vir uxorem atrocius verberavit, atque uxor aufugiat, & adulterium committat, non poterit eam maritus accusare ; nec dotem ex adulterio lucrari*, ne doit avoir lieu que pour empêcher que le mari ne gagne la dot, non pour empêcher l'accusation criminelle & punition de l'adultere. Néanmoins tout bon Juge doit lire attentivement ces beaux termes d'Ulpien en la Loi *si uxor.* 13. §. 5. *ff. ad leg. Jul. de adulter. judex adulterii ante oculos habere debet, & inquirere an maritus pudicè vivens, mulieri quoque bonos mores colendi auctor fuerit : periniquum enim videtur esse, ne pudicitiam vir ab uxore exigat, quam ipse non exhibeat.* Ces circonstances peuvent servir du moins à priver le mari du gain de la dot, en tout ou en partie, suivant les cas ci-dessus.

Peine du complice d'adultere.

6. Par rapport à la peine à laquelle doit être condamné celui qui a commis l'adultere avec la femme d'autrui, voyez la Coutume de Bayonne, *tit.* 25, & les Coutumes locales de S. Sever, *tit.* 11. *art.* 3; cela dépend des circonstances. Il y a un ancien Arrêt du 31 Août 1552, rapporté par Papon, *liv.* 22. *tit.* 9. *Arrêt* 2, qui a condamné le nommé Verrier de Montbrison, Fourrier du Grand Conseil, convaincu d'adultere avec une nommée Martine, femme de Me. Jean Galliot, Examinateur du Châtelet de Paris, à faire amende honorable *in figuris*, en 200 liv. d'amende envers le Roi, 400 liv. envers Galliot, au bannissement perpétuel du Royaume, tous ses biens confisqués étant en pays de confiscation, & sur les autres non sujets à confiscation lesdites amendes prises; & ladite Martine condamnée à être mise en un Couvent, pour y être détenue l'espace de deux ans en habit séculier, pendant lequel tems son mari la pourroit reprendre, réconcilier, & avoir si bon lui semble; & après ledit tems de deux ans passé, où son dit mari ne la voudroit reprendre, seroit ladite Martine battue nue de verges par la Prieure dudit Couvent & autres Religieuses, qui à ce seront commises par ladite Prieure; & outre, ladite Martine tondue & vêtue, & contrainte d'y vivre le reste de ses jours religieusement comme les autres Religieuses dudit Monastere; & finalement privée du droit de douaire, communauté, & autres conventions matrimoniales qu'elle eût pû prétendre aux biens dudit Galliot son mari, par le moyen du mariage entre lui & elle; & néanmoins condamné ledit Galliot à payer par chacun an audit Couvent, pour le vivre, alimens & entretenement de sadite femme, la somme de 50 liv. parisis, pendant le tems qu'elle demeurera audit Couvent, & sauf à augmenter s'il y échet.

A présent, lorsqu'il ne se trouve point de circonstances aggravantes, l'usage ordinaire est de condamner celui qui a commis adultere avec la femme d'autrui, au bannissement à tems, comme il a été jugé par l'Arrêt ci-dessus du premier Décembre 1701, rapporté au *Journal des Audiences*, à quoi on joint ordinairement des dommages & intérêts en faveur du mari; & encore que l'accusation d'adultere contre la femme & ses complices ne cesse pas contre les complices, quoique par l'information il paroisse que la femme s'est abandonnée à toutes sortes de personnes, comme il a été jugé par Arrêt du 30 Mars 1665, rapporté par Soefve *tom.* 2. *centurie* 3. *chap.* 54, néanmoins cela sert beaucoup à modérer la peine contre les complices.

Mais si c'étoit un valet ou un domestique qui eût commis l'adultere avec la femme de son maître, il pourroit y avoir peine de mort contre lui, suivant les circonstances. Ainsi par Arrêt du mois de Mai 1551, rapporté par Papon *eod. Arrêt* 4, un serviteur de cabaret a été condamné à être pendu, sans que ses maître & maîtresse, qui déclarerent pour lui sauver la vie qu'ils ne se plaignoient pas de lui, fussent écoutés. Il y a quelques circonstances à remarquer dans l'espéce de cet Arrêt : d'un côté la maîtresse étoit suspecte d'honneur, elle étoit yvre, elle avoit excité le valet en se découvrant indécemment devant lui, avant que de se mettre au lit : d'un autre côté la maîtresse étoit endormie dans le lit marital, & le mari étoit absent. L'on peut voir cet Arrêt & plusieurs autres sur cette matiere dans Papon, *loc. cit. Copulatrices aut lenones qui suo studio honestas uxores ad adulteria sollicitant & perducunt, etiam effectu non secuto, puniuntur capitaliter*, *leg. fin.* 7. *cod. de spectac. & scen. & lenon. Vide supr. dist.* 3. *nomb.* 3.

Le procès ayant été fait au Châtelet de Paris, à la requête du sieur Devaux, contre sa femme & le nommé Gardon, dit la Salle, son domestique; sur l'appel, par Arrêt de la Tournelle du 5 Octobre 1723, rendu au rapport de M. Chassepot de Beaumont, ledit Gardon a été condamné aux galeres pendant trois ans; la femme a été recluse, déchue de tous droits de communauté, douaire, préciput, & autres avantages qu'elle eût pû prétendre en conséquence de son Contrat de mariage; ordonné que la dot de la femme appartiendroit à son mari; l'enfant provenu des œuvres dudit Gardon & de ladite femme, déclaré adulterin, & mis à la couche des Enfans trouvés.

Depuis cet Arrêt, Devaux étant mort avant les deux années pendant lesquelles il avoit la liberté de reprendre sa femme, elle donna sa requête en la Tournelle, où elle exposa que son mari étoit mort avant les deux ans pendant lesquels il avoit la liberté de la retirer ? que s'il avoit vécu, il l'auroit retirée ; que telle étoit son intention : elle demanda sa liberté, & de jouir de ses droits comme auparavant ; mais elle en fut déboutée.

Au reste, s'il y avoit eu complot entre la femme adultere & ses complices contre le mari, pour l'excéder, tuer, ou autrement le faire mourir, il y auroit sans contredit peine de mort, suivant le genre de supplice mérité par les crimes aggravans.

7. Les Docteurs Feudistes tiennent aussi que si un Seigneur de Fief avoit commis adultere avec la femme de son vassal, il perdroit son droit dominant sur le Fief servant de son vassal, qui releveroit en ce cas immédiatement du Seigneur suzerain. Si au contraire le vassal avoit commis adultere avec la femme de son Seigneur dominant, que même il l'y eût sollicitée, il perdroit son Fief par commise. C'est ce qu'enseigne Uldar. Zazius, *in usus feudor*, *epitome*, *de feudi amissione*, *part.* 10 ; ce que Dumoulin étend à la fille, à la bru, à la petite fille, même à la veuve du Seigneur dominant, demeurant en viduité, §. 43. *novæ gloss.* 1. *num.* 140. *& seq.*

8. Après avoir expliqué quelles sont les peines contre la femme adultere & ses complices, il faut parler de ceux qui peuvent intenter cette action.

Qui sont ceux qui peuvent intenter l'action d'adultere.

Premiérement c'est une régle, que la femme ne peut point intenter l'action d'adultere contre son mari, suivant la disposition de la Loi premiere au code *ad leg. Jul. de adulter.* C'est la Coutume générale de France, comme l'attestent Papon ses Arrêts, *liv.* 24. *tit.* 2. *nombre* 6. & Automne, *ad dict. leg.* 1. Elle ne pourroit pas même faire une cause de séparation de biens & d'habitation, *ex solo isto crimine*, à moins qu'il ne fut accompagné d'un vrai mépris, sévices & mauvais traitemens, par la raison que la femme est soumise au mari, & non le mari à la femme, suivant l'Oracle divin, & que l'adultere du mari ne donne jamais de successeurs étrangers à sa femme.

9. Suivant la disposition des Loix, toutes personnes pouvoient accuser d'adultere une femme mariée, lorsque le crime étoit public ; seulement le pere de la femme & son mari étoient préférés aux étrangers dans cette accusation ; & si le mari refusoit d'accuser sa femme, le pere d'elle pouvoit intenter l'accusation ; & si ni l'un ni l'autre ne le faisoient, c'étoit alors que les étrangers y étoient reçus : c'est la disposition de la Loi *ex lege Juliâ* 2. §. 8. *&* 9, & de la Loi *si maritus* 4. §. *si ante*, *ff. ad leg. Jul. de adulter.* Mais suivant nos mœurs, il n'y a que le mari seul qui puisse accuser sa femme d'adultere ; même les Procureurs Fiscaux, Procureurs du Roi, & Procureurs généraux, ne le peuvent pas, à moins qu'il ne fût prouvé que le mari seroit fauteur & complice du crime. De sorte qu'on peut dire avec Gueret sur le Prêtre, *centurie* 1. *chap.* 33, que la poursuite du crime d'adultere appartient si privativement au mari, qu'il y a lieu de s'étonner de l'Arrêt du premier Juillet 1606, rapporté par le Prêtre, *loc. cit.* par lequel cet Auteur dit avoir été jugé que le Procureur du Roi, & même un Procureur Fiscal d'un Seigneur, peut se rendre Partie, & poursuivre l'adultere, encore que le mari ne se plaigne point de la conduite de sa femme, & qu'il n'aie point connivé à ce désordre ; car toutes les Loix & toutes les maximes sont contraires à cet Arrêt, de la maniere qu'il est rapporté par le Prêtre, & l'on a toujours tenu pour un principe inviolable, que *maritus est solus thori genialis vindex*, & que nul autre que lui ne peut intenter l'action d'adultere, à moins qu'il ne paroisse consentir, autoriser & fomenter le déréglement de sa femme. Aussi Gueret, *eodem*, observe-t-il que cet Arrêt lui paroissant suspect, & voulant en examiner la vérité, il a trouvé que le Prêtre ne l'avoit pas rapporté fidélement ; car on justifioit tout au contraire de ce qu'il avance que le mari étoit lui-même le corrupteur de sa femme, & qu'il favorisoit son adultere. Or en ce cas il est certain, dit Gueret, qu'un Procureur du Roi ou un Procureur Fiscal est en droit de poursuivre la punition de ce crime qui blesse l'honnêteté publique, suivant la Loi 3. au digeste *ad legem Juliam*, *de adulteriis*, & la Loi *quamvis* 30. au code du même titre. Cet Arrêt est la matiere du 61e Plaidoyer de Corbin, où il est rapporté en forme. Automne en fait pareille mention sur ladite Loi *quamvis* 30 au code *ad legem Juliam*, *de adulteriis & stup.* & il s'accorde aux circonstances marquées par Corbin : il s'est seulement trompé à la date, en ce qu'il le met du 2 Juillet, au lieu qu'il est du premier ; & cet Arrêt a cela de remarquable, qu'il y avoit des enfans nés en l'absence du mari, qu'il ne désavouoit point.

Mais cet Arrêt de 1606. pris dans ses véritables circonstances, ne seroit pas même

SECT. I. DIST. IV.

suivi, de sorte que quand il y auroit connivence & scandale de la part du mari, la Partie publique ne seroit pas recevable à poursuivre sa femme pour adultere par la voie extraordinaire, sauf à la Partie publique à se porter partie, & faire le procès par forme de police. Ainsi jugé contre un Procureur Fiscal, par Arrêt sans date, rapporté dans la septieme partie du *Journal du Palais in-4°.* & *tom.* 2. *pag.* 979. du *Journal du Palais in-fol.* par lequel Arrêt néanmoins la Cour en évoquant le principal, a condamné le mari, pour le scandale, en 10 livres d'aumône.

Cette maxime qu'il n'y a que le mari qui puisse accuser sa femme d'adultere, est si inviolablement observée, que par autre Arrêt du 18 Juillet 1665, rapporté au *Journal des Audiences*, & par Soefve, *tom.* 2. *centurie* 3. *chap.* 57, l'on voit qu'un pere, malgré son fils, n'est pas recevable à accuser d'adultere sa bru, niéce d'un Prêtre qui en abusoit : il a été seulement permis au Promoteur & au Ministere public de faire le procès au Prêtre; ce qui est remarquable, quoique ce soit *crimen duorum*. A moins que la débauche de la femme ne soit publique, le meilleur parti qu'un mari puisse prendre, c'est de suivre l'exemple de l'Empereur Antonin, qui, comme le rapporte Jul. Capitolin, dissimula les adulteres de sa femme.

Si les héritiers la peuvent intenter.

Les héritiers du mari peuvent non-seulement après son décès reprendre l'action par lui intentée, mais aussi l'intenter par forme d'exception, pour priver la veuve de ses conventions matrimoniales ; si le mari n'a pû lui-même intenter l'action, pour avoir été prévenu de mort, suivant le Brun, des Successions, *liv.* 2. *chap.* 5. *sect.* 1. *dist.* 1. *nombre* 6. Cela est conforme à ce que dit Louet, lettre I, sommaire 4, que l'action est déniée à l'héritier, quand le mari a eu le tems suffisant pour se plaindre. Mais ils ne le peuvent pas quand le mari n'a pas intenté l'action seulement pour avoir ignoré le crime ; suivant le Brun, *eodem*, contre Coquille sur Nivernois, *chap.* 22. du douaire, *article* 6.

Des héritiers peuvent aussi être admis à la preuve par témoins de l'adultere du défunt avec une femme mariée, pour la faire priver des donations qu'il lui a faites. Ainsi jugé par Arrêt du 5 Avril 1599, rapporté par Louet, lettre D, sommaire 43. Cette femme légataire s'étoit mariée depuis le décès du testateur. Louet observe que cet Arrêt a été donné à son rapport, *multis contradicentibus*. Il remarque aussi qu'il y a une grande différence entre recevoir ce fait d'adultere, *ad effectus civiles tantum*, pour annuller la donation, ou le recevoir pour en faire punition, l'un étant plus aisé & plus favorable que l'autre.

Soefve, *tom.* 2. *centurie* 1. *chap.* 25. rapporte aussi un Arrêt du 6. Avril 1656, qui a admis les héritiers d'une femme séparée d'avec son mari, à la preuve de sa débauche avec celui à qui elle avoit fait une donation pour l'en faire priver, quoique le mari ne se fût pas plaint de la débauche de sa femme pendant sa vie. Cependant Augeard, *tom.* 1. *Arrêt* 68. rapporte un Arrêt du 26. Mars 1706, par lequel il prétend qu'il a été jugé qu'on ne peut pas attaquer un legs, sous prétexte que la légataire femme mariée a vécu dans le libertinage avec le testateur, lorsque le mari de cette légataire ne se plaint point de sa conduite, & que la preuve n'en est pas admissible, parce qu'elle intéresse un tiers qui est le mari. Mais il en faut toujours revenir à la maxime ci-dessus posée par Louet, en remarquant la différence entre admettre à la preuve du fait d'adultere, *ad effectus civiles tantum*, pour faire annuller une donation ou un legs, ou pour en faire punition : aussi cet Arrêt rapporté par Augeard, n'est-il point suivi. Et par un Arrêt plus récent du 7. Juin 1737, rendu sur déliberé en la Grand'Chambre, plaidans Mes. Cochin & Buiret, en conséquence de la preuve résultante des enquêtes faites devant M. de Vienne, Conseiller en la Cour, en vertu d'un précédent Arrêt du 17 Mai 1736, qui prouvoient la débauche d'entre défunt Nicolas Forestier, & Jeanne-Françoise la Gogue, femme & depuis veuve de Clement Thibout, la Cour a infirmé les Sentences du Châtelet qui avoient fait délivrance du legs universel porté par le testament dudit défunt Forestier, en faveur de lad. la Gogue, lors femme dudit Thibout, & a déclaré ledit legs universel nul.

Mari qui s'est désisté de l'action d'adultere, ne peut plus l'intenter.

10. Le mari s'étant une fois désisté de cette action d'adultere contre sa femme, ne peut plus l'intenter, suivant la Loi 40. *ff. ad leg. Jul. de adulter.* & la Loi 16. *cod. eodem.* Ce qui doit s'entendre par rapport au même fait d'adultere dont il s'est désisté ; car il n'est pas privé de l'intenter pour un fait d'adultere postérieur, comme l'enseigne Covarruvias, *de matrim. part.* 2. *cap.* 7. §. 6. *num.* 7. & Perezius *cod. ad leg. Jul. de adulter. num.* 44.

11. Le mari ne peut pas intenter l'action d'adultere après la mort de sa femme, & même quand une femme a été condamnée pour adultere à la poursuite de son mari, & privée par la Sentence de ses conventions matrimoniales, si elle a appellé de la sentence, & qu'elle décede pendant l'appel, la question des biens qui n'étoit qu'incidente, demeure éteinte avec le crime. Ainsi jugé par Arrêt du 9. Août 1566, rapporté par Brodeau sur Louet, lettre A. sommaire 18. Ce qui est contraire à un Arrêt du Parlement de Toulouse de l'an 1644, cité par Despeisses, *tom. 2. pag.* 659, qui juge que le mari peut poursuivre la plainte, information & décrets faits & rendus du vivant de sa femme, pour faire priver les héritiers de sa femme de ses conventions matrimoniales. Mais la Jurisprudence établie par l'Arrêt rapporté par Brodeau, est à préférer, étant plus conforme aux principes, qui sont que le crime est éteint par le décès de l'accusé avant la condamnation; de sorte que la confiscation qui fait partie de la condamnation à laquelle doit être comparée l'adjudication de la dot faite au mari, se trouve pareillement éteinte. Il est vrai qu'à l'égard de la réparation civile & des dommages & intérêts, ils peuvent être demandés aux héritiers de l'accusé, comme l'établit Brodeau sur Louet, *loc. cit.* par la Jurisprudence des Arrêts qu'il rapporte; mais cet Auteur observe que cela n'a lieu qu'en crime capital, où il a été causé un tort & dommage effectif & réel à l'accusateur.

Mari ne peut pas intenter cette action après la mort de sa femme.

Quid, si elle décede pendant l'appel de la Sentence de condamnation.

12. Le mari ne peut pas non plus intenter l'action d'adultere contre sa femme, après qu'il s'est reconcilié avec elle & l'a reçue chez lui, suivant la Loi 11. *cod. ad leg. Jul. de adulter.* ce qui est observé en France, contre ce qui est décidé au contraire par l'Autentique *sed jure novo*, *eod.* Car, comme disent Perezius, *eod. num.* 44. & Zoëzius, *ff. eod. num.* 53. *videtur maritus injuriam condonasse.* La reconciliation avec la femme éteint même l'action contre le complice. Ainsi jugé par Arrêt du 7. Juillet 1691, rapporté *au Journal des Audiences.*

Reconciliation éteint l'action d'adultere, même contre le complice.

13. Il ne peut pas non plus intenter cette action, lorsqu'il a lui-même livré sa femme, ou que par sa négligence, ou par occasions par lui recherchées, ou par autres moyens, il a occasionné l'adultere de sa femme, *cap. discretionem 6. extr. de eo qui cong. consang. uxor. suæ; glos. singul. in verb. mutua compensatione, in cap. intellexi-mus, extr. de adulter.* ni lorsquelle a été violée de force, suivant la Loi *si uxor* 13. §. 7. *leg. vim.* 39. *ff. ad leg. Jul. de adulter.*

Cas auquel le mari ne peut pas intenter l'action d'adultere.

14. Cette action du mari contre la femme pour adultere se prescrit par cinq ans, *leg.* 11. §. *adulterii* 4. *ff. ad leg. Jul. de adulter. leg.* 5. *cod. eod. secùs*, s'il y a inceste mêlé, *leg.* 39. §. 5. *ff. eod.* auquel cas elle dure vingt ans, selon Boërius, *dec.* 26. *num.* 16. & Papon, *liv.* 24. *tit.* 11. *Arrêt* 2. parce qu'alors c'est un véritable crime, qui peut donner lieu à la poursuite contre la femme par le ministere public.

Si l'action d'adultere se prescrit.

15. Il reste à observer sur la maxime qu'il n'y a que le mari qui puisse intenter l'action d'adultere contre sa femme, que s'il avoit intenté cette action contre elle, & qu'elle de sa part l'eût attaqué d'impuissance, alors s'il s'agissoit d'adultere commis avec scandale, en attendant le Jugement de la contestation sur la validité du mariage, la procédure faite à la requête du mari sur l'adultere seroit confirmée, & l'on ordonneroit qu'elle seroit continuée à la requête de la Partie publique, comme il a été jugé par Arrêt du mois de Janvier 1640, rapporté par Soefve, *tom.* 1. *centurie* 1. *chap.* 1.

Observation sur la maxime, qu'il n'y a que le mari qui puisse intenter l'action d'adultere contre sa femme.

16. Enfin quant aux Juges compétens pour connoître du crime d'adultere, les Docteurs Ultramontains, & même quelques anciens Auteurs François, imbus de leurs fausses maximes, tiennent que le Juge d'Eglise en doit connoître: mais en France nous rejettons cette Doctrine, & nous tenons pour maxime constante que le crime d'adultere est de la seule compétence du Juge laïc, soit Royal, soit Haut-Justicier; & qu'il y auroit abus de la citation, procédure & Sentence en l'Officialité. C'est ce qui est porté par une Ordonnance expresse de Charles VI. du 5 Mars 1336, régistrée au Parlement, rapportée par Lenglet, & tirée du chapitre 36. des Preuves des Libertés de l'Eglise Gallicane, page 1371.

Régle pour la compétence en fait d'adultere.

Ainsi le Juge compétent de connoître de cette matiere, est le Haut Justicier dans sa Justice, soit entre Nobles ou Roturiers; le Prévôt dans son détroit entre Roturiers; & entre Nobles, le Baillif au Sénéchal. Voyez *infrà* part. 2. de la compétence, chap. 1.

Mais il faut remarquer que comme ce crime, sauf le cas de scandale & autres circonstances, regarde personnellement le mari, & qui est le seul qui puisse intenter l'action d'adultere contre sa femme, le Juge du domicile du mari est compétent pour connoître de cette

SECT. I. DIST. IV.

accusation; du moins il est certain que la femme ne seroit pas fondée à demander son renvoi devant le Juge du lieu où elle seroit accusée d'avoir commis d'adultere; parce que l'adultere n'est crime, quant à la punition judiciaire, que relativement au mari, & à l'injure qui lui est faite, & à sa personne.

Cas ausquels on peut conjecturer qu'il y a adultere.

17. Avant de conclure cette matiere, l'on rapportera les termes de la glose sur la Loi *quod ait Lex* 23. *ff. ad leg. Jul. de adulter.* qui explique en quels cas on peut conjecturer qu'il y a adultere : *Tria sunt observanda, scilicet locum adulterii, qualitatem personarum, & actum & modum adulterantium.*

De loco considerandum, an is opacus fuerit, & tenebrosus, an luculentus, an profanus, an sacratus; nam in locis claris & sacratis nullum suspicandum est futurum adulterium.

De qualitate personarum, videndum an cognati, an affines, alieni, an Ecclesiastici fuerint, an laïci & seculares; nam in cognatione, affinitate, & in Ordinæ Ecclesiastico, nullum suspicamur intercedere posse adulterium. Mais ce que dit la glose à l'égard des Ecclésiastiques & Religieux, est une opinion erronée des Docteurs Ultramontains, qui ne seroit pas de mise en France.

De actu denique considerandum modos & gestus & signa : nempè, mutua, eaque aut aperta, aut secreta oscula, pudendorum liberas & mammillarum faciles contrectationes, & contractus, aut mutuos ad collum amplexus.

Quandoquidem si hæc signa simul conspicientibus aliis, contingant, argumentum certum est de commisso adulterio.

DISTINCTION CINQUIÈME.

Du crime de Poligamie.

De la Poligamie.

1. Ce crime est d'avoir en même tems de la part du mari deux ou plusieurs femmes, par Sacrement de mariage ou bénédiction nuptiale; & de la part de la femme deux ou plusieurs maris. De là il est facile de voir que nous ne parlons ici que de la poligamie réelle, & non de la bigamie interprétative qui concerne les Canonistes.

2. Ce crime viole la foi du sacrement de mariage, & est un perpetuel adultere; il est très-grave, & rend tous Juges des lieux où les coupables de poligamie habitent, compétens d'en connoître.

Peine de ce crime.

3. La peine de ce crime étoit autrefois la mort, ensuite on s'est contenté de condamner au fouet. La derniere jurisprudence du Parlement de Paris est depuis longues années, de condamner les coupables de poligamie à être attachés au carcan ou au pilori pendant trois jours de marché, avec autant de quenouilles attachées entre les bras des hommes, qu'ils ont des femmes vivantes. A l'égard des femmes, on ne leur met pas de quenouilles, mais un écriteau portant, *femme qui a plusieurs maris* ! & outre cela, on condamne les hommes aux galeres, à tems, ou au bannissement à tems; & les femmes au bannissement à tems.

4. Il faut cependant observer qu'en cas d'absence de l'un des conjoints, s'il y avoit nouvelle de sa mort & perquisition suffisante, en ce cas le conjoint remarié ne seroit point tenu pour coupable de poligamie ni adultere, quoiqu'ensuite il fût découvert que le bruit de la mort du conjoint absent auroit été faux, *cap. in præsentiâ* 19, *extr. de sponsalib. & matrim. cap.* 2. *extr. de secund. nupt.* Le Prêtre, *centurie* 1. *chap.* 1. *nomb.* 9. 10. & 11. Il suffit même du bruit commun de la mort du conjoint absent, *dict. cap.* 19. *extr. de sponsalib.* & les Docteurs les plus rigoureux estiment que le témoignage d'un seul témoin suffit, *quest. notabl.* de Droit; *liv.* 3. *quest.* 8. Par un Arrêt du 14. Mai 1647, rapporté par Soefve, *tome* 1. *centurie* 2. *chap.* 20. il a été jugé qu'une femme, qui sur le bruit du décès de son mari, s'étoit remariée après l'an du deuil, pouvoir répéter ses deniers dotaux & conventions, sans être tenue de verifier le décès de son premier mari.

5. Mais aussi-tôt que la femme remariée a des nouvelles sûres que son mari absent est vivant, elle doit cesser de vivre avec son second mari, à peine d'être punie comme adultere; & si le conjoint absent revient, il faut que son conjoint remarié pendant son absence retourne avec lui, *dict. cap.* 2. *extr. de secund. nupt.*

De l'Inceste.

1. L'inceste est un crime qui se commet par la conjonction entre personnes parentes ou alliées jusqu'à certain degrés, parmi ceux qui sont déterminés par les Loix civiles ou canoniques, sur les empêchemens de mariage.

2. Tout crime d'inceste n'est pas sujet à la même peine; la punition de l'inceste en

certains

certains degrés de parenté ou d'affinité, est plus griéve que dans d'autres.

De cette définition du crime d'inceste, & de cette observation, résulte la nécessité qu'il y a d'expliquer ici jusqu'à quel degrés de parenté & d'affinité s'étend la défense de se marier, quels sont les degrés de parenté & d'affinité où il y a inceste par la conjonction, & quelles sont les peines de l'inceste en chaque degré.

3. Le second Concile de Latran, tenu en 1139, Canon 17. que nous suivons en ce point, défend le mariage en collaterale jusqu'au quatriéme degré inclusivement, selon la computation canonique. A l'égard des parens en directe, le mariage entr'eux est défendu indéfiniment, §. 1. *inst. de nupt. leg. nuptiæ* 53. *ff. de ritu nupt.* à quoi il n'a point été donné d'atteinte par le Droit canon.

De l'affinité, & de ses espéces.

4. Quand à l'affinité, il faut d'abord observer qu'elle se contracte entre le mari & les parens de la femme, & réciproquement entre la femme & les parens de son mari. Ainsi l'affinité n'est pas une veritable parenté; mais à cause de l'étroite liaison qu'il y a entre le mari & la femme, la parenté devient commune. Voyez le Lévitique, chapitre 18. qui a marqué certains degrés où l'affinité est un obstacle au mariage.

5. On ne trouve rien avant Papinien dans le Droit Romain qui regarde la défense des mariages entre parens & alliés; il est le premier qui en ait parlé à l'occasion du mariage de Caracala. Les Jurisconsultes qui vinrent après lui, étendirent si loin les liaisons de l'affinité, qu'ils mirent l'adoption au même point que la nature. Les Canonistes qui ne voulurent pas être surpassés par les Payens sur les égards de la bienséance & honnêteté des mariages, introduisirent un troisiéme genre d'affinité qui n'étoit pas encore connu.

6. Les Canonistes ont donc distingué trois espéces d'affinité. La premiere se contracte entre le mari & les parens de sa femme, & entre la femme & les parens de son mari. La seconde entre le mari & les alliés de sa femme, & entre la femme & les alliés de son mari. La troisième entre le mari & les alliés des alliés de sa femme, & entre la femme & les alliés des alliés de son mari.

7. Enfin, dans le quatrième Concile de Latran, tenu en 1215. on traita à fond la matiere de l'affinité; on trouva qu'il n'y avoit que l'affinité du premier genre qui produisit une véritable alliance, & que les deux autres espéces d'affinité n'étoient que des raffinemens qu'il falloit abroger; c'est ce qui fut fait dans le fameux chapitre *non debet*, au titre des Décrétales *de consf. & affin.* Il y a quelques Canonistes qui prétendent que cette abrogation du deuxiéme & du troisiéme genre d'affinité ne se doit entendre que de la ligne collatérale, & non pas de la ligne directe.

Quoiqu'il en soit les récusations des Juges ont lieu jusqu'au quatriéme degré d'affinité, suivant l'Ordonnance de 1667.; de même l'affinité est un empêchement au mariage jusqu'au quatriéme degré inclusivement, *cap.* 8. *℣. prohibitio*, *extr. de consang. & affin.* Mais il faut remarquer que cela s'entend d'une affinité directe & du premier genre. Covarr. *ad dict. tit. de consang. & affinit. part.* 2. *cap.* 6. §. 7. *n.* 6. Zoez. *in eundem tit. num.* 9. Il faut aussi remarquer que cet empêchement du mariage suit non seulement de l'affinité que l'on contracte par un mariage légitime, mais encore de celle qui se contracte par un mauvais commerce, si le crime a été consommé, *cap.* 2. *extr. de eo qui cognov. consang. uxor suæ vel spons.* Cependant, suivant le Concile de Trente, *de reform. sess.* 24. *cap.* 4. le crime n'apporte d'obstacle au mariage qu'au premier & au second degré; au lieu que le mariage en met jusqu'au quatriéme degré inclusivement, comme on l'a dit.

8. Il y a encore une autre genre d'affinité, appellé cognation spirituelle, qui se contracte par le Sacrement de Baptême & de Confirmation; sçavoir, entre les parreins & marreines d'un côté, & les filleuls & les filleules de l'autre. Un parrein ne peut pas contracter mariage avec sa filleule sans dispense. Il se contracte aussi une affinité avec les pere & mere de l'enfant qu'on tient sur les Fonts. Voyez le Concile de Trente, *loc. cit. cap.* 2.

9. On a déja observé que l'empêchement du mariage suit non seulement de l'affinité que l'on contracte par un mariage légitime, mais encore de celle qui se contracte par un mauvais commerce, si le crime a été consommé. Il est important d'éclaircir ce point, tant pour l'instruction des Juges, que pour tâcher d'arrêter le progrès du vice par la terreur de la peine temporelle. Cette sorte d'inceste se commet par celui qui a un mauvais commerce avec la mere & la fille, ou par celle qui admet le pere & le fils, *can. si quis cum matre* 34. *quæst.* 1. De même par celui qui connoît les deux sœurs, *can. si quis cum duabus, ibidem*, ou par celle qui admet les deux freres, *can. si homo* 35. *quæst.* 3.

10. Suivant le Droit canonique, toute conjonction dans les dégrés prohibés par ce

Droit, soit en mariage sans dispense, soit hors mariage, est un inceste : d'où il semble que puisque nous suivons en ce point le droit canonique, il faudroit conclure de-là que suivant nos mœurs, toute conjonction en mariage sans dispense, ou hors mariage en degré prohibé par les Loix canoniques, devroit être réputée incestueuse, & comme telle punie par nos Loix. Mais il n'en est pas ainsi parmi nous ; nous ne réputons conjonctions incestueuses, du moins quant à la punition, que celles à l'égard desquelles l'Eglise ne peut point & n'est pas accoutumée d'accorder de dispenses ; telles que sont les conjonctions qui sont défendues par le Droit naturel.

11. Ainsi entre ascendans & descendans il y auroit inceste, parce que par le Droit naturel le mariage est défendu entr'eux, suivant la Loi derniere, *ff. de ritu nupt.* & la Loi 38. §. 2. *ff. ad leg. Jul. de adult.* & la punition d'inceste est d'être brûlé vif, quand même la parenté entre le pere & la fille ou entre le fils & la mere ne seroit que naturelle. Il en est de même entre le frere & la sœur. Presque tous les Docteurs tiennent que la conjonction est aussi défendue entr'eux par le Droit naturel. C'est entr'autres ce qu'enseignent Cujas, *ad novell.* 12. Covarruvias, *ad dict. tit. de consanguin. & affinit. cap.* 6. §. 10. *n.* 14. *&* 15. & Zoërius, *ad eundem tit. n.* 33. Un tel crime d'inceste doit être puni de mort ; ce qui est conforme au Lévitique, chapitre 20.

12. Entre l'oncle & la niéce, tous les Docteurs tiennent que le Pape peut accorder dispense de mariage ; voyez Zoërius, *in loc. cit. num.* 34. La raison qu'ils en donnent est que le Lévitique, ch. 18. défend la conjonction entre le neveu & la tante, & ne parle pas de l'oncle & de la niéce. Mais il est rare qu'on admette parmi nous sans de fortes raisons de pareilles dispenses, parce que suivant le Droit civil, les oncles & tantes sont *loco parentum*, *inst. de nupt.* §. 3. ainsi la conjonction illicite, non-seulement entre le neveu & la tante, mais aussi entre l'oncle & la niéce, doit être punie de peine afflitive, *citrà mortem*.

13. A l'égard des autres degrés en collatérale plus éloignés, comme la dispense s'en peut obtenir, il n'écheroit aucune peine afflictive, mais seulement pécuniaire.

14. Quant à l'affinité en directe, le commerce entre un homme marié ou veuf, & la mere de sa femme ; entre une femme mariée ou veuve, avec le pere de son mari ; entre le mari de la mere & la fille du premier lit de cette mere morte ou vivante ; & entre la femme mariée & le fils du premier lit de son mari ; comme l'affinité est comparée à la parenté, & se compte suivant les mêmes degrés, la punition de l'inceste entre telles personnes devroit être pareillement le feu ; mais du moins la peine capitale est inévitable. Voyez Papon, *liv.* 22. *tit.* 9. *Arrêt* 7.

15. Par la même raison, celui qui auroit commerce sciemment avec la mere & la fille, ou celle qui auroit commerce avec le pere & le fils, doivent être condamnés à mort ; cependant la peine ne devroit pas être si rigoureuse, si la parenté n'étoit que naturelle.

16. De même de celui ou de celle qui auroit commerce sciemment avec deux personnes alliées par affinité en directe, comme avec la belle-mere & la bru ; toutes ces personnes de part & d'autre doivent être condamnées à mort, du moins *ad citrà mortem*, quoique Jul. Clarus paroisse d'avis contraire.

17. Par rapport à l'affinité en collatérale au premier degré, le commerce du mari avec la belle sœur, ou de sa femme avec son beau-frere, du mari avec la tante de la femme, *& vice versà*, doit être puni extraordinairement.

18. De même le commerce sciemment d'un homme avec les deux sœurs, ou avec la tante & la niéce, *& vice versà*. Voyez Papon, *liv.* 22. *tit.* 9. *Arrêt* 8. qui assujettit les uns & les autres à une peine extraordinaire ; ce qui doit s'entendre quand la parenté est légitime, *secùs* s'il s'agissoit de frere ou sœurs naturels.

19. A l'égard de la cognation spirituelle qui se contracte par le Baptême ou la Confirmation, le commerce entre telles personnes ne seroit point puni par des peines afflictives, non plus que le commerce entre personnes alliées par affinité en collatérale au second degré.

20. Il y a encore d'autres sortes d'incestes spirituels, qui se commettent avec des personnes qui ont fait vœu solemnel de religion, ou entre le Confesseur & la Pénitente ; les corrupteurs au premier cas doivent être punis de mort, & au second cas être brûlés vifs : quoique ce soit *crimen duorum*, la peine n'est égale contre les personnes qui ont été corrompues. Lucrece nous en fournit un exemple dans l'Histoire Romaine.

21. Quoique dans tous les autres crimes, *cogitationis pœnam nemo patiatur*, dit la Loi *cogitationis* 18. *ff. de pœnis*, néanmoins en cas d'inceste & de viol, quand il y a une forte

présomption que l'accusé a pû exécuter sa mauvaise pensée, il doit être puni extraordinairement, suivant la Loi 1. *de extraordin. criminib.* & même l'Empereur Jovinien en la Loi 5. *cod. de Episcop. & Cleric.* veut que la seule tentative en ce cas soit punie de peine capitale : c'est l'observation que fait le Bret, *Traité de la Souveraineté*, *liv.* 4. *chap.* 5. au sujet du crime de léze-Majesté.

SECT. I. DIST. VI.

Il est vrai que Rebuffe, *in proœmio constit. regiar. gloss.* 5. *num.* 18. *& seq.* dit que cette Loi *quâ punitur conatus*, n'est pas observée en France ; & cependant il convient, *num.* 31. que cette tentative est punie de peine pécuniaire, & même quelquefois de peine capitale. Cela doit dépendre des circonstances, de la force des présomptions, & des voies de fait extérieures.

DISTINCTION SEPTIEME.

Du Rapt & du Viol.

1. Quoique dans notre langue ces deux crimes ayent différens noms & se distinguent, & que même ils puissent être commis l'un sans l'autre ; néanmoins il en sera traité sous un même titre, à l'exemple des anciens Criminalistes, avec d'autant plus de raison, que suivant la disposition du Droit, ils sont appellés du même nom, *raptus*, & sont confondus ensemble pour la fixation des peines, de même que par les Ordonnances de nos Rois, qui même ne font pas de distinction entre le rapt de violence qui se fait de force & malgré la personne ravie, & le rapt de séduction qui se fait du consentement de la personne ravie, mais toujours malgré ses parens & à leur insçu, appellée *raptus in parentes.* Mais il faut observer que toute débauche n'est pas un rapt de séduction ; il faut pour qualifier le rapt de séduction, qu'il y ait inégalité de fortune, d'âge ou de condition, ou quelqu'autre circonstance qui le démontre. Le rapt de séduction de la part d'un Ecclésiastique est un cas privilégié, au lieu que la simple débauche avec une fille ou veuve sans séduction n'est qu'un délit commun : c'est ainsi que s'est expliqué M. Joly de Fleury, Avocat général, depuis Procureur général, lors d'un Arrêt du 30 Juillet 1707, rapporté au Journal des Audiences.

Du Rapt & du viol.

Pour donner une idée distincte du rapt & du viol, il faut observer que le rapt proprement dit, est l'enlevement que l'on fait d'une femme ou fille que l'on sequestre pour en abuser, ou pour l'épouser malgré ses parens.

Ce que c'est que Rapt.

Le viol est un attentat qui est fait à la pudeur d'une femme ou fille, pour en abuser par force & violence sans l'enlever.

Ce que c'est que viol.

Mais enfin, suivant la disposition du Droit, le crime appellé *raptus*, qui renferme le rapt & le viol, se commet toutes & quantes fois qu'une femme ou une fille est enlevée & sequestrée pour un mauvais dessein, ou quand on use de force & de violence pour en abuser.

2. Quiconque ravit une fille ou une femme veuve, ou quelqu'autre femme de condition honnête, ou lui fait violence pour en abuser, doit être puni de mort avec confiscation de biens, *leg. unic. cod. de raptu virgin. leg. raptores virginum*, *& leg. si quis non dicam rapere*, *cod. de Episcop. & Cleric.* §. *item lex Julia* 8. *instit. de public. judic.*

3. Ceux qui ont conseillé, favorisé le rapt, ou y ont aidé en quelque maniere que ce soit, doivent subir la même peine, *dict. leg. unic.* §. *pœnas autem*, *& dict. leg. raptores virginum.*

4. Même les parens qui négligeoient de poursuivre la vengeance du viol avec force & violence de leur fille ou petite-fille, étoient condamnés à la déportation, sorte de bannissement chez les Romains, qui emportoit la perte du droit de Cité ; parce qu'en ce cas les parens étoient suspects d'avoir concouru à ce rapt, *dict. leg. unic.* §. *& si quidem.* ℣. *nisi etenim.*

5. Suivant les canonistes, *in cap.* 1. *extr. de adulter. Vim in raptu tum fieri intelligitur, quando mulier magno clamore imploravit alicujus opem & auxilium, isque clamor per aliquos auditus fuerit* : & ils ajoutent que *si res contingat procul ab hominibus, in silvis, in foveis, in magnis agris, ubi vox oppressæ non facilè à quoquam audiri posset*, alors il faut entiérement ajouter foi à la femme qui se plaint de la force & violence qui lui a été faite : *Si modo*, disent-ils, *ea honestæ vitæ & famæ fuerit : nam quemadmodum, statur juramento virginis contra destorantem, ita statur juramento honestæ raptæ contra raptorem quod erat rapta.*

6. Il n'en seroit pas de même des femmes prostituées, ni de celles qui n'ont pas une

SECT. I. DIST. VII.

réputation honnête ; l'on ne doit en aucun cas s'en rapporter à leur serment, ni écouter les femmes prostituées, *de oppressione violenta conquerentes*, du moins pour donner lieu à une accusation criminelle : car, comme dit Decius, *in leg. invitus* 156. *ff. de regul. jur. tales mulieres sese omnibus priùs posituerunt & quæstûs gratiâ se omnibus addixerunt, adeò ut nulli sui copiam denegare possint* ; & comme dit encore Godeffroy, *in leg. quæ adulterium* 29. *cod. de adulter.* après Jul. Clarus 5. *sent.* §. *fornicatio* 5. *stuprum non committitur cum meretrice* : il n'y a point de violement de pudicité avec une prostituée ; de sorte que, *quæ in meretricio habitu & in loco meretricio reperta fuit & opressa, proverâ meretrice omni jure censeri debet, etiamsi antè compressionem virgo fuisset*, dit Damhouderius, *in prax. rer. criminal. cap.* 95. *de raptu, num.* 11.

7. Mais les Loix Romaines défendent absolument le rapt & la force commise contre une femme ou fille auparavant prostituée, qui seroit revenue de sa débauche, *dict. leg. unic. cod. de raptu virgin.* & en ce cas on encourroit la peine du crime de rapt, suivant Cynus, Salicet & Balde, *in dict. leg. unic. Imò ne licet quidem*, dit Damhouderius, *loc. cit. num.* 13. *vim adferre concubinis ipsis, quæ sese honestiùs, aliquando in suo concubinatu cum uno suo concubinario gerunt & vivunt, etiamsi in eodem concubinatu reperiantur secretò aliquando facere sui copiam alteri, aut quæstûs, aut amoris gratiâ : nam tales concubinæ, non omnibus & singulis sese prostituunt, sed in dumtaxat suo concubinario, licet non satis semper fideliter.*

Du viol des filles impuberes.

8. Quant au viol des filles impuberes, *Joan. Faber, in* §. *item lex Julia* 8. *instit. de public.* dit que selon quelques-uns, la peine contre celui qui a commis ce crime, est le bannissement, & selon d'autres, le dernier supplice ; *etiamsi crimen non impleverit* ; car en crime de rapt l'attentat est puni, quoique l'effet ne s'en soit pas ensuivi, *dict. leg. si quis non dicam rapere, cod. de Episcop. & Cleric. Vide supr. dist.* 6. *n.* 21.

Si la fille ravie peut épouser son ravisseur.

9. Enfin, suivant le Droit civil, la fille ravie ne peut jamais épouser son ravisseur, *nullo modo nullo tempore licentia mulieri raptæ permissa raptoris se conjungere matrimonio* ; sinon elle perd ses dommages & intérêts, & les parens qui y donnent leur consentement sont condamnés à la déportation, *novell.* 143. contre la disposition du Droit canon, *cap. causâ, cap. & fin. extr. de raptorib.* qui veulent que le mariage soit valable, si la fille ravie y a consenti, après avoir été mise en liberté, suivant le Concile de Trente, *sess.* 24. chap 6. *de reform.* Ce qui n'est point suivi parmi nous, comme on le verra ci-après. Il est même contraire aux anciens canons & à la discipline de l'Eglise, depuis le siécle de Constantin jusqu'à l'onziéme siécle. Voyez Confer. de Paris sur le mariage, *tom.* 2. *liv.* 5. *confer.* 2. §. 1.

Si le rapt peut se commettre à l'égard des mâles, comme à l'égard des filles.

10. Il reste à observer que le rapt soit de force ou de séduction des mâles peut aussi se commettre, suivant la glose *in leg. unic. cod. de rapt. virgin.* Tiraqueau, *de legib. connubial. cap.* 76. *num.* 84. en rapporte plusieurs exemples ; mais suivant le sentiment de Balde, Salicet, & de tous les autres Docteurs sur ladite Loi unique, la même peine de mort ne doit pas avoir lieu *in muliere rapiente virum* ; parce que l'injure n'est pas égale ; cependant on va voir que les Ordonnances ne distinguent point.

Ordonnances contre les ravisseurs.

11. Voici maintenant la disposition des Ordonnances de nos Rois en cette matiere, au moyen de quoi il sera facile de reconnoître en quoi elles différent du Droit civil & du Droit Canonique, & en quoi elles s'y accordent.

Ordonnance d'Orleans du mois de Janvier 1560. article III. » Parce qu'aucuns abusant de la faveur de nos prédécesseurs par importunité ou plutôt subrepticement, ont » obtenu quelquefois des Lettres de cachet, Closes ou Patentes, en vertu desquelles » ils ont fait sequestrer des filles, & icelles épousé ou fait épouser contre le gré & » vouloir des peres, meres & parens, tuteurs & curateurs, chose digne de punition » exemplaire ; enjoignons à tous Juges de procéder extraordinairement & comme en » crime de rapt, contre les impétrans & ceux qui s'aideront de telles Lettres, sans » avoir aucun égard en icelles.

Ordonnance de Blois du mois de Mai 1579, » Voulons que ceux qui se trouveront » avoir suborné fils ou fille mineure de 15. ans, sous prétexte de mariage ou autre » couleur, sans le gré, sçu, vouloir ou consentement exprès de peres, meres & tu- » teurs, soient punis de mort, sans espérance de grace & pardon, nonobstant tous » consentemens que lesdits mineurs pourroient alléguer par après avoir donné audit rapt » lors d'icelui ou auparavant : & pareillement seront punis extraordinairement tous ceux

» qui auront participé audit rapt, & qui auront prêté conseil, confort & aide en » quelque maniere que ce soit.

Coquille en sa note sur cet article 42, dit, que la peine de mort se trouve avoir été ordonnée par un ancien Edit du Roi François I. fait par l'avis du Grand Conseil.

Art. 281. de la même Ordonnance. » Défendons à tous Gentilshommes & Seigneurs » de contraindre leurs sujets & autres à bailler leurs filles, niéces ou pupilles en ma- » riage à leurs serviteurs ou autres, contre la liberté ou volonté qui doit être en tels » contrats, sur peine d'être privé du droit de Noblesse, & punis comme coupables » de rapt. Ce que semblablement nous voulons, aux mêmes peines, être observé » contre ceux qui abusant de notre faveur par importunité ou plutôt subrepticement, » ont obtenu ou obtiennent de nous Lettres de cachet, Closes ou Patentes, en vertu » desquelles ils font enlever & sequestrer filles, icelles épousent & font épouser contre » le gré & vouloir des peres, meres, parens, tuteurs & curateurs.

Déclaration du Roi du 26. Novembre 1639, registrée au Parlement le 19. Décembre suivant, art. 2. » Le contenu en l'Edit de l'an 1556. & aux articles 41, 42. 43. » 44. de l'Ordonnance de Blois, sera observé : & y ajoutant, nous ordonnons que » la peine de rapt demeure encourue, nonobstant les consentemens intervenans » puis après de la part des peres & meres, tuteurs & curateurs, dérogeant expressé- » ment aux Coutumes qui permettent aux enfans de se marier après l'âge de 20. ans » sans consentemens des peres. Déclarons les veuves, fils & filles moindres de 25 ans, » qui auront contracté mariage contre la teneur desdites Ordonnances, privés & déchus » par leur seul fait, ensemble les enfans qui en naîtront, & leurs hoirs, indignes & » incapables à jamais des successions de leurs peres, meres & ayeuls, & de toutes » autres directes & collatérales; comme aussi des droits & avantages qui pourroient » leur être acquis par contrats de mariage & testamens, ou par les Coutumes & Loix » de notre Royaume, même du droit de légitime; & les dispositions qui seront faites » au préjudice de cette Ordonnance, soit en faveur des personnes mariées, ou par elles » au profit des enfans nés de ces mariages, nulles & de nul effet & valeur. Voulons » que les choses ainsi données, léguées ou transportées, sous quelque prétexte que ce » soit, demeurent en ce cas acquises irrévocablement au fisc, sans que nous en puis- » sions disposer qu'en faveur des Hôpitaux ou autres œuvres pies. Enjoignons aux fils » qui excédent l'âge de 30. ans, & aux filles qui excédent celui de 25. ans, de re- » quérir par écrit l'avis & le conseil de leurs peres & meres pour se marier, sous » peine d'être exhérédés par eux, suivant l'Edit de l'an 1556.

Art. 3. » Déclarons conformément aux saints Decrets & Constitutions canoniques, » les mariages faits avec ceux qui ont ravi & enlevé des veuves, fils & filles, de » quelque âge & condition qu'ils soient, non valablement contractés, sans que par le » tems, ni par le consentement des personnes ravies, & de leurs peres, meres, tu- » teurs & curateurs, ils puissent être confirmés, tandis que la personne ravie est en » la possession du ravisseur, & néanmoins en cas que sous prétexte de majorité, elle » donne un nouveau consentement après être mise en liberté pour se marier avec le » ravisseur, nous la déclarons, ensemble les enfans qui naîtront d'un tel mariage, in- » dignes & incapables de légitime, & de toutes successions, directes & collatérales » qui leur pourroient échoir sous quelque titre que ce soit conformément à ce que nous » ordonnons contre les personnes ravies par subornation; & les parens qui auront » assisté, donné conseil & favorisé lesdits mariages, & leurs hoirs, incapables de » succeder directement ou indirectement auxdites veuves, fils & filles. Enjoignons très- » expressement à nos Procureurs généraux & à leurs Substituts, de faire toutes les pour- » suites nécessaires contre les ravisseurs & leurs complices, nonobstant qu'il y eût plainte » de Partie civile; & à nos Juges de punir les coupables de peine de mort & confis- » cation de biens, sur iceux préalablement prises les réparations qui seront ordonnées, » sans que cette peine puisse être moderée: faisant défenses à tous nos sujets de » quelque qualité & condition qu'ils soient, de donner retraite aux coupables, ni de » retenir les personnes enlevées à peine d'être punis comme complices, & de répon- » dre solidairement, & leurs héritiers, des réparations adjugées, & d'être privés de » leurs offices & gouvernemens, s'ils en ont, dont ils encourront la privation par le » seul acte de la contravention à cette défense.

Art. 4. » Et afin qu'un chacun reconnoisse combien nous détestons toutes sortes de

» rapt, nous défendons très-expressément aux Princes & Seigneurs de nous faire instance pour accorder des Lettres, afin de réhabiliter ceux que nous avons déclarés » incapables de successions ; à nos Secretaires d'Etat de les signer, & à notre très-cher » & féal Chancelier de les sceller, & à tous Juges d'y avoir aucun égard : en cas » que par importunité ou autrement on en eût impetré aucunes de nous, voulons que » nonobstant telles dérogations ou dispenses, les peines contenues en nos Ordonnances » soient exécutées.

Il est aussi porté en général par l'article 27. du titre 16. de l'Ordonnance de 1670. que les Lettres de rémission & pardon sont obtenus pour des cas qui ne soient pas remissibles, ou si elles ne sont pas conformes aux charges, les impétrans en seront déboutés. Mais par la Déclaration du Roi du 22. Novembre 1683, que l'on trouvera à la fin de ce Traité, il est ordonné aux Cours d'entériner les Lettres de rémission scellées du grand sceau, quand l'exposé se trouve conforme aux charges & formations, ou que les circonstances ne seront pas tellement différentes, qu'elles changent la qualité de l'action, sauf aux Cours à faire leurs remontrances au Roi, ou les autres Juges leurs représentations au Chancelier, sur l'atrocité des crimes.

12. Ainsi, quoique nos Rois n'accordent point de grace pour le crime de rapt, néanmoins il ne seroit point permis à présent aux Juges de pratiquer cet article 4. de la Déclaration de 1639, mais il faut exécuter la déclaration de 1638.

13. Et quoique les Ordonnances portent peine de mort contre ceux qui prêtent conseil, confort & aide en aucune maniere que ce soit, à commettre le crime de rapt ; neanmoins les Cours s'écartent de cette rigueur suivant les circonstances, à laquelle les premiers Juges sont obligés de s'assujettir.

Régles pour la compétence en fait de rapt & de viol.

14. Le Juge du lieu de l'enlevement ou du viol, soit royal ou seigneurial, est celui qui doit connoître de ce crime, suivant l'article 1. du titre 1. de l'Ordonnance de 1670 ; & comme ce crime se perpetue & se commet par continuation en différens endroits, tous les complices du rapt, en quelque lieu qu'ils y ayent donné conseil, confort ou aide, deviennent justiciables au Juge du lieu où l'enlevement a été fait ; sauf à l'égard du prêtre qui marie le ravisseur avec la personne ravie, sans les consentemens requis par les Edits & Déclarations du Roi, à obliger son Evêque diocésain, en vertu d'Arrêt de la Cour, ou du Conseil d'Etat du Roi si c'est dans le ressort d'un autre Parlement, à donner Vicariat à un autre prêtre dans la résidence du Juge du délit, pour être conjointement avec lui instruit le procès du Prêtre complice du crime de rapt.

15. Mais si le rapt & enlevement a été fait par force & violence, alors c'est un cas royal ; dont les Baillifs & Sénéchaux sont seuls compétens de connoître, suivant l'article 11. du titre 1. de l'Ordonnance de 1670.

Au reste voyez la déclaration du Roi, concernant le rapt de séduction, donnée à Marly le 22. Novembre 1730.

DISTINCTION HUITIEME.

Du péché contre nature.

Du péché contre nature.

1. De tous les crimes de luxure celui-ci est le plus grave & le plus détestable par les Loix divines & humaines, comme on le peut voir dans la Genese, *cap.* 19. *leg. cùm vir nubit* 31. *col. ad leg. Jul. de adulter.* & *novell.* 77. & 141. *Tripliciter peccatum contra naturam committitur, nempè cùm quis venere abutitur, aut secum, aut cùm hominibus, aut cum animantibus brutis ; prima species est crimen grave, secunda gravius, tertia gravissimum.*

2. *Primam speciem committunt quicumque secum venerea secretò exercent ; quod crimen Apostolus mollitiem vocat : Latini verò mastuprationem.* Ce crime s'il venoit à la connoissance des Juges, ce qui ne peut arriver que très-rarement, seroit puni du bannissement ou d'autre peine extraordinaire ; mais pour être caché aux yeux des hommes, il n'en est pas moins exécrable ; & il en est plus grievement puni par la Justice divine.

3. *Secunda species, cùm quis venere abutitur cum hominibus ; bifariàm committitur, aut in eodem sexu, aut in sexu diverso. In eodem quidem sexu etiam bifariàm ; scilicet masculus cum masculo, aut mulier cum muliere. In diverso sexu, non in vase debito.*

4. La peine de ce crime dans cette seconde espéce, *scilicet masculi cum masculo,*

est la mort de l'un & de l'autre, suivant le Lévitique, *cap.* 20. Sur la punition *mulieris cum muliere*, *vide Borium*, *decis.* 316. *num.* 14. Suivant nos mœurs, dans toutes les circonstances de cette seconde espéce, la peine est d'être brûlé vif, ou après avoir subi la mort, selon les circonstances.

5. *Tertia species omnium horrendissima ; cum quis venerea exercet cum animantibus brutis ; ex Levit.* 20. *interfici debet cum bruto : indignum enim esset & odiosum tale brutum subsistere & in conspectu hominum versari. In eo nefandissimo crimine cum bruto non requiritur consummatio, sufficit conatus actui proximus. Vide Boërium, loco cit. num.* 3. & 4. *Quantum autem ad hujusce pœnam criminis irrogandam, mos olim erat, ut prisci referunt criminalistæ, tale brutum illicò cùm homine peccante igni esse concremandum, simul cum lite, ne ulla post patrati sceleris punitionem remanerent vestigia. At novo quæsitorum Tribunalis supremi senatus Parisiensis decreto* 12. *Octobre* 1741, *Sententia Senechalis Curiæ Pictonum fuit confirmata, quâ adolescens quidam Picto, qui venere cum vaccâ abusus fuerat, in honorariam mulctam, igneque comburi vivum, damnaverat hancque animantem brutam esse mactandam, ejusque membra humo condere decreverat.*

SECTION DEUXIEME.

Du crime de faux.

L'on expliquera ci-après en la troisième partie, chapitre 6, la maniere de procéder sur le faux ; il s'agit ici de traiter de la nature du crime de faux.

1. Le crime de faux est une supposition frauduleuse pour obscurcir la vérité, & faire paroître les choses autrement qu'elles ne sont.

Du crime de faux.

2. Ce crime se commet en trois manieres ; par paroles, par écritures, ou par actions. Par paroles, quand les témoins déposent contre la vérité. Par écritures, quand on fabrique, qu'on altére ou qu'on antidate un contrat ou quelqu'autre piéce. Par faits ou actions, quand on vend à faux poids ou fausse mesure, ou qu'on altere la monnoie.

3. Suivant le Droit on peut agir criminellement ou civilement pour le faux ; mais parmi nous, il y a faux principal & faux incident : voyez *infrà*, *part.* 3. *chap.* 6. où est expliquée la maniere d'instruire le faux principal & le faux incident : il ne s'agit ici que d'expliquer la nature du faux, & de quelles peines il doit être puni.

4. La fausseté se commet aussi bien en écriture privée que publique, & est également punie, *leg.* 21. *ff. ad leg. Cornel. de fals. leg.* 23. *eod.*

5. Nos Rois ont fixé la punition contre certains crimes de faux. Par Edit & Ordonnances de François I. du mois de Mars 1531. & du mois d'Octobre 1535. *chap.* 19. *article* 9. & d'Henri III. de l'an 1585, compilés par Theveneau, *liv.* 4. *tit.* 17. *art.* 3. il est ordonné que tous ceux qui seront atteints & convaincus d'avoir fait & passé faux Contrats, & porté faux témoignages en Justice, soit en matiere civile ou criminelle, ensemble les subornateurs desdits faux témoins, seront exécutés à mort, telle que les Juges l'arbitreront, selon l'exigence des cas.

Peine de ce crime.

Par un autre Edit plus récent du mois de Mars 1680. registré au Parlement le 24. Mai suivant, il est ordonné que ledit Edit du mois de Mars 1631. soit observé ponctuellement selon sa forme & teneur ; & y ajoutant, que tous Juges, Greffiers, Ministres de Justice, de Police & de Finances, tant des Cours supérieures que subalternes, comme aussi ceux des Officialités & des Justices des Seigneurs, les Officiers & Ministres des Chancelleries, les Gardes des Livres & Registres des Chambres des Comptes & des Bureaux des Finances, & ceux des Hôtels de Villes, les Archiviers, & généralement toutes personnes faisant fonction publique par Office, Commission ou Subdélégation, leurs Clercs ou Commis, qui seront atteints & convaincus d'avoir commis fausseté dans la fonction de leurs Offices, Commission & emplois, seront punis de mort, telle que les Juges l'arbitreront selon l'exigence des cas.

Et à l'égard de ceux qui, étant Officiers, & qui n'ayant aucune fonction ou ministere public, Commissions ou emplois de la qualité ci-dessus, auront commis quelques faussetés, ou qui étant Officiers, les auront commises hors la fonction de leurs Offices, Commissions ou emplois, les Juges pourront les condamner à telles peines qu'ils jugeront, même à mort, selon l'exigence des cas & la qualité des crimes.

SECT. II.

Veut en outre que tous ceux qui auront falsifié les lettres de la grande Chancellerie, & de celles qui sont établies près des Cours de Parlement, imité, contrefait, appliqué ou supposé les grands & petits Sceaux, soit qu'ils soient Officiers, Ministres ou Commis desdites Chancelleries ou non, soient punis de mort.

Par une Déclaration du Roi du 20. Août 1699, registrée au Parlement de Paris le 2. Septembre suivant & rendue en interprétation de l'Edit du mois de Mai 1680, il est dit que ceux qui contreferont les signatures des Secretaires d'Etat dans les choses qui concerneront la fonction de leurs Charges, seront punis de mort.

Il y a aussi une Déclaration du 4. Mai 1620, qui porte peine de mort contre ceux qui seront convaincus d'avoir imité, falsifié ou alteré les Papiers royaux.

6. La punition du faux serment est reservée à Dieu : *Jurisjurandi contemptum Religio satis Deum ultorem habet, etiamsi læsæ-Majestatis crimen*, *leg.* 2, *cod. de reb. credit. & jurejur.*

Celui qui a fait la piece fausse est puni, quoiqu'il déclare ne s'en pas vouloir servir, *leg.* 8. *cod. ad. leg. Cornel. de falf.*

8. Celui qui dans un Testament parfait s'est écrit un legs en sa faveur, doit être puni comme faussaire, quoique le legs soit nul *ab initio*, ou par rupture ou autre défaut, *leg.* 6, *ff. ad leg. Cornel. de falf.*; mais si le Testament est imparfait, il n'encourt aucune peine, *dict. leg.* 7.

9. Notaire qui dénie d'expidier un Acte qu'il a reçu, & le soustrait, est faussaire, *leg.* 14, *cod. ad leg. Corn. de falf. leg.* 2, *ff. de cod.*

10. Celui qui n'a pas prouvé la fausseté doit être puni comme faussaire, *leg. pen. cod. de probat. leg.* 2, *cod. de fide instrum.* Parmi nous la peine est arbitraire contre l'Accusateur en faux principal. Il faut remarquer que l'article 17. du titre 9. de l'Ordonnance de 1670, & l'art. 49. du titre du faux incident de l'Ordonnance de Louis XV. du mois de Juillet 1737, qui est à la fin de ce Livre, ne parlent que de celui qui succombe dans l'inscription de faux, ce qui concerne le faux incident, non le faux principal; outre la peine, celui qui succomberoit dans l'accusation de faux contre le Testament impugné de faux mal à-propos, seroit privé de ce qui lui auroit été laissé par ce Testament, *leg.* 6, *cod. ad leg. Cornel. de falf.*

11. Au reste, il faut observer à ce sujet, que suivant l'art. 47. de la nouvelle Ordonnance du mois d'Août 1735 concernant les Testamens, il n'est plus nécessaire de s'inscrire en faux contre les Testamens pour suggestion & captation; il suffit de l'alléguer, bien entendu qu'il la faut prouver.

Maximes sur le faux.

12. Quoiqu'on ait prouvé la piece, on peut néanmoins après l'impugner de faux, & obliger la Partie à la représenter, suivant la Loi penult. *cod. de fide instrumentor.* Voyez l'art. 2. du titre du faux principal de l'Ordonnance du mois de Juillet 1737. Mais en ce cas la Partie est déchargée de représenter la piéce, en affirmant qu'elle l'a perdue, *dict. leg. penult.* Comme aussi elle n'est pas tenue de cette représentation après le Jugement du Procès dont il n'y a pas d'appel, *dict. leg. penult. secùs*, s'il y avoit appel, & que le Juge eût fondé son Jugement sur cette piéce, *tot. tit. cod. si ex falf. instrum. vel test. judic. fit.*

13. Comme celui qui n'a pas pu prouver la fausseté, d'un Testament, peut ensuite le débattre de nullité, *leg.* 47. *de hæredit. petit.* ou d'inofficiosité, *leg.* 14. *cod. de inofficiof. testament.* De même celui qui a débattu la piéce de nullité, & n'a pas réussi, peut ensuite l'impugner de faux, *dict. leg.* 14. De même aussi celui qui ignorant que la piéce étoit fausse, a pris ce qui lui revenoit par icelle, n'est pas pour cela privé de l'attaquer ensuite de fausseté, *leg.* 3. *ff. ad leg. Cornel. de falf. leg.* 3. *cod. eod.* Mais celui qui a transigé sur une piece soupçonnée de faux, ne la peut plus impugner de faux, *leg.* 7. *cod. ad leg. Cornel. de falf.* Cependant cette transaction n'empêche pas que la Partie Publique ne puisse poursuivre l'auteur de la fausseté, même s'inscrire en faux si la transaction n'a pas été homologuée en Justice avec la Partie publique. Voyez ci-après, *part.* 3. *chap.* 6. l'Ordonnance sur le faux, *titre* 2. *art.* 52.

14. La fausseté qui ne nuit à personne ne doit point être punie. Jul. Clarus, *lib.* 5. *receptar. Sententiar. §. falsum*, *num.* 35. Ranchin en ses décis. part. 1. *concl.* 211. Ainsi il est permis de changer son nom ou surnom, pourvû que cela ne nuise à personne, *leg. unic. cod. de mutat. nom.* autrement on est puni de faux, *leg.* 13. *ff. ad leg. Cornel. de falf.*

15. Après avoir déclaré qu'on veut se servir de la piece maintenue fausse, on n'est plus recevable à s'en désister, il faut que l'instruction du faux se paracheve. Ainsi jugé par Arrêt du 6 Mai 1688, rapporté au *Journal des Audiences.*

16.

16. Le curateur à une succession vacante ne peut pas s'inscrire en faux, sans se faire avouer par le poursuivant & les autres créanciers. Ainsi jugé par Arrêt du 13. Avril 1709. rapporté par Augeard, *tom. 1. Arrêt* 98.

Suivant une Déclaration du mois de Juillet 1676, les Notaires du Châtelet ne peuvent être traduits en premiere instance qu'au Châtelet, pour l'instruction du Jugement de faux contre les actes par eux reçus. Mais ce privilége ne seroit pas admis par-tout.

17. Dans le concours & contrarieté entre les Experts & les Témoins qui déposent avoir vû signer l'Acte; l'enquête doit prévaloir, suivant la *novell.* 73. *chap.* 3. ce qui doit s'entendre des témoins irréprochables.

18. Quoique le crime soit prescrit, l'action civile contre la piece fausse est toujours reçue *abolitio criminis non tollit actionem civilem.* Godefroy, *in leg.* 9. *cod. ad leg. Cornel. de fals.* Ainsi en matiere de fausseté, la prescription de vingt ans *à die notitiæ*, court à l'égard du crime & de la personne, non à l'égard de la piéce fausse. Ainsi jugé par Arrêt du premier Septembre 1629. rapporté par Brodeau sur Louet, *lettre C. sommaire* 47. & Gueret sur le Prêtre, *centurie* 2. *chap.* 8. Voyez ci-après, *part.* 3. *chap.* 1. *sect.* 3. *nombre* 4.

19. Il y a encore d'autres anciennes Ordonnances de nos Rois sur d'autres espéces de faux.

Ordonnances sur les faux.

Par Ordonnance de François I. du mois de Juin 1592, *art.* 5, il est ordonné que tous les Financiers royaux, de quelqu'état, qualité & condition qu'ils soient, qui se trouveront avoir falsifié acquits, quittances, comptes & rolles de montres, soient pendus & étranglés. Theveneau, *liv.* 4, *tit.* 17, *art.* 4, remarque qu'avec la fausseté, il y a péculat punissable de mort.

Par autre Ordonnance d'Henri II. du mois de Juillet 1550, *art.* 16, qui est l'Edit concernant les petites dates, il est dit que tous ayant commis fausseté au fait des Bénéfices, soit en baillant collations, impétrations, procurations, instrumens, requisitions, tems d'étude, lettres de degrés, mandats, nominations & autres Actes, & instrumens judiciaires ou extrajudiciaires en Cour de Rome, ou des autres collations provisions ou présentations, soit ès registres des Notaires Apostoliques, ou autres registres des Banquiers, ou autres personnes publiques de quelque qualité qu'ils soient, s'ils sont Clercs, seront déclarés déchus du droit possessoire prétendu ausdits Bénéfices par eux faits contentieux, & punis de telle peine que les Juges verront pour le cas privilégié, & renvoyés à leur Prélat & Juges ordinaires, pour procéder contr'eux, tant par déclaration d'inhabilité perpétuelle de tenir & posséder Bénéfice en ce Royaume, qu'autres peines, selon la qualité du fait; & quant aux gens laïcs, l'art. 17 porte qu'il sera procédé contr'eux selon la rigueur des Ordonnances. Ce qui se trouve confirmé par l'Ordonnance de 1670, *tit.* 9, *art.* 8, & par l'Ordonnance du mois de Juillet 1637, *tit. du faux incident*, *art.* 12.

20. Par autre Ordonnance de Charles IX. du mois d'Octobre 1564, *art.* 5, il est porté que tous ceux qui seront convaincus d'avoir falsifié & contrefait les marques du Roi qui sont mises ès bouts des pieces de draps d'or, d'argent & de soie, seront punis comme faux Monnoyeurs. Sur quoi Theveneau, *liv.* 4, *tit.* 17, *art.* 6, observe que l'Ordonnance devoit avoir ajouté les mesures publiques, en la falsification desquelles il y a crime de faux. Les Cananéens, dans Osée, *chap.* 12, ont été principalement en horreur devant Dieu pour cela: *Chanaan in manu ejus statera dolosa.* Au Deuteronome, *chapitre* 25, il est défendu expressément au Peuple d'Israël d'avoir la grande & petite mesure, *pondus & pondus, mensura & mensura, utrumque abominabile est apud Deum*: Proverbes de Salomon, *chap.* 20.

21. Il y a aussi d'autres Ordonnances de nos Rois, au sujet des fausses monnoies, dans la Compilation de Theveneau, *liv.* 4, *tit.* 10.

Par Ordonnance de François I. du mois de Juillet 1536, & du mois de Mars 1540, *art.* 61, il est dit: Parce que les rogneurs d'écus & autres pieces d'or & d'argent ayant cours en notre Royaume, & qui les rendent en fonte du fort au foible, commettent un larcin public participant de fausse monnoie, dont la fausseté ne peut consister qu'en poids & aloi: Ordonnons que là, & au cas qu'aucun & aucune seront repris, chargés & convaincus de rognement d'écus, testons, douzains, & autres pieces d'or & d'argent, monnoie blanche ou noire, ayant cours en notre Royaume, ou qui les auront difformées, alterées & rendues du fort au foible, autrement qu'il n'est permis par nos Ordonnances, ils soient punis tout ainsi & de même que les faux Monnoyeurs, sans y faire aucune différence.

SECT. II.

Par autre Ordonnance d'Henri II. du mois de Janvier 1549, *art.* 21, il est porté, que ceux qui seront trouvés saisis de rogneures & billon procédant de rogneures de monnoies, & atteints & convaincus d'avoir acheté rogneures de monnoies, ou sciemment avoir participé avec les Rogneurs & faux Monnoyeurs, & acheté d'eux sciemment de la monnoie fausse ou billon procédant de rogneures de monnoies, seront punis de semblable punition que les faux Monnoyeurs, sans y faire aucune différence.

Par l'article 149. de l'Ordonnance d'Orléans, il est défendu à tous Orfévres & autres personnes quelconques, d'altérer, souder ou charger aucune espéce d'or & d'argent, à peine d'être punis comme faux Monnoyeurs; & à tous Manans & Habitans des Villes, l'usage d'émail ou orfévrerie, à peine de confiscation de la piéce émaillée.

Par Déclaration du Roi du 24 Octobre 1711, défenses sont faites à tous Orfévres, Jouailliers, & autres ouvriers travaillans en or & en argent, de fondre & difformer aucunes espéces de monnoies pour les employer en leurs ouvrages, à peine des galeres à perpétuité; comme aussi d'acheter ou vendre les matieres d'or & d'argent à plus haut prix que celui qui en doit être payé aux Hôtels des Monnoyes, à peine de confiscation & d'amende arbitraire, qui ne pourra être moindre que de la valeur des espéces confisquées. Il est seulement permis aux Affineurs, pour l'entretien des Manufactures, de continuer de fondre & affiner les reaux d'Espagne, conformément à la Déclaration du Roi du 29 Juin 1706.

Autres maximes sur le faux, & sur ses différentes espéces.

22. Le fabricateur d'une fausse piece, celui qui s'en sert & la produit, le Notaire, Greffier ou autre personne publique, qui change & ôte d'un Acte les clauses essentielles, l'altere & omet lesdites clauses à dessein, dans les choses dont il est requis par les Parties, ou qui les augmente; celui qui contrefait la signature d'autrui, rature, gâte ce qui étoit écrit au vrai, & falsifie les Actes de Justice & autres, sont tous coupables de faux. Ducroc, *Stile du Parlement*, *titre de l'inscription de faux.* Expilly. *en ses Arrêts*, *chap.* 8.

23. De même de celui qui écrit des lettres ou Billets au nom d'un autre, sans ordre & à son insçu, Expilly *eodem.* Ce qui s'entend quand cela produit un mauvais effet, & que cela est sérieux & de quelque conséquence, *non per modum joci.*

24. Cependant celui qui produit un Acte faux, en ayant ignoré la fausseté pour ne l'avoir point fabriqué, mais l'ayant trouvé dans la succession de ses pere & mere, ou parmi les papiers de ses auteurs ou prédécesseurs, ou lui ayant été administré par un tiers, ne doit point être condamné comme faussaire, quoiqu'il ait déclaré sur l'inscription de faux vouloir s'en servir; en ce cas la piece doit être rejettée du procès, & celui qui l'a produite doit seulement être condamné aux dommages, intérêts & dépens envers sa Partie; car pour être puni comme faussaire, il ne suffit pas que la piéce soit déclarée fausse, il faut que celui qui l'a produite, l'ait faite ou fait faire, ou en ait connu la fausseté. Voyez l'article 12. du titre du faux incident de l'Ordonnance du mois de Juillet 1737. Mais il faut qu'il prouve son innocence, car la présomption est contre lui, suivant la Loi *majorem* 4. *cod. ad leg. Cornel. de fals.* Il faut remarquer que c'est suffisamment la prouver, que de justifier que la piece inscrite de faux dont on a déclaré se vouloir servir, provient des auteurs de celui qui l'a produite.

25. Ceux qui corrompent ou falsifient leurs marchandises, comme les Marchands de vin & autres sont punissables comme faussaires. Papon, *liv.* 6. *tit.* 1. *Arrêt* 7.

26. Quant la peine contre les différentes espéces de faussetés n'est pas exprimée par les Ordonnances, Edits & Déclarations du Roi, elle est arbitraire; mais elle doit toujours être afflictive ou infamante selon les circonstances.

27. Bruneau, *part.* 1. *tit.* 11. *max.* 10. & 11. rapporte deux Arrêts contre des faux témoins & leurs corrupteurs; l'un du 29. Août 1682. qui les condamne aux galeres; l'autre du 5. Décembre 1669. qui les a condamnés, attendu leur noblesse, à être décolés. Par un Arrêt plus récent du 21 Mai 1708 confirmatif d'une Sentence du Lieutenant criminel du Châtelet de Paris du 14 Mars précédent, exécuté le 8 Juin, Pierre Thibault ayant été dûement atteint & convaincu d'avoir par dol, fraude & mauvaises voies, suborné le nommé Roch Heriot, Cocher, qui avoit déposé en l'information faite par un Commissaire, à la requête dudit Thibault, contre sa femme, qu'il avoit accusée d'adultere, pour par ledit Heriot se supposer, lors du récollement & confrontation, être le nommé Jean le Grand; comme aussi d'avoir engagé le nommé Piperot à faire une fausse déposition dans la même information, & d'avoir à prix d'argent corrompu & suborné d'autres témoins pour les faire faussement déposer, a été condamné à faire amende honorable à l'Audience

du Parc civil, nud en chemise, la corde au col, tenant en sa main une torche ardente de cire jaune du poids de deux livres, & là dire & déclarer à haute & intelligible voix, que méchamment, calomnieusement & comme mal avisé, il a fait faire la supposition de personnes & les fausses dépositions, dont il se repent, en demande pardon à Dieu, au Roi & à la Justice : ce fait, condamné à servir le Roi comme forçat en ses galeres l'espace de trois années. A l'égard de Roch Heriot & de Louis Piperot, aussi déclarés dûement atteints & convaincus; sçavoir, Heriot de s'être supposé au récollement & confrontation, être Jean le Grand, & Piperot d'avoir fait une fausse déposition; & pour réparation, condamné Heriot à faire pareille amende honorable, & à trois ans de galeres; & Piperot condamné d'assister aux exécutions, & banni pour cinq ans de la Ville, Prévôté & Vicomté de Paris.

Par un autre Arrêt du 21 Mars 1719. rendu sur l'appel d'une Sentence du Bailliage de Monfort, Mathurin Goupy a été condamné aux galeres pour neuf ans, sa femme bannie pour neuf ans, & tous deux à faire amende honorable. Et par un dernier Arrêt du 9 Mai 1737, rendu contre Louis Vincent, Jean Gastelier, Jacques le Jeune, & Jacques Dumont, ils ont été condamnés d'être blâmés, & en trois livres chacun d'amende; & Pierre Pinault du Chamb, Bourgeois d'Orléans, a été condamné par contumace, faute de présence aux galeres, pour avoir séduit ces particuliers à déposer faux en sa faveur.

Depuis cet Arrêt, Pinault s'étant mis en état, comptant de se faire décharger de l'accusation, il est intervenu un Arrêt contradictoire, qui l'a banni pour trois ans, & l'a condamné en trois livres d'amende.

Suivant l'article 11. du tit. 15. de l'Ordonnance de 1670, les témoins qui depuis le récollement retracteront leurs dépositions, ou les changeront dans les circonstances essentielles, seront poursuivis & punis comme faux témoins. Cependant il faut remarquer à cet égard, que des témoins qui ont estimé que la chose étoit véritable, & qui ont erré dans quelque circonstance, ou dont l'erreur est excusable, ne doivent point être condamnés comme faux témoins, Peleus, *liv.* 8. *art.* 4. Voyez ci-après, *part.* 3. *chap.* 13. *sect.* 1. *n.* 20.

28. Par deux Jugemens des Requêtes de l'Hôtel au Souverain, des 30. Mai 1664, & Décembre 1681, aussi rapportés par Bruneau, *loc. cit. max.* 12, des faussaires de Lettres du grand Sceau ont été condamnés à faire amende honorable devant la porte du Chancelier de France, avec écriteau devant & derriere.

29. Les Serruriers qui font des fausses clefs à l'insçu des Maîtres, doivent être punis de mort, suivant Expilly, Plaidoyer 26, à cause de la sûreté publique.

30. La fausseté en une partie d'un Acte influe sur toute la piece. Farinac. *cons.* 11, *num.* 29, Mol. *cons.* 40, *num.* 1. Mais cela dépend des circonstances.

31. Il y a encore le crime de fauxsaunage; sur quoi voyez le titre 17. de l'Ordonnance des Gabelles du mois de Mai 1680, ensemble les différentes Déclarations du Roi, & Lettres Patentes intervenues à ce sujet.

Quels Juges peuvent connoître du faux.

32. Tous Juges, à l'exception des Officiaux, des moyens & bas-Justiciers, & des Juges-Consuls, peuvent connoître du faux incident & du faux principal. Voyez ci-après, *part.* 3, *chap.* 6. L'accusation de faux principal sur faux incident par inscription de faux, doit être portée dans la Cour ou Jurisdiction qui avoit été saisie de la poursuite du faux incident, pour être ladite accusation de faux principal instruite & jugée par la Chambre, ou par les Juges à qui la connoissance des Matieres criminelles est attribuée dans ladite Cour ou Jurisdiction, suivant l'article 20 du titre du faux incident de l'Ordonnance du mois de Juillet 1737.

Mais nonobstant la disposition de cet article, il faut tenir que s'il s'agissoit d'une personne privilégiée en Matiere criminelle, comme d'un Duc & Pair, un Conseiller de la Cour, & autres Accusés privilégiés, ils devroient être délaissés aux Cours & Juges de leurs priviléges, ausquels il n'y a pas d'apparence que le Roi ait voulu déroger par cet article.

33. Par rapport au faux principal non précédé de faux incident, c'est le Juge du lieu où le faux a été commis qui en doit connoître, suivant la regle générale portée par l'article premier du titre premier de l'Ordonnance de 1670, sauf à l'égard des privilégiés, comme on vient de l'observer. Voyez ci-après, *part.* 3, *chap.* 6.

Mais s'il n'étoit pas possible de connoître sommairement & facilement le lieu où le faux auroit été commis, en ce cas la compétence du faux principal doit appartenir au Juge du domicile de l'Accusé, comme étant celui qui a le plus d'aptitude à être compétent après le Juge du lieu du délit.

34. Il faut cependant observer qu'outre les Juges de priviléges personnels des Accusés, il y en a de privileges réels, pour connoître de certaines espéces de faux; comme le fauxsaunage, qui fait cesser tout privilége personnel, lequel doit être poursuivi pardevant les Juges des Greniers à Sel, & par appel ès Cours des Aydes; le faux commis contre les Lettres du Sceau, qui est porté aux Requêtes de l'Hôtel au Souverain: le faux commis par un Huissier ou Sergent, en exécutant les Jugemens, est de la connoissance des Cours & Juges d'où les Jugemens sont émanés.

SECTION TROISIEME.

Du Vol & du Larcin.

Du Vol & Larcin.

1. Quoique ces mots, *Vol & Larcin*, appellés *furtum* en Latin, semblent synonimes, néamoins, suivant les Praticiens, ils sont différens, en ce que le vol se commet par force & violence, & par rupture & effraction, & que le larcin se fait par surprise, clandestinement & en cachette.

Avant que de donner la véritable définition du vol & larcin, & d'en marquer les différentes espéces, & les distinctions faites à ce sujet par le Droit Romain, l'on a cru qu'il seroit plus à propos, en s'écartant un peu de l'ordre méthodique, de rapporter les Loix positives du Royaume en cette matiere, par ce moyen chacun pourra reconnoître facilement par lui-même, ce qui du Droit Romain, convient à notre Droit François.

Loix du Royaume concernant le vol.

2. L'Ordonnance de François I. du mois de Janvier 1534. porte, que ceux qui seront dûement atteints & convaincus par Justice, d'avoir par insidiations & aggressions conspirées & machinées, pillé & détroussé de nuit les allans & venans ès Villes & Villages & lieux du Royaume, Pays, Terres & Seigneuries, eux mettant pour ce faire en embuches, pour les guetter & épier, aux entrées & issues desdites Villes, les détrousser & piller: & aussi ceux qui feront le semblable, en & au dedans desdites Villes, guettant & épiant de nuit les passans, allans & venans par les rues d'icelle, & qui entreront au-dedans des maisons, icelles crocheteront & forceront, prendront & emporteront les biens qu'ils trouveront esdites maisons, seront punis à la maniere qui s'ensuit: C'est à sçavoir, les bras leur seront brisés & rompus en deux endroits, tant haut que bas, avec les reins, jambes & cuisses, & mis sur une roue haute, plantée & élevée, le visage contre le Ciel, où ils demeureront vivans, pour y faire pénitence, tant & si longuement qu'il plaira à Notre Seigneur les y laisser, & morts, jusqu'à ce qu'il soit ordonné par Justice. Fait inhibitions & défenses, sur semblables peines, à toutes personnes, de quelque état ou condition qu'ils soient, de toucher, secourir ou aider en quelque façon ou maniere que ce soit, ceux qui ainsi seront condamnés & exécutés.

3. Par un autre Ordonnance de François I. du 19. Mai 1539. registrée en Parlement le 19, il est dit en l'article premier: Defendons à toutes personnes, de quelque état qu'ils soient, d'aller par les Villes, Cités, Forêts, Bois, Bourgs & Chemins, armés de harnois secrets ou apparens, seul ni en compagnie, masqués ni déguisés, sous quelque cause que ce soit, sur peine de confiscation de corps & de biens, sans aucune exception de personne.

Art. II. Pareillement défendons à toutes personnes de recevoir, loger, ni receler telles manieres de gens, soit par forme de Logis & Hôtelleries, ou en leurs maisons privées, sur les peines susdites. Mais sitôt que telles personnes seront venues à leur notice & connoissance, leur enjoignons de le venir déclarer à nos Officiers plus prochains des lieux où ils auront été trouvés, & où l'opportunité s'adonnera, sous peine d'être dits complices & fauteurs des autres, & punis de semblable peine.

Art. III. Voulons que la moitié des confiscations qui s'ensuivront desdits forfaits, soit appliquée à celui ou à ceux, soit serviteurs ou autres, qui les dénonceront & découvriront, & qu'icelles moitié leur soit sans autre déclaration adjugée.

Art. IV. Quand aucunes voleries meurtres & assassinats auront été commis par les champs, par personnes masquées, Voulons qu'il leur soit couru sus par autorité de justice, & avec les Officiers d'icelle, en toute voie d'hostilité & à son de tocsin, &

qu'étant appréhendés ils soient punis par les Juges des lieux sans dissimulation. La disposition de cet Article 4. est portée par l'art. 198. de l'Ordonnance de Blois.

4. La Déclaration du Roi du 4 Mars 1724, registrée au Parlement le 13 du même mois, contenant six articles, porte :

ART. I. Que ceux & celles qui se trouveront à l'avenir convaincus de vols & de larcins faits dans les Eglises, ensemble leurs complices & suppôts, ne pourront être punis de moindres peines que, sçavoir les hommes de celle des galeres à tems ou à perpétuité, & les femmes d'être flétries d'une marque en forme de la lettre V, & enfermées à tems ou pour leur vie dans des Maisons de force ; le tout sans préjudice de la peine de mort, s'il y échoit, suivant l'exigence des cas.

ART. II. Le vol domestique sera puni de mort.

ART. III. Ceux ou celles qui n'ayant encore été repris de Justice, se trouveront pour la premiere fois convaincus de vols autres que ceux commis dans les Eglises, ou vols domestiques, ne pourront être condamnés à moindre peine que celle du fouet, & d'être flétris d'une marque en forme de la lettre V, sans préjudice de plus grande peine, s'il y échoit, suivant l'exigence des cas.

ART. IV. Ceux ou celles qui après avoir été condamnés pour vol, ou flétris pour quelqu'autre peine que ce soit, seront convaincus de récidive en crime de vol, ne pourront être condamnés à moindre peine que, sçavoir les hommes aux galeres à tems ou à perpétuité, & les femmes à être de nouveau flétries d'un double V, si c'est pour récidive de vol, ou d'un simple V, si la premiere flétrissure a été encourue pour autre crime, & enfermées à tems ou pour leur vie dans des Maisons de force, le tout sans préjudice de la peine de mort, s'il y échoit, suivant l'exigence des cas.

ART. V. Ceux qui seront condamnés aux galeres à tems ou à perpétuité, pour quelque crime que ce puisse être, seront flétris avant que d'y être conduits, des trois lettres GAL. pour en cas de récidive en crime qui mérite peine afflictive, être punis de mort.

ART. VI. Seront les deux articles précédens exécutés, encore que les Accusés eussent obtenu des lettres de rappel de ban ou de communication de peine, pour précedens vols ou autres crimes.

5. Il y a une Déclaration précédente du 15 Janvier 1677, contre ceux qui volent dans les Maisons royales, qui porte que la Déclaration du premier Novembre 1530 sera exécutée selon sa forme & teneur ; ce faisant, veut que les auteurs, coupables & complices de vols & larcins qui seront faits dorénavant dans l'enclos de la Maison où la personne du Roi sera logée, ou de celles qui serviront aux Offices & Ecuries du Roi seront punis de mort, quoique pour semblables cas ils n'eussent jamais été repris ni punis, & sans avoir égard à la valeur & estimation de ce qu'ils pourroient avoir volé.

Il y a encore une Déclaration du 7 Décembre 1682, rendue en interprétation de celle de 1677. Elle est dans la quatrieme Partie de cet Ouvrage dans son ordre chronologique.

Des différentes espéces du vol.

6. Suivant le Droit Romain, le vol ou larcin est du nombre des délits privés, c'est-à-dire ceux dont l'action n'est donnée qu'à celui qui y est intéressé, *leg.* 13, 14, 49 & 85, *ff. de furt.* & il est mis au nombre des délits ordinaires, c'est-à-dire ceux dont la peine est établie par quelque Loi. Parmi nous, outre la peine pécuniaire, il y a encore la peine afflictive, & tout larcin se poursuit par la voie extraordinaire & criminelle.

7. Justinien, au §. 1. *instit. de oblig. qui ex delict. nascunt.* définit le larcin une soustraction & enlevement frauduleux de quelque chose qui appartient à autrui, dans le dessein de profiter ou de la chose même ; ou de son usage, ou de sa possession. Cette définition est tirée de la Loi 1. *ff. de furtis.*

Le Droit Romain fait aussi distinction du larcin en cachette & par surprise, d'avec celui qui se fait par force & violence, que nous appellons vol ; mais c'est plutôt de certaines actions attachées au larcin, que des espéces différentes de ce délit ; de même que parmi nous, si nous en faisons la distinction, ce n'est qu'à cause des peines qui sont différentes.

Suivant le §. 3. *inst. eod.* il y a deux sortes de larcin, le manifeste, & le non manifeste. Le larcin manifeste est celui où le larron ou le voleur est pris sur le fait, ou

SECT. III.

saisi de la chose dérobée avant qu'il soit sorti du lieu où il a fait le vol, ou avant qu'il soit arrivé au lieu où il avoit destiné de le porter, *dict.* §. 3. leg. 3. & 4. *ff. de furt.* Il ne suffit pas que le larron ait été apperçu, il faut ou qu'on l'ait arrêté, ou qu'on ait crié au secours, *leg.* 7. §. 1. & 2. *ff. eod.* Le non manifeste est celui qui n'est pas tel qu'on vient de le dire, *dict.* §. 3. Cette distinction a été faite par rapport à la différence des peines; ce qui n'a point lieu parmi nous; seulement le vol manifeste fourniroit une preuve plus forte.

Justinien, §. 4. explique encore plusieurs espéces de larcin, ou plutôt plusieurs formules d'action de larcin, qu'il dit être abolies par l'usage; sçavoir, *furtum conceptum*, lorsqu'en présence de témoins, la chose dérobée, après avoir été cherchée, étoit trouvée chez quelqu'un; ce qui donnoit lieu à l'action appellée *actio concepti*, qui se donnoit contre celui chez qui la chose dérobée se trouvoit, quoiqu'il n'eût pas commis le larcin qui en avoit été fait. *Furtum oblatum*, lorsqu'une personne avoit fait passer entre les mains d'un tiers une chose dérobée, dans le dessein qu'on la trouvât plutôt chez le tiers que chez cette personne, & quoique cette personne n'en fût pas le voleur, ce tiers chez qui elle étoit trouvée, avoit contre lui l'action appellée *actio oblati*.

Furtum prohibitum & actio furti prohibiti, avoit lieu contre celui qui refusoit qu'on qu'on fit chez lui la recherche en présence de témoins de la chose volée.

Furtum non exhibitum & actio furti non exhibiti, avoit lieu lorsque celui à qui on avoit demandé une chose volée, quoiqu'il n'en fût pas le voleur, ne l'avoit pas rendue, & chez qui elle avoit ensuite été trouvée.

La principale raison qui a fait tomber ces formules d'actions, suivant Justinien, c'est qu'il est hors de doute que tous ceux qui reçoivent sciemment une chose volée, & qui la recelent, sont sujets à la peine du larcin non manifeste.

Cependant Papon en ses Notaires, tome 2. livre 6. remarque que ces formules d'actions que Justinien dit être abrogées par le non usage, ne laissent pas d'être mises journellement en pratique, & il en donne plusieurs exemples qu'il seroit peu utile de rapporter. Il suffira d'observer que l'on peut par autorité de Justice, faire faire, perquisition chez un particulier des choses volées, par un Commissaire, ou par le Juge en personne, laquelle permission ne s'accorde que sur le vû des charges & informations. Et par Arrêt de Réglement du 9 Juillet 1712, rendu en la Tournelle, sur les conclusions de M. Chauvelin, Avocat Général, il est défendu aux Commissaires du Châtelet d'aller dans les maisons sans en être requis, ou être porteur d'une Ordonnance des Juges qui le permette.

A l'égard de celui chez qui on trouve la chose volée, voici ce que dit Jul. Clarus à ce sujet, *lib.* 5. §. *furtum. cap.* 4. *Sed numquid ille apud quem repetitur res substracta, præsumatur fur? Respondi quòd secundùm aliquos, si est persona malæ famæ, præsumitur fur, secùs autem si est persona bonæ famæ, & conditionis; ex hoc tamen in casu quod accusatus sit malæ famæ, non oritur judicium sufficiens ad condemnationem, sed benè ad torturam.*

Des différentes espéces de vol & larcin.

Justinien, *loc. cit.* §. 6. dit que l'on commet un larcin, non-seulement lorsqu'on emporte une chose qui appartient à autrui, à dessein de se l'approprier, mais généralement toutes les fois qu'on prend la chose d'autrui contre sa volonté. Ainsi un créancier qui se sert de la chose qui lui a été donnée en gage, ou un dépositaire qui se sert de celle qui lui a été donnée en garde, est coupable de ce délit, aussi bien qu'un commodataire à qui l'on a permis l'usage de quelque chose, lorsqu'il s'en sert à d'autres usages qu'à ceux pour lesquels elle lui a été mise entre les mains, *dict.* §. 6. *leg.* 54. & 76. *ff. de furtis.*

Mais en France nous n'admettons point d'autre larcin que celui qui se fait de la chose même pour se l'approprier. Dans les autres cas ci-dessus du dépôt, du gage & du prêt à usage, l'on ne doit se pourvoir que par la voie civile pour ses dommages & intérêts.

8. Justinien, §. 7. *eod.* donne pour maxime générale, qu'on ne commet point de larcin sans avoir dessein de le faire; *Furtum sine affectu furandi non committitur*, *dict.* §. 7. *leg.* 37. *ff. de usurpat. Nec tam factum quæritur quàm faciendi causa*, *leg.* 31. *ff. ad leg. Aquil. Nam maleficia ex proposito delinquentis æstimantur*, *leg.* 53. *ff. de furtis.*

9. Justinien. §. 8. *eod.* propose cette espéce. Titius ayant sollicité l'esclave de Mevius à dérober certaines choses à son Maître, pour ensuite le porter chez lui; cet esclave

en avertit son Maître, qui lui permet de les prendre & de les porter chez Titius, afin de le prendre en flagrant délit. On demande si Titius est coupable de larcin, ou d'avoir corrompu cet esclave, ou s'il n'est pas coupable de l'un ni de l'autre? Ensuite l'Empereur, après avoir rapporté les différens sentimens de Jurisconsultes, décide que Titius est coupable de l'un & de l'autre, en ces termes: *Nos hujusmodi calliditati obviam euntes, per nostram decisionem sanximus, non solùm furti actionem, sed & servi corrupti contra eum dari. Licet enim is servus deterior à sollicitatore minimè factus est, & ideo non concurrant regulæ, quæ servi corrupti actionem introducunt; tamen consilium corruptoris ad perniciem prohibitatis servi introductum est, ut sit ei pœnalis actio imposita, tanquam si reipsa fuisset servus corruptus, ne ex hujusmodi impunitate, & in alium servum, qui facile posset corrumpi, tale facimus à quibusdam perpetretur, dict.* §. 8. *leg. si quis servo* 20. *cod. de furt. & serv. corrup.* Ce qui auroit aussi lieu parmi nous, comme l'observe Papon en ses Notaires, *tom.* 2. *liv.* 6.

10. Le Larcin se commet aussi d'une personne libre, comme si on enleve un enfant qui soit dans notre puissance. §. 9. *instit. eod. propter intercepta acquisitionum lucra, leg.* 14. §. 13. *ff. de furt.* Ainsi ce larcin ne se peut faire qu'aux ascendans qui ont l'enfant sous leur puissance, & ce n'est qu'à eux qu'appartient l'action du larcin, *dict.* §. 13. D'où il suit qu'elle ne peut pas être accordée à la mere, puisqu'elle n'acquiert pas par ses enfans, suivant la Loi 38. *eod.* Mais parmi nous, les parens tant paternels que maternels, & les Tuteurs, pourroient en ce cas agir par la voie extraordinaire, & les coupables seroient punis du crime de rapt, selon les circonstances. Voyez ci-devant, *sect.* 1. *dist.* 7. du crime de rapt.

11. Le larcin se peut aussi commettre par une personne de la chose propre: comme si un débiteur soustrait à son créancier la chose qui lui a été donnée en gage, §. 10. *inst. eod.* & en ce cas le créancier peut intenter l'action de larcin contre son débiteur, §. 13. 14. *in fin. eod. leg.* 12. §. 2. *leg.* 19. §. 5. *ff. de furt*, de même qu'il pourroit le faire contre tout autre, quand même son débiteur seroit bon & solvable, *dict.* §. 14, parce que *plus cautionis est in re quàm in persona, leg.* 25. *ff. de regul. jur.* Mais Bartole donne conseil au débiteur, pour faire cesser l'action de larcin, d'offrir à son créancier ce qu'il lui doit.

12. Justinien, §. *interdum* 11. *eod.* enseigne que quelquefois même celui qui n'a pas commis ce délit, peut être tenu de l'action qui en provient, pour y avoir contribué par son conseil & par son aide, *ope & consilio*: & dans ce cas, dit cet Empereur, se trouve celui qui feroit tomber à terre votre argent, pour donner lieu à un autre de le prendre, ou qui se mettroit au-devant de vous pour faciliter le larcin qu'un autre vous feroit de quelque chose, ou qui feroit prendre la fuite à vos moutons ou à vos bœufs pour qu'un autre les volât. C'est ce qu'ont écrit les Anciens de celui qui effarouche un troupeau de bœufs; en exposant devant eux du drap rouge: mais si quelqu'un avoit ainsi donné l'épouvante inconsidérément, & sans mauvais dessein, *non data operâ ut furtum admitteretur*; c'est l'action *in furtum*, c'est-à-dire, en dommages & intérêts, qui doit être donnée contre lui: au lieu que quand Titius commet un larcin par l'aide de Mevius, ils sont tenus l'un & l'autre de l'action qui resulte de ce délit.

Le larcin est aussi réputé fait par le conseil & par l'aide de celui qui met des échelles aux fenêtres, ou qui brise les fenêtres & les portes, pour donner lieu à un autre de dérober, ou qui prête sciemment des ferremens pour forcer les portes, ou des échelles pour monter aux fenêtres; mais celui qui n'a prêté aucun secours pour dérober, quoiqu'il ait conseillé & même sollicité de le faire, n'est pas tenu de l'action qui provient du délit; ce qui est tiré de la Loi *in furti* 50. §. 3. & 4. de la Loi *si quis uxori* 52. §. *si quis de manu* 13. & de la Loi *si pignore* 54. §. *qui ferramenta sciens, ff. de furtis.*

Et à ce sujet il est important d'observer ce que dit Ulpien en ladite Loi *in furti* 50. §. 1. *eodem*, que celui qui par vengeance & inimitié auroit ouvert la porte; ou dressé une échelle aux fenêtres, pour donner moyen à gens à lui connus ou inconnus, d'y entrer & voler, seroit aussi tenu du vol. Mais au contraire, dit Paulus en la Loi *qui injuriæ causâ* 53. *eod.* celui qui dans la vûe de faire injure, a rompu la porte, n'est pas tenu du larcin, quoique cela ait donné lieu à le faire: *nam maleficia voluntas & propositum delinquentis distinguit, dict. leg.* 53.

Mais Papon en ses Notaires, *tome* 2. *liv.* 6. remarque avec raison, sur ce que dit Des différentes espéces de vol.

Justinien, *dict.* §. 11. *in fin.* après Ulpien en ladite Loi 52. §. 19. que si le seul conseil & sollicitation de voler n'est pas puni comme larcin, du moins il résulte des termes desdits. §. 11. & 19. qu'il ne doit pas demeurer impuni, & qu'il faudra le punir autrement & d'autres peines que de larcin; mais qu'à dire vrai, celui-là doit être dit coupable & chargé de larcin, qui a conseillé de dérober; soit que le larron lors dudit conseil fut enclin à ce faire ou non, par les raisons d'Ulpien en la Loi 1. §. 4. *ff. de servis corrupt. Non enim oportet laudando augeri malitiam : sivè ergo bonum servum fecerit malum, sivè malum fecerit deteriorem, corrupisse videbitur.*

13. Ceux qui volent leurs parens, ou leurs Maîtres en la puissance desquels ils sont, commettent un larcin; mais ce larcin ne produit point d'action, parce que, dit Justinien, §. 12. *inst. eod.* après Ulpien en la Loi *servi & filii* 17. *ff. de furt.* il n'y a point de cause qui puisse produire une action entre ces sortes de personnes. Cependant si le fils de famille avoit un pécule castrense ou quasi-castrense, l'action pourroit avoir lieu pour le fait du larcin; mais cette action ne seroit pas directe, mais utile, & de plus elle ne seroit pas infamante, *leg.* 52. §. 5. *& 6. ff. eodem.* Mais si le larcin a été commis par le conseil & par l'aide d'un autre; l'action de larcin a lieu contre celui qui a donné le conseil ou prêté l'aide, *dict.* 12. *leg.* 36. §. 1. *ff. eod.*

14. L'action de larcin appellée *actio furti*, n'est pas non plus accordée à un mari, même après le divorce, pour les choses qu'il prétend que sa femme lui a volées pendant le mariage, parce que l'honneur & la dignité du lien conjugal ne permettent pas que le mari accuse sa femme de larcin dont la condamnation est infamante; mais comme il ne seroit pas juste que le mari souffrît de ce délit, il a l'action *rerum amotarum*, *leg. ult.* §. 4. *cod. de furt. leg.* 1. *&* 2. *cod. rer. amotar.* ce que nous appellons action en recelé & divertissement.

15. Par rapport aux esclaves, comme il n'y en a point en France, nous ne sommes point dans le cas de pouvoir observer le Droit Romain en ce point; mais l'action de larcin a lieu contre les domestiques : l'on a même vû par l'article 2. de la Déclaration du Roi du 4. Mars 1724. que les vols domestiques sont punis de mort, & il est à propos d'observer à ce sujet, qu'il est défendu à toutes personnes de retenir & resserrer aucun coffre ni cassette à un serviteur ni servante, sans le sçu & la participation des Maîtres, suivant Imbert, *lib.* 3. *cap.* 22. *num.* 9. & la Rocheflavin, lettre C. tit. 33. art. 1. parce que s'est s'exposer à receler les vols qu'ils feroient, & les exposer à en faire, voyant qu'ils pourroient les cacher hors de leur demeure, ayant un lieu de sûreté.

16. A l'égard des fils de famille, dans le Pays de droit écrit, & dans les Coutumes où la puissance paternelle a lieu, l'on suivroit la disposition du Droit; de sorte que si un fils de famille qui auroit volé son pere, avoit un pécule, son pere auroit action civile contre lui sur son pécule, pour ce qu'il lui auroit volé. Et même hors le cas de la puissance paternelle, si un enfant adulte avoit volé quelque chose de considérable à son pere, quand il l'auroit dissipé, le pere seroit en droit d'en établir la preuve judiciairement, pour imputer sur la portion héréditaire de son fils, ou sur sa légitime, ce qu'il lui auroit volé.

17. De même si la femme avoit fait quelque vol considérable à son mari, il seroit aussi en droit d'en établir la preuve judiciairement par voie civile, pour faire imputer ce que sa femme lui auroit volé, sur sa part en la communauté, ou en cas de renonciation, ou qu'il n'y eût pas de communauté, sur sa dot & conventions matrimoniales. Mais le mari ne peut point prendre la voie extraordinaire contre sa femme, quand même il s'agiroit d'un vol nocturne par elle commis dans sa maison avec effraction. C'est ce qui a été jugé par Arrêt du 12 Juillet 1708. rapporté par Augeard, *tome 2. chap.* 82.

Du crime de récelé & divertissement.

18. en cas de spoliation & de succession, recelés & divertissemens, les héritiers qui recelent avant renonciation, font acte d'héritier, & la veuve fait acte de commune. Louet, lettre R, sommaire premier. Ainsi jugé par Arrêts des 12 Avril 1603 & 29 Mars 1615, rapportés par Brodeau, *eod.* L'héritier bénéficiaire qui a recelé, doit être réputé héritier pur & simple. Ainsi jugé contre un mineur de vingt-quatre ans deux mois, par Arrêt du 21 mai 1605, rapporté par Brodeau sur Louet, lettre H, sommaire 24. Outre cela, les héritiers ou la veuve commune qui ont recelé, doivent être privés de leur part dans les choses recelées. Ce qui a été ainsi jugé par Arrêt du 7 Septembre 1603, rapporté par Louet, lettre R. somm. 48. & par autre Arrêt de 1686. rapporté par Renusson de la communauté,

Communauté, *part.* 2. *chap.* 1. *nombre* 38. qui dit y avoir écrit. Il y a un autre Arrêt du 15 Mai 1656, rapporté au *Journal des Audiences*, qui a privé le survivant de la jouissance en vertu de son don mutuel, des choses recelées.

Même la veuve qui recele avant ou après sa renonciation, est tenue des dettes indéfiniment, suivant Renusson *loc. cit.* n. 12. C'est la disposition textuelle des Coutumes de Calais, art. 38. Laon, art. 26. Nivernois, *chap.* 23. art. 14. & 15. Bourbonnois, art. 246. Melun, art. 117. & Bourgogne-Comté, art. 42.

Mais quoique la veuve, enfans & héritiers ne puissent pas être poursuivis criminellement pour tels vols ou recelés & divertissemens, néanmoins leurs complices le peuvent être, s'ils ont pris des effets pour leur profit particulier; mais si au contraire ils n'ont fait qu'exécuter les ordres de la veuve, du mari, des enfans ou héritiers, en ce dernier cas, l'action doit être civilisée avec celle de la femme, du mari, des enfans & des héritiers. C'est ce qui a été jugé, & la distinction qui a été faite par Arrêt du 19. Avril 1698, rendu sur les conclusions de M. Daguesseau, Avocat général depuis Chancelier de France. Cet Arrêt est rapporté au *Journal des Audiences.*

Cependant l'action de recelé & divertissement se prescrit même en faveur de la veuve, des enfans & héritiers, comme les autres crimes, par vingt ans, à compter du jour de l'ouverture de la succession & du recelé commis, suivant un autre Arrêt rendu le 20. Mai 1692, aussi rapporté au *Journal des Audiences.*

Qui peut intenter l'action de larcin.

19. Au §. *furti autem* 13. *inst. eod. tit. de oblig. quæ ex del. nasc.* Justinien dit que l'action de larcin est accordée à celui qui a intérêt qu'une chose soit conservée; qu'ainsi cette action n'est accordée au propriétaire de la chose, qu'au cas qu'il ait intérêt qu'elle ne soit pas perdue.

20. Chez les Romains il y avoit deux sortes d'actions pour le larcin; *actio furti*, & *condictio furtiva*. *Actio furti* se reduisoit en dommages & intérêts, tantôt du double de la valeur de la chose, tantôt du quadruple. *Condictio furtiva* étoit l'action pour répéter la chose même ou sa valeur, si elle étoit dépérie, comme on le peut voir au §. 19. *inst. eod.* Ainsi il étoit important parmi eux de distinguer soigneusement à qui appartenoient ces actions, particulierement *actio furti*. C'est pourquoi au §. *furti autem actio* 13. *institut. eod.* il est dit que cette action appellée *actio furti*, est accordée à celui qui a intérêt que la chose soit conservée, quoiqu'il n'en soit pas le propriétaire; que même cette action n'est accordée au propriétaire de la chose, qu'au cas qu'il ait intérêt que la chose ne soit pas perdue; ce qui est tiré de la Loi 10. *ff. de furt.* Mais suivant la Loi 11. *eodem*, il falloit que cet intérêt qu'on avoit en la chose, fut fondé sur une cause honnête; ainsi cette action étoit refusée au possesseur de mauvaise foi & au larron, quoiqu'ils eussent intérêt à la conservation de la chose, *leg. eum qui emit.* 12. §. 1. *leg. sed. furti* 14. §. 3. & 4. *leg. qui rem sibi* 76. *eod.* excepté le cas singulier de la Loi *qui vas argenteum* 48. §. *si ego* 4. *ff. eod.*

21. Mais parmi nous, ces distinctions faites par ces Loix & autres n'ont point lieu: toute personne qui a intérêt à la conservation de la chose, soit propriétaire ou autre, tout possesseur de bonne ou mauvaise foi, même le larron, pourroient rendre plainte du larcin; mais non pas le larron contre le propriétaire ou le possesseur de bonne foi, mais bien contre un tiers. Cependant à l'égard des héritiers du larron qui seroit mort avant qu'il y eût eu aucune poursuite contre lui, l'on auroit contre ces héritiers l'action réelle pour répéter la chose si elle existoit, sinon la condiction furtive pour en répéter la valeur si elle n'existoit plus, & cela seulement par la voie civile; & si l'accusé étoit mort avant la condamnation ou pendant l'appel, l'on renvoyeroit à fins civiles contre ces héritiers, pour les réparations, dommages & intérêts, suivant l'Arrêt du 29. Juillet 1628, rapporté par Brodeau sur Louet, *let. A som.* 18.

Si un impubere peut être poursuivi actione furti.

22. Au §. 18. *inst. de oblig. qu. ex del nasc.* Justinien dit qu'on avoit douté si un impubere pouvoit être poursuivi *actione furti*; & il décide que l'impubere ne peut être coupable de ce délit, s'il n'est proche de sa puberté, & s'il ne connoît qu'en dérobant il fait mal. *Quando malitia supplet ætatem*, comme il est dit en la Loi 7. *cod. de pœnis.* Mais si la foiblesse de l'âge n'empêche pas qu'on ne punisse les délits des impuberes, elle fait au moins modérer les peines: *Miseratio ætatis ad mitiorem pœnam judicem solet impellere*, *leg.* 37. §. 1. *in fin. ff. de min. leg.* 16. §. 3. *ff. de pœn.*

Il y a un Arrêt du 16. Mars 1630, rapporté au *Journal des Audiences*, qui a

SECT. III.

infirmé un décret de prise de corps décerné contre un impubere de onze ans six mois, qui avoit tué son compagnon d'un coup de pierre. Dufresne dit, *ibid.* qu'on rapporta plusieurs Arrêts qui avoient infirmé les procedures criminelles contre des impuberes, & fait défenses de proceder extraordinairement contr'eux à l'avenir.

Un Ecolier âgé de quinze ans ayant tellement excedé de coups son camarade, qu'il en mourut dans les quarante jours, par Arrêt du 5. Mars 1661, rapporté par Soefve, *tome 2. centurie 2. chap.* 38, il fut condamné en 120. liv. parisis applicables au pain des prisonniers de la Conciergerie; en 800. livres parisis d'intérêts civils. Par autres Arrêts des 17. Décembre 1647, 8. Août 1648, & 24. Janvier 1651, aussi rapportés par Soefve, *tome 1. centurie 2. chap.* 46. *&* 90, *& centurie 3. chap.* 58, il a été jugé que le pere n'étoit point tenu des dommages & intérêts; ce qui dépend des circonstances.

Mais en cas de vol, il faut toujours arrêter les impuberes, & les retenir en prison, à cause des complices; on les condamne quelquefois au fouet sous la custode ou à être enfermés à tems ou pour toujours, même à être exposés à une potence, pendus sous les aisselles, suivant les circonstances.

23. Il ne faut pas omettre que tous les complices du vol sont tenu solidairement à la réparation civile, & quand elle a été payée par l'un d'eux, les autres sont liberés à cet égard, mais non quant à la peine, comme il est décidé en la Loi 1. *cod. de condict. furtivâ.* Et celui qui a payé le tout, a l'action civile contre ses complices condamnés chacun pour sa portion.

24. Justinien après avoir parlé du larcin fait en cachette & par surprise, traite ensuite du larcin fait par force & violence, il dit, *tit. 2. in princ. de vi bonor. raptor.* que celui qui prend par force les biens d'autrui, est sujet à l'action de larcin appellée *vi bonorum raptorum.* Il décide au §. 1. suivant les précedentes Constitutions des Empereurs, que si quelqu'un a enlevé de force une chose mobiliaire qui lui appartenoit, il en doit perdre la propriété; que si elle se trouve appartenir à autrui, il est obligé non seulement d'en faire la restitution, mais encore d'en payer la valeur; & que cette décision doit être étendue à l'invasion des choses immobiliaires, *ut ex hac causa ab omni rapina homines abstineant*; ce qui est tiré de la Loi 7. *cod. unde vi.*

25. Parmi nous, les voies de fait sont pareillement défendues; mais la perte de la propriété ou le payement de la valeur n'auroient point lieu. Au reste, suivant l'Ordonnance de 1667, tit. 18. art. 2. celui qui aura été dépossédé par violence ou voie de fait, pourra demander la réintégrande par action civile & ordinaire, ou extraordinairement par action criminelle; & s'il a choisi l'une de ces deux actions, il ne pourra se servir de l'autre, si ce n'est qu'en prononçant sur l'extraordinaire, on lui eût réservé l'action civile.

De celui qui a acheté une chose volée.

26. Celui qui a acheté une chose qui a été dérobée est tenu de la rendre au propriétaire, *incivilem rem desideratis, ut agnitas res furtivas non prius reddatis, quàm pretium fuerit solutum à domino, leg. incivilem 2. cod. de furt* Même il est obligé de la lui rendre, sans qu'il lui puisse demander le prix qu'il a payé, *vindicanti tibi dominium, solvendi nulla necessitas irrogetur, leg. si mancipium 23. cod. de rei vindicat.* Ce qui a lieu, quoique l'acheteur eût acheté de bonne foi, ne sçachant pas que la chose eût été volée: c'est l'espece de ladite Loi *incivilem* 2. *Jul. Clarus, in pract. crimin. §. furtum, num.* 26. Si la chose dérobée ainsi achetée a été consumée, tel acheteur de bonne foi est seulement tenu de rendre ce en quoi il est devenu plus riche, *Clarus, dict. num.* 26. La Loi *mulier 6. ff. de captiv. & postlimin.* n'est point contraire à cette décision: il s'y agit d'une femme condamnée *ad metalla* qu'un homme avoit achetée des voleurs; & il est décidé par cette Loi, que l'acheteur en rendant la femme au fisc, doit être remboursé du prix qu'il a payé, parce qu'au cas de cette Loi, l'achat avoit été fait dans le dessein de rendre cette femme au fisc auquel il sçavoit qu'elle appartenoit: ainsi un tel acheteur avoit utilement geré les affaires du fisc, car les voleurs étoient d'une nation étrangere, & sans l'acheteur, ils auroient emmené cette femme en leurs pays; de sorte qu'en pareil cas, c'est-à-dire, quand sans l'achat la chose seroit perdue comme en l'espéce de ladite Loi 6, l'acheteur doit être remboursé du prix, qu'il a payé, comme l'enseigne *Jul. Clarus, loc. cit.*

Au reste, cela dépend beaucoup des circonstances; car quand on a acheté de bonne foi d'une personne domiciliée, une chose que l'on ne pouvoit pas soupçonner avoir été volée, en ce cas les Arrêts ordonnent le remboursement du prix. Un Orfévre ayant acheté un diamant qui avoit été dérobé, il en fit sa déclaration dès le lendemain du Billet de recommandation faite au Clerc des Orfévres ; & par Arrêt du 9 Décembre 1648, rapporté par Soefve, *tome 1. centurie 2. chap.* 96. il fut condamné de rendre le diamant en lui rendant le prix qu'il l'avoit acheté.

De même quand la chose a été achetée en Marché ou Foire publique, l'acheteur doit être remboursé du prix. La Coutume ou Statuts de Toulouse en contiennent une décision expresse, *tit. de emptione*, *num.* 3. Ce qui est de droit commun, suivant Valla, *de reb. dub. cap. ult. num.* 40. Godefroy, *ad dict. leg.* 2. *cod. de furt.* & Coquille sur Nivernois, *chap.* 21. *art.* 16, parce que la bonne foi de celui qui achete en lieu public, le doit excuser.

Hors ces cas, non-seulement l'acheteur de la chose dérobée est tenu de la rendre au propriétaire, sans pouvoir en répéter le prix, mais même il est tenu de lui indiquer son vendeur, suivant la Loi *civile est* 5. *cod. de furt.* Il n'est pas recevable à dire qu'il la achetée d'un passant inconnu ; car en disant cela, on le peut justement soupçonner d'avoir lui même commis le larcin, *dict. leg.* 5.

De l'action contre les Hôteliers & Maîtres des coches, en cas de vol.

27. Les Hôteliers & Maîtres des coches & navires, sont tenus de la perte & détérioration de toutes les choses portées en leurs hôtelleries & vaisseaux, suivant la Loi 1. §. 6. *ff. naut. caupon. stabul.* & la Loi 4. §. *ult. eod.* quoiqu'ils ne soient pas en faute, *leg.* 3. §. 1. & 2. & *leg.* 5. *eod.* Ainsi jugé par Arrêt du 9. Février 1599, rapporté par Carondas en ses Réponses, *liv.* 10. *rep.* 70. contre un Maître de carosse de voiture, pour une valise reçue par le Cocher ; ce qui doit avoir lieu, quoiqu'ils logent ou voiturent gratuitement, suivant les Loix 5. & 6. *eod.* & que les choses ne leur ayent point été données en garde, & qu'ils ne s'en soient pas expressément chargés, suivant la Loi 1. §. *ult. eod.* Ainsi jugé par Arrêt du 14. Août 1582, rapporté par Carondas en ses Pandectes, *liv.* 2. *chap.* 27. & en ses Réponses, *liv.* 6. *rep.* 81, quand même l'Hôtelier auroit fait punir son domestique qui auroit fait le vol, suivant un Arrêt du Parlement de Bretagne du 19 Mars 1599, rapporté par Belordeau en ses controverses, *lettre H. liv.* 8. *ch.* 35. Cependant le contraire a été jugé par Arrêt du 27. Août 1677, au rapport de M. Boutillier, dans cette espéce. Nicolas des Rues, Huissier à cheval au Châtelet, étant allé à Sezanne en Brie pour faire une exécution, il reçu de l'argent ; & l'ayant porté en la maison & hôtellerie du Sauvage, où il s'étoit logé, il mit l'argent qu'il avoit sous le chevet de son lit. L'on mettoit en fait que la fille de l'Hôtellerie avoit dit audit des Rues, qu'il ne laissât pas son argent qu'il venoit de montrer publiquement, en sa chambre qui ne fermoit pas assez ; que s'il le lui mettoit entre les mains, elle lui en répondroit ; que l'Huissier fit réponse qu'il n'alloit que faire un tour en la Ville, & qu'ensuite il devoit s'en aller. Ledit des Rues ayant ainsi porté son argent en sa chambre, & étant revenu une heure après, il ne trouvera plus son argent. Il poursuivit l'Hôtelier, lequel fut déchargé, l'Huissier n'ayant pas suffisamment de preuve que ledit argent lui eût été volé. Quelque tems après, l'Hôtelier apprit que Charlote Pasart, sa servante domestique, avoit fait le vol, parce qu'on lui avoit vû de l'argent à plusieurs fois. L'Hôtelier l'ayant poursuivie & fait arrêter prisonniere, elle fut convaincue & condamnée à être pendue. Des Rues, Huissier, ayant appris cette procédure, & que c'étoit la servante de l'Hôtelier qui avoit fait le vol, il commença une nouvelle poursuite contre l'Hôtelier, disant qu'il ne pouvoit pas à présent s'empêcher d'être condamné, puisque c'étoit sa servante qui avoit fait le vol, dont il étoit responsable. Pendant la contestation, l'Hôtelier mourut, les enfans héritiers furent appellés en reprise, qui dirent qu'ils n'en étoient point tenus, & qu'il n'y avoit rien du fait de leur pere, lequel ne pouvoit même faire davantage que ce qu'il avoit fait, qui étoit de poursuivre celle qui avoit volé ; qu'étant déchargé, il pouvoit même ne pas poursuivre la servante, & qu'il l'avoit pourtant fait à ses frais. Joint qu'y ayant eu un Arrêt sur la premiere instance qui avoit permis la preuve du fait, que la fille de l'Hôtelier lui avoit dit que la chambre ne fermoit pas assez, c'étoit la faute dudit des Rues, s'il avoit perdu son argent. Les héritiers furent déchargés, néanmoins *multis contradicentibus*, comme le remarque l'Arrêtiste du *Journal des Audiences*, *tom.* 3. *liv.* 11. *chap.*

De l'action contre les Hôteliers, en cas de vol.

Ils sont tenus des faits de leurs domestiques, §. 3. *inst. de obligat. quæ quasi ex delict. nascuntur*, Boërius, *dec.* 56. même du fait des Voyageurs, & de ceux qu'ils logent, *leg. unic.* §. *ult. ff. furt. adversf. naut. leg.* 2. *ff. naut. caupon.* Ainsi jugé par Arrêt du 12 Décembre 1654, rapporté au *Journal des Audiences*, & par autre Arrêt du 22 Janvier 1675, rapporté au *Journal du Palais*. Cependant voyez la Loi 6. §. 1. & *seq. ff. naut. caupon.* & ladite Loi uniq. §. *ult.* Mornac, *ad dict. leg.* 6. §. 2. Un Arrêt du Parlement de Bretagne du 27. Février 1601, rapporté par Belordeau en ses Controverses, *lettre H. liv.* 8. *chap.* 36. Deux autres Arrêts du Parlement de Paris ; l'un du 15 Mars 1600, rapporté aux notes marginales de le Prêtre, *centurie* 1. *chap.* 19; l'autre du 29 Novembre 1664, rapporté par Soefve; *tome* 2. *centurie* 3. *chap.* 26, qui les déchargent du fait des autres Hôtes. Ainsi cela dépend des circonstances, s'il y a du fait des Hôteliers ou de la négligence de leur part, & de leur bonne ou mauvaise réputation, comme l'observe Mornac, *ad leg.* 1. *ff. naut. caupon.*

Mais ils ne sont pas tenus des choses perdues, s'ils ont déclaré qu'ils n'en vouloient pas être garant, *leg. ult. eod.* soit que les proprietaires y ayent consenti, *dict. leg. ult.* ou qu'ils n'y ayent pas consenti, suivant Accurse, *ad dict. leg. ult.* Mais cette distinction est inutile, & la déclaration est nulle, quand les passans sont engagés dans le vaisseau. Accurse, *eod.*

Ils n'en sont pas garants non plus, si la perte de la chose est arrivée par le fait du propriétaire; Carondas, *liv.* 7. *rep.* 172. ni si la perte est arrivée par cas fortuit, *leg.* 3. §. 1. *eod.* ou si elle est arrivée avec effraction des portes ou fenêtres, suivant le Prêtre, *centurie* 2. *chap.* 19. Ainsi par Arrêt du 15. Mars 1616, rapporté au *Journal des Audiences*, conformément aux conclusions de M. Talon, Avocat général, il a été jugé que le Messager d'Angers n'étoit point responsable du vol fait en son Bureau nuitamment & par effraction, de deux malles pleines de hardes, & d'une où il y avoit de la vaisselle d'argent, ni l'Hôtesse pareillement, étant un cas fortuit auquel ni l'un ni l'autre n'avoient pû apporter de remede. De sorte qu'en matiere de cas fortuits & inopinés, la maxime est toujours véritable, que *res perit domino*, suivant la Loi *quæ fortuitis* 6. *cod. de pignor. action.* & la Loi 3. §. 1. *ff. naut. caupon.*

Quant l'hôte logé ne peut prouver ni par écrit ni par témoins, qu'il avoit porté en l'hôtellerie ce qu'il dit lui avoir été pris; le Maître de l'hôtellerie n'en est pas tenu, suivant qu'il a été jugé par Arrêt du premier Avril 1597, rapporté par le Prêtre, *centurie* 1. *chap.* 19; cependant par le susdit Arrêt du 12. Décembre 1654, il a été jugé que l'hôte logé en seroit crû à son serment, jusqu'à la concurrence de 500. liv. cela dépend encore des circonstances. Réguliérement l'accusateur en doit être crû à son serment sur la quantité, valeur ou montant des choses qui lui ont été prises, & cela jusqu'à une certaine quantité: *sed officio judicis debet taxatione jusjurandum refrenari*, *leg.* 18. *ff. de dolo mala.* comme le tiennent le Prêtre & Gueret, *centurie* 1. *chap.* 65, joint la commune renommée, dont il doit préalablement être informé sur ses facultés, s'il a pû avoir les choses qu'il prétend lui avoir été dérobées, & les avoir au lieu en question; le Prêtre, *eod. n.* 7. Ce qui s'entend lorsque cette preuve est facile à faire; autrement le serment décisoire doit être déféré jusqu'à une certaine somme, *arbitrio judicis.* Voyez le titre du digeste *de in litem jurando*, & un Arrêt du Grand Conseil du 18 Septembre 1690, rapporté au *Journal du Palais.*

De l'action contre les Maîtres des Coches d'eau en cas de vol.

28. Il en est de même des Maîtres des coches d'eau, ils sont tenus de la perte des hardes & paquets mis dans leurs bateaux; le serment *in litem* est aussi admis contr'eux, & ils doivent tenir Registre, suivant qu'il a été jugé par Arrêt du 30. Mai 1656, rapporté par Soefve, *tome* 2. *centurie* 1. *chap.* 29. Mais les Cochers & Messagers ne sont point tenus de la perte de l'argent qu'ils portent, s'ils n'en sont chargés par leurs Registres, & s'il ne leur a été baillé par compte. Ainsi jugé par Arrêt du 5. Janvier 1527, rapporté au *Journal des Audiences.*

29. A l'égard des Capitaines, Maîtres ou Patrons, & des Propriétaires des Navires, Voyez l'ordonnance de la marine du mois d'Août 1681, *liv.* 2. *tit.* 1. & 8.

De la punition des vols, quand ils sont accompagnés d'autres crimes.

30. Quand les vols & larcins sont accompagnés d'autres crimes, ils sont punis de la peine que mérite le crime le plus atroce. Suivant l'article 5. de la Déclaration du Roi du 5. Février 1731, le vol fait sur les grands chemins, sans que les rues des Villes & Fauxbourgs puissent être censées comprises à cet égard sous le nom de grands chemins; les vols faits avec effraction, lorsqu'ils sont accompagnés de port d'armes & violences publiques, ou lorsque l'effraction se trouvera avoir été faite dans les murs de clôtures ou toits des maisons, portes & fenêtres extérieures, & ce quand même il n'y auroit eu ni ports d'armes ni violence publique, sont cas prevôtaux par la nature du crime.

Quels Juges peuvent connoître du crime de vol.

31. Par rapport aux autres vols & larcins, la connoissance en appartient aux Juges des lieux où ils ont été commis, suivant la régle générale portée par l'art. 1. du titre 1 de l'Ordonnance de 1670; cependant si le vol avoit été fait dans un lieu & que le voleur fût pris dans un autre lieu où il auroit vendu la chose volée, ce seroit en ce cas une continuation du même crime qui rendroit le Juge du lieu où le voleur auroit été pris, compétent d'en connoître.

32. Ce sont les circonstances du fait, la qualité du vol & du voleur, le lieu où le vol a été fait, le tems & la maniere dont il a été fait, & autres particularites qui se peuvent rencontrer dans le fait, qui peuvent rendre les vols plus ou moins graves.

Observations importantes sur le crime du vol.

33. Enfin, Damhouderius, *in prax. rer. criminalium*, *cap.* 110. *de furto*, *num.* 37. & *seq.* exhorte les Juges en ces termes qui sont bien remarquables : *Hoc tamen notandum est, Judices non parvum debere observationem adhibere circa furum necessitatem & inopiam : an ex necessitate famis, an ex animo furandi cupido, furtum commiserint. Si enim necessitate famis, non verò animo fraudulenter lucrandi, furtum factum sit, excusari certè potest, cap. si quis & ibi gloss. ext. de furt. Si non sit insigne & magnum, juxtà leg 1. ff. de furt. Non enim factum quæritur, sed causa faciendi, leg. verum est, ff. eod. & necessitas sanè non habet legem : quàm etiam ob exrremam necessitatem aut alimentorum gratiam, filios suos vendiderint parentes, authore Paulo, lib. 5. sentent. Deindè observent oportet circà calliditatem aut simplicitatem furum, hoc est, an furatus sit ex destinatâ malitiâ vel ex consuetudine, vel ex simplicitate & prudentiâ, quâ non putabat se tantum crimen committere : vel certè an ex paupertate, & rerum egestate ad furtum penè coactus & impulsus fuerit. Deindè res observent, an panes aut potum furatus fuerit, aut similes res edibiles & potabiles. Ad hæc observent tempora commissi furti : an fuerint ea rerum omnium penuria differta & obnoxia, an ubertate, omni abundantiâ. Postremò furti commissi locum diligenter observent oportet, furis qualitates omnes : hujusmodi enim circonstantia furtum aut gravant aut levant, adeò ut non videam, quam æquam de furto sententiam sit laturus judex, qui ista non accuratè expenderit.*

SECTION QUATRIEME.

Du Blasphême.

1. Selon les Théologiens & les Canonistes, le blasphême est un crime énorme, qui se commet par des paroles outrageuses & impies contre Dieu, & injurieuses à sa gloire, soit en attribuant à sa Majesté des choses qui ne lui peuvent pas convenir, & détruisent sa nature ; ou en lui ôtant les attributs qui lui sont propres & essentiels ; ou en attribuant à la créature des honneurs qui ne sont dûs qu'à Dieu. Il se dit aussi des paroles impies & injurieuses que l'on profere contre les Saints, les choses saintes, & les saints Mysteres de la Religion.

2. La punition des blasphêmateurs par la Loi de Moïse, étoit d'être lapidés, *Levit. cap.* 24. Ils sont condamnés au dernier supplice par Justinien : *novell. ut non luxurientur contra naturam* 77.

Loix du Royaume contre les Blasphêmateurs.

3. Nous avons en France un grand nombre d'Ordonnances contre les Blasphémateurs du nom de Dieu & des Saints, desquelles on peut voir la compilation dans Theveneau, *liv.* 4. *tit.* 1. Mais il suffira de rapporter ici la teneur de la Déclaration de Louis XIV. du 30 Juillet 1666, registrée au Parlement le 6 Septembre suivant.

Louis XIV. en confirmant & autorisant les Ordonnances des Rois ses prédecesseurs, même sa Déclaration dudit jour Septembre 1651, défend très-expressément à tous ses Sujets, de quelque qualité & condition qu'ils soient, de blasphémer, jurer & détester le saint nom de Dieu, ni de proférer aucunes paroles contre l'honneur de la très-sacrée Vierge sa mere, & des Saints : Veut que tous ceux qui se trouveront convaincus d'avoir juré & blasphémé le nom de Dieu & de sa très-sainte Mere, & des saints, soient condamnés pour la premie fois en une amende pécuniaire, selon leurs biens, grandeur & enormité du serment blasphémé ; les deux tiers de l'amende applicables aux Hôpitaux des lieux, & où il n'y en aura, à l'Eglise, & l'autre tiers au dénonciateur ; & si ceux qui auront étéainsi punis retombent à faire lesdits sermens, seront pour la seconde, tierce & quatriéme fois condamnés en amende double, triple & quadruple, & pour la cinquiéme fois seront mis au carcan aux jours de Fêtes & Dimanches, ou autres, & y demeureront depuis huit heures du matin jusqu'à une heure après midi, sujets à toutes injures & opprobres, & en outre condamnés à une grosse amende ; & pour la sixiéme fois seront ménés & conduits au pilori, & là auront la lévre de dessus coupée d'un fer chaud ; & si par obstination & mauvaise coutume invéterée, ils continuent après toutes ces peines à proférer lesdits juremens & blasphêmes, veut qu'ils ayent la langue coupée tout juste, afin qu'à l'avenir ils ne les puissent plus proférer, & en cas

SECT. IV.

que ceux qui se trouveront convaincus, n'ayent de quoi payer lesdites amendes, ils tiendront prison pendant un mois au pain & à l'eau, ou plus long tems, ainsi que les Juges le trouveront plus à propos; selon la qualité & énormité desdits blasphêmes; & afin que l'on puisse avoir connoissance de ceux qui retomberont ausdits blasphêmes, sera fait régistre particulier de ceux qui auront été pris & condamnés. Veut que tous ceux qui auront ouis lesdits blasphêmes, ayent à les reveler aux Juges des lieux dans les vingt-quatre heures ensuivant, à peine de 60. s. parisis d'amende, & plus grande s'il y échet. Le Roi déclare néanmoins qu'il n'entend comprendre les enormes blasphêmes, qui selon la Théologie, appartiennent au genre d'infidélité, & dérogent à la bonté & grandeur de Dieu, & ses autres attributs; voulant que lesdits crimes soient punis de plus grandes peines que celles ci-dessus, à l'arbitrage des Juges, selon leur énormité.

Division du blasphême.

4. Il faut donc faire différence du blasphême du nom de Dieu & des Saints, qui se commet par juremens, exécrations & sermens détestables, d'avec le blasphême proprement dit; quand de propos délibéré & sens rassis, on tient publiquement propos de Dieu, des Saints & de l'Eglise, qui sont en abomination aux Chrétiens: au premier cas, les peines sont fixées par cette Déclaration du Roi 1666; mais au second cas, qui est ce qu'on appelle par cette Déclaration énormes blasphêmes, la punition doit être plus grande, & est laissée à l'arbitrage des Juges.

Par Arrêt du 20. Mars 1620, Bernard Malmonesse & Philippes Basse de Bellica, ont été condamnés à avoir la langue coupée, & être brûlés vifs.

Par un précédent Arrêt du 4. Décembre 1619, Claude de Tance de Ville-aux-Bois, a été condamné à faire amende honorable *in figuris*, à avoir la langue percée, & aux galeres à perpétuité.

A qui appartient la connoissance du crime de blasphême.

5. Il faut aussi observer que la connoissance du crime de blasphême au premier cas, appartient au Juge du lieu du délit, soit royal ou seigneurial, & que ce n'est pas un cas royal. Ainsi jugé par Arrêt du 16. Décembre 1678, rapporté dans le Livre intitulé, la maniere de poursuivre les crimes, *tome* 1. *chap.* 11. *nom.* 34. Mais le Juge de Police n'en peut point connoître. Ainsi jugé par Arrêt du 4. Janvier 1610 *Journal des Audiences.*

Au second cas, c'est-à-dire, si le blasphême marque un dessein formel de décrier la Religion, alors c'est un crime d'hérésie, dont la punition est réservée au Juge royal, suivant un Arrêt du dernier Mars 1544, rapporté par Chopin, *de doman. liv.* 2. *tit.* 7. *num.* 20.

SECTION CINQUIEME.

Du crime de Leze-Majesté humaine.

Voyez Bouchel sur le mot de Leze-Majesté, & le Bret de la Souveraineté, liv. 4. chapitre 5. Fontanon, tome 4. pag. 1157. & suivantes, & Adam Theveneau, livre 4. tit. 5.

Le crime de leze-Majesté humaine est une offense qui se commet contre les Rois & les Princes Souverains, qui sont les images vivantes de Dieu sur la terre, & qui représentent dans le Gouvernement de leurs Etats, l'autorité que Dieu exerce dans le Gouvernement de l'Univers

Les Loix 1. 2. 3. & 4. *ff. ad leg. Jul. Majest.* expliquent les différentes manieres par lesquelles ce crime se commet: & ces mêmes Loix, ensemble la fameuse Loi *quisquis*, *cod. eod.* porte peine de mort dans toutes les espéces de ce crime.

Bouchel, *loc. cit.* rapporte tous les différens chefs de ce crime, tirés des Regiftres de la Chambre des Comptes, pour être gardés inviolablement.

Crimes de leze-Majesté au premier chef.

Voici quels sont les crimes de leze-Majesté au premier chef, & qui emportent punition de confiscation de corps & de biens au Roi, & pour lesquels la postérité de ceux qui seront coupable de ce crime, sera déclarée ignoble, roturiere, & indigne de toutes dignités, graces & priviléges; même leur procès leur pourra être fait après leur mort.

1. Ceux qui attentent ou conspirent contre la personne, vie & autorité du Roi.

2. Ceux qui ayant assisté ou sçu telles conspirations, ne les ont incontinent relevées & déclarées.

3. Ceux qui s'élevent en armes contre le commandement du Roi, occupent ou détiennent par force ses Villes, Châteaux, ou autres Places fortes.

4. Ceux qui émeuvent le peuple à sédition, rébellion, mépris de l'autorité du Roi,

soit par écrits par eux faits, ou malicieusement semés, ou paroles & harangues mêmement prononcées en public.

5. Ceux qui font, sont ou entrent en aucunes conjurations, associations, intelligences, ligues offensives & défensives dedans le Royaume avec les sujets du Roi, ou dehors avec les Etrangers, directement ou indirectement, par eux ou par personnes interposées, verbalement ou par écrit.

6. Ceux qui livrent aux Etrangers ou ennemis du Roi les Places armées; forces ou sujets du Royaume, leur donnant entrée en icelui pour quelque occasion que ce soit, sans autorité & permission du Roi, ou tâchant par quelques autres moyens à rendre lesdits Etrangers ennemis du Roi & du Royaume, les aident, favorisent, & fortifient malicieusement à son préjudice.

7. Ceux qui étant Officiers ou Conseillers du Roi, ont communication avec les Princes ou Etats Etrangers, en prennent gages ou pensions, découvrent les secrets du Roi & du Royaume, ou autrement aident, favorisent lesdits Etrangers au préjudice du service du Roi.

Par l'Edit de François I. donné à Saint Germain en Laye en Juillet 1534, celui qui reçoit des Lettres ou des Messages de la part d'un Prince Etranger ennemi du Roi, avec qui il est en guerre, est criminel de leze-Majesté, s'il n'en donne avis au Roi ou à ses Officiers.

M. le Bret, *loc. cit.* dit que de tout tems un Astrologue qui employe sa science, quelque fausse qu'elle soit, pour connoître la durée de la vie du Prince, a été réputé criminel de leze-Majesté; *quia ipsam pulsat Majestatem*, dit l'Empereur Constantius en la Loi 7. *cod. de malefic. & mathemat.*

Crimes de leze-Majesté au second chef.

Les crimes de leze-Majesté au second chef, sont ceux qui portent entreprise ou usurpation contre la Majesté du Roi & son autorité, & qui néanmoins sont punissables de confiscation de corps & de biens envers le Roi seulement, sans que la peine passe contre la postérité des coupables: tels sont,

1. Ceux qui sans charge, pouvoir, congé ou mandement du Roi, s'assemblent & tiennent conseil en privé, pour délibérer & traiter du fait de l'Etat, soit sous prétexte du bien public, ou autre quelconque.

2. Ceux qui font levées ou enrôlemens de gens de Guerre, sans le congé & permission du Roi, portée par ses Lettres Patentes, ensemble ceux qui s'enrôlent.

3. Ceux qui font bourse commune, assiette ou levée sur les sujets du Roi, de deniers, munitions, étapes, ou autres subventions quelconques, pour quelque occasion que ce puisse être, sans son congé & permission portée par ses Lettres Patentes.

4. Ceux qui touchent à ses finances & deniers, entreprennent d'ordonner d'iceux, sans exprès pouvoir & charge.

5. Ceux qui ayant des Gouvernemens d'aucunes Provinces, Villes & Châteaux, ou Commandemens sur les Armées ou Compagnies de Gens de Guerre, retiennent & détiennent lesdits Gouvernemens & Commandemens, outre & par dessus la révocation faite par le Roi.

6. Ceux qui empêchent malicieusement le Service du Roi, entreprennent sur l'autorité dûe à lui seul, outragent, menacent & intimident ses Magistrats & officiers, faisant & exerçant leur Charge ou autrement empêchent qu'ils ne les puissent librement exercer.

7. Ceux qui falsifient les seings ou sceaux du Roi.

8. Ceux qui font faire ou battre monnoye de leur autorité, icelle falsifient, rognent, alterent, ou étant fausse, l'exposent sciemment.

C'est encore un crime de leze Majesté au second chef, que de répandre des libelles diffamatoires contre l'honneur du Roi, surtout lorsqu'ils peuvent allumer le feu de la sédition dans l'esprit des peuples.

L'article 13. de l'Ordonnance de Charles IX. du mois de Décembre 1567, & celle d'Henri III. du mois de Janvier 1580, déclarent que ce crime est punissable de mort, avec confiscation de biens envers le Roi; & que ceux qui impriment ces ouvrages, sont punissables de peines afflictives, quelquesfois même d'une peine capitale, selon les circonstances.

Autres especes de crimes de leze-Majesté.

Il y a encore d'autres crimes dépendans du crime de leze-Majesté, & dont les peines ne sont pas semblables aux précédentes contre les coupables, qui sont,

Ceux qui font assemblées avec port d'armes pour querelle particuliere; s'appellent au-

SECT. V.

combat, donnent champ pour icelui, se font parreins ou assistent ceux qui combattent, sont punis par confiscation de corps & de biens à qui il appartiendra.

2. Ceux qui font fondre piéces d'Artillerie ; sçavoir, canons, coulevrines bâtardes & moyennes, sans charge du Roi, portées par ses Lettres Patentes, sont punis par confiscation desdites piéces, rasement du Château & Places où elles sont faites, & quatre mille écus d'amende.

3. Ceux qui font clore Bourgs & Villages, les fortifient, font nouvelles forteresses aux Villes, font boulevards, bastions & autres fortifications royales aux Châteaux, démolissent lesdites fortifications & murailles desdites Villes, rasent Villes ou Châteaux sans permission du Roi, doivent être condamnés en grosses amendes arbitraires, eu égard à la grandeur & qualité du délit : & doivent lesdites clôtures & fortifications être démolies, & lesdites démolitions être réparées à leurs dépens.

Loix du Royaume concernant les crimes de leze-Majesté.

Voici les Loix positives du Royaume sur cette matiere, rapportées par Theveneau, *lid.* 4. *tit.* 5.

L'Ordonnance de Louis XI. donnée au Plessis au mois de Décembre 1477, porte que toutes personnes qui sçauront ou auront connoissance de quelques traités, conspirations, machinations ou entreprises qui se feront à l'encontre de la Personne du Roi, de la Reine de France, & de leurs Enfans & contre l'Etat & leur sûreté, & de la chose publique du Royaume, seront tenus & réputés coupables du crime de leze-Majesté, & punis de semblable peine & pareille punition que doivent être les principaux auteurs, conspirateurs, fauteurs & conducteurs desdits crimes sans exception ni réservation de personne quelconque, de quelque état, qualité, condition, dignité, noblesse, seigneurie, prééminence ou prérogative que ce soit ou puisse être, soit à cause du Saug royal ou autrement, en quelque maniere que ce soit, s'ils ne le revelent au Roi, ou aux principaux Juges & Officiers des Pays où ils seront, le plutôt que possible leur sera, après qu'ils en auront eu connoissance : auquel cas, & quand ainsi le reveleront & envoyeront revéler, ils ne seront en aucun danger de punition desdits crimes, mais seront dignes de rénumeration envers le Roi, & la chose publique.

L'article 183 de l'Ordonnance de Blois fait très-étroites inhibitions & défenses à toutes personnes de quelqu'état, autorité, qualité ou condition qu'ils soient sans nul excepter, d'entrer en aucune association, intelligence, participation ou ligue offensive ou défensive, avec Princes, Potentats, Républiques, Communauté dedans ou dehors le Royaume, directement ou indirectement, par eux ou par personnes interposées, verbalement ou par écrit, faire aucune levée ou enrôlement de gens de Guerre sans expresse permission, congé & licence du Roi. Déclare tous ceux qui s'oublieront tant que d'y contrevenir, criminels de leze-Majesté, & proditeurs de leur Patrie, incapables & indignes, eux & leur postérité, de tous Etats, Offices, Titres, Honneurs, Dignités, Graces, Priviléges, & tous autres Droits & en outre leur vie & biens confisqués, sans que lesdites peines leur puissent être remises par lettres ou autrement, en quelque maniere que ce soit.

L'Edit de François I. donné à Saint-Germain en Laye au mois de Juillet 1534, contient 4. articles à ce sujet.

L'article 31. dit que quand les Légions seront aux champs, Villes ou en camp, contre les ennemis, aucun des compagnons d'icelles ni autre, ne pourra parlementer auxdits ennemis, ou à aucun d'eux, sans le congé du Lieutenant Général, ou des Colonels ou Capitaines, sur peine de crime de leze-Majesté ; ni pareillement lesdits Colonels & Capitaines, ou leurs Lieutenans, sans le congé du Roi ou de son Lieutenant Général, sur la même peine.

L'article 37. porte, que si aucun recevoit une lettre ou message de quelque Prince ou Seigneur que ce fût, ennemi du Roi, ou poursuivant son dommage, il sera tenu de le revéler au Colonel ou Capitaine de sa bande, & ledit Colonel ou Capitaine au Lieutenant Général du Roi ; & au défaut de ce, seront punis comme criminels de leze-Majesté.

L'article 53. ordonne que ceux qui abandonneront leur Légion, de quelque ordre, état, qualité ou condition qu'ils soient, & se retireront du côté des Ennemis, seront punis de crime de leze-Majesté, comme fugitifs : & au cas qu'ils ne puissent être appréhendés pour souffrir ladite peine, seront appellés en la Légion dont ils seront partis, à son de trompe & cri public, & fait un sommaire inquisition de leur fuite, & après seront déclarés fugitifs & criminels de leze-Majesté, & comme tels condamnés ès peines dudit crime, s'ils peuvent être pris.

L'article

L'article 54. ajoute, & où ils ne pourront être pris, seront perpétuellement bannis du Royaume, Pays, Terres & Seigneuries, leurs biens confisqués, leurs enfans déclarés incapables de tous honneurs & dignités, & exclus de toutes successions directes, collatérales ou autres. Et néanmoins par figure seront mis en quatre quartiers mis ès lieux plus insignes de là où sera la Légion, afin que les autres y puissent prendre exemple.

Il y a encore un Edit de François I. donné à Villers-Cotteretz au mois d'Août 1539, qui ordonne que ceux qui auront aucune chose conspiré, machiné ou entrepris contre la Personne du Roi, ses enfans & postérité, ou contre la République de son Royaume, seront étroitement & rigoureusement punis, tant en leurs personnes qu'en leurs biens, tellement que ce soit chose exemplaire à toujours, sans que leurs parens, héritiers mâles ou femelles, parens en ligne directe ou collatérale, ou autres personnes, puissent prétendre aucun droit de succession, substitution ou de retour esdits biens; ains que lesdits biens, soit meubles ou immeubles, féodaux, allodiaux ou roturiers, avec tous & chacun les droits, noms, raisons & actions qui pourroient compéter & appartenir à tels machinateurs, ou conspirateurs lors desdites entreprises & machinations, soit qu'iceux biens fussent en leur libre & pleniere disposition, ou qu'ils fussent sujets à substitution ou retour, par testament ou disposition d'eux ou de leurs prédécesseurs, en quelque maniere que ce soit, soient déférés & appliqués au fisc ou domaine du Roi, sans aucunes desdites charges, mêmement quand il y aura crime de leze-Majesté joint avec félonie.

Ordonne qu'esdits cas ainsi commis contre le Roi, ses enfans & postérité, mêmement quand il y aura crime de leze-Majesté joint avec crime de félonie, outre les biens féodaux possedés par lesdits criminels, qui sont retournés ou retourneront au Roi, comme Seigneur souverain & féodal de tous ses sujets & vassaux, soit que lesdits fiefs soient tenus du Roi en plein fief ou arriere-fief, les autres biens desdits criminels, meubles, immeubles, allodiaux ou roturiers, desquels biens il n'est encore discuté à qui ils appartiennent, & s'ils doivent être chargés desdites substitutions ou conditions de retour, soient appliqués au Roi, ou à son fisc ou domaine, sans lesdites charges de substitution ou de retour; tellement que ledit fisc soit préféré esdits biens ausdits substitués, & qui les exclue ainsi que seroient les enfans de tels criminels, si aucuns en avoient.

Différence entre le crime de leze-Majesté & les autres.

Ainsi il y a beaucoup de différence entre le crime de leze-Majesté & les autres crimes.

Premiérement, toutes personnes, même celles dont la dénonciation ne seroit pas admise en tout autre crime, comme ceux qui sont notés d'infamie, peuvent se porter dénonciateurs quand il s'agit du crime de leze-Majesté. Voyez la Loi 1. *in princip. &* §. 1. & la Loi 8. *ff. ad leg. Jul. Majest.*

Comme autrefois l'esclave pouvoit déposer contre son Maître, l'affranchi contre son Patron, suivant la Loi 1. *cod. de quæst,* De même aujourd'hui le fils peut accuser le pere coupable du crime de leze-Majesté, & le pere son fils.

Secondement, tous ceux qui ont trempé dans la conspiration, qui y ont prêté les mains, aidé en quelque maniere que ce soit, ou qui ont été engagé les autres à commettre un pareil attentat, sont également coupables & aussi criminels que ceux qui ont commis le crime même de leze-Majesté: *Parum refert suis manibus quis injuriam fecerit, an per alium, leg. Prætor ait* 1. §. *dejecisse* 12. *ff. de vi & vi armat.* & ils sont sujets aux mêmes peines, *leg. proximum* 1. *leg. Lex duodecim* 3. *& leg. cujusque dolo* 4. *ff. ad leg. Jul. Majest.*

Troisiémement, ceux qui ont connoissance des projets & des conspirations qui se font contre le Souverain ou contre l'Etat, sont coupables du crime de leze-Majesté, s'ils n'en font leur déclaration, suivant l'Ordonnance de Louis XI. que l'on trouve dans le Code d'Henri III. dont on a ci-devant rapporté les termes.

Quatriémement, le dessein de faire quelque chose contre l'Etat, rend coupable du crime de leze-Majesté, lorsqu'il y a preuve, quoique l'effet ne s'en soit pas suivi. Bouchel, *loc. cit.* en rapporte un Arrêt du 11. Janvier 1595.

Cinquiémement, quoique la confession d'un accusé en matiere criminelle ne soit pas une conviction suffisante pour les faire condamner, *quia non auditur perire volens, leg.* 1. §. 17. *& leg. ult. ff. de quæst.* Néanmoins en crime de leze-Majesté, la confession peut emporter condamnation. *Peleus, act. for. lib.* 8. *act.* 13.

Sixiémement, quoique dans les cas ordinaires les complices des crimes ne fassent fois les uns contre les autres, à moins qu'en se chargeant d'un crime, un accusé ne charge les autres de complicité, ce qui fait une charge aussi forte que celle qui résulteroit de la disposition d'un témoin, & sur laquelle charge le Juge doit récoller & confronter celui qui a accusé, aux autres accusés contre lesquels il fait charge; néanmoins en crime de leze-Majesté, en se déchargeant, & chargeant les autres, ils font foi les uns contre les autres, *leg. quisquis, cod. ad leg. Jul. Majest.* de même qu'en crimes de sacrilége, conjuration ou conspiration déliberée par plusieurs, fausse monnoie, hérésie, simonie, & assassinat. Papon, *loc. cit.*

Septiémement, le crime de leze-Majesté au premier chef est puni de la peine la plus rigoureuse, qui est celle d'être écartelé & tiré à quatre chevaux. C'est le supplice qu'éprouva le Comte de Galx à Aix-la-Chapelle, par Ordonnance de Charlemagne, ainsi que le rapporte Gaguin. Chatel & Ravaillac ont éprouvé le même supplice.

Différences entre le crime de leze-Majesté & les autres.

Huitiémement, la régle ordinaire est qu'il n'y a que celui qui a commis le crime qui en doive porter la peine, *peccata igitur suos teneant autores, nec ulterius progrediatur metus, quam reperiatur delictum, leg. sancimus 22. cod. de pœnis.* Néanmoins quand il s'agit du crime de leze-Majesté au premier chef, quoique les enfans du coupable de ce crime soient innocens, il ne laisse pas de retomber sur eux, & ils sont privés de sa succession, quoiqu'elle leur appartienne comme par droit de nature, *leg. cum ratio naturalis 7. cod. de bonis damnatur.*

Neuviémement, la confiscation qui est toujours adjugée au Roi en crime de leze-Majesté, quand il s'agit du premier chef, est déchargée de toutes les dettes & hypothéques du douaire & de substitutions, suivant l'article premier de l'Ordonnance de François I. du mois d'Août 1539, dont on a ci-devant rapporté les termes.

Ainsi les biens du condamné pour crime de leze-Majesté au premier chef, appartiennent au Roi au Moyen de la confiscation, quoique situés dans les Jurisdictions des Seigneurs Hauts-Justiciers, au profit desquels, hors ces cas, la confiscation des biens assis en leur Jurisdiction, appartient. Guy Pape, *decisio* 341; Bacquet, *Traité des droits de Justice*, *chap.* 11. *nombre* 17; le Bret, *de la Souveraineté*, *liv.* 3. *chap.* 13.

Le Roi prend les biens du condamné en qualité de premier créancier privilégié, qui exclut tous les autres; de sorte que toutes substitutions cessent en crime de leze-Majesté. Mornac, *ad leg. vestigali 31. ff. de pignor. & hypot.*

Dixiémement, c'est encore une régle générale, que tout crime s'éteint par la mort du coupable avant sa condamnation, *leg. 3. ff. de public. judic. leg. ult. ff. ad leg. Jul. Majest. leg. 1. §. ult. ff. de requirend. reis, leg. 2. cod. si reus vel accusat. & leg. ult. eod.* Néanmoins à l'égard du crime de leze-Majesté, cela n'empêche point que le procès ne soit fait au cadavre du coupable s'il existe, sinon à sa mémoire, *leg. ult. ff. ad leg. Jul. Majest. leg. ult. cod. eod.*

Ces loix sont suivies en France. Nicolas Lhôte, natif d'Orléans, Commis de M. de Villeroy, Secretaire d'Etat, ayant trahi Henri IV. & M. de Villeroy son Maître, en donnant avis au Roi d'Espagne de toutes les délibérations qui se faisoient au Conseil du Roi, voyant son crime découvert, & étant poursuivi par le Prévôt de Meaux, il se jetta dans la riviere de Marne aux environs de la ville de Meaux, & se noya; son corps fut tiré de l'eau & amené au Châtelet de Paris où il fut pendant deux jours; ensuite il fut embaumé & mis dans le cimetiere des Saints Innocens. On créa un Curateur à son cadavre, on lui fit son procès, & sur preuves résultantes des informations, Lhôte fut déclaré atteint & convaincu du crime de leze-Majesté au premier chef; pour réparation de quoi, par Arrêt du 15 Mai 1604, il fut ordonné que son corps seroit traîné sur une claie, ensuite tiré à quatre chevaux, & les quartiers mis sur quatre roues aux quatre principales avenues de la Ville de Paris: ce qui fut exécuté.

Il en est de même pour le crime de duel, & pour l'homicide de soi-même.

Onziémement, les dénonciateurs qui succombent faute de preuves, ne sont pas condamnés aux dommages & intérêts, à moins qu'ils ne soient convaincus de la calomnie bien évidente, afin que la crainte d'être condamné à des dommages & intérêts, n'empêche point de relever de pareils crimes au préjudice du bien de l'Etat & du Royaume.

Douziémement, quoique suivant le Droit commun, les crimes se prescrivent par 20 ans, *leg. 12. cod. ad leg. Cornel. de fals.* néanmoins le crime de leze-Majesté ne se prescrit point par quelque laps de tems que ce soit.

Treiziémement; la folie n'excuse point les coupables de leze-Majesté. Lucius, *placitor. lib. 12. tit. 11.*

Il reste à observer que la poursuite du crime de leze-Majesté dans tous ses chefs, réside uniquement dans la Partie publique, & que quand l'article 11. du titre 1. de l'Ordonnance de 1670. attribue la connoissance de ce crime aux Baillifs & Sénéchaux, cela s'entend au second chef; car au premier chef la connoissance en appartient immédiatement au Parlement, comme on l'observa *partie 2. chap. 2. nombre* 5.

SECTION SIXIEME.

Des Injures.

L'injure en général est tout ce qui est contre le droit: *Injuria dicitur omne quod non jure fit, leg. 1. ff. de injur.* Ce mot *injure* est générique, & comprend non-seulement les injures verbales, mais encore les injures par écrit, comme Libelles diffamatoires, & les injures par voies de fait appellées réelles. C'est ce qu'on va traiter en trois différentes distinctions. Au reste, voyez dans la quatriéme partie de ce Livre, l'Edit du mois de Décembre 1704, concernant les Gens d'épée & de robe, au sujet des injures; & la Déclaration du Roi du 12 Avril 1723, concernant les peines & réparation d'honneur pour injures & menaces entre Gentilshommes & autres.

DISTINCTION PREMIERE.

Des Injures verbales.

1. L'injure verbale est un outrage, une insulte, une parole injurieuse pour offenser quelqu'un, en lui reprochant quelque défaut, ou quelque vice vrai ou faux, ou en parlant mal de lui, soit en sa présence, soit en son abscence. *Vide leg.* 15. §. 1. *& seq. ff. de injur.*

2. L'on peut recevoir une injure, non-seulement en sa personne, mais encore en celles des enfans qu'on a en sa puissance, & aussi en celle de sa femme, §. 2. *instit. de injuriis.* C'est pourquoi pour une seule offense, l'action d'injure peut souvent appartenir à plusieurs personnes; *ex uno eodemque facto pluribus sæpè actio injuriarum competit, & sua cujusque injuria propriam habet æstimationem, leg.* 18. §. 2. *& seq. ff. eod.* Ainsi l'injure en général, c'est-à-dire dans les trois cas ci-dessus, étant faite aux fils de famille ou à la femme, est censée faite au pere ou au mari, & par conséquent ce pere ou ce mari en peut intenter l'action, tant en son nom qu'en celui de son fils ou de sa femme. Si le pere ne veut point intenter l'action, l'on permet au fils d'agir en son nom. La Loi 17. §. 13. *& seq. ff. de injur.* dit, si le pere est de basse condition, & que le fils soit d'une condition honnête; mais parmi nous, le fils de famille indistinctement pourroit agir au refus de son pere; & dans les Coutumes où la puissance paternelle n'a pas lieu, le pere ne peut intenter l'action pour son fils, que quand il est en minorité, à moins que l'injure faite ne soit de nature à rejaillir sur toute la famille.

Quelles personnes peuvent intenter l'action d'injure.

A l'égard de la femme en pays coutumier, Papon en ses Arrêts, *liv. 7. art.* 10. & 22; les notes sur Duplessis en son Commentaire sur la Coutume de Paris, *Traité de la Communauté, liv. 1. chap. 4. note (ii)*; & Renusson, *Traité de la Communauté, part. 1. chap. 8. nombre* 18, disent qu'encore que l'autorisation des femmes ne soit pas nécessaire quand elles sont accusées; elle l'est quand elles accusent. Bruneau, *part. 1. tit. 5. max.* 22, dit au contraire, qu'on tient aujourd'hui, conformément à la Coutume d'Orléans, art. 200, qui doit servir de Droit commun en ce point, qu'en matiere criminelle, femme mariée peut intenter & poursuivre en jugement sans son mari, l'injure dite ou faite à elle, *& hoc tuendi honoris causâ.* C'est aussi la dispo ition de la Coutume de Montargis, *chap. 8. art.* 7. Mais dans les Coutumes muettes, l'usage est qu'il faut que la femme mariée demande à être autorisée en Justice à cet effet, au refus de son mari, conformément à l'article 224. de la Coutume de Paris.

3. De même quand un domestique a été maltraité dans la vûe de faire insulte à son Maître; en ce cas, non-seulement le domestique, mais même le Maître, ont droit de demander la réparation de l'injure. §. 3. *instit. de injur.*

SECT. VI. DIST. I.

4. La réparation de l'injure se peut poursuivre par voie civile, ou par voie criminelle, c'est-à-dire par exploit ou par une plainte, §. 10. *inst. eod.* Les circonstances de fait, des personnes, du lieu & du tems, peuvent rendre l'injure légere, ou plus ou moins atroce, §. 9. *eod. leg.* 7. §. *ult. ff. eod.* ce qui est à considérer, tant pour la punition, que pour sçavoir s'il y a lieu de prendre la voie civile ou criminelle.

Comment se poursuit la réparation de l'injure.

5. Quand on prend la voie civile, il faut assigner en réparation celui qui a fait l'injure devant son Juge naturel; si au contraire on prend la voie extraordinaire, la plainte doit être rendue devant le Juge du lieu où l'injure a été faite ou dite, suivant l'article 1. du titre de l'Ordonnance de 1670. Mais l'on ne peut pas se servir des deux voies, le choix de l'une exclut entiérement l'usage de l'autre. Cependant quand on a pris la voie extraordinaire, le Juge peut renvoyer à proceder à fins civiles; ce qu'il doit même faire en injures légeres, comme il va être expliqué.

S'il est permis d'informer pour simples injures verbales.

6. Pour simples injures verbales & légeres entre personnes du commun, il n'est pas permis d'informer; il faut tirer sommairement les Parties d'affaire, suivant les Ordonnances & Arrêts rapportés par du Luc, liv. 12. titre 3. *de injuriis & famosis libellis.* Imbert, *liv.* 3. *chap.* 22. *nombre* 23. Papon en ses Arrêts, *liv.* 8. *titre* 3. *Arrêt* 13. *& suiv.* Il faut sur la plainte, renvoyer les Parties à l'Audience; & si le défendeur en injures verbales déclare qu'il ne les veut maitenir & s'en dédit, c'en est assez, le Juge ne doit pas le presser plus avant à confesser ou nier de les avoir dites, ni recevoir à informer. Papon, *loc. cit. art.* 16. Cependant si le défendeur ou accusé dénioit absolument d'avoir proferé les injures, ou soutenoit & articuloit au contraire que le demandeur l'avoit provoqué & avoit commencé par lui dire des injures, en ce cas il seroit de la régle, en renvoyant les Parties à fins civiles, de les admettre à faire preuve respective par enquêtes; car, comme l'établit Damhouder, *cap.* 136. *num.* 6. *injuria verbalis fit levior ex alterius provocatione.*

Quid, Qand les injures sont atroces.

7. Quand les injures verbales sont atroces, qu'elles sont scandaleuses & d'une espéce à faire un tort considérable à la personne offensée, elles se peuvent poursuivre par la voie de l'information, comme il a été jugé par un Arrêt rendu en la Chambre des Vacations le 24 Octobre 1692, dans l'espéce duquel on voit qu'une femme en avoit injurié une autre, en lui disant qu'elle avoit un mauvais commerce avec un Prêtre. Cet Arrêt est rapporté par Augeard, *tome* 2. *chap.* 25.

Ainsi il faut considérer les circonstances : par exemple, si un particulier en menaçant un autre, avoit levé le bâton sur lui, la circonstance seroit aggravante, quoique le coup n'eût pas été donné; mais il est rare qu'on regle à l'extraordinaire & qu'on ordonne les récollemens & confrontations en pareil cas : l'usage même en cas d'appel est d'évoquer le principal, & de juger à l'Audience sur les informations; & s'il y a preuve, on condamne l'accusé à faire réparation par déclaration verbale, ou par acte mis au Greffe, en quelques légers dommages & intérêts, comme de 10. liv. & aux dépens, ou aux dépens pour tous dommages & intérêts. Quelquefois la Cour condamne à aumôner 3 liv. au pain des prisonniers, selon les circonstances.

Les menaces mêmes qui sont violentes, & capables d'intimider un esprit fort, peuvent être poursuivies par la voie de l'information, & doivent être punies. Ainsi par Arrêt du 22 Septembre 1700, un Fermier qui étant à la fin de son bail, avoit menacé des Laboureurs qui se présentoient pour prendre la Ferme en sa place, de les tuer, & de mettre le feu dans leurs maisons, & qui par les informations fut convaincu d'avoir employé de pareilles menaces, quoiqu'elles n'eussent pas eu d'effet, fut condamné en 200 liv. de dommages & intérêts, & aux dépens avec défenses de récidiver, à peine de punition corporelle. Augeard, *tome* 2. *chap.* 49.

Par un autre Arrêt du 6. Juillet 1709, la Cour a confirmé une Sentence du Lieutenant criminel de Villeneuve-le-Roi, qui avoit prononcé peine de mort contre un accusé convaincu d'avoir fait écrire plusieurs billets portant menaces d'incendie contre des particuliers, s'ils ne contribuoient par des sommes portées aux billets qu'il avoit mis sous les portes de ces particuliers. *Journal des Audiences.*

Au reste, quand on dit que pour injures verbales il n'est point permis d'informer, cela s'entend quand il s'agit d'injures légeres & entre personnes d'égale condition; car pour des injures dites par un inférieur à un supérieur, ou à une personne constituée en dignité ou en fonction, rien n'est plus ordinaire que d'en poursuivre la réparation par la voie de l'information. Mais il est rare que sur l'appel de la plainte, permission d'informer & de ce qui a suivi, la Cour ordonne que le procès sera fait & parfait par récollement & confrontation ; elle évoque le principal, & juge sur les informations & sur les Requêtes & Ecritures respectives, lorsque la cause a été appointée, & sur les plaidoyers des Avocats, & sur celui de l'un de Messieurs les Avocats généraux qui est de service à la Tournelle, qui lit les dépositions des témoins à l'Audience.

Un Laboureur ayant dit, en parlant d'un Brigadier de la Maréchaussée, qu'ils étoient, lui & toute sa Brigade, de la canaille & levriers de Bourreau, & autres pareilles injures préjudiciables à l'honneur & à la réputation du Brigadier, ayant répété ces injures plusieurs fois, tant en la présence de ce Brigadier, qu'en plein Marché ; sur la plainte du Brigadier il fut informé, & l'accusé décrété de prise de corps.

Sur l'appel, par Arrêt du Samedi 16. Mars 1743, sur les conclusions de M. Gilbert, Avocat général, la Cour a mis l'appellation & ce au néant ; émendant, évoquant le principal, & y faisant droit, fait défenses au Laboureur de récidiver, sous peine corporelle ; condamné de mettre un acte au Greffe, comme quoi il reconnoît le Brigadier pour un homme de bien, & non entaché des injures mentionnées, en 100. liv. de dommages & intérêts, & aux dépens ; plaidans MM. Clément, Regnard & de Launay.

Par quel tems se prescrit l'action d'injures.

8. L'action pour injures verbales se prescrit par le laps d'un an, *leg. in honorariis* 35. *ff. de obligation. & action. leg. si non convicii* 5. *cod. de injuriis : Julius Clarus*, *libro* 5. §. *injuria ; num.* 9. Carondas en ses Observations, *verb. injure* ; quoiqu'on ne poursuive l'injure que civilement ; Arrêt du Parlement de Paris, du 12. Février 1558, rapporté par Carondas, *eod.* Autre Arrêt du 19. Juin 1563, rapporté par Automne, *ad dict. leg.* 5. quand même il s'agiroit d'injure faite par un Libelle diffamatoire ; *Fachinæus*, *controvers. lib.* 9. *cap.* 9. Mais en cas d'absence de la personne injuriée, cette année ne court que du jour qu'on en a eu connoissance ; & si la personne injuriée a dissimulé & remis l'injure, elle n'a plus d'action : *Posteà ex pœnitentiâ non poterit remissam injuriam recolere*, *leg. non solum* 11. §. *injuriarum* 1. *ff. de injur.* & §. *ult. inst. eod.* L'on est censé avoir remis l'injure à celui qui l'a faite, si étant en compagnie, on a bû à la santé l'un de l'autre. Ainsi jugé par Arrêt du 24. Mai 1561, rapporté par Carondas, *loc. cit.* ou si simplement l'un & l'autre ont conversé ensemble ; *Jul. Clar. eod. num.* 10. ou s'ils ont mangé ensemble, comme il a été jugé au Parlement de Dijon par Arrêt du 14. Mai 1583, rapporté par Bouvot, *tome* 2. sous le mot *injure*, *quæst.* 12. pourvû qu'ils n'ayent pas mangé ensemble en une maison étrangere ; *Mazuer.* tit. des injures 15. nombre 2. & *Capella Tholos.* quest. 233.

Si l'action d'injures passe à l'héritier ou contre l'héritier.

9. Cette action d'injure ne passe point à l'héritier, ni contre l'héritier, *leg.* 13. *ff. eod.* & §. 1. *inst. de perpet. & temporal. action. secùs*, si l'injure touche la famille de la personne injuriée. Ainsi jugé par Arrêt du 12. Janvier 1582, rapporté par Anne Robert, *liv.* 4. *chap.* 12. ou si l'action a été intentée de son vivant, *leg.* 139. *ff. de divers. regul. jur.* & contestée, *leg.* 13. *ff. de injuriis leg.* 28. *eod.* Il y a un Arrêt du 9. Décembre 1656, rapporté au *Journal des Audiences*, *tome* 1. *liv.* 8. *chap.* 47, qui condamne les héritiers de celui qui avoit dit les injures, décedé durant l'instance, de donner acte à la personne injuriée, qu'ils le tiennent pour homme de bien & d'honneur, & aux dépens.

Autres maximes sur le fait d'injures.

10. *Veritas convicii non excusat* ; Fachin, *lib.* 9. *cap.* 10. contre la Loi *eum qui* 18. *ff. de injur.* car nul n'est reçu à prouver que les injures dites sont véritables, comme il a été jugé au Parlement de Paris, par Arrêt du 14. Juillet 1576, rapporté par Carondas en ses Pandectes, *liv.* 4. *part.* 2. *chap.* 13. & par Chenu sur Papon, *liv.* 8. *titre* 3. *art.* 1. & par Automne, *ad dict. leg.* 18.

11. Nul ne peut faire injure à autrui, qu'il n'ait dessein de la faire ; *cum injuria ex affectu facientis consistat*, *leg.* 3. §. 1. *leg.* 4. *ff. de injur. leg.* 5. *cod. eod.* Voyez ci après, *dist.* 3. *nombre* 5.

12. Cependant il n'échoit point de réparation, si ce qui est dit pour reproche contre un témoin sert à la défense, il est vérifié, il en seroit autrement si l'injure étoit faite témérairement, spécifiée, & à dessein seulement de calomnier. C'est ainsi qu'il faut entendre l'Ordonnance de 1539. art. 41. Voyez l'Ordonnance de 1667, titre 23. art. 2. & l'Ordonnance de 1670, titre 15. art. 20.

DISTINCTION DEUXIEME.

Des Injures par écrit, & des Libelles diffamatoires.

Suivant la Loi unique au Code *de famos. libell.* il y a peine capitale contre ceux qui sement des Libelles diffamatoires contre l'honneur & la réputation d'une personne ; mais il faut remarquer que peine capitale n'emporte pas toujours peine de mort naturelle.

Loix du Royaume concernant les Libelles diffamatoires.

Il y a plusieurs Ordonnances de nos Rois à ce sujet, rapportées par Theveneau, *liv.* 4. *tit.* 18.

Par Edit du Roi Charles IX. donné à saint Germain en Laye en Janvier 1561, art. 13, il est ordonné que tous Imprimeurs, semeurs & vendeurs de placards & Libelles diffamatoires, seront punis pour la premiere fois du fouet, & pour la seconde de la vie.

Par autre Edit du même Roi Charles IX de l'année 1471. fait sur les plaintes & remontrances du Clergé, il est défendu, à peine de punition corporelle, de faire aucuns Libelles, Livres, Placards, & Portraits diffamatoire ; & ordonné qu'il sera procedé extraordinairement, tant contre les Auteurs, Compositeurs & Imprimeurs, que contre ceux qui les publieront à la diffamation d'autrui. Il résulte des termes de cet Edit, que non-seulement les Compositeurs de Libelles diffamatoires sont coupables de ce crime, mais aussi ceux qui font les Portraits, & les exposent en dérision d'autrui.

La peinture en ce cas étant aussi criminelle que la lettre, mérite la même peine, parce que la peinture est une parole muette, aussi bien que l'Ecriture.

Et l'article 77. de l'Ordonnance de Moulins est conçu en ces termes : » Défendons » très-expressément à tous nos Sujets d'écrire, imprimer & exposer en vente aucuns Li- » vres, Libelles ou Ecrits diffamatoires contre l'honneur & la renommée des personnes, » sous quelque prétexte & occasion que ce soit. Déclarons ceux qui les auront écrit, les » Imprimeurs & vendeurs, perturbateur du repos public ; & comme tels, voulons être » punis de peines portées par nos Edits. Enjoignons à nos Sujets qui ont tels Livres ou » Ecrits, de les brûler, sur pareilles peines.

Non-seulement l'Auteur d'un libelle ou d'une Chanson diffamatoire, mais même ceux qui en ont fait & donné des copies, & qui l'ont chantée & divulguée, sont punissables. Par Sentence de la Sénéchaussée de Poitiers, les nommés Mingot mineur, Brochard & autres particuliers majeurs, dont l'un étoit Cabaretier, furent condamnés à mettre un acte au Greffe, & solidairement en 2000. liv. de dommages & intérêts, pour avoir composé, fait, donné copie & divulgué une Chanson diffamatoire, & remplie d'ordure & d'infamies contre la réputation d'un Huissier de Gangon, de sa femme & de sa fille. Sur l'appel porté à la Tournelle criminelle, M. Gilbert, Avocat général, dit que la sévérité de son ministere ne lui permettoit pas de prendre d'autres conclusions que la confirmation pure & simple de la Sentence ; & par Arrêt du Mercredi 23. Mai 1741, la Cour a mis l'appellation au néant avec dépens, & néanmoins a réduit les 2000. liv. de dommages & intérêts à 400. liv. plaidans M. d'Outremont pour Mingot seul comparant, & M. Clement, pour les intimés.

Par un précedent Arrêt du 23. Janvier 1737, rapporté dans le Recueil des Arrêts imprimés en 1743, la Cour évoquant le principal, & y faisant droit, a fait défenses aux accusés de récidiver, sous peine de punition corporelle ; les a condamnés en 50. liv. de dommages & intérêts & aux dépens ; le Mémoire distribué de leur part supprimé ; permis de publier & afficher l'Arrêt de M. Gilbert, Avocat général, qui porta la parole, avoit conclu à ce que la procédure criminelle fût continuée.

DISTINCTION TROISIEME.

Des Injures réelles & par voie de fait.

1. Ces sortes d'injures se commettent en frappant, battant & excédant autrui.

2. Elles se poursuivent pardevant le Juge du lieu du délit par la voie de la plainte, informations, rapport de Médecins & Chirurgiens, &c.

3. Quant à la punition, cela dépend des circonstances. Si les coups ont été donnés,

& les blessures faites dans la chaleur d'une rixe ou querelle, & que la mort du blessé ne s'en soit pas suivie dans les quarante jours, la peine se réduit ordinairement à des dommages & intérêts plus ou moins forts, suivant les circonstances : quelquefois la qualité des personnes, ou le lieu, pourroient faire prononcer des peines afflictives. Voyez ci-après *dist.* 5. *nombre* 10. Voyez l'art. 34. de l'Ordonnance de Moulins 1566, au sujet des excès commis envers les Officiers de Justice faisant leurs fonctions.

4. Si les blessures avoient été faites de guet-à-pens & de sang froid par maniere d'assassinat, ou si le blessé en étoit mort, elles seroient punies de peine capitale. Voyez ci-après; *section* 7. *dist.* 6.

L'on a déja observé ci-devant, *dist.* 1. *nombre* 11. que nul ne peut faire injure à autrui, qu'il n'ait dessein de la faire. Ainsi si quelqu'un en se jouant en a blessé un autre, il n'est pas tenu par action d'injures envers celui qu'il a blessé, *leg.* 3. §. 3. *ff. de injur.* Il en est de même de celui qui a frappé l'un, croyant que ce fût un autre personne, *dict. leg.* 3. §. *ult.* Ainsi celui qui voulant frapper quelqu'un, en a frappé un autre qui étoit proche de celui qu'il vouloit frapper, n'est pas tenu d'action d'injure envers celui qu'il a frappé, suivant la Loi 4. *ff. eodem.* Mais parmi nous, dans tous ces cas, il seroit dû des dommages & intérêts selon les circonstances.

SECTION SEPTIEME.

Du Meurtre ou Homicide.

Le meurtre ou homicide en général, est toute action qui cause la mort d'autrui.

Il y a homicide licite & permis sans punition, & sans qu'il soit besoin de remission ni de grace & pardon ; & l'homicide illicite. L'homicide illicite est casuel ou nécessaire, ou commis par imprudence, ou volontaire : celui-ci se commet, ou dans la chaleur d'un rixe & dans le premier mouvement de la colere, & s'appelle homicide simple ; ou il se commet de guet-à-pens, & le dessein prémédité, ou par des assassins.

L'on va discuter tous ces points sous différentes distinctions.

DISTINCTION PREMIERE.

De l'homicide licite & permis sans punition, & sans qu'il soit besoin de Lettres de rémission, ni de grace & pardon.

1. Il y a certains cas où l'homicide est permis sans punition, ni qu'il soit besoin de Lettres de rémission, ni de grace & pardon : comme ceux qui tuent les ennemis en Guerre ouverte sous la conduite d'un Commandant pour leur souverain ; le Capitaine qui tue le Soldat reconnu pour traitre, ou qui refuse d'obéir aux commandemens ; ou qui met sans ordre la main aux armes sous le drapeau, ou qui s'endort en sentinelle, & en lieu de péril éminent, *arg. leg.* 3. §. *fin. ad leg. Cornel. de Sicar.* & *leg.* 7. *ff. de re milit.* au reste, voyez à ce sujet le Code Militaire.

2. Il en est de même de l'homicide commis, quoique hors de Guerre, ni contre l'ennemi de l'Etat ; par le commandement public & exprès du Souverain. Les Canonistes en ce cas ont décidé qu'il n'y avoit point d'offense devant Dieu ; parce que celui qui commet un tel homicide, ne le fait point par aucun désir de répandre le sang humain, ni de vengeance particuliere, mais pour obéir à la loi, & l'exécuter en ce qu'il peut, pour l'utilité publique ; de sorte qu'il n'est pas plus coupable que le Juge qui condamne un accusé à mort selon les Loix & Ordonnances du Royaume.

DISTINCTION DEUXIEME.

De l'Homicide casuel.

L'homicide casuel est celui qui se commet par un pur accident & par cas fortuit, sans aucune faute, ni imprudence, ni volonté de nuire, directe ni indirecte ; n'y ayant de volonté dans un tel homicide, ni en soi, ni dans sa cause, il n'y a nul délit ni devant Dieu, ni devant les hommes, soit que l'homicide soit arrivé à l'occasion d'un ouvrage licite ou illicite, pourvû qu'on ait pris toutes les précautions que la prudence peut exiger, pour ne pas causer d'homicide, & que l'ouvrage n'ait pas été spécialement & expressément défendu, a cause du péril de l'homicide. En voici deux exemples.

Premierement, si un Chasseur, en tirant sur une bête fauve, tuoit un homme qui se seroit trouvé au de-là, & qu'il n'auroit pas apperçu, en ce cas il n'y auroit aucune faute ni délit. Un Ecclésiastique même n'encourroit pas l'irrégularité pour raison d'un tel homicide, *cap.* 13, 14, 15, 16. *extr. de homicid.* Covarruvias, *tome* 2. *part.* 2. §. 4. *num.* 10. & Zoëzius sur les Décrétales, *lib.* 5. *tit.* 12. *de homicidio*, *num.* 67.

Secondement, si en coupant des branches d'un arbre en pleine campagne, une branche tombe sur un passant & le tue ou le blesse, & que dans cet endroit il n'y eût ni chemin public ni particulier, celui qui coupoit les branches n'a commis aucun délit, & n'est point responsable du dommage fait au passant tué ou blessé, quoiqu'il n'ait pas crié de prendre garde; c'est la décision de la Loi. *si putator* 31. *ff. ad leg. Aquil. de Sicar. cùm divinare non potuerit an per eum locum aliquis transiturus sit*, *dict. leg.* 31; mais il en seroit tenu, si ayant apperçu le passant dessous l'arbre, il n'avoit pas laissé de faire tomber la branche, *dict. leg.* 31, ou s'il y avoit là un chemin public ou particulier, & qu'il n'eût pas crié qu'on prît garde, *dict. leg.* 31. ou qu'il eût crié qu'on prît garde, mais dans un tems qu'on ne pouvoit pas éviter le danger, *dict. leg.* 31.

Il peut à ce sujet naître un doute raisonnable, qui est de sçavoir si pour raison d'un tel homicide purement casuel, sans faute, sans imprudence, & sans volonté directe ni indirecte, l'on est obligé d'obtenir des Lettres de rémission ou pardon.

D'un côté il semble que l'art. 2. du tit. 16. de l'Ordonnance de 1670. présuppose que les Lettres de rémission sont nécessaires en ce cas, puisqu'il porte que les Lettres de rémission seront accordées par les homicides involontaires seulement, ou dans la nécessité d'une légitime défense de la vie; & que par la Déclaration du Roi 22 Novembre 1683, il est dit que ces sortes de Lettres de rémission peuvent être obtenues aux Chancelleries près les Cours.

On peut dire d'un autre côté, que là où il n'y a ni faute ni délit, il n'est pas besoin de rémission ou pardon; & il est à présumer que l'Ordonnance doit s'entendre de l'homicide casuel & involontaire, mais causé par quelque faute ou imprudence; car dans l'espece dont il s'agit ici, n'y ayant pas lieu d'asseoir aucuns dommages & intérêts, ni aucune peine pécuniaire ni corporelle à prononcer, les Lettres de rémission paroissent superflues.

Mais enfin l'usage constant est qu'il faut toujours des Lettres de rémission, soit pour l'homicide casuel, soit pour l'homicide volontaire, même pour l'homicide nécessaire, dont il va être traité.

Au reste, pour qu'un homicide soit purement casuel, & sans aucune espéce de faute ni de délit, il faut bien considérer toutes les circonstances; car la moindre & la plus légere imprudence qui se rencontreroit, donneroit lieu aux dommages & intérêts.

DISTINCTION TROISIEME.

De l'Homicide nécessaire.

1. L'homicide nécessaire est celui que l'on commet pour la défense de ses biens, de sa vie ou des siens.

Suivant le droit, le mari qui a tué sa femme surprise en adultere, n'est pas puni de mort, *leg.* 1. §. *ult. ad leg. Cornel. de Sicar. leg. si adulterium* 38. §. *imperator* 8. *ff. ad leg. Jul. de adulter.*

Et le pere qui surprenant sa fille en flagrant adultere dans sa maison ou celle de son gendre les a tués tous deux, est exempt de punition, *leg. patri* 20. *& seq. ff. eod. ad leg. Jul. de adulter.*

Quoiqu'audit cas le mari en soit puni, mais non pas de mort, comme on l'a dit suivant la Loi 22. §. *ult. eod.* le Pere n'avoit pas ce pouvoir, s'il y avoit trouvé sa fille ailleurs, *leg. quod ait* 23. §. *quare* 2. *eod.* & pour demeurer impuni, il falloit qu'il tuât tous les deux en même tems; *dict. leg.* 23. §. *ult. leg. nihil interest.* 32. *eod.*

Mais

Mais en France dans ce cas, le pere de même que le mari seroient punis de mort s'ils n'obtenoient des Lettres de grace.

Différentes espéces de l'homicide nécessaire.

Il est aussi décidé par les Loix, que ceux qui ont tué des voleurs pris de nuit dans les champs, à dessein de piller ou des voleurs qui dressent des embuches aux passans en plein chemin, ou qui de nuit escaladent les maisons, y entrent, ou font fracture des portes, ou en levent le seuil à dessein de voler, ou qui de jour se défendent, ne sont point punis : il leur est même expressément permis de ce faire *leg. itaque* 4. *ff. ad leg. Aquil. leg. furem nocturnum* 9. *ff. ad leg. Cornel. de Sicar. & leg. in* 1. *cod. quando liceat unicuique sine judice se vidicare. Melius enim est occurrere in tempore, quàm post exitum vindicare, dict. leg.* 1. *& leg.* 5. *cod. ad leg. Corneliam de Sicar. Adversùs periculum naturalis ratio permittit se deffendere itaque; si latronem insidiantem mihi, occidero, securus ero, dict. leg. itaque* 4. *ff. ad leg. Aquiliam. Defensor propriæ salutis in nullo peccasse videtur, leg.* 3. *cod. ad leg. Cornel. de Sicar. Nocturnum furem quoquomodo interficere licet; diurnum verò si se defenderit, dict.* §. 1. *leg. itaque* 4. *ff. ad leg. Aquil. Nam omnis honesta ratio est expediendæ salutis. Cicer. pro Milone.*

Mais suivant ces mêmes Loix, pour rendre un tel homicide impuni, 1°. Il faut qu'il soit fait pour la défense de soi ou de son bien; autrement s'il n'y avoit point d'attentat, il ne seroit point permis de tuer un homme, quoique larron ou voleur, ni même s'il sort du lieu où il est entré sans force ni violence, & sans emporter aucune chose, *dict. leg. furem* 9. 2°. Il faut que quand le larron ou voleur est découvert, le Maître ait crié *au larron* ou *au voleur*, parce que cela efface tout soupçon d'un homicide clandestin ou de guet-à-pens, *dict. leg. itaque* 4. 3°. Il faut que le Maître, ni aucun des témoins qu'il a appellés à son aide ne connoissent le larron, parce que s'il est reconnu en présence de témoins, on doit le faire constituer prisonnier & le poursuivre en Justice; à moins qu'il ne fût tellement armé, fort, & accompagné, qu'il fût impossible de résister à ses efforts, *dict. leg. furem* 9. & Barthole, *in dict. leg.* 4°. Il faut justifier qu'on ne l'a pas pû prendre & arrêter, *leg. sed & si* 5. *ad leg. Aquil.*

Il est encore permis au Maître de tuer le voleur inconnu, qui en plein jour entre dans sa maison avec armes offensives, dans l'intention d'emporter ses biens par force, si le Maître ne peut autrement, sans péril de sa vie & de ses biens, chasser le voleur hors de sa maison, *dict. leg. itaque* 4. *dict. leg. sed & si* 5.

La raison qui a porté les Empereurs & Jurisconsultes à permettre l'homicide du voleur nocturne, est que l'on ne sçait s'il est venu seulement pour dérober, ou pour assassiner, ce qui cependant se reconnoît, si lorsqu'on crie au voleur ou à l'aide, le larron prend la fuite; auquel cas paroissant qu'il n'avoit qu'intention de dérober, on ne le doit pas poursuivre pour le tuer. Mais si après tel cri il demeure ferme, il est à présumer qu'il a conçu le meurtre dans son ame; & alors quoiqu'il ne se mette pas en devoir d'assaillir, & qu'il n'ait pas mis la main aux armes, il est permis de le tuer, suivant ladite Loi *furem* 9. & les autres Loix citées.

Les Loix avertissent aussi qu'il ne faut pas en venir à tuer un larron qui dérobe des choses de peu d'importance, comme des poires, pommes, noix, raisin, &c. & que pour si peu de chose la vie d'un homme ne lui doit pas être ravie. *Hæc enim minima non sunt in consideratione, arg. leg. scio, ff. de integr. restit. & leg. omnino, ff. de impens. in reb. dotal. fact.*

En France, les Loix Romaines avec ces sages tempéramens devroient être suivies; cependant, comme on l'a déja dit, l'usage est d'obtenir des Lettres de rémission aux Chancelleries près les Cours. Voyez ci-après nombre 4. *in fin.*

3. Suivant la disposition du droit Romain, il étoit permis de tuer une personne qui vouloit attenter par force à notre honneur ou chasteté, ou des nôtres, *leg.* 1. §. *penult. ad leg. Cornel. de Sicar.*

Différentes espéces de l'homicide nécessaire.

Mais suivant nos mœurs, dans le cas de l'homicide de celui qui a voulu attenter par force à l'honneur ou chasteté, il faut avoir des Lettres de rémission que l'on peut prendre aux Chancelleries près les Cours, puisqu'il s'y agit d'une légitime défense; & en cas d'homicide de celui de qui on auroit reçu une insulte; comme un soufflet, un coup de bâton, il faudroit des Lettres de grace du grand Sceau; autrement l'on seroit condamné comme meurtrier, parce qu'alors l'homicide est volontaire, & excede une légitime défense, avec d'autant plus de raison, que l'Edit du mois de Décembre 1704, qui est dans la quatriéme partie de ce livre, a fixé les peines pour ces sortes d'outrages.

4. Celui qui a tué quelqu'un en repoussant la force & défendant sa vie, qu'il n'auroit pas pû sauver autrement, ne doit pas être puni d'homicide, *leg. itaque 4. ff. ad leg. Aquil. leg. furem 9. ff. ad leg. Cornel. de Sicariis, leg. is qui aggressorem 2. & leg. si quis percussorem 3. cod. eodem.*

Mais en ce cas, pour n'être pas assujetti à la peine d'homicide, il faut que celui qui a tué prouve quatre circonstances.

La premiere, que celui qu'il a tué, a été l'agresseur, l'a poursuivi avec tant de fureur, & réduit à une telle extrêmité, que s'il ne l'eût pas tué, il ne lui eût pas été possible d'éviter la mort : car s'il avoit été lui-même l'aggresseur, ou qu'il eût mis le premier la main aux armes, il ne pourroit se couvrir de la nécessité d'une légitime défense de la vie, *dict. leg. is qui aggressorem, leg. scientiam 45. §. 4. ff. ad leg. Aquil.*

La seconde, qu'il a été tellement pressé par l'aggression de son ennemi, qu'il n'a pas trouvé le tems de s'échapper ni éviter par la fuite la nécessité de tuer ou d'être tué ; car si en fuyant il a pû éviter de commettre l'homicide, il demeure plus chargé : c'est le sentiment de Balde, *in leg. ut vim, ff. de just. & jur.* de tous les Docteurs.

La troisiéme, qu'il ait commis l'homicide dès l'entrée de l'aggression & attaque, & non un long-tems après ; ou du moins dans le tems qu'a duré l'action, & avant qu'ils fussent séparés l'un de l'autre, *leg. 3. §. 9. ff. de vi & vi armat. & arg. leg. quod ait lex, §. ult. ff. ad leg. Jul. de adulter.* afin qu'il ne paroisse pas qu'il ait tué son ennemi de propos déliberé, pour se venger de lui : car la vengeance est défendue, non la juste défense de la vie, *leg. nullus, cod. de Judæis & Cælicol. dict. leg. 3. §. 9.*

La quatriéme, qu'il a commis l'homicide à son grand regret, avec la plus grande modération qu'il lui a été possible : qu'ils se sont battus à armes égales, sans qu'il fût en ce genre d'armes supérieur à l'aggresseur, & qu'il ne s'est mis en devoir d'offenser qu'après avoir été attaqué & poursuivi, & qu'il n'a point excedé le devoir d'une juste défense. Il faut remarquer à ce sujet que Cynus, *in leg. ad invidiam, cod. quod. met. caus. angel. aretin. in §. jus autem gentium, inst. de jur. natur.* & Jason, *in leg. ult. vim, ff. de just. & jur.* disent qu'on a toujours estimé que celui qui est assailli à coups de bâton, se peut défendre de l'épée ; mais que les menaces qui suivent souvent l'aggression, ne sont pas suffisantes pour couvrir l'homicide, si l'aggresseur ne s'est efforcé de les mettre à exécution.

Enfin, quand il y a du doute sur la question de sçavoir qui a été l'aggresseur, voyez ci-après, *distinction 5. nombre 4.*

En France, quoique le crime ait été commis pour cause raisonnable, & dans la nécessité d'une légitime défense, l'on seroit puni d'homicide, sans Lettres de rémission. Boër. *decis.* 164. *n.* 16. Arrêt du Parlement de Toulouse du 6. Octobre 1548, rapporté par Papon en ces Arrêts, *liv. 24. tit. 17. art. 4.* C'est ce qui résulte de la disposition de l'article 2. du titre 16. de l'Ordonnance de 1670. Il suffit en ce cas de les prendre aux Chancelleries près les Cours, suivant la Déclaration du Roi du 22. Novembre 1683.

5. Suivant le Droit, l'homicide est aussi exempt de peine, étant commis en défendant un parent, un ami, qui auroit couru risque de perdre la vie par un violent aggresseur, sans notre secours ; même en défendant un étranger & un inconnu que nous avons vû réduit à une telle extrêmité, & qui a imploré notre secours & aide. Balde, *in leg. 1. cod. unde vi. argum. leg. Gracchus, cod. ad leg. Jul. de adulter.*

Il en est de même d'un serviteur & domestique qui voit son Maître attaqué & poursuivi : il y a plus, c'est que si à faute de son secours, son Maître est tué, il est coupable de sa mort, suivant la Loi derniere, *cod. de his quibus ut indig.* & la Loi 1. *ff. ad Sen. Syllan.*

De même du pere contre l'aggresseur de son fils, *leg. isti quidem, §. ult. ff. de eo quod met. caus. cum pro affectu parentes magis in liberis terreantur, dict. §. ult.* quand il s'agiroit de son bâtard, *argum. leg. amplius puto 3. ff. de liberal. caus.*

De même du fils, pour la défense du pere, *argum. leg. utrum ff. ad leg. Pomp. de parricid.*

De même aussi les Huissiers, Sergens ou Archers, chargés de contrainte par corps ou de décret de prise de corps contre quelqu'un qu'ils ont tué à cause de sa résistance, ne sont pas tenus de ce meurtre, si autrement ils ne pouvoient pas se garantir de la mort, Boër. *dec.* 170. *num.* 6. Papon en ses Arrêts, livre 22, titre 5. article 2. *secus*, s'ils n'en pouvoient garantir sans le tuer, suivant le même Auteur.

Mais en France dans tous ces cas, il faut des Lettres de rémission des Chancelleries près les Cours.

DISTINCTION QUATRIEME.

De l'Homicide commis par imprudence.

1. L'Homicide commis par imprudence, est celui qui arrive sans dessein de procurer la mort; comme si en jettant quelque chose dans la rue, on avoit tué un passant; ou si en tirant de l'arquebuse hors du lieu ordinaire, ou des tems accoutumés, on avoit tué quelqu'un par mégarde.

Suivant la disposition du Droit, celui qui a tué sans dessein de le faire, ne doit pas être puni comme homicide, *leg.* 1. §. *divus* 3. *ff. ad leg. Cornel. de Sicar.* parce que *in maleficiis voluntas spectatur, non exitus, leg.* 14. *eod.*

Mais en France, comme celui qui commet un tel crime, quoiqu'involontaire, est en faute, il est punissable, non pas de mort, mais de peine arbitraire, suivant l'excès de la négligence, laquelle pourroit être si grossiere, qu'elle pourroit donner lieu à la peine de mort.

Ainsi pour sçavoir si en ce cas il suffit de Lettres de rémission prises aux Chancelleries près les Cours, ou s'il faut des Lettres de grace prises en la grande Chancellerie, cela dépend des circonstances, & du degré d'imprudence & denégligence.

Differens exemples d'homicides commis par imprudence.

Une nourrice, qui par sa faute & imprudence, a suffoqué l'enfant qu'elle nourrissoit, ne doit pas être punie de mort, mais de peine plus légere. Par Arrêt du Parlement de Toulouse du dernier Février 1566, rapporté par Carondas en ses réponses, liv. 7. reponf. 116, une nourrice pour un tel fait a été condamnée à faire amende honorable devant la maison du pere de l'enfant, au fouet & bannissement pour cinq ans de la Ville de Toulouse, avec défense de plus prendre charge de nourrir enfant à la mamelle.

Un Médecin qui par ignorance a causé la mort d'un malade, doit être puni comme meurtrier, *leg. illicitas* 6. §. *ficuti* 7. *ff. de offic. præsid. Nam imperitia culpæ adnumeratur, leg. imperitia* 132. *ff. de diverf. regul. jur.* §. *imperitia* 7. *inst. de leg. Aquil.* ce qui doit s'entendre d'une ignorance crasse; car le Médecin ne seroit pas puni pour avoir ignoré un bon remede.

DISTINCTION CINQUIEME.

De l'Homicide volontaire simple.

1. L'homicide volontaire appellé simple homicide, est celui qui se commet dans la chaleur d'une rixe, dans le premier mouvement de la colere.

2. Ce crime de simple homicide emporte punition de mort, *leg. penult.* §. *qui alias* 1. *ff. ad leg. Pompei. de parricid. leg. ejusdem* 3. §. *legis, ff. ad leg. Cornel. de Sicar.* §. *item lex Cornelia* 5. & §. *alia deinde* 6. ℣. *si quis autem, instit. de public. judic.* de quelque qualité que soit la personne tuée, *leg.* 1. §. & *qui* 2. *ad leg. Cornel de Sicar.* & la Noblesse ne décharge point de la peine, *leg.* 1. *cod. ubi senat. vel clariss. civit.* Mais la peine doit être plus douce que si l'homicide avoit été commis de propos délibéré, *leg.* 1. §. *divus* 3. *ad leg. Cornel. de Sicar. Leniendam pœnam ejus qui in rixa, casu magis quàm voluntate homicidium admisit, dict.* §. 3.

3. Ce crime est rémissible, particuliérement quand l'aggression & le tort se trouvent du côté de celui qui a été tué. Voyez ce qui a été dit ci-devant, distinction 3. nombre 4.

4. Quand l'un & l'autre se trouvent griévement blessés, & que l'un & l'autre dénie d'avoir été l'aggresseur, & assure que ce qu'il a fait n'a été que dans la nécessité d'une légitime défense de sa vie; dans ce doute de sçavoir qui des deux a été l'aggresseur, le Juge doit considérer que le plus grévement blessé est présumé avoir commencé la querelle, & l'autre ne l'avoir offensé qu'en défendant, *arg. leg. scientiam* 45. §. *qui cùm aliter, ff. ad leg. Aquil.* Albericus, *in leg. ut vim, ff. de Just. & jur.* Il s'éclaircira encore davantage sur ce doute, si en s'enquerant lors des informations & récollemens,

des humeurs de l'un & de l'autre, il apprend au vrai lequel des deux est le plus séditieux & le plus sujet à quereller.

5. Le meurtrier est puni d'homicide, quoiqu'il n'ait pas tué lui-même; il suffit qu'il ait été seulement la cause du meurtre, *leg. nihil interest* 15. *ad leg. Cornel. de Sicar.* ce qui doit s'entendre lorsqu'il a commandé de tuer, *dict. leg.* 15. ou donné conseil, & exhorté à ce faire, ou prêté son aide, secours ou consentement. Voyez ci-après, distinction 6.

6. L'on ne peut se dispenser de condamner à la mort celui qui a assisté à un meurtre; Arrêt du 9 Mars 1607, rapporté par le Prêtre en ses Arrêts; ce qui s'entend quand on y a cooperé par son assistance: car la seule présence accidentelle à un meurtre ne rend point coupable; & si de plusieurs en compagnie on ne sçait pas qui d'eux a tué, tous en sont responsables solidairement. *Si plures servum percusserint, si quidem apparet cujus ictu perierit, ille quasi occiderit, tenetur: & si cum uno agatur, cæteri non liberantur; nam quod alius præstitit, alium non relevat, cùm sit pœna, leg. item mela* 11. *§. sed si plures* 2. *ff. ad leg. Aquil.* Il faut faire attention à ces derniers termes, *cùm sit pœna*; car par rapport aux intérêts civils solidaires, le payement fait par l'un des complices acquitte les autres, sauf son action civile contr'eux, chacun pour leur punition.

7. Mineur meurtrier est puni de mort, s'il est adultere, *leg. si quis te* 6. *cod. ad leg. Cornel. de Sicar. Innocentia purgari crimen, non adulta ætate defendi convenit, dict. leg.* 6. mais s'il est au-dessous de la puberté; voyez ci-devant audit chap. 2. section 3. nombre 22.

8. De même le Précepteur qui a tué son disciple, pour n'apprendre pas bien, *leg. sed & si* 5. *§. ult. ff. ad leg. Aquil.*

9. Celui qui a coupé un homme est puni de mort, *leg. Cornelia* 4. §. *idem* 2. *leg.* 5. *&* 6. *ff. ad leg. Cornel. de Sicar.* quoiqu'il y ait consenti, *dict. §.* 2. auquel cas ils doivent être punis l'un & l'autre, *dict. §.* 2.

En quel cas celui qui a blessé est coupable d'homicide.

10. La punition d'hommicide a lieu, quoique le blessé ne soit mort de sa blessure que long-tems après; Ranchin en ses décisions, partie 1. conclusion 42: ce qui doit s'entendre quand il paroît par le rapport des Médecins & Chirurgiens que la blessure étoit mortelle; car quand la blessure n'est pas mortelle, si le blessé meurt, faute d'appareil ou autrement, celui qui a blessé n'en est pas puni comme meurtrier: *Si vulneratus fuerit servus, non mortiferè negligentiâ autem perierit, de vulnerato actio erit, non de occiso, leg. qui occidit* 30. §. *ult. ff. ad leg. Aquil. Numquam ex post facto crescit præteriti delicti æstimatio, leg. omnis hæreditas* 138. *§. nunquam unic. ff. de divers. regul. jur.* & suivant Boërius, *dec.* 323. *num.* 11. *& seq.* si le blessé a vécu quarante jours, il n'est pas estimé mort de sa blessure. Voyez ci-devant, *chap.* 1. *nombre* 38.

Mais ce n'est qu'un langage populaire, de dire que le blessé venant à déceder après les quarante jours, l'homicide ne peut être poursuivi ni condamné. Il y a des cas où le blessé venant à mourir après les quarante jours, le délit peut être poursuivi extraordinairement, & où même il faut avoir recours aux Lettres de rémission, sur-tout lorsqu'il paroît que le blessé a continué d'être malade des mêmes blessures, & que par l'évenement il en est mort; ce qui paroît par les rapports en Chirurgie, & ouverture du corps.

11. L'homicide, outre la punition corporelle & la réparation civile, doit être condamné à quelque fondation de Messes pour l'ame du défunt, Imbert, *Institut. for.* liv. 3. tit. 21. nombre 10.

DISTINCTION SIXIEME.

De l'Homicide & Meurtre de guet-à-pens, & de l'Assassinat.

1. L'Ordonnance de 1670, tit. 1. art. 12, confond le meurtre de guet-à-pens avec l'assassinat, & l'exprime par les termes d'assassinat prémédité, & en fait un cas prévôtal; mais il n'est point compris dans l'attribution des Prévôts des Maréchaux, par l'article 5. de la Déclaration du 5. Février 1731; ainsi il reste cas royal. Voyez ci-après, *part.* 2. *chap.* 2. *nomb.* 3.

Cependant le meurtre de guet-à-pens & l'assassinat se peuvent distinguer, en ce que l'assassinat s'entend de ceux qui pour prix d'argent se louent pour tuer, outrager & exceder quelqu'un, ou pour ravir des criminels des mains de la Justice : il se dit aussi de ceux qui les ont loués ou induits pour ce faire.

A l'égard du meurtre de guet-à-pens, il se dit de ceux qui commettent des homicides de propos déliberé, & de dessein prémédité ; comme aussi de ceux qui tuent, ou seulement outragent & excedent en trahison & avec avantage.

Les anciennes Ordonnances ont distingué ces deux sortes de crimes, quoiqu'à dire vrai, ils se confondent assez l'un avec l'autre.

Loix du Royaume sur le meurtre de guet-à-pens ou l'assassinat.

L'article 195. de l'Ordonnance de Blois porte, que pour le regard des assassins, & ceux qui pour prix d'argent ou autrement, se louent pour tuer, outrager, exceder aucuns, ou recourir prisonniers criminels des mains de Justice, ensemble ceux qui les auront loués ou induits pour ce faire, la seule machination & attentat sera puni de mort, encore que l'effet ne s'en soit ensuivi.

Ce même article ajoute : N'entendons donner aucune grace ni rémission ; & où aucune par importunité seroit octroyée, défendons à nos Juges d'y avoir égard, encore qu'elle fût signée de notre main, & contresignée par un de nos Secretaires d'Etat.

Il faut observer que quand l'assassinat n'a pas été commis, & qu'il n'y a eu que des machinations & attentats, la condamnation à mort est de nécessité, du moins par rapport aux Juges inférieurs, mais le genre de mort est arbitraire.

2. Quant au meurtre de guet-à-pens, l'article 2. de l'Edit du mois de Juillet 1557, & l'article 194 de l'Ordonnance de Blois, portent que toutes personnes indifféremment, tant Gentilshommes que Roturiers, de quelqu'état & condition qu'ils soient ayant fait & commis meurtres & hommicides de guet-à-pens, seront punis de la peine de mort sur la roue, sans autre commutation de peine quelle qu'elle soit ; laquelle peine aura lieu, tant contre les auteurs desdits meurtres de guet-à-pens, *que ceux qui les accompagneront*, pour quelque cause & prétexte que lesdits meurtres puissent être commis, soit pour venger querelles ou autrement, dont nous n'entendons être expédiées Lettre de grace ou rémission ; & où aucunes par importunité seront octroyées, défendons à nos Juges d'y avoir aucun égard, encore qu'elles fussent signées de notre main, & contresignées par un de nos Secretaires d'Etat.

3. Par ces termes, *ceux qui les accompagneront*, il faut entendre ceux qui assisteront & aideront à faire le meurtre, ou prêteront main-forte aux meurtriers, comme l'observe Theveneau, livre 4. titre 12. ; car comme disent Bartole, *in leg. is qui opem* 15. *ff. de furt.* & Balde, *in leg.* 1. *cod. de serv. fugitiv.* ceux qui sciemment ont accompagné & assisté celui qui a fait le meurtre, encore qu'ils ne se soient pas souillés du sang de l'homicide, doivent souffrir pareille peine. Il en seroit autrement, si quelqu'un avoit été emmené & conduit de force, & n'eût assisté au meurtre & accompagné les meurtriers que de corps & non volontairement, ou par accident.

Ainsi ceux qui ont assisté le meurtrier, avant le fait, lors de l'action, ou après, sont coupables de meurtre.

Avant l'exécution du fait, en lui prêtant argent, armes, chevaux, ou hommes pour l'assister, *argum. leg.* 4. *ff. ad leg. Jul. Majest. leg. si pignore* 54. §. 4. *ff. de furtis, leg.* 1. *& leg. utrum, ff. ad leg. Pompei. de parricid. leg. nihil interest, ff. ad leg. Cornel. de Sicar. argum. leg.* 30. §. 3. *ff. ad leg. Aquil. & leg. ult. ff. de receptator.*

En l'exécution du fait, quand on assiste le meurtrier, qu'on se joint à lui, & qu'on lui facilite par son assistance l'exécution du meurtre, *leg. item mela*, §. *si alius, ff. ad leg. Aquil. & arg. leg. unic. cod. de. raptu virgin.*

Après le fait, ceux qui retirent le meurtrier en leurs maisons, le recelent, l'assistent de moyens, & empêchent qu'il ne soient pris par la Justice, *leg. is cujus ope, ff.* 14. *ad leg. Jul. de adult. leg.* 1. *cod. de his qui latron. vel aliis crimin. reos occultar. leg.* 1. *&* 2. *ff. de receptator.* Ce qui ne doit pas s'entendre des Avocats, qui donnent conseil au criminel, *leg. per omnes, cod. de deffensor. civit. leg. custodias, ff. de public. judic.*

Peines des femmes & filles coupables d'assassinat.

A l'égard des femmes ou filles qui ont commis un meurtre de guet-à-pens, ou aidé à le commettre, si elles sont roturieres, elles doivent seulement être condamnées à être pendues, car elles ne sont jamais condamnées à la roue ; & si elles sont nobles, elles doivent être condamnées à avoir la tête tranchée.

5. Quant à ce qui est dit par l'article 195. de l'Ordonnance de Blois, que la seule machination & attentat sera puni de mort ; cela est conforme aux Loix, qui veulent

SECT. VII.

que le dessein de tuer, manifesté par des indices extérieurs, soit punissable comme l'effet, *leg. propter insidias 14. cod. de his qui accus. non poss. leg. 7. cod. ad leg. Cornel. de Sicar.* parce que l'acte est tenu pour fait & accompli, quand il n'a tenu à celui qui l'a voulu faire, qu'il n'ait été entiérement mis à exécution, y ayant pour cet effet mis sa force, & son industrie, *leg. 1. §. 3. ff. ad leg. Cornel. de Sicar. Qui hominem non occidit, sed vulneravit ut occidat, pro homicidio damnandus est, dict. §. 3. In lege Cornelia dolus pro facto accipitur, dict. leg. 7. cod. ad leg. Cornel. de Sicar. In maleficiis voluntas spectatur, non exitus, leg. 14. ff. ad leg. Cornel. de Sicar. Is qui cum telo ambulaverit, hominis necandi causâ, sicut qui hominem occiderit, legis Corneliæ de Sicariis pœna coercetur, dict. leg. 7. cod. eod.*

Par Arrêt du 8 Mai 1731, le nommé François Volut, dit Joinville, a été condamné d'être rompu, préalablement appliqué à la question, sans que le dessein projetté d'assassin eût eu d'exécution.

SECTION HUITIEME.

Du crime de Parricide.

Du Parricide.

1. Le crime d'homicide ou meurtre des pere, mere, ayeul, ayeule, frere, sœur cousin-germain, soit du côté du pere ou de la mere, oncle, tante, paternels ou maternels, femme, mari, gendre, beau-pere, belle-mere, bru, fils & petit-fils, est un parricide, *leg. 1. ff. ad leg. Pomp. de parricid.*

Quelle étoit la peine de ce crime suivant le Droit Romain.

2. La peine de ce crime, suivant le Droit Romain, étoit après avoir été fustigé de verges jusqu'à effusion de sang, d'être mis dans un sac de cuir, avec un chien, un coq, une vipere & un singe, & ensuite jetté dans la mer ou dans la riviere, suivant la situation du lieu, *leg. penult. ff. eod. leg. unic. cod. de his qui parent. vel lib. occid. §. 6. inst. de public. judic. Ut omnium elementorum usu vivus carere incipiat, & ei Cœlum superstiti, terra mortuo auferatur.* Et si la mer ou la riviere étoient fort éloignées, le coupable étoit jetté aux bêtes, *dict. leg. penult.*

Comment on punit ce crime en France.

3. Cette peine n'est point observée en France. On punit de mort fort grieve le parricide; Rebusse, *in Proëm. constit Regiar. gloss. 5. num.* 109, la qualité du supplice est réglée par les Juges, suivant l'atrocité des circonstances, des personnes, & autres, comme d'être rompu vif, faire amande honorable, avoir le poing coupé, *&c.*

Observations importantes sur le crime de parricide

4. Les complices, quoiqu'étrangers, sont punis du même crime de parricide, *leg. 6. ad leg. Pompei. de parricid. & dict. §. 6. instit. de public. judic.*

5. Celui des susdites personnes qui a simplement sçu ce dessein sans le découvrir, ne doit pas être puni du crime de parricide, mais d'une peine plus légere, *leg. frater 2. ff. eod.*

6. Hors ces degrés, celui qui a tué quelqu'autre parent ou allié, ne doit pas non plus être puni comme parricide, mais comme simple meurtrier, *dict. leg. penult. §. 1. dict. §. 6. inst.*

7. Celui qui étant en démence a tué quelqu'une des susdites personnes, ne doit pas être puni, *dict. leg. penult. §. ult. ff. eod. leg. 13. §. 1. & leg. 14. in fin. ff. de officio præsid. quia satis furore ipso punitur, dict. leg.* seulement il doit être donné en garde à un de ses parens pour le tenir serré, & prendre garde qu'il ne fasse plus de mal à l'avenir, *dict. leg. 13. §. 1. dict. leg. 14. & dict. leg. penult. §. ult.* ou si les parens ne sont pas en état de le tenir serré, il doit être enfermé dans une prison, *dict. leg. 13. §. 1.*

Antoine Quignon ayant tué sa mere, fut condamné à mort en 1689. par le Juge de Peronne. Sur l'appel porté à la tournelle, ses parens articulerent plusieurs faits de folie & de fureur par lui commis, & causée par une maladie qu'il avoit eue avant le meurtre de sa mere, & demanderent à en faire preuve. Par Arrêt du 23. Février 1690, la Cour ordonna qu'il en seroit informé. L'information faite & rapportée, la Sentence du Juge de Peronne fut infirmée, & il fut ordonné que Quignon seroit enfermé & gardé par les soins de ses parens. Augeard, *tome 3. chap. 2.*

Cependant si le furieux avoit de dilucides intervalles pendant lesquels il eût commis le crime, ladite Loi 14. *ff. de offic. præsid.* dit que c'est au Juge à bien examiner toutes les circonstances, pour sçavoir s'il doit être puni. C'est aussi l'avis de Fachin, *lib. 9. cap. 3.* contre Gomez, *resolut. tom. 3. cap. 1. num. 72.*

A l'égard de celui qui depuis la condamnation est absolument tombé en démence, *Julius Clarus*, *lib.* 3. *receptar. sentent.* §. *fin. quæst.* 60. *num.* 8. estime qu'en ce cas il ne doit pas être exécuté à mort, mais seulement que la confiscation prononcée doit avoir lieu ; ce qui ne seroit point suivi parmi nous., l'exécution des condamnés ayant l'exemple pour principal objet.

8. Outre la peine corporelle ci-dessus du crime de parricide, les Loix civiles & la Jurisprudence du Royaume déclarent celui qui l'a commis, qu'on appelle aussi parricide, indigne de succeder à celui à qui il a causé la mort, *leg.* 7. §. 4. *ff. de bon. damnat. leg.* 6. *ff. de jur. fisc.*

Effets de ce crime.

9. Ce crime se prescrit, mais non l'indignité. Ainsi jugé par Arrêt du 14. Mai 1665, rapporté par Soefve, *tom.* 2. *cent.* 3. *chap.* 56. Il est rapporté au *Journal des Audiences* ; mais il y est datté du 15 Mai, & y est plus au long.

10. Cette indignité de succeder passe même aux enfans du parricide. *dict. leg.* 7. §. 4. *ff. de bon. damnat.* Arrêt du 7 Août 1604. Louet, *lettre S. somm.* 20, même à ceux qui sont nés depuis le crime & la condamnation, comme il a été jugé par ledit Arrêt du 14 ou 15 Mai 1665, qui a déclaré Jeanne Morineau, condamnée à mort, pour avoir fait assassiner son pere, non-recevable, ensemble sa fille née depuis la condamnation, d'un mariage contracté avant le crime, indignes de succeder à leurs pere & mere, & ayeux, quoique ladite Jeanne Morineau eût prescrit la peine par le laps de 30 ans.

Il convient d'observer que dans l'espece de cet Arrêt, il y avoit deux fins de non-recevoir contre Jeanne Morineau, l'une résultoit de son indignité, l'autre de l'état de mort civile où elle étoit, ne s'étant point représentée pendant les 30 ans. Les Arrêtistes ne parlent point de ce second moyen ; cependant c'en étoit un à opposer, puisque c'est un principe certain qu'un condamné à mort par contumace, dont la condamnation a été exécutée par effigie, qui ne s'est point représenté, ou n'a été constitué prisonnier dans les cinq ans, est réputé mort civilement du jour de l'exécution de la Sentence de contumace, suivant l'art. 29. du tit. 17. des défauts & contumaces, de l'Ordonnance de 1670, s'il ne se répresente, ou n'est constitué prisonnier qu'après les cinq ans, & n'obtient lettres pour rester à droit, la condamnation par contumace est seulement éteinte quant à la peine ; mais les condamnations pécuniaires, amendes & confiscations seront réputées contradictoires, & vaudront comme si elles avoient été prononcées par Arrêt. Voyez-ci après, *part.* 3. *chap.* 16. *n.* 13. Il est aussi incapable de succeder, même à ses pere & mere. Voyez *ibid. n.* 28. Et enfin s'il se présente après les 30 ans, il a bien prescrit contre la peine ; mais son indignité subsistant toujours, il est aussi incapable de succeder. Voyez *ibid. num.* 13.

SECTION NEUVIEME.

Des crimes d'Empoisonnement, Magie & Sortilege.

L'on réunit ces crimes ensemble, parce qu'ils se trouvent réunis par l'Edit du mois de Juillet 1682, registré au Parlement de Paris le 31 du même mois, concernant la punition des Devins, Magiciens, Sorciers, Empoisonneurs ; & regle ceux qui peuvent vendre ou employer les drogues dangereuses, & à qui il est permis d'avoir des fourneaux ou laboratoires. L'on trouvera cet Edit dans la quatriéme Partie de ce livre, dans son ordre chronologique.

Par Arrêt du 3 Mars 1732. Eugenie Picq, convaincue d'empoisonnement, a été condamnée à être brulée, préalablement appliquée à la question ordinaire & extraordinaire, avec confiscation de ses biens

Ce même Arrêt fait un Réglement concernant les Apothicaires en ces termes : Faisant droit sur le réquisitoire du Procureur général du Roi, enjoint aux Marchands Apothicaires & Epiciers-Merciers de la Ville d'Auxerre, à qui les Réglemens permettent de tenir & vendre de l'arsenic, & autres drogues dangereuses, de ne les vendre & débiter qu'à des Chefs de famille ; lesquels seront tenus, sous les peines portées par lesdits Réglemens, d'avoir des registres où ils écriront par dattes & par articles, & sur le champ, les noms, qualités & demeures desdits Chefs de famille, à qui ils vendront lesdits arsenic & drogues, & les feront signer sur ledit Registre ; le tout conformément à l'art. 7. de l'Edit du mois de Juillet 1682, enregistré en la Cour au mois d'Août suivant. Ordonne que le present Arrêt sera imprimé, lu & publié par-tout où besoin sera.

SECT. X.

SECTION DIXIEME.

Du crime de Duel.

Sur ce crime il suffira de renvoyer à la quatriéme partie de ce Livre, où sont plusieurs Edits, sçavoir, l'Edit du mois de Juin 1643. la Déclaration du Roi du 11 Mai 1644, celle du 13 Mars 1646, l'Edit du mois de Septembre 1651, la Déclaration du mois de Mai 1653, un Réglement de Messieurs les Maréchaux de France du 22 Août 1653, l'Edit du mois d'Août 1679, un autre Réglement de messieurs les Marechaux de France du 22 Août 1679, la Déclaration du Roi du 30 décembre 1679, l'Edit du mois de Décembre 1704, la Déclaration du Roi du 28 Octobre 1711., l'Edit du mois de Février 1723, & la Déclaration du 12 Avril 1723.

SECTION ONZIEME.

Du crime d'incendie.

Comment ce crime est puni.

1. L'incendie en tant qu'il est crime, de quoi uniquement il s'agit ici, se peut commettre de propos délibéré ; & en ce cas, suivant le Droit Romain, les incendiaires & boutefeux sont punis de mort : *Data opera partis adversæ res vestras incendio exarsas esse asseverantes, crimen legis Corneliæ de Sicariis exequi potestis*, *leg. data opera* 11. *cod. de his qui accus. non poss.* la Loi *qui ædes* 9. *ff. de incend. ruin. naufrag.* & la Loi 28. §. 12. *ff. de pœnis*, veulent qu'ils soient brûlés vifs, si l'incendie a été commis dans une Ville par inimitiés, ou pour piller. Ulpien, *leg. ult.* §. *unic. ff. de incend. ruin.* dit qu'on a coutume de jetter aux bêtes ceux qui dans une Ville mettent ainsi de propos déliberé le feu à une maison ; & si c'est à une ferme, ou à une maison dans un Village, la condamnation est un peu plus douce, *dict. leg.* 28. §. 12.

En effet, ces sortes des gens sont des monstres très pernicieux & detestables, puisqu'ils ne sont excités à un pareil crime par aucune passion de volupté, ni par aucune raison d'utilité, mais seulement par la haine, l'envie, & le desir de nuire.

2. L'incendie se peut aussi commettre par négligence & imprudence, auquel cas il participe du crime, quoique cela n'en soit pas un directement ; parce qu'en ce cas on ne doit pas laisser impunie la négligence ou l'impéritie, *leg. si servus servum* 2. §. *si fornicarius* 9. *ff. ad leg. Aquil. leg. videamus* 11. *ff. locati*, §. 1.

Parmi nous, si l'incendie a été causé par négligence, mais sans dol & malice, la punition est simplement pécuniaire ; mais si c'est par une faute grossiere, ou par une grande imprudence qui approche du dol il y a lieu de condamner à une punition corporelle, outre les dommages & intérêts.

Si le crime d'incendie est un cas royal.

3. C'est une question fort controversée, de sçavoir si le crime d'incendie est cas royal. L'ordonnance de 1670, en l'article 11. du tit. 1. ne l'a point expressément compris parmi les cas royaux. La Coutume de Tours, article 55, excepte ce crime de la connoissance du Haut-Justicier. Bacquet, des Droits de Justice, *chapitre* 6. *nombre* 8, rapporte un ancien Arrêt en latin, qui porte la même exception. Cependant Bruneau, *part.* 2. *tit.* 3. *max.* 1. dit qu'il a vu plusieurs Arrêts rendus à la Tournelle, sur l'appel des Juges de Seigneurs en matiere d'incendie. Bretounier sur Henrys, *tome* 1. *liv.* 2. *quæst.* 5. dit pareillement qu'il a vû plusieurs Jugemens rendus par les Officiers de Justice Seigneuriales, contre des Bergers & autres personnes accusées d'avoir mis le feu aux granges & aux gerbes des Laboureurs ; & il observe que Chotier sur Guy Pape, *liv.* 4. *sect.* 8. *art* 3. cite un Arrêt du Parlement de Grenoble du 20 Juin 1683, par lequel la connoissance d'un semblable crime a été renvoyée devant le Juge des lieux.

Il y a aussi des Arrêts plus récens du Parlement de Paris, qui ont Jugé que l'incendie n'étoit pas cas royal. C'est ce qui a été jugé *in terminis*, par Arrêt de la Tournelle criminelle du 3 Mars 1741. Par un autre Arrêt du 17 du même mois, rendu sur les conclusions de M. Daguesseau, Avocat Général, plaidans MM. de Laverdy & Gueau de Reversaux, il a été pareillement jugé en faveur de M. l'Evêque & Comte de Beauvais, que l'incendie de quinze maisons commis dans le Village dudit Comté, n'étoit pas ce Royal ; & il a été enjoint au Juge royal du Baillage de Beauvais de renvoyer le prisonnier accusé dans

dans les prisons dudit Comté. M. l'Evêque de Beauvais rapportoit plusieurs Lettres Patentes & Déclarations du Roi, qui le conservoient dans ses droits de Justice. Cependant l'incendie des Eglises & lieux publics, ou fait en tout autre endroit avec émotion publique, est sans contredit un cas royal.

Au reste, sur les autres questions concernant l'incendie, voyez mon Recueil de Jurisprudence civile, *verb.* Incendie, où cette matiere est amplement traitée.

SECTION DOUZIEME.

Du crime de transposition ou enlevement de Bornes.

1. Ce crime est très-fréquent dans les Campagnes : il consiste à enlever tout-à-fait des bornes de limites d'héritages, ou à les transporter : & quand on dit bornes, cela s'entend de tout ce qui sert à distinguer & separer des héritages, soit pierre, bois, plante en terre, arbres, ou autres choses à pareilles fins.

Peine du crime de transposition de bornes.

2. Quiconque transporte des bornes pour aggrandir son héritage aux dépens de celui de son voisin, est coupable du crime de larcin & de fausseté tout ensemble, suivant la disposition du Droit en la Loi 2. *ff. de term. mot.* Il doit être condamné au bannissement à l'arbitrage du Juge. La peine est aussi arbitraire en France ; mais elle doit être afflictive ou infamante, à cause de la nécessité de l'exemple ; & celui qui a ainsi transposé des bornes, doit être condamné aux dommages & intérêts de son-voisin suivant les circonstances.

3. La Loi *Divus*, & la Loi derniere, §. dernier, *ff. eodem*, décident, que si pendant le procès au sujet des bornes, une des Parties les transpose, pour tâcher de réussir par ce moyen, il commet une fraude & une fausseté, pour raison de quoi il doit perdre son procès avec dépens, & être condamné, non-seulement à restituer à sa Partie adverse autant de terrein qu'il avoit tâché de lui en ôter par cette transposition de bornes, mais encore à reculer sur son terrein autant qu'il avoit anticipé celui de son voisin ; s'il n'a pas assez de terrein pour cela, il doit être condamné aux dommages & intérêts suivant l'arbitre du Juge.

Quoique cette décision de droit soit purement arbitraire, elle paroît si équitable, qu'elle doit être suivie par les premiers Juges, sans qu'ils ayent à craindre que leur Jugement soit infirmé, lorsque le fait se trouve bien établi par les charges & informations.

4. Suivant la Loi *Agraria* 2. *eod.* celui qui sans aucun intérêt particulier, mais par pure malice, & pour faire de la peine aux voisins, transpose les bornes entre leurs héritages, doit être condamné en une amende de cinquante écus d'or envers le fisc, & à la restitution du dommage qu'il a causé.

Mais cette décision ne doit point être suivie parmi nous ; le coupable en ce cas doit être condamné à une peine arbitraire, afflictive ou infamante, & aux dommages & intérêts envers celui auquel il a causé du dommage. En effet, nous voyons que la Loi *Divus* ci-devant citée, veut que celui qui par fraude & par ordre d'une autre personne, a transporté ou enlevé des bornes, doit être battu de verges & exilé pour deux ans ; & même que s'il l'a fait sans dol & par pure ignorance, il soit seulement battu de verges.

Quelles personnes sont parties capables pour poursuivre ce crime.

5. Suivant la Loi derniere, *eodem*, ce crime de translation ou enlevement de bornes, peut être poursuivi par toutes sortes de personnes, quoique non intéressées personellement ; mais parmi nous, les Particuliers qui y sont intéressés peuvent seuls en rendre plainte, & se rendre Parties civiles, s'ils le jugent à propos, avec la jonction de la partie publique, pour requerir la punition exemplaire ; & la Partie publique peut aussi poursuivre ce crime, sur une dénonciation, ou sur d'autres connoissances certaines qu'il en peut avoir quand le corps du délit est constant, parce que la punition de ce crime intéresse la sureté publique.

6. Enfin, la plainte doit être rendue devant le Juge ordinaire du lieu où l'héritage est situé, parce que c'est-là que le délit a été commis.

SECTION TREIZIEME.

Du crime d'Uzure.

1. L'usure considérée comme un crime, de quoi seul il s'agit ici, est en général un gain illicite qu'on fait de son argent : c'est en ce sens qu'on dit que l'usure est défendue par le Droit civil, le Droit Ecclésiastique, même par le Droit naturel.

Mais ce qui fait la difficulté, ou du moins qui est une grande matiere à contestation, est de sçavoir précisement en quoi consiste ce gain illicite.

Il y a plusieurs Parlemens dans le Royaume qui autorisent la stipulation d'intérêts pour simple cause de prêt : au contraire au Parlement de Paris, toute stipulation d'intérêt pour pure cause de prêt est proscrite & regardée comme usuraire, sans aliénation du principal ; jusques-là même que par Arrêt du 7 Mai 1714. rendu en forme de Réglement, sur les conclusions de M. Chauvelin, Avocat général ; il a été décidé que les Tuteurs ne peuvent point non plus stipuler d'intérêt par obligation pour deniers pupillaires sans aliénation du principal.

En quel cas on commet le crime d'usure.

2. Il est constant & non contesté dans tout le Royaume, qu'il y a crime d'usure qui est punissable, & qui peut être poursuivi par la voie extraordinaire & criminelle, quand on prête son argent à un intérêt excessif & plus fort que celui qui est fixé par l'Ordonnance ; ou quand un Marchand vent à un prix excessif des marchandises à crédit, & les fait ensuite racheter à vil prix par des personnes interposées, de celui à qui il les avoit vendues.

C'est encore une usure outrée & criminelle, quand en prêtant à constitution, l'on fait entrer dans le prix principal des effets de nulle valeur, ou beaucoup au-dessous de leur valeur.

Loix du Royaume contre les usuriers.

3. Pour sçavoir maintenant quelles sont les peines établies contre les usuriers, l'on va rapporter les Loix du Royaume à ce sujet, compilées par Thevenau, *liv.* 4. *tit.* 21. tirées & extraites des Ordonnances de Philippe IV. en l'an 1311, & en Décembre 1312, de celle de Louis XII. en 1501, article 64 & 66, de celle de Charles IX. en Janvier 1597, de celles d'Henri III. en 1576, de celle de Blois, article 202, & de celle de 1585.

ART. I. Défendons à toutes personnes de quelqu'état, qualité & condition qu'ils soient, ou autres ; & tant hommes que femmes, d'exercer usure ou par eux, ou par gens attirés & interposés, ni de prêter deniers ou marchandises à profit & intérêts, encore que ce fût sous prétexte de commerce public, soit sur gages, ou par déguisement, obligations & contrats ; ni autrement s'entremettre du fait desdites usures, directement ou indirectément, en quelque sorte & maniere que ce soit ; & ce, sur peine pour la premiere fois, d'amende honorable, bannissement, condamnation de grosses amendes ; & pour la seconde, de confiscation de corps & de biens.

ART. II. Ordonnons que ceux qui dénonceront lesdits usuriers à Justice, auront la quarte partie des amendes & confiscations qui seront adjugées par la poursuite & recherche qu'ils feront desdites usures. Aussi tels délateurs & dénonciateurs étant par l'issue du procès trouvés calomniateurs, seront punis comme de raison.

ART. III. Les courtiers, proxenetes, entremetteurs, & médiateurs desdites usures & contrats illicites & réprouvés, seront punis de semblables peines, encore qu'ils ne fassent qu'accomoder & prêter leur nom pour autrui ; sinon au cas qu'ils vinssent volontairement à révélation, auquel cas ils seront exempts de la peine de Justice.

ART. IV. & V. tirés de l'Ordonnance d'Orleans, article 142, & de celle de Blois, article 362. Défendons à tous Marchands & autres de quelque qualité qu'ils soient, de supposer aucun prêt de marchandise appellé perte de finance, lequel se fait par revente de la même marchandise à personne supposée ; & ce, à peine contre ceux qui en useront, en quelque sorte qu'elle soit déguisée, de punition corporelle, confiscation de biens, sans que nos Juges puissent modérer la peine.

Enjoignons à tous Juges, non-seulement de dénier action à tels vendeurs & supposeurs de prêts ; mais aussi procéder rigoureusement contr'eux, & contre leurs courtiers & racheteurs qui se trouveront être sciemment participans de tels trafics & marchandises illicites, par mulctes, confiscation de biens, amendes honorables, & autres peines corporelles, selon les circonstances, & sans aucune dissimulation ni connivence.

4. Il faut remarquer que quand les Ordonnances disent que les entremetteurs &

courtiers seront punis de mêmes peines que les usuriers, cela s'entend de ceux qui ont brigué & conduit la forme de l'usure par leur dol & industrie, mais non pas de celui qui auroit conduit le débiteur pour trouver Marchand, sans se mêler de l'usure. Papon en ses Arrêts, *liv.* 12. *tit.* 7. *art.* 24.

Du prêt sur gage.

5. C'est pour ôter tout prétexte de commettre l'usure, que par l'article 1. du titre 6. de l'Ordonnance de 1673, il est défendu aux Négocians, Marchands, & à tous autres, de comprendre l'intérêt avec le principal dans les Lettres ou Billets de change, ou aucun autre acte.

L'article 2. du même titre porte, que les Négocians, Marchands, & aucun autre ne pourront prendre l'intérêt d'intérêt sous quelque prétexte que ce soit, ce qui doit s'entendre pour cause de prêt appellé *mutuum*, ou pour vente de marchandises; car les intérêts d'intérêts de fermage, douaires, pensions, &c. sont dûs du jour de la demande. Voyez mon Recueil de Jurisprudence civile, *verb.* Intérêts, *n.* 6.

Par l'article 8. du même titre il dit, qu'aucun prêt ne sera fait sous gage, qu'il n'y en ait un Acte pardevant Notaire, dont sera retenu minute, & qui contiendra la somme prêtée, & les gages qui auront été délivrés, à peine de restitution des gages, à laquelle le prêteur sera contraint par corps, sans qu'il puisse prétendre de privilége sur les gages, sauf à exercer ses autres actions.

Ainsi l'article 148. de l'Ordonnance de 1629, qui porte que toutes personnes qui prendront gages pour deniers prêtés ou dûs, sans bailler reconnoissance par écrit desdits gages, restitueront les gages, & perdront la dette, n'est point observé.

Mais outre la perte du privilége & contrainte par corps pour la restitution des gages, prononcée par l'article 8. du titre 6. de l'Ordonnance de 1673, l'habitude de prêter ainsi sous gages, sans actes pardevant Notaire, étant vérifiée, seroit une preuve suffisante d'usure.

6. L'article 65. de l'Ordonnance de Louis XII. du mois de Juin de l'an 1510, & l'Ordonnance de François I. de 1535, *chap.* 19. *art.* 12, défendent aux Notaires de recevoir aucuns Contrats usuraires, sur peine d'être privés de leur Etat, & d'amende arbitraire.

7. Ce même article 12. porte, que les Juges qui seront négligens de poursuivre les usuriers, seront suspendu de leurs Offices. Ainsi c'est un crime public, qui non-seulement peut être poursuivi par les Parties intéressées, mais aussi qui doit l'être par le ministere public, faute de Partie civile; ou accusateur particulier.

Des preuves en fait d'usure.

8. Quoique suivant la régle générale, un témoin singulier sur chaque fait ne puisse pas faire pleine fois; néanmoins en crime d'usure, la publique renommée, & autres circonstances jointes avec le témoignage des Particuliers en grand nombre, encore qu'ils déposent de divers actes & choses qui sont de leur fait, feroient preuve suffisante, particulierement quand le témoin proteste qu'il ne veut en conséquence de sa déposition rien répéter de ce qu'il a payé. C'est ce que disent Bouchel, *verb. Usures*, & Covarruvias, *variar. resolut. lib.* 3. *chap.* 3. *num.* 5. & assurement que c'est le sentiment de tous les Docteurs. Mais l'usage constant en ce point, est que les témoignages singuliers font foi, lorsqu'il y a dix témoins ou plus qui déposent de faits différens.

9. L'on peut obliger ceux qui sont prévenus de ce crime d'usure, d'exhiber leurs Livres de compte, pour d'iceux en tirer quelque preuve, quoique, *nemo cogi possit edere titulum contra se* Dolive, *liv.* 4. *chap.* 19.

Maximes sur le fait d'usure.

10. L'usure ne se couvre point par le laps de tems; Louet, Lettre T, sommaire 6; & l'on ne peut alléguer aucune prescription ni fin de non-recevoir, comme payement volontaire, consentement & autres, ainsi qu'il a été jugé par Arrêt du 13. Décembre 1610, rapporté par Brodeau sur Louet, *loc. cit.*

11. La transaction sur l'usure a venir, & pour astreindre le débiteur à payer une usure illicite, est nulle; Louet, *eod.* mais elle vaut si elle est faite *super præteritâ usurâ*, pour éteindre la recherche de l'intérêt payé en vertu d'un Contrat usuraire; Louet & Brodeau, *eod.*

12. Il y a des Arrêts qui ont jugé que la preuve par témoins n'est admise, que depuis l'obligation le débiteur a payé tous les ans les intérêts de la somme portée par l'obligation. Ainsi jugé par Arrêt du 5. Décembre 1602, rapporté par Peleus, *Act. forens. liv.* 4. *nombre* 3. & par autre Arrêt du 31. Mars 1648, rapporté par Soefve; *tome* 1. *centurie* 2. *chap.* 78. ce qui doit s'entendre d'intérêts aux taux de l'Ordonnan-

ce ; car s'il s'agissoit d'intérêts excessifs, ce seroit alors une usure criminelle, dont la preuve seroit admissible par la voie de la plainte & information.

13. La peine contre les usuriers est l'amende honorable & le bannissement à tems ; Arrêt du Parlement de Paris du 2. Juin 1699 ; Brillon, *verb. Usures, peine.* Voyez *suprà n.* 3. & 14. S'il s'agit d'usure contre un Ecclésiastique, ce crime est *mixti forti.*

Par un autre Arrêt rendu en la Tournelle du Parlement de Paris le 29 Juillet 1745, un usurier a été condamné au bannissement pour 9. ans ; & il a été ordonné qu'il ne pourroit répéter contre les personnes usurées que les sommes qu'elles affirmeroient avoir touché, soit en argent comptant, soit celles provenantes de la vente des effets & marchandises qu'il leur avoit survendue, & donné pour argent comptant.

SECTION QUATORZIEME.

Du crime de Concussion & de Peculat.

Du crime de concussion.

1. Le crime de concussion est lorsqu'un Officier, soit de Judicature ou de Finance, ou autres personnes publiques, comme Notaires, Procureurs, Greffiers, Sergens, Fermiers de deniers royaux, Directeurs, Commis ou Préposés, & autres Officiers, Personnes ou Ministres de Justice, prennent & exigent de plus grands droits que ceux qui lui appartiennent légitimement, ou en prenant l'argent ou autres choses pour prévariquer dans leurs fonctions.

Peine de ce crime.

La peine du crime de concussion est fort arbitraire, cela dépend des circonstances particuliere du fait ; c'est quelquefois une interdiction pour un tems, ou le blâme, qui emporte non-seulement interdiction pour toujours, & obligation de se défaire de son Office pour un tems, mais encore une incapacité de pouvoir exercer aucune Charge à l'avenir ; tantôt le bannissement, tantôt les galeres, & quelquefois l'amende honorable, mais très-rarement le suplice de la mort : on y joint aussi des peines pécuniaires, comme des restitutions au quadruple & des amendes.

Il seroit très-difficile de marquer toutes les différentes manieres par lesquelles on peut commettre le crime de concussion, parce que tout cela dépend de tous les raffinemens & détours du cœur d'un Officier ou autre personne publique, qui seroit corrompu & dépravé.

Ce crime est un crime public, & la dénonciation en est permise *cuivis de populo*, même l'accusation, en cas qu'on se trouve y avoir un intérêt particulier ; mais il faut que ce crime soit bien prouvé, attendu qu'il s'agit de l'honneur & de l'état d'un pareil accusé.

Du crime de péculat.

2. Le crime de peculat est un larcin qui se commet des deniers royaux ou publics, par ceux-mêmes à qui la garde en est confiée, ou qui en ont la gestion, la direction ou le maniement. Ce crime est une insigne lâcheté de la part de celui qui le commet ; il est même très-grave ; il approche du crime de concussion, en ce qu'il y a dans l'un & dans l'autre de la perfidie & une bassesse d'ame.

Le crime de peculat se peut commettre de différentes manieres ; il n'est pas possible de les rapporter toutes ici, mais les plus ordinaires sont lorsqu'on vole les deniers royaux ou publics.

Ce crime est public comme le crime de concussion, tant contre les véritables coupables, que contre leurs complices & participes.

Peine de ce crime.

Les peines du crime de peculat sont parmi nous le bannissement à perpétuité, les galeres, le pilori, l'amende honorable, la prison perpétuelle, & quelquefois la peine de mort, principalement s'il y a fausseté jointe au larcin ; on joint aussi à la vindicte publique des condamnations pécuniaires, comme restitutions au quadruple, amende ou aumône.

Ceux-là tombent dans le crime de peculat, qui font banqueroute & emportent les deniers du Roi, ou qui sont redevables de sommes notables envers le Roi ou le public, sans pouvoir prouver aucune perte ; ou ceux qui jouent les deniers royaux ou publics, ou qui les donnent à rente ou à intérêts, en font achats de meubles ou immeubles, ou qui les employent à bâtir ; ou ceux qui changent ou billonnent les espéces qu'ils ont reçues ; ou ceux qui font de faux emplois ou omissions, fausse recette, fausse dépense, ou fausse reprise, ou faux acquits pour augmenter leur dépense.

De la preuve en fait de crime de péculat.

La preuve par témoins est recevable en fait de peculat, à quelque somme que se montent les sommes qui donnent lieu à l'accusation : de plus, trois témoins déposant de trois faits singuliers de la même nature, quoique différens pour le regard des personnes, valent autant qu'une déposition entiere d'un témoin.

Les donations faites par les Officiers, Fermiers Comptables & Receveurs qui se trouveroient redevables envers le Roi, & coupables de péculat, qui ont acheté des Offices & Charges, ou doté leurs enfans des deniers royaux, peuvent être répétées sur eux pour le payement des restitutions, reliquats & condamnations adjugées au Roi. Il faut voir là-dessus l'Ordonnance de Roussillon du mois de Janvier 1563, articles 16. & 17. L'on peut voir aussi à ce sujet l'Ordonnance de 1629, depuis l'article 390. jusqu'à l'article 400, laquelle Ordonnance est observée en plusieurs points; à cause de l'équité qu'ils contiennent.

La peine des Comptables qui ont diverti les deniers royaux de leur caisse, a été différente suivant l'ordre des tems.

Par les plus anciennes Ordonnances, la peine étoit pécuniaire, on les condamnoit au double, ou tout au plus au quadruple.

Par une Ordonnance du 8. Juin 1565, registrée le 3. Juillet suivant, ces coupables étoient privés à perpétuité de leurs Offices, & punis d'une amende du quadruple, & de peines afflictives & corporelles.

Par une derniere Déclaration du 3. Juin 1701, ils doivent être puni de mort, sans que les Juges puissent modérer cette peine, à peine d'interdiction, & de répondre en leurs propres & privés noms des dommages & intérêts.

Il faut dire la même chose des Receveurs des Tailles, Receveurs des Consignations, des Commissaires aux Saisies réelles, & autres Receveurs publics qui ont épuisé leurs caisses & en ont dissipé les deniers.

Quoiqu'en disent quelques Auteurs, le crime de péculat ne se peut prescrire que par vingt années, & non par cinq ans, étant un crime capital.

Par l'Ordonnance de Moulins, art. 23, d'Orleans, art. 130, il est défendu à toutes personnes de quelque qualité qu'elles soient, d'imposer & lever aucuns deniers sur les Sujets du Roi sans sa permission expresse, à peine d'être punis suivant la rigueur des Ordonnances.

SECTION QUINZIEME.

Du crime de Sortilége.

1. Généralement parlant, le sortilége est un maléfice commis par un mauvais Chrétien, & contre la Foi & la Religion; c'est une hérésie, dit Julius Clarus, §. *hæresis*, nombre dernier.

Le sortilége, la sorcellerie, la magie sont mots synonymes.

2. Il y a beaucoup de gens qui nient les sorciers, & qui disent que ce sont seulement des *Prestigiateurs* : cependant il en est parlé dans le Texte sacré, puisqu'il y est dit que les sorciers sont punis de mort; l'Église en reconnoît. Un Auteur a poussé la chose plus loin, il dit qu'il faut être bien incrédule pour ne pas croire qu'il y ait des sorciers, & dire que ce n'est qu'une illusion. Il y a des Parlemens en France, comme celui de Paris, où l'on ne punit pas ces sortes de criminels comme sorciers, mais comme imposteurs qui abusent de la Religion pour tromper les gens simples, ou qui par quelques herbes ou mauvaises compositions de drogues, maléfices ou poison, donnent ou causent la maladie ou la mort à des bestiaux, comme chevaux, vaches, bœufs, brebis & moutons; d'où vient qu'on les regarde & on les condamne quelquefois comme des sacriléges, en ce qu'ils abusent en certaines occasions des choses saintes & sacrées.

3. Il y a encore des Devins ou Pronostiqueurs qui se mêlent de prophétiser & deviner, & qui font entendre qu'ils sçavent la pensée des hommes; ce qui est une grande erreur, disent les Peres, & entr'autres Saint Thomas d'Aquin : *non norunt cogitationes hominum, neque futura aut contingentia agnoscunt nisi ex conjectura.*

4. La peine des criminels de sortilége, magie ou sorcellerie, est le dernier supplice : on les châtie rigoureusement en Italie; à Geneve on les brule vifs; & lorsqu'ils sont convaincus d'avoir fait mourir quelqu'un par leur art, on les tenaille. Peine du crime de sortilége.

En France on les pend, & ensuite on les brûle; quelquefois on les condamne à être brûlé vifs, suivant les diverses circonstances des faits dont ils sont accusés; & quelquefois aussi on les condamne à de moindres peines. Par Arrêt du Parlement de

Paris en la Tournelle criminelle, du 23. Janvier 1740, plusieurs Bergers des environs des Provinces ont été condamnés; sçavoir, sept d'entr'eux au carcan & aux galeres, les uns pour neuf ans, les autres pour cinq ans, & d'autres au bannissement.

5. Quant aux prétendus Devins ou Pronostiqueurs, c'est la peine du fouet avec le bannissement.

6. La connoissance de ces sortes de crimes appartient au Juge laïc; mais si l'accusé étoit un Ecclésiastique, voyez ci-après Partie seconde, *de la compétence*, chap. 6. sect. 4.

Il y a de très-belles Loix dans les Livres de Justinien, au Code *de Malefic. Mathemat.* & dans le titre *de Episcop. audient.* pour la punition des Devins & Enchanteurs. Les Empereurs Honorius & Theodose écrivant à Cecilien, un de leurs Magistrats, lui mandent de bannir ces sortes de criminels, à moins qu'ils ne voulussent consentir à voir brûler leurs Livres en présence des Evêques; ce qui montre en passant que les Evêques de ce tems-là n'avoient nulle Jurisdiction pour ce regard: c'est la raison pour laquelle l'Empereur Leon écrivoit à un de ses Officiers de les punir de mort comme Apostats, suivant ce que nous trouvons dans la Novelle 65. *Leonis.*

Si ce crime est un cas royal.

7. Suivant un Arrêt du Parlement de Paris du 12. Mars 1588, le crime de sorcellerie ou magie n'est point un cas royal, ni de la compétence des Prévôts des Maréchaux. Il y en a un Arrêt dans Fillau, au nombre des Réglemens pour le Jugement des procès des accusés de sortilége, du 17. Août 1602: on le trouve *partie 2. tit. 3. chap.* 17. des Œuvres de cet Arrêtiste, par la raison que ce crime est une espéce de crime de leze-Majesté divine; c'est pourquoi on ne peut juger un pareil crime qu'à la charge de l'appel. Arrêt du même Parlement du 10. Août 1641, rapporté par Henrys, *tome* 1. *liv.* 4. *chap.* 6. *quæst.* 99.

De quelle maniere se faisoit autrefois la preuve de ce crime.

8. La preuve ou purgation des accusés de sortilége ou autres crimes, se faisoit autrefois par attouchement d'un fer chaud, ou par immersion dans l'eau; mais ce genre de preuves a été condamné comme superstitieux. Voyez Pasquier, *liv.* 4. *chap.* 2.

9. L'Auteur des Observations sur Henrys, *tom.* 1. *liv.* 4. *chap.* 6. *quæst.* 99, nous apprend qu'en 1672. le Parlement de Rouen, qui croit assez aisément qu'il y a des sorciers, ayant fait arrêter un très-grand nombre de Bergers, & autres gens accusés d'être sorciers, à qui ce Parlement avoit fait le procès avec beaucoup de diligence: le Roi averti de cela, donna un Arrêt de son Conseil, par lequel il fut enjoint à ce Parlement de relâcher ces accusés. Cet Auteur ajoute que cet Arrêt eut le pouvoir de faire taire le Démon, & que depuis ce tems-là on n'a plus entendu parler de Sorcier en Normandie. Mais il est à croire que cet Auteur n'a pas été bien informé; car on trouveroit plusieurs Arrêts au Greffe criminel de ce Parlement, par lesquels ces sortes de criminels ont été condamnés au dernier supplice; si ce n'a pas été comme sorciers ou Magiciens, du moins ç'a été pour maléfices, impiétés & irréligion.

SECTION SEIZIEME.

Du crime de Banqueroute.

1. Il y a une grande différence à faire entre la banqueroute frauduleuse, qui est un véritable crime dont il s'agit ici, & la faillite. Celle-ci a lieu lorsqu'un Banquier, Marchand, Négotiant ou intéressé dans les affaires du Roi, se trouve hors d'état de payer ses créanciers, par l'impuissance & les disgraces qui lui sont survenues, sans qu'il y ait aucunement de sa faute; auquel cas il est plus digne de commisération que de blâme.

Au contraire, la banqueroute frauduleuse se commet par des Banquiers, Marchands, Négotians & Intéressés dans les affaires du Roi, ou tous Dépositaires publics & autres qui par leur dol, fraude, malice & mauvaise foi, divertissent leurs effets, ou les dépôts qui leur ont été faits; supposent des créanciers par des actes simulés, ou déclarent plus qu'il n'est dû à leurs véritables créanciers. Voyez *l'article* 10. *du titre* 11. de l'Ordonnance de 1673.

L'article 11. du même titre répute encore Banqueroutiers frauduleux, les Négocians & Marchands tant en gros qu'en détail, & les Banquiers, qui lors de leur faillite ne représenteront pas leurs Registres & Journaux en la forme portée par les articles 1. 2. 3. 4. 5. 6. & 7. du titre 3. de la même Ordonnance.

Peine des Banqueroutiers.

2. Quand à la peine du crime de banqueroute frauduleuse, sans rappeller ce qui

est porté à ce sujet par l'article 205. de l'Ordonnance de Blois, & autres anciennes Ordonnances, qui punissent de mort les banqueroutiers frauduleux, il suffira d'observer que l'article 12. du même titre 11. de l'Ordonnance de 1673. porte que les banqueroutiers frauduleux seront poursuivis extraordinairement & punis de mort; ce qui a peu d'exécution, & communement tout le monde se plaint de ce qu'on n'est pas assez sévere pour punir les Banqueroutiers frauduleux, qu'on ne les met qu'au pilori ou au carcan, & que souvent ils méritent la corde.

L'article 13. du même titre 11. porte, que ceux qui auront aidé ou favorisé la banqueroute frauduleuse, en divertissant des effets, acceptant des transports, ventes ou donations simulées, & qu'ils sçauront être en fraude des créanciers, ou se déclarant créanciers ne l'étant pas, ou pour plus grande somme que celle qui leur étoit dûe, seront condamnés en 1500. livres d'amende, ou au double de ce qu'ils auront diverti ou trop demandé, au profit des créanciers.

Par Arrêt du 30. Mai 1673, rapporté dans le *Journal du Palais*, Jean Desves & le Mercier ont été condamnés à faire amende honorable aux pieds des grands dégrés du Palais, nuds en chemise, la corde au cou, tenant chacun en leur main une torche ardente, ayant écriteau devant & derriere, portant ces mots; sçavoir celui dudit le Mercier, *Banqueroutier frauduleux*; & celui dudit Desves, *Fauteur, conseil & adherant de banqueroute & receleur des effets dudit le Mercier*; & là étant à genoux, ledit le Mercier dire & déclarer que malicieusement & frauduleusement il a fait faillite & banqueroute à ses créanciers, recelé & détourné ses effets mis des noms supposés dans ses Registres; & ledit Desves, qu'il a favorisé & conseillé ladite banqueroute, & recelé les effets dudit le Mercier, dont ils se repentent, en demandant pardon à Dieu, au Roi & à la Justice; de-là conduit par l'Exécuteur le long des rues S. Denis & S. Honoré, à la Croix du Trahoir, pour y faire pareille amende honorable; & ensuite conduits par la rue des Prouvaires, dans les Halles, au bas du Pilori; & après être mis & attaché audit pilori par trois jours de marché, & y demeurer pendant trois heures chaque jour, & faire quatre tours dudit pilori pendant ledit tems: ce fait, être menés & conduits aux galeres du Roi pour y servir comme forçats l'espace de neuf ans: permis aux créanciers de faire emprisonner lesdits le Mercier & Desves après le tems expiré desdites neuf années de galeres, jusqu'à l'actuel payement de leur dû.

Loix du Royaume concernant les banqueroutes.

Depuis l'Ordonnance de 1673, il est intervenu plusieurs Déclarations du Roi, au sujet des faillites & banqueroutes, que l'on trouvera dans la quatriéme partie de ce Livre: elles sont des 18 Novembres 1702, 11. Janvier 1716, 13. Juin audit an 1716, & 13. Septembre 1739.

Il est encore intervenu successivement d'autres Déclarations du Roi, qui portoient attribution pour certain tems aux Jurisdictions consulaires du Royaume, de la connoissance des faillites & banqueroutes; & au Prévôt de Paris, de tous les procès mus & à mouvoir pour raison des faillites & banqueroutes qui s'ouvriroient dans la Ville, Prévoté & Vicomté de Paris; mais cela n'a duré que jusqu'en 1719.

Quels Juges connoissent des banqueroutes.

Ainsi à présent les Juges-Consuls ne connoissent plus de cette matiere; elle doit appartenir aux Juges ordinaires, chacun dans son ressort, sauf l'exécution de ladite Déclaration du Roi du 13. Septembre 1739, & sauf à l'égard des comptables, dont la connoissance appartient à la Chambre des Comptes, en appellant pour le criminel un Président & six Conseillers du Parlement; & à l'égard des autres dépositaires, & qui ont le maniement des deniers des Fermes, dont la connoissance appartient aux Greniers à Sel & elections en premiere instance, & par appel ès Cours des Aydes.

SECTION DIX-SEPTIEME.

Du crime d'Apostasie.

Du Crime d'apostasie, & de ses différentes espéces.

1. L'apostasie est un crime dont est coupable celui qui, après avoir reçu la Foi, après avoir été éclairé de la lumiere évangelique, après avoir reconnu la vérité, & après avoir été baptisé, abandonne la foi pour se faire Juifs, Payen, Mahometant, ou de quelqu'autre Religion.

2. L'on distingue trois sortes d'apostasie: la premiere, de ceux qui renoncent à la

SECT. XVII. Foi qu'ils ont professée au Baptême, & à la Religion qu'ils avoient jusqu'alors suivie. *Can. non potest.* 2. *q.* 7.

La seconde, de ceux qui ayant fait vœu de Religion, ou reçu les Ordres sacrés, quittent leurs Monasteres, ou se marient, & se dispensent eux-mêmes de l'observation de leurs vœux, *cap. si quis venerit, & cap. illud extr. de majorit. & obedient.*

La troisiéme est l'irrégularité qu'encourent ceux qui n'observent pas la régle à l'observance de laquelle ils se sont voués, qui n'en porte point l'habit, ou qui font d'autres choses défendues sous peine d'irrégularité.

3. Pour être coupable du crime d'apostasie de la premiere espéce, il faut avoir été baptisé, & avoir reçu la Foi Catholique, Apostolique & Romaine: comme aussi il faut dénier tout le Symbole, parce que celui qui en croit une partie & rejette l'autre, est seulement Hérétique. Cependant ceux de la Religion prétendue reformée peuvent devenir apostats; ce qui arrive lorsqu'après avoir abjuré leur hérésie, & ayant professé la Religion Catholique, ils la quittent & retournent à leur premiere erreur, ce qui s'appelle Relaps; c'est le nom que l'on donne à cette espéce d'apostasie, pour la distinguer de celle des Catholiques qui quittent la véritable Religion. Voyez la Déclaration du 14. Mars 1724, qui rappelle les précédens Edits & Déclarations du Royaume à ce sujet.

Les Apostats ne peuvent être témoins.

4. Les Apostats ne sont point reçus à déposer, ni porter témoignage en quelque matiere que ce soit, ni à accuser, ni à dénoncer *Can. beatus, & Can. si quis verò* 3. *q.* 4.

Si le crime d'apostasie se prescrit.

5. Le crime d'apostasie ne se prescrit par aucun tems; mais l'action contre un défunt s'en prescrit par cinq ans. Voyez ci-après, *part.* 3. *chap.* 1. *sect.* 3. *nomb.* 4.

Fin de la premiere Partie.

TRAITÉ

TRAITÉ DES MATIERES CRIMINELLES,

SECONDE PARTIE.

De la Compétence des Juges en Matiere Criminelle.

UOIQUE le mot de *Compétence* puisse convenir tant aux procès civils qu'aux procès criminels, néanmoins il se prend ici pour le pouvoir qu'a un Juge de connoître d'un crime, privativement & à l'exclusion de tout autre Juge.

Ce Juge est appellé *Juge criminel*, du moins en cette partie; parce que ses fonctions sont de faire le procès aux accusés de crime ou délit, & de les corriger, châtier & punir, s'ils se trouvent coupables.

Comment se regle la compétence en matiere criminelle.

La compétence en matiere criminelle se régle par le lieu où le crime ou délit a été commis, ou par la nature du crime ou délit, ou par la qualité du délinquant; quelquefois la prévention peut priver certains Juges de la compétence naturelle; ils en peuvent aussi être privés par la voie de la récusation & de la prise à partie.

Ainsi cette seconde Partie, qui par elle-même est très-vaste, sera divisée en six Chapitres; dans le premier, il sera traité de la compétence des Juges en général, & de la prévention; dans le second, des cas royaux; dans le troisiéme, des cas prévôtaux; dans le quatriéme, des récusations des Juges; dans le cinquiéme, des prises à partie; dans le sixiéme, du privilége des Ecclésiastiques en matiere criminelle.

CHAPITRE PREMIER.

De la compétence des Juges en général, & de la prévention.

Regle générale sur la compétence.

1. LE lieu où le crime a été commis regle la compétence du Juge qui en doit connoître, soit qu'il soit Juge royal, soit qu'il soit Juge d'une simple Justice de Seigneur; article 1. du titre 1. de l'Ordonnance du mois d'Août 1670.

Cependant quand le Seigneur a rendu plainte, alors quoique son Juge soit le Juge du lieu du délit, & que le Procureur Fiscal se soit joint, il ne peut point connoître de l'accusation: c'est ce qui paroît avoir été jugé par un Arrêt du 17 Juillet 1705, sur les conclusions de M. Joly de Fleury, Avocat général, depuis Procureur général. Cet Arrêt est rapporté au *Journal des Audiences.*

Mais on ne peut pas dire que par cet Arrêt la question ait été absolument jugée: il s'agissoit de sépulcres violés, de cercueils de plombs enlevés, & d'autres vols, le tout fait dans une cave étant sous une Chapelle d'une Eglise Paroissiale. Le Seigneur avoit rendu plainte devant son Juge, le Procureur Fiscal s'étoit joint. Decret de prise de corps contre les accusés. Arrêt de défenses, & renvoi des accusés en état d'assignés pour être ouis devant le Lieutenant général de Sens. Par le susdit Arrêt définitif, la procédure a été déclarée nulle, & la plainte renvoyée devant le plus prochain Juge Royal des lieux.

Comme il s'agissoit de vols faits avec effraction dans une Eglise, & que par conséquent il s'agissoit de cas royal, l'on peut dire que cette raison d'incompétence a déterminé la Cour.

Mais enfin la question a été jugée *in terminis*, par un autre Arrêt du 17 Août 1706, aussi rendu sur les conclusions de M. Joly de Fleury, alors Avocat général. Cet Arrêt est pareillement rapporté au *Journal des Audiences.*

Il y en a encore deux autres dans le même Journal, des 3 Septembre 1706, & 27 Mai 1707, qui ont jugé la même question.

Cette exception à la regle générale, que le lieu où le crime a été commis, regle la compétence du Juge, n'est pas la seule; il y en a bien d'autres, comme on le verra dans la suite de ce chapitre.

¶ Le Juge d'un Seigneur suzerain seroit, par exemple, compétent pour connoître d'un crime commis dans l'étendue de la Terre du Seigneur vassal, quoique ce dernier eût une Haute-Justice. Un crime avoit été commis dans l'étendue de la Haute-Justice du Seigneur de Dorthes, Seigneur Suzerain; son Juge s'en étoit saisi, quoique le Seigneur, vassal du Seigneur Dorthes, eût une Haute-Justice dans le district de laquelle le crime avoit été commis. L'accusé fut revendiqué par le Procureur Fiscal de la Justice du vassal. Le Juge de Dorthes continua d'instruire. M. Amyot consulté à ce sujet, décida que le Juge de Dorthes, comme Juge supérieur de la Justice subalterne de Bores, (c'étoit le nom de la Terre du vassal) étoit compétent & avoit pû prévenir. L'Arrêt le décida aussi de cette maniere, & l'amende qui fut aussi de cette maniere, & l'amende qui fut de 300 livres, fut adjugée au Seigneur de Dorthes. M. Amyot ne fait pas mention dans ses Notes de la datte de cet Arrêt.

Ce ne seroit pas assez qu'un crime eût été commis dans l'étendue de la Justice d'un Seigneur, pour en donner la connoissance à son Juge, il faut que cette Justice ait *mixtum imperium*, c'est-à-dire une Jurisdiction civile & criminelle, telles que sont les Hautes-Justices. Nous avons cependant quelques Coutumes en France qui donnent aux moyennes Justices la correction de quelques crimes, & le pouvoir d'infliger les peines qui peuvent y être appliquées, comme l'admonition, le blâme, le fouet, ou bannissement à tems, mais non perpétuel, ni les galeres, soit à tems ou perpétuité, ni la question, & jamais à la mort. Il n'y a que le Juge Haut-Justicier qui soit compétant pour prononcer ces dernieres peines contre un coupable d'un crime commis dans l'étendue de sa Haute-Justice, suivant la qualité du crime.

Tous Juges compétens peuvent informer.

3. Tous Juges du lieu du délit, royaux au autres, peuvent informer, décreter, interroger tous accusés, quand même il s'agiroit de cas royaux ou de cas prévôtaux, suivant

l'article 21. de la Déclaration du Roi du 5 Février 1731. Il leur est même enjoint par cet article d'y procéder aussi-tôt qu'ils auront eu connoissance desdits crimes, à la charge d'en avertir incessamment les Baillifs & Sénéchaux royaux, dans le ressort desquels ils exercent leur Justice, par acte dénoncé au Greffe criminel desdits Baillifs & Sénéchaux, lesquels seront tenus d'envoyer querir aussi incessamment les procédures & les accusés; ce qui ne doit s'entendre que des Juges ordinaires & non des Juges extraordinaires qui ne peuvent connoître que d'une certaine nature de crimes, comme les Juges des Eaux & Forêts & autres.

Cas esquels les Juges extraordinaires peuvent connoître d'autres crimes que ceux pour lesquels ils ont une attribution.

Cependant les Juges extraordinaires peuvent aussi connoître des crimes; autres que ceux pour lesquels ils ont une attribution, lorsque ces crimes ou délits sont incidens & nécessairement liés avec ceux dont la connoissance leur est attribuée.

Par Arrêt du Mercredi 18 Juillet 1742, rendu à la Tournelle criminelle, sur les conclusions de M. d'Ormesson, Avocat général, plaidans MM. Laverdy & du Vaudier, la procédure a été déclarée nulle, parce que s'agissant d'injures & de voies de fait, elle avoit été instruite en une Maîtrise particuliere des Eaux & Forêts M. l'Avocat général observa qu'il falloit distinguer si le fait d'injures étoit arrivé sur le champ & à l'instant de la pêche ou de la chasse, ou en intervalle; qu'au premier cas il n'y avoit nul doute sur la compétence du Juge des Eaux & Forêts, pour informer & pour instruire, tant du fait de pêche, que du fait d'injures, que l'on peut dire pour lors être incident. Qu'au contraire lorsque le fait d'injure n'est point arrivé sur le champ, mais *ex intervallo*, c'est-à-dire quelque tems après, le Juge des Eaux & Forêts n'est plus compétent, il faut aller devant le Juge ordinaire. Que dans l'espéce, le fait de pêche étoit arrivé le matin, & la plainte au sujet de ce fait rendue aussi-tôt. Que le fait d'injures au contraire n'étoit que de l'après-midi, non plus que la plainte sur icelles; qu'ainsi cette plainte d'injures étoit totalement distincte & séparée de la premiere; que par conséquent elle devoit être rendue devant le Juge naturel & ordinaire. Par ces raisons, il conclut à ce que la Procédure sur le fait d'injures fût déclarée nulle; ce qui fut ainsi jugé par le susdit Arrêt.

¶ Il y a un pareil Arrêt précédent du 6 Juin 1710, au sujet d'un procès instruit par le Maître particulier des Eaux & Forêts d'Angers contre le nommé Michel, dans un cas où il s'agissoit de viol & de vol dont ce Juge avoit pris connoissance, sous prétexte d'une accusation conjointe de classe & de pêche. Par sa Sentence il avoit déclaré ledit Michel dûment atteint & convaincu d'avoir chassé avec armes à feu & fusil brisé sur toute sorte de gibier de poil & de plume, dans toutes les saisons de l'année, d'avoir attenté à l'occasion de ladite chasse, à l'honneur de Susanne Berron, âgée de douze ans, & d'avoir volé à l'occasion de la pêche, la voile du bateau de Jacques Peau; par réparation de quoi, &c. Par l'Arrêt, toute la procédure fut déclarée nulle en ce qui concernoit l'instruction & les accusations de crimes de viol & de vol, & les Parties furent renvoyées par devant le Lieutenant criminel d'Angers.

L'on ne peut compromettre en matiere criminelle.

4. Quiconque n'a point de Jurisdiction ne peut être Juge en matiere criminelle, pas même du consentement des Parties; car c'est une premiere regle qu'on ne peut compromettre sur un crime ou délit, même entre les mains de Magistrats, Avocats & Gradués; le Jugement que les Arbitres rendroient seroit nul, sans même qu'on pû prétendre ni demander la peine portée par le compromis.

A qui appartient la connoissance des crimes commis par les Officiers ou Soldats.

5. Depuis la Déclaration du Roi du 13 Mai 1665, il ne doit plus y avoir de conflits entre les Juges de lieux où le crime ou le délit a été commis, & les Officiers des Troupes, pour raison de la connoissance des crimes ou délits, commis par les Officiers ou Soldats, puisque cette compétence est reglée par l'article 44. de cette Déclaration, qui porte que lorsque les Officiers & Soldats des Troupes auront commis quelque crime ou délit à l'endroit des habitans des lieux de Garnison, la connoissance desdits crimes ou délits appartiendra aux Juges des lieux; sans que les Officiers desdites Troupes en puissent connoître en aucune maniere, mais seulement de ceux qui se commettent de Soldat à Soldat, à l'égard desquels lorsqu'ils auront été constitués prisonniers, les Officiers des Troupes ne pourront les retirer ou faire retirer des prisons où ils auront été mis, sous prétexte qu'ils devront connoître de leur crime; mais feront la réquisition aux Juges, de l'autorité desquels ils auront été emprisonnés, de les leur faire remettre, sauf en cas de refus, à se pourvoir vers le Roi.

¶ Le 7 Juin 1709. il y eut plainte en forme de dénonciation devant le Sieur Vincent,

Subdélégué à Vitry, que quelques Soldats étant venus au Village des Rivieres, tirer les poules & pigeons des Habitans, un de ceux-ci s'étant plaint, un soldat lui lâcha un coup de fusil dans les reins, dont il lui fit sortir les entrailles; le sieur Vincent reçut la plainte & fit l'information : l'Intendant averti du fait, renvoya l'instruction devant le Lieutenant criminel de Vitry, qui au lieu de recommencer de nouveau, continua l'instruction suivant les derniers erremens jusqu'à Sentence définitive. Appel en la Cour; Arrêt qui casse toute la procédure, sur le fondement qu'elle avoit été commencée par un Juge incompétent, & qui n'avoit point *jus gladii*. Fait défense audit Vincent, Subdélégué, de plus connoître de semblables cas, & au Lieutenant criminel de Vitry, de continuer les procédures commencées par le Subdélégué. Cet Arrêt est du 13 Mars 1710.

A qui appartient la connoissance des crimes commis sur la mer.

6. Il y a aussi divers cas dont la connoissance appartient & est attribuée à de certains Juges extraordinaires *ratione materiæ*, à l'exclusion des Juges ordinaires des lieux où le crime ou délit a été commis; comme sont les crimes ou délits survenus sur la Mer, la compétence en appartient aux seuls Juges de l'Amirauté, suivant l'Ordonnance de la Marine de 1681, & la Déclaration du Roi du 31. Janvier 1694.

De quelle sorte de crimes connoissent les Officiers des Eaux & Forêts.

Les Officiers des Eaux & Forêts, par l'Ordonnance du mois d'Août 1669, connoissent pareillement seuls & privativement aux Juges ordinaires des Lieux où le crime ou délit a été commis, de tous les crimes ou délits commis dans les Forêts, Eaux & Rivieres, & pour la Chasse, entre toutes sortes de personnes, & au sujet de ces matieres, mais non de vols, meurtres, rapts, brigandages & excès sur des personnes qui passent dans les Bois & Forêts, ou étant sur les Rivieres & Eaux, la connoissance de ces crimes ou délits appartiendroit au Juge ordinaire du lieu où le crime ou délit auroit été commis, à moins que les Officiers des Eaux & Forêts n'eussent surpris les coupables en flagrant délit, auquel cas ils pourroient informer & décreter; mais ils seroient tenus de renvoyer incessamment le prisonnier avec les charges & informations au Juge à qui la connoissance en appartiendroit par les Ordonnances. C'est la disposition de l'article 8. du titre 1. de l'Ordonnance des Eaux & Forêts de 1669.

Autres Juges d'attribution.

Il y a aussi d'autres Juges d'attribution pour certains crimes & délits; tels sont les Juges des Greniers à Sel qui connoissent du fauxsaunage, & les Officiers des Elections qui connoissent des délits commis contre les Collecteurs des Tailles, & contre les Commis & Préposés dans la Ferme des Aydes, étant les uns & les autres dans leurs fonctions, dont l'appel va aux Cours des Aydes.

Il y a encore le Grand Prévôt de l'Hôtel, qui connoît de tous les crimes commis dans les Maisons où le Roi loge, ou commis à la suite de la Cour.

Ce qui est requis pour rendre compétent le Juge du lieu du crime.

7. Pour donner la compétence au Juge du lieu du crime ou délit, il n'est pas nécessaire que l'accusé ait été pris dans le lieu où le crime ou délit a été commis; il suffit que le crime ou délit ait été fait dans l'étendue de sa Jurisdiction, quoique l'accusé n'ait pas été pris en flagrant délit, *art.* 35. de l'Ordonnance de Moulins; sans même que le Juge du lieu du délit soit tenu de renvoyer l'accusé & prisonnier devant le Juge de son domicile, soit qu'il le requiere ou non; un tel déclinatoire n'est point écouté en ce cas : la raison de l'Ordonnance est *ut incolæ loci commissi delicti admoneantur, ut reus faciliùs examinetur, ut investigentur socii ejusdem criminis*, & que les preuves du crime ne se perdent, & les témoins ne se détournent, comme l'observe le Prêtre, *centurie* 4. *chap.* 52.

A qui appartient la connoissance d'un crime commis dans les confins de deux Jurisdictions.

On peut faire ici la question de sçavoir à qui appartiendroit la connoissance d'un crime ou délit commis dans les extrêmités & dans les confins des deux Jurisdictions, lorsque l'accusé est originaire de l'une d'icelles, & l'excédé de l'autre. C'est *Mathæus de afflictis* qui se fait cette difficulté sur la question 104. Il est d'avis que l'un & l'autre Juge de ces Terres en peut connoître, d'autant que ce crime ou délit est réputé commis dans l'une & l'autre de ces Justices. C'est aussi le sentiment de *Julius Clarus*, *quest.* 38. & de M. le Prêtre, *loc. cit.* ce qui paroît très-raisonnable & très-judicieux. Mais si de deux Seigneurs Hauts-Justiciers qui ont leurs Justices séparées, & qui n'en faisoient qu'une auparavant, l'un de ces deux Seigneurs étoit accusé d'un crime ou délit commis dans l'étendue de la Jurisdiction de l'autre Seigneur, il ne pourroit pas être jugé par le Juge du lieu du crime ou délit commis, suivant l'opinion du même *Julius Clarus* dans la même question, *num.* 3, parce que, dit ce sçavant Criminaliste, *par in parem non habet imperium*; mais le contraire est décidé par l'Ordonnance.

Un homme tire un fusil étant en une Jurisdiction, & du coup tue un autre homme dans une autre Jurisdiction; les Juges des deux Jurisdictions sont compétens pour connoître de ce crime; mais dans ce cas la prévention aura lieu. Voyez le Prêtre, *centurie 4. chap. 52.*

Régle générale pour regler la compétence en matiere d'injure.

8. L'on tient communément qu'en matiere de simples injures, c'est le Juge du domicile du rélinquant qui en doit connoître, & non le Juge du lieu ou les injures ont été dites & proferées. Mais il faut distinguer : si l'on agit par la voie de la plainte, elle doit être rendue devant le Juge du lieu où les injures ont été proferées; & en cas de civilisation, comme il est de la regle en ce cas, ce Juge n'est point obligé de se dépouiller de la connoissance d'une action qui dans son origine a été de sa compétence; il seroit même absurde, on l'ose dire, de prétendre un renvoi devant un Juge, quelquefois bien éloigné. Si au contraire l'injurié se pourvoit simplement par la voie d'action & d'assignation, l'action doit être intentée devant le Juge du lieu du domicile du défendeur suivant la regle, *Actor forum rei sequitur.*

A qui appartient la connoissance du crime de duel.

9. Il n'y a que les Cours de Parlement qui puissent connoître, même en premiere instance & en dernier ressort, du crime de duel, quand il aura été commis dans l'enceinte ou ès environs des Villes où lesdites Cours sont séantes, ou bien plus loin, entre les personnes de telle qualité & importance que lesdites Cours jugent y devoir interposer leur autorité. Voyez partie quatriéme, les Lettres d'ampliation du 30 Décembre 1679, sur l'Edit contre les duels du mois d'Août précédent.

Si le Juge du domicile de l'accusé est obligé de le renvoyer devant le Juge du lieu du crime avant qu'il en soit requis.

10. Le Juge du domicile de l'accusé, quoique de soi incompétent, suivant la regle ci-devant établie, ne seroit point obligé de renvoyer l'accusé devant le Juge du lieu où le crime ou délit a été commis, à moins qu'il n'en fût requis par l'accusé ou par le substitut de M. le Procureur général; ou le Procureur Fiscal du lieu où le crime ou délit a été commis : c'est une limitation à l'article premier du titre premier de l'Ordonnance de 1670; car tout Juge cessant la réquisition du renvoi, seroit compétent, encore qu'il ne fût ni le Juge du domicile de l'accusé, ni du lieu où le crime ou délit a été commis; mais le renvoi ne peut être demandé que pour procéder devant le Juge du lieu du crime ou délit : c'est-là une regle générale qui ne peut recevoir l'exception que par une Loi particuliere & expresse, comme dans les cas royaux ou prévôtaux par rapport aux Juges des Seigneurs, qui sont obligés d'avertir les Baillifs & Sénéchaux royaux, comme on l'a ci-devant observé *nombre 3.*

Si un Juge qui n'a aucune aptitude à devenir compétent, doit renvoyer l'affaire sans en être requis.

Il y en a aussi qui prétendent qu'un Juge qui n'a aucune aptitude à devenir compétent, & quand son incompétence est évidente & notoire, doit renvoyer l'affaire sans en être requis; & pour soutenir ce sentiment, l'on se fonde sur un Arrêt du 28 Février 1678, par lequel le Lieutenant criminel de Saumur ayant enlevé un accusé des prisons du Juge seigneurial de Doue, instruit le procès & jugé, le Seigneur de la Justice de Doue étant intervenu au procès au Parlement, la Cour a déclaré nulle la Sentence du Lieutenant criminel de Saumur, & ordonné que le procès seroit fait de nouveau par le Juge de Doue, aux fraix & dépens du Lieutenant criminel de Saumur.

Mais il est facile de reconnoître que cet Arrêt est absolument étranger à la question dont il s'agit; & qu'il étoit juste de punir l'entreprise injuste de ce Lieutenant criminel.

Il faut cependant contrevenir qu'il y auroit de la témérité en un Juge qui n'auroit aucune aptitude à devenir compétent, c'est-à-dire, qui ne seroit ni le Juge du lieu du délit; ni le Juge du domicile de l'accusé, ni le Supérieur du Juge du lieu du délit, de vouloir conserver la connoissance d'une affaire criminelle, sous prétexte qu'il n'y auroit pas de réquisition de renvoi de la part de l'accusé. Et s'il s'agissoit d'une instruction & condamnation par contumace, une telle procédure devroit être annullée.

Accusateur qui a rendu plainte devant un Juge non compétent, ne peut demander le renvoi.

11. C'est encore une regle constante, qu'un accusateur qui auroit rendu sa plainte devant un Juge, quoique non campétent, ne pourroit pas demander le renvoi de l'affaire devant un autre Juge, encore qu'il fût Juge du lieu du délit; c'est la disposition de l'article 2. du titre premier de l'Ordonnance de 1670; parce que par là l'accusateur a reconnu la Jurisdiction; ce qui doit s'entendre, pourvû que la plainte ne soit pas rendue au moment d'un flagrant délit; auquel cas la nécessité ôtant le consentement, n'empêcheroit pas un privilégié qui auroit rendu la plainte, de requerir le renvoi devant le Juge de son privilége. Ainsi un Conseiller du Parlement en revenant du Palais ayant été insulté, & ayant rendu plainte au moment de l'insulte devant un Commissaire du Châtelet, cela n'a pas empêché de porter l'affaire au Parlement, où elle a été jugée, toutes les Chambres assemblées, par Arrêt du 29 Août 1719.

Commissaires du Châtelet ne peuvent proceder à l'information hors le cas de flagrant délit, sans Ordonnance du Lieutenant criminel.

¶ Il y a un autre Arrêt du 27 Juin 1611, rapporté par Corbin en ses Loix de la France, Arrêt 7.

D'ailleurs il faut observer, qu'encore que les Commissaires du Châtelet soient conservés par l'article 3. du titre 3. de l'Ordonnance de 1670. dans l'usage de recevoir des plaintes, néanmoins ils ne le reçoivent que comme délégués du Juge : cela est si vrai, que hors le cas de flagrant délit, ils ne peuvent point proceder à l'information sans l'Ordonnance du Lieutenant criminel qu'il faut obtenir sur Requête ; de sorte que c'est l'Ordonnance que le Lieutenant criminel met au bas de la Requête qui lui est présentée, portant permission d'informer des faits contenus dans la plainte, qui lie le plaignant & l'exclut de demander son renvoi, & non la seule plainte rendue devant un Commissaire, laquelle n'est qu'une reclamation par la Partie devant un Officier, qui étant simple exécuteur, n'a pas droit d'étendre ni de proroger une Jurisdiction qu'il n'a pas.

Tout Juge peut commettre pour l'instruction, mais doit juger lui-même.

12. Tout Juge doit instruire & juger un procès criminel lui-même & en personne, sans y pouvoir commettre ni déléguer ; il peut cependant commettre pour l'instruction jusqu'à Jugement définitif exclusivement. Il y en a un Arrêt du Parlement de Paris en forme de Réglement, du 10 Juillet 1665.

Du Juge qui est, in reatu.

Il est bon de remarquer en cet endroit, qu'un Juge ou autre Officier de Judicature, interdit ou en decret d'ajournement personnel, à plus forte raison en decret de prise de corps, ne peut faire aucune fonction, pas même assister à aucun acte de Justice, à peine de nullité de la procédure & instruction qu'il feroit, & du Jugement qu'il rendroit & auquel il assisteroit, & des dommages & intérêts envers les Parties.

Il y a plus, c'est que les autres Officiers qui sçachant & connoissant l'interdiction ou le decret de ce Juge ou Officier, auroient souffert que ce Juge eût assisté, connu & jugé un procès avec eux, pourroient être solidairement condamnés aux dommages & intérêts avec lui.

Dans quel tems un accusé est obligé de demander son renvoi.

13. Un accusé qui voudroit demander son renvoi, est obligé de le demander avant que la lecture lui ait été faite de la déposition de l'un des témoins entendus dans l'information lors de la confrontation ; car s'il souffroit dans la confrontation la lecture de la déposition d'un témoin, il ne seroit plus recevable à proposer & demander son renvoi, quoique les moyens de son renvoi fussent valables & admissibles, parce qu'en ce cas il a acquiescé à la compétence du Juge & la procédure, Article 3. du titre 1. de l'Ordonnance de 1670.

Ainsi, aux termes de cet article, un accusé peut demander son renvoi jusqu'à la confrontation, pourvû qu'il ne souffre pas que lecture lui soit faite de la déposition d'un témoin. Bornier sur cet article 3. de l'Ordonnance, dit que quand l'accusé a subi interrogatoire sur le vû des charges purement & simplement, & sans avoir proposé de déclinatoire, ni fait ses protestations de le demander en tems & lieu, il ne peut plus requerir son renvoi. Cet Auteur a suivi Imbert, qui dit, *liv. 3. chap. 6.* que *si l'accusé veut décliner la Jurisdiction du Juge devant lequel il compare, il doit le dire ; car s'il souffre d'être oui par le Juge, alors il ne peut plus décliner.* Mais Imbert est un ancien Praticien qui a parlé avant l'Ordonnance de 1670, laquelle en cet article 3. du titre 1. s'exprime en ces termes. *L'accusé ne pourra aussi demander son renvoi, après que la lecture lui aura été faite de la déposition d'un témoin lors de la confrontation.*

Desquels termes il résulte bien clairement, qu'encore que l'accusé ait subi l'interrogatoire sur les charges & informations, qu'il y ait eu Sentence de Réglement à l'extraordinaire, c'est-à-dire qui ait ordonné le récollement & la confrontation, que les témoins ayent été récollés, qu'un des témoins ait été présenté à l'accusé pour être confronté avec lui, qu'il ait même fourni de reproches contre ce témoin, ou déclaré qu'il n'en a point à fournir, il peut néanmoins demander son renvoi, pourvû qu'il n'ait point entendu la lecture de la déposition d'un témoin.

Il est même important d'observer que pour exclure un accusé du déclinatoire & de la demande en renvoi, par lecture à lui faite de la déposition d'un témoin, il faut qu'il ait entendu volontairement cette lecture, & qu'elle ne lui ait pas été faite malgré lui ; c'est-à-dire, qu'il faut qu'il l'ait entendue sans demander son renvoi, ou sans y insister ; car si nonobstant son instance & réquisition en renvoi devant un autre Juge, on lui fait malgré lui lecture des dépositions des témoins lors de la confrontation, cela n'operera aucune fin de non-recevoir contre lui, & n'empêchera pas que sur son appel de déni de renvoi & d'incompétence, s'il s'y trouve bien fondé, il ne fasse annuler toute la procédure faite depuis sa premiere réquisition & demande en renvoi; même il pourra prendre le Juge à partie, & le faire condamner en ses dommages & intérêts, suivant l'article 4. du tit. 1. de l'Ordonnance de 1670, dont il sera parlé ci-après.

Pour fonder cette maxime, l'on n'a pas besoin de l'Arrêt du 6 Septembre 1694, rapporté au *Journal des Audiences*, que quelques-uns citent pour l'établir; il suffit pour cela de la décision de l'Ordonnance en l'article 3. du titre 1. dont on vient de rapporter les termes. Il est vrai que dans l'espéce de cet Arrêt de 1694, rendu en faveur de Frere Jean-Baptiste Gorillon, Chevalier de Malte, on lui opposoit pour fin de non-recevoir contre son appel d'incompétence, la procédure contre lui faite devant le Lieutenant criminel du Châtelet de Paris; qu'on lui avoit fait lecture des dépositions des témoins; & que M. de Harlay, Avocat général, qui porta la parole lors de cet Arrêt, dit que l'on ne devoit pas s'arrêter à ce moyen, parce que l'accusé n'avoit point reconnu la Jurisdiction du Lieutenant criminel; qu'au contraire il avoit toujours protesté, & qu'il n'en falloit pas d'autre preuve que l'Ordonnance qui portoit qu'on lui feroit son procès comme à un muet volontaire: mais dans l'espéce de cet Arrêt qui a déclaré la procédure faite au Châtelet nulle, à l'exception de la plainte, il y avoit d'autres moyens de nullité, outre celui de l'incompétence du Lieutenant criminel du Châtelet de Paris, qui n'étoit pas Juge du lieu du délit, mais bien le Lieutenant criminel de Senlis; car l'information avoit été faite par un Huissier commis par le Lieutenant criminel du Châtelet.

Mais quoiqu'aux termes de l'article 2. du titre 1. de l'Ordonnance de 1670, l'accusateur soit exclus de la demande en renvoi, après qu'il a reconnu le Juge en lui rendant plainte, & que suivant l'article 3. l'accusé en seroit aussi exclus après qu'il a entendu volontairement & sans protestation précedente, la lecture d'une déposition lors de la confrontation; néanmoins cela n'empêche pas que le Procureur du Roi, ou le Procureur Fiscal du lieu du delit, ne puisse requerir le renvoi de l'accusé; ce qu'il peut faire en tout état de cause, parce que le consentement des Parties ne peut rien au préjudice de la Partie publique.

Au reste, on ne sçait que trop par expérience que les déclinatoires en matiere criminelle sont le plus souvent affectés par les accusés, pour parvenir à l'impunité, s'il étoit possible, de leurs crimes; parce qu'ils se flattent que le tems peut changer la face d'une affaire, & que pendant les délais prolongés par le moyen d'un déclinatoire, les preuves peuvent dépérir: on met même quelquefois dans cette vûe les limites de la Justice où le crime ou délit a été commis, en doute & en contestation; & alors pour éclaircir le fait, il faut en venir à des enquêtes ou autres preuves; ce qui forme un procès, & pendant ce tems-là l'instruction du procès criminel est suspendue & arrêtée, les preuves peuvent périr, ou l'accusé peut s'échapper des prisons, ou mourir: c'est-là un grand inconvénient qu'il faut tâcher de prévenir: mais il faut toujours assurer les preuves & faire entendre les témoins dans une information, même décreter pour assurer la Justice, quand même par l'événement les informations ne serviroient que de mémoires pour faire de nouvelles informations; même en ces occasions, pour ne rien risquer, on doit demander en la Cour, que par provision & sans préjudicier au droit des Parties au principal, l'un des Juges dont la Jurisdiction est contestée, ou autre, soit autorisé à faire l'instruction du procès jusqu'à Sentence définitive inclusivement, sauf l'appel en la Cour.

Au reste, lorsque l'accusé demande son renvoi à tems, il faut faire droit sommairement par une Sentence sur l'incident.

Dans quel tems les Juges sont tenus de renvoyer les accusés qui ont demandé leur renvoi.

14. Les premiers Juges sont tenus de renvoyer les accusés & les procès qui ne sont point de leur compétence, par-devant les Juges compétens, & qui en doivent connoître, dans trois jours, après qu'ils en auront été requis, à peine de nullité des procédures faites depuis la réquisition, même à peine d'interdiction de leurs Charges, & des dommages & intérêts de l'accusé ou de la Partie civile qui aura demandé le renvoi; article 4. du titre 1. de l'Ordonnance de 1670. Donc par un argument contraire, si le renvoi n'est point requis ni demandé, cette disposition cesse; il faut même que la réquisition soit par écrit, afin que le fait de la réquisition soit certain & constant, à quoi on peut ajouter, qu'encore que les procédures faites depuis la réquisition du renvoi soient nulles, cependant s'il avoit été fait des informations, elles serviroient toujours de mémoire au Juge devant lequel

l'affaire auroit été renvoyée, en faisant son information, mais non pas comme actes probatoires.

Ce qu'il faut faire après que le renvoi a été jugé valable.

15. Lorsque le renvoi aura été jugé valable, la grosse des informations, mais non pas la minute, & autres pieces & procédures qui composent le procès, ou qui auront été jointes, même les preuves muettes, ensemble toutes les informations, piéces & procédures qui pourront avoir été faites par tous autres Juges concernant l'accusation, doivent être portées au Greffe du Juge pardevant lequel l'affaire aura été renvoyée; & l'accusé, s'il est prisonnier, sera en même-tems & avec le procès transferé sous bonne & sûre garde dans les prisons de ce Juge, s'il est ainsi par lui ordonné; sans quoi le Juge qui a été dépouillé de la connoissance de l'affaire, ne le feroit pas, & ne seroit pas tenu de le faire d'office. *Article* 5. *du titre* 1. de l'Ordonnance de 1670.

Quoique suivant cette disposition, il semble qu'il n'y ait que les informations concernant l'accusation particuliere, qui puissent être objectées à un accusé; cependant il est permis au plaignant, accusateur ou Partie civile, de faire joindre au procès d'autres informations faites contre l'accusé dans une autre affaire, pour mieux parvenir à faire connoître ses mœurs, ses actions, & de quoi il a été capable.

Au reste, toute l'instruction faite jusqu'au jour de la réquisition du renvoi, est valable, & doit demeurer en son entier devant le Juge auquel le procès aura été renvoyé.

Ce qu'on doit faire lorsqu'un accusé devant un Juge a commis de crimes dans différentes Jurisdictions.

16. Lorsqu'un Juge est valablement saisi d'une accusation, il n'est pas pour cela compétent de connoître de tout crime commis hors de son territoire par l'accusé, de l'accusation duquel il est saisi. La régle générale est, que quand il y a différens crimes commis par un même accusé dans l'étendue des différentes Jurisdictions indépendantes l'une de l'autre, l'on doit se pourvoir au Parlement, pour faire attribuer à un même Juge la connoissance des différens crimes ou accusations; à moins qu'il ne s'agisse d'un crime dont le Juge inférieur à ce Juge, & de son ressort, est valablement saisi, ou commis dans le territoire de tel Juge inférieur; ou d'un crime incident, comme une accusation de faux contre une piéce produite.

Et si cet accusé devant le Juge ordinaire se trouve prévenu de cas prévôtaux pardevant un Prévôt de Maréchaussée, ou un Présidial; Voyez ci-après *chap.* 3. l'article 17. de la Déclaration du Roi du 5. Février 1731.

Aux dépens de qui le transport de l'accusé doit se faire.

17. Si après le renvoi jugé, il faut transferer l'accusé prisonnier ès prisons du Juge devant lequel le renvoi a été fait, la translation, ensemble le port des informations, seront faits aux dépens de la Partie civile, s'il y en a, sinon par le Domaine du Roi, engagé ou non engagé, ou par le Seigneur de la Justice qui doit connoître du procès criminel, suivant que les fraix auront été reglés par le Juge devant lequel le procès aura été renvoyé, au profit de la Jurisdiction d'où le renvoi a été fait, & du Messager, avec exécutoire du montant des fraix; *art. 6. du tit.* 1. de l'Ordonnance de 1670. On peut voir là-dessus les Arrêts du Conseil, & les Déclarations du Roi. Il y a deux Arrêts des 26. Octobre & 25. Novembre 1683, un autre du 5. Mai 1685, une Déclaration du 12. Juillet 1687, un quatriéme Arrêt du 23. Octobre 1694, & un dernier du 12. Août 1710. Ces sortes de fraix ne se prennent jamais contre l'accusé, n'étant pas juste qu'un accusé se fasse faire son procès à ses fraix.

Mais il faut remarquer que les Juges ne peuvent comprendre dans l'exécutoire que les fraix de renvoi, & le port des charges & informations, non leurs épices, droits & vacations, ni droits & salaires des Greffiers; ce qu'il faut inferer de l'article 16. du tit. 25. de la même Ordonnance de 1670.

Il faut aussi observer, qu'encore qu'il y ait une partie civile, si elle est insolvable, & qu'elle ne puisse pas satisfaire à l'exécutoire, il doit être décerné contre le Domaine du Roi, ou contre les Seigneurs & Engagistes, ou les Fermiers; ce qui s'induit pareillement des termes de l'article 17. du même titre 25.

Un Juge de Seigneur, sur la plainte du Procureur Fiscal, avoit informé, décreté & interrogé un Particulier accusé d'avoir volé avec effraction dans le tronc d'une Eglise. Le Juge royal ayant eu avis de cette procedure, revendique la connoissance de ce crime, sous prétexte que c'est un cas royal: l'accusé est transferé aux prisons du Juge royal. Exécutoire des fraix de translation de l'accusé, & de l'apport de son procès, décerné par le Juge royal, sur le Seigneur de qui le Juge avoit instruit le procès, au profit du Messager & du Greffier. Appel de la part du sieur de Cabaret, Seigneur de Villeneuve.

M. Gilbert, Avocat général, fit voir que le Juge du Seigneur de Villeneuve n'avoit fait que ce qu'il avoit dû & pû faire; qu'aux termes des Ordonnances il avoit été en droit d'informer d'informer du crime dont il s'agissoit, quoique ce fut un cas royal ; qu'ainsi il seroit très-injuste de faire tomber sur le Seigneur les fraix d'une simple instruction faite par son Juge avec droit & pour l'utilité publique ; que si ce Juge avoit été moins diligent, & qu'il eût négligé de prendre connoissance de ce crime, & de faire cette instruction, sçauroit été le cas de faire subir au Seigneur la peine de la négligence de son Juge ; mais que dans l'espéce il ne devoit en aucune façon supporter ces fraix.

Sur quoi par Arrêt du Mercredi 20. Mars 1743, conforme aux conclusions de M. Gilbert, l'appellation & ce dont étoit appel ont été mis au néant ; émendant, l'exécutoire des 136. liv. pour le Greffier, & 97. liv. pour le Messager, a été décerné contre le Receveur du Domaine de Châlons, plaidans MM. Cadet, du Château, & du Ponchel. Voyez un autre Arret du Réglement du Parlement de Paris, du 13. Août 1745, à ce sujet.

18. On n'appelle communement un procès criminel procès extraordinaire, qu'après un jugement qui ordonne le récollement & la confrontation des témoins.

En quel tems un procès criminel prend le nom de procès extraordinaire.

Il n'y a que les Lieutenans criminels royaux qui sont compétans de connoître des matieres criminelles, & non les Lieutenans généraux civils. Néanmoins le Lieutenant civil du Châtelet de Paris est dans la possession de connoître des faillites & banqueroutes, lorsqu'on lui en rend plainte ; mais cela n'empêche pas que le Lieutenant criminel n'en puisse connoître, quand on s'adresse à lui.

Compétence du Lieutenant de Police.

Le Lieutenant général de Police de Paris connoît aussi du maquerellage, prostitution publique, & autres faits de débauche publique & vie scandaleuse de filles ou femmes, sans préjudice de la Jurisdiction du Lieutenant criminel du Châtelet, qu'il peut exercer en cas de maquerellage, concurremment avec le Lieutenant général de Police, auquel néanmoins la préférence appartiendra, lorsqu'il aura informé & décreté avant le Lieutenant criminel, ou le même jour, suivant la Déclaration du Roi du 26. Juillet 1713. régistrée au Parlement le 9. Août suivant.

Cas auquel un Juge qui ne pourroit connoître de l'affaire, devient compétent.

Lorsqu'un Parlement ou autre Cours supérieure, ou le Conseil, pour des raisons particulieres ; comme de suspicion, récusation, pour nullité faite dans l'instruction d'un procès criminel, ou autrement, renvoie la connoissance d'un procès devant un autre Juge criminel non compétent, ce Juge devient compétent en vertu du seul Arrêt.

Cas auquel les Officiers subalternes d'un Siége peuvent prendre connoissance des matieres criminelles, quoique le Lieutenant criminel soit présent.

Le Lieutenant particulier assesseur, & tous autres Juges d'un même Siége, ne peuvent s'ingerer en la connoissance des matieres criminelles, à peine de nullité de l'instruction & Jugement, dommages & intérêts, lorsque le Lieutenant criminel est présent dans le lieu, à moins qu'il ne soit malade, récusé ou absent.

La connoissance des rebellions à l'exécution des Jugemens civils, appartient aux Juges criminels, quand elles sont poursuivies extraordinairement. Ainsi jugé par Arrêt du 26. Août 1606, rapporté par Chenu, édit de 1620, page 192. & par Arrêt de Réglement du 28. Mars 1609, rendu entre le Lieutenant général & le Lieutenant criminel de Laon, rapporté dans les Loix criminelles, *tom. 2, pag. 112.*

L'on demande premierement, qui est ce qui doit présider aux Jugemens des procès instruits par le Prévôt des Maréchaux, en l'absence des Présidens des présidiaux ; Si c'est le Lieutenant général civil, ou le Lieutenant criminel ?

Secondement, aux Jugemens des mêmes procès, en cas d'absence des Présidens des Présidiaux, & des Lieutenans généraux civils & criminels, si c'est le Lieutenant particulier civil qui y doit présider, ou le Lieutenant particulier assesseur criminel ?

Sur la premiere question il faut tenir, qu'en l'absence des Présidens des Présidiaux, le Lieutenant Criminel doit présider aux Jugemens des procès instruits par le Prévôt des Maréchaux, par préference au Lieutenant général civil.

Cette décision est fondée, 1°. sur l'édit de création des Lieutenans criminels, rapporté par Chenu, édit. de 1606, tit. 6. chap. 20. pag. 138. & 140, par lequel le Roi leur attribue la connoissance de tous crimes, en éclipsant tout le criminel de la Jurisdiction du Juge civil & des Offices des Lieutenans généraux & particuliers civils. Ce seroit mal-à-propos qu'on voudroit distinguer les procès instruits par le Prévôt des Maréchaux, d'avec les cas présidiaux & ordinaires ; car les termes, *de toutes matieres criminelles*, dont se sert l'Edit, sont génériques, & embrassent toutes les espéces de matieres criminelles.

2°. Sur l'art. 15. de l'Edit de 1554, portant création des Lieutenans de Robecourte, rapporté dans le Recueil de Maréchaussée, tom. 1. pag. 99. qui dit, pour trancher tous les différends qui pourroient advenir entre des Lieutenans civils & Lieutenans criminels : Ordonnons que nosdits Lieutenans criminels connoissent de tous crimes dont nos Lieutenans civils fouloient connoître, privativement contre lesdits Lieutenans civils.

3°. Sur les Lettres Patentes du 7. Septembre 1555, rapportées par Chenu, édit. de 1606. tom. 6. chap. 15. pag. 153, par lesquelles le Roi déclare que par l'établissement des Prévôts des Maréchaux & de leurs Lieutenans, il n'a entendu déroger aux Réglemens ci-devant rendus entre les Lieutenans criminels, civils, généraux ou particuliers. Il faut donc avoir recours aux Edits de création, & aux Reglemens précédens, que l'on a vû être favorables aux Lieutenans criminels.

4°. Sur la Déclaration sur l'Edit des Présidiaux, donnée à Paris le 13. Septembre 1571, rapporté par Chenu, *ibid.* pag. 98. qui porte : Que par l'établissement des Présidens, le Roi n'a pas entendu préjudicier aux droits & prérogatives appartenans aux Lieutenans généraux, civils & criminel, & renvoie pour ce aux Ordonnances precédentes ; neanmoins ordonne que les Présidens présideront aux Jugemens ès cas criminels prévôtaux, & qui doivent se juger en dernier ressort.

Nota. L'on voit par cette déclaration, que le privilege de presider aux Jugemens Prévôtaux est personnel aux Présidens ; & qu'à l'égard des Lieutenans généraux civils & criminels, il faut avoir recours aux Réglemens précedens, qui sont entiérement favorables aux Lieutenans criminels.

5°. Plusieurs Réglemens ont décidé la question en faveur des Lieutenans criminels. Filleau, *part.* 2. *tit.* 1. *chap.* 14. en rapporte deux, dont l'un du 14. Juillet 1573, & l'autre du 7. Mars 1594. Le même Filleau en rapporte encore un du 29. Août 1579, au *chap.* 13. Il est vrai que Chenu, *édit. de* 1602. *tit* 5. *chap.* 13. *pag.* 189, rapporte un Arrêt contraire du 8. Janvier 1603 ; mais cette antinomie de Jurisprudence doit être fixée par l'Edit de Février 1661, qui est postérieur à ces Réglemens. Cet Edit est rapporté dans le *Recueil de Maréchaussée tom.* 1. *pag.* 819. Le Roi y dit : » Voulons que nos Lieutenans criminels » assistent aux Jugemens des procès instruits par les Prévôts des Marechaux, & y président » en l'absence des Présidens Présidiaux. » Voilà la question bien nettement décidée.

A l'égard de la seconde question ; la résolution de la premiere en faveur du Lieutenant criminel, contre le Lieutenant général civil, détermine cette seconde question en faveur du Lieutenant particulier assesseur criminel, contre le Lieutenant particulier assesseur civil, parce que ce sont les mêmes raisons de décider ; puisque si toutes matieres criminelles ont été éclipsées de l'Office du Lieutenant général civil, pour en attribuer la connoissance au Lieutenant criminel ; de même les mêmes matieres ont été éclipsées de l'Office du Lieutenant particulier civil, pour en donner la connoissance privativement à lui, au Lieutenant particulier assesseur criminel. Ce qui est prouvé 1°. par l'Edit de création des Lieutenans particuliers assesseurs criminels, du 16. Juin 1586, rapporté par Neron, *tom.* 1. *pag.* 672, qui porte » que les Lieutenans particuliers civils ne connoîtront à l'avenir que » *du civil* seulement, *désunissant* de leurs Offices *la connoissance & Jurisdiction criminelle*, » qui appartiendra par préférence à lui, au Lieutenant particulier criminel, en cas d'ab» sence du Lieutenant général criminel.

2°. Par divers Réglemens qui ont décidé unanimement, qu'en l'absence du Lieutenant criminel, le Lieutenant particulier assesseur criminel aura toutes les fonctions & prérogatives qui lui sont attribuées, à l'exclusion du Lieutenant particulier civil, & de tous autres, qui ne pourra connoître des matieres criminelles qu'en l'absence du Lieutenant particulier assesseur criminel.

Filleau en rapporte plusieurs, *part.* 2. *tit.* 2 ; *au chap.* 5. il en rapporte un du 21. Janvier 1604 ; *au chap.* 6. deux autres, dont l'un du 25 Mai 1605, & l'autre du 4. Juillet de la même année ; *au chap.* 8. un du 26. Janvier 1607. Chenu, *édit. de* 1610. *tit.* 6. en rapporte aussi plusieurs ; *au chap.* 1. un du 26. Avril 1604 ; *au chap.* 2. un autre du 21. Janvier 1601 ; *au chap.* 3. un du 25. Mai 1605, & un autre du 4. Juillet de la même année ; *au chap.* 5. un du 25. Janvier 1607 ; *au chap.* 6. un du 23. Septembre 1609 ; enfin *au tit.* 40. *chap.* 62. un Arrêt du 29. Novembre 1604. Neron, *tome* 2. *page* 610. en rapporte un du 30. Août 1631. Henrys *tome* 1. *livre* 3. *chap.* 4. *quest.* 23. un autre du 10. Août 1644.

Greffiers criminels ne peuvent expédier d'eux-mêmes aucuns Actes.

19. Il est défendu aux Greffiers criminels, à peine de faux, de recevoir & expédier aucun Acte, Ordonnance & Jugement, seuls & sans le Lieutenant criminel, ou autres Officiers, en cas de maladie, recusation ou absence du Lieutenant criminel.

A qui appartient la con-

20. Il n'y a que le Parlement de Paris qui puisse connoître en premiere instance & en dernier ressort des affaires & matieres criminelles qui regardent personnellement les Ducs & Pairs de France. Il y a même plusieurs exemples dans nos Histoires, que nos

Rois ont présidé au Jugement du procès extraordinairement fait & instruit à un Duc & Pair ; mais cette formalité n'est pas nécessaire : c'est le Parlement en corps & assemblé en la Grand'Chambre, & non en la Chambre de la Tournelle, qui juge un pareil procès.

noissance des procès criminels faits aux Ducs & Pairs.

C'est aussi de cette maniere que les Parlemens & autres Cours supérieures jugent le procès extraordinairement fait à un Président ou Conseiller. Les Maîtres des Requêtes, comme faisant partie du Parlament de Paris, ne peuvent non plus être jugés en matiere criminelle, que par le Parlement de Paris assemblé en la Grand'Chambre.

Des procès criminels des Présidens, Maîtres des Requêtes, Conseillers.

21. Si plusieurs Juges tirés des différens Parlemens, sont commis pour l'instruction & le Jugement d'un procès criminel, & qu'un de ces Juges vienne à décéder, les autres ne peuvent plus procéder ni juger ; il faut nécessairement retourner au Superieur qui a commis, pour en nommer un autre à sa place.

De plusieurs Juges commis un venant à mourir, les autres ne peuvent plus juger.

22. Un Juge délégué par le Roi en matiere criminelle, peut subdéléguer, contre la régle générale que le Juge délégué ne peut subdéléguer ; mais toujours un pareil délégué ne peut & ne doit excéder ni passer les bornes & les termes de sa commission ; car tout Juge délégué ou commis ne peut point instrumenter ni se transporter hors l'étendue de son ressort, à moins que l'Arrêt ou Jugement qui le commet, ne lui permette, à peine de nullité de la procedure & de l'instruction qu'il feroit

Juge commis par le Roi peut subdéléguer.

23. Le Juge qui a instruit ou jugé une affaire criminelle, ne peut en connoître sur l'appel de la procedure ou de la Sentence ; autrement il seroit deux fois Juge dans une même affaire.

Juge qui a jugé en cause principale, ne peut l'être sur l'appel.

24. Ce n'est pas assez qu'un Juge interdit par un décret qui emporte interdiction ou autrement, obtienne un Arrêt, qui en le recevant appellant, fasse défenses de mettre à exécution le décret, pour rentrer dans ses fonctions ; il faut que l'Arrêt permette par provision à l'accusé de continuer ses fonctions. C'est à quoi on doit bien prendre garde quand on obtient un Arrêt de défenses contre un decret d'ajournement personnel, ou de prise de corps décerné contre un Officier, ou autre Sentence ou Jugement d'interdiction ; car si ces termes manquoient dans l'Arrêt ou Jugement, l'Officier ne pourroit pas faire ses fonctions en vertu & sur le fondement du simple Arrêt de défenses.

Ce qu'il faut observer quand on obtient un Arrêt de défenses contre un decret décerné contre un Officier.

25. Il y en a qui prétendent que les Baillifs & Sénéchaux ont la connoissance des délits, abus, malversations, concussions & exactions, que les Juges des Justices seigneuriales qui ressortissent devant eux, commettent dans l'administration de la Justice, & par appel aux Parlemens ; mais voyez ci-après, *chap.* 5. *nombr.* 3. Si les Seigneurs laissent leurs Juges se défendre comme ils jugeront à propos, ils ne sont tenus d'aucune des peines pécuniaires qui pourroient être prononcées contre leurs Officiers : autre chose seroit, si les Seigneurs avoient pris leur fait & cause, & s'étoient rendus Parties aux procès pour se joindre à eux, & les défendre.

A qui appartient la connoissance des délits commis par les Juges du Seigneur.

16. Un Juge offensé & maltraité dans les fonctions de sa Charge, ne doit pas connoître de ce fait : tout ce qu'il peut faire de mieux, c'est de dresser un procès-verbal du fait, & s'adresser au Parlement ou autre Cour supérieure dont il releve, pour y obtenir un Arrêt en forme de Commission, sur les conclusions du Procureur général de cette Cour, par lequel il fera commettre un Juge pour informer du contenu au procès verbal, qui sera attaché à la Requête en forme de plainte, & pour faire le procès à l'accusé jusqu'à Sentence définitive, sauf l'appel au Parlement ou autre Cour qui aura donné l'Arrêt

Ce que doit faire un Juge qui est troublé dans les fonctions de sa Charge.

Il est ici à remarquer que les Parlemens & autres Cours supérieures ne commettent que des Juges royaux, & non des Juges subalternes ou de Justices de Seigneurs.

Un Juge inférieur, quoiqu'incompétant, peut faire quelques fonctions de son ministere, comme pour faire cesser le scandale & prévenir un péril éminent.

Les Juges subalternes, les Officiaux & Juges ecclésiastiques, ne peuvent connoître des contraventions aux Ordonnances royaux, ni faire le procès à des Juges & autres Officiers royaux, dans les fautes, abus & malversations par ceux commises dans leurs fonctions ; il n'y a que les Juges royaux qui ayent ce pouvoir : cependant le Juge inférieur étant Juge du lieu du délit, pourroit informer sur la plainte, afin d'assurer les preuves, même décreter & interroger tous accusés, même pour cas royaux ou prévôtaux. Voyez la Déclaration du Roi du 5. Février 1731, art. 21. *infrà*, chap. 3.

27. En matiere criminelle, les Juges royaux n'ont point entr'eux de prévention qui priveroit le Juge naturel & compétent de la connoissance du crime ou délit. Article 7. du tit. 1. de l'Ordonnance 1670.

De la prévention

Cependant lorsqu'il y a négligence ou connivence de la part des Juges ordinaires royaux, d'informer & décreter après trois jours complets depuis le crime ou délit commis, il est permis aux Juges supérieurs d'en prendre la connoissance, mais non à un autre Juge royal, égal & non supérieur du Juge négligent ; c'est ce que nous apprenons dans le susdit article : ce qui s'appelle plutôt & plus ordinairement dévolution pour cause de négligence, & à titre de bien public, que prévention. Au reste, après toutes les peines prononcées contre les Juges par les Ordonnances anciennes & nouvelles, faute de faire informer, décreter & faire le procès aux criminels & coupables, il ne devroit point y avoir en cela de négligence de leur part ; leur honneur & leur devoir y sont même intéressés.

Il y en a qui prétendent sur le fondement de l'Edit du mois de Novembre 1554, & de l'article 11. de la Coutume de Bretagne, qu'il ne suffit pas pour acquérir cette prévention ou dévolution, d'avoir décreté le premier, qu'il faut outre cela que le decret ait été exécuté ; mais cet article 7. du titre 1. de l'Ordonnance de 1670. ne le dit point. L'on voit aussi dans les articles 9. & 10. de la Déclaration du Roi du 5. Février 1731, qui parlent de la prévention entre les Présidiaux, Prévôts des Maréchaux & Juges ordinaires, qu'il suffit pour la prévention d'avoir informé & décreté ; ainsi il faut s'en tenir aux termes dudit article 7.

Mais quand le Prévôt royal a informé & décreté dans les trois jours, si ensuite il est négligent de poursuivre, il n'y a plus lieu à la prévention ou dévolution au Bailly royal ; il ne reste que la voie de l'appel de déni de Justice, après les sommations requises, même la prise à partie.

Il faut observer que la prévention portée par cet article 7. ne doit avoir lieu que quand il s'agit de crimes graves, c'est-à-dire qui méritent peine afflictive, & qui sont de nature à être poursuivis d'office à la requête du Ministere public : c'est l'esprit de l'Ordonnance, & cela est fondé en grande raison, parce qu'autrement l'on ne peut imputer aucune négligence au Prévôt royal.

Il y a cette différence entre la prévention ou dévolution, & la concurrence en matiere de compétence, que la prévention est le droit qu'un de plusieurs Juges a d'attirer à soi la connoissance du crime ou délit, comme en ayant connu le premier ; au lieu que la concurrence est le droit que divers & différens Juges ont de connoître du crime commis.

C'est une Jurisprudence constante, qu'en cas de conflit de Jurisdiction entre la royale & la subalterne, la provision doit toujours demeurer au Roi jusqu'après le Jugement ou Arrêt définitif sur le conflit. Il n'y a pas même de prévention par aucun Juge de Seigneurs, quoique celui qui auroit prévenu fut Juge supérieur & du ressort immédiat de l'autre, ni par les Juges royaux ; car ou le cas est royal & privilégié, ou il ne l'est pas, mais un simple délit commun : dans le premier cas, la prévention seroit inutile, parce que les Juges de Seigneurs, même de Duchés-Pairies, ne sont pas compétens de connoître des cas royaux & privilégiés, & les juger : dans le second cas, qui est le délit commun, les Juges de Seigneurs ne pourroient être prévenus par leurs supérieurs immédiats, qu'au cas qu'ils eussent été négligens d'informer & décreter trois jours complets après le crime commis : c'est ainsi qu'il faut entendre l'article 8. Mais quant à la prévention des Baillifs & Sénéchaux royaux sur les Juges subalternes non royaux, dans les cas du délit commun, elle peut avoir lieu, si les Juges subalternes & non royaux n'ont informé & decreté, supposé qu'il y eût lieu au decret, dans les vingt-quatre heures complettes après le crime commis. Art. 9.

Il y a des Coutumes & des Usages où la prévention a lieu sans aucun délai par les Juges supérieurs, subalternes & immédiats, & par les Juges royaux, supérieurs immédiats des Justices subalternes ; telles sont les Coutumes de Vermandois, Senlis, Compiegne, Poitou, Tours, Anjou, Maine & plusieurs autres. Dans les unes, la prévention se fait sans revendication ; & dans quelques autres elle est conditionnelle, c'est-à-dire qu'elle se fait par revendication ; en sorte que si la revendication n'est pas formée, le Juge qui aura prévenu continuera à connoître de l'affaire dont il n'étoit Juge que par prévention.

En général, la maxime est néanmoins certaine, qu'un Justiciable peut demander son renvoi sans le Seigneur, & le Seigneur sans son Justiciable ; de maniere cependant que la demande du Justiciable en renvoi cesseroit, si le Seigneur agissoit & requeroit le renvoi, soit en personne, soit par son Procureur Fiscal.

Le Prévôt de Paris a aussi la prévention sans aucun délai sur les Juges de Seigneurs, dans la Ville & Fauxbourgs de Paris seulement ; mais le Juge de l'Abbaye de Saint Germain des Prés a été déclaré exempt de cette prévention par Arrêt du 30 Décembre 1617, rapporté par Chenu en son Traité des Offices, *tit.* 42. *chap.* 10.

Cependant par un Arrêt du quinze Janvier 1739, rendu sur les conclusions de M. Daguesseau, Avocat général, plaidans MM. de la Goutte, Viel Laverdy, Cochin & Gillet, Avocats, il a été jugé que les Commissaires du Châtelet avoient la prévention dans le détroit de la Jurisdiction de l'Abbaye de Saint Germain des Prés, pour l'apposition des scellés & confection d'inventaire.

La prévention sans délai des Baillifs & Sénéchaux royaux sur les Juges des Seigneurs, peut aussi avoir lieu, quand les Baillifs & Sénéchaux sont fondés en possession ancienne.

28. Les Juges Prévôts, quoique Juges royaux, ne peuvent connoître des crimes commis par des Gentilshommes, ou par des Officiers de Judicature ; article 10. du titre 1. de l'Ordonnance de 1670. Cette compétence appartient aux Baillifs & Sénéchaux, desquels les Prévôts, Vicomtes, Viguiers & Châtelains royaux sont les subalternes, & dont le pouvoir est arrêté en cette partie.

A qui appartient la connoissance des crimes commis par les *Gentilshommes* ou des Officiers de Judicature.

Dès que la disposition de cet article, les Prévôts, Vicomtes, Viguiers & Châtelains royaux ne sont exclus de connoître des crimes & délits, que par rapport aux Gentilshommes & Officiers de Judicature, ils peuvent connoître des crimes & délits commis par autres personnes laïques, parce que leur exclusion est bornée & limitée aux seuls Gentilshommes & Officiers de Judicature. Cependant, suivant l'article 11. de la Coutume de Normandie, le Juge Vicomte ne peut connoître du crime qu'incidemment à une contestation civile pendante devant lui, comme Juge naturel des affaires civiles entre Roturiers : il ne peut directement prendre connoissance des affaires criminelles, quoiqu'entre personnes roturieres ; il n'a aucune compétence à cet égard sur eux.

29. Les Juges des Seigneurs, du moins les Juges Haut-Justiciers, peuvent connoître des crimes commis par les Gentilshommes & les Officiers de Judicature dans l'étendue de leur Justice ; en quoi ils ont plus de pouvoir que les Prévôts, Vicomtes, Viguiers, Châtelains royaux qui sont exclus de cette compétence par l'Ordonnance : c'est la disposition du susdit article 11, qui ne fait en cela que confirmer l'ancienne Jurisprudence, comme nous l'apprenons de l'article 5. de l'Edit de Crémieu, & de la Déclaration du Roi du 23 Février 1536. sur l'Edit de Crémieu.

30. Les Baillifs & Sénéchaux royaux peuvent non-seulement connoître des crimes commis par les Gentilshommes & Officiers de Judicature dans l'étendue de leurs Bailliages & Sénéchaussées ; mais encore des crimes commis par les Roturiers dans leur ressort & Jurisdiction immédiate.

Sous le mot de *Gentilshommes*, il faut entendre non-seulement les Nobles d'extraction, mais encore les Nobles par charges & dignités, & les annoblis. Les Commensaux de la Maison du Roi & des Princes du Sang royal n'ont pas ce privilége, quoiqu'ils prennent la qualité *d'Ecuyers* ; la chose demeure à cet égard dans le droit commun des autres Sujets du Roi : ainsi les Prévôts royaux prennent connoissance des crimes commis par les *Commensaux*.

Quelles personnes sont comprises sous le mot de Gentilshommes.

31. Il n'y a que les Baillifs & Sénéchaux qui puissent connoître des crimes & délits commis par les Ecclésiastiques dans l'étendue de leurs Jurisdictions immédiates, ou dans le ressort de leurs Bailliages ou Sénéchaussées, quand ils instruisent conjointement avec l'Official de l'Evêque Diocésain, comme on le verra au *chap.* 6.

A qui appartient la connoissance des crimes des Ecclésiastiques.

32. Les Juges Prévôts, Vicomtes, Viguiers & Châtelains royaux, ne peuvent prendre connoissance des crimes ou délits commis par des Ecclésiastiques, non plus que de ceux qui sont commis par des Gentilshommes.

33. Les Officiers de Judicature ont le même privilége ; nul autre Juge que les Baillifs & Sénéchaux peut connoître des crimes par eux commis, suivant ledit article 10.

Sous le mot *d'Officiers de Judicature*, sont compris tous les Officiers qui ont des Charges de Judicature par provision du Roi ou des Seigneurs, & non pas par des simples commissions ; mais ces termes ne s'entendent que des Juges & Procureurs du Roi, ou Fiscaux, non des Ministres inférieurs de Justice, lesquels n'ont nul privilége.

Quelles personnes sont comprises *sous le nom* d'Officiers de Judicature.

A qui appartient la connoissance des crimes commis par les étrangers.

34. Le lieu dans lequel le crime a été commis, regle, comme on l'a déja dit, la compétence du Juge qui en doit connoître, soit qu'il soit Juge royal, ou qu'il soit simplement Juge d'une Justice seigneuriale & subalterne. Mais il y a une observation à faire sur les Etrangers, concernant les crimes par eux commis ; ce qui ne peut arriver à l'égard du lieu du délit que de deux manieres, dans le Royaume ou en pays étranger. Au premier cas, il n'y a point de difficulté que si l'Etranger a commis le crime dans le Royaume, il y doit être puni par les Juges & suivant les Loix du Royaume, comme étant le lieu du délit, auquel est dûe la reparation & vindicte publique pour servir d'exemple, sans qu'il puisse demander son renvoi devant les Juges de son pays, la qualité d'Etranger ne pouvant fournir un moyen d'incompétence ; parce que les Etrangers venant en France, sont sujets aux Loix du Royaume, & pour la transgression en doivent subir la peine, qui n'a été ordonnée que pour la conservation de ceux qui vivent sous les Loix, Regnicoles ou Etrangers. Nous avons sur cela plusieurs exemples de notre Jurisprudence. C'est sur ce principe qu'en 1731 on a fait le procès extraordinaire au Châtelet de Paris, à un Hollandois, comme complice d'un crime capital commis par son ordre par son Valet en France ; & par Arrêt du Parlement intervenu sur l'appel de la Sentence, ce Valet a été condamné à la roue & exécuté, & son Maître à la même peine, mais par contumace.

Au second cas, pour juger la question de sçavoir si l'Etranger peut être puni au lieu où il est trouvé, on examine la qualité de celui qui a fait l'injure, & la qualité de celui qui l'a reçue ; c'est-à-dire si l'accusateur est François, & l'accusé Etranger, ou si l'accusé & l'accusateur sont tous deux Etrangers. Si l'accusé est François ; il ne peut décliner ses Juges naturels, & conséquemment l'Etranger est bien fondé d'en demander la réparation, quoique le délit ait été commis hors du Royaume. Il en est de même si l'accusé est Etranger, & l'offensé François, quoique le fait soit arrivé en pays étranger ; ainsi qu'il a été jugé contre un Italien trouvé en France, accusé d'avoir tué à Boulogne en Italie un Gentilhomme François qui étoit logé en sa maison. Cet Arrêt est rapporté par Airault, livre premier de l'Ordre judiciaire, *article* 4. *nombre* 8.

La difficulté est plus grande quand le crime est commis hors du Royaume, & que les accusés & accusateurs étrangers se trouvent en France, en demandent la réparation. Pareille question s'est présentée au Parlement de Paris, entre deux Particuliers natifs de la Ville de Sienne en Italie, nommés Pierre Barghesi & François Masioly, accusés par un Marchand Armenien de lui avoir volé dans la Ville de Venise une boëte de diamans. Les accusés demandoient leur renvoi pardevant les Juges de la République de Venise. Par Arrêt du 13 Février 1671, rapporté au *Journal du Palais*, la Grand'Chambre & Tournelle assemblées, ils furent déboutés de leur renvoi, & condamnés aux galeres pour neuf années. Cependant au même Journal, l'on rapporte un autre Arrêt donné en l'Audience de la Chambre de la Tournelle du Parlement de Provence du 19 Janvier 1672, qui a jugé le contraire ; & qu'un criminel étranger qui a commis un délit hors du Royaume, ne peut y être poursuivi par un autre étranger qui l'y rencontre. La contestation étoit entre deux Gentilshommes Genois, l'un accusateur & l'autre accusé, pour raison d'un vol fait en la Ville de Genes. Par cet Arrêt ils furent renvoyés en leur pays.

Quoique ces deux Arrêts paroissent contraires, néanmoins l'espéce n'est pas semblable. Au premier cas, les accusés étoient de Sienne en Italie, l'accusateur étoit d'Armenie, & le renvoi étoit demandé devant les Juges de la Seigneurie de Venise. Au second cas c'étoit deux Gentilshommes Genois, pour raison d'un vol fait en la Ville de Genes. Si bien qu'en la premiere espéce, il n'y avoit que le crime de commis en la Ville de Venise, les Parties n'y ayant été que passageres, comme ils l'étoient en France, les accusés étant originaires de la Ville de Sienne, & l'accusateur originaire d'Armenie : Mais en la seconde espéce, l'accusé & l'accusateur étoient sujets des Juges de la République de Genes, où le délit avoit été commis ; de sorte que ce crime n'ayant point été commis en France, & le renvoi étant requis par devant les Juges naturels des Parties, & Juges du lieu du délit, cette considération a pû servir de motif à l'Arrêt du Parlement de Provence, fondé sur le droit des gens, en rendant ce qui est dû à qui il appartient. Il n'en est pas de même à l'égard de la premiere espéce, parce que le renvoi étoit requis devant les Juges dont les Parties n'étoient point sujettes, puisque les accusés étoient de la Ville de Sienne & l'accusateur originaire d'Armenie, qui font des Etats différens, régis par différens Princes & Souverains. Si bien que les Juges de la Seigneurie de Venise, n'étant point les Juges naturels des Parties, le renvoi étoit requis devant les Juges incompétens; on ne pouvoit donc y avoir égard, aussi n'est-il pas possible de les renvoyer en leurs pays pour les juger, puisqu'ils étoient de différens Etats; il falloit donc nécessairement les juger, encore qu'ils fussent étrangers, particuliérement lorsqu'on ne peut les renvoyer pardevant leurs Juges naturels, ce qui fait assez connoître que ces Arrêts n'ont qu'une contrarieté apparente, & qu'au fond ils ont jugé sur deux espéces très-différentes l'une de l'autre.

L'article 20. du titre 1. de l'Ordonnance de 1670. décide que tous Juges, à la reserve des Juges & Consuls, & des bas & moyens Justiciers, peuvent connoître des inscriptions de faux, incidentes aux affaires pendantes pardevant eux, & des rébellions commises à l'exécution de leurs Jugemens. *Quels Juges peuvent connoître des inscriptions de faux.*

CHAPITRE II.

Des cas Royaux.

1. ENtre les Juges royaux, il n'y a que les Baillifs, Sénéchaux & Présidiaux, à l'exclusion totale des Juges de Seigneurs, même de Duchés-Pairies, qui puissent connoître des cas royaux, tels que sont les crimes de leze-Majesté humaine en tous les chefs, sacrilége avec effraction, rébellion aux Mandemens de Justice ou du Roi, port d'armes, & de la police qui en dépend, assemblées illicites, séditions ou émotions populaires, force publique, fabrication, altération ou exposition de fausse Monnoie, corrections des Officiers royaux, malversations par eux commises dans leurs Charges, crime d'Hérésie, bien entendu contre des Laïcs, & non contre des Ecclésiastiques, ce seroit en ce cas le Juge d'Eglise qui en connoîtroit quant au délit commun; trouble public fait au Service Divin, comme meurtre fait dans l'Eglise, soit par des Laïcs, soit par des Ecclésiastiques; rapt & enlevement de personnes par force & violence, & autres cas royaux, expliqués par les Ordonnances & Réglemens. *Article* 11. du titre 1. de l'Ordonnance de 1670. *A qui appartient la connoissance des cas royaux.*

Le terme de *Présidiaux* employé dans cet article 11. de l'Ordonnance, s'entend des Juges d'une Province, comme Baillifs & Sénéchaux, qui sont ainsi désignés Juges Présidiaux par l'Edit de Cremieu & autres Ordonnances avant la création des Conseillers de Présidiaux.

Le Baillif du Palais connoît de tout les cas royaux dans son territoire, suivant l'édit du mois d'Octobre 1712.

On appelle *cas royal*, le cas auquel le Roi a intérêt comme Roi, Souverain Maître & Seigneur de son Royaume, pour la conservation de sa Personne & de ses droits, ou pour la manutention de son autorité royale, de la police & de l'intérêt public. En un mot, tout ce qui s'appelle *cas royal* est de la compétence des Baillifs, Sénéchaux Royaux & Présidiaux, à l'exclusion & privativement à tous autres Juges Royaux & non Royaux, tels que sont les Juges des Justices seigneuriales & Subalternes. *Cas royal, ce que c'est.*

2. La fausseté commise au Sceau d'une Sentence d'un Prévôt royal, est un cas royal; cependant le Prévôt royal en connoît, suivant un Arrêt du 5 Juin 1659, rendu entre les Officiers du Bailliage & ceux de la Prévôté de Mondidier; de même que tout Haut-Justicier connoît de la falsification de son Sceau, suivant l'Arrêt du 21. Juin 1614. entre les Officiers de la Sénéchaussée de Riom & ceux du Duché de Montpensier. *Fausseté commise au Sceau d'une Sentence d'un Prévôt royal, est un cas royal.*

Le crime d'assassinat prémédité a été compris pour la premiere fois parmi les cas prévôtaux dans l'article 12. du titre 1. de l'Ordonnance de 1670; mais l'article 5. de la Déclaration du Roi 5. Février 1731, qui explique tous les crimes prévôtaux par leur nature, ne fait point mention de l'assassinat prémédité, & porte expressément qu'aucuns autres crimes que ceux de la qualité marquée dans cet article, ne pourront être réputés cas prévôtaux par leur nature. Ainsi le crime d'assassinat prémédité ou de guet-à-pens n'est plus cas prévôtal; il n'est pas non plus cas royal par lui-même, s'il n'est commis *L'assassinat est un cas royal.*

ſur le grand chemin ou chemin royal, ou n'eſt accompagné d'autres circonſtances portées en l'article 11. du tit. 1. de l'Ordonnance de 1670.

Si le crime d'incendie eſt un cas royal.

3. Le crime d'incendie ou boute-feu, peut n'être pas du nombre des cas royaux; & il n'eſt royal que quand il eſt fait avec deſſein prémédité, pour exciter une émotion & un déſordre public dans les lieux, ſoit Ville, Bourg ou Village, quand l'incendie eſt fait des Egliſes & autres lieux publics.

A qui appartient la connoiſſance des délits commis par les Juges du Seigneur.

4. Les Baillifs & Sénéchaux, par l'autorité qu'ils ont ſur les Juges de Juſtices ſeigneuriales qui relevent d'eux immédiatement ou médiatement, ont la connoiſſance des délits & abus qu'ils commettent dans l'adminiſtration de la juſtice, & des concuſſions & exactions, s'ils en commettent dans leur fonctions de Juges. On a déja obſervé que les Prévôts Royaux n'en peuvent pas connoître, & que cela s'entend des Juges & Procureurs Fiſcaux, & non des Notaires, Sergens & autres bas Officiers des Juſtices ſeigneuriales, des concuſſions & exactions deſquels les Juges des Seigneurs ſont compétens de connoître dans l'étendue de leurs Juriſdictions, de même que le Prévôt Royal en connoît dans la ſienne à l'égard de ces bas Officiers.

A qui appartient la connoiſſance du crime de leze-Majeſté au premier chef.

5. Quoique par cet article 11. du titre 1. de l'Ordonnance 1670, la connoiſſance du crime de leze-Majeſté en tous ſes chefs ſoit attribuée aux Baillifs & Sénéchaux, néanmoins le Parlement eſt ſeul compétent de juger le crime de leze-Majeſté au premier chef. Tel eſt l'uſage qui ſe trouve confirmé par pluſieurs exemples.

A quoi il faut ajouter que non-ſeulement le Parlement connoît immédiatement du crime de leze-Majeſté, mais même qu'il interpoſe ſon autorité dans tous les cas où il trouve qu'elle eſt néceſſaire. C'eſt pourquoi il peut prendre connoiſſance en premiere inſtance & immédiatement d'une plainte de ſcandale public, de faits graves qui intéreſſent tout l'ordre public & la police générale. Cet uſage de la Cour de connoître immédiatement en premiere inſtance de certains faits importans, a ſon fondement dans l'Ordonnance de Charles VIII. du mois de Juillet 1493, art. 97. & 98. qui le permet à la Cour, lorſqu'il y a grande & urgente cauſe, & qu'elle voit que faire ſe doit.

Si le crime de ſacrilége eſt un cas royal.

6. Pour rendre le crime de ſacrilége cas royal, il faut qu'il ait été commis avec effraction; ſans quoi il tomberoit dans la compétence ordinaire, ſans excluſion des autres Juges compétens pour connoître des crimes.

Ainſi avec cette raiſon que cet article 11. de l'Ordonnance de 1670. a ajouté au ſacrilége, mis par l'article 10. de celle de Cremieu au nombre des cas royaux, les mots *avec effraction*, parce que le ſacrilége en lui même n'offenſe pas la perſonne du Roi.

Mais lorſque le crime de ſacrilége ſe trouve accompagné de port d'armes & violence publique, ou lorſque l'effraction ſe trouve avoir été faite dans les murs de clôtures ou toits des maiſons, portes & fenêtres extérieures, quand même il n'y auroit eu ni port d'armes, ni violence publique; en ces deux cas ce crime eſt cas prévôtal, ſuivant l'art. 5. de la Déclaration du Roi du 5. Février 1731.

Différentes eſpéces de crimes de ſacriléges.

On diſtingue ordinairement trois ſortes de crimes de ſacrilége. La premiere eſt, lorſqu'on vole une choſe ſacrée dans un lieu ſacré, comme ſeroit le Ciboire, le Soleil où l'on met l'Hoſtie ſacrée, & les Vaſes ſacrés deſtinés pour le Service Divin, ou un meurtre commis en la perſonne d'un Prêtre dans l'Egliſe, faiſant ſes fonctions ſacerdotales ou curiales. La ſeconde, quand on vole une choſe ſacrée dans un lieu qui n'eſt pas ſacré. La troiſiéme, lorſqu'on vole une choſe profane dans un lieu ſacré. La punition de ces crimes peut être différente. Dans le premier cas, le coupable ſeroit puni de mort, qui ſeroit le feu, après avoir fait l'amende honorable, & avoir eu le poing de la main droite coupé. Dans les deux autres eſpéces, la punition ſeroit arbitraire, ſuivant la qualité, l'âge & le ſexe du coupable, & les circonſtances particulieres du fait, comme s'il s'agiſſoit d'un meurtre commis en la perſonne de tout autre Eccléſiaſtique dans l'Egliſe.

Par Sentence du Châtelet de Paris du 7. Juin 1741, confirmé par Arrêt du 12. du même mois, Pierre Bouvart Paſquier, Prêtre du Diocèſe du Mans, convaincu de vol d'un Calice & d'une Patene d'argent, fait par lui après avoir célébré la Meſſe dans l'Egliſe du Saint-Eſprit, & d'avoir expoſé en vente ledit Calice & ladite Patene à des Juifs, a été condamné à faire amende honorable au-devant de la principale porte de l'Egliſe de Paris, & audit lieu étant nue tête, à genoux & en chemiſe, ayant la corde au col, tenant entre ſes mains une torche ardente de cire jaune du poids de deux livres, dire & déclarer à haute & intelligible voix, que méchamment & comme mal aviſé, il a commis ledit vol du Calice & de la Patene mentionnés au procès, dont il ſe répent, &c.

&c. ce fait pendu & étranglé, ensuite brûlé, & ses cendres jettés au vent. Il n'a pas été condamné à avoir la main droite coupée, parce qu'étant Prêtre, le sacrilége ne consistoit pas à avoir touché les Vases sacrés.

7. On appelle rébellion aux Mandemens du Roi, lorsqu'ils sont donnés par la propre personne du Roi, ou par ses Secretaires d'Etat, de son ordre exprès; & rébellion aux Mandemens des Officiers royaux de Justice, lorsqu'elle est faite à l'exécution des Sentences, Arrêts & Jugemens, ou en maltraitant un Officier royal ou d'autre Justice dans les fonctions de sa Charge.

De la rébellion aux Mandemens du Roi, ou à ceux des Officiers de Justice.

La connoissance des excès commis en la personne d'un Huissier ou Sergent exécutant les Mandemens, Sentences, Arrêts ou Jugemens de Justice, appartient au Juge qui a donné le Mandement ou rendu le Jugement, & non au Juge du lieu où les excès ont été faits & commis, parce que c'est pour ainsi dire au premier Juge que l'injure a été faite. Voyez l'Arrêt du 10. Février 1626. au *Journal des Audiences.* Voyez l'article 20. du titre premier de l'Ordonnance de 1670. Autre chose seroit si les excès avoient été commis en la personne du Sergent hors les fonctions de sa charge.

8. La police du port d'armes regarde la permission ou la défense de porter des armes; mais le port d'armes n'est cas royal qu'en tant qu'il est joint à un crime d'assemblée illicite; & en ce dernier cas c'est un crime prévôtal de sa nature, suivant l'article 5. de la Déclaration du Roi du 5. Février 1731.

Si le port d'armes est un cas royal.

9. On traite d'assemblées illicites celles qui sont faites par plusieurs personnes, contre les Ordonnances & Réglemens, ou à mauvais dessein; mais émotion populaire est ce qui tend à troubler le repos public & de son ordre. L'émotion populaire qui se fait de propos déliberé, pour exciter une sédition de la part de la populace, afin de causer du désordre dans une Ville, Bourg ou Village entre les Habitans, est un crime capital.

Des assemblées illicites.

10. Force publique est celle qui se fait avec armes à la main, ou avec des bâtons & autres instrumens propres à faire violence.

De la force publique.

11. Sous le terme d'altération ou exposition de fausse monnoie, sont comprises toutes les espéces de crimes au sujet de la monnoie, comme fabrication, altération, billonage ou exposition de monnoie, & toutes autres manieres d'agir sur la monnoie, sans ou contre les ordres du Roi. Il n'est pas même permis à un Particulier de faire de la bonne monnoie, sans la permission expresse du Prince, le tout à peine de la vie. Les Prévôts des Monnoies pouvoient par prévention aux Baillifs & Sénéchaux connoître de ce crime, & l'appel alloit aux Cours des Monnoies: ces Cours en connoissent même en premiere & en derniere instance, lorsque les accusés de ce crime avoient été pris en flagrant délit, ou décreté à la requête des Procureurs généraux de ces Cours; mais par l'article 5. de la Déclaration du Roi du 5. Février 1731, la fabrication ou exposition de fausse monnoie est expressément comprise parmi les cas prévôtaux de leur nature.

De l'altération ou exposition de fausse monnoie.

12. Quoique le crime d'hérésie contre un Laïc soit un cas royal, ce n'est pourtant pas un crime public, parce que la vindicte publique n'en peut être demandée *à quovis de populo*, mais seulement à la requête des Procureurs généraux, ou leurs Substituts.

Du Crime d'hérésie.

13. Le crime de trouble fait au Service Divin, s'entend du trouble fait publiquement dans l'Eglise, ou dans le Cimetiere attenant l'Eglise, ou près l'Eglise, ensorte que le bruit ou voies de fait sont capables de troubler le Service Divin.

Du trouble fait au Service Divin.

14. Le rapt & enlevement de personnes par force & violence, par rapport à la compétence des Juges, comme cas royal, doit s'appliquer non-seulement au rapt & enlevement des femmes & filles qui auroient été enlevées par force & violence, & contre leur volonté & consentement; mais encore au rapt de séduction, encore que les femmes & filles y ayent souvent beaucoup de part. Le rapt & enlevement des Religieuses par force & violence ou séduction, est aussi un cas royal, & comme tel la connoissance en appartient aux seuls Baillifs & Sénéchaux.

Du rapt de violence & du rapt de séduction.

15. Outre les crimes qui sont réputés cas royaux, & qui sont exprimés par l'article 11. du titre premier de l'Ordonnance de 1670, il y en a encore d'autres non exprimés, suivant ce même article. Les Seigneurs Hauts-Justiciers ont fait mais inutilement, de grandes instances pour faire fixer ces autres cas royaux; on a cru que ces autres cas ne se pouvoient pas tous prévoir, & qu'il seroit d'une dangereuse conséquence de les déterminer.

Voici cependant ceux que l'on propose communément comme cas royaux, & sur lesquels les Juges des Seigneurs ne se rendent qu'avec peine: le péculat; l'infraction de

Autres espéces de crimes qui

sauve-garde; la démolition des murs de Villes; le trafic & commerce des marchandises défendues par les Ordonnances; le transport d'argent hors du Royaume; exactions & oppressions publiques; levé de deniers; transport de grains, vins & autres choses nécessaires à la vie, d'armes, poudres & autres provisions de Guerre chez les Ennemis de l'Etat, sans la permission expresse du Roi; recelement de coupables de tous les crimes qui sont cas royaux; diffamation de mariages bien famés, par des attaches ou choses équipollentes; viol de Religieuses, ou attentats à leur pudicité; les monopoles faits par conspiration avec attroupement; offenses commises aux Prévôts & autres Juges royaux en faisant leurs fonctions, quand ils se portent Parties; car quand ils ne se portent pas Parties, ils peuvent punir eux-mêmes.

sont regardés comme cas royaux.

Simples insultes sur un chemin public, jugées cas royal.

Il y a un Arrêt du Parlement de Bourdeaux du 12 Janvier 1672, rapporté au *Journal du Palais*, qui a jugé cas royal de simples insultes faites sur un chemin public.

Des crimes commis en fait de Tailles & autres droits d'Aydes.

16. Les accusations tant actives que passives, de Collecteurs, & même d'Habitans en fait de Tailles, & de Commis en fait d'Aydes, Droits & Impositions, sont de la compétence des Elus, & par appel aux Cours des Aydes; & quant aux Commis & Archers de la Gabelle, on va devant les Juges des Greniers à Sel, s'il y en a, sinon devant les Elus, & par appel aux Cours des Aydes, mais toujours pour fait de Tailles, ou en faisant les fonctions de Collecteurs, de Commis & d'Archers, & non autrement : ce qui est conforme à un Arrêt du Conseil du 22 Février 1662. Les Juges des Greniers à Sel connoissent pareillement de vol de sel fait dans les Greniers à Sel, ou en le voiturant dans les Greniers à Sel, soit par terre, soit par riviere, & autres contraventions faites à ce sujet.

A qui appartient la connoissance des délits des Prévôts des Maréchaux, & de leurs Officiers.

17. Les Juges de la Connétablie au Siége du Palais à Paris, connoissent seuls des crimes & délits des Prévôts des Maréchaux, & de tous les autres Officiers, sans en excepter aucun des Maréchaussées, même des Exempts, Archers, Greffiers & Huissiers, par eux commis dans les fonctions de leurs Charges & Emplois, ou commis contr'eux & en leur personne, en faisant leurs fonctions, & l'appel va au Parlement de Paris. Il y a encore d'autre cas en matiere criminelle dont les Officiers de ce Siége peuvent seuls connoître, & qu'on peut voir dans le Traité de la Martiniere, *des Maréchaussées*.

A qui appartient la connoissance des Huissiers ou Sergens exploitans dans une Jurisdiction étrangere.

Attribution des Huissiers ou Sergens du Châtelet de Paris.

18. Un Huissier ou Sergent qui exécuteroit une Sentence ou autre Acte de Justice, ou un Titre paré, dans l'étendue de la Jurisdiction d'un autre Juge, & qui dans sa fonction commettroit des violences ou excès, ce délit seroit de la compétence du Juge du lieu, soit royal ou de Seigneur. Les Huissiers ou Sergens du Châtelet de Paris ont attribution de toutes leurs Causes tant civiles que criminelles, devant le Prévôt de Paris ou ses Lieutenans généraux, civils & criminels, par Lettres Patentes des Rois Charles V. & Jean II. confirmées par Louis XIV. en 1672. Cependant un Huissier du Châtelet, sur un référé par lui fait devant le Prévôt de Pontoise, à l'occasion d'une saisie, ayant commis des indécences, fut condamné par ce Juge en dix livres d'amende, & interdit pour trois mois de ses fonctions par Sentence du 11 Août 1732, confirmée par Arrêt de la Tournelle du 10 Janvier 1733.

De la Chambre de la Tournelle.

19. Il n'y a presque point de Parlement dans le Royaume qui n'ait une Chambre particuliere pour connoître & juger les affaires criminelles. Cette Chambre s'appelle *la Chambre de la Tournelle.*

L'établissement de cette Chambre a commencé sous François I. & cela afin de soulager les Grandes Chambres des Parlemens, & procurer l'expédition des procès en matiere criminelle : ce fut par un Edit du mois d'Avril 1514. On appelle cette Chambre *la Chambre de la Tournelle*, parce que les Conseillers de la Grand'Chambre & des Enquêtes y font de service chacun à son tour. Avant cet établissement, les procès criminels se jugeoient en la Grand'Chambre, comme les procès civils.

A qui appartient la connoissance des crimes des Ecclésiastiques, Gentilshommes & Secretaires du Roi.

20. Il est permis aux Ecclésiastiques, Gentilshommes & Secretaires du Roi, accusés de crime & délit, de demander d'être jugés, les Chambres assemblées, c'est-à-dire la Grand'Chambre & la Tournelle; mais il faut qu'ils demandent cette assemblée, car elle ne se fait pas d'office. Cette réquisition peut être faite en tout état de cause, pourvû toutefois que les opinions ne soient pas commencées; car alors l'accusé seroit non-recevable en son réquisitoire; *art.* 21. du tit. 1. de l'Ordonnance de 1670. Mais il ne faut pas inferer de-là que toutes les accusations intentées contre les Ecclésiastiques, Gentilshommes & Secretaires du Roi, ne puissent être portées qu'au Par-

lement en premiere instance. Cet article 21. du titre premier de l'Ordonnance ne parle que du renvoi à la Grand'Chambre, quand il est requis, & quand le Parlement est déja saisi de l'accusation, soit en premiere instance, soit en cas d'appel. De même ce renvoi n'a pas lieu dans le cas où les procès intentés criminellement devant les Juges des lieux, & qui ne contiennent pas de condamnation à peine afflictive ou infamante, sont portés aux Enquêtes; car alors ce n'est plus matiere criminelle, sauf au privilégié, en cas qu'en voyant le procès aux Enquêtes, on ouvre des avis à peine afflictive ou infamante (ce qui oblige de cesser de voir le procès aux Enquêtes, & de le porter à la Tournelle) à requerir d'être jugé à la Grand'Chambre.

Ce même article 21. porte, que cette même réquisition peut être faite par les Officiers de Justice dont les procès criminels ont accoutumé d'être jugés ès Grand'Chambres des Parlemens; & pour connoître quels sont ces Officiers de Justice dont il est parlé dans cet article, il faut observer que par Déclaration du Roi du 26 Mars 1676, il est ordonné que les procès criminels qui seront intentés contre les Tréforiers de France, Présidens Présidiaux, Lieutenans généraux, Lieutenans criminels ou particuliers, Avocats & Procureurs du Roi, des Bailliages, Sénéchaussées, & Siéges royaux ressortissans nuement ès Cours de Parlement, & les Prévôts royaux, Juges ordinaires qui ont séance & voix délibérative dans lesdits Bailliages & Sénéchaussées, & introduits en premiere instance en ladite Cour, seront instruits & jugés en la Grand'-Chambre, si faire se peut; & que les appellations des instructions & Jugemens définitifs prononcés contre eux, y seront pareillement jugées, le tout si les accusés le requierent; sans quoi lesdits procès seront instruits & jugés en la Chambre de la Tournelle. Il est aussi ordonné que les procès criminels, qui sont & seront poursuivis à la requête du Procureur général, seront instruits & jugés en la Grand'Chambre, lorsque ledit Procureur général estimera à propos de le demander.

Les Conseillers-Clercs ne sont point de service à la Tournelle, mais ils y peuvent aller lorsqu'il y a assemblée de la Grand'Chambre & de la Tournelle, sans cependant qu'ils y puissent rester, lorsqu'ils connoissent par les conclusions du Procureur général ou autrement, que par l'Arrêt qui sera rendu, l'accusé sera condamné à peine afflictive.

Si les Conseillers sont de service à la Tournelle.

Les Conseillers des Enquêtes, quoique de service à la Tournelle, n'assistent point au Jugement des procès qui se jugent les deux Chambres assemblées, la Grand'Chambre & la Tournelle; ils se retirent en leur Chambre dès que la Grand'Chambre arrive.

Si les Conseillers des Enquêtes assistent au Jugement des procès qui se jugent les deux Chambres assemblées.

Non-seulement tous les procès au grand Criminel se portent & se jugent en la Chambre de la Tournelle, mais encore toutes les appellations verbales au petit Criminel, & de Sentences d'instruction ou autres, mais non de Sentences rendues au petit Criminel sur épices: l'appel de ces Sentences va aux Enquêtes, & se conclut comme en procès par écrit.

Quels Procès se jugent à la Tournelle.

L'on a déja observé que les Présidens & Conseillers des Parlemens ou autres Cours supérieures, ne peuvent être jugés que toutes les Chambres du Parlement ou autres Cours assemblées. Les Maîtres des Requêtes ont aussi ce privilége au Parlement de Paris.

A qui appartient la connoissance des délits des Officiers de la Chambre des Comptes.

Les Présidens, Maîtres ordinaires, Correcteurs, Auditeurs, Procureur général & Avocat général de la Chambre des Comptes de Paris, ne peuvent être poursuivis au criminel, quand la Grand'Chambre du Parlement de Paris en premiere & derniere instance; *art.* 22. du titre 1. de l'Ordonnance de 1670; mais les Substituts du Procureur général, Greffiers, Huissiers, Procureurs & autres Officiers de cette Chambre, ne jouissent pas de ce privilége.

Nonobstant le privilége de ces premiers. Officiers de cette Chambre, les Baillifs & Sénéchaux peuvent pour crime commis hors la Ville, Prévôté & Vicomté de Paris, & si le crime est capital, décreter contr'eux, à la charge de renvoyer les informations & procedures au Greffe de la Grand'Chambre: c'est ainsi que parle le susdit article; mais voyez au chap. 3. l'art. 21 de la Déclaration du Roi du 5 Février 1731, & les observations qui seront faites ci après sur cet article 21.

Il est ajouté par cet article 22. de l'Ordonnance, que si ces accusés avoient volontairement procédé pardevant les Baillifs & Sénéchaux, ils ne pourroient plus se pourvoir en la Grand'Chambre du Parlement, que par appel de la Sentence ou Jugement qui seroit rendu; mais cet appel ne seroit point porté à la Tournelle, mais seulement en la Grand'Chambre ; car pour juger ces Officiers en matiere criminelle, il ne se fait point d'assemblées de Chambres, c'est-à-dire, de la Grand'Chambre & de la Tournelle ; la Grand'Chambre seule instruit & juge le procès.

Les autres Chambres des Comptes du Royaume n'ont pas ce privilége d'être jugées par les Parlemens ; les choses sont laissées à cet égard dans le droit commun ; ils sont jugés comme les autres Sujets du Roi.

Ce qui s'observe à la Chambre des Comptes lorsqu'il se présente une affaire criminelle contre un Comptable.

21. Comme les Chambres des Comptes n'ont point de Jurisdiction contentieuse au criminel, s'il se présente une affaire criminelle, contre un Comptable, & pour raison de son maniement & compte, comme banqueroute, diversion des deniers de sa caisse, exaction, concussion ou fausseté, ou contre un de leurs Officiers inférieurs, comme Substituts du Procureur général, Greffiers, Procureur & Huissiers, pour raison des fonctions de leurs Charges, voici ce qui se fait & se passe à cet égard.

M. le Procureur général de la Chambre des Comptes rend plainte à la Chambre, fait informer pardevant un Maître des Comptes, décreter & instruire tout le procès par récollement & confrontation, si besoin est, & donne ses conclusions ; après quoi un Président & six Conseillers de la Grand'Chambre du Parlement se transportent en la Chambre des Comptes, lesquels avec un Président & six Maîtres des Comptes, jugent le procès en la Chambre du Conseil, & l'Arrêt est intitulé, *Extrait des Registres de la Chambre des Comptes ;* comme émané de son autorité. M. le Procureur général du Parlement donne aussi ses conclusions.

Les Rois assistoient autrefois au Jugement des procès criminels des Pairs.

22. L'usage étoit autrefois, que nos Rois assistoient en personne au Jugement des Procès criminels des Pairs de France, avec les autres Pairs ; nos Livres en sont pleins d'exemples. Charles VII. présida au Jugement du procès de Jean Duc d'Alençon à Vendôme, le 10 Octobre 1458 ; Philippes VI. au procès de Robert d'Artois, en 1331 ; Louis X. au procès d'Enguerrand de Marigny ; & François I. en 1523, le 16 Janvier, au Jugement d'un grand Seigneur de la Cour. Mais cela ne se pratique plus, du moins n'y en a-t-il plus d'exemple depuis François I. Au contraire ; on voit que les Rois ses Successeurs ont toujours renvoyé les criminels d'Etat au Parlement de Paris pour leur faire leur procès, comme nous voyons sous le regne de Louis XI. le 19 Décembre 1475, & d'Henri IV. en 1602. Des Princesses souveraines ont fait la même chose ; une Comtesse de Flandres assista avec les Pairs de France, au Jugement par lequel le Comte de Clermont en Beauvoisis fut adjugé au Roi Saint Louis ; témoin encore Mahaut, Comtesse d'Artois, Pair de France, qui assista & opina au Jugement du procès criminel de Robert Comte de Flandres, en 1315 ; témoin enfin une Reine d'Arragon, qui, suivant M. le Président Bouhier, après avoir entendu les Parties par leur bouche, les jugea souverainement. C'étoit une femme du premier rang, qui accusoit son mari d'impuissance ; la Reine décida la contestation en faveur de la femme. On n'admettroit pas aujourd'hui d'autres femmes que celles-là, & d'un moindre titre & rang, à des Jugemens de procès, soit criminels, soit civils ; parce qu'en termes de Droit, *officium Judicis est officium & munus virile.*

23. On ne peut compromettre sur un crime entre les mains d'Arbitres, à peine de nullité du compromis & de la Sentence arbitrale.

24. Les Lettres de *Committimus* n'ont point lieu en matiere criminelle ; *art.* 1. du tit. 4. de l'Ordonnance de 1669.

CHAPITRE III.

Des Cas Prévôtaux ou Présidiaux.

1. Les Prévôts des Maréchaux, Vice-Baillifs, Vice-Sénéchaux, & les Lieutenans criminels de Robe-courte, & des Présidiaux, sont les Juges des cas prévôtaux. Le Prévôt fait l'instruction ; mais les Présidiaux ou Officiers du Siége jugent conjointement avec lui, soit pour rendre des Sentences préparatoire & interlocutoires, soit pour rendre des Sentences définitives. Les Présidens président à ces Jugemens, & en leur absence le Lieutenant criminel, & en l'abscence de celui-ci le Lieutenant parti-

culier assesseur criminel, & ce par préférence aux Lieutenans généraux & particuliers civils, sur lesquels ils ont la préséance dans toutes les matieres criminelles. L'Assesseur en la Maréchaussée est le Rapporteur de ces procès.

Les Prévôts des Maréchaux & leurs Lieutenans ont voix délibérative. Voyez la Déclaration du Roi du 30 Octobre 1720. qui fixe aussi le rang des Prévôts des Maréchaux & de leurs Lieutenans à ces Jugemens.

La nouvelle Declaration du Roi du 5 Février 1731. regle la compétence des Prévôts des Maréchaux, Vice-Baillifs & Vice-Sénéchaux, & Lieutenans de Robecourte, & Presidiaux, par la qualité des personnes, & par la nature des crimes; elle regle la procédure qu'ils doivent tenir, & déroge à plusieurs articles du titre 1. & du titre 2. de l'Ordonnance de 1670; ce qui va être expliqué sous différens paragraphes.

§. I.

De la Compétence des Prévôts des Maréchaux, tirée de la qualité des personnes.

L'article I. de cette Déclaration du Roi du 5 Février 1731. porte, que les Prévôts des Maréchaux de France connoîtront de tous crimes commis par vagabonds & gens sans aveu, & ne seront réputés vagabonds & gens sans aveu, que ceux qui n'ayant ni profession, ni métier, ni domicile certain, ni bien pour subsister; ne peuvent être avoués, ni faire certifier de leurs bonnes vie & mœurs par personnes dignes de foi. Enjoint ausdits Prévôts des Maréchaux d'arrêter ceux ou celles qui seront de la qualité susdite, encore qu'ils ne fussent prévenus d'aucun autre crime ou délit, pour leur être leur procès fait & parfait conformément aux Ordonnances. Seront pareillement tenus lesdits Prévôts des Maréchaux d'arrêter les mendians valides qui seront de la même qualité, pour procéder contr'eux, suivant les Edits & Déclarations qui ont été donnés sur le fait de la mendicité.

Ces Edits & Déclarations concernant les mendians, sont des 31 Mai 1682, 28 Janvier 1687, 25 Juillet 1700, 8 Janvier 1719, 5 Juillet 1722, 18 Juillet & 12 Septembre 1724. On les trouvera à la fin de ce Livre.

Il est dit par l'article II. de la même Déclaration du Roi du 5 Février 1731, que lesdits Prévôts des Maréchaux connoîtront aussi de tous crimes commis par ceux qui auront été condamnés à peine corporelle, bannissement ou amende honorable; ne pourront néanmoins prendre connoissance de la simple infraction de ban, que lorsque la peine du bannissement aura par eux été prononcée. Il est ordonné que dans les autres cas, les Juges qui auront prononcé la condamnation, connoîtront de ladite infraction de ban, si ce n'est que la peine du bannissement ait été prononcée par Arrêt des Cours de Parlement, soit en infirmant ou en confirmant les Sentences des premiers Juges, & quand même l'exécution auroit été renvoyée auxdits Juges, auxquels cas le procès ne pourra être fait & parfait à ceux qui seront accusés de ladite infraction de ban, que par lesdites Cours de Parlement. Il est dit au surplus, que les Déclarations du Roi des 8 Janvier 1719. & 5 Juillet 1722. seront exécutées selon leur forme & teneur, en ce qui concerne la Ville de Paris. Voyez ces deux Déclarations du Roi des 8 Janvier 1719, & 5 Juillet 1722, à la fin de ce Livre.

L'article III. de la même Déclaration du Roi du 5 Février 1731, accorde aussi aux Prévôts des Maréchaux la connoissance de tout excès, oppressions ou autres crimes commis par gens de Guerre, tant de leur marche, que dans les lieux d'étapes, ou d'assemblée, ou de séjour pendant leur marche, des déserteurs d'armée, de ceux qui les auroient subornés, ou qui auroient favorisé ladite désertion, & quand même les accusés de ce crime ne seroient point gens de Guerre.

L'article IV. porte que tous les cas énoncés dans les trois articles précédens, & qui ne sont réputés prévôtaux que par la qualité des personnes accusées, seront de la compétence des Prévôts des Maréchaux, quand même il s'agiroit de crimes commis dans les Villes de leur résidence.

§. II.

De la Compétence des Prévôts des Maréchaux, tirée de la nature des crimes.

Ils ſont énoncés dans l'article V. Sçavoir, 1°. les vols ſur les grands chemins, ſans que les rues des Villes & Fauxbourgs puiſſent être cenſées compriſes à cet égard ſous le nom des grands chemins., 2°. Les vols faits avec effraction, lorſqu'ils ſeront accompagnés de ports d'armes & violence publique, ou lorſque l'effraction ſe trouvera avoir été faite dans les murs de clôture ou toits des maiſons, portes & fenêtres extérieures, & ce quand même il n'y auroit eu ni port d'armes ni violence publique. 3°. Les ſacriléges accompagnés des circonſtances ci-deſſus marquées, à l'egard du vol commis avec effraction. 4°. Les ſéditions, émotions populaires, attroupemens & aſſemblées illicites avec port d'armes. 5°. Les levées de gens de Guerre, ſans commiſſion émanée du Roi. 6°. La fabrication ou expoſition de fauſſe monnoie. Le tout ſans qu'aucuns autres crimes que ceux de la qualité ci-deſſus marquée, puiſſent être réputés, cas prévôtaux par leur nature.

Mais ſuivant l'article VI. les Prévôts des Maréchahx ne pourront connoître des crimes mentionnés dans l'article précédent, lorſque leſdits crimes auront été commis dans les Villes & Fauxbourgs du lieu où leſdits Prévôts ou leurs Lieutenans ſont leur réſidence, & ſuivant l'article XVI. quoiqu'ils n'y faſſent pas leur réſidence; ils ne ſont pas compétens de connoître de tels crimes prévôtaux par leur nature, lorſqu'ils ont été commis dans les Villes & Fauxbourgs où il y a Parlement.

§. III.

De la Campétence des Préſidiaux.

Les Préſidiaux peuvent auſſi connoître en dernier reſſort des perſonnes & crimes dont il eſt fait mention dans les articles précédens, à l'exception néanmoins de ce qui concerne les déſerteurs, ſubornateurs & fauteurs deſdits déſerteurs, dont les Prévôts des Maréchaux connoitront ſeuls à l'excluſion de tous Juges ordinaires. C'eſt la diſpoſition de l'article VII.

Suivant l'article VIII. Les Préſidiaux ne prendront connoiſſance des cas qui ſont Prévôtaux par la qualité des accuſés, ou par la nature du crime, que lorſqu'il s'agira de crimes commis dans la Sénéchauſſée ou Bailliage dans lequel Siége Préſidial eſt établi; & à l'égard de ceux qui auront été commis dans d'autres Sénéchauſſées ou Bailliages, quoique reſſortiſſans audit Siége préſidial dans les deux cas de l'Edit des Préſidiaux, les Baillifs & Sénéchaux royaux en connoitront à la charge de l'appel aux Cours de Parlement, conformément à la Déclaration du Roi du 29 Mai 1702 eſt dans la quatrieme partie; mais il faut obſerver que tout ce qui y eſt porté, eſt rappellé ou changé par les ſuſdits articles & les ſuivans de ladite Déclaration du Roi du 5 Février 1731.

L'article IX. porte qu'en cas de concurrence de procédures, les Préſidiaux, même les Baillifs & Sénéchaux auront la préférence ſur les Prévôts des Maréchaux, s'ils ont informé & décreté avant eux, ou le même jour.

Pour l'intelligence de cet article IX. Il faut remarquer que la préférence qui eſt accordée aux Préſidiaux ſur les Prévôts des Maréchaux, en cas de concurrence ou prévention, ne s'entend ici que dans les cas où ils ne peuvent être compétens, c'eſt-à-dire ſeulement, ſuivant le ſuſdit article VIII. quand il s'agira de crimes prévôtaux par la qualité des accuſés, ou par la nature du crime commis dans la Sénéchauſſée ou Bailliage dans lequel le Siége Préſidial eſt établi; & non des cas dont ils ſont exclus de connoître, portés par ledit article 8. & par l'article 7. Et à l'égard de la préférence qui eſt accordée par ce même article 9 aux Baillifs & Sénéchaux ſur les Prévôts des Maréchaux en cas de concurrence ou prévention, c'eſt lorſque les crimes prévôtaux par la qualité des accuſés ou par la nature du crime, auront été commis dans des Sénéchauſſées ou Bailliages qui n'ont pas de Préſidial annexé.

§. IV.

Compétence des Juges ordinaires.

Il y a aussi, suivant l'article X. certains crimes prévôtaux, dont tous les Juges ordinaires royaux, même ceux des Hauts-Justiciers, peuvent connoître à la charge de l'appel au Parlement, concurremment & par prévention avec les Prévôts des Maréchaux, & même préférablement à eux, s'ils ont informé & décrété avant eux ou le même jour; ce sont les crimes qui ne sont pas du nombre des cas royaux ou prévôtaux par leur nature, mais qui le sont par la qualité des personnes mentionnées dans les susdits articles 1 & 2 de ladite Déclaration, commis dans l'étendue de leur Siége & Justice; en quoi est comprise la contravention aux Edits & Déclarations sur le fait de la mendicité.

§. V.

Du Privilége des Ecclésiastiques, Gentilshommes, Secretaires du Roi & Officiers de Judicature.

L'article XI. porte que les Ecclésiastiques ne seront sujets en aucun cas, ni pour quelque crime que ce puisse être à la Jurisdiction des Prévôts des Maréchaux ou Juges Présidiaux en dernier ressort.

L'article XII. accorde pour l'avenir le même privilége aux Gentilshommes, si ce n'est qu'ils s'en fussent rendus indignes par quelque condamnation qu'ils eussent subi, soit de peine corporelle, bannissement ou amende honorable.

Il faut remarquer à cet égard, qu'encore que les Juges des Hauts-Justiciers soient compétens pour connoître des crimes non royaux ni prévôtaux, commis dans l'étendue de leur Justice par les Gentilshommes, ils ne sont point compétens pour connoître des crimes prévôtaux commis par des Gentilshommes, sous prétexte que suivant cet article XII. les Prévôts des Maréchaux ni les Présidiaux n'en peuvent pas connoître. Il n'est pas à présumer que par le privilége accordé aux Gentilshommes, le Roi ait entendu attribuer aux Juges des Seigneurs une compétence qu'ils n'avoient pas. Quoique les Prévôts des Maréchaux ni les Présidiaux ne puissent plus connoître des crimes prévôtaux de leur nature, commis par des Gentilshommes, ces crimes ne cessent pas d'être prévôtaux, & par conséquent royaux; ils sont de la compétence des Baillifs & Sénéchaux, comme il résulte de l'article XV. dont il sera parlé ci-après. Ainsi tout ce que les Juges des Hauts-Justiciers & Juges du lieu du délit, peuvent faire en ce cas, & même ce qui leur est enjoint de faire, c'est d'informer, décreter & interroger, & en avertir incessamment les Baillifs & Sénéchaux dans le ressort desquels ils exercent la justice suivant l'article XXI. de la même Déclaration.

L'article XIII. contient aussi le même privilége en faveur des Secretaires du Roi & des Officiers royaux de Judicature, du nombre de ceux dont les procès criminels ont accoutumé d'être portés en la Grand'Chambre, ou premiere Chambre des Cours de Parlement.

L'on a ci-devant parlé de ceux qui peuvent requerir d'être jugés par la Grand'Chambre, en expliquant l'article XXI. du titre premier de l'Ordonnance de 1670.

L'article XIV. de ladite Déclaration du 5 Février 1631. porte même, que si dans le nombre de ceux qui seront accusés du même crime, il s'en trouve un seul qui ait une des qualités marquées par les trois articles précédens, les Prévôts des Maréchaux n'en pourront connoître, & seront tenus d'en délaisser la connoissance aux Juges à qui elle appartiendra, quand même la compétence auroit été jugée en leur faveur; & ne pourront aussi les Juges présidiaux en connoître qu'à la charge de l'appel.

De sorte qu'encore qu'il s'agisse d'un cas prévôtal de sa nature, si un Ecclésiastique, un Gentilhomme, un Secretaire du Roi, ou un Officier de Judicature, de la qualité de ceux qui sont exprimés dans la déclaration du Roi du 26 Mars 1676, se trouve accusé comme complice, c'en est assez pour exclure la compétence des Prévôts des Maréchaux en tout état de cause; & le Lieutenant criminel du Bailliage & Siége présidial, s'il est le Juge du lieu du délit, en connoîtra, mais à la charge de l'appel au Parlement, fauf, si c'est un Eccléfiastique, à faire l'instruction conjointement avec l'Official, en cas de réquisition ou révendication.

Mais quoiqu'en ce cas les Prévôts des Maréchaux soient incompétens, ils peuvent néanmoins, aux termes de l'article XV. informer contre les personnes mentionnées dans les articles XI. XII. & XIII. même decreter contre eux, & les arrêter, à la charge de renvoyer les procédures par eux faites aux Bailliages & Sénéchaussées, dans l'étendue desquels le crime aura été commis, pour y être le procès fait & parfait ausdits accusés, ainsi qu'il appartiendra, à la charge de l'appel ès Cours de Parlement.

Il faut remarquer que cet article XV. permet aux Prévôts des Maréchaux, susdit cas seulement, de décreter & arrêter; ainsi il n'est pas en droit d'interroger les personnes mentionnées dans les articles XI. XII. & XIII. Voyez ci-après l'article XXI. au §. 8.

§. VI.

De la compétence des Prévôts & Présidiaux dans les Villes où il y a Parlement.

L'article XVI. porte: Ne pourront pareillement les Prévôts des Maréchaux ni les Juges Présidiaux connoître d'aucuns crimes, quoique prévôtaux, lorsqu'il s'agira de crimes commis dans l'étendue des Villes où les Cours du Parlement sont établies, & Fauxbourgs desdites Villes; & ce, quand même lesdits Prévôts des Maréchaux ou leurs Lieutenans n'y feroient pas leur résidence; le tout à l'exception des cas qui ne sont prévôtaux que par la qualité des accusés, suivant les articles I. & II. des Présentes; desquels cas lesdits Prévôts des Maréchaux ou Présidiaux pourront connoître, même dans les Villes où lesdites Cours ont leur séance, à la charge de se conformer par eux à la disposition de l'article II. de la presente Déclaration, en ce qui concerne l'infraction de ban.

Ainsi cet article XVI. contient encore une restriction à l'article VI.

§. VII.

Des Cas où il y a plusieurs accusés.

Les articles XVII. XVIII. XIX. & XX. décident différentes questions de compétence dans les cas où il y a plusieurs accusés.

L'article XVII. dit, que si les mêmes accusés se trouvent poursuivis pour des cas ordinaires, soit pardevant les Baillifs ou Sénéchaux royaux, soit pardevant les Prévôts, Châtelains, ou autres Juges royaux, même ceux des Hauts-Justiciers, & qu'ils soient aussi prévenus de cas qui soient prévôtaux par leur nature, & qui ayent donné lieu aux Prévôts des Maréchaux au autres Juges Présidiaux de commencer des procédures contre eux, la connoissance de deux accusations appartiendra ausdits Baillifs & Sénéchaux, à l'exclusion des Prévôts, Châtelains ou autres Juges subalternes, & préférablement ausdits Prévôts des Maréchaux & Juges Présidiaux, si lesdits Baillifs & Sénéchaux ou autres Juges à eux subordonnés, ont informé & décreté avant lesdits Prévôts des Maréchaux & Juges Présidiaux, ou le même jour; & lorsque le crime dont le Prévôt des Maréchaux aura connu, n'aura pas été commis dans le ressort des Bailliages & Sénéchaussées où les cas ordinaires seront arrivés, il en sera donné avis aux Procureurs généraux par leurs Substituts, tant ausdits Bailliages & Sénéchaussées, que dans la Jurisdiction du Prévôt des Maréchaux, pour y être pourvû par les Cours de Parlement sur la réquisition desdits Procureurs généraux, par Arrêt de renvoi des deux accusations, dans tel Siége ressortissant esdites Cours qu'il appartiendra.

Par l'article XVIII. le Roi veut réciproquement, que si dans le cas de l'article précédent, les Prévôts des Maréchaux ou les Juges Présidiaux ont informé & décreté pour le crime qui est de leur compétence, avant que les autres Juges nommés dans ledit article ayent informé & décreté pour le cas ordinaire, la connoissance de deux accusations appartienne en entier ausdits Prévôts des Maréchaux, ou ausdits Siéges Présidiaux, pour être instruites & jugées par eux, même pour ce qui regarde les cas ordinaires: & lorsque lesdits cas ne seront pas arrivés dans le département du Prévôt des Maréchaux qui aura connu des cas prevôtaux, le Roi s'est réservé d'y pourvoir sur l'avis qui en sera donné au Chancelier, en renvoyant ses deux accusations pardevant tel Présidial ou Prévôt des

des Maréchaux qu'il appartiendra. N'entendant comprendre dans la disposition du présent article, les accusations dont l'instruction seroit pendante ès Cours contre des coupables prévenus de crimes prévôtaux; ausquels cas en tout état de cause, seront toutes les accusations jointes & portées esdites Cours.

Voyez ce qui sera observé ci-après, *part.* 3. sur l'article 13. du titre de l'Ordonnance de 1670.

L'article XIX. porte, qu'en procédent au Jugement des accusations qui auront été instruites conjointement par lesdits Prévôts & Maréchaux ou Juges Présidiaux, au cas de l'article précédent, les Juges seront tenus de marquer distinctement le cas dont l'accusé sera déclaré atteint & convaincu; au moyen de quoi sera le jugement exécuté en dernier ressort, si l'accusé est déclaré atteint & convaincu du cas prévôtal; sinon ledit jugement ne sera rendu qu'à la charge de l'appel, dont il sera fait mention expresse dans la Sentence, le tout à peine de nullité, même d'interdiction contre les Juges qui auront contrevenu au présent article.

Ainsi voilà un cas où les Prévôts des Maréchaux peuvent ne pas juger en dernier ressort contre ce qui est porté en l'article XIV. de l'Ordonnance de 1670. Voyez aussi ci-après l'article XXVII. de ladite Déclaration.

L'article XX. dit, que si dans le même procès criminel il y a plusieurs accusés, dont les uns soient poursuivis pour un cas ordinaire, & dont les autres soient chargés d'un crime prévôtal, la connoissance des deux accusations appartiendra aux Baillifs & Sénéchaux, préférablement aux Prévôts des Maréchaux & Sieges Présidiaux, soit que les Juges qui auront informé & décreté pour le cas ordinaire ayent prévenu lesdits Prévôts des Maréchaux ou Juges Présidiaux, soit qu'ils ayent été prévenus par eux; & si les Juges Présidiaux s'en trouvent saisis, ils n'en pourront connoître qu'à la charge de l'appel. Voulant qu'il en soit usé de même, s'il se trouve plusieurs accusés, dont les uns soient de la qualité marquée dans les articles I. & II. des Présentes, & dont les autres ne soient pas de ladite qualité.

§. VIII.

Du pouvoir d'informer accordé à tous Juges du lieu du délit, de la prévention, & du délaissement par les Prévôts.

Ce brocard de Droit, *Tout Juge est compétent pour informer*, étoit diversement interpreté; les uns tenoient, sur le fondement de l'article XVI. du titre premier de l'Ordonnance de 1670, que cela n'avoit lieu qu'en cas de flagrant délit; les autres prétendoient que ce brocard s'appliquoit à tout Juge, qui par le Droit commun par un privilége, par attribution ou par connexité, avoit un titre apparent pour connoître de l'accusation, quoiqu'il pût être dépouillé, ou qu'il fût même obligé dans certains cas de se dépouiller. L'on prétendoit aussi qu'il y avoit certaines personnes privilégiées, contre lesquelles tout Juge n'étoit pas compétent pour décreter, même d'informer. Mais voici une nouvelle Loi digne d'un Roi de France.

L'article XXI. de cette Déclaration est conçu en ces termes: Voulons que tous Juges du lieu du délit, royaux ou autres puissent informer, décreter & interroger tous accusés, quand même il s'agiroit de cas royaux ou des cas prévôtaux; leur enjoignons d'y proceder aussi-tôt qu'ils auront eu connoissance desdits crimes, à la charge d'en avertir incessamment nos Baillifs & Sénéchaux, dans le ressort desquels ils exercent leur Justice, par acte dénoncé au Greffe criminel desdits Baillifs & Sénéchaux, lesquels seront tenus d'envoyer querir aussi incessamment les procédures & les accusés.

Ce même article porte, que lesdits Prévôts des Maréchaux pourront pareillement informer de tous les cas ordinaires commis dans l'étendue de leur ressort, même décreter les accusés & les interroger, à la charge d'en avertir incessamment les Baillifs & Sénéchaux royaux, ainsi qu'il a été dit ci-dessus, & de leur remettre les procédures & les accusés, sans attendre même qu'ils en soient requis.

Il résulte de cet article, qui parle généralement & indistinctement de tous accusés, & de toutes sortes de crimes sans aucune réserve, que tout Juge ordinaire du lieu du délit, soit royal ou seigneurial, peut pour toute sorte de crimes informer & décreter contre toutes personnes indistinctement, & les interroger, soit que l'accusé soit pris en flagrant délit, & arrêté à la clameur publique ou non.

La seule exception qu'il paroît que l'on peut faire à la premiere disposition de cet article XXI. est que s'il s'agit d'une personne privilégiée, & que la séance du Juge de son privilége soit dans le lieu du délit, le premier Juge ordinaire, quoique Juge du lieu du délit, doit s'abstenir d'en connoître, parce qu'en ce cas il est aussi facile de recourir au Juge du privilégié délinquant, sauf néanmoins le flagrant délit, auquel cas il est toujours important d'arrêter le coupable, pour ensuite le remettre à qui il appartient.

C'est ainsi que l'on peut concilier la disposition de cet article XXI. avec l'article XXII. du titre premier de l'Ordonnance de 1670, concernant le privilége des Officiers de la Chambre des Comptes de Paris.

A l'égard de la seconde disposition du même article XXI. concernant les Prévôts des Maréchaux, voyez ce qui a été observé ci-devant sur l'article XV. de ladite Déclaration du Roi, au §. 6. Ils ne doivent point interroger les personnes mentionnées dans les Articles XI. XII. & XIII. parce que l'interrogatoire est un acte d'exercice de Jurisdiction qui ne peut appartenir en aucun cas aux Prévôts des Maréchaux, sur les personnes privilégiées mentionnées dans ces trois articles ; & que l'article XV. ne leur permet que d'informer & arrêter lesdites personnes privilégiées, & leur ordonne ensuite de les renvoyer aux Bailliages & Sénéchaussées, sans qu'il soit parlé d'interrogatoire. C'est ainsi qu'il faut concilier cette seconde disposition de l'article XXI. avec l'article XV.

L'article XVI. du titre 1. de l'Ordonnance de 1670. porte, que si les coupables de l'un de l'autre cas royaux ou prévôtaux sont pris en flagrant délit, le Juge des lieux pourra informer & décreter contre eux, & les interroger, à la charge d'en avertir incessamment les Baillifs & Sénéchaux, ou leurs Lieutenans criminels, par Acte signifié à leur Greffe : après quoi ils seront tenus d'envoyer querir le procès & les accusés, qui ne pourront leur être refusés, à peine d'interdiction, & de trois cens liv. contre les Juges, Greffiers & Géoliers, applicables moitié au Roi, & l'autre moitié aux pauvres & aux nécessités de l'Auditoire des Baillifs & Sénéchaux, ainsi qu'il sera par eux ordonné.

L'article XXII. de la Déclaration du 5. Février 1731. interprétant en tant que besoin seroit cet article XVI. du titre premier de l'Ordonnance de 1670, dit que si les coupables d'un cas royal ou prévôtal ont été pris, soit en flagrant délit, ou en exécution d'un décret décerné par le Juge ordinaire des lieux, avant que le Prévôt des Maréchaux ait décerné un pareil decret contre eux, le Lieutenant criminel de la Sénéchaussée ou du Bailliage supérieur sera censé avoir prévenu ledit Prévôt des Maréchaux, par la diligence du Juge inférieur.

Suivant l'art. XIV. du titre 2. de l'Ordonnance de 1670, si le crime n'étoit pas de la compétence des Prévôts des Maréchaux, ils étoient tenus d'en délaisser la connoissance dans les vingt-quatre heures au Juge du lieu du délit ; après quoi ils ne pouvoient le faire que par l'avis des Présidiaux.

Mais l'article XXIII. de la Déclaration du Roi du 5 Février 1731. porte, que le terme de vingt-quatre heures dans lequel les Prévôts des Maréchaux sont tenus, suivant l'article XIV. du titre 2. de l'Ordonnance 1670, de délaisser au Juge ordinaire du lieu du délit, la connoissance des crimes qui ne sont pas de leur compétence, sans être obilgés de prendre sur ce l'avis des Présidiaux, ne commencera à courir que du jour du premier interrogatoire, auquel ils seront tenus de procéder dans les vingt-quatre heures du jour de la capture. Voyez sur cet interrogatoire les articles XV. & XXI. de ladite Déclaration, & les observations qu'on y a faites ci-devant.

¶ L'on demande si un Prévôt des Maréchaux étant déclaré incompétent, les décrets par lui décernés & la contumace par lui instruite subsistent en leur entier ? Le Prévôt des Maréchaux de Chaumont en Bassigny avoit fait informer contre différens meurtriers. Le Présidial avoit jugé le cas prévôtal. Deux accusés étoient prisonniers, un autre contumax. Ils se pourvurent au Grand Conseil. La Sentence de compétence du Présidial fut cassée, & les accusés renvoyés devant le Lieutenant criminel du Bailliage de Chaumont, pour leur être leur procès fait & parfait jusqu'à Sentence définitive inclusivement. Toute l'instruction étoit faite & le procès même en état d'être jugé.

La difficulté étoit de sçavoir si le Juge étant declaré incompétent, les decrets subsistoient; si l'accusation donnée à la quinzaine, & celle donnée ensuite à la huitaine, subsistoient pareillement, ensorte qu'il ne fût plus question que de rendre un Jugement qui ordonnât le récollement & la confrontation; ou si ces assignations ne subsistoient plus, & s'il falloit de nouveau recommencer l'instruction de contumace. Feu M. Amyot consulté sur cette question, répondit que tout ce qui avoit été fait depuis le Jugement de compétence étoit nul, & qu'il n'y avoit uniquement que l'information & les décrets qui subsistassent; qu'il falloit recommencer de nouveau à interroger les accusés, & ordonner que les témoins seroient récollés & confrontés aux accusés; qu'il falloit pareillement instruire de nouveau la contumace, en renouvellant les assignations à quinzaine & à huitaine, pour ses défauts ordonner avant que d'en adjuger le profit, que le récollement vaudra confrontation.

§. IX.

Procédures particulieres que les Prévôts des Maréchaux, Lieutenans criminels de Robe-courte, & les Officiers des Siéges Présidiaux, doivent tenir en matiere criminelle.

L'article XXIV. porte, que les Prévôts des Maréchaux, Lieutenans criminels de Robe-courte, & les Officiers des Siéges Présidiaux, seront tenus de déclarer à l'accusé, au commencement du premier interrogatoire, qu'ils entendent le juger en dernier ressort, & d'en faire mention dans ledit interrogatoire, le tout sous les peines portées par l'article XIII. du titre 2. de l'Ordonnance de 1670; & faute par eux d'avoir satisfait à ladite formalité, le Roi veut que le procès ne puisse être jugé qu'à la charge de l'appel, à l'effet de quoi il sera porté au Siége de la Sénéchaussée ou du Bailliage, dans le ressort duquel le crime aura été commis, pour y être instruit & jugé ainsi qu'il appartiendra.

Les peines faute de satisfaire à cette formalité, prononcées contre ces Juges par l'article XIII. de l'Ordonnance de 1670, & renouvellées par cet article XXIV. de ladite Déclaration du Roi, sont la nullité de la procédure, & tous dommages & intérêts; ce qui par conséquent peut donner lieu contre eux à la prise à partie.

Suivant l'article XX. du titre 2. de l'Ordonnance de 1670. le Jugement de compétence sera prononcé, signifié, copie baillée sur le champ à l'accusé, à peine de nullité des procédures, & de tous dépens, dommages & intérêts contre le Prévôt & le Greffier du Siége où la compétence aura été jugée.

Mais il est dit par l'article XXV. de ladite Déclaration, que lorsque les Prévôts des Maréchaux, ou autres Officiers qui sont obligés de faire juger leur compétence, auront été declarés compétens par Sentence du Présidial à qui il appartiendra d'en connoître, ladite Sentence sera prononcée sur le champ à l'accusé, en présence de tous les Juges, & mention sera faite par le Greffier de ladite prononciation au bas de la Sentence, laquelle mention sera signée de tous ceux qui auront assisté au Jugement de l'accusé, s'il sçait & veut signifier, sinon sera fait mention de sa déclaration qu'il ne sçait signer, ou de son refus, le tout à peine de nullité, & sans préjudice de l'exécution des autres dispositions de l'article XX. du titre 2. de l'Ordonnance de 1670.

Ainsi outre la prononciation, signification & copie de la Sentence de compétence sur le champ à l'accusé, il faut satisfaire aux autres formalités prescrites par cet article XXV. Mais il faut remarquer que le défaut des formalités prescrites par l'article XX. du titre 2. de l'Ordonnance de 1670. emporte la peine de nullité des procédures, & de tous dommages & intérêts, contre le Prévôt & le Greffier du Siége: au lieu que le défaut des formalités prescrites par cet article XXV. de la Déclaration du Roi n'emporte que la peine de nullité.

L'article XXVI. porte, que lorsque les Prévôts des Maréchaux & autres Juges en dernier ressort qui sont obligés de faire juger leur compétence; auront été declarés incompétens par Sentence des Juges Présidiaux, ni les Parties civiles, ni lesdits Officiers ou les Procureurs du Roi aux Siéges Présidiaux ou aux Maréchaussées, ne pourront se pourvoir en quelque maniere que ce soit contre les Jugemens par lesquels lesdits Prévôts des Maréchaux ou autres Juges en dernier ressort, auront été déclarés incompétens, ni demander que l'accusé soit renvoyé pardevant eux; mais sera ladite

Sentence exécutée irrévocablement à l'égard du procès sur lequel elle sera intervenue ; n'entend néanmoins empêcher que si lesdits Officiers prétendent que ledit Jugement donne atteinte aux droits de leur Jurisdiction, & peut être tiré à conséquence contre eux dans d'autres, ils n'en portent leurs plaintes au Roi, pour y être par lui pourvû ainsi qu'il appartiendra.

L'article XXVII. contient deux exceptions ; l'une à l'article XXV. en ce qu'il présuppose que les Prévôts des Maréchaux sont toujours tenus de faire juger leur compétence ; l'autre à l'article XIV. du titre 1 de l'Ordonnance de 1670, qui dit que les Prévôts des Maréchaux, Vice-Baillifs & Vice-Sénéchaux, ne pourront juger en aucun cas à la charge de l'appel.

Cet article XXVII. porte, que dans les accusations de duel, les Prévôts des Maréchaux ne pouvant juger qu'à la charge de l'appel, suivant l'article XIX. de l'Edit du mois d'Août 1679, ils ne déclareront point à l'accusé qu'ils entendent le juger en dernier ressort, & il ne sera donné aucun Jugement de compétence : ne pourra être aussi formé aucun Réglement de Juges à cet égard, sauf en ce cas de contestation entre différens Siéges sur la compétence, à y être pourvû par les Cours de Parlement sur la Requête des accusés, ou sur celle des Procureurs auxdits Siéges, ou sur la réquisition des Procureurs généraux du Roi.

L'article XXVIII. dit que les Prévôts des Maréchaux, même dans le cas de duel, seront tenus de se faire assister de l'Assesseur en la Maréchaussée, ou en l'absence dudit Assesseur, de tel autre Officier de Robe-longue, qui sera commis par le Siége où se fera l'instruction du procès ; & ce, tant pour les interrogatoires des accusés, que pour ladite instruction ; le tout conformément aux articles XII. & XXII. du titre 2. de l'Ordonnance de 1670, à l'exceptiou néanmoins de l'interrogatoire fait au moment ou dans les vingt-quatre heures de la capture qui pourra être faite sans l'Assesseur, suivant ledit article XII ; & audit cas de duel, les Jugemens préparatoires, interlocutoires ou définitifs ne pourront être rendus qu'au nombre de cinq Juges au moins, & il sera fait deux minutes desdits Jugemens, conformément à l'article XXV. du même titre.

L'article XXIX. porte, que l'article XIX. du titre 6. de l'Ordonnance de 1670. sera exécuté selon sa forme & teneur ; & en y ajoutant, veut que les Greffiers des Bailliages, Sénéchaussées, Présidiaux & Maréchaussées soient tenus d'envoyer tous les six mois aux Procureurs généraux ès Cours de Parlement, chacun dans leur ressort, un extrait de leur Registre ou dépôt signé d'eux, & visé, tant par les Lieutenans criminels, que par les Procureurs du Roi auxdits Bailliages, Sénéchaussées & Siéges Présidiaux ; dans lequel extrait ils seront tenus d'inserer en entier la copie des Jugemens de compétence, rendus pendant les six mois précédens, & de la prononciation d'iceux en la forme prescrite par l'article XXIV. ci-dessus de ladite Déclaration ; le tout à peine d'interdiction, & de telle amende qu'il appartiendra, & sans préjudice de l'exécution des autres dispositions contenues dans ledit article XIX. du titre 6. de l'Ordonnance de 1670.

Enfin par l'article XXX. le Roi veut que ladite Déclaration soit exécutée selon sa forme & teneur ; dérogeant à cet effet à toutes Loix, Ordonnances, Edits, Déclarations & Usages, même à ceux du Châtelet de Paris, en ce qu'ils pourroient avoir de contraire aux dispositions de ladite Déclaration du 5 Février 1731, qui a été registrée au Parlement, purement & simplement, & sans aucune modification ni restriction, le 16 du même mois de Février.

§. X.

Articles de l'Ordonnance de 1670, auxquels cette Déclaration du Roi de 1731. a dérogé, ou y a ajouté, ou qui subsistent en leur entier.

L'article XII. du titre 1. de l'Ordonnance de 1670, qui explique les cas prévôtaux dont la connoissance étoit attribuée aux Prévôts des Maréchaux, Lieutenans criminels de Robe-courte, Vice-Baillifs & Vice-Sénéchaux, en cas que lesdits crimes eussent été commis hors des Villes de leur résidence, est à présent anéanti, au moyen des articles I. II. III. IV. V. & VI. de ladite Déclaration.

L'article XIII. qui réserve en général les priviléges des Ecclésiastiques, est plus distinctement expliqué par les articles XI. XIV. & XV. de ladite Déclaration.

L'article XIV. qui porte que les Prévôts des Maréchaux, Vice-Baillifs & Vice-Sénéchaux, ne pourront juger en aucun cas à la charge de l'appel, se trouve restraint & modifié par les articles XXIV. & XXVII. de ladite Déclaration. *Vide suprà.*

L'article XV. qui veut que les Juges présidiaux connoissent aussi en dernier ressort des personnes & crimes mentionnés en l'article XII. de ladite Ordonnance, & préférablement aux Prévôts des Maréchaux, Lieutenans criminels de Robe-courte, Vice-Baillifs & Vice-Sénéchaux, s'ils ont décreté avant eux, ou le même jour, est aussi restraint & modifié par les articles VII. VIII. & IX. de ladite Déclaration.

L'article XVI. dont on a ci-devant rapporté la teneur, a été interpreté par l'article XXII. de ladite Déclaration, & même par l'article XXI. qui fait une loi générale.

L'article XVII. porte, que les Lieutenans criminels des Siéges où il y a Présidial, seront tenus dans le cas énoncés en l'article XII. faire juger leur compétence par jugement en dernier ressort; & pour cet effet porter à la Chambre du Conseil du Présidial, les charges & informations, & y faire conduire les accusés pour être ouis en présence de tous les Juges, dont ils seront tenus faire mention dans leurs jugemens, ensemble des motifs sur lesquels ils seront fondés pour juger la compétence.

Ladite Déclaration ne donne point atteinte à cet article de l'Ordonnance; les Prévôts des Maréchaux & autres dans tous les cas où ils jugent en dernier ressort, sont obligés de faire juger leur compétence.

¶ Au sujet de la disposition de cet article XXVII. du titre 1. de l'Ordonnance de 1670, il s'est présenté une difficulté. Plusieurs accusés sont décretés pour le même crime; leur procès s'instruit conjointement: lorsqu'on est prêt de juger la compétence, un des accusés tombe malade dans un Hôpital, ou dans quelqu'autre lieu dont on ne peut le faire transporter sans danger; les Juges ne peuvent aller l'interroger, pour ensuite juger la compétence. Dans une pareille circonstance, il faut seulement le faire visiter par Médecins & Chirurgiens, pour connoître s'il seroit en danger de sa vie si on le transportoit dans le lieu de la Jurisdiction, pour être interrogé devant tous les Juges. Il est inutile que le Président de la Compagnie ou un autre se transporte pour l'interroger, pour ensuite juger la compétence, parce qu'il est d'une nécessité indispensable qu'il soit interrogé en la Chambre du Conseil en présence de tous les Juges. Il faut donc attendre que l'accusé se porte mieux, pour ensuite le transporter & juger la compétence à son égard. Il faut interroger les accusés qui sont prisonniers, juger la compétence par rapport à eux, & procéder au Jugement définitif de leur procès. C'est ce qu'il faut observer pour éviter la nullité & les 500 liv. d'amende portée par l'article XIX. du titre 2. de l'Ordonnance. Ainsi décidé par M. Amyot en consultation.

L'article XVIII. porte, que les jugemens de compétence seront prononcés aussitôt aux accusés, & baillé copie, & procédé ensuite à leur interrogatoire, au commencement duquel sera encore déclaré que le procès leur sera fait en dernier ressort.

La disposition de cet article doit subsister en son entier, aussi-bien que celle de l'article XX. du titre 2. de ladite Ordonnance, avec l'addition portée par l'article XXV. de ladite Déclaration.

L'article XIX. porte: N'entendons néanmoins rien innover à l'usage de notre Châtelet de Paris, dont les Juges pourront déclarer aux accusés dans leur dernier interrogatoire sur la sellette, qu'ils seront jugés en dernier ressort; si par la suite des preuves survenues au procès, ou par la confession des accusés, il paroît qu'ils ayent été repris de Justice, ou soient vagabonds & gens sans aveu. Il n'est point dérogé à cet usage particulier des Juges du Châtelet de Paris; mais ils ne sont pas pour cela dispensé de satisfaire à l'article XXIV. de ladite Déclaration du Roi, qui veut indistinctement que cette Déclaration soit faite aux accusés au commencement du premier interrogatoire, puisque l'article XXIV. de ladite Déclaration est contraire à l'article XIX. de l'Ordonnance; & que l'article XXX. de ladite Déclaration déroge expressément aux usages du Châtelet de Paris, en ce qu'ils pourroient avoir de contraire à cette Déclaration.

L'article XX. veut que tous Juges, à la réserve des Juges & Consuls, & des bas & moyens Justiciers, puissent connoître des inscriptions de faux, incidentes aux affai- Articles de l'Ordonnance.

de 1670, auxquels la Déclaration du 5 Février 1731, a dérogé, ou y a ajouté, ou qui subsistent en leur entier.

res pendantes pardevant eux, & des rebellions commises à l'exécution de leurs jugemens.

Il n'est aucunement dérogé à cet article d'Ordonnance par ladite Déclaration.

L'article XXI. parle du privilége des Ecclésiastiques, Gentilshommes & Secretaires du Roi, de pouvoir requerir d'être jugés à la Grand'Chambre du Parlement. Voyez ce qui a été observé ci-devant, §. V.

A l'égard de l'article XXII. & dernier, concernant le privilége des Officiers de la Chambre des Comptes de Paris; voyez aussi ce qui a été observé à ce sujet, page 162. & suivantes.

L'article I. du titre 2. de ladite Ordonnance de 1670. porte, que les Prévôts des Maréchaux ne connoîtront d'autres cas que de ceux énoncés dans l'article XII. du titre 1, à peine d'interdiction, de dépens, dommages & intérêts, & de 300. liv. d'amende applicable, moitié envers le Roi, & l'autre moitié envers la Partie. L'on a ci-devant observé le changement de la compétence des Prévôts des Maréchaux fait par ladite Déclaration; comment & à quelles charges ils peuvent, suivant l'article XXI. de ladite Déclaration, informer, décreter & interroger; & faute par eux d'y satisfaire, ils pourront être condamnés aux peines portées par cet article I. du titre 2. de l'Ordonnance, à laquelle il n'a point été dérogé en ce point par ladite déclaration.

Il n'a pas été non plus dérogé à l'article II. qui porte qu'ils ne pourront aussi recevoir aucune plainte, ni informer hors leur ressort, si ce n'est pour rebellion à l'exécution de leurs décrets; puisque l'article XXI. de ladite Déclaration ne leur donne le pouvoir d'informer, décreter & interroger, que des crimes commis dans l'étendue de leur ressort. Et à l'égard de la rebellion à l'exécution de leurs décrets, ils ne font qu'user du droit commun à tous Juges qui ont droit de décerner des decrets.

Ni à l'article III. qui porte qu'ils seront tenus de mettre à exécution les decrets & mandemens de Justice, lorsqu'ils en seront requis par les Juges royaux, & sommés par les Procureurs du Roi ou par les Parties, à peine d'interdiction & de 300. liv. d'amende, moitié vers le Roi, moitié vers la Partie.

L'on doit inférer de cet article, que les Juges des Hauts-Justiciers & les Procureurs Fiscaux ont ce droit, pour obtenir main forte; puisqu'il est accordé aux Parties par cet article III.

L'article IV. qui leur enjoint d'arrêter les criminels pris en flagrant délit, ou à la clameur publique, subsiste pareillement en toute sa force.

Il en est encore de même de l'article V. qui défend auxdits Prévôts de donner des commissions pour informer, à leurs Archers, à des Notaires, Tabellions, ou aucunes autres personnes, à peine de nullité de la procédure, & d'interdiction contre le Prévôt. Ainsi il n'y a que les Prévôts, leurs Lieutenans ou Assesseurs qui puissent recevoir les informations avec leurs Greffiers.

De même de l'article VI. qui porte que leurs Archers pourront écroner les prisonniers arrêtés en vertu de leurs decrets. Ils peuvent cependant sans décret ni ordonnance préalable arrêter les coupables pris en flagrant délit.

De même aussi de l'article VII. qui dit qu'ils seront tenus de laisser aux prisonniers qu'ils auront arrêtés, copie du procès verbal de capture & de l'écroue, sous les peines portées, par le premier article ci-dessus. Mais il ne leur faut pas laisser copie du decret, parce que ce seroit découvrir aux accusés les noms des autres accusés qu'il est important de ne leur pas faire connoître.

De même de l'article VIII. qui porte que les accusés contre lesquels le Prévôt des Maréchaux aura reçu plainte, informé & décreté, pourront se mettre dans les prisons du Présidial du lieu du délit, pour y faire juger la compétence, & à cet effet faire porter au Greffe les charges & informations, en vertu du Jugement du Présidial, ce que le Prévôt sera tenu de faire incessamment.

De même de l'article IX. qui dit que les Prévôts des Maréchaux, en arrêtant un accusé, seront tenus de faire inventaire de l'argent, hardes, chevaux & papiers dont il se trouvera saisi, en présence de deux habitans les plus proches du lieu de la capture, qui signeront l'inventaire, sinon déclareront la cause de leur refus, dont il sera fait mention; pour être le tout remis dans trois jours au plus tard au Greffe du lieu de la capture, à peine d'interdiction contre le Prévôt pour deux ans, dépens, dommages & intérêts des Parties, & de 500. livres d'amende applicable comme ci-dessus.

De même de l'article X. par lequel il est dit, qu'à l'instant de la capture l'accusé sera conduit ès prisons du lieu, s'il y en a, sinon aux plus prochaines, dans vingt-quatre heures au plus tard ; il est défendu aux Prévôts de faire chartre privée dans leurs maisons ni ailleurs, à peine de peine de privation de leurs charges.

De même de l'article XI. qui défend à tous Officiers de Maréchaussée de retenir aucuns meubles, armes ou chevaux saisis ou appartenans aux accusés, ni de s'en rendre adjudicataires sous leur nom, ou celui d'autres personnes, à peine de privation de leurs Offices, cinq cens livres d'amende, & de restitution du quadruple.

Articles de l'Ordonnance de 1670. ausquels la Déclaration du 5 Février 1731. a dérogé, ou y a ajouté, ou qui subsistent en leur entier.

De même de l'article XII. qui ordonne que les accusés seront interrogés par le Prévôt, en présence de l'Assesseur, dans les vingt-quatre heures de la capture à peine de deux cens livres d'amende envers le Roi. Pourra néanmoins les interroger sans Assesseur, au moment de la capture. Ce tems de vingt-quatre heures est encore répété dans l'article XXIII. de ladite Déclaration.

L'article XIII. enjoint aux Prévots des Maréchaux de déclarer à l'accusé au commencement du premier interrogatoire, & d'en faire mention, qu'ils entendent le juger prévôtalement, à peine de nullité de la procedure, & de tous dépens, dommages & intérêts.

Outre les peines de nullité, & de tous dépens, dommages & intérêts portés par cet article de l'Ordonnance, le Prévôt en ce cas doit être jugé par les Baillifs ou Sénéchaux, à la charge de l'appel. Voyez ci-devant l'article XXIV. de ladite Déclaration.

L'article XIV. porte, que si le crime n'est pas de la compétence des Prévôts des Maréchaux, ils seront tenus d'en laisser la connoissance dans les vingt-quatre heures au Juge du lieu du délit ; après quoi ils ne pourront le faire que par l'avis des Présidiaux. Voyez ci-devant l'article XXIII. de ladite Déclaration qui confirme cet article de l'Ordonnance, & y ajoute.

L'article XV. qui veut que la compétence soit jugée au Présidial, dans le ressort duquel la capture aura été faite, dans trois jours au plus tard, encore que l'accusé n'ait point proposé de déclinatoire, subsiste en son entier. Voyez la fin de l'article XXV. de ladite Déclaration du Roi.

Nota, 1°. Le Prévôt des Maréchaux doit non-seulement faire juger sa compétence pour juger un accusé contradictoirement, mais encore pour juger par contumace ; & quoique le Prévôt ait été déclaré compétent pour juger la contumace, si l'accusé se présente, il faut qu'il fasse juger de nouveau sa compétence. Voyez l'Edit de Décembre 1660, dans la quatriéme partie de ce Traité.

Nota, 2°. L'on ne met pas l'accusé sur la sellette pour subir l'interrogatoire lors du Jugement de la compétence, mais derriere le Barreau.

¶ Pour qu'un Prévôt des Maréchaux puisse être déclaré compétent, il faut que l'avis de la compétence passe de deux voix, sans quoi le procès doit être fait à l'accusé à l'ordinaire. Dans cette occasion les voix de deux parens qui sont de même avis, ne sont comptées que pour une.

De même de l'article XVI. qui porte que les récusations qui seront proposées contre le Prévôt des Maréchaux avant le Jugement de la compétence, seront jugées au Présidial, au rapport de l'Assesseur en la Maréchaussée, ou d'un Conseiller du Siége, au choix de la Partie qui les présentera, & celles contre l'Assesseur, aussi par l'un des Officiers dudit Siége ; & les récusations qui seront portées depuis le Jugement de la compétence, seront réglées au Siége où le procès criminel devra être jugé.

De même de l'article XVII. qui porte que l'accusé ne pourra être élargi pour quelque cause que ce soit, avant le Jugement de la compétence, & ne pourra l'être après que par Sentence du Présidial ou Siége qui devra juger définitivement le procès.

De même de l'article XVIII. qui dit que les Jugemens de compétence ne pourront être rendus que par sept Juges au moins, & ceux qui y assisteront seront tenus d'en signer la minute ; à quoi il est enjoint à celui qui présidera & au Prévôt de tenir la main, à peine contre chacun d'interdiction, de cinq cens livres d'amende envers le Roi, & des dommages & intérêts des Parties : & il faut remarquer que l'article XXVIII. de ladite Déclaration, qui parle du nombre de cinq Juges, ne parle que des Jugemens au cas de duel, & ne déroge en aucune maniere à cet article XVIII. de l'Ordonnance. Il faut aussi remarquer, qu'encore que le Prévôt soit pour ainsi dire Partie dans le Jugement de sa compétence, il doit néanmoins être du nombre des Juges, comme il résulte suffisamment des termes dudit article XVIII. de l'Ordonnance. En effet, comment le Prévôt pourroit-il tenir la main à l'exécution de cet article, s'il n'étoit présent au Jugement ? Il est vrai que la Déclaration du Roi du 11. Décembre 1566, sur l'Ordonnance de Moulins, parlant des Prévôts des Maréchaux, Vice-Baillifs & Vice-Sénéchaux ou leurs Lieutenans, porte : *lesquels toutefois n'entendons qu'ils assistent, n'opinent aux Jugemens de leur compétence ou incompétence.* Mais cette Déclaration registrée au Parlement le 23. Décembre 1566, du très-exprès commandement du Roi, & plusieurs fois réiteré, n'a point eu d'exécution, & est contraire à l'usage. Il est d'usage au Châtelet de Paris, fondé sur un Arrêt du Conseil du 2. Septembre 1678, que le Lieutenant criminel assiste au Jugement de sa compétence ; il a même le rapport des charges & informations en la Chambre du Conseil du Présidial, avec voix délibérative au Jugement de sa compétence. Il en est de même de tous les Lieutenans criminels du Royaume. Voyez l'Arrêt de Réglement du 30. Mars 1719, rapporté par Brillon, tome 3. page 945. C'est bien le moins que les Prévôts des Maréchaux ayent le droit d'assister au Jugement de leur compétence ; & encore une fois, s'ils n'y assistoient pas, il ne leur seroit pas possible de tenir la main à l'exécution de l'article XVIII. de l'Ordonnance. Il y a néanmoins des Siéges, comme Abbeville & plusieurs autres ; où le Prévôt des Maréchaux n'assiste point au Jugement de sa compétence, & cela sur le fondement de la Déclaration du Roi du 11. Décembre 1566, parce qu'il peut voir lorsque le Jugement de compétence lui est remis, s'il est signé de sept Juges. Mais outre la présence du Prévôt, il doit y avoir sept Juges, attendu que pour le Jugement de la compétence, le Prévôt est pour ainsi dire Partie, & que l'usage du Châtelet de Paris, au sujet du Lieutenant criminel pour le Jugement de sa compétence, est fondé sur un privilége particulier.

Il est encore à remarquer que le Jugement de compétence est un Jugement civil, & que par conséquent les Conseillers-Clercs peuvent y assister.

De même de l'article XIX. par lequel il est dit que la compétence ne pourra être jugée, que l'accusé n'ait été oui en la Chambre, en présence de tous les Juges, dont on fera mention dans le Jugement, ensemble du motif de la compétence, sur les peines portées par l'article précédent contre le Président, & de nullité de la procédure qui sera faite depuis le Jugement de la compétence.

Il n'est pas douteux, aux termes de cet article 19. du tit. 2. de l'Ordonnance de 1670, conforme en cela à l'Edit d'Amboise du mois de Janvier 1572, que l'on doit faire mention dans les Jugemens de compétence de motifs qui ont déterminé à juger la compétence du Prévôt des Maréchaux. Et il en doit être de même des raisons d'incompétence, lorsque le Prévôt des Maréchaux est déclaré incompétent, suivant le même article 19. de l'Edit d'Amboise, & ainsi qu'il a été jugé par Arrêts du Grand Conseil des 24. Mai 1618, & 31. Septembre 1644, rapportés dans Neron, tom. 2. pag. 569, 702. & 703.

L'article XX. porte, que le Jugement de compétence sera prononcé, signifié & baillé copie sur le champ à l'accusé, à peine de nullité des procédures, & de tous dépens, dommages & intérêts, contre le Prévôt & le Greffier du Siége où la compétence aura été jugée.

Cet article de l'Ordonnance est confirmé, & y est ajouté par l'article XXV. de ladite Déclaration, comme on l'a ci-devant observé.

Articles de l'Ordonnance pe 1670, ausquels la Déclaration du 5 Février 1731 a dérogé, ou y a ajouté, ou qui subsistent en leur entier.

L'article XXI. porte, que si le Prévôt est déclaré incompétent, l'accusé sera transféré ès prisons du Juge du lieu où le délit aura été commis, & les charges & informations, procès-verbal de capture, & interrogatoire de l'accusé, & autres piéces & procédures remises à son Greffe : ce que le Roi veut être exécuté dans les deux jours pour le plus tard après le Jugement d'incompétence, à peine d'interdiction pour trois ans contre le Prévôt, de cinq cens livres d'amende envers le Roi, & des dépens, dommages & intérêts des Parties.

Ladite Déclaration de 1731. ne déroge point à cet article XXI. de l'Ordonnance ; l'article XXVI. de cette Déclaration ci-devant rapporté, porte au contraire qu'en ce cas la Sentence qui aura jugé le Prévôt des Maréchaux incompétent, sera exécutée irrévocablement à l'égard du procès sur lequel elle sera intervenue.

C'est la minute même des charges & informations, procès-verbal de capture & interrogatoire de l'accusé, qui doit être envoyée & remise au Greffe du Juge qui doit connoître

connoître de l'affaire à l'ordinaire, & à la charge de l'appel, & les autres piéces & procédures telles qu'elles sont, & non les grosses; parce que dès que le Prévôt est dépouillé par son incompétence, il ne doit rien rester à son Greffe ou Greffe du Presidial, tout doit être remis au Greffe du Siége où l'affaire a été renvoyée; mais quand à la minute du Jugement d'incompétence, elle restera au Greffe du présidial, sauf à en joindre une expédition aux piéces envoyées.

L'article XXII. du même titre de l'Ordonnance de 1670. enjoint au prévôt qui aura été déclaré compétent, de procéder incessamment à la confection du procès de l'accusé avec son Assesseur, sinon avec un des Conseillers du Siége où il devra être jugé, suivant la distribution ou nomination qui en sera faite par le Président de ce Siége. Il n'a point été non plus dérogé à cet article par ladite Déclaration.

Sur quoi il faut remarquer que par le mot de *confection du procès*, il faut entendre l'instruction du procès jusqu'au jugement définitif inclusivement & en dernier ressort, ainsi & de la maniere des autres procès criminels. Cette instruction doit être faite par le Prévôt & l'Assesseur conjointement, cet Assesseur doit être Licencié & Gradué, c'est un Office de Robe-longue; & au défaut de l'Assesseur, par un Conseiller du Présidial ou Siége royal où l'affaire est pendante.

Au reste, il faut observer que l'accusé peut se pourvoir au Grand Conseil en cassation de la Sentence de compétence.

L'article XXIII. porte, que si après le procès commencé pour un crime prévôtal il survient de nouvelles accusations dont il n'y a point eu de plainte en Justice, pour crimes non prévôtaux, elles seront instruites conjointement, & jugées prévôtalement.

Quoique cet article XXIII. de l'Ordonnance ne soit pas rappellé par ladite Déclaration, & même qu'il n'en soit pas fait mention expressément, néanmoins il paroît qu'il a donné lieu aux articles XVII. XVIII. XIX. & XX. de ladite Déclaration ci-devant rapportés, qui décident plusieurs questions sur le concours du cas prévôtal & du cas ordinaire, quand il n'y a qu'un seul accusé, ou quand il y en a plusieurs; ausquels articles il faut encore joindre l'article XXV. de ladite Déclaration, lequel a aussi été rapporté ci-devant, & par lequel il n'y a point été donné atteinte. Cependant il faut observer que cet article XXIII. de l'Ordonnance parle du concours du cas prévôtal & du cas ordinaire contre le même accusé, lorsque du cas ordinaire survenu il n'y a point eu de plainte en Justice; au lieu que les articles cités de ladite Déclaration parlent des cas où il y a eu plainte en Justice; voyez l'article XVIII. de ladite Déclaration; de sorte qu'encore que dans le cas de cet article XXIII. le cas ordinaire ne soit pas arrivé dans le département du Prévôt des Maréchaux qui aura connu du cas prévôtal, il n'est point nécessaire de surseoir l'instruction, ni de se pourvoir au Conseil, pour y être pourvu sur l'avis du Chancelier de France; il est en droit d'en connoître en vertu dudit article XXIII. de l'Ordonnance.

L'article XXIV. porte, qu'aucune Sentence prévôtale, préparatoire, interlocutoire ou définitive, ne pourra être rendue qu'au nombre de sept au moins Officiers ou Gradués, en cas qu'il ne se trouve au Siége nombre suffisans de Juges; & seront tenus ceux qui y auront assisté de signer la minute à peine de nullité, & le Greffier de les interpeller, à peine de 500. livres d'amende contre lui & contre chacun des refusans.

Il en faut excepter les Sentences rendues dans le cas de duel. Voyez l'article XXVIII. de ladite Déclaration.

Plusieurs ont prétendu que depuis la Déclaration du Roi du 13 Janvier 1682, par laquelle il est enjoint aux Juges de ne pas s'absenter & rester nombre suffisant pour les Jugemens présidiaux & prévôtaux, il n'étoit plus permis de prendre des Gradués pour suppléer le nombre des Juges; mais il est aisé de voir que cette Déclaration ne donne pas atteinte & ne déroge pas à l'article XI. du titre 25. & à l'article XXIV. du titre 11. de l'Ordonnance de 1670.

L'article XXV. ordonne qu'il soit dressé deux minutes des Jugemens prévôtaux, qui seront signées par les Juges, dont l'une demeurera au Greffe du Siege où le procès aura été jugé, & l'autre au Greffe de la Maréchaussée, à peine d'interdiction pour trois ans contre le Prévôt, & de 500 liv. d'amende; défend sous les mêmes peines aux deux Greffiers de prendre aucuns droits pour l'enrégistrement & réception des deux minutes.

Cette précaution a été introduite afin qu'on connoisse par-là qu'un tel Prévôt de telle l'Ordonnance de 1670, auxquels la Déclaration du 5 Février 1721, a dérogé ou y a ajouté, ou qui subsistent en leur entier.

Maréchaussée a fait la capture du coupable condamné, & qu'il lui a fait son procès après la compétence jugée, & que c'est un tel Présidial ou autre Siége qui a rendu le Jugement définitif. La même formalité doit être gardée dans le Jugement d'absolution de l'accusé.

Dans les questions ordonnées par Jugement prévôtal & en dernier ressort, le procès verbal en sera fait par le Rapporteur du procès, en présence de l'un des Conseillers qui a assisté au Jugement du procès, & du Prévôt. C'est la disposition de l'article XXVI. auquel il n'a point été dérogé par ladite Déclaration.

Ce procès-verbal est fait avec le Greffier pour recevoir & rédiger l'interrogatoire du condamné ; mais le Prévôt ne pourra recevoir ni le serment, ni l'interrogatoire du condamné à la question ; cela appartient au Rapporteur qui a été commis pour la question.

S'il y a des dépens adjugés par le Jugement prévôtal, ils seront taxés au profit de la Partie civile par le Prévôt, assisté & en présence du Rapporteur du procès ; & s'il y a appel de la taxe & exécutoire, cet appel sera porté au Siége qui aura rendu le Jugement prévôtal : cet appel sera jugé en dernier ressort, suivant l'article XXVII. qui subsiste en son entier ; car la condamnation de dépens suit le sort de la condamnation principale.

Voilà où se réduisent les procédures particulieres qui doivent être regardées & observées dans l'instruction & Jugement des procès dans les matieres criminelles des Maréchaussées ; il faut au surplus y suivre les formalités prescrites par l'Ordonnance de 1670, pour instruire & juger les procès criminels à l'ordinaire & à la charge de l'appel. C'est ainsi qu'il est porté par l'article XXVIII. du même titre.

On ajoutera seulement que les Prévôts ni leurs Greffiers ne peuvent retenir dans leurs maisons les minutes des procès-verbaux de capture, informations, interrogatoire, récollemens & confrontations, & autres instructions par eux faites ; elles doivent être mises au Greffe du Siege du lieu où ils font leur résidence.

L'on fait encore une question, qui est de sçavoir s'il faut des conclusions pour juger la compétence des Prévôts des Maréchaux ? Je tiens de M. de Soyecourt, Lieutenant particulier, Assesseur criminel au Présidial d'Abbeville, que M. le Chancelier écrivit aux Officiers de ce Présidial au mois de Novembre 1740, & leur marqua de ne point juger de compétence sans avoir avant des conclusions du Procureur du Roi ; ce qui s'entend sans contredit du Procureur du Roi du Présidial, qui doit requerir par ses conclusions que l'accusé soit jugé prévotablement, ou renvoyé à l'Ordinaire.

Les Juges Présidiaux ne peuvent point prendre d'épices pour juger les compétences. On en rapporte plusieurs Arrêts, tant du Parlement que du Grand Conseil, dans les Loix criminelles, *tome 1. page 177*.

Tout ce que nous avons dit au sujet des Prévôts, doit être pareillement observé par leurs Lieutenans, les Vice-Baillifs, Vice-Sénéchaux & Lieutenans de Robe-courte.

Enfin, si un Jugement prévôtal avoit renvoyé l'accusé quitte & absous de l'accusation, la Partie civile ou le Procureur du Roi seroit bien fondé à en demander la cassation au Grand Conseil.

¶ Thomas Vassieres, ancien Procureur de la Cour, fut assassiné près le Bois de Romigny, ressort du Présidial de Rheims. Sa veuve rendit plainte au Lieutenant de Robe-courte de Châtillon sur Marne, qui n'étoit point Juge du lieux du délit. Ce Juge informe, décrete, interroge & fait juger sa compétence au Présidial du Château Thierry, après quoi il continue l'instruction. Les accusés se pourvoyent au Grand Conseil. Arrêt qui casse le Jugement de compétence, & renvoye le procès & les Accusés au Présidial de Rheims pour y être jugé, à la charge de l'appel au Parlement. Le Grand Conseil n'avoit rien statué sur la procédure faite par le Lieutenant de Robe-courte de Châtillon, tant devant qu'après le jugement de compétence ; & cependant la procédure étoit nulle, étant faite par un Juge incompétent & qui avoit instrumenté hors son ressort. Il s'agissoit donc de sçavoir si le Présidial de Rheims pouvoit casser cette procédure, le Grand Conseil ne l'ayant point fait ; s'il n'en devoit casser que partie, ou bien le tout, & comment le Lieutenant criminel s'y prendroit pour la faire casser ? M. Amyot consulté, répondit qu'il falloit donner un jugement *par délibération de Conseil*, qui déclarât la procédure du Lieutenant criminel de Robe-courte de Châtillon nulle, & que le procès seroit instruit de nouveau à ses fraix & dépens : que quoique l'Arrêt du Grand Conseil eût cassé le Jugement de compétence donné à Château-Thierry, & qu'il eût renvoyé l'affaire au Lieutenant criminel de Rheims, en ordonnant que les informations seroient portées au Greffe de Rheims, cela n'empêchoit point que les Officiers de Rheims ne fussent en droit de casser la procédure du Lieutenant criminel de Robe-courte de Châtillon, comme étant faite par un Juge incompétent, ayant instrumenté hors son ressort, le lieu du délit n'étant point de son département : que si le Grand Conseil n'y avoit point statué, c'est qu'il n'est point Juge de la validité ou invalidité de la procédure, mais bien les Officiers du lieu où l'affaire a été renvoyée.

CHAPITRE IV.

Des Récusations des Juges.

1. QUOIQU'UN Juge soit naturellement compétent pour connoître d'un crime ou délit, néanmoins cette compétence peut lui être ôtée pour causes justes & valables, comme de récusation ou de prise à partie, tant de la part de l'accusé, que de la part de l'accusateur ou partie civile. L'Ordonnance criminelle du mois d'Août 1670. n'a point parlé de cette matiere, mais seulement l'Ordonnance du mois d'Avril 1667 : c'est donc à cette Ordonnance qu'il faut avoir recours pour se former des regles sur les récusations des Juges en matiere criminelle, & les prises à partie ; c'est aux titres 24 & 25. Ce qui fera le sujet du présent chapitre & du suivant.

2. Les récusations de Juges sont non-seulement du Droit naturel, mais encore du Droit des gens & du Droit écrit civil, parce que la seule pensée qu'un Juge est suspect, diminue dans l'esprit de celui qui a cette pensée, jusqu'à la probité du Juge. Aussi un Juge véritablement homme de bien, devroit lui-même se déporter sur la seule demande en récusation, quand même il croiroit que la récusation ne réussiroit pas, si peu qu'il y voye de fondement, & que la récusation ne soit pas un prétexte injuste pour éloigner le jugement, & pour écarter un Juge sans aucun sujet ; car il ne faut jamais favoriser l'injustice & la mauvaise foi. Au reste, il faut remarquer qu'aucun Juge ne peut se déporter du Rapport & Jugement des procès, qu'après avoir déclaré en la Chambre les causes par lesquelles il ne peut demeurer Juge, & que sur la déclaration, il n'ait été ordonné qu'il s'abstiendra. C'est la disposition précise de l'art. XVIII. du tit. 24. de l'Ordonnance de 1667, qui doit avoir lieu en matiere criminelle.

3. Comme les moyens de récusation contre un Juge peuvent survenir pendant l'instruction du procès, ou peu de tems avant le Jugement, il n'y a point de tems fatal pour former la récusation ; elle le peut être en tout état de cause, même après l'interrogatoire & la confrontation. Arrêt du 30 Juillet 1707. *Journal des Audiences.*

4. En matiere criminelle un Juge peut être valablement récusé. 1°. S'il est parent ou allié de l'accusateur ou Partie civile, ou de l'accusé jusqu'au cinquiéme degré inclusivement. 2°. S'il porte le nom & armes, & s'il est de la famille de la Partie civile ou accusateur, ou de l'accusé, en quelque degré de parenté ou alliance connue ou justifiée qu'il soit, non-seulement il pourra être valablement récusé par la partie civile ou l'accusé, mais encore il doit s'abstenir de lui-même & sans demande. 3°. Si la femme de la partie civile ou de l'accusé est parente du Juge, ou si la femme du Juge est parente de la partie civile ou de l'accusé, bien entendu si la femme est encore vivante, ou si le Juge, l'accusateur ou l'accusé en a eu des enfans ; & en cas que la femme soit décedée, & qu'il n'y eût enfans, le beau-pere, le gendre & les beau-freres ne pourront être Juges. 4°. Si le Juge a donné conseil sur l'accusation. 5°. S'il a sollicité ou recommandé aux autres Juges la partie civile ou l'accusé. 6°. S'il s'est ouvert sur l'affaire pendant l'instruction ou avant le jugement du procès. 7°. Pour menaces prouvées par lui faites pendant l'instruction du procès ou six mois avant l'accusation intentée, ou la récusation demandée. 8°. S'il y a eu inimitié capitale entre lui & la partie civile ou l'accusé. 9°. S'il a été témoin de l'information faite dans l'accusation pendante devant lui. 10°. S'il est l'intime ami de la partie civile ou de l'accusé, mangeant & buvant très-souvent avec la partie civile ou avec l'accusé, peu de tems avant l'accusation ou pendant l'instruction du procès, si l'accusé n'est pas prisonnier. 11°. S'il a tenu un des enfans de la partie civile ou de l'accusé sur les Fonts de Baptême, ou si la partie civile ou l'accusé a tenu

Quelles sont les causes valables de récusation.

un des enfans du Juge dans cette cérémonie ; finalement pour tous autres moyens de fait & droit qui peuvent survenir. Tous ces moyens sont tirés de l'Ordonnance de 1667, au titre des récusations des Juges, qui est le titre 24. de cette Ordonnance, suivant le texte & l'esprit des articles qui contiennent ces dispositions.

Par Arrêt du Mercredi 23. Mai 1742, il a été jugé en la Tournelle criminelle, sur les conclusions de M. Gilbert, Avocat Général, que la proche parenté entre le Juge & la femme du frere de l'accusateur, n'est point un moyen valable de récusation ; en conséquence un particulier accusé a été débouté de son opposition à un Arrêt qui avoit commis un Juge pour instruire la procédure criminelle : son moyen d'opposition étoit de dire que ce Juge étoit parent de la femme du frere c'est-à-dire de la belle-sœur du sieur Mignart, Curé de Jumilly, accusateur, plaidans MM. Daugy & Badin.

Si l'on peut récuser tout un Siége.

Par Arrêt du 8 Avril 1713, en la Chambre de la Tournelle criminelle du Parlement de Paris, sur les conclusions de M. l'Avocat général de Lamoignon de Blancmesnil, il a été jugé qu'un accusé n'avoit pas pû récuser tout un Siege, & encore moins tout un Présidial. Cependant par un précédent Arrêt du 23 Février 1708, rapporté au *Journal des Audiences*, il a été jugé qu'en matiere civile, la récusation contre tout un Siege pour un procès intenté contre tout le Siege étoit valable : pourquoi n'en seroit-il pas de même en matiere criminelle, si l'accusé ou l'accusateur étoit en procès avec tout le Siege ? Il est rare que cette récusation générale de tout un Siege puisse avoir lieu ; mais cela peut arriver.

Ce que doit faire un Juge qui sçait des causes valables de récusation en sa personne.

6. Le Juge qui sçaura des causes valables de récusation en sa personne, est tenu d'en faire sa déclaration, sans attendre que les causes de récusation soient proposées ; & cette déclaration doit être communiquée à la partie civile ou à l'accusé *article* 17. *du titre* 24. de l'Ordonnance de 1667. Par Arrêt du 7. Juillet 1701, sur les conclusions de M. Joly de Fleury, il a été décidé que le Juge parent de l'accusé doit de lui-même se récuser ; autrement sa procédure doit être déclarée nulle. *Journal des Audiences.*

Il y a un pareil Arrêt du 11. Juin 1706, dans Augeard, *tome* 1. *chap.* 72.

Comment les récusations doivent être proposées.

7. Les récusations seront proposées par Requête signée par le récusant, ou par son Procureur fondé de procuration spéciale, qui sera attachée à la Requête *article* 23. *du tit.* 24. de la même Ordonnance. Cette Requête sera communiquée en original au Juge récusé, lequel sera tenu de déclarer si les faits qui soutiennent les moyens de récusation, sont véritables ou non ; après quoi il sera procédé au Jugement de récusation, sans qu'il puisse y être présent, ni assister au Jugement, ni être présent en la Chambre du Conseil lors du jugement de récusation, *article* 24. *ibidem.*

Il faut que les Juges qui procedent à ce jugement soient au nombre marqué par *l'article* 25, *de ce même titre*, suivant lequel en toutes les Jurisdictions royales, même ès justices de Seigneurs, les récusations devant ou après la preuve doivent être jugées au nombre de cinq au moins, s'il y a six Juges ou plus grand nombre, y compris celui qui est récusé ; & s'il y en a moins de six, ou même si le Juge récusé étoit seul, elles seront jugées au nombre de trois ; & en l'un & l'autre cas le nombre des Juges sera suppléé, s'il est besoin, par Avocats du Siege s'il y en a, sinon par les Praticiens, suivant l'ordre du tableau.

Et quoique les jugemens & sentences qui interviendront sur les causes de récusation soient au nombre de cinq ou de trois Juges, selon la qualité des Sieges, Jurisdictions & Justices, néanmoins le Juge récusé ne pourra point procéder aux informations, ni passer outre nonobstant l'appel, mais il y sera procédé par autre des Juges ou Praticiens du Siege non suspect aux parties, selon l'ordre du tableau, jusqu'à ce qu'autrement il en ait été ordonné sur l'appel du Jugement de la récusation, si ce n'est que l'Intimé déclare vouloir attendre le jugement de l'appel. C'est aussi ce qui résulte de l'article 26. du même titre 24. de l'Ordonnance de 1667, pour les récusations en matiere criminelle.

8. Si la récusation est jugée valable ; non seulement le Juge récusé ne pourra assister au jugement du procès ; mais encore il pourra être dans la Chambre où le procès sera rapporté, ou à l'Audience, si l'affaire criminelle est une cause d'Audience ; *article* 15. *ibidem.*

9. L'appel des Sentences de récusation doit être jugé à l'Audience, *art.* 27. *ibidem* ; mais quant aux Sentences de récusation rendues prévôtalement ou présidialement, on ne peut en interjetter appel ; ces Sentences étant rendues en dernier ressort ; *article* 28. *ibidem.*

10. Toute Sentence, Arrêt ou Jugement qui déclarera une récusation impertinente, & inadmissible, condamnera le Demandeur en l'amende portée par l'Ordonnance, *article 29. ibidem*, laquelle amende n'est point arbitraire; & même le Juge qui a été jugé mal & sans raison récusé, pourra demander une réparation, auquel cas il ne pourra demander Juge; *article 30. ibidem.* Ainsi jugé par Arrêt du 3. Juin 1707, *Journal des Audiences.*

11. C'est une question diversement agitée, de sçavoir si en matiere criminelle un Procureur du Roi peut être récusé. Les Criminalistes sont partagés en avis, & les Arrêts ont jugé différemment sur cette difficulté: cependant il paroît qu'un Procureur du Roi ne peut pas moins être récusé qu'un Juge; un Procureur du Roi est un grand mobile dans une accusation, principalement dans l'instruction d'un procès criminel, & il ne faut pas craindre que s'il étoit récusé, la poursuite du procès pourroit péricliter par rapport à la vindicte publique, parce que son Substitut, s'il y en a un, ou l'Avocat du Roi, ou un ancien Avocat du Siege rempliroit ses fonctions en cette partie; ainsi il peut être récusé, tant par l'accusé; que par la partie civile.

Si en matiere criminelle un Procureur du Roi peut être récusé.

Louet & Brodeau, lettre P, sommaire 39, après plusieurs Auteurs, distinguent, & disent que le Procureur du Roi peut être récusé, quand il y a partie civile; *secùs*, quand il n'y en a pas: mais l'on ne doit pas admettre cette distinction, le Procureur du Roi n'a pas plus de privilege que les Juges qui peuvent être pris à partie sans distinction; il seroit même d'une dangereuse conséquence d'admettre que les Procureurs du Roi ne peuvent pas être récusés, quand il n'y a point de partie civile. Mornac, *ad leg. 1. ff. de offic. Procurat. Cesar.* observe que l'Arrêt cité par Louet pour soutenir son sentiment, a été rendu sur des circonstances particulieres; & Bruneau en son Traité des matieres criminelles, *tit. 3. max. 11.* rapporte des raisons contre le sentiment de Louet qui paroissent très-décisives. En effet, quand il n'y a point de partie civile, le ministere d'un Procureur du Roi devient encore plus dangereux, parce qu'alors il n'est plus le maître, & consequemment la récusation est en ce cas d'autant plus admissible. En vain diroit-on qu'un Procureur du Roi n'est pas Juge, l'on sçait que son ministere peut beaucoup influer dans les procès criminels.

12. Celui qui avoit récusé un Juge, peut se départir & se désister de la récusation qu'il avoit intentée; mais ce désistement doit être fait par écrit, & signifié au Juge.

13. Si depuis la demande en récusation, le récusant avoit procédé volontairement devant le Juge récusé, ce seroit une renonciation totale à la demande en récusation en matiere civile; mais en matiere criminelle, il n'en seroit pas de même. L'article III. du titre 25. de l'Ordonnance de 1670. porte; que les procédures faites avec les accusés volontairement & sans protestation depuis leurs appellations, ne pourront leur être opposées comme fins de non-recevoir; il en faut dire la même chose de la récusation, avec d'autant plus de raison, que les appellations même comme de Juge incompétent & récusé, n'arrêtent point l'instruction & le jugement. Voyez ci-après, nombre 16.

En quel cas un récusant est censé renoncer à sa demande en récusation.

14. En cas de récusations du Juge, au défaut d'autres Officiers dans le Siege, l'ancien Avocat du même Siege, & à son défaut le plus ancien Praticien, bien entendu dans l'instruction & jugement du procès criminel où il ne faudra pas être Licentié ou Gradué, doit faire les fonctions de Juge, à l'exclusion du Procureur Fiscal, parce qu'il feroit en cette partie deux fonctions directement opposées, celle d'accusateur & celle de Juge. C'est sur ce principe, que par Arrêt du Parlement de Paris, en la Chambre de la Tournelle, du 11 Juillet 1731, sur les conclusions de M. l'Avocat général Chauvelin, M. le Président de Lamoignon de Blancmesnil prononçant, il a été jugé qu'un Procureur Fiscal d'une justice subalterne, en l'absence ou à cause de la mort du Juge de la justice, & n'y ayant point de Lieutenant, ne pouvoit faire la fonction, ni instruire un procès criminel, encore moins le juger, & qu'il falloit prendre le plus ancien Praticien, quoiqu'il eût pris son fils pour Procureur Fiscal dans l'affaire; & sur ce principe, toute la procédure fut cassée & déclarée nulle par l'Arrêt, & ordonné que la procédure seroit refaite à ses fraix, à l'effet de quoi les informations seroient portées au Greffe du Juge devant lequel l'affaire fut renvoyée pour servir de mémoires. Le motif de l'Arrêt fut, qu'un Procureur Fiscal ne pouvoit jamais & en aucun cas sortir de son ministere & fonction de Procureur Fiscal. Il y a un pareil Arrêt de la Tournelle du 25 Avril 1716.
¶ Il y en a un précédent du 2 Octobre 1711, plaidans MM. Prevost & Andrieux, par lequel la Cour fit défenses à Nicolas Serrurier, Procureur Fiscal de la justice de la

Si le Procureur Fiscal peut instruire & juger un procès criminel, lorsque le Juge est récusé.

Bergeresse, de faire aucunes fonctions de Juge, en cas d'absence, récusation, ou autre empêchement du Juge ordinaire, en toutes matieres sujettes à communication, & principalement dans toutes les matieres criminelles, esquels cas la fonction de Juge sera dévolue à l'ancien résident en ladite Justice, s'il y en a, sinon au plus ancien Praticien postulant. Il y a encore deux autres pareils Arrêts; l'un du 21 Juin 1712, qui a renvoyé devant le Prévôt de Corbeil des instructions faites par le Procureur Fiscal d'Essonne. L'autre du 23 Juillet 1712, portant aussi Réglement. Il faut dire la même chose des Procureurs du Roi, comme il a été jugé par Arrêt du 4 Janvier 1710, sur les conclusions de M. Joly de Fleury, lors Avocat général, & depuis Procureur général, rapporté au *Journal des Audiences*.

¶ Il est à observer qu'un Praticien qui supplée au Juge, en cas d'absence, récusation, ou autre empêchement, doit être résident dans le lieu de la Jurisdiction. Par Arrêt du 11. Septembre 1711, sur les conclusions de M. de la Galissonniere, Substitut de M. le Procureur général, il a été fait défenses au nommé Balet de ne plus faire fonction de Juge en la Justice d'Usson, s'il n'est résident au lieu de cette Jurisdiction; & il fut ordonné que cet Arrêt seroit lû & publié aux Justices d'Usson & de Civray.

15. C'est aussi un abus que les Procureurs Fiscaux fassent les fonctions de Procureurs des Parties dans leur Justice en matiere criminelle; dans les affaires du petit Criminel, cela est trop dangereux; & il n'est point douteux qu'ils ne peuvent faire ces fonctions dans le grand Criminel.

Si la demande en récusation peut arrêter l'instruction d'un procès criminel.

16. Une demande en récusation indécise ne peut arrêter & suspendre l'instruction d'un procès criminel, parce qu'il faut toujours assurer, fixer & constater les preuves qui pourroient pendant cette instruction péricliter, sauf à faire droit sur la récusation avant de procéder au Jugement définitif du procès. Même si les accusés refusoient de répondre, sous prétexte d'appellations, même comme de Juge incompétent & résusé, leur procès leur seroit fait comme à des muets volontaires, jusqu'à Sentence définitive inclusivement, suivant l'article II. du titre 25. de l'Ordonnance de 1670.

Maximes sur les récusations.

De-là il résulte deux maximes; l'une que jusqu'à ce que la récusation soit jugée, le Juge récusé préposé à l'instruction, peut continuer d'y procéder jusqu'au Jugement définitif exclusivement, qui cependant ne peut être rendu par le Juge récusé ni autre, qu'après qu'il aura été statué sur la récusation. Ainsi jugé par Arrêt du 30 Juillet 1707, *Journal des Audiences*. Il est même plus prudent de faire continuer l'instruction par un autre Juge, Avocat ou Praticien du Siége, parce que si par l'évenement la récusation étoit jugée valable, toute l'instruction faite par le Juge récusé depuis la récusation, même avant, selon les circonstances, seroit declarée nulle.

L'autre maxime est, que si la récusation a été jugée, qu'elle ait été déclarée impertinente & inadmissible, ou que l'accusé en ait été debouté faute de preuve, & qu'il en soit appellant, son appel ne doit point empêcher qu'il ne soit procedé à l'instruction & au Jugement de son procès; mais l'instruction doit être continuée par un autre Juge, Avocat ou Praticien du Siége, & non par le Juge recusé, suivant l'art. 26. du titre 24. de l'Ordonnance de 1667. Voyez ci-devant nombre 7. Il seroit même dangereux que le Juge recusé, au prejudice & nonobstant l'appel de l'accusé, continuât l'instruction; parce que pareillement si par l'événement la Sentence qui auroit declaré la recusation impertinente & inadmissible, ou debouté l'accusé faute de preuve, venoit à être infirmée, & que la recusation fût declarée valable, cela feroit tomber toute la procedure faite par le Juge recusé.

Quant à ce qui est ajouté par cet article 26. du tit. 24. de l'Ordonnance de 1667, *si ce n'est que l'intimé déclare vouloir attendre le Jugement de l'appel;* cela ne doit point être observé en matiere criminelle, attendu l'article 2. du tit. 25. de l'Ordonnance de 1670, qui veut qu'il soit procedé au Jugement des procès criminels, nonobstant toutes appellations, même comme de Juge incompétent & recusé.

Il faut aussi observer que celui dont les récusations auront été déclarées impertinentes & inadmissibles, ou qui en aura été debouté faute de preuve, doit être condamné en 200. liv. d'amende ès Cours de Parlement, Grand Conseil & autres Cours; 100. liv. aux Requêtes de l'Hôtel & du Palais; 50. liv. aux Présidiaux, Baillages, Sénéchaussées; 35. livres ès Châtellenies, Prévôtés, Vicontés, Elections, Greniers à Sel, & aux Justices des Seigneurs, tant de Duchés & Pairies, qu'autres ressortissantes nuement ès Cours; & 25. liv. aux autres Justices des Seigneurs: le tout applicable, sçavoir, moitié au Roi ou aux Seigneurs dans leurs Justices, & l'autre moitié à la partie, sans que les amendes puissent être remises ni modérées, suivant l'article 29. du tit. 24. de l'Ordonnance de 1667, qui doit être observé en matiere criminelle.

Et après un tel jugement confirmé, ou dont il n'y aura point d'appel, le Juge qui auroit été mal à propos récusé, pourra rester Juge, comme auparavant la récusation; mais si le Juge récusé a demandé réparation des faits contre lui proposés, qui lui doit en ce cas être adjugée suivant la qualité & la nature des faits, alors il ne pourra point démeurer Juge, suivant l'article 30. du même titre 23. de l'Ordonnance de 1667.

17. Les Prévôts des Maréchaux & autres Officiers de Maréchaussée qui sçavent des causes de récusation, même de suspicion, valables & pertinentes en leurs personnes, seront tenus de les déclarer devant les Juges Présidiaux où le procès se jugera, sans attendre qu'elles soient proposées par l'accusé ou la partie civile, s'il y en a une, pour être lesdites causes de récusation jugées par lesdits Juges, mais toujours à la charge de communiquer préalablement les causes de récusation au Prévôt ou autre Officier récusé, à peine de nullité du jugement de récusation. De la récusation des Prévôts des Maréchaux.

18. Un Juge récusé ne peut reprocher les témoins produits par le récusant pour justifier les faits de récusation; on ajoute foi à leurs dépositions; on examine seulement leurs qualités & leur renommée, & si on peut le croire & ajouter foi à ce qu'ils ont dit: le procès principal traîneroit trop en longueur, si l'on examinoit des reproches en pareil cas en la maniere ordinaire. Juge récusé ne peut reprocher les témoins.

Telles sont les régles sur les récusations en matieres criminelles: il reste à parler des régles sur les prises à partie des Juges.

CHAPITRE V.

Des prises à Partie.

1. LA prise à partie ast l'intimation d'un Juge en son propre & privé nom, par l'accusé ou par la partie civile, pour faire déclarer nulle la procédure & le Jugement rendu par ce Juge, & le faire condamner aux dommages, intérêts & dépens, même pour le faire condamner à des peines afflictives ou infamantes, selon les circonstances. Prise à partie, ce que c'est.

2. Suivant l'article 2. de l'Ordonnance de François I. du mois de Decembre 1540, les Juges ne peuvent être pris à partie, s'il n'est exposé par le relief d'appel qu'il y a dol, fraude ou concussion au fait dudit Juge intimé: & par Arrêt de Réglement du Parlement de Paris, rendu sur les conclusions de M. le Procureur général le 4. Juin 1699, rapporté au *Journal des Audiences*, il est défendu à toutes personnes de quelqu'état & qualité qu'elles soient, de prendre à partie aucuns Juges, ni de les faire intimer en leur propre & privé nom, sur l'appel des Jugemens par eux rendus, sans en avoir auparavant obtenu la permission expressément par Arrêt de la Cour, à peine de nullité des procédures, & de telle amende qu'il conviendra. Enjoint à tous ceux qui croiront devoir prendre de Juge à partie, de se contenter d'expliquer simplement & avec la modération convenable, les faits & les moyens qu'ils estimeront nécessaires à la décision de leur cause, sans se servir de termes injurieux, & contraires à l'honneur & à la dignité des Juges, à peine de punition exemplaire. Il faut remarquer qu'on obtient cet Arrêt sur Requête portant permission de prendre à partie, sur les conclusions de M. le Procureur général. Formalité de la prise à partie.

3. Il n'y a que les Cours supérieures qui puissent connoître des prises à partie. Il y a un Arrêt du 5. Septembre 1671, qui a fait défenses au Lieutenant criminel de Montmorillon de prendre connoissance des prises à partie des Juges qui relevent à son Siége. Il y a un pareil Arrêt du 9. Mars 1714. Qui peut connoître des prises à Partie.

Bornier, sur l'article 4. du tit. 25. de l'Ordonnance de 1667, pense que s'il étoit question d'accusation de quelque délit dont l'appellation de la Sentence pût être portée devant le Juge médiat, ce Juge médiat pourroit pour lors connoître de la prise à partie du Juge qui releve à son Siége, & par là conserver l'ordre des Jurisdictions; mais ce sentiment ne doit point être suivi. L'Arrêt de Réglement du Parlement de Paris du 4. Juin 1699, ci-devant rapporté, veut qu'on ne puisse prendre aucuns Juges à partie, sans en avoir obtenu permission par Arrêt de la Cour. Ainsi si l'avis de Bor- Sentiment particulier de Bornier sur la prise à partie, réfuté.

nier pouvoit être suivi dans le cas qu'il suppose, l'on ne pourroit pas se dispenser d'obtenir permission en la Cour de prendre à partie même un Juge de Seigneur ; & si l'appel de la Sentence de condamnation étoit de nature à être porté au Baillage royal, il faudroit commencer par y juger l'appel, & ensuite on jugeroit en la Cour la prise à partie, qui se doit toujours juger après l'affaire des parties, même quand l'appel est porté dans les Cours. Voyez ci-après, nombre *6. in fin.*

Envain diroit-on, pour soutenir le sentiment de Bornier, que les Arrêts de 1671 & 1714, ci-devant cités, ont été rendus dans des cas d'accusations de crimes, dont les appellations de Sentences rendues sur iceux ; devoient être portées directement aux Cours, suivant l'art. 1. du tit. 26. de l'Ordonnance de 1670. Ces Arrêts sont fondés sur la maxime constante, qu'il appartient aux Cours seules de prendre connoissance des mœurs des Officiers de Justice de leurs ressorts. C'est sur le fondement de cette maxime, que par Arrêt du 28. Mai 1626, rapporté au *Journal des Audiences*, il a été jugé que les Baillifs & Sénéchaux ne peuvent mulcter les Prévôts royaux d'amende pour fautes commises en leurs Charges : & que par un Arrêt tout récent du 7. Septembre 1737, rendu sur les conclusions de M. Joly de Fleury, Avocat général, il a été fait défenses aux Juges de la Table de Marbre des Eaux & Forêts de Paris, d'ordonner de *veniat* aux Juges leurs inférieurs. D'où il faut conclure que le Parlement de Paris se réserve la connoissance des prises à partie de tous les Juges de son ressort, parce que les Baillifs & Sénéchaux ne pouvant pas imposer la peine, ne peuvent pas connoître du fait.

Par Arrêt du 18. Juillet 1691, rendu en l'Audience de la premiere Chambre de la Cours des Aydes, rapporté au *Journal des Audiences*, il a été jugé qu'une prise à partie incidente à une matiere dont les Juges avoient connu en dernier ressort, se devoit porter au Conseil privé ; en conséquence il a été ordonné que les Parties s'y pourvoiroient.

Il résulte de cet Arrêt, que la prise à partie des Juges Présidiaux dans une affaire dans laquelle ils ont jugé en dernier ressort, doit être portée au Conseil privé du Roi.

De même de la prise à partie des Juges souverains comme ceux d'un Parlement.

Mais il faut remarquer que ces mêmes Juges ne peuvent être pris à partie pour déni de Justice. Les Parties n'ont que la voie de porter leurs plaintes verbales au Chef des Compagnies, ou à M. le Chancelier. Il y a néanmoins un Arrêt rapporté par Boniface, tom. 3. liv. 2. chap. 3. qui a déclaré légitime la prise à partie du Juge & Substitut du Procureur du Roi, pour leur négligence à juger un procès criminel.

Quels sont les moyens de prise à partie.

4. Il n'est pas possible de marquer au juste quels peuvent être les moyens de prise à partie ; cela dépend beaucoup des circonstances. Suivant l'article 2. de l'Ordonnance de François I. du mois de Décembre 1540, & celle d'Henri III. de l'an 1586, rapportées par Theveneau, *liv. 6. tit 5. art. 29.* les Juges pouvoient être intimés en leurs noms & pris à partie, non seulement au cas qu'il y eût dol, fraude, ou concussion, mais aussi en cas qu'il y eût erreur évidente en fait ou en droit : & même, comme Brodeau sur Louet, *lettre I. somm.* 14, l'observe après du Moulin, au style du Parlement, anciennement tous Juges, tant royaux que subalternes, étoient ajournés en la cause d'appel, & obligés de soutenir leur Juge, sur peine d'amende : mais ces Auteurs ajoutent que cela est demeuré abrogé par un contraire usage, & assurent que notre usage constant & notoire est, que non-seulement les Baillifs & Sénéchaux, mais aussi les Juges de Robe-longue & Gradués, ne sont plus tenus de soutenir leurs Jugemens, ni punissables pour leur mal jugé, sinon lorsqu'ils sont intimés en leurs noms, pour avoir mal & iniquement jugé, *per fraudem, gratiam, inimicitias, aut sordes* ; auquel cas ils sont obligés de soutenir & défendre leurs Jugemens.

Aussi Louet, *lettre I. somm.* 14. assure-t-il après Rebuffe qu'il cite, que *ex communi regni consuetudine*, les Juges ne sont point pris à partie hors le cas de dol, concussion & fraude ; & ce même Auteur, *lettre O. somm.* 13. cite un ancien Arrêt de la Cour du 17. Septembre 1526, qui a jugé qu'un Officier du Roi ne peut être pris à partie en son nom, pour ce qui est de sa Charge, & n'est tenu de défendre quand il y a partie civile, s'il n'y a concussion, dol ou fraude de sa part.

Jean Desmares, cet ancien témoin de nos usages de France, en sa décision 343, s'exprime en ces termes rapportés par Brodeau sur Louet, *lettre I. somm.* 14. » Aucun Commissaire ou Officier, soit royal ou autre, pour son exploit, ne doit être » mis

» mis en procès, si partie ne propose collusion ou mauvaistié, posé qu'il ait été né-» gligent de faire son exploit dûement, par impéritie ou par imprudence.

Bacquet, des Droits de Justice, *chap.* 17. nomb. 10. dit même que le Juge des Seigneurs Justiciers n'est point tenu en son nom de soutenir la Sentence par lui donnée, si de la part du Juge il n'y a dol, fraude ou concussion.

Enfin Mornac, sur la loi *filius familias Judex* 15. §. *Judex* 1. *ff. de Judiciis & ubi quisque agere*, remarque que ces anciennes Ordonnances ont ajouté en vain l'erreur de droit ou de fait, comme moyen de prise à partie, & que cela n'est point observé.

Nous suivons la disposition du Droit en ladite loi 15. §. 1. conçue en ces termes : *Judex tunc litem suam facere intelligitur, cùm evidens arguitur ejus gratia vel inimicitia, vel sordes* ; & la maxime est constante que le mal jugé par erreur de droit ou de fait, par impéritie ou par imprudence ; n'est point un moyen de prise à partie, & qu'il n'y a que le dol, fraude ou concussion qui y puisse donner lieu.

Suite des moyens de prise à partie.

Il y a certain cas où la simple contravention aux Ordonnances peut encore être un moyen de prise à partie des Juges, & les assujettir aux dommages & intérêts en leurs noms ; mais les Ordonnances mêmes, tant anciennes que nouvelles, ont eu soin d'exprimer tous ces cas : voici quels ils sont.

L'Ordonnance de Blois, article 135, fait défenses aux Présidiaux de procéder à la visitation & Jugemens d'aucuns procès par Commissaires, à peine de nullité des Sentences & Jugemens qui seront par eux donnés, & des dépens, dommages & intérêts des parties pour lesquels ils pourront être pris à partie en leur propre & privé nom.

L'article 143. de la même Ordonnance défend aux Conseillers de se charger d'aucunes informations, si elles ne leur sont distribuées par les Présidens, ni d'interroger les appellans, soit d'un decret de prise de corps, ou d'un ajournement personnel, si par la Cour n'en est ordonné, à peine de nullité & de répétition des dépens, dommages & intérêts des parties en leur propre & privé nom.

L'article 147. de la même Ordonnance défend à tous Juges par devant lesquels les parties tendront à la fin de non procéder, de se déclarer compétens, & dénier le renvoi des causes dont la connoissance ne leur appartient point par les Edits & Ordonnances, sur peine d'être pris à partie ; & l'Ordonnance ajoute cette condition : Au cas qu'ils ayent jugé par dol, fraude ou concussion, ou que nos Cours trouvent qu'il y ait faute manifeste du Juge pour laquelle il doive être condamné en son nom

Et l'article 154. de la même Ordonnance porte, que les fins de non procéder seront jugées sommairement par les Juges, sans appointer les parties à mettre pardevant eux : & sera fait préalablement droit sur les fins de non-recevoir proposées & alléguées par les défendeurs, auparavant que de régler & appointer les parties en contrariété & preuves de leurs faits, sans en faire aucune réservation ; & en cas de contravention, pourront lesdits Juges être intimés & pris à partie en leur propre & privé nom.

Quant aux nouvelles Ordonnances, l'article 1. du titre 6. de l'Ordonnance de 1667. défend à tous Juges, comme aussi aux Juges Ecclésiastiques & des Seigneurs, de retenir aucunes causes, instances ou procès, dont la connoissance ne leur appartient point ; mais leur enjoint de renvoyer les parties pardevant les Juges qui en doivent connoître, ou d'ordonner qu'elles se pourvoiront, à peine de nullité des jugemens ; & en cas de contravention, pourront les Juges être intimés & pris à partie.

Suivant les articles 1. 2. 3. & 4. du titre 25. des prises à partie de la même Ordonnance de 1667, en cas d'appel comme de déni de Justice après les sommations requises, & quand les affaires sont en état d'être jugées, l'on peut faire intimer en son nom le Rapporteur, sinon celui qui dévra présider, lesquels le Roi veut être condamné en leurs noms aux dépens, dommages & intérêts des parties, s'ils sont déclarés bien intimés.

Et l'article 5. du même titre ajoute, que le Juge qui aura été intimé ne pourra être Juge du différend, à peine de nullité, & de tous dépens, dommages & intérêts des parties, si ce n'est qu'il ait été follement intimé.

Enfin l'article 24. du titre 15. de l'Ordonnance de 1670. porte, que s'il est ordonné que les témoins seront ouis une seconde fois, ou le procès fait de nouveau, à cause de quelque nullité dans la procédure ; le Juge qui l'aura commise, sera condamné d'en faire les fraix, & payer les vacations de celui qui y procédera, & encore les dommages & intérêts de toutes les parties.

Tels sont les cas que les Ordonnances ont exprimés, où les Juges peuvent être pris à partie ; tant en matiere civile que criminelle, hors lesquels il n'y a point lieu à la prise à partie pour nullité, simple contravention aux Ordonnances par pure inattention, inexpérience ou défaut de science.

L'article 142. de l'Ordonnance de François I. du mois d'Août 1539. porte, que les Juges qui seront trouvés avoir fait faute notable en l'expédition des procès criminels, seront condamnés en grosses amendes envers le Roi pour la premiere fois, & pour la seconde seront suspendu de leurs Offices pour un an, & pour la troisiéme privés de leursdits Offices, & déclarés inhabiles de tenir Offices royaux.

Et l'article 143. de la même Ordonnance porte : & néanmoins seront condamnés en tous les dommages & intérêts des parties, qui seront taxés & modérés selon la qualité des matieres.

Ces deux articles ne contiennent rien de contraire à la maxime qu'on vient d'établir, qu'outre le cas de dol, fraude & concussion, & les cas ci-dessus exprimés par les Ordonnances, il n'y a point lieu à la prise à partie pour simple contravention aux Ordonnances ; car quand il est dit, *faute notable*, cela s'entend d'une faute si affectée & si grossiere, qu'elle contienne en soi un dol & une fraude évidente ; ou lorsque le Juge a agi par collusion ou mauvaistié, comme dit Jean Desmares, *loc. cit.* quand il a mal & iniquement jugé, *per fraudem, gratiam, inimicitias aut sordes*, comme dit aussi Brodeau, *loc. cit.* car d'avoir mal jugé & erré dans le droit ou dans le fait, & cela simplement par imprudence, sans qu'il y paroisse ni dol, ni malice, ce n'est point ce qui s'appelle de ces fautes notables qui donnent lieu à la prise à partie contre le Juge, ni qui l'assujettissent aux dommages & intérêts en son nom.

L'article 8. & dernier du titre premier de l'Ordonnance de 1667, conçu en ces termes : Déclarons tous Arrêts & Jugemens qui seront donnés contre la disposition de nos Ordonnances, Edits & Déclarations, nuls & de nul effet & valeur, & les Juges qui les auront rendus responsables des dommages & intérêts des parties, ainsi qu'il sera par Nous avisé, n'est point contraire non plus à la maxime ci-dessus établie, puisqu'on voit par les termes de cet article, que c'est le Roi qui se réserve à lui seul ainsi qu'il avisera le droit de décider quand les Juges seront responsables des dommages & intérêts des parties, pour simple contravention aux Ordonnances ; au lieu que quand le Roi entend que les Cours condamnent les Juges inférieurs aux dommages & intérêts en leurs noms pour contravention aux Ordonnances, il ne manque pas de l'exprimer dans chacun des articles des Ordonnances où il le juge à propos ; & même le Roi y ajoute & sous-entend toujours cette condition essentielle & remarquable : *Au cas que les Juges ayent ainsi jugé & contrevenu aux Ordonnances par dol, fraude ou concussion, ou que les Cours trouvent qu'il y ait faute manifeste du Juge pour laquelle il doive être condamné en son nom*, comme il est porté en l'article 147. de l'Ordonnance de Blois ; c'est-à-dire, en cas que ce soit une faute si manifeste, si notable & grossiere, qu'elle soit contre le sens commun & l'intelligence de tous les hommes ; auquel cas la faute est si affectée, que l'on ne sçauroit présumer qu'elle soit exempte de dol.

Maxime constante sur la prise à partie.

Ainsi c'est une maxime constante, que les Juges ne peuvent point être condamnés en leurs noms aux dommages & intérêts des Parties, pour simple contravention aux Ordonnances, Edits & Déclarations du Roi, commise par pure inattention ou même par pure inexpérience ou défaut de science, s'il n'y a de leur part du dol, fraude ou concussion ; à moins qu'il ne s'agisse de certaines contraventions, pour lesquelles les Juges sont expressément assujettis par les Ordonnances aux dommages & intérêts en leur nom ; ou du moins que la faute & contravention ne soit si notable, si considérable, si manifeste contre le sens commun, & si affectée, que l'on ne puisse pas présumer qu'elle soit exempte de dol & de fraude ; & singuliérement en matiere criminelle, où en cas de nullité & irrégularité simplement dans la procédure, elle doit être recommencée quand le cas y échet, aux frais du Juge qui a fait les nullités, suivant l'article 24. du titre 15. de l'Ordonnance de 1670.

Autres moyens de prise à partie.

5. Si un Juge avoit attenté à l'autorité de la Cour, en passant outre au préjudice des défenses à lui signifiées à son Greffe, il seroit sujet à la prise à partie ; comme aussi si, hors le cas de flagrant délit, sans plainte, sans accusation, sans dénonciation, sans Partie, & sans corps de délit constant, il informoit d'un fait qui ne seroit point certain ; à plus forte raison si le Juge faisoit arrêter le prétendu coupable, homme domicilié, non d'ailleurs notoirement diffamé, sans qu'il pût s'excuser en disant que c'é-

toit le bruit de la Ville ou du Village. Il en feroit de même, si un Procureur du Roi ou Procureur Fiscal faisoit en ce cas arrêter sans dénonciation sur son réquisitoire & à sa requête; car un Procureur du Roi ou Fiscal peut aussi bien être pris à partie que les Juges.

Decret de prise de corps décerné par le Lieutenant général du Roi, dans une affaire assez légere; contre la Dame... & détenue trois mois en prison. Interrogatoire sur plusieurs choses étrangeres, & si elle avoit été mariée du consentement de son propre Curé, s'il y avoit eu des témoins en nombre suffisant qui avoient assisté à la célébration, & autres questions qui ne pouvoient tendre qu'à faire de la peine à cette Dame. Arrêt du 16. Juillet 1740, en la Tournelle criminelle, déclare ce Juge bien pris à partie, sa procédure nulle; évoquant le principal, renvoye ladite Dame de l'accusation, condamne le Juge en 1000. liv. de dommages & intérêts & aux dépens envers elle.

6. Quoiqu'un accusé en procédant sur son appel en la Cour de la Sentence rendue contre lui, ait intimé & pris à partie son Juge, l'on statue sur son appel au fond avant que de juger la prise à partie; & même l'usage de la Cour en la Tournelle est de surseoir à permettre de prendre à partie pendant l'instruction de l'appel au fond, & de n'accorder cette permission que par l'Arrêt qui juge l'appel au fond.

Usage de la Cour, sur la prise à partie.

Il faut aussi observer, qu'encore que par l'Arrêt définitif qui a déchargé l'accusé, il lui ait été permis de prendre à partie le Juge dont il étoit appel, ce n'est pas une raison pour dire qu'il y réussira; l'on voit tous les jours des exemples contraires. Claude Lheureux, Procureur Fiscal de la Justice de S. Amand en Bourbonnois, ayant été decreté de prise de corps, sur la plainte du Sieur la Blonde, Ecclésiastique, Chanoine à Moncenoux, & sur le vû de l'information faite en conséquence, pour prétendue subornation des témoins entendus dans le procès extraordinaire fait par l'Official de Bourges, conjointement avec le Lieutenant criminel au Bailliage & Siége Présidial de Bourges, contre le Sieur la Blonde accusé de deux assassinats; le Sieur Lheureux appella en la Cour de la plainte, information & décret: sur son appel, il fit intimer le Sieur la Blonde, & demanda permission de prendre à partie sept Conseillers du Bailliage & Siége Présidial de Bourges, qui avoient decerné contre lui ce décret de prise de corps. Mais ce n'a été que par Arrêt du 20 Juillet 1731, qui a prononcé définitivement, tant sur l'appel du Sieur Lheureux, que sur la procédure extraordinaire faite contre le Sieur la Blonde, & sur la Sentence d'élargissement par provision rendue en sa faveur, que la Cour a permis au Sieur Lheureux de prendre ces Juges à partie: & quoique la Cour lui eut ainsi accordé cette permission sur le vû de toutes les procédures extraordinaires en jugeant le fond; néanmoins par Arrêt de la Tournelle criminelle du 18 Juillet 1738, au rapport de M. Pinon de Quinsy, les Officiers du Bailliage & Siége Présidial de Bourges pour lesquels j'écrivois, ont été renvoyés de la demande en prise à partie, & le Sieur Lheureux a été condamné aux dépens.

7. L'amende de la folle intimation, en ce qui concerne le Juge pris à partie, est arbitraire; elle doit être cependant proportionnée à l'injure qui a été faite aux Juges, & aux dommages & intérêts qu'il a soufferts.

De l'amende de la folle intimation.

8. Il en doit être de même de la prise à partie, que des appellations comme de Juge incompétent & récusé, qui n'arrêtent point l'instruction; & n'empêchent point que le Juge intimé & pris à partie ne la puisse continuer tant qu'il n'y a pas d'Arrêt de défenses signifié à son Greffe. Voyez ci-devant, *chap.* 4. *nombre* 16. Mais si par l'évenement la prise à partie se trouve bien fondée, la procédure sera déclarée nulle, avec dommages & intérêts & dépens contre le Juge. Ainsi c'est aux Juges à bien s'examiner eux-mêmes dans ces accusations.

Si la prise à partie empêche le Juge de continuer l'instruction.

CHAPITRE VI.

Du Privilége des Eccléſiaſtiques en Matiere Criminelle.

Diviſion de ce Chapitre.

POUR garder un ordre dans une matiere auſſi importante, l'on diviſera ce chapitre en ſix ſections; dans la premiere; on traitera de la nature du délit commun & du cas privilégié; dans la ſeconde, des différens Juges du délit commun & du délit privilégié; dans la troiſieme, de la procédure que doivent tenir les Officiaux en leur particulier dans l'inſtruction des procès criminels contre les Eccléſiaſtiques, & de pluſieurs queſtions ſur cette matiere; dans la quatrieme, de la procédure & des formalités qu'il faut obſerver dans l'inſtruction & jugement des crimes ou délit commis par des Eccléſiaſtiques, lorſqu'il y a cas privilégié; dans la cinquieme, des peines que ces différens Juges du délit commun & du cas privilégié peuvent infliger; dans la ſixieme, des voies que l'on doit ſuivre pour ſe pourvoir contre les jugemens rendus par chacun de ces Juges.

SECTION PREMIERE.

De la nature du délit commun, & du cas privilégié.

Maxime certaine pour diſtinguer le délit commun d'avec le cas privilégié.

1. Il faut tenir pour maxime générale, que tout crime ſujet à l'animadverſion du miniſtere public pour la vengeance publique, & qui mérite une peine afflictive ou infamante, commis par un Eccléſiaſtique, ne ſçauroit jamais paſſer pour délit commun, puiſque les Juges d'Egliſes ne peuvent point condamner à des peines corporelles & afflictives; autrement certains crimes commis par des Eccléſiaſtiques demeureroient impunis; ce qu'il n'eſt pas poſſible d'admettre ſans faire violence à la raiſon & au bon ordre.

Tout cas royal ou prévôtal eſt un délit privilégié.

2. Tout cas royal ou prévôtal par la nature du crime, eſt un délit privilegié en matiere criminelle contre les Eccléſiaſtiques. Ainſi voyez ce qu'on a dit ci-devant ſur l'article 11. du titre premier de l'Ordonnance 1670, concernant les cas royaux, & ſur l'article 5. de la Déclaration du Roi du 5 Février 1731, concernant les cas prévôtaux ou préſidiaux.

Mais il y a des délits privilegiés, quoiqu'ils ne ſoient ni cas royaux ni prévôtaux; puiſque comme on l'a déja obſervé *ſuprà*, nombre premier, il ſuffit qu'un délit mérite une peine afflictive ou infamante pour renfermer un cas privilegié, attendu que les Juges d'Egliſe ne peuvent point prononcer ces ſortes de condamnations.

Par quel juge les délits privilégiés doivent être inſtruits.

3. Parmi les délits privilegiés, il y en a qui doivent être inſtruits conjointement par le Juge d'Egliſe & par le Juge royal, lorſque l'Eccléſiaſtique accuſé le requiert, ou qu'il eſt revendiqué par ſon Promoteur. Il y en a d'autres par rapport auxquels le privilége eccléſiaſtique ceſſe, & qui s'inſtruiſent & ſe jugent par le Juge ſéculier ſeul, ſans que l'Eccléſiaſtique accuſé ni le Promoteur puiſſent requerir qu'ils ſoient inſtruits conjointement. Mais il faut convenir que ce dernier cas doit être très-rare, particulierement depuis l'article 22. de l'Edit de Melun de 1580, qui a ordonné l'inſtruction par les deux Juges conjointement des délits des Eccléſiaſtiques où il y a cas privilegié, & depuis les Edits & Déclarations qui ont ſuivi, dont il ſera parlé ci-après. On en rapportera pluſieurs exemples en l'un & l'autre cas dans la préſente ſection, & dans la ſection ſuivante, nombre 12.

Si le crime commis par un Eccléſiaſtique dans les fonctions d'un Office royal dont il eſt revêtu, doit être inſtruit

4. Il ſe peut préſenter une premiere queſtion, qui eſt de ſçavoir ſi la prévarication d'un Eccléſiaſtique revêtu d'un Office royal, & le crime par lui commis dans les fonctions de ſon Office, ce qui ſans doute eſt un délit privilégié, doit être inſtruit conjointement avec le Juge eccléſiaſtique. L'on dira d'un côté que les Eccléſiaſtiques ne peuvent point renoncer à un privilege qui eſt accordé en général à tout l'Ordre clérical dont ils ſont membres, de ne pouvoir être jugés que par leurs Juges, pour ce

qui regarde le délit commun. D'un autre côté l'on peut dire, & avec fondement, que le crime commis par un Clerc, Officier du Roi dans l'exercice & les fonctions de son Office, regarde particulierement la Compagnie dans laquelle il est Officier, & qui a sur lui pouvoir de le punir lorsqu'il délinque, ou du moins le Parlement à l'égard de certains Officiers, suivant les Ordonnances.

conjointement avec le Juge Ecclésiastique.

C'est donc ici un combat de privileges dont le plus fort doit l'emporter, & il semble qu'on doit dire que le délit ayant été commis dans l'exercice des fonctions d'un Office dont le Clerc n'étoit revêtu que par privilege, c'est à sa Compagnie seule de le juger, ou au parlement, comme on l'a dit.

En vain diroit-on qu'il paroît plus conforme aux Ordonnances de soutenir, que l'Office royal n'effaçant pas dans la personne de l'Officier, sa qualité de Clerc, ni le privilege de Clericature qui y est attaché, il ne peut empêcher le Juge ecclésiastique de le juger pour le délit commun; qu'autrement on regarderoit la Cléricature qui aggrave la faute commise par ceux qui y sont élevé, comme une qualité qui diminueroit cette faute, en modérant la peine dûe au coupable pour le délit commun qui se rencontre dans le délit privilegié.

Cette question n'en peut jamais faire une parmi nous, puisque nous reconnoissons comme une maxime de droit public, que le Roi peut justifier ses Officiers clercs pour quelque faute que ce soit, commise en l'exercice de leurs Charges, nonobstant le privilege de Cléricature, sans les renvoyer pour ce sujet devant l'Official; parce que le Roi en accordant aux Clercs la permission de tenir des Charges de Judicature, ne s'est point dépouillé du droit de faire punir ceux qui abuseroient du pouvoir de rendre la Justice qu'il leur a confiée, cette administration étant une des principales prérogatives attachées à la Couronne. Il en seroit de même d'un Clerc qui auroit prévariqué dans la fonction d'Avocat dans un Tribunal séculier. Nous avons dans le vingt-septieme chapitre des Preuves des Libertés de l'Eglise Gallicane, d'anciens Arrêts de 1340. & 1496. qui l'ont ainsi jugé; ce droit a même été reconnu par une Bulle de Clément VII. accordée à François I. en 1527, revêtue de Lettres Patentes du 29 Décembre 1530., enregistrées au Parlement le 20 Avril 1531. Voyez l'article 38 des Libertés. Nous en verrons ci-après d'autres exemples.

5. L'article 11. du titre premier de l'Ordonnance de 1670 qualifie le crime d'hérésie de cas royal, mais cela veut être expliqué. La connoissance du crime d'hérésie appartient au Juge d'Eglise & au Juge royal: c'est au premier à déclarer quelles sont les opinions contraires à la Doctrine de l'Eglise, & à punir des peines canoniques ceux qui les soutiennent avec obstination.

Si l'hérésie est un cas privilégié, & qui doit connoître de ce crime.

Mais c'est aux magistrats politiques de punir par des peines afflictives les Hérétiques, qui sous prétexte de Religion, causent du trouble & de la confusion dans l'Etat, qui contreviennent aux Ordonnances, & qui font des assemblées, même par l'exercice de leur Religion, sans une permission expresse; c'est en ce sens que le crime d'hérésie est un cas royal, & qu'il faut prendre ce que dit Bacquet, Traité des Droits de Justice, *chap. 7. nombre* 28. que les Gens du Roi portant la parole dans une cause de mariage au Parlement de Paris le 22 Février 1557, dirent qu'il y avoit quatre sortes de causes dont les Juges d'Eglise pouvoient connoître sur les Laïcs; deux civiles, les dixmes & les mariages; & deux criminelles, l'hérésie & la simonie.

Les anciennes Ordonnances de Francois I. & d'Henri II. enjoignent aux Juges royaux de faire recherche & punition des Hérétiques. Les Ordonnances qui avoient cessé d'être en usage par les Edits de pacification, & particulierement par celui de Nantes, ont repris une nouvelle vigueur par la Déclaration du mois d'Octobre 1685, portant révocation de l'Edit de Nantes, par laquelle il est fait défenses à tous sujets de la Religion prétendue réformée, de s'assembler pour faire l'exercice de ladite Religion en aucun lieu ou maison particuliere, sous quelque prétexte que ce soit, & à tous Seigneurs de faire le même exercice dans leurs Maisons & Fiefs, à peine contre les sujets qui feroient cet exercice, de confiscation de corps de biens.

Au reste, voyez la nouvelle Déclaration du Roi du 14 Mai 1724, concernant la Religion, qui est dans la quatrieme partie de ce Livre, & qui rappelle les dispositions des précedens Edits & Déclarations du Roi rendus à ce sujets.

6. Par Arrêt du Parlement de Paris du 21 Août 1708, rapporté dans les Mémoires du Clergé, *tome 7. page* 434. il a été jugé qu'une accusation formée contre un

Si la prévarication commise

SECT. I.

Prêtre, Principal d'un Collége, de faire choix de mauvais sujets pour Régens, de prendre de l'argent pour donner les places, & autres semblables prévarications dans son état de Principal, étoit un cas privilegié, pour raison duquel le Juge royal sur la plainte qui lui en est portée, procede contre l'accusé par information, récollement & confrontation; en conséquence de quoi par cet Arrêt, l'accusé a été débouté de sa demande en renvoi pardevant le Juge d'Eglise, jugeant par-là que la connoissance d'une pareille accusation est réservée au Juge royal, à l'exclusion du Juge d'Eglise.

par un Prêtre dans sa place de Principal de College dont il est revêtu, est un cas privilegié.

Cet Arrêt est d'autant plus important, que l'accusé s'étant pourvû au Conseil en cassation, il opposa qu'il étoit contre la disposition des Ordonnances, & entr'autres 1°. à celle de 1539, article 4. à l'Edit d'Amboise, article 2. à l'Ordonnance de Roussillon, article 21. à celle de Moulins, article 29. à celle de Blois, article 58. à l'Edit de Melun, article 22. à celui du mois de Février 1678, qui confirme l'article 22. de l'Edit de Melun, & à la Déclaration du Roi du 24 Juillet 1684, qui veulent tous que les Juges d'Eglise connoissent des procès criminels des Ecclésiastiques, & qu'ils soient renvoyés devant eux, pour être l'instruction faite conjointement pour les cas privilegiés, tant par les Juges d'Eglise, que par les Juges royaux. 2°. A la disposition de l'article 1. du titre 6. de l'Ordonnance de 1667. 3°. A celle de l'article 13. de l'Ordonnance de 1670, titre premier. 4°. A celle de l'article 38. de l'Edit de 1695, qui renferme toutes les autres dispositions. Cependant par Arrêt du Conseil d'Etat du Roi, rendu au rapport de M. Chauvelin de Beauséjour, le 27 Mai 1709, il a été mis néant sur la Requête.

Cet Arrêt paroît fondé sur ce que les délits dont ce Prêtre Principal d'un College étoit accusé, regardoient la place & les fonctions de Principal de Collége, qui n'est point justiciable de l'Official pour les prévarications qu'il commet dans cette place; quoique le Juge royal lui fasse son procès, pour raison d'icelles, par récollement & confrontation.

Cependant l'Editeur des nouveaux Mémoires du Clergé dit, en rapportant cet Arrêt, que la prévention des Juges royaux qui est établie, attaque toutes les maximes sur lesquelles on a jugé de l'étendue de la Jurisdiction ecclésiastique; que suivant l'ancienne division des délits des Ecclésiastiques, en délits communs & délits privilégiés, on a estimé que les délits communs n'avoient point d'autres Juges que les Juges d'Eglise, & que s'ils sont coupables de cas privilegiés, leur procès doit être fait conjointement par le Juge d'Eglise & le Juge royal.

Juges séculiers sont en droit de juger seuls les Ecclésiastiques accusés pardevant eux, tant qu'il n'y a pas de renvoi requis.

Mais il résulte de la Déclaration du mois de Juillet 1684. ci-après rapportée, qu'on doit toujours supposer la réquisition du renvoi devant le Juge d'Eglise, faite par l'accusé ecclésiastique, ou par le promoteur de l'Official; sans quoi les Juges séculiers sont en droit d'instruire seuls, & juger les procès criminels contre les Ecclésiastiques accusés pardevant eux. Quoique cela ne soit pas decidé en termes précis par cette Déclaration, la maxime n'en est pas moins certaine; il y en a plusieurs Arrêts, entr'autres un du 9 Juin 1723, contre un Diacre; un autre du 19 Janvier 1724, contre un Curé accusé d'injures atroces par lui dites publiquement au sortir de la Messe Paroissiale, contre un Officier de Justice; un autre du 16 Septembre 1739, contre un Ecclésiastique du Diocèse de Beauvais; un autre 19 Août 1738, contre le Curé de Contré; un autre du 12 Juin 1741, contre un Prêtre accusé d'avoir volé un Calice dans l'Eglise du Saint-Esprit à Paris; enfin un autre du 16 Octobre 1741. Et il faut remarquer que l'Arrêt du 30 Mai 1696, & l'Arrêt de Monerot de Chartres, du 18 Août 1701, cités par l'Auteur des additions aux notes de Duperray sur l'Edit de 1695, art. 38, pag. 256, édit de 1723, n'ont nullement jugé la question.

Il y a aussi de certains crimes commis par des Ecclésiastiques, qui ne sont point *mixti fori*, comme on l'a déja dit, & qui sont instruits & jugés par les Juges séculiers seuls, quand même le renvoi seroit requis devant l'Official. L'Arrêt du Parlement de Paris du 21 Août 1708, & l'Arrêt du Conseil du 27 Mai 1709, que l'on vient de rapporter, sont de sûrs garants de ce qu'on avance. L'on en verra encore d'autres exemples.

Si le fait de chasse est un cas privilegié.

8. L'accusation contre un Ecclésiastique d'avoir chassé en contravention de l'ordonnance des Eaux & Forêts de 1669, renferme sans contredit un délit privilegié, soit parce que c'est une contravention aux Ordonnances de nos Rois, soit parce qu'un tel

délit peut mériter une peine afflictive, suivant les circonstances; c'est ce qui va être prouvé.

Mais ce délit est *mixti fori*; de sorte que le procès d'un Ecclésiastique qui est accusé par le Seigneur de la Terre, doit être instruit conjointement par le Juge d'Eglise & par le Juge royal, en conformité de l'Edit de 1678, & des Déclarations du Roi de 1684. & de 1711. Cette question s'étant présentée au Parlement de Bourdeaux en 1702, contre différens Ecclésiastiques de ce Diocèse, accusés de ce fait, & l'accusation ayant été portée pardevant les Juges de la Table de Marbre, ces accusés prétendirent que pour raison de cette accusation ils n'étoient point justiciables des Juges de ce Tribunal, & qu'ils devoient être renvoyés pardevant l'Official de Bourdeaux, leur Juge naturel, pour être leur procès instruit & jugé sur le délit commun, à l'instruction duquel le Lieutenant criminel en la Sénéchaussée de Bourdeaux pourroit assister pour le cas privilegié, s'il étoit jugé y en avoir.

Cette prétention donna lieu à une instance au Conseil en réglement de Juges, sur laquelle intervint Arrêt le 3 Avril 1702, portant que les Parties seroient tenues de procéder au Siége de la Table de Marbre de Bourdeaux, à la charge néanmoins que l'Official de ce Diocèse y seroit appellé pour juger le délit commun.

Cette forme de prononcer fit naître une contestation entre l'Official & les Juges de la Table de Marbre, sur le lieu où la procédure seroit faite, & si l'Official se transporteroit au Siége de la Table de Marbre. L'Arrêt du Conseil ayant été signifié à un nommé Candeloup decreté, il fit sa déclaration qu'il étoit prêt de subir l'interrogatoire, & qu'à cet effet le Commissaire pouvoit se rendre au Prétoire de l'Officialité pour y procéder conjointement avec l'official. Sur cette déclaration il intervint Sentence de la Table de Marbre, portant que dans huitaine Candeloup subiroit l'interrogatoire, & que l'Official y seroit appellé, conformément à l'Arrêt du Conseil. L'Official de sa part répondit qu'il étoit prêt de procéder conjointement, mais dans son Prétoire où le Juge royal se transporteroit.

Au préjudice de cette réponse, seconde Sentence le 28 Juillet 1702, portant que l'accusé se rendroit le 1 Août dans la Chambre du Conseil pour y subir l'interrogatoire, & qu'à cet effet l'Official y seroit appellé, conformément à l'Arrêt du Conseil du 3 Avril 1702; ce qui fût exécuté, sans que l'Official parût; mais il y eut protestation de la part du promoteur.

Les Agens généraux du Clergé ayant eu avis de cette procédure, se pourvurent au Conseil, où il intervint un autre Arrêt au rapport de M. le Blanc le 6 Mars 1703, qui ordonna que l'Officier de la Table de Marbre se transporteroit en l'Auditoire de l'Officialité, conformément aux Ordonnances. C'est ce qui est rapporté dans les Mémoires du Clergé, *tome 7. page.* 434.

Juges féculiers tenus de se transporter en l'Officialité en cas de délit mixti fori.

9. Il y a certains crimes énormes, qui cependant ne renferment qu'un délit commun; telle est la révelation des confessions. On a voulu autrefois regarder ce crime comme renfermant un délit privilegié, & *mixti fori*, dont l'accusation devoit être instruite conjointement par l'un & l'autre Juge. La question a été portée autrefois au Conseil en Réglement de Juges, à l'occasion de quelques Ecclésiastiques d'Arras, qui étoient accusés de ce crime; mais l'affaire y est demeurée indécise.

Si la revélation de confession est un cas privilegié, ou si ce n'est qu'un délit commun.

Catelan en son Recueil d'Arrêts, *liv.* 1. *chap.* 6. dit que cette question fut agitée en 1679. au Parlement de Toulouse. Il s'agissoit d'un appel comme d'abus interjetté par le Syndic des Isles de Gabardés, de Sentence de l'Official de Carcassonne, qui avoit condamné un Curé accusé de ce crime en trois années de Séminaire; & de la Sentence de l'Official Métropolitain, qui avoit infirmé la premiere, & qui avoit condamné le Syndic comme Partie à la restitution du droit de rapport de la Sentence, & par corps.

Ce Syndic fondoit son appel sur ce que le Juge d'Eglise n'étoit pas compétent pour connoître du crime de révélation de confession; cas si grave, d'un interêt si public, & d'une si grande conséquence, que la connoissance en devoit être réservée au seul Juge royal, comme ayant seul en main les peines que ces cas méritent. Il ajoutoit pour preuves, que la dégradation du Prêtre étant une des peines dont les Canons avoient voulu punir des révelations pareilles, suivant la décision du chapitre *Sacerdotes* 33. *quest.* 3. *dist.* 6. *de pœnitentiâ*, & celle du chapitre 12. §. dernier aux Décretales, *eod.* le Prêtre coupable de ce crime devoit être regardé comme déchu des privileges de son

Ordre, & par-là de celui d'être jugé par le Juge d'Eglise ; que selon l'esprit des dispositions canoniques, pour ne pas divulguer & donner à connoître par un simple indice un secret aussi inviolable, le Prêtre devoit admettre à la Communion celui que le secret de la confession lui avoit appris avec certitude en être absolument indigne, & par-là se rendre plutôt avec pleine connoissance le ministere & l'instrument d'un sacrilege, que de s'en garantir aux dépens de ce secret, & de le blesser d'une légere atteinte ; que l'abus de la confession étant jugé par le Juge royal dans le cas de l'inceste spirituel & malversation de sa Pénitence, le même Juge devoit aussi juger l'abus de la confession dans le secret, qui est ce qu'elle a de plus essentiel du côté du Prêtre ; qu'il ne falloit pas regarder la légereté du cas révelé, mais la nature & la qualité de l'action, le danger de la conséquence, & la nécessité de faire de grands exemples sur cette matiere, la légereté du cas n'empêchant pas que la révelation ne détruise ou n'affoiblisse dans l'esprit des Fideles cette confiance si nécessaire pour bannir des confessions la mauvaise honte qui n'empêche que trop souvent de les faire bien entieres.

On répondit par avance aux acquiescemens qu'on pouvoit opposer de la part de l'intimé, que le consentement des parties ne pouvoit établir la Jurisdiction d'un Juge d'ailleurs incompétent, non plus que couvrir l'abus dont l'intérêt public laissoit toujours la liberté d'appeller, suivant la régle générale fortifiée par le ministere du Procureur général qui adhéroit à l'appel comme d'abus.

Nonobstant ces raisons, par Arrêt du 16 Février 1679, il fut dit n'y avoir abus dans la Sentence de l'Official Diocésain, & qu'il n'y avoit abus dans celle du Métropolitain, n'ayant regardé dans cette derniere que la condamnation à la restitution du droit de rapport avec contrainte par corps.

L'édition des Mémoires du Clergé, *tome 7. page* 434, dit après Catalan, que la raison déterminante de cet Arrêt fut qu'encore que la révelation du secret de la confession soit un cas extrêmement grave, & qui mérite d'être grievement puni, il est de de sa nature si spirituel & si Ecclésiastique, que nul Auteur, & nul Arrêt qu'on sçache, ne le mettant d'ailleurs parmi les cas, il le falloit laisser dans le droit commun des personnes Ecclésiastiques, plutôt que d'en donner au Juge royal une attribution toute nouvelle ; & cet Auteur ajoute que Fevret même, *liv. 9. chap. 2. nomb. 9.* qu'il dit être des plus favorables à la Jurisdiction royale, rapporte le témoignage de plusieurs Auteurs qui font le sacrilege en général un cas *mixti fori*, ce qui ne fait rien à la question dont il s'agit ; mais l'on a fait voir ci-devant que le cas privilegié ne doit point être renfermé dans les seuls royaux, & qu'il s'étend à tous crimes & délits qui méritent punition corporelle.

Si le crime d'injures est un cas privilegié, ou si ce n'est qu'un délit commun.

10. L'action d'injure est *mixti fori* ; c'est-à-dire, qu'un Ecclésiastique accusé d'avoir dit des injures à un Laïc, & de lui avoir fait de mauvais traitemens, peut être convenu pardevant le Juge séculier, ou devant le Juge d'Eglise ; & s'il est convenu pardevant le Juge séculier & ordinaire, soit royal, soit seigneurial, pour la réparation & les dommages & intérêts, nous avons plusieurs Arrêts qui dans les cas d'injures considérables, ont fait refus d'accorder le renvoi aux Ecclésiastiques accusés qui le demandoient.

Cette question se présenta à Coutances en 1704. Différens particuliers se pourvurent pardevant le Juge royal, contre des Ecclésiastiques, qu'ils prétendoient leur avoir fait diverses injures. Sur la plainte & information, ces Ecclésiastiques furent decretés d'assigné pour être ouis, ils demanderent leur renvoi, le Promoteur les revendiqua, & le Lieutenant criminel fit refus de les renvoyer.

Forget, des personnes & choses ecclésiastiques, *sommaire* 9, rapporte un Arrêt du Parlement de Rouen du mois de Janvier 1605, qui confirme la Sentence du premier Juge qui avoit denié à un Curé son renvoi à l'Officialité, sur l'action en injures intentée contre lui par un nommé Cavain.

Basnage sur l'article 1. de la Coutume de Normandie, en rapporte un autre du même Parlement du 18. Novembre 1664, par lequel il fut jugé que l'action en simples injures contre un Prêtre, étoit de la compétence du Juge royal.

Ce qui paroît avoir servi de motif à ces Arrêts, est que ne s'agissant point d'instruction à l'extraordinaire, & les contestations pour simples injures devant être traitées & jugées sommairement, cela occasionneroit trop de longueurs, s'il falloit procéder conjointement

conjointement avec l'Official, quand il n'y a point de corps de délit qui mérite peine afflictive ou infamante.

Si un Juge d'Eglise peut condamner en des dommages & intérêts.

Ce n'est pas que les Juges d'Eglise ne puissent condamner un Ecclésiastique en des dommages intérêts; car ils y peuvent condamner leurs Justiciables, mais condamner un Ecclésiastique en des dommages & intérêts; car ils y peuvent condamner leurs Justiciables, mais non pas les Laïcs, suivant la distinction qui fut faite par M. de Lomoignon, Avocat général, lors de l'Arrêt du mois de Février 1690, rapporté au Journal des Audiences, laquelle distinction a été ajoutée par M. Gilbert Avocat général, lors d'un Arrêt du mois de Janvier 1729, rendu au Rôle d'Amiens.

C'est pourquoi un Laïc ayant fait assiner un Ecclésiastique devant l'Official en réparation d'injures, l'Official est en droit de connoître de cette contestation sans abus, & de condamner son Justiciable en des dommages & intérêts, comme il a été jugé par les deux Arrêts ci-dessus de 1690 & 1729.

Ainsi celui devant lequel l'action d'injure contre un Ecclésiastique a été portée, soit l'Official le Juge séculier est en droit d'en connoître privativement à l'autre.

Cependant si l'injure faite par un Ecclésiastique étoit de nature à mériter peine afflictive ou infamante, il est incontestable que ce seroit un cas privilégié qui seroit sujet à l'instruction conjointe de l'Official & du Juge royal.

A qui appartient la connoissance du crime de simonie.

11. La simonie est un crime qui peut être commis par vente d'un Ministere spirituel; en ce cas la plainte & l'accusation, de cette nature est portée devant le Juge d'Eglise.

Quand ce crime est commis par vente d'un Bénéfice, on distingue si l'accusation est directement & principalement intentée pour faire punir de peines canoniques l'Ecclésiastique qui en est accusé; pour lors le Juge d'Eglise en connoît : mais si l'accusation de simonie est seulement incidente à une complainte bénéficiale, lorsqu'une des parties qui contestent un Bénéfice, objecte à l'autre qu'il a donné de l'argent pour en avoir les provisions, soit aux collateurs en cas de vacance par mort, ou au précédent titulaire pour acheter de lui sa résignation, le Juge royal qui est saisi de la complainte, est en possession d'en connoître incidemment, afin d'instruire sa Religion pour prononcer sur la complaisante bénéficiale. La question se réduit à sçavoir en ce cas si le Juge royal peut en connoître, afin de punir l'Ecclésiastique accusé d'autres peines que de la privation du Bénéfice qui fait le sujet du procès.

En 1547, le Pape fit présenter à François I. un Mémoire des Officiers de Cour de Rome, contenant 32. articles de plaintes des entreprises sur la jurisdiction ecclésiastique. Le Roi envoya ce Mémoire à MM. Brulart, Procureur général, & de Marillac, Avocat général au Parlement de Paris, pour y répondre.

L'on voit dans les Preuves des Libertés de l'Eglise Gallicane, *chap. 36. n. 29.* que le septieme article de ce Mémoire contenoit des plaintes de ce que les Juges royaux prenoient connoissance du crime de simonie. Voici quelle fut la reponse de ces deux Magistrats. Quant au septieme article qui parle du crime de simonie, l'on n'a point vû que les Juges laïcs, ès pays du Roi, en ayent connu, car c'est un crime pur ecclésiastique; toutefois quand il est proposé par forme d'exception, lesdits Juges en connoissent, non pour prononcer sur le crime de simonie, mais pour juger ce qui est principalement pendant par devers eux, conformément au Droit commun.

Cette maxime est confirmée par l'article 21. de l'Ordonnance de Blois, qui veut que les Archevêques & Evêques procedent soigneusement & sévérement, sans dissimulation ni exception de personnes, contre les Ecclésiastiques qui auront commis ce crime, par les peines indictes & portées par les saints Decrets & Constitutions canoniques; & que les Baillifs & Sénéchaux procedent au semblable contre les personnes laïques, coupables & participans du même crime, pour duquel avoir révélation, les Evêques & Officiers du Roi ci-dessus pourront faire publier monitions autant qu'ils verront être propre & opportun par toutes les paroisses.

Quatre ans après cette Ordonnance qui est de 1579, les Agens généraux du Clergé présenterent une ample Requête au Roi Henri III. dont l'article 2. est contre les Ecclésiastiques simoniaques. Cette Requête fut répondue conformément à l'article 21. de l'Ordonnance de Blois, par rapport à cet article.

L'article 1. de l'Ordonnance de 1610, dressée sur les remontrances du Clergé, n'a rien changé à cet ordre; il renvoye la punition de ce crime aux Juges à qui la connoissance en appartient, sans décider si ce sont les Juges royaux ou les Juges d'Eglise.

Cette Ordonnance fut enregistrée au parlement de Paris le 30 Mai 1612, à la charge pour le regard du premier article, qui est celui dont nous venons de parler, que les saints Decrets & Conciles seront gardés & observés sur le fait des simonies & confidences, les Ordonnances royaux, même les quarante-sixieme article de celle de Blois, dix-septieme de celle de Melun, & Arrêts de la Cour. L'on peut observer ici en passant que l'Ordonnance de 1629, article 18. confirme l'article 21 de celle de Blois, & ordonne l'exécution des Bulles & Constitutions canoniques, sur la forme qui doit être observée dans la preuve de ce crime.

Différence entre le Jugement du Juge d'Eglise & celui du Juge royal, contre les Ecclésiastiques accusés de simonie.

Après toutes ces réflexions, il est aisé de connoître la différence qu'il y a entre le jugement des Juges d'Eglise & celui des Juges royaux, contre les Ecclésiastiques accusés de simonie. Le Juge d'Eglise devant qui cette accusation est portée directement pour punir l'Ecclésiastique qui en est convaincu, peut le priver suivant les saints Decrets de tous Offices, Bénéfices & Dignités ecclésiastiques dont il est pourvu, & même le déclarer incapable d'en posséder à l'avenir, mais le Juge royal qui ne connoît de l'accusation de simonie contre un Ecclésiastique qu'incidemment au possessoire d'un Bénéfice qui se traite devant lui, déboute seulement du Bénéfice contentieux celui qui en est pourvu par des voies simoniaques; mais il n'ordonne point la privation des autres Bénéfices, sauf après que le possessoire du Bénéfice aura été jugé, à renvoyer cette accusation en Cour d'Eglise, pour être procédé extraordinairement contre l'accusé.

Si le concubinage des Ecclésiastiques est un cas privilegié.

14. Plusieurs Auteurs ont écrit que le concubinage des Ecclésiastiques est un cas privilégié, particuliérement quand il est commis avec scandale, que l'Ecclésiastique loge avec sa concubine; & ils rapportent des Arrêts du parlement de Bourdeaux qui l'ont ainsi jugé. Le parlement de Toulouse rendit le 26 Octobre 1549. un Arrêt de Réglement contre ces Ecclésiastiques concubinaires. Mais le Clergé du ressort obtint un Arrêt du Conseil privé le 29 Avril 1551, qui déclare nul celui du Parlement de Toulouse; ordonne cependant aux Syndics du Clergé de la province de Toulouse de sommer, signifier & avertir les Archevêques & Evêques, Chapitres & autres Prélats, de diligenter, soigner & s'enquérir sur l'incontinence, vie & gouvernement des Ministres du Clergé chacun à son égard, & procéder contre les chargés & soupçonnés d'incontinence & lubricité, par monitions & autres voies de droit, de sorte que punition exemplaire en soit faite; & en cas de négligence & scandale, est enjoint au Procureur du Roi de Toulouse d'en avertir le Roi, pour y être pourvû ainsi que Sa Majesté verra bon être.

Suite de la question précédente.

15. Mais si le concubinage d'un Prêtre étoit avec une femme mariée, & que l'accusation fût intentée par le mari, qui selon nos mœurs, est seule partie capable de la former, les Juges royaux en pourront connoître comme d'un cas privilégié. Outre le scandale d'un tel désordre, le trouble causé dans une famille, & dans l'ordre d'une succession, demanderoit une punition exemplaire, & telle que le Juge royal seul peut infliger. En effet, depuis cet Arrêt, nous en avons plusieurs qui ont jugé les Ecclésiastiques accusés de ce crime, & même du simple concubinage, soumis à la jurisdiction royale.

Si l'homicide de soi-même par un Ecclésiastique est cas privilegié.

16. La question seroit de sçavoir si les Réglemens qui viennent d'être rapportés sur le renvoi des Ecclésiastiques accusés de cas privilégiés, aux Juges d'Eglise, sont observés dans les procès qu'on fait aux cadavres des Ecclésiastiques.

Rebuffe sur la Bulle de Leon X. du 15 Juin 1518, page 786. écrit, que par Arrêt du parlement de Paris du 5 Avril 1431, le corps de Geoffroy Clonet, Prêtre, qui s'étoit pendu à Paris, fut renvoyé au Juge ecclésiastique; d'où il conclut que ce Juge connoît contre les Clercs vivants & morts, parce que le caractere est ineffaçable.

Ayrault, Inst. judiciaire, *part.* 4. §. 14, soutient la même chose; & un nouvel Auteur, qui a recueilli les procédures des Officialités, dit qu'en ce cas l'Official n'instruit pas avec le Juge royal, & qu'il suffit de constater le fait devant l'Official, qui rend une Ordonnance, ensuite de laquelle & sur les conclusions du Promoteur, il ordonne l'inhumation ou renvoi. Il rapporte un exemple qu'il a vû arriver. Un Prêtre ayant été trouvé mort dans un College avec des marques qu'il s'étoit tué lui-même, l'Official à la réquisition du Principal de ce College s'y transporta, fit son procès-verbal, & ordonna une information de la conduite du défunt, & sa situation d'esprit, & des circonstances qui pouvoient avoir donné lieu à cet accident; & ensuite il le fit inhumer sans appareil. Le Juge royal s'y étoit transporté avant lui, avoit fait son procès-verbal, mis le scellé, & opposé garnison, dont l'Official avoit fait mention dans le sien, ce qui n'empêcha pas de continuer sa procédure, sans appeller le Juge royal qui en avoit fait de même à son égard.

Fevret, de l'abus, *liv.* 8. *chap.* 2. *nombre* 20. dit que s'il arrivoit qu'un Ecclésiastique non accusé ni atteint de crime, se tuât lui-même, son cadavre seroit renvoyé au Juge d'Eglise; il veut insinuer que c'est la jurisprudence du parlement de Paris & de celui de Toulouse, & ajoute cependant qu'en son parlement de Dijon on juge le contraire, & qu'il y a quantité d'Arrêts confirmatifs des procédures & jugemens donnés en Cour séculiere contre les cadavres ecclésiastiques.

Mais la Jurisprudence du parlement de Paris est certainement conforme en ce point à celle du parlement de Dijon, & aux principes, qui veulent que ce soit Juge séculier qui instruise & juge seul un tel crime; parce que d'un côté l'homicide est un crime capital qui emporte confiscation de biens, & que d'un autre côté il seroit fort inutile d'instruire conjointement avec les Juges ecclesiastiques, puisqu'il n'y a plus de peines canoniques à infliger contre un cadavre. On en a vû un exemple depuis quelques années: le Lieutenant criminel du Châtelet fit seul le procès au cadavre d'un Ecclésiastique, Prêtre, Docteur de Sorbonne, qui s'étoit tué d'un coup de pistolet dans la tête, pour raison de quoi il fut ordonné que le cadavre seroit traîné sur la claie, & ensuite pendu par les pieds; ce qui fut exécuté.

SECTION DEUXIEME.

Des Juges du délit commun & du cas privilégié.

Du privilége des Ecclésiastiques accusés, d'être jugés, toute la Grand' Chambre du Parlement assemblée

1. Anciennement lorsqu'il y avoit peine de mort contre les accusés indistinctement, soit Ecclésiastiques ou Laïcs, leurs procès étoient portés en la Grand'Chambre du Parlement. C'est la disposition de l'article 25. de l'Ordonnance de Charles VII. de 1453; ce qui doit s'entendre, lorsque le parlement étoit saisi du procès, soit par appel, soit en premiere instance. Depuis par une autre Ordonnance de François I. de 1515. la Tournelle criminelle ayant été rendue continuelle, on lui attribua la connoissance de tout délit, à l'exception des cas de Cléricature ou d'immunité, au jugement desquels ont accoutumé d'être les Conseillers-Clercs, aussi de crimes de Gentilshommes ou d'autres personnages d'Etat, desquels le procès devoit être rapporté en la Grand'Chambre.

L'Ordonnance de Moulins en 1566, article 38. confirma ce privilége, & voulut que pour régler les différends qui avoient été auparavant dans les Cours du Royaume pour la connoissance des causes & procès criminels des gens d'Eglise, Nobles & Officiers, leurs procès introduits en premiere instance en ces Cours, fussent jugés & instruits en la Grand'Chambre, si faire ce pouvoit, & si les accusés le requéroient; autrement, & sans ladite réquisition, lesdits procès se pourroient instruire & juger en la Chambre de la Tournelle, à laquelle l'Ordonnance veut que lesdites instructions soient renvoyées par la Grand'Chambre; mais il faut remarquer que ce n'est pas à dire pour cela que les Ecclésiastiques & les Nobles ayent jamais eu le droit d'être jugés en premiere instance au Parlement; ce qui n'a lieu que par rapport aux causes des Prélats, Chapitres, Comtes, Barons, Villes, Communautés, Echevins & autres, qui par priviléges & anciennes coutumes ont accoutumés d'être traités en ladite Cour, suivant l'article 7. dudit Edit de Charles VII. du mois d'Avril 1453.

Ce privilége accordé aux Ecclésiastiques leur fut confirmé par l'article 21. de l'Ordonnance de 1670, titre premier, qui leur permet de demander en tout état de cause d'être jugés, toute la Grand'Chambre du Parlement où le procès est pendant, assemblée, pourvû toutefois que les opinions ne soient pas commencées; & s'ils ont requis d'être jugés à la Grand'Chambre, ils ne peuvent plus demander d'être renvoyés à la Tournelle; ce qui encore une fois doit s'entendre de la cause d'appel, ou en cas que par les circonstances de l'affaire, ou à cause de la qualité des Parties, le procès soit porté au Parlement en premiere instance.

Si les Juges des Seigneurs peuvent connoître des crimes des Ecclésiastiques.

2. Il y en a qui prétendent que les Juges des Seigneurs ne peuvent connoître en aucun cas des délits commis par les Ecclésiastiques, & que la connoissance des cas privilégiés est attribuée par les Ordonnances aux Baillifs & Sénéchaux en premiere instance, privativement à tous autres Juges. Ils conviennent que les Ordonnances n'excluent pas nommément les Juges des Seigneurs qui ont Haute-Justice, mais qu'on les a toujours interprétées à leur exclusion; que l'article 22. de l'Edit de Melun dit que l'instruction des procès criminels contre les personnes Ecclésiastiques pour les cas privilégiés, sera faite

SECT. II.

conjointement, tant par les Juges desdits Ecclésiastiques, que par les Juges royaux; que l'Edit du mois de Février 1678. ordonne que lorsque dans l'instruction des procès qui se feront aux Ecclésiastiques, les Officiaux connoîtront que les crimes dont ils seront accusés & prévenus, seront de la nature de ceux pour lesquels il échoit de renvoyer aux Juges royaux pour le cas privilégié, les Officiaux seront tenus d'en avertir incessamment les Substituts des Procureurs généraux du ressort où le crime a été commis, à peine contre lesdits Officiaux de tous dépens, dommages & intérêts, même d'être la procédure recommencée à leurs dépens; que l'article 38. de l'Edit de 1695. s'explique d'une maniere plus précise, & porte: Les procès criminels qu'il sera nécessaire de faire à tous Prêtres, Diacres, Soudiacres, ou Clercs vivans cléricalement, résidans ou servans aux Offices ou au Ministere & Bénéfice qu'ils tiennent dans l'Eglise, & qui seront accusés des cas que l'on appelle privilégiés, seront instruits conjointement par les Juges d'Eglise & par nos Baillifs & Sénéchaux, ou leurs Lieutenans, en la forme prescrite par nos Ordonnances.

L'on ajoute que la question s'est présentée au Parlement de Paris en 1628, dans cette espéce. Un Curé du Bas-Maine, nommé Dubas, fut accusé par le Procureur Fiscal du Seigneur Haut-Justicier de Solesme; & sur sa dénonciation & requête, charges & informations faites par le Juge de ce Seigneur, ce Curé fut décrété d'un ajournement personnel. Il demanda son renvoi pardevant l'Official du Mans, qui lui fut refusé par le Juge, qui ordonna que le procès seroit fait & parfait par lui audit Curé pour le cas privilégié, & que l'Official pourroit assister à l'instruction pour le délit commun. Le Curé interjetta appel au Parlement; M. Talon qui plaida pour lui, soutint que les Officiers des Seigneurs n'avoient aucune jurisdiction pour les crimes & délits des Ecclésiastiques. M. Bignon, Avocat général, dit qu'encore qu'il y eût charge suffisante contre l'appellant, en ce qui concerne le decret d'ajournement personnel, l'appel de l'incompétence étoit bien fondé, & conclut à la confirmation du decret, à ce que l'accusé fût renvoyé à l'Official, pour lui être son procès fait & parfait, à la charge du cas privilégié, pour lequel assisteroit le Juge royal.

La Cour faisant droit sur l'appel du decret, mit l'appellation au néant; ordonna que ce dont étoit appel sortiroit son plein & entier effet; condamna l'appellant en l'amende & aux dépens; & faisant droit sur le déni de renvoi, mit l'appellation & ce dont avoit été appellé au néant; émendant & corrigeant, rendit l'accusé appellant à l'Official de l'Evêque du Mans, pour lui être son procès fait & parfait; à la diligence du Seigneur de Solesme. L'Arrêt est du premier Juillet 1628. & rapporté par Bardet, *tom. 1. liv. 3. chap. 10.*

Enfin l'on oppose un Arrêt du Conseil d'état du Roi du 13. Janvier 1657, rendu sur la Requête des Agens généraux du Clergé, par lequel le Roi fit inhibitions & défenses aux Seigneurs Hauts-Justiciers, & à leurs Juges & Officiers, de prendre connoissance & informer ni décreter en matiere criminelle; contre les Prêtres & autres personnes constituées aux Ordres sacrés, ni contre les Bénéficiers, à peine de nullité des procédures, dépens, dommages & intérêts envers les parties, & autres amendes arbitraires, sauf aux Juges royaux qui ressortissent sans moyen en ses Cours de Parlement, de leur faire leur procès pour les cas privilegiés, conjointement avec les Juges d'Eglise, suivant les Ordonnances.

Suite de la question, si les Juges des Seigneurs peuvent connoître des crimes des Ecclésiastiques.

Mais ceux qui soutiennent cette prétention, que les Juges des Seigneurs ne sont jamais compétens pour connoître des crimes commis par les Ecclésiastiques, abusent visiblement des autorités ci-dessus, qu'ils citent en leur faveur. Cette prohibition ne doit s'entendre que des Prévôts royaux, & non des Juges des Seigneurs Hauts-Justiciers, qui étant Juges du lieu du délit, sont compétens pour connoître des crimes des Ecclésiastiques, de même que de ceux des Nobles, les instruire & juger, sauf en trois cas. Le premier, s'il s'agit d'un cas royal ou prévôtal, auquel cas le Juge de Seigneur étant Juge du lieu du délit, peut seulement recevoir la plainte contre l'Ecclésiastique, informer, décreter & interroger, suivant l'article 21. de la Déclaration du Roi du 5. Février 1731, dont on a ci-devant parlé. Le second cas est, lorsque le Juge royal pour le cas privilégié, ainsi qu'il est obligé par les Déclarations du Roi de 1678. & 1684. Le troisiéme cas est, lorsque le Juge de Seigneur ayant connu le premier de l'accusation, il y a renvoi requis devant le Juge d'Eglise par l'accusé, ou révendication de sa personne par le Promoteur de l'Officialité; parce qu'il n'est point d'usage que les Juges d'Eglise instruisent conjointement avec les

Juges des Seigneurs, mais seulement avec les Baillifs & Sénéchaux royaux.

C'est ce qui résulte seulement de l'article 22. de l'Edit de Melun, des Déclarations du Roi de 1678. & 1684. de l'article 38. des Lettres Patentes du mois d'Avril 1695, concernant la Jurisdiction Ecclésiastique, & de l'Arrêt du premier Juillet 1628.

Ce seroit ôter aux Juges de Seigneurs Hauts-Justiciers un droit qui leur appartient de toute ancienneté. Nous en avons la preuve, non-seulement par l'Arrêt ci-dessus de 1628, mais encore par un Arrêt plus ancien, rendu en la Chambre des Vacations le 27. Septembre 1588, rapporté par Imbert, liv. 3. chap. 22. pag. 721. Cet Arrêt a confirmé la Sentence du Baillif de la Seigneurie de Menetou, par laquelle Jean Gautier, Diacre, avoit été débouté du renvoi par lui requis, & condamné à faire amende honorable, & ensuite pendu, pour avoir forcé & violé perrette Avignon, jeune fille âgée de sept à huit ans, dans la Chapelle de Gournay. Ainsi cet Arrêt prouve non-seulement que les Juges des Seigneurs sont compétens de connoître des délits des Ecclésiastiques, mais même l'autre proposition avancée ci-devant, qu'il y a certains crimes dont la nature ou l'attrocité empêche que les Ecclésiastiques qui en sont accusés puissent user en façon quelconque de leur privilége clérical.

Il y a encore deux nouveaux Arrêts qui ont jugé la question *in terminis* : l'un du Mardi 9. Juin 1723, rendu dans cette espéce. Un diacre est accusé devant un Juge de Seigneur d'avoir rendu une fille enceinte ; il est décreté, le Promoteur le revendique, & le Juge le délaisse. Appel par le Diacre de la procédure faite par le Juge du Seigneur, comme de Juge incompétent. M. Gilbert, Avocat général, dit qu'il n'y avoit point d'incompétence ; que de penser qu'il n'y eût entre les Juges séculiers que des Juges royaux qui puissent connoître des délits ecclésiastiques, c'étoit une erreur qui avoit pourtant un prétexte, parce que quand il y a renvoi requis, ou revendication faite de l'Ecclésiastique accusé, le Juge d'Eglise n'instruisant qu'avec le Juge royal, on s'est imaginé qu'il n'y avoit que le Juge royal qui pût prendre connoissance des délits des Ecclésiastiques ; & conformément à ses conclusions, par ledit Arrêt du 7. Juin 1723, la procédure faite par le Juge de Seigneur fut confirmée, la Cour ayant prononcé l'appellation au néant.

L'autre Arrêt a été rendu en la Chambre des Vacations le 16. Septembre 1739 ; en voici aussi l'espéce. Un Ecclésiastique du Diocèse de Beauvais étoit appellant d'une procédure faite contre lui par un Juge de Seigneur, qui, sur l'accusation d'une jeune fille qui prétendoit être accouchée de ses œuvres, avoit décreté cet Ecclésiastique d'un léger decret. Il parut par les informations que cette jeune fille avoit été à confesse à lui ; qu'il y avoit eu des breuvages pris, & quelques saignées du pied pour procurer l'avortement. M. Joly de Fleury, alors Substitut de M. le Procureur général son pere, requit par la Cour reçut M. le Procureur général appellant de ce decret trop léger, & que l'Ecclésiastique fût décreté de prise de corps & renvoyé devant le Juge royal, ce qui fut ainsi jugé par ledit Arrêt du 16. Septembre 1739 ; de sorte que bien loin de regarder la procédure faite par le Juge de Seigneur comme nulle, elle servit au contraire à asseoir un decret de prise de corps contre l'Ecclésiastique.

Si les Prevôts des Maréchaux & Présidiaux peuvent connoître des cas prévôtaux commis par les Ecclésiastiques.

3. C'étoit ci-devant une question fort controversée, que de sçavoir si les Prévôts des Maréchaux ou Présidiaux pouvoient connoître des cas prévôtaux commis par les Ecclésiastiques.

L'article 41. de l'Ordonnance de Moulins a donné lieu à cette question. Cet article attribuant en termes généraux aux Prévôts des Maréchaux, Vice-Baillifs & Vice-Sénéchaux ou leurs Lieutenans, la connoissance des cas prévôtaux contre toutes sortes de personnes de quelque qualité qu'elles soient, domiciliées ou autres, le Clergé se crut obligé d'en faire des remontrances au Roi, & de lui en demander l'interpretation.

Dès avant cette Ordonnance, le Roi Henri II. par son Edit du mois de Février 1549, avoit donné la même attribution aux Prévôts des Maréchaux en termes généraux.

Sur les rémontrances du Clergé & celles du Parlement : Charles IX. donna deux Déclarations en interprétation de l'Ordonnance de Moulins, par lesquelles il déclare n'avoir entendu par lesdits articles déroger aux priviléges dont ont accoutumé de jouir les Gens d'Eglise.

Cette interpretation qui n'explique pas précisément si les Gens d'Eglise étoient en possession avant cette Ordonnance, de ne reconnoître point la Jurisdiction des Prévôts des Maréchaux, n'empêche pas ces Officiers d'aller leur chemin, & le Clergé fut obligé en différentes occasions d'obtenir des Arrêts du Conseil du Roi, pour être maintenu dans le privilége qu'il prétendoit lui appartenir de n'y être point assujetti.

SECT. II.

On voit dans le procès-verbal de l'Assemblée du Clergé de 1719, dans la séance du Vendredi 28. Juin de relevée, que le Sieur de Rozel, Haut-Doyen de l'Eglise de Rouen, & député de la Province de Normandie, représenta que le Grand Prévôt de Normandie avoit arrêté le Sieur de Ronsi, ci-devant Abbé de Saint Sever, & qu'il le tenoit prisonnier dans la Conciergerie de Falaise, ce qui étoit directement contraire à la disposition des Ordonnances, & notamment à celle de l'Arrêt du Conseil de 1606, dont le quatriéme article porte, que les Ecclésiastiques sont exempts de la jurisdiction des Grands Prévôts & Lieutenans, pour quelque crime que ce soit : c'est pourquoi il requit l'adjonction du Clergé au Sieur de Ronsi, aux fins de le faire renvoyer pardevant son Juge Ecclésiastique, & de faire observer les Réglemens fait en faveur du Clergé.

L'Assemblée du Clergé de 1635, dans l'article 21. de ses remontrances, proposant la forme de faire le procès aux Ecclésiastiques accusés de crimes ; demanda que toute connoissance en fût interdite aux Prévôts des Maréchaux, & qu'ils fussent déclarés incompétens, pour quelque crime que ce soit, de connoître des délits & cas privilégiés & royaux des Ecclésiastiques ; ce qui lui fut accordé par la réponse.

L'Assemblée de 1655 obtient du Roi une Déclaration au mois de Février 1657, qui déclare la même chose. Celle de 1665 en obtint une autre au mois de Mars 1666, qui est conçue dans les mêmes termes ; mais ces Déclarations n'ont point été enrégistrées.

L'Ordonnance de 1670, article 12. du titre premier, a laissé la même difficulté que l'Ordonnance de Moulins ; & que la Déclaration qui avoit été donnée en interprétation, parce qu'elle permet aux Prévôts des Maréchaux de connoître entre toutes personnes des vols faits avec effraction, ports d'armes, violence publique dans les Villes qui ne seront pas celles de leur résidence, comme aussi des sacriléges avec effraction, assassinats prémédités, seditions, émotions populaires, altération ou exposition de monnoye, &c. L'article 13. ajoute : sans déroger aux priviléges dont les Ecclésiastiques ont accoutumé de jouir, sans expliquer si le privilége de n'être pas justiciables des Prévôts des Maréchaux, est un de ceux dont les Ecclésiastiques avoient accoutumé de jouir. Ces Officiers prétendoient que les Ecclésiastiques n'étant point en possession de ce privilége, & sur ce fondement ayant continué de procéder contre les Ecclésiastiques accusés de cas prévôtaux, le Clergé a été obligé de soutenir plusieurs procès pour les faire décharger de leurs poursuites.

Par l'article 42. de l'Edit de 1695, qui contient un Réglement général en faveur du Clergé, il est dit, que *les Prévôts des Maréchaux ne pourront connoître des procès criminels des Ecclésiastiques, ni les Juges Présidiaux les juger pour les cas privilégiés, qu'à la charge de l'appel.*

Suite de la question ci-dessus, si les Prévôts des Maréchaux & Présidiaux peuvent connoître des cas prévôtaux commis par les Ecclésiastiques.

Quoique cet Edit semble avoir décidé clairement que les Prévôts des Maréchaux ni les Présidiaux ne pouvoient point juger les Ecclésiastiques prévôtalement & en dernier ressort, néanmoins ils n'ont point laissé depuis d'y vouloir donner atteinte, sous différens prétextes ; par exemple, lorsque les Ecclésiastiques étoient arrêtés pour cas prévôtaux de leur nature, avec armes & habits séculiers, ou quand ils se trouvoient accusés avec des Laïcs pour cas prévôtaux.

Claude le François, Diacre du Diocèse d'Evreux, accusé d'assassinat commis en la personne da la Dame de Montreüil, Prieure de l'Abbaye de S. Sauveur d'Evreux, fut arrêté à Paris en habit de Soldat avec des armes défendues par les Ordonnances, & conduit dans les prisons royales d'Evreux. Les Juges du Présidial lui déclarerent que son procès lui seroit fait & parfait Présidialement & en dernier ressort, le crime dont il s'agissoit étant un assassinat prémédité commis nuitamment, & un vol avec effraction commis dans une Maison Religieuse. Ils prétendoient que ce crime étoit absolument présidial, qu'on ne pouvoit opposer l'Edit de 1695, & que la qualité d'Ecclésiastique donné à l'accusé, ne pouvoit avoir d'application à cette espéce particuliere, tant par l'énormité du crime en lui-même, que parce que l'accusé avoit été arrêté en habit de soldat avec des armes défendues par les Ordonnances ; ce qui le rendoit indigne du privilége de Clericature.

Le Promoteur en l'Officialité d'Evreux ayant revendiqué cet accusé, & demandé qu'il fût transferé dans les prisons de l'Officialité, pour son procès lui être fait conjointement avec l'Official, les Juges présidiaux, sans faire aucune réponse sur cette révendication, continuerent l'instruction du procès.

M. le Procureur général au Parlement de Rouen informé de la nature du crime, de la qualité des accusés, & que leur procès s'instruisoit au Présidial d'Evreux en dernier resfort, donna son réquisitoire à la Chambre de la Tournelle le 23. Février 1709, par lequel il demanda d'être reçu appellant du Jugement de compétence, & que le procès fût instruit & jugé à la charge de l'appel. Le même jour, Arrêt qui le reçoit appellant, & avant de faire droit sur son appel, ordonne que les charges & informations seroient apportées au Greffe de la Cour; & cependant enjoint au Lieutenant criminel d'Evreux de continuer l'instruction suivant les derniers erremens, & comme avant ledit jugement présidial, à la charge de l'appel: enjoint pareillement au Substitut du Procureur général dudit Siége de faire toutes les réquisitions nécessaires pour l'instruction & exécution de l'Arrêt, à peine d'interdiction.

Cet Arrêt fut signifié le 25. Février, à la requête du Procureur général, au Greffe du présidial, au Procureur du Roi, & au Lieutenant criminel, le Procureur du Roi obéit; mais le présidial après avoir pris communication de l'Arrêt, & croyant sa procédure réguliere, donna le même jour un jugement de compétence, par lequel il ordonna que les jugemens précédens seroient exécutés selon leur forme & teneur, nonobstant & sans avoir égard à l'arrêt du Parlement, & en conséquence que le Lieutenant criminel continueroit le procès présidialement & en dernier ressort; défenses au Greffe de se désaisir du procès à peine de 200. livres d'amende & d'interdiction: enjoint au Procureur du Roi de faire toutes les réquisitions nécessaires au Présidial, & non au Bailliage; pourquoi lui seroit le présent jugement signifié, ensemble au Lieutenant général criminel & au Greffier, que le présent seroit exécuté nonobstant opposition ou appellation quelconque.

Cette Sentence motivée fut renvoyée au Procureur général du Parlement de Rouen, qui donna un second réquisitoire, & demanda acte de la représentation qu'il faisoit de ce jugement; ce faisant, que les Sentences du présidial d'Evreux, en tant qu'elles déclaroient le procès pour être jugé en dernier ressort & sans appel, fussent cassées & annullées, & ordonné que les articles 38. & 42. de l'Edit de 1695. seroient exécutés selon leur forme & teneur par lesdits Officiers; que défenses leur fussent faites de juger le procès en question en dernier ressort; enjoint d'instruire & de juger à l'ordinaire à la charge de l'appel, & ce à peine d'interdiction; à cette fin enjoint à son Substitut de tenir la main à l'exécution de l'Arrêt, & de les certifier des diligences; ce qui fut accordé par Arrêt du 28. Février 1709.

Les Officiers du Présidial d'Evreux, pour soutenir leur procédure, se pourvurent au Grand Conseil, où ils obtinrent un Arrêt le 9. Mars 1709, qui cassa ceux du Parlement de Rouen, & ordonna l'exécution de la Sentence des compétences du 25. Février, sauf aux accusés à se pourvoir par les voies de droit.

Les Agens du Clergé ayant appris toute cette affaire, présenterent requête au Roi & à son Conseil, dans laquelle ils exposerent la contravention manifeste aux Ordonnances, & l'entreprise de ces Officiers du Présidial. Le 18. Mars 1709, Arrêt qui casse & annulle les Sentences du Présidial d'Evreux; ordonne que l'accusé sera transferé incessamment, sous bonne & sûre garde, dans la prison de l'Officialité d'Evreux, pour lui être le procès fait & parfait conformement aux Ordonnances, à la charge du cas privilegié, pour lequel assistera le Lieutenant criminel d'Evreux, & par appel au Parlement.

Auparavant la signification de cet Arrêt, le Présidial d'Evreux continua l'instruction de la procédure, tant en conséquence de ses Sentences, que de l'Arrêt du Grand Conseil qui les avoit confirmées: il avoit été procédé à des récollemens & confrontations; & comme il étoit d'une grande conséquence que les preuves subsistassent par la qualité du crime dont il s'agissoit, & que le Parlement de Rouen ne connoissant point les procédures présidiales, auroit pû n'y avoir aucun égard, ce qui auroit causé l'impunité d'un crime, à la punition duquel le public étoit attentif, le Procureur du Roi au Présidial d'Evreux, pour lever cet inconvenient, eut recours au Roi pour y être pourvu; & sur ses remontrances intervint un Arrêt du Conseil d'Etat privé le 12. Août 1709, par lequel, sans s'arrêter à l'Arrêt du Grand Conseil, & aux Jugemens de compétence du Présidial d'Evreux, & Sentences présidiales rendues en consequence, que l'Arrêt casse & annulle, en ce qu'ils ont ordonné que le procès en question seroit instruit & jugé présidialement & en dernier ressort seulement, il fut ordonné que le premier Arrêt du Conseil du 18. Mars 1709 seroit exécuté selon sa forme & teneur; ce faisant, que les informations & autres procédures faites par le Lieutenant criminel d'Evreux subsisteroient, conformement à la Déclaration du mois d'Avril 1678, pour être sur icelles le procès continué, parachevé & jugé, suivant & ainsi qu'il est porté audit Arrêt, & à la charge de l'appel au Parlement de Rouen.

D'un autre côté, le Clergé prétendoit que les informations faites par les Prévôts des Maréchaux contre des Ecclésiastiques pour cas prévôtaux, étoient absolument nulles ; ce qui en effet se trouve avoir été jugé dans l'espéce qui suit.

Le Prévôt des Maréchaux de Pontoise ayant informé à la requête du Substitut de M. le Procureur général audit Siége, contre certains quidams vagabons & gens sans aveu, pour de prétendus vols faits nuitamment & avec effraction, un Prêtre du Diocèse de Paris fut trouvé chargé & renvoyé par ce Juge devant l'Official de Paris, duquel cet Ecclésiastique étoit justiciable. Cet Official ayant decreté sur les informations du Prévôt, l'accusé appella comme de Juge incompétent de la permission d'informer, & de l'information faite par le Prévôt de Pontoise, & comme d'abus du decret d'ajournement personnel décerné par l'Official sur lesdites informations ; sur lesquelles appellations intervint Arrêt le 23. Juillet 1697, par lequel le procès & l'accusé furent renvoyés pardevant l'Official, pour être le procès fait à la requête du Promoteur sur le délit commun, à la charge du cas privilégié, pour lequel assisteroit le Lieutenant criminel du Châtelet de Paris, & ordonné que les temoins ouis en l'information faite par le Prévôt des Maréchaux de Pontoise, seroient repetés & entendus de nouveau pardevant le même Official ; ce qui fut exécuté.

Décision de la question ci-dessus proposée.

Mais enfin la nouvelle Déclaration du Roi du 5. Février 1731, a levé toutes ces difficultés.

L'article 11. de cette Déclaration porte, que les Ecclesiastiques ne seront sujets en aucun cas, ni pour quelque crime que ce puisse être, à la Jurisdiction des Prévôts des Maréchaux, ou Juges Présidiaux en dernier ressort.

Il est dit par l'article 14, que si dans le nombre de ceux qui seront accusés du même crime, il s'en trouve un seul qui soit Ecclesiastique, les Prévôts des Maréchaux n'en pourront connoître, & seront tenus d'en délaisser la connoissance aux Juges à qui elle appartiendra, quand même la compétence auroit été jugée en leur faveur, & que les Juges Présidiaux n'en pourront connoître qu'à la charge de l'appel.

L'article 15. permet neanmoins aux Prévôts des Maréchaux d'informer contre les Ecclesiastiques, même decreter contre eux & les arrêter, à la charge de renvoyer les procédures par eux faites aux Bailliages ou Sénéchaussées, dans l'étendue desquelles le crime aura été commis, pour y être le procès fait & parfait ausdits accusés, ainsi qu'il appartiendra, à la charge de l'appel ès Cours de Parlement.

Du privilége des Ecclésiastiques accusés, d'être jugés par le Juge d'Eglise, conjointement avec le Juge royal.

Ainsi rien n'est plus sage que ces dispositions ; le privilége clerical se trouve conservé, & l'intérêt public est en sureté pour la punition des coupables.

4. Ce droit de doubles Juges, accordé aux Ecclesiastiques accusé de crimes graves, est un privilége attaché à l'Ordre clerical, confirmé par les Ordonnances de nos Rois, mais sous certaines conditions ; ce qui nous donne lieu d'examiner ici deux autres questions incidentes. La premiere, ce qu'il faut entendre par les mots, *vivans cléricalement*, dont se servent les Ordonnances. La seconde, si les Ecclesiastiques accusés de cas privilégiés peuvent renoncer à leur privilege, & se laisser juger par le Juge royal seul, sans l'adjonction de l'Official. Nous finirons cet article par quelques observations particulieres sur la matiere.

Ce qu'il faut entendre par les termes vivans cléricalement, dont se servent les Ordonnances.

Sur la premiere question, il faut observer que l'Ordonnance de Moulins, article 40. a plus étendu le privilége de cléricature, qu'il ne l'avoit été par l'Ordonnance de Roussillon, qui est de deux ans auparavant. L'article 21. de cette derniere avoit dit qu'en quelque matiere que ce fut, civile ou criminelle, nul ne seroit recevable à requerir par vertu du privilége clerical, être renvoyé pardevant le Juge d'Eglise, s'il n'étoit Soudiacre pour le moins ; mais cet article n'a point été vérifié au Parlement.

L'article 40. de l'Ordonnance de Moulins ordonne que nul des Sujets du Roi, soit disant Clerc, ne pourra jouir dudit privilége de clericature, soit pour le delaissement aux Juges d'Eglise, ou pour autres causes, s'il n'est constitué ès Ordres sacrés ou pour le moins Soudiacre, ou Clerc actuellement résidant & servant aux Offices, Ministeres & Bénéfices qu'il tient dans l'Eglise. L'on insera dans la Déclaration de 1566, en interpretation de l'Ordonnance de Moulins, que les Ecoliers actuellement étudians, & sans fraude, & aussi tous les Clercs Bénéficiers, seroient compris dans l'exception de l'Ordonnance ; mais cette addition n'a jamais eu lieu.

L'Edit de 1595, article 38, qui a rassemblé toutes les dispositions les plus justes sur cette matiere, comprend dans le privilége clerical tous Prêtres, Diacres, Soudiacres ou Clercs vivans cléricalement, résidans ou servans aux Offices ou aux Ministres & Bénéfices qu'ils tiennent en l'Eglise ; c'est à quoi il se faut tenir, quoique cela forme une contestation

tion parmi les Auteurs ; de sorte qu'un Clerc tonsuré ayant même les quatre mineurs, n'est pas justiciable de la Jurisdiction Ecclesiastique, s'il n'est Bénéficier, ou ne dessert actuellement l'Eglise ; & si le Juge Ecclesiastique en connoît, il y a abus. Ainsi jugé par Arrêt du 22. Juin 1709. en la Tournelle criminelle, sur les conclusions de M. Joly de Fleury, Avocat général, rapporté au *Journal des Audiences.*

Cependant il faut observer que toutes les personnes qui ont fait vœu de Religion, jouissent du privilége clerical, suivant l'article 8. de l'Edit du mois de Décembre 1606.

Au reste, parmi les Auteurs, les uns prétendent qu'en dressant cet Edit, on a eu une attention particuliere à cet article ; qu'on y a ajouté, sur la disposition de l'Ordonnance de Moulins, deux mots qui la rendent plus forte & plus précise, renferment tous les devoirs exterieurs de la vie ecclesiastique, & semblent priver de ce privilége tous ceux dont la vie n'est pas conforme à l'état. Il semble même que le Roi n'ait pas seulement exigé dans cet Edit, que les Clercs pour jouir du privilége de clericature, vecussent clericalement, puisqu'il ajoute ensuite : *Residans & servans aux Offices ou aux Ministeres & Bénéfices qu'ils tiennent en l'Eglise.*

Le Clergé au contraire soutient qu'on ne peut donner ce sens à l'article 38. de l'Edit de 1695, sans renverser & anéantir la Jurisdiction des Juges ecclesiastiques, en ce qui concerne la connoissance des actions criminelles des Clercs, parce que s'il n'il avoit que ceux qui remplissent les devoirs de la vie ecclésiastique qui fussent en droit de demander leur renvoi aux Juges d'Eglise, ceux qui sont accusés d'avoir commis des crimes qu'on nomme privilégiés seroient déchus de ce droit, puisque ce n'est pas *vivre cléricalement*, que de s'abandonner à des actions dont tout honnête homme doit avoir horreur. Il ajoute, que vivre clericalement dans le sens des Ordonnances, c'est être connu dans le monde pour être tonsuré, en porter l'habit, contribuer aux charges de cet état, ne faire aucune profession qu'il y déroge, & en conséquence jouir comme Clerc publiquement & paisiblement des exemptions & immunités attachées à la clericature ; servir aux Ministeres & Offices de l'Eglige ; être attaché à quelque emploi ou fonction dans une Eglise, comme d'y être Chantre, Sacristain, &c. Que desservir un Bénéfice dans le sens des Ordonnances, ce n'est point y résider actuellement, & le desservir en personne ; que si on l'entendoit de cette sorte, ceux qui possedent des Abbayes ou Prieurés en commende qui ne requierent pas résidence, seroient exclus du privilége de clericature, ce qui n'est pas ; que dans l'usage ordinaire, cette disposition de l'Ordonnance n'est pas interpretée si littéralement, & dans la rigueur de l'expression : autrement les Freres & Sœurs convers des Monasteres, les Chevaliers de Malthe, les Sœurs des Communautés de filles qui ne font que des vœux simples, ne jouiroient pas du privilége des Clercs ; ce qui est contraire à la Jurisprudence de tous les Parlemens du Royaume.

Suite de la question ci-dessus proposée.

Nous voyons en effet plusieurs Arrêts rendus avant & depuis l'Edit de 1695, qui justifient cette Jurisprudence. Nous en avons un du 5. Septembre 1608, par lequel le nommé Edenin, Bénédictin, accusé d'assassinat en habit séculier & portant l'épée, fut renvoyé à l'Official de Chartre, sur les conclusions de M. le Bret, Avocat général. Par un autre du 13. Août 1609, le nommé Herillon Prêtre, accusé d'assassinat commis en habit de Laïc & portant l'épée, fut renvoyé à l'Official de Paris.

En 1604, le nommé Dangers, prêtre, accusé d'avoir assassiné un autre Prêtre dans sa chambre de sens prémedité, revendiqué par le Promoteur de Paris a été renvoyé par le Lieutenant criminel du Châtelet de Paris.

Nous venons de voir par les deux Arrêts du Conseil de 1709, que Claude le François, Diacre, accusé d'avoir assassiné une Religieuse, & trouvé à Paris en habit de soldat avec des armes offensives & défendues, avoit été renvoyé à l'Official d'Evreux.

Par un autre Arrêt du Parlement de Paris du 6. Septembre 1694, rendu sur les conclusions de M. Harlay, Avocat général, le Frere Gorillon Chevalier servant de l'Ordre de Malthe, Commandeur de Laigneville, accusé d'assassinat prémedité, fut renvoyé par devant le Lieutenant criminel de Beauvais, sauf à l'Official de Senlis à le revendiquer pour le délit commun.

Cette Jurisprudence n'est pas uniforme. Nous avons vû depuis peu un Clerc tonsuré qui fut condamné présidialement par le Châtelet de Paris, à être pendu, pour avoir volé avec effraction dans le Séminaire des Missions étrangeres de cette Ville, après avoir été trouvé en habit séculier avec l'épée. Le Clergé ne s'en est pas plaint.

En 1704, le Lieutenant criminel du Châtelet de Paris, avoit refusé le renvoi requis par le Promoteur de l'Archevêque de Paris, de l'Abbé de *** revêtu d'un Bénéfice, lequel étoit chargé d'avoir été vû lors de l'assassinat commis en habit gris, cravate longue, perruque, & l'épée nue à la main. Sur l'appel, par Arrêt de la Tournelle criminelle, du 4. Octobre 1704, les Ordonnances du Lieutenant criminel ont été confirmées contre les conclusions de M. Barrin de la Galissonniere, Substitut de M. le Procureur général; mais il faut remarquer que dans l'espéce de cet Arrêt, l'accusé étoit en contumace, & qu'il y est ajouté : sans préjudice de la Jurisdiction ecclesiastique, & sans que l'Arrêt puisse être tiré à consequence.

Clerc qui se marie perd son privilége de cléricature.

5. Le Clerc qui a contracté mariage, perd son privilége de clericature, quand même il continueroit de faire dans une Eglise quelques fonctions ecclesiastiques; ce qui est particulier en France, & contraire à ce qui se pratique en Italie & en Espagne. Voyez le septiéme volume des Mémoires du Clergé, page 332.

Si les Ecclésiastiques accusés de cas privilégiés peuvent renoncer à leur privilége, & se laisser juger par le Juge royal seul, sans l'adjonction de l'Official.

6. Après avoir vû l'établissement des privileges Ecclésiastiques vivans cléricalement, il faut examiner la seconde question de sçavoir s'ils y peuvent renoncer, & se soumettre au Jugement des Juges royaux, dans les affaires où l'Ordonnance leur permet de demander leur renvoi pardevant l'Official. Nous avons déja fait voir que les Ordonnances avoient statué diversement sur l'étendue de ce privilege, quoique la matiere soit un des points les plus importans dans la discipline ecclésiastique, & qui peut intéresser la police des Etats. Nous ne croyons pas devoir entrer dans le détail des anciens Réglemens qui ont été faits là dessus : nous nous en tiendrons aux Ordonnances, & nous observerons seulement que les Conciles de France ne défendent pas aux Clercs de porter toutes leurs causes indifféremment pardevant les Juges laïcs, mais seulement avec la permission de leurs Evêques, afin d'entretenir la subordination dans le Clergé.

L'Ordonnance de 1606, article 8, ne veut pas que les Ecclésiastiques, tant séculiers que réguliers, constitués ès Ordres de Prêtrise, Diacre ou Soudiacre, ou bien ayant fait vœu, étant prévenus de crimes dont la connoissance doit appartenir aux Juges d'Eglise, s'exemptent de leurs Jurisdictions pour quelque cause que ce soit, ni même sous prétexte de liberté de conscience; & fait à cet effet inhibitions & défenses aux Juges royaux d'en prendre connoissance, encore que les accusés & prévenus le voulussent consentir.

Cette Ordonnance fût enregistrée au Parlement de Paris, à la charge du cas privilegié pour ce qui regarde cet article. C'est la seule Ordonnance que nous ayons qui parle si précisément sur cette prohibition.

La maxime générale est que les particuliers ne peuvent donner atteinte à l'ordre du droit public, ni à un privilege accordé à un corps dont ils font partie : c'est pourquoi on croit communément en France comme ailleurs, qu'un Clerc ne peut renoncer au privilege de clericature, & procéder devant le Juge laïc pour les affaires purement personnelles, telles que sont les délits commun qui sont de la seule compétence du Juge ecclésiastique.

M. le Bret, Avocat général au Parlement de Paris, dit que s'il étoit question d'un privilege accordé à un particulier à qui il est permis d'y renoncer, il ne seroit pas recevable dans sa demande, *invitò beneficium non datur*; mais qu'on jugeoit autrement d'un privilege donné à tout un Ordre, comme celui qui est accordé aux Clercs, pour le respect qu'on porte à Dieu & à son Eglise.

En effet, nous avons soutenu ci-dessus, conformément à l'article 38. de nos Libertés, comme une maxime du droit public, que les Magistrats du Parlement & autres Cours qui ont Jurisdiction criminelle, ne pouvoient être jugés que par leurs Compagnies, quand même ils seroient Clercs, pour raison des délits qu'ils commettent dans les fonctions de leurs Charges; & tous les Auteurs qui ont parlé de ce privilege, ont soutenu qu'ils ne pouvoient y renoncer. Il semble que l'application de ce privilege est naturelle au privilege de cléricature accordé aux Ecclésiastiques; & qu'il n'est pas moins important pour l'honneur du Clergé d'observer cet ordre, qu'il le peut être pour conserver l'honneur & la dignité des Parlemens. Voyez les Mémoires du Clergé, *tom. 7. pag. 329.*

Si un accusé qui ne s'est fait Ecclésiastique que depuis l'ac-

7. La question seroit de sçavoir si ce privilege des Clercs ne leur est accordé que pour les causes commencées depuis qu'ils sont Ecclésiastiques; ou s'il auroit lieu, le Juge royal ayant été saisi avant que l'Ecclésiastique défendeur & accusé fût entré dans l'état ecclésiastique. La raison de douter est que l'accusé n'étant entré dans l'état ecclé-

SECT. II.

siastique qu'après la contestation en cause, le Juge royal qui est saisi peut passer outre nonobstant la nouvelle qualité du défendeur, & le renvoi demandé en conséquence; que le privilege survenant ne peut désaisir le Juge, quoiqu'il puisse lui ôter la connoissance de la cause avant l'introduction.

cusation pour demander son renvoi.

On peut résoudre cette question par une distinction qui paroît naturelle. S'il paroît qu'en ce cas l'accusé se soit engagé dans la Cléricature en fraude, & afin de se soustraire à la Justice séculiere, la demande en renvoi en conséquence de sa nouvelle qualité ne seroit point recevable; mais s'il n'y avoit aucun fondement de croire ni présumer de la fraude dans cet engagement, quelques Auteurs soutiennent qu'on devroit lui accorder son renvoi, & ils citent un Arrêt du Parlement de Paris du 17 Juin 1728, qui rendit à l'Official de Paris un accusé qui s'étoit fait Prêtre quatre ans après les dernieres poursuites faites contre lui, sur une accusation de vol; les informations n'avoient pas été decretées par défaut de preuves. Bardet qui rapporte cet Arrêt, *tom.* 1. *liv.* 3. *chap.* 9. fait dire à M. Talon Avocat général, qu'il n'y avoit pas lieu de présumer que l'appellant eût été fait Prêtre en fraude, & pour se soustraire à la Justice royale, attendu le long intervalle de tems qu'il y avoit entre les informations & l'emprisonnement; la poursuite criminelle ayant été reprise & quelques témoins ouis, il y avoit eu decret de prise de corps contre l'accusé, en vertu duquel il fut emprisonné dans les prisons du Juge royal.

Si un Ecclésiastique accusé peut être promu aux Ordres sacrés.

8. Il faut observer ici en passant que celui qui est accusé de crime, quoiqu'il soit innocent, est exclus des Ordres, & présumé incapable de Bénéfice, jusqu'à ce que son innocence ait été prouvée. *Vide capit. non debet 56. extrà de testibus*, & le chapitre 164. de Burchard, liv. 1. Mémoires du Clergé, *tom.* 7. *pag.* 847.

Deux sortes de renvois des Ecclésiastiques accusés au Juge d'Eglise.

9. Toutes ces observations faites, il faut maintenant poser pour maxime, que l'on distingue deux sortes de renvois des Ecclésiastiques accusés de crimes au Juge d'Eglise, selon la qualité des crimes dont ils sont accusés.

Le premier, lorsqu'ils ne sont accusés que de délits communs & purement ecclésiastiques, c'est-à dire de contravention aux seuls canons & discipline de l'Eglise; en ce cas le Juge royal ni le Juge Seigneurial ne peuvent leur faire leurs procès; mais s'ils sont traduits devant l'un d'eux, il les doit renvoyer à leur Evêque ou à son Official, pour les juger & leur imposer les peines convenables à leurs délits & à leur état. Le respect que l'on doit à leur caractere & à l'Ordre ecclésiastique, ne permet pas de les traduire en des tribunaux séculiers pour des fautes de cette qualité. Il en seroit autrement s'il s'agissoit de délits qui intéressassent la sûreté & société publique. Voyez ce qu'on a dit ci-dessus, section premiere, nombre 10.

Le second renvoi des Ecclésiastiques accusés des cas qu'on appelle cas privilegiés, n'est accordé que pour instruire leur procès conjointement par l'Official & par les Juges royaux, mais en cas de réquisition ou revendication, comme on l'a dit ci-devant.

En ce cas leur procès peut être fait, 1°. Par les Baillifs, Sénéchaux royaux ou leur Lieutenans criminels, & par appel aux Parlemens dans le ressort desquels les Siéges sont situés. 2°. Par le Grand Conseil. 3°. Par des Elus ou Grenetiers, & par les Cours des Aydes qui sont les Juges d'appel de ces Officiers. 4°. Par les Chambres des Monnoyes. 5°. Par les Juges des Eaux & Forêts, & tous autres Juges extraordinaires, *ratione materiæ*. On peut ajouter par des Commissaires du Roi, qu'on accorde quelquefois dans des cas extraordinaires.

Des Lettres de Vicariat, & quand elles ont lieu.

10. Les Juges royaux inférieurs & les Juges souverains instruisent le procès conjointement avec le Juge d'Eglise, avec cette différence que les premiers se transportent au Siége de l'Officialité; au lieu que quand l'instruction se fait dans un Parlement, l'Evêque de l'accusé ou du lieu du délit donne ordinairement des Lettres de Vicariat à un des Conseillers-Clercs, lequel tient la place de son Official, & instruit le procès de l'accusé conjointement avec un Conseiller laïc ou autre Commissaire nommé par le Parlement pour faire cette instruction. Nous avons des exemples que les Conseillers commis par le Parlement ont procedé en quelques occasions à l'instruction des procès des Ecclésiastiques conjointement avec les Officiaux; mais cette forme n'est pas ordinaire.

En 1702, le sieur Sicard, Prêtre, Vicaire de Vairpetit, Diocèse de Paris, fut accusé devant le Lieutenant criminel du Châtelet, conjointement avec deux Laïcs. Le Promoteur revendiqua Siccard, le renvoi fut accordé, & le procès instruit, partie conjoin-

R ij

tement par l'Official & le Juge royal, partie séparement, ce qui fit les nullités du procès & de la procédure.

Le procès ayant été instruit au Châtelet contre les deux Laïcs, ils appellerent de la procédure, & fondoient leur appel sur quatre moyens, dont l'un étoit que l'instruction avoit été faite séparément par le Juge d'Eglise & par le Juge royal, qui après le renvoi avoient procedé à l'audition de quelques témoins par addition, & au récollement de quelques autres séparément : le Promoteur avoit refusé de donner des conclusions sur cette procédure avant qu'on l'eût recommencée.

L'appel porté au Parlement, M. le Procureur général ayant pris connoissance du procès, appella d'office comme d'abus de la procédure faite par l'official : son appel fut reçu, & par Arrêt du 31 Janvier 1702, il fut dit qu'il avoit été mal, nullement & abusivement procedé ; ordonné que le tout seroit recommencé par un autre Official commis à cet effet par M. l'Archevêque de Paris, conjointement avec le Baillif du Palais : & par un autre Arrêt du 15 Février 1702, la Cour ordonna, du consentement des Parties, que l'instruction en ce qui étoit renvoyé au Baillif du Palais, seroit faite en la Cour par les Conseillers nommés, qui se transporteroient en la maniere accoutumée en l'Officialité de Paris.

En conséquence de cet Arrêt, M. Dreux, Conseiller laïc de la Grand'Chambre, commis pour faire cette instruction, se transporta en l'Officialité de Paris.

Ecclésiastiques ne peuvent demander leur renvoi, quand leur procès se fait par des Juges commis par le Roi.

11. Quand des Conseillers d'Etat & autres Magistrats sont nommés Commissaires par le Roi pour faire le procès à des accusés, s'il se trouve des Ecclésiastiques impliqués dans le cas de cette commission, ces Commissaires n'appellent pas ordinairement l'Official, & ne renvoyent pas les accusés aux Juges d'Eglise ; ils s'en tiennent aux termes de leur commission, laquelle ne les oblige pas au stile ordinaire de la Justice.

Si le privilége des Ecclésiastiques a lieu, lorsqu'il s'agit de crimes qui sont de la compétence des Cours des Aydes ou Elections.

12. Les Cours des Aydes ni les Elections ne sont point dans l'usage de proceder avec les Juges d'Eglise à l'instruction des procès des Ecclésiastiques accusés de faux saunage, ou d'avoir pris du sel dans les Magasins, & autres cas de la compétence de ces Juges. Le Clergé en a fait des remontrances au Roi plusieurs fois, & nous en voyons une preuve dans l'Assemblée de 1625, dans la séance du Mardi 23 Décembre. L'article 12. du titre 17. de l'Ordonnance des Gabelles de 1680, porte expressément, que les Officiers des Greniers à Sel, & les Juges des Dépôts, connoîtront chacun dans leur ressort du faux saunage qui aura été commis par les Ecclésiastiques.

En 1691, le Procès fut fait en l'Election d'Alençon, & par appel en la Cour des Aydes de Normandie, au sieur Philippe, Curé de la Celle, sans appeller le Juge d'Eglise. L'accusation étoit de complicité d'homicide commis en la personne de Foubert, Collecteur des Tailles de cette Paroisse. L'accusé fut condamné pour le cas résultant du procès en 400 liv. d'amende envers le Roi, en un an de Séminaire, pendant lequel il seroit tenu de se défaire de son Bénéfice-Cure ; autrement, & ledit tems passé, icelui Bénéfice declaré vacant & impétrable.

Nous avons des exemples de procès faits à des Ecclésiastiques par les Juges d'Eglise, conjointement avec les Officiers des Cours des Aydes. En 1696, le sieur Faure, Curé de la Lande de Pomeyrel, Diocèse de Bourdeaux, ayant été accusé d'avoir falsifié les Rolles des Tailles, fut conduit dans les prisons de la Cour des Aydes de Bourdeaux, qui n'a point de Conseillers Clercs M. de Bourlemont, lors Archevêque de Bourdeaux, donna des Lettres de Vicariat au sieur Coudere, Chanoine de S. Severin, qui instruisit le procès avec des Conseillers de cette Cour conjointement, & rendit ensuite sa Sentence, par laquelle il condamna l'accusé à quitter sa Cure dans un certain tems, & à quelques peines canoniques.

Ceux qui soutiennent que ces Cours ne sont point obligées d'appeller le Juge d'Eglise à l'instruction des procès qu'ils font aux Ecclésiastiques accusés, disent pour fondement de leur avis, que le Roi ne connoît point d'autres Officiers que ses Juges dans les causes qui le concernent.

Si le privilége des Ecclésiastiques a lieu dans le cas du crime de fausse monnoie.

Il y a néanmoins plusieurs exemples d'Ecclésiastiques accusés du crime de fausse monnoie, qui certainement intéressent le Roi d'une maniere particuliere, à qui le procès a été fait par les Lieutenans criminels & les Présidiaux, conjointement avec les Officiaux. Le Prévôt de Corbeil ayant fait le procès au Frere du Vivier, de l'Ordre de Malthe ; Curé d'Auvergnaux, accusé du crime de fausse monnoie, sans y appeller le Juge d'Eglise ; sur l'appel, le Parlement de Paris, par Arrêt du 26 Août 1606, rendit l'accusé à l'Evêque de Paris ou à son Official, pour être son procès fait & parfait sur le délit commun, & ordonna que l'Official auroit égard aux preuves & aux procédures du Prévôt de Corbeil, comme si lui-même les avoit faites.

Cependant l'article 20. de l'Edit d'Henri II. du 14 Janvier 1549, exclut en ce cas le renvoi. Cet article porte, que suivant l'Indult du Pape, & Ordonnances des prédécesseurs Rois, non-seulement les Maîtres-Gardes, Tailleurs, Essayeurs, & Contre-gardes des Monnoies, mais aussi tous faux Monnoyeurs, Rogneurs & Billonneurs, ne seront reçus, en cas de délits commis au fait des Monnoies, à alléguer ni s'aider d'aucunes Lettres de Cléricature.

Le Parlement de Paris en vérifiant cet article, en ayant considéré la sage disposition, & l'abus que ces sortes de distinctions du cas privilegié d'avec le délit commun causoient dans le Public, arrêta qu'il seroit fait remontrances au Roi, pour le prier de faire instance envers le Pape par son Ambassadeur, pour obtenir Indult général, & déclaration pareille à celle mentionnée dans ledit article pour tous les cas privilegiés. L'exécution de cet Edit a été ordonnée par un Arrêt du Conseil du 20 Février 1675, rendu entre M. le Procureur général de la Cour des Monnoies, le Promoteur de l'Official de Paris, & deux Religieuses étant impliquées dans une accusation en crime de fausse monnoie.

Par cet Arrêt, le Roi en son Conseil faisant droit sur les Requêtes respectives, sans avoir égard à celles des Religieuses & du Promoteur de M. l'Archevêque de Paris, a ordonné que l'article 20. de l'Ordonnance du Roi Henri II. de l'année 1549, vérifiée au Parlement de Paris, seroit exécutée selon sa forme & teneur; & en conséquence a renvoyé le procès dont étoit question en la Cour des Monnoies, pour y être instruit & jugé comme avant l'Arrêt du Parlement de Paris du 11 Janvier lors dernier, (qui avoit ordonné que les charges seroient apportées au Greffe criminel de ladite Cour; cependant défenses au Prévôts des Monnoies de passer outre, jusqu'à ce que par ladite Cour eût été droit sur le renvoi requis par lesdites Religieuses;) sauf après le Jugement dudit procès, être par ladite Cour des Monnoies fait droit sur le renvoi requis pardevant le Juge d'Eglise, pour le délit commun, s'il y échet.

Le Clergé convient qu'il y a des exemples dans lesquels des Ecclésiastiques accusés de crimes ont été jugés par les Juges royaux, sans renvoi aux Juges d'Eglise; que le Grand Conseil se prétend dans cette possession, aussi-bien que les Cours des Aydes & Monnoies, & même le Conseil d'Artois. La raison qui peut empêcher le Clergé de se pourvoir contre cette possession, c'est que les Ordonnances qui parlent de ce renvoi, ne comprennent pas nommément ces Compagnies, qui n'ayant d'ailleurs point d'Offices créés, ni de places affectées à des Ecclésiastiques, ne peuvent pas recevoir des Lettres de Vicariat comme les Parlemens, & qu'ils ne convient pas de donner ces Lettres à un Laïc; les Conseillers-Clercs à qui les Evêques les donnent, faisant en ce cas les fonctions de l'Official.

Si le privilége des Ecclésiastiques accusés a lieu au Grand Conseil, aux Cours des Aydes & monnoies, & au Conseil d'Artois.

Mais nonobstant toutes ces raisons, les Juges d'Eglise n'ont jamais cessé de soutenir que ce renvoi doit être généralement observé dans tous les cas privilegiés, quelques graves qu'ils soient, & sans en excepter aucune circonstance, la qualité de l'accusé étant comme aux Juges.

L'Ordonnance de Moulins, article 39, pour obvier aux difficultés qui se présentoient en la confection des procès criminels des Ecclésiastiques, même dans le cas privilegié, avoit ordonné que les Juges & Officiers royaux instruiroient & jugeroient en tous cas les délits privilegiés, auparavant que de faire le renvoi des accusés à leur Juge d'Eglise, à la charge de tenir prison pour la peine de ce délit où elle n'auroit été subie, & en rend les Officiaux responsables.

Pendant que cet article a été suivi, les Juges royaux renvoyoient rarement aux Juges d'Eglise les procès des Ecclésiastiques accusés & convaincus de cas privilegiés, particuliérement lorsqu'ils pouvoient être punis sans dégradation. Le Clergé en prévoyant les suites, réitera plusieurs fois ses remontrances, comme on le voit par la Déclaration du 10 Juillet 1566, qui a ordonné aux Députés du Clergé de communiquer plus amplement de leurs difficultés avec les Présidens, Conseillers d'Eglise, les Avocats & Procureurs généraux au Parlement de Paris, pour arrêter la remontrance qu'ils verroient être à faire pour la présenter au Roi dans deux mois, sans cependant rien innover en la forme ancienne qu'on avoit accoutumé de garder en l'instruction & Jugement des procès des cas privilegiés des Ecclésiastiques.

L'article 2. de l'Edit d'Amboise donné six ans après, c'est-à-dire en 1572, en confirmant l'article 39. de l'Ordonnance de Moulins, ordonna aux Juges royaux de juger en tous cas les délits privilegiés entre les personnes ecclésiastiques, auparavant que de faire aucun délaissement d'icelles à leur Juge d'Eglise pour le délit commun.

L'article 22. de l'Edit de Melun parut satisfaire les vœux & les empressemens du Clergé, en ordonnant que l'instruction des procès criminels entre les personnes ecclésiastiques pour les cas privilegiés, seroit faite conjointement, tant par les Juges desdits Ecclésiastiques, que par les Juges royaux, & qu'en ce cas les Juges royaux commis pour cet effet seroient tenus d'aller au Siége de la Jurisdiction ecclésiastique.

Cet Edit fut enregistré au Parlement le 5 Mars 1580, avec cette modification sur les articles 19 & 22, que les Ordonnances & les Arrêts seroient gardés; ce qui paroît détruire tout l'avantage que le Clergé espéroit de ce Réglement; parce que les précédentes Ordonnances & la Jurisprudence du Parlement n'étoient pas conformes à ce qui étoit ordonné par ces articles. C'est aussi ce qui donna lieu aux différentes contestations entre les Juges d'Eglise & les Cours souveraines.

Plusieurs Parlemens, comme ceux de Toulouse, de Rouen, de Bourdeaux & de Dijon, n'enregistrerent point cet Edit. Ceux même qui l'avoient enregistré ne l'observoient pas toujours également, & jusqu'à la Déclaration dudit mois de Février 1678, la Jurisprudence n'a point été fixe sur ce point.

Cet Edit, en ordonnant l'exécution de l'article 22. de l'Edit de Melun, veut que l'instruction des procès criminels des Ecclésiastiques où il y a cas privilegié, soit faite conjointement, tant par les Juges d'Eglise, que par les Juges royaux dans le ressort desquels sont situées les Officialités.

Mais ces Edits & les Déclarations de 1684 & 1711, qui ont suivi & qui expliquent de quelle maniere se doit faire cette instruction conjointement par ces différens Juges, n'empêchent pas, comme on l'a ci-devant établi, qu'il n'y ait certains délits des Ecclésiastiques pour l'instruction & Jugement desquels les Juges séculiers ne sont point obligés de déferer au renvoi requis par les Ecclésiastiques accusés, ou par les Promoteurs.

Cependant il faut convenir que depuis l'Edit de 1678, qui a remis en vigueur l'article 22. de l'Edit de Melun, il paroît que l'intention du Roi & de son Conseil, est que dans tous les crimes des Ecclésiastiques où il y a cas privilegié, le procès soit instruit conjointement par le Juge d'Eglise avec le Juge royal, soit ordinaire ou extraordinaire, *ratione materiæ*, en cas de réquisition par l'accusé, ou de revendication par le Promoteur. Voyez ci-devant, *section* 1. *nombre* 8. les Arrêts du Conseil de 1702 & 1703 sur le fait de la Chasse.

Cependant par deux Arrêts récens, l'un du 4 Octobre 1732, rendu contre un Bénéficier de la Province du Maine, l'autre du 19 Février 1739, rendu contre un Ecclésiastique de Bretagne pour fait de simonie, le Grand Conseil s'est maintenu dans son ancienne possession de juger les Ecclésiastiques sans renvoi au Juge d'Eglise.

SECTION TROISIEME.

De la Procédure que les Officiaux doivent tenir en leur particulier dans l'instruction des Procès criminels contre les Ecclésiastiques, & plusieurs questions sur cette matiere.

Avant que d'expliquer la procédure qui doit être tenue conjointement par le Juge d'Eglise & le Juge royal, au sujet des crimes & délits commis par les Ecclésiastiques, ce qui fera l'objet de la section suivante, il est nécessaire de prévenir plusieurs difficultés au sujet des Juges ecclésiastiques; ce qu'on va faire dans la présente section.

Juges d'Eglise doivent observer les formalités de l'ordre judiciaire.

1. Dans les derniers siécles, quelques Officialités du Royaume voulurent prendre la procédure des Décretales pour les regles de leur Tribunal, & suivre par cette voie une route différente de celle des Cours séculieres; mais leur dessein y fut regardé comme une entreprise sur l'autorité du Roi, & lorsqu'on en portoit des plaintes aux Parlemens, les Officiaux étoient réformés & leurs Sentences déclarées abusives.

Les Parlemens sont encore dans les mêmes maximes, & un défaut de procédure contre l'Ordonnance dans les Sentences ou Decrets des Juges d'Eglise, seroit un moyen d'abus infaillible. Le titre premier de l'Ordonnance de 1667, article premier veut expressément que cette Ordonnance & toutes celles qui se feroient, soient gardées & & observées par toutes les Cours, même dans les Officialités.

M. de Marca observe que ce n'est point une Jurisprudence nouvelle d'obliger les Supérieurs ecclésiastiques dans les Jugemens qu'ils rendent comme Juges, de suivre l'ordre judiciaire établi par les Loix des Souverains, soit en matiere civile ou criminelle. Il prouve que les Conciles mêmes s'y sont conformés, & rapporte à ce sujet ce qui s'est passé dans la cause de Saint Athanase; d'Eutichès, les témoignages de Saint Gregoire le Grand, & d'Hincmar de Rheims, pour le prouver.

L'Assemblée générale du Clergé de France convoquée en 1605, & continuée en 1606, dressa un Réglement de la procédure des Officialités. Il est dit dans le préambule, que cet ordre judiciaire & ce stile de procéder est plus conforme aux saints Decrets, Ordonnances royaux & Arrêts des Cours de Parlement, que ceux qui avoient été en usage avant cette Assemblée dans la plupart des Officialités. Nous en voyons de particuliers qui étoient suivis dans quelques Eglises pour différens points de procédure. Il y en a un dans le Concile de Bourges en 1584, tit. 30. *de Jurisdictione*, que ce Concile veut qui soit suivi dans tous les Diocèses suffragans, qui en ce tems-là étoient en grand nombre, Alby n'étant pas encore érigé en Archevêché.

Nonobstant le stile approuvé par l'Assemblée du Clergé de 1605, on en dressa un en 1620 pour l'Officialité de Paris, qui n'est pas entiérement conforme à celui de l'Assemblée. En ce tems-là les Eglises avoient leur stile & leurs usages particuliers dans la procédure, comme elles l'ont encore aujourd'hui, en ce qui n'est point prescrit par les Ordonnances ni par la Jurisprudence des Arrêts, ausquels elles sont obligées de se conformer. Rien ne fait mieux connoître combien il étoit utile de faire là-dessus un Réglement général, que la différence & quelquefois la contradiction qui se rencontroit dans ceux qui s'observoient autrefois dans les Eglises du Royaume.

Usage de la Langue Latine dans les procédures & Jugemens, abrogé.

2. Avant l'Ordonnance de Villers-Cotterets donnée en 1539, l'usage le plus ordinaire des Juges, *tant Séculiers, qu'Ecclésiastiques* du Royaume, étoit de faire les procédures & de dresser les Sentences & Arrêts en Langue Latine. Cette forme a été abrogée par cette Ordonnance dans les Tribunaux séculiers, articles 110. & 111. Quelques Parlemens conserverent l'usage de la Langue Latine dans les vérifications & enregistremens des Edits, Déclarations & Lettres Patentes, qui fut enfin réformé par l'article 35. de l'Ordonnance de Roussillon en 1563. Comme cette Ordonnance ne parloit point des Juges d'Eglise qui prétendent toujours n'être point compris dans les Loix penales ou prohibitives, ils conserverent leur ancien usage en plusieurs lieux; nous en voyons un vestige dans le Réglement général que l'Assemblée générale du Clergé en 1605 donna pour les Officialités. L'Ordonnance de 1629, article 27, ordonna la réforme de cet usage qui a subsisté encore long-tems en Franche-Comté, puisque nous voyons que le Parlement de Besançon en 1704 fit présenter un Mémoire au Roi, par lequel il lui demandoit qu'il lui plût réformer plusieurs abus, entre lesquels il met l'usage des Officialités de faire les procédures en Langue Latine. Le Roi nomma des Commissaires pour l'examiner, qui furent d'avis qu'il étoit du bon ordre du Royaume dans l'administration de la Justice de réformer ce qui regardoit cet usage.

Le motif de ces Réglemens ayant son application aux Commissaires nommés par le Pape pour juger des appels au saint Siege, on ne doute pas qu'ils ne soient obligés de s'y conformer, quoique l'Ordonnance n'ait rien reglé par rapport à eux, tant afin de rendre les procédures & les Jugemens plus intelligibles aux Parties, que pour ne laisser aucune incertitude sur leur interprétation.

Si un Evêque peut commettre un Juge particulier ad certam litem.

3. Un Evêque peut sans commettre abus nommer un Juge particulier *ad certam litem*, quand il y a des raisons justes de le faire; & quand le Juge royal ne vient point à l'Officialité, quoiqu'il en ait été averti par le Promoteur, le Juge d'Eglise peut passer outre sans abus.

Ces deux questions furent jugées au Parlement de Paris le 17 Juin 1673, contre le Curé de Vallognet, Diocèse de Coutances, & quoiqu'on allégat ces deux défauts de procédure comme deux moyens d'abus contre la Sentence de l'Official de Coutances qui avoit condamné ce Curé, il fut dit n'y avoir abus.

SECT. III.

Mais il paroît que depuis l'Edit de 1678, & la Déclaration de 1684, les Juges d'Eglise ne peuvent plus passer outre, quand il se trouve du cas privilegié.

Si le Juge royal ne venant pas à l'Officialité, le Juge d'Eglise peut passer outre.

La Déclaration de 1678 ordonne, que l'instruction des procès qui se feront aux Ecclésiastiques, les Officiaux connoîtront que les crimes dont ils seront accusés & prévenus, seront de la nature de ceux pour lesquels il échoit de renvoyer aux Juges royaux pour le cas privilegié, lesdits Officiaux seront tenus d'en avertir incessamment les Substituts des Procureurs généraux du ressort où le crime aura été commis, à peine contre lesdits Officiaux de tous dépens, dommages & intérêts, même d'être la procédure refaite à leurs dépens.

La Déclaration de 1684 enjoint en outre ausdits Lieutenans criminels, ou en leur absence ou légitime empêchement, aux autres Officiers desdits Sieges, suivant l'ordre du Tableau, de se transporter dans les lieux où sont les Siéges desdites Officialités, dans huitaine après la sommation qui leur en aura été faite à la requête des Promoteurs, pour être par eux procedé à l'instruction & Jugement desdits procès pour le cas privilegié en la forme expliquée ci-dessus; & à faute par lesdits Juges de se rendre dans ledit délai dans les lieux où sont lesdites Officialités, lesdits procès seront instruits & jugés par les Officiers du Bailliage ou Sénéchaussée, dans le ressort duquel est le Siege de l'Officialité; le tout sans préjudice aux Cours de commettre d'autres Officiers pour lesdites instructions, & de renvoyer en d'autres Sieges le Jugement desdits procès, lorsqu'elles l'estimeront à propos, pour des raisons qui sont laissées à leur arbitrage.

Ainsi il n'est pas à présumer que le cas arrive, & que de tous ces Juges royaux substitués successivement les uns aux autres, il n'en vienne quelqu'un à l'Officialité sur la sommation du Promoteur; mais enfin supposé qu'il n'en vint aucun, le Promoteur devroit se pourvoir au Parlement pour y être statué; & l'Official ne pourroit point instruire sans le Juge royal, nonobstant le refus sur la sommation. Ainsi jugé par Arrêt du 4 Juin 1707, rapporté au *Journal des Audiences*, tome dernier, livre 7. chap. 26. Ce qui a encore été jugé depuis par plusieurs autres Arrêts.

Juge d'Eglise ne peut ordonner que le récollement vaudra confrontation, sans avoir instruit préalablement la contumace.

4. Si l'Official en cas d'absence de l'accusé, & dans l'instruction de la procédure, ordonnoit que le récollement vaudroit confrontation, sans instruire préalablement la contumace; ce défaut qui est une contravention formelle à l'article 3. du titre 15. de l'Ordonnance criminelle, seroit un moyen d'abus qui anéantiroit toute la procédure qui auroit été faite depuis. Nous avons deux Arrêts du Parlement de Paris qui l'ont ainsi jugé formellement, le premier du 13 Mars 1700, & le second du 8 Mai 1717. Ces formalités d'Ordonnances sont d'autant plus importantes à observer, que leur défaut en annullant la procédure, procure souvent l'impunité du coupable, ou du moins differe le châtiment qui est dû à sa mauvaise conduite.

¶ Il est aussi à observer que les Juges d'Eglise n'ayant aucune autorité ni jurisdiction sur les Officiers royaux, l'Official ne peut donner, sans abus, que le Greffier du Juge royal sera contraint par corps d'apporter les informations au Greffe de l'Officialité; tout ce qu'il peut faire est de requerir le Juge royal d'enjoindre à son Greffier de faire ce Rapport; & si le Juge royal n'acquiesce point à cette requisition, il faut que l'Evêque prenant le fait & cause de son Official ou de son promoteur, se pourvoye en la Cour pour le faire ordonner ainsi. C'est ce qui a été jugé par Arrêt du 23 Janvier 1717.

Juge royal ne peut après le renvoi requis informer seul par addition.

5. Si postérieurement à la revendication faite par le Promoteur, le Juge royal faisoit informer par addition, il y auroit abus, parce que suivant les regles de la procédure, cette information par addition se doit faire par les deux Juges de l'Officialité; ou s'il y a des raisons de se transporter sur les lieux, il faut que les deux Juges s'y transportent, ou que l'un & l'autre donnent à cet effet des commissions à des personnes qui ayent les qualités requises.

M. Bosc du Bouchet, Maître des Requêtes, ayant rendu plainte pour fait de calomnie, obtint du Lieutenant criminel au Châtelet de Paris une permission d'informer contre Sicard, Prêtre, & contre deux Laïcs. L'information faite, le Prêtre fut décreté d'assigné pour être oui, & les deux Laïcs de prise de corps. Le Promoteur de Paris revendiqua le Sieur Sicard; le renvoi fut accordé, & le procès instruit partie conjointement, partie séparément par les Juges; le Lieutenant criminel jugea les deux Laïcs & le Prêtre, & prononça sa Sentence contre eux avant que l'Official eût rendu la sienne contre le Prêtre.

Les deux Laïcs appellerent de toute cette procédure au Parlement, & fonderent leur appel

appel sur quatre moyens principaux. 1°. Sur ce que postérieurement à la revendication, le Lieutenant criminel avoit commis un Commissaire au Châtelet pour aller sur les lieux y informer par addition. 2°. Sur ce que lors de l'interrogatoire des accusés, le Lieutenant criminel ne leur avoit pas représenté le Mémoire calomnieux qu'on les accusoit d'avoir dicté & fait écrire pour le reconnoître ou désavouer, mais seulement à la confrontation. 3°. Que depuis la revendication faite par le Promoteur, le Lieutenant criminel avoit fait seul au Châtelet quelques recollemens & confrontations au sieur Sicard, & qu'il étoit de la regle qu'il ne les fit qu'en l'Officialité & en présence de l'Official. 4°. Sur ce qu'on avoit jugé au Châtelet avant qu'on eût jugé à l'Officialité, ce qui étoit contre la disposition de la Déclaration du mois de Juillet 1684. L'Official de son côté avoit récollé & confronté les témoins entendus sur les lieux par le Commissaire que le Lieutenant criminel y avoit envoyé; il avoit aussi récollé & confronté à l'accusé les témoins que le Lieutenant criminel avoit recollé seul au Châtelet; il avoit seulement pris la précaution de mettre dans l'intitulé de ces récollemens & confrontations, qu'il les faisoit en présence du Lieutenant criminel, qui quoique présent n'avoit pas fait écrire par son Greffier les récollemens & confrontations fait en sa présence par l'Official.

Le procès en cet état ayant été communiqué au Promoteur de l'Officialité de Paris, il fit refus de donner ses conclusions avant que l'on eût recommencé la procédure; ce qui empêcha que le sieur Sicard, Prêtre, ne fût jugé en l'Officialité.

Cette affaire portée au Parlement, M. le Procureur général appella d'office comme d'abus de toute cette procédure faite par l'Official; & par Arrêt du 31 Janvier 1702 il fut dit, mal & abusivement procédé, les dépositions des témoins entendus dans l'addition d'information faite par le Commissaire, déclarées nulles, ensemble les récollemens & confrontations faites au sieur Sicard par le Lieutenant criminel seul; ordonné que le tout seroit recommencé par l'Official qui seroit commis par l'Archevêque de Paris, autre néanmoins que celui qui avoit fait cette procédure, le tout en ce qui regarde le sieur Sicard, Prêtre, conjointement avec le Lieutenant général au Bailliage du Palais, lequel à cette fin se transporteroit en l'Officialité, & les informations, additions & continuations d'informations, portées au Greffe de l'Officialité, pour servir de Mémoire seulement. Depuis par un autre Arrêt du 15 Février 1702, il fut ordonné que l'instruction en ce qui étoit renvoyé au Baillif du Palais, seroit faite en la Cour par M. de Dreux, Conseiller de la Grand'Chambre, qui se transporteroit à l'Officialité de Paris, ce qui fut exécuté.

Il en seroit autrement, si l'Official & le Juge royal ayant instruit conjointement le procès criminel d'un Ecclésiastique, l'Official avoit rendu sa Sentence définitive, & condamné l'Ecclésiastique en des peines canoniques pour le délit commun; & que le Juge royal en voyant le procès pour juger le cas privilégié, ne se trouvant pas assez instruit, eût ordonné une nouvelle instruction; en ce cas il ne seroit pas nécessaire qu'elle fût faite avec l'Official, *functus est officio*. Ainsi jugé par Arrêt de la Tournelle criminelle du mois de Décembre 1701, rapporté au dernier tome du *Journal des Audiences*, liv. 2. chap. 59.

Comme la plainte en matiere criminelle est le fondement de toute la procédure, il est très-important d'y observer, comme dans tous les autres actes, jusqu'aux moindres formalités prescrites par l'Ordonnance. Quelques fois le ministere public, qui seul selon nos mœurs peut être partie pour la poursuite de la vengeance publique, est provoqué par un dénonciateur; l'usage est de le faire signer sur le registre du Promoteur, afin de répondre des dommages & intérêts de celui-ci, en cas qu'il succombe.

En quel cas le Promoteur est tenu de nommer son dénonciateur.

Car le Promoteur est obligé de nommer son dénonciateur quand l'accusé est absous. Voyez ci après, *part. 3. chap. 1. sect. 5. nomb. 5.* Cependant par Arrêt du 3 Août 1718, rendu en la Tournelle criminelle, il a été jugé que le Promoteur de l'Officialité de Paris devoit nommer le dénonciateur du sieur Richard, quoique l'Official en le renvoyant absous sur plusieurs chefs d'accusation, eût mis hors de Cour sur plusieurs autres. Cet Arrêt est rapporté dans les Loix ecclésiastiques, en l'Analise du Decret de Gratien, *caus. 2. quest. 3.*

Mais quand on ordonne qu'il sera plus amplement informé, l'accusation n'est point regardée comme calomnieuse, quoiqu'il ne survienne point de nouvelles charges.

Si la dénonciation étant d'un crime mixti fori,

Quand cette dénonciation contient du délit commun & du cas privilégié, on a demandé si le Promoteur est tenu sur cette dénonciation de rendre la plainte, & au cas qu'il la rende, d'y comprendre tous les chefs de la dénonciation.

SECT. III.

La raison de douter est que le Promoteur, selon les meilleurs Jurisconsultes, n'est point obligé d'agir en conséquence de la dénonciation, & qu'il dépend de sa prudence d'en faire usage selon la qualité de la dénonciation & du dénonciateur.

le Promoteur est tenu de rendre plainte, & d'y comprendre tous les chefs de la dénonciation.

On dit d'abord, suivant la qualité de la dénonciation, parce qu'il n'est établi par aucune Ordonnance ni par aucun Réglement, que la dénonciation fasse partie des procédures criminelles, & que le Juge qui reçoit une plainte soit obligé & même en droit de demander à la Partie publique si elle a une dénonciation & ce qu'elle contient. La dénonciation est une piéce secrette, qui ne peut & ne doit devenir publique qu'après le Jugement ou l'Arrêt d'absolution.

Ces principes supposés, c'est au Promoteur d'examiner si les faits contenus dans la dénonciation sont probables ou vrais; si la passion, la haine & la calomnie n'y ont aucune part, afin de ne point exposer son ministere à servir l'injustice & la prévention, & à faire déclarer nulles & abusives les procédures qu'il feroit sur un pareil fondement.

Ensuite le Promoteur doit considerer la qualité du dénonciateur; si c'est un homme ennemi déclaré & connu de l'accusé; un homme de mauvaises mœurs & sans réputation, non domicilié ou vagabond; un homme sans aveu ou qui ait été repris de Justice pour de pareils faits; insolvable pour répondre des dommages & intérêts qu'on pourroit obtenir contre lui; de ces gens qui n'ont rien à craindre, & qui font profession de faire gratuitement des affaires à qui leur plaît. Il ne convient à personne, & encore moins à un Officier public, de prêter secours, ni même de favoriser le moins du monde un homme de ce caractere, & d'employer, quoiqu'indirectement & contre son intention, un pouvoir établi pour punir les coupables ou les contenir, à persécuter ou chagriner les gens de bien.

Ceci posé, il semble qu'on puisse dire comme certain, que le Promoteur peut ne pas déferer à la dénonciation qu'on lui fait, quand les faits ne lui paroissent pas vraisemblables; qu'entre plusieurs faits contenus dans une dénonciation, il peut prendre les uns & laisser les autres, en choisissant ceux qui semblent les plus graves & les plus dignes de repréhension; il a même été jugé au Conseil le 17 Juillet 1713, que ce n'étoit point un moyen d'abus; & que le Procureur du Roi qui peut agir contre le Greffier de l'Officialité pour se faire remettre les piéces du procès, n'avoit point d'action contre lui ni contre le Promoteur pour se faire communiquer la dénonciation.

Comme c'est un Arrêt du Conseil qui en casse un autre du Parlement d'Aix, il est à propos d'en rapporter les circonstances.

Suite de la question ci-dessus proposée.

En 1711, un Particulier du Diocèse d'Aix dénonça son Curé au Promoteur de l'Archevêque; la dénonciation étoit vague & peu circonstanciée; de sorte que le Promoteur choisit dans cette dénonciation ce qu'il crut probable pour en composer sa plainte, & rejetta le surplus comme suspect de chaleur & de passion de la part du dénonciateur. La plainte présentée & l'information permise, l'Official se transporta sur le lieu, où il entendit vingt témoins qui déposerent de la vie peu réguliere de ce Curé; deux d'entr'eux déposoient d'un cas privilégié des plus graves. L'Official revint à Aix, appella le Lieutenant criminel, pour clorre l'information, décreter, interroger, récoller & confronter. Le Juge royal assista à cette clôture sans faire naître aucun incident, & toute l'instruction de cette procédure fut faite conjointement. L'Official jugea de son côté, & imposa des peines canoniques pour les accusations prouvées, & mit hors de Cour sur les autres où il manquoit de preuves. Avant le Jugement de l'Official & celui du Juge royal, l'accusé demanda qu'on lui remit en main la dénonciation. L'Official qui n'avoit pas encore rendu sa Sentence, joignit la demande au fond; mais cette Requête ne se trouvant pas dans les piéces du procès, la Sentence définitive ne put rien prononcer dessus, ni en faire mention. Après le Jugement, l'accusé fit une sommation au Greffier de lui remettre la dénonciation. Sur le refus du Greffier, le Procureur du Roi présenta Requête au Juge royal, pour l'y faire contraindre. Les injonctions du Juge furent inutiles, le Greffier soutenant toujours que cette dénonciation étoit une piéce secrette, qui suivant l'article 73. de l'Ordonnance d'Orléans, ne devoit paroître qu'après l'Arrêt d'absolution. Nouvelle Requête de la part de l'accusé, sur laquelle les Parties furent renvoyées à l'Audience avec le Promoteur. Nouvelles injonctions de la part du Juge royal au Greffier de l'Officialité, de remettre la dénonciation; défenses de la part de l'Evêque. Instance au Parlement, où intervint Arrêt qui ordonna que le Promoteur seroit appellé. Le Promoteur soutint que la Cour ne pouvoit être saisie d'une pareille affaire que par la voie de l'appel comme d'abus, & demanda son renvoi de l'assignation. L'Evêque prit le fait & cause de ses Officiers, & le 3 Juin il obtint un Arrêt qui débouta le Substitut du Procureur du Roi de sa demande avec dépens, en présence & du consentement de l'Avocat général, qui se trouvant la seule Partie publique, sembloit seul devoir être chargé de soutenir ou d'abandonner ce qui avoit été fait par le Substitut en premiere instance.

Après cet Arrêt, intervint Sentence à l'Officialité le 7 Juin, sur la poursuite de l'accusé, qui le débouta de sa Requête afin d'avoir communication de la dénonciation, faute par lui d'avoir justifié de son absolution, ainsi que son Procureur l'avoit avancé à l'Audience le 9 du même mois. Appel de toute la procédure, de l'Ordonnance de l'Archevêque, de la Sentence définitive, & de tout ce qui s'étoit ensuivi. Le substitut du Procureur général parut alors, & forma opposition à l'Arrêt du 3 Juin qui l'avoit débouté de sa demande, & adhéra à l'appel comme d'abus de l'accusé; & par un Arrêt du 14 Juin, le Parlement de Provence le reçut appellant, ordonna qu'il releveroit son appel dans la huitaine; & que les Parties auroient audience après la Saint-Remy. Par-là, l'appel de la procédure criminelle & la demande en dénonciation furent jointes, & l'on ne pouvoit pas juger l'une sans l'autre, à moins de disjoindre. L'Archevêque de son côté appella incidemment des Ordonnances du Lieutenant criminel des 17 Janvier & 20 Février 1712, pour engager le Parlement, supposé qu'il fit droit sur l'opposition du Substitut, de prononcer la cassation des mêmes Ordonnances, par la voie de l'appel simple.

A l'Audience, M. l'Avocat général ne trouva point d'abus dans les moyens proposés par les Parties; mais il en releva deux d'office. Le premier dans la plainte du Promoteur, en ce qu'elle ne renfermoit pas tous les chefs contenus dans la dénonciation, soutenant qu'après l'avoir laissé écrire sur son Registre, il ne lui étoit plus permis d'en rien retrancher. Le second dans l'information, parce que l'Official s'étoit contenté d'appeller le Juge royal à la clôture de l'information, & à toute l'instruction, prétendant qu'il étoit obligé de surseoir à l'audition d'un témoin qui parloit d'un cas privilégié; & quelque inconvénient qu'il pût y avoir dans ce délai, l'Official commettoit abus, quand il n'appelloit le Juge royal qu'à la clôture de l'information.

L'Arrêt du 21 Février 1713 prononça en conséquence, qu'il y avoit abus dans la procédure, dans l'Ordonnance du 26 Février, & dans tout ce qui s'étoit ensuivi, faisant droit sur l'appel simple, mit l'appellation & ce dont étoit appel au néant; & au moyen de ce, sans s'arrêter à la Requête de Bionlet, Greffier de l'Officialité, faisant droit sur celle du Substitut du Procureur général du Roi, pour avoir communication de la dénonciation, enjoint audit Greffier de l'Officialité de lui remettre incessamment un extrait de la dénonciation.

Si l'on reçoit les plaintes de toutes sortes de Particuliers indistinctement contre des Ecclésiastiques.

L'Arrêt du Conseil du 27 Juillet 1713 qui casse cet Arrêt, & qui renvoye les Parties pour procéder sur le cas privilégié pardevant le Lieutenant criminel de Marseille, & par appel au Parlement de Toulouse, est un Arrêt sur Requête, dans lequel ni le Substitut d'Aix, ni l'accusé même n'étoient point Parties. L'Editeur des Mémoires du Clergé qui le rapporte en entier, ne nous a point instruit de l'issue de toute cette affaire.

7. Le respect pour le Ministere ecclésiastique fait qu'on ne reçoit pas indifféremment les plaintes de tous les Particuliers contre les Ministres du Seigneur, particuliérement quand ils sont sans intérêt. On suppose toujours que les Promoteurs des Officialités qui sont les vraies Parties publiques, préposés pour veiller à la manutention du bon ordre & de la discipline dans un Diocèse, satisfont exactement à ce devoir, & à moins que leur négligence ne soit prouvée, on ne permet guéres au Juge royal d'y mettre la main. En 1717, différens particuliers de la Ville d'Issoudun en Berry, ayant porté leur plainte en l'Officialité de Bourges contre leur Curé, pour fait de jeu, le Vice-gérent permit d'informer, & décreta l'accusé d'ajournement personnel sur l'information. Le Curé appella comme d'abus au Parlement, & par Arrêt du 12 Janvier 1717, rendu sur les conclusions de M. Chauvelin lors Avocat général, il fut dit, mal, nullement & abusivement procedé par le Vicegérent, & les Particuliers condamnés en deux mille livres de dommages & intérets envers le Curé, & en tous les dépens, sauf au Promoteur de Bourges seul à rendre sa plainte contre le Curé, pour le fait du jeu seulement, & à poursuivre extraordinairement cette accusation, s'il y échoit, pardevant l'Official qui seroit nommé par l'Archevêque de Bourges; & à cet effet, ordonne que les témoins ouis en l'information déclarée abusive, pourroient être entendus de nouveau sur le même

fait, & que les informations & autres procédures déclarées abusives, seroient portées au Greffe de l'Officialité, pour servir de Mémoires seulement.

Par un autre Arrêt du Mercredi 28 Février 1742, rendu sur les conclusions de M. Gilbert, Avocat général, il a été jugé que les Paroissiens, même en corps, n'étoient point recevables à rendre plainte contre leur Curé, pour faits concernant son ministere & ses fonctions curiales; ils ne peuvent tout au plus que se porter dénonciateurs. Cet Arrêt a été rendu, plaidans MM. Simon & Paillet, entre le Curé de Vassy en Champagne, & les Habitans de cette Paroisse, qui par la plainte qu'ils avoient rendue contre lui, avoient exposé qu'il causoit des troubles dans la Paroisse, qu'il avoit fait des changemens au Service divin, qu'il faisoit des déclamations dans ses Prônes & Sermons contre différentes personnes.

Le Curé demandoit des dommages & intérêts, & même M. l'Avocat général avoit conclu à ce qu'il lui en fût adjugé de modiques, attendu que cette plainte qui avoit été déposée dans un Registre public, étoit toujours une tache à la réputation du Curé; mais par l'Arrêt il ne lui en fut point accordé.

Si les Juges d'Eglise sont obligés de mettre le titre d'accusation dans leurs decrets d'ajournement personnel.

8. Par l'article 4. du titre 26. de l'Ordonnance criminelle, il est dit, que les Cours ne pourront donner aucunes défenses ou surséances de continuer l'instruction des procès criminels, sans voir les charges & informations, & sans conclusions de Procureurs généraux, dont il sera fait mention dans les Arrêts, si ce n'est qu'il n'y ait qu'un decret d'ajournement personnel. La Déclaration du mois de Décembre 1680 a mis des restrictions à cette clause qui regarde l'ajournement personnel, & a fait défenses aux Cours de donner aucuns Arrêts de défenses d'exécuter les decrets d'ajournement personnel, qu'après avoir vû les charges & informations, lorsque ces decrets auront été décernés par les Juges ecclésiastiques, & par les Juges ordinaires royaux & des Seigneurs, pour fausseté, pour malversation d'Officiers dans l'exercice de leurs Charges, ou lorsqu'il y aura d'autres coaccusés contre lesquels il aura été décrété de prise de corps, & afin que l'intention du Roi soit exécutée, la Déclaration veut que les accusés qui demanderont ainsi des défenses, soient tenus d'attacher à leurs Requêtes la copie du Decret qui leur aura été signifié. Que tous Juges royaux & des Seigneurs soient tenus d'exprimer à l'avenir dans les ajournemens personnels qu'ils décerneront, les titres de l'accusation pour lesquels ils décreteront, à peine contre ces Juges d'interdiction de leurs Charges; & que toutes les Requêtes tendantes à fin de défenses d'exécuter les decrets d'ajournement personnel, soient communiquées au Procureur général, pour veiller au bien de la justice, & y faire ce qui dépendra de sa Charge.

Suivant cette Déclaration, les Juges royaux & ceux des Seigneurs sont tenus d'exprimer dans les ajournemens personnels le titre de l'accusation pour lequel ils décretent. Le Clergé prétend que cette Loi n'est pas pour les Juges d'Eglise, & il en donne deux raisons.

La premiere, c'est qu'étant exprimés deux fois en d'autres lieux de cette Déclaration, on en auroit fait mention dans cette disposition, si l'intention du Législateur eût été de les y comprendre & de l'y assujettir. La seconde, c'est que l'esprit de cette Loi est qu'en aucun cas les Parlemens ne puissent donner des Arrêts de défenses d'exécuter le Decrets d'ajournement personnel, décernés par les Juges d'Eglise, qu'après avoir vû les charges & informations: mais que la Loi n'est pas si générale à l'égard des Decrets décernés par les Juges royaux & des Seigneurs, puisqu'elle ne comprend que les Decrets décernés par les Officiers, pour fausseté, malversations d'Officiers dans l'exercice de leurs Charges; ou lorsqu'il y a d'autres coaccusés contre lesquels il aura été décrété de prise de corps.

Suivant cette limitation qui oblige les accusés qui demandent des défenses, d'attacher à leur Requête la copie du Decret qui leur aura été signifié, on veut que les Juges royaux & de Seigneurs expriment dans leur Decrets d'ajournement personnel le titre de l'accusation pour lequel ils décreteront, afin que la Cour soit instruite si l'ajournement est décerné pour les cas de l'Ordonnance, pour lesquels la Cour ne peut donner des défenses d'exécuter avant d'avoir vû les charges & informations. Le Clergé conclut que c'est la raison que l'on a eue de ne faire aucune mention des Juges d'Eglise, parce que n'y ayant point de cas dans lesquels la Cour puisse donner des défenses d'exécuter les Decrets d'ajournement personnel décernés par les Juges d'Eglise, si ce n'est après avoir vû les informations, la précaution d'exprimer le titre d'accusation dans leurs decrets d'ajournement personnel, devient inutile à leur égard.

Nonobstant toutes ces raisons qui paroissent spécieuses, il semble qu'on peut dire que les Juges d'Eglise aussi bien que les Juges royaux & ceux des Seigneurs, sont obligés de mettre le titre de l'accusation dans leurs decrets d'ajournement personnel : ils n'en sont pas nommément dispensées par l'Ordonnance ; & les raisons qui ont fait établir cette disposition contre les Juges royaux & des Seigneurs, militent également contre les Juges d'Eglise. L'esprit de la Loi est de connoître si les Juges n'abusent pas du pouvoir qui leur est confié pour vexer les sujets du Roi ; en décernant des decrets d'ajournement personnel dans des cas où ils ne sont pas autorisés à le faire par l'Ordonnance ; & le seul refus de satisfaire à cette disposition de la Loi, semble jetter du soupçon sur la conduite de celui qui a rendu le Decret.

Il y a plusieurs Arrêts qui ont défendu, tant aux Juges royaux qu'aux Juges des Seigneurs, de prononcer des condamnations pour les cas résultans des procès, & qui leur ont ordonné de spécifier & d'inserer tout au long les faits, & les cas & les motifs des condamnations.

Si les Juges d'Eglise sont obligés d'exprimer en détail dans leurs Sentences les différens chefs d'accusation.

A l'égard des Juges d'Eglise, c'est une maxime soutenue par Messieurs les Gens du Roi du Parlement de Paris, toutes les fois que l'occasion s'en est présentée sur des appels comme d'abus de Sentences d'Officiaux, que les Juges d'Eglise sont pareillement tenus d'exprimer en détail dans leurs Sentences les différens chefs d'accusations ; que cela a été jugé par plusieurs Arrêts qui ont déclaré des Sentences d'Officialité abusives, parce qu'elles avoient déclaré les accusés atteints & convaincus des crimes & excès à eux imputés, sans les avoir exprimés en particulier : parce que les Juges d'Eglise n'étant pas compétens pour connoître de tous crimes, ils doivent spécifier ceux dont ils ont connu, afin qu'on puisse voir à la lecture du Jugement s'ils n'ont point entrepris sur la Jurisdiction seculiére, s'ils n'ont point instruit & jugé des accusations de cas privilégiés, sans appeller le Juge royal.

Si le Juge d'Eglise peut faire citer un accusé absent à cri public & à son de trompe.

9. C'est encore une prétention du Clergé de pouvoir faire citer un accusé absent par un cri public & à son de trompe, par l'autorité du Juge d'Eglise. Cette forme de proceder qui est très-ordinaire chez les Juges royaux, est conforme à l'article 8. du titre 17. de l'Ordonnance de 1670 ; & quoique cette Ordonnance ne contienne point d'exclusion des Juges d'Eglise ni d'attribution, & qu'elle n'augmente ni diminue leur pouvoir sur ce sujet, les Auteurs qui ont écrit en faveur du Clergé, soutiennent que depuis l'Edit de 1695, les Officiaux peuvent ordonner de leur autorité une citation à cri public, & la faire exécuter sans *pareatis* ; parce que l'article 44. de cet Edit porte, que les Sentences & Jugemens sujets à exécution, & les decrets décernés par les Juges d'Eglise, seront exécutés en vertu de cette Ordonnance, sans qu'il soit besoin de prendre pour cet effet aucun *pareatis* des Juges royaux & des Juges de Seigneurs ayant Justice.

Cette prétention paroît d'autant plus mal fondée, qu'elle est contraire aux meilleures maximes de notre Jurisprudence, suivant lesquelles nous croyons que dans le territoire du Roi, personne ne peut publier ban, ni citer à cri public au son du tambour, ou par affiches publiques, que par son autorité, & avec la permission de ses Officiers. On a accordé ce pouvoir aux Hauts-Justiciers[a] ; mais les moyens & bas-Justiciers ne l'ont pas. La pratique de quelques Officialités n'est fondée sur aucun Réglement reçu & autorisé dans le Royaume, qui contienne une concession expresse aux Officiaux de pratiquer cette forme de citation.

L'article 44. de l'Edit de 1695. ne donne point ce pouvoir aux Juges d'Eglise, & leur compétence n'a point été augmentée par cet article ; il ne s'agit que de l'exécution de ce qu'ils pouvoient ordonner ; & ce pouvoir dépendant d'une question de droit public, les Juges d'Eglise ne peuvent être fondés à prétendre, s'il ne leur est attribué par une Loi reçue dans le Royaume.

Pour donc faire le procès à un Ecclésiastique qui s'est absenté, le Juge pour éviter de se commettre, doit le faire citer à son dernier domicile, faire les perquisitions ordinaires ; & l'accusé ne se trouvant pas, le Juge peut après ces citations & perquisitions instruire la contumace : s'il estime convenable après les perquisitions ordinaires, de donner une citation, il doit la faire exécuter par un Huissier à la porte de l'Officialité seulement à haute voix : s'il ordonnoit que le cri public fût fait en d'autres lieux, & à son de trompe & de tambour, il s'exposeroit à être reformé par la voie de l'appel comme d'abus.

Si le Juge d'Eglise peut ordon-

10. Quelques Auteurs qui ont écrit en faveur de la Jurisdiction ecclésiastique, lui attribuent le pouvoir de saisir & annoter les biens de l'accusé absent, pour l'obliger

SECT. III.

ner la saisie & annotation des biens de l'Ecclésiastique accusé & absent.

de se présenter en vertu de l'Ordonnance du Juge d'Eglise, portant qu'il y sera procedé, & qu'à iceux sera établi Commissaire.

Le Clergé convient lui-même que cette prétention seroit constamment rejettée dans les Cours de Parlement, à l'égard de la saisie & annotation des biens immeubles. Il semble qu'il fasse plus de difficulté sur la saisie des biens meubles; parce qu'en effet l'article 62. de l'Ordonnance de Blois porte, que les Sentences de provision & garnison de main données par les Juges ecclésiastiques, sur Contrats, Obligations & Cedules reconnues, non excédant la somme de huit écus & un tiers d'écus, c'est-à-dire de 25 livres, seront exécutoires nonobstant oppositions ou appellations quelconques, & sans préjudice d'icelles, en baillant bonne & suffisante caution, & qu'elles pourront être mises à exécution par les Appariteurs desdits Juges d'Eglise sur ce requis par toutes voies dûes & raisonnables.

Rebuffe, Fevret, Brodeau, Chopin, & tous les Jurisconsultes François les plus estimés, soutiennent que hors ce cas les Ordonnances n'autorisent point les Juges d'Eglise à faire mettre leurs Sentences à exécution par saisie d'aucuns biens temporels, & principalement d'immeubles & que dans les autres cas il faut avoir recours à l'autorité du Juge séculier, qui seul peut faire les saisies & exécutions. On peut ajouter que l'article 44. de l'Edit du mois d'Avril 1695, qui décharge les Juges d'Eglise de prendre des *pareatis* pour l'exécution de leurs Sentences & jugemens, n'a point d'application à ce sujet, & que dans l'espéce présente il ne s'agit point de l'exécution des Sentences des Juges d'Eglise, mais de leur compétence & de la validité de leurs Jugemens; & que la question étant de sçavoir s'ils ne peuvent ordonner la saisie & annotation des biens d'un accusé absent, il ne s'agit pas d'examiner s'ils auroient besoin de *pareatis* pour l'exécution de leurs jugemens, en cas qu'ils pussent l'ordonner.

Nous avons un Arrêt du Parlement de Paris, rendu à la Tournelle le 4. Juin 1707, qui a déclaré y avoir abus dans la Sentence d'un Official qui avoit ordonné la saisie & annotation des biens d'un accusé. *Journal des Audiences.*

Du Moulin dans ses Notes, sur le chapitre *olim* 25. *de rescriptis*, observe qu'il ne faut pas confondre la saisie ou le sequestre ordonné *ratione possessionis*; evec celle qui est décernée *ratione contumaciæ*. Il prétend que le Juge d'Eglise qui ne peut décerner le séquestre ou la saisie *ratione possessionis*, le peut faire par contumace pour punir celui qui fait refus d'obéir du decret, quoique les Praticiens soient d'avis contraire. Voici le fait qui fait la matiere de ce chapitre. La contestation sur le titre d'une Cure ayant été renvoyée par le Pape Innocent III. aux Abbés de Signy & de S. Nicaise de Rheims, suivant l'usage abusif de ce tems-là, où l'on avoit recours aux Juges d'Eglise pour le pétitoire des Bénéfices, après que le possessoire avoit été jugé par le Juge royal, une des Parties fit refus de comparoître. Ces Abbés après l'avoir fait citer trois fois, l'excommunierent, & ordonnerent le sequestre des fruits du Bénéfice contentieux. C'est sur quoi du Moulin fait la distinction que nous venons de rapporter: *licet*, dit cet Auteur, *pragmatici vulgò contra putent.*

En vain objecteroit-on contre cette maxime, que l'Ordonnance criminelle, en ordonnant que si le decret de prise de corps ne peut être exécuté contre l'accusé, il en sera fait perquisition, & que ses biens seront saisis & annotés; & que si les Juges d'Eglise peuvent décerner des decrets de prise de corps, ils peuvent pareillement ordonner la saisie & annotation des biens de l'accusé, lorsque ces decrets ne peuvent être exécutés; parce qu'en ce qui concerne le temporel, le pouvoir du Juge d'Eglise ne s'étend qu'à ce qui lui est précisement attribué par les Ordonnances.

Enfin par Arrêt du 4. Juin 1707, rapporté au dernier tome du *Journal des Audiences*, liv. 7. chap. 26, il a été jugé en conformité des conclusions de M. Joly de Fleury, Avocat général, que le Juge d'Eglise ne peut point ordonner que les biens seront saisis & annotés, cela n'étant point une pure exécution du decret. Pareils Arrêts des premiers Juin 1709. & 22. Février 1710.

Jugement définitif du Juge royal n'empêche pas le Juge d'Eglise qui n'a prononcé qu'un plus amplement infor-

11. Il peut arriver quelquefois que le Juge d'Eglise ayant prononcé qu'avant de faire droit il seroit plus amplement informé; en ce cas le Juge royal peut rendre une Sentence définitive sur le cas privilégié; & au cas qu'il ne prononce point peine de mort, ou autre qui mette l'accusé hors d'état d'accomplir la pénitence qui pourroit lui être donnée par le Juge d'Eglise, celui-ci peut continuer sa procédure séparement. Si par la continuation de l'information il se trouvoit des charges nouvelles, & des cas privilégiés sur

lesquels le Juge royal n'auroit point prononcé, cette information pourroit être considérée comme une instruction nouvelle à cet égard qui doit être faite par les deux Juges.

mé, de continuer l'instruction.

12. En cas que le renvoi soit demandé au Juge royal par l'accusé qui soit exempt, la question seroit de sçavoir si le renvoi doit être fait à l'Evêque Diocésain, ou au Supérieur exempt. On distingue à cet égard deux sortes d'exempts; les uns sont en possession des droits quasi Episcopaux dans un certain territoire, dans l'étendue duquel ils commettent des Officiaux & des promoteurs, & d'autres Officiers pour l'exercice de la Jurisdiction contentieuse; les autres n'ont point l'exercice de cette Jurisdiction, & ne jouissent que d'une exemption personnelle, & ne peuvent exercer qu'une Jurisdiction canonique.

Du renvoi de l'Ecclésiastique exempt.

Les Juges royaux peuvent renvoyer à ces derniers, des accusés auxquels il ne s'agit que d'imposer une simple correction monastique, pour avoir manqué aux regles de la discipline claustrale. Mais s'il est question de crimes, qui selon les Loix du Royaume doivent être punis judiciairement, M. Servin, Avocat général, soutient dans ses plaidoyers, que le renvoi des accusés ne peut leur être fait, parce qu'ils n'ont pas l'exercice de la Jurisdiction contentieuse. Les exempts qui jouissent des droits quasi Episcopaux, & qui ont des Officiaux pour l'exercice de leur Jurisdiction contentieuse, sont Juges naturels de tous ceux qui demeurent dans l'étendue de leur district, & on doit leur renvoyer leurs justiciables accusés de cas dont ils peuvent connoître, quand leur Jurisdiction & exemption sont retenues dans les Parlemens. C'est le motif d'un Arrêt du Parlement de Paris, rendu en 1694, sur les conclusions de M. de Lamoignon, Avocat général, qui a renvoyé un Ecclesiastique de la Ville d'aurillac, accusé de trouble public fait dans l'Eglise avec grand scandale, à l'Official de l'Abbé d'Aurillac, pour son procès lui être fait & parfait pour le délit commun, auquel assisteroit le Lieutenant criminel pour le cas privilégié.

Ceux qui soutiennent que le renvoi ne doit pas être accordé, même dans ce dernier cas, objectent contre cet Arrêt, qu'il s'agissoit de prononcer sur l'appel comme d'abus d'une Sentence de l'Official d'Aurillac, & sur la prise à partie du même Juge, lequel étant saisi, & l'accusé étant sans contredit son justiciable, cette circonstance avoit pû déterminer la Cour à lui faire ce renvoi; mais qu'il n'en seroit pas de même si le Juge du Supérieur exempt n'étoit pas saisi, parce qu'en ce cas on devroit renvoyer à l'Official Diocésain.

Cette distinction n'a nul fondement. Nous avons plusieurs exemples d'accusations renvoyées à des Juges d'exemption dont ils n'étoient point saisis avant le renvoi. Le Grand Conseil par Arrêt du 30. Avril 1683, renvoya un Religieux de l'Ordre de Clugny, prévenu de crime, aux Supérieurs de son Ordre, sur la réquisition dé l'accusé pour son procès lui être fait & parfait conjointement avec le Lieutenant criminel de Nantes pour le cas privilégié. Plusieurs Arrêts du Parlement de Dijon ont renvoyé de même des Religieux à Cîteaux à leur Supérieurs, qui ont droit de les punir conjointement avec le Juge royal, quand il y a du cas privilégié.

Nous avons cependant d'autres exemples de Généraux d'Ordres, ou de Supérieurs de Monasteres exempts, & ayant territoire, qui ont donné des Lettres de Vicariat à des Conseillers Clercs du Parlement, quand le procès y est pendant. Par un Arrêt du 6. Mai 1485, rapporté dans les Preuves des Libertés, *chap.* 35. *n.* 32, rendu sur les Requêtes respectives de l'Abbé de Sainte Colombe de Sens, prisonnier à Paris, exempts de la Jurisdiction des Ordinaires, & des Archevêques de Sens & Evêques de Paris, qui demandoient que ce prisonnier leur fut rendu, comme étant leur justiciable; il fut ordonné que ces Archevêques & Evêques donneroient Vicariat, adressant à MM. Jean de Courcelles, Guillaume Coulant & Simon Hennequin, Conseillers en la Cour, pour faire le procès audit Abbé, & qu'ils y seroient contraints par la prise de leur temporel; mais il a été ajouté sans préjudice de l'exemption prétendue par l'Abbé.

13. Cet usage de donner des Lettres de Vicariat est fort ancien dans le Royaume, & nous en voyons des exemples dès le quatorziéme siécle. Le motif de cet établissement, & afin d'accélerer la procédure criminelle qu'on est forcé de faire contre des accusés ecclesiastiques, & empêcher que ces accusés ne s'évadent pendant leur translation. Ces motifs sont fondés sur l'article 21. de l'Edit de Melun, & sur la Déclaration du mois de Février 1678.

Des Lettres de Vicariat.

L'Ordonnance de Blois, article 61, veut que les Ordinaires ne puissent être con-

SECT. III.

traints de bailler ces Vicariats, à moins que les Cours de Parlement, pour certaines bonnes causes & raisonnables, dont elle charge l'honneur & la conscience de ses Juges n'ayant ordonné qu'ils en donneront en aucunes causes civiles ou criminelles, auquel cas les Ordinaires ont le choix de ceux à qui ils veulent donner ces Lettres.

L'article 21. de l'Edit de Melun détermine plus particulierement les cas où les ordinaires pourront être contraints à bailler ces Vicariats ; & les bornes aux causes criminelles, dans lesquelles il y auroit crainte manifeste de recousse des prisonniers ; auquel cas il leur sera libre de choisir en leur conscience tels Vicaires qu'ils jugeront capables, suffisans & non suspects aux Parties.

La Déclaration du Roi du mois de Février 1678. veut, qu'en cas que le procès s'instruise aux Ecclésiastiques accusés de cas privilégié, en l'une des Cours de Parlement, les Evêques, Supérieurs des Ecclésiastiques accusés, soient tenus de donner leur Vicariat à un des Conseillers Clercs desdits Parlemens, pour conjointement avec celui des Conseillers Laïcs desdites Cours qui sera pour cet effet commis, être le procès fait & parfait aux Ecclésiastiques accusés.

L'article 39. de l'Edit de 1695, semble restreindre cette Déclaration, en n'obligeant les Archevêques & Evêques de donner des Vicariats pour l'instruction & jugement des procès criminels, à moins que les Cours ne l'ayent ordonné, pour éviter la recousse des accusés pendant leur translation, & pour quelques autres raisons importantes à l'ordre & au bien de la Justice dans les procès qui s'y instruisent.

Quand l'Officialité est dans la même Ville où le Parlement est établi, l'Evêque Diocésain donne son Vicariat à deux ou à un Conseiller Clerc du Parlement, qui instruit le procès avec le Conseiller Laïc nommé Commissaire. C'est la disposition d'un Arrêt du 12. Janvier 1371, & d'un autre du 18. Janvier 1548. Quelquefois le Parlement lui-même nomme un Conseiller Laïc pour Commissaire, qui se transporte à l'Officialité. Le Parlement de Paris a pris cette voie en 1702. dans l'affaire du Sieur Sicard, Vicaire de Vairpetit, dont on a parlé ci-devant, *part* 1. *chap.* 6. *sect.* 3. *nomb.* 5.

Quoique la liberté des Evêques dans ce choix soit de droit & toute favorable, l'usage néanmoins a varié sur cette matiere, à cause des circonstances. Les anciens Arrêts que nous avons sur cette matiere, proposoient eux-mêmes aux Evêques les Officiers ausquels ils devoient donner leur Vicariat : cela s'est pratiqué particulierement dans le tems de l'hérésie naissante des Protestans, dans le procès qu'on faisoit à ceux de cette secte. Ces Arrêts ne peuvent être tirés à conséquence pour notre tems. Nous voyons même dans les Preuves des Libertés de l'Eglise Gallicane, *chapitre* 28. *nombres* 3. 4. & 5, un Bref de Clement VII. adressé au Parlement le 20. Mai 1525, par lequel ce Pape approuve ceux qui avoient été nommés par cette Cour pour instruire la procédure, & faire le procès aux Hérétiques. Ce Bref fût enregistré au Parlement. On voit dans plusieurs Arrêts, que la Cour nommoit non-seulement les Conseillers qui devoient faire le procès aux personnes accusées d'hérésie, mais désignoit même un certain nombre de Docteurs en Théologie au même effet. Par un Arrêt du 20. Mars 1524, Le Parlement de Paris ordonna que l'Evêque de Paris seroit tenu de bailler Vicariat à Maître Philippes Pot, Président aux Enquêtes, à André Verjus, Conseiller en la Cour, à Guillaume Duchesne & à Nicolas le Clerc, Docteur en Théologie, pour faire & parfaire le procès à ceux qui se trouveroient entichés de la Doctrine de Luther & autres hérésies.

Les Ordonnances postérieures ne laissent plus aucun doute sur la liberté que les Evêques ont de choisir ceux à qui ils veulent donner leurs Lettres de Vicariat, dans les cas où les Parlemens l'ordonnent. Celle de Blois, article 61, celle de Melun, article 21, & l'Edit de 1695, article 39, y sont formelles & très-expresses.

Le même article de l'Ordonnance de Blois obligeoit les Evêques de donner ce Vicariat à deux Conseillers. L'article 39 de l'Edit de 1695. ne désigne point le nombre ; mais la Déclaration du mois de Février 1678. n'en demande qu'un.

Si le Parlement n'étant saisi qu'après l'appel interjetté de l'Official Diocésain au Métropolitain, c'est à l'Evêque Diocé-

La question seroit de sçavoir si lorsque le Parlement n'est saisi qu'après l'appel interjetté de l'Official Diocésain au Métropolitain, c'est à l'Evêque Diocésain ou au Métropolitain à donner ces Lettres de Vicariat aux Conseillers du Parlement. Cette question se peut présenter dans différens états de la procédure : car s'il n'y a que l'appel à juger, & à confirmer ou infirmer la procédure ; en ce cas si le Parlement en cause d'appel la retient, c'est au Métropolitain qui en auroit connu à donner son Vicariat ; &

& lorsque ce Métropolitain reconnoît un Primat, & que l'accusé appelle au Primat du Jugement de l'Official Métropolitain, c'est au Primat à nommer un Vicaire. Fevret, de l'abus, *liv.* 3. *chap.* 5. *n.* 9. & Tournet *chap.* 131. lettre A, rapportent des Arrêts qui autorisent cette procédure. En 1643, Gervais Bonviers, Prêtre, fut accusé du crime de faux, & condamné par l'Official du Mans, & par le Juge criminel de la Ferté-Bernard. Il appella au Parlement de la Sentence du Juge royal, & au Métropolitain de celle de l'Official, & demanda par une Requête, qu'attendu son appel, il fût traduit en la Ville de Tours, pour lui être pourvû sur son appel. Sur cette Requête, le Parlement ordonna par Arrêt du 17. Décembre 1644, rapporté dans les Mémoires du Clergé, *tome* 7. *pag.* 932, qu'à la diligence du Procureur général du Roi, aux fraix de la partie civile, il seroit obtenu un Vicariat de l'Archevêque de Tours, adressé à deux Conseillers Clercs de ladite Cour, pour juger l'appel de la Sentence de l'Official du Mans; ce qui fut exécuté, & les deux Conseillers ayant jugé, l'accusé appella au Primat de Lyon de leur Sentence. M. l'Archevêque de Lyon nomma deux autres Conseillers pour être Juge de cet appel.

sain ou au Métropolitain à donner des Lettres de Vicariat.

Nous avons des exemples dans lesquels le Parlement a suivi une autre voie; au lieu d'ordonner que le Métropolitain & le Primat donneroient des Lettres de Vicariat, il a ordonné que le Promoteur feroit juger en l'Officialité Métropolitaine l'appel de la Sentence de l'Official Diocésain, avant que de prononcer sur l'appel de la Sentence du Juge royal. Nous avons un Arrêt du 23. Août 1610, rapporté par Anne Robert dans ses Arrêts; qui a ainsi jugé dans la cause d'un Chanoine de l'Eglise d'Angers. Voyez ci-après *nombre* 17.

14. Nous ne reconnoissons point dans les Religieux exempts qui n'ont ni Jurisdiction contentieuse ni territoire, le pouvoir de donner des Lettres de Vicariat, pour faire le procès à leurs Religieux accusés de cas privilégiés, commis, soit dans le cloître même, soit hors le cloître : cette faculté n'est accordée qu'aux seuls Généraux ou Supérieurs d'Ordres, qui jouissent de la Jurisdiction quasi Episcopale, & qui ont des Officiers pour l'exercer. S'il se trouve des exemples que dans des Provinces, quelques Lieutenans criminels peu instruits des Loix du Royaume, ayent procédé conjointement avec les Supérieurs de ces Réguliers, ces faits ne peuvent être tirés à conséquence, & ils eussent été reformés si ces questions avoient été portées dans les Parlemens. Toute la Jurisdiction de ces Réguliers ne consiste à cet égard que dans une correction œconomique pour les fautes qu'ils commettent contre la régle. Mais nous tenons pour maxime en France, qu'il n'y a point de privilége pour les Religieux qui délinquent hors le cloître, & qu'en ce cas la connoissance du crime appartient à l'Evêque du lieu où il a été commis, comme le Parlement de Paris l'a jugé par Arrêt du 14. Juillet 1703, contre un Religieux accusé de scandale commis hors le cloître, qui nonobstant la révendication de son Supérieur, fut renvoyé à l'Officialité de Paris.

Religieux exempts qui n'ont point de Jurisdiction contentieuse, ne peuvent point donner des Lettres de Vicariat.

15. Si ces Religieux sont accusés d'avoir commis dans le cloître des crimes dont on est obligé de poursuivre les auteurs dans les formes judiciaires, leurs Supérieurs n'ayant sur eux, comme on vient de l'observer, que la correction pour l'observance de la regle & de la discipline monastique, sont obligés de les abandonner aux Juges séculiers, qui instruisent leur procès conjointement avec l'Official Diocésain du lieu où le crime a été commis.

Religieux accusés de crimes commis dans le cloître, par qui doivent être jugés.

Bardet, *tome* 1. *liv.* 4. *chap.* 27, rapporte que les Augustins du Couvent de Mortemart en Poitou, & les Abbesses & Religieuses de l'Abbaye de la Regle de Limoges, Ordre de S. Benoit, Dames du Bourg de Nouïs en Poitou, mais Diocése de Limoges, ayant procés pour raison de certaines dixmes, deux des Religieux Augustins furent avertis qu'un Sergent s'étoit transporté sur les lieux pour sequestrer ces dixmes : ils y allerent, le battirent, & lui prirent ses papiers. Ce Sergent rendit sa plainte pardevant le Juge de Montmorillon, qui informa & decreta les deux accusés d'ajournement personnel. Les accusés se présenterent & demanderent leur renvoi pardevant leurs Supérieurs, ce qui leur fut accordé à la charge du cas privilégié, pour lequel le Lieutenant criminel assisteroit à l'instruction avec le Supérieur régulier. Les Religieux prétendant n'être justiciables que de leur Supérieur régulier, interjetterent appel de cette Sentence au Parlement. Les Abbesses & Religieuses interjetterent aussi appel de leur part, en ce que le renvoi avoit été fait devant le Supérieur de ces Religieux. Et par Arrêt du 24. Mai 1631, rendu sur les conclusions de M. Talon, Avocat général, ils furent renvoyés pardevant l'Official de Poitiers, pour leur procès leur être fait & parfait, & à l'instruction duquel assisteroit le Lieutenant criminel pour le cas privilégié.

Le doute qu'on pourroit faire sur cette maxime, qui est certaine dans notre Jurisprudence, paroit fondé sur le mot *d'Ordinaires*, dont se sert l'article 61. de l'Ordonnance de Blois, & l'article 20. de l'Edit de Melun, pour désigner les Supérieurs ecclésiastiques qui sont obligés de donner des Vicariats à des Conseillers-Clercs, lorsque les Parlemens le jugent nécessaire ; mais ce terme a été réformé dans les Ordonnances postérieures, qui s'expliquent en termes formels, & portent que dans les accusations de cas privilégiés qui s'instruisent contre les Ecclésiastiques dans les Cours de Parlement, les Lettres de Vicariat qui pourront être jugées nécessaires, seront données par les Archevêques & Evêques. C'est la disposition de la Déclaration du mois de Février 1678, & de l'article 39 de l'Edit de 1695 ; & ce n'est pas sans fondement qu'en ces cas on ne fait aucune mention dans ces Ordonnances de Jurisdictions de privilége, parce qu'on ne peut point présumer que l'Eglise en établissant ces exemptions ait voulu qu'elles eussent lieu dans les cas les plus graves, & que son intention ait été de faire ce changement dans l'ordre judiciaire du Royaume.

Si l'on peut appeller des Jugemens rendus par des Conseillers au Parlement qui ont pris des Lettres de Vicariat.

16. Quelques Auteurs ont voulu soutenir que les Jugemens rendus par des Conseillers au Parlement, qui avoit pris des Lettres de Vicariat d'un Archevêque ou Evêque, ou d'un autre Supérieur ecclésiastique ayant droit d'en donner, & qui ont procédé & jugé en cette qualité, étoient en dernier ressort & sans appel. Pour soutenir leur opinion, ils disent que suivant l'ancienne Jurisprudence les Parlemens les nommoient ; & qu'encore que suivant l'usage de notre siécle, ce choix soit attribué aux Archevêques & Evêques même néanmoins on les oblige de les prendre du Corps des Parlemens, pour proceder conjointement avec des Officiers des mêmes Corps, qui rendent un Jugement sans appel. Que les Juges qui procédent ensemble à l'instruction d'une même affaire, doivent être en égal dégré de Jurisdiction chacun dans son genre. Ces Officiers ne sont point dégradés en acceptant des Lettres de Vicariat, & on peut présumer qu'ils ne les acceptent que pour en faire usage conformement à leur état d'Officier d'une Cour qui rend des Arrêts.

Nonobstant toutes ces raisons, on peut dire, suivant la Jurisprudence de notre siécle, qu'on a la liberté d'appeller des Jugemens rendus par ces Officiers des Cours souveraines, en qualité de Vicaires des Evêques qui les ont nommés, de même qu'on appelle des Sentences des Officiaux, à moins que leur Jugement ne soit la troisiéme Sentence conforme, dont il n'est plus permis d'appeller. Les Parlemens mêmes reconnoissent cette liberté ; & nous avons déja observé que celui de Paris, qui est sans contredit le plus instruit des saines maximes de la Jurisprudence du Royaume, le jugea ainsi dans la cause du Sieur Bonvier, par son Arrêt du 17 Décembre 1644.

Cet Arrêt est dans les regles, parce que les Conseillers Clercs à qui les Evêques donnent des Lettres de Vicariat, ne procédent point en qualité de Conseillers au Parlement, mais de Commissaires des Evêques qui les ont délégués, & qu'ils n'ont point d'autre autorité dans le Jugement qu'ils rendent en exécution de cette commission, que celle qu'auroient eu les Officiaux des Prélats, & que la même subordination doit être gardée dans les Jugemens des Conseillers commis par les Evêques, Archevêques ou Primats, qui est établie dans les Sentences de leurs Officiaux Diocésains, Métropolitains & Primatiaux. La qualité de Conseiller n'est pas moins étrangere dans les Jugemens rendus en vertu de ces commissions, qu'elle le seroit dans une Sentence d'Officialité, rendue par un Official Conseiller dans un Parlement, ou au Grand Conseil avec dispense.

Maximes sur la compétence pour crimes commis par des Ecclésiastiques.

17. C'est régulierement l'Official de l'Evêque du lieu où le delit a été commis, qui en doit connoître : cela est conforme à la disposition générale de l'article 1. du titre 1. de l'Ordonnance de 1670, qui porte que la connoissance des crimes appartiendra aux Juges des lieux où ils auront été commis. Nous voyons aussi que l'Edit de 1678, attribue la connoissance du délit d'un Ecclésiastique à l'Evêque du lieu où il a été commis.

Mais si l'Official du lieu du délit a été négligent de punir l'Ecclésiastique, l'Official du lieu où il réside peut le punir, parce que les fonctions du Ministere faites par l'Ecclésiastique chargé de crime, sont autant de profanations qui contiennent un renouvellement de crime commis dans le lieu même où chaque fonction est faite : mais cela ne doit avoir lieu que pour le délit commun & pur ecclésiastique ; car s'agissant du délit privilégié & de peine corporelle ou infamante, l'accusé dans la bonne regle pourroit demander son renvoi devant l'Official du lieu du délit, qui appelleroit le Baillif ou le Sénéchal royal des lieux pour le délit privilégié en la maniere ordinaire : il pourroit même être révendiqué tant par le Promoteur, que par le Procureur du Roi du lieu du délit. S'il en étoit autrement, & en s'écartant de la régle générale, il en coûteroit trop de fraix, & il faudroit essuyer trop de longueurs, tant pour faire venir les témoins, que pour l'instruction.

Si les Ecclésiastiques détenus dans les prisons royales de Paris, peuvent être jugés pour le délit commun par l'Official de Paris, quand ils ne sont pas du Diocèse, & qu'ils n'y ont pas commis le crime.

Il arrive assez souvent que les Ecclésiastiques accusés soient pris dans Paris, & qu'ils y soient détenus prisonniers ; la question seroit de sçavoir, si n'étant pas du Diocèse, & n'y ayant pas commis le crime pour lequel ils ont été arrêtés, ils doivent être renvoyés à l'Official de Paris ou à leur Evêque. *Joannes Galli*, du Moulin, du Luc, Chopin, Chenu, Imbert & d'Argentré, observent tous que dans ce cas l'accusé doit être renvoyé à l'Official de Paris, & soutiennent que c'est un privilége particulier à l'Evêque de la Capitale. Cependant cet usage affermi par un très-grand nombre d'Arrêts, s'observe moins régulierement dans notre siécle, lorsque le crime dont ces Ecclésiastiques sont accusés, n'a pas été commis dans le Diocèse ; parce que suivant l'article 35. de l'Ordonnance de Moulins, & l'article 1. du titre 1. de l'Ordonnance 1670, la connoissance des crimes doit appartenir aux Juges des lieux où ils ont été commis, & l'accusé y doit être renvoyé, si le renvoi en est requis. Voyez les notes sur les Mémoires du Clergé, *tom.* 7. *page* 834.

Il y a cependant des cas particuliers où le Juge royal étant naturellement saisi du procès criminel contre des Laïcs, comme Juge du lieu du délit par eux commis, l'Evêque du lieu du délit commis par un Ecclesiastique dans la suite du même crime, seroit tenu de donner son Vicariat à un Ecclesiastique, pour instruire le procès conjointement avec ce Juge royal contre l'Ecclésiastique. C'est ce qui a décidé depuis peu à l'occasion du rapt fait à Paris, de la Demoiselle *** par le sieur *** contre le Prêtre du Diocèse de Poitiers qui les y avoit mariés. Ce Prêtre ayant interjetté appel comme d'abus de la procédure contre lui faite par le Lieutenant criminel au Châtelet de Paris, conjointement avec l'Official de Paris, à qui l'Evêque de Poitiers avoit donné son Vicariat, par Arrêt du 14. Mars 1739, rendu sur les conclusions de M. Joly de Fleury, Avocat général, plaidans MM. Aubry & Piet Duplessis, la Cour a jugé qu'il n'y avoit abus. Voyez ci-devant, *nombre* 13.

Des Arrêts de défenses contre les décrets d'ajournement personnel décernés par le Juge d'Eglise contre des Ecclésiastiques.

18. Il y a encore une question importante & fréquente dans l'usage, qui consiste à sçavoir si les Arrêts de défenses obtenus contre un decret d'ajournement personnel décerné contre des Ecléfiastiques, par un Official qui a déclaré que les accusés demeureroient cependant interdits de toutes leurs fonctions, peuvent opérer la levée de cet interdit.

La raison de douter est, que l'interdit étant une suite du decret d'ajournement personnel, il paroît que le Parlement ayant fait défenses de mettre ce decret à exécution, l'interdit est censé levé ; parce que ce qui fait l'interdiction de ces Ecclésiastiques, n'est pas la Sentence particuliere de l'Official qui prononce que cependant ils demeureront interdits : autrement cette Sentence seroit abusive, en ce qu'elle prononceroit une interdiction contre des Ecclésiastiques sans les avoir entendus, & sans avoir recollé & confronté les témoins. d'où il suit que l'interdit n'est qu'une suite du decret d'ajournement personnel, & que ce decret ne subsistant plus, l'interdit ne doit plus subsister.

Cependant la raison de décider est contraire ; elle est fondée sur le sentiment des meilleurs Canonistes, qui soutiennent qu'un Ecclésiastique décreté après avoir obtenu un Arrêt de défenses, ne peut rentrer dans ses fonctions sans y avoir été renvoyé par l'autorité de ses Supérieurs ecclesiastiques : le Parlement en le recevant appellant de la procédure faite contre lui, n'a point prononcé s'il y avoit abus dans le decret ; il n'a fait que lui donner la liberté de sa personne, avec défenses au Juge d'Eglise de continuer la procédure avant que d'avoir jugé si celle de laquelle l'accusé a porté sa plainte est reguliere ou non. Il y a plus, c'est que même un Officier étant interdit des fonctions de sa Charge, en conséquence d'un decret d'ajournement personnel, ne rentre point de plein droit dans ses fonctions de sa Charge ; par un simple Arrêt de défenses, si expressement il n'est renvoyé dans ses fonctions. Voyez ci-devant, *chap.* 1. *nomb.* 24.

Il y a deux sortes d'interdits.

On distingue ordinairement deux sortes d'interdits ; l'un qu'on appelle interdit de punition, qui est ordonné après que le procès a été entierement instruit, comme une peine

SECT. III.

que le crime dont l'accusé a été atteint & convaincu semblent exiger ; l'autre interdit de précaution, que le Juge d'Eglise prononce ensuite de l'information, & avant la confrontation ; pour éviter la profanation des saints Mysteres, quand le Juge d'Eglise estime convenable que l'accusé s'abstienne de les célébrer.

L'article 40. de l'Edit de 1695 porte, que les Ecclesiastiques qui seront appellans de decret de prise de corps, ne pourront faire aucunes fonctions de leurs Bénéfices & Ministeres, en conséquence des Arrêts de défenses qu'ils auront obtenus, jusqu'à ce que les appellations ayent été jugées définitivement, ou que par les Archevêques, Evêques ou leurs Officiaux, il en ait été autrement ordonné. Quoique l'Edit n'ait été compris en termes exprès les decrets d'ajournement personnel, on y peut néanmoins faire l'application de cette disposition ; de sorte que quand même le decret d'ajournement personnel décerné par l'Official, ne déclareroit pas expressement l'interdiction de l'accusé, il faut tenir que l'Arrêt de défenses ne leveroit pas l'interdiction, puisque l'article 11. du titre 10. de l'Ordonnance de 1670 parle en général, & dit que les decrets d'ajournement personnel emportent de droit d'interdition.

Si le Laïc complice de l'Ecclésiastique doit être interrogé devant les deux Juges.

19. Quand des Laïcs se trouvent complices de crime avec quelque Ecclésiastique, tout le monde convient que le Juge royal doit seul decreter & interroger les Laïcs complices ; mais il y en a qui prétendent qu'aussi-tôt que l'Ecclésiastique a demandé son renvoi, ou qu'il a été révendiqué par le Promoteur, l'Official & le Juge royal répétent conjointement les Laïcs complices dans leurs interrogatoires, qui par rapport à l'Ecclésiastique accusé, servent de dispositions de témoins ; que cette répétition se doit faire, soit que l'interrogatoire soit à charge ou à décharge, parce que les témoins peuvent varier au récollement ; que pour faire cette répétition, les Laïcs, s'ils sont constitués prisonniers, sont conduits en l'Officialité ; & de-là ramenés aux prisons royales ; que s'ils ne sont pas prisonniers, on les decrete d'assigné pour être ouis, ou d'ajournement personnel, selon la qualité du délit. Que quand les réponses à l'interrogatoire, & celles qui sont faites lors de la répétition & du récollement, vont à la décharge de l'Ecclésiastique, on ne confronte pas les complices ; & que si au contraire toutes ces réponses vont à charge, la confrontation s'en fait par les deux Juges.

Mais cette question, si le Laïc complice de l'Ecclésiastique doit être interrogé devant les deux Juges, est encore fort controversée, & le plus grand nombre des suffrages paroît être pour la négative, & avec raison. En effet, pour condamner un Ecclésiastique accusé à des prieres & autres peines canoniques, il n'est pas nécessaire de faire comparoître des Laïcs accusés devant le Juge d'Eglise ; & s'ils refusoient de repondre à l'Official qui doit porter la parole, suivant la Déclaration du Roi de 1711, & qu'ils ne voulussent le reconnoître pour leur Juge, il semble qu'il ne seroit pas possible de leur faire leur procès comme à des muets volontaires : d'ailleurs il n'y a nulle nécessité d'user de ce passe-droit, car après que le Juge d'Eglise aura rendu sa Sentence définitive, rien n'empêche que le Juge royal, pour instruire sa religion sur le cas privilégié contre l'Ecclésiastique, ne puisse ordonner que ses coaccusés Laïcs lui seront de nouveau confrontés, sans qu'il soit besoin de recourir à l'Official, *qui functus est officio suo*.

Après avoir expliqué ces questions préliminaires, l'on va exposer la procédure que doivent tenir les Officiaux & les Juges royaux dans l'instruction & jugement.

SECTION QUATRIEME.

De la procédure & des formalités qu'il faut observer pour l'instruction & jugement des crimes ou délits commis par des Ecclésiastiques, lorsqu'il y a cas privilegié.

Voyez à la fin de la présente Section, les Edits & Déclarations du Roi sur cette matiere.

En quel cas le Juge d'Eglise peut juger seul l'Ecclésiastique accusé pardevant lui.

1. Quand un Ecclésiastique se trouve accusé devant l'Official par une Partie civile ou par le Promoteur, si la plainte n'emporte aucun des cas privilegiés, l'Official fait seul l'instruction dans la forme prescrite par l'Ordonnance de 1670, & il procede aussi seul au Jugement définitif sans avertir le Juge royal, si pendant l'instruction il ne survient point de charges qui découvrent le cas privilegié.

Cas auque le Juge d'Eglise est

Mais quoiqu'il n'y ait pas encore de preuve, si la plainte énonce quelque cas privilegié, c'en est assez, aux termes de l'article 38. de l'Edit du mois d'Avril 1695, pour obliger l'Official d'appeller sur le champs le Juge royal. Ainsi par Arrêt du Parlement de Paris du 20 Décembre 1610, la procédure, même l'information faite par l'Official de Cheneraille, Diocèse de Limoges, contre un Curé, a été déclarée nulle & abusive, parce que dans la plainte il y avoit du cas privilegié. Cependant, quoique dans la plainte il y ait du cas privilegié, l'Official peut valablement ordonner la concession & publication du Monitoire, sans avoir préalablement appellé le Juge royal. Voyez ci-après, *part. 3. chap. 5. n. 3.*

SECT. IV.

obligé d'avertir le Juge royal.

Lorsque l'accusation n'énonce pas un cas privilegié, si dans l'instruction l'Official connoît qu'il y ait quelque charge qui tende au cas privilegié, il doit, aux termes de la Déclaration du mois de Février 1678, en avertir incessamment le Procureur du Roi du ressort où le crime aura été commis, à peine contre l'Official de tous dépens, dommages & intérêts, même d'être la procédure refaite à ses dépens. Mais suivant la Déclaration du mois de Juillet 1684, qui explique celle de 1678, l'Official est tenu d'en avertir le Lieutenant criminel du Baillif ou Sénéchal royal, dans le ressort duquel le crime ou cas privilegié de l'Ecclésiastique accusé aura été commis.

Comment se doit faire cet avertissement.

Aux termes de la même Déclaration de 1684, cet avertissement doit être fait par une sommation à la requête du Promoteur au Lieutenant criminel, ou en son absence ou légitime empêchement, aux autres Officiers du Siege, suivant l'ordre du Tableau. Il est de la regle & d'usage de faire cette sommation au Greffe du Siege.

Obligation du Juge royal aussitôt qu'il est averti.

Il est enjoint au Juge royal par cette Déclaration de 1684, de se rendre en l'Officialité dans la huitaine après la sommation ; faute de quoi le procès sera instruit & jugé par les Officiers du Bailliage ou Sénéchaussée, dans le ressort duquel est le siege de l'Officialité ; mais la faculté est laissée aux Cours de commettre d'autres Officiers pour l'instruction, & de renvoyer en un autre Siege le Jugement du procès.

Ce que peut faire le Juge d'Eglise, en cas de refus du Juge royal de se transporter en l'Officialité.

Mais il faut observer qu'en cas de refus du Juge royal du lieu du délit de se transporter en l'Officialité, l'Official n'est point obligé de demander à la Cour qu'elle commette un Juge pour instruire conjointement la procédure. Il peut s'adresser directement au Juge royal, dans le ressort duquel est le Siege de l'Officialité, comme il a été jugé par Arrêt du Vendredi 12 Janvier 1742, sur les conclusions de M. Joly de Fleury, Avocat général, plaidant Me. Marchand pour le sieur Mariette, Curé de la Paroisse de S. Jean de la Ville de Dreux, appellant comme d'abus ; & Me. Simon pour M. l'Evêque de Chartres prenant le fait & cause de son Promoteur, intimé.

Au reste, quand il y a du cas privilegié, si l'Official jugeoit seul, même après avoir sommé le Juge royal, & qu'il ne fut pas venu, il y auroit abus, & la procédure de l'Official seroit declarée nulle. Ainsi jugé par Arrêts des 12 Janvier 1704, & 4 Juin 1707, rapporté au tome 2. de la maniere de poursuivre les crimes, imprimé à Paris en 1739. Ces Arrêts sont aussi rapportés au dernier tome du *Journal des Audiences*.

Différence entre le Juge royal & le Juge d'Eglise.

2. Quand au contraire l'Ecclésiastique se trouve traduit & accusé devant le Juge royal, celui-ci n'est point obligé d'appeller l'Official, si le renvoi n'est requis par l'accusé, ou s'il n'est revendiqué par le Promoteur. C'est ce qui résulte clairement des termes des Déclarations de 1678 & 1684.

Mais aussi tôt que cette réquisition ou revendication se trouve faite, le Procureur du Roi, aux termes de la déclaration de 1684, en doit donner avis à l'Official, afin qu'il se transporte sur les lieux pour l'instruction du procès, s'il l'estime à propos pour le bien de la Justice ; & en cas que l'Official déclare qu'il entend instruire le procès dans le Siege de l'Officialité, le Lieutenant criminel, ou en cas d'absence ou autre légitime empêchement, ou des autres Officiers du Siege, suivant l'ordre du Tableau, doit rendre son Ordonnance, portant que l'Ecclésiastique accusé, s'il est prisonnier, sera transféré dans les prisons de l'Officialité dans huitaine après ladite déclaration, aux frais & à la diligence de la partie civile, s'il y en a, & au cas qu'il n'y en ait pas, à la poursuite du Procureur du Roi, & aux frais du Domaine, & que dans le même tems de huitaine il se transportera dans le lieu où est le Siege de l'Officialité, pour y achever l'instruction du procès conjointement avec l'Official.

Cet avis & cette déclaration doivent être signifiés respectivement au Greffe de l'Officialité du Siege royal.

Il faut exécuter cette Ordonnance dans le délai y porté ; & quand même le Juge seroit hors le ressort du Siege de l'Officialité aux termes de la même Déclaration de

SECT. IV.

1684, ce Juge n'est point obligé de demander territoire, ni prendre *pareatis* des Officiers ordinaires des lieux.

Il faut remarquer que tout ce que le Juge séculier feroit sans l'Official depuis le renvoi requis ou la revendication, feroit absolument nul, ainsi qu'il a été jugé par Arrêt du 31 Janvier 1702, rapporté dans le même livre de la maniere de poursuivre les crimes, *tome* 2.

Au cas que ce Juge ne se rende pas dans ledit délai de huitaine au Siege de l'Officialité où l'accusé aura été transferé, il sera fait sommation à la requête du Promoteur après cette huitaine expirée, au Lieutenant criminel dans le ressort de l'Officialité, ou en son absence ou autre légitime empêchement, aux autres Officiers du Siege, suivant l'ordre du Tableau, de se rendre en l'Officialité pour instruire le procès, conjointement avec l'Official.

Si les informations faites par l'un ou l'autre Juge avant le renvoi requis, ou avant que le Juge royal soit averti, subsistent.

3. Quand le Procès a été commencé par l'Official, les informations par lui faites avant que le Juge royal ait été appellé pour le cas privilegié, subsisteront en leur force & vertu, à la charge de récoller les témoins par le Juge royal, suivant la Déclaration de 1678; ce qui doit avoir lieu, quand même l'Official auroit procedé aux récollemens & confrontations.

Et en cas que le procès ait été commencé devant le Juge royal, les informations & autres procédures par lui faites avant le renvoi requis ou revendication, subsisteront pareillement, de sorte que si les récollemens & confrontations avoient été faits auparavant, l'Official seroit tenu de rendre sa Sentence définitive pour le délit commun sur cette procédure, suivant la même Déclaration de 1678.

Formalités de l'instruction conjointe.

4. L'instruction qui reste à faire lors du transport du Juge royal en l'Officialité, doit être faite conjointement avec l'Official & le Juge royal.

Deux Greffiers.

5. Mais il faut remarquer que pour cette instruction conjointe il faut deux Greffiers, & par conséquent double cahier de procédure uniforme, & faite en même tems par l'Official & le Juge royal, à peine de nullité. L'auteur de la maniere de poursuivre les crimes en cite plusieurs Arrêts, *tome* 1. *page* 107. La Déclaration de 1678 & celle de 1711 y sont d'ailleurs précises. Il faut aussi que l'un prenne les conclusions du Promoteur; l'autre les conclusions du Procureur du Roi de son Siege; & chacun doit rendre sa Sentence séparément. Ainsi jugé par Arrêt du 22. Août 1651, rapporté par Henrys, *tom.* 2. *liv.* 1. *quest.* 16. Même le Juge royal ne peut rendre son Jugement sur le cas privilegié, qu'il ne lui ait apparu du Jugement sur le délit commun, suivant qu'il a été jugé par Arrêt du 2 Octobre 1697; quand même il y auroit des Laïcs coaccusés, suivant un autre Arrêt du 31 Janvier 1702. Ces deux Arrêts sont aussi rapportés par l'Auteur de la maniere de poursuivre les crimes, *tome* 2. Ainsi après le Jugement de l'Official sur le délit commun, l'Ecclésiastique prisonnier est transferé dans les Prisons royales.

Quid, si l'Official refuse de rendre sa Sentence.

6. Et si l'Official étoit refusant de rendre sa Sentence après deux sommations de huitaine en huitaine à lui faites à la requête de la Partie civile ou du Promoteur, en son domicile ou en son Greffe, parlant à son Greffier ou Commis, l'on pourroit appeller, non comme le déni de Justice qui ne peut pas faire la matiere d'un appel simple, mais comme d'abus, suivant un Arrêt du 27 Août 1701, rapporté par l'Auteur de la maniere de poursuivre les crimes, *tome* 2; même intimer & prendre à partie l'Official en son nom, en vertu d'une permission expresse de la Cour, suivant l'article 43 de l'Edit du mois d'Avril 1695.

Qui doit interroger l'accusé & les témoins dans le cas de l'instruction conjointe.

7. Aux termes de la Déclaration du 4 Février 1711, dans l'instruction conjointe le Juge d'Eglise a la parole; il prend le serment des accusés & des témoins; il fait en présence du Juge royal les interrogatoires, les récollemens & confrontations, & toutes les autres procédures qui se font par les deux Juges; sauf au Juge royal à requerir l'Official d'interpeller l'accusé sur tels faits qu'il jugera nécessaires, soit dans les interrogatoires, soit lors de la confrontation & du reste de la procédure; lesquelles interpellations, ensemble les réponses de l'accusé, doivent être transcrites par les Greffiers, tant du Juge d'Eglise, que du Juge royal.

Et en cas de refus du Juge d'Eglise de faire à l'accusé lesdites interpellations, le Juge royal pourra les faire lui-même directement à l'accusé; lesquelles interpellations, ensemble les réponses de l'accusé, seront transcrites par le Greffier du Juge royal dans le cahier des interrogatoires & confrontations, & des autres pieces de l'instruction.

Quid, si les procédures des deux Juges se trouvent différentes.

8. Si les deux procédures se trouvent différentes en choses essentielles, il faut en ce cas se pourvoir en la Cour pour y être statué. Il y a un Arrêt du 17 Juin 1673, rapporté au *Journal des Audiences*, qui en pareil cas a commis un Juge royal, pour être les minutes des deux contestations différentes rapportées pardevant lui par les Greffiers, & être les témoins entendus sur les contrarietés dans les deux grosses de ces confrontations.

Ce qu'il faut faire lorsque les deux Juges rendent des interlocutoires différens.

9. Si pendant le cours de l'instruction & avant les Sentences définitives, l'Official & le Juge royal rendoient des Ordonnances & Jugemens préparatoires différens, en ce cas il faudroit se pourvoir en la Cour, pour y être statué sur le vû des charges & informations.

¶ 10. Les Officiaux peuvent se transporter au Bailliage royal, pour l'instruction d'un procès conjointement avec le Juge royal; mais pour juger le délit commun, il faut que ce soit dans le Siege de l'Officialité; autrement il y auroit abus dans la Sentence définitive. Et lorsqu'il y a nécessité que l'Official juge dans le Bailliage, pour éviter la recousse du prisonnier en le transferant ès prisons de l'Officialité, qui souvent ne sont point sûres, il faut que l'Official se fasse autoriser par le Parlement, pour juger définitivement le délit commun dans le Bailliage; pareille difficulté étant arrivée en l'Officialité d'Evreux, touchant le procès instruit à un Ecclésiastique du Diocèse d'Evreux, pour avoir assassiné la Prieure de l'Abbaye de Saint Sauveur d'Evreux. Par Arrêt du Parlement de Rouen du 17 Décembre 1709, il fut permis à l'Official d'Evreux de juger le procès dans la Chambre du Conseil du Bailliage dudit lieu.

EDITS ET DECLARATIONS DU ROI concernant la Procédure pour l'instruction des Crimes ou Délits commis par les Ecclésiastiques.

Article 22 de l'Edit de Melun de 1580.

L'Instruction des procès criminels contre les personnes ecclésiastiques pour les cas privilegiés, sera faite conjointement, tant par les Juges desdits Ecclésiastiques, que par nos Juges; & en ce cas seront ceux de nosdits Juges qui seront commis pour cet effet, tenus aller au Siege de la Jurisdiction ecclésiastique.

Edit du mois de Février 1678, registré au Parlement le 29 Août 1687.

LOUIS par la grace de Dieu, Roi de France & de Navarre: A tous présens & à venir, SALUT. Comme il n'y a rien de plus nécessaire pour maintenir la police des Etats, que d'établir un bon ordre dans l'administration de la Justice, & de prescrire ce qui doit être de la connoissance de chacun de ceux qui sont préposés pour la rendre; Nous aurions par nos Ordonnances des années 1667 & 1670, reglé particuliérement la compétence des Juges, & par les articles 11 & 12. du titre de la compétence de celle de l'année 1670, ordonné que nos Baillifs, Sénéchaux, les Prévôts de nos Cousins les Maréchaux de France, Lieutenans criminels de Robe-courte, Vice-Baillifs & Vice-Sénéchaux, connoîtront des crimes y énoncés. Et par l'art. 13. de la même Ordonnance, Nous aurions declaré que Nous n'entendions déroger par lesdits articles 11 & 12. aux privileges dont lesdits Ecclésiastiques auroient acccutumé de jouir. Et parce que Nous avons été informé que ledit article 13. est diversement interpreté & exécuté dans quelques-unes de nos Cours de Parlement, & par autres nos Juges, les uns voulant, en exécution d'icelui, suivre ce qui est porté par l'article 39. de l'Ordonnance de Moulins du mois de Février 1566, & les autres l'article 22, de l'Edit de Melun du mois de Février 1580; ce qui fait que les Ecclésiastiques se trouvent en diverses occasions troublés en la jouissance de leurs privileges & immunités, & fournit le sujet de plusieurs différens, particuliérement dans les Diocèses enclavés dans le ressort de divers Parlemens, & donne en même tems à des personnes privilegiées l'occasion de trouver l'impunité de leurs crimes dans ces différentes contestations. A quoi voulant remédier & pourvoir à ces inconvéniens, en établissant sur ce une Loi commune & générale, & une Jurisprudence universelle : Sçavoir faisons, que de notre certaine science, pleine puissance & autorité royale, Nous avons dit, statué & ordonné, disons, statuons & ordonnons par ces Présentes signées de notre main, voulons & nous plaît, que l'article 22. de l'Edit de Melun, concernant les procès criminels qui se font aux Ecclésiastiques, soit exécuté selon sa forme & teneur dans tout notre Royaume, Pays & Terres de notre obéissance ; ce faisant, que l'instruction desdits procès pour les cas privilegiés, sera faite conjointement, tant par les Juges d'Eglise, que par nos Juges, dans le ressort desquels sont situées les Officialités ; & seront tenus pour cet effet nosdits Juges d'aller au Siege de la Jurisdiction ecclésiastique située dans leur ressort, sans aucune difficulté, pour y étant, faire rediger les dépositions des témoins, interrogatoires, récollemens & confrontations par leurs Greffiers, en des cahiers séparés de ceux des Greffiers des Officiaux, pour être le procès instruit & jugé par nosdits Juges sur les procédures rédigées par leurs Greffiers, sans que, sous quelque prétexte que ce puisse être, lesdits Juges puissent juger lesdits Ecclésiastiques sur les procédures faites par les Officiaux pour raison du délit commun. N'entendons néanmoins annuller les informations faites par les Officiaux auparavant que nos Officiers ayent été appellés pour le cas privilegié ; lesquelles premieres informations subsisteront en leur force & vertu, à la charge de récoller les témoins par nosdits Officiers. Voulons pareillement qu'en cas que lesdits Ecclésiastiques eussent été accusés devant nos Juges, & vinssent à être revendiqués par les Promoteurs des Officialités, ou renvoyés pour le délit commun ; en ce cas les informations & autres procédures faites par nosdits Juges, subsisteront selon leur forme & teneur, pour être le procès fait, parachevé & jugé contre lesdits Ecclésiastiques pour raison dudit délit commun, sur ce qui aura été fait par nos Juges du renvoi & déclinatoire. Et en cas que le procès s'instruisît ausdits Ecclésiastiques en l'une de nos Cours de Parlement, voulons que les Evêques supérieurs desdits Ecclésiastiques soient tenus de donner leur Vicariat à l'un des Conseillers-Clercs desdits Parlemens, pour conjointement avec celui des Conseillers Laïcs desdites Cours qui sera pour cet effet commis, être le procès fait & parfait aux Ecclésiastiques accusés ; & seront tenus, tant nosdits Juges, que les Vicaires & Officiaux des Evêques, observer le contenu en notre présente Ordonnance, à peine de nullité des procédures qui seront refaites aux dépens des contrevenans, & de tous dépens, dommages & intérêts. Ordonnons en outre, que lorsque dans l'instruction des procès qui se feront aux Ecclésiastiques, les Officiaux connoîtront que les crimes dont ils seront accusés & prévenus, seront de la nature de ceux pour lesquels il échoit de renvoyer à nos Juges pour le cas privilegié, lesdits Officiaux seront tenus d'en avertir incessamment les Substituts de nos Procureurs généraux du ressort où le crime aura été commis, à peine contre lesdits Officiaux de tous dépens, dommages & intérêts, même d'être la procédure refaite à leurs dépens. SI DONNONS EN MANDEMENT, &c.

Déclaration du Roi du mois de Juillet 1684, regiftrée au Parlement le 29 Août suivant.

LOUIS par la grace de Dieu, Roi de France & de Navarre : A tous présens & à venir, SALUT. Le soin que nous avons de maintenir la discipline de l'Eglise, & de conserver à ses Ministres la Jurisdiction qu'ils exercent sous notre protection, Nous ayant obligé d'ordonner entr'autres choses par notre Déclaration donné à Saint Germain en Laye au mois de Février 1678, que tous nos Officiers qui assisteroient à l'instruction des procès criminels des Ecclésiastiques accusés des crimes que l'on appelle ordinairement cas privilegiés, garderoient la forme prescrite par l'article 22. de l'Edit de Melun. Nous avons été informé qu'il s'étoit trouvé de la difficulté entre quelques-uns de nosdits Officiers, pour sçavoir si ce seroit le Juge du lieu dans lequel on prétendoit que le crime avoit été commis, ou celui dans le ressort duquel est situé le Siege de l'Officialité, qui instruiroit lesdits procès & en auroit connoissance ; & comme il est nécessaire pour le bien de la Justice de prévenir toutes les difficultés qui peuvent retarder l'instruction des procès criminels, & particuliérement de ceux des Ecclésiastiques, qui scandalisent ainsi par leurs déréglemens ceux qu'ils devroient instruire & édifier par leurs

leurs bons exemples. A CES CAUSES & autres à ce Nous mouvans, de notre propre mouvement, certaine ſcience, pleine puiſſance & autorité royale, Nous avons dit, ſtatué & ordonné, ſtatuons & ordonnons par ces Préſentes ſignées de notre main, que notre Déclaration du mois de Février 1678 ci-attachée ſous le contreſcel de notre Chancellerie, ſera exécutée ſelon ſa forme & teneur; & qu'à cet effet lorſque nos Baillifs, Sénéchaux, ou leurs Lieutenans criminels inſtruiront le procès criminels à des Eccléſiaſtiques, & qu'ils accorderont leur renvoi pardevant l'Official dont ils ſont juſticiables pour le délit commun, ſoit ſur la Requête des accuſés, ſoit ſur celle du Promoteur de l'Officialité, nos Procureurs eſdits Sieges en donneront avis à l'Official, afin qu'il ſe tranſporte ſur les lieux pour l'inſtruction du procès, s'il l'eſtime à propos pour le bien de la Juſtice; & en cas qu'il déclare qu'il entend inſtruire ledit procès dans le Siege de l'Officialité, ordonnons que leſdits accuſés ſeront transferés dans les priſons de l'Officialité dans huitaine après ladite Déclaration, aux frais & à la diligence de la Partie civile, s'il y en a; & en cas qu'il n'y en ait pas, à la pourſuite de nos Procureurs, & aux frais de nos Domaines; & que le Lieutenant criminel, & à ſon défaut un autre Officier dudit Siege dans lequel le procès a été commencé, ſe tranſporte dans le même tems de huitaine dans le lieu où eſt le Siege de l'Officialité, quand même il ſeroit hors du reſſort dudit Siege, pour y achever l'inſtruction dudit procès conjointement avec l'Official; attribuant à cet effet à noſdits Officiers toute Cour, Juriſdiction & connoiſſance, ſans qu'ils ſoient obligés de demander territoire, ni prendre *pareatis* des Officiers ordinaires des lieux; & qu'après que le procès inſtruit pour le délit commun aura été jugé en ladite Officialité, l'accuſé ſera ramené dans les priſons dudit Siege royal où il aura été commencé, pour y être jugé à l'égard du cas privilegié. Et en cas que ledit Lieutenant criminel, & à ſon défaut un autre Officier dudit Siege royal, ne ſe rende pas dans ledit delai de huitaine au Siege de l'Officialité où l'accuſé aura été transferé, voulons en ce cas que le procès ſoit inſtruit conjointement avec ledit Official pour le Lieutenant criminel, ou en ſon abſcence & légitime empêchement, par l'un des Officiers du Bailliage ou Sénéchauſſée, ſuivant l'ordre du Tableau, dans le reſſort duquel le Siege de l'Officialité eſt ſitué, pour être enſuite jugé au même Siege, auquel nous en attribuons toute Cour, Juriſdiction & connoiſſance. Voulons que le même ordre ſoit obſervé dans les procès qui auront été commencés dans les Officialités, & que les Officiaux ſoient tenus d'en avertir les Lieutenans criminels de nos Baillifs & Sénéchaux, dans le reſſort deſquels les crimes ou cas privilegié dont leſdits Eccléſiaſtiques ſeront accuſés, auront été commis. Enjoignons auſdits Lieutenans criminels, ou en leur abſence & légitime empêchement, aux autres Officiers deſdits Sieges, ſuivant l'ordre du Tableau, de ſe tranſporter dans les lieux où ſont les Sieges deſdites Officialités, dans huitaine après la ſommation qui leur en aura été faite à la requête des Promoteurs, pour être par eux procedé à l'inſtruction & Jugement deſdits procès, pour le cas privilegié, en la forme expliquée ci-deſſus; & à faute par leſdits Juges de ſe rendre dans ledit délai dans les lieux où ſont leſdites Officialites, leſdits procès ſeront inſtruits & jugés par les Officiers du Bailliage ou Sénéchauſſée dans le reſſort duquel eſt le Siege de l'Officialité; le tout ſans préjudice à nos Cours de commettre d'autres de nos Officiers pour leſdites inſtructions, & de renvoyer en d'autres Sieges le Jugement deſdits procès, lorſqu'elles l'eſtimeront à propos, pour des raiſons que nous laiſſons à leur arbitrage. SI DONNONS EN MANDEMENT, &c.

Article 38. de l'Edit du mois d'Avril 1695, concernant la Juriſdiction eccléſiaſtique.

Les procès criminels qu'il ſera néceſſaire de faire à tous Prêtres, Diacres, Soudiacres, ou Clercs vivans cléricalement, réſidans & ſervans aux Offices, ou au Miniſtere & Bénéfice qu'ils tiennent en l'Egliſe, & qui ſeront accuſés des cas qu'on appelle privilegiés, ſeront inſtruits conjointement par les Juges d'Egliſe, & par nos Baillifs & Sénéchaux ou leurs Lieutenans, en la forme preſcrite par nos Ordonnances, & particulierement par l'article 22. de l'Edit de Melun, par celui du mois de Février 1678, & par notre Déclaration du mois de Juillet 1684, leſquels nous voulons être exécutés ſelon leur forme & teneur.

Déclaration du Roi du 4 Février 1711, regiſtrée au Parlement le 3 Mars ſuivant.

LOUIS par la grace de Dieu, Roi de France & de Navarre. A tous ceux qui ces préſentes Lettres verront, Salut. Nous avons par nos Edits des mois de Février 1678, Juillet 1684, & Avril 1695, ordonné conformément à l'article 22. de l'Edit de Melun du mois de Février 1580, que quand l'inſtruction des procès criminels contre les Eccléſiaſtiques, ſe feroit conjointement, tant par les Officiaux pour le délit commun, que par nos Juges pour le cas privilegié, noſdits Juges ſeroient tenus de ſe transporter à cet effet au Siege de la Juriſdiction eccléſiaſtique ſituée dans leur reſſort; Et comme nous ſommes informés que quelques-uns de noſdits Juges conteſtent aux Officiaux dans ce cas le droit de prendre le ſerment des accuſés & des témoins, de faire ſubir l'interrogatoire aux accuſés, & de récoller & confronter les témoins, ſous prétexte que ce droit n'eſt pas expreſſément attribué aux Juges d'Egliſe par l'Edit de Melun, & par les autres Edits donnés en conſéquence, Nous voulons faire ceſſer tout ſujet de conteſtation entre les Officiaux & nos Juges à cet égard, & empêcher que rien ne retarde l'inſtruction & Jugement des procès des Eccléſiaſtiques. A CES CAUSES & autres à ce nous mouvans, de notre certaine ſcience, pleine puiſſance & autorité royale, en interprétant en tant que beſoin ſeroit l'article 22. de l'Edit de Melun, & nos Edits des mois de Février 1684, & Avril 1695, Nous avons par ces Préſentes ſignées de notre main, dit, déclaré & ordonné, diſons, déclarons & ordonnons, voulons & Nous plaît, que dans l'inſtruction des procès criminels qui ſe font aux Eccléſiaſtiques, conjointement par les Juges d'Egliſe pour le délit commun, & par nos Juges pour le cas privilegié, lorſque nos Juges ſe tranſporteront dans les Sieges des Officialités pour l'inſtruction deſdits procès, les Juges d'Egliſe ayent la parole, qu'ils prennent le ſerment des accuſés & des témoins; qu'ils faſſent en préſence de noſdits Juges les interrogatoires, les récollemens & confrontations, & toutes les autres procédures qui ſe font par les deux Juges; de ſorte néanmoins que nos Juges pourront requerir les Juges d'Egliſe d'interpeller les accuſés, ſur tels faits qu'ils jugeront néceſſaires, ſoit dans les interrogatoires, ſoit lors de la confrontation & du reſte de la procédure; leſquelles interpellations, enſemble les réponſes des accuſés, ſeront tranſcrites par les Greffiers, tant des Juges d'Egliſe, que de nos Juges, dans les cahiers des interrogatoires & des confrontations; & en cas de refus des Juges d'Egliſe de faire aux accuſés leſdites interpellations, noſdits Juges pourront les faire eux-mêmes directement aux accuſés; leſquelles interpellations, enſemble les réponſes des accuſés, ſeront tranſcrites par les Greffiers de noſdits Juges dans les cahiers des interrogatoires & confrontations, & des autres pieces de l'inſtruction; pour après ladite inſtruction faite conjointement par les Juges d'Egliſe & par nos Juges, être par eux procedé au Jugement définitif deſdits Eccléſiaſtiques, conformément à noſdits Edits des mois de Février 1580, Février 1678, Juillet 1684, & Avril 1695, que nous voulons être exécutés ſelon leur forme & teneur. SI DONNONS EN MANDEMENT, &c.

SECTION CINQUIEME.

Des peines que chacun de ces Juges peut infliger.

Peines auſquelles le Juge royal peut condamner l'Eccléſiaſtique.

1. Par rapport au Juge royal, il doit condamner l'Eccléſiaſtique, de même qu'un ſéculier, ſans aucune diſtinction, de la peine que mérite le crime. Pour cet effet, voyez ci-devant, *part. 1. chap. 2. ſect. 1. & ſuiv.* où il eſt traité de la nature de chaque crime, & des peines dont il doit être puni.

Quid, du Juge d'Egliſe.

2. A l'égard du Juge d'Egliſe, les peines auſquelles il peut condamner l'Eccléſiaſtique trouvé coupable, ſont de la dépoſition, la ſuſpenſion, le renvoi à la communion des Laïques, l'interdit, l'excommunication, les jeûnes, les prieres, la privation pour un tems d'un rang dans l'Egliſe, de voix délibérative dans le Chapitre, des diſtributions, ou d'une partie des gros fruits.

Si le Juge d'Egliſe peut con-

La priſon pour un tems, ou même perpétuelle, eſt encore une peine canonique à laquelle les Eccléſiaſtiques peuvent être condamnés pour des crimes graves, ſuivant les

Décrétales d'Innocent III. *in cap.* 25. *extr. de sentent. excommunicat. & in cap.* 27. §. 1. *extr. de verb. significat.* Boniface VIII. *in cap.* 3. *de pœnitent. in* 6°. décide la même chose, quoique ce Pape reconnoisse que suivant le Droit civil, la prison n'est pas destinée pour une peine, mais pour la garde des criminels; c'est la Loi 8. §. *solent.* 9. *ff. de pœnis.*

damner à la prison.

Chopin, *de sacr. polit. lib.* 2. *tit.* 3. *num.* 18. dit, que les Juges ecclésiastiques sont dans l'usage de prononcer cette espéce de peine contre les Ecclésiastiques; mais cet usage a cessé dumoins par rapport à la prison perpétuelle. Par Arrêt du 26 Juin 1629, M. le Procureur général a été reçu Appellant comme d'abus d'une Sentence de l'Official de Maillezais, qui avoit condamné à une prison perpétuelle un Religieux sorti de son Couvent pour se marier. Cet Arrêt est rapporté par Bardet, *t.* 1. *l.* 7. *c.* 53.

Les Officiaux ne doivent pas même se servir dans leurs Sentences du mot de *prison*, quand il s'agit de prononcer une peine, quand même ils ne la prononceroient que pour un tems; mais il est plus prudent de se servir de ces termes: sera tenu de se retirer dans un Séminaire ou Monastere pour y jeûner, &c. En effet, suivant la Loi *aut damnum* 8. §. *solent* 9. *ff. de pœnis. Carcer ad continendos homines, non ad puniendos, haberi debet.*

S'il peut se servir du terme de prison.

L'on met aussi parmi les peines canoniques que le Juge d'Eglise peut prononcer contre un Ecclésiastique, la privation de son Bénéfice. Mais il faut observer que pour simple délit commun, l'Official ne peut point priver un Ecclésiastique de son Bénéfice, c'est-à-dire le déclarer vacant & impétrable dès l'instant de la Sentence rendue: il peut seulement lui ordonner de se démettre de son Bénéfice dans un certain tems, sinon ledit tems passé, le déclarer vacant & impétrable. Voici un Arrêt du 17 Février 1742, rendu à ce sujet, plaidant Me. Aubry pour le sieur Boucher, prétendant droit à la Cure de Bievre, appellant comme d'abus d'une Sentence de l'Officialité de Paris, & Me. Lalourcé pour M. l'Archevêque de Paris, prenant le fait & cause de son Official.

S'il peut prononcer contre un Ecclésiastique la privation de son Bénéfice.

Dans l'espéce de cet Arrêt, le Sieur Boucher, ci-devant Vicaire de la Paroisse de Joui, ensuite de celle de Bievre, devint enfin le 23 Mars 1741, résignataire du sieur Villepont, Curé de Bievre. Le résignataire demande des provisions en Cour de Rome; on lui fait difficulté sur ce qu'il n'a pas de certificat d'idonéité; néanmoins on retient sa date, ce qui équivaut à des provisions, suivant l'usage de France. Il se présente à M. l'Archevêque de Paris qui lui refuse ce certificat.

Arrêt du 5 Mai 1741, qui le reçoit appellant comme d'abus, tant du refus en Cour de Rome, que de celui de M. l'Archevêque de Paris.

Le 9 du même mois arrive la mort du sieur de Villepont résignant; aussi-tôt M. l'Archevêque accorde des provisions de cette Cure au sieur le Bœuf, Vicaire de Jouy.

Le 10, plainte par le Promoteur contre le sieur Boucher, informations, addition d'informations, decret d'ajournement personnel, interrogatoire; enfin au mois de Juillet 1741, Sentence définitive de l'Officialité de Paris, qui déclare le sieur Boucher atteint & convaincu de débauches & d'excès de vin, de dissolution dans les mœurs, d'être libre dans ses paroles, de commerce criminel avec des personnes du sexe, d'avoir tenté & sollicité plusieurs femmes & filles au crime, pour réparation de quoi il est condamné à se démettre de son droit à la Cure de Bievre, & de se retirer pendant six mois dans un Séminaire.

Appel comme d'abus par le sieur Boucher. Son moyen étoit de dire que des délits communs qui ne méritoient tout au plus que des peines canoniques, ne constituoient pas l'accusé dans l'impossibilité de posséder des Bénéfices; qu'il falloit distinguer *inter requisita & requirenda*; que *in requirendis*, le Juge d'Eglise pouvoit bien déclarer l'Ecclésiastique incapable de requerir un Bénéfice vacant; mais que *in requisitis*; il ne pouvoit pas pour délit commun le déclarer privé d'un Bénéfice qu'il avoit requis & dont il étoit pourvu; qu'il n'y avoit que les crimes appellés cas privilégiés meritant peine afflictive ou infamante, qui produisissent une telle incapacité.

M. Gilbert, Avocat général, fit voir que l'Official de Paris n'avoit point excedé les regles, qu'il n'avoit point déclaré le sieur Boucher privé du droit de sa Cure, qu'il l'avoit seulement condamné à s'en démettre; ce qui ne lui ôtoit pas la liberté de la permuter ou de la désigner; pouvoir qu'avoit certainement l'Official de Paris, n'étant pas permis de constituer dans la dignité de Pasteur un homme aussi libre dans les paroles, aussi déreglé dans les actions, & aussi dissolu dans les mœurs, que l'étoit le sieur Boucher, suivant les informations dont M. l'Avocat général fit lecture, & de lui confier les Ames

SECT. V.

d'une Paroisse à qui il avoit donné un exemple si funeste & si scandaleux. C'est pourquoi par l'Arrêt du 17 Février 1742, il fut dit conformément aux conclusions de M. l'Avocat général, qu'il n'y avoit abus, & le sieur Boucher fut condamné aux dépens.

Le sieur Boucher eut l'imprudence de venir entendre plaider sa cause, & d'assister à la lecture des informations; il sortit néanmoins un peu avant les conclusions de M. l'Avocat général.

S'il peut condamner en une peine pécuniaire.

Le Juge d'Eglise peut condamner en une peine pécuniaire, pourvû que par sa Sentence il soit dit qu'elle sera appliquée à certaines œuvres pies, qui doivent être détaillées & spécifiées, autrement il y auroit abus, parce que l'amende adjugée purement seroit censée tourner au profit de son Evêque, qui n'a point de fisc comme en ont les Seigneurs temporels.

Rebuffe établi cette maxime sur le Concordat, tit. *de concubin.* §. *quia verò*, où il dit: *Ex illo texte, non posse Episcopum vel Officialem imponere pœnam pecuniariam Clerico, convertendam in usum Episcopi, sed debere converti in usus pios.*

Chopin établit la même maxime en son Traité *de sacr. polit. lib.* 2. *tit.* 9. & 10, où il rapporte plusieurs Arrêts qui l'ont confirmée.

Par Arrêt du 20 Septembre 1607, il est ordonné aux Officiaux & à tous autres Juges ecclésiastiques, d'appliquer les peines pécuniaires qu'ils prononceront, à des œuvres pies exprimées dans leurs Sentences. Not. sur Fevret, liv. 7. n. 10. *in fin.* not. *(t)*.

Par Arrêt du Parlement de Metz du 28 Juin 1691, conforme aux conclusions de M. de Corberon, Avocat général, il a été dit y avoir abus dans la Sentence d'un ecclésiastique, qui avoit prononcé contre un Curé une condamnation de 10 livres d'amende envers le Roi. Augéard, *tome* 2. *chap.* 20.

S'il peut condamner aux galeres ou au bannissement.

L'Official ne peut pas non plus sans abus condamner aux galeres même à tems, comme il a été jugé par Arrêts des 28 Novembre 1532, & 29 Mai 1544, rapportés par Tournet, *lettre I. chap.* 76; il ne peut pas même bannir du Diocèse de son Evêque, parce que l'Eglise n'a point de territoire; mais sans user du mot de bannissement, il peut enjoindre à un Prêtre de se retirer hors du Diocèse, lorsque ce Prêtre est d'un autre Diocèse; ainsi qu'il a été jugé par Arrêt du 15 Juillet 1631, rapporté au *Journal des Audiences*.

Ou à la question.

Il ne peut pas non plus condamner à la question. Il est vrai que Fevret, *de l'abus*, livre 8. chapitre 4. nombre 1, est d'avis que le Juge d'Eglise peut condamner à la question, pourvû qu'elle soit moderée, ensorte qu'il ne s'ensuive aucune mutilation de membres. Tournet, *lettre I. chapitre* 75. rapporte même un Arrêt de l'an 1568 qui l'a ainsi jugé. Mais l'Auteur des nouvelles notes sur Fevret, *loc. cit.* observe avec grande raison, qu'on jugeroit aujourd'hui tout le contraire; parce que la question ne devant être ordonnée que dans les accusations de crimes atroces, qui sont toujours *mixti fori*, il ne seroit pas naturel que le Juge d'Eglise, dont le jugement définitif ne peut tendre qu'à ordonner des jeûnes, des prieres & autres pénitences salutaires, employât un préparatoire si rigoureux. D'ailleurs il faudroit en ce cas, suivant les Canonistes mêmes, que le jugement de la question fût exécuté par un Clerc en habit clérical; & il répugne à nos mœurs d'employer des Ecclésiastiques à un tel ministere.

Ou l'amende honorable.

Enfin quant à l'amende honorable, si l'on en croit Chopin, *de sacr. polit. lib.* 2. *tit.* 3. *num.* 12. & Fevret, *de l'abus*, liv. 8. chap. 4. nomb. 6. il n'y a point en cela d'entreprise sur la jurisdiction temporelle; mais l'Auteur des nouvelles notes sur Fevret estime aussi avec justice, que la condamnation à l'amende honorable, non-seulement *in figuris*, mais même amende honorable séche, ou à demander pardon à la Justice, sont infamantes, & que par conséquent le Juge d'Eglise ne peut sans abus prononcer de telles condamnations; il peut seulement ordonner que l'accusé sera tenu de demander pardon à l'Audience du Prétoire, ou en présence de quelques personnes.

¶ Il y auroit abus dans une Sentence par laquelle l'Official nommeroit la personne avec laquelle l'Ecclésiastique accusé auroit été en mauvais commerce. Ainsi jugé par Arrêt du 21 Mai 1715.

SECTION SIXIEME.

Des voies que l'on doit prendre pour se pourvoir contre les Jugemens rendus par chacun de ces Juges ecclésiastiques & royaux.

1. L'appel simple de la Sentence définitive de l'Official, ou Supérieur ecclésiastique, n'empêche point de proceder en la Cour sur l'appel simple de la Sentence du Juge royal; & s'il y a appel simple de la Sentence du Juge royal, & appel comme d'abus de celle de l'Official, il faut d'abord poursuivre & faire juger l'appel comme d'abus à l'Audience; & si la procédure de l'Official est jugé nulle, cela entraîne la procédure du Juge royal. Ainsi jugé par Arrêt du 31 Janvier 1724, rapporté dans le même Livre de la maniere de poursuivre les crimes, *tome* 1. *page* 345. Dans l'espéce de cet Arrêt, la procédure de l'Official fut déclarée abusive, parce qu'il avoit oui des témoins qui chargeoient l'accusé ecclésiastique de cas privilégié, sans avoir appellé le Juge royal.

Des Différens appels, tant des Sentences du Juge d'Eglise, que de celles du Juge royal.

2. Il faut remarquer que les appels comme d'abus en matiere criminelle peuvent être reçus en la Chambre des Vacations du Parlement de Paris, qui représentent la Tournelle. Cette Chambre peut rendre tous Arrêts provisoires, & donner les Arrêts de défenses; mais elle ne peut juger définitivement les appels comme d'abus, suivant la Déclaration du Roi du 4 Septembre 1675.

Des appels comme d'abus en matiere criminelle.

3. Outre le privilége qu'a un Ecclésiastique accusé de pouvoir requerir pour le délit commun son renvoi devant le Juge ecclésiastique, & en cas de délit privilégié, la jonction avec le Juge royal, comme on l'a ci-devant observé; il peut encore demander en la Cour en tout état de cause sur son appel, ou lorsque la Cour se trouve saisie en premiere instance, d'être jugé, toute la Grand'Chambre du Parlement où le procès sera pendant, assemblée; pourvû que les opinions ne soient pas commencées. S'il a requis d'être jugé à la Grand'Chambre, il ne pourra point demander d'être renvoyé à la Tournelle, suivant la disposition de l'article 21. du titre 1. de l'Ordonnance de 1670.

Du privilége des Ecclésiastiques de pouvoir sur l'appel demander d'être jugés, toute la Grand'Chambre du Parlement assemblée.

4. Enfin, il faut observer que l'appel des Jugemens contre les Ecclésiastiques, qui n'emportent pas peine afflictive ou infamante, est porté aux Chambres des Enquêtes, s'il n'y a appel *à minimâ*; sauf qu'en ouvrant les avis, il y en ait à peine afflictive ou infamante; auquel cas privilégié, même un Conseiller-Clerc pour la conservation du privilége clérical, peut requerir le renvoi à la Grand'Chambre.

Où sont portés les appels des jugemens rendus contre des Ecclésiastiques par le Juge royal.

Fin de la seconde Partie.

TRAITÉ DES MATIERES CRIMINELLES,

TROISIEME PARTIE.

De la maniere de procéder en Matiere Criminelle.

ANS cette troisiéme Partie on expliquera de quelle maniere l'on doit poursuivre les crimes, & l'on donnera sur chaque matiere les stiles ou modéles de procédures, suivant l'Ordonnance du mois d'Août 1670, les Edits & Déclarations du Roi intervenus depuis l'Ordonnance, & notamment suivant la nouvelle Ordonnance sur le faux principal & incident, & la reconnoissance des écritures privées en matiere criminelle.

CHAPITRE PREMIER.

Des Plaintes, Dénonciations & Accusations.

Voyez le titre 3. de l'Ordonnance de 1670.

LE crime peut être commis par un ou plusieurs Particuliers, par une Communauté d'Habitans, ou autre Communauté tant séculiere que réguliere, ou par un Particulier contre soi-même, lorsqu'il s'homicide, se méfait ou se mutile. L'on considere trois sortes de personnes dans un procès criminel, l'Accusateur, l'Accusé & le Juge. Il y a en outre la maniere d'instruire un procès criminel; cette forme commence ordinairement par la plainte, qui est à proprement parler l'accusation. Or la plainte est suivie de l'information, du décret, de l'interrogatoire, des conclusions tendantes au Réglement à l'extraordinaire, du Jugement qui l'ordonne, du recollement & de la confrontation des Témoins; & ensuite intervient le Jugement définitif après les conclusions de la Partie publique.

Plainte, ce que c'est.

Plainte, est une déclaration publique qu'on fait à un Juge ou à un Commissaire, de quelque offense, injure, affront, libelle diffamatoire, insulte, vol, larcin, divertissement, violence, outrages, meurtres, blessures, attentat ou machination, ou autres crimes ou délits, faits ou commis en sa personne, biens ou honneur; c'est la premiere procédure qu'on fait en matiere criminelle.

Dénonciation, ce que c'est.

Dénonciation, est une déclaration secrette qu'on fait d'un crime commis, à un Procureur du Roi ou Procureur Fiscal, ou à M. le Procureur général.

Accusation, ce que c'est.

Accusation, est l'imputation qu'on fait à quelqu'un d'un certain crime; c'est aussi la poursuite qui se fait contre lui; à la requête d'une partie civile, joint la partie publique pour la vengeance publique, ou seulement à la requête de la partie publique.

De ces définitions exactes des plainte, dénonciation & accusation, il résulte que l'accusation ne peut pas exister sans plainte; mais que la plainte ou la dénonciation peuvent exister sans accusation, tandis que le crime ou délit ne sera pas imputé à une ou plusieurs personnes dénommées expressément pour l'avoir commis.

Ayant été parlé dans la seconde Partie, des Juges qui peuvent prendre connoissance des crimes, il sera traité dans ce chapitre, sous différentes sections, des personnes qui peuvent ou doivent rendre plainte; de la récrimination; des personnes qui peuvent être valablement accusées; de la maniere dont on doit rendre plainte; comment les dénonciations doivent être reçues, & de leur effet; & enfin on donnera le stile des plaintes & dénonciations.

SECTION PREMIERE.

Des personnes qui peuvent ou doivent rendre plainte.

Par le Droit Romain, toutes personnes étoient reçues à rendre plainte.

1. Suivant le Droit Romain, l'accusation étoit permise indifféremment à tout le monde, de tous crimes, soit qu'ils fussent de nature à être punis par jugemens populaires, *leg. popularis 4. ff. de popularib. actionib.* ou publics, *leg. qui accusare 8. ff. de accusat.* ainsi appellés, parce que l'accusation en étoit permise à chacun du peuple, *dict. leg. 4. & §. 1. inst. de public. judic.*

Il n'en est pas de même en France.

Mais en France ces titres du droit, *de popularibus actionibus, & de accusationibus*, sont abrogés, comme l'enseignent Rebuffe, *in proœm. constit. reg. gloss. 5. num. 105.* Bugnon, *leg. abrogat. lib. 1. cap. 13. 63. & 121. & lib. 3. cap. 27.* Nul autre que celui qui a un intérêt particulier à la veangeance du crime, n'est reçu à rendre plainte, le seul Procureur du Roi ou du Seigneur Haut-Justicier, appellé Procureur Fiscal, exceptés Rebuffe, Bugnon, *loc. cit.* Imbert en ses Instit. forens. *liv. 3. chap. 3. nomb. 3.* Carondas en ses Pandect. *liv. 4. part. 2. chap. 2.*

¶ La Cour a fait un Réglement par Arrêt du 23 Août 1718, rendu au procès du nommé Jean le Vacher. Par cet Arrêt, il a été fait défenses aux Officiers de la Maréchaussée de Tonnerre, de recevoir à l'avenir des plaintes pour raison de faits qui ne regardent & n'intéressent point les parties, sauf à les recevoir en ce cas pour dénonciateurs, en leur faisant donner préalablement bonne & suffisante caution, qui sera reçue avec le Substitut du Procureur général du Roi, suivant l'Ordonnance, & à la charge que toute l'instruction se fera à la Requête dudit Substitut seul, jusqu'à jugement définitif inclusivement, & sans que les noms des dénonciateurs puissent être employés, sous quelque prétexte que ce soit, dans les procédures d'instruction & dans les Jugemens, non plus que dans les Sentences définitives; sauf, après le Jugement d'absolution, au Substitut du Procureur général du Roi, s'il en est requis, de nommer le dénonciateur, & ce conformément à l'article 78 de l'Ordonnance d'Orléans du mois de Janvier 1560. Ce même Arrêt porte qu'il sera lû & publié au Bailliage & Siége présidial d'Auxerre, l'Audience tenante, & enregistré au Greffe d'icelui, & en celui de la Maréchaussée de Tonnerre.

Le pere peut rendre plainte

2. Le pere peut rendre plainte pour excès commis sur ses enfans, le mari sur la personne de sa femme, l'Abbé pour son Moine, le Maître pour son Serviteur, Mazuer, titre des

des injures ; Bruneau en son Traité des matieres criminelles, *part.* 1. *tit.* 5. *max.* La femme en puissance de mari, peut accuser sans être autorisée de son mari, *& hoc tuendi honoris causâ* ; Bruneau *part.* 1. *tit.* 5. *max.* 12. La Coutume d'Orléans, article 200, y est précise pour le fait d'injure à elle faite ou dite ; tel est l'usage, contre Papon en ses Arrêts, *liv.* 7. *tit.* 1, *article* 22 ; les notes sur Duplessis, de la Communauté, *liv.* 1. *chap.* 4 ; & Renusson, de la Communauté, *part.* 1. *chap.* 8. *nomb.* 18 ; mais il faut pour cela qu'elle demande à être autorisée en justice au refus de son mari, suivant l'art. 224. de la Coutume de Paris.

pour ses enfans, le mari pour sa femme, &c.

3. Les pupilles ne sont recevables à rendre plainte que par le ministere de leurs tuteurs ; ce qui est conforme à la Loi 8. *ff. de accusationib.* & à la Loi 2. §. *eod. unic.*

A l'égard de l'adulte mineur de 25 ans, il peut accuser la femme d'adultere, *leg. si maritus* 15. §. *Lex Julia* 6. *in fin. ff. ad leg. Jul. de adult.* d'où Cujas, *lib.* 17. *observat. cap.* 30. *& Jul. Clarus*, §. *fin. quæst.* 14. *num.* 17. concluent qu'il peut accuser en toute autre cause ; mais à cause de la foiblesse de son âge, il doit être assisté d'un curateur, de crainte qu'il ne se fasse préjudice, *leg. Clarum* 4. *cod. de auctorit. præstand.*

Si l'adulte peut rendre plainte.

4. Quant au fils de famille, il est indistinctement recevable à accuser sans le consentement de son pere, suivant *Jul. Clarus*, *loc. cit. num.* 5. *& Farinacius*, *lib.* 1. *quæst.* 12. *num.* 10.

Quid, du fils de famille.

5. La dénonciation d'un frere contre son frere, sans aucun intérêt particulier, ne doit point être reçue. Voyez Expilly, *plaidoyer* 5. *nomb.* 7. excepté en crime de leze-Majesté. Voyez l'Ordonnance du mois de Décembre 1477, & ci-devant, *part.* 1. *chap.* 2. *sect.* 5. du crime de leze-Majesté.

En quel cas la dénonciation d'un frere contre son frere ne doit point être reçue.

6. Le pere ne peut point agir contre ses enfans pour vol & larcin ; ce seroit agir contre lui-même ; mais il peut agir contre ceux qui leur ont prêté la main, donné conseil, aide & confort, reçu & caché les choses volées. Voyez ci-devant, *part.* 1. *chap.* 2. *sect.* 3. *du vol & larcin.*

Si le pere peut rendre plainte contre ses enfans pour vol.

7. Tous les parens de celui qui a été appellé ladre, faussaire, ou qui a reçu quelqu'autre injure atroce, peuvent intenter action contre celui qui a fait l'injure, au défaut les uns des autres ; parce que les injures de cette qualité retombent sur la famille entiere. Anne Robert, *rer. judic. liv.* 2. *chap.* 12.

Si les parens de l'injurié peuvent rendre plainte pour lui.

8. Femmes & filles ne sont pas écoutées à se plaindre, si elles ont été insultées étant travesties en habit d'homme, parce que ce travestissement est défendu comme une chose abominable devant Dieu, Deuteron. *cap.* 22. ℣. 6. Il en est de même des Ecclésiastiques travestis qui auroient reçu quelqu'affront, lesquels sont déchus de tous priviléges, suivant les Ordonnances.

En quel cas les femmes & filles qui ont été injuriées ne sont point recevables à rendre plainte.

9. Deux sortes d'accusateurs sont reçu en France ; le Procureur du Roi, ou le Procureur Fiscal, qui poursuivent l'intérêt public, & ont pour l'objet la punition corporelle contre l'accusé ; Rebuffe, Imbert & Carondas, *loc. cit.* Les autres qui sont les parties civiles, ne doivent conclure qu'à la réparation civile, c'est-à-dire à la condamnation en des sommes pécuniaires, pour l'intérêt civil qu'ils souffrent à cause du délit, & ne peuvent pas demander la punition corporelle du délinquant ; Rebuffe, Imbert, *dict. loc.* Ils peuvent seulement conclure à l'amende pécuniaire en argent, ou honorable, c'est-à-dire, à ce que l'accusé soit tenu de se rétracter, à faire certaine déclaration, & à demander pardon, comme l'observe Coras sur l'Arrêt d'Arnaud du Thil, ou faux Martin Guerre, *annotat.* 3.

Combien il y a de sortes d'accusateurs en France.

10. Quoiqu'en ce royaume la partie civile ne soit jamais reçue à poursuivre la réparation d'un crime pour ses dommages & intérêts, qu'avec la jonction du Procureur du Roi ou Procureur Fiscal, ce qui est conforme à la disposition du Droit en la Loi *omnes Judices* 5. *cod. de delatorib.* néanmoins le Procureur du Roi ou le Procureur Fiscal, non-seulement peuvent poursuivre la punition du crime sans la partie civile, mais même ils y sont obligés, suivant les Ordonnances.

Partie civile ne peut rendre plainte que pour ses dommages & intérêts.

Par l'article 63. de l'Ordonnance d'Orléans, & par l'article 184. de l'Ordonnance de Blois, il est enjoint à tous Juges, tant royaux que des Hauts-Justiciers, de poursuivre la punition des crimes dès qu'ils sont venus à leur connoissance, sans attendre la plainte des parties civiles & intéressées, ni les contraindre à se rendre parties, & à faire les fraix nécessaires, si volontairement ils ne les offrent & veulent faire, à peine de privation de leurs états, & de tous dépens, dommages & intérêts des parties intéressées.

Secùs, de la Partie publique.

L'article 71. de la même Ordonnance d'Orléans, & le 185. de celle de Blois, enjoignent

SECT. I.

à tous Prévôts, Vice-Baillifs, & Lieutenans criminels de Robe-courte, de monter à cheval si-tôt qu'ils auront été avertis de quelque crime commis ès lieux où ils sont établis, afin d'en informer & appréhender les délinquans, encore qu'il n'y ait plainte de partie civile, sur semblable peine que dessus.

L'article 8. du titre 3. de l'Ordonnance de 1670. porte, que s'il n'y a point de partie civile, les procès seront poursuivis à la diligence & sous le nom des Procureurs du Roi, ou des Procureurs des Justices seigneuriales.

Par l'article 4. du titre 2. de la même Ordonnance de 1670, Il est enjoint aux Prévôts des Maréchaux de France, Vice-Baillifs, Vice-Sénéchaux, & Lieutenans criminels de Robe-courte, d'arrêter les criminels pris en flagrant délit, ou à la clameur publique.

Le titre 25. de la même Ordonnance de 1670 contient plusieurs articles concernant le même sujet.

L'article 16. porte que les Juges pourront décerner exécutoire contre la partie civile, s'il y en a, pour les fraix nécessaires à l'instruction du procès, & à l'exécution des jugemens, sans pouvoir néanmoins y comprendre leurs épices, droits & vacations, ni les droits & salaires des Greffiers.

L'article 17. ajoute, que s'il n'y a point de partie civile, ou qu'elle ne puisse satisfaire aux exécutoires, les Juges en décerneront d'autres contre les Receveurs du Domaine où il ne sera point engagé, qui les acquitteront du fonds destiné à cet effet; & si le Domaine est engagé, les Engagistes, leurs Receveurs & Fermiers seront contraints au payement, même au-dessus du fonds destiné pour les frais de justice; & dans les justices des Seigneurs, eux, leurs Receveurs & Fermiers seront pareillement contraint, & les exécutoires exécutés par provision & nonobstant l'appel, contre les receveurs & Engagistes des Domaines du Roi, & les Seigneurs, sauf leurs recours contre la partie civile, s'il y en a.

Par l'article 18. il est enjoint aux premiers Juges d'observer le contenu ès deux précédens articles, à peine de 150 liv. d'amende, à laquelle en cas de contravention ils seront condamnés par les Juges supérieurs, sans pouvoir être remise ni moderée: & le Roi veut que les mêmes exécutoires soient aussi par eux délivrés.

Par l'article 19. il est enjoint aux Procureurs du Roi & à ceux des Seigneurs, de poursuivre incessamment ceux qui seront prévenus de crimes capitaux, ou ausquels il échera peine afflictive, nonobstant toutes transactions & cessions de droit faites par les parties. Ce même article contient une restrinction importante à observer. Il porte: Et à l'égard de tous les autres crimes, seront les transactions exécutées, sans que les Procureurs du Roi ou ceux des Seigneurs puissent en faire aucune poursuite.

Enfin par l'article 21. de la Déclaration du Roi du 5. Février 1731, le Roi veut que tous Juges du lieu du délit, royaux ou autres, puissent informer, décreter & interroger tous accusés, quand même il s'agiroit de cas royaux ou de cas prévôtaux; leur enjoint d'y procecer aussi-tôt qu'ils auront eu connoissance desdits crimes; à la charge d'en avertir incessamment les Baillifs & Sénéchaux dans le ressort desquels ils exercent leur Justice, par acte dénoncé au Greffe criminel desdits Baillifs & Sénéchaux, lesquels seront tenus d'envoyer querir aussi incessamment les procédures & les accusés. Pourront pareillement les Prévôts des Maréchaux, informer de tous cas ordinaires, commis dans l'étendue de leur ressort, même décreter les accusés & les interroger, à la charge d'en avertir incessamment les Baillifs & Sénéchaux, ainsi qu'il a été dit ci-dessus, & de leur remettre les procédures & les accusés, sans attendre même qu'ils en soient requis. Voyez ci-devant, *part. 2. chap. 1. nomb. 17.*

Il ne sera point parlé ici de tous ceux qui sont reçus pour leur intérêt particulier à rendre plainte; on en a parlé dans la premiere Partie, *chap. 2.* en expliquant la nature de chaque crime en particulier, sous différentes sections.

Du désistement de la Partie civile

II. Quoique par le Droit Romain il ne fut pas permis à un accusateur de se désister de son accusation, sans encourir les peines du Senatus-consulte Turpillien, *tot. tit. ff. ad Senat. Turpil.* ni à l'accusé de transiger des crimes non capitaux, *leg. 1. ff. de bon. eor. qui ant. sentent. & leg. transigere 18. cod. de transact.* mais seulement des capitaux, *dict. leg. 1. dict. leg. 18. Nam principes ignoscendum consuerunt ei, qui sanguinem suum qualiter redemptum voluit, dict. leg. 1.* & comme dit Ciceron, *pro Milone: Omnis enim honesta ratio expediendæ salutis.* Néanmoins parmi nous il est permis à la Partie civile de se desister impunement de sa poursuite; ce qui paroît régulier, puisqu'elle ne poursuit que son intérêt civil, & qu'il est permis à chacun de renoncer à ce qui a été introduit en sa faveur, *leg. si Jus-*

lex 41. ff. de minorib. Mais voyez ci-dessus, nomb. 10. l'art. 19. du tit. 25. de l'Ordonnance de 1670.

Si l'accusé peut transiger avec la Partie civile pour toute sorte de crimes.

Comme aussi il est permis à un accusé de transiger, non-seulement de l'accusation sur délits privés, *quæ non ad publicam læsionem, sed ad rem familiarem respiciunt*, suivant la Loi *Jurisgentium 7. §. si paciscar 14. ff. de pact.* mais aussi de tous crimes publics, comme l'enseignent Papon en ses Arrêts, *liv. 23. tit. 11. art. 3.* Valla, *de reb. dub. cap. 17. num. 4.* & 5. Carondas en ses Pandect. liv. 4. part. 2. chap. 13. sur la fin, & Bouvot, *tome 2. verb. transaction*, question 5. Ainsi jugé par Arrêt du Parlement de Dijon des 14. Mai 1605, 5. Décembre 1607, rapporté par Bouvot, *eod.* question 12. & par Arrêt du Parlement de Paris du mois d'Août 1619, sur une transaction faite sur crime d'adultere, qui fut jugée valable ; ledit Arrêt rapporté par le Bret en ses décisions, *liv. 1. chap. 13.* ce qui est contraire à ladite Loi 18. *cod. de transationib.* dont voici les termes : *Transigere vel pascisci de crimine capitali, excepto adulterio, prohibitum non est : in aliis autem publicis criminibus, quæ pœnam sanguinis non ingerunt, transigere non licet, citra falsi accusationem. V. infr. part. 3. ch. 24. n. 28. 29. & 30.*

Si l'on peut transiger sur le crime d'adultere.

Cette Loi défend de transiger de l'adultere, parce que par la Loi *Julia, adulteriis*, la peine n'en étoit pas capitale ; & quoique depuis elle soit devenue capitale, néanmoins cette prohibition d'en transiger n'ayant pas été spécialement ôtée, elle demeure, attendu que les corrections des Loix sont odieuses. Boërius, décision 91. estime qu'en ce Royaume, il est bien permis de transiger d'un adultere présumé, mais non pas d'un adultere parfait & consommé ; mais nous ne nous arrêterons point à cette distinction subtile, & nous ne suivons point ladite Loi 18. en ce point, comme on vient de le faire voir.

Sur le crime de faux.

Pareillement il est permis de transiger sur un crime de faux, *leg. penult in fin. cod. de transact. & leg. ipse significas 7. cod. ad. leg. Cornel. de fals.* Cujas *observat. lib. 6. cap. 11. & lib. 19. cap. penult. Pacius ad dict. leg. transigere 18.* Ainsi jugé par Arrêt du 15. Juin 1593, rapporté par Mornac *ad dict. leg. 18.* ce qui doit être suivi, nonobstant l'avis d'Imbert, *in Enchirid. verb. transigere*, & les Arrêts rapportés par Papon, *liv. 23. tit. 11. article 4.* & par Carondas en ses observations sur le mot *faux* ; & il faut remarquer que ce terme *citra* de ladite Loi 18. ne se prend pas là pour *sine*, mais pour *præter*, comme en la Loi unique, *§. accedit, ỹ. extraneum, cod. de rei uxor act. citra accusationem falsi*, c'est-à-dire, *excepto crimine falsi.*

Si le désistement de la Partie civile empêche la Partie publique de poursuivre.

Mais tous ces désistemens & toutes ces transactions, à l'exception néanmoins du cas de crime d'adultere, n'empêcheront pas, comme on l'a fait voir ci-devant. Par les termes de l'article 19. du titre 25. de l'Ordonnance de 1670, que les Procureurs du Roi & des Seigneurs ne poursuivent la vengeance de crimes capitaux, ou ausquels il échet peine afflictive, comme il leur est enjoint par cet article.

Il y a plus, c'est que si la partie civile a fait ce désistement moyennant une certaine somme, cela servira de preuve au Procureur du Roi ou au Procureur Fiscal pour convaincre l'accusé ; Imbert en ses instit. forens. liv. 3. chap. 10. nomb. 11. *Quoniam intelligitur confiteri crimen, qui pascitur, leg. quoniam 5. ff. de his qui notant infam.* ce qui a lieu quand on a composé moyenant argent, & non gratuitement, *leg. furti 6. §. pactusque 3. eod.* Mais Imbert, *loc. cit.* nombre 12. enseigne la maniere de faire le désistement ou transaction qui puisse profiter à l'accusé sans lui pouvoir nuire ; c'est de faire céder par la partie civile son action en faveur d'un tiers ami de l'accusé, qui ensuite ne fait aucune poursuite.

Si les Seigneurs Justiciers, leurs Officiers & les Royaux peuvent composer des crimes.

A l'égard des Seigneurs Justiciers, ils ne peuvent point composer des crimes, sur peine de perdre leur Justice ; suivant l'Ordonnance de 1356, article 9. & celle de 1535, chap. 13. article 50 ; ni les Officiers, soit Royaux ou des Seigneurs, sur peine de la perte de leurs Offices.

Si ceux qui sont morts civilement peuvent rendre plainte.

12. Suivant la Loi *is qui reus 5. §. illud. 1. ff. de public. judic.* quoique celui qui est condamné à mort civile ne soit pas recevable à accuser quelqu'un, néanmoins il lui est permis de continuer la poursuite de l'accusation qu'il avoit intentée avant sa condamnation, *dict. leg. 5. §. 2.* de même Faber, *cod. lib. 9. tit. 1. defin. 4.* dit, encore que le condamné aux galeres perpétuelles ne puisse pas accuser quelqu'un après sa condamnation, néanmoins il peut poursuivre l'accusation par lui auparavant intentée ; mais cela ne seroit point suivi parmi nous, parce que ceux qui sont morts civilement ne sont pas recevables à ester en jugement, la mort civile etant comparée à la mort naturelle.

Cas esquels on est obligé ne ces...

13. Quoique régulierement personne ne soit obligé de se rendre accusateur & Partie civile, néanmoins l'héritier présomptif qui n'a pas révélé la conspiration contre le défunt,

SECT. I.

est indigne de sa succession, *leg. 2. ad leg. Pompei de paricid. Ainsi* jugé par Arrêt du 11. Février 1602, contre un frere qui avoit retiré l'assassin de son frere après le crime; le Brun, des successions, *liv. 3. chap. 9. nomb.* 4. & Brodeau sur Louet, lettre S. sommaire 20.

Il en est de même de celui qui ne venge pas la mort du défunt dont il est présomptif héritier, *leg. 6. cod. de his quibus ut indign.* Ainsi jugé par Arrêt du 24 Juillet 1573, rapporté par Louet, lettre H, sommaire 5. Il en seroit autrement s'il étoit mineur, le Brun, *eod.* nomb. 5. ou s'il n'étoit pas en état de faire les fraix de la poursuite, ou si le défunt avoit defendu la poursuite en mourant; ainsi jugé par Arrêt du 30. Juillet 1630, rapporté au *Journal des Audiences*; ou si l'homicide est pere, mere ou fils, *arg. leg. 17. cod. de his qui accus. non poss.* mari ou femme, Boërius, *dec.* 25. Dumoulin, *cod. de his quibus ut indign.* Le Brun, *eod.* nomb. 6. ou si l'homicide est arrivé par pur accident, le Brun, *eod.*

Etranger qui rend plainte & se rend Partie civile doit donner caution.

14. Lorsqu'un étranger rend plainte & se rend partie civile, l'accusé est en droit de demander qu'il soit tenu de donner caution, *judicatum solvi*, dès l'instant de la plainte. Ainsi jugé par Arrêt rendu en la Tournelle criminelle le Samedi 10. Février 1742, sur les conclusions de M. Gilbert, Avocat général, plaidans M. Miley pour l'accusateur, & MM. Laverdy, Simon, Ohanlon & Aubry pour les accusés.

Dans l'espéce de cet Arrêt, le sieur Journeaux se disant envoyé du Chancelier d'Angleterre, avoit rendu plainte d'un prétendu crime de rapt, qu'il disoit avoir été commis par le sieur Butluer, premier Ecuyer du Roi d'Angleterre, & autres, envers deux filles mineures, enfans du sieur Major Roche Anglois. Dès que la plainte fut rendue, les accusés en ayant eu avis, demanderent des défenses de commencer même la procédure. Sur leur requête, les Parties ayant été renvoyées à l'Audience, les accusés demanderent, avant que de proposer leurs moyens, que le sieur Journeaux accusateur fût tenu de donner caution, *judicatum solvi*, attendu sa qualité d'étranger.

Le sieur Journeaux se défendoit, en disant que n'y ayant encore que la plainte rendue, qui étoit une piéce secrete, & n'y ayant ni information ni decret, il n'y avoit point encore de partie capable de former une pareille demande; que les accusés étoient eux-mêmes étrangers; qu'ainsi la condition devoit être réciproque, & qu'ils devoient pareillement donner la caution qu'ils demandoient.

De la part des accusés l'on repliquoit, que par la plainte le sieur Journeaux s'étant rendu partie civile contr'eux, ils étoient dès lors parties; qu'ainsi leur demande étoit reguliere: qu'à la vérité ils étoient étrangers; mais qu'étant domiciliés en France dès leur tendre jeunesse, l'un d'eux y possedant un Office considerable auprès de la personne du Roi, & leurs biens y étant situés, ils n'étoient pas dans le même cas que le sieur Journeaux.

Sur quoi l'Arrêt ci-dessus ordonna que le sieur Journeaux donneroit caution, *judicatum solvi*, jusqu'à concurrence de vingt mille livres, si mieux il n'aimoit déposer ladite somme.

La même chose a été jugée par Arrêt du Samedi 25. Mai audit an 1742, entre les mêmes accusés, & Marie-Anne Ravolt, se disant la mere légitime de deux filles du Major Roche: elle n'étoit pas d'abord partie; mais ensuite ayant demandé d'être reçue partie intervenante, on demanda qu'elle donnât caution, *judicatum solvi*: ce qui fut ainsi ordonné par cet Arrêt; & le Samedi 9. Juin suivant, Me Lhéritier, Avocat de ladite Ravolt, ayant voulu plaider, quoique la caution par elle présentée n'eût pas été acceptée ni jugée suffisante, il fut ordonné que toute Audience lui seroit déniée jusqu'à ce qu'elle eût donné caution suffisante.

SECTION DEUXIEME.

De la recrimination.

Récrimination, ce que c'est.

La récrimination est une accusation intentée postérieurement & après coup par l'accusé contre son accusateur, soit sur le même fait, ou sur un autre.

Maxime sur la récrimination.

Entre deux personnes qui sont accusées respectivement, la regle est qu'incontinent après les interrogatoires, il faut juger qui restera accusé & accusateur, suivant l'article 10. de l'Arrêt de Réglement du 10. Juillet 1665, rapporté au *Journal des Audiences.*

Celui qui est accusé d'un crime, ne doit pas être reçu à se rendre accusateur avant que de s'être purgé du crime dont il avoit été accusé; Faber en son Code; liv. 9, titre 1.

défin. 4. ni à user de recrimination envers celui qui l'a accusé, *leg. is qui reus 5. ff. de public. judic.* sçavoir d'un crime plus léger ou égal, *leg. neganda 19. cod. de his qu. accus. non poss. leg. 1. eod.* Papon, livre 24. titre 2. article 7. Expilly en ses Arrêts, chap. 71. *Constitutionibus enim observatur, ut non ratione criminum, sed innocentia reus purgatur, dict. leg. 5. ff. de public. judic.*

Cependant l'accusé peut accuser son accusateur d'un crime plus atroce, *dict. leg. 2. cod. de his qu. accus. non poss.* mais il faut que la premiere accusation soit fort légere, & la récrimination grave & de consequence; Papon en ses Arrêts, *liv. 24. tit. 2. art. 7.* & en ce cas le Juge connoîtra plutôt de ce crime grave, que du premier; *dict. leg. 1. & can. priùs est 4. caus. 3. quest. 11.* Ainsi jugé par Arrêt du 8. Février 1597, dans cette espéce. Un Particulier ayant rendu plainte contre un mari pour injures atroces, fait informer & fait décreter de prise de corps; & ce mari par recrimination l'ayant accusé d'adultere, cette accusation en recrimination a été reçue, & il a été ordonné que la premiere surseoiroit; Carondas en ses Pandectes, *liv. 4. chap. 5.* & en ses Réponses, *liv. 11. chap. 8.* Peleus en ses Actions forenses, *liv. 8. chap. 30.* & Automne, *ad leg. 1. ff. de accusationibus.* Bouvot, *tome 2. verb.* Jugement, *quest. 7.* rapporte un pareil Arrêt du Parlement de Dijon.

Mais pour que le premier accusé puisse user de récrimination pour un crime plus atroce, il ne faut pas qu'il soit contumax dans l'accusation contre lui intentée; Imbert en ses Institutions forenses, *liv. 3. chap. 10. nombre 9.* la Loi *capitis pen. ff. de accusat.* conçue en ces termes: *Capitis reus, suspenso crimine, causam fisco deferre non prohibetur*, ne contient rien de contraire à cette maxime; cette Loi ne parle pas d'une recrimination, mais seulement d'une dénonciation que l'accusé d'un crime capital peut faire, en découvrant qu'il y a certains biens vacans qui appartiennent au fisc.

L'usage est que quand la plainte en récrimination est de crime grave, la Partie publique en fait informer en son nom seul & à sa requête, & cette instruction peut servir au premier accusé, si les preuves vont à sa décharge.

SECTION TROISIEME.

Des personnes qui peuvent être valablement accusées, & de la prescription des crimes.

1. Une personne peut être accusée par plusieurs, ou par un seul.

Non-seulement celui qui a commis le crime peut être valablement accusé, mais aussi celui qui a donné charge de le commettre, *leg. non 5. cod. de accusat.* Voyez l'Ordonnance de Blois, article 195. sans que celui qui a commis le crime puisse exercer aucun recours contre celui qui l'a chargé de le commettre, *leg. si renumerandi 6. §. rei turpis 3. leg. si verò non renumerandi 12. §. si adolescens 11. & leg. si mandavero 22. §. qui ædem 6. ff. mandati, & §. illud quoque 7. inst. mandato.* Mazuer, *tit. 1. nomb. 26.* parce que les conventions qui invitent à mal faire sont réprouvées, comme contraires aux bonnes mœurs.

Même celui qui a donné conseil de commettre un crime, ou qui sur le dessein qui lui en a été communiqué, l'a approuvé, & a exorté à le commettre, peut être accusé & puni. Voyez ce qui a été dit à ce sujet, *part. 1. chap. 2. sect. 3.* du vol & du larcin.

2. C'est une régle générale, que celui qui une fois a été accusé d'un crime & en a été renvoyé absous, ne peut pas une seconde fois être accusé du même crime, même par autres personnes, *non bis in idem.* Bouchel, *verb.* absolution; Carondas en ses Pandectes, *liv. 4. part. 2. chap. 5.* suivant la Loi *si cui crimen 7. §. 2. ff. de accusat.* & la Loi *qui de crimine 9. cod. de accusat. & inscript. Iisdem criminibus quibus quis liberatus est, non debet Præses pati eundem accusari, dict. §. 2. ne sæpius de ejusdem hominis admisso quæratur leg. pen. §. 4. in fin. ff. naut. caup. stabul.* — *De la regle non bis in idem.*

Cujas sur les Loix 9. & 10. *cod. de accusat.* rapporte trois exceptions à cette regle: *Si de prioris accusatoris perfidia, prævaricatione, collusione constiterit, leg. 7. de prævaricat. Est alius casus quo reus absolutus ab alio revocatur; & de eodem accusari potest, si à reo constituerit Judicem corruptum pecuniâ. Est tertius quo reus bona fide absolutus, incorrupto judice, incorrupto accusatore, ab alio repeti potest, si suorum injuriam suumque dolorem persequatur.*

Cette regle *non bis in idem*, étoit problématique parmi les Grecs & parmi les Romains;

les Rhéteurs en faisoient un sujet ordinaire de déclamation : *Solet illud quæri quos referatur illud, ne bis de eadem re sit actio.* En effet, quoique l'autorité des choses jugées soit d'un grand poids, neanmoins l'on ne peut pas s'en prévaloir contre ceux qui n'y ont point été appellés : *Reus inter alios judicata nemini nocet ;* ce qui n'a pas lieu seulement pour les matieres civiles, mais même pour les crimes : *Juris manifestissimi est, & in accusationibus, qui congressi in judicio non sunt, officere non posse, si quid prejudiciis forte videatur oblatum, leg. 3. cod. quib. res judic. non nocet.* L'on ne peut pas douter que par ce terme *in accusationibus*, L'empereur n'ait entendu parler des choses criminelles. Godefroy sur cette Loi, dit, que *etiam in criminalibus causis, ea quæ inter alios judicata sunt, non officiunt.*

Cujas en ses Parat. *quod quib. res judic. non noc.* s'explique en ces termes : *Nulla est executio rei judicatæ in eum qui per se, vel procuratorem judicio non interfuit. Regulæ huic etiam locus est in causis criminalibus & obtinet hæc regula sæpè, non semper.* C'est pourquoi pour l'explication de cette regle *non bis idem*, il faut considerer la qualité des personnes, la nature de l'action, la force & l'exécution du Jugement d'absolution, & sur-tout de quelle maniere il a été rendu.

A l'égard des personnes, il est d'abord certain que celui qui a succombé à la premiere accusation, n'est point admissible à en former une nouvelle pour le même crime, *dict. leg. si cui crimen 7. dict. §. 2. ff. de accusat.* Mais sur la question de sçavoir si l'accusation ne peut pas même être intentée de nouveau par une autre personne pour le même crime ; Ulpien, *dict. §. 2.* s'explique en ces termes : *Quoniam res inter alios judicatæ, alii non præjudicant : si is qui nunc accusatur extitit suum dolorem persequatur, doceatque ignorasse se accusationem ab alio institutam : magnâ ex causâ admitti eum ad accusationem debere.* Mais les Empereurs Diocletien & Maximien, en la Loi 9. *cod. de accusat. & inscript.* décident purement & simplement que l'accusation ne peut pas être renouvellée par un tiers : *Qui de crimine publico in accusationem deductus est, ab alio super eodem crimine deferri non potest, dict. leg. 9.* Cependant par Arrêt du mois de Mars 1558, rapporté par Carondas en ses Pandectes, *liv. 4. part. 2. chap. 5.* des enfans d'un premier lit ont été reçus à poursuivre leur intérêt, à cause de l'homicide commis en la personne de leur pere, encore que l'accusé eût obtenu des lettres de grace qui avoient été entérinées avec leur belle mere, seconde femme du défunt. Ainsi l'on voit par cet Arrêt que la décision d'Ulpien a été suivie ; mais il faut observer qu'elle ne doit pas avoir lieu que *magnâ ex causâ*, & dans le cas où le nouvel accusateur poursuit son intérêt & celui de ses proches. Quant à l'autre condition que ce Jurisconsulte ajoute en ces termes : *Doceatque se ignorasse accusationem ab alio institutam ;* comment peut-on prouver une pareille négative ? Covarruvias, Julius Clarus, & plusieurs autres estiment qu'il suffit que l'accusé jure qu'il n'a point sçu la premiere accusation. D'autres pensent suivant la Loi *super servis 6. cod. qui militare possunt.* Que l'ignorance est toujours présumée, si la science n'est prouvée : *suam ignorantiam, eo quòd minimè contrarium probatur, ostendere, dict. leg. 6.*

Les mêmes Empereurs Diocletien & Maximien décident en ladite Loi 9. au cod. *de accusationib.* que quand il y a des crimes compliqués, quoiqu'ils naissent d'un même fait, si toutefois ils sont différens, celui qui a été accusé d'un crime par une personne, peut être accusé d'un autre crime par une autre personne ; & qu'en ce cas il n'est pas permis de porter un Jugement sur un des crimes avant que l'autre ait été pleinement instruit. *Si tamen ex eodem facto plurima crimina nascuntur, & de uno crimine in accusationem fuerit deductus : de altero non prohibetur ab alio deferri. Judex autem super utroque crimine audientiam accommodabit, Nec enim licebit ei separatim de uno crimine sententiam proferre, priusquam plenissima examinatio super altero quoque crimine fiat, dict. leg. 9.*

Ulpien décide aussi en ladite Loi 7. §. 3. *ff. de accusat.* que quand la premiere accusation a été déclarée calomnieuse, le même qui avoit accusé la premiere fois, ne doit pas être admis facilement à accuser la même personne, même d'un autre crime : *Si tamen alio crimine postuletur ab eodem qui in alio crimine eum calumniatus est, puto non facilè admittendum eum ; qui semel calumniatus sit, dict.* §. 3. mais le fils du calomniateur peut y être admis, *dict.* §. 3.

Et puisque l'on ne peut pas être accusé deux fois d'un même crime quand on a été renvoyé absous de la premiere accusation ; à plus forte raison ne le peut-on pas être, si on a été puni la premiere fois, quoique la peine soit moindre que le crime ne le méritoit. Ainsi jugé par Arrêt du Parlement de Bourdeaux du 16. Juin 1533, rapporté par Boërius, *dec. 289.*

Par rapport à la maniere dont le jugement a été rendu ; comme l'accusé a deux parties, le Plaignant & la Partie publique, & que dans l'instruction des procès criminels, on garde beaucoup de formalités, il n'est guére à présumer parmi nous, qu'il y ait eu de la prévarication & de la collusion ; cependant si elle étoit prouvée, nonobstant l'absolution de l'accusé, il pourroit être de nouveau accusé par le ministere public. Ainsi jugé par Arrêt du Parlement de Paris du mois de Juillet 1607 ; rapporté par Corbin en ses Plaidoyers, *chap.* 90. ce qui est conforme à la disposition du Droit, *leg. quod. & lex* 3. *§. si tamen posteà* 13. *ff. de homin. liber. exib. leg. prævaricationis* 3. *§. ff. de prævaricationib. leg. si quis homicidiis* 11. *cod. de accusat. & cap. ult. extr. de collus. detegend.* Ainsi la maxime *non bis in idem*, n'est pas toujours véritable & sans exception.

De l'appel à minimâ, nonobstant l'acquiescement de la Partie publique.

Un Particulier avoit été condamné au Châtelet de Paris, à des peines & de grosses amendes pour usure ; la Sentence avoit été exécutée, & les amendes payées ainsi tout étoit consommé du consentement du Procureur du Roi. M. le Procureur général interjetta appel de la Sentence *à minimâ*. M. de Lamoignon, Avocat géneral, qui porta la parole pour M. le Procureur général, à l'Audience de la Tournelle, soutint que son Substitut ne pouvoir point l'engager par son acquiescement à ne pas interjetter appel ; qu'il le pouvoit faire quand il le jugeoit à propos, quelque consentement que son Substitut eût prêté à l'exécution d'une Sentence, parce qu'il ne pouvoit lier les mains à M. le Procureur général, cela étant au dessus de son pouvoir. Sur quoi par Arrêt du 11. Août 1694. rapporté par Bruneau, *tit.* 5. *max.* 14. la Sentence fut infirmée, & les condamnations furent augmentées.

Le Sieur *** Poëte, avoit accusé le Sieur *** d'avoir composé & débité des vers satiriques, dont *** Poëte étoit l'auteur. Par Sentence du Châtelet du 22. Décembre 1710, le Sieur *** fut déchargé de l'accusation avec dommages & intérêts, & permis à lui d'informer de la subornation des témoins. Arrêt confirmatif du 21. Mars 1711. Outre cela, dès l'année 1710, le Sieur *** avoit fait informer & obtenu decret de prise de corps contre le Sieur *** Poëte, à cause des vers diffamatoires que celui-ci avoit répandu dans le Public contre lui. Cependant l'accusateur avoit transigé avec l'accusé, qui avoit obtenu le 24. Mai 1710. un Arrêt par défaut, par lequel il avoit été déchargé de l'accusation, dépens compensés, sans que le récit des informations eût été fait à la Cour. Le 7. Janvier 1711, M. le Procureur général présenta sa Requête au Parlement, par laquelle après avoir exposé qu'un tel Arrêt ne pouvoit pas décharger valablement le Sieur *** Poëte, par rapport au Procureur général du Roi ; qui avoit d'ailleurs été averti que *** Poëte avoit composé & produit dans le public plusieurs autres libelles diffamatoires de la même qualité ; & qu'étant important qu'un crime qui est de si grande conséquence pour l'honneur des familles & pour la tranquilité publique, ne demeurât pas sans poursuite ; M. le Procureur général requit qu'il plût à la Cour le recevoir opposant à l'exécution de l'Arrêt par défaut ; faisant droit sur l'opposition, ensemble sur l'appel interjetté par *** Poëte, de la permission d'informer, information & décret de prise de corps contre lui décerné par le Lieutenant criminel du Châtelet, à la requête du Sieur ***, mettre l'appellation au néant ; ordonner que ce dont avoit été appellé sortiroit effet ; & permettre au Procureur général du Roi de faire informer par addition, tant des faits contenus en la plainte du Sieur ***, que des faits exposés dans sa Requête ; en conséquence, que le procès commencé au Châtelet contre *** Poëte, seroit fait & parfait en la Cour sur tous les frais en question, à la requête du Procureur général du Roi. Ce qui fut ainsi ordonné par Arrêt du 14. Mai audit an 1711. Par un autre Arrêt rendu sur la Requête de M. le Procureur général, il fut ordonné que l'information en subornation de témoins, permise au Sieur *** par la Sentence du 22. Décembre 1710, confirmée par Arrêt du 21. Mars 1711, seroit faite à la requête de M. le Procureur général, & qu'on feroit droit sur les deux informations par un seul & même Jugement. Sur ces additions d'informations & informations en subornation de témoins, le Sieur *** Poëte & les témoins par lui subornés, furent decretés de prise de corps, & *** Poëte ayant pris la fuite, la contumace fut instruite contre lui. Enfin par Arrêt définitif du 7. Avril 1712, *** Poëte a été condamné au bannissement perpétuel du Royaume, & les témoins par lui subornés ont été bannis pour neuf ans de la Ville, Prévôté & Vicomté de Paris.

Si l'on peut se pourvoir par Re-

La Requête civile est même recevable contre un Arrêt d'absolution en matiere criminelle, de même qu'en matiere civile, quand l'accusé a falsifié ou supprimé les char-

SECT. III.

ges, corrompu les témoins, ou usé d'artifices semblables pour se la procurer, comme il a été observé par M. Talon, Avocat général, lors de l'Arrêt du 16 Juin 1632, rapporté par Bardet, *tome 2. liv. 1. chap. 32.*

Requête civile contre un Arrêt d'absolution, & en quel cas.

Mais la Requête civile ne seroit pas recevable pour de simples défauts dans la procédure, comme il a été jugé par ce même Arrêt.

Enfin le Bret en ses Décisions, liv. 6. décision premiere; rapporte un Arrêt célébre pour une femme, laquelle ayant été condamnée à mort pour avoir empoisonné son mari, sur l'appel par Arrêt du Parlement de Paris, la peine de mort avoit été commuée en un bannissement de trois ans : depuis le pere du défunt ayant obtenu Requête civile fondee sur de nouvelles preuves; il en fut débouté.

Cependant par Arrêt du 5. Juillet 1664, rapporté au *Journal des Audiences*, il a été jugé qu'une personne trouvée morte, ayant été enterrée par permission du Juge, & après une information; & depuis y ayant eu nouvelle preuve par une seconde information qu'elle s'étoit pendue, on ne pouvoit pas faire le procès de nouveau au cadavre, ni le déterrer; mais cet Arrêt ne détruit point l'exception ci-dessus à la régle générale, *non bis in idem.* M. Bignon, Avocat général, qui porta la parole, dit que la discussion ayant été entiere après une procédure faite en Justice, il étoit plus mal à propos en pareil cas de laisser les choses dans l'oubli, que de la renouveller.

Si les impuberes peuvent être accusés.

3. Quoique suivant la Loi *pupillum* 111. *ff. de divers. reg. jur.* le pupille proche de sa puberté soit capable de dérober & de faire injure, & que suivant le §. *item finitur* 1. *inst. quib. mod. tutel. finit.* la tutelle des impuberes finisse par leur bannissement; néanmoins rarement admet-on de les accuser criminellement. Voyez ce qui a été dit à ce sujet, partie 1. chapitre 2. section 3. du vol & larcin.

De la prescription des crimes.

4. La prescription empêche aussi l'accusation. Or tout crime se prescrit par vingt ans, à compter du jour qu'il a été commis, *leg. querela 12. cod. ad leg. Cornel. de fals. leg. quamcumque 3. ff. de requirend. vel absent. damn.* Les raisons qui ont fait adopter ces Loix en France au sujet de la prescription du crime, sont que celui qui a apporté si long-tems son crime, & l'inquiétude d'être poursuivi, est réputé assez puni; que pendant ce long-tems les preuves qu'un accusé pourroit avoir de son innocence, seroient déperies; qu'au contraire un accusateur peut se servir de ce tems pour pratiquer des preuves; qu'enfin on penche toujours à présumer l'innocence, & qu'on regarde comme favorable tout ce qui va à la décharge.

Cette maxime a lieu, soit qu'il s'agisse d'injures réelles; Lommeau en ses Maximes, *liv. 3. chap. 6.*

Ou de vol en une Forêt; Arrêt du 22. Mars 1572; Brodeau sur Louet, lettre C, sommaire 47.

De fausseté; *dict. leg. 12. cod. ad leg. Cornel. de fals.* Il y en a cependant qui prétendent que la prescription du crime de faux ne commence à courir que du jour du crime découvert, parce qu'il ne dépendroit que d'un faussaire de cacher son crime pendant vingt ans; cependant l'usage semble avoir prévalu au contraire, suivant ladite Loi 12; ainsi jugé par Arrêt du Parlement d'Aix du 30 Mai 1664, rapporté par Boniface, *tome 2. liv. 1. tit. 15. chap. 2.* par la raison que, *favores sunt ampliandi.* Cet Arrêt a été cité par M. Joly de Fleury, Avocat général, à présent Procureur général, lors de l'Arrêt du 23 Mars 1708, *Journal des Audiences*, tome 6. livre 8. chap. 20. pag. 144. *col.* 1. V. *supr.* part. 1. chapitre 2. sect. 2. nombre 18.

D'un incendie; ainsi jugé au Parlement de Bourdeaux, par Arrêts des 2 Décembre 1518, & 22 Novembre 1519, rapportés par Boërius, décision 26. nombre 17. & Papon en ses Arrêts, *liv. 24. tit. 11. art. 1.*

D'un fratricide; Arrêt du Parlement de Paris du mois de Décembre 1634, rapporté par le Maître, plaidoyer 28.

D'un adultere avec inceste; Boërius, décis. 16. nomb. 13. *Jul. Clarus, liv. 5. §. adulterium, num. 20.*

D'une supposition de part; Cujas, *observat. lib. 4. cap. 14.* la Loi *qui falsum* 19. §. *accusatio unic. ff. ad leg. Cornel. de fals.* qui porte que, *accusatio suppositi partus, nulla temporis præscriptione repellitur*, s'entend, *nisi vicennium præterierit. Cujacius ibidem.*

D'un parricide; Cujacius, *eod.* Lommeau en ses Max. *liv. 3. chap. 6.* Arrêt du Parlement de Paris du 18 Décembre 1599. Carondas, liv. 10. rep. 76. Chenu, *centurie 1. qu.* 83. Mornac, *ad leg. 40. ff. ex quib. causa major.* Brodeau sur Louet, lettre C, sommaire

sommaire 47. *nec obstat lex ult. ff. ad leg. Pompei. de parricid.* qui porte : *Eorum qui parricidiis pœna teneri possunt, semper accusatio permittitur.* Cujas, *loco citato*, observe qu'il n'y est pas parlé du crime de parricide, mais seulement de l'accusation du Senatus-Consulte Syllanien, contre les héritiers d'un défunt tué par ses Esclaves, qui avoient ouvert son testament avant que de vanger sa mort, laquelle accusation se prescrivoit par cinq ans en faveur des héritiers étrangers ; mais les héritiers du sang, *qui parricidii pœna teneri possunt*, pouvoient être accusés après ce tems de cinq ans, suivant la Loi *in cognitione* 13. *ff. ad Senat. Syllan.* d'où il paroît que ladite Loi derniere qui a été tirée de ladite Loi 13. a été mal placée sous le titre *ad leg. Pompei de parricid.* aussi ladite Loi 13. ne dit pas *eorum qui parricidii pœna tenentur*, mais *qui teneri possunt.*

Si cette prescription a lieu contre les mineurs.

Cette prescription de vingt ans a lieu contre les mineurs, suivant qu'il a été jugé par le susdit Arrêt du 18 Décembre 1599. Carondas & Chenu, *loc. cit.* & par deux autres Arrêts, l'un du premier Mars 1601, rapporté par Peleus en ses Actions forenses, *liv.* 3. *chap.* 46. l'autre du 30 Décembre 1606, rapporté par Brodeau sur Louet, *lettre C. somm.* 47. *nomb.* 7.

Si elle a lieu contre les absens pour le service du Roi.

On ne peut pas distraire le tems que l'accusateur a servi le Roi en garnison ; Carondas, *liv.* 10. *rep.* 76. Mornac, *ad leg.* 40. *ff. ex quib. caus. major.* contre ladite Loi 40. qui n'a point lieu parmi nous.

Si les intérêts civils se prescrivent avec le crime.

Cette prescription de vingt ans a même lieu pour les intérêts civils ; Lommeau en ses Max. *liv.* 3. *chap.* 6. comme il a été jugé par plusieurs Arrêts rapportés par Carondas, *liv.* 10. *rep.* 76. Chenu, *centurie* 1. *question* 83. Brodeau sur Louet, *lettre C. sommaire.* 47. & entr'autres par Arrêt du 22 Janvier 1600, rapporté par le Prestre, *centurie* 2. *chap.* 8. lors de la prononciation duquel le Barreau fut averti de n'en pas douter ; ce qui a encore été jugé par Arrêt du 21 Mars 1653, rapporté par Soefve, *tome* 1. *centurie* 4. *chap.* 30. contre l'avis de Jul. Clarus, *liv.* 5. §. *fin. quest.* 51. *num.* 11. & les anciens Arrêts rapportés par Peleus en ses Actes forenses, *liv.* 5. *chap.* 5. Brodeau, *loc. cit.* & Carondas, *liv.* 6. *rep.* 87.

Il y en a qui prétendent que cette prescription des intérêts civils par vingt ans ne doit avoir lieu qu'entre majeurs ; & que si celui à qui les intérêts civils sont dûs étoit mineur, cette prescription de vingt ans ne commenceroit à courir que du jour de sa majorité ; de sorte que le condamné pourroit avoir prescrit contre la peine sans avoir prescrit contre les intérêts civils. Ils allèguent pour soutenir leur sentiment, un Arrêt du 29 Mars 1642, qui ne se trouve point dans les Arrêtistes : mais voici l'espéce tirée d'une expédition de cet Arrêt levée au Greffe.

Sebastien Farinade accusé d'avoir eu part au meurtre de Joachim le Clerc son beau frere, fut condamné par contumace à la roue avec ses complices, & en 8000 livres d'intérêts civils ; ce Jugement fut exécuté par effigie à son égard. Trente ans après il fut constitué prisonnier à la requête de Charles le Clerc fils du défunt ; il obtint des Lettres de Chancellerie pour faire déclarer l'accusation éteinte & prescrites ; (Lettres qui ne sont plus à présent d'usage) en conséquence il conclut à être déchargé des condamnations, tant corporelles que pécuniaires. Sur quoi la Cour par cet Arrêt du 29 Mars 1642, ayant égard aux Lettres par lui obtenues, déclara l'accusation criminelle contre lui intentée, éteinte & prescrite ; & en conséquence ordonna que les prisons lui feroient ouvertes, s'il n'étoit détenu pour autre cause.

Dès le lendemain de cet Arrêt, Charles le Clerc fit de nouveau écrouer Farinade faute de payement des 800 liv. d'intérêts civils, & cela sur le fondement que le titre qu'il avoit à cet égard contre Farinade, qui étoit la Sentence de condamnation passée en force de chose jugée, n'étoit point prescrite par les trente ans, parce qu'il en falloit déduire le tems de la minorité de Charles le Clerc ; de sorte que ce n'est que le 14 Janvier 1649, après que le tems de la prescription à compter du jour de la majorité de Charles le Clerc, a été expiré, que Farinade a été déchargé en vertu d'Arrêt du 14 Janvier 1649.

Il résulte de ces circonstances, que cet Arrêt du 29 Mars 1642 ne peut faire aucune décision de la question ; il paroît même renfermer une contradiction évidente avec celui du 14 Janvier 1649 ; car si la prescription pour les intérêts civils n'étoit pas acquise par Farinade, comme pour le crime, comment a-t-il pû avoir acquis cette prescription en 1649, puisqu'elle avoit été interrompue en 1642 ?

Si cette prescrip-

Ainsi il faut tenir que la prescription de vingt ans a lieu, tant pour le crime que

SECT. III.

ption des intérêts civils a lieu contre les mineurs.

pour les intérêts civils, tant contre les majeurs que contre les mineurs. Lommeau, *loc. cit.* liv. 3. chap. 6. dit que toute action criminelle se prescrit par vingt ans pour quelque crime que ce soit, tant pour le criminel que pour le civil, sans déduire le tems des troubles ni de minorité. Chenu, *loc. cit.* cent. 1. quest. 83. dit pareillement que toute action criminelle, soit pour l'intérêt public, soit pour le civil, est éteinte & prescrite par vingt ans, tant contre majeurs que contre mineurs, absens & présens; & il en rapporte plusieurs Arrêts. En effet, le principal qui est l'action pour le crime, étant éteint par la prescription, il est de la régle que l'accessoire qui consiste dans les intérêts civils, soit aussi éteint.

En quel cas la prescription du crime par vingt ans est interrompue.

Ce qui a lieu, quoique pendant les vingt ans il y ait eu information décretée, & decret non exécuté, comme il a été jugé au Parlement de Paris, par Arrêt du 10 Février 1607, rapporté par Brodeau, *eodem*, & au Parlement de Grenoble, par Arrêt du 8 Mai 1607, rapporté par Expilly, plaidoyer 22, ou qu'il y ait eu Sentence par contumace non exécutée par effigie; Brodeau, *eodem*, nomb. 6; ainsi cette prescription de vingt ans ne peut être interrompue que par une Sentence par contumace exécutée, ou par un decret mis à exécution, & non par une simple procédure faite pendant le cours des vingt ans; ainsi jugé par Arrêt du 6 Juillet 1703, rendu sur les conclusions de M. Joseph-Omer Joly de Fleury, Avocat général; & par un autre Arrêt du 26 Août 1707, rendu sur les conclusions de M. Joly de Fleury, Avocat général, depuis Procureur général; ces deux Arrêts sont rapportés au *Journal des Audiences*.

Mais quand la Sentence par contumace a été exécutée par effigie, la prescription est prorogée à trente ans du jour de l'effigie; c'est ce que dit Brunneau des Criées, *pag.* 442. sans en donner les raisons : les voici.

D'un côté la prescription dure trente ans, parce que les condamnations portées par les Jugemens définitifs, forment une obligation contre la Partie condamnées, & que de cette obligation il naît une action personnelle qui dure trente ans. Ce n'est point pour prescrire contre le crime que ce terme de trente ans est requis, mais pour prescrire contre la peine; le crime est jugé, la peine prononcée; & cette prononciation de peine forme un action qui n'est prescriptible que par trente ans, comme il a été jugé par Arrêt du 26 Avril 1625; Brodeau sur Louet, *lettre C. somm.* 47. *nomb.* 6. *Journal des Audiences*.

D'un autre côté cette prescription ne court que du jour de l'exécution par effigie, parce que ce n'est que de ce jour que la Sentence de contumace est réputée avoir été prononcée à l'accusé par la publicité, & par conséquent connue de lui.

Et enfin, lorsque le crime, ou pour parler plus juste, lorsque la peine ne peut se prescrire que par trente ans, parce que le Jugement de contumace aura été exécuté par effigie, les intérêts civils ne peuvent de même se prescrire que par ce même laps de trente ans, aussi du jour de l'exécution par effigie.

Il en seroit de même si la Sentence étant contradictoire, le condamné s'étoit ensuite évadé : il acquerroit prescription par trente années du jour de la Sentence rendue contre lui; c'est ce qui a été jugé dans cette espéce. Un homme condamné à mort pour un crime capital, renvoyé sur les lieux pour être exécuté, trouva le moyen de s'évader comme on le conduisoit au supplice : quarante jours après il est repris; le Juge des lieux, à la requête des Parties intéressées, informe de son évasion. L'appel de cette procédure ayant été porté à la Tournelle, M. le Bret, avocat général, fit voir que la prescription de trente ans avoit suffit pour anéantir, tant la condamnation de cet homme, que son évasion postérieure, dont on prétendoit lui faire un nouveau crime; & conclut à ce que l'appellation & ce fussent mis au néant, & que faisant droit au principal, les prisons fussent ouvertes à l'appellant; ce qui fut ainsi jugé par Arrêt du 10 Avril 1615, recueilli par le même M. le Bret en ses décisions notables, *liv.* 6. *decis.* 3. Auzanet en ses Arrêts, *liv.* 2. *chap.* 13. date cet Arrêt du Samedi 11 Avril 1615.

Mais il faut que les trente années soient accomplies. Par Arrêt du 26 Avril 1625, il a été jugé que le laps de vingt-huit ans ne suffisoit pas pour prescrire une condamnation à mort exécutée par effigie, & qu'il falloit trente ans; *Journal des Audiences*; & après les trente ans tout est prescrit. Voyez ci-après, *chap.* 16. *n.* 13.

Crimes qui se prescrivent par un moindre espace que de vingt ans.

Il faut cependant remarquer qu'il y a certains crimes dont l'accusation se prescrit par moindre tems que de vingt ans. La simonie entre matiere bénéficiale se prescrit par dix ans, suivant Despeisses, *tome* 2. *page* 610; mais son sentiment ne seroit pas suivi.

Le simple adultere sans inceste se prescrit par cinq ans, *leg. miles* 11. §. *adulterii* 4. *leg. mariti* 29. §. *sex mensium* 5. ℣. *præterea*, §. *hoc quinquennium* 6. & §. *ult. leg. vim passam* 39. §. *præscriptione* 5. *ff. ad leg. Jul. de adulter. & leg. adulter.* 5. *cod. eodem.* Jul. *Clarus*, *lib.* 5. §. *adulterium*, *num.* 20. & *Cujacius*, *lib.* 4. *observat. cap.* 14. comme il a été jugé au Parlement de Bourdeaux le 13 Avril 1530. Boërius, *decis.* 26. *nomb.* 16. Papon en ses Arrêts, *liv.* 24. *titre* 11. *article* 2. & Automne, *ad leg. patri* 20. *ff. ad leg. Jul. de adulter. secùs*, s'il y a inceste mêlé, *dict. leg.* 39. §. 5. auquel cas l'action dure vingt ans; Boërius, *dict. dec.* 26. *num.* 13. & Papon, *loc. cit.* ou si l'adultere est commis avec force & violence; Boërius, *eodem.*

Le crime de péculat, suivant le Droit, se prescrit aussi par cinq ans, *leg. peculatus* 7. *ad leg. Jul. peculat.* mais cela ne seroit pas suivi parmi nous. Voyez *suprà*, part. 1. chap. 2. sect. 14.

L'action pour injures verbales se prescrit par le laps d'un an. Voyez *part.* 1. *chap.* 2. *sect.* 6. des Injures, *dist.* 1. *nomb.* 8.

Le crime d'apostasie ne se prescrit par aucun tems, *lege Apostatarum* 4. *de apostat.* parce que le crime se réitere & se renouvelle tous les jours; mais l'action s'en prescrit contre un défunt par cinq ans, *leg. si quis defunctum* 2. *cod. eod.* Voyez sur le crime d'apostasie, *part.* 1. *chap.* 2. *sect.* 17.

SECTION QUATRIEME.

De la maniere dont on peut rendre plainte, de ses effets, & du désistement.

Voyez le titre 3 de l'Ordonnance de 1670.

Deux manieres de rendre plainte.

1. L'on peut rendre plainte de deux manieres, ou par requête, ou par un acte, suivant qu'il résulte des articles 1. 2. & 3. du titre 3 de l'Ordonnance de 1670; mais de l'une ou de l'autre maniere, il faut que les faits soient bien circonstanciés & détaillés.

De la plainte par requête.

2. Quand on rend plainte par requête, il faut s'adresser au Juge, ou en son absence au plus ancien Praticien du lieu, pour la répondre, & cette plainte n'a de date que du jour qu'elle a été répondue; *article* 1. dudit titre.

3. L'on a fait voir ci-dessus, *part.* 2. *chap.* 1. *n.* 3. que tous Juges du lieu du délit, royaux ou autres, peuvent informer, décreter & interroger tous accusés, quand même il s'agiroit de cas royaux ou prévôtaux, suivant l'article 21. de la Déclaration du Roi du 5. Février 1731, aux charges portées par ledit article 21; d'où il suit qu'ils peuvent recevoir & répondre la plainte.

4. Quoiqu'on rende plainte par requête, l'on n'est pas obligé de demander permission d'informer; l'on peut s'en tenir aux termes d'une simple plainte, sauf ensuite à demander permission d'informer des faits qui y sont contenus, circonstances & dépendances, même d'obtenir & faire publier Monitoire.

De la plainte par un acte.

5. Les plaintes par un simple acte doivent être écrites par le Greffier en présence du Juge. Il est défendu aux Huissiers, Sergens, Archers & Notaires de les recevoir, à peine de nullité, & aux Juges de les leur adresser, à peine de nullité; *article* 2. du titre 1. Ces plaintes par un simple acte se rendent ordinairement au Juge, en cas de flagrant délit.

Si les Commissaires du Châtelet peuvent recevoir des plaintes.

6. Cependant quoiqu'il n'y ait que le Juge ou en son abscence le plus ancien Praticien du lieu, qui doivent recevoir la plainte, l'article 3. du même titre maintenant les Commissaires du Châtelet de Paris dans l'usage de recevoir les plaintes. Ils peuvent même en cas de flagrant délit, dresser le procès-verbal de levée du corps, entendre les témoins, faire arrêter les coupables & les interroger; mais suivant le même article 3. ils seront tenus de mettre au Greffe les plaintes par eux reçues, ensemble toutes les informations & procédures par eux faites, dans les ving-quatre heures, dont ils feront faire mention par le Greffier au bas de leur expédition, & si c'est avant ou après midi, à peine de 100 liv. d'amende, moitié vers le Roi, & moitié vers la Partie qui s'en plaindra; mais cette remise des informations au Greffe dans les vingt-qua-

SECT. IV. tre heures par le Commissaire, ne s'observe à la rigueur que dans les cas graves & qui intéressent la vengeance publique : Et hors le cas de flagrant délit, les Commissaires du Châtelet ne peuvent point arrêter ni informer sans l'ordonnance & permission du Juge.

Ainsi quand la plainte a été reçue par un Commissaire du Châtelet, ou qu'ayant été rendue au Juge par requête ou par un simple acte, l'on n'a pas demandé permission d'informer, il faut obtenir cette permission du Juge, & à cet effet lui présenter requête.

Des plaintes rendues aux Cours souveraines.

7. Dans le cas où la plainte est portée directement pardevant les Cours souveraines, M. le Premier Président répond à la requête d'un soit montré ou communiqué à M. le Procureur général, qui fait mettre ses conclusions au bas de la requête par un de ses Substituts, & les signe ; ensuite sur le vû de la requête, la Cour rend un Arrêt portant acte de la plainte, permis d'informer des faits qui y sont contenus, circonstances & dépendances, pardevant un Conseiller commis à cet effet, si c'est sur le lieu, sinon l'Arrêt commet le Juge royal des lieux.

M. le Procureur général peut cependant, s'il le juge à propos, pour abréger, éviter au plaignant le soit montré, & mettre au bas de la requête : *Je ne l'empêche pour le Roi.*

Formalités de la plainte.

8. Tous les feuillets de la plainte doivent être signés par le Juge & par le Complaignant, s'il sçait ou veut signer, ou par son Procureur fondé de procuration spéciale ; & il doit être fait mention expresse sur la minute & sur la grosse, de sa signature ou de son refus ; ce qui doit être observé par les Commissaires du Châtelet de Paris ; *article* 4. du titre 3. ainsi il ne suffiroit pas de simples paraphes, il faut des signatures.

De la Partie civile & de son désistement.

9. Les plaignans ne seront reputés Parties civiles s'ils ne le déclarent formellement, ou par la plainte, ou par acte subséquent, qui se pourra faire en tout état de cause, dont ils pourront se départir dans vingt-quatre heures, & non après ; & en cas de désistement, ne seront tenus des frais depuis qu'il aura été signifié, sans préjudice néanmoins des dommages & intérêts des Parties ; c'est la disposition de l'art. 5. du même titre 3.

Un plaignant n'est donc pas toujours partie civile, parce qu'il peut se désister de sa plainte dans les vingt-quatre heures, & laisser la poursuite de la plainte & accusation à M. le Procureur général, au Procureur du Roi, ou Procureur Fiscal.

La seule plainte ne rend donc pas non plus le plaignant partie civile ; il faut qu'il déclare formellement par la plainte ou autre acte subséquent, parce que la plainte seule n'est pas une accusation ; car on ne devient pas accusateur ou Partie civile par une seule plainte, & *in vim* de la plainte, mais par une déclaration expresse & formelle ; c'est pourquoi un plaignant qui s'en tiendroit à sa plainte, sans demander permission d'informer, ne seroit pas pour cela réputé accusateur ou Partie civile de la personne dénomée ou impliquée dans la plainte.

Pour éclaircir ce point, il faut observer quand le plaignant demande par la plainte ou par une requête postérieure, permission d'informer à sa requête contre une ou plusieurs personnes dénommées, qu'il obtient Ordonnance qui le lui permet, & qu'en conséquence il fait informer à sa requête, joint la Partie publique ; dès-lors il se rend accusateur & poursuivant, & par conséquent Partie civile ; mais s'il ne demande pas permission d'informer, en ce cas il n'est pas Partie civile, s'il ne le déclare formellement par la plainte, ou par une acte subséquent : c'est ainsi qu'il faut entendre ledit article 5. du titre 3. de l'Ordonnance.

Cette déclaration de se rendre Partie civile, se peut faire en tout état de cause ainsi qu'il est dit par cet article ; pourvû toute fois qu'elle se fasse avant l'instruction, ou pendant l'instruction, ou même après l'instruction faite & parfaite à la requête de l'Officier public, mais toujours avant le Jugement définitif ; à la charge & non autrement par le plaignant qui veut se rendre accusateur & Partie civile, de rembourser tous les frais faits par le Domaine du Roi ou du Seigneur, jusqu'au jour de la déclaration, même de payer les gîtes & géolagues au Concierge de la prison où l'accusé a été constitué prisonnier sur la poursuite de l'Officier public.

Quoique suivant ce même article 5. il soit permis au plaignant de se désistre de sa plainte dans les vingt-quatre heures, à compter du jour & heure, c'est-à-dire avant ou après midi, qu'elle a été rendue, sans que l'accusé puisse s'y opposer, ni demander que le plaignant restera Partie civile, nonobstant le désistement à lui signifié dans les vingt-quatre heures; néanmoins les Procureurs du Roi ou Procureurs Fiscaux, même Messieurs les Procureurs généraux, n'ont pas la même faculté; ils ne peuvent se désister de l'accusation par rapport à la vindicte publique; il faut qu'ils poursuivent en leur nom & à leur requête l'accusé, nonobstant le désistement du plaignant originaire, bien entendu si le crime est un crime public, & qui intéresse la société civile par rapport à la vindicte publique.

Du désistement de la Partie civile.

10. Un plaignant qui sur sa plainte auroit demandé permission d'informer contre une ou plusieurs personnes dénommées, & se seroit par conséquent rendu accusateur & Partie civile de l'accusé, comme on vient de l'observer, pourra néanmoins se désister de sa plainte, Requête ou autre Acte, par lequel il s'étoit déclaré & rendu Partie civile dans les vingt-quatre heures, mais non après, à compter par avant ou après midi du jour de sa déclaration, après lequel délai il sera déclaré non-recevable en son désistement; c'est la disposition du susdit article 5: & ce désistement doit être signifié à l'accusé & à M. le Procureur général, ou au Procureur du Roi, ou Procureur Fiscal; & faute de ce désistement ainsi bien & dûement signifié dans les vingt-quatre heures, le plaignant qui se sera déclaré Partie civile, demeurera & restera Partie civile, & sera tenu de frayer à tous les frais de la poursuite du procès criminel.

Mais nonobstant le désistement de la Partie civile, si l'accusé est renvoyé absous de l'accusation, le désistement n'empêchera pas que le plaignant ne soit condamné aux dépens, dommages & intérêts de l'accusé, & à plus grande peine s'il y échoit, suivant l'article 7. du même titre 3. de l'Ordannance. De même le désistement n'empêche pas le plaignant de conclure en ses dommages & intérêts, suivant le même article 7; s'il n'y a point de Partie civile, le procès criminel doit être poursuivi à la diligence & sous le nom des Procureurs du Roi ou des Procureurs des Justices seigneuriales, suivant l'article 8. & dernier du même titre. Il en doit être de même quand la Partie civile a fait signifier son désistement dans les vingt-quatre heures; mais il faut pour cela que l'accusation soit pour crimes publics, graves & intéressant la vindicte publique, & non pour crimes ou délits privés, légers, & qui n'intéressoient que le plaignant, comme pour injures & offenses, rixes, recelés & divertissemens par des veuves & héritiers & autres délits privés.

11. Le plaignant qui après la plainte, information & emprisonnement de l'accusé, se désiste dans les vingt-quatre heures de la plainte, information & emprisonnement, même fait à sa requête, est recevable dans ce désistement, & tous les frais faits depuis à la requête de M. le Procureur général, ou Procureur du Roi, ou Procureur Fiscal, pour l'instruction & Jugement du procès, tombent sur le Domaine du Roi, ou sur le Domaine du Seigneur. C'est ce qui a été jugé par un Arrêt du Parlement de Paris en la Chambre de la Tournelle du 17. Mars 1694, parce qu'il suffit que le désistement de la plainte, information, emprisonnement, & autres poursuites, soit fait & signifié dans les vingt-quatre heures prescrites par l'Ordonnance.

Explication de l'art. 5. du tit. 3. de l'Ordonnance de 1670, au sujet du désistement de la Partie civile.

L'on demande si le désistement de la Partie civile par une transaction passée entr'elles & l'accusé après les vingt-quatre heures, décharge l'accusateur qui s'est désisté, des frais de l'instruction du procès & poursuivi à la requête de la Partie publique. Cette question a été jugée pour la négative par Arrêt de la Tournelle du 4 Mars 1740, conformément aux conclusions de M. Daguesseau, avocat général, plaidant MM. Duchemin & de la Rue. Celui qui s'étoit désisté prétendoit qu'il falloit distinguer entre le désistement porté par une transaction, & le désistement pur & simple & fait sans la participation de l'accusé; que c'étoit de ce dernier cas dont il étoit parlé dans l'article 5. du titre 3. de l'Ordonnance de 1670; mais cette distinction a été prescrite par l'Arrêt ci-dessus cité, quoiqu'il n'ait pas été rendu tout d'une voix. Cet arrêt est rapporté dans les Arrêts & Réglemens notables imprimés en 1743, *chap.* 69.

Quel doit être l'objet de la Partie civile, & celui de la Partie publique.

12. Toute Partie civile doit avoir son intérêt dans l'accusation qu'il poursuit, & il ne peut la poursuivre que par rapport à son intérêt pécuniaire, ou à une réparation de l'injure qui lui a été faite. Il n'y a que Messieurs les Procureurs généraux, les Procureurs du Roi ou Procureurs Fiscaux, auxquels seuls il appartient d'accuser & faire les poursuites pour la vindicte publique, & requerir des peines corporelles & afflictives, soit capitales ou autres contre l'accusé, soit qu'il y ait Partie civile, ou qu'il n'y

en ait pas; jamais la Partie civile n'y peut conclure, ses conclusions ne peuvent être que civiles & par rapport aux peines pécuniaires. Il y a plus, c'est que lorsqu'il n'y a Partie civile ni Partie publique qui paroissent, une tierce personne qui n'a aucun intérêt dans la poursuite d'un crime ou délit, ne seroit pas recevable à se rendre Partie civile : il pourroit néanmoins se rendre dénonciateur en la maniere accoutumée.

Mais une Partie civile doit être préferée dans la poursuite d'un procès criminel, à M. le Procureur général, ou Procureur du Roi, ou Procureur Fiscal; & ces Officiers ne peuvent se dispenser de se joindre à la Partie civile pour la vindicte publique du crime, sans cependant qu'on puisse forcer la partie offensée à se rendre Partie civile.

Si la Partie publique peut se désister de la poursuite d'un procès criminel.

Il n'est pas permis à Messieurs les Procureurs généraux, ou Procureurs du Roi, ou Procureurs Fiscaux, dans une accusation capitale & publique, susceptible de punition corporelle & afflictive contre un accusé, de se désister de la poursuite du procès, quand même la Partie civile se seroit désistée. Il y en a un Arrêt du Parlement de Paris du 28 Août 1699; parce que ces Officiers publics sont obligés d'agir pour la vindicte publique.

SECTION CINQUIEME.

De la dénonciation, & de ses effets.

Formalités de la dénonciation.

1. Il y a encore une autre voie que la plainte pour poursuivre un crime ou délit; c'est la dénonciation.

2. Tout dénonciateur doit signer sa dénonciation sur le Registre de M. le Procureur général, ou Procureur du Roi, ou Procureur Fiscal, & la Dénonciation contiendra les faits bien circonstanciés; & si le dénonciateur ne sçait pas écrire, la dénonciation sera rédigée & écrite en présence du dénonciateur sur le Registre de la Partie publique par le Greffier du Siege qui en fera mention; *art. 6. du tit.* 3. de l'Ordonnance de 1607.

Peines des Dénonciateurs mal fondés.

3. Les dénonciateurs aussi bien que les accusateurs, s'ils se trouvent mal fondés, doivent être condamnés aux dépens, dommages & intérêts des accusés même en plus grande peine s'il y écheoit, suivant l'art. 7. du même titre de l'Ordonnance de 1670.

Accusé renvoyé absous peut demander à faire preuve du nom du dénonciateur.

4. Mais quoique celui qui a fait les démarches de dénonciateur ne se soit pas inscrit sur le Registre de la partie publique, l'accusé à la requête du Ministere public, renvoyé absous, n'est pas exclus d'en faire preuve, tant par titres que par témoins. Ainsi jugé par Arrêt du 6 Septembre 1694, rendu en la cinquième Chambre des Enquêtes, au rapport de M. Megrigny, rapporté au *Journal des Audiences.*

Si le Juge qui a renvoyé l'accusé absous, peut prononcer contre les calomniateurs.

Par ce même Arrêt, il a été décidé que le Juge devant lequel une instruction criminelle est renvoyée, ayant prononcé l'absolution de l'accusé, est par le même moyen compétent de prononcer contre les calomniateurs, quoiqu'ils ne soient pas domiciliés dans la jurisdiction de ce Juge.

¶ Cette question s'est présentée en 1724, au sujet d'un procès fait par un prévôt des Maréchaux, qui en condamnant un des accusés, avoient renvoyé absous les autres coaccusés, qui formerent ensuite leur action en dommages & intérêts devant ce même Juge. Par l'Arrêt qui intervint, en date du 15 Janvier 1724, rendu entre le sieur de Triel, appellant comme de Juge incompétent de l'Ordonnance du Prévôt des Maréchaux de Mantes, & François Laurence, Intimé, la Cour faisant droit sur l'appel d'incompétence, mit l'appellation & ce dont étoit appel au néant; & sur la demande en dommages & intérêts, ordonna que les parties se pourvoiroient pardevant le Lieutenant civil du Châtelet de Paris; & ce parce que les Prévôts des Maréchaux ne peuvent connoître de quelque matiere civile que ce puisse être, & que leur jurisdiction cesse absolument dès qu'ils ont prononcé sur le crime.

En quel cas la Partie publique est tenue de nommer son dénonciateur.

5. Un dénonciateur ne peut être partie, ni compris, ni dénommé dans le procès où il se trouve dénonciateur; son nom, sa qualité, sa condition, tout doit être inconnu; on n'en peut rien sçavoir que par la déclaration que M. le Procureur général, le Procureur du Roi, ou le Procureur Fiscal sera tenu de faire sur la réquisition de l'accusé, s'il vient par l'Arrêt définitif à ses fins & à sa pleine & entiere absolution, suivant l'Ordonnance d'Orléans du mois de Janvier 1560, art. 73. Voyez ci-devant, *part.* 2. *chap.* 6. *sect.* 3. *nomb.* 6. Car en ce cas le dénonciateur après la Déclaration de M. le Procureur général,

ou du Procureur du Roi, ou du Procureur Fiscal qui aura reçu la dénonciation, sera condamné aux intérêts civils, ou dommages & intérêts & dépens de l'accusé mal & injustement accusé. Voyez Bruneau, tit. 17. pag. 141.

Ainsi la partie publique qui reçoit une dénonciation, doit avoir attention de ne pas recevoir pour dénonciateur un premier venu, un homme de néant, & entiérement insolvable; autrement elle seroit exposée à répondre des condamnations pécuniaires qui pourroient être adjugées à l'accusé pour la fausse & calomnieuse accusation intentée contre lui.

En quel cas la partie publique peut être exposée elle-même aux dommages & intérêts de l'accusé.

6. Si un Procureur du Roi ou Fiscal, de son propre mouvement, sans dénonciateur, avoit vexé un particulier, & que calomnieusement & par malice il l'eût fait emprisonner, il doit être tenu en son propre & privé nom de tous dépens, dommages & intérêts, si la calomnie paroît évidente, & qu'il n'ait pû rien prouver de son intention; *novell.* 128. *cap. jubemus.* 12. Balde, *in rubric. cod. de pedan; judicib.* Il devroit même en ce cas être puni criminellement, attendu que c'est un grand crime à un Officier que d'abuser de son ministere & de son autorité; Balde & Cynus, *leg. severiter, cod. de excusat. tutor. leg. sancimus, cod. de judic.* Mais il est excusable, si pour remplir le devoir de sa Charge, il s'enquiert contre ceux qui récemment ont délinqué; même si par vehémente présomption il fait prendre quelque mal famé, & le fait constituer prisonnier pendant quelques jours, supposé qu'il fût innocent du crime dont on le chargeoit; Balde, *leg.* 2. §. *si publico, ff. ad leg. Jul. de adulter. leg. jubemus in fin. cod. de probat.*

Les Offices des Procureurs du Roi & Fiscaux les exemptent de présomption de calomnie; & comme on l'a dit, ils ne sont tenus en leurs privé noms, s'il n'y a dol apparent & évidente calomnie; & même en ce cas on ne les condamne pas par le même procès qu'on a fait contre l'accusé, mais après l'absolution de l'accusé, par un procès séparé. En cause d'appel de la Sentence d'absolution, si le Procureur général ne peut pas prendre le fait & cause pour son Substitut, ou pour le Procureur Fiscal, en ce cas ils sont tenus de soutenir leur appel en leur propre & privé nom.

Le dénonciateur ne peut être témoin, non plus que la partie civile.

7. Un dénonciateur ne peut point être témoins dans les informations faites au sujet de l'accusation dont il est dénonciateur; de même qu'une partie civile ne peut pas être témoin dans le procès criminel qu'elle poursuit.

Si la dénonciateur peut interjetter appel de la Sentence d'absolution.

8. Un dénonciateur n'est pas partie capable d'interjetter appel d'une Sentence d'absolution, comme il a été jugé par Arrêt du Parlement de Paris, en la Chambre de la Tournelle, du 14 Mai 1709, au rapport de M. Dreux. Il n'y a que la partie publique qui pourroit interjetter un pareil appel *à minimâ* de cette Sentence.

Si l'appel de la Partie civile peut empêcher que l'accusé absous soit mis hors des prisons.

9. Il y a plus, c'est que quand il n'y a point d'appel *à minimâ* de la Sentence d'absolution de l'accusé, l'appel de la partie civile ne doit point empêcher que l'accusé absous ne soit mis hors des prisons, par la raison que l'action de la partie civile ne peut tende qu'à des conclusions civiles, & qu'en ce cas la partie civile n'a aucun titre contre l'accusé absous.

¶ Il faut excepter néanmoins de cette regle, lorsqu'il s'agit d'une accusation d'adultere; en ce cas l'appel du mari vaut appel *à minimâ*; mais il faut que cet appel soit notifié avant l'élargissement des accusés, qui pour le jugement de l'appel sont obligés de se réintegrer dans les prisons; & pour lors quoiqu'il n'y ait point d'appel *à minimâ* effectif, il faut des conclusions de M. le Procureur général pour juger l'appel.

SECTION SIXIEME.

Stile ou Modeles des plaintes, dénonciations, & de la maniere de répondre les Plaintes.

L'on observera ici une fois pour toutes, que le véritable stile consiste à bien observer ce qui est prescrit par l'Ordonnance, au moyen de quoi tout stile conduit par le bon sens suffit, sans qu'il soit nécessaire de s'assujettir à aucun stile en particulier. Il y a cependant une certaine maniere de rédiger les actes & procédures en matiere criminelle, que l'on ne peut sçavoir que par expérience, à moins qu'on ait un modéle du commencement & de la fin. A l'égard du corps des actes & procédure, cela dépend des différens faits.

Il est encore important d'observer qu'il arrive souvent qu'un particulier en rendant plainte de faits qui lui sont personnels, comme de voies de fait, injures, calomnies, y exposent souvent, pour rendre l'accusé plus odieux, qu'il se rend redoutable à tout le

SECT. VI. monde, qu'il a commis des voies de fait contre plusieurs autres personnes dont il y en a qui en sont morts, qu'il a commis des vols. Le Juge donne acte d'une pareille plainte, permet d'en informer, informe confusément de tous ces faits à la requête de la partie civile; ce qui est absolument nul. Il faut en pareil cas que le Juge donne acte de la plainte, permette au plaignant de faire informer des faits de sa plainte qui le concernent seulement; & qu'il ordonne qu'à l'égard des autres faits y portés, il en sera informé à la requête de la partie publique. Et en pareil cas pour plus grande sûreté, il faut faire deux informations, l'une à la requête de la partie civile, & l'autre à la requête de la partie publique; interroger l'accusé séparement sur chacune information, & observer la même regle pour les récollemens & confrontations.

Il arrive aussi souvent qu'un Procureur du Roi ou un Procureur Fiscal ne rend plainte que d'un seul fait, comme d'un vol simple ou avec effraction, d'un homicide ou assassinat. Lorsque le Juge informe, il se trouve des témoins qui déposent d'autres faits que ceux portés par la plainte; par exemple, que l'accusé est dans l'habitude de faire des vols, entr'autres qu'il en a fait en tel tems, en tels endroits, qu'il a commis un assassinat en la personne de... & autres délits de différentes espéces. Il faut que le Juge ait l'attention avant d'entendre les témoins sur les faits étrangers de la plainte, d'en donner avis au Procureur du Roi, ou Procureur Fiscal, qui doit donner un réquisitoire, contenant qu'il a appris que.... accusé, à l'occasion duquel le Juge informe pour raison de.... qui sont les faits de la premiere plainte, avoit encore commis tels & tels délits, qui est de son ministere d'en rendre plainte. A ces causes, requiert qu'il lui soit donné acte de sa plainte, permis à lui d'en faire informer: si la premiere information est close, par addition; & si elle ne l'est pas, par continuation. Le Juge met son Ordonnance au bas: *Soit fait ainsi qu'il est requis.*

Si l'accusé n'est pas encore décreté ni prisonnier, le décret doit être décerné sur toutes les informations; mais s'il est prisonnier & a été interrogé, il faut sur l'information des nouveaux faits, rendre un décret portant que tel sera arrêté & recommandé, pour être oui & interrogé.

Et il faut remarquer qu'après toutes les informations par continuation ou addition, l'on doit interroger de nouveau.

Au reste, quoiqu'on ne puisse informer que des faits portés par la plainte, dans le cas où une plainte seroit pour faits généraux & non circonstanciés, qu'un tel passe pour un voleur de profession, qu'il a commis différents assassinats. Sur pareille plainte, le Juge peut entendre les témoins sur tout ce qu'ils voudront déposer, sauf le réquisitoire de la partie publique, comme dit est.

Il est encore à propos d'observer que si dans les faits qui sont déferés, il s'en trouve quelqu'un qui soit hors du district du Juge qui instruit, il n'en peut être compétent, à moins qu'il n'y soit autorisé par Arrêt de la Cour, qui lui permette même de se transporter hors de son ressort.

Requête contenant plainte.

A Monsieur, &c.

Supplie humblement, *l'on met ses nom, surnom & qualité:* Disant, &c. *l'on expose les faits bien circonstanciés contre certain quidam, ou l'on nomme l'accusé si on le juge à propos.* Ce consideré, Monsieur, il vous plaise donner acte au Suppliant de la plainte ci-dessus; lui permettre de faire informer des faits contenus en la présente requête, circonstances & dépendances; pour l'information faite & communiquée au Procureur du Roi ou d'office, être ordonné ce qu'il appartiendra; & vous ferez justice.

Quand la plainte est rendue en la Cour, & qu'elle se réserve à décreter sur l'information, on met: pour l'information faite, rapportée & communiquée au Procureur général du Roi, & vûe par la Cour, être ordonné ce qu'il appartiendra.

L'on peut aussi par la même requête, ou par une requête séparée, demander permission d'obtenir & faire publier Monitoire en forme de Droit; mais il ne faut désigner aucun accusé en particulier dans le Monitoire, comme on le verra ci-après, chapitre cinquiéme. Il faut que la requête soit signée d'un Procureur & de la partie, ou de son fondé de procuration spéciale, & de la procuration jointe à la requête.

Ordonnance qui sera mise au bas de la Requête de plainte.

Vû la présente requête, Nous, ou Nous plus ancien Praticien pour l'absence du Juge, avons donné acte au Suppliant de sa plainte; permis de faire informer pardevant Nous, ou pardevant un tel Commissaire, des faits contenus en icelle, circonstances & dépendances; *& si la requête tend à obtenir Monitoire, & que la matiere y soit disposée, l'on ajoute:* même d'obtenir & faire publier Monitoire en forme de Droit, pour ce fait & communiqué au Procureur du Roi, ou au Procureur Fiscal de ce Siége, être ordonné ce qu'il appartiendra. Fait le....

Procès-verbal de plainte.

L'an..... le..... jour de..... heure de..... pardevant Nous..... est comparu..... lequel nous a dit & fait plainte que, &c. *l'on peut ajouter si l'on veut:* déclarant ledit Exposant qu'il se rend partie civile contre..... *l'on peut ajouter*, & en conséquence, requis qu'il Nous plût lui permettre de faire informer des faits contenus en sa plainte ci-dessus, circonstances & dépendances, & a signé, ou déclaré ne sçavoir écrire ni signer, de ce enquis suivant l'Ordonnance; sur quoi Nous avons donné acte audit..... de sa plainte, permis de faire informer des faits y contenus, circonstances & dépendances a pardevant..... pour ce fait & communiqué au Procureur du Roi ou Fiscal, être ordonné ce que de raison.

Désistement.

A la requête de..... soit signifié à..... qu'il se départ de la poursuite sur la plainte par lui faite, & déclare qu'il ne veut plus être partie civile, sauf à M. le Procureur du Roi ou Fiscal à continuer la poursuite du procès, & y prendre telles conclusions qu'il avisera pour la vengeance publique, & sauf & sans préjudice audit..... à se pourvoir audit procès criminel, pour ses réparations & intérêts civils, quand & ainsi qu'il avisera.

Dénonciation.

Du..... jour de.....

Est comparu pardevant Nous..... lequel a dit, &c. déclarant qu'il se rend dénonciateur contre..... & complices, pour raison des faits ci-dessus, circonstances & dépendances, offrant d'en administrer témoins, & a signé, ou a déclaré ne sçavoir signer, de ce enquis.

Plainte par un Procureur du Roi ou Fiscal.

A Monsieur.....

Vous remontre le Procureur du Roi ou Fiscal, qu'il a eu avis que, &c. Ce considéré, Monsieur, il vous plaise permettre audit Procureur du Roi ou Fiscal de faire informer des faits contenus en la présente requête, circonstances & dépendances; pour l'information faite & à lui communiquée, requerir ce qu'il appartiendra. *L'on ne met point à la fin*, & vous ferez bien.

Le Juge met son Ordonnance au bas, comme ci-devant.

CHAPITRE II.

Des Procès-verbaux des Juges.

Voyez le titre 4. de l'Ordonnance de 1670.

1. PRocès-verbal est une description narrative de l'état de la chose que le Juge voit dans toutes ses circonstances.

2. L'article 1. du titre 4. de l'Ordonnance de 1670 explique en peu de mots la forme des procès-verbaux, que les Juges doivent dresser de l'état auquel sont trouvées les personnes blessées ou le corps mort. Ce procès-verbal doit être dressé sur le champ, & sans déplacer; il doit contenir le lieu où le délit aura été commis, & faire mention de tout ce qui peut servir pour la décharge ou conviction.

3. Ce procès-verbal doit être rédigé par le Greffier en présence du Juge, & doit être signé de l'un & de l'autre.

4. Si l'accusé est pris en flagrant délit, ou à la clameur publique, le Juge doit l'interroger sur le champ; ordonner ensuite selon les circonstances qu'il sera arrêté; conduit ès prisons & écroué, suivant l'article 9. du titre 10. Il peut aussi dans ce même cas entendre d'office les personnes présentes, sans assignation, suivant l'article 4. du titre 6.

5. Les procès-verbaux des Juges font pleine foi, sans qu'il soit besoin de reconnoissance ni vérification; la Rocheflavin, *liv.* 10. *chap.* 3.

6. Quoique l'Ordonnance de 1670 en ce titre 4. ne fasse expressément mention des procès-verbaux des Juges, qui par rapport à l'état des personnes blessées ou des corps morts, néanmoins ils sont tenus de dresser leurs procès-verbal, en cas de vols faits avec effraction, de l'état des portes, armoires, tiroirs, cabinets, coffres, cassettes & des lieux où les vols auront été commis, suivant l'article 26. de l'Arrêt de Réglement des grands jours de Clermont du 10. Décembre 1665.

7. S'il s'agit d'un blessé, il faut que le Juge reçoive sa plainte par le même procès-verbal; s'il s'agit d'un corps mort, il faut recevoir la plainte de ses parens en l'un & en l'autre cas expliquer l'état des blessures, de l'habillement, où le cadavre a été trouvé; s'il étoit nud ou non, & faire un inventaire exact des armes, meubles & hardes qui peuvent servir tant à la charge qu'à décharge.

8. L'article 2. du même titre 4. de l'Ordonnance de 1670 porte, que les procès-verbaux seront remis au Greffe dans les vingt-quatre heures; ensemble les armes, meubles & hardes qui pourront servir à la preuve, & seront ensuite partie des piéces du procès.

9. Il reste à observer que dans tout les cas où les Juges verbalisent, les Juges commis & délégués doivent faire mention au commencement de leurs procès-verbaux, de la commission en vertu de laquelle ils procédent, & la dater; cela est absolument nécessaire, comme étant le fondement de leur compétence & de leur pourvoir.

Procès-verbal de l'état d'une personne blessée.

L'an..... le..... jour de..... heure de..... Nous, à la réquisition de..... Nous sommes transportés en..... accompagné de notre Greffier, *il faut désigner le lieu; l'état où le blessé est trouvé*, lequel Nous a dit, &c. requérant acte de sa plainte, permission d'informer, &c. ou a déclaré qu'il ne veut point se rendre Partie, a signé, ou déclaré ne sçavoir signer, de ce enquis.

Procès-verbal de levée d'un corps mort.

L'an, &c. *comme dessus*, où Nous avons trouvé un corps mort, &c. avons fait ôter les habits & chemise du cadavre, *les désigner*, lequel cadavre Nous a paru avoir été blessé en tels endroits, avec telles armes, qui ont percé les vêtemens en tels endroits, & s'est trouvé dans les poches, &c.

Sur quoi Nous avons donné acte de la plainte, & ordonné que le présent procès-verbal sera communiqué au Procureur du Roi ou Procureur Fiscal. Et cependant après avoir apposé notre Sceau sur le front dudit cadavre, ordonnons qu'il porté en la géole, & que lesdits habits, &c. seront déposés en notre Greffe, pour servir au procès ainsi qu'il appartiendra. Fait les jour & an que dessus.

Si le coupable est arrêté, il faut lui représenter le cadavre, & autres choses servant à conviction, & écrire ses réponses.

Conclusion du Procureur du Roi ou Fiscal.

Vû le susdit procès-verbal, je requiers qu'il soit informé à ma requête, des faits y contenus, circonstances & dépendances; pour ce fait, & à moi communiqué, requerir ce qu'il appartiendra. Fait ce....

CHAPITRE III.

Des Rapports des Médecins & Chirurgiens.

Voyez le titre 5. de l'Ordonnance de 1670.

1. LE rapport est le témoignage & la narration de tout ce que les Médecins & Chirurgiens ont vû & reconnu par leur visite, suivant leur art & leurs lumieres.

2. Il est permis non-seulement à une personne blessée de se faire visiter par Médecins & Chirurgiens, lesquels affirmeront leur rapport pour véritable, mais encore à ceux qui poursuivront la vengeance de la mort d'une personne tuée; article 1. du titre 5. de l'Ordonnance de 1670.

Formalités que doivent observer les Médecins & Chirurgiens dans leurs rapports.

3. Un rapport, aussi-bien qu'un procès-verbal, doit être clair & en termes intelligibles; & c'est ce qui manque très-souvent dans les procès-verbaux des Juges; & dans les rapports des Médecins & Chirurgiens en fait de blessures sur le corps d'une personne blessée, ou au sujet d'un cadavre d'une personne trouvée morte, tuée par autrui, ou par autre accident, parce que les Juges s'expliquent mal, & que les Médecins & Chirurgiens affectant de vouloir paroître doctes & sçavans, ils cachent ou dissimulent le véritable état des blessures ou du cadavre, sous des termes arabes, barbares & inconnus aux Juges, dont ils se servent, quoique de leur profession, & qui sont plus capables de faire méconnoître l'état de la personne blessée ou du cadavre, que de conduire à l'éclaircissement de ce qu'on voudroit sçavoir.

Ils sont tenus dans leur rapport de faire mention du nombre & de la qualité des plaies, de leur profondeur, largeur, longueur; en quelle partie du corps elles sont; celles qu'ils croyent être dangereuses & mortelles; celles qui ne le sont pas; de quelle sorte d'armes ils croyent qu'elles ont été faites, si c'est avec armes à feu, fusil, pistolet, épée, ferremens tranchans, bâtons, pierres, &c. S'il y a des contusions, fractures & meurtrissures; les accidens & l'état de la maladie du blessé; combien ils croyent qu'il doit garder la chambre ou le lit; quel régime de vivre il doit observer; dans combien de tems ils croyent qu'il peut être guéri; & toutes les autres circonstances qui peuvent être nécessaires pour faire connoître l'état du blessé, tant par rapport aux provisions, que par rapport au Jugement du fond, tant à charge qu'à décharge de l'accusé.

S'ils peuvent refuser de faire leur rapport.

4. Les Médecins & Chirurgiens ne doivent point refuser de faire leur rapport sur la simple réquisition des Parties, parce qu'il ne leur est pas permis de dénier leur secours & exercice de leur profession aux malades & blessés; moins encore peuvent-ils désobéir au Juge qui l'a ordonné; Bugnion, *leg. abrogat. lib. 1. cap.* 87.

Du rapport en fait de grossesse.

5. S'il s'agit de la grossesse d'une femme, comme pour sçavoir si elle a eu des enfans, si elle est grosse, & autres choses en pareil fait, on appelle à la visite qui doit être faite par les Médecins & Chirurgiens, les Matrônes ou Sages-femmes Jurées, ou autres à la campagne, dans les lieux où il n'y a point de Jurande, qui affirmeront leur rapport. Ce rapport doit être fait séparement d'avec celui des Médecins & Chirurgiens.

Si l'on peut ordonnés un second rapport.

6. Les Juges peuvent ordonner une seconde visite de Médecins ou Chirurgiens nommés d'office, lesquels prêteront le serment dont il sera expédié acte, & après leur visite en dresseront & signeront sur le champ leur rapport, pour être remis au Greffe & joint au procès, sans qu'il puisse être dressé aucun procès-verbal, à peine de cent livres d'amende contre le Juge, moitié vers le Roi, & moitié vers la Partie; article 2. *ibid.*

Pour que les rapports fassent foi, il faut qu'ils soient ordonnés par le Juge.

7. Pour que les rapports des Médecins, & Chirurgiens & Matrônes fassent foi en Justice, & que sur iceux on puisse obtenir des provisions, il faut qu'ils soient ordonnés par le Juge; c'est pourquoi on doit en demandant permission d'informer, demander aussi permission de se faire voir & visiter.

De la contre-visite.

8. Le défendeur à la plainte pourra aussi demander une contre-visite à la visite du plaignant: cette contre-visite empêche ou diminue souvent les provisions alimentaires qu'un blessé ne manque pas de demander presque *in limine litis.* C'est-là un des premiers soins des Procureurs & Praticiens, parce que ces provisions servent encore plus à fournir aux fraix de la procédure, qu'à soulager le blessé ou malade.

Des Médecins & Chirurgiens créés en titre d'office pour les visites & rapports

9. Il y a présentement dans toutes les Villes & gros Bourgs du Royaume des Médecins & Chirurgiens créés par Edit du mois de Février 1692 en titre d'office, pour les visites & rapports de leur profession, à l'exclusion des autres Médecins & Chirurgiens qui ne le sont pas; & ces Médecins & Chirurgiens ne sont point tenus d'affirmer leurs rapports, ayant serment en Justice.

10. Quoique d'ordinaire le Juge s'en tienne au rapport des Médecins & Chirurgiens par lui ordonné, il n'y est pas néanmoins si fort astraint qu'il ne doive examiner les raisons des Parties qui peuvent combattre un rapport.

Nécessité des rapports en fait de blessures ou de meurtre.

11. Les rapports de Médecins & Chirurgiens sont si nécessaires dans les procès où il s'agit de blessures ou homicides, que faute de pareils rapports de visite, soit qu'il n'en ait point été fait, ou qu'ils ne soient point rapportés, ou qu'ils soient nuls, on pourroit inferer que le blessé n'a point été blessé, & que la personne blessée & morte seroit morte par autre accident qu'à cause de ses blessures.

En un mot, en ces sortes d'occasions, c'est le procès-verbal qui établit le corps du delit. Différens Arrêts ont enjoint à des Juges de dresser des procès-verbaux en pareil cas.

12. S'il est ordonné un second rapport par les Médecins & Chirurgiens autres que les premiers, le Juge ordonnera que les premiers y assisteront, pour appuyer & soutenir ce qu'ils ont dit par leur rapport.

En cas de contrariété des rapports, il faudra en ordonner un nouveau d'office, c'est-à-dire, par les Médecins & Chirurgiens nommés d'office par le Juge.

Si les Médecins & Chirurgiens qui font de faux rapports, sont punissables.

13. Les Médecins & Chirurgiens qui font de faux rapport sur les circonstances ci-devant expliquées, ne sont point punissables du crime de faux, mais *arbitrio judicis*: ils peuvent ordinairement s'excuser & se mettre à couvert, en disant qu'ils ont cru en leur conscience que les circonstances étoient telles qu'ils les ont rapportées; mais s'il paroissoit une mauvaise foi insigne, ou fausseté évidente, en ce cas il faudroit les punir comme faussaires.

Usage à Paris, lorsqu'on trouve quelque cadavre dans les rues.

14. C'est un usage à Paris, que lorsqu'on trouve un corps mort dans une rue, maison, riviere, grand chemin ou ailleurs, qui n'est ni reconnu ni revendiqué, on le porte à la morgue, qui est une maniere de petit bouge fermé avec une ouverture au haut de la porte, où on met & on expose pendant quelques jours un pareil cadavre, afin que les passans puissent le voir, & reconnoître si ce cadavre n'est point une personne qu'ils connoissoient étant vivant, pourvû toutefois que la main ecclésiastique n'ait pas prévenu cet enlevement. Cet usage est assez bon, parce que cette reconnoissance conduit quelquefois à découvrir les auteurs du fait.

15. Il y a encore dans les prisons de Paris un autre lieu qui s'appelle aussi *morgue*, qui est un petit bouge, ou une espéce de grande cage grillée, où l'on met un prisonnier d'abord qu'on l'amene en prison, pour en faire remarquer le visage au Guichetier; & ensuite on le met dans le lieu où il doit être.

16. Il y a un Arrêt du Conseil du 23. Janvier 1742, qui regle la taxe des Médecins & Chirurgiens nommés pour les visites & rapports. Voyez cet Arrêt du Conseil dans la quatriéme partie de ce Traité. Suivant ce même Arrêt, le Juge ne peut ordonner qu'il soit fait de rapport par plus d'un Médecin & d'un Chirurgien, ou de deux Chirurgiens sans

Médecins. Mais il faut remarquer que ces dispositions n'ont lieu que pour les procès qui s'instruisent aux dépens du Roi.

¶ 17. Les Médecins & Chirurgiens ne peuvent être répetés sur leur rapport, lorsqu'il a été fait par autorité de Justice, en la forme prescrite par l'Ordonnance. Ainsi jugé par Arrêt du 21 Mars 1714, au rapport de M. le Nain, Conseiller, & sur les conclusions de M. Daguesseau, alors Procureur général.

Ordonnance portant nomination de Médecins & Chirurgiens.

Vû par Nous procès-verbal du.... Ordonnons que tel sera visité par tel Médecin & par tel Chirurgien que nous avons nommé d'office, ou sur la réquisition de .... & à cette fin seront assignés pardevant Nous, pour faire le serment en tel cas requis & accoutumé.

Procès-verbal de prestation de serment.

L'an, &c. sont comparus .... en exécution de notre Ordonnance du .... lesquels ont fait serment de bien & en leur conscience proceder à la visite de.... & nous en faire un rapport fidele.

Lorsque les Médecins & Chirurgiens sont Chirurgiens Jurés ordinaires, comme au Châtelet & au Parlement, la prestation devant le Juge, ainsi que la mention de l'affirmation dans le rapport, deviennent inutiles.

Rapport de Médecin & Chirurgien.

Nous .... en vertu de l'Ordonnance de M.... du .... après serment par nous prêté, suivant le procès verbal du .... nous sommes transportés en une maison sise rue .... où étant, sommes montés en une chambre au premier *ou autre* étage d'icelle, avons trouvé, &c. *marquer l'état de la personne blessée ou du corps mort, le nombre & endroits des blessures, avec quelles armes l'on présume qu'elles ont été faites, comme on l'a ci-devant expliqué; si c'est un corps mort, de quels coups l'on croit qu'il est décédé, & toutes les circonstances qui peuvent faire connoître l'état du blessé & du cadavre,* dont nous avons dressé notre présent rapport, que nous certifions véritable.

Il n'est point nécessaire que le rapport soit certifié ni affirmé en Justice, lorsque ce rapport est rédigé par des Médecins & Chirurgiens Jurés; il doit simplement être joint au procès, sans en dresser aucun procès-verbal, comme on l'a ci-devant observé.

Des Informations.

CHAPITRE IV.

Des Informations.

Voyez le titre 6 de l'Ordonnance de 1670.

Information est un acte ou une espéce de procès-verbal fait par un Juge, & rédigé par écrit par son Greffier, contenant les dépositions des témoins sur le crime ou délit dont il s'agit, & à cause duquel il y a eu une plainte rendue, & une Ordonnance du Juge portant permission d'informer. On appelle encore des informations, *charges*, parce qu'elles peuvent charger un accusé sur le fait à lui imputé. — Information & ce que c'est.

Comme il n'y a point de disposition dans l'Ordonnance qui requiere qu'un Juge ne pourra permettre d'informer que sur les conclusions du Procureur du Roi, ou Procureur Fiscal, ou de M. le Procureur général, on ne s'astraint point à cette formalité, quoiqu'en dise Imbert, *liv.* 3. *chap.* 2. Cependant au Parlement de Paris, on ne permet d'informer que sur les conclusions de M. le Procureur général, comme on l'a déja observé, *chap.* 1. *sect.* 4. *n.* 7.

Une information est une piéce secrette & faite entre le Juge, son Greffier & les témoins, qui ne se communique point aux Parties ; à la différence de l'enquête en matiere civile, qui se fait aussi en secret, mais qui se communique.

Le Juge doit vaquer en personne à la rédaction de l'information.

L'on va exposer plusieurs maximes concernant les informations ; ensuite on parlera des témoins ; après quoi on expliquera dans quelle forme les informations doivent être rédigées.

SECTION PREMIERE.

Maximes concernant les Informations.

Par qui les témoins d'une information peuvent être administrés.

1. Les témoins d'une information peuvent être administrés par la Partie civile, ou par la Partie publique au défaut de Partie civile, c'est-à-dire par Messieurs les Procureurs généraux, les Procureurs du Roi ou Fiscaux, *art.* 1. *du tit.* 6. de l'Ordonnance de 1670 ; ce qui n'exclut point les dénonciateurs de pouvoir administrer des témoins, pour être assignés à la requête de la Partie publique ; mais ils ne peuvent être administrés par l'accusé.

Usage des Adjoints aux informations, abrogé.

L'usage des Adjoints aux informations est abrogé, *art.* 8. *Ibid.* Cependant il y a encore dans plusieurs Provinces des Examinateurs Enquêteurs aux informations ; mais ces Offices sont pour la plûpart réunis aux Offices des Lieutenans criminels.

Les dépositions tant à charge qu'à décharge doivent être reçues.

2. Le Juge ne doit pas seulement recevoir les dépositions des témoins qui vient à la charge de l'accusé, mais encore celles qui vient à sa décharge ; *art.* 10. *ibidem.* C'est-là un devoir du Juge, son honneur & sa conscience y sont interessés ; il est indispensablement obligé de recevoir & faire rédiger chaque déposition ainsi & de la maniere qu'elle lui est rendue par le témoin, sans y rien changer, altérer, augmenter ou diminuer dans la lettre & dans le sens ; il ne doit pas interroger les témoins, il suffit qu'il leur fasse lire par le Greffier le contenu en la plainte pour laquelle on informe.

Si le Juge peut informer d'Office.

3. Un Juge peut informer d'office sur le réquisitoire de la Partie publique, mais c'est dans les crimes & délits graves où il y a un de délit certain.

Si l'on peut procéder à une information en tout tems.

4. On peut proceder à une information & à l'instruction d'un procès criminel en tout tems, même les jours de Fêtes & Dimanches, de crainte que les preuves ne dépérissent ; mais non au Jugement du procès, après que tout aura été instruit.

L'on ne peut déposer par écrit. Quid, quand le témoin est malade ou absent.

5. Un témoin, quoique malade ou absent, ne seroit pas recevable à envoyer sa déposition toute écrite, ni déposer par Procureur, il faut qu'il soit oui par sa bouche ; & dans ce cas on donne des commissions rogatoires au plus prochain Juge du lieu ou du domicile du témoin, pour l'entendre de sa déposition. Les Parlemens & autres Cours ne donnent point de commissions rogatoires : ces Cours ordonnent en Supérieurs & en Souverains aux Juges qu'ils commettent, qui sont le plus souvent leurs inférieurs.

Combien l'on peut faire entendre de témoins en matiere criminelle.

6. En matiere criminelle, le nombre des témoins à entendre n'est point fixé ni limité, on en peut entendre tant qui déposeront du fait mentionné en la plainte. Il est cependant de la prudence du Juge de n'entendre qu'un nombre suffisant de témoins, pour établir la réalité du crime qui est déferé à la Justice, & pour constater quel est l'auteur du crime.

Si la Partie publique peut assister à l'instruction d'un procès criminel.

7. Les Procureurs du Roi ni les Procureurs Fiscaux ne peuvent être présens, ni assister à la confection de l'information, non plus qu'aux interrogatoires, récollemens qui y a été condamnée, soit question préparatoire, soit question préalable avant l'exécution du condamné.

8. Un simple appel d'une Ordonnance portant permission d'informer, ne peut arrêter la confection de l'information ; & même les Parlemens & autres Cours supérieures donnent rarement des Arrêts des défenses contre des Sentences ou Ordonnances de permission d'informer, parce qu'il est important d'assurer à telle fin que de raison les preuves : autre chose seroit si l'information avant été faite.

Si l'appel de l'Ordonnance portant permission d'informer arrêté l'information.

Le sieur Gougenot, Commissaire Examinateur en la Prévôté de Coiffy, avoit fait quelques informations en présence du sieur Legros, Substitut au même Siege. La Cour cassa ces informations, ordonna qu'elles seroient refaites au Bailliage de Langres, à la poursuite & diligence du sieur Pomiel, & aux frais des deux Officiers, pour être le procès fait & parfait aux nommés Laullé & Massin, jusqu'à Sentence définitive ; fit *défenses au sieur Gougenot de procéder aux informations en présence dudit Legros, comme adjoint, lorsqu'en qualité de Substitut du Procureur général, il seroit seule Partie, ou conjointement avec autres; fait pareilles défenses audit Legros d'assister en même cas cusdites informations ou autres actes comme adjoint.*

Du procès fait pour crime commis à l'Audience.

9. Si un crime ou délit, comme vol ou insulte grave, a été commis dans l'Audience, le Juge étant en son Tribunal, peut incontinent & sur le champ instruire & faire le procès à l'accusé en l'accusé en la maniere qui suit.

Le Procureur du Roi ou Procureur Fiscal, ou M. le Procureur général, rend sa plainte; on arrête l'accusé, & on le met à la garde des Huissiers ou autres; on informe, on décrete contre lui, on l'interroge; on regle à l'extraordinaire, s'il y a lieu de prononcer contre lui une peine afflictive ou infamante; on récolle & on confronte les témoins; le Procureur du Roi ou Procureur Fiscal, ou Monsieur le Procureur général prend des conclusions; & enfin on rend un Jugement définitif, & tout cela se fait *de plano*, & sans déplacer ni sortir du Tribunal. Les mêmes formalités auroient lieu, si le fait étoit arrivé à l'Audience d'un autre Cour supérieure, à la requête du Procureur général qui viendroit du Parquet en la Chambre où le crime ou délit seroit arrivé.

Par Arrêt du 8. Mars 1668, Pierre Mery a été déclaré atteint & convaincu d'avoir coupé des boutons l'Audience tenant; pour réparation de quoi il a été condamné à faire amende honorable, au fouet, à la fleur de lys, & au bannissement de neuf ans; & cela après que le procès lui eut été instruit par le Premier Président, sans desemparer. Cet Arrêt est rapporté dans les Loix criminelles, *tome 2. page* 203.

Bruneau, des Matieres criminelles, *page* 70, rapporte un autre Jugement rendu en dernier ressort aux Requêtes de l'Hôtel, en 1685, contre un jeune homme âgé de dix-sept ans, qui fut surpris coupant un nœud d'épée pendant l'Audience.

Témoin qui a déposé ne peut rien ajouter ni diminuer.

10. La déposition d'un témoin étant close, & le témoin retiré, ne peut plus être augmentée ni diminuée par le témoin, sous prétexte qu'il seroit revenu incontinent vers le Juge pour changer quelque chose de sa déposition, soit en faveur de l'accusé ou contre l'accusé; il faut qu'il remette cette démarche au récollement des témoins. Voyez *infrà*, *n.* 14. & 19.

Espéce singuliere à ce sujet.

Mais si faute de preuve il n'a pû être décerné de décret, & qu'ensuite les mêmes témoins entendus & qui avoient dit ne rien sçavoir, se présentent pour charger quelqu'un du crime, c'est un point embarrassant dont on a vû un exemple. Il y a peu de tems, un Procureur du Roi rendit plainte d'assassinat d'un homme trouvé mort. Il demanda permission d'informer, information sans charge contre aucune personne. Après l'information, deux témoins qui avoient déposé dans l'information ne point sçavoir qui avoit commis le crime, vont par un remords de conscience au Procureur du Roi, lui déclarent secretement en particulier qu'ils ont vû commettre le crime par une personne. Ce qui fait la difficulté dans une telle espéce, c'est qu'on ne peut point ordonner que les témoins entendus en l'information le seront de nouveau; on ne peut point ordonner le récollement, puisqu'il n'y a point de charges par l'information, & par conséquent il ne peut point être décerné de decret, pas même contre un certain quidam par désignation, parce que cette déclaration extrajudiciaire n'est point capable de fonder un decret.

Dans ces circonstances, la seule voie réguliere qu'il semble qu'on puisse prendre, c'est de requerir par le Procureur du Roi, qu'il soit informé par addition, si l'information est close, ou par continuation si elle n'est pas close, ou de requerir qu'il soit permis d'obtenir Monitoire, afin que par ce moyen l'on puisse trouver des charges fondées du moins sur des oui-dire, pour pouvoir décerner un decret, interroger, ordonner le récollement, lors duquel on acquerra une preuve complette.

Examens à futur abrogés.

11. Il ne peut y avoir d'examen à futur en matiere criminelle, sous prétexte de la plus urgente nécessité, comme il n'y en a point en matiere criminelle, laquelle est abrogée par l'Ordonnance de 1667, au titre 13.

¶ Il n'y a point d'autre parti à prendre, parce qu'on ne peut entendre un témoin deux fois en déposition sur un même fait; la seconde déposition est nulle, le témoin ne pouvant rien ajouter à sa déposition que par récollement. Ainsi jugé par Arrêt du 19 Décembre 1713.

Le 18 du même mois, avant que de rendre cet Arrêt, en procédant à la visite du

SECT. I.

procès instruit & jugé par le Baillif de la Chastre, à la requête de François Havot & sa femme, contre Sebastien Noël, accusé, prisonnier ès prisons de la Conciergerie, accusé de vol de nuit, appellant d'un bannissement perpétuel & des condamnations pécuniaires, s'est mue la question de sçavoir si on liroit les dépositions & les récollemens des deux témoins, l'un ayant été entendu en deux dépositions & récollé sur les deux, & l'autre en trois dépositions & récollé sur icelles, *sur le même fait.* La matiere mise en délibération, a été arrêté qu'on liroit la premiere déposition de chacun desdits témoins, ensemble le récollement & confrontation; & qu'à l'égard des seconde & troisiéme dépositions, qu'elles ne seroient point lûes, comme n'ayant dû être faites, suivant la maxime que les témoins peuvent ajouter ou diminuer lors de leur récollement, & non pas qu'on les puisse entendre en leur déposition deux fois, & encore moins trois, pour raison du même fait.

Nota, qu'on a remis au lendemain pour interroger l'accusé, & juger le procès, M. le Nain rapporteur. Cette délibération fut écrite sur le Registre du Conseil, & le lendemain dix-neuf dudit mois Décembre, fut procedé au Jugement du procès; & par l'Arrêt il y eut un plus amplement informé de six mois, ordonné pardevant le Lieutenant criminel d'Issoudun, à l'encontre dudit Sebastien Noël, lui mis en liberté, à la charge toute fois & quantes de se représenter; *fait défenses* au Baillif de la Chastre de plus entendre à l'avenir des témoins deux fois en déposition pour raison du même fait, si ce n'est dans le cas porté en l'article vingt-quatre, titre quinze de l'Ordonnance de 1670.

A qui les informations peuvent être communiquées.

12. Les informations ne doivent jamais se communiquer qu'à Messieurs les Procureurs généraux, aux procureurs du Roi & aux procureurs Fiscaux; article 15. du titre 6. de l'Ordonnance de 1670. Ce sont pieces secrettes qui ne peuvent & ne doivent être communiquées ni à la Partie civile, ni à l'accusé, sans prévarication punissable dans l'Officier qui feroit cette communication.

Il est permis au Rapporteur du procès de retirer la minute d'une information du Greffe, pour s'en servir dans la visite du procès, à la charge par lui de la remettre au Greffe vingt-quatre heures après le Jugement; article 16. *ibidem.*

Si l'information qui a été décrarée nulle peut être réiterée.

13. Une information qui a été déclarée nulle par défaut de formalités, peut être réiterée, s'il est ainsi ordonné; article 14. du titre 6. de l'Ordonnance de 1670; & si la nullité est du fait du Juge qui avoit fait l'information, la nouvelle information sera faite aux frais du Juge par un autre Juge qui sera commis par le même Jugement qui aura declaré la premiere information nulle; & cette premiere information ne servira que de mémoire au Juge commis; & même s'il n'y a que l'information qui soit cassée & declarée nulle, le surplus de la procédure faite avant l'information demeurera en son entier.

Pour éviter cette espéce d'affront, les Juges lors de l'examen du procès, doivent commencer par examiner attentivement si toute la procédure qui a été faite est en regle; & s'ils la trouvent nulle en quelque partie, il faut qu'ils la déclarent nulle, ensemble ce qui a suivi, qu'ils ordonnent qu'elle sera recommencée; & si l'information est declarée nulle, il ne faut pas manquer d'ordonner que les témoins seront de nouveau entendus, sans quoi ils ne pourroient pas l'être. Voyez ci-après, n. 19. *in fine.*

Dans quel tems un Greffier commis doit remettre au Greffe la minute de l'information.

14. Un Greffier commis par un des Officiers d'une Cour supérieure, est tenu de remettre la minute de l'information qu'il aura reçue, rédigée & écrite, dans le délai marqué par l'article 17. *ibid.* à commpter du jour que l'information est clause, faite & parfaite, sous les peines de l'Ordonnance. Voyez ci-après l'addition faite au chapitre treiziéme, à la fin de la section premiere, sur la question de sçavoir si le Juge qui découvre des nullités dans la procédure, peut se réformer lui-même, & la recommencer.

Si les Juges peuvent avoir des copies de la procédure criminelle.

15. Il faut bien remarquer que nul Juge ne peut faire, ou se faire faire des copies des informations & autres instructions & procédures faites dans le cours du procès criminels; cela seroit très-blâmable dans la personne de cet Officier, à cause des conséquences.

¶ Suivant les articles 6 & 7 du titre des informations de l'Ordonnance criminelle de 1670, & la Déclaration du Roi du 21 Avril 1671, il est défendu à tous Juges, même des Cours, de commettre leurs Clercs, ou autres personnes, pour écrire les informations, interrogatoires, procès-verbaux, récollemens, confrontations, & tous autres

autres actes & procédures en matiere criminelle, dedans ou dehors leurs Siege, s'il y a un Greffier ou un commis à l'exercice du Greffe, si ce n'est qu'ils fussent absens, malades, ou qu'ils eussent quelqu'autre légitime empêchement, sans néanmoins que ceux qui exécuteront des Commissions émanées du Roi, puissent être empêchés de commettre telles personnes qu'ils aviseront, ausquelles ils feront prêter le serment.

Il est à observer à ce sujet que le Greffier commis au défaut du Greffier ordinaire, doit avoir vingt-cinq ans accomplis. C'est ce qui a été jugé par un Arrêt du 13 Janvier 1709, rendu en l'Audience de la Chambre de la Tournelle, sur les conclusions de M. Daguesseau, Avocat général, au sujet du procès criminel fait en la Châtellenie d'Availles, par le Sénéchal de cette Justice, à la requête de Jacques Chauveau, contre Pierre le Comte, Sieur du Peyrat, & Jean Chevallon, défendeurs & accusés. Par cet Arrêt, la Cour a entr'autres choses declaré toute la procédure nulle, ordonné qu'elle seroit refaite par le Lieutenant criminel du Dorat, & a fait défenses aux Officiers de la Châtellenie d'Availles, en cas de récusation, absence, maladie, & autre légitme empêchement du Greffier ordinaire de ladite Justice, de commettre à l'avenir aucun autre Greffier pour en faire la fonction, qu'il n'ait vingt-cinq ans accomplis, à peine de nullité, & de répondre en leurs propres & privés noms des dépens, dommages & intérêts des Parties.

Il y a un pareil Arrêt du 12 Janvier 1723, contre l'Assesseur criminel du Bailliage d'Amiens.

Il résulte de l'Arrêt du 13 Juin 1709, que le Greffier qui est parent de l'une des Parties, peut être récusé, quoique l'Ordonnance de 1670, non plus que celle de 1667, n'en disent rien.

Il y en a un Arrêt précis du Samedi 22 Juin 1697, entre Messire François Bouthilier, Evêque de Troyes, prenant le fait & cause de son Promoteur, appellant comme d'abus d'une Sentence rendue par l'Official de Sens le 30 Janvier 1697, en ce que cette Sentence avoit permis de récuser le Greffier, & ordonné qu'il s'obstiendroit de faire sa fonction, en justifiant qu'il étoit parent de la nommée Lonnat, comprise au procès d'une part, & le Sieur Antoine Colot, Prêtre, Curé de Saint Denis de Sezanne, intimé, d'autre. Cet Arrêt a été rendu sur les conclusions de M. Joly de Fleury, alors Avocat général, plaidant Me. Chevart pour M. l'Evêque de Troyes, & Me. Prevost pour le Sieur Colot.

Le serment que l'Ordonnance requiert, & que les Juges doivent faire prêter au Greffier commis, doit être fait au commencement de la procédure, & il en doit être fait mention en tête du premier acte de cette procédure. Arrêt du 28 Mai 1696, qui pour le défaut de cette formalité, a ordonné que la procédure seroit recommencée aux frais du Sieur Levin, Lieutenant en la Maréchaussée de Lyon. Il y en a un autre Arrêt du 19 Septembre 1711, contre le Juge de Dampierre.

Par autre Arrêt du 10 Février 1711, la Cour en déclarant une procédure nulle, a enjoint au Mayeur de la Ville de Peronne, lorsqu'il recevroit des déclarations d'accusés, & qu'il les interrogeroit, de leur faire prêter serment, comme aussi de faire prêter serment au Greffier qu'il commettroit au lieu & place du Greffier ordinaire, avant de proceder à aucune procédure, & de ne plus confronter les accusés les uns aux autres, que préalablement ils ne les ayent récollés en leurs interrogatoires, & qu'il n'y ait eu un Jugement qui ait ordonné le récollement, à peine de nullité, & de tous dépens, dommages & intérêts des Parties.

Greffiers doivent tenir Registre des informations.

16. Les Greffiers en toutes Cours & Sieges royaux & de Seigneurs, sont obligés d'avoir des Registres particuliers de toutes les informations & procédures faites en matiere criminelle dans chaque Cour ou Siege, ou qui y sont apportées soit par appel ou autrement, lesquels Registres seront dans leur forme marquée par l'article 18. du titre 6. de l'Ordonnance de 1670, avec cette différence néanmoins que les Registres des Cours supérieures doivent être seulement chiffrés, & contenant au premier feuillet le nombre des feuillets dont ils seront composés; au lieu que les Registres de tous les autres Juges doivent être paraphés en tous les feuillets par le Lieutenant criminel, dans les Justices royales inférieures aux Cours & par le Baillif, Sénéchal, Prévôt ou autre Juge dans les Justices seigneuriales. On ne peut donner d'autre sens à cet article.

Afin que les Juges supérieurs, tant les Cours que les Baillifs & Sénéchaux ou leurs Lieutenans criminels, puissent être informés du devoir & de la diligences des Juges in-

SECT. I.

férieurs en matiere criminelle, ressortissans en leurs Sieges, dans la poursuite des accusés & prévenus de crimes, les Greffiers de chaque Siege inférieur sont tenus d'envoyer par chacun an un extrait de leur Registre criminel au Greffe de chaque Siege Supérieur; & quant aux Greffiers des Sieges supérieurs royaux, comme Bailliages & Sénéchaussées, ils sont obligés d'envoyer au commencement de chaque année un extrait de leur dépôt criminel à M. le Procureur général du ressort, contenant tout ce qui peut être dans leur Greffe pendant l'année précédente, de procédures & Jugemens d'affaires criminelles; article 19 de la même Ordonnance.

Si une enquête peut être convertie en information.

17. Une information peut bien être convertie en enquête, en civilisant l'affaire contentieuse; mais une enquête ne peut jamais être convertie en information, quand même on ordonneroit que le procès à l'ordinaire ou civil feroit poursuivi à l'extraordinaire, & converti en procès extraordinaire; il faudroit commencer par faire informer, comme s'il n'y avoit point eu d'enquête.

Si les dépositions déclarées nulles, peuvent être réiterées.

18. Les dépositions qui auront été déclarées nulles par défaut de formalité, pourront être réiterées, s'il est ainsi ordonné par le Juge, article 14. du même titre de l'Ordonnance. Ainsi jugé par Arrêt rendu en l'Audience de la Tournelle criminelle le 31 Mars 1708.

Ainsi des témoins entendus dans une information declarée nulle, pourront être entendus dans la nouvelle information. Cette maxime n'est point douteuse, & elle se pratique journellement : c'est pourquoi par le Jugement qui déclare une information nulle, & qui ordonne qu'il en sera fait une nouvelle, on ne doit pas manquer de dire que les informations cassées & déclarées nulles, serviront de mémoires; & cela afin que le Juge commis pour faire la nouvelle information, puisse sçavoir les noms des témoins entendus dans l'information annullée, pour pouvoir les faire assigner pour être ouis & entendus dans la nouvelle information. Il y en a qui tiennent que quand même cela ne feroit pas dit, cela feroit de droit, si d'ailleurs il n'y a point de raison particuliere pour exclure les témoins; mais c'est une erreur.

Bornier sur cet article 14. de l'Ordonnance, a cité l'Arrêt du 30 Décembre 1701; rendu sur les conclusions de M. Joly de Fleury, Avocat général, comme ayant jugé que c'étoit une nullité de faire entendre de nouveau ces mêmes témoins, si cela n'a pas été ordonné par l'Arrêt qui a déclaré les informations nulles. Dans l'espéce de cet Arrêt qui est rapporté au *Journal des Audiences*, l'on voit qu'il s'agissoit d'une nouvelle procédure criminelle faite par un Vicegérent; que la premiere faite par l'Official sur le même fait, avoit été déclarée abusive par Arrêt, qui à la vérité n'avoit point ordonné que les témoins entendus en la premiere information, le feroient de nouveau; & cependant ils avoient été entendus dans la nouvelle : mais il y avoit une autre nullité essentielle, en ce que la premiere procédure faite par l'Official assisté du Vicegérent, ayant été déclarée abusive, la seconde procédure n'avoit pû être faite par le même Vicegérent; & aux termes de l'article 37. de l'Edit du mois d'Avril 1695, il auroit fallu que l'Evêque nommât un autre Ecclesiastique pour faire cette seconde procédure. Ainsi on ne peut pas dire que cet Arrêt ait jugé *in terminis* la question dont il s'agit ici.

Mais enfin il faut tenir pour maxime constante, que pour que les témoins entendus dans une information déclarée nulle, puissent être entendus de nouveau, il faut que le Jugement qui l'a déclarée nulle, permette d'entendre les mêmes témoins de nouveau; autrement la nouvelle information feroit encore nulle. Ainsi jugé *in terminis* par Arrêt de la Tournelle criminelle du 24 Mars 1725 : ce qui est fondé sur ledit article 14. du titre 6. de l'Ordonnance de 1670, qui porte que les dépositions qui auront été déclarées nulles par défaut de formalité, pourront être réiterées, *s'il est ainsi ordonné par le Juge*. D'où il résulte que si le Juge ne l'a pas ordonné, les dépositions des mêmes témoins ne pourront point être réiterées. Il y a encore un pareil Arrêt du Samedi 10 Avril 1734, aussi rendu en la Tournelle criminelle, entre Joseph Guintrandy appellant comme d'abus, pour qui plaidoit M. Normant; & M. l'Evêque de Saint Flour, prenant le fait & cause de son Promoteur, Intimé, pour qui plaidoit M. Fuet. Par cet Arrêt il fut dit y avoir abus dans une nouvelle procédure recommencée par un autre Official contre le même accusé, en ce qu'on y avoit entendu les mêmes témoins, sans qu'il y eût de Jugement qui l'eût ordonné. Le premier Official en déclarant la procédure nulle, n'avoit pas dit que les mêmes témoins feroient entendus de nouveau.

Il y a un pareil Arrêt du 11 Décembre 1743, sur les conclusions de M. Joly de Fleury, plaidans Mes. Viel & de la Rue.

19. L'on peut faire des additions d'information, mais toujours en vertu de l'Ordonnance du Juge, & non autrement.

¶ Au reste, il est à observer que dès qu'une information est close par le decret, le Juge ne peut continuer d'informer, sans avoir préalablement rendu une Ordonnance portant que l'information seroit continuée. Ainsi jugé par Arrêt du 13 Mai 1723, portant injonction à ce sujet au Juge de la Perriere.

20. Il est défendu aux Officiers de Justices seigneuriales d'informer contre les Officiers du Roi, faisant les fonctions de leur Charge. Arrêt du Parlement de Paris du 23 Mai 1633. il est rapporté par Bardet, *tome 2. liv. 2. chap. 29*.

21. On n'est point reçu à faire informer de la prétendue mauvaise vie d'autrui; car parmi nous les actions ne sont point populaires. Il y a sur cela un Arrêt du Parlement de Paris du 14 Décembre 1652, rapporté au *Journal des Audiences*.

22. Les Officiers royaux ne peuvent informer contre les Officiers du Siege, pour raison des differens qui naissent entr'eux au sujet de leurs Charges & Jurisdictions; ils peuvent seulement dresser les procès-verbaux respectifs, & les envoyer aux Parlemens pour y être pourvû. Arrêt du Parlement de Paris du 2 Juin 1663, rapporté dans le *Journal des Audiences*.

Officiers royaux ne peuvent informer contre les Officiers du Siége, pour raison des différends au sujet de leurs jurisdictions.

23. Nul Juge royal ou autre ne peut informer hors de son ressort, à peine de nullité de l'information, hors les cas qui lui sont permis par les Edits & Déclarations, ou d'Arrêt qui l'ait commis à cet effet.

Si un Juge peut informer hors de son ressort.

24. Un Juge qui informeroit par commission, ne pourroit être arrêté dans la confection de l'information par l'appel interjetté de sa commission; car ce seroit donner moyen de faire dépérir les preuves. Tout ce que le Commissaire doit faire en procedant à l'information, ce sera d'y mettre, *sans préjudice à l'appel*.

Si un Juge commis peut procéder à l'information, nonobstant appel de sa commission.

¶ En informant pour faits arrivés dans son Territoire, il ne peut délivrer commission rogatoire à un autre Juge pour informer des faits arrivés hors du ressort du premier Juge, à moins qu'il n'en obtienne permission de la Cour. Pareille procédure ayant été faite par les Officiers de Melun, elle a été déclarée nulle par Arrêt d'Audience de la Tournelle du 28 Septembre 1714.

Le Juge ne peut point non plus commettre un Avocat ou autre Patricien, pour aller entendre des témoins domiciliés hors de son ressort; mais il doit décerner une commission rogatoire adressée au plus prochain Juge des lieux où les témoins seront domiciliés, pour les entendre en disposition. Ainsi Jugé par Arrêt du 7 Mai 1709, avec injonction au Lieutenant criminel de Rheims, & ordonné que la procédure sera refaite à ses frais par le Lieutenant criminel de Châlons.

Quand un Juge est commis, il faut qu'il accepte d'abord la commission par une Ordonnance; après quoi il doit faire signifier la commission & l'Ordonnance à l'accusé, pour lui faire connoître son pouvoir. Il est même à propos de faire aussi mention de la commission & de la date dans les procès-verbaux que l'on fait à la tête des informations & autres actes, ainsi que dans les interrogatoires, lors du premier desquels sera fait lecture de la commission avant d'interroger l'accusé.

Quand une commission est adressée au Lieutenant criminel, cela saisit tout le Siége, sans qu'il y soit mis, ou autres Officiers du Siége, suivant l'ordre du Tableau; pour lors si l'Office de Lieutenant criminel est vacant, ou si le premier Officier est absent, le Lieutenant particulier assesseur criminel, ou autre Officier, suivant l'ordre du Tableau, peut & doit proceder en sa place.

Quand la Cour commet le plus prochain Juge royal, cela s'entend des Baillifs & Sénéchaux.

25. La nullité de l'information n'emporte pas tellement la nullité de l'interrogatoire prêté par l'accusé sur cette information, que cet interrogatoire ne puisse être lû & mis en usage lors du Jugement du procès, pour y avoir tel égard que de raison. Mais un décret décerné sur le vû d'une information nulle, l'emprisonnement fait en conséquence de la personne de l'accusé, récollement & confrontation, & tout ce qui s'en est ensuivi est nul, & il faut recommencer toute la procédure & l'instruction; parce qu'une information étant déclarée nulle, tout ce qui a été fait en conséquence, tombe par une suite nécessaire. Tout ce qui se fait en cette rencontre, principalement lorsqu'il s'agit d'un crime grave, est que le

Si la nullité de l'information emporte celle de l'interrogatoire.

SECT. I. Parlement en declarant toute la procedure nulle, même l'emprisonnement nul; ordonne sur le réquisitoire de M. le Procureur général, ou d'un de MM. les Avocats généraux pour M. le Procureur général, que le prisonnier sera transferé sous bonne & sûre garde dans les prisons du Juge où le procès sera renvoyé.

¶ En 1702. la Cour avoit déclaré nulles toutes les informations faites par le Juge de Coutauvaut à Bessé, ensemble les récollemens des témoins, à l'exception néanmoins de déposition d'un témoin, & de son récollement qui subsisteroient, & ordonné que les autres témoins ouis seroient de nouveau entendus & iceux recollés en leursdites dépositions pardevant le Lieutenant criminel de Blois, &c. Il s'agissoit de sçavoir si le décret de prise de corps décerné contre la nommée Soulas, femme Boulay, & celui d'ajournement personnel contre le nommé Villereau, décernés par ledit Juge de Bessé, subsisteroient, les procédures étant annullées, sauf une simple disposition? Le Lieutenant criminel de Blois ayant consulté M. Amyot sur ce point, il lui fit réponse qu'il avoit proposé la question à M. Gaudart, Rapporteur, qui en avoit parlé à M. le Président Potiers, lesquels avoient été d'avis que le Lieutenant criminel pouvoit décreter de nouveau, attendu que les informations avoient été déclarées nulles, & qu'ainsi les décrets ne subsistoient plus.

Si la Partie publique peut rendre plainte d'office, & faire informer.

26. Un Procureur du Roi ou Procureur fiscal peut faire informer sur le bruit public, quoiqu'il n'y ait ni Partie civile ni dénonciateur; & en ce cas il n'est point responsable des intérêts civils ou dommages & intérêts, si l'accusé est renvoyé quitte & absous, pourvû qu'il ne paroisse point avoir agi par animosité. Arrêt du Parlement de Paris du 26 Mai 1691, rapporté dans le *Journal des Audiences*.

¶ 27. L'Ordonnance criminelle porte, au titre 6. des informations, article 3, que les personnes assignées pour être ouies en témoignage, récollées ou confrontées, seront tenues de comparoir pour satisfaire aux assignations, & que les Laïcs pourront y être contraints par amende sur le premier défaut, & par emprisonement de leurs personnes en cas de contumace, même les Ecclésiastiques par amende, au payement de laquelle ils seront contraints par saisie de leur temporel. Ce même article enjoint aux Supérieurs réguliers d'y faire comparoir leurs Religieux, à peine de saisie de leur temporel & de suspension des privileges à eux accordés.

Mais il est à observer que cet article ne s'entend que des Juges Laïcs. Les Officiaux ne peuvent point condamner en l'amende des témoins, faute de comparoir à l'assignation à eux donnée pour déposer, ni ordonner qu'ils y seront contariats par corps: s'ils l'ordonnoient, il y auroit abus. Ainsi Jugé par Arrêt du 19 Mars 1712, donné en l'Audience de la Tournelle criminelle. *Note manuscrite du feu M. Amyot.*

28. Lorsque le Juge reçoit la déposition d'un témoin, il doit lui faire circonstancier tout ce qu'il a vû, & écrire d'aprés sa déposition, sans renvoyer pour abreger à aucun acte de la procédure.

Le Juge de Souzy dans une procédure qu'il instruisit contre le nommé Nicolas Houdouin & sa femme, se contenta de faire rédiger par écrit ce que le témoin lui disoit avoir vû de l'action; mais à l'égard de la situation & de l'état du cadavre de ... trouvé, le témoin dit que tout étoit comme il étoit porté au procès-verbal. M. Pierre-Claude Amyot consulté sur ce point, dit que c'étoit une nullité, que le témoin devoit dire & déposer mot à mot tout ce qu'il avoit vû, & ne point referer la plus grande partie à ce qui étoit porté en un fait dicté par un Juge qui pouvoit être suspect, pouvant aussi avoir oublié quelque circonstances, ou dénaturé les circonstances véritables. Il ajouta que cela ne formoit point une déposition.

L'Arrêt qui intervint le premier Mars 1728. dans cette affaire, le jugea ainsi.

29. L'instruction d'une procédure criminelle doit toujours se faire au lieu de la Jurisdiction & dans l'Auditoire même, & jamais en la maison du Juge. Les cas exceptés sont spécifiés dans un Arrêt du 10. Juin 1711, dont voici la teneur.

Vû par la Cour les plaintes & informations faites pardevant le Lieutenant criminel de Blois, contre les nommés Pothier, le Sueur & Perrin; decret décerné par ledit Juge le 12. Novembre audit an, d'ajournement personnel contre lesdits Pothier & le Sueur, & d'assigné pour être oui contre ledit Perrin; deux requêtes présentées par lesdits Pothier & le Sueur, afin d'être reçus appellans de la procédure extraordinaire contre eux faite, cependant défenses, &c. Conclusions du Procureur général du Roi; oui le rapport de Me. Jean-Jacques Gaudart, Conseillers: tout consideré. Ladite Cour a reçu & reçoit lesdits Pothier & le Sueur appellans; les a tenu pour bien relevés; ordonne que sur lesdites appellations, sur lesquelles leur permet de faire intimer qui bon leur semblera, les Parties auront audience au premier jour ; ordonne que le procès encommencé sera fait & parfait auſdits Pothier & le Sueur en état d'ajournement personnel, par le Lieutenant criminel d'Orléans, jusqu'à Sentence définitive inclusivement, sauf exécution s'il en est appellé ; & à fin seront lesdits Pothier & le Sueur ouis & interrogés de nouveau par ledit Juge sur les faits résultans des charges & informations ; à l'effet de quoi seront les informations & autres charges & procedures extraordinaires étant au Greffe criminel de la Cour, portées au Greffe dudit Lieutenant criminel ; à ce faire le Greffier contraint, quoi faisant déchargé : enjoint au Lieutenant criminel de Blois, lorsqu'il procedera aux interrogatoires & à toutes les instructions qu'il échera de faire en ladite Ville de Blois, de les faire dans lieu où se tient la Jurisdiction du Bailliage de Blois, sans pouvoir à l'avenir de faire aucun interrogatoire ou autre instruction en matiere criminelle *dans sa maison* ; sauf toutefois, en cas de maladie de témoins ou des accusés étant en decret d'ajournement personnel, ou d'assigné pour être oui, de pouvoir par ledit Juge se transporter au lieu où ils sont malades pour faire ladite instruction, & sans rien innover à l'égard des accusés prisonniers, en cas qu'il soit d'usage de proceder aux instructions contre eux en la Chambre de la géole des prisons royales de Blois ; & sans préjudice aussi, en cas de flagrant délit, d'interroger les accusés dans lieu où ils auront été arrêtés, ou autre lieu convenable ; comme pareillement dans le cas d'exoine à l'égard de ceux qui sont en decret de prise de corps, d'y pourvoir ainsi qu'il appartiendra par raison. Fait en Parlement le 10. Juin 1711.

30. Un Juge commis par la Cour, pour un plus amplement informé, ou pour une instruction entiere d'un procès criminel, ne peut commettre un autre Juge en sa place. Ainsi jugé par Arrêt du 9. Avril 1701. ; qui a déclaré nulle la procédure en pareil cas.

SECTION DEUXIEME.

Des Témoins qui doivent être entendus dans l'information.

1. Quoiqu'en matiere civile les parens & aliés des Parties, jusqu'aux enfans des cousins issus de germain inclusivement, ne puissent pas être témoins en matiere civile, pour déposer en leur faveur ni contre eux, & que leurs dépositions doivent être rejettées suivant l'article 2. du titre 22. de l'Ordonnance de 1667, & que suivant la disposition du Droit, *leg.* 3. §. 5. *ff. de testib. leg.* 19. *eod. leg.* 15. §. 1. *ff. de quæstionib.* les impuberes ne peuvent être témoins ; néanmoins en matiere criminelle, les enfans de l'un & de l'autre sexe, quoiqu'au dessous de l'âge de puberté, pourront être reçus à déposer, sauf en jugeant d'avoir par les Juges tel égard que de raison à la nécessité & à la solidité de leur témoignage. C'est la disposition de l'article 2. du titre 6. de l'Ordonnance de 1670 ; & l'article 3. porte que toutes personnes assignées en matiere criminelle pour être ouies en témoignage, recollées ou confrontées, sont tenues de comparoître pour satisfaire aux assignations ; & pourront les Laïcs y être contraints par amende sur le premier défaut, & par emprisonnement de leurs personnes en cas de contumace ; même les Ecclésiastiques par amende, au payement de laquelle ils seront contraints par saisie de leur temporel : enjoint aux Supérieurs réguliers d'y faire comparoître leurs Religieux, à peine de saisie de leur temporel, & de suspension des priviléges à eux accordés par le Roi.

Si toutes sortes de personnes peuvent être témoins en matiere criminelle.

2. Cependant hors le crime de leze-Majesté, il seroit trop dur de vouloir obliger des enfans de déposer dans une information faite contre leurs peres & meres, & les peres & meres contre leurs enfans, des freres contre des sœurs & des sœurs contre des freres, un mari contre sa femme, & la femme contre son mari ; même les parens ou aliés aux degrés portés par l'article 11. du titre 22. de l'Ordonnance de 1667. Aussi voit-on que l'article 3. ci-dessus ne dit pas que toutes personnes seront tenues de déposer, mais dit seulement qu'elles seront tenues de comparoître pour satisfaire aux assignations ; & si en matiere civile les dépositions de pareils témoins, faites en faveur ou contre leurs parens, sont rejettées, il paroît qu'elles doivent l'être à plus forte raison en matiere criminelle, où les preuves doivent être plus solides.

3. A l'égard des serviteurs ou domestiques, quoique leurs Maîtres ne les puissent pas administrer pour témoins, suivant la Loi 24. *ff. de testibus ; testes eos quos accusator de domo produxerit, interrogari non placuit*, *dict. leg.* 24, néanmoins ils sont tenus indistinctement

Si les domestiques peuvent être témoins.

SECT. II.

de déposer, sauf à avoir tel égard que de raison à leur témoignage. Il y a même de cas où leurs dépositions font foi en Justice, quand ils sont témoins nécessaires, comme dans le cas d'une demande en séparation de corps & de biens, pour sévices & mauvais traitemens dont la femme accuse son mari, ou quand le délit a été commis dans la maison, ou dans les champs où il n'y avoit pas d'autres témoins; ce qui est fondé sur la Loi 8. §. 6. *cod. de repud.* qui dit: *Nisi res familiæ sit probanda, quæ per alios difficillimè probari posset.* Et il faut observer que le mot *domestique* s'entend ici de celui qui demeure chez quelqu'un qui lui peut commander, suivant Godefroy sur ladite Loi 24.

Si les Avocats & Procureurs peuvent être contraints de déposer.

4. Quant aux Avocats & Procureurs, c'est une maxime constante, qu'encore que tous ceux qui ont connoissance de l'affaire puissent être contraints d'en déposer, suivant qu'il est porté en la Loi 16. *cod. de testibus*; néanmoins les Avocats & Procureurs ne peuvent point être contraints de déposer ni en matiere civile, ni en matiere criminelle, des faits qu'ils sçavent en cette qualité. C'est ce qui a été décidé par l'Empereur Arcadius en la Loi derniere, *ff. eodem de testib.* en ces termes: *Mandatis cavetur ut Præsides attendant, ne Patroni in causa cui patrocinium præstiterunt, testimonium dicant.* Ainsi jugé par un ancien Arrêt de l'an 1386, rapporté par Papon en ses Arrêts, *livre 9. titre 1. article 21.*

Cela a encore été jugé par un Arrêt tout récent du 27. Janvier 1728, sur les conclusions de M. Gilbert, Avocat général, plaidans Mes. Regnard & Fuet. M. Louis le Clerc, Avocat au Bailliage de Senlis, a été déchargé avec dommages & intérêts d'une demande formée contre lui, à ce qu'il fut tenu de déclarer le nom de la personne entre les main de qui Marie Creusson avoit déposé une somme, ou de la payer, sous prétexte qu'il avoit été consulté par ladite Creusson pour faire ce dépôt, & permis à M. le Clerc de faire lire & publier ledit Arrêt où besoin seroit. Ce qui doit avoir lieu, à moins qu'ils n'ayent été consultés frauduleusement pour empêcher qu'ils ne fussent témoins: *Nisi ob eam causam in fraudem captatum ipsius patrocinium probetur*; Faber *in suo cod. lib. 4 tit. 15. defin. 19. Consilium enim fraudulentum consultori suo damnosum, non utile esse debet*; *leg. procurator 11. §. 1. ff. de dol. mal. except.* Faber aux notes *ibidem.* Ce qui est dit des Avocats & Procureurs, doit s'étendre aux Notaires & autres personnes publiques, auxquels des faits ont été confiés dans leur état & profession.

Mais les uns & les autres sont obligés de déposer même contre leurs cliens, des faits qu'ils sçavent d'ailleurs que par le nécessité de leur profession: *In aliis causis nihil prohibet, quominus testis esse possit, gloss. in leg. fin ff. de testib.* Faber, *loc. cit.*

Il sera parlé ci-après au chapitre 13. sect. 2. des reproches contre les témoins, & de la qualité qu'ils doivent avoir pour faire preuve en matiere criminelle.

SECTION TROISIEME.

Des formalités des informations.

Premiere formalité.

1. Les témoins avant que d'être ouis feront apparoir de l'exploi qui leur aura été donné pour déposer, dont il sera fait mention dans leurs dépositions; article 4. du titre 6. de l'Ordonnance de 1670. Cette mention est nécessaire, à peine de nullité, parce qu'en matiere criminelle tout est de rigueur; & quoique l'article ne porte pas expressément à peine de nullité, il suffit que ce qu'il ordonne soit fondé en raison, & prévienne des abus, pour déterminer les Cours à annuller les procédures: or cette disposition d'Ordonnance est fondée sur ce qu'un témoin qui s'offriroit de lui-même pour déposer, seroit sensé suspect.

Le meme article porte cette exception; Pourront néanmoins les Juges entendre les témoins d'office & sans assignation, en cas de flagrant delit; article 4 du titre 6. de l'Ordonnance de 1670.

Voyez l'Arrêt du 21 Août 1705, rapporté au *Journal des Audiences.*

¶ Cette nullité se trouvoit dans une information faite au Présidial de Metz, à la requête de Me. Braillard, Conseiller au Parlement de cette Ville, contre le nommé Brice Villot; il y avoit plusieurs dépositions, en tête desquelles on s'étoit contenté de mettre *assigné comme dessus.* M. Amyot décide dans une note que c'est une nullité, & qu'il faut à chaque déposition de temoin repéter de nouveau, & détailler la représentation de l'exploit, le nom de l'Huissier & sa matricule. En effet, par Arrêt du 17. Août 1606, la

Cour a déclaré nulle toute cette procédure faite au Présidial de Metz, & a ordonné qu'elle seroit recommencée en la Cour.

Seconde formalité.

2. Les témoins prêteront serment, & seront enquis de leur nom, surnom, âge, qualité, demeure, & s'ils sont serviteurs ou domestiques, parens ou aliés des Parties, & en quel degré, & du tout sera fait mention, à peine de nullité de la déposition, & en dépens, dommages & intérêts des Parties, article 5. L'omission de l'un de ces deux termes, *s'ils sont serviteurs ou domestiques*, emporte la nullité de la déposition. Ainsi jugé par Arrêt du 8 Avril 1702, sur les conclusions de M. Portail, Avocat général, depuis premier Président, rapporte par Bornier sur ledit article 5. Cette Jurisprudence est fondée sur ce que les termes *Serviteurs* & *Domestiques* ne sont pas *synonimes*. ¶. Sous le nom de *Serviteur*, on entend un Laquais, Cocher, Valet-de-pied, Cuisinier, Palfrenier, Postillon, Coureur, & autres portans livrée ; & sous le mot *Domestique*, est compris un Secretaire, Intendant, un Maître d'Hôtel.

Un Aumonier seroit même regardé en pareil cas comme compris sous le mot *Domestique*, dont se sert l'Ordonnance ; de même d'un Précepteur ; de même de tous ceux qui sont à gages ou appointemens. Il en seroit encor de même d'un Gentilhomme qui seroit attaché auprés d'un Prince ou d'un Grand, quoiqu'il n'eût point d'emploi particulier ni servile. Au reste, voyez ce qui a été dit en la section prédédente au sujet des serviteurs & domestiques, & des parens & aliés, quand leur témoignage peut faire foi.

Il est en outre à observer, 1°. que lors & au commencement de la comparation du témoin, il faut lui faire lecture de la plainte qui est la piéce fondamentale ; & en cas de faits nouveaux, il faut aussi lui faire la lecture de la nouvelle plainte. Voyez l'Arrêt du 22. Décembre 1731. Loix criminelles, *t. 2. p.* 425.

2°. Il n'est point nécessaire de faire mention que le témoin a été enquis de son nom, surnom, &c. La mention que ce témoin les a déclaré suffit parce qu'elle suppose l'interpellation dont on ne doit parler qu'en cas que le témoin refuse de faire sa déclaration. L'Ordonnance de Blois, art. 165. oblige les Notaires de faire mention dans les actes, quand les Parties ne signent pas, de la requisition de signer, & de la réponse de la Partie. Sur quoi Ricard, *des Donations*, *part.* 1. *n.* 1526 dit que la mention que le Testateur a déclaré ne pouvoir signer, suppose l'interpellation.

3. Que lorsque l'information se fait à la requête du Procureur du Roi, il ne suffit pas de mettre que le témoin n'est parent, alié, serviteur ni domestique de l'accusé : *il faut mettre*, des Parties ; parce que le témoin peut être parent ou allié, serviteur ou domestique du Procureur du Roi.

4. Quand même le témoin seroit une personne de dignité ou de grande considération, il ne faut pas moins se servir de ces termes exigés par l'Ordonnance, parce que *ubi Lex non distinguit*, *nec nos distinguere debemus.* La disposition de l'Ordonnance étant générale, & ne faisant point de distinction, elle doit être observée en tous les cas ; autrement il y auroit nullité : ainsi jugé par Arrêt du 16. Septembre 1711.

En quel cas les informations peuvent être écrites par un Greffier commis.

5. L'article 6. porte que les Juges, même ceux des Cours, ne pourront commettre leurs Clercs ou autres personnes pour écrire les informations qu'ils feront dedans ou dehors leur Siége, s'il y a un Greffier ou un Commis à l'exercice du Greffe, si ce n'est qu'ils fussent absens, malades, ou qu'ils eussent quelqu'autre légitime empêchement.

Ainsi il résulte de l'article 6. qui est prohibitif, que si les informations faites par les Juges, même par les Cours, étoient écrites par tout autre que le Greffier, ou par un Commis à l'exercice du Greffe, si ce n'est en cas d'absence ou maladie, ou autre empêchement légitime, elles seroient nulles, quand même elles seroient écrites par le Juge même, le Juge ne pouvant en aucun cas les écrire lui-même.

L'article 7. contient une exception au précédent, par rapport aux Commissions émanées du Roi & de son Conseil ; cependant les Conseillers-Commissaires du Grand Conseil sont aussi dans le même usage de se servir de leurs Clercs : mais dans tous ces cas l'on ne peut choisir & commettre un Greffier ; il faut qu'il ait prêté serment devant le Juge ou le Commissaire, & qu'il y en ait un acte antérieur à l'information joint à la procédure extraordinaire.

Depuis l'Ordonnance de 1670, il a été rendu une Déclaration du Roi le 21. Avril 1671, non envoyée ni registrée au Parlement de Paris, laquelle entr'autres choses, en interprétant lesdits articles 9. & 7. de ladite Ordonnance de 1670, étend les défenses portées par

SECT. III.

ledit article 6. aux interrogatoires, procès-verbaux, récollemens, confrontations, & à tous autres actes & procédure en matiere criminelle, sous l'exception portée par ledit art. 7 ; ce qui cependant doit être suivi.

Lorsque le Greffier ordinaire est absent ou recusé ; celui que l'on commet en sa place doit prêter serment à chaque acte de procédure different, dont sera fait mention. Voyez l'Arrêt du 21. Août 1705, rapporté au *Journal des Audiences*.

Le Greffier, ainsi que celui qu'on prend pour commis Greffier en son absence ou recusation, doivent être âgés de vingt-cinq ans, suivant l'Arrêt de Reglement de la Tournelle du 25. Avril 1716.

Troisieme formalité de l'information.

6. La déposition sera écrite par le Greffier en présence du Juge, & signée par lui, par le Greffier, & par le témoin, s'il sçait ou peut signer ; sinon en sera fait mention, & chaque page sera signée & cotée par le Juge, à peine de tous dépens, dommages & intérêts, article 9. La fin de chaque page de la déposition doit être aussi signée par le Juge, le témoin & le Greffier.

Il faut remarquer sur cet article, que s'il étoit prouvé par la voie de l'inscription de faux, que la déposition de chaque témoin ne fût pas écrite en présence du Juge, ou qu'il parût que lui ou le Greffier eussent omis de signer la déposition, ou qu'il eût omis de faire signer chaque témoin au bas de sa déposition, ou de faire mention de la cause pour laquelle il n'auroit pû signer ; l'un de ces défauts de formalités seroit suffisant pour faire annuller la déposition.

Le seul defaut par le Juge de cotter & signer chaque page de la minute des informations, qui doivent être toutes en un même cahier, les une ensuite des autres, emporteroit la nullité de toutes les informations, outre la condamnation des dommages & intérêts contre le Juge.

7. La déposition de chaque témoin doit être rédigée à charge ou à décharge, article 10. c'est àdire, que les circonstances inutiles & étrangeres en doivent être retranchées.

8. Il est dit par l'article 11. que les témoins seront ouis secrettement & séparement, & signeront leur déposition après que la lecture leur aura été faite, & qu'ils auront déclaré qu'ils y persistent, dont mention sera faite par le Greffier, sous les peines portées par l'article 5. ci-dessus. ¶ Ce qui doit même être observé, quoique le témoin ait déclaré ne rien sçavoir des faits portés en la plainte. Ainsi jugé par Arrêt du 4. Mars 1712.

Quatrieme formalité de l'information.

Ainsi le défaut de mention que lecture a été faite au témoin de sa déposition, & qu'il y persiste, opereroit la nullité de sa déposition, & donneroit lieu aux dépens, dommages & intérêts contre le Greffier. Mais voyez *infr. n. 7.*

9. Aucune interligne ne pourra être faite, & sera tenu le Greffier faire approuver les ratures & signer les renvois par le témoin & par le Juge, & de les signer lui-même, sous les mêmes peines ; article 12.

Ainsi les interlignes dans une déposition, quoiqu'elles fussent écrites de la main du Greffier, & approuvées tant par le témoin que par le Juge, annulleroient la déposition, & donneroient lieu aux dépens, dommages & intérêts contre le Greffier, même contre le Juge, s'il ne les avoit approuvées par son paraphe ou signatures A l'égard des ratures, il suffit de simples paraphes pour les approuver. Il en est de même des renvois, quoique l'Ordonnance porte qu'ils doivent être signés. Tel est aussi l'usage par rapport aux informations qui se font au Parlement de Paris, où il suffit que les renvois, de même que l'approbation des ratures, soient paraphés.

Et si le témoin ne sçait ou ne peut signer, il suffira du paraphe des ratures & des renvois par le Juge & le Greffier, sans qu'il soit besoin de leur signature, en faisant mention à la fin de la déposition, que le témoin n'a pû ou ne sçait signer, de ce enquis. Ce défaut de paraphe ou signature des ratures & des renvois, tant par le Juge que par le témoin s'il sçait signer, opereroit la nullité de la déposition, & donneroit lieu aux depens, dommages & intérêts contre le Greffier seulement, & non contre le Juge.

Il faut cependant tenir pour maxime, que le défaut de paraphe ou de signature des ratures & des renvois, tant par le Juge que par le témoin s'il sçait signer, & par le Greffier, opere bien la nullité de la déposition ; mais en déclarant cette déposition nulle, ce n'est jamais aux fraix du Greffier qu'elle doit être faite, mais seulement

ment aux frais du Juge : c'est au Juge de ne s'en pas rapporter au Greffier, il doit revoir par lui même. Ainsi jugé par Arrêt du 9. Avril 1742.

Sixiéme formalité de l'information.

10. L'article 13. est conçu en ces termes : la taxe pour les frais & salaires des témoins, sera faite par le Juge. Défendons à nos Procureurs & à ceux des Seigneurs, & aux Parties, de donner aucune chose au témoin, s'il n'est ainsi ordonné.

Cette taxe se fait, eu égard à la distance de la demeure du témoin & à sa qualité ; c'est à lui à requerir taxe, s'il le juge à propos : l'omission de mention que le témoin a requis ou n'a requis taxe, n'opereroit pas la nullité de sa déposition, non plus que l'omission par le Juge de faire cette taxe.

Enfin, l'on peut donner quelque chose à des pauvres témoins qui viennent de loin pour leur subsistance, mais il faut que cela soit ordonné par le Juge ; sans quoi cela jetteroit du soupçon contre leurs dépositions.

11. ¶ Juge qui procede à une information, ne doit point entendre le témoin par forme d'interrogatoire, ni interprêter les déclarations qu'il fait : il doit entendre de suite la déposition du témoin, & la faire rédiger ainsi qu'il la rend. Il y en a deux Arrêts, l'un du 8. Juin 1711, entre Jean-François Nobla des Rosiers, & Dame Elisabeth de Feret : l'autre du premiere Mars 1718, qui à ce sujet a fait une injonction au Juge d'Etampes.

Stile d'une information.

Information faite par Nous..... *l'on met les nom, surnom, & la qualité du Juge,* & en vertu de notre Ordonnance du..... à la requête du..... contre..... *s'il est dénommé dans la plainte, sinon,* contre certains quidam, joint le Procureur Général du Roi *ou* Fiscal..... à laquelle information avons procedé, assisté de notre Greffier ordinaire, comme il suit. *Il faut datter le jour, & désigner le lieu auquel on procede à l'information.*

Est comparu N..... *mettre les nom, surnom, qualité & demeure du premier témoin qui comparoît* lequel après serment par lui fait de dire vérité, Nous a dit être âgé de.... ou environ, & n'être parent, allié, serviteur ni domestique des Parties, qu'il a dit connoître ou ne pas connoître ; *si au contraire il est parent de l'un ou l'autre, il en faut faire mention, & en quel degré,* & Nous a représenté l'Exploit d'assignation à lui donnée à la requête de..... le..... jour.... de.... pour déposer.

Dépose sur les faits contenus en la plainte rendue par led.... le.... *& dans le préambule des autres dépositions, il suffit de dire :* dépose des faits contenus en ladite plainte, de laquelle lui avons fait faire lecture, que.... *écrire tout ce que dit le témoin tant à charge qu'à décharge,* qui est tout ce qu'il a dit sçavoir : lecture à lui faite de sa déposition, a dit qu'elle contient vérité, y a persisté & signé, *ou* a déclaré ne sçavoir écrire ni signer, de ce enquis suivant l'Ordonnance ; & après qu'il a requis salaire, lui avons taxé.... *& s'il ne veut point de salaire, en faire mention.*

Est aussi comparu, &c. *comme ci-dessus.*

CHAPITRE V.

Des Monitoires.

Voyez le titre 7. de l'Ordonnance de 1670.

Monitoires ce que c'est.

MONITOIRES sont des Lettres qu'on obtient du Juge d'Eglise, en conséquence d'un Jugement du Juge royal, ou autre Juge laïc ou ecclésiastique, même subalterne, & qu'on fait ensuite publier au Prône de la Messe Paroissiale, & afficher à la porte des Eglises & places publiques, par lesquelles il est enjoint, sous peine d'excommunication, de venir à révélation des faits qu'on sçait sur le contenu au Monitoire. On appelle encore dans quelques Provinces cette voie de droit, *Monitions, Querimonies ;* mais le mot de *Monitoires* est le plus commun, & d'ailleurs plus françois.

2. On peut obtenir Monitoires tant en matiere criminelle qu'en matiere civile, mais

toujours dans l'une & l'autre matiere pour crimes graves & scandales publics, & lorsqu'on ne pourroit autrement avoir la preuve, suivant l'article 26. de l'Edit du mois d'Avril 1695, concernant la Jurisdiction ecclésiastique. Voyez ci-après, *nombre* 7.

3. Tous Juges royaux ou non royaux, même les Juges ecclésiastiques, peuvent donner & octroyer la permission d'obtenir Monitoires; article premier du titre 7. de l'Ordonnance de 1670.

Si le Juge d'Eglise peut sur la plainte rendue contre un Ecclésiastique, accorder Monitoire sans la permission du Juge royal.

Quoiqu'il n'y ait pas encore de preuve, si la plainte énonce quelque cas privilégié, c'en est assez, aux termes de l'article 28. de l'Edit du mois d'Avril 1695, pour obliger l'Official d'appeller sur le champ le Juge royal. Voyez ci-devant, *part.* 2. *chap.* 6. *sect.* 4. *n.* 1. Cependant l'Official peut sur la plainte rendue contre un Ecclésiastique, accorder Monitoire sans la permission du Juge royal, quoiqu'il y eût dans la plainte du cas privilégié. Par Arrêt du Conseil d'Etat du 12 Mai 1700, l'on a cassé un Arrêt du Parlement de Dijon, lequel avoit déclaré nulle la concession du Monitoire octroyé par l'Official d'Autun, sur la plainte rendue contre François Benoit, Curé de Millery, pour raison de fréquentations illicites avec des femmes & filles, d'inceste spirituel, de sacrilége, de révélations de confessions, & d'autres faits graves. Augeard, *tome* 3. *chap.* 49.

4. Les permissions d'informer, même d'obtenir Monitoires en conséquence d'une plainte, & les Monitoires, font partie de l'information.

Cas de l'obtention du Monitoire.

5. Pour avoir la permission du Juge d'obtenir Monitoires, il n'est pas nécessaire qu'il y ait un commencement de preuve du fait, crime ou délit, pour raison duquel on veut obtenir la permission de publier Monitoires il suffit que le fait, crime ou délit soit assez grave pour avoir recours à cette voie de droit, qui même auroit lieu, quoiqu'il fût constant qu'il n'y auroit point eu de refus de la part des témoins de déposer en l'information : c'est la disposition du même article 1, parce que les Monitoires sont accordés à défaut de preuves, & lorsqu'on ne peut avoir une preuve complette du fait.

Mais l'on ne peut obtenir permission d'obtenir Monitoires, qu'il n'y ait d'abord permission de faire preuve ou d'informer; ainsi jugé par l'Arrêt du 2, Août 1706, *Journal des Audiences.* Il faut aussi, pour obtenir cette permission, des conclusions des Gens du Roi.

Dans quel tems on peut demander permission de publier Monitoire.

8. On peut demander & obtenir permission de publier Monitoire en tel état que soit la procédure & l'instruction du procès, & avant le Jugement définitif; car la recherche de la vérité, principalement en matiere criminelle, n'a pour ainsi dire point de bornes. Cette voie de droit est souvent nécessaire, & donne de grands éclaircissemens. Tel témoin qui n'a point voulu venir déposer comme témoin, quoique condamné à le faire, suivant la rigueur de l'Ordonnance, pour des motifs secrets & particuliers, est forcé par la crainte des censures de l'Eglise attachées aux Monitoires, & par un remords de conscience, de venir à révélation, après avoir entendu la publication des Monitoires, & des faits qui y sont expliqués : c'est pourquoi l'on a recours à cette voie de Justice, ou lorsqu'on n'a aucune preuve du fait, crime ou délit expliqué en la plainte ou requête, pas même de commencement de preuve, ou parce qu'on n'a point de témoins pour déposer, ou lorsqu'on croit que les témoins entendus dans l'information, ne parlent pas assez positivement sur le fait, crime ou délit en question, comme assassinat, meurtre, homicide, poison, viol, vol, usure, incendie, ou autres crimes graves & atroces, ou pour recelés & divertissemens commis dans une succession, soustration de papiers, libelles diffamatoires, crime de fausse monnoie, & autres faits de cette nature, mais toujours graves & importans dont on croit qu'on ne peut avoir connoissance que par la voie des Monitoires.

Témoins de l'information ne peuvent venir à révélation sur le Monitoire.

Cependant il faut observer que des témoins entendus dans l'information, ne pourroient pas déposer de nouveau sur l'assignation en conséquence du Monitoire, sauf à changer ou ajouter ce qu'ils jugeront à propos lors du récollement. Voyez *supr. chap.* 4. *sect.* 1. *nomb.* 2.

Cas esquels on ne peut accorder Monitoire.

7. Suivant l'article 26. de l'Edit du mois d'Avril 1695, les Archevêques ou Evêques, ou leurs Officiaux ne pourront décerner des Monitoires que pour des crimes graves & scandales publics; & les Juges n'en doivent ordonner la publication que dans les mêmes cas, & lorsqu'on ne pourroit avoir autrement la preuve. Cette voie de Droit doit être fermée pour des accusations légeres, telles que seroient celles intentées pour querelles

ou fixes, quand même il y auroit eu quelques soufflets ou coups donnés : cependant les circonstances font beaucoup par rapport aux excès & mauvais traitemens avec effusion de sang, faits clandestinement & sans témoins.

8. L'obtention des Monitoires de la part de l'Official & Juge d'Eglise, en conséquence de la permission du Juge laïc, est tellement de justice & non de grace, que le Juge d'Eglise ne peut la refuser; autrement il y auroit abus en son refus, & la voie de l'appel comme d'abus seroit ouverte & bien fondée; article 2. *ibid.* Mais quant au Juge auquel on demande la permission de publier Monitoire, il peut l'accorder ou le refuser, suivant ce qu'il croit devoir faire par justice, sur l'exposé des faits & des moyens expliqués & déduits pour l'obtention des Monitoires.

Si le Juge d'Eglise peut refuser Monitoire lorsque le Juge laïc l'a permis.

9. C'est au seul Official ou autre Juge de la Jurisdiction ecclésiastique contentieuse à accorder les Monitoires, & non à l'Evêque ou ses Grands Vicaires, sinon il y auroit abus dans cette obtention; à moins que l'Evêque ne soit dans l'usage d'exercer la Jurisdiction contentieuse par lui-même, comme l'Archevêque de Cambray & quelques autres.

Qui doit accorder Monitoire.

10. Les Monitoires ne doivent contenir d'autres faits que ceux qui sont compris dans le Jugement qui aura permis de les obtenir, à peine de nullité tant des Monitoires que de ce qui a eté fait en conséquence; article 3. *ibidem.* De-là il résulte qu'il faut que les faits soient disertement articulés, expliqués & contenus dans le Jugement; mais il faut d'ailleurs que les mêmes faits soient répétés dans les Monitoires, sans pouvoir y en ajouter d'autres & de nouveaux, à peine de nullité des Monitoires, même d'abus.

Que doit contenir le Monitoire.

Par Arrêt du 26 Février 1707, rendu sur les conclusions de M. le Nain, Avocat général, il fut dit qu'il y avoit abus dans un Monitoire obtenu par des héritiers pour parvenir à la preuve des recelés & divertissemens, dans lesquels on avoit détaillés des faits de suggestion qui n'étoient point dans la Requête sur laquelle on avoit obtenu permission d'informer. Ainsi c'est une maxime, qu'on ne peut insérer dans les Monitoires que les faits dont on a eu permission d'informer. *Journal des Audiences.*

On ne peut insérer dans le Monitoire que les faits dont on a eu permission d'informer.

11. L'Official & le Greffier de l'Officialité doivent garder les minutes des Monitoires que l'Official accorde; Arrêt du Parlement de Paris en la Grand'Chambre du 17 Décembre 1705, sur les conclusions de M. Portail, Avocat général, depuis Premier Président; & cela afin qu'on puisse connoître si le Monitoire ne contient point d'autres faits que ceux compris dans le Jugement qui a permis de l'obtenir, à laquelle connoissance on ne pourroit parvenir que par confrontation de la minute du Monitoire avec le Jugement; car la Partie qui obtient le Monitoire, le retirant des mains du Curé après la publication, il lui seroit facile d'éluder la prévoyance de l'article 3. du titre 7. de l'Ordonnance de 1670. Cet Arrêt est au *Journal des Audiencet.*

On doit garder minute des Monitoire.

12. Les personnes ne peuvent être dénommées ni désignées par les Monitoires, aux peines de l'Ordonnance, article 4. *ibidem*; il faut qu'il n'y ait ni nom ni surnom de l'accusé ou soupçonné de crime, délit ou fait en question. Le Monitoire doit être conçu, quant aux personnes, en termes vagues & généraux; autrement il y auroit abus dans le Monitoire, il faudroit en obtenir un autre. La raison de la disposition de l'Ordonnance est que s'il en étoit autrement, on pourroit donner atteinte à l'honneur & à la réputation d'une personne qui par l'événement se trouveroit innocente.

Monitoire ne doit nommer ni désigner personne.

Il ne faut pas même que les personnes soient désignées dans le Monitoire; c'est-à-dire, qu'il n'est pas permis d'user & de se servir dans le Monitoire, de démonstration ni désignation de la personne accusée ou soupçonnée. Il y a un Arrêt du 28 Juillet 1714. Si on y donne des qualifications, il faut qu'elles soient bien générales. Cependant en mettant la Profession ou Vacation de l'accusé ou soupçonné, vaguement & généralement, cette expression ne passeroit pas pour une désignation prohibée par l'Ordonnance, parce qu'il pourroit y avoir plusieurs autres du lieu de cette Profession ou Vacation. Tout cela dépend de la nature du crime ou délit.

Il y a même quelquefois des désignations nécessaires pour faire connoître ce dont il s'agit à des personnes qui sçavent quelque chose sur le fait du Monitoire, pour les porter à venir à révélation; & cette désignation est quelquefois plus ou moins claire, selon la matiere, les personnes qu'elle peut regarder, & les témoins qu'on voudroit faire venir à révélation; & en cela il ne peut y avoir d'abus, parce que l'objet principal du Monitoire est de parvenir à la connoissance, & à avoir des preuves de certains faits qu'on ne peut connoître parfaitement que par cette voie. Il est toujours défendu de nommer les personnes, mais la prohibition de les désigner n'est pas à beaucoup près si étendue. Par exemple, un Curé est accusé de quelque familiarité avec une personne du sexe dans sa Paroisse à la Campagne. Pour parvenir à la connoissance de ce fait, l'Official décerne un Monitoire dans lequel on désigne un Prêtre Curé. Cette désignation n'est pas un abus, parce qu'on ne peut s'expliquer autrement pour faire entendre ce dont on veut parler, & pour fixer l'objet de l'accusation. D'ailleurs, dans ces sortes de faits la notoriété publique a déja prévenu la désignation. Telles ont été les réflexions de M. Gilbert, Avocat général, sur l'appel comme d'abus interjetté par le sieur Philbert Thomas, Curé de Brugnon, contre M. l'Evêque d'Auxerre, lequel Curé se faisoit un moyen de ce qu'on l'avoit désigné dans un Monitoire sous le nom d'un Curé d'une Paroisse de Campagne dans le Diocèse d'Auxerre; mais par Arrêt du dix-huit Décembre 1734, il fut dit qu'il n'y avoit bus en cette partie.

Si le Curé ou son Vicaire peuvent refuser de publier Monitoire.

13. Il n'est pas permis à un Curé ou son Vicaire de faire refus de publier un Monitoire; autrement il s'exposeroit à la saisie de son temporel, & à le voir donner à l'Hôpital ou aux pauvres du lieu: & si nonobstant cette saisie il persistoit, on feroit commettre d'office par le Juge qui a donné la permission de faire publier Monitoire, un autre Prêtre pour faire la publication du Monitoire; articles 5. & 6. *ibid.* Tout ce que les Curés ou Vicaires peuvent exiger, c'est de se faire donner le droit fixé par l'article 7. du titre 17. de l'Ordonnance de 1670, c'est-à-dire l'honoraire.

Qui peut publier Monitoire.

14. La disposition de ces deux articles fait assez entendre qu'il faut être Prêtre pour faire la publication d'un Monitoire; nul autre Ecclésiastique ne le pourroit, même un Soudiacre ou Diacre. Cependant il arrive ordinairement que quand le Curé célebre la Grand'Messe, le Diacre fait la publication des Bans.

L'on ne doit point faire signifier à personne le Monitoire.

15. Ce feroit un abus de faire signifier ou donner copie d'un Monitoire à ceux qu'on croit pouvoir déposer & venir à révélation. Cet abus a duré du tems au Parlement de Bourdeaux; mais il a été réprimé & condamné par un Arrêt du Conseil du 20 Août 1679.

De l'opposition à la publication du Monitoire.

16. S'il y a opposition à la publication d'un Monitoire, voici ce qu'il faudra faire de la part de l'opposant, & de la part du défendeur à l'opposition.

L'opposant sera tenu par son acte d'opposition d'élire domicile dans le lieu du Siege de la Jurisdiction du Juge qui aura permis d'obtenir Monitoire, à peine de nullité de l'opposition; & de la part du défendeur en opposition, il assignera par simple Exploit, sans Mandement, Ordonnance ou Commission du Juge du procès principal, l'opposant à certain jour & heure, & dans trois jours, à comparoir pardevant ce Juge pour y dire & déduire ses moyens d'opposition, à moins qu'il n'y eût appel comme d'abus de la publication du Monitoire. Cette opposition sera portée à l'Audience au jour marqué; articles 8. & 9. *ibidem.*

Cette opposition doit être jugée à l'Audience, & ne peut point être appointée.

Cette opposition sera nécessairement portée devant le Juge qui aura accordé l'obtention du Monitoire, quel qu'il soit, royal, subalterne ou d'Eglise, & non devant un autre; mais une pareille opposition ne pourra jamais être portée devant le Juge d'Eglise, à moins que l'opposition ne se trouvât formée à la publication d'un Monitoire dont il auroit lui même permis l'obtention en forme de droit, sur le réquisitoire du Promoteur.

C'est une maxime certaine, que sur l'opposition à la publication d'un Monitoire, le Juge ne peut point appointer les Parties: c'est ce qui résulte des premiers termes dudit article 9. que l'opposition sera plaidée au jour de l'assignation, & le Jugement qui interviendra exécuté nonobstant, &c. C'est d'ailleurs ce qui a été jugé par Arrêt rendu en la Tournelle criminelle le Samedi 23 Mars 1743, sur les conclusions de M. Gilbert, Avocat général, par lequel la Cour a déclaré nulle la Sentence d'appointement en droit prononcé par le Juge de Châteauroux, sur une opposition à la publication d'un Monitoire octroyé par l'Official de Bourges; & faisant droit sur les conclusions de M. l'Avocat général, a enjoint audit Juge de Châteauroux d'observer à l'avenir l'Ordonnance, & notamment les articles 8. & 9. du titre 7. de l'Ordonnance de 1670; ce faisant, de juger à l'Audience les oppositions à la publication des Monitoires; plaidans MM. Pincemaille & Prunget.

Deux voies pour attaquer la publication d'un Monitoire.

Il y a deux sortes de voies pour attaquer la publication d'un Monitoire; sçavoir, l'opposition ou l'appel comme d'abus; mais l'une & l'autre voie ne peuvent suspendre

& arrêter la publication du Monitoire ; il faudroit un Arrêt de défenses sur le vû des informations & du Monitoire, & sur les conclusions de M. le Procureur général ; article 9. *ibidem*. Ce qui doit s'entendre quand il y a déja eu des informations ; car s'il n'y en a pas encore eu de faites, il suffit pour obtenir des défenses, de représenter le Monitoire.

17. Si par l'effet de la publication du Monitoire, il vient des témoins à révélation, les révélations seront envoyées cachetées par les Curés ou Vicaires qui les auront reçues, au Greffe du Juge qui aura accordé la publication du Monitoire, ou du Juge devant lequel le procès est pendant ; article 10. *ibidem*.

Des révélations sur la publication du Monitoire.

18. Les révélations doivent être rédigées & écrites par les Curés ou Vicaires, dans un cahier, de leur main, & non par une main étrangere, signées par chaque témoin, s'il sçait ou peut signer, sinon mention sera faite de son refus après en avoir été interpellé ; & en outre, elles seront signées du Curé ou du Vicaire qui les aura reçues.

Qui doit recevoir ces révélations.

Il faut aussi observer qu'on ne doit pas permettre de faire entendre les personnes dénommées & indiquées dans les révélations, mais seulement les révélans dont les révélations sont dans la forme prescrite par ledit article 10. Voyez ci-devant, *nomb.* 17. C'est ce qui a été jugé par l'Arrêt de la Tournelle criminelle du 4 Février 1739, sur les conclusions de M. Gilbert, Avocat général, dans l'affaire de la Demoiselle de Kerbabut, contre le Marquis d'Hautefort.

Cependant il n'y a dans l'Ordonnance de 1570. aucune disposition qui puisse autoriser cette décision. Il semble même qu'elle est contre les vûes que l'on se propose, en fulminant un Monitoire, dont l'objet est d'avoir révélation & connoissance d'un crime : connoissance que le Juge doit se procurer par toutes voies raisonnables, afin de ne pas laisser le crime impuni.

19. Il n'y a que Messieurs les Procureurs généraux, ou les Procureurs du Roi ou Procureurs Fiscaux, ou les Promoteurs, qui puissent prendre & avoir les révélations des témoins en communication en matiere criminelle, & non la Partie civile ; la Partie civile sçaura seulement le nom & le domicile des témoins ; article 11. *ibidem*. Quant à l'accusé, il ne doit avoir ni communication de révélations, ni sçavoir le nom & le domicile des témoins ; tout lui doit être caché à cet égard, parce qu'il ne faut pas qu'il sçache le secret des révélations, ni qui sont les témoins, de crainte qu'il ne se préparât des reproches ou autres moyens contre ces témoins ou leurs dépositions, même qu'il ne cherchât à les faire rétracter par corruption ou autrement.

Qui peut prendre communication de ces révélations.

20. Il n'est pas moins permis à l'accusé de fournir des reproches lors de la confrontation, contre les témoins venus à révélation, que contre les témoins entendus dans l'information.

Des reproches contre les témoins venus à révélation.

21. La Partie civile, s'il y en a une, ou la Partie publique, n'est pas obligée de faire repéter les témoins venus à révélation, ni leurs révélations par forme de dépositions ; & le Juge ne peut pas l'y condamner, l'Ordonnance n'en ayant point parlé : l'accusé peut encore moins y forcer ces mêmes Parties & accusateurs.

22. Quoiqu'un Monitoire ait été déclaré nul & abusif, on peut néanmoins en obtenir un nouveau en forme de droit ; mais on ne peut obtenir deux Monitoires tout à la fois pour un même fait ; il y auroit abus dans cette obtention.

Si l'on peut obtenir un second Monitoire, le premier étant nul.

23. Comme le témoin par révélation ne prête point serment en donnant sa révélation au Curé ou Vicaire ; s'il est répété par forme de déposition, il peut ne pas persister dans ce qu'il avoit dit & expliqué dans sa révélation ; il peut y changer, augmenter & diminuer.

Si le témoin peut changer quelque chose à sa révélation.

24. S'il y a appel comme d'abus de la publication & fulmination du Monitoire, l'Intimé est obligé de communiquer le Monitoire à l'Appellant.

25. Le Juge d'Eglise ne peut pas décerner un Monitoire contre le Juge laïc quel qu'il soit, pas même contre le Greffier de ce Juge, pour fait de Jurisdiction entre le Juge laïc & le Juge d'Eglise ; il y auroit abus dans la Sentence du Juge d'Eglise.

26. Les Curés ou Vicaires seront tenus de lire lors de la publication au Prône, le Monitoire en entier, & non pas le tronquer ; il faut de plus qu'ils en fassent lecture à haute & intelligible voix : cette publication ne peut être fait qu'au Prône de la Messe Paroissiale, & non à Vêpres.

Forme de la publication du Monitoire.

27. Un Monitoire décerné pour avoir par un Laïc mis ses mains violentes sur un Ecclésiastique, & l'avoir excedé & maltraité, doit porter & exprimer le nom d'*Ecclé-*

Du Monitoire décerné contre un Laïc.

siastique : autrement il y auroit abus dans le Monitoire ; d'autant que si l'accusé ne sçavoit pas que ce fût un Ecclésiastique prétendu excedé & maltraité, il ne pourroit pas se défendre sur un pareil fait, & il auroit sujet de dire que c'est un autre qu'un Ecclésiastique.

On ne peut obtenir permission de publier Monitoire sans conclusions de la Partie publique.

28. On ne peut valablement obtenir la permission de publier Monitoire en forme de droit, sans les conclusions du Procureur du Roi ou Procureur Fiscal, ou de M. le Procureur général, si l'affaire est au Parlement ou en un autre Cour supérieure.

Si l'on peut demander à faire preuve de ses faits justicatifs par la voie du Monitoire.

29. Il ne seroit pas permis à un accusé admis à ses faits justificatifs, d'en demander la preuve par la voie du Monitoire ; & le Juge ne pourroit pas, sans blesser les regles, lui accorder en ce cas la permission d'obtenir & publier Monitoire.

Privilege de l'Abbé de sainte Généviéve de pouvoir décerner Monitoire.

30. C'est une ancienne tradition que l'Abbé de Sainte Généviéve de Paris avoit le pouvoir de décerner des Monitoires ; mais par Arrêt du Parlement de Paris du 4 Juillet 1668, rapporté au *Journal des Audiences*, il a été fait défenses à cet Abbé de donner & accorder aucuns Monitoires, sinon dans les causes qui lui seront renvoyées par Arrêt ou par Sentence du Juge laïc, ou qui lui seront dévolues.

Cas esquels on ne peut employer la voie du Monitoires.

31. On ne doit point employer la voie des Monitoires pour les faits d'Aydes & autres impositions de quelque nature qu'elles soient sur le peuple, comme nous l'apprenons des Mémoires du Clergé, *tome 2. part. 1. pag. 79.*

Question sur la publication du Monitoire.

32. On a demandé si un Curé pouvoit refuser de publier un Monitoire, sous prétexte que l'accusé du crime s'étoit confessé à lui, & l'avoit chargé d'offrir des dommages & intérêts à la Partie civile. Il a été décidé & jugé que non, par Arrêt du Parlement de Paris du 29 Juillet 1630, rapporté au *Journal des Audiences*, & par Bardet, *tome 1. liv. 3. chap. 116.* La raison de cette décision, fondée sur ce qu'il n'est pas permis à un Curé chargé de faire la publication & fulmination d'un Monitoire, d'éteindre & supprimer la preuve d'un crime, sous prétexte de confession & de quelque satisfaction offerte.

De la répétition des témoins venu à révélation.

33. Lorsque le Juge procede à l'audition des témoins venus à révélation, en conséquence d'un Monitoire publié & fulminé, il est tenu de rédiger mot à mot tous les faits desquels chacun des témoins pourra avoir connoissance, sans se pouvoir servir desdites révélations que comme mémoires seulement. C'est ce qui a été jugé par Arrêt du Parlement de Paris du 18 Février 1699, rapporté par Hory, Pratique des Officialités, *pag.* 95. En un mot, la répétition des témoins venus à révélation en conséquence de la publication d'un Monitoire, doit contenir tout au long toutes les dépositions des témoins. Il y a un autre Arrêt du 20 Décembre 1708, qui en conséquence a ordonné que la répétition des témoins venus à révélation, seroit refaite aux dépens du Juge de S. Amand.

Cas auquel on peut obtenir Monitoire.

34. L'empêchement qui auroit été fait par des voies illégitimes à une personne de faire son Testament, est un crime grave ; on peut permettre d'obtenir & publier Monitoire sur ce fait ; & pareillement qu'un Testament olographe, ou la minute d'un Testament fait pardevant Notaires, a été jetté au feu, déchiré ou supprimé par un héritier *ab intestat.*

Si la voie du Monitoire a lieu en cas de recelés & divertissemens.

35. Quoiqu'une accusation de recelés & divertissemens puisse se trouver par la voie de l'information & des Monitoires ; néanmoins après que cette preuve est faite, le Juge doit convertir l'information en enquête, par rapport à la veuve ou aux enfans accusés de ce fait, sauf à eux à faire preuve ou contraire, après avoir toutefois subi interrogatoire : mais à l'égard des étrangers, comme valets, serviteurs, domestiques ou autres qui ont diverti à leur profit, l'instruction du procès se continuera extraordinairement contr'eux, parce qu'à leur égard ces faits sont regardés en ce comme vol & larcin, suivant qu'il a été jugé par Arrêt du dix-neuf Avril 1698, rapporté au *Journal des Audiences.*

Si le Pape peut accorder Monitoire en France.

36. Enfin on ne peut point se pourvoir en Cour de Rome pour y obtenir des Monitoires ou Lettres Monitoriales ; il y auroit de l'abus dans l'obtention, parce qu'en ce cas le Pape entreprendroit sur la Jurisdiction des Ordinaires ou Evêques de France, même sur la Jurisdiction laïque. Frain en rapporte un Arrêt du Parlement de Brétagne du mois d'Août 1613 : c'est dans le trente-septieme plaidoyer de son Recueil d'Arrêts.

Modele de Jugement portant permission d'obtenir & faire publier Monitoires.

Il faut observer que si le Plaignant par sa Requête contenant plainte, a demandé permission d'informer, même d'obtenir & faire publier Monitoire, il suffit de l'Ordonnance du Juge au bas de la Requête portant permission d'informer des faits ci-dessus, circonstances & dépendances, même d'obtenir & faire publier Monitoire en la forme de droit.

Mais si la Requête est postérieure à la plainte, il faut un Jugement conçu en ces termes.

Extrait des Registres de .....

Sur la Requête à Nous présentée par .... contenant que le .... jour de .... *expliquer les faits de la Requête*, requerant qu'il Nous plût lui permettre d'obtenir & faire publier Monitoire en forme de droit, sur les faits contenus en ladite Requête, pour avoir révélation d'iceux; Nous avons permis au Suppliant, *ou au Procureur du Roi ou Fiscal*, d'obtenir & faire publier Monitoire en forme de droit sur les faits ci-dessus, circonstances & dépendances, pour les révélations rapportées, être ordonné ce qu'il appartiendra. Fait ce .....

Monitoire.

Officialis ..... on met de quel Diocese, *omnibus Parochis nobis subditis eorumque Vicariis, salutem in Domino.*

Vû le Jugement rendu par .... le .... sur la Requête de .... plaignant à notre Mere Sainte Eglise, Nous vous mandons d'admonester par trois Dimanches consécutifs aux Prônes de vos Eglises, tous ceux & celles qui ont connoissance que le jour de.... certains quidams .... *répéter les faits portés Jugement, qui permet d'obtenir & publier le Monitoire*, qui sçavent & connoissent les auteurs & complices, fauteurs & adhérans desdits quidams, & où ils se sont réfugiés, & généralement tous ceux & celles qui des faits ci-dessus, circonstances & dépendances, en ont vû, sçu, connu, entendu, oui dire, ou apperçu aucune chose, ou y ont été présens, consenti, donné conseil ou aide en quelque sorte & maniere que ce soit, d'en venir à révélation par eux ou par autrui, dans trois jours après la publication des Présentes; sinon Nous userons contr'eux des censures ecclésiastiques, & selon la forme de droit, Nous nous servirons de la peine d'excommunication. *Datum sub sigillo Curiæ nostræ, anno Domini ....*

CHAPITRE VI.

Du Faux principal, & Faux incident, & de la reconnoissance des Ecritures & Signatures en matieres criminelle.

LE faux principal commence par une plainte, dénonciation, ou accusation de faux contre l'auteur de la prétendue fausseté & ses complices, ou contre certains quidams. Le faux incident est ainsi appellé, parce qu'il commence par une inscription en faux, formée par l'une des Parties contre une piéce prétendue fausse, produite dans un procès ou instance par l'autre Partie qui en veut tirer avantage; en l'un & l'autre cas la reconnoissance des écritures & signatures est souvent nécessaire.

L'Ordonnance du mois de Juillet 1737, regîstrée au Parlement de Paris le 11. Décembre suivant, & ensuite dans toutes les Cours du Royaume, a été rendue pour tenir lieu à l'avenir des dispositions contenues aux titres 8 & 9 de l'Ordonnance de 1670. Elle contient trois titres. Dans le premier, il est traité du faux principal; dans le second, du faux incident; & dans le troisiéme, de la reconnoissance des écritures & signatures en matiere criminelle.

Nous allons suivre le même ordre ; & pour une plus grande facilité, chaque Titre sera divisé en différens paragraphes, enfin de chacun desquels l'on donnera le stile de chaque procédure, autant qu'il sera nécessaire.

Au reste, voyez sur la nature du faux, ce qui a été dit, *part.* 1. *chap.* 2. *sect.* 1. du crime de faux.

TITRE PREMIER.

Du Faux principal, avec le stile des Procedures.

§. I.

De la Plainte & permission d'informer.

Le faux principal se poursuit comme les autres crimes, par dénonciation, ou plainte & accusation, sans consignation d'amende, inscription en faux, ni sommation ; article 1.

La vérification des piéces, hors en poursuite de faux principal ou incident, n'empêche l'accusation de faux ; article 2.

Les piéces prétendues fausses doivent être jointes à la plainte, si le plaignant les a en sa possession ; article 3.

Sur la plainte, il sera ordonné qu'il sera informé des faits y portés, & ce tant par titres que par temoins, comme aussi par experts ; ensemble par comparaison d'écritures ou signatures, le tout selon que le cas le requerra ; art. 3.

De sorte que le Juge peut ordonner toutes ces preuves ensemble, ou une seulement : mais s'il n'a pas ordonné en même tems ces différens genres de preuves, il pourra y suppléer, s'il y échet, par une Ordonnance ou un Jugement postérieur ; art. 3.

Ainsi il peut être ordonné conjointement ou séparément trois différentes sortes de preuves ou informations, selon les circonstances ; sçavoir, tant par titres que par témoins, par experts, ou par comparaison d'écritures & signatures.

Si lesdites piéces sont jointes à la Requête, l'Ordonnance ou Jugement contiendra en outre, qu'il sera dressé procès-verbal de l'état d'icelles, & qu'à cet effet elles seront remises au Greffe ; art. 4.

Voyez *suprà* chapitre premier, section 6, le Stile des Plaintes, Dénonciations, & Ordonnances ou Jugemens, portant permission d'informer.

Au reste, il y a quatre choses à observer. La premiere est de joindre à la Requête de plainte, la piéce arguée de faux, si on l'a en sa possession ; auquel cas l'Ordonnance ou Jugement portant permission d'informer, ordonnera en même tems qu'il sera dressé procès-verbal de la piéce argée de faux, & qu'à cet effet elle sera remise au Greffe.

La seconde est de demander par la Requête de la plainte, permission d'informer des trois manieres ci-dessus expliquées, ou de l'une seulement selon les circonstances du faux ; sauf à revenir dans la suite aux autres manieres d'informer, s'il en est besoin.

La troisiéme est que si le plaignant n'a pas en sa possession la piéce arguée de faux, il faut qu'il demande par sa même Requête de plainte, que celui qui l'a en sa possession soit contraint de la remettre au Greffe dans la forme prescrite ci-après, §. 2.

La quatriéme est que s'il s'agit d'informer par Experts, il faut demander par la même Requête, qu'ils soient nommés d'office. Voyez ci-après, §. 4.

§. II.

De l'apport & remise des piéces prétendues fausses, & du tems auquel l'information par témoins peut être faite.

Si au contraire lesdites ne sont pas jointes à la plainte, la même Ordonnance ou Jugement portera qu'elles seront remises au Greffe par ceux qui les auront entre les mains, & qu'à ce faire ils seront contraints ; sçavoir, les dépositaires publics, par corps, ou s'ils sont Ecclésiastiques, par saisie de leur temporel ; & ceux qui ne sont pas dépositaires publics, par toutes voies dûes & raisonnables ; sauf à être ordonné, s'il y échet, qu'ils y seront contraints par les mêmes voies que les dépositaires publics ; article 5.

Ainsi

Ainsi lorsque les piéces prétendues fausses se trouveront avoir été soustraites, ou être perdues, ou lorsqu'elles seront entre les mains de celui qui sera prévenu du crime de faux, les Juges peuvent ordonner que les dépositaires en Justice desdites piéces, ou ceux qui les auront soustraites, ou si l'accusé les a entre les mains, qu'ils y seront contraints par corps, quoiqu'ils ne soient pas Parties publiques ; puisque d'ailleurs par l'article 7 il a laissé à la prudence des Juges d'y statuer, & qu'il y a lieu en ces trois cas de prononcer la contrainte par corps.

Les délais pour l'apport & remise desdites piéces sont fixés par l'article 6 à trois jours, quand celui contre lequel la contrainte est décernée demeure dans le lieu de la Jurisdiction ; à huitaine dans les dix lieues. En cas de plus grande distance, le délai sera augmenté d'un jour par dix lieues, même de tel autre tems que les Juges estimeront nécessaire, eu égard à la difficulté des chemins, & à la longueur des lieues ; sans néanmoins qu'en aucun cas ce délai puisse être réglé sur le pied de plus de deux jours par dix lieues.

§. III.

Du tems auquel l'Information par témoins peut être faite.

Aucuns témoins ne pourront être entendus avant que les piéces prétendues fausses ayent été déposées au Greffe, à peine de nullité ; si ce n'est qu'il ait été ordonné expressément, soit en accordant la permission d'informer, soit par une Ordonnance ou Jugement postérieur, que les témoins pourront être entendus avant le dépôt desdites piéces ; ce qui est laissé à la prudence des Juges ; article 7.

Il sembleroit que cette disposition seroit illusoire, & qu'il paroît en résulter qu'il n'y aura de nullité, pour avoir procedé à l'information par témoins avant l'apport & remise desdites piéces au Greffe, qu'autant que les Juges voudront bien qu'il y en ait, puisqu'ils sont les maîtres d'ordonner cette information antérieure avant le dépôt des piéces prétendues fausses.

Mais ce n'est point là l'esprit de cet article 7 ; le Juge ne peut ordonner qu'il sera procedé à l'information par témoins, que quand les piéces prétendues fausses se trouveront avoir été soustraites ou être perdues, ou lorsqu'elles se trouveront entre les mains de celui qui sera prévenu du crime de faux ; ainsi qu'il est porté par ce même article 7.

Voyez le Stile des Informations à la fin du chapitre 5. Au reste, il faut observer ce qui est prescrit ci-après, §. 8.

§. IV.

De la nomination des Experts, récusation & reproches d'iceux.

Les Experts seront toujours nommés d'office, à peine de nullité ; & la même Ordonnance ou Jugement qui ordonnera l'information par Experts, en contiendra la nomination ; si ce n'est que ladite nomination ait été renvoyée à un Juge commis sur les lieux pour procéder à ladite information, lequel Juge commis sera pareillement d'office ladite nomination ; art. 8.

Les Experts ne peuvent point être récusés, sauf à être reprochés par l'accusé, en la même forme & dans le même tems que les témoins. Si le Juge recevoit une telle récusation, il y auroit nullité ; article 9. Ce qui par conséquent emporteroit la nullité de tout ce qui seroit fait en conséquence, suivant ledit article 9.

§. V.

Du procès-verbal de l'état des piéces prétendues fausses.

Le procès-verbal de l'état des piéces prétendues fausses, ratures, surcharges, interlignes, & autres circonstances du même genre qui pourront s'y trouver, sera dressé au Greffe, ou autre lieu du Siége destiné aux instructions, en présence tant de la Partie publique, que de la Partie civile, s'il y en a, à peine de nullité ; & l'accusé ne sera point appellé audit procès-verbal ; article 10.

Lesdites piéces seront paraphées lors dudit procès-verbal, tant par le Juge, que par la Partie civile, si elle peut les parapher, sinon il en sera fait mention, ensemble par la Partie publique, le tout à peine de nullité, après quoi elles seront remises au Greffe ; article 11.

De même si la Partie civile ne sçait ou ne peut signer, il en sera fait mention, à peine de nullité ; art. 21.

Si la Partie civile se présente par son fondé de procuration ; voyez ci-après, §. 18.

Modele d'un Procès-verbal contenant l'état de la piéce arguée de faux.

L'An .... *ou* Aujourdhui .... Nous .... en vertu de notre Ordonnance du .... Nous étant transportés au Greffe de .... *ou* en la Chambre du Conseil, en présence du Procureur du Roi *ou* Fiscal, & de .... plaignant & accusateur, *ou* de .... fondé de la procuration spéciale, à l'effet du présent Acte, de .... plaignant & accusateur, passée devant .... Notaires le .... laquelle est demeurée annexée à la minute des Présentes, après avoir été paraphée par Nous & par ledit .... notre Greffier nous a représenté .... *Il faut faire la description de la piéce arguée de faux, sa nature, & sommairement ce qu'elle contient, pardevant quel Notaire elle a été passée, & sa date*, étant sur .... feuille de papier, ou parchemin, commençant par ces mots .... *&c.* & finissant à la .... page du .... feuillet, par ces autres mots .... *Il faut faire mention des renvois, ratures, surcharges & interlignes, si aucuns y a, & marquer la page, feuillet & lignes où ils sont, & s'il y a des blancs, il faut les barrer & en faire mention.* Laquelle piéce a été paraphée par Nous, par le Procureur du Roi *ou* Fiscal, & par ledit .... fondé de procuration dudit .... & ont signé *ou* déclaré ne sçavoir signer, de ce enquis. Ce fait icelle piéce a été par Nous remise ès mains de notre Greffier. Fait les jour & an que dessus.

Et s'il y a procuration, il faut ajouter : *ensemble ladite procuration.* En ce cas la procuration doit être annexée à la plainte.

§. VI.

Des Piéces de comparaison des Ecritures ou Signatures.

En cas de preuve ordonnée par comparaison d'écritures ; la Partie publique & la Partie civile, s'il y en a, pourront seules fournir les piéces de comparaison, sans que l'accusé puisse être reçu à en présenter de sa part, à peine de nullité, si ce n'est dans le tems & ainsi qu'il est dit par les articles 46. & 54 ; article 12.

Ainsi, comme on le verra ci-après, §. 16, l'accusé ne peut être admis à fournir des piéces de comparaison, ni à demander qu'il soit entendu de nouveaux Experts, soit sur les anciennes piéces de comparaison, ni sur de nouvelles, qu'après l'instruction achevée & par délibération du Conseil, sur le vû du procès, à peine de nullité.

Ne pourront être admises pour piéces de comparaison, que celles qui seront autentiques par elles-mêmes ; article 13.

Le même article 13. explique quelles sont les piéces qui doivent être regardées comme autentiques. Ce sont les signatures apposées aux Actes passés devant Notaires, ou autres personnes publiques, tant séculieres qu'ecclésiastiques, dans les cas où elles ont droit de recevoir des Actes en ladite qualité : comme aussi les signatures étant aux Actes judiciaires faits en présence du Juge & du Greffier, & pareillement les piéces écrites & signées par celui dont il s'agit de comparer l'écriture, en qualité de Juge, Greffier, Notaire, Procureur, Huissier, Sergent, & en général comme faisant à quelque titre que ce soit, fonction de personne publique.

Les écritures ou signatures privées ne peuvent être admises pour piéces de comparaison, à peine de nullité, si elles n'ont été reconnues par l'accusé, quand même elles auroient été vérifiées avec lui sur sa dénégation ; article 14.

Il est laissé à la prudence des Juges, suivant l'exigence des cas, notamment lorsque l'accusation de faux ne tombera que sur un endroit de la piéce qu'on prétendra être faux ou falsifié, d'ordonner que le surplus de ladite piéce servira de piéce de comparaison ; article 15.

Il en sera de même pour l'apport des piéces indiquées pour piéces de comparaison, que de ce qui est prescrit par les articles 5 & 6 à l'égard des piéces prétendues fausses, article 16. Ainsi voyez ci-devant, §. 2.

Sur la présentation des piéces de comparaison, qui sera faite par la Partie publique ou la Partie civile, sans qu'il soit donné aucune Requête à cet effet, il sera dressé procès-verbal desdites piéces au Greffe, ou autre lieu du Siége destiné aux instructions, en présence de ladite Partie publique, ensemble de la Partie civile, s'il y en a, à peine de nullité; article 17.

L'accusé ne pourra être présent au procès-verbal de présentation des piéces de comparaison, aussi à peine de nullité; article 18.

Et à la fin dudit procès-verbal, & sur la réquisition, ou sur les conclusions de la Partie publique, le Juge reglera ce qu'il appartiendra, sur l'admission ou le rejet desdites piéces, si ce n'est qu'il juge à propos d'ordonner qu'il en sera par lui referé aux autres Officiers du Siége, auquel cas il y sera pourvû par délibération de Conseil, après que ledit procès-verbal aura été communiqué à la Partie publique & à la Partie civile; article 19.

Si les piéces de comparaison sont rejettées, la Partie civile ou publique sera tenue d'en rapporter ou d'en indiquer d'autres dans le délai qui sera prescrit, sinon il y sera pourvû ainsi qu'il appartiendra; & sur l'apport desdites piéces, l'article 16 ci-dessus sera observé; article 20. Ainsi voyez ci-devant, §. 2.

Si elles sont admises, elles seront paraphées, tant par le Juge que par la Partie publique, & par la Partie civile, s'il y en a, & si elle peut signer, sinon il en sera fait mention, le tout à peine de nullité, article 21; & en cas d'admission desdites piéces, elles demeureront au Greffe pour servir à l'instruction, sauf aux Juges à y pourvoir autrement, s'il y échet, pour ce qui concerne les Registres des Baptêmes, Mariages, Sépultures, & autres, dont les dépositaires auroient besoin continuellement pour le service du public, article 16.

Requête de l'Accusateur qui n'a pas en sa possession les piéces qu'il veut donner pour piéces de comparaison, pour les faire apporter & remettre au Greffe.

A......

S. h..... disant que par Ordonnance *ou* Jugement du .... intervenu sur la plainte du Suppliant, il lui a été permis entr'autres choses d'informer & faire preuve des faits contenus en icelle, par comparaison d'écritures & signatures. Pour cet effet, le Suppliant entend fournir pour piéces de comparaison .... *marquer ici les piéces;* & comme lesdites piéces sont en la possession de ... demeurant à ..... le Suppliant a recours à .... pour lui être sur ce pourvû. Ce consideré .... il vous plaise ordonner que dans ..... jour .... ledit .... sera tenu d'apporter ou faire apporter & remettre au Greffe de ..... les piéces ci-dessus énoncées, moyennant salaire raisonnable, suivant la taxe qui en sera faite par .... sinon & à faute de ce faire dans ledit délai, & icelui passé, en vertu de l'Ordonnance *ou* Jugement qui interviendra sur la présente Requête, sans qu'il en soit besoin d'autre, que ledit ... y sera contraint par toutes voies dûes & raisonnables; *si c'est un dépositaire public, ou quelqu'un qui ait soustrait lesdites piéces; ou si c'est l'accusé qui les ait entre les mains, l'on ajoute :* même par corps; *& si c'est un Ecclésiastique, l'on met :* à peine de saisie de son temporel; *l'on peut même conclure indéfiniment, que ceux qui ont les piéces entre les mains soient contraints par corps;* *sauf au Juge dans son Ordonnance ou Jugement, s'il s'agit d'un Ecclésiastique, ou autre personne non publique, à mettre :* sauf à être ordonné ci-après, s'il y échet, que ledit ... y sera contraint par les mêmes voies qu'un dépositaire public, & par corps.

Procès-verbal de l'état des piéces de comparaison, sur la représentation qui en sera faite par l'accusateur, s'il les a en sa possession, ou sur la représentation qui en sera faite par le Greffier, après qu'elles auront été remises au Greffe, en vertu de l'Ordonnance ou Jugement intervenu sur la susdite Requête, & du Commandement fait en conséquence.

L'an.... *ou* Aujourd'hui ..... Nous ..... nous étant transportés au Greffe de .... *ou* en la Chambre du Conseil de .... où étant en présence du Procureur du Roi *ou* Fiscal, & de ..... accusateur en faux *ou* de ..... foudé de la procuration spéciale dudit .... à l'effet des Présentes, passée pardevant .... Notaires, *ou* : ... Notaire, & .... témoins, le .... laquelle est demeurée annexée à la minute du présent procès-verbal, après avoir été paraphée par Nous & par ledit ... porteur d'icelle, *ou* laquelle après avoir été paraphé par Nous & par ledit ..... a été annexée à la minute du précédent procès-verbal, par Nous fait le ..... ledit .... *ou* notre Greffier Nous a représenté ..... *énoncer les piéces*, desquelles piéces ledit ..... accusateur en faux, prétend se servir pour piéces de comparaison, & ont signé *ou* fait refus, de ce interpellé, *ou* déclaré ne sçavoir signer, de ce enquis.

Et à l'instant le Procureur du Roi *ou* Fiscal Nous a requis de recevoir lesdites piéces pour piéces de comparaison, *ou* a déclaré qu'il n'empêche pour le Roi que lesdites piéces ne soient reçues pour piéces de comparaison, *ou* a requis que lesdites piéces soient rejettées, & a signé.

Sur quoi Nous ordonnons que lesdites piéces seront admises pour piéces de comparaison dans l'accusation de faux intentée par ledit ... contre ... & ont en conséquence été lesdites piéces paraphées par Nous, par le Procureur du Roi *ou* Fiscal, & par ledit ... *ou* & a déclaré ledit ... ne sçavoir signer, de ce enquis. Ce fait, icelles piéces ont été par Nous remises ès mains de notre Greffier; *l'on ajoute*, ensemble ladite Procuration, *si elle n'a pas été annexée au précédent procès-verbal*; & ordonnons que lesdites piéces demeureront au Greffe, pour servir d'instruction dans ladite accusation de faux. Fait les jour & an que dessus.

Si les piéces ainsi admises pour piéces de comparaison sont des Registres de Baptêmes, Mariages, Sépultures, & autres dont les dépositaires auroient besoin continuellement pour le service du Public, le Juge pourra ordonner que lesdites piéces seront remises par le Greffier aux dépositaires d'icelles, quoi faisant, il en demeurera déchargé, à la charge par lesdits dépositaires de rapporter & représenter lesdites piéces à la premiere sommation qui leur en sera faite.

Si le Juge trouve de la difficulté à admettre lesdites piéces pour piéces de comparaison, il pourra ordonner qu'il en sera referé aux autres Officiers du Siege, toujours après le paraphe desdites piéces dont il sera fait mention comme ci-dessus; & en ce cas il faudra communiquer le procès-verbal à la Partie civile, & au Procureur du Roi ou Fiscal, par la voie du Greffe; & sur les conclusions par écrit de la Partie publique, l'on rendra un Jugement sur vû des piéces portant admission ou rejet desdites piéces.

Mais si par le procès-verbal les piéces sont rejettées, il sera inutile de les parapher, mais seulement il faudra faire mention qu'elles ont été remises à la Partie qui les a représentées, ou au Greffe, pour être rendues à ceux qui les ont apportées; & par la même Ordonnance ou Jugement, il faudra ordonner que la Partie civile, s'il y en a une, sinon la Partie publique, sera tenue dans le délai qui sera prescrit, d'en rapporter ou indiquer d'autres, sinon qu'il y sera pourvû ainsi qu'il appartiendra.

En ce cas, pour obtenir Ordonnance ou Jugement, portant que les piéces indiquées seront apportées & remises au Greffe par les dépositaires d'icelles, voyez *suprà* §. 2, & ce qui a été expliqué ci-dessus.

§. VII.

Des Informations par Experts.

Il n'y aura en aucun cas, ni vérification préalable des piéces prétendues fausses, ni rapport d'Experts, à peine de nullité; ils doivent être entendus séparément & par forme de déposition, comme les autres témoins; article 22.

En procedant à ladite information, la plainte ou requête contenant l'accusation de faux, & la permission d'informer donnée en conséquence, les piéces prétendues fausses, & le procès-verbal de l'état d'icelles, les piéces de comparaison, lorsqu'il en aura été fourni, ensemble le procès-verbal de l'état d'icelles, & l'Ordonnance ou Jugement par lequel elles auront été reçues, seront remis à chacun des Experts, pour les voir & examiner séparement & en particulier, sans déplacer; & sera fait mention de la remise & examen desdites piéces dans la déposition de chacun des Experts, sans qu'il en soit dressé aucun procès-verbal, lesquels Experts parapheront les piéces prétendues fausses, le tout à peine de nullité; article 23.

Modele d'information par Experts.

Information par Experts, *& si l'information ou preuve par piéces de comparaison a aussi été ordonnée, l'on ajoute*, & par piéces de comparaison, faite par Nous ... en vertu de notre Ordonnance *ou* Jugement du .... à la requête de .... contre ... joint le Procureur du Roi *ou* Fiscal, à laquelle information Nous avons procedé comme il suit.

Du ..... jour de .....

Est comparu .... l'un des Experts nommés d'office par notredite Ordonnance *ou* Jugement du .... lequel après serment par lui fait de dire vérité, Nous a dit être agé de ... & n'être parent, allié, serviteur ni domestique des Parties ; comme aussi Nous a déclaré qu'il lui a été remis au Greffe par notre Greffier la plainte contenant l'accusation de faux, intentée par ..... contre .... l'Ordonnance *ou* Jugement portant permission d'informer, donné en conséquence le .... la piéce arguée de faux, qui est ..... *énoncer ladite piéce*, le procès-verbal de l'état d'icelle, du .... les piéces de comparaison consistant en .... piéces, la premiere du .... &c. *énoncer lesdites piéces*, le procès-verbal de présentation desdites piéces de comparaison, avec l'Ordonnance étant au bas *ou* Jugement, par lequel elles ont été reçues, toutes lesquelles piéces ledit ... a pareillement déclaré avoir vûes & examinées séparément & en son particulier sans déplacer dudit Greffe ; & après avoir paraphé ladite piéce arguée de faux, & après Nous avoir fait apparoir de l'exploit d'assignation à lui donnée le .... à la requête de .... en vertu de notre Ordonnance du .... dépose, &c. *l'Expert fait son rapport en forme de déposition* ; lecture à lui faite de sa déposition, a dit qu'elle contient vérité, y a persisté & signé ; & après qu'il a requis salaire, lui avons taxé ......

Est aussi comparu .... *comme dessus*.

Il sembleroit que le défaut d'assignation aux Experts pour déposer, & de la mention de l'Exploit, ne seroit point une nullité, puisqu'ils ont été nommés d'office par le Juge à l'effet de déposer ; cependant comme ces dépositions d'Experts doivent être reçues par forme d'information, il est plus a propos d'en observer les formalités.

Il faut observer que l'on prend une Ordonnance du Juge, pour assigner les Experts à jour & heure pour déposer.

§. VIII.

Des Informations par Témoins.

Seront en outre entendus comme témoins ceux qui auront connoissance de la fabrication, altération, & en général de la fausseté desdites piéces, ou de faits qui pourront servir à en établir la preuve ; à l'effet de quoi sera permis d'obtenir, s'il y écher, & faire publier des Monitoires ; ce qui pourra être ordonné en tout état de cause, article 24.

En procédant à l'audition desdits témoins, les piéces prétendues fausses leur seront représentées, si elles sont au Greffe ; & en cas qu'elles n'y fussent pas, la représentation en sera faite lors du récollement ; & si elles n'étoient pas au Greffe même audit tems, la représentation s'en fera lors de la confrontation ; article 25.

Ils parapheront lesdites piéces lors de la représentation qui leur en sera faite, s'ils peuvent ou veulent les parapher, sinon il en sera fait mention, art. 26 ; & les piéces servant à conviction qui auront été remises au Greffe, seront pareillement représentées, lors de leurs dépositions, à ceux desdits témoins qui en auront connoissance, & seront aussi paraphées : article 27. Cependant en cas d'omission desdites représentations & paraphes, il y pourra être suppléé à la confrontation, à peine de nullité de ladite confrontation ; article 28. Ainsi ladite peine n'aura lieu qu'à l'égard de la confrontation, article 45 ; mais les piéces de comparaison ne seront point représentées aux témoins, à moins que le Juge en procédant à l'information ou récollement, ou à la confrontation, n'estime à propos de les leur représenter, ou quelques-unes d'icelles, auquel cas elles seront par eux paraphées comme dessus ; article 29.

Et si les témoins représentent quelques piéces, soit lors de leur déposition, ou du récollement, ou de la confrontation, elles y demeureront jointes, après avoir été paraphées, tant par le Juge que par lesdits témoins, s'ils peuvent ou veulent le faire, sinon il en sera fait mention ; & si lesdites piéces servent à conviction, elles seront representées aux témoins qui en auroient connoissance, & qui seroient entendus, récollés ou confrontés depuis la remise desdites piéces, & elles seront par eux paraphées, le tout suivant ce qui est prescrit par les articles 27 & 28 ci-dessus ; article 40.

Pour la forme de cette information de témoins, voyez le stile des informations, à la fin du chapitre 4. *suprà*, en observant néanmoins, ce qui est dit ci-dessus au sujet de la représentation & paraphe par chaque témoin, tant de la piéce arguée de faux, & autres piéces servant à conviction, qui seront aussi représentées à chaque témoin, que des piéces qui seront représentées par lesdits témoins.

§. IX.

Du Decret.

Sur les conclusions de la Partie publique, & sur le vû des informations, soit par Experts, soit par autres témoins, ou par titres, il sera decerné, s'il y échet, tel decret qu'il appartiendra ; article 30.

Pour la forme des décrets, voyez à la fin du chapitre 7.

§. X.

De l'Interrogatoire des Accusés.

Lors de l'interrogatoire des accusés, les piéces prétendues fausses, comme aussi les piéces servant à conviction, qui seront actuellement au Greffe, leur seront représentées, & par eux paraphées, s'ils peuvent ou veulent le faire, sinon il en sera fait mention ; & en cas d'omission de ladite représentation & paraphe, il y sera suppléé par un nouvel interrogatoire, à peine de nullité du Jugement qui seroit intervenu sans avoir réparé ladite omission ; article 31. Mais le procès-verbal desdites piéces prétendues fausses, ni les piéces de comparaison, ni le procès-verbal de présentation d'icelles, ni l'Ordonnance ou Jugement par lequel elles auront été reçues, ne pourront être représentés aux accusés avant la confrontation ; article 32.

Et si l'accusé représente des piéces lors de ses interrogatoires, elles y demeureront jointes, après avoir été paraphées, tant par le Juge, que par ledit accusé, s'il peut ou veut les parapher, sinon il en sera fait mention ; article 41.

Pour la forme de l'interrogatoire, voyez à la fin du chap. 11, en observent les formalités ci-dessus, tant sur la présentation des piéces qui doit être faite à l'accusé, que sur la représentation des piéces qu'il peut faire lui-même.

§. XI.

Du corps d'Ecriture par l'Accusé.

En tout état de cause, même après le réglement à l'extraordinaire, les Juges pourront ordonner, s'il y échet, à la requête de la Partie civile, ou sur le réquisitoire de la Partie publique, ou même d'office, que l'accusé sera tenu de faire un corps d'écriture tel qu'il lui sera dicté par les Experts, article 33 ; lequel corps d'écriture sera fait au Greffe, ou autre lieu du Siége destiné aux instructions, en présence de la Partie publique, ensemble de la Partie civile, s'il y en a, ou elle dûement appellée, à la requête de la Partie publique : sera ledit corps d'écriture paraphé, tant par le Juge, les Experts & la Partie publique, que par la Partie civile, si elle peut & veut le faire, sinon il en sera fait mention, ensemble par l'accusé, s'il veut le parapher, & ce en présence desdits Experts ; & en cas qu'il refuse de la faire, il en sera fait mention, le tout à peine de nullité ; article 34. A la fin du procès-verbal, & sans qu'il soit besoin d'autre Jugement, le Juge ordonnera, s'il y échet, que ledit corps d'écriture sera reçu pour piéce de comparaison, & que les Experts seront entendus par voie de déposition, en la forme prescrite par l'article 23, sur ce qui peut résulter dudit corps d'écriture comparé avec les piéces prétendues fausses ; ce qui aura lieu, encore qu'ils eussent déja déposé sur d'autres piéces de comparaison, sans préjudice au Juge, s'il y échet, d'en nommer d'autres, ou d'en ajouter de nouveaux aux premiers; ce qu'il ne pourra faire néanmoins que par délibération du Conseil, à l'effet de quoi il en sera par lui référé aux autres Juges; art. 35.

Requête pour faire ordonner le corps d'Ecriture par l'Accusé.

A........

S. h.... disant que sur la plainte & accusation de faux rendue par le Suppliant, contre.... permission d'informer notamment par Experts & comparaison d'écriture & signature, le Suppliant a fourni plusieurs piéces de comparaison qui ont été admises & reçues pour l'instruction du faux, & ensuite les Experts nommés d'office ont été entendus dans l'information qui a été faite à cet effet, sur laquelle & autres, *s'il y a eu d'autres informations*, ledit.... accusé a été décreté de..... au moyen de quoi le Suppliant a tout lieu d'espérer qu'il y a preuve complette du crime de faux dont il s'agit, contre ledit.... & qu'il en est l'auteur; néanmoins pour un plus grand éclaircissement & pour une plus parfaite conviction, le Suppliant souhaiteroit que ledit.... accusé, fût obligé de faire un corps d'écriture, en conformité de l'Ordonnance du mois de Juillet 1737.

Ce considéré... il Vous plaise ordonner que ledit... accusé, sera tenu de faire un corps d'écriture tel qu'il lui sera dicté par lesdits Experts, ou autres nouveaux Experts tels qu'il Vous plaira de nommer, lequel corps d'écriture sera fait au Greffe de... ou autre lieu servant aux instructions, en présence de M. le Procureur du Roi *ou* Fiscal, ensemble du Suppliant, ou lui dûement appellé, à la requête de M. le Procureur du Roi *ou* Fiscal, dont il sera dressé procès-verbal pardevant Vous, pour être ledit corps d'écriture reçu pour piéce de comparaison, & être lesdits Experts entendus par voie de déposition sur ce qui peut résulter dudit corps d'écriture comparé avec la piéce arguée de faux par le Suppliant; & vous ferez bien.

Au bas de cette Requête, la Partie publique mettra ses conclusions, portant : *Je n'empêche*, ou *je requiers*, &c.

Ensuite le Juge mettra son Ordonnance; & si elle est conforme aux conclusions de la Requête, il suffira qu'il mette : *Soit fait ainsi qu'il est requis par la Requête ci-dessus du Suppliant, & pardevant les mêmes Experts.* S'il juge à propos d'ajouter d'autres Experts, ou d'en nommer de nouveaux, en ce cas il ordonnera qu'il en sera référé aux autres Juges.

Le Juge peut aussi ordonner d'office ce corps d'écriture.

Procès-verbal de corps d'Ecriture fait par l'Accusé.

L'an.... *ou* Aujourd'hui.... Nous.... en vertu de notre Ordonnance du... [Nous étant transportés au Greffe, ou en la Chambre de.... à la requête de.... Accusateur, où étant en présence du Procureur du Roi *ou* Fiscal, & dudit... Accusateur, *ou en son absence*, dûement appellé, à la requête du Procureur du Roi *ou* Fiscal, suivant l'Exploit de... contrôlé le... comme aussi en présence de... Experts par Nous nommés d'office: *si l'Accusé est prisonnier*, *l'on met*, Nous avons commandé au Géolier d'amener ici ledit... accusé, ce qui ayant été fait : *s'il n'est point prisonnier*, *mais seulement décrété d'assigné pour être oui*, *ou d'ajournement personnel*, *& qu'il se soit représenté à l'assignation à lui donnée à cet effet*, *à la requête de la Partie publique*, *l'on en fait mention*, *& ensuite l'on dit*: Nous avons ordonné audit accusé de faire sur le champ un corps d'écriture de sa main, tel qu'il lui sera dicté par lesdits Experts; à quoi ledit... a obéi & fait ledit corps d'écriture, lequel a été paraphé par Nous, par le Procureur du Roi *ou* Fiscal, par ledit accusateur, & par lesdits Experts, ensemble par ledit... accusé; *& s'il fait refus de parapher ledit corps d'écriture*, *il faut en faire mention & de l'interpellation*; & ont signé, *ou* fait refus, de ce interpellé, *ou* déclaré ne sçavoir signer, de ce enquis; & à l'instant le Procureur du Roi *ou* Fiscal a requis ou conclu à ce que ledit corps d'écriture soit reçu pour piéce de comparaison.

Sur quoi, oui le Procureur du Roi *ou* Fiscal en ses conclusions, Nous ordonnons que ledit corps d'écriture sera reçu pour piéce de comparaison, & que lesdits Experts seront de nouveau entendus par voie de déposition, sur ce qui peut résulter dudit corps d'écriture comparé avec la piéce arguée de faux; à l'effet de quoi seront remis à chacun desdits

Experts par le Greffier, & sans déplacer dudit Greffe, la plainte, permission d'informer, la piéce arguée de faux, le procès-verbal de l'état d'icelle, les autres piéces de comparaison, le procès-verbal de présentation d'icelles, l'Ordonnance *ou* Jugement par lequel elles ont été reçues pour piéces de comparaison, ensemble ledit corps d'écriture & le susdit procès-verbal d'icelui, pour par lesdits Experts voir toutes lesdites piéces, & les examiner chacun séparément & en particulier. Fait les jour & an que dessus.

Si l'accusé étant en état d'assigné pour être oui, ou d'ajournement personnel, ne se présentoit pas à l'assignation pour faire ledit corps d'écriture, il faudroit instruire la contumace contre lui en la maniere accoutumée. Voyez à cet effet le chap. 7.

Après ce procès-verbal, l'on entend les Experts en leurs dépositions, comme ci-devant. Voyez ci-dessus §. 7.

§. XII.

Des nouveaux Experts, & des nouvelles Piéces de comparaison.

Il est laissé à la prudence des Juges, en cas de diversité dans la déposition des Experts, ou de doute sur la maniere dont ils se seront expliqués, d'ordonner sur la réquisition de la Partie publique, ou même d'office, qu'il sera entendu de nouveaux Experts en la forme prescrite par les articles 22 & 23; voyez ci-devant §. 7; même qu'il sera fourni de nouvelles piéces de comparaison: ce qu'ils pourront ordonner, s'il y échet, avant que décreter, ou après le décret, jusqu'au réglement à l'extraordinaire; après quoi ils ne pourront l'ordonner que lorsque l'instruction sera achevée, & en jugeant le procès. Et en cas que ce soit l'accusé qui fasse une pareille demande, sera observé ce qui est prescrit par les articles 46 & 54 ci-après; article 36.

Ces articles 46 & 54 portent, qu'en cas que ce soit l'accusé qui fasse une pareille demande, les Juges n'y pourront avoir égard qu'après l'instruction achevée, & par délibération de Conseil, sur le vû du procès, à peine de nullité. Voyez ci-après l'article 46. au §. 17.

§. XIII.

Du Récollement & confrontation des Experts après le Réglement à l'extraordinaire.

Lors du recollement des Experts, les piéces prétendues fausses & les piéces de comparaison seront représentées auxdits Experts, & tant à eux qu'aux accusés, lors de la confrontation, à peine de nullité. Au surplus, le recollement & la confrontation desdits Experts se feront en la même forme que le recollement & confrontation des autres témoins, sans néanmoins qu'il soit besoin d'interpeller lesdits Experts de déclarer si c'est de l'accusé présent qu'ils ont entendu parler dans leur déposition & recollement, à moins qu'ils n'ayent déposé des faits personnels audit accusé; article 37.

Pour la forme du recollement & confrontation des Experts, voyez le stile à la fin du chapitre 13, en observant ce que dessus.

§. XIV.

Du Recollement & de la confrontation des autres Témoins.

En procédant au recollement des témoins autres que les Experts, les piéces prétendues fausses seront représentées ausdits témoins, comme aussi les piéces servant à conviction, & en général toutes celles qui leur auront été représentées lors de leur déposition; & en cas que lesdites piéces prétendues fausses n'ayant été remises au Greffe que depuis leur déposition, elles leur seront représentées, & par eux paraphées lors dudit recollement, suivant ce qui est prescrit par les articles 25 & 26; ce qui aura lieu pareillement pour les piéces servant à conviction dont lesdits témoins auroient connoissance, & qui auroient été remises au Greffe depuis ladite déposition; comme aussi pour celles dont la représentation auroit été omise lors de l'audition desdits témoins, suivant ce qui est porté par par l'article 28; art. 38.

Toutes

Toutes les piéces qui auront été représentées auxdits témoins, tant lors de leur déposition, que lors de leur recollement, leur seront représentées, ainsi qu'à l'accusé, lors de la confrontation; & en cas que les piéces n'ayent été remises au Greffe que depuis ledit recollement, elles seront représentées auxdits témoins, & par eux paraphées lors de ladite confrontation, suivant ce qui est prescrit par les articles 25 & 26; ce qui aura lieu pareillement pour les piéces servant à conviction dont lesdits témoins auroient connoissance, & qui n'auroient été remises au Greffe que depuis ledit recollement; comme aussi pour celles dont la représentation auroit été omise lors de la déposition & du recollement, suivant ce qui est porté par l'article 28; art. 39.

Et si lesdits témoins représentent quelques piéces lors du recollement ou de la confrontation, voyez ci-devant la disposition de l'article 40. §. 8. des informations par témoins *in fine*. Si l'accusé avoit représenté des piéces lors de son interrogatoires; elles seront aussi représentées ausdits témoins, s'il y échet; auquel cas elles seront par eux paraphées, s'ils peuvent ou veulent le faire, sinon il en sera fait mention; art. 41.

Et si l'accusé représente des piéces lors de la confrontation, elles y demeureront pareillement jointes, après avoir été paraphés, tant par le Juge que par l'accusé, & par le témoin confronté avec ledit accusé; & si ledit accusé & ledit témoin ne peuvent ou ne veulent les parapher, il en sera fait mention, le tout à peine de nullité de ladite confrontation; & seront lesdites piéces représentées, s'il y échet, aux témoins qui seroient confrontés depuis, & par eux paraphés, ainsi qu'il est porté par l'article 41; art. 42.

Pour la forme du recollement des témoins, & de la confrontation, voyez le stile à la fin du chapitre 13, en observant ce que dessus.

§. XV.

Du Recollement des Accusés sur leurs interrogatoires, & de la confrontation des uns aux autres.

Lorsqu'il aura été ordonné que les accusés seront recollés sur leurs interrogatoires, & confrontés les uns aux autres: les piéces qui auront été représentées à chaque accusé, ou qu'il aura rapportés lors de ses interrogatoires, lui seront pareillement représentées lors de son recollement, & tant à lui qu'aux autres accusés, lors de la confrontation; & sera au surplus observé sur ladite représentation & sur le paraphe desdites piéces, ce qui est prescrit par les articles 38, 39, 40. & 41, art. 43.

Voyez pareillement à la fin du chapitre 13 le stile du recollement des accusés sur leurs interrogatoires, & confrontation des uns aux autres.

§. XVI.

Observations générale sur le paraphe & la représentation des Piéces.

Dans tous les cas où il a été ordonné par les articles précédens; que les piéces prétendues fausses ou autres piéces, seront paraphées, soit par le Juge, soit par les Experts ou autres témoins, soit par les accusés, ou qu'il sera fait mention à l'égard desdits témoins ou accusés, qu'ils n'ont pû ou n'ont voulu les parapher, il suffira de faire parapher lesdites piéces, ou de faire ladite mention dans le premier acte lors duquel lesdites piéces seront représentées, sans qu'il soit besoin de réiterer ledit paraphe ou ladite mention, lorsque les mêmes piéces seront de nouveau représentées; art. 44.

Ainsi quand une fois une piéce a été paraphée par une personne, ou qu'elle en a fait refus, cela suffit.

La peine de nullité par le défaut de représentation aux témoins, autres que les Experts, des piéces prétendues fausses, ou servant à conviction, & de paraphe desdites piéces, n'aura lieu qu'à l'égard de la confrontation, lorsqu'on n'y aura pas suppléé à l'omission de représentation ou de paraphe desdites piéces; auquel cas les Juges ordonneront qu'il sera procedé à une nouvelle confrontation, lors de laquelle lesdites piéces seront représentées ausdits témoins, & par eux paraphées en la forme ci-dessus prescrite; ce qui sera pareillement observé à l'égard des accusés, lorsqu'il aura été ordonné qu'ils seront recollés & confrontés les uns aux autres ; art. 45.

Ainsi le défaut de représentation & paraphe des piéces se peut reparer à la confrontation.

§. XVII.

Des faits justificatifs.

En cas que l'accusé présente une Requête pour demander qu'il soit remis de nouvelles piéces de comparaison entre les mains des Experts, les Juges ne pourront y avoir égard qu'après l'instruction achevée, & par délibération du Conseil sur le vû du procès, à peine de nullité ; art. 46.

Si la Requête de l'accusé est admise, le Jugement lui sera prononcé dans vingt-quatre heures au plûtard ; & il sera interpellé par le Juge d'indiquer lesdites piéces, ce qu'il sera tenu de faire sur le champ : il est laissé néanmoins à la prudence des Juges de lui accorder un délai, suivant l'exigence des cas, pour indiquer lesdites piéces, sans que ledit délai puisse être prorogé ; & ne pourra l'accusé présenter dans la suite d'autres piéces que celles qu'il aura indiquées ; le tout sans préjudice à la Partie civile ou à la Partie publique de contester lesdites piéces ; art. 47.

Il y auroit nullité d'admettre pour piéce de comparaison les écritures ou signatures privées de l'accusé, encore qu'elles eussent été par lui reconnues, ou vérifiée avec lui, si ce n'est du consentement, tant de la partie publique que de la partie civile, s'il y en a ; art. 48.

L'apport & remise des nouvelles piéces de comparaison se feront à la requête de la Partie publique, & les dispositions des articles 13. & 16. seront observées, tant par rapport à la qualité desdites piéces de comparaison, qu'en ce qui concerne l'apport & remise d'icelles au Greffe ; article 49. Ainsi voyez ci-devant §. 2. & 5.

Le procès verbal de présentation des nouvelles piéces de comparaison indiquée par l'accusé, sera fait à la requête de la Partie publique & dressée, en présence dudit accusé, lequel paraphera les piéces qui seront reçues, s'il peut ou veut les parapher, sinon il en sera fait mention, le tout à peine de nullité, & en cas que ledit accusé ne soit pas dans les prisons, & ne présente point pour assister audit procès-verbal, il y sera procedé en son absence, après qu'il aura été dûement appellé à la requête de la Partie publique : sera au surplus observé tout ce qui a été ci-dessus prescrit par rapport au procès-verbal de présentation des piéces de comparaison, rejet ou admission d'icelles, & procedures à faire en conséquence ; art. 50. Ainsi voyez ci-devant, §. 5.

En cas que les piéces de comparaison soient admises, il sera procedé à une nouvelle information sur ce qui peut résulter desdites piéces, dans la forme prescrite par les articles 22. & 23, & ce à la requête de la Partie publique, & par les mêmes Experts qui auront été déja entendus, à moins qu'il n'en ait été autrement ordonné ; art. 51. Ainsi voyez ci-devant, §. 6.

Le même article 51. porte, que les anciennes piéces de comparaison seront remises entre les mains des Experts, ainsi que les nouvelles, ensemble les procès-verbaux de présentation, & les Ordonnances ou Jugemens de reception de toutes lesdites piéces.

La Partie civile ou la Partie publique peuvent être admises à produire de nouvelles piéces de comparaison en tout état de cause, même dans le cas où il n'auroit pas été permis à l'accusé d'indiquer de nouvelles piéces de comparaison ; le tout à la charge de se conformer aux dispositions des articles 13. & suivans, notamment en ce qu'il y est porté que l'accusé ne sera point présent au procès-verbal de présentation des piéces de comparaison rapportées par la Partie publique ou par la Partie civile ; art. 52. Voyez ci devant, §. 5.

Lorsqu'à l'occasion des nouvelles piéces de comparaison indiquées par l'accusé, la Partie publique ou la Partie civile, s'il y en a, en auront aussi produit de leur part, les Juges pourront, après que lesdites piéces auront été reçues en la forme ci-dessus marquée, ordonner, s'il y échet que sur les unes & les autres il sera procedé à une seule & même information par Experts ; article 53.

Si l'accusé demande qu'il soit entendus de nouveaux Experts, soit sur les anciennes piéces de comparaison, ou sur de nouvelles, les Juges ne pourront l'ordonner, s'il y échet, qu'après l'instruction achevée, & par délibération de Conseil sur le vû du procès : ce qui sera observé, à peine de nullité ; art. 53.

S'il est ordonné qu'il sera procedé à une information par de nouveaux Experts, ils seront toujours nommés d'office, & entendus en la forme prescrite par les articles 22 & 23, le tout à peine de nullité ; art. 54. Voyez ci-devant, §. 6.

Dans le cas de l'article 36, & des articles, 46, 47, 52, 53, 54, & 55. ci-dessus, où il aura été procedé a une nouvelle information ; soit sur de nouvelles piéces de comparaison, ou par de nouveaux Experts, les Juges pourront la joindre au procès, pour en jugeant y avoir tel égard que de raison, ou décerner de nouveaux decrets s'il y échet, ou ordonner sans decret que les Experts entendus dans ladite information seront recollés & confrontés, ou y statuer autrement suivant l'exigence des cas ; ce qui est laissé à leur prudence ; article 56.

§. XVIII.

De la Procuration de la Partie civile, en cas d'absence.

Dans tous les procès verbaux où la présence de la Partie civile est requise, suivant ce qui a été réglé ci-dessus, il sera permis à ladite partie civile d'y faire assister au lieu d'elle le porteur de sa procuration, qui ne sera admise qu'en cas qu'elle soit spéciale & passée devant Notaires ; article 57.

Quand on dit devant Notaires, c'est-à-dire qu'il faut que la procuration soit passée pardevant deux Notaires, ou un Notaire & deux témoins, suivant les usages des lieux où les procurations sont passées.

Ladite procuration sera annexée à la minute de l'Acte pour lequel elle aura été donnée, à elle ne concerne qu'un seul Acte ; & si elle en concerne plusieurs elle sera annexée la minute du premier Acte, lors duquel elle aura été représentée ; & sera paraphée, tant par le Juge que par le porteur d'icelles, lequel paraphera, en outre toutes les piéces qui devroient être paraphées par ladite partie civile, si elle étoit présente ; & en cas qu'il refuse de les parapher, il y sera pourvû par les Juges sur les conclusions de la Partie publique, ainsi qu'il appartiendra ; article 58.

§. XIX.

Du Jugement définitif, & de son exécution

Lorsque les premiers Juges auront ordonné la suppression, ou lacération, ou la radiation en tout ou en partie, même la réformation ou le rétablissement des piéces par eux déclarées fausses, il sera sursis à l'exécution de ce chef de leur Jugement, jusqu'à ce que les Cours, sur le vû du procès & sur les conclusions de la Partie publique, il y ait été pourvû ainsi qu'il appartiendra : ce qui aura lieu, encore que la Sentence fût de nature à pouvoir être exécutée sans avoir été confirmée par Arrêt, & qu'il n'y en eût aucun appel, ou que l'accusé y eût acquiescé dans le cas où il peut le faire ; article 59.

Néanmoins l'accusé pourra être mis en liberté dans ledit cas d'acquiescement de sa part à la Sentence, lorsqu'il n'y aura point d'appel *à minimâ* interjettée par la Partie publique ; article 60. Ce qui doit toujours s'entendre, lorsque la Sentence est de nature à pouvoir être exécutée sans avoir été confirmée par Arrêt.

En cas que le Jugement soit rendu par contumace contre les accusés ou aucuns d'eux, la surséance portée par l'article 59. aura lieu tant que les accusés contumax ne se représenteront pas, ou ne seront point arrêtés ; ce qui sera observé, même après l'expiration des cinq années ; & en cas que les contumax se présentent, ou qu'ils soient arrêtés, ladite surséance aura pareillement lieu, si le Jugement qui interviendra contradictoirement avec eux, contient à l'égard des piéces fausses quelques-unes des dispositions mentionnées en l'article 59 ; article 61.

L'exécution des Arrêts des Cours qui contiendront quelques-unes des dispositions mentionnées dans l'article 56, sera pareillement sursise, lorsque lesdits accusés ou aucuns d'eux auront été condamnés par contumace, si ce n'est que dans la suite il en soit ordonné autrement par lesdites Cours, s'il y échoit, & ce sur les conclusions de la Partie publique, ce qui est laissé à leur prudence, suivant l'exigence des cas; article 62.

Par le Jugement de condamnation ou d'absolution qui interviendra sur le vû du procès, il sera statué ainsi qu'il appartiendra sur la remise des piéces, soit à la Partie civile, ou aux témoins, ou aux accusés qui les auront fournies ou représentées; ce qui aura lieu, même à l'égard des piéces prétendues fausses, lorsqu'elles ne seront pas jugées telles; & à l'égard des piéces qui auront été tirées d'un dépôt public, il sera ordonné qu'elles seront remises ou renvoyées par les Greffiers aux dépositaires d'icelles par les voies en tels cas requises & accoutumées; le tout sans qu'il soit rendu séparement un autre Jugement sur la remise desdites piéces, laquelle néanmoins ne pourra être faite que dans le tems; article 63.

§. XX.

De retrait & remise des piéces après le Jugement.

Lorsque les procès seront de nature à être portées ès Cours, sans même qu'il y ait appel de la Sentence des premiers Juges, suivant les dispositions de l'Ordonnance de 1670; & pareillement lorsqu'il y aura appel de ladite Sentence, les piéces dont la remise y aura été ordonnée, ne pourront être retirées du Greffe, jusqu'à ce qu'il y ait été pourvû par lesdites Cours; article 64.

Si les procès ne sont pas de la nature marquée par l'article 64, quoiqu'il n'y eût point d'appel de la Sentence, ou que l'accusé y eût acquiescé, aucune desdites piéces ne pourra être retirées que six mois après ladite Sentence. Il est enjoint aux Substituts des Procureurs Généraux, ou aux procureurs d'office, d'informer diligemment les Procureurs Généraux du contenu au Jugement rendus dans leurs Siéges en matiere de faux, même par contumace, pour être par lesdits Procureurs Généraux fait en conséquence telles requisitions qu'ils jugeront nécessaires; article 65.

Lorsque le procès pour crime de faux aura été instruit ès Cours, ou qu'il y aura été porté, lesdites piéces ne pourront être retirées du Greffe, qu'après l'Arrêt définitif qui en aura ordonné la remise; article 66.

Dans les cas portés par les articles 59, 61, 62, où il doit être sursis à l'exécution des Sentences ou Arrêts qui contiendroient à l'égard des piéces déclarées fausses quelqu'une des dispositions mentionnées ausdits articles, il sera pareillement sursis à la remise des piéces de comparaison ou autres piéces, si ce n'est qu'il en soit autrement ordonné par les Cours, sur la Requête des Dépositaires desdites piéces, ou des Parties qui auroient intérêt d'en demander la remise, & sur les conclusions de la Partie publique esdites Cours; article 67.

Il est enjoint aux Greffiers de se conformer exactement aux articles précédens en ce qui les regarde, à peine d'interdiction, d'amende arbitraire applicable au Roi ou aux Hauts-Justiciers, & des dommages & intérêts des Parties, même d'être procedé extraordinairement contre eux, s'il y échet; article 68.

§. XXI.

De l'expédition des Piéces déposées au Greffe.

Pendant que lesdites piéces demeureront au Greffe, les Greffiers ne pourront délivrer aucunes copies ni expéditions des piéces prétendues fausses, ou servant à conviction, si ce n'est en vertu d'un Jugement, qui ne pourra être rendu que sur les conclusions de la Partie publique; & à l'égard des Actes dont les originaux ou minutes auront été remis au Greffe, & notamment des Registres sur lesquels il y auroit des Actes non argués de faux, lesdits Greffiers pourront en délivrer des expéditions aux Parties qui auront droit d'en demander, sans qu'ils puissent prendre de plus grands droits que ceux qui seroient dûs aux dépositaires desdits originaux ou minutes; & sera le présent article exécuté, sous les peines portées par l'article 68; art. 69.

§. XXII.

Des Transactions.

Voyez ci-après le titre du Faux incident, §. 21.

TITRE SECOND.

Du Faux incident, avec le stile des Procédures.

§. I.

Quand la poursuite du Faux incident a lieu, & peut être reçue.

La poursuite du faux incident aura lieu lorsqu'une des Parties ayant signifié, communiqué ou produit quelque piéce que ce puisse être dans le cours de la procédure, l'autre Partie prétendra que ladite piéce est fausse ou falsifiée; art. 1.

Ladite poursuite pourra être reçue, s'il y échet, encore que les piéces prétendues fausses ayent été vérifiées, même avec le Demandeur en faux, à d'autres fins que celles d'une poursuite de faux principal ou incident, & qu'en conséquence il soit intervenu un Jugement sur le fondement desdites piéces comme véritable; article 2.

§. II.

Comment se forme la demande en Faux incident.

La Partie qui voudra former la demande en faux incident, présentera une Requête tendante à ce qu'il lui soit permis s'inscrire en faux contre les piéces qui y seront indiquées, & à ce que le Défendeur soit tenu de déclarer s'il entend se servir desdites piéces: sera ladite Requête signée du Demandeur, ou du porteur de sa procuration spéciale, à peine de nullité; & sera ladite procuration attachée à la Requête; art. 3.

§. III.

De la consignation d'amende.

Le Demandeur en faux sera tenu de consigner ès Cours, Requêtes de l'Hôtel & du Palais, cent livres; aux Bailliages, Sénéchaussées, Siéges Présidiaux, ou autres Siéges ressortissans immédiatement esdites Cours, soixante livres; & vingt livres dans tous les autres Siéges, sans qu'il soit consigné plus d'une amende, quel que soit le nombre des Demandeurs ou des piéces arguées de faux, pourvû que l'inscription soit formée conjointement & par le même acte; art. 4.

Lorsque la Requête à fin de permission de s'inscrire en faux sera donnée ès Cours dans les six semaines antérieures au tems auquel elles finissent leurs séances, ou pour les Compagnies semestres dans les six semaines antérieures à la fin de chaque semestre, le Demandeur en faux sera tenu de consigner la somme de 300 livres, même plus grande somme, si les Juges estiment à propos de l'ordonner; art. 5.

Les sommes qui seront consignées pour les inscriptions en faux, seront reçues sans aucuns droits ni frais par le Receveur des Amendes en titre ou par commission, s'il y en a, sinon par le Greffier du Siége où l'inscription sera formée; art. 6.

La quittance de consignation d'amende sera attachée à la Requête du Demandeur, & visée dans l'Ordonnance qui sera rendue sur ladite Requête; art. 7.

§. IV.

De l'Ordonnance sur ladite Requête & demande.

Ladite Ordonnance portera que l'inscription sera faite au Greffe par le Demandeur, & qu'il sera tenu à cet effet dans trois jours au plûtard de sommer le Défendeur de déclarer s'il veut se servir de la piéce maintenue fausse; ce que ledit Demandeur sera tenu de faire dans ledit tems de trois jours, à compter du jour de ladite Ordonnance, sinon sera déclaré déchu de sa demande en inscription de faux; art. 8.

§. V.

De la sommation au Défendeur, & de sa Déclaration.

La sommation sera faite au Défendeur au domicile de son Procureur, auquel sera donné copie par le même acte de la quittance d'amende, du pouvoir spécial, si aucun y a, de la Requête du Demandeur, & de l'Ordonnance du Juge, le tout à peine de nullité; & sera le Défendeur interpellé par ladite sommation de faire sa déclaration dans le délai ci-après marqué; art. 9.

Le délai courra du jour de la sommation, & sera de trois jours, si le Défendeur demeure dans le lieu de la Jurisdiction; & s'il demeure dans un autre lieu, le délai pour donner connoissance de la sommation, & le mettre en état d'y répondre, sera de huitaine, s'il demeure dans les dix lieux; & en cas de plus grande distance, le délai sera augmenté de deux jours par dix lieues, sauf aux Juges à le prolonger, eu égard à la difficulté des chemins & à la longueur des lieues, sans néanmoins que ledit délai puisse être plus grand en aucun cas que de quatre jours par dix lieux; art. 10.

Le Défendeur sera tenu dans ledit délai de faire sa déclaration précise, s'il entend ou s'il n'entend pas se servir de la piéce maintenue fausse; & sera ladite déclaration signée de lui, ou du porteur de sa procuration spéciale, & signifiée au Procureur du Demandeur, ensemble ladite procuration, si le Défendeur n'a pas signé lui-même ladite déclaration; art. 11.

Faute par le Défendeur d'avoir satisfait à tout ce qui est porté par l'article précédent, le Demandeur en faux pourra se pourvoir à l'Audience, pour faire ordonner que la piéce maintenue fausse sera rejettée de la cause ou du procès par rapport au Défendeur, sauf au Demandeur à en tirer telles inductions ou conséquences qu'il jugera à propos, ou à former telles demandes qu'il avisera pour ses dommages & intérêts; même en matiere bénéficiale, pour faire déclarer le Défendeur déchu du Bénéfice contentieux, s'il a fait faire la piéce fausse, ou s'il en a connu la fausseté; ce qui pourra aussi être ordonné sur la seule requisition des Procureurs-Généraux, ou de leurs Substituts; article 12.

La disposition de l'article précédent aura lieu pareillement, en cas que le Défendeur déclare qu'il ne veut pas se servir de ladite piéce; art. 13.

Si le Défendeur déclare qu'il veut se servir de la piéce arguée de faux, il sera tenu de la remettre au Greffe dans vingt-quatre heures, à compter du jour que sa déclaration aura été signifiée; & dans les vingt-quatre heures après, il sera pareillement tenu de donner copie au Demandeur au domicile de son Procureur, de l'acte de mis au Greffe; sinon le Demandeur pourra se pourvoir à l'Audience, pour faire statuer sur le rejet de ladite piéce, suivant ce qui est porté en l'article 12, si mieux n'aime demander qu'il lui soit permis de faire remettre ladite piéce au Greffe à ses frais, dont il sera remboursé par le Défendeur comme de frais préjudiciaux, à l'effet de quoi il lui en sera délivré exécutoire; art. 14.

Stile de la procédure pour parvenir à l'inscription de Faux, avant que de la pouvoir former.

1°. La premiere démarche qu'on doit faire, c'est de prendre une quittance d'amende, & l'attacher à sa Requête.

2°. Il faut donner une Requete dans la forme qui suit.

Modele de Requête à ce qu'il soit permis de s'inscrire en faux.

A . . . .

S. h. . . . . . . disant qu'en la cause d'entre le Suppliant & . . . . . pendante . . . . . . ledit . . . . a fait signifier *ou* communiquer au Suppliant . . . . . *énoncer la piéce. Si c'est une instance ou procès, l'on met*, disant qu'en l'instance *ou* procès d'entre le Suppliant &..... pendant..... au rapport de...... le Suppliant ayant pris communication de ladite instance *ou* dudit procès, a trouvé que la...... piéce de la cotte.... de la production dudit..... est..... *énoncer la qualité & date de la piéce*, laquelle piéce le Suppliant maintient fausse & avoir été faussement fabriquée, *ou* être fausse en ce que..... *expliquer ce en quoi l'on croit que la fausseté consiste.*

Ce considéré..... il vous plaise, vû la quittance d'amende jointe à la présente Requête, permettre au Suppliant de s'inscrire en faux contre ladite piéce qui est..... *énoncer ladite piéce, & sur quoi tombe l'inscription en faux*; en conséquence ordonner que ledit..... sera tenu de déclarer s'il entend se servir de ladite piéce, sur la sommation qui lui en sera faite dans les délais de l'Ordonnance; sinon que ladite piéce sera rejettée de la cause, *ou* instance *ou* procès, avec dommages, intérêts & dépens; & vous ferez bien.

Si le Suppliant ne pas signer lui-même sa Requête, soit en cas d'absence ou autrement, il faudra qu'il donne sa procuration spéciale passée devant Notaire, à son Procureur ou autre personne; auquel cas il faudra dire : Ce considéré, vû la quittance d'amende & la procuration spéciale du Suppliant jointe à la présente Requête, *&c.*

Ordonnance portant permission de s'inscrire en faux.

Vû la Requête ci-dessus, ensemble la quittance d'amende de la somme de ...... du..... *& quand le Suppliant ne signe pas la Requête, l'on ajoute* : & la procuration spéciale du Suppliant aux fins de ladite Requête; nous ordonnons que l'inscription sera faite au Greffe par le Suppliant, & qu'il sera tenu à cet effet dans trois jours au plûtard de sommer ledit..... de déclarer s'il veut se servir de la piéce maintenue fausse; ce que le Suppliant sera tenu de faire dans ledit tems de trois jours, à compter du jour de la présente Ordonnance; sinon le déclarons déchu de sa demande en inscription de faux. Fait ce......

Sommation en conséquence dans les trois jours de la date de ladite Ordonnance.

L'an..... en vertu de l'Ordonnance de..... du..... & à la requête de..... qui a élû son domicile en la maison de..... son Procureur, demeurant à..... rue..... Paroisse..... J'ai..... Huissier *ou* Sergent à..... fait sommation à..... domicile de..... son Procureur, en parlant à..... de déclarer s'il veut se servir de..... *énoncer la piéce*, maintenue fausse par ledit..... en ce que..... & interpellé ledit..... de faire sadite déclaration dans..... jours en conformité de la nouvelle Ordonnance, sinon que ledit..... se pourvoira; & pour satisfaire à ladite Ordonnance, j'ai signifié & laissé copie audit..... parlant que dessus, de la quittance d'amende du..... de la procuration spéciale dudit..... passée devant..... le..... *si aucun y a*, de la Requête dudit..... & de l'Ordonnance de..... du..... ensemble de mon présent Exploit. Fait les jour & an que dessus.

Dans la copie de l'Exploit de sommation, il faut transcrire en tête les susdites piéces.

Si le Défendeur en faux ne fait pas sa déclaration dans le tems porté par l'article 10 ci-dessus, & dans la forme prescrite par l'article 11, le Demandeur donnera la Requête qui suit.

Requête du Demandeur en faux, en cas que le Défendeur n'ait pas fait sa déclaration dans le tems & la forme prescrite par l'Ordonnance, ou qu'il déclare qu'il ne veut pas se servir de la piéce maintenue fausse.

A.........

S. h...... disant qu'en vertu de l'Ordonnance de..... du..... le Suppliant a fait faire les sommations, interpellations, & fait donner copie en conséquence des piéces requises, à..... sans qu'il ait fait sa déclaration dans les délais & en conséquence de l'Ordonnance, *ou* lequel a déclaré précisément par acte du..... qu'il n'entendoit pas se servir de la piéce dont il s'agit, maintenue fausse par le Suppliant.

Ce considéré .... il vous plaise, en venant par les Partie plaider sur la présente Requête, ordonner que la .... *énoncer la piéce*, maintenue fausse par le Suppliant, sera rejettée de la cause, *ou* de l'instance, *ou* du procès d'entre les Partie, par rapport audit .... Défendeur en faux; sauf au Suppliant à en tirer telles inductions ou conséquences qu'il jugera à propos dans ladite cause, *ou* instance, *ou* procès, & à y former pour raison de ce telles demandes qu'il avisera, & dès à présent condamner ledit .... en .... livres de dommages & intérêts, & aux dépens de l'incident, sauf à M. le Procureur Général, *ou* Procureur du Roi *ou* Fiscal, à prendre telles autres conclusions qu'il avisera pour la vengeance publique; & vous ferez bien.

Cette Requête sera répondue d'un *vienne*, & sur un simple avenir le Demandeur poursuivra l'Audience sur la Requête.

Si au contraire le Défendeur veut se servir de la piéce maintenue fausse, il le déclarera par un acte qui doit être signifié au Demandeur au domicile de son Procureur; & dans les vingt-quatre heures de cette signification, il doit mettre ladite piéce au Greffe; vingt-quatre heures après, il doit donner copie au Demandeur, aussi au domicile de son Procureur, de l'acte de mis au Greffe.

Et si le Défendeur après avoir fait sa déclaration qu'il veut se servir de la piéce, ne la remet pas au Greffe dans les vingt-quatre heures, à compter de la signification de ladite déclaration, le Demandeur a deux voies, il peut demander comme ci-devant le rejet de la piéce, ou obtenir Ordonnance ou Jugement sur Requête, qui lui permettra de faire remettre ladite piéce au Greffe, & d'en avancer les frais, dont il sera remboursé par le Défendeur, comme de frais préjuciaux.

Quand la piéce se trouve entre les mains du Rapporteur, le Défendeur prend une Ordonnance ou Jugement sur la Requête, qui ordonne que le Clerc du Rapporteur remettra ladite piéce au Greffe, dont il sera dressé acte de mis; & même sans obtenir d'Ordonnance, il suffira de prier verbalement le Rapporteur instruit de l'incident, de faire remettre par son Clerc la piéce au Greffe: le Demandeur en pourra faire autant dans les circonstances ci-dessus expliquées.

Voyez la suite de la procédure.

§. VI.

Quand & comment l'inscription en faux doit être formée.

Dans les vingt-quatre heures au plûtard après la signification faite au Demandeur de l'acte de mis au Greffe, ou dans les vingt-quatre heures après la remise de la piéce audit Greffe, si elle y a été mise par le Demandeur, il sera tenu d'y former son inscription en faux, & ce en personne, ou par son Procureur fondé de procuration spéciale; faute de quoi le Défendeur pourra se pourvoir à l'Audience, pour faire ordonner que sans s'arrêter à la Requête dudit Demandeur, il sera passé outre au Jugement de la cause ou du procès; art. 15.

Acte d'Inscription en faux.

Extrait des Registres de........

Aujourd'hui est comparu ...... assisté de Me..... son Procureur, *ou* ..... Procureur en ce Siége, lequel en vertu de la procuration spéciale à lui donnée par ..... passée devant Notaires le .... demeurée annexée à la minute des Présentes, après avoir été paraphée par ledit .... lequel a déclaré qu'il s'inscrit en faux contre ..... *énoncer la piéce*, mise au Greffe le .... dont il a requis acte. Fait ce ....

Après cette inscription de faux, s'il y a lieu de faire apporter la minute de la piéce inscrite de faux; voyez ce qu'il faut faire pour cela ci-après, au §. 7.

L'apport & remise de cette minute étant faite au Greffe, il faudra faire procceder au procès-verbal de l'état d'icelles, ensemble de la piéce inscrite de faux; sinon, c'est-à-dire s'il n'y a pas lieu de faire apporter de minute, il faudra faire proceder au procès-verbal cès-verbal de la piéce inscrite de faux, avant que de pouvoir fournir ses moyens de faux. Voyez ci-après pour la confection de ce procès-verbal, au §. 10.

Ensuite pour fournir les moyens de faux, voyez ci-après, §. 11.

§. VII.

De l'apport de la Minute.

En cas qu'il y ait minute de la piéce inscrite de faux, il sera ordonné, s'il y échet, sur la Requête du Demandeur, ou même d'office, que le Défendeur sera tenu dans le tems qui lui sera prescrit, de faire apporter ladite minute au Greffe, & que les dépositaires d'icelle y seront contraints par les voies; & dans les délais marqués par les articles 5 & 6 du Titre du Faux principal. Il est laissé à la prudence des Juges d'ordonner, s'il y échet, sans attendre l'apport de ladite minute, qu'il sera procedé à la continuation de la poursuite du faux; comme aussi de statuer ce qu'il appartiendra, en cas que ladite minute ne pû être rapportée, ou qu'il fût suffisamment justifié qu'elle a été soustraite ou qu'elle est perdue; art. 16.

Ainsi pour l'apport de la minute, voyez ci-devant, Titre 1, §. 2.

§. VIII.

Du rejet de la piéce arguée de faux, faute d'apport de la Minute.

Dans les cas ou il échera de faire apporter ladite minute, le délai qui aura été prescrit à cet effet au Défendeur, courra du jour de la signification de l'Ordonnance ou Jugement ou domicile de son Procureur; & faute par le Défendeur d'avoir fait les diligences néceffaires pour l'apport de ladite minute dans ledit délai, le Demandeur pourra se pourvoir à l'Audience, pour faire ordonner le rejet de la piéce mainteaue fausse, s'il y échet, suivant ce qui est porté en l'article 12, voyez ci-devant §. 5; si mieux n'aime demander qu'il lui soit permis de faire apporter ladite minute à ses frais, dont il sera remboursé par le Défendeur, comme de frais préjudiciaux, & il lui en sera délivré exécutoire à cet effet; art. 17.

Le rejet de la piéce arguée de faux ne pourra être ordonné en aucun cas, que sur les conclusions de la Partie publique, à peine de nullité du Jugement qui seroit rendu à cet égard, & sauf à y être statué de nouveau sur lesdites conclusions, ainsi qu'il appartiendra; art. 18.

§. IX.

Quad on peut prendre la voie du Faux principal, & où elle doit être portée.

Dans les cas mentionés aux articles 12, 13, 14 & 16, dans lesquels par le fait du Défendeur le rejet de ladite piéce auroit été ordonné, voyez ci-devant §. 5 & 8, il sera permis au Demandeur de prendre la voie du faux principal, sans retardation néanmoins de l'instruction & du Jugement de la contestation à laquelle ladite inscription de faux étoit incidente; si ce n'est que par les Juges il en soit autrement ordonné; art. 19.

Et à l'égard des cas portés par l'article 15, voyez ci-devant §. 6, & par les articles 27 & 37 ci-après, voyez *infrà* §. 11, où par le fait du Demandeur il auroit été ordonné que sans s'arrêter à la Requête ou à l'inscription en faux, il seroit passé outre à l'instruction & Jugement de la cause ou du procès, ledit Demandeur ne pourra être reçu à former l'accusation de faux principal, qu'après le Jugement de ladite cause ou dudit procès; art. 20.

La distinction portée par les deux articles précédens, n'aura lieu à l'égard des Procureurs Généraux, de leurs Substituts ou des Procureurs des Hauts-Justiciers, lesquels pourront en tout tems & dans tous les cas poursuivre le faux principal, si bon leur semble, sans que sous ce prétexte il soit sursis à l'instruction & au Jugement de la contestation à laquelle l'instruction de faux étoit incidente, si ce n'est que sur leurs conclusions, & avec les Parties intéressées, il en soit autrement ordonné; art. 21.

L'accusation de faux principal qui sera formée dans les cas marqués par les trois articles précédens, soit à la requête du Demandeur en faux incident, soit à la requête de la Partie publique, sera portée dans la Cour ou Jurisdiction qui avoit été saisie de la poursuite du faux incident, pour être ladite accusation de faux principal instruite & jugée par la Chambre, ou par les Juges à qui la connoissance des matieres criminelles est attribuée dans ladite Cour ou Jurisdiction, article 22.

§. X.

Du Procès-verbal de l'état des Piéces.

Il sera dressé procès-verbal de l'état des piéces prétendues fausses, trois jours après la signification qui aura été faite au Demandeur, au domicile de son Procureur, de la remise desdites piéces au Greffe, ou trois jours après que le Demandeur y aura fait remettre lesdites piéces suivant ce qui est porté par l'article 14; art. 23.

S'il a été ordonné que les minutes desdites piéces seront apportées, le procès-verbal sera dressé conjointement, tant desdites piéces, que des minutes : & le délai de trois jours ne courra audit cas, que du jour de la signification qui sera faite au Demandeur, au domicile de son Procureur, de l'apport desdites minutes au Greffe, ou du jour que le Demandeur les y auroit fait apporter suivant l'article 17. Il est laissé néanmoins à la prudence des Juges, d'ordonner suivant l'exigence des cas, qu'il sera dressé d'abord procès-verbal de l'état desdites piéces, sans attendre l'apport desdites minutes, de l'état desquelles il sera en ce cas dressé procès-verbal séparément dans le délai ci-dessus marqué; art. 24.

Le procès-verbal mentionné dans les articles précédens, sera fait suivant ce qui est prescrit par les articles 10 & 11 du titre du Faux principal, en y appellant néanmoins le Défendeur, outre le Demandeur & le Procureur Général, son Substitut, ou le Procureur de Hauts-Justiciers; & les piéces dont sera dressé procès-verbal, seront paraphées par ledit Défendeur, s'il peut ou veut les paraphés, sinon il en sera fait mention, & pareillement par le Demandeur & autres dénommés ausdits articles, le tout à peine de nullité; à l'effet de quoi ledit Défendeur sera sommé par Acte signifié au au domicile de son Procureur, de comparoître audit procès-verbal dans vingt-quatre heures; & faute par lui d'y satisfaire, il sera donné défaut, & passé outre sur le champ audit procès-verbal; art. 25.

Ainsi pour la forme du procès-verbal de l'état des piéces, voyez ci-devant, Titre I, § 5. *in fine*, en observant qu'il y faut appeller le Défendeur en faux, suivant l'article 25 ci-dessus, ce qui ne se fait point en faux principal; & pour appeller à cet effet le Défendeur à jour & heure certains, l'on peut prendre prendre l'Ordonnance du Juge, ou il suffira d'une simple sommation à domicile de Procureur, après avoir pris le jour & l'heure du Juge.

§. XI.

De la communication des Piéces, des Moyens de faux, & de l'admission ou rejet d'iceux.

Le Demandeur en faux ou son conseil pourra prendre communication en tout état de cause des piéces arguées de faux, & ce par les mains du Greffier ou du Rapporteur, sans déplacer & sans retardation; art. 26.

Les moyens de faux seront admis au Greffe par le Demandeur, dans les trois jours après que le procès-verbal aura été dressé; sinon le Défendeur pourra se pourvoir à l'Audience, pour faire ordonner, s'il échet, que le Demandeur demeurera déchu de son inscription en faux : néanmoins lorsqu'il aura été fait deux procès-verbaux différens, l'un de l'état des piéces arguées de faux, & l'autre de l'état des minutes desdites piéces, le délai de trois jours ci-dessus marqué ne courra que du jour que le dernier desdits procès-verbaux aura été fait; art. 27.

En aucun cas il ne sera donné copie ni communication des moyens de faux au Défendeur; art. 28.

Sur les conclusions de la Partie publique, il sera rendu tel Jugement qu'il appartiendra, pour admettre ou pour rejetter les moyens de faux en tout ou en partie ou pour ordonner, s'il y échet, que lesdits moyens ou aucuns d'iceux demeureront joints, soit à l'incident de faux, si quelques-uns desdits moyens ont été admis, soit à la cause ou au procès principal, le tout selon la qualité desdits moyens & l'exigence des cas; art. 29.

En cas que lesdits moyens ou aucuns d'iceux soient jugés pertinens & admissibles, le Jugement portera qu'il en sera informé, tant par titres que par témoins, comme aussi par Experts & comparaison d'écritures ou signatures, le tout selon que le cas le requerra, sans qu'il puisse être ordonné que les Experts feront leur rapport sur les piéces prétendue fausses, ou qu'il sera procedé préalablement à la vérification d'icelles, ce qui est défendu à peine de nullité; art. 30.

Les moyens de faux qui seront déclarés pertinens & admissibles, seront marqués expressement dans le dispositif du Jugement qui permettra d'en informer, & ne sera informé d'aucuns autres moyens : les Experts pourront néanmoins faire les informations dépendantes de leur art, qu'ils jugeront à propos, sur les piéces prétendues fausses, sauf aux Juges à y avoir tel égard que de raison; art. 31.

Au surplus, les dispositions des articles 8 & 9. du Titre du Faux principal, au sujet desdits Experts, doivent pareillement être observées dans la poursuite du Faux incident; article 32.

Ainsi voyez ci-devant, Titre 1, §. 4

Pratique & Stile.

Après le procès-verbal de l'état des piéces, le Demandeur en faux ou son conseil prend communication de la piéce par lui inscrite de faux, & dresse ses moyens de faux.

Moyens de Faux.

Moyens de faux pertinens & admissibles, que donne pardevant Vous .... *tel* .... Demandeur.

Contre .... Défendeur.

A ce qu'il plaise à .... ordonner que .... *énoncer la piéce*, sera déclarée fausse, & en conséquence rejettée de la cause, *ou* instance, *ou* procès d'entre les Parties à l'égard du Défendeur, sauf au Demandeur à en tirer telles inductions ou conséquences qu'il jugera à propos dans ladite cause, *ou* instance, *ou* procès, & à y former pour raison de ce telles demandes qu'il avisera; ce faisant, ordonner que la somme de ... consignée par ledit ... Demandeur, lui sera rendue, à ce faire le .... contraint par corps, quoi faisant déchargé; & condamner led... Défendeur en ... livres de dommages & intérêts envers le Demandeur, & aux dépens de l'incident, sauf à M. le Procureur Général, *ou* Procureur du Roi *ou* Fiscal, à prendre telles autres conclusions qu'il avisera pour la vengeance publique.

Il faut ensuite expliquer ce en quoi consiste le faux :

1°. Si le Demandeur n'a pas écrit ni signé la piéce.

2°. Si l'écriture du corps de la piéce a été enlevée; & si au lieu de l'ancienne écriture il en a été fait de nouvelles au-dessus de la véritable signature

3°. Si l'encre du corps de l'écriture de la piéce & celle de la signature sont différentes.

4°. Si le corps de l'écriture a été coupé, & qu'on ait écrit au-dessus de la signature, ou qu'on ait fait le corps d'écriture sur une signature, en blanc confiée par le Demandeur; si cela paroît par l'écriture, dont les premieres lignes sont pressées, & celles de la fin plus éloignées les unes des autres, & *vice versa*; ou si la derniere ligne empiete sur la signature.

5°. Si le papier de la piéce a été fabriqué beaucoup après la date qui a été mise à la piéce.

6°. Si l'expédition de la piéce inscrite de faux n'est pas conforme à la minute; en quoi, *&c.*

Il faudra porter ces moyens de faux au Greffe dans les trois jours du procès-verbal d'état des piéces, & pour constater le tems du mis au Greffe, le Greffier mettra au bas des moyens : *mis au Greffe le....*

Ensuite, sans qu'il soit besoin de nouvelle Requête ni Ordonnance, la Partie publique prendra communication des moyens de faux, & de toute la procédure sur l'incident de faux, & donnera ses conclusions sur le vû desdites piéces.

Après quoi le Juge donnera son Jugement en la forme qui suit.

Jugement pour admettre ou rejetter les Moyens de faux.

Extraits des Registres de....

Vû la requête présentée à... par... tendante à ce qu'il lui fût permis de s'incrire en faux contre.... *énoncer la piéce inscrite de faux* ; Ordonnance sur ladite Requête du.... portant permission audit... de s'inscrire en faux ; sommation faite à.... le.... de déclarer s'il vouloit se servir de ladite piéce inscrite de faux ; déclaration dud.... du.... qu'il veut se servir de ladite piéce ; signification de ladite déclaration faite audit.... le.... Autre signification de l'Acte de mis de ladite piéce au Greffe le.... *s'il y a eu des poursuites pour faire apporter au Greffe la minute de la piéce inscrite de faux, il faut les énoncer, ensemble les autres incidens.* Procès-verbal de l'état de la piéce inscrite de faux, ensemble de la minute, *s'il y en a eu d'apporté*, fait par.... le.... Inscription de faux, formée au Greffe de.... contre ladite piéce, par Acte du..... Moyens de faux donnés par le Demandeur, mis au Greffe le.... ladite piéce inscrite de faux ; la minute de ladite piéce, *si aucune y a.* Conclusions du Procureur Général, *ou* Procureur du Roi *ou* Fiscal.

Nous avons joint lesdits moyens de faux au procès d'entre les Parties, pour en jugeant y avoir tel égard que de raison. Fait ce...

Ou si les moyens sont admis, Nous avons les moyens de faux, données par.... contre.... *énoncer la piéce*, déclarés pertinens & admissibles, en ce que, *détailler & exprimer tous les moyens de faux admis.* Ordonnons qu'il sera informé desdits faits, tant par titres que par témoins ; *si le cas le requiert, le Juge peut ajouter*, comme aussi par.... Experts que nous avons nommés d'office, & par comparaison d'écritures & signatures. Fait ce....

Ou si partie des moyens seulement son admis, Nous, ayant aucunement égard aux moyens de faux donnés par...... contre.... *énoncer la piéce*, les avons decleré pertinens & admissibles seulement, en ce que.... *exprimer & détailler les moyens admis* ; Ordonnons qu'il sera informé des susdits faits, tant, &c. *comme dessus* ; & à l'égard des autres moyens de faux, donnés par délit.... consistant en ce que.... Ordonnons qu'il demeureront joint à l'incident de faux, *ou* à la cause *ou* instance, *ou* procès principal d'entre les parties, pour y avoir tel égard que de raison.

Ou, Nous ordonnons que les moyens de faux, donnés par délit.... seront rejettés, & que sans y avoir égard, il sera passé outre au Jugement de la cause, *ou* instance, *ou* procès ; Condamnons ledit..... Demandeur en faux, en l'amende de.... livres, y compris celle consignée lors de l'inscription en faux, dont il en appartiendra les deux tiers au Roi, *ou* au Seigneur de cette Justice, & l'autre tiers à.... Defendeur, sauf à.... Défendeur, à se pourvoir pour ses dommages, intérêts, & dépens de l'incident.

¶ Au surplus, il est à observer que les Juges ne doivent point mettre d'épices sur les Jugemens qui déclarent les moyens pertinens & admissibles, ou qui les rejettent comme inadmissibles : ainsi jugé par Arrêt du 9. Décembre 1711. Cet Arrêt est daté en uneautre note de M. Amyot, du 29. dudit mois, & a été rendu contre le Lieutenant général du Bailliage de Montreuil-sur-Mer.

§. XII.

Des Piéces de comparaison.

Les piéces de comparaison seront fournies par le Demandeur, sans que celles qui seroient présentées par le Défendeur puissent être reçues, si ce n'est du consentement du Demandeur & de la Partie publique, le tout à peine de nullité ; sauf aux Juges après l'instruction achevée, à ordonner, s'il y échet, que ledit Défendeur sera reçu à fournir de nouvelles piéces de comparaison, & ce conformement à l'article 46. du titre du

Faux principal ; seront observée au surplus les articles 13, 14, 15 & 16 dudit titre sur la qualité des piéces de comparaison, & sur l'apport desdites piéces ; art. 33. Voyez titre 1, §. 6.

Le procès-verbal de présentation des piéces de comparaison se fera en la forme prescrite par les articles 17 & 19 du titre du Faux principal, voyez §. 6. du titre 1 ; en y appellant néanmoins le Défendeur, outre le Demandeur, & la Partie publique ; & les piéces de comparaison qui seront admises seront paraphées par ledit Défendeur, s'il peut ou veut les parapher, sinon il en sera fait mention, comme aussi par le Demandeur & autres dénommés ausdits articles, le tout à peine de nullité ; à l'effet de quoi le Défendeur sera sommé de comparoître audit procès-verbal dans trois jours, par Acte signifié au domicile de son Procureur ; & faute par lui d'y satisfaire, il sera donné défaut par le Juge, passé outre à la présentation des piéces de comparaison, même à la reception d'icelles, s'il y échet ; article 34.

Lors dudit procès-verbal, les piéces de comparaison seront représentées au Défendeur, s'il y comparoît, pour convenir desdites piéces ou les contester, sans que pour raison de ce il lui soit donné délai ni conseil ; art 35.

Si les piéces de comparaison sont contestées par le Défendeur, ou s'il refuse d'en convenir, le Juge en fera mention, pour y être pourvû ainsi qu'il appartiendra, sur les conclusions de la partie publique, & ce dans la forme prescrite par ledit aarticle 19 du titre du Faux principal ; articles 36. Voyez ledit §. 1. du titre 6.

En cas que les piéces de comparaison ne soient pas reçues, il sera ordonné que le Demandeur en rapportera d'autres dans le délai qui sera prescrit par le Jugement qui interviendra sur le vû du procès-verbal ; & faute par ledit Demandeur d'y avoir satisfaits, les Juges ordonneront, s'il y échet, que sans s'arrêter à l'inscription de faux, il sera passé outre à l'instruction & au jugement de la contestation principale : il est laissé à la prudence du Juge de l'ordonner ainsi par le jugement même, qui portera que ledit Demandeur sera tenu de fournir d'autre piéces de comparaison, art. 37.

Dans les procès-verbaux qui doivent être faits en présence du Demandeur & du Défendeur en faux, suivant ce qui a été dit ci-dessus, il sera permis à l'un & à l'autre d'y comparoître par le porteur de leur procuration spéciale, & sera observé à cet égard le contenu aux articles 57 & 58 du titre du Faux principal : *vide* titre 1. §. 18. Pourront néanmoins les Juges ordonner, s'ils l'estiment à propos, que lesdites Parties, ou l'une d'icelles, seront tenues de comparoître en personne audit procès-verbal ; art. 38.

Pratique & Stile.

Si les moyens de faux en tout ou en partie ont été admis, & qu'il ait été permis au Demandeur de faire preuve desdits faits, tant par titres que par témoins, comme aussi par Experts & par comparaison d'écritures & signatures ; en ces cas, voici ce que le Demandeur doit faire.

1°. S'il n'a pas en sa possession les piéces de comparaison dont il entend se servir, il faut qu'il obtienne une Ordonnance ou Jugement sur sa simple requête, pour en faire ordonner l'apport & remise au Greffe. Voyez ci-devant, titre 1, §. 2. & 6.

Modele de Requête pour l'apport & remise au Greffe des piéces de comparaison, & de l'Ordonnance ou Jugement sur ladite Requête

A.........

S. 11..... disant qu'ayant formé son inscription de faux, & fourni ses moyens de faux, contre..... *énoncer la piéce arguée de faux*, produite par..... dans l'instance *ou* procès d'entre les Parties, par l'Ordonnance *ou* Jugement du .... qui a admis les moyens de faux mis au Greffe par le Suppliant, il lui a été permis de faire preuve des faits y portés, tant par titres que par témoins, comme aussi par Experts & comparaison d'écritures & signatures ; & comme les piéces dont le Suppliant entend se servir pour piéces de comparaison sont entre les mains de....... demeurant à........ il a recours à .... pour lui être sur ce pourvû.

Ce considéré .... il vous plaise ordonner que ..... sera tenu, moyenant salaire raisonnable, d'apporter ou faire apporter au Greffe de ..... *énoncer les piéces*, desquelles

les piéces le Suppliant entend se servir pour piéces de comparaison dans l'instruction de faux incident dont il s'agit; ce que ledit .... sera tenu de faire dans .... *marquer le délai requis par l'article 6 du titre 1*; sinon & à faute de ce faire dans ledit tems, & icelui passé, ledit .... contraint par toutes voies dûes & raisonnables, même par corps, *si c'est un dépositaire public; ou si c'est un Ecclésiastique*, par saisie de son temporel. Voyez titre 1, §. 2. sur la nature de la contrainte.

L'Ordonnance au bas de cette requête, où le Jugement sera conforme aux susdites conclusions.

2°. Si le Demandeur a en sa possession les piéces de comparaison, ou qu'elles aient été apportées & remises au Greffe par celui ou ceux qui les avoient entre les mains, il doit faire sommation au Défendeur, au domicile de son Procureur, de comparoître au procès-verbal des piéces de comparaison; pour cet effet, prendre l'Ordonnance du Juge qui marquera le lieu, jour & heure, mais non en l'Hôtel du Juge; il suffira même pour faire la sommation, que le Juge donne verbalement son jour & heure.

3°. Il faut proceder au procès-verbal de présentation & état des piéces de comparaison, en la forme qui suit.

L'an .... *ou* Aujourd'hui .... heure .... Nous .... nous étant transportés au Greffe de .... *ou* en la Chambre du Conseil de .... où étant en présence du Procureur du Roi *ou* Fiscal, *ou si c'est au Parlement*, en présence de .... Substitut du Procureur Général du Roi, est comparu .... Demandeur, *ou* .... fondé de la procuration spéciale à l'effet des présentes, de .... passée devant Notaires, *ou* devant Notaire & témoins le .... qui est demeurée annexée à la minute des présentes, après avoir été paraphée par Nous & par ledit ... lequel nous a représenté l'original de la sommation faite à ... Demandeur le ... de comparoir à ce jourd'hui, lieu & heure, à l'effet d'être présent au présent procès-verbal; & après avoir attendu une heure, & que ledit .... n'est point comparu, Nous avons donné défaut contre lui, & pour le profit ordonnons qu'il sera passé outre.

Si le Défendeur comparoît, l'on met: est aussi comparu .... Défendeur, lequel *ou* notre Greffier nous a représenté .... *énoncer les piéces*; desquelles piéces ledit .... Demandeur prétend se servir pour piéces de comparaison dans l'instruction de faux incident dont il s'agit; lesquelles piéces nous avons représentés audit .... Défendeur, & l'ayant interpellé de convenir desdites piéces, ou les contester sur le champ, il a déclaré qu'il en convient *ou* qu'il les conteste, & a signé *ou* fait refus de signer, de ce interpellé, *ou* déclaré ne sçavoir signer, de ce enquis; a aussi ledit .... Demandeur signé ....

Et à l'instant le Procureur du Roi *ou* Fiscal, &c. Voyez titre 1, §. 6. *in fine. En observant de faire aussi parapher les piéces de comparaison par le Défendeur, si elles sont admises.*

§. XIII.

De l'audition des Experts.

En procédant à l'audition des Experts, la requête à fin de permission de s'inscrire en faux, & l'Ordonnance ou Jugement intervenu sur icelle, l'Acte d'inscription en faux, les piéces prétendues fausses, & le procès-verbal de l'état d'icelles, les moyens de faux, ensemble le Jugement qui les aura admis, & qui aura ordonné l'information par Experts, les piéces de comparaison, lorsqu'il en aura été fourni, le procès-verbal de présentation d'icelles, & l'Ordonnance ou le Jugement par lequel elles auront été reçues, seront remis à chacun des Experts pour les examiner sans déplacer, & sera en outre observé tout ce qui est prescrit par les articles 22 & 23. du titre du Faux principal; article 39. Voyez au titre 1, §. 7. le modele de l'information par experts, en observant que l'expert entendu a déclaré qu'il lui a été remis au Greffe les piéces ci-dessus énoncées.

§. XIV.

De l'audition des Témoins.

Lorsqu'il aura été ordonné, aux termes de l'article 30 du présent titre, qu'il sera informé, tant par titres que par témoins, seront entendus les témoins qui auroient connoiſſance de la fabrication, altération, & en général de la fauſſeté des piéces inſcrites de faux, ou des faits qui pourroient ſervir à en établir la preuve ; à l'effet de quoi pourra être permis en tout état de cauſe d'obtenir & faire publier Monitoires ; article 40.

Pour l'information par témoins, voyez à la fin du chapitre 4 ci-deſſus, en obſervant ce qui eſt dit ci-après §. 15. au ſujet de la repréſentation & du paraphe des piéces.

§. XV.

De la repréſentation & du paraphe des piéces

Toutes les diſpoſitions des articles 25, 26, 27, 28 & 29 du titre du Faux principal, concernant la repréſentation des piéces y mentionnées auſdits témoins, le paraphe deſdites piéces, & les Actes dans leſquels on peut ſuppléer à l'omiſſion de ladite repréſentation & dudit paraphe, ſi l'on n'y a pas ſatisfait lors de la dépoſition deſdits témoins, ſeront auſſi exécutées dans le faux incident ; & ſi leſdits témoins repréſentent quelques piéces lors de leur dépoſition, il ſera obſervé ce qui eſt preſcrit par l'article 40. du même titre ; article 41. Voyez ci-devant le §. 8. du titre 1.

§. XVI.

Du Decret.

La diſpoſition de l'article 30 du titre 1. aura lieu pareillement dans le faux incident, par rapport aux Decrets qui pourront être prononcés, tant contre le Défendeur que contre d'autres, encore qu'ils ne fuſſent Parties dans la cauſe ou procès. Il eſt laiſſé à la prudence des Juges, lorſqu'il n'y aura point de charges ſuffiſantes pour decreter, d'ordonner que l'information ſera jointe à la cauſe ou au procès, ou de ſtatuer ainſi qu'il appartiendra, ſuivant l'exigence des cas ; article 61. Voyez ci-devant le §. 9. dudit Faux principal.

Pour la forme des Decrets, voyez ci-après, chap. 8.

§. XVII.

Des interrogatoires, repréſentation des piéces & paraphe d'icelles.

Seront auſſi obſervées dans le faux incident les diſpoſitions des articles 31, 32 & 41. du titre du Faux principal, concernant les piéces qui doivent être repréſentées aux accuſés, & par eux paraphées lors de leurs interrogatoires ; & celles qui ne doivent l'être qu'à la confrontation, comme auſſi les piéces qu'ils repréſenteroient lors de leurſdits interrogatoires ; article 43. Voyez ci-devant, §. 10 dudit titre du Faux principal.

Pour la forme des interrogatoires, voyez à la fin du chapitre 11, en obſervant les formalités ci-deſſus, ci-devant expliquées au titre 1, §. 10.

§. XVIII.

Du Corps d'Ecriture.

Le contenu aux articles 33, 34, 35 & 36 dudit titre, aura lieu pareillement dans le faux incident, tant par rapport aux corps d'écriture que le Défendeur en faux ou autre accuſé ſera tenu de faire, s'il eſt ainſi ordonné par les Juges, que par rapport au cas où ils peuvent ordonner, avant le Réglement à l'extraordinaire, qu'il ſera entendu de nouveaux Experts, ou qu'il ſera fourni de nouvelles piéces de comparaiſon ; article 44. Voyez ci-devant, §. 11 & 12 du titre du faux principal.

Pour la confection du corps d'écriture par le Défendeur, voyez titre 1. §. 11. *in fine.*

§. XIX.

De la Procédure sur le Faux incident en cas de Réglement à l'extraordinaire.

Après le Réglement à l'extraordinaire, lorsqu'il y aura lieu de le donner, toute l'instruction du faux incident se fera en la même forme que celle du faux principal, & ainsi qu'il est prescrit par les articles 37, 38, 39, 40, 41, 42, 43, 44 & 45 du titre précédent de la présente Ordonnance; art. 45. Voyez ci-devant, §. 13, 14, 15 & 16 dudit titre du faux principal.

§. XX.

Des Faits justificatifs.

Si le Défendeur ou autre accusé demande qu'il lui soit permis de fournir de nouvelles piéces de comparaison, ou qu'il soit entendu de nouveaux Experts, il ne pourra y être statué que dans le tems, & ainsi qu'il est prescrit par les articles 46, 47, 48, 49, 50, 51, 52, 53, 54 & 55 du titre du Faux principal: sera aussi observée la disposition de l'article 56 dudit titre, au sujet de ce qui pourra être ordonné dans tous les cas où il auroit été procedé à une nouvelle information, soit sur de nouvelles piéces de comparaison, ou par de nouveaux Experts; article 46. Voyez ci-devant, §. 17 dudit titre du Faux principal.

§. XXI.

De l'exécution du Jugement.

Lorsque le faux incident aura été jugé après avoir été instruit par recollement & confrontation, sera observé tout ce qui est prescrit par les articles 59, 60, 61 & 62 dudit titre du Faux principal, concernant l'exécution des Sentences & Arrêts qui contiendroient à l'égard des piéces déclarées fausses quelques unes des dispositions mentionnées ausdits articles, voyez titre 1. §. 19; comme aussi ce qui est porté par les articles 63, 64, 65, 66, 67 & 68 dudit titre, sur la remise ou renvoi des piéces prétendues fausses & autres déposées au Greffe, & le tems auquel elles pourront en être retirées, si ce n'est qu'il en ait été autrement ordonné à l'égard de celles desdites piéces qui peuvent servir au Jugement de la contestation, à laquelle la poursuite du Faux étoit incidente; article 47. Voyez le titre 1, §. 19 & 20.

Lorsqu'il n'y aura point eu de Réglement à l'extraordinaire, les Juges statueront ainsi qu'il appartiendra sur la remise ou renvoi des piéces inscrites de faux, & autres qui auront été déposées au Greffe; ce qu'ils ne pourront faire que sur les conclusions de la Partie publique, sans néanmoins que les Sentences des premiers Juges à cet égard puissent être exécutés au préjudice de l'appel qui en seroit interjetté; article 48.

§. XXII.

De l'amende contre le Demandeur en faux qui succombera.

Le Demandeur en faux qui succombera, sera condamné en une amende applicable, les deux tiers au Roi, ou au Hauts-Justiciers, & l'autre tiers à la partie, laquelle amende, y compris les sommes consignées lors de l'inscription en faux, sera de 300. liv. dans les Cours ou aux Requêtes de l'Hôtel & du Palais, de 100. liv. aux Sieges qui ressortissent immédiatement ausdites Cours, & aux autres de 60. liv. & seront lesdites amendes réglées suivant la qualité de la Jurisdiction où l'inscription en faux aura été formée, quoiqu'elle soit jugée dans une autre, même supérieure à la premiere: il est permis aux Juges d'augmenter ladite amende ainsi qu'ils l'estimeront à propos, suivant l'exigence des cas; article 49.

La condamnation d'amende aura lieu toutes les fois que l'inscription en faux ayant été faite

faite au Greffe, le Demandeur s'en sera désisté volontairement, ou aura succombé, ou que les Parties auront été mises hors de Cour, soit par le défaut de moyens ou de preuves suffisantes, soit faute d'avoir satisfait de la part du Demandeur aux diligences & formalités ci-dessus prescrites ; ce qui aura lieu en quelques termes que la prononciation soit conçue, & encore que le Jugement ne portât pas expressément la condamnation d'amende, le tout quand même le Défendeur offriroit de poursuivre le faux comme faux principal ; article 50.

La condamnation d'amende ne pourra avoir lieu lorsque la piéce, ou l'une des piéces arguée de faux, aura été déclarée fausse en tout ou en partie, ou lorsqu'elle aura été rejettée de la cause ou du procès, comme aussi lorsque la demande à fin de s'inscrire en faux n'aura pas été admise, ou suivie d'inscription formée au Greffe, & ce de quelques termes que les Juges se soient servis pour rejetter ladite demande, ou pour n'y avoir point d'égard, dans tous lesquels cas la somme consignée par le Demandeur pour raison de ladite amende, lui sera rendue, quand même le Jugement n'en ordonneroit pas expressément la restitution : article 51.

Il ne pourra être rendu aucuns Jugemens sur la condamnation ou la restitution de l'amende, que sur la conclusion de la Partie publique ; article 52.

§. XXIII.

Des Transactions.

Aucunes Transactions, soit sur l'accusation de faux principal, ou sur la poursuite du faux incident, ne pourront être exécutées, si elles n'ont été homologuées en Justice après avoir été communiquées à la partie publique, laquelle pourra faire à ce sujet telles réquisitions qu'elle jugera à propos ; & sera le présent article exécuté, sur peine de nullité ; article 52.

§. XXIV.

De l'expédition des piéces déposées au Greffe.

Au surplus, il est ordonné que les dispositions de l'article 69 du titre du Faux principal, sur les expéditions des piéces qui auront été déposées au Greffe, soient pareillement exécutées dans le faux incident ; art. 53. Voyez ci-devant, titre du faux principal, §. 21.

TITRE TROISIEME.

De la reconnoissance des Ecritures & Signatures en matiere criminelle, avec le stile des procédures.

§. I.

De la représentation des Ecritures & Signatures privées aux Accusés.

Les Ecritures & Signatures privées qui pourront servir à l'instruction & à la preuve de quelque crime que ce soit, seront représentées aux Accusés après serment par eux prêté, & ils seront interpellés de déclarer s'ils les ont écrites ou signées, ou s'ils les reconnoissent véritables ; après quoi elles seront paraphées par le Juge & par l'Accusé, s'il peut ou veut les parapher, sinon il en sera fait mention, le tout à peine de nullité ; art. 1.

La représentation & interpellation mentionnés dans l'article précédent pourront être faites aux Accusés, soit lors de leurs interrogatoires, ou dans le procès-verbal qui sera dressé à cet effet, & les piéces à eux représentées demeureront jointes à la procédure criminelle ; article 2.

Si l'Accusé convient avoir écrit ou signé lesdites piéces, ou si lesdites piéces étant d'une main étrangere il les reconnoît véritables, elles feront foi contre lui, sans qu'il en soit fait aucune vérification ; article 3.

Procès-verbal de reconnoissance d'Ecriture privée.

L'an .... Nous .... étant au Greffe de .... *ou* en la Chambre du Conseil de .... y avons fait amener .... prisonnier, *ou* est comparu ... accusé, sur la sommation à lui faite, auquel après serment par lui prêté de dire vérité, avons représenté ... *énoncer la piéce*, écrite en ... pages de papier, la premiere commençant par ces mots ... & finissant par ces autres mots .... interpellé de reconnoître s'il n'a pas écrit & signé ladite piéce, ou s'il la reconnoît véritable : lequel après avoir vû, lû & examiné ladite piéce, a déclaré l'avoir écrite & signée, *ou* qu'il la reconnoît véritable, *& s'il fait quelqu'autre déclaration, il faut l'énoncer*, & a été ladite piéce paraphée par Nous & par ledit .... lecture faite du présent procès-verbal audit .... y a persisté, & a signé *ou* fait refus, de ce interpellé; *ou* déclaré ne sçavoir signer, de ce enquis.

Sur quoi nous ordonnons que ladite piéce demeurera jointe à la procédure criminelle. Fait les jour & an que dessus.

Si au contraire l'Accusé déclare n'avoir écrit ou signé ladite piéce, ou qu'il refuse de la reconnoître ou de répondre à cet égard, le Juge dira : Nous ordonnons que ladite piece sera vérifiée sur piéces de comparaison, par .... Experts que nous avons nommés d'office. Voyez le §. 2. ci-après.

Et en ce cas, si l'Accusateur n'a pas les piéces de comparaison en sa possession, il faut obtenir une Ordonnance ou Jugement pour les faire apporter & remettre au Greffe; & pour cet effet, voyez ci-devant titre 1, §. 2, & titre 2. §. 3.

§. II.

De la vérification des Ecritures ou Signatures privées.

Si l'Accusé déclare n'avoir écrit ou signé lesdites piéces, ou s'il refuse de les reconnoître ou de répondre à cet égard, il sera ordonné qu'elles seront vérifiées sur piéces de comparaison; ce qui sera pareillement ordonné, s'il y échet, à l'égard des Accusés qui seront en défaut ou contumace, encore que lesdites piéces n'ayent pu leur être représentées; art. 4.

Du procès-verbal de présentation & état des Piéces de comparaison.

Le procès-verbal de présentation des piéces de comparaison sera fait en présence de la Partie publique, ensemble de la Partie civile, s'il y en a, & de l'Accusé; à l'effet de quoi s'il est dans les prisons, il sera amené par ordre du Juge pour assister audit procès-verbal, sans aucune sommation ou signification préalable; & pareillement il n'en sera fait aucune, lorsque l'Accusé étant absent, la contumace aura été instruite contre lui; article 6.

Si l'Accusé n'est pas dans les prisons, & si la contumace n'est pas instruite à son égard, il sera sommé de comparoître audit procès-verbal, dans le délai porté par l'article 6 du titre du Faux principal; à l'effet de quoi la sommation lui en sera faite par Acte signifié dans la forme & aux lieux prescrits par l'Edit du mois de Décembre 1680, concernant l'instruction de la contumace; & faute par l'Accusé d'y comparoître dans ledit délai; il sera passé outre audit procès-verbal; art. 6.

En procedant audit procès-verbal, lorsque l'Accusé y sera présent, les piéces de comparaison lui seront représentées pour en convenir ou les contester, sans qu'il lui soit donné pour raison de ce, délai ni conseil; & celles qui seront admises seront par lui paraphées, s'il peut ou veut le faire, sinon il en sera fait mention; & soit que ledit Accusé soit présent ou absent lors dudit procès-verbal, les piéces qui seront reçues seront paraphées par le Juge, par la Partie publique, ensemble par la Partie civile, si elle peut & veut les parapher, sinon il en sera fait mention, le tout à peine de nullité; art. 7.

Sera observé au surplus tout ce qui est prescrit au sujet des piéces de comparaison, par les articles 12, 13, 14, 15, 16, 17 & 19 du titre du Faux principal, & par l'article 26 du titre du Faux incident; art. 8.

En cas que les piéces de comparaison ne soient point reçues, la Partie civile, s'il y en a, ou la Partie publique, seront tenus d'en rapporter d'autres dans le délai qui sera prescrit; autrement les Juges ordonneront, s'il y échet, qu'il sera passé outre à l'instruction & au Jugement du procès; sauf en cas qu'avant le Jugement ladite Partie civile ou la Partie publique rapporte des piéces de comparaison, à y être pourvû par le Juges ainsi qu'il appartiendra; art. 9.

Pour le procès-verbal de présentation, état des piéces de comparaison, voyez titre 2, §. 12.

§. III.

De la nomination des Experts pour la vérification & audition desdits Experts.

Les Experts qui procederont à la vérification, seront nommés d'office, & entendus séparément par forme de déposition, sans qu'il puisse être ordonné que lesdits Experts feront préalablement leur rapport sur lesdites piéces, ce qui est défendu à peine de nullité; & sera observé par rapport ausdits Experts ce qui est prescrit par les articles 8 & 9 du titre du Faux principal; article 10.

En procedant à laudition desdits Experts, les piéces qu'il s'agira de vérifier, & le Jugement qui en aura ordonné la vérification, les piéces de comparaison, ensemble le procès-verbal de présentation d'icelles, & l'Ordonnance ou Jugement par lequel elles auront été reçues, seront remis à chacun desdits Experts; & sera au surplus observé tout ce qui a été réglé par l'article 23 du titre du Faux principal; art. 11.

Pour l'audition des Experts, voyez ci-devant, titre 2, §. 13. en observant ce que dessus.

§. IV.

De l'Information par Témoins.

Pourront en outre être entendus comme témoins ceux qui auront vû écrire ou signer lesdites écritures ou signatures privées, ou qui auront connoissance en quelqu'autre maniere de faits qui puissent servir à en établir la vérité; art. 12.

En procédant à l'auditon desdits témoins, lesdites écritures ou signatures privées leur seront représentées & par eux paraphées, ainsi qu'il a été ordonné pour les piéces prétendues fausses, par les articles 25 & 26 du titre du Faux principal; & sera aussi observé tout ce qui est porté par les articles 27, 28 & 29 dudit titre, concernant la représentation des piéces y mentionnées ausdits témoins, le paraphe desdites piéces, & les Actes dans lesquels on pourra suppléer à l'omission de la représentation & du paraphe, soit desdites écritures ou signature privées, ou des autres piéces, si l'on n'y a pas satisfait lors de la déposition desdits témoins; & s'ils représentent quelques piéces lors de leurs dépositions, il sera observé ce qui est prescrit par l'article 40 du même titre; art. 13.

Pour l'information par témoins, voyez ci-devant, titre 2, §. 14 & 15, en observant ce qui est porté ci-dessus.

§. V.

Du Decret.

Sur le vû de l'information, soit par Experts ou par autres témoins, il sera décerné tel decret qu'il sera jugé à propos, même contre d'autres que l'Accusé, s'il y échet, ou sera rendue telle Ordonnance qu'il appartiendra; art. 13.

Pour les Decrets, voyez à la fin du chapitre 7.

§. VI.

De la représentation des Piéces à l'Accusé, & du paraphe d'icelles.

Seront au surplus observées les dispositions des articles 31, 32 & 41 du titre, du Faux principal, concernant les piéces qui doivent être représentées aux Accusés, & par eux paraphées lors de leurs interrogatoires, & celles qui ne doivent l'être qu'à la confrontation; comme aussi les piéces qu'ils représenteroient lors de leursdits interrogatoires; article 15.

§. VII.

Du corps d'écriture à faire par l'Accusé; des nouveaux Experts, & des nouvelles Piéces de comparaison.

Le contenu auxdits articles 33, 34, 35 & 36 du titre du Faux principal, sera pareillement exécuté, tant par rapport au corps d'écriture que l'Accusé sera tenu de faire, s'il est ainsi ordonné par les Juges, que par rapport au cas où ils pourront ordonner avant le Réglement à l'extraordinaire, qu'il sera entendu de nouveaux Experts, ou qu'il sera fourni de nouvelles piéces de comparaison; art. 16.

Pour la confection du corps d'écriture par l'Accusé, voyez ci-devant, titre 1, §. 11.

Pour la nomination de nouveaux Expert & de nouvelles piéces de comparaison, voyez titre 1, §. 12.

§. VIII.

Du Récollement & de la Confrontation.

Lors du récollement & de la confrontation des Experts & autres témoins, ou du récollement des Accusés & de la confrontation des uns & des autres, il sera observé ce qui est prescrit par les articles 37, 38, 39, 40, 41, 42, 43, 44 & 45 du titre du Faux principal; art. 17.

Pour le récollement & la confrontation voyez titre 1, §. 13, 14 & 15.

§. IX.

Quand l'Accusé peut demander de nouveaux Experts & de nouvelles Piéces de comparaison.

Si l'Accusé demande qu'il soit admis à fournir de nouvelles piéces de comparaison, ou qu'il soit entendu de nouveaux Experts, il ne pourra y être statué que dans le tems & ainsi qu'il est prescrit par les articles 6, 11, 47, 48, 49, 50, 51, 52, 53, 54 & 55 dudit titre: sera aussi observée la disposition de l'article 56 du même titre, au sujet de ce qui pourra être ordonné dans tous les cas où il auroit été procedé à une nouvelle information, soit sur de nouvelles piéces de comparaison, ou par de nouveaux Experts; art. 18.

Voyez titre 1, §. 17.

§. X.

Des Procurations des Parties civiles; de l'exécution des Jugemens définitifs; de la remise ou renvoi & expédition des piéces déposées au Greffe.

Toutes les dispositions des articles 57, 58, 59, 60, 61, 62, 63, 64, 65, 66, 67, 68 & 69 dudit titre du Faux principal, concernant les procurations qui peuvent être ordonnées par la Partie civile, l'exécution des Sentences & Arrêts qui contiendroient les dispositions mentionnées dans ledit article 59, la remise ou le renvoi des piéces déposées an Greffe, & les expéditions qui pourront en être délivrées, seront exécutées par rapport ausdites écritures ou signatures privées, ou autres piéces qui auront servi à l'instruction; art. 19.

Voyez titre 1, §. 18, 19, 20 & 21.

§. XI.

Disposition générale sur les délais prescrits dans les trois titres du présent chapitre 6.

Dans tous les délais prescrits pour les procédures mentionnées au présent titre & aux deux précédens, ne seront compris le jour de l'assignation ou signification, ni celui de l'échéance; & à l'égard de ceux desdits delais seulement qui ont été fixés à trois jours ou au dessous, les jours fériés auxquels il n'est pas d'usage de faire des significations, n'y seront point comptés; art. 20.

CHAPITRE VII.

Des Décrets & de leur exécution, avec le Stile des Procédures.

Voyez le titre 10. de l'Ordonnance de 1670.

I. DEcret est une Sentence, Arrêt ou Jugement, portant qu'un Accusé est décreté pour crime ou délit. Decret; ce que c'est, & de combien de sortes.

Il y a trois sortes de Decrets; Decret d'assigné pour être oui, Decret d'ajournement personnel, & Decret de prise de corps; article 2 du titre 10 de l'Ordonnance de 1670. Ces trois différens Decrets dépendent du titre de l'accusation, c'est-à-dire de la qualité du crime, délit ou fait qui forme l'accusation.

Le Decret d'assigné pour être oui, & le Decret d'ajournement personnel, sont presque la même chose; l'un & l'autre tendent à obliger un Accusé à prêter & subir interrogatoire sur les faits contenus en la plainte, & dans les charges & informations. Toute la différence qu'il y a entre ces deux Decrets, c'est que le Decret d'assigné pour être oui n'interdit point l'Officier decreté de ses fonctions d'Officier, suivant l'article 10; au lieu que le Decret d'ajournement personnel interdit de ses fonctions totalement & de plein droit, du jour de la signification du Decret, l'Officier decreté jusqu'à ce qu'il soit relevé & renvoyé par un Jugement dans les fonctions de sa Charge, suivant l'article 11: d'où il suit qu'après que l'Accusé s'est présenté & a subi l'interrogatoire, l'interdiction qui résulte du Decret d'ajournement personnel n'est point levée du droit, quoique l'accusé ait satisfait au Decret; c'est une tâche qui ne peut être levée que par l'absolution.

Le Decret d'ajournement personnel a pour objet non-seulement d'obliger à se présenter & subir l'interrogatoire, mais encore d'ester à droit en cet état pendant toute l'instruction, à moins que par provision & sur le vû des charges il ne soit permis à l'Accusé de continuer ses fonctions, ou que sur l'appel du Decret il ne soit renvoyé en état d'assigné pour être oui.

Le Decret d'assigné pour être oui, ou d'ajournement personnel, doit être donné pour comparoir en la Chambre du Conseil, & non à l'Hôtel du Juge.

Le Decret d'assigné pour être oui étoit inconnu dans les anciennes Ordonnances: avant celle du mois d'Août 1670, il n'y avoit que deux Decrets; le Decret d'ajournement personnel, & le Decret de prise de corps.

Le Decret de prise de corps est plus rude & le plus violent de tout les Decrets en matiere criminelle, en ce qu'un Decreté de prise de corps est non-seulement interdit des fonctions de sa Charge, s'il en a une, mais encore ne peut se défendre ni être entendu dans sa défense & justification, qu'il ne soit actuellement en prison & écroué; c'est ce qu'on appelle *être en état*.

Un Accusé n'est à proprement parler accusé que par le Decret, parce qu'il n'y a que le Decret qui commence à le mettre *inter reos*, & non pas *in vim* de la plainte suivie d'information.

2. Tout Decret, quel qu'il soit, d'assigné pour être oui, d'ajournement personnel, ou de prise de corps, ne peut être rendu ni décerné que sur les conclusions de Messieurs les Procureurs Généraux, ou des Procureurs du Roi, ou Procureurs Fiscaux; article 1. Decret ne peut être décerné que sur les conclusions de la Partie publique.

Du Decret en cas de flagrant délit.

Cependant lorsque le coupable est pris en flagrant délit, ou à la clameur publique, l'on doit commercer par l'arrêter & le constituer prisonnier; ensuite on le decrete de Decret de prise de corps sur les conclusions de la Partie publique, & en vertu de ce Decret on l'écroue sur le regiſtre de la prison, & l'écroue lui doit être signifié parlant à sa personne; article 9.

3. C'est la qualité du crime, des preuves & des personnes, qui détermine la qualité du Decret; car suivant ces trois circonstances on décerne un assigné pour être oui, ou ajournement personnel, ou un Decret de prise de corps; article 2. C'est au Juge à faire ce discernement par sa prudence & ses lumieres.

De la conversation du Decret.

4. Le Decret d'assigné pour être oui sera converti en Decret d'ajournement personnel, si l'Accusé ne comparoît pas sur l'assignation à lui donnée en vertu du Decret d'assigné pour être oui; & le Decret d'ajournement personnel sera converti en Decret de prise de corps, si l'accusé ne comparoît pas pour subir interrogatoire dans le délai marqué & prescrit par le Decret; articles 3 & 4. Ce délai se regle selon la distance des lieux, comme en matiere civile, suivant l'Ordonnance de 1667, titre 3.

Au reste, il faut remarquer que si le Decreté pour être oui ne comparoît pas au jour de l'assignation, on convertit sur le champ le Decret d'assigné pour être oui en Decret d'ajournement personnel, sans observer le délai de huitaine pour lever le défaut, ni le délai de huitaine, ou de la moitié du délai de l'assignation pour faire juger, comme on fait en matiere civile.

Mais quand le Decreté d'assigné pour être oui, ou d'ajournement personnel, a comparu pour être interrogé & subir la confrontation, & ne comparoît pas pour le Jugement, il n'y a plus pour lors de conversion à faire, l'on instruit la contumace, ainsi qu'il est observé ci-après, chap. 16.

¶ Un Decret d'assigné pour être oui, décerné contre un domicilié, doit lui être signifié à domicile, avec assignation à comparoir à un délai suffisant, pour que le Decreté puisse arriver & faire son acte de comparution au Greffe. Dans une distance de quarante lieues, ce délai doit, selon la possibilité, être à jour préfix, au plus à la quinzaine: il seroit de huitaine contre un domicilié dans la Ville. Il convient mettre un jour préfix, attendu que l'Ordonnance de 1670 n'assujettit point les assignés pour être ouis aux délais des ajournemens en matiere civile: il dépend des Cours Souveraines d'abreger ces délais suivant leur prudence & l'exigence des cas.

Si le Decreté d'assigné pour être oui ne comparoît pas au jour préfix, la Partie civile doit lever son défaut au Greffe criminel des Présentations, & par une Requête demander le Jugement du défaut, & que pour le profit le Decret d'assigné pour être oui soit converti en ajournement personnel; sur quoi intervient Jugement conforme à la demande: ce Jugement se signifie au domicile du Decreté, avec assignation à comparoir en ajournement personnel; & alors il faut observer les délais portés par les articles 4 & 5 du titre 3 de l'Ordonnance de 1667.

Si l'Accusé a son domicile à quarante lieues de Paris, il faut lui donner assignation au mois, & ainsi des autres à proportion de l'éloignement.

Si après l'échéance de l'assignation, non compris le jour d'icelle & celui de l'échéance, l'Accusé ne comparoît pas, & n'ait pas fait son acte de comparution au Greffe, & icelui signifié à Partie, la Partie civile, huitaine après le délai de l'assignation échu, levera son défaut au Greffe; quinzaine après elle demandera le Jugement de son défaut, & pour le profit requerra que le Decret d'ajournement personnel soit converti en Decret de prise de corps, & sur les conclusions de la Partie publique intervient Jugement qui prononce cette conversion.

Ce qui forme trois délais avant cette derniere conversion, ausquels il faut s'assujettir à la rigueur; ensuite de quoi l'on instruit la grande contumace. Extrait d'une Consultation de M. Amyot, du 28 Avril 1736.

Si l'on peut asseoir un Decret sur un procès-verbal.

5. On peut non-seulement decreter sur le vû des charges & informations, mais encore sur le vû des procès-verbaux; la preuve qui peut résulter des informations dépend de la qualité des dépositions des témoins qui ont été entendus; & la preuve qui peut résulter des procès-verbaux, dépend de ce qui y est énoncé.

Distinction à faire de trois sortes de procès-verbaux.

6. En matiere criminelle, & par rapport aux différens Decrets qui peuvent être rendus sur les procès-verbaux, il faut distinguer trois sortes de procès-verbaux: procès-verbaux des Présidens & Conseillers du Parlement, & autres Cours Supérieures, procès-verbaux

des Juges Royaux, ou des Justices Seigneuriales; & procès-verbaux d'Huissiers ou Sergens.

Sur les procès-verbaux des Présidens & Conseillers des Parlemens & Cours Supérieures, on peut decreter le Decret de prise de corps, sans même qu'il soit besoin de répéter les assistans, si aucuns il y a; article 5.

Sur les procès verbaux des Juges Royaux ou des Seigneurs, on ne peut tout au plus decreter que d'un Decret d'ajournement personnel, & non de Decret de prise de corps; sinon après que les personnes qui ont assisté aux procès-verbaux, auront été répetées par forme de déposition, suivant ledit article 5.

En quel cas les procès-verbaux des Sergens ou Huissiers peuvent être decretés d'ajournement personnel.

Quant aux procès-verbaux des Sergens ou Huissiers, même des Cours Souveraines, l'article 6 n'est pas conçu en termes biens clairs. Les Annotateurs de Duplessis disent sur cet article, que lesdits procès-verbaux ne peuvent être decretés que d'ajournement personnel, à l'exception du cas de rébellion aux Mandemens de Justice, où ils peuvent être tout d'un coup decretés de prise de corps; & que ces mêmes procès-verbaux peuvent en toute matiere être decretés de prise de corps, après qu'eux & leurs assistans auront été répetés. Mais le sens de cet article doit être déterminé par l'article 9 de l'Edit d'Amboise du mois de Janvier 1572, registré au Parlement de Paris le 20 Fevrier audit an, conçu en ces termes: Voulons que sur le rapport signé des Sergens ou Huissiers, Exécuteurs de Justice, certifié de Records, sans attendre autre information, nos Juges ès cas de résistance par voie de fait, puissent decreter d'ajournemnt personnel, sauf après avoir informé, procedé par Decret de prise de corps, ainsi qu'ils verront être à faire.

Ainsi il faut tenir pour regle que les procès-verbaux des Sergens ou Huissiers, mais toujours assistés de Records, peuvent en cas de rébellion à Justice, être decretés d'ajournement personnel, & cela sans qu'il soit nécessaire qu'eux ni leurs assistans ayent été préalablement répetés: que dans tout autre cas lesdits procès-verbaux ne peuvent être decretés d'aucun Decret, jusqu'à ce que les Sergens ou Huissiers & leurs Records ayent été répetés; mais après qu'ils auront été répetés, les Juges pourront, en cas de rébellion ou tout autre, décerner prise de corps, si le cas y échet, parce qu'au moyen de la répetition, les Sergens ou Huissiers & leurs Records deviennent des témoins sur la déposition desquels l'on peut decreter de prise de corps, si le cas y échet, comme sur la déposition de tous les autres témoins.

Le même article 6 ajoute: Nentendons néanmoins rien innover à l'usage des Maîtrises de nos Eaux & Forêts, dans lesquelles les procès-verbaux des Verdiers ou Gardes & Sergens, sont decretés même de prise de corps.

Il reste à observer, 1°. Qu'avant qu'il puisse être decreté sur procès-verbal, il faut qu'il soit communiqué au Procureur du Roi qui le requerra; car on ne peut pas decreter qu'il n'y ait un plaignant. 2°. Que si lors des Exploits que les Sergens ou Huissiers peuvent faire depuis l'Edit du Contrôle, sans être assistés de Records, ils étoient excedés ou outragés par paroles ou par voie de fait; en ce cas leur procès-verbal ne doit point être decreté, même après la répetition, sauf aux Sergens ou Huissiers à faire leurs dénonciations ou rendre plainte.

De la conversion du Decret d'ajournement personnel en Decret de prise de corps.

7. Quoique suivant l'article 7, une personne assignée pour être ouie, ou decretée d'ajournement personnel, ne puisse être arrêtée, à moins qu'il ne survienne de nouvelles charges, ou que par délibération secrette d'une Cour supérieure, & non d'aucun Juge inférieur, Royal ou subalterne, il ait été résolu par la Compagnie que l'Accusé en comparoissant sera arrêté; néanmoins un Decret d'ajournement personnelle peut être converti en Decret de prise de corps, suivant l'article 4; & le decreté par simple conversion est arrêté & constitué prisonnier, comme s'il y avoit eu originalement un Decret de prise de corps contre lui.

Les nouvelles charges dont parle ledit article 7, s'entendent, tant pour raison du même fait, que pour raison d'un autre qui surviendroit, & qui rendroit le premier crime plus grave.

Juges tenus d'exprimer dans les Decrets d'ajournement personnel le titre de l'accusation.

8. Par la Déclaration du Roi du mois de Décembre 1680, les Juges, tant Royaux que des Seigneurs, sont tenus d'exprimer dans les Decrets d'ajournement personnel qu'ils décerneront, le titre de l'accusation pour raison de laquelle ils decreteront, à peine d'interdiction contre les Juges, pour distinguer les Decrets d'ajournement personnel, à l'égard desquels les Cours ne peuvent donner des Arrêts de défenses qu'après avoir vû les informations, qui sont les Decrets d'ajournement personnel pour faussetés, pour

malversations d'Officiers dans l'exercice de leurs charges, ou s'il y a des coaccusés decretés de prise de corps.

De la signification des Decrets.

9. Les Juges doivent donner toute leur attention à ce que les Decrets qui tendent à une conversion, & autres Decrets, & principalement le Decret d'ajournement personnel, soient signifiés, autant qu'il sera possible, par un Huissier-Audiencier du Siege ou de la Cour d'où est émané le Decret, ou du moins par un autre Huissier ou Sergent bien famé, crainte de surprise, & afin que le Decreté d'assigné pour être oui ou d'ajournement personnel ait connoissance du Decret: on voit souvent beaucoup d'abus dans ces sortes de significations.

Decret de prise de corps ne se signifie point.

10. Les Decrets d'assigné pour être oui & d'ajournement personnel, se signifient à la personne decretée, ou à son véritable domicile, avec assignation pour subir interrogatoire dans le délai marqué par la signification & assignation; mais quant aux Decrets de prise de corps, il est bien naturel de penser qu'ils ne se signifient point; autrement on courroit risque de ne pas arrêter beaucoup d'Accusés.

Cas auquel on peut décerner un Decret de prise de corps sur la seule notorieté.

Du cas du flagrant délit.

11. Il peut être décerné Decret de prise de corps sur la seule notorieté pour crime de duel, ou sur la plainte des Procureurs du Roi contre les vagabonds, ou sur la plainte des Maîtres pour crimes & délits domestiques; art. 8. Et en outre si un Accusé est pris en flagrant délit ou à la clameur publique, on commence, comme on l'a dit ci-devant, par le conduire prisonnier de l'ordre du Juge; on l'écroue en même tems, & on lui signifie son écroue parlant à sa personne; art. 9.

Ce qu'on appelle crime notoire.

12. On appelle en général un crime notoire, lorsqu'il a été commis publiquement à la vûe de tout un peuple, ou qu'il demeure vérifié par les Actes publics, ou par la déposition des témoins, ou par la confession faite par l'accusé en Jugement; mais le mot de *notorieté* se prend ici pour le bruit public.

13. Un Accusé est censé être pris en flagrant délit, lors, par exemple, qu'en fait de vol, l'Accusé a été pris volant ou dérobant, ou dans le lieu dans lequel le vol a été fait, ou bien lorsque le voleur a été trouvé avec la chose volée ou dérobée; en fait de meurtre ou assassinat, lorsque le meurtrier a été pris dans l'action, ou qu'il a été vû dans le lieu où le crime a été commis avec l'épée, lui ensanglanté ou son épée; ou un adultere qui a été surpris sur le fait ou sur le lieu en cherchant sa proie, ou parce qu'on voyoit encore des marques toutes récentes du crime.

Privilége des Maîtres de faire arrêter leurs domestiques trouvés en flagrant délit.

14. C'est par une espece de privilége qu'il est permis aux Maîtres & Maîtresses de faire arrêter leurs valets, serviteurs & domestiques de l'un & l'autre sexe, trouvés volans & dérobans leurs Maîtres & Maîtresses: l'importance du fait dans la société civile a donné lieu à ces sortes d'emprisonnemens.

Il est encore d'usage qu'une fille qui auroit été séduite & trompée par un garçon qui n'a pas de domicile certain, comme un laquais ou un garçon ouvrier, peut le faire arrêter en vertu d'une simple Ordonnance du Juge rendue sur Requête, sans information ni Decret préalable, parce qu'il peut y avoir *periculum in mora.*

15. Dans les cas marqués par les susdits articles 8 & 9, les Accusés peuvent bien être arrêtés, mais ils ne peuvent être conduits prisonniers que de l'Ordonnance verbale ou par écrit du Juge du lieu du délit, ou d'un Commissaire s'il y en a, ainsi qu'il est porté par l'article 9, en ces termes: *Le Juge ordonnera qu'il sera arrêté*, c'est-à-dire conduit prisonnier, & écroué.

De l'emprisonnement des vagabonds.

16. Il semble que suivant la disposition dudit article 8, ce n'est que sur la plainte des seuls Procureurs du Roi qu'il est permis d'arrêter les vagabonds; cet article ne se servant que de ces mots, *Procureurs du Roi.* Cependant pour la conséquence que les campagnes ne sont que trop remplies de ces sortes de gens, le même pouvoir doit être donné aux Procureurs Fiscaux, pour faire arrêter sans information préalable des gens sans aveu & vagabonds qui se trouveroient dans l'étendue de la Justice d'un Seigneur. D'ailleurs, suivant l'article 21 de la Déclaration du Roi du 5 Février 1731, tous Juges du lieu du délit, Royaux ou autres, peuvent informer, decreter & interroger tous Accusés, quand même il s'agiroit de cas Royaux ou de cas Prévôtaux; & il leur est enjoint d'y proceder aussi-tôt qu'ils auront eu connoissance desdits crimes, à la charge d'en avertir incessamment les Juges Royaux de leur ressort; ce qui s'entend lorsqu'ils ne sont pas competens de juger, soit à cause du privilége du délinquant, soit par la nature du délit.

17. Suivant le même article 21 de ladite Déclaration, les Prévôts des Maréchaux peuvent

peuvent pareillement informer de tous cas ordinaires commis dans l'étendue de leur ressort, même décreter & interroger, à la charge d'en avertir incessamment les Baillifs & Sénéchaux, & de remettre les procédures & Accusés, sans attendre même qu'il en soient requis.

18. On appelle *écroue* un Brevet ou Acte écrit sur le Registre du Greffier ou Géolier de la prison, sur l'emprisonnement que fait un Huissier, Sergent, Archer, ou autre Officier de Justice, de la personne mise en prison. Ecroue; ce que c'est.

19. Il peut y avoir des accusations non suivie de Decret, soit parce que le titre de l'accusation est leger, ou parce que par les charges & informations il n'y a point assez de preuves pour decreter l'Accusé, même d'un simple Decret d'assigné pour être oui: cependant le titre de l'accusation est quelquefois si grave, que pour la conséquence on decrete, quoique dans la rigueur il n'y ait presque point de preuves ou point du tout, par les charges & informations, parce qu'il peut survenir des preuves: mais on ne doit point decreter de prise de corps des personnes domiciliées, quoique le titre d'accusation soit grave, s'il n'y a quelques preuves contre l'Accusé; on ne doit pas même sans aucune charge actuelle le decreter d'ajournement personnel, s'il est Officier, à cause de l'interdiction qui suit d'un pareil Decret; ainsi en ce cas il suffit d'un assigné pour être oui. Maximes sur les Decrets.

20. Le Decret emportant interdiction, subsiste jusqu'au jour du Jugement du procès; il n'est pas même suspendu par un simple appel; art. 12. Il faut même observer que les simples défenses d'exécuter un Decret d'ajournement personnel ou de prise de corps, n'éteignent pas le Decret; elles ne font qu'en suspendre l'exécution; il faut que par le même Arrêt l'on ajoute: *& par provision lui permet de continuer ses fonctions*; & non pas renvoyé dans les fonctions de sa Charge, ce qui ne se fait que par le Jugement définitif; sans quoi point de fonctions *in vim* de l'Arrêt portant défenses: c'est un point sur lequel les Procureurs doivent bien faire attention en prenant des conclusions par leur Requête à fin de défenses. Si l'appel suspend l'interdiction portée par un Decret.

21. L'exécution de tout Decret, quel qu'il soit, même de Decret de prise de corps, ne peut non-seulement être arrêtée & suspendue par un appel, même comme de Juge incompétent, ou d'appel comme d'abus en matiere Ecclésiastique pour fait de discipline, suivant l'article 40 de l'Edit de 1695; mais encore sous prétexte de prise à partie ou de récusation; parce qu'il faut toujours pourvoir aux preuves, & principalement à avoir l'interrogatoire de l'Accusé, & s'assurer de sa personne, s'il y a un Decret de prise corps contre lui. Si la demande en prise ou en récusation arrête l'exécution du Decret.

Au reste, voyez ci-après le chapitre 25, où il est parlé des défenses d'exécuter les Decrets.

22. Toutes sortes de Decrets peuvent être mis à exécution sans permission du Juge, ni *pareatis*, art. 12, même hors l'étendue de la Jurisdiction d'où est émanné le Decret; ce qui a même lieu pour les Decrets donnés & décernés par les Juges d'Eglise, lesquels pourront être mis à exécution par tout & en tous lieux du Royaume, & hors le Diocèse de l'Evêque qui a rendu par lui ou par son Official le Decret, sans avoir besoin de demander aucun *pareatis* aux Juges Royaux ni à ceux des Seigneurs; les Juges Royaux & de Seigneurs sont même obligés de donner main-forte & toute aide & secours dont ils seront requis par les Juges d'Eglise: c'est la disposition de l'article 44 de l'Edit de 1695; parce que depuis l'Ordonnance de François I. de 1559, art. 166, il n'y a plus d'immunités qui empêchent d'arrêter un Accusé dans les Eglises. Mais il faut toujours prendre des Huissiers, Sergens ou Huissiers Royaux, pour mettre les Decrets du Juge Ecclésiastique à exécution; les Huissiers des Officialités ne le pourroient pas faire, ni des Huissiers ou Sergens de Justices Seigneuriales. De l'exécution des Decrets.

23. En exécutant un Decret, quel qu'il soit, l'Accusateur, soit la Partie publique ou la Partie civile, doit élire domicile dans le lieu où se fera l'exécution, article 33, du moins pour vingt-quatre heures; ce qui s'entend, si l'exécution est faite hors le ressort, sans toutefois que cette élection de domicile puisse donner occasion à l'Accusé de se pourvoir devant le Juge du lieu où le Decret a été mis à exécution, pour pourvoir statuer sur le Decret, comme il est porté par ledit article 13; il n'y a que le Juge qui a rendu & décerné le Decret qui y puisse statuer; mais soit que le Decret soit exécuté dans le ressort ou hors du ressort, la Partie civile doit élire domicile dans le lieu de la Jurisdiction dont est émané le Decret, afin que le prisonnier puisse sçavoir à qui s'adresser. De l'élection de domicile dans le lieu de l'exécution du Decret.

De la rébellion faite aux Huissiers exécutant un Decret.

24. En cas rébellion, excès ou violence faite aux Huissiers, Sergens, Archers ou autres Officiers, en mettant à exécution un Decret ou Mandement de Justice, ces Officiers en dresseront procès-verbal, qu'ils remettront ès mains du Juge qui a décerné le Decret ou Mandement, pour par lui y être pourvu, & en outre en envoyeront une expédition à M. le Procureur Général du ressort; art. 14. Ils doivent dresser ces procès-verbaux sur le lieu & à l'instant, si faire se peut, à moins qu'il n'y eût du danger à rester dans le lieu; auquel cas ils pourront se retirer dans un autre lieu de sûreté, & là ils y dresseront leurs procès-verbaux en la maniere & avec les formalités requises & nécessaires en fait de procès-verbaux. Il est même enjoint par l'article 15, aux Gouverneurs & Lieutenans Généraux des Provinces, aux Prévôts & autres Officiers de la Maréchaussée, Baillifs & Sénéchaux, de prêter main forte à l'exécution des Decrets chacun dans son ressort, aux peines de l'Ordonnance.

Prisons privées défendues.

25. Les prisons privées sont défendues : les Accusés qui auront été arrêtés, doivent être incessamment conduits dans les prisons, sans pouvoir être détenus en maison particuliere, si ce n'est pendant leur conduite, & en cas de péril d'enlevement, dont il doit être fait mention dans le procès-verbal de capture & de conduite, à peine d'interdiction contre les Prévôts, Huissiers ou Sergens, mille livres d'amende envers le Roi, & des dommages & intérêts des Parties, article 16.

26. Il est défendu à tous Juges, même des Officialités, d'ordonner qu'aucune Partie soit amenée sans scandale, article 17; car un emprisonnement ne se peut guéres faire sans quelque scandale, petit ou grand; c'est un malheur pour le prisonnier.

Si l'on peut decreter sous le nom de Quidam.

27. On peut quelquefois decreter contre un *Quidam*, de tel Decret que ce soit, même de prise de corps, ou contre une personne non connue, sous la désignation de l'habit de la personne & autres désignations suffisantes; article 18. Mais si l'Officier chargé du Decret se trompoit dans la capture, & qu'il arrêtât un autre que l'Accusé indiqué & désigné, il tomberoit dans des dommages & intérêts, & non la Partie civile ni la Partie publique. C'est pourquoi lorsqu'on decrete contre un *Quidam* ou un inconnu, il faut que les indications & désignations soient justes & bien caractérisées, crainte de méprise; mais si la Partie civile faisoit elle-même en personne l'indication, & qu'on prît un autre pour l'Accusé, elle seroit responsable des dommages & intérêts, & non l'Huissier ou autre Officier qui auroit fait la capture.

Cas auquel on peut decreter un domicilié.

28. Lorsqu'on dit qu'on ne peut decreter de prise de corps contre un domicilié, cela s'entend pour des faits legers, mais non pour crimes graves & qui méritent peine afflictive ou infamante; article 19. Mais dès que le crime est grave, on peut décerner un Decret de prise de corps, sans avoir égard à la qualité & au domicile de l'Accusé; qu'il soit Noble ou Roturier, Prêtre ou Laïc, domicilié ou non domicilié, pauvre ou riche, en charge ou homme privé, & de l'un & l'autre sexe, il peut être decreté de prise de corps, arrêté si le cas le requiert, c'est-à-dire, comme on l'a ci-devant observé, s'il y a quelque preuve ou indice.

Toute peine afflictive est infamante; mais non vice versâ.

29. Il n'y a que deux manieres de punir un crime grave, la peine afflictive ou corporelle, ou la peine infamante; telle est la peine du fouet, bannissement ou les galeres, soit à tems, soit à perpétuité, l'amende honorable, la question ou le dernier supplice; mais il peut y avoir une peine infamante sans être afflictive ou corporelle, telle est la peine du blâme ou de l'amende honorable séche; l'admonesté n'emporte point infamie, & note point d'infamie, *sed suggillat famam.*

Pour connoître si un délit est leger, cela dépend du fait & de la qualité du délit; telle est une accusation pour injures, rixes ou batteries inopinées, par accident ou fortuites: il est rare que des Juges decretent de prise de corps pour de pareils faits & délits, dont l'issue ne peut tourner qu'en dommages & intérêts civils, réparation, aumône ou amende.

Decrets doivent être exécutés en personne.

30. Tout Decret d'assigné pour être oui ou d'ajournement personnel, doit être exécuté par le Decreté en personne, & non par procuration, parce que l'interrogatoire de l'Accusé ne se peut faire que par la propre bouche de l'Accusé; & à l'égard du Decret de prise du corps, outre l'interrogatoire, l'emprisonnement de la personne de l'Accusé, il a pour objet que l'Accusé ne puisse pas se soustraire à la punition de son crime, si par le Jugement il y en a quelqu'une de prononcée contre lui.

Si l'on peut decreter sur la déposition d'un seul témoin.

31. On peut decreter sur la déposition d'un seul témoin, mais témoin irréprochable, pourvû qu'avec la déposition de ce témoin il y ait quelques indices; car il est plus

dent à un Juge dans une accusation grave, de s'assurer, autant qu'il sera possible, d'un accusé ou soupçonné d'un crime commis.

32. Nul ne peut être ajourné à comparoir en personne, qu'en vertu d'un Decret d'assigné pour oui ou d'ajournement personnel rendu dans les regles, quand ce seroit même à la requête du Procureur du Roi ou Procureur Fiscal, ou de M. le Procureur Général.

On ne peut être ajourné à comparoir qu'en vertu de Decret.

33. On peut mettre un Decret de prise de corps à exécution les jours de Dimanches & de Fêtes, même pendant la nuit & dans la propre maison de l'Accusé : on peut pareillement décerner des Decrets ces jours-là, principalement des Decrets de prise de corps pour des causes urgentes, & où il auroit péril dans la demeure.

Si on peut mettre un Decret de prise de corps à exécution en tout tems.

34. Un Huissier, Sergent, Archer ou autre Officier feroit mal, & son procedé seroit blâmable, s'il signifioit un Decret d'assigné pour être oui ou d'ajournement personnel à un Prêtre disant la Messe, ou étant dans l'Eglise, à un Juge étant en son Siége pour rendre la Justice aux Sujets du Roi, ou à une personne qui se marieroit ou qui seroit au convoi de son pere, sa mere, ou autre parent ou ami; mais en ces derniers cas la signification du Decret ne seroit pas pour cela nulle, l'Huissier ou Sergent en seroit quitte pour quelque correction ou amende.

Quid, du Decret d'assigné pour être oui & d'ajournement personnel.

35. La Partie civile ne doit point être présente à l'exécution d'un Decret de prise de corps, crainte des accidens fâcheux qui en pourront arriver; l'Huissier, Sergent ou Archer chargé de l'exécution du Decret, ne doit pas le souffrir, quand même la Partie civile y voudroit être.

Si la Partie civile doit assister à l'exécution du Decret de prise de corps.

36. Enfin les Juges inférieurs, Royaux ou subalternes, doivent envoyer chaque année, & de six mois en six mois, à leurs Supérieurs, un état des prisonniers arrêtés pour crime, avec les écroues ou recommandations; article 20.

Devoir des Juges inférieurs.

Decret d'assigné pour être oui.

Extrait des Registres de ....

Vû l'information faite par .... à la requête de .... Demandeur & Accusateur, *s'il y a une Partie civile*, le Procureur .... joint, *sinon l'on met*, à la requête du Procureur accusateur, contre .... accusé & complice, *s'il y en a*, le .... *l'on met la date de l'information*; conclusions dudit Procureur .... Nous ordonnons que .... accusé d'avoir fait .... *mettre en substance les faits de la plainte*, sera assigné pour être oui sur les faits résultans de ladite information, & autres sur lesquels le Procureur .... requerra de les faire ouir & entendre. Fait ce ....

Il faut énoncer en substance dans le Decret d'assigné pour être oui, les faits de la plainte, pour satisfaire à l'Ordonnance, qui veut que les Juges motivent les causes du Decret, pour prévenir les inconvéniens qui arrivent souvent, de donner des défenses d'exécuter des Decrets d'assigné pour être oui & d'ajournement personnel dans des cas contraires à l'Ordonnance : il est même nécessaire dans l'un & l'autre de ces Decrets, de faire mention du Decret de prise de corps qui auroit pû être décerné contre un autre Accusé, afin que cela empêche de donner des défenses.

Il est vrai que l'Ordonnance de 1670, & la Déclaration du Roi du mois de Décembre 1680, ne parlent que du Decret d'ajournement personnel; mais la Jurisprudence du Parlement de Paris est d'observer la même regle pour le Decret d'assigné pour être oui, que pour le Decret d'ajournement personnel : les quatre cas exceptés pour le Decret d'ajournement personnel, s'entendent pareillement pour le Decret d'assigné pour être oui. Voyez l'Edit du mois de Décembre 1680.

Decret d'ajournement personnel.

Extrait des Registres de ....

Vû, &c. *comme dessus*, ou vû le procès-verbal fait par ..... les conclusions du Procureur .... Nous ordonnons que ledit accusé de .... *exprimer le titre de l'accusation, & faire mention s'il y a des coaccusés decretés séparement de prise de corps*, sera ajourné à comparoir en personne pardevant Nous, dans, &c. *il faut fixer le délai sur la dis-*

tance des lieux, suivant l'Ordonnance de 1667. au titre des Ajournemens, pour être oui & interrogé sur les faits résultans desdites charges & informations, & autres sur lesquels le Procureur .... requerra de le faire ouir & entendre. Fait ce ....

Decret de prise de corps.

Extrait des Registres de ......

Vû, &c. *comme dessus*, ou vû le procès-verbal fait par .... ensemble l'information & répetition faite par Nous, & les conclusions du Procureur .... Nous ordonnons que ledit .... ou ledit Quidam, *mettre la désignation*, ou qui sera indiqué par .... sera pris au corps, & conduit ès prisons de céans, *ou de cette Cour*, pour être oui & interrogé sur les faits résultans desdites charges & informations, & autres sur lesquels le Procureur .... voudra le faire entendre; sinon, & après perquisition faite de sa personne, sera assigné à comparoir à quinzaine, & par un seul cri public à la huitaine en suivant, ses biens saisis & annotés, & à iceux établi Commissaire, jusqu'à ce que le Decreté ait obéi; ce qui sera exécuté, nonobstant oppositions & appellations quelconques, & sans préjudice d'icelles.

Lorsque le Decreté de prise de corps se met en état, la saisie annotation tombe d'elle-même, & les Commissaires établis doivent se retirer.

Répétition des Sergens & Recors.

Information & répetion faite par Nous ..... en vertu de notre Ordonnance du ... du procès-verbal fait par .... assisté de ..... le .....

Du jour de .... est comparu .... *mettre son nom, surnom, âge, qualité & demeure*, assigné par Exploit de .... Huissier du .... qu'il Nous a représenté, lequel après serment par lui fait de dire vérité, & qu'il Nous a dit n'être parent, allié, serviteur ni domestique des Parties.

Depose sur les faits mentionnés audit procès-verbal, dont nous lui avons fait lecture, que .... lecture à lui faite de sa déposition, a dit icelle contenir vérité, y a persisté & signé.

Il est à propos que la répétition de l'Huissier ou Sergent & ses assistans précede le Decret, parce qu'elle pourroit donner lieu à decreter de prise de corps.

Il faut aussi observer qu'il ne suffit pas de répéter l'Huissier & Recors en leur procès-verbal; mais qu'ils déposent mot à mot comme dans une autre information; y ayant beaucoup de Juges qui sont dans l'erreur de prétendre qu'il suffit de les répéter simplement, c'est-à-dire, de recevoir leur déclaration que ce qu'ils ont écrit dans leur procès-verbal contient vérité.

℔ Cette répétition ne doit pas être faite par forme de récollement, mais par forme de déposition; c'est-à-dire, que le Juge doit faire rédiger mot à mot ce que les Huissiers & Recors diront être contenu en leur procès-verbal: ainsi jugé par Arrêt du 1 Octobre 1711, avec injonction au Prévôt de la Bergeresse. Il y a un pareil Arrêt précédent, portant injonction au Sieur Lorrain, faisant les fonctions de Lieutenant Criminel du Bailliage d'Amboise, & par différens autres Arrêts postérieurs.

Sentence de conversion d'assigné pour être oui en ajournement personnel, sur l'assignation & défaut faute de comparoir après les délais expirés.

Extrait des Registres de .....

Vû le défaut obtenu par .... le Procureur .... joint, contre .... Défendeur accusé & défaillant, faute de comparoir le .... charges & informations contre lui faites à la requête dudit .... le .... Decret d'assigné pour être oui, par Nous décerné contre ledit .... le .... sur lesdites informations; Exploit d'assignation donnée en conséquence le .... contrôlé le .... conclusions du Procureur .... Nous avons déclaré le défaut bien & dûement obtenu; & pour le profit d'icelui, ordonnons que ledit .... sera ajourné à comparoir, &c. *comme ci-dessus, pour l'ajournement personnel; & s'il y* a Partie civile, *il faut ajouter*, condamnons ledit.... aux dépens dudit défaut, & de ce qui s'en est ensuivi; *& si c'est un Juge subalterne, il faut suivant l'article 33 du titre 31 de l'Ordonnance de 1667, qu'il liquide les dépens.* Fait ce....

Si le Decret d'ajournement personnel contient prise de corps contre d'autres Accusés, & que le Decret de prise de corps n'ait pas encore été mis à exécution, il n'en faudra donner copie que par extrait au Decreté d'ajournement personnel en l'assignant; c'est-à-dire, qu'il ne faudra pas faire mention des Decrets de prise de corps. Au reste, il est rare que le Decret ou les Decrets de prise de corps ne soient pas exécutés avant celui ou ceux d'ajournement personnel ou d'assigné pour être oui, ou du moins qu'ils n'ayent été connus par les poursuites qu'on a dû faire en conséquence, comme les perquisitions, annotations de biens, & autres.

Au moyen de ce que dessus, la Sentence de conversion du Decret d'ajournement personnel en Decret de prise de corps sur l'assignation & défaut faute de comparoir, est facile à dresser.

Quant aux procès-verbaux de perquisition, d'affiche, & d'annotation de biens voyez ci-après au chapitre 16.

Quand un particulier est arrêté en vertu d'un Decret de prise de corps, & que ses meubles & effets se trouvent à la merci de ses domestiques, il est du devoir du Juge des lieux d'y apposer les scellés à la requête de la Partie publique, au défaut de parens qui le requierent.

Il arrive aussi en plusieurs sortes de crimes que les meubles, effets & papiers de l'Accusé decreté de prise de corps, peuvent servir de preuve de conviction contre lui, comme dans les cas d'usure, péculat, exaction, & autres; auxquels cas il est important, qu'en même tems que l'Huissier ou Sergent chargé du Decret arrête l'Accusé, le Juge, soit à la requête de la Partie civile ou de la Partie publique, se transporte en la maison de l'Accusé pour y apposer les scellés, pour ensuite proceder à la levée d'iceux en présence de l'Accusé, qui de la prison y sera conduit; de quoi il doit être dressé un procès-verbal exact.

CHAPITRE VIII.

Des Excuses ou Exoines des Accusés, avec le Stile.

Voyez le titre 11 de l'Ordonnance de 1670.

1. EXoine ou *Excuse* sont ici deux mots synonimes, & qui signifient la même chose: on entend par ces deux mots une espece de comparution d'un accusé par autrui, pour l'excuser auprès du Juge pour certaines causes, telles qu'elles seront proposées & admises, si elles sont trouvées en Justice valables & admissibles. *Exoine, ce que c'est.*

2. Les exoines n'ont lieu que dans les Decrets d'assigné pour être oui au d'ajournement personnel, & non dans les Decrets de prise de corps, & elles tendent pour avoir un délai pour subir interrogatoire: elles ont aussi lieu en faveur des condamnés par contumace; voyez *infr. chap.* 16. *n.* 6. comme aussi dans les cas où la Cour donne des *Veniat* à quelques Juges inférieurs, ou qu'elle ordonne qu'ils se rendront aux pieds de la Cour, pour rendre compte de leur conduite. *En quel cas elle a lieu.*

Il faut cependant observer que le Parlement est très-févere; lorsqu'il a ordonné qu'un Juge se rendra aux pieds de la Cour pour rendre compte de sa conduite, il admet rarement les causes d'exoine alléguées en ce cas.

Les Officiers du Bailliage de Fresnay avoient instruit le procès contre différens particuliers de la même Ville, pour des causes assez légeres, & pour raison de quelques faits importans, & dont il n'y avoit point de preuve. Néanmoins les Accusés ayant été détenus en prison pendant six ans avec les fers aux pieds, & quelques-uns d'eux étant décédés dans les cachots, les autres réduits par ces procès à la derniere misere, le Procureur du Roi conclut à la roue contre l'un des Accusés qui restoient en vie, & à la mort contre les autres ; & par Sentence rendue en 1730, le Lieutenant Général condamna l'un au banniſſement, & les autres à différentes peines.

Sur l'appel en la Cour, par Arrêt du .... rendu en 1732, ſur les concluſions de M. le Procureur Général, tous ces Accuſés furent déchargés des condamnations, & renvoyés de l'accuſation ; & ſur la demande en priſe à partie, les Parties furent miſes hors de Cour quant à préſent ; mais par le même Arrêt, il fut enjoint au Lieutenant Général & Procureur du Roi, de ſe rendre dans un certain délai aux pieds de la Cour, pour rendre compte de leur conduite.

Cet Arrêt n'ayant été levé & ſignifié qu'en 1742, le Lieutenant Général propoſa une exoine : il paroiſſoit, tant par le certificat des Chirurgiens, que par les informations, qu'il étoit âgé de plus de ſoixante-dix ans, qu'il étoit attaqué d'une maladie ſur les jambes, qu'il étoit extrêmement décrepit, & qu'il avoit de tems en temps des vapeurs : mais nonobſtant ces raiſons, par Arrêt du 20 Mars 1743, rendu ſur les concluſions de M. Gilbert, Avocat Général, la Cour, ſans avoir égard aux cauſes d'exoine propoſées par le Sieur le Boucher, Lieutenant-Général, a ordonné que lui & le Sieur Vavaſſeur, Procureur du Roi, ſeroient tenus de ſe rendre dans ſix ſemaines du jour de la ſignification de l'Arrêt, aux pieds de la Cour, pour rendre compte de leur conduite : il eſt vrai que ces Officiers avoient paru bien défavorables.

Néanmoins après avoir été entendus, enſemble M. le Procureur Général, il fut arrêté que M. le Préſident de la Tournelle leur diroit, que la Cour ſatisfaite de leur conduite, les exhortoit à continuer leurs fonctions avec le même zéle & la même exactitude.

Formalité de l'exoine.

3. Il y a de certaines formalités à obſerver, elles ſont marquées par l'Ordonnance du mois d'Août 1670, au titre 11, pour propoſer par le Decreté une exoine ou excuſe. 1°. Il fera préſenter ſes excuſes ou exoines par un Procureur de lui fondé d'une procuration ſpéciale, paſſée devant Notaire, qui contiendra le nom de la Ville, Bourg ou Village, Paroiſſe, rue & maiſon où il ſera détenu pour les cauſes expliquées dans la procuration. 2°. Il faut qu'un certificat ou rapport d'un Médecin ſoit annexé à la procuration. 3°. Que le Médecin qui aura donné le rapport ou atteſtation, ſoit un Médecin d'une Faculté de Médecine approuvée. 4°. Que par ce rapport ou atteſtation, ce Médecin déclare la qualité & les accidens de la maladie ou bleſſure, & que l'Accuſé ne ſe peut mettre en chemin ſans péril de la vie. 5°. Que ce Médecin atteſte ſon rapport par ſerment devant le Juge du lieu, duquel ſerment il ſera dreſſé procès-verbal par le même Juge, lequel ſera joint à la procuration ; ce qui s'entend lorſque ce Médecin n'a pas ſerment en Juſtice ; & s'il l'a, il en fera mention. 6°. Que l'exoine ou excuſe ſoit envoyée ; ſoit à M. le Procureur Général du Roi, ou Procureur du Roi, ou Procureur Fiſcal, & à la Partie civile, s'il y en a une, pour connoître ſi l'exoine eſt en regle, & ſi les cauſes en ſont valables. 7°. Que l'exoine ſoit portée à l'Audience du Juge, pour l'admettre ou la rejetter. 8°. Que ſi les cauſes de l'exoine ſont légitimes, il ſoit rendu une Sentence ou Jugement, par lequel il ſera ordonné qu'à la requête de M. le Procureur Général, ou du Procureur du Roi, ou Procureur Fiſcal, & de la Partie civile & de l'Accuſé, il ſera reſpectivement informé dans un certain délai de la vérité de l'exoine, & du contenu en icelle, lequel délai ſera bref ; articles 1, 2, 3 & 4 du titre 2 de l'Ordonnance de 1670.

Après que ce délai pour informer ſera expiré, il ſera fait droit ſur l'exoine, ſur ce qui ſe trouvera de rapporté à ce ſujet ; article 5 *ibidem*. Au reſte, il faut obſerver que ſi la partie publique ou la partie civile ne rapportent point de preuve contraire, l'atteſtation du Médecin doit ſuffire pour accorder l'axoine.

Des cauſes de l'exoine.

L'Ordonnance ne met dans le ſuſdit article premier que deux cauſes d'exoine, la maladie ou la bleſſure de la perſonne decretée ; il n'y en a point d'autre : celles d'abſence, même néceſſaire, des mauvais chemins par la mauvaiſe ſaiſon, ou parce qu'il y auroit du danger à y paſſer, ou parce que le Décreté apprehenderoit d'être volé ou tué en chemin, ou être arrêté en ſubiſſant interrogatoire, ne ſeroient point admiſſibles ; cependant cela dépend beaucoup des circonſtances du fait : par exemple, un nouvel accouchement d'une femme ſeroit une exoine valable.

Une ſimple incommodité ou une bleſſure legere ne ſeroit point une exoine légitime l'exoine dépend de la qualité de la maladie ou de la bleſſure, & principalement de l'atteſtation du Médecin.

5. Un Chirurgien ne peut donner cette attestation ; il n'y a que le Médecin qui puisse le faire, aux termes de l'Ordonnance, qui ne parle en cette rencontre que de Médecin & non de Chirurgien. Cependant quand il n'y a pas de Médecin dans le lieu où est celui qui propose l'exoine, le Certificat de Chirurgien suffit ; l'usage est qu'il soit donné par deux Chirurgiens.

Qui peut donner le certificat pour l'exoine.

6. Par Déclaration du Roi du mois de Février 1682, il est ordonné que les exoines qui seront proposées dans les Parlemens en matiere criminelle, seront portées & décidées en la Chambre de la Tournelle criminelle, & non en la Grand'Chambre, à la reserve des cas d'accusation pour duel, rebellion ou police générale, ou par rapport aux Ecclésiastiques ou Nobles, qui auroient demandé d'être jugés les deux Chambres assemblées.

Où doivent être portées les exoines en matiere criminelle.

7. Le porteur de l'exoine n'est point tenu de déclarer qu'il est envoyé exprès pour la présenter, & qu'il a vû la personne decretée ; cette formalité n'est plus en usage : il suffit que le Procureur présente l'exoine au Juge du délit ; article 3.

Formalité abrogée.

8. Lorsqu'il n'y a point d'exoine, la personne decretée d'assigné pour être oui, ou d'ajournement personnel, ne peut se dispenser de subir interrogatoire ; faute de quoi on convertit les Decrets, suivant la forme de Droit, comme on l'a expliqué au chapitre précédent.

Effet du défaut d'exoine.

9. La Partie civile ou l'accusateur ne seroit point recevable à proposer une exoine ; il doit toujours être prêt pour faire faire le procès à un accusé.

Si l'Accusateur peut proposer une exoine.

10. Il y a des personnes qui ne pourroient pas être les porteurs d'exoine d'un accusé ; par exemple ; les femmes & filles, même les Prêtres, suivant Peleus, *livre* 4, *action* 27, & Papon en ses Arrêts, *livre* 24, *titre* 5, *art.* 9, mais il n'y a aucun inconvénient qu'un pere ne puisse bien exoiner son fils, le fils le pere, un mari une femme, un frere un frere, un parent un parent ; ces liens de parenté ne seroient pas un obstacle & un empêchement à ce service. Dailleurs aujourd'hui rien n'empêche que toutes personnes ne puissent être chargée de la procuration portant pouvoir de proposer l'exoine, puisque le tout réside dans l'énoncé de l'attestation du Médecin & du procès-verbal.

Si toutes sortes de personnes peuvent être porteurs d'exoine.

11. Enfin dès que la cause de l'exoine sera finie, le Decreté sera tenu de subir interrogatoire, & souffrir en personne toute l'instruction du procès ; & même si l'accusé est extrêmement mal, & que son interrogatoire puisse servir de preuve contre d'autres accusés, le Juge pourra ordonner, sur les conclusions de la Partie publique, qu'il se transportera en la maison de l'accusé, si c'est dans le lieu ; sinon commettre un autre Juge, pour être procedé à l'interrogatoire de l'accusé.

De la cessation de la cause d'exoine.

12. Si dans un grand criminel, & lorsqu'il s'agit d'un crime capital, on permettoit par Jugement ou Arrêt à l'accusé d'être conduit en quelque lieu pour pouvoir être guéri d'une maladie mortelle, & dont sur les certificats des Médecins & Chirurgiens, il ne pourroit être guéri qu'en sortant de prison, & à la charge de se représenter à toutes assignations ; les Juges doivent bien avoir des attentions sur ces sortes d'élargissemens, qui ne doivent même être permis que très-rarement, pour ne pas dire point du tout ; du moins faudroit-il des causes des plus violentes & indispensables, de crainte que l'accusé ne se représente pas.

Si en cas de crime capital on doit permettre à l'Accusé de sortir de prison pour maladie.

Procès-verbal d'attestation de la vérité d'un rapport de Médecin, pour obtenir l'Exoine.

L'an .... pardevant Nous .... est comparu .... Docteur en Médecine de la Faculté de .... lequel après serment par lui fait de dire vérité, a affirmé que le rapport par lui fait le .... de l'état de la personne de .... contient vérité, lequel il Nous a représenté, & à lui rendu après avoir été paraphé par Nous & par ledit ...

Sommation à la Partie civile de se trouver à l'Audience, pour voir dire que l'Exoine sera reçue, & être présent à la communication.

A la requête de .... accusé, soit sommé & interpellé .... complaignant, de comparoir .... à l'Audience, pardevant ... pour voir dire que l'excuse présentée par ledit .... sera reçue ; & en conséquence, qu'il sera sursis à toutes poursuites contre ledit .... jusqu'à ce qu'il se puisse mettre en état ; à l'effet de quoi sera donné copie avec le présent Acte audit .... du rapport de visite faite de la personne dudit ... par ... Docteur en Médecine de la Faculté de .... du procès-verbal d'attestation & affirmation d'icelui du.... & de la procuration dudit.... du... contenant ses excuses, déclarant que le.... lesdites piéces seront communiquées à M. le.... au Parquet le...; & sommant ledit.... de s'y trouver, si bon lui semble, pour ensuite en venir à l'Audience comme dit est, dont acte.

Jugement portant permission d'informer de la vérité de l'Exoine.

Extraits des Registres de....

Entre.... Demandeur aux fins de l'Acte du.... d'une part, &.... Défendeur d'autre; après que.... fondé de procuration spéciale du Demandeur, a présenté son exoine, Parties ouies, ensemble la Partie publique, Nous ordonnons que le Procureur Général du Roi, *ou* le Procureur Fiscal, & les Parties, informeront respectivement par devant.... de la vérité de ladite exoine, & du contraire, dans.... pour ce fait & rapporté, être ordonné ce qu'il appartiendra.

Sentence portant surséance.

Extraits des Registres de....

Vû les informations respectivement faites, *&c faire mention des piéces jointes*, Nous ordonnons qu'il sera sursis à l'éxécution du Decret.... décerné le.... contre.... pendant.... jours. Fait ce....

Sentence de transport en la maison de l'accusé malade, pour être interrogé.

Extrait des Registres de....

Vû, *&c.* Nous attendu l'indisposition de.... ordonnons que nous nous transporterons, *ou avons commis & commettons.... si c'est un Juge égal, le prions....* de se transporter en la maison dudit.... pour être procedé à son interrogatoire sur les faits résultant des charges & informations contre lui faites, pour servir & valoir ce que de raison. Fait ce....

CHAPITRE IX.

Des Sentences de provision.

Voyez le titre de l'Ordonnance de 1670.

Ce que c'est qu'une Sentence de provision en matiere criminelle.

1. SEntence ou Jugement *de provision* en matiere criminelle, c'est lorsqu'on adjuge une somme de deniers par forme de provision, soit pour alimens, médicamens, gésine, ou autres cas de cette qualité.

Il est permis à un Juge saisi du procès-criminel, d'adjuger à une Partie plaignante ou civile, quelque somme de deniers, pour pourvoir à ses alimens & médicamens, art. 1; ce qui comprend tout ce qui est nécessaire pour faire traiter un malade & panser un blessé, ou fournir à des frais de gésine.

Comment se reglent ces provisions.

Ces sortes de provisions se réglent par le Juge, *arbitrio boni viri*, mais toujours suivant la qualité de la maladie ou de la blessure, la qualité de la personne & des biens, tant de celui contre lequel on accorde la provision, que de celui à qui on adjuge la provision.

En quels cas elles s'accordent.

Or pour pouvoir obtenir une provision de cette qualité, & dans ces cas, il faut 1°. Qu'il y ait un Decret, quel qu'il soit, sur l'information contre l'Accusé. 2°. Que par le rapport des Médecins & Chirurgiens il paroisse que le Plaignant a besoin d'alimens & médicamens: c'est pourquoi le Plaignant ne doit pas manquer d'obtenir un Jugement

ment qui lui permette de se faire préalablement visiter par un Médecin d'une Faculté approuvée, ou par un Chirurgien Juré, ou par les deux ensemble, lesquels feront leur rapport de l'état de la personne & de ses blessures ; ils diront même par leur rapport en combien de tems ils croyent qu'il pourra être guéri ; mais en cas de gésine, on prend ordinairement le rapport d'une Jurée Matrône ou Sage-femme.

Mais pour que le rapport des Médecins, Chirurgiens & Matrônes fasse foi en Justice, il faut qu'il soit ordonné par le Juge ; c'est pourquoi il ne faut pas manquer, en demandant permission, d'informer, de demander de se faire voir & visiter.

Sur ces rapports on présente sa Requête à l'effet d'obtenir une provision, & on l'accorde sur une Requête non communiquée, ou à l'Audience sur plaidoirie, sans même qu'il soit nécessaire que Messieurs les Procureurs Généraux, les Procureurs du Roi ou Procureurs Fiscaux, donnent des conclusions au sujet de ces sortes de provisions ; art 1.

2. On ne peut accorder de permission à la Partie plaignante & à l'Accusé tout, ensemble, art. 2 ; c'est au Juge à peser lequel des deux mérite la provision, & en a plus besoin ; car si on accordoit des provisions à l'une & à l'autre Partie, cela donneroit lieu à des demandes en compensation, qui ne feroient que causer des frais aux Parties ; ce qui peut arriver lorsque les mêmes Parties portent leurs plaintes devant différens Juges, les uns & les autres Juges accordent chacun une provision à chaque Partie qui les a reconnues pour Juges ; ce qui embarrasse les Juges supérieurs en jugeant l'appel de ces Sentences de provisions, pour décider à laquelle des deux Parties la provision doit être accordée.

On n'adjuge point de provisions aux deux Parties.

3. En cas que la premiere provision qui a été accordée soit insuffisante, la même Partie qui l'a eue pourra en demander une seconde, & le Juge pourra la lui accorder, mais pas d'avantage, & pourvû même qu'il y ait au moins quinzaine entre la premiere & la seconde provision, art. 3 ; & encore seroit-il à propos qu'on rapportât un nouveau rapport en Chirurgie, s'il s'agit de blessures, ou de Matrône ou Sage-femme, s'il s'agit de gésine & frais de couche.

Si l'on peut demander une seconde provision.

4. Les Juges, suivant cet article, ne peuvent prendre d'épices ni frais, pour raison des Sentences & Jugemens de provisions ; ils n'en peuvent point prendre non plus pour le Jugement définitif, s'ils n'y a eu recollement & confrontation. Ainsi jugé par Arrêts des 12 & 13 Avril 1709, rapportés au *Journal des Audiences*.

Cas auxquels les Juges ne peuvent prendre d'épices.

¶ Il en est de même des Procureurs du Roi pour leurs conclusions. Par Arrêt du 2. Juillet 1710, il a été fait défenses au Lieutenant Criminel & au Procureur du Roi de Saint Pierre-le-Moustier, de plus à l'avenir prendre d'épices, quand il n'y a point eu de réglement à l'extraordinaire, ni instruction faite en conséquence ; & ils ont été condamnés à restituer celles qu'ils avoient prises sur une Sentence rendue contre un Paysan qui avoit injurié son Curé.

5. L'exécution des Sentences de provision ne peut être sursise par aucuns Jugemens & Arrêts de défenses ; mais voyez ci-après, *n.* 9.

Le Juge qui a accordé la provision, quoique sur Requête non communiquée, ne peut pas, même sous prétexte de l'opposition formée par l'accusé à la sentence de provision, joindre la provision au procès ; il faut qu'elle reste à la Partie à qui elle avoit été adjugée, art. 3 : cependant il seroit permis à un Juge de joindre au procès une Requête de provision qui lui seroit demandée, si par l'état de la maladie & des blessures, & autres circonstances, & l'état du procès, il connoissoit après une plaidoirie contradictoire qu'il ne faut point adjuger de provision.

Si l'exécution d'une Sentence de provision peut être arrêtée.

6. Les deniers adjugés pour provision ne peuvent pas être saisis, ni mis en main de Justice, pour quelque cause que ce soit, ni en vertu de quelque titre que ce soit, paré ou exécutoire, ou privé, pas même pour frais de Justice ; ils ne peuvent pas pareillement, sous prétexte de saisie & arrêt, être consignés au Greffe de la Géole, prison ou Conciergerie, ou ailleurs ; c'est pourquoi en cas de consignation, lesdits Greffiers ou Concierges sont tenus de vuider leurs mains en celle de la Partie, sans même aucune Sentence, Arrêt ou Jugement, & ce payement sera valable ; c'est le sens de l'article 5. Si cependant la saisie & arrêt sur les deniers de la provision, étoit pour alimens fournis dans la maladie du blessé ou malade, pendant la couche ou gésine de l'accouchée, cette saisie seroit bonne, & le saisissant toucheroit au moins une partie de la provision.

Si la provision peut être saisie.

7. Lorsque plusieurs sont condamnés à payer une provision, ils peuvent être contraints solidairement à la payer, encore que la Sentence, Arrêt ou Jugement ne por-

Condamnation en une provision est solidaire, quoique le Jugement ne le porte pas.

te point le mot *solidairement* : il est sous-entendu dans ce cas, à cause de la faveur d'une provision alimentaire en matiere criminelle.

De l'exécution des Sentences de provision.

8. Il est permis de faire exécuter les Sentences, Arrêts ou Jugemens de provision, non-seulement sur les biens du condamné, mais encore sur la personne, art. 6 ; car une pareille provision entraîne la contrainte par corps ; de sorte qu'un emprisonné pour provision de cette qualité ne pourroit sortir de la prison, ni être élargi & mis en liberté qu'en payant la provision ; ou s'il consignoit, comme il arrive souvent pour chicaner, il sortiroit à la vérité ; mais le Greffier de la Géole ou le Géolier seroit tenu de vuider ses mains, quand même il y auroit une opposition en ses mains de la part du condamné ; & comme le Géolier, sous prétexte de son opposition, refuse souvent de vuider ses mains, quoique mal-à-propos, & contre son devoir, il en faut venir à une plaidoirie qui n'attire que des dépens contre le condamné ; le Géolier payeroit même valablement, s'il vuidoit ses mains, nonobstant cette opposition ; car une semblable opposition ne peut jamais réussir, il faut que la provision soit payée d'une maniere ou d'autre.

Il est en outre à remarquer que celui qui a fait emprisonner l'accusé pour le payement de la provision adjugée, n'est pas obligé de fournir la provision de vivre à cet accusé, parce que ce seroit provision contre provision.

9. Les Sentences de provision rendues par les Baillifs ou Sénéchaux Royaux, & autres Juges Royaux ou non Royaux, c'est-à-dire des Seigneurs ressortissans nuement aux Parlemens, & autres Cours Supérieures, doivent être exécutées, nonobstant & sans préjudice de l'appel des Sentences adjudicatives de la provision, si la provision n'excéde pas 200 livres ; & à l'égard des autres Juges, soit Royaux ou subalternes, non ressortissans nuement & immédiatement aux Parlemens, & autres Cours Supérieures, si la provision n'excede point la somme de 120 livres, art. 7 ; parce qu'il est de l'équité, même de nécessité, qu'un malade ou blessé par le fait d'autrui, soit soulagé par des alimens & médicamens, nonobstant l'appel interjetté par sa Partie de la Sentence de provision. C'est pour cette raison que par l'article 8 & dernier du même titre de l'Ordonnance de 1670, les Parlemens, & autres Cours Supérieures, ne peuvent donner d'Arrêt portant surséance des Sentences de provision, & des défenses de les exécuter nonobstant l'appel, sans avoir vû les charges & information du procès, & les rapports des Médecins & Chirurgiens, & sur les conclusions de Messieurs les Procureurs Généraux ; encore faudroit-il que l'Arrêt portât en termes formels & spécifiques, *fait défenses d'exécuter la Sentence de provision*, autrement l'Arrêt seroit nul & de nul effet ; & même rarement donne-t-on des défenses contre les Sentences de provision, même sur le vû des charges & informations.

Si une provision se peut demander en tout état de cause.

10. Une provision se peut demander en tout état de cause ; cependant si le procès étoit en état de juger, le Juge n'en doit point donner ; mais il seroit juste pour cela qu'il rapportât & jugeât incessamment le procès.

Si le payement de la provision peut former une fin de non-recevoir contre l'appel de la Sentence de provision.

11. Quand un Appellant d'une Sentence de provision auroit payé la provision, nonobstant son appel, ce payement ne pourroit pas former une fin de non-recevoir contre son appel, d'autant qu'il est censé ne l'avoir fait que comme contraint par l'autorité de Justice.

En quel cas la provision doit être précomptée sur ce qui est adjugé à la Partie civile.

12. La somme adjugée pour provision, & payée pendant le cours de l'instruction du procès, ne doit point être précomptée ni déduite sur les condamnations pécuniaires qui seroient adjugées à l'accusé contre la Partie civile qui auroit obtenu la provision, à moins que par le Jugement définitif cela ne fût dit formellement & précisement.

Si on peut adjuger une provision contre un impubere.

13. Un enfant impubere étant accusé d'avoir blessé quelqu'un impubere, adulte ou majeur, ni lui ni ses pere & mere ne peuvent être condamnés à payer une provision alimentaire au blessé, ni pansemens & médicamens du blessé, s'il n'y a pas de la faute du pere.

De la provision dûe à la femme en cas de séparation de biens.

14. Il est dû une pension alimentaire à une femme qui poursuit sa séperation de biens & d'habitation d'avec son mari, laquelle provision sera réglée suivant la qualité des Parties & la quantité des biens, ensemble suivant la dot apportée par la femme à son mari ; mais le mari peut demander que sa femme se retire dans l'interieur d'un Couvent ou Maison Religieuse pendant ce tems-là, si elle n'est avec ses pere & mere.

Il a même été jugé par Arrêt du Parlement de Paris, en la Chambre de la Tournelle, du 27 Juin 1714, qu'il étoit dû une provision à une femme accusée d'adultere par son mari, pendant l'instruction du procès, & jusqu'après le Jugement du procès.

15. Il faut dire la même chose d'un Religieux qui auroit un procès criminel contre son Abbé, ou l'Abbaye, à moins qu'il n'eût apostasié, ou qu'il ne possedât quelque Bénéfice régulier.

Si un Religieux qui plaide contre son Abbaye peut demander une provision.

16. Une Sentence de provision dure trente ans, comme les autres Sentences, Arrêts ou Jugement: c'étoit une erreur des anciens Praticiens, de dire que l'exécution ou Jugement de provision ne duroit que trois ans.

Combien de tems dure une Sentence de provision.

17. Un Juge d'Église ne peut seul en aucun cas adjuger de provisions alimentaires en crimes ou autrement; cela n'appartient qu'au Juge Laïc, sauf à en accorder sur la procedure faite conjointement avec le Juge royal, contre l'accusé Ecclésiastique.

Si le Juge d'Eglise peut accorder une provision.

18. Par la raison que les crimes sont personnels, un pere ne pourroit pas être condamné à payer une provision adjugée contre son fils, principalement s'il étoit majeur à moins que ce fils n'eût des droits acquis & ouverts contre son pere; mais un Maître accusé par sa servante domestique de l'avoir rendue grosse de ses faits, pourroit être condamné sur la requête de cette servante domestique, à lui payer une provision alimentaire & frais de gésine pendant le procès indécis, parce qu'il semble que la seule déclaration de la fille est suffisante pour faire condamner le Maître à une provision, même pour le charger de l'enfant, au lieu de l'Hôpital des enfans trouvés, qu'on soulage autant qu'on peut: mais elle ne suffiroit pas pour le condamner en des dommages & intérêt, ou intérêts civils envers la fille. Sur quoi voyez ci-devant, *part.* 1, *chap.* 2, *sect.* 1, *dist.* 1, *n.* 5.

Si un pere peut être condamné à payer une provision adjugée contre son fils.

19. Les dépens, frais & mises d'exécution, faits pour être payé d'une provision, ne vont pas par corps comme la provision; ils suivent la régle des autres dépens, frais & mises d'exécution; ils n'iront par corps qu'au cas que l'exécutoire se monte à 200. liv. & au-dessus, & après un Arrêt d'*iteratò*

Des dépens, frais & mises d'exécution.

20. A l'occasion des dépens, il est bon de rapporter ici deux questions qui ont été jugées à cet égard, par Arrêt du Parlement de Paris, en la Chambre de la Tournelle, par conséquent en matiere criminelle.

L'une, qu'un exécutoire de remboursement d'épices & coût d'Arrêt, excedant 200. liv. en matiere criminelle comme en matiere civile, alloit par corps après les quatre mois, & en vertu de l'Arrêt d'*iteratò*. Cela a été jugé par deux Arrêt, l'un du 13 Juillet 1707, l'autre du 8 Février 1708. On convenoit que s'il avoit été question de dépens, on n'auroit pas fait de difficulté; mais on a jugé qu'il ne falloit point faire de différence à cet égard entre des épices & coût d'Arrêt, & des dépens.

Exécutoire de remboursement d'épices excedant 200 livres, va par corps après les quatre mois.

L'autre que les femmes & filles ne sont point contraignables par corps après les quatre mois, pour dépens contr'elles adjugées en matiere criminelle, quoique prononcés pour dommages & intérêts; l'Arrêt est du premier Juillet 1705. Mais il faut dire le contraire, par rapport aux intérêts civils, parce qu'ils sont adjugés par forme de réparation; & pour raison d'iceux, tout condamné peut être arrêté dans le moment de la prononciation de l'Arrêt, & sans déplacer, & sans que l'Arrêt soit levé ni signifié.

Femmes & filles ne sont point contraignables par corps après les quatre mois pour dépens.

Requête en Provision.

A........

S. h..... disant que.... l'ayant dangereusement blessé, il a rendu plainte, fait informer, & obtenu Decret de.... contre ledit.... & s'est fait visiter en vertu d'ordonnance, en datte du.... par.... Médecin &.... Chirurgien, qui on fait le rapport de l'état de ses blessures; & comme le Suppliant a besoin d'alimens, & de se faire panser & médicamenter, il requiert lui être sur ce pourvû.

Ce considéré, Monsieur, il vous plaise adjuger au Suppliant la somme de.... par provision, pour employer à ses alimens, pansemens & médicamens, au payement de laquelle sera ledit.... contraint par toutes voies dues & raisonnables, même par corps; ordonner que la Sentence qui interviendra sera exécutée, nonobstant oppositions ou appellations quelconques, & sans préjudice d'icelles; & vous ferez justice.

Sentence de Provision.

Vû la Requête à Nous présentée par.... contenant, *&c. transcrire la Requête*, rapport de visite de la personne de.... faite par.... le.... contenant l'état de ses blessures. Nous avons adjugé & adjugeons audit.... la somme de.... pour ses alimens & médicamens, au payement de laquelle sera ledit.... contraint par toutes voies dûes & raisonnables, même par emprisonnement de sa personne; ce qui sera exécuté, nonobstant oppositions ou appellations quelconques, & sans préjudice d'icelles. Fait ce....

CHAPITRE X.

Des Prisons, Greffiers des Géoles, Géoliers & Guichetiers.

Voyez le Titre 13 de l'Ordonnance de 1670.

Prison; ce que c'est.

CE Chapitre traitera de quatre choses; sçavoir, des Prisons, des Greffiers des Géoles, des Géoliers & Guichetiers.

1. *Prison* est le lieu public destiné pour la garde & détention des accusés prévenus de crimes: on a étendu par la suite les Prisons contre les Débiteurs pour lettres & affaires civiles; car originairement les Prisons n'ont été faites que pour les malfaicteurs: on appelloit anciennement en France les Prisons *Chartres*; les Chartres & les Prisons privées sont défendues dans le Royaume.

Il y a Prisons Royales & prisons non Royales, ou de Seigneurs: quant aux Prisons Royales, on dit *Géole*, *Conciergerie*, *Bastille*, *Tour*, *Château Fort*, *Forteresse*, & autres noms, suivant l'usage du pays; les Prisons des Justices Seigneuriales s'appellent aussi Prisons.

Comme la Prison n'est pas donnée pour peine, & qu'elle ne tient point lieu de peine; *Carcer enim*, dit Boutellier en sa Somme Rurale, *ad continendos homines, non ad puniendos haberi solet*, les Juges doivent avoir quelque égard à la longue détention d'un accusé, qui, s'il est coupable, mettroit plutôt fin à ses malheurs, si on le jugeoit plutôt qu'on ne fait; & s'il est innocent, il est injuste qu'il périsse dans les Prisons pour n'être pas jugé, par la nonchalance, l'intérêt ou la malice de son Juge: c'est à quoi les Parlemens & autres Cours Supérieures ont soin de tenir la main, & d'enjoindre de tems en tems à des Lieutenans criminels ou autres, de juger incessamment les procès criminels.

Toute Prison doit être sûre, & disposée ou construite de telle sorte, que la santé des prisonniers n'en puisse être incommodée; art. 1. C'est ce qu'on doit avoir en vûe en faisant construire une Prison; il faut qu'elle soit forte, bien fermée & bien gardée, & que les prisonniers n'y soient point malades par la situation du lieu où la Prison est bâtie.

Des Géoliers & de leurs fonctions & devoirs.

2. Les *Géoliers* des Prisons sont les Gardes des Prisons & prisonniers; on dit encore *Concierge*, mais principalement par rapport aux Géoliers des Prisons ou Conciergeries près le Palais des Parlemens & Cours Supérieures.

Tous Concierges & Géoliers doivent faire leurs fonctions en personne, & non par aucuns Commis; ils doivent sçavoir lire & écrire; article 2. Ils peuvent néanmoins avoir des Guichetiers, qui sont leurs valets, serviteurs & domestiques; ce sont eux qui ont les clefs des portes, & guichets des Prisons: les Concierges & Géoliers sont obligés de leur donner des gages; articles 2 & 4. Ces Guichetiers, ou autres préposés, doivent être honnêtes gens, fidéles, connus, sages & vigilans.

Aucun Huissier, Sergent, Archer, ou autre Officier de Judicature, ne peut être Greffier, ni Géolier, ni Guichetier des Prisons, à peine d'amende & de punition corporelle, article 3 c'est-àdire, en même tems qu'ils ont ces Offices; mais ils le pourroient être n'ayant plus ces Offices.

Il ne peut y avoir des Greffier que dans les Prisons Royales, & non dans les Prisons des Justices Seigneuriales, article 5.

Un Géolier pour avoir laissé évader un prisonnier, ne seroit tenu que civilement si l'évasion s'étoit faite sans dol, quand même on lui reprocheroit que le fait n'étoit arrivé que par une négligence grossiere de sa part, que les Loix appellent *ignorantia supina*, mais si l'évasion du prisonnier étoit arrivée par le dol & la connivence du Géolier avec le prisonnier, ou par argent, ou présens, le Géolier pourroit être puni de peine afflictive, même de mort, sans préjudice d'être responsable des causes civiles de l'emprisonnement, dommages & intérêts envers les Parties de l'emprisonné; mais s'il n'avoit participé en rien à l'évasion, & qu'il n'y ait eu rien de son fait, & que l'emprisonné se soit évadé par ruse, avec effraction, échelles de cordes ou autrement, il ne peut en aucune maniere être tenu de cette évasion.

Le devoir des Greffiers des Géoles & Prisons, est d'avoir un Registre relié, cotté & paraphé par le Juge dans tous ses feuillets, qui seront séparés en deux colonnes, l'une pour les écroues & recommandations; & l'autre pour les élargissemens & décharges; article 6. Le Juge ne peut rien prétendre pour ce paraphe. Ils auront encore un autre Registre aussi paraphé par le Juge, pour y inscrire les papiers, hardes & meubles, dont le Prisonnier se sera trouvé saisi lorsqu'il a été arrêté, sans qu'ils puissent laisser aucun blanc dans l'un & l'autre Registre; article 8.

3. Il leur est défendu d'écrouer sur leur Registre aucune personne qui ne soit actuellement prisonniere; faire des écroues ou des décharges sur des feuillets volans, cahiers, ni autrement, que sur leur Registre; ni de délivrer des écroues à des personnes qui ne seront point actuellement prisonnieres, comme s'ils étoient véritablement, réellement, & actuellement prisonniers, sous les peines de l'Ordonnance; article 9.

Ce n'est pas la capture qui fait le prisonnier; c'est l'écroue ou la recommandation sur le Registre du Greffier de la Géole, Prison ou Conciergerie.

Ecroue est le brevet de l'emprisonnement, comme la décharge est le brevet de l'élargissement du prisonnier avec cette différence que les Greffiers ne peuvent prendre ni exiger aucuns droits pour les emprisonnemens ou écroues, recommandations & décharges, mais seulement pour les extraits qu'ils délivreront des emprisonnemens, écroues, recommandations & décharges; article 10. C'étoit, aux termes de cet article, & de l'article 11, au Juge de régler ces droits & salaires, & de faire la taxe des vivres, denrées, gîtes & géolages; mais à présent il y a un Tarif de tous ces droits dans le Greffe de chaque Prison, Géole & Conciergerie. Il y a sur cela deux Déclarations, l'une du 10 Janvier 1680, l'autre du mois de Juin 1684. Il est aussi intervenu plusieurs Arrêts de Réglement du Parlement de Paris à ce sujet, les 11 Décembre 1687, 13 Novembre 1693, 6 & 18 Septembre 1709, & 29 Mars 1710. Ecroue; ce que c'est.

4. La Partie civile n'est point tenue de fournir des alimens à l'Accusé qui est prisonnier; c'est au Domaine du Roi, engagé ou non engagé, ou aux Seigneurs, chacun en droit soi, de le faire jusques & compris le Jugement définitif, s'il y a peine afflictive; mais s'il n'y a que des condamnations pécuniaires au profit de la Partie civile, ce sera alors à elle à fournir des alimens au condamné, tant qu'il sera prisonnier. Si c'est à la Partie civile à nourrir l'Accusé dans la prison.

5. Le bris de Prison est un crime parmi nous, non pas que si celui qui a fait le bris de Prison est repris, il doive être puni de mort; sous prétexte que le crime pour lequel il avoit été arrêté & constitué prisonnier étoit capital, à moins que cet Accusé ne fût dûement atteint & convaincu de ce crime; mais en tout cas il sera puni du bris de Prison, suivant les circonstances du fait, & arbitrairement par les Juges. Du bris de prison.

Par Arrêt du Parlement de Paris, du 14 Août 1736, la procédure du Juge de la Ville d'Eu a été déclarée nulle, pour n'avoir pas instruit le crime de bris de Prison par information, &c. comme les autres crimes : l'Accusé s'étant évadé avoit été repris, ce Juge s'étoit contenté de l'interroger sur le bris de Prison, sans faire de plus amples instructions sur ce crime.

Si un Prisonnier se sauvoit par complot, connivence ou convention d'argent avec le Géolier ou Guichetier, la peine du dernier supplice auroit lieu contre l'un & l'autre, si le Prisonnier évadé avoit été arrêté & mis prisonnier pour un crime capital; mais si c'étoit seulement par la négligence du Géolier ou Guichetier, la punition ne seroit pas si rigoureuse, mais toujours conforme aux circonstances de l'évasion; & si l'accusé étoit tenu de quelques sommes pécuniaires, le Géolier & le Guichetier en repondroient solidairement; & par corps. De l'évasion des Prisonnier par le fait ou négligence du Géolier.

6. Un Géolier qui laisseroit mourir de faim un Prisonnier, seroit puni de mort. Dans Géolier qui laisseroit mourir de faim un Prisonnier, seroit punissable.

la Bibliothéque des Arrêt, (au mot *Prison*,) il y a un Arrêt rendu en la Chambre de la Tournelle Criminelle du Parlement de Paris, le 19 Mars 1665, par lequel un Géolier fut condamné à être pendu, pour avoir laissé mourir un Prisonnier sans l'avoir assisté.

De la recommandation.

7. La recommandation d'un Prisonnier sur le Registre du Greffier de la Géole, suppose le Prisonnier actuellement en prison; mais il faut qu'elle soit signifiée à la personne du Prisonnier, & copie de la recommandation à lui baillée & fournie par un Huissier ou Sergent, dont & de quoi sera fait mention dans le procès-verbal de l'Huissier ou Sergent qui aura fait la recommandation, le tout à peine de nullité de la commandation; article 12: cette formalité est afin que le Prisonnier ait connoissance de la recommandation, & qu'il puisse prendre des mesures convenables pour la faire cesser, & en avoir main-levée de maniere ou d'autre.

8. C'est un premier principe en cette matiere, que quiconque n'a point de titre valable pour emprisonner un autre, ne peut faire de recommandation de sa personne sur le Registre du Greffier de la Géole ou Prison: *qui non potest incarcerare, non potest commendare.*

Il a même été jugé par un Arrêt du Parlement de Paris, du 28 Février 1717, en la Chambre de la Tournelle, qu'un Accusé ayant été emprisonné en vertu d'un Decret de prise de corps, & par l'Arrêt définitif renvoyé quitte & absous de l'accusation, & ordonné qu'il sortiroit & seroit mis hors des Prisons, n'avoit pû être recommandé pour autres causes pendant l'instruction du procès; & par l'Arrêt, main-levée fut faite de la recommandation, & le Prisonnier élargi, quoique la recommandation eût été faite en vertu d'un titre valable, autentique & paré, & pour une dette incontestable avec contrainte par corps: mais la raison de décider fut, qu'on ne peut recommander pour dette civile une personne qui auroit été emprisonnée pour crime; car dès que l'Accusé a gagné son procès sur le crime, nulles recommandations ne peuvent être faites de sa personne pour causes civiles, & les recommandations ne peuvent arrêter sa pleine liberté; & dans ce cas la Cour ordonne que le Prisonnier sera réintegré dans sa maison par un Huissier de la Cour, qu'elle commet à cet effet.

Les écroues & recommandations feront mention des Arrêts, Sentences, Jugemens & Titres en vertu desquels ils sont faits; comme aussi du nom, surnom, & qualité du Prisonnier, & de la Partie à la requête de laquelle l'écroue ou la recommandation a été faite, avec élection de domicile dans le lieu où la Prison est située, à peine de nullité de l'emprisonnement ou écroue & de la recommandation; article 13: & tout cela afin que le prisonnier ait connoissance de son emprisonnement ou de sa recommandation.

Défenses aux Géoliers & autres de rien prendre des Prisonniers pour bien-venue.

9. Il est défendu à tous Greffiers, Géoliers & Guichetiers, & au plus ancien Prisonnier dans la Prison, qui s'appelloit Doyen ou Prévôt, de rien prendre ni exiger des Prisonniers en argent, vin ou vivres, pour bien-venue du Prisonnier; article 14: c'est ce qui s'appelloit *droit d'entrée* ou *bien-venue*; c'étoit une mauvaise coutume que l'Ordonnance à corrigée, supprimée & défendue; on battoit même & on insultoit le Prisonnier qui ne vouloit point faire cette dépense, & encore à présent on a bien de la peine à empêcher totalement cet abus.

Géolier doit porter au Procureur du Roi ou Fiscal, sans les 24 heures, copies des écroués.

Chaque Greffier ou Géolier est obligé de porter au Procureur du Roi ou Procureur Fiscal, dans les vingt-quatre heures au plus tard, du tems de l'emprisonnement ou de la recommandation, copie des écroues & recommandation en matiere criminelle; article 15. Cette disposition est afin que la Partie publique connoisse du premier abord ce que c'est que l'emprisonnement ou la recommandation faite pour cause criminelle: la même formalité doit être regardée par rapport à Messieurs les Procureurs Généraux.

Doit tenir le Prisonnier au secret, jusqu'à son premier interrogatoire.

11. A l'égard des Prisonniers détenus pour crimes, les Géoliers & Guichetiers ne doivent point lui permettre d'avoir aucune communication avec qui que ce soit, avant le premier interrogatoire, même après, s'il est ainsi ordonné par le Juge article 16: ce qui se doit entendre des personnes de l'un & de l'autre sexe, & cela afin que les Prisonniers ne prennent pas langue sur les interrogatoires qu'ils subiront, même qu'on ne leur porte pas avec soi quelque chose qui pût faciliter leur évasion: le Juge pourroit même dans de certaines conjectures défendre aux Géoliers & Guichetiers de laisser parler un Prisonnier à une autre personne, ni avoir aucune communication avec elle après le premier interrogatoire; cela dépend de la prudence & des lumieres du Juge.

Il y a plus, c'est que par l'article 17 du même titre de l'Ordonnance de 1670, si le Prisonnier est enfermé dans un cachot, il est expressément défendu aux Géoliers &

Guichetiers de lui laisser donner aucun billet ou aucune lettre : on ne doit pas non plus y laisser entrer personne, à moins que ce ne fût les Médecins ou Chirurgiens ordinaires de la Géole, Prison ou Conciergerie, & non autres, à condition que ces Médecins ou Chirurgiens ne pourront donner ni lettre, ni billets, ni autre chose à un prisonnier détenus dans les cachots, ou malade dans un autre lieu de la Prison ; ils ne doivent se mêler que de ce qui est de leur profession ; autrement ils se feroient des affaires.

Autres devoirs essentiels des Géoliers.

12. Par la raison qu'on regarde les cachots comme une augmentation de peine dans la Prison, il n'est pas permis aux Géoliers & Guichetiers de mettre aucun prisonnier dans les cachots, & encore moins de leur attacher les fers aux pieds ou aux mains, que par l'Ordonnance ou mandement du Juge, par écrit & signé de lui : ils ne peuvent pareillement, sans un ordre du Juge, tirer un prisonnier des cachots, & lui ôter les fers, sous quelque prétexte que ce soit, encore moins par présens, argent ou autrement ; ils ne peuvent pas encore changer un prisonnier de Prison, ni le laisser vaguer de chambre en chambre, sans un ordre particulier & par écrit du Juge : ils peuvent encore moins laisser sortir un prisonnier dans les rues, & aller chez autrui, quand même ils auroient pris leur sureté, qu'il reviendroit & se rendroit dans la Prison le soir, ou qu'ils le feroient suivre ou l'accompagneroient, ou qu'il fût leur parent. Tel est le sens & l'esprit des articles 18 & 19.

Femmes doivent être séparées des hommes.

13. Pour éviter le commerce ou soupçon de commerce qu'il pourroit y avoir entre les hommes prisonniers, & les femmes ou filles prisonnieres, & les inconvéniens qui en pourroit arriver, elles doivent, suivant l'Ordonnance, article 20, être mises en des chambres, lieux & endroits séparés ; à quoi même les Géoliers & Guichetiers doivent d'autant plus prendre garde, que si une femme prisonniere devenoit grosse, & qu'il n'y eût point de preuve qui en seroit l'auteur, ils en seroient présumé coupables, s'il n'y avoit preuve évidente & incontestable au contraire ; ce qui seroit un crime capital par rapport à eux, quand même la prisonniere ne seroit pas bien famée.

Femmes ne peuvent être mises dans les cachots.

Les hommes & les femmes ne peuvent être mis ni vaguer en même-tems, ni à la même heure, dans la cour de la prison, ou sur le préau, pour y prendre l'air ou s'y promener.

Ce n'est point l'usage en France de mettre les femmes dans les cachots, de quelques crimes qu'elles soient accusées ; & si on le pratiquoit en quelques endroits du Royaume, ce seroit un abus qu'il faudroit reprimer.

De la visite que les Géoliers doivent faire.

14. Les Géoliers & Guichetiers sont obligés de visiter les prisonniers dans les cachots, au moins une fois le jour, & de donner avis à Messieurs les Procureurs Généraux du Roi, & aux Procureurs du Roi, & aux Procureurs Fiscaux, des prisonniers qu'ils trouveront malades, pour être visités par les Médecins & Chirurgiens ordinaires de la Prison, s'il y en a, sinon par ceux qui seront nommés par le Juge ; article 20. Il faut dire la même chose des femmes Prisonnieres & mises dans un endroit particulier, referré & hors la vûe, desquelles on ne pourroit sçavoir l'état de leur santé, qu'en entrant dans le lieu de leur détention. La visite des prisonniers ainsi détenus, qui sera faite par les Géoliers & Guichetiers, est encore nécessaire pour connoître si ces prisonniers ne font rien pour tâcher de s'évader.

15. Après que les prisonnier auront été guéris, ils seront amenés de la chambre ou infirmerie où ils étoient malades, dans le lieu où ils étoient avant leur maladie.

De la nourriture des Prisonniers.

16. Les Geoliers & Guichetiers ne peuvent non-seulement prendre & recevoir des prisonnier aucunes avances pour leur nourritures, gîtes ou géolages, mais ils sont encore tenus de leur donner quittance de tout ce qu'ils leur payeront, article 22, soit que le payement soit fait par le prisonnier ou par autrui, à leur décharge : tout cela néanmoins ne doit s'entendre que lorsque les prisonniers sont détenus pour cause ou dette civile ; car en matiere criminelle, le prisonnier est au pain du Roi ou des Seigneurs, & non aux frais de la partie civile, s'il y en a une, à moins que le prisonnier ne fût retenu prisonnier après le Jugement du procès, pour intérêts civils adjugés par le Jugement à la Partie civile ; faute de quoi le prisonnier seroit élargi & mis hors des Prisons : c'est ainsi qu'il faut entendre les articles 23, 24, 25 & 26 de l'Ordonnance, au même titre.

17. Par l'article 27, il est defendu aux Géoliers & Guichetiers de vendre & fournir de la viande aux prisonniers aux jours défendus par l'Eglise, ou permettre qu'il leur

en soit apporté de dehors, même à ceux de la Religion Prétendue Réformée, si ce n'est en cas de maladie, & maladie attestée par les Médecins & Chirurgiens, ou du moins par le Chapelain ordinaire de la Prison ; mais dans les autres jours les Géoliers & Guichetiers pourront leur en fournir, ou autres vivres, vin, bois, charbon, & autres choses nécessaires, pourvû que les prisonniers ne soient point enfermés dans les cachots, mais le tout volontairement de la part des prisonniers ; car il leur seroit permis de faire venir toutes ces choses de dehors, sans que les Geoliers & Guichetiers, Cabaretiers & autres, pussent l'empêcher : tout ce que les Géoliers & Guichetiers pourront faire, sera de visiter ce qui sera apporté à ces prisonniers, sans toutes fois y riendiminuer ou gâter ; article 28.

La raison pour laquelle il est défendu aux Géoliers & Guichetiers de vendre & fournir aucuns vivres aux prisonniers enfermés dans les cachots, c'est crainte de poison qui pourroit être mis dans les vivres ; & à l'égard du bois ou charbon, ils ne leur en peuvent ni fournir, ni laisser fournir, crainte qu'ils ne missent le feu en quelque endroit, ou qu'ils ne se brûlassent eux-mêmes, pour se soustraire aux punitions dûes à leur crime ; encore moins maltraiter les prisonniers pour cela & pour autres choses, aux peines de l'Ordonnance ; art. 37.

C'est aussi une des raisons pour lesquelles il est enjoint, art. 35, aux Procureurs du Roi & aux Procureurs Fiscaux de visiter les Prisons du lieu une fois la semaine, pour y recevoir les plaintes des prisonniers, tant à ce sujet que pour les autres choses, comme s'ils se plaignoient que le Juge ne leur faisoit pas assez promptement leur procès par affectation ou autrement.

18. Si un prisonnier étoit détenu dans une prison empruntée, il doit être incessamment transferé dans la Prison naturelle ; art. 38 : parce que toutes Prisons empruntées ne sont pour ainsi dire que momentanées à cet égard.

Si l'on peut contracter avec un Prisonnier.

On observera ici en passant, qu'il n'y a guére de sûreté de contracter avec un prisonnier, quoique mis entre les deux guichets comme au lieu de liberté ; il y a presque toujours en revenir sur de pareils actes de la part d'un prisonnier, qui le plus souvent n'use que de dol & de ruse : ce qui a fait dire à Frain dans la remarque 7. sur les Plaidoyers, que *inepta cautio eorum est qui cum carceratis aliquid negotii gabent ; solent eos fores carcerum statuere ut ibi contrahant, ne, ut ita loquar, videantur incarcerati.*

Réglement concernant les prisons.

19. En achevant ce Chapitre, on observera qu'il y a un Arret de Réglement du Parlement de Paris, du 18 Juin 1717, sur la police des Prisons, & qui renferme tous les précédens Arrêts & Réglemens à ce sujet, il contient 39 articles, & le tarif des droits ; cet Arrêt est rapporté dans la quatriéme partie de ce Traité : on en trouvera un autre du premier Septembre audit an 1717, portant Réglement pour les Prisons des Provinces.

CHAPITRE XI.

Des Interrogatoires des Accusés.

Voyez le titre 14 de l'Ordonnance de 1670.

Interrogatoire ; ce que c'est.

Interrogatoire en matiere criminelle, est un acte par lequel le Juge interroge l'accusé sur la vérité des faits résultans de la plainte & informations, ou autres piéces secrettes, pour tâcher d'en sçavoir & tirer l'éclaircissement par sa bouche, lequel est redigé par écrit par le ministere d'un Greffier, ou autre Officier ou Commis ayant caractere, pour ses réponses servir, si faire se peut, à la charge ou décharge de l'accusé.

Avant l'Ordonnance de 1539, les accusés ne se défendoient que par le ministere des Avocats, & non par leur bouche ni par interrogatoires ; l'accusation se décidoit souvent sur une plaidoirie ; mais par cette Ordonnance, dont M. le Chancelier Poyet fut l'auteur on introduisit l'interrogatoire des accusés par leur bouche & sans secours ni ministere d'autrui : cet interrogatoire est de conséquence pour avoir la preuve entiere du crime par la confession de l'accusé.

Or voici

Or voici qu'elle est la forme de ces interrogatoires, suivant l'Ordonnance de 1670, au titre 14.

1°. l'accusé n'aura aucune connoissance, encore moins communication des faits sur lesquels il sera interrogé. 2°. Un accusé prisonnier sera interrogé incessamment, & l'interrogatoire commencé au plus tard dans les vingt-quatre heures après l'emprisonnement de l'accusé, aux peines de l'Ordonnance contre le Juge. Le motif de cette disposition a été que l'accusé devant être certain de ses faits, & pouvant confesser ou nier en l'interrogeant sûr le champ, c'est le plus sur moyen pour empêcher le conseil & les instructions qu'on pourroit lui donner, & pour tirer la vérité par sa bouche, dans un tems trop bref & trop court pour pouvoir réfléchir comment il se défendra sur son accusation, & sur les causes de son emprisonnement. Cette disposition de l'Ordonnance n'est pas assez religieusement & exactement observée; un prisonnier n'est souvent interrogé que long-tems après sa capture & son emprisonnement. 3°. Il n'appartient qu'au Juge d'interroger l'accusé. 4°. Le Juge est tenu de vaquer en personne à cet interrogatoire, avec son Greffier, sans qu'aucun autre puisse le faire, pas même le Greffier, car le Greffier n'assiste à l'interrogatoire que pour le recevoir & rédiger par écrit, & non pour interroger l'accusé. 5°. Il sera procedé à l'interrogatoire dans le lieu où se rend la Justice, en la Chambre du Conseil, ou dans une chambre de la Prison, mais jamais dans la maison du Juge; excepté dans le cas d'un accusé pris en flagrant délit, car alors il pourra être conduit sur le champ dans la maison du Juge, où il pourra être interrogé, ou dans le premier endroit qui sera trouvé commode, pour faire subir ce premier interrogatoire à cet accusé. 6°. Il n'y aura que le Juge, le Greffier & l'accusé à l'interrogatoire, jusques là que s'il y a plusieurs accusés, ils seront interrogés séparement & l'un après l'autre, sans même que le Procureur du Roi ou Procureur Fiscal y puisse assister. 7°. L'Accusé prêtera serment avant que d'être interrogé, dont il sera fait mention dans l'interrogatoire. 8°. L'accusé, de quelque qualité & condition qu'il soit, noble ou roturier, majeur ou mineur, homme ou femme, Prêtre, Religieux, ou Religieuse est tenu de répondre par sa bouche, sans le ministere d'Avocat, Procureur ou autre Conseil: il n'y a que les Communautés, Corps & Compagnies, qui peuvent être interrogés par leur Syndic ou Député. 9°. Les hardes, meubles & piéces servant à conviction, seront représentées par le Juge à l'accusé lors de l'interrogatoire; même les piéces, papiers & écritures, s'il y en a seront paraphés par le Juge & l'accusé, sinon sera fait mention de son refus, & le Juge sera tenu en continuant l'interrogatoire, d'interroger l'accusé sur les faits & inductions résultantes des hardes, meubles, piéces, papiers & écritures, sur le champ, & sans communication ni conseil. 10°. Il ne sera fait aucune rature ni interligne dans la minute de l'interrogatoire; cépendant si l'Accusé y fait quelque changement après la lecture qui lui en a été faite, ou autrement, il en sera fait mention dans la suite. 11°. L'interrogatoire doit être lû à l'Accusé à la fin de chaque Séance, cotté & paraphé en toutes les pages, & signé par le Juge & l'Accusé, sinon sera fait mention de son refus; & à chaque Séance l'Accusé doit réiterer le serment de dire vérité. Toutes ces formalités résultent de la disposition des articles 1, 2, 4, 5, 6, 7, 8, 10, 12, & 13 du titre 14 de l'Ordonnance de 1670.

Forme de l'interrogatoire.

¶ Il est à observer que lorsque le Juge procede à l'interrogatoire d'un Accusé, il ne peut, sous prétexte que les faits de l'interrogatoire sont attachés à la minute, laisser les demandes de l'interrogatoire en blanc. Cela étoit arrivé dans l'affaire de la Dame de Sassy; mais par Arrêt du 11 Décembre 1705, la Cour faisant droit sur les conclusions de M. le Procureur Général, a enjoint au Lieutenant Criminel du Châtelet, en procédant aux interrogatoire des Accusés, de faire mention de l'interrogatoire en entier, & de la réponse des Accusés; & aux Greffiers qui instrumenteront ès matieres criminelles, de transcrire les interrogatoires tels qu'ils auront été proposés par le Juge, & les réponses telles qu'elles seront faites par les Accusés sur les interrogations du Juge.

1. Il est permis à Messieurs les Procureurs Généraux, aux Procureurs du Roi ou aux Procureurs Fiscaux, même à la Partie civile, s'il y en a une, de donner des Mémoires au Juge pour interroger l'Accusé, tant par rapport aux faits résultans des charges & informations, qu'autres; mais le Juge ne se servira de ces Mémoires, qu'autant qu'il avisera bon être; art. 3. Ces Mémoires pourront aider à découvrir la vérité; mais il faut toujours qu'ils ayent trait à l'accusation; car le Juge ne doit pas interroger sur

Si l'on peut donner des Mémoires pour interroger l'Accusé.

d'autres faits étrangers à l'accusation, & dont il n'est point fait mention, ni dans la plainte, ni dans l'information, ni encore moins sur un autre crime dont il n'y a ni preuves ni indices, parce qu'autrement le Juge feroit plutôt le personnage de *suggerentis*, pour me servir des termes d'un ancien Criminaliste, *quàm interrogantis*.

Si un Accusé peut demander conseil.

2. Un Accusé ne peut demander conseil, & il ne lui doit être accordé que dans les accusations pour crime de péculat, concussion, banqueroute frauduleuse, vol de Commis ou Associés en affaires de Finances ou de Banque, fausseté de piéces, supposition de part, ou autres crimes où il s'agira de l'état des personnes, mais ce conseil ne pourra être demandé par l'Accusé, & donné par le Juge, qu'après que l'Accusé aura subi le premier interrogatoire, & non auparavant; art. 8 : c'est parce qu'en ces sortes de crimes, la défense d'un Accusé peut dépendre des piéces qu'il n'avoit point en sa possession lors de l'interrogatoire, & que pour le recouvrement d'icelles il peut avoir besoin de conseil, qui d'ailleurs lui pourroit suggérer quelque moyen de droit pour sa défense, qui résulteroit des piéces ou actes, ou de la qualité du délit dont on a formé l'accusation; car les moyens de droit sont permis à un Accusé.

En quel cas le Prisonnier peut n'être pas tenu au secret.

3. Il sera permis à l'Accusé, après le premier interrogatoire subi, de conférer avec qui bon lui semblera; mais pour cela deux choses doivent concourir : l'une, si le Juge lui permet; l'autre, si le crime dont il est accusé n'est pas capital; article 9. Donc le Juge ne doit pas permettre à un Accusé de conférer après son premier interrogatoire avec qui bon lui semblera, que lorsqu'il estimera que le crime qui fait l'accusation n'est pas capital; ainsi cette permission ne doit avoir lieu que dans les délits & affaires criminelles légeres & de peu de conséquence, ou du moins qui ne peuvent aller au dernier supplice : c'est ce qui est laissé au Juge à discerner par sa prudence & ses lumieres, & ce qui dépend des circonstances du fait.

De l'interrogatoire de celui qui n'entend pas la Langue Françoise.

4. Si un Accusé n'entend pas la Langue Françoise, l'Interpréte ordinaire, s'il y en a un, ou s'il n'y en a point celui qui sera nommé d'office par le Juge, après avoir prêté serment, expliquera à l'Accusé les interrogatoires qui lui seront faits par le Juge, & au Juge les reponses de l'Accusé; & sera le tout écrit en Langue Françoise, signé par le Juge, l'Interpréte & l'Accusé, s'il veut signer, sinon sera fait mention de son refus, art. 11.

L'Ordonnance s'en tient là par rapport à des Accusés qui ne sçavent point la Langue Françoise, mais elle ne regle point la maniere de leur faire leur procès extraordinairement. Il paroit qu'outre les formalités prescrites par cet article sur l'interrogatoire de ces sortes d'Accusés, & les formalités qu'il faut garder dans l'instruction & jugement des autres procès, le Juge pourroit dans tous les interrogatoires se servir de ces termes : *Interrogé par la bouche de tel son Interpréte, si tel fait est, ou non*; & ensuite mettroit la réponse de l'Interpréte pour l'Accusé par *un oui* ou *un non* : ensuite il lui demandera s'il veut s'en rapporter aux interrogatoires & à ses réponses; à l'effet de quoi il lui sera fait lecture de l'interrogatoire, qui sera signé de l'Accusé, s'il peut ou veut signer, sinon mention de son refus, de l'Interpréte & du Juge : cette sorte d'instruction est difficile & délicate; il faut sur-tout que l'Interpréte soit un homme de bien & d'une probité averée & reconnue; autrement il pourroit sauver & tirer du dernier supplice un Accusé étranger qui ne sçauroit point la Langue Françoise, & de cette maniere il arriveroit qu'un Accusé étranger ne sçachant pas la Langue, seroit plus heureux qu'un Accusé regnicole; enfin tous les interrogatoires que fera le Juge à cet Accusé, seront en langue Françoise, & les réponses de l'Accusé par la bouche de l'Interpréte, seront pareillement en langue Françoise, quand même le Juge entendroit la langue de l'Accusé; il seroit bon de faire prêter serment à l'Accusé comme à l'Interpréte, avant de commencer l'interrogatoire.

¶ Il en est de même des témoins assignés qui n'entendent pas la Langue Françoise, que de l'Accusé; il faut que le Juge leur nomme un interpréte, auquel il fasse prêter le serment, & qu'il le fasse signer dans tous les Actes conjointement avec le témoin : c'est ce qui a été décidé par Arrêt du 20 Février 1696, qui a enjoint au Lieutenant Général de l'Amirauté de Dunkerque, de nommer d'Office en ce cas aux témoins un interpréte, auquel il fera prêter le serment de bien & fidélement faire cette charge, par un acte séparé; & avant d'entendre les témoins en leurs dépositions, de faire prêter serment à chaque déposition au témoin & à l'interpréte; faire lecture de la plainte à l'interpréte, qui en expliquera les faits au témoin; & ensuite faire rédiger la disposition, suivant qu'elle lui sera récitée par l'interpréte, sur l'interprétation par lui tirée du témoin; & à la fin de chaque déposition faire signer le témoin & l'interpréte, & aux recollement & confrontation d'observer les mêmes formalités, & du tout en faire mention tout au long à chacun desdits actes, comme aussi de faire lecture à chaque confrontation du recollement du témoin, à peine de nullité & d'interdiction.

5. Le Juge peut réiterer l'interrogatoire toutes les fois qu'il le jugera à propos, & que le cas le requerra, à la charge que chaque interrogatoire sera mis en cahier séparé; art. 15: ces interrogatoires réiterés peuvent ramener un Accusé sur ses premieres dénégations, & il s'y fait, pour ainsi dire, une espéce de confrontation de preuve; mais le Juge ne prendra rien de tous ces différens interrogatoires, par les mains & des deniers de l'Accusé: ils se font comme le reste de l'instruction, aux fraix de la Partie civile; & s'il n'y en a point, mais que ce soit le Procureur du Roi ou le Procureur Fiscal qui est l'accusateur, ou Monsieur le Procureur Général, alors il n'est rien dû au Juge pour ses vacations, & l'on ne donne des exécutoires sur le Domaine du Roi ou des Seigneurs qu'au Greffier, pour les grosses du procès qu'il envoye avec les Accusés par les Messageries dans les Prisons des Juges d'Appel. Voyez ci-après.

Si un Accusé peut être interrogé plusieurs fois.

6. Les interrogatoires, tant premier que les autres, doivent être communiqués à la Partie publique & à la Partie civile en toutes sortes de crimes, art. 17 & 18, pour par la Partie publique prendre droit par les interrogatoires en ce qui peut regarder la vindicte publique, & par la Partie civile prendre droit par ces mêmes interrogatoires, par rapport à des conclusions civiles & pécuniaires; car la Partie civile ne peut jamais conclure à une peine corporelle ou afflictive, infamante ou publique; elle pourroit cependant demander une réparation en présence de personnes notables, & devant les Juges, des calomnies, injures attroces, ou libelles diffamatoires contre son honneur & sa réputation.

A qui les interrogatoires doivent être communiqués.

Quant aux autres piéces secrettes, comme les charges & informations, recollemens & confrontations, elles ne doivent point être communiquées à la Partie civile, mais seulement à la Partie publique, & encore moins les conclusions définitives.

7. Un Accusé peut prendre droit par les charges, c'est-à-dire, s'en rapporter aux charges & informations, après néanmoins avoir subi interrogatoire, s'il n'est accusé que d'un crime, auquel par l'événement du Jugement il n'échera point de peines afflictives, art. 19, & non s'il est accusé de tout autre crime grave, atroce, & qui mérite punition corporelle & afflictive, parce que *non auditur perire volens*; il faut dans ce dernier cas, que l'Accusé attende & souffre toute l'instruction extraordinaire du procès; n'importe que par l'événement du procès, il soit renvoyé par le Jugement quitte & absous de l'accusation; car le seul titre de l'accusation suffit pour ne pas recevoir l'Accusé en sa déclaration qu'il veut prendre droit par les charges & informations.

Si l'Accusé peut prendre droit par les charges.

Ainsi s'il n'échoit point peine afflictive au crime en question, quand même il pourroit échoir peine infamante, l'Accusé pourra prendre droit par les charges, & la Partie publique & la Partie civile par l'interrogatoire, en conséquence de la communication qu'ils en auront reçue; & l'Accusé & la Partie civile prendront des conclusions telles qu'ils devront prendre pour leur intérêt, & la Partie publique en ce qui pourra regarder son ministere sur la condamnation ou l'absolution de l'Accusé; art. 20. Mais il faut que cela soit demandé respectivement par toutes les Parties, & qu'elles y soient reçues par un Jugement, quand il peut échoir peine infamante; sinon le procès doit être réglé à l'extraordinaire. Et s'il s'agissoit d'un délit léger où il n'écheroit ni peine afflictive ni infamante, l'on renverroit les Parties à l'Audience, & l'on jugeroit sur les plaidoiries & la lecture de l'interrogatoire & des informations, sans régler à l'extraordinaire.

Quoique l'Accusé ait pris droit par les informations, le Juge ne doit point prononcer contre lui de peine infamante, parce que pour asseoir valablement une pareille peine, il faut nécessairement un recollement & une confrontation des témoins; sinon la Sentence seroit déclarée nulle, & le Juge condamné de rendre les épices.

8. L'article 21 du même titre ne dispose point sur les interrogatoires que l'Accusé a subi pendant toute l'instruction du procès, mais seulement sur le dernier interrogatoire qu'un Accusé doit subir avant & à l'instant du Jugement du procès, & avant d'opiner sur le procès. Il est dit par cet article, que s'il y a des conclusions du Procureur du Roi, Procureur Fiscal, & de M. le Procureur Général, qui rendent à peine afflic-

Formalité du dernier interrogatoire.

tive, l'Accusé sera dans ce dernier cas interrogé sur la scellette. Cette disposition a été renouvellée par deux Déclaration du Roi, des 12 Janvier 1681, & 13 Avril 1703. Elles ont ajouté, que si les conclusions ne vont pas à peine afflictive, les Accusés seront dans ce dernier interrogatoire interrogés seulement derriere le Barreau, & debout.

On interroge aussi les Accusés sur la scellette, lorsque les conclusions vont à peine infamante, comme le blâme, &c.

La formalité du dernier interrogatoire de l'Accusé derriere le Barreau, doit être gardée dans les Officialités, à peine de nullité de l'interrogatoire & du Jugement rendu en conséquence contre l'Ecclésiastique; & même il y auroit abus dans cet interrogatoire & ce Jugement, faute d'observer cette formalité. C'est la Jurisprudence certaine du Parlement de Paris, ainsi qu'il paroît par les Arrêts, & entr'autres par un qui a été rendu en la Chambre de la Tournelle, le 14 Juillet 1708, sur les conclusions de M. l'Avocat Général de Lamoignon de Blanc-mesnil. Cet Arrêt est rapporté au *Journal des Audiences*.

Si les Commissaires du Châtelet peuvent interroger les Accusés pris en flagrant délit.

9. Quoique dans la regle générale il n'y a que le Juge qui puisse interroger un Accusé, cependant par l'Ordonnance de 1670, art. 14 du même titre, les Commissaires du Châtelet de Paris ont cette faculté, & le pouvoir d'interroger les Accusés pour la premiere fois, lorsqu'ils sont pris en flagrant délit, ou les domestiques accusés par leurs Maîtres ou Maîtresses, ou seulement decretés d'ajournement personnel.

De quelle maniere le Juge doit interroger l'Accusé.

10. L'interrogatoire ne doit point être fait captieusement & en biaisant, c'est-à-dire par subtilité, encore moins en homme passionné, fâché & en colere, ni malicieusement. Le Juge ne doit point pareillement abuser l'Accusé, en lui promettant l'impunité de son crime lors de son interrogatoire, dans la vûe de lui faire avouer le crime dont il est accusé; cela est captieux & défendu: car comme il n'est pas permis à ce Juge de tenir parole à cet Accusé, s'il le trouvoit coupable, il ne le sçauroit absoudre; on ne pourroit même asseoir une condamnation sur une confession ainsi extorquée par ruse & surprise: il doit aussi rédiger les réponses de l'Accusé, tant à charge qu'à décharge.

11. Par la raison que ce sont les interrogatoires de l'Accusé qui peuvent principalement découvrir la vérité, il ne faut pas y omettre la moindre circonstance des faits qui forment l'accusation.

Si la confession de l'Accusé est une preuve complete.

12. La seule confession de l'Accusé dans les interrogatoires ne suffiroit pas pour pouvoir le condamner au dernier supplice, ni à aucune peine afflictive, il faudroit encore d'autres preuves, soit testimoniales, soit par écrit, & que principalement *constaret de corpore delicti*. Il en seroit autrement dans les délits légers, & où il ne peut y avoir de condamnation à peine afflictive. Ordonnance de Louis XII, de 1498, art. 117; & Ordonnance de François premier, de 1539, art. 148.

Mais quoi qu'il en soit, rien n'est plus délicat ni plus difficile à sçavoir que le degré de preuves suffisantes pour pouvoir condamner un Accusé à la mort ou à la question préparatoire.

Si les interrogatoires peuvent être faits les jours de Dimanches & de Fêtes.

13. Le Juge peut proceder aux interrogatoires les jours de Fêtes & de Dimanches, comme les jours ouvriers, principalement dans les accusations graves.

De la confession extrajudiciaire de l'Accusé.

14. Une confession extrajudiciare d'un Accusé ne suffiroit pas pour asseoir une condamnation contre lui, quand même elle trouveroit écrite, & qu'on l'eût trouvée dans la poche de l'Accusé lors de la capture ou autrement, à moins qu'il ne la réiterât dans ses interrogatoires qu'il prêteroit dans l'instruction du procès: encore faudroit-il que cette confession, quoique réiterée, fût soutenue de quelques autres preuves pour pouvoir condamner un tel Accusé à une peine afflictive, & encore moins au dernier supplice.

Il y a plus, c'est que la déclaration d'un Accusé dans ses interrogatoires ne seroit qu'une demi preuve contre les complices par lui déclarés; il faudroit encore d'autres preuves pour les condamner.

Du serment que doit prêter l'Accusé.

15. Quoiqu'en matiere criminelle le serment qu'on fait prêter à l'Accusé soit presque toujours un faux serment, prévenu qu'est un Accusé qu'il n'est point tenu de confesser & déclarer son crime au Juge qui l'interroge, aux dépens de sa vie ou d'autres peines afflictives, quelquefois de son honneur seul & de sa réputation; néanmoins le Juge est obligé, pour satisfaire à l'Ordonnance, de faire prêter le serment à l'Accusé dans

tous les Actes de la procédure & de l'instruction où le serment de l'Accusé est nécessaire à peine de nullité.

16. Quoique l'Accusé ait subi interrogatoire sur les charges & informations, que même il y eu Réglement à l'extraordinaire, & qu'il ait été en conséquence procedé aux recollement & confrontation, s'il survient de nouvelles charges, l'Accusé doit de nouveau être interrogé sur les faits résultans desdites nouvelles charges, à peine de nullité de toute la procédure faite depuis que les nouvelles charges sont survenues, & du Jugement définitif. Ce qui est fondé sur l'art. 15 dudit titre 14, qui porte que l'interrogatoire pourra être réiteré toutes les fois que le cas le requerra, & sera chacun interrogatoire mis en cahier séparé. Voyez ci-devant, *nomb.* 5. Or le cas le requiert absolument, lorsqu'il survient de nouvelles charges. C'est ce qui a été jugé *in terminis*, par Arrêt de la Tournelle Criminelle, du 9 Janvier 1743, sur l'appel *à minimâ* du Substitut de Monsieur le Procureur Général au Baillige & Siége Présidial de Bourges, le 30 Août 1742, qui avoit ordonné que Pierre Labbé & Jeanne Chambray seroient mis hors des prisons, à la charge cependant par eux de se représenter à toutes assignations en état d'ajournement personnel, auquel avoit été converti le Decret de prise de corps originairement décerné contr'eux, en élisant par eux domicile en la ville de Bourges. Par cet Arrêt la Cour entr'autres choses a infirmé ladite Sentence, l'a déclarée nulle; ordonné que le procès recommencé seroit continué, fait & parfait par le Lieutenant Criminel au Siége d'Issoudun; que les charges & informations, procédures & piéces étant au Greffe criminel de la Cour, seroient portées en celui d'Issoudun; lesdits Labbé & sa femme transferés sous bonne & sûre garde audit Bailliage d'Issoudun, pour être procedé à l'interrogatoire desdits Accusés sur les plus amples informations, *&c.* le tout aux frais de ***, Conseiller de Bourges, faisant pour la vacance de la charge de Lieutenant Criminel, auquel il a été enjoint, lorsqu'il sera survenu de nouvelles charges, d'interroger les Accusés sur les faits résultans desdites nouvelles charges; mais ce Conseiller a été reçu opposant à l'Arrêt en ce dernier chef.

Interrogatoire sur toutes les informations.

Par un précédent Arrêt du 14 Août 1736, la procédure du Juge de la Ville d'Eu a aussi été annullée; l'Accusé ayant été pris en flagrant délit, il l'avoit interrogé tout de suite; il proceda ensuite à l'information, & sur l'information il ne lui fit pas subir un nouvel interrogatoire.

Interrogatoire.

Interrogatoire fait par Nous..... à la requête de ..... Partie civile, ou Procureur du Roi, ou Procureur Fiscal, Demandeur & Accusateur, contre .... Défendeur & Accusé, par Nous decreté de ..... *s'il est Prisonnier, l'on met*, Prisonnier ès prisons de..... auquel interrogatoire avons procedé en la Chambre de .... ainsi qu'il ensuit.

Du.......

Si l'Accusé est Prisonnier, l'on met: Avons fait extraire des prisons de ..... un tel lequel interrogé de son nom, surnom, âge, qualité & demeure, a dit, après serment à lui fait de dire vérité, se nommer .... demeurer à .... & être âgé de ....

Si l'Accusé n'est pas Prisonnier, l'on dit: est comparu devant Nous un tel, *&c. comme dessus.*

Interrogé, *&c.*

A dit.......

Lui avons remontré qu'il ne dit pas la vérité, puisque, *&c.*

A dit.....

Et à l'instant lui avons représenté, *on lui représente les armes ou instrumens dont il s'est servi; si c'est une bayonnette, un couteau, ou une épée ensanglantée, il en faut faire mention;* & à lui enjoint de Nous dire si ce n'est pas avec *ledit instrument* qu'il a frappé, *blessé ou percé* ledit ....

A dit .... & a été *ledit instrument* enveloppé d'une bande de papier, & cacheté de notre cachet *ou du cachet de nos armes*, laquelle bande de papier a été paraphée par Nous & par ledit .... Accusé; *de même des pièces écrites*, dont il faut rapporter la teneur en substance, & qu'il faut aussi parapher & faire parapher.

Interrogé s'il veut prendre droit par les charges & informations contre lui faites & s'en rapporter aux témoins qui ont déposé en icelles.

A dit.........

Lecture à lui faite du présent interrogatoire, a dit que ces réponses contiennent vérité, y a persisté, & a signé, *ou* déclaré ne sçavoir écrire ni signer, de ce enquis suivant l'Ordonnance, *ou* a fait refus de signer, de ce interpellé; *& si l'Accusé est prisonnier, l'on ajoute* : Et a été l'Accusé remis ès mains du Géolier, pour le remener dans la prison. Fait les jour & an que dessus.

Il faut aussi interroger l'Accusé sur les faits & sur les inductions qui résultent des hardes, meubles & instrumens servant à la preuve, qui lui seront représentés.

Il arrive quelquefois qu'avant la clôture & signature de l'interrogatoire, l'Accusé veut changer quelque chose à certains articles de ses réponses, soit en les expliquant, les retractant, ou en y augmentant; cela se fait en la forme qui suit.

En expliquant ou changeant par l'Accusé ce qu'il a dit par sa réponse au.... article du présent interrogatoire.

A dit.....

Relativement à ces changemens, le Juge peut encore interroger l'Accusé.

Enfin l'on met, lecture à lui faite desdites additions; *ou changemens*, ou explications d'interrogatoire, a dit que ses réponses contiennent vérité, & comme dessus.

Interrogatoire par Interprête.

L'an, *&c. comme ci-devant*, & ayant voulu interroger led.... sur les faits résultans des charges & informations contre lui faites, à la requête de.... avons reconnu que ledit Accusé est étranger & qu'il n'entend pas la Langue Françoise.

Sur quoi Nous ordonnons que les interrogatoire qui seront par Nous faits à l'Accusé, lui seront expliqués, & à Nous les réponses de l'Accusé, par N. Interprête des Langues Etrangeres, que Nous avous nommé d'office; à l'effet de quoi sera ledit N. assigné à *tel jour & heure* de devant ou après midi, pour faire le serment pardevant Nous, de bien, fidélement & en sa conscience, expliquer lesdits interrogatoires & réponses; & a été l'Accusé remis ès mains du Géolier, pour le remener esdites prisons. Fait les jour & an que dessus.

Et le.... Nous étant en la Chambre du Conseil, l'Accuse y a été amené, en présence duquel est comparu N. Interpréte par Nous nommé d'office, lequel a fait serment de bien, fidélement & en sa conscience, expliquer à l'Accusé les interrogatoires qui lui seront par Nous faits, & à Nous les réponses de l'Accusé, & a signé.

Ce fait, avons en présence de N. interpellé l'Accusé de lever la main, laquelle interpellation ayant été expliquée par N. à l'Accusé en Langue.... icelui Accusé a levé la main.

Après quoi avons dit ces mots à l'Accusé : Vous promettez & jurez à Dieu de dire verité; ce que N. ayant expliqué à l'Accusé, il a répondu, & N. nous a dit que l'Accusé juroit & promettoit à Dieu de dire vérité.

Et ayant fait baisser la main à l'Accusé, l'avons interrogé de quel lieu il est natif, de ses nom, surnom, âge, qualité & demeure.

Lequel interrogatoire N. a expliqué à l'Accusé, qui a dit, ainsi que nous a expliqué ledit N. que l'Accusé s'appelle..... âgé de.... natif de.... *sa qualité*, demeurant ordinairement à.... Interrogé l'Accusé quel est le motif qui l'a fait venir en France, *&c. comme ci-dessus.*

Différens Arrêts ont déclaré des interrogatoires & toute la procédure qui a suivi nuls, pour par le Juge les avoir fait subir en son Hôtel.

CHAPITRE XII.

Des Elargissemens des Accusés.

Voyez le titre 10 de l'Ordonnance de 1670.

1. LE terme d'*Elargissement* est pris pour la sortie d'un Accusé hors de prisons, en vertu de Sentence, Arrêt ou Jugement; de sorte qu'*élargir*, *relâcher & mettre un Accusé hors des prisons & en liberté*, sont autant ce mots synonimes, dont cependant il faut se servir à propos.

De l'élargissement de l'Accusé, à la charge de se représenter.

Les *Elargissemens* dont nous allons parler dans ce Chapitre, ne sont que ceux qui se peuvent accorder par le Juge en connoissance de cause à un Accusé par provision, & pendant l'instruction du procès criminel, à la charge par l'Accusé de se représenter à toute assignation ou autrement.

2. Tout Accusé contre lequel il n'y aura point eu originairement de Decret de prise de corps, mais seulement un Decret d'assigné pour être oui, ou d'ajournement personnel, sera élargi & mis hors des prisons après son interrogatoire, à moins qu'il ne fût survenu depuis de nouvelles charges, soit par sa reconnoissance ou par la déposition de nouveaux témoins; mais cet élargissement ne se doit pas faire de plein droit en vertu de l'interrogatoire subi: il faut non-seulement que l'Accusé le demande par une Requête précise, mais encore que le Juge l'ordonne; sans cela le Prisonnier ne pourra être relaxé, même du consentement de la Partie civile & de la Partie publique; articles 21 & 22 du titre 10 de l'Ordonnance de 1670.

De plus, nul Prisonnier pour accusation criminelle ne peut être élargi & mis hors des Prisons, que sur le vû des charges & informations de l'interrogatoire de l'Accusé, & sur les conclusions du Procureur du Roi, Procureur Fiscal, ou de M. le Procureur Général, même sur les réponses de la Partie Civile, ou sommations à elle faites de répondre, *ibidem*; & il y en a qui prétendent que cela doit avoir lieu, quand même il n'y auroit eu originairement qu'un Decret d'assigné pour être oui d'ajournement personnel contre l'Accusé, depuis converti en Decret de prise de corps, qu'il se seroit rendu volontairement prisonnier, & qu'il auroit subi l'interrogatoire; que cela ne se doit pas seulement observer dans les Cours & Tribunaux Laïcs, tant Royaux que Subalternes, mais encore dans les Cours d'Eglise, & par les Officiaux; qu'autrement les élargissemens seroient nuls & abusifs, comme il paroît par un Arrêt du Parlement de Paris, du 10 Mai 1670, rendu en la Chambre de la Tournelle, environ trois mois avant l'Ordonnance du mois d'Août 1670, contre Monsieur l'Evêque de Clermont, ayant pris le fait & cause de son Promoteur; car il faut tenir pour certain que les Officiaux & Juges d'Eglise ne doivent pas moins observer l'Ordonnance en matiere criminelle, que tous les autres Juges du Royaume.

Il n'est pas douteux que les Officiaux ne soient assujettis à l'Ordonnance aussi bien que les Juges Laïcs. Mais nonobstant cet Arrêt rendu avant l'Ordonnance, il paroît qu'en expliquant les articles 21 & 22, on doit admettre la distinction faite dans les notes sur les matieres criminelles insérées à la fin des Œuvres du Duplessis sur la Coutume de Paris, & dire que si dans l'origine il n'y a eu qu'un Décret d'assigné pour être oui, ou d'ajournement personnel, l'Accusé après l'interrogatoire doit être élargi, à moins qu'il ne soit survenu de nouvelles charges, & cela sans autres formalités que l'Ordonnance du Juge. Au contraire, s'il y a eu originairement Decret de prise de corps, l'Accusé ne peut être élargi qu'en observant les formalités prescrites par l'article 22.

Nota. Pour élargir un Accusé après son interrogatoire, lorsque dans l'origine il n'y a eu qu'un Decret d'assigné pour être oui, ou d'ajournement personnel, il faut que l'Accusé après l'interrogatoire présente Requête à cette fin, laquelle doit être communiquée à la Partie civile, s'il y en a une, & au Procureur du Roi, sur les conclusions duquel intervient l'Ordonnance, sans porter la Requête en la Chambre. Telle est la procédure à faire en ce cas, ainsi que M. le procureur Général l'a indiqué en 1748 aux Officiers du Siége Présidial d'Abbeville.

Cas auquel un Accusé peut obtenir son élargissement par provision.

3. Un Accusé contre lequel il y a eu originairement un Decret de prise de corps, peut difficilement obtenir sa liberté provisoire, quoiqu'il ait subi interrogatoire, & à la charge de se représenter à toute assignation : on le déboute le plus souvent de sa Requête à fin de liberté, ou du moins on la joint au procès, & par-là il demeure en prison pendant toute l'instruction du procès, à moins qu'en connoissance de cause, c'est-à-dire sur le vû des charges & informations, une Cour Souveraine ne convertisse le Decret de prise de corps en ajournement personnel, ou en assigné pour être oui; cela dépend du titre de l'accusation, des charges & informations, & des confessions & dénégations de l'Accusé par son premier interrogatoire.

Lorsque la Requête d'un Accusé à fin de liberté provisoire n'a pas réussi, & que sur le vû des charges il en a été débouté, ou que sa Requête a été jointe à l'appel par un Arrêt, il seroit inutile de poursuivre cet appel, & de le faire juger, on n'y réussiroit pas, parce qu'après un semblable Arrêt, il est très-rare qu'on évoque l'affaire à l'Audience; partant il faut laisser instruire & juger le procès au fond par le premier Juge.

Il semble qu'en toutes sortes de Decrets il faudroit qu'un Accusé subît l'interrogatoire avant qu'il pût se pourvoir contre aucun Decret, par appel ou autrement; car enfin en toute accusation grave ou légere, il est important d'avoir les confessions & déclaration de l'Accusé; mais cela n'est pas toujours observé.

En matiere criminelle, un Accusé d'un crime grave, & qui par l'évenement pourroit être puni de peine afflictive ou infamante; ne peut être élargi par provision en donnant caution, parce que s'il ne se représentoit point, celui qu'il auroit donné pour caution, ne pourroit pas subir ces peines; cela ne se pourroit ordonner que dans les délits légers, & qui ne pourroient tout au plus être punis que par une amende & des sommes pécuniaires; & même si l'Accusé mourroit, la caution seroit déchargée de toutes peines pécuniaires, intérêts civils ou dommages & intérêts, si la Partie civile en faisoit adjuger à son profit. Il faudroit dire le contraire en matire civile, parce que la mort d'un Prisonnier pour dettes, & qui est sorti à caution, n'éteint pas l'obligation de la caution de payer les causes de l'emprisonnement; la caution n'est pas tant pour la personne, que par rapport au payement de la dette & des causes de l'emprisonnement.

De la représentation de l'Accusé élargi par provision.

4. Tout Prisonnier pour crime, & qui est élargi par provision, à la charge de se représenter à jour certain, est tenu de comparoir au jour à lui fixé & prescrit; & s'il ne se représente pas, dans ce cas son procès lui sera instruit, fait & parfait par contumace, & suivant les derniers erremens; mais par le Jugement définitif, il ne pourroit être condamné que par rapport à son crime & aux preuves, & non à cause de sa non-représentation.

Si un Accusé étoit élargi & mis en liberté par provision, à la charge de faire ses soumissions au Greffe, & qu'il s'absentât sans les faire, il faudroit en ce cas donner un Jugement contre lui, portant qu'il fournira dans un certain délai l'acte de soumission, & estera à droit par emprisonnement de sa personne.

Autre cas auquel l'Accusé ne peut obtenir son élargissement par provision.

Si l'Accusé est condamné par le Jugement définif à quelque peine afflictive, ou que le Procureur du Roi, Procureur Fiscal, ou M. le Procureur Général, appelle de la Sentence *à minimâ*, l'Accusé ainsi condamné ne pourra être élargi par provision, & nonobstant cet appel, quoique la Partie civile y consentît, & que l'amende, aumône & réparations civiles eussent été payées à la Partie civile, ou consignées, article 24 *ibidem*; l'appel *à minimâ* suspendroit & arrêteroit totalement l'élargissement du condamné : mais quand le Jugement ne porte pas de peine afflictive, & qu'il n'y a point d'appel *à minimâ* de la part de la Partie publique, le seul appel de la Partie civile ne doit pas empêcher l'élargissement de l'Accusé, en consignant par lui les sommes pécuniaires auxquelles il aura été condamné; sauf néanmoins, ainsi qu'on l'a déja dit, lorsqu'un mari a intenté une accusation d'adultere contre sa femme, & que la femme étant renvoyée d'accusation, le mari interjette appel de la Sentence. L'appel du mari suppléant en ce seul cas l'appel *à minimâ*, le mari étant seule partie capable pour rendre une pareille plainte, à moins qu'il n'y eût une prostitution publique; car pour lors le ministere public peut rendre plainte, & faire faire le procès à sa requête.

Un condamné à une amende ou aumône ne peut être mis hors des Prisons qu'en payant

payant ces condamnations, ou du moins en les consignant ès mains du Géolier ou Greffier de la Géole, parce que ces sortes de condamnation vont par corps *in vim* de la Sentence, Arrêt ou Jugement.

L'usage assez ordinaire, tant au Châtelet de Paris, qu'ailleurs, est qu'un Accusé condamné par Sentence à un bannissement à tems ou au blâme, peut acquiescer à son Jugement lorsqu'il n'y a point d'appel *à minimâ*, & par ce moyen sort des Prisons, à moins que par le même Jugement il n'ait été condamné en quelques dommages & intérêts par réparation civile ; car en ce cas il doit tenir prison jusqu'à ce qu'il les ait payés, & même le tems de prison ne doit point être précompté sur le tems du bannissement. Voyez *suprà*, *part.* 1, *chap.* 1, *nomb.* 10.

Enfin l'Accusé condamné à faire amende honorable séche, peut acquiescer à son Jugement ; mais cet acquiescement ne peut operer une fin de non-recevoir contre un Accusé qui voudroit par la suite interjetter appel des Sentences, personne n'étant présumé acquiescer volontairement à son deshonneur, mais au contraire n'avoir acquiescé que pour se procurer la liberté.

¶ 5. Il y a un Arrêt du 27 Octobre 1678, qui ordonne que les Greffiers, tant Civils que Criminels, seront tenus de descendre dans les Prisons, & d'y prononcer aux Prisonniers les Sentences & Jugemens qui auront été rendus à leur sujet, dans les vingt-quatre heures. Comme cet Arrêt forme un Réglement, & qu'il a été omis dans la quatrieme Partie de cet Ouvrage, on va le rapporter ici en son entier.

LA COUR, en la Chambre des Vacations, après avoir oui Parmentier, Substitut pour le Procureur Général du Roi ; faisant droit sur les conclusions par lui prises, a ordonné & ordonne que les Ordonnances, Arrêts & Réglemens de la Cour seront exécutés selon leur forme & teneur ; ce faisant, que les Greffiers, tant Civils que Criminels, seront tenus de descendre dans les Prisons, & d'y prononcer aux Prisonniers les Sentences & Jugemens qui auront été contr'eux rendus, ensemble ceux d'élargissement & même interlocutoires, & ce dans les vingt-quatre heures qu'ils auront été rendus, quoiqu'ils n'ayent été levés par les Parties civiles, si aucune y a ; de faire mention sur les Regîstres de la Géole, à côté des écroues, desdites prononciations, & sur iceux transcrire & insérer les dictums en entier desdites Sentences & Jugemens, & ce à peine d'interdiction, de trois cens livres d'amende, & de tous dépens, dommages & intérêts envers les Prisonniers ; lesquelles peines demeureront encourues contre les contrevenans en vertu du présent Arrêt, & sans qu'il en soit besoin d'autre. Enjoint pareillement aux Huissiers, Sergens & autres, lorsqu'ils transfereront des Prisonniers d'une Prison dans une autre, de faire écrire sur le Regîstre de la Géole où ils les conduiront, les premieres causes d'emprisonnement, & les recommandations qu'ils auront trouvé sur les Regîstres des Prisons d'où les Prisonniers auront été amenés, ensemble de faire mention des titres en vertu desquelles ils ont été faits, noms & élections de domicile des Parties, sous les mêmes peines de trois cens livres d'amende, & de tous dépens, dommages & intérêts envers les Prisonniers, & d'interdiction de leurs Charges ; & sera le présent Arrêt lû, publié & affiché dans toutes les Prisons. Fait à l'ancien Châtelet, la Chambre des Vacations y séant, le 27 Octobre 1678.

Voyez l'article 37 du Réglement du 18 Juin 1717.

6. La Cour ayant renvoyé l'instruction du procès d'un Accusé prisonnier devant un Juge, ce Juge ne peut élargir de sa propre autorité le Prisonnier après qu'il aura subi interrogatoire : il faut que l'Accusé ait recours à la Cour pour obtenir sa liberté, sur le vû de l'information & de l'interrogatoire ; & si le Juge l'ordonnoit, on l'obligeroit en son nom de le faire réintegrer ; & faute de ce, il pourroit être condamné en des dommages & intérêts envers la Partie civile.

CHAPITRE XIII.

Des Recollemens & Confrontations des Témoins.

Voyez le titre 15 de l'Ordonnance de 1670.

Recollement; ce que c'est.

1. R*Ecollement* des témoins en matiere criminelle, est une simple répétition de la déposition d'un témoin au témoin même, pour sçavoir de lui & par sa bouche si, après avoir entendu la déposition qu'il a faite dans l'information, il veut y persister, y ajouter ou diminuer; mais les témoins après cette espece de répétition, sont non-recevables à rétracter leur déposition.

Confrontation; ce que c'est.

La *Confrontation* est la représentation des témoins qui ont été entendus dans l'information à l'Accusé, après avoir été recollés.

Quand après le recollement & confrontation il survient de nouvelles charges, il faut nouvel interrogatoire & nouveau Réglement à l'extraordinaire.

Il ne peut point y avoir de recollement & de confrontation qu'en vertu d'une Sentence, Arrêt ou Jugement qui ait ordonné expressément & formellement cette instruction. Par Arrêt de la Tournelle Criminelle, du 9 Janvier 1743, rapporté ci-devant, *chap.* 11, *n.* 16, il a été fait défenses à.... Conseiller au Bailliage & Siége Présidial de Bourges, faisant pour la vacance de la Charge de Lieutenant Crimininel, conformément à l'article 1 du titre 15 de l'Ordonnance de 1670, de procéder au recollement des témoins, qu'au préalable il n'ait été ordonné par Jugement. Dans l'espece de cet Arrêt, il y avoit eu un Réglement à l'extraordinaire, qui ordonnoit le recollement & la confrontation; & depuis étant survenu de nouvelles charges sur un plus amplement informé, les Officiers du Bailliage & Siége Présidial de Bourges se sont imaginés qu'ils pouvoient proceder aux recollemens & confrontations sur ces nouvelles charges, en vertu du Réglement à l'extraordinaire intervenu sur les premieres charges & informations; ce qui a été proscrit, & la Procédure déclarée nulle par cet Arrêt. Ainsi c'est une maxime que quand après le Réglement à l'extraordinaire il survient de nouvelles charges, il faut, à peine de nullité, un nouvel interrogatoire de l'Accusé, & un nouveau Jugement qui ordonne le recollement & la confrontation sur ces nouvelles charges.

L'on divisera le présent Chapitre en deux Sections; dans la premiere, on expliquera les régles sur les recollemens & confrontations; dans la seconde, il sera traité de la force des preuves, & de la qualité des témoins, & des reproches que l'Accusé peut proposer contr'eux.

SECTION PREMIERE.

Régles sur les Recollemens & confrontations.

Recollement & confrontation est le commencement de la procédure extraordinaire.

1. C'est au recollement & à la confrontation que commence, à proprement parler, la procédure extraordinaire, & où se forme la contestation en procès criminel; c'est sur le recollement & la confrontation que roule le point du Jugement de l'affaire criminelle; c'est pourquoi le Juge, les Témoins & l'Accusé doivent bien prendre garde dans cette partie de la procédure criminelle, principalement l'Accusé: il faut qu'il s'attache à bien reprocher les témoins; car souvent de la validité ou invalidité de ces reproches, dépend son absolution ou condamnation.

Cas esquels on ne peut ordonner le recollement & confrontation.

2. Les recollemens & confrontations des témoins ne peuvent être ordonnés que dans les accusations qui méritent d'être instruites, & lorsqu'elles sont graves, & non dans les affaires criminelles légeres; comme s'il ne s'agissoit que d'injures, rixes, & autres délits légers; car en ce cas l'affaire est jugée sans récollement ni confrontation à l'Audience, & sur simple plaidoirie: on ne peut pas même informer pour simples injures, ni procéder extraordinairement pour matieres légeres; c'est pourquoi le Parlement de Paris, en la Chambre de la Tournelle, par un Arrêt du 28 Novembre 1695, fit dé-

fenses aux Lieutenans Criminels de faire de semblables procédures. Voyez aussi l'Arêt du 21 Août 1705 ; rapporté au *Journal des Audiences* ; c'est le sens littéral & l'esprit de l'article premier du titre 15 de l'Ordonnance de 1670.

¶ Il y a un autre Arrêt du 13 Mai 1704, qui a fait défenses au Lieutenant Criminel de Rouanne de procéder par recollement & confrontation dans les matieres légeres, & au Procureur Fiscal de ce Duché de le requerir.

En présence de qui se fait le recollement & la confrontation.

3. Le recollement des témoins se fait hors la présence de l'Accusé ; il n'y a que le Juge, le témoin & le Greffier qui assistent au recollement ; mais à l'égard de la confrontation, elle se fait avec l'Accusé, le témoin, le Juge & le Greffier.

Quel témoins peuvent être recollés & confrontés.

4. Nuls autres témoins ne peuvent être recollés & confrontés, que ceux qui ont été entendus dans les informations ou dans des procès-verbaux, dans lesquels ceux qui les ont faits ont été répétés par forme de déposition ; ainsi point de recollement ni confrontation, s'il n'y a des informations ou des procès-verbaux.

¶ Suivant un Arrêt du 21 Mars 1702, rapporté dans les notes manuscrites de M. Amyot, il a été jugé que les témoins qui dans leurs dépositions auront déclaré n'avoir aucune connoissance des faits articulés par la plainte, ou qui auront déclaré être parens de l'une ou de l'autre des Parties au degré de l'Ordonnance, ne doivent point être recollés ni confrontés. Cet Arrêt a été rendu contre le Lieutenant Civil & Criminel du Bailliage de Châtillon sur-Marne, à qui cet Arrêt a fait en outre défenses de recevoir les Accusés dans leurs faits justificatifs, qu'en procédant actuellement à la visite & Jugement des procès ; & lui a enjoint, tant audit Juge qu'au Greffier du Siége, de rendre & restituer les sommes par eux indûement perçues pour les frais & coûts des procès-verbaux de jurande de témoins, recollemens & confrontations de ceux qui avoient déclaré n'avoir aucune connoissance des faits portés en la plainte, ou de ceux qui ont déclaré être parens des Parties au degré de l'Ordonnance, & du procès-verbal d'enquête ; ensemble de rendre la moitié des épices par eux indûement exigées pour le Jugement du procès.

Si la confrontation se doit faire de tous les témoins.

5. La confrontation ne se fait pas toujours de tous les témoins qui ont été recollés, parce que si au recollement un témoin ou plusieurs, ou tous ses rétractent en entier de leurs dépositions, il n'est pas nécessaire de les confronter à l'Accusé, leurs dépositions ne pouvant faire charge contre lui : c'est dans ce sens qu'il faut entendre l'Ordonnance de 1670, lorsqu'elle dit dans l'article 1 du titre 15 que les témoins seront confrontés, *si besoin est* ; mais si un ou plusieurs avoient seulement diminué, augmenté, varié ou changé, même en faits notables, cela n'empêcheroit pas qu'il ne fallût les confronter à l'Accusé. Au reste, la régle générale est qu'il est nécessaire de recoller tous les témoins oui dans l'information.

Cependant par Arrêt du 30 Juillet 1707, rendu en la Tournelle, sur les conclusions de M. Joly de Fleury, lors Avocat Général, depuis Procureur Général ; il a été jugé que le défaut de recollement d'un témoin par un Official, n'étoit pas un moyen d'abus ; mais il faut observer que dans le fait, ce témoin ne disoit rien à charge ni à décharge contre l'Accusé. M. l'Avocat Général dit lors de cet Arrêt, qu'il n'y avoit aucune Loi qui obligeât ni le Ministere public, ni les Juges, de recoller tous les témoins ; que si un témoin ne charge ni ne décharge l'Accusé, s'il y en a un assez grand nombre pour le convaincre, dans tous ces cas la Partie publique, & par conséquent les Promoteurs des Officialités, ont la liberté de ne point faire recoller les témoins, pour éviter la multiplicité & les frais des procédures ; cela est laissé à leur prudence & à celle des Juges, & cette omission ne peut jamais être regardée que comme un moyen d'appel simple, & non d'appel comme d'abus. *Journal des Audiences.*

6. C'est la distance des lieux qui régle le délai pour assigner les témoins pour être recollés & confrontés, & quelquefois la qualité des personnes & de la matiere ; article 1. *ibidem.*

7. On peut procéder aux recollemens & confrontations les jours de Fêtes & Dimanches, si le cas le requiert.

Si les témoins peuvent refuser le recollement & la confrontation.

8. Les témoins qui ont été ouis & entendus comme témoins, ne peuvent se dispenser d'aller au recollement & confrontation, après avoir été dûement assignés, & dans un délai compétent ; & s'ils ne le faisoient pas, ils pourroient y être contraints d'abord par amende, & ensuite par corps, suivant l'opiniâtreté & la contumace du témoin, article 2 *ibidem* ; car un témoin dès-lors qu'il a déposé, s'est obligé à pouvoir être re-

SECT. I.

collé & confronté ; ce seroit pour ainsi dire un mépris que les témoins feroient par ce refus à la Justice.

Il faut néanmoins distinguer si dans le Jugement de Réglement à l'extraordinaire, il est dit que les témoins ouis, & ceux qui pourront l'être par la suite, seront recollés, & si besoin est, confrontés à l'Accusé ; alors quelques charges qui surviennent, le Juge peut & doit interroger l'Accusé, le faire même de nouveau arrêter & recommander, parce que toute information doit être decretée ; mais il est inutile en ce cas de rendre un second Jugement qui ordonne le recollement & la confrontation de ces témoins. Si au contraire le Réglement à l'extraordinaire portoit seulement que les témoins ouis seront recollés, & si besoin est, confrontés à l'Accusé, & que depuis ce Jugement on eût entendu de nouveaux témoins faisant charge, il faut interroger de nouveau l'accusé, & rendre un second Jugement, portant que ces nouveaux témoins seront recollés en leurs dépositions, & si besoin est, confrontés à l'Accusé.

Quel est l'objet du recollement & de la confrontation.

9. Le but du recollement & de la confrontation est d'assurer par la répétition des témoins en leurs dépositions, & par leur confrontation à l'Accusé, la vérité & la certitude de leurs dépositions.

Cas auquel on peut recoller & confronter sans Ordonnance préalable.

10. Quoique le Juge ne puisse pas procéder à aucun recollement & confrontation, qu'il n'y ait eu préalablement un Jugement qui l'ait ordonné, néanmoins les témoins fort âgés, malades, valétudinaires, prêts à faire voyage, ou pour quelqu'autre nécessité, peuvent être répétés ou recollés avant qu'il y ait eu aucun Jugement qui l'ordonne, article 3. *ibidem ;* d'autant que la preuve pourroit dépérir par la maladie, vieillesse ou longue absence de ces sortes de témoins : en cas d'une notable maladie du témoin, il faudroit que le Juge se transportât en sa maison avec le Greffier, pour l'entendre en son recollement. La même chose a lieu dans l'instruction d'une accusation pour duel par l'Edit de 1679, article 26, qui porte que les témoins entendus dans l'information pourront être recollés avant même qu'il y ait eu Jugement qui l'ait ordonné ; mais cela n'empêchera pas que ces témoins ne soient confrontés, si faire se peut, en prenant les mesures qui conviendront ; sans quoi, si l'Accusé est en état, c'est-à-dire en prison, leurs dépositions ne lui pourront nuire ni préjudicier.

Mais s'il s'agit d'une instruction par contumace, le recollement ne vaudra point confrontation, qu'il n'y ait un Jugement qui porte que le recollement des témoins vaudra confrontation ; article 3 *ibidem*.

Nécessité du recollement.

11. Le recollement des témoins est tellement nécessaire, que quoique les témoins ayent été ouis pardevant un des Conseillers des Parlemens & autres Cours Supérieures, néanmoins ils seront recollés devant lui ou un autre Conseiller, suivant que le Président le jugera à propos, article 4. *ibidem* ; ce qui fait assez entendre que la confrontation faite sans recollement est nulle.

Formalité du recollement.

12. La forme du recollement des témoins est, 1°. Que les témoins soient recollés séparément, c'est-à-dire, chacun en particulier, comme on en use dans l'information. 2°. Après serment par eux prêté devant le Juge, & lecture à eux faite de leur déposition par le Greffier, le Juge les interpellera de déclarer s'ils y veulent ajouter ou diminuer, ce qui leur est permis ; ils peuvent même varier dans le recollement : mais si depuis le recollement ils retractent leurs dépositions, ou les changent dans les circonstances essentielles, ils pourront être poursuivis & punis comme faux témoins, conformément à l'art. 15 de l'Ordonnance de 1670. Cela a été ainsi jugé par différens Arrêts du Parlement de Paris, & notamment par un du 16 Mai 1735, qui déclare le recollement fait par le Juge d'Ernée, & toute la procédure qui a suivi, ensemble la Sentence définitive ; nuls : ordonne que la procédure sera recommencée aux frais du Juge d'Ernée, par le Lieutenant Criminel de Bourgnouvel. Un autre Arrêt du 19 Août 1738 a déclaré, sur le même fondement, la procédure faite par le Lieutenant Criminel de la Fléche nulle, & a ordonné que la procédure seroit refaite à ses frais, par le Lieutenant Criminel en la Sénéchaussée du Mans. 3°. Sera écrit ce qu'ils voudront ajouter ou diminuer. 4°. Lecture leur sera faite du recollement. 5°. Le recollement de tous les témoins sera mis dans un seul cahier, mais séparé des autres procédures, même de la confrontation. 6°. Chaque recollement de témoin sera paraphé & signé au bas de chaque page qu'il contiendra, par le Juge & par le témoin, s'il sçait écrire & signer, sinon sera fait mention qu'il ne le sçait, de ce enquis : c'est ce qui résulte des articles 5 & 7 *ibidem*.

Outre cela, il est important que le Juge cotte par premiere & derniere chaque page du cahier de recollement des témoins, & qu'il paraphe chaque cotte, comme il est dit par rapport au cahier des informations, par l'article 9 du titre 6.

Le recollement des témoins doit être fait en la Chambre du Conseil ou de la Géole, de même que la confrontation; le Juge ne pourroit pas le faire en son Hôtel. Par Arrêt du Parlement de Paris, du 6. Juillet 1740, un recollement ayant été fait par le Juge de la Ville d'Eu en son Hôtel, il a été ordonné que la procédure seroit recommencée à ses dépens, & il lui a été enjoint de se conformer dorénavant à l'article 17. du Réglement du 1665, rapporté au *Journal des Audiences.*

Enfin, par Arrêt du 10 Mars 1752, les recollemens & toute la procédure faite depuis par le Juge de Bray-sur-Seine, ont été déclarés nuls; & il a été ordonné que toute cette procédure seroit refaite à ses frais par le Lieutenant Criminel de Nogent-sur-Seine.

13. Les Greffiers sont tenus de mettre & garder en leur Greffe ou autre lieu de sûreté les minutes, tant du recollement que de la confrontation.

Il est enjoint aux Officiers qui seront commis pour l'instruction des procès criminels, de se servir de leurs Greffiers, & non de leurs Clercs, pour les recollemens & confrontations, suivant la Déclaration du Roi du 21 Avril 1671, comme on l'a ci-devant observé au chapitre 4. des Informations.

14. On ne réitere point le recollement, quoiqu'il eût été fait pendant l'absence de l'Accusé, & que le procès eût été instruit en différens tems, ou qu'il y eût plusieurs Accusés; article 6. *ibidem.* La raison de cette disposition est, que le recollement n'est fait que pour le témoin, & pour rendre sa déposition certaine & immuable & après le recollement; aussi l'Accusé n'est-il pas présent ni appellé au recollement; ce qui a même lieu dans le cas que l'instruction du procès se fasse à l'Accusé par contumace, & le recollement ne sera point réitéré. Si depuis le recollement l'Accusé se mettoit en état, le recollement restera en son entier, & les témoins lui seront seulement confrontés; mais dans les Jugemens par contumace, le recollement vaut confrontation. Voyez ci-après, *chap.* 16, *nomb.* 8. (Si le recollement se peut réitérer.)

¶ Lorsqu'un Accusé ne paroît point pour subir la confrontation, le Juge doit convertir l'ajournement personnel en Decret de prise de corps; mais il doit instruire la contumace avant que d'ordonner que le recollement vaudra confrontation. Ainsi jugé par Arrêt du 27 Octobre 1711, avec injonction au Sieur Barbat, Lieutenant Criminel de Montmorillon.

15. Lorsque le procès se fait à un accusé prisonnier & en état, tous les témoins recollés lui seront confrontés: autrement ceux qui ne lui auront point été confrontés, ne feront aucune preuve, ni à charge ni décharge, à moins qu'ils ne fussent décédés pendant la contumace de l'accusé, article 8, ou qu'ils fussent morts civilement pendant la contumace, & nul témoin ne sera confronté qu'il n'ait été recollé, *ibidem.* (De la confrontation.)

16. Dans l'instruction par contumace il y a toujours un recollement, mais jamais de confrontation, ou du moins la confrontation ne sera que figurative & par fiction; le Juge ordonne seulement dans ce cas que le recollement vaudra confrontation. (Il n'y en a point dans l'instruction par contumace.)

17. Nul sujet du Roi, de quelque qualité & condition qu'il soit, même les Princes du Sang, s'ils avoient été témoins dans une information, & ensuite recollés, ne pourroient se dispenser d'être confrontés à l'accusé, à moins que ce ne fut pour une dispense expresse du Roi. C'est ce qui arriva dans l'instruction du procès de Messieurs de Thou & Cinq-Mars. Gaston d'Orleans, frere unique du Roi Louis XIII, avoit été oui dans l'information, il avoit été recollé: la difficulté fut de sçavoir s'il seroit confronté aux accusés: pour la lever, le Roi dispensa Monsieur le Duc d'Orléans d'être confronté: il fut ordonné par Arrêt rendu par les Commissaires du Roi, où M. le Chancelier Seguier présidoit, que la déclaration ou déposition de ce Prince vaudroit sans qu'il fût confronté, mais qu'elle seroit lûe aux accusés, qu'ils donneroient des reproches par écrit, s'ils en avoient, & qu'ensuite ils seroient communiqués à M. le Duc d'Orléans. C'est un trait d'histoire que nous trouvons dans le Journal de M. le Duc de Richelieu, *page* 201. (De la nécessité de la confrontation.)

18. Si les Juges en jugeant un procès criminel où il écheroit peine afflictive, reconnoissoient en voyant le procès qu'on avoit omis de recoller & confronter quelques témoins entendus dans les informations, ils pourroient ordonner qu'avant de ju- (Si l'omission du recollement d'un des témoins feroit une nullité.)

SECT. I.

ger le procès, ces témoins seroient recollés & confrontés, pourvû que les dépositions de ces témoins fissent charge considérable contre l'accusé, art. 9. *ibidem*, soit que le procès soit jugé en premiere instance, ou par appel ou autrement; mais cette disposition cesseroit s'il s'agissoit d'une instruction d'un délit léger & d'une accusation légere, du moins dont les condamnations ne pourroient aller à peine afflictive, mais seulement à des peines *citrà* les peines afflictives.

Dépositions des témoins qui vont à décharge, doivent être lûes.

19. Par la raison que par des principes d'humanité, les Juges doivent avoir plus de penchant pour l'absolution & décharge de l'accusé, que pour le condamner, & que l'accusé est biens moins instruit des charges & des preuves que l'accusateur ou la Partie civile; les dépositions des témoins qui vont à décharge, & qui n'auroient été ni recollés ni confrontés, seront lûes lors de la visite du procès, pour y avoir par les Juges tel égard que de raison; art. 10. *ibidem.*

Liberté des témoins au recollement.

20. Il est permis aux témoins lors du recollement d'éclaircir & interpréter leurs dépositions, même de les corriger, augmenter ou diminuer, & de n'y pas persister, s'ils sont en doute de la vérité du fait; mais si des témoins depuis leurs recollement rétractent leurs dépositions, ou les changent dans les circonstances essentielles, ils seront poursuivis & punis comme faux témoins; art 11. *ibid.* Si cette retractation ou changement découvroit une fausseté manifeste & évidente de la part d'un pareil témoin, & preuve de la corruption; en ce cas, & non autrement, il est permis au Juge qui procéde au recollement d'envoyer de son autorité, & sur la seule ordonnance, ce témoin en prison, sauf ensuite à le decretter & l'écrouer pour lui faire son procès comme à un faux témoin, mais non si ce témoin n'avoit fait que varier légerement, augmenter ou diminuer à sa déposition: en un mot, pour mettre ce témoin dans le cas de faux témoin, il faudroit qu'au recollement il changeât pour ainsi dire toute sa déposition par affectation, dans la vue de procurer à l'accusé sa décharge & son absolution, ou pour le décharger de nouveau; & même si le Juge s'appercevoit que ce témoin l'eût fait par corruption de la part de l'accusé, ou de la part de la Partie civile, ce témoin ne pourroit plus être confronté à l'accusé; mais s'il avoit été corrompu par la partie civile, pour charger l'acusé; plus qu'il ne l'étoit par sa déposition, on ne laissera pas de le confronter, sauf à l'accusé de poursuivre ses reproches sur cette subornation, & à poursuivre la Partie civile & le témoin pour la subornation & faux témoignage par les voies de droit.

Par Arrêt du 6 Avril 1675, défenses ont été faites au Lieutenant Criminel du Châtelet de Paris, d'arrêter les témoins après le recollement & la confrontation, si ce n'est qu'il y eût des variations essentielles dans les principales circonstances de leurs dépositions, recollement, confrontation & preuve de corruption. Voyez ci-devant, *part. 1. chap. 2. sect. 2.* Quant à la peine qui doit être prononcée contre les faux témoins & leurs corrupteurs, voyez *ibidem, part. 1, chap. 2, sect. 2, num.* 26 & 27.

Au reste, l'usage est de faire l'instruction du faux témoignage dans l'instant même qu'il y a le moindre soupçon contre un témoin. Un témoin dans une procédure criminelle faite au Châtelet de Paris, devient suspect de variation; plainte rendue de subornation; le Lieutenant criminel joint la plainte au procès. Par Arrêt rendu le 18. Mars 1712, sur les conclusions de M. Joly de Fleury, Avocat Général, depuis Procureur Général, la Cour mit l'appellation & ce dont étoit appel au néant; émendant, permit d'informer de la subornation, & ordonna que le Lieutenant Criminel seroit mandé. Ainsi cette poursuite en subornation de témoins n'est pas regardée simplement comme faits justificatifs, mais comme exception peremptoire. Voyez ci-après, *part. 3, chap. 27, nombre 1.*

Pour que la confrontation se fasse, il faut que l'Accusé soit en état.

12. La confrontation des Témoins à un accusé contre lequels il y aura originairement un Decret de prise de corps pour raison de l'accusation, ne pourra être faite que l'accusé ne soit actuellement en prison, en état & écroué pendant tout le tems de la confrontation, si ce n'est que par le Parlement & autres Cours Supérieures il en ait été autrement ordonné, art. 12. *ibidem*; ce qui doit avoir lieu, quand même l'accusé seroit sorti des prisons, & auroit obtenu sa liberté par provision, soit par le Juge de l'instruction du procès, soit par un Arrêt du Parlement ou autre Cour, qui lui auroit, sur le vû des charges & informations, accordé sa liberté provisoire, à la charge de se représenter à toutes assignations, & élisant domicile dans le lieu de la Jurisdiction. Mais si un accusé contre lequel il y a eu originairement un decret de prise

de corps, a été renvoyé par un Arrêt d'une Cour Supérieure en état d'ajournement personnel, par une conversion du Decret de prise de corps en ajournement personnel, il ne sera point tenu de subir la confrontation étant en prison & écroué ; il subira la confrontation comme s'il avoit été toujours & originairement seulement decreté d'ajournement personnel. C'est-là une prérogative des Parlemens & Cours Supérieures : car les Juges inférieurs, Royaux ou Subalternes, ou les Juges d'Eglise, ne le pourroient pas faire, c'est-à-dire, convertir un decret de prise de corps en un ajournement personnel.

22. Voici qu'elles sont les formalités qui doivent être observées dans la confrontation. 1°. Les confrontations de tous les témoins seront écrites dans un seul cahier séparé des autres procédures, même du recollement. S'il y a plusieurs accusés, il faut un cahier séparé pour la confrontation à chaque accusé. 2°. Chaque confrontation de chaque témoin en particulier sera paraphée & signée par le Juge, l'accusé & le témoin, dans chaque page, si l'accusé & le témoin sçavent ou veulent signer, sinon il sera fait mention du refus. 3°. S'il y a plusieurs accusés & complices, chaque témoin sera confronté à chaque accusé & complice, & non tous les accusés & complice ensemble à un témoin, mais l'un après l'autre, & les témoins pareillement l'un après l'autre ; & quant aux Communautés d'Habitans, c'est leur Syndic qui est confronté pour elles & en leur nom. 4°. L'Accusé sera mandé, & après avoir prêté serment, tant lui que le témoin, en la maniere accoutumée, en présence l'un de l'autre, le Juge les interpellera de dire & déclarer s'ils se connoissent. 5°. Il sera fait ensuite lecture à l'Accusé des premiers articles de la déposition du témoin, contenant son nom, âge, qualité & demeure, la connoissance qu'il aura dit avoir des Parties, & s'il est leur parent ou allié. 6°. L'Accusé sera après cela interpellé par le Juge de fournir sur le champ ses reproches, si aucuns il a contre le témoin & sera averti qu'il n'y sera plus reçu après qu'il aura entendu la lecture de sa déposition, dont & de quoi il sera fait mention. 7°. Chaque témoin sera enquis, c'est-à-dire, interpellé de reconnoître ou dénier la vérité des reproches, & ce que le témoin & l'Accusé diront à cet égard sera écrit. 8°. Après que l'Accusé aura fourni ses reproches, ou déclaré n'en vouloir point fournir, lecture lui sera faite de la déposition & du recollement du témoin, avec l'interpellation au témoin de déclarer s'ils contiennent vérité, & si l'Accusé présent est celui dont il a entendu parler dans sa déposition & son recollement ; & ce sera dit par l'Accusé & le témoin sera pareillement écrit par le Greffier. Telles sont les formalités qu'il faut garder dans la confrontation des témoins à l'Accusé & que nous tirons de la disposition de l'Ordonnance de 1670, art. 13, 14, 15, 16, 17 & 18 du titre 15.

Formalités de la confrontation.

Sur quoi on peut faire les observations suivantes.

Observations sur la confrontation.

En premier lieu la confrontation ne peut être faite verbalement ; elle doit être rédigée par écrit sur le champ par le Greffier sans aucune interligne ; & s'il y a quelques ratures il les fera approuver, & fera signer les renvois par le témoin, l'accusé & le Juge.

Secondement, le but de la confrontation est afin que les témoins voyent & connoissent eux-même & par eux-même celui contre lequel ils peuvent avoir déposé, afin qu'ils ne le prennent pas pour un autre que celui qui est accusé, & que l'accusé puisse de son côté voir & connoître ceux qui qui ont déposé contre lui, & qu'il puisse les contredire, si faire se peut, & proposer ses reproches contre eux : mais il ne seroit pas permis à un Juge par une espéce de ruse, de faire comparoir d'office devant lui une autre personne que l'accusé, pour voir si le témoin le reconnoîtroit, quand même le témoin auroit marqué dans sa déposition, soit lors de l'information, soit lors du recollement, n'être pas bien certain de reconnoître l'accusé. Ce ce que le Parlement de Paris a toujours condamné toutes les fois que le cas s'est présenté. Voyez ci-après, nombre 33.

En troisiéme lieu, la confrontation doit être faite secretement, & en un lieu secret & convenable.

Quatriémement, la Partie publique ni la Partie civile ne peuvent assister à la confrontation, non plus qu'au recollement.

En cinquiéme lieu, le Greffier ou autre qui seroit commis à cet effet, avec prestation de serment, redigera & écrira la confrontation, & en gardera la minute.

Sixiémement, les reproches donnés & fournis par un de plusieurs Accusés pour même crime, contre un ou plusieurs témoins, servent aux autres coaccusés, quoiqu'ils ne les ayent pas proposés; ou comme ne les sçachant point, ou comme ne leur étant point personnels; mais cet avantage ne pourroit être étendu à un accusé complice qui seroit en contumace.

Septiémement, l'Accusé après avoir proposés ses reproches, ou déclaré qu'il n'en veut point fournir, ce n'est pas assez de lui faire lecture de la déposition & du recollement du témoin; le témoin sera tenu de déclarer si sa déposition & son recollement contiennent vérité, & si l'Accusé présent est celui dont il a entendu parler dans sa déposition & son recollement.

Quoique l'Ordonnance ne dise pas expressément qu'il sera fait lecture de la confrontation au témoin & à l'Accusé, elle le porte tacitement en l'article 13, qui requiert leur signature, s'ils sçavent ou veulent signer, sinon qu'il soit fait mention de leur refus; car c'est une regle générale, que pour faire signer un Acte à une Partie, il lui en faut préalablement faire lecture.

¶ Mais le défaut de lecture à la fin de la confrontation, n'opéreroit pas une nullité capable de faire casser une procedure. C'est ce qui a été décidé par Arrêt du 16. Janvier 1710, sur l'appel d'une procedure faite par le Lieutenant Criminel de Magni; ce Juge n'avoit point fait faire lecture à la fin des confrontations. Cette nullité relevée & mise en délibération, il fut arrêté que le procès seroit jugé en l'état où il étoit, & que ce défaut ne pouvoit passer pour une nullité, attendu que cette formalité n'est pas précisément portée par l'Ordonnance.

Neuviémement enfin, il ne suffit pas de faire lecture à l'Accusé de la déposition du témoin; il faut aussi lui faire lecture du recollement, suivant l'Arrêt de Reglement du 29 Mai 1693.

¶ Dixiémement, les confrontations de tous les témoins à un Accusé doivent être dans un seul cahier; ce qui est requis afin que les intitulés ne soient pas réiterés & ne multiplient par les grosses, joint pour cela est bien plus facile pour le rapport du procès; mais ce défaut n'engendreroit point une nullité, & n'opéreroit qu'une injonction au Greffier.

Des reproches contre les témoins.

23. La regle générale qu'une Accusé est forclos, & n'est plus recevable à bailler & fournir des reproches contre le témoin après qu'il aura entendu la lecture de sa déposition, souffre une exception, qui est qu'il est permis à cet Accusé de proposer en tout état de cause des reproches bien & dûement justifiés par écrit; articles 19 & 20 du titre 15 de l'Ordonnance de 1670. Reproche verbal ne seroit pas reçu dans cette rencontre, il faudroit qu'il fût prouvé par écrit, c'est-à-dire par des actes & piéces incontestables. Mais ce qu'il y a à remarquer en général en fait de reproches proposés par l'Accusé, verbalement ou par écrit, c'est que c'est au Juge à les peser & en faire l'usage qu'ils méritent: car enfin les reproches dépendent des faits & des preuves des faits, & de la qualité des Parties, avec cette différence néanmoins, qu'avant que l'Accusé ait entendu la lecture de la déposition du témoin, il peut fournir des reproches verbalement ou par écrit; mais que dès qu'il a entendu la lecture de la déposition du témoin, il ne pourra plus donner de reproches par paroles & verbalement, mais seulement des reproches prouvés par écrit.

Des déclarations extrajudiciaires des témoins.

24. Un Juge ne doit point ajouter foi aux Déclarations faites par des témoins depuis l'information, & telle déclaration est nulle, & le témoin, ou la Partie civile ou l'Accusé qui s'en serviroit, pourroit être condamné en l'amende; art. 21 *ibidem*. De quelque maniere que fût donnée cette déclaration, pardevant un Juge, Greffier, Notaire ou autre personne publique, ou par un acte sous signature privée, on n'y auroit non plus d'égard que si elle n'avoit point été faite, & elle sera rejettée du procès; car telles déclarations sont suspectes, & peuvent être l'ouvrage de la corruption.

25. Un témoin qui auroit été administré par un Accusé dans un *alibi*, ou fait justificatif, ne pourroit pas être par lui reproché.

26. Il n'y a point de confrontation sans recollement préalablement fait des témoins; ces deux choses sont inséparables.

Ce que peut faire l'Accusé lors de la confrontation.

27. Si l'Accusé remarque dans la déposition d'un témoin quelque contrarieté ou circonstance qui puisse éclaircir le fait, & justifier son innocence, il pourra requerir le Juge d'interpeller le témoin de les reconnoître, sans pouvoir lui-même faire l'interpellation au témoin; & les interpellations & les remarques, reconnoissances & reponses, seront rédigées par écrit; art. 22 *ibidem*. Ces sortes de découvertes sont très-importantes à

tes à un Accusé, parce qu'elles vont à détourner la foi sur la déposition d'un témoin, & qu'il n'y a rien qui puisse plus servir à la défense & à la justification d'un Accusé, que la variation, discordance ou contrariété d'un témoin dans sa déposition ; car par-là un témoin devient suspect, & il n'est pas possible qu'une déposition dans laquelle il y a quelque contrariété essentielle puisse être vraie : mais si l'Accusé fait quelque découverte favorable pour lui dans la déposition du témoin, ce n'est pas à lui à faire là-dessus des interpellations au témoin, mais seulement requerir le Juge de les faire au témoin ; & tout ce qui sera dit à ce sujet sera rédigé à l'instant par le Greffier dans le cahier de la confrontation, comme on vient de l'observer.

De la confrontation des Accusés les uns aux autres.

28. Lorsqu'il y a deux ou plusieurs Accusés d'un même crime, il faut ordonner qu'ils seront confrontés les uns aux autres, s'ils ont dit quelque chose dans leurs interrogatoires à la charge les uns des autres : cela s'appelle quelquefois *affrontation*, pour la distinguer de la confrontation du témoin à l'Accusé, qu'on nomme toujours *confrontation*.

Pour cet effet il faut rendre un Jugement, portant que les Accusés seront recollés sur leurs interrogatoires, & confrontés les uns aux autres, si cela n'a déja été ordonné expressément par le premier Réglement à l'extraordinaire.

On fait en conséquence le recollement des Accusés sur leurs interrogatoires, comme celui des témoins sur leurs dépositions, par la lecture qu'on a pris de leurs interrogatoires, & on les interpelle de déclarer s'ils y persistent ; ensuite on procéde à la confrontation.

Mais la confrontation des Accusés les uns aux autres ne doit se faire que quand celle de tous les témoins est finie.

Dans cette affrontation ou confrontation d'un Accusé à un autre, il faut prendre leur serment en présence l'un de l'autre, en les faisant comparoir tous deux ensemble ; il faut qu'il en soit fait mention. Par Arrêt du 30 Juillet 1707, il a été dit y avoir abus dans la Sentence & procedure d'un Official, parce qu'entr'autres nullités dans la confrontation on avoit pris le serment du témoin & de l'Accusé, mais sans dire en présence l'un de l'autre. Ensuite il faut leur faire lecture du premier article de leurs interrogatoires, contenant leurs noms, surnoms, âges, qualités & demeures ; les interpeller de déclarer s'ils se connoissent, & s'ils sont parens ou alliés, serviteurs & domestiques l'un de l'autre ; comme aussi les interpeller de fournir sur le champ des reproches l'un contre l'autre, si aucuns ils ont, & les avertir qu'ils n'y seront plus reçus après avoir entendu la lecture des interrogatoires ; de quoi il doit être fait mention.

Le Greffier écrit les reproches, s'ils en proposent, ou leur déclaration de n'en vouloir point fournir.

Après quoi on leur fait lecture de leurs interrogatoires l'un après l'autre, & on les interpelle de déclarer s'ils contiennent vérité, & réciproquement si c'est du Coaccusé présent dont l'autre a entendu parler dans son interrogatoire.

Finalement le Juge doit faire écrire tout ce que les Coaccusés diront ; & après leur avoir fait lecture du tout, & interpellé de déclarer s'ils y persistent, il leur fera signer leur affrontation ou confrontation, s'ils sçavent ou veulent signer, sinon sera fait mention des causes de leur refus ; car suivant l'article 23 du titre 15 de l'Ordonnance, tout ce qui est dit de la confrontation des témoins à l'Accusé, doit être suivi en ce qui concerne la confrontation des Accusés les uns aux autres.

¶ D'où il faut conclure que la confrontation des Accusés les uns aux autres est nulle, lorsqu'ils n'ont pas été recollés en leurs interrogatoires : ainsi jugé par Arrêt du 29 Mai 1693, qui a enjoint aux Officiers du Bailliage de Mâcon d'observer l'Ordonnance, & a ordonné que l'Arrêt seroit lû, publié & enregistré, tant au Bailliage de Mâcon, qu'aux autres Bailliages, Sénéchaussées & Justices du ressort du Parlement.

Il faut aussi bien prendre garde en procedant au recollement des Coaccusés sur leurs interrogatoires, & à leur confrontation des uns aux autres, de leur faire lecture de leur recollement & confrontation ; car cette omission seroit une nullité préjudiciable au Juge, en ce que la procedure seroit recommencée devant un autre Juge à ses fraix. C'est ce qui a été jugé en pareil cas par Arrêt du ... 1745, qui a ordonné que la procedure seroit refaite par le Lieutenant Criminel de Melun, aux fraix du Lieutenant de la Prévôté du Comté de Coubert.

Voyez l'Arrêt du 17 Février 1711, dans l'Addition, à la part. 3, chap. 4, à la fin du nombre 15.

Il est en outre à observer, que lorsqu'il y a plusieurs Accusés, il faut un Jugement qui ordonne précisément leur recollement en leurs interrogatoires & confrontation les uns aux autres, le Jugement qui l'ordonne pour les témoins ne pouvant suppléer pour les Accusés. C'est ce qui a été jugé par Arrêt du 28 Mai 1696, au rapport de M. Barentin, par lequel la Cour, en cassant & annullant toute la procédure faite par le Juge du Comté de Lyon, & en ordonnant qu'elle seroit recommencée devant le Lieutenant Criminel du Présidial de Lyon, a enjoint audit Juge d'observer l'Ordonnance; & conformément à icelle, lors de la confrontation, après le serment pris de l'Accusé & du témoin, les interpeller à chaque confrontation, sans l'omettre à aucune, de déclarer s'ils se connoissent, &c. & du tout en faire mention, suivant les articles 14, 15 & 16 du titre 15 de l'Ordonnance de 1670; & en outre lui a enjoint de ne recoller les Accusés en leurs interrogatoires, ni les confronter les uns aux autres, que préalablement il n'ait rendu un Jugement qui l'ordonne, ni de plus ordonner que les fraix de Justice seront pris sur les amendes.

Nécessité du recollement & de la confrontation.

29. Quoique l'Accusé ait avoué par ses interrogatoires son crime, on ne doit pas moins recoller & confronter les témoins, ou quand un tel Accusé declareroit qu'il prend droit par les charges, parce qu'avant d'asseoir légitimement & valablement une condamnation à peine afflictive, il faut assurer les preuves par le recollement & la confrontation avec la confession de l'Accusé; car la simple confession de l'Accusé qu'il a fait le crime dont il est accusé, ne suffiroit pas pour le faire condamner, du moins au dernier supplice.

Témoin qui n'a point été recollé ni confronté ne fait point de preuve.

30. La déposition d'un témoin qui meurt sans avoir été ni recollé ni confronté, ne peut servir de rien dans les accusations graves, & où il échoit peine afflictive: c'est pour cela qu'on a vû quelquefois qu'on avoit pris soin de faire absenter des témoins qui avoient chargé l'Accusé dans les informations, jusqu'à les faire passer dans les Pays étrangers: c'est une ruse blâmable par rapport à l'impunité du crime.

Des témoins d'une information jointe au procès.

31. Des témoins ouis dans les informations que la Partie civile ou la Partie publique a fait joindre incidemment & cumulativement au procès principal de l'accusation, ne doivent point être recollés ni confrontés, à moins que l'on ne fît le procès à l'Accusé sur le crime pour lequel les informations ont été faites.

32. L'on ne doit confronter les témoins que sur les cas sur lesquels l'Accusé a été interrogé dans ses interrogatoires; autrement ce seroit indirectement ôter à un Accusé le moyen de se défendre.

Confrontation se doit faire à l'Accusé en personne.

33. Nous avons remarqué ci-dessus qu'il ne seroit pas permis à un Juge de mettre lors de la confrontation quelqu'un pour être confronté au témoin autre que l'Accusé, sous prétexte de connoître si les témoins reconnoîtront bien l'Accusé. Ce détour en procedure criminelle a été condamné par deux Arrêts de la Chambre de la Tournelle du Parlement de Paris, des 25 Octobre 1689, & 17 Mars 1712; le premier contre le Lieutenant Criminel de Lusignan; l'autre contre un Conseiller de la Conservation de Lyon: ces deux Juges avoient pratiqué cette ruse, qu'ils avoient regardée comme une tentative d'un Juge Criminel éclairé & homme d'esprit.

¶ *Nota.* 1°. L'Arrêt contre le Lieutenant Criminel de Lusignan, est daté dans les Notes manuscrites de M. Amyot, du 25 Octobre 1696. Il y fait mention que cet Arrêt a été rendu au sujet d'une procedure faite par le Juge de Lusignan; qui ayant à instruire sur une rebellion prétendue faite à des Huissiers par un particulier, ordonna qu'à la confrontation des Huissiers il seroit supposé un autre personne à la place du nommé Girou, accusé. Il nomma d'office à cet effet le nommé Catheron, Bourgeois de Lusignan, qui fit le personnage d'Accusé, fut confronté aux Huissiers, & signa la confrontation. Ensuite le véritable Accusé rendit plainte au même Juge, de ce que ces Huissiers ayant pris Catheron pour lui, avoient manifestement fait un faux procès-verbal. Sur cette plainte, information; Catheron est entendu, les Huissiers sont decretés de prise de corps. Appel de leur part porté au Parlement. Par l'Arrêt qui intervint en vacations, la Cour déclara nulle toute cette instruction, ordonna que le Lieutenant Criminel de Lusignan seroit assigné pour être oui & interrogé, & lui fit défenses de faire aucune pareille supposition à l'avenir.

Nota. 2°. L'Arrêt contre un Conseil de la Conservation de Lyon, qui est cité dans le Traité des Matieres Criminelles, du 17 Mars 1712, est daté dans les mêmes Notes manuscrites de M. Amyot, du 17 Mars 1702, & il rapporte l'espece de cet Arrêt en ces termes :

Le fait est que le Juge auroit ordonné cette supposition d'Accusé, sur la Requête à lui présentée par le véritable Accusé, auquel supposé Accusé, Benoît Samuel témoin, ayant été confronté, il auroit persisté dans sa déposition & son recollement, & soutenu que c'étoit de l'Accusé présent dont il avoit entendu parler en sa déposition. Le Juge prétendant que c'étoit un faux témoin, il auroit decreté contre lui, & icelui emprisonné & interrogé ; & par son interrogatoire il paroît que ce témoin avoit changé la meilleure partie de sa déposition, & depuis ce même témoin avoit passé un acte pardevant Notaires, par lequel il confirme entiérement sa déposition. Quelques-uns prétendoient que ce témoin étoit bien criminel, & qu'il lui falloit faire son procès, attendu ses divers changemens ; mais on a répondu que la Cour n'étoit pas en état de le faire, & qu'on ne pouvoit point l'ordonner, & qu'au contraire il falloit casser toute cette procédure, & laisser la liberté de confronter tout de nouveau ce témoin au véritable Accusé, n'y ayant rien du tout qui pût l'empêcher par la nullité de toute la procedure, qui est que la confrontation étant nulle, n'étant pas permis à un Juge de faire des suppositions de cette nature, qui est tendre un piege pernicieux à des témoins, le Decret est pareillement nul, son emprisonnement & son interrogatoire de même, & qu'ainsi on devoit considerer tout ce qui avoit été dit & déclaré par ce témoin comme une iniquité de la part du Juge, qui avoit extorqué du témoin tout ce qu'il avoit désiré ; & la Cour l'a ainsi jugé par ledit Arrêt.

34. En quelques Provinces on appelle *objets* ce que l'Ordonnance appelle *reproches*, sans qu'il y ait aucune différence entre ces deux termes, quoique certains Criminalistes qui cherchent plutôt à s'arrêter aux mots que de venir à l'essentiel, y ayent voulu trouver quelque différence, mais sans fondement.

Des objets ou reproches.

35. En cas qu'il y ait un dénonciateur dans une accusation intentée à la requête & au nom du Procureur du Roi, l'Accusé peut demander avant ou lors du recollement & de la confrontation, par une Requête, que le Procureur du Roi nomme le dénonciateur qu'il a pris, afin qu'il puisse connoître si les témoins qui seront ou sont confrontés ne sont point parens ou alliés du dénonciateur, qui est la Partie secrette, & n'ont point d'autres causes de reproches en eux qui soient capables de faire rejetter leurs dépositions : dans ce cas on ordonne que le Procureur du Roi dira en secret au Juge le nom du dénonciateur implicitement. Il y a sur cette question deux Arrêts, l'un du Parlement de Dijon, du 26 Mai 1605, Bouvot, tome 2, page 485, question 1 ; l'autre du Parlement de Paris, du 3 Juin 1699, Bruneau, page 140, qui l'ont ainsi jugé. Voyez Prat. Crimin. d'Ayrault, liv. 2, part. 4. n. 70. & 80, & liv. 3, part. 4. n. 18. & 19. Imbert, liv. 3, chap. 1, n. 7. Perchambaut sur la Coutume de Bretagne, art. 151.

Cas auquel la Partie publique doit déclarer en secret le nom de son dénonciateur.

36. On pourroit demander, si lorsqu'un Accusé, après avoir subi la confrontation, brise les prisons, & s'évade, on doit lire lors du Jugement du procès les reproches par lui fournis lors de la confrontation contre les témoins ? On répond que non ; car en ce cas la fuite est contre lui un reproche incontestable. Il faudroit dire la même chose d'un Accusé, qui ayant été élargi par provision, pour causes urgentes & nécessaires ou autrement, par Jugement ou Arrêt, à la charge de se représenter dans un certain tems, ne se représenteroit point.

Cas auquel on ne doit point lire lors du Jugement du procès les reproches fournis par l'Accusé contre les témoins.

37. Lorsqu'il y aura des nullités dans la procédure d'un procès criminel, la procédure sera refaite aux frais du Juge qui l'a faite ; article 24 du titre 15 de l'Ordonnance de 1670. Il a même été jugé par Arrêt du Parlement de Paris, en la Chambre de la Tournelle, du 18 Juin 1704, que le Juge doit en outre rendre en son nom & sans répétition les frais de la procédure qu'il avoit faite, & qui avoit été déclarée nulle, sans qu'il puisse en rien répéter contre la Partie civile, ou sur le Domaine du Roi ou celui du Seigneur. C'est à quoi les Juges de Province devroient bien prendre garde ; car on ne voit journellement autre chose que leur procédure extraordinaire & criminelle déclarée nulle par les Arrêts des Parlemens & autres Cours Supérieures, & cela parce que la plûpart ignorent la procédure criminelle, & les Ordonnances, Arrêts & Réglemens sur cette matiere ; cela même les expose souvent à des prises à partie.

Procedure nulle, aux dépens de qui elle doit être refaite.

Mais il ne faut pas s'imaginer qu'un Accusé trouve son absolution dans un Arrêt qui déclare la procédure criminelle faite par le premier Juge, & dont est appel, nulle ;

il a seulement la consolation que la procédure sera refaite aux frais & dépens du précédent Juge par un autre Juge, & son procès au surplus instruit & jugé par cet autre Juge : mais c'est toujours beaucoup à un Accusé que d'avoir fait déclarer la procédure & l'instruction du procès nulle : cette peine auroit même lieu contre un Official, dont la procédure en matiere criminelle seroit nulle, comme contraire à l'Ordonnance, aux Arrêts & Réglemens ; il seroit tenu de la refaire à ses frais & dépens, soit sur appel simple, soit sur appel comme d'abus : car ce n'est pas assez qu'un Accusé soit coupable, & qu'il n'y ait point de doute sur son crime & sa conviction, il faut qu'il soit jugé & condamné suivant les formalités prescrites par l'Ordonnance ; autrement le Juge en punissant le criminel suivant la rigueur des Loix, & faisant son devoir en Juge juste & équitable, seroit repréhensible, & on diroit de lui, *c'est un bon Juge, mais un mauvais Praticien.*

Au reste, il faut observer qu'encore qu'un Arrêt ait déclaré la procédure nulle, & ordonné que les témoins seroient de nouveau entendus aux frais du Juge, il est recevable, n'ayant pas été Partie, à former opposition à un tel Arrêt ; & par l'événement peut, par Arrêt contradictoire, faire réformer le précédent Arrêt.

Ainsi pareil Arrêt étant intervenu contre un conseiller du Présidial de Bourges, voyez *suprà* pag. 323, par Arrêt du 15 Juin 1744, sur les conclusions de M. d'Ormesson, Avocat Général, il a été reçu opposant à l'Arrêt du 9 Janvier précédent, en ce qu'il étoit porté par icelui, que les procédures y mentionnées seroient refaites aux frais de ce Conseiller, & qu'exécutoire seroit décerné contre lui des frais desdites procédures, même du coût dudit Arrêt : faisant droit sur ladite opposition, a déchargé ledit Conseiller de ladite condamnation.

¶ 38. L'on demande si un Juge qui a fait des nullités dans un procès criminel, les peut rétablir lui-même avant le Jugement définitif, en recommençant les Actes ausquels il y a nullité ?

Il n'y a que trois articles dans l'Ordonnance dans lesquels il en est parlé.

1°. L'article 14 du titre 6 des Informations.

2°. L'article 8 du titre 14 des Interrogatoires.

3°. L'article 24 du titre 15 des Recollemens & Confrontations.

Aucun de ces articles ne donne pouvoir au même Juge de recommencer lui-même la procédure nulle qu'il auroit faite. Les deux premiers articles ne le lui défendent pas positivement ; mais en l'article 24 du titre 15, il est porté en termes exprès, que le Juge qui aura commis nullité, sera tenu de payer les frais de celui qui procédera à refaire les Actes nuls. On peut tirer de-là la conséquence, que l'Ordonnance n'a jamais entendu que le même Juge qui aura commis une nullité dans sa procédure, la puisse lui-même rétablir en recommençant les mêmes Actes, notamment les Actes de confrontation. Si l'Ordonnance avoit entendu que le même Juge pût rétablir la nullité par lui commise, n'auroit-elle pas dit : Si le Juge a commis nullité, il la pourra lui-même rétablir ? Mais elle a dit tout le contraire en cet article 24 du titre 15.

Cependant dans les articles du titre 6 & du titre 14, elle laisse au Juge le soin d'examiner s'il y a des nullités dans la procédure. De quels Juges entend-t-elle parler ?

Raison d'inconvénient, si l'Ordonnance entendoit parler du Juge qui auroit instruit. Il pourroit arriver qu'un Juge qui voudroit faire plaisir à un Accusé, déclareroit sa procédure nulle qui ne le seroit pas, afin de donner du tems à l'Accusé de prendre des moyens pour se sauver & détourner le châtiment que mérite son crime, soit en subornant les témoins, des dépositions desquels il auroit connoissance, ou par toute autre voie : un témoin pourroit changer à sa seconde confrontation, &c. Or cet inconvénient seul est si considérable, qu'il n'y a pas lieu de douter que pour cette seule considération il ne peut jamais être permis à un Juge qui a commis une nullité, de déclarer son acte nul, & le recommencer lui-même, *quia semel functus est officio*, particuliérement dans les Actes de recollement & de confrontation qui ne se réiterent point par le même Juge. Autre chose est de l'interrogatoire, & si l'on veut de l'information, de laquelle on peut répéter le témoin ; encore à l'égard du témoin y a-t-il plus de difficulté, puisque par les Arrêts de la Cour il est fait défenses à un Juge d'entendre un témoin deux fois en déposition sur un même fait d'accusation, en conséquence de la même plainte.

Le procès-verbal de Conférence des Ordonnances, sur l'article ci-dessus, dit seulement que les articles 14 du titre 6, & 24. du titre 15, ont été trouvés bons; & à l'égard de l'article 8 du titre 14, où il est parlé de la nullité .... il est dit seulement (sur ce quelques-uns de Messieurs soutenoient qu'il falloit donner conseil aux Accusés) que pour examiner les défauts de la procédure, qui est une des parties les plus essentielles des procès criminels, la fin de l'article y avoit pourvû, en laissant à la religion des Juges le soin d'examiner ces défauts, personne ne le pouvant mieux connoître que les Juges mêmes.

Cette question ayant été agitée en la premiere Chambre des Enquêtes, furent mandés Me. Drouet & Me. Claude Amyot, & ensemble furent d'avis que le Juge qui avoit fait des nullités dans une procédure, la pouvoit recommencer, pourvû que ce fût avant le Jugement définitif, fondé sur cette seule raison que le Juge n'ayant pas jugé, il pouvoit rétablir les procédures qu'il avoit mal faites, mais qu'après le Jugement il ne le pouvoit plus.

39. L'on demande encore, quand après une confrontation le Procureur du Roi, qui doit prendre des conclusions définitives, dit, qu'attendu les nullités, il ne peut prendre des conclusions; est-ce au Juge qui a fait les nullités, d'ordonner que les Actes nuls seront recommencés & faits de nouveau? Ou bien plutôt si ce n'est pas à son Lieutenant de rendre ce Jugement? Ne peut-on pas regarder en cette rencontre le Juge qui a fait les nullités, comme un Juge recusé, qui ne peut rien ordonner?

Me. Amyot consulté sur cette question, répondit qu'un Juge, sans difficulté, pouvoit se corriger & refaire sa procédure, quand il remarque qu'il y a fait des nullités avant le Jugement définitif du procès; mais s'il avoit jugé, tout seroit consommé, il ne pourroit plus la rétablir. Il seroit fâcheux qu'un Juge qui réconnoît sa faute ne pût la réparer, & qu'il fût obligé de juger sur une procédure, pour être ensuite cassée par le Juge supérieur où l'appel doit ressortir; ou du moins, s'il ne jugeoit pas, qu'il fût obligé d'en avertir son Lieutenant, ou bien la renvoyer à son supérieur qui la casseroit de même. Mais il faut, pour rendre le Jugement qui déclare la procédure nulle, que le Juge se fasse assister de deux Praticiens plus anciens de son Siége, suivant l'ordre du Tableau, s'il n'y a point d'autres Juges dans la Jurisdiction. S'il jugeoit seul, son Jugement seroit nul; mais en jugeant *calamitis comitiis*, au nombre de trois, ce Jugement est valide, & le nombre des Juges dissipe tous les inconvéniens proposés.

40. Un Juge commis par la Cour pour continuer une procédure faite par un autre Juge, ne peut la déclarer nulle lorsqu'il y trouve quelque nullité, mais il doit la renvoyer en la Cour pour y être statué. Cela a été observé par le Lieutenant Criminel de Blois, Juge commis par la Cour, ainsi qu'il appert par l'Arrêt ci-dessous. Cependant feu Me. Amyot, suivant une note en marge de la feuille, est d'avis que le Lieutenant Criminel pouvoit par délibération de Conseil la déclarer nulle & la refaire.

L'Arrêt dont on vient de parler est du 13 Juillet 1702. Le Procureur du Roi de Blois avoit présenté une Requête au Lieutenant Criminel, expositive entr'autres choses, qu'ayant pris communication du procès en question, il avoit reconnu que le Juge de Bessé, en procédant aux informations, auroit omis de faire déclarer aux témoins s'ils étoient serviteurs des Parties, pourquoi auroit requis que les informations fussent apportées au Greffe Criminel de la Cour, pour y être par elle statué ainsi qu'il appartiendra: au bas de laquelle Requête est l'Ordonnance dudit Juge commis, portant qu'elle seroit renvoyée au Greffe de la Cour, pour y être par elle statué. La Cour, sur le rapport de M. Gaudart, cassa de nouveau toutes les informations qui avoient été faites par le Juge de Courtanvaut à Bessé; ordonna que toutes les piéces du procès seroient portées au Greffe de Blois, &c. & fit l'injonction ordinaire au Juge de Courtanvaut.

SECTION DEUXIEME.

De la force des preuves, de la qualité & des reproches des Témoins.

Des différentes sortes de preuves en matiere criminelle.

41. Il y a deux sortes de preuves en matiere criminelle; la preuve littérale, & la preuve testimoniale La preuve littérale est celle où le fait dont il s'agit est prouvé directement par la foi & la propre autorité de quelque piéce autentique par elle-même; ainsi pour faire une preuve littérale complette, il faut entr'autres deux conditions;

l'une, que la piéce contienne & prouve précisément le fait dont il s'agit ; car si le titre ne contient point formellement le crime ou délit dont est question, & qu'on s'en serve seulement pour en tirer des conséquences & des inductions, alors cette preuve ne s'appelle point preuve littérale complette ; ce n'est qu'une preuve littérale, conjecturale & imparfaite.

La seconde condition est que la piéce fasse foi par sa propre autorité ; car si c'est une écriture privée, & qu'il soit besoin de vérification en Justice pour faire foi contre l'Accusé, ce n'est plus proprement une preuve littérale, puisque ce n'est plus la piéce qui prouve par elle-même, & que la preuve vient des Experts, & autres témoins qui font donner croyance à la piéce ; de sorte que ce n'est qu'une simple conjecture, & une preuve testimoniale.

Dans la preuve testimoniale il y a aussi entr'autres deux conditions ; la premiere est que le témoin dépose du fait, comme de chose qu'il sçait avec certitude, pour l'avoir vûe lui-même ou pour l'avoir ouie ; si c'est une de ces sortes de choses qui consistent en paroles, comme les injures, les menaces & les blasphémes : car si le témoin ne dépose que d'avoir oui dire la chose à un autre, si la connoissance qu'il en est vacillante & incertaine, si ce n'est qu'une créance & une opinion fondée sur quelque raisonnement, & qu'il ne sçache pas certainement le fait pour l'avoir vû ou entendu personnellement, sa déposition n'est plus capable de former une preuve par témoins, parce que l'oui dire ne fait qu'une très-foible conjecture ; l'incertitude ne forme que des doutes ; la créance n'est qu'une simple opinion : en un mot, tout cela ne forme point une preuve suffisante.

Deux témoins font une preuve suffisante.

2. Deux témoins suffisans, non reprochables, qui déposent *de visu* & de connoissance certaine, font une preuve entiere & absolue en matiere criminelle, *Leg.* 3. §. *Item*, *Divus* 3. *& Leg. ubi* 12. *ff. de testib.* La disposition de ces Loix Romaines est conforme au Texte sacré de l'ancien Testament, qui ne permet aux Juges de condamner un homme que sur la déposition de trois ou du moins de deux temoins, *Deuter. cap.* 17. ℣. 6. & *cap.* 19. ℣. 15, ce qui se trouve confirmé par le nouveau Testament : *Accusationem noli recipere nisi sub tribus vel duobus testibus*, *Matth.* 18, ℣. 16. *Joan.* 8. ℣. 17, 2 *ad Corinth.* 13. ℣. 1, 1 *ad Timoth.* 5. ℣. 19, & *ad Hebr.* 10. ℣. 28.

Si la confession de l'Accusé est une preuve suffisante.

3. La confession libre & volontaire de l'Accusé faite en Jugement, mais hors des liens & des tourmens, ne forme point une preuve complette contre lui, *nam auditur perire volens* ; voyez Godefroy, *ad Leg. si confessus* 5, *ff. de Custod. & exhib. reor.*

4. L'évidence du même fait, quand elle paroît clairement & manifestement au Juge, forme une preuve entiere ; mais le bruit public, la mauvaise réputation de l'Accusé, sa fuite, & autres présomptions quelques fortes & violentes qu'elles soient, ne peuvent jamais faire une pleine preuve, parce qu'en matiere criminelle il faut que les preuves soient très-claires suivant la fameuse Loi, *Sanctis cuncti Cod. de probationib. Leg. cum reis*, *Cod. de pœnis*, & plusieurs autres textes de droit ; c'est ce que les Juges doivent bien considérer, & avoir toujours devant les yeux, avant que de prononcer des peines capitales. Et pour décider du mérite de ces reproches, & même d'office du mérite des dépositions des témoins, indépendamment des reproches, c'est une régle générale qu'on doit considérer dans les témoins, la dignité, la foi, la droiture, la gravité dans les témoignages : *In testimoniis dignitas*, *fides*, *mores*, *gravitas examinanda est*, *Leg.* 2, *ff. de testib.* C'est aussi une autre régle générale, que cependant on admet pour déposer tous ceux qui n'en sont pas exclus par la Loi, *Leg.* 1. §. 1. *Leg.* 4. *Leg.* 5. *eod.*

Quels sont les reproches valables contre les témoins en matiere criminelle.

5. Quant aux reproches des témoins, l'on peut fournir contre eux les mêmes en matiere criminelle qu'en matiere civile.

Voici en particulier ceux dont le témoignage doit être rejetté, suivant la disposition du Droit.

Les mineurs de quatorze ans, *Leg. in testimonium*, 20 *ff. de testibus.*

Les Parties adverses de l'accusé & ses ennemis jurés, ensemble ceux qui leur sont attachés, *Leg. Si quis*, *Cod. de testib.*

Ceux qui ont eté ennemis jurés de l'accusé, quoiqu'ils se fussent reconciliés, parce qu'il reste toujours en eux quelque esprit de vengeance, *Gloss. ad novell.* 90. *cap. Si vero quis dicat odiosum*, 7. *in verbo*, *non adsit.*

Les Domestiques des Parties, de ceux de leurs familles, ceux qui mangent ordinairement avec eux, & leurs mercenaires, *Leg. penult. ff. de testib. Leg. Etiam, Cod. eod.* de même de leurs serviteurs, *Leg. Servus, & Leg. Quoniam, Cod. de testib. Leg. Pridem, Cod. de questionib.*

Les pere, mere, & autres ascendans à l'infini, *Leg. parentes, Cod. de testib.*

Les amis, parens & alliés, Bartole, *in Leg. Qui testamento §. Per contrarium, ff. Qui testament. fac. possunt*

Le mari contre la femme, & la femme contre le mari, *Faber, Cod. lib. 4, tit. 15, Defin. 1.*

Les Avocats, Procureurs & solliciteurs, *Leg. ult. ff. de testib.*

Les Tuteurs & Curateurs, *dict. Leg. ult. ff. ult. de testib.*

Ceux qui ont été notés & condamnés pour quelque grand crime, ou qui sont publiquement regardés comme infâmes, à cause de quelque crime qu'ils ont commis, *Leg. 3. §. Lege Julia, & Leg. ob carnem, ff. de testibus. Qui enim olim fuerunt criminosi, adhuc præsumuntur criminosi.*

Ceux qui sont accusés du même crime, *Leg. Sicuti, cod. de quæstionib. nisi evidenter probaverint*, dit Godefroy sur ladite Loi.

Les furieux & insensés : *Tales enim pro absentibus & ignorantibus habentur, Leg. 1, §. Furiosus, ff. de acquirend. possess.*

Les Excommuniés & les Hérétiques, *Leg. Quoniam, Cod. de Hæretic.* Par Arrêt du Parlement de Metz, du 10 Février 1691, on a refusé en matiere civile d'admettre le témoignage de deux Juifs, produit par un autre Juif contre un Chrétien. Augeard, *tom. 3. chap. 11.*

Les pauvres, *quia facilius corrumpitur pauper, Leg. 3. ff. de testib.*

Les homicides, malfaiteurs, sacrileges, voleurs, ravisseurs, adulteres publics, empoisonneurs, sorciers, parjures, ceux qui tiennent des lieux de prostitution, concubinaires publics & incestueux, *Argum. Leg. non poterit, de Furtis.*

Ceux qui ont reçu ou à qui on a promis récompense pour déposer ou pour ne rien dire, ou qui ont été subornés, *Leg. 3. §. Leg. Julia, ff. de testib. Leg. Eos, 5. & Leg. Si quis, 17, Cod. eod.*

De même aussi des accusateurs, *nemo enim potest esse testis & accusator, cap. Forus, §. In omni, extr. de verbor. signific.*

A l'égard des femmes, rien n'empêche qu'elles ne puissent déposer au Criminel comme au Civil, *Leg. ex eo, ff. de testib.* mais le Juge doit bien considerer leur état & condition, leur affectation de parler, & leurs mœurs.

Quant aux femmes prostituées publiquement, Alexandre, *vol. 1, Consil 11., num. 2,* est d'avis qu'absolument elles ne doivent pas être reçues à déposer en matiere criminelle, où il faut que les preuves soient exemptes de tout soupçon, *dict. Leg. Sciant cuncti 25. Cod. de probationib. Leg. Testium fides 3. §. Leg. Julia, 5. ff. de testib.*

Enfin, le témoignage de tous ceux qui ont mauvaise réputation & ne sont pas de bonnes mœurs doit être rejetté, *cap. Super eo, cap. Testimonium, Extr. de testib.*

6. En cas de dénegation de la part des témoins aux reproches contr'eux faits à la confrontation par l'accusé, c'est à lui à prouver ses faits de reproches, sans quoi les Juges n'y doivent avoir aucun égard; *nam ei incumbit probatio qui dicit, non ei qui negat, Leg. Actor. Cod. de probation. §. Non solùm autem 4. Inst. de legat. Leg. Qui accusare; Cod. de edendo. Leg. Res, Cod. de rei vindicat.*

Accusé doit prouver ses reproches en cas de déni.

Si au contraire les reproches sont véritables, les témoins reprochés pourront se rejetter sur les circonstances du lieu & du tems, pour faire valoir leurs dépositions; à quoi aussi les Juges doivent faire attention d'office en jugeant, quand même les témoins ne repliqueroient pas.

D'abord à l'égard des lieux, il faut considerer si le fait est arrivé dans des lieux secrets ou publics, honnêtes ou infâmes; quand au tems, si la domesticité, amitié ou inimitié capitale du témoin étoit actuelle lors de sa déposition.

Ainsi si le crime a été commis dans un lieu de prostitution, n'y ayant pas pû avoir des gens de bonnes mœurs; en ce cas les gens de mauvaise vie deviennent nécessaires, & leurs dépositions doivent faire foi, mais toujours avec grande circonspection. S'il a été commis dans un Hôpital, les pauvres sont aussi en ce cas des témoins nécessaires; de même si le crime a été commis dans la maison, les domestiques sont encore témoins nécessaires.

SECT. II.

De la déposition des parens & alliés, serviteurs & domestiques.

7. Il reste à observer que l'article 11. du titre 22 de l'Ordonnance civile de 1667, porte que les parens & alliés des Parties, jusqu'aux enfans des cousins germains inclusivement, ne pourront être témoins en matiere civile pour déposer en leur faveur ou contr'eux, & seront leurs dépositions rejettées ; l'on a vû ci-devant au chapitre 4. section 2, que toutes personnes assignées pour déposer en matiere criminelle sont obligés de comparoir à l'assignation ; que l'on reçoit même les impuberes à déposer sauf à avoir tel égard que de raison à leurs dépositions ; de sorte que si une information n'étoit composée que de parens de l'accusé ou de l'accusateur, ou impuberes, & qu'il n'y eût pas d'autres preuves, il ne seroit pas possible d'asseoir une condamnation contre l'accusé ; il en doit être de même des serviteurs & domestiques, & autres personnes reprochables, suivant la disposition du Droit, excepté quand ils sont témoins nécessaires, puisque la vie & l'honneur sont encore plus précieux que les biens.

L'article 1. du titre 23 de la même Ordonnance de 1667, porte que les reproches contre les témoins seront circonstanciés, & non en termes vagues & généraux, qu'autrement ils seront rejettés ; cela doit aussi servir de regle en matiere criminelle.

Jugement portant Réglement à l'extraordinaire, c'est-à-dire que les témoins seront recollés & confrontés.

Extrait des Registres de ....

Vû les charges & informations par Nous faite, à la requête de .... Défendeur & Complaignant, le Procureur .... joint contre .... Demandeur & accusé ; interrogatoire par lui subi, sur les informations ; Requête dudit .... à ce que les témoins soient recollés & confrontés, conclusions du Procureur .... Nous ordonnons que les témoins ouis aux informations, & autres qui pourront être entendus de nouveau, seront recollés en leurs dépositions ; & si besoin est, confrontés à l'accusé, pour ce fait & communiqué au Procureur .... être fait droit, ainsi qu'il appartiendra. Fait ce ....

Ordonnance pour assigner les Témoins pour être recollés & confrontés.

De l'Ordonnance de Nous .... à la requête de ..... Demandeur & Accusateur, le Procureur .... *l'on met les noms & demeures des témoins*, à comparoir pardevant Nous un tel jour *& jours suivans*, pour être recollés en leurs dépositions contenues en l'information par Nous faite, à la requête dudit ..... contre ... Accusé, & complice. Fait ce ....

Il faut indiquer un jour fixe, & ajouter *& jours suivans*, parce que si le Juge ne peut pas recoller & confronter ce jour-là, ou que quelque témoin n'ait pas paru ce même jour, l'assignation suffira pour tous les autres jours, sans prendre de nouvelle Ordonnance, ni donner de nouvelles assignations ; au contraire, s'il n'y avoit qu'un jour fixe, il faudroit nouvelle Ordonnance & nouvelle assignation.

Recollement des Témoins en leurs dépositions.

Recollement fait pardevant Nous .... à la requête de .... Partie civile, ou Procureur du Roi, ou Procureur Fiscal, Demandeur & Accusateur, contre .... Défendeur & accusé, par Nous decreté de .... *s'il est Prisonnier, mettre* & Prisonnier ès Prisons de ..... auquel recollement avons procédé en la Chambre de ..... ainsi qu'il ensuit.

Du ......

Est comparu ...... *mettre si c'est le second, premier, ou autre témoin entendu dans l'information, selon son rang*, témoin oui en l'information par Nous faite à la requête de .... auquel .... après serment par lui fait de dire vérité, avons fait faire lecture par notre Greffier de la déposition par lui faite en ladite information ; & après avoir été par Nous interpellé de déclarer si elle contient vérité, s'il y veut ajouter ou diminuer, & s'il y persiste, a dit qu'elle est véritable, n'y veut augmenter ni diminuer, & qu'il y persiste ; *ou s'il déclare qu'il veut y changer, ou expliquer quelque chose, il faut*

faut l'écrire ; lecture à lui faite du présent recollement, y a aussi persisté, & a signé avec Nous, *ou* déclaré ne sçavoir écrire ni signer ; de ce enquis, suivant l'Ordonnance.

Est aussi comparu ...... témoin oui en ladite information, auquel, &c. *comme ci-dessus.*

Confrontation de l'Accusé à chaque Témoin.

Confrontation faite par Nous .... à la requête de .... Demandeur & Complaignant, le Procureur .... joint, contre ..... Prisonnier ès prisons de .... des témoins ouis en l'information par Nous faite, le .... & ce en exécution de notre Sentence du .... à laquelle confrontation avons procédé, assisté de notre Greffier ordinaire, ainsi qu'il ensuit.

Du ..... jour de .....

A été amené devant Nous par le Géolier desdites Prisons, ledit .... Accusé, auquel avons confronté ..... *mettre le nom du témoin, & s'il est le premier, second ou autre quantieme de l'information*, témoin, de l'information par Nous recollé en sa déposition, & après serment par eux fait en présence l'un de l'autre de dire vérité, & interpellés de dire s'ils se connoissent, ont dit....

Après quoi nous avons fait faire lecture par notre Greffier des premiers articles de la déposition dudit témoin, contenant son nom, surnom, âge, qualité & demeure, & sa déclaration, qu'il n'est parent, allié, serviteur, ni domestique des Parties ; & interpellé l'Accusé de fournir sur le champ ses reproches contre le témoin, si aucun il y a, & averti qu'il n'y sera plus reçu après qu'il aura entendu la lecture des dépositions & recollement dudit témoin.

L'Accusé a dit, qu'il n'a aucuns reproches à fournir contre le témoin, *ou* l'Accusé a dit, pour reproches, que....

Le témoin a dit, que les reproches sont véritables, *ou* qu'ils ne sont pas véritables.

Ce fait, avons fait faire lecture par notre Greffier de la déposition & du recollement dudit témoin, en présence dudit ... Accusé, & avons interpellé ledit témoin de déclarer s'ils contiennent vérité, & si ledit .... Accusé est celui dont il a entendu parler dans ses dépositions & recollement ; lequel témoin a dit, que ses dépositions & recollement sont véritables, & que c'est de l'Accusé présent qu'il a entendu parler par sesdites dépositions & recollement, & y a persisté.

Et l'Accusé a dit .... *il faut écrire ce que l'Accusé dira, & ce qui sera repliqué par le témoin.*

Et si l'Accusé requiert le Juge d'interpeller le témoin sur quelque fait ou circonstance, le Juge le fera, & il sera fait mention desdites requisitions & interpellations, ensemble de la réponse du témoin & des reliques de l'Accusé.

Lecture faite à l'Accusé & au témoin de la présente confrontation, ils y ont persisté chacun à leur égard, & ont signé *ou* déclaré ne sçavoir écrire ni signer ; de ce enquis, ou ont fait refus de signer ; de ce interpellé.

Avons confronté ledit Accusé à ..... témoin, &c. *comme dessus.*

¶ Il faut observer que lorsque l'Accusé a fourni des reproches contre quelques témoins, le Juge ne doit pas se contenter qu'il employe les mêmes reproches contre les autres témoins qui lui sont confrontés, sans les répéter en détail ; autrement il y a quelques Criminalistes qui pensent que ce seroit une nullité dans la confrontation de ce témoin.

Jugement portant que certains Accusés seront recollés en leurs interrogatoires, & confrontés les uns aux autres.

Extraits des Registres de ....

Vû, &c. *comme ci-devant.* Nous ordonnons que *tels* Accusés seront recollés en leurs interrogatoires, & confrontés l'un à l'autre, pour ce fait & communiqué au Procureur ... être ordonné ce qu'il appartiendra.

Pour faire le recollement des Accusés, chacun séparément en leurs interrogatoires, voyez le modele du recollement des témoins en leurs dépositions, ci-devant page 348.

Confrontation des Accusés les uns aux autres.

Confrontation faite par Nous, &c. *comme ci-dessus*, *page* 348.

Extrait des Regiſtres de .....

Ont été amenés devant Nous par le Géolier des priſons de ... *l'on met les noms des deux Accuſés que l'on veut confronter l'un à l'autre;* Accuſés avons confronté A..... à B..... & après ſerment par eux fait en préſence l'un de l'autre de dire vérité, & iceux interpellés de dire s'ils ſe connoiſſent, ont dit qu'ils ſe connoiſſent *ou* ne ſe pas connoître.

Après quoi avons fait faire lecture par notre Greffier, du nom, ſurnom, âge, qualité & demeure de B...... inſeré en l'interrogatoire qu'il a ſubi pardevant Nous, le ...... ſur les charges & informations contre lui faites, à la requête de ....., interpellé A...... de fournir ſur le champ des reproches contre B..... & l'avons averti qu'il n'y ſera plus reçu après que lecture lui aura été faite des interrogatoires & recollement dudit B......

A...... a dit......

B...... a dit......

Ce fait avons fait faire lecture par notre Greffier dudit interrogatoire de B..... en préſence dudit A...... & avons interpellé B..... de déclarer ſi les réponſes & déclarations par lui faites en ſondit interrogatoire & recollement contiennent vérité, ſi A..... eſt celui dont il a entendu parler, a dit.....

Et B..... a dit.....

Lecture faite à A..... & à B..... de la préſente confrontation, &c. *comme deſſus.*

Avons confronté B..... à A..... &c. *comme deſſus*, *& ainſi des autres*, en renvoyant un des Priſonniers, & en faiſant amener un autre.

Il faut bien avoir ſoin à la confrontation de repréſenter aux témoins & à l'Accuſé les inſtrumens ou piéces de conviction de l'Accuſé ou des Accuſés, & de faire parapher la bande de papier ſur les inſtrumens, & les pieces repréſentées par ceux qui n'y ont pas encore mis leurs paraphes; cela eſt néceſſaire & important, parce qu'en faiſant parler les confrontés ſur ces inſtrumens & pieces de conviction, l'on tire de grands éclairciſſemens.

CHAPITRE XIV.

Des Lettres d'Abolition, Rémiſſion & Pardon.

Voyez le titre 16. de l'Ordonnance de 1670.

1. CES Lettres s'appellent *Lettres de grace* & *non de Juſtice*, parce qu'elles dépendent de la pure grace, bonté & clémence du Roi.

Suivant ce chapitre nous allons traiter de trois ſortes de Lettres de grace, Lettres d'abolition, Lettres de rémiſſion, & Lettres de pardon.

Ces Lettres s'expédient au grand Sceau, & en la grande Chancellerie du Roi, du moins des Lettres d'abolition & les Lettres de rémiſſion ou de grace; car quant aux Lettres de pardon, on les obtient quelquefois au petit Sceau & aux petites Chancelleries, près le Parlement, ſuivant la qualité du fait qui donne lieu à ces Lettres. Il y a une déclaration du Roi à ce ſujet, du mois de Juin 1678, & une autre du 22 Novembre 1683. La Déclaration de 1678 n'eſt adreſſée qu'aux Chancelleries; celle de 1683 eſt adreſſée au Parlement de Paris, & y a été enregiſtrée le 3 Décembre ſuivant; au reſte, elle renferme celle de 1678: il y a une autre Déclaration du 10 Août 1686. Voyez ci-après *nomb.* 9.

On donne quelquefois le nom de Lettres de rémission aux Lettres de pardon pour homicides involontaires, ou commis dans la nécessité d'une légitime défense ; mais quant aux petites Chancelleries, près les Présidiaux, on ne peut y expédier la moindre de ces Lettres ; art. 5 du titre 16 de l'Ordonnance de 1670.

2. Les Lettres d'*abolition* sont celles qui partent de la seule clémence du Roi, parce que par ces Lettres le Prince pardonne, éteint & abolit pour toujours le crime dont le Suppliant s'accuse & se reconnoît coupable, avec toutes les peines & amendes qu'il a pour raison de ce encourues envers le Roi & la Justice, & le met & restitue en sa bonne fame & renommée, & en ses biens. Des Lettres d'abolition.

3. Les Lettres de *rémission* ou de *grace* sont celles qui sont accordées pour les homicides involontaires, ou qui sont commis dans la nécessité d'une légitime défense ; art. 2 du titre 16. Des Lettres de rémission.

4. Les Lettres de *pardon* sont celles que le Roi accorde à celui qui a été présent & a assisté lorsque quelqu'un a été tué, & pour les cas seulement où il n'échcit point peine de mort ; ces Lettres sont infiniment au-dessous des Lettres d'abolition & de rémission ; art. 3. Des Lettres de pardon.

5. Voici ce qu'il faut sçavoir sur la procédure qui doit être gardée pour faire entériner ces différentes Lettres. De l'entérinement des susd. Lettres.

Le crime pour lequel le Prince a la bonté d'accorder des Lettres d'abolition, n'est ni graciable ni rémissible dans les regles ordinaires de la Justice ; aussi ces Lettres ne se donnent & ne se scellent qu'en commandement.

Par une Déclaration du Roi, du 22 Novembre 1683 ; il est enjoint au Juge d'entériner ces Lettres, même celles de rémission, pourvû que les Lettres soient conformes aux charges & informations, encore que le crime ne soit pas rémissible aux termes des Ordonnances ; il semble que cette Déclaration est en conformité de l'article 1 du titre 16 de l'Ordonnance de 1670, sauf aux Cours à faire sur cela leurs remontrances au Roi, & aux autres Juges inférieurs à représenter à M. le Chancelier ce qu'ils trouveront à propos sur l'atrocité du crime.

Il y a cependant cinq crimes pour lesquels les Lettres d'abolition, ou celles de rémission, n'ont point lieu. 1°. Pour duel. 2°. Pour assassinat prémédité 3°. Si quelqu'un s'est loué ou s'est engagé à prix d'argent pour tuer, outrager, excéder, recourre des mains de la Justice des prisonniers pour crime, ou qui auroit loué ou induit autrui pour ce faire, encore qu'il n'y ait eu que la seule machination, & que l'effet ne se fût point ensuivi. 4°. Pour crime de rapt commis par violence, mais elles ont lieu pour rapt de simple séduction. 5°. Pour avoir excedé ou outragé un Magistrat, Officier, Huissier ou Sergent, exerçant, faisant ou exécutant des Actes de Justice ; art. 4. Crimes pour lesquels on n'accorde point de Lettres d'abolition.

Les Lettres d'abolition & celles de rémission sont scellées en cire verte, & se datent du mois comme les Edits, & s'intitulent : *A tous présens & à venir* ; au lieu que les Lettres de pardon se dattent du jour de l'exécution d'icelles, se scellent en cire jaune, & s'intitulent : *A tous ceux qui ces présentes Lettres verront.* Quelques Auteurs disent que les Lettres de pardon, sont des Lettres de Justice, & non de grace, ou du moins qu'elles ne sont pas au nom du Roi, comme par un effet de son autorité Royale, mais seulement comme grace. Quoiqu'il en soit il n'y a que le Roi seul dans son Royaume, qui puisse accorder ces Lettres ; la Reine n'a pas ce pouvoir, pas même pour de simples Lettres de pardon ; les Princes du Sang l'ont encore moins, même pour les faits arrivés dans l'étendue des Terres, Principautés & Domaines qu'ils tiennent du Roi par engagement : il y a davantage ; c'est qu'un Prince Etranger ne pourroit pas donner grace à un François qui auroit commis dans l'étendue du Païs de ce Prince souverain étranger, un crime par contravention aux Loix du Roi de France ; les Juges de France pourroient lui faire son procès, pour raison d'un crime commis en Païs étranger ; *secùs*, si le crime étoit seulement contre les Loix du Païs du Prince étranger. Comment ces Lettres sont scellées.

Les Loix condamnent à la vérité les violences ; mais d'un autre coté, lorsqu'elles défendent d'en faire, elles permettent de les repousser ; elles veulent que les hommes écoutent & respectent cette défense dans le commerce paisible & tranquille qu'ils ont ensemble, mais elles les dispensent lorsque l'on commet contr'eux des actes d'hostilité.

Ceux qui commandent un crime, qui le proposent, qui le conseillent, qui aident à le commettre, & même qui ne l'empêchent pas quand ils le peuvent, sont quelquefois autant coupables que ceux qui exécuteut le crime.

De l'entérinement des Lettres d'abolition & rémission accordées à des Gentilshommes.

Les Lettres d'abolition, rémission & de pardon, accordées à des Gentilshommes, doivent être portées aux Cours, chacune suivant sa Jurisdiction & la qualité de la matiere ; art. 12 du titre 16. Mais comme cet article ne parle point des Officiers & Commensaux du Roi, de la Reine & des Princes du Sang, il pourroit y avoir quelque difficulté ; cependant je ne croirois pas qu'ils eussent en cela la prérogative des Nobles, parce qu'en un mot cet article ne parle que des véritables Nobles ; mais c'est une question qui ne pourroit être agitée & faite qu'au Sceau, & non après que les Lettres auroient été scellées ; on suit l'adresse des Lettres.

A qui les Lettres d'abolition, &c. accordées aux Roturiers, doivent être adressées.

Quant aux Roturiers, l'adresse des Lettres d'abolition, rémission & pardon, se fait aux Baillifs & Sénéchaux du lieu où le crime a été commis, & ressortissant nûement & immédiatement aux Parlemens, & non aux Prévôts, Vicomtes, Châtelains & Viguiers & encore moins aux Juges de Seigneurs, même de Duché-Pairie, art. 13 *ibidem*, à quoi il y a eu une petite dérogation par une Déclaration du Roi du 27 Février 1703, qui porte que les susdites Lettres, même les Lettres de pardon, scellées au grand Sceau, pourront être adressées aux Baillifs & Sénéchaux des lieux où il y a Siege Présidial, lorsque le crime aura été commis dans l'étendue du Bailliage ou Sénéchaussée du Présidial ; mais quand le crime a été commis dans l'étendue du Bailliage ou Sénéchaussée où il n'y a point de Siege Présidial l'adresse desdites Lettres doit être seulement faite à ces Baillifs ou Sénéchaux.

Cependant par l'article 14, *ibidem*, il est dit que les Lettres d'abolition, rémission ou pardon, obtenues par les Gentilshommes, pourront être adressées aux Juges Présidiaux, si la compétence de l'Accusé y avoit été jugée comme accusé de qualité à être jugé en dernier Ressort & Présidialement, parce qu'ayant été Juges compétens pour instruire & juger le procès à l'impétrant en dernier Ressort, il semble qu'ils doivent être Juges, & aussi Juges en dernier Ressort sur l'entérinement des Lettres de grace qu'il a plû au Roi de lui accorder ; & en ce cas, par Edit du mois de Décembre 1680, il a été ordonné que l'adresse d'aucune de ses Lettres ne pourra à l'avenir être faite aux Sieges Présidiaux où la compétence aura été jugée, que l'accusé n'ait été oui lors du Jugement de la compétence, & qu'il ne soit actuellement prisonnier, & à cet effet que le Jugement de la compétence & l'écroue de sa personne, seront attachés sous le contre-scel des Lettres.

En quel cas ces Lettres peuvent être adressées aux Officiers de la Connétablie.

Les Officiers de la Connétablie à la Table de Marbre en leur Siege au Palais à Paris, & qui est le seul Siege du Royaume en cette Partie, au lieu qu'il y a plusieurs Tables de Marbre de l'Amirauté & des Eaux & Forêts, peuvent connoître de l'entérinement des Lettres d'abolition, rémission ou pardon, qui leur sont adressées, pour crime commis par les gens de guerre, tant de pied que de cheval, au camp ou en leurs garnisons, & autres cas qui sont de leur seule compétence, comme aussi de Lettres obtenues par les Officiers, Archers & autres Officiers des Maréchaussées pour crimes par eux commis en quelque lieu que ce soit du Royaume, en faisant les fonctions de leurs Charges.

Formalité à observer pour l'entérinement desd. Lettres.

6. Il faut présentement rapporter la forme en laquelle les Lettres d'abolition, rémission & pardon doivent être présentées par les Impétrans aux Juges de l'adresse, pour l'entérinement d'icelles. 1°. Elles doivent être présentées par ceux qui les auront obtenues, étant actuellement prisonniers & écroués, & l'écroue attachée aux Lettres, & ils demeureront même prisonniers jusqu'au Jugement définitif des Lettres, avec défenses aux Juges de les mettre auparavant & pendant l'instruction, sur l'entérinement des Lettres, hors des prisons, soit à caution ou autrement, aux peines de l'Ordonnance, parce qu'il est certain pendant tout ce tems-là si les Lettres seront enterinées. 2°. Les Lettres seront présentées *dans les trois mois de l'obtention*, après lequel tems les Juges de l'adresse n'y auront aucun égard, à moins que les Impétrans n'ayent obtenu des Lettres de surannation ou de relevement de laps de tems ; néanmoins s'il y avoit plusieurs Impétrans des mêmes Lettres, & que l'un d'eux eût présenté les Lettres dans le tems de l'Ordonnance, l'autre ne l'ayant pas fait, & se trouvant hors le tems de l'Ordonnance, il y auroit raison de dire que ses Lettres ne seroient pas hors le tems, la présentation de l'un pouvant servir à l'autre, à cause de la liaison de ces Impétrans de mêmes & seules Lettres pour l'un & pour l'autre. 3°. Les charges & informations & toutes les autres piéces du procès criminel, même les procédures faites depuis l'obtention des Lettres, si aucunes ont été faites, doivent être portées in-

ressamment au Greffe des Juges auxquels l'adresse en aura été faite, quand même ces informations & procédures seroient en un Greffe étranger au Siége des Juges saisis des Lettres par l'adresse qui leur en a été faite. 4°. Les Lettres seront signées à la Partie civile, s'il y en a une, & copie baillée avec assignation, en vertu de l'Ordonnance du Juge pour fournir ses moyens d'opposition, si elle en a, & procéder à l'entérinement des Lettres dans les mêmes délais que ceux prescrits par l'Ordonnance de 1667 en matiere civile; sans cette formalité, le Jugement d'entérinement des Lettres seroit nul comme clandestin & frauduleux; car la Partie civile, sans être assignée & sans avoir copie des Lettres, ne pourroit pas conserver ses intérêts civils, & se faire faire la satisfaction qui peut lui être dûe. 5°. Il faut communiquer les Lettres & tout le procès au Procureur du Roi du Siége où les lettres ont été adressées, par rapport à l'intérêt public, & par conséquent à M. le Procureur Général du Parlement ou autre Cour supérieure, où l'adresse des Lettres auroit été faite. 6°. Les Impétrans seront tenus de présenter les Lettres en personne à l'Audience, nue tête & à genoux, & affirmeront, après qu'elles auront été lûes par le Greffier en leur présence, qu'elles contiennent vérité; qu'ils ont donné charge de les obtenir, & qu'ils s'en veulent servir; après quoi ils seront renvoyés en prison: ils ne peuvent pas par conséquent présenter leurs Lettres par Procureur, fût-il fondé de Procuration spéciale, de quelque état, qualité & condition qu'ils fussent, ils ne les peuvent présenter couverts & debout, encore moins l'épée au côté; ce n'est point à huit clos, ni en la Chambre du Conseil, mais en pleine Audience, & *januis patentibus*, & tout cela pour marquer le respect & la soumission qu'ils doivent à la Justice. Il est requis qu'ils disent, non-seulement qu'ils veulent se servir des Lettres, mais encore qu'elles contiennent vérité, c'est-à-dire, qu'elles sont conformes aux charges & informations, & qu'ils prennent droit par les charges & informations, & même ils n'ont pas leur liberté après une telle cérémonie, aussi dure & gênante que celle-là; les Géoliers & Concierges ou Guichetiers qui les ont amenés à l'Audience les remenent en prison, où ils restent jusqu'au jour du Jugement définitif de l'entérinement des Lettres. 7°. Le Demandeur en Lettres sera interrogé dans dans la prison, c'est-à-dire dans le Greffe de la prison, ou autre chambre & lieu convenable de la prison, par le Rapporteur des Lettres, sur les faits résultans des charges & informations, & non en la Chambre du Conseil, & seulement après que la présentation des Lettres aura été faite, & non auparavant, lesquelles seront communiquées à Messieurs les Procureurs Généraux ou Procureurs du Roi, pour donner leurs conclusions sur l'entérinement des Lettres, & ensuite être toutes les charges & informations vûes & examinées par le Juge en jugeant le procès; finalement le Demandeur subira l'interrogatoire sur la sellette en la maniere que se font ces sortes d'interrogatoires, parce que ceux qui ont impétré ces Lettres, & qui les ont présentées sont toujours censés être *in reatu*, & pouvoir être condamnés au dernier supplice ou autre peine afflictive; & le Demandeur en Lettres, retiré en la Chambre du Conseil, on juge le Procès.

Voilà toutes les formalités sur la présentation & entérinement des Lettres d'abolition, rémission & pardon, aux termes des articles 15, 16, 18, 19, 20, 21, 24, 25 & 26 du titre 16 de l'Ordonnance de 1670; sur quoi il faut observer que si le Plaignant n'est pas Partie civile, on ne lui signifie pas les Lettres; parce que n'étant pas Partie, il ne peut prétendre d'intérêts civils; le Brun, des Success. liv. 4, chap. 2, sect. 4, nomb. 42.

Ces Lettres n'ont point d'effet, à moins que l'Accusé ne se mette en état.

7. L'obtention & la signification des Lettres ne peuvent empêcher l'exécution des decrets, l'instruction, le Jugement & exécution de la contumace, jusques à ce que l'Impétrant se soit mis en état, c'est-à-dire, prisonnier & écroué dans les prisons des Juges auxquels l'adresse des Lettres a été faite, art. 17. *ibidem*; parce qu'en fait de contumace, la contumace ne cesse & ne tombe que lorsque l'Accusé s'est représenté, & est actuellement en prison & écroué.

Il est même permis à la Partie civile, & au Procureur du Roi & à Messieurs les Procureurs Généraux, de faire informer par addition, & faire recoller & confronter les témoins qui auront été ouis dans cette nouvelle information, nonobstant la représentation & signification des Lettres; mais cette demande doit être faite *in limine litis*, & non pas à la veille du Jugement du procès; autrement cette demande auroit de la peine à réussir.

8. Les Juges, quels qu'ils soient, inférieurs ou supérieurs, pas même les Greffiers,

Huissiers, Géoliers & Guichetiers, ne peuvent rien prendre & exiger pour la présentation des Lettres; article 23 *ibidem*.

Cas esquels les Lettres de rémission sont nulles.

9. Il y a deux cas dans lesquels suivant l'article 27 du même titre, les Lettres de rémission & de pardon sont nulles; le premier, si le crime n'est pas rémissible; le second, si les Lettres ne sont pas conformes aux charges & informations; & dans ces deux cas les Juges seront tenus de débouter les Impétrans de leurs Requêtes & Demandes à fin d'entérinement de leurs Lettres.

De l'entérinement des Lettres d'abolition.

Mais à l'égard des Lettres d'abolition, ce n'est pas aux Juges à examiner si le crime est rémissible ou non, parce que l'effet de ces Lettres est l'extinction & abolition du crime par la toute-puissance, bonté & clémence souveraine du Roi qui les a accordées sans qu'il soit permis aux Juges de plus entrer à cet égard en connoissance de cause; ils sont tenus d'entériner ces Lettres sans nouvelles informations, & sans examiner si le crime étoit rémissible ou non: cela n'a lieu que pour les Lettres de rémission & de pardon, au sujet desquelles il est permis aux Juges d'examiner en jugeant le procès, si le crime sur lequel ces Lettres ont été accordées, est rémissible; les Juges peuvent même par rapport à ces Lettres, ordonner une nouvelle information par addition, & que les Témoins qui seront entendus, seront recollés & confrontés, d'autant que ces Lettres n'ont pas un effet si absolu & si indépendant que les Lettres d'abolition; aussi les Juges peuvent bien débouter les Impétrans de l'entérinement de leurs Lettres de rémission ou de pardon, si le crime n'est pas rémissible, ou si le contenu aux Lettres n'est pas conforme aux charges & informations; mais ils ne le peuvent faire dans les Lettres d'abolition: ils sont indispensablement tenus de les entériner, soit que le cas soit rémissible, ou qu'il ne le soit pas, pourvû toutefois que le contenu aux Lettres soit conforme aux charges & informations, ou que les circonstances ne soient pas tellement différentes qu'elles changent la qualité de l'action.

C'est ce que porte la Déclaration du Roi du 22 Novembre 1683, par laquelle il est défendu aux Chancelleries près les Cours, de sceller aucune rémission, si ce n'est pour homicides involontaires, ou pour légitime défense de la vie, ou quand l'Impétrant aura couru risque de la perdre; & aux Cours & Juges de les entériner en autre cas, quand même l'exposé se trouveroit conforme aux charges. Mais quant aux rémissions scellées au Grand Sceau, il est ordonné aux Cours & Juges de les entériner, quand l'exposé se trouvera conforme aux charges & information, ou que les circonstances ne seront pas tellement différentes, qu'elles changent la qualité de l'action, & ce suivant l'article 1 du titre 16 de l'Ordonnance de 1670, quoique le mot d'abolition ne soit pas employé dans les Lettres.

Il y a encore une autre Déclaration du Roi, du 10 Août 1686, par laquelle il est ordonné que dans les rémissions qui auront été scellées du Grand Sceau, si les circonstances résultantes des charges & informations se trouvent différentes de celles portées par l'exposé des lettres, en sorte qu'elles changent la qualité de l'action, ou la nature du crime; en ce cas les Cours & les Juges auxquels l'adresse en aura été faite, ayent à en surseoir le Jugement & l'entérinement jusqu'à ce qu'ils ayent reçu de nouveaux ordres sur les informations qui seront incessamment envoyées au Chancelier par les Procureurs Généraux dans les Cours, & par les autres Jurisdictions, avec les Lettres qui auroient été accordées par le Roi, pendant lequel tems il leur est défendu de faire aucune procédure, ni d'élargir les Impétrans; au surplus, que la Déclaration du 22 Novembre 1683, soit exécutée selon sa forme & teneur, en ce qui n'y ait dérogé par la présente Déclaration.

Les Lettres de grace n'empêchent pas que la Partie civile ne puisse demander ses dommages & & intérêts.

10. Les Lettres d'abolition, rémission & pardon, ne touchent point à l'intérêt de la Partie civile, ni d'aucune autre; c'est pourquoi ces Lettres portent: *Satisfaction préalablement faite à la Partie civile, si fait n'a été*. Le Prince fait grace, mais sauf le droit d'autrui.

On ne condamne point en l'amende celui qui obtient des Lettres de grace.

11. Le Roi en accordant les Lettres d'abolition & de rémission ou de grace, ne condamne point l'Impétrant à une amende, ni encore moins les Juges de l'entérinement le font ils, parce que le Roi en faisant cette grace remet toutes les peines afflictives & pécuniaires qui concernent la vindicte publique; mais le Roi ordonne par les Lettres que le Rémissionnaire payera quelque somme pour faire prier Dieu pour le repos de l'ame du défunt & à une aumône. Voyez la Déclaration du Roi du 21 Janvier 1685; & en outre qu'il ait à satisfaire à la Partie civile, si fait n'a été; c'est pour-

quoi les Juges à qui l'adresse des Lettres a été faite, fixent & reglent cette satisfaction pécuniaire au cas que l'Impétrant n'en rapporte la quittance de la Partie civile au Procès; ces intérêts civils se reglent suivant la qualité du défunt, & s'il laisse une veuve & des enfans, & en quel nombre ou non.

¶ M. Amyot écrit dans ses Notes manuscrites, que lorsque le procès a été instruit aux frais du Domaine d'un Seigneur, l'Accusé obtenant des Lettres de grace, il est toujours dû une amende ou autre indemnité au Seigneur, pour le dédommager des frais de Justice; & il en rapporte plusieurs Arrêts.

Le premier du 11 Janvier 1691, sur le procès criminel fait par le Juge de la Terre de Beauvois-sur-Mer, appartenante à Madame la Duchesse de Lesdiguieres, à la Requête du Procureur Fiscal. Les Lettres de Rémission obtenues par le Sieur de Vaudoré, Cheveau-Leger de la Garde du Roi, pour avoir été présent à la mort du nommé Bonneville, Opérateur, ont été entérinées, & néanmoins l'Accusé fut condamné en 4 liv. d'aumône, en 10 liv. de prieres, & en 300 liv. d'amende envers Madame de Lesdiguieres: cette amende fut prononcée d'office, pour l'indemniser des frais qui n'étoient que d'instruction sans translation, le Rémissionnaire s'étant remis volontairement prisonnier. Ces sortes d'amendes ne sont point infamantes.

Autre Arrêt du 21 Mai 1706, sur le procès criminel instruit par le Bailly de Mussy-l'Evêque, à la la requête du Procureur Fiscal, contre Antoine Noël, accusé d'avoir tiré un coup de fusil au nommé Claude Vauvilliers, dit le Prince, qui en mourut. Sur les Lettres de Rémission obtenues en grande Chancellerie, Arrêt qui entérina, & néanmoins l'Accusé condamné en 4 liv. d'aumône, en 4 liv. de prieres, 150 liv. d'amende envers le Seigneur de Mussy, & en dommages-intérêts envers une Partie intervenante, & aux dépens de l'intervention. Le procès avoit été instruit à la requête du Procureur Fiscal seul; l'intervention n'avoit été formée qu'en la Cour, & la Cour prononça l'amende au Seigneur, sans que celui-ci eût demandé d'indemnité.

Autre Arrêt du 23 Juin 1712, au Rapport de M. Chassepot de Beaumont. L'Arrêt d'entérinement condamne le nommé Laurent le Clerc en 3 liv. d'aumône, 3 liv. de prieres, & 100 liv. d'amende envers la Dame de Blerancourt. Cette amende fut prononcée d'office & par indemnité. Les Lettres avoient été obtenues en la grande Chancellerie.

12. Les Seigneurs Hauts-Justiciers, sous prétexte qu'ils auroient eû la confiscation, si le Rémissionnaire n'avoit point eû de Lettres de grace, ne seroient pas recevables à former opposition à l'entérinement des Lettres; parce que le Roi en accordant le droit de Haute-Justice, s'est réservé le pouvoir de donner des Lettres de grace à des coupables qui avouent leurs crimes, & de préférer miséricorde à Justice.

Si les Seigneurs Hauts-Justiciers sont recevables à l'entérinement des Lettres de grace.

13. Par l'effet de l'entérinement des Lettres de grace d'un crime qui auroit emporté par la condamnation la confiscation de biens, non-seulement la peine corporelle est remise, mais encore le Rémissionaire rentre en la propriété & possession de tous ses biens, quand même il y auroit eû un Jugement de condamnation; & les possesseurs & détempteurs des biens seroient obligés de lui en laisser la libre possession & jouissance; même avec restitution de fruits.

Effet de l'entérinement des Lettres de grace.

¶ Il est néanmoins à observer que la Cour en entérinant les lettres de rémission, peut infliger quelque peine légere aux accusés. Il y en a plusieurs exemples.

Par Arrêt du 3 Septembre 1674, les lettres de remission obtenues par le nommé Herminot, ont été entérinée, & néanmoins il a été ordonné qu'il s'abstiendroit du Bailliage de Langres & Comté de Bar-sur-Seine, pour trois ans.

Par autre Arrêt du 21 Juin 1678, en entérinant les lettres de rémission obtenues par Hercules & Guillaume de Mariniere, il a été ordonné qu'ils s'abstiendroient pendant dix ans de dix lieues ès environs du Château de Nanteuil.

Autre Arrêt du 15 Décembre 1678, qui a enteriné les lettres de rémission obtenues par Pierre Garnier, Sieur Dubreuil, & néanmoins l'a condamné de s'abstenir de l'étendue de la Baronie de Sainte Solême pendant trois ans.

Par un autre Arrêt du 2 Décembre 1682, les lettres de rémission obtenues par Laurent Thurot, ont été entérinées, & néanmoins il a été condamné au blâme.

Enfin par un dernier Arrêt du 25 Mars 1709, les lettres de rémission obtenues par Jean Armand de Rethy de Villeneuve, ont pareillement été entérinées, & néanmoins il a été ordonné qu'il s'abstiendroit pendant un an d'entrer dans le lieu & sur Terres de Leneville, & dans le lieu où se trouveront Marie-Magdeleine de Rethy de Villeneuve & Adrien-Charles Dieu Donné de Ramesai, son fils; sous telle peine qu'il appartiendroit.

Si l'on peut obtenir de secondes Lettres de grace.

14. Celui qui ayant eu de premieres lettres de grace, retomberoit dans un autre crime, & auroit recours à la clémence & à la souveraine puissance du Roi, seroit tenu de faire mention de la premiere grace dans l'exposé de la seconde grace, sans quoi les secondes lettres seroient subreptices & nulles.

Différence entre les Lettres de grace qui sont expédiées au grand Sceau, & celles qui sont expédiées au petit Sceau.

15. Il y a encore cette différence entre les lettres de grace, rémission ou abolition expédiées au grand Sceau, & qui ne peuvent être expédiées ailleurs, & les lettres de pardon & rémission, soit qu'elle soit expédiée au grand Sceau ou petit Sceau; que les premieres sont seulement datée du mois & de l'année de l'impétration, au lieu que les secondes sont en outre datée du jour de l'impétration, & que dans celles-ci on met seulement *de grace spéciale*, & non *de l'autorité & puissance Royale*, comme dans les premieres; on appelle quelquefois les lettres de pardon, *Lettres de Justice*.

Espece dans laquelle les Cours pourroient absoudre un homicide sans Lettres de grace.

16. Si un voleurs venoit escalader une maison, ou venoit dans une maison pour voler, que le voleur présentât même le pistolet, ou une épée, ou un couteau pour tuer le Maître, & que le Maître ayant un pistolet ou autres armes, tuât le voleur; en ce cas un Juge inférieur ne pourroit pas absoudre un coupable d'un tel fait, il faudroit que le coupable eût recours à la clémence du Prince pour obtenir des lettres de remission, ou du moins de pardon; cependant les Cours Supérieures pourroient sans lettres absoudre un accusé de cette qualité.

On n'obtient point de Lettres de grace auxquelles il n'échoit point de peine corporelle.

17. On ne peut obtenir aucunes lettres de grace, même de pardon, pour des cas auxquels ils n'échoient point de peine corporelle, & pour lesquels on ne peut prononcer aucune peine afflictive; & si quelqu'un en avoit obtenu, les Juges seroient tenus d'en débouter l'Impétrant.

18. Toutes les lettres de grace sont de nul effet après la mort du Roi qui les a accordées; & si elles n'avoient pas été entérinées de son vivant, il faudroit qu'elles fussent confirmées par le Roi successeur à la Couronne, parce que toutes graces sont personnelles, & qu'elles expirent *morte concedentis*

19. Il seroit difficile de condamner un Rémissionnaire à refonder les frais & dépens de la contumace, avant d'être entendu sur l'entérinement de ses lettres, parce que par cet intérêt pécuniaire on retarderoit l'accomplissement de la grace du Roi; mais ce qui conviendroit le mieux, seroit par le Jugement d'entérinement des lettres, de condamner l'impétrant à cette refusion & à ce remboursement.

20. Pour pouvoir obtenir des lettres de grace, il faut que l'impétrant avoue qu'il est coupable du crime ou fait pour lequel il demande grace, sans quoi point de lettres.

21. On n'adresse point de lettres de grace aux Prévôts des Maréchaux, parce qu'ils ne peuvent en entériner; quoique le crime remis fût de leur compétence.

Des Lettres de graces obtenues par un Corps ou Communauté.

22. Le Roi accorde quelque fois des lettres d'abolition à une Ville, à une Province, ou à une Communauté d'Habitans, pour fait ou crimes commis contre les intérêts, les ordres & la volonté du Roi, ou contre l'autorité Royale; on appelle aussi cette grace *Amnistie*, cette grace ne gît point en connoissance de cause; il faut aveuglement suivre ce qui est ordonné par les lettres ou Arrêt contenant cette amnistie ou abolition.

23. En finissant ce Chapitre, on remarquera que le jour du Sacre du Roi, il se fait une Cérémonie, qui est la délivrance des prisonniers, en vertu du pardon général, accordé par le Roi, en faveur de son Sacre. Il est dit à ce sujet : *Voici les crimes exceptés dans le Pardon de Sa Majesté, & que le Roi & son Conseil ont trouvé irrémissibles, sçavoir : les Duels, les Vols, de grand chemin, les crimes de Leze-Majesté divine & humaine, le Poison, la fausse Monnoie, le Rapt & le Viol, les Incendies prémedités, les Assassins de guet-à-pend, les Faux-sauniers & Contrebandiers en attroupement avec port d'armes, les Déserteurs, &c.*

¶. 24. Au Parlement de Paris, l'usage est que toutes lettres de rémission, soit de grande ou de petite Chancellerie, accordées à un Roturier & adressées au Parlement, attendu l'appel de la procédure extraordinaire relevé par Arrêt du Parlement, y sont entérinées juridiquement. Mais quand les lettres de remission sont adressées à un Juge inférieur, le Parlement ne peut en connoître, en conséquence de l'appel de la procédure extraordinaire. Si le Juge inférieur a rendu sa Sentence définitive lorsque les lettres

lettres de rémission lui sont adressées, il n'est plus compétent pour statuer sur ces lettres : le Parlement ne peut pas non plus les entériner ; mais on se pourvoit au Sceau, qui alors, attendu que le premier Juge *votum misit*, change l'adresse des lettres & la met au Parlement.

25. Quoiqu'il se trouve des nullités dans l'instruction du procès faite par le premier Juge, souvent la Cour, lorsque les charges se trouvent conformes à l'exposé des lettres, passe outre à l'entérinement en faveur de l'accusé. C'est ce qui fut observé par les Arrêts des 18 Février & 18 Mars 1715, en procédant à l'entérinement des lettres de rémission obtenues par les nommés Forceville & Dubreuil. La Cour se contenta par le dernier Arrêt de faire des injonctions au Sénéchal de Jarnac qui avoit instruit.

26. Le Roi étant maître de ses graces, déroge quelquefois par les lettres de rémission qu'il accorde, à l'article 17 du titre 24 de l'Ordonnance de 1670, & dispense les impétrans de se représenter pour l'entérinement, mais les exemples en sont très-rares.

27. Dans le cas où un accusé auroit obtenu des lettres de rémission, s'il se trouve des nullités dans la procédure, il est de la régle de recommencer les informations, & quand elles sont refaites, d'interroger de nouveau l'accusé & Demandeur en lettres, mais ces lettres doivent toujours subsister, quoiqu'elles soient antérieures à la nouvelle procédure qui a été refaite : ainsi jugé par Arrêt du 31 Mars 1711, en déclarant une procédure nulle être refaite aux dépens du Bailly & Procureur Fiscal de Sceaux, dans l'affaire du Sieu Marchais, Commendant la Maréchaussée du Bourg-la-Reine.

CHAPITRE XV.

Des Lettres pour ester à droit, Rappel de Ban ou de Galeres, Commutation de peine, Rehabilitation, & Révision de procès.

Voyez le Titre 16 de l'Ordonnance de 1670.

Nous allons, en ajoutant au Chapitre précédent, traiter de cinq autres sortes de lettres de grace que le Roi seul peut accorder dans tout son Royaume, & qui s'obtiennent au grand Sceau.

Des Lettres pour ester à droit, & de leur effet.

1°. Les lettres pour ester à droit sont des lettres accordées par le Roi à ceux qui étant condamnés par contumace, ont laissé écouler les cinq années de l'Ordonnance, sans se présenter & purger leur contumace ; & par lesquelles le Roi les releve du tems qui s'étoit écoulé & passé, & les reçoit à ester à droit, & à se purger des cas à eux imposés, quoiqu'il y ait plus de cinq ans passés, tout ainsi qu'ils auroient pû faire avant le Jugement de contumace, à la charge de se mettre en état dans trois mois du jour de l'obtention d'icelles, lors de la présentation des lettres de refonder les frais de la contumace, & de consigner les amendes & sommes, si aucunes ont été adjugées par le Jugement de contumace, à la Partie civile ; & aussi à la charge que foi sera ajoutée aux témoins entendus dans les informations & recollemens, décédés ou morts civilement pendant la contumace.

Par le bénéfice de ces lettres, l'Impétrant est en état de se pouvoir purger comme auparavant de la condamnation par contumace, & tout est mis au néant dès qu'il a présenté ses lettres aux Juges auxquels elles ont été adressées, & qu'il a donné sa requête à fin d'entérinement d'icelles, à la reserve des frais de la contumace ; mais il faut qu'il se rende préalablement prisonnier, & qu'il se fasse écrouer, pour pouvoir présenter ses lettres & les faire entériner

Ces lettres s'entérinent sur requête non communiquée, sans avoir besoin de les présenter en personne à l'Audience en la forme des lettres d'abolition, rémission & pardon.

L'effet de ces lettres n'est pas d'absoudre, mais seulement de relever l'Impétrant du laps de tems, de faire cesser la condamnation portée par le Jugement de contumace, & de mettre l'accusé en état de pouvoir se justifier.

Des Lettres de rappel de Ban. Mais si l'Impétrant ne présentoit point ses Lettres d'ester à droit dans les trois mois du jour de l'obtention, les lettres seroient nulles, & le Jugement de condamnation par contumace resteroit dans sa force & vertu.

2°. Les lettres de rappel de Ban, sont des lettres que le Roi accorde, par lesquelles il rappelle & décharge celui qui avoit été condamné au bannissement à tems ou perpétuel ; sçavoir, du bannissement perpétuel ; ou pour le tems qui restoit à expirer du bannissement à tems, & remet & restitue l'Impétrant en sa bonne fame & renommée, mais non dans ses biens, à moins que les lettres ne le portent expressement ; & à la charge en ce cas de satisfaire aux autres condamnations portées par le Jugement de condamnation.

Les lettres de rappel de Galeres, soit à tems ou à perpétuité, sont des lettres que le Roi accorde, par lesquelles il rappelle & décharge des Galeres celui qui y est actuellement, ou de la peine des Galeres, à laquelle il avoit été condamné, s'il n'y est pas encore, & le remet & restitue en sa bonne fame & renommée, mais non en ses biens, à moins que les lettres ne le portent expressement, & à la charge en ce cas de satisfaire aux condamnations pécuniaires portées par le Jugement de condamnation.

Un Officier ou autre personne publique, qui est banni ou condamné aux Galeres, & qui obtiendroit dans la suite des lettres de rappel, ne seroit pas pour cela remis dans l'exercice de sa Charge, encore bien que les lettres de rappel portassent que *l'impétrant est remis en sa bonne fame & renommée*, parce que le Roi par ce rappel n'a point entendu remettre l'Impétrant dans l'exercice de sa Charge, ni même la rendre capable de pouvoir en posséder une nouvelle.

¶ Les lettres de rappel de Ban ou de Galeres, ne sont entérinées au Parlement que lorsque ces peines ont été prononcées par Arrêt contradictoire, ou par Jugement donné en dernier ressort aussi contradictoire, dont les cas où les Juges sont fondés à juger en dernier ressort suivant l'Ordonnance. C'est la décision que donna M. Barin de la Galissonniere, Substitut de M. le Procureur Général, à l'occasion du nommé Barrault, condamné par Arrêt de contumace aux Galeres sur une accusation de faux.

Des Lettres de commutation de peine. 3°. Les lettres de commutation de peines sont des lettres que le Roi accorde, par lesquelles il commue une grosse peine en une moindre, comme la peine du dernier supplice en la peine des Galeres, ou d'une prison perpétuelle, ou de bannissement, ou de servir le Roi en ses Armées pendant un certain tems, à ses dépens, ainsi des autres peines.

Ces lettres n'ôtent point l'infamie encourue par le Jugement de condamnation, & ne remettent point l'impétrant dans sa bonne fame & renommée, & encore moins en ses biens, à moins encore un coup que les lettres ne le portent expressement ; elles ne font que conserver la vie, s'il avoit été condamné à mort, & diminuer ses peines, s'il avoit été condamné à quelque peine, autre que le dernier supplice.

Des Lettres de réhabilitation. 4°. Les lettres de réhabilitation du condamné en ses biens, sont des lettres par lesquelles le Roi remet, rétablit & réhabilite un condamné en sa bonne fame & renommée & ses biens, non d'ailleurs confisqués, tout ainsi qu'il étoit avant le Jugement de condamnation, sans que pour icelle il lui puisse être imputé aucune incapacité, ni aucune note d'infamie, lesquelles demeurent ôtées & effacées, avec pouvoir de contracter & faire tous Actes civils.

Ces Lettres s'accordent lorsque le condamné a satisfait à la peine, amende & intérêts civils ; & que pour ôter la note d'infamie & l'incapacité d'agir civilement qui lui reste, & qui lui ôte les moyens de vivre, gagner sa vie & subsister, il a recours au Prince pour lui accorder des lettres de réhabilitation.

Ces Lettres, on le répete, ne remettent point l'Impétrant dans ses biens, à moins qu'il n'y ait une clause spéciale & expresse dans les lettres ; ce qui même ne pourroit être qu'à la charge de satisfaire aux condamnations civiles & pécuniaires, portées par le Jugement de condamnation ; mais le principal effet de ces lettres, est de rétablir le condamné en sa bonne fame & renommée, & le rendre capable & habile à faire les fonctions d'Officier public, & de faire tous Actes civils, comme auparavant la condamnation.

Ces Lettres seroient absolument nécessaires à un Officier condamné au blâme, sans quoi il ne pourroit plus faire mention d'Officier, ni posséder aucune Charge ; mais un condamné simplement à être admonesté, n'a pas besoin de ces lettres, parce que l'*admonesté* n'emporte point note d'infamie, & n'empêche point de posséder une Charge, ni d'en faire les fonctions comme auparavant la condamnation à la peine d'*admonesté*.

Les lettres de rappel de Ban ou de Galeres, commutation de peine & réhabilitation, s'entérinent sans que l'Impétrant soit tenu de se mettre en prison, ni se présenter à l'Audience ; elles s'entérinent sur une requête présentée par l'Impétrant aux Juges à qui l'adresse en a été faite, avec les Conclusions du Procureur du Roi, ou de M. le Procureur Général, mais sans examiner si ces lettres sont conformes aux charges & informations ; à quoi il faut ajouter que le Jugement de condamnation doit être attaché sous le contre-scel de ces lettres, faute de quoi les Impétrans ne pourront s'en aider.

Tout ce que dessus est tiré du texte & du sens de l'Ordonnance de 1670. articles 5, 6 & 7 du titre 14.

5°. Les lettres de révision sont des lettres que le Roi accorde pour revoir tout de nouveau un procès criminel, tant par rapport à la procédere & instruction, que par rapport au Jugement de condamnation ; & c'est un moyen & le seul moyen pour revenir contre un Arrêt ou Jugement en dernier ressort, rendu au grand Criminel ; car la requête civile n'y a point lieu, à moins que l'Arrêt ou Jugement en dernier ressort ne se trouve donné par dol, surprise & fraude ; par exemple, quand il y a preuve qu'on a falsifié ou supprimé les charges ou informations, séduit & corrompu les témoins, ou usé de mauvais artifices, auquel cas les lettres en forme de requête civile sont admissibles, & doivent être entérinées, & même sur la requête de l'Accusateur, quand par de telles voies l'Accusé a été renvoyé absous ; ce qui n'auroit pas lieu s'il ne s'agissoit que de simples défauts dans la procedure : ainsi jugé par Arrêt du 16 Juin 1632, rapporté par Bardet, *tome 2*, *liv. 1*, *chap. 32*. Des Lettres de révision.

Or, pour obtenir des lettres de révision de procès, le condamné est tenu d'exposer le fait dans toutes ses circonstances par une requête qui sera rapportée au Conseil du Roi, & renvoyée, s'il est jugé à propos, aux requêtes de l'Hôtel, pour avoir l'avis des Maîtres des requêtes sur la requête en révision ; lequel avis, s'il est favorable pour la révision, sera attaché sous le contre-scel des Lettres de révision, & les lettres de révision seront expédiées & signées par un Secretaire d'Etat, après toutefois avoir rapporté l'avis des Maîtres des requêtes au Conseil, articles 8 & 9 du titre 16 de l'Ordonnance de 1670 ; mais le renvoi de la requête aux Maîtres des requêtes pour avoir leur avis, n'est pas de nécessité, cela dépend principalement de M. le Chancelier, comme le même article 8 le fait entendre ; mais il faut qu'il y ait un Arrêt du Conseil qui admette la révision avant de pouvoir en faire expédier les lettres au grand Sceau, lequel Arrêt sera même attaché sous le contre-scel des lettres de révision, *ibidem*.

Quoique par le susdit article 9 il soit dit que la révision du procès sera en conséquence des lettres renvoyée devant les Juges qui avoient jugé le procès, cette disposition n'est pas toujours suivie ; & même on renvoye ordinairement la révision devant d'autres Juges ; car enfin on a de la peine à détruire son propre ouvrage, ce qu'il faut éviter, principalement en matiere criminelle, où il s'agit quelquefois de la vie. C'est de cette maniere dont le Conseil en usa en 1699 dans l'affaire des Officiers du Présidial de Mantes ; la révision fut renvoyée aux requêtes de l'Hôtel au Souverain, où par Jugement du premier Septembre 1699, la procédure & le Jugement dernier & Présidial qui avoit condamné injustement & sans raison un Gentilhomme à être pendu, & qui fut exécuté, furent cassés, la mémoire du défunt rétablie dans sa bonne fame & renommée, & ces Officiers condamnés en des peines afflictives, les uns au bannissement, les autres au blâme, & en de grosses réparations civiles envers la veuve & héritiers du défunt, amendes & dépens.

Il est permis aux Parties de produire, ou pour mieux dire, de joindre de nouvelles piéces, si elles en ont, au procès de révision, par une Requête signifiée avec copie de piéces ; sauf aux Parties défenderesses d'y défendre par une Requête contraire dans un délai compétent, mais court, parce que l'instruction & le Jugement des affaires criminelles ne doivent point, s'il est possible, souffrir de retardement ; article 10 *ibidem*.

Le ministere de M. le Procureur Géneral ou du Procureur du Roi, ne sera pas moins nécessaire dans la révision du procès, qu'il l'étoit dans le procès qu'il s'agit de revoir, examiner & juger de nouveau ; *ibidem*.

Les Gentilshommes sont tenus d'exprimer leur qualité de Nobles dans les Lettres de révision, à peine de nullité; article 11 *ibidem*.

Si les Impétrans des Lettres de révision y succombent, & que par le Jugement de révision il soit dit que le Jugement ou Arrêt de condamnation qu'on attaquoit par la voie de révision, étoit regulier dans l'instruction, & juste par rapport aux condamnations, ils seront condamnés en l'amende, qui est la même que celle de la Requête civile; sçavoir, trois cens livres envers le Roi; & cent cinquante livres envers les Parties défenderesses; article 28 *ibidem*.

A cause des conséquences, par rapport à la force des choses jugées, les Lettres de révision ne s'obtiennent pas aisément; il faut de grands & puissans moyens, soit dans la forme, soit au fond; dans la forme, des nullités essentielles dans la procédure; au fond, une iniquité évidente dans la condamnation par l'innocence du condamné sur le crime qui lui étoit imputé.

Enfin la seule déclaration d'un condamné au dernier supplice, faite avant d'être exécuté, par laquelle il se charge d'un crime pour raison duquel un autre avoit été condamné, suffiroit pour faire ordonner, non-seulement la révision d'un procès, mais encore pour faire rétablir la mémoire de l'innocent condamné; il y en a un Arrêt du Parlement de Provence du 18 Décembre 1661, rapporté par Boniface, *tom.* 1, *part.* 1, *tit.* 7, *chap.* 17.

CHAPITRE XVI.

Des Défauts & Contumaces, avec le Stile.

De la Contumace & de ses effets.

DEfaut & *Contumace* en matiere criminelle, c'est la même chose, & sont termes synonimes; ils signifient un refus de comparoir & se présenter en Justice, fait par un Accusé décrété ou condamné par contumace à quelque peine afflictive, soit qu'il soit en fuite, ou caché, & hors l'atteinte de la Justice; cependant ce ne seroit pas une véritable contumace si l'Accusé en decret d'assigné pour être oüi, ou en ajournement personnel, ne comparoissoit pas sur les assignations pour subir interrogatoire; il n'y auroit que la voie de convertir les decrets de degré en degré, au lieu que la véritable contumace ne commence qu'après les assignations données au domicile de l'Accusé, à ban & à être trompeté, faute de se présenter sur le decret de prise de corps, & s'être mis en état, c'est-à-dire dans les prisons, & être écroué en la maniere accoutumée.

C'est une mauvaise prévention que de penser que tout Accusé en fuite, absent ou contumax, est pour ainsi dire convaincu d'avoir commis le crime dont il est accusé par sa seule fuite, absence & contumace; un innocent, dit-on, n'a rien à craindre; mais cela n'est pas toujours véritable; on peut se justifier dans un tems, & ne le pouvoir pas faire dans un autre; c'est même un vieux proverbe, & qui n'est pas sans fondement, *que le crime amende quelquefois en vieillissant*: c'est pour cela que la contumace ne suffit pas seule pour faire condamner un Accusé contumax à toutes les peines proportionnées au titre de l'accusation; il faut en outre des preuves, ou du moins de forts indices dans le cas de la contumace; il est vrai qu'il ne faut pas des preuves aussi évidentes & concluantes que sur le crime imputé à un Accusé qui est en état & prisonnier.

Quoiqu'il en soit, il n'est point douteux qu'un accusé en contumace ne peut être condamné sans quelques preuves, & que s'il n'y en avoit point, il faudroit l'absoudre, ou du moins ordonner un plus amplement informé, ou laisser là la procédure en l'état où elle est, quoique l'accusé ne soit point présent pour faire valoir son innocence; mais la fuite est de prudence à quiconque se croit coupable du crime dont il est accusé: il vaut mieux être condamné comme contumax, que de l'être en personne & présent à sa condamnation.

Entre deux ou plusieurs coaccusés; dont l'un ou deux sont en contumace, l'autre ou les autres présens & en état, la contumace de ceux qui y sont, ne peut nuire ni préjudicier aux accusés qui sont en état, elle peut seulement retarder leur Jugement jusqu'à ce que la contumace des absens ait été instruite, afin que le procès des uns & des autres soit jugé ensemble & par un seul & même Jugement.

Un Ecclésiastique contumax ne pourroit être contraint à refonder les frais & dépens de la contumace, à moins que le cas pour lequel il est condamné ne fût privilégié, mais non si c'est pour raison d'un délit commun.

Après ces notions générales, il faut expliquer comment s'instruit la contumace d'un accusé absent; car tout accusé qui est en decret de prise de corps, ne peut ester à droit pour se justifier, qu'il ne soit mis dans les prisons & dûement écroué, autrement il est contumax.

2. Lorsque le decret de prise de corps ne peut être exécuté contre l'accusé, il sera fait perquisition, même dans la propre maison de l'accusé, & ses biens meubles & revenus de ses immeubles, seront saisis & annotés en vertu du seul decret & *in vim* de la seule absence de l'accusé, sans aucune Sentence, Arrêt ou Jugement; mais quant au fonds des immeubles, ils ne peuvent être saisis réellement ou autrement; de plus cette saisie & annotation ne peut avoir lieu qu'en cas de contumace, & non si l'accusé est actuellement prisonnier; & cette saisie & annotation se fait même avec établissement de Gardien ou Commissaire.

Des perquisitions, saisie & annotation.

La perquisition sera faite au domicile ordinaire de l'accusé, ou du moins à son dernier domicile au lieu de sa résidence, si aucune il a dans le lieu où s'instruit le procès dans le tems que le procès s'instruit; car domicile & résidence ne sont pas ici deux mots synonymes; c'est pourquoi par l'Edit du mois de Décembre 1680, il est ordonné que si l'accusé est decreté de prise de corps & en contumace, & poursuivi par perquisition de sa personne dans les trois mois du jour du crime commis, la perquisition sera faite au lieu de sa résidence au jour du crime, & que s'il n'est decreté qu'après trois mois, la perquisition sera faite au domicile ordinaire de l'accusé.

Il sera dressé procès-verbal de la perquisition en la maniere accoutumée, & il en sera laissé copie à quelqu'un trouvé dans la maison.

Si l'accusé n'a point de domicile, ou s'il ne réside point au lieu de la Jurisdiction, il suffira d'afficher à la porte de l'Auditoire où se juge le procès, la copie du decret, dont mention sera faite au bas de l'exploit.

La saisie des meubles & des revenus des immeubles, sera faite en la maniere prescrite par l'Ordonnance civile du mois d'Avril 1667, aux titres 19 & 33; mais toujours sans y pouvoir établir pour Gardiens ou Commissaires, les parens ou domestiques des Fermiers & Receveur du Domaine du Roi, engagé ou non engagé, ou des Seigneurs à qui la confiscation appartiendroit, si l'accusé étoit condamné à une peine emportant confiscation de corps & de biens; de plus, si au nombre des choses mobiliaires saisies, il y en avoit qui ne se pussent garder, il faudroit les vendre; & les deniers en provenans tenans en main de Justice, mais toujours en observant les formalités de ventes de meubles & effets mobiliers saisis, prescrites par l'Ordonnance de 1667, titre 33.

Si l'accusé est dômicilié, ou réside dans le lieu de la Jurisdiction, il sera assigné à comparoir dans quinzaine, suivant la disposition de l'article 17. du titre 7. de l'Ordonnance de 1670, & suivant l'Edit du mois de Decembre 1680; dans trois mois du jour du crime, si l'accusé a une résidence dans le lieu où le procès s'instruit; & du jour du decret, s'il a un domicile ordinaire, sans cependant que les jours de l'assignation & de l'échéance soient compris dans le délai.

Si l'accusé ne compare point dans le délai, il sera assigné par un seul cri public à la huitaine du jour du procès-verbal de perquisition; il faut depuis l'Edit du mois de Décembre 1680 afficher le procès-verbal de cri public à la porte de l'Auditoire: or ce cri public se fait à son de trompe ou tambour, suivant l'usage du Païs, dans la place publique, devant la porte du domicile ou résidence de l'accusé, s'il y en a, & à la porte de l'Auditoire, sans que le Juge puisse ordonner pour instruire la contumace, autres assignations que celles marquées par l'Ordonnance, & qu'on vient de rapporter: c'est ainsi qu'il faut entendre les articles 1, 2, 3, 4, 5, 6, 7, 8, 9 & 11 du titre 17 de l'Ordonnance de 1670. L'assignation à cri public se donne par un Huissier, assisté d'un trompette & de recors.

3. Il n'y a plus qu'une chose à observer au sujet des formalités qu'il faut garder pour l'instruction des contumaces; c'est que, si l'Accusé à qui il a été donné pour prison

De l'Accusé à qui a été donnée la suite d'une Cour, & qui ne se représente pas.

la suite du Conseil Privé du Roi, ou Grand Conseil ou autre Cour, ou le lieu de la Jurisdiction où s'instruit le Procès, ou les chemins de celle où il aura été renvoyé pour lui être fait son Procès, ne se représente pas, il sera assigné par une seule proclamation qui sera faite à la porte de l'Auditoire, de laquelle proclamation le procès-verbal sera affiché au même endroit, & procédé sans autres formalités au reste de l'instruction, & Jugement du procès, art. 10. *ibidem* ; ces sortes de sauf conduits & de liberté provisoire sont rares, parce qu'elles ont trop de conséquence : un Accusé en abuse souvent en ce qu'il ne se représente point.

D'un Accusé qui auroit obtenu des défenses contre un decret de prise de corps, & s'absenteroit.

Il est bon d'observer ici que si un Accusé qui auroit obtenu un Arrêt de défenses contre son decret de prise de corps, & par ce moyen n'auroit point subi interrogatoire, s'absente ; en ce cas il faut instruire la contumace dans toutes les regles, & non pas seulement par une simple proclamation.

Il faut dire de même de l'Accusé qui ne se présente pas pour subir l'interrogatoire derriere le barreau, *v. infr. chap.* 23, *n.* 21.

Des Conclusions préparatoires, du recollement, des Conclusions définitives & du Jugement par contumace.

4. La contumace ainsi instruite, toute la procédure sera remise entre les mains des Procureurs du Roi, Procureurs Fiscaux, ou de Messieurs les Procureurs Généraux, pour y prendre des conclusions sur la validité de l'instruction & de la procédure seulement, & non pas de définitives, parce qu'il y a encore d'autres procédures à faire avant d'en venir au Jugement définitif pour le profit de la contumace, art. 12. *ibidem* ; & voici ce qu'il faudra faire.

Premiérement, si la procédure est réguliérement & valablement faite, les Juges ordonneront que les témoins entendus dans les informations, seront recollés en leurs dépositions, & que le recollement vaudra confrontation ; article 13 *ibidem.*

Secondement, après le recollement fait dans toutes les regles des recollemens, le Procès sera derechef communiqué à la Partie publique pour y prendre des conclusions définitives sur le profit de la contumace, & sur les condamnations que peut mériter le crime de l'Accusé, s'il est prouvé & justifié ; art. 14. *ibidem.*

En troisieme & dernier lieu, il sera par les Juges procédé au Jugement, par lequel il sera dit & déclaré que la *contumace est bien instruite, & qu'en adjugeant le profit, l'Accusé est déclaré dûement atteint & convaincu de tel .... & tel crime*, pour réparation de quoi il est condamné à telle peine, même avec dépens, s'il y a une Partie civile ; mais non s'il n'y a que la Partie publique pour Partie ; bien entendu si les Juges trouvent que le crime qui forme l'accusation, est suffisamment accompagné de preuves.

De la nécessité de l'exécution des Jugemens par contumace, par effigie ou autrement.

5. Les Jugemens rendus par contumace, & contenant des condamnations de mort naturelle, sont exécutés par effigie ou représentation de la personne de l'Accusé ; & à l'égard des condamnations aux galeres à tems ou à perpétuité, amende honorable *in figuris*, & non pas l'amende honorable qu'on appelle ordinairement *amende honorable séche* ; bannissement à perpétuité seulement, & non à tems ; flétrissure, c'est-à-dire, marque imprimée avec un fer chaud en fleur de lys ou autrement, sur l'épaule du condamné, par la main de l'Exécuteur de la Haute-Justice & du fouet ; elles seront écrites seulement dans un tableau sans aucune effigie ; art. 16. *ibidem.*

Les effigies, aux termes du même article, & les tableaux, seront attachés dans la place publique par l'Exécuteur de la Haute-Justice ; mais quant à toutes les autres condamnations par contumace, comme blâme, amende honorable séche, bannissement à tems, elles seront seulement signifiées avec copie d'icelles, au domicile ou résidence du condamné, si aucuns il a dans le lieu de la Jurisdiction, sinon seront affichées à la porte de l'Auditoire, art. 17. *ibidem* ; de sorte que la signification au domicile suffit sans afficher ; la signification au lieu de la résidence dans le lieu de la Jurisdiction, suffit pareillement sans afficher la condamnation par contumace : mais la signification qui en seroit faite hors le lieu de la résidence, ne seroit pas suffisante sans l'afficher ; c'est ainsi qu'il faut entendre la disposition de cet article.

Le procès-verbal de l'exécution sera aussi mis au pied du Jugement, & signé seulement du Greffier, art. 17. *ibidem*, sans qu'il soit besoin d'autres témoins ; car les Juges ne sont point tenus d'assister à l'apposition desdites affiches ou tableaux.

On n'exécute point en effigie ceux à qui on fait le procès après leur mort par contumace, comme dans le cas du crime du duel, parce que ces sortes de coupables étant morts, ils ne peuvent pas se représenter.

De l'exécution provisoire des Sentences par contumace & des exoines à ce sujet.

6. Les Sentences & Jugemens rendus par contumace, s'exécutent par provision dès que le condamné ne se met point en état, & ne se présente point pour purger la contumace, quelque peine que prononce le Jugement, sans qu'il soit besoin d'un Arrêt confirmatif de la Sentence ou Jugement de contumace, avant de pouvoir mettre la Sentence ou Jugement à exécution.

Au reste, ceux contre lesquels la contumace aura été instruite & jugée, ne seront reçus à présenter Requête, soit en premiere instance ou en cause d'appel, qu'ils ne se soient mis en état; c'est la disposition de l'art. 4 du titre 25 de l'Ordonnance de 1670, qui paroît déplacé.

Ainsi c'est une maxime que toute Audience doit absolument être déniée à un contumax jusqu'à ce qu'il se soit mis en état, quand même il prétendroit qu'il y auroit des nullités dans la procédure sur laquelle seroit intervenu le Jugement par contumace dont il seroit appellant, même comme de Juge incompétent; c'est ce qui a été jugé par Arrêt de la Tournelle Criminelle du Mardi 19 Août 1738, conformément aux conclusions de Monsieur Joly de Fleury, plaidant MM. Aubry, Simon & Piet du Plessis.

Mais en cas de nullité de la procédure par contumace, & d'incompétence bien constante, rien n'empêche que le Ministere public ne puisse d'office appeller de la Sentence rendue par contumace; cela n'est point contraire à la disposition dudit article 4 du titre 25 de l'Ordonnance de 1670.

Le même article porte que ceux contre qui la contumace aura été instruite & jugée, pourront néanmoins proposer leurs exoines; voyez *suprà*, chap. 8. Mais supposé que l'exoine soit admise, cela n'aura d'effet que pour accorder un délai au contumax, pour se mettre en état, & pouvoir purger la contumace.

Voilà pour ce qui regarde l'instruction, le Jugement & l'exécution du Jugement de contumace; passons maintenant à ce qu'il faudra faire par les Juges, si le condamné par contumace est arrêté & constitué prisonnier, ou s'il se représente après le Jugement dans les cinq ans, ou après les cinq ans, dans les prisons du Juge qui l'aura condamné.

De l'effet de la représentation du condamné par contumace, dans les cinq ans, ou après.

7. Le premier effet de cette représentation, c'est-à-dire de ce que le condamné s'est mis en état ou prisonnier, & a été écroué, est que du moment de l'écroue, & en vertu du seul écroue & sans qu'il soit besoin d'aucune Sentence, Arrêt ou Jugement, les défauts & contumaces sont mis au néant, sans même qu'il soit besoin d'interjetter appel de la Sentence de contumace, ni former opposition à un Arrêt de contumace, art. 18 *ibidem*; c'est-à-dire, que les procédures & le Jugement sont anéantis, & doivent être regardés comme s'il n'y en avoit point eu.

L'Auteur des additions de Bornier, sur cet article 18, dit qu'encore qu'aux termes de cet article, le condamné ne doit se représenter ailleurs que *dans les prisons du Juge qui l'aura condamné*; néanmoins s'il se représentoit dans d'autres prisons, la contumace n'en seroit pas moins mise au néant, sauf à le faire transférer dans les prisons du Juge qui a prononcé la condamnation par contumace. Mais c'est parler contre les termes précis de cet article d'Ordonnance, c'est même élever une question inutile, puisque l'on ne recevroit point quelqu'un comme prisonnier dans une prison où l'on n'auroit pas droit de le retenir. Voyez ci-après *nombre* 30.

Au reste, il faut tenir pour certain que la représentation volontaire ou forcée d'un Accusé condamné par contumace, soit dans les cinq ans ou après les cinq ans, anéantit la contumace quant à la peine.

Mais il faut que l'Accusé, qui, ayant laissé faire une instruction criminelle contre lui par contumace, & s'étant laissé condamner par contumace, se représente & se met en état volontairement ou forcément dans les cinq ans ou après les cinq ans, refonde à la Partie civile, s'il y en a une, tous les frais de la contumace jusques & compris le Jugement de condamnation, bien & légitimement faits, suivant la taxe qui en sera faite en la maniere accoutumée, art. 19. *ibidem*; mais non les amendes & réparations civiles, si le condamné se représente volontairement dans les cinq ans, ou s'il est arrêté & constitué prisonnier dans les cinq ans. S'il se représente & constitue prisonnier après les cinq ans. Voyez ci-après *nombre* 13 & 28.

De la procédure à faire après que le contumax se sera mis en état.

8. Dès que l'Accusé condamné par contumace est en état & en prison, il doit être incessamment interrogé, & ensuite il sera ordonné que les témoins seront confrontés à l'Accusé, article 20 *ibidem*. Mais le recollement ne doit point être réitéré, voyez

l'article 6 du titre 15; voyez ci-devant, *chap.* 13, *sect.* 1, *n.* 14. la confrontation sera faite en la maniere accoutumée, quoiqu'il ait été ordonné dans l'instruction de la contumace que le recollement vaudra confrontation; car cela n'étoit bon qu'au cas que le contumax ne se représentât pas volontairement en forcément, dans un tems ou dans un autre; c'est ce qui résulte du même article 20.

Mais sur cette confrontation il y a deux choses à remarquer; l'une que la déposition des témoins décédés avant que d'avoir été récollés dans l'instruction de la contumace sera rejettée, & ne sera point lûe lors de la visite du procès, si elle chargeoit l'Accusé; mais si elle alloit à sa décharge, elle sera lûe pour y avoir tel égard que raison, art. 21. *ibidem*; ce qui est très-favorable pour l'Accusé, parce que si ces témoins décédés avant que d'avoir été recollés chargeoient l'Accusé, leurs dépositions ne serviroient de rien, & on n'y auroit non plus d'égard que si elles n'avoient pas été faites; au contraire; il en faudra faire usage si elles vont à la décharge de l'Accusé, ce qui se fait connoître que si la confrontation est de conséquence dans un procès criminel, le recollement est encore plus important.

L'autre remarque est que si quelques-uns des témoins qui ont été recollés dans l'instruction de la contumace viennent à décéder de mort naturelle, ou s'ils meurent de mort civile pendant la contumace & depuis leur recollement, leurs dépositions subsisteront, & la confrontation littérale en sera même faite à l'Accusé dans les formes prescrites pour les confrontations des témoins, sans que l'Accusé puisse fournir aucuns reproches à cet égard, à moins qu'ils ne soient justifiés par écrit, art. 22. *ibidem*: s'il en étoit autrement, il suivroit de-là que les condamnés par contumace seroient plus favorisés que les Accusés qui se sont trouvés originairement en état & sans avoir été contumacés, en ce que la déposition des témoins qui ont été recollés, & qui sont décédés, ou morts civilement pendant la contumace, ne subsisteroit pas, tant à charge qu'à décharge: un Accusé gagneroit par sa fuite & sa contumace, parce que la preuve dépériroit; c'est pourquoi dès qu'il y a eu un recollement, les dépositions des témoins recollés, doivent, quoiqu'il arrive, subsister en leur entier; & l'Ordonnance dans l'article 23 du même titre 17, veut que la même chose ait lieu à l'égard des témoins qui ayant été recollés ne pourroient être confrontés à l'Accusé, à cause d'une longue absence, ou d'une condamnation aux Galeres à tems, ou bannissement à tems, ou quelqu'autre empêchement légitime survenu pendant le tems de la contumace.

Or, pour justifier ces sortes d'absences à l'effet de confronter figurativement le témoin ainsi absent à l'Accusé, il suffit de faire faire un procès-verbal de perquisition du témoin, attesté par les principaux habitans du lieu de sa demeure, ou par un certificat en bonne forme, qu'il est, ou aux Galeres, ou banni, ou en garnison, ou en une autre occupation dans un lieu très-éloigné, ou qu'on ne sçait & on ne peut sçavoir où il est, ni surmonter l'empêchement qui le dérobe de la confrontation, sans qu'il soit nécessaire de faire pour raison de ce un nouveau procès, ni procéder par nouvelles informations. Il suit encore de cette même disposition, que des témoins entendus dans une information, & depuis condamnés aux Galeres à tems, ou au bannissement à tems, peuvent être recollés & confrontés, parce qu'ils ne sont pas morts naturellement ou civilement; autre chose seroit s'ils étoient morts civilement.

On appelle confrontation littérale ou figurative, celle qui se fait par la seule lecture de la déposition d'un témoin, qu'il est impossible par les raisons ci-dessus, de représenter pour être confronté à l'Accusé; cette confrontation vaudra autant dans cette rencontre que la confrontation réelle & effective, sans que l'Accusé y puisse rien opposer contre le témoin qui a déposé, que par des reproches prouvés & justifiés par écrit.

Pour la confrontation littérale; il faut qu'il y ait un Jugement qui l'ordonne.

Quand le contumax se représente dans l'an.

9. Si le condamné par contumace se représente, ou s'il a été arrêté & constitué prisonnier dans l'année de l'exécution du Jugement de contumace par effigie, tableau ou autrement, main-levée lui doit être faite de ses meubles & revenus de ses immeubles; même le prix provenant de la vente de ses meubles, s'ils avoient été vendus en totalité ou partie, lui seroit rendu, les frais de la saisie & de vente déduits, en consignant l'amende à laquelle il auroit été condamné, art. 26. *ibidem*; mais pour obtenir ces avantages, il faut que l'Accusé condamné par contumace, soit en état & en prison dans l'année de l'exécution de son Jugement par contumace, soit volontairement, soit forcément; car après l'année

l'année révolue, quoiqu'il fût encore dans les cinq ans de l'Ordonnance, il seroit privé de ces avantages; il est vrai que dans l'année de grace, il faut que l'Accusé consigne l'amende en laquelle il a été condamné par le Jugement de contumace; mais s'il n'étoit pas en état de faire cette consignation; il seroit raisonnable de s'écarter en cette rencontre de la rigueur de la Loi, sauf à prendre cette amende sur les revenus de ses immeubles, ou sur le prix de ses meubles, s'ils ont été vendus; & s'il n'avoit aucuns biens, ce défaut de consignation ne lui pourroit point être opposé.

10. Un Accusé condamné par contumace a cinq ans de droit, & par l'Ordonnance, pour se représenter à compter, du jour de l'exécution du Jugement de contumace, sans avoir besoin de Lettres pour ester à droit; mais s'il ne se représente point dans les cinq ans, les condamnations pécuniaires, amende & confiscations seront réputées contradictoires, & vaudront, quoique prononcées par Sentences, comme si elles avoient été prononcées par Arrêt ou Jugement en dernier ressort; sauf si par l'évenément il est absous, ou que sa condamnation n'emporte point de confiscation de biens, à lui rendre ses meubles & immeubles confisqués en l'état qu'ils se trouveront, mais néanmoins sans restitution des amendes, ni des fruits & revenus de ses immeubles, ni des intérêts civils, si aucuns ont été payés à la Partie civile; art. 28. *ibidem.*

Quand le contumax ne se représente qu'après les cinq ans. Mais quid en crime de duel.

Cette disposition cesse dans le crime de duel, suivant l'Edit de 1679, article 23, qui porte, que les condamnés pour raison de ce crime par contumace qui se représenteroient, même dans les cinq ans, non-seulement ne peuvent se représenter & se mettre en état sans la permission expresse du Roi, & par Lettres au grand Sceau, mais encore qu'ils n'ayent payé les amendes auxquelles ils pourroient avoir été condamnés, & cela *in odium* du crime de duel.

11. La Jurisprudence du Parlement de Paris, est que la Partie civile ne peut recevoir les condamnations pécuniaires prononcées par un Jugement par contumace en sa faveur, qu'en donnant caution pour les cinq années qu'a le condamné pour se représenter, parce qu'il se pourroit faire qu'en se représentant dans les cinq années il se justifiât.

Comment la Partie civile peut recevoir les condamnations pécuniaires par contumace.

12. Un condamné à mort par un Jugement de contumace qui se représente volontairement, & qui se met prisonnier, éteint la contumace, *ipso facto;* encore qu'il n'y ait point eu de Jugement qui ait mis la condamnation au néant. Il y a un Arrêt du Parlement de Paris qui l'a ainsi jugé, il est du mois de Juin 1633, rapporté dans le premier tome *du Journal des Audiences.*

Contumace en se mettant en état éteint la contumace ipso facto.

13. Si un condamné par contumace ne se représente point dans les cinq ans, les condamnations pécuniaires, amendes & confiscations seront réputées contradictoires, & vaudront comme si elles avoient été ordonnées par Arrêt, à moins qu'après ce tems fatal le contumax n'obtienne au grand Sceau des Lettres pour ester à droit, art. 28; de sorte que la représentation du contumax après les cinq ans, sans Lettres pour ester à droit, n'éteint le Jugement de contumace que par rapport à la peine; d'où il suit qu'il n'y a plus de partie civile. C'est ainsi qu'il faut concilier les articles 18 & 28 de ce titre.

Si le contumax ne se représente point dans les cinq ans, ni dans les trente ans, & des Lettres pour ester à droit.

Et il faut remarquer qu'après trente ans du jour du Jugement par contumace exécuté par effigie ou non, tout est prescrit, l'Accusé n'est plus recevable à purger la contumace, & proposer moyens de nullité; ainsi jugé par Arrêt de la Tournelle du 7 Septembre 1737, plaidant Me. Simon, Avocat du Chevalier d'Acheux, condamné par contumace, contre M. Daguesseau, Avocat Général, pour M. le Procureur Général. Et par autre Arrêt rendu en la Grand'Chambre au rapport de M. Severt le 6. Mars 1738, le même Chevalier d'Acheux, condamné par contumace, a été déclaré incapable de recueillir les successions de ses pere & mere morts dans les trente ans, même celles d'autres parens qui étoient échûes depuis les trente ans, parce que ne s'étant point représenté dans les trente ans, la mort civile qui s'est formée par ce long intervalle, est devenue irrévocable par le laps des trente ans. Ainsi le Chevalier d'Acheux étant mort civilement, & cette mort civile étant irrévocable, & ne pouvant cesser que par Lettres du Prince, qu'il n'est point en usage d'accorder en pareil cas, il n'a pû succeder, ni pendant les trente ans, ni après.

Il est à propos de remarquer ici sur la même question, si un condamné à mort par Jugement de contumace exécuté par effigie est recevable après les trente ans, de demander partage dans les successions de ses pere & mere. Bardet rapporte un Arrêt du

11 Mars 1632, où il fait dire à M. Talon, Avocat Général, que si dans l'espece de cet Arrêt le condamné à mort ne doit pas être admis à succéder, ce n'est pas à cause de la mort civile, puisqu'elle est prescrite par le laps de trente ans; mais que cette incapacité provenoit d'une cause antérieure à la condamnation, qui étoit la profession en Religion que le condamné avoit faite avant le crime commis, de laquelle il ne rapportoit qu'une dispense nulle.

Mais lors de l'Instance jugée contre le Chevalier d'Acheux par Arrêt du 6 Mars 1738, les Parties ayant levé au Greffe l'Arrêt ci-dessus rapporté par Bardet, l'on n'y trouva point ce qu'il fait dire à M. Talon. Au reste, supposé que ce que rapporte Bardet soit exact, il faut dire que la Jurisprudence a changé, & que l'on tient à présent qu'un condamné à mort par contumace exécutée, qui ne s'est point représenté dans les trente ans de l'exécution, a bien prescrit la peine au bout des trente ans; mais que du jour de l'échéance des trente ans il est mort à jamais civilement, & que ce terme étant échu, il ne peut plus se mettre en état; il ne peut plus succéder, & n'a plus d'être civil.

Des confiscataires qui par l'événement sont obligés de rendre les meubles & immeubles au contumax, & de ce qu'ils doivent faire.

14. Les Confiscataires, qui par l'événement du Jugement sur l'accusation seroient obligés de rendre les meubles & immeubles à celui dont les biens avoient été confisqués par le Jugement de contumace, ne pourroient être tenus de les rendre qu'en l'état qu'ils se trouveroient au jour du Jugement d'absolution, & non au jour qu'ils ont eu les meubles, & qu'ils se sont mis en possession & jouissance des immeubles; article 28 *ibidem*; mais quant aux meubles, il faudra toujours en rendre la quantité & la qualité. Il est de la prudence d'un Confiscataire de faire en ce cas un Inventaire, état ou description des meubles d'un condamné par contumace, qui ne se représente point dans les cinq ans, & dont l'absence & le défaut de représentation dans ce tems, donne sujet au Confiscataire de se mettre en possession des biens du condamné par contumace à la confiscation de corps & de biens.

Du contumax condamné à mort civile.

15. Dès qu'un condamné par contumace au dernier supplice, aux Galeres à perpétuité, ou au bannissement perpétuel, décédera après les cinq années sans s'être représenté, ou avoir été constitué prisonnier, il est réputé mort civilement du jour de l'exécution du Jugement de contumace, article 29 *ibidem*; donc par argument contraire un tel condamné décédant dans les cinq ans, quoique non prisonnier, il meurt *sui juris*, & capable de tous effets civils; tant entre-vifs que par testament; il est même habile & capable de succéder, *quia quandiù ambulat in integrum restitutio omnia manent in integro statu*; voyez ci-après, n. 20; il pourroit aussi valablement contracter un mariage valable, *quoad fœdus*, *sed non quoad effectus civiles*. Il n'en seroit pas de même s'il mouroit après les cinq années, il n'auroit eu aucun de ces avantages, *pro mortuo habetur*, & il n'est plus censé être *in rerum naturâ* par rapport à la société civile & aux Actes civils; ainsi son mariage même contracté dans les cinq ans seroit nul quant aux effets civils, comme il a été jugé par Arrêt du 13 Février 1625, rapporté au *Journal des Audiences*, & mieux par Bardet, *tome* 1, *liv.* 2, *chap.* 31.

Cet Arrêt a déclaré une fille incapable de succéder à son pere qui s'étoit marié depuis sa condamnation à mort par contumace & exécutée, & qui étoit décédé après les cinq ans sans s'être mis en état. Il y a un Arrêt du 6 Juillet 1637, aussi rapporté par Bardet, *tome* 2, *liv.* 6, *chap.* 18, & par Henris, *tome* 1, *liv.* 6, *quest.* 6, qui en ce cas a admis l'enfant à une succession collatérale. Cet Arrêt est aussi rapporté au *Journal des Audiences*, où il est mal daté de l'année 1647; mais nonobstant ce dernier Arrêt, il faut tenir que l'incapacité dont il s'agit s'étend tant aux successions collatérales qu'aux directes, parce qu'un mariage contracté par une personne morte civilement & irrévocablement, ne peut point dans la regle générale produire d'effets civils, ni donner d'enfans légitimes quant aux effets civils; c'est la disposition précise des articles 5 & 6 de la Déclaration du 26 Novembre 1639, laquelle est postérieure audit Arrêt de 1637. Cette maxime a été soutenue par M. le Nain, Avocat Général, lors de l'Arrêt du 25 Mars 1709, rapporté au *Journal des Audiences*.

Au reste, il faut remarquer que les enfans issus de tels mariages ne sont pas toujours privés des effets civils & incapables de succéder; car s'il y a de la bonne foi de la part de celui des conjoints qui est marié à la personne condamnée, & que cette bonne foi soit bien prouvée, cela suffit pour rendre les enfans légitimes & capables de toutes successions; c'est ce qui a été positivement jugé par le susd. Arrêt du 25 Mars 1709, rapporté au *Journal des Audiences*.

Un tel condamné par contumace ne pourroit pas valablement aliéner son bien pendant les cinq années à lui accordées par l'Ordonnance pour se représenter & se justifier, principalement si l'accusation étoit pour un crime grave & attroce, parce que suivant les Loix, & entr'autres la Loi, *Post contractum crimen*, au Dig. *De Donat.* le vendeur étoit en prohibition de pouvoir aliéner son bien, *à die commissi criminis*; mais ce qu'il y a de certain, c'est que la validité ou invalidité de cette aliénation dépendroit de l'événement du Jugement du procès si l'Accusé s'étoit mis en état, ou qu'il eût été arrêté & constitué prisonnier; car si par le Jugement l'Accusé est condamné à des peines afflictives & en des réparations civiles, ces condamnations feront tomber l'aliénation comme frauduleuse, tant envers la Partie civile, qu'à l'égard des Confiscataires; *secùs* si l'Accusé réussit dans son procès, & qu'il se fasse renvoyer absous de l'accusation, ou qu'il n'y ait que des condamnations légeres; mais toujours faudroit-il prendre les condamnations pécuniaires sur les biens aliénés.

Si néanmoins l'Accusé avoit vendu ses biens avant qu'il eût été décrété, la vente seroit bonne, parce que ce n'est que du jour du décret que la Partie civile a hipotequé sur les biens de l'Accusé, parce que ce n'est que du moment qu'on est décrété que l'on devient réellement accusé.

Il y a une exception à cette maxime par rapport au crime de duel ou de rencontre, porté en l'Edit de 1679, qui déclare tous les coupables de ce crime, & condamnés, même par coutumace, & encore qu'ils soient dans les cinq ans, indignes & incapables de toutes successions; ne pourront-on pas dire quand même ils décéderoient dans les cinq ans, tant ce crime est odieux, attroce & abominable; la même chose auroit lieu, quand même un condamné par contumace auroit obtenu des *Lettres d'ester à droit*, Lettres qui en ce cas ne seroient pas faciles à obtenir.

Confiscataire ne peut disposer des biens confisqués, qu'après les cinq ans; & comment ils doivent s'en mettre en possession.

16. Le Roi ne fait aucun don des confiscations qui peuvent lui appartenir pendant les cinq ans accordés au condamné par contumace pour se représenter volontairement ou forcément; & cela est pareillement défendu aux Seigneurs Hauts-Justiciers par rapport aux confiscations qui peuvent leur appartenir; ces dons anticipés sont nuls & ne peuvent subsister, il n'y a que les fruits des revenus des immeubles, desquels le Roi fasse don, & desquels il soit permis aux Seigneurs de faire don, même dans les cinq ans, & encore l'effet du don n'aura exécution qu'au cas que le condamné par contumace ne se représente point volontairement ou forcément dans les cinq ans; article 31 *ibidem*.

Mais si le condamné par contumace ne se représente point après les cinq ans du jour de l'exécution du Jugement de condamnation, le Roi & les Seigneurs Hauts-Justiciers auront droit de donner les biens confisqués, les vendre & en disposer, tant meubles qu'immeubles, en toute propriété, possession & jouissance; mais quant aux Receveurs du Domaine du Roi, les Donataires du Roi, & les Seigneurs, ils ne pourront après les cinq années s'en mettre en jouissance, qu'en vertu d'un Jugement, & après avoir fait faire un inventaire en forme des meubles & effets mobiliers, & un procès-verbal de l'état des immeubles, aux peines de l'Ordonnance, article 32 *ibidem*, parce qu'enfin il se peut faire que ce condamné pourra rentrer en ses biens en obtenant des Lettres d'ester à droit & en se justifiant.

Défenses aux Officiers de Justice de prendre les effets d'un contumax ou simplement decrété, ni de s'en rendre adjudicataire.

17. Il est très-défendu par l'Ordonnance, & sous de rigoureuses peines, aux Juges, Greffiers, Huissiers, Archers, & autres Officiers de Justice, de prendre ou faire prendre & transporter directement ni indirectement, soit en leurs maisons, soit aux Greffes, aucuns deniers, meubles, hardes ou fruits & revenus appartenans aux condamnés par contumace, ou à ceux contre lesquels il n'y avoit qu'un simple decret, ni de s'en rendre adjudicataires, soit sous leurs noms, ou sous le nom des personnes interposées, article 27 *ibidem*; un tel procédé seroit une espece de vol, & très-punissable en la personne de ces Officiers.

Comment se doit faire le procès à l'Accusé évadé des prisons après son interrogatoire, ou même après toute l'instruction.

18. Si un Accusé s'évade des prisons après avoir prêté son interrogatoire, son procès lui sera fait par contumace, mais sans être ajourné ni proclamé à cri public, & le Juge fera informer sur le bris de prison seulement, & non sur le crime qui avoit donné lieu à son accusation, à son decret & emprisonnement, & il ordonnera que les témoins ouis dans cette derniere information, & ceux ouis dans la précédente, seront recollés, & que leur recollement vaudra confrontation, articles 24 & 25 *ibidem*; ensorte qu'il faudra instruire deux procès par contumace à cet Accusé, l'un pour raison

de sa premiere accusation, l'autre au sujet du bris de prison ; mais comme cet Accusé avoit subi interrogatoire avant son évasion de la prison, il n'est point nécessaire pour parvenir à l'instruction de la contumace dans l'un & dans l'autre procès de le faire ajourner, ni proclamer à cri public, parce qu'au moyen de son interrogatoire dans la prison, il est censé avoir purgé son decret ; c'est pourquoi le Juge après avoir dressé un procès-verbal de l'évasion du Prisonnier, & du bris de prison en la maniere accoutumée, & sur le lieu de la prison, il ordonnera qu'il en sera informé, & l'information faite, il rendra un Jugement, portant que les témoins ouis dans cette information seront recollés en leurs dépositions, & que le recollement vaudra confrontation ; cela fait, le même Juge fera son instruction de contumace sur l'ancien crime en la maniere prescrite par l'Ordonnance, & l'instruction faite & parfaite pour l'un & l'autre procès, & le tout communiqué au Procureur du Roi, ou Procureur Fiscal, ou à M. le Procureur Général, il sera rendu le Jugement de contumace, portant les condamnations convenables pour le premier crime & pour le bris de prison, article 25 *ibidem* ; car le bris de prison est parmi nous punissable.

Quand même le Prisonnier se seroit évadé après toute l'instruction faite contre lui, & même après son interrogatoire sur la sellette, comme il arriva au mois de Décembre 1739, en la Tournelle Criminelle de Paris, l'usage en ce cas est d'instruire la contumace contre lui sur son évasion, s'il y a des Coaccusés avant de les juger ; ce qui doit avoir lieu quand même il n'y auroit pas de Coaccusés, parce que l'évasion peut donner lieu à augmenter la peine.

Du contumax qui, après s'être mis en état, est mis hors des prisons à la charge de se représenter, & ne le fait pas.

19. Si un condamné par contumace à quelque peine afflictive, se représente & se met en prison depuis la condamnation, & ensuite sort des prisons & est élargi par un Jugement depuis son interrogatoire, pour cause de maladie dangereuse, où il y auroit péril de la vie s'il restoit en prison, ou à caution, & à la charge toutefois de se représenter à toute assignation, ne se représente point, & ne se rend point prisonnier, il faut suivre la disposition de l'art. 10, voyez ci-devant *nombre* 3 ; & en ce cas l'Accusé ne sera point condamné pour évasion des prisons, parce qu'il n'étoit sorti des prisons qu'en vertu d'un Jugement ; car de prétendre que sous prétexte que cet élargissement n'étant que conditionnel, & que l'Accusé ne s'étant point représenté, la condamnation par contumace a subsisté, & qu'un tel condamné est réputé mort civilement, cette opinion ne s'accorderoit pas aisément avec l'Ordonnance, qui veut que par la seule représentation la contumace soit anéantie & mise au néant ; voyez ci-après *nombre* 22.

De celui qui meurt pendant l'appel avant la prononciation du Jugement en dernier ressort.

20. C'est une maxime constante que l'Accusé qui décéde pendant l'instruction du procès, soit qu'il soit prisonnier, soit que l'instruction se fasse par contumace, meurt *integri statûs*. Ainsi si un particulier accusé d'assassinat prémédité s'évade, on lui fait son procès par contumace, & par Sentence du 20 Mars 1750, il est condamné à la roue ; mais ses héritiers apprennent que le 17 du même mois, trois jours auparavant, cet Accusé avoit été tué d'un coup de canon sur un vaisseau où il s'étoit embarqué pour passer en pays étranger ; nulle difficulté que la Sentence de contumace est nulle, & que l'Accusé est mort *integri statûs* ; sauf l'action dûe en intérêts civils contre les héritiers de l'Accusé.

De même l'Accusé condamné par Sentence emportant mort civile, mourant pendant l'appel, meurt *integri statûs* ; voyez le Brun, *des Successions*, *liv.* 1, *chap.* 2, *section* 1, *nombre* 5.

Mais c'est une question de sçavoir, si un tel condamné par Sentence, venant à mourir avant la prononciation de l'Arrêt confirmatif, soit dans les prisons du Parlement ou autre de Juge Souverain, soit en chemin & durant la conduite que l'on feroit de lui sur les lieux, il seroit réputé mort *integri statûs*.

Basnage traite cette question sur l'article 143 de la Coutume de Normandie, page 219 de l'Edition de 1709 ; il rapporte un Arrêt sur partage du Parlement de Rouen, du 10 Février 1632, qui a jugé qu'une femme condamnée à mort par Sentence confirmée par Arrêt, qui avoit ordonné qu'elle seroit renvoyée sur les lieux pour y être exécutée, étant morte subitement & naturellement pendant le chemin dans une Hôtellerie, étoit morte *integri statûs*.

Cet Auteur observe que l'événement de la mort de cette femme condamnée par Sentence confirmée par Arrêt, ayant été rapporté en la Chambre de la Tournelle à avec le rapport de visite par les Medécins & Chirurgiens, il se mût question si le corps devoit être enterré, ou si l'exécution devoit être parfaite, ce qui alloit à la confiscation des biens. M. de Soquence, Rapporteur, étoit d'avis que l'exécution fût parfaite, & le corps porté au lieu patibulaire : M. du Moucel, Compartiteur au contraire, que le corps devoit être enterré. Pour avoir le sentiment de Messieurs de la Grand'Chambre, on passa sous silence qu'il ne pouvoit y avoir de partage, attendu qu'en matiere criminelle il devoit passer *in mitiorem*, quoique M. le Rapporteur, & ceux qui étoient de son opinion, soutinssent qu'il ne s'y agissoit que de l'exécution de leur Jugement.

M. le Rapporteur disoit, que cette question n'étoit pas expressément décidée par le Droit, que les Jurisconsultes & les Empereurs avoient seulement décidés, que le crime est éteint par la mort qui arrive avant l'accusation, avant le Jugement, & pendant l'appel, *Leg. unic. ff. Si pendente appellat. & tot. tit. Ne statu defunct. quæratur*; mais qu'après un Arrêt & un Jugement Souverain, tout étoit parfait, & la confiscation acquise, puisqu'elle étoit portée par l'Arrêt; que par la Coutume tout homme condamné à mort confisque, qu'il n'y est point parlé de l'exécution du Jugement, que même l'exécution étoit commencée dès-lors qu'on avoit mis le criminel entre les mains du Sergent; qu'un Banni confisqué venant à mourir avant son départ, ses biens ne laisseroient pas d'appartenir aux Seigneurs dont ils seroient tenus. Il citoit l'Arrêt du Parlement de Bourdeaux, du 24 Avril 1534, rapporté par Papon, liv. 24, tit. 14, art. 1, qui a jugé qu'un assassin & incendiaire condamné à être brûlé vif, ayant été mis au feu, échappé des mains du Bourreau, & étant mort la nuit suivante, son corps seroit mené au lieu de l'exécution, brûlé & mis en cendre. Qu'enfin il se commettroit beaucoup d'abus, & il arriveroit bien des inconvéniens, si par le décès des condamnés on les dispensoit de l'infamie du supplice & de la confiscation; que ce seroit donner lieu aux emprisonnemens, & qu'il seroit aisé d'avoir un certificat de Medécins & Chirurgiens; qu'enfin la confiscation étoit particuliérement ordonnée par la Coutume de Normandie, & que les peines sont ordonnées pour l'exemple & pour donner de la terreur aux méchans.

M. le Compartiteur pour soutenir son avis, qui fut suivi par l'Arrêt ci-dessus, disoit qu'en France, dans les crimes on considere deux choses : l'intérêt particulier, & la satisfaction publique, qui consiste en la punition des crimes; qu'il ne s'agissoit point de l'intérêt particulier; que pour la peine, on suit la disposition des Loix Civiles; que *morte rei crimen extinguitur*, *Leg. 6. ff. De public. judic. Leg. 20, ff. De pœnis*; que le Jugement n'est parfait que par la prononciation qui n'avoit point encore été faite; que quand elle l'eût été, l'exécution ne le pouvoit plus être en la maniere qu'elle avoit été ordonnée; que c'étoit un cadavre auquel pour donner un nouveau Jugement, il auroit fallu donner un Curateur; que jusqu'à l'exécution, le criminel pouvoit espérer & recevoir sa grace; que puisqu'un condamné étoit capable de le recevoir, il ne pouvoit en être privé que jusqu'au dernier soupir de sa vie; que *judicio divino sublatâ illâ pœnâ, substrahi censeri videtur*; que la condamnée & ses héritiers pouvoient profiter de cet heureux événement, *gaudeant eventu*; que la considération de l'exemple ne devoit point s'étendre jusqu'à ôter le droit des particuliers. Quant à la confiscation, que c'est l'exécution qui la produit; que quand les Coutumes disent, qui confisque le corps, confisque les biens, cela veut dire que celui qui est exécuté à mort par Justice, confisque ses biens; ce qui montre que pour confisquer le corps & les biens, ce n'est pas assez que d'être jugé, il faut être exécuté à mort par Justice; que Chassanée sur la Coutume de Bourgogne, Titre des Confiscations, §. 1. *in verb.* qui confisque le corps, l'explique ainsi, *no aliter & cum effectu.*

Carondas en ses observations, *verbo Arrêt*, tient aussi que si le prisonnier meurt avant la prononciation de l'Arrêt, *integro statu moritur*, *ejusque bona ad ipsius heredes pertinebant*, *Leg. 2. §. 1. in fin. De bon. eor. qui antè sentent.* & qu'ainsi a été jugé par Arrêt, pour les héritiers d'un nommé Triboulet; ce que l'on peut encore appuyer des termes de l'article 11 du titre 35 de l'Ordonnance de 1667, qui porte que les Jugemens rendus sur procès par écrit; n'auront leurs effets que du jour qu'ils auront été signifiées aux Procureurs. Mais Carondas, *eod.* dit qu'il ne faut pas étendre cela à l'exécution, parce qu'encore qu'un Arrêt ne soit pas exécuté, ayant été prononcé au condamné, *jus facit*, & doit sortir effet, que l'exécution n'y apporte & ne diminue rien, *juxta Leg. Judex 55, ff. De re judicata.*

Cependant l'avis ci-dessus de M. le Compartiteur est à préférer à celui de Carondas; il faut tenir que les biens d'un condamné décédé même après la prononciation du Jugement, mais avant l'exécution, ne soient point confisqués, c'est ce qu'établit Rocheflavin en ses Arrêts, livre 6, sous le mot *Confiscation*, titre 23, article 5, & ce qui a été jugé par Arrêt du Parlement de Toulouse, rapporté par Maynard, liv. 4. chap. 52, parce que le corps qui est le principal ne se trouvant pas confisqué, les biens qui sont l'accessoire ne le peuvent pas être : *cum principalis causa non consistit plerumque nec ea quidem quæ sequuntur, Leg. Cum principalis* 178. *De divers. regul. jur. Et accessorium naturam sequi congruit principalis, Cap. Accessorium, Extr. De regul. jur. in* 6°.

Autre espéce plus récente. Un Ecclésiastique accusé de vol, viol, & autres crimes énormes, est condamné par Sentence du premier Juge à être pendu. Comme sur l'appel on le transferoit à Paris dans le Carrosse de Voiture, les fers aux mains & aux pieds, se présenterent six hommes masqués & armés qui arrêterent le carosse, passant sur un Pont, assurerent aux Voyageurs qu'ils n'en vouloient qu'à l'Ecclésiastique, à qui ils ont un mot à lui dire ; aussi-tôt ils se saisirent de cet Ecclésiastique, & le jettent dans la Riviere. Il a été décidé que cet Ecclésiastique étoit mort *integri status*, & qu'il n'y avoit pas lieu à la confiscation.

En effet, la confiscation est si odieuse, que par Arrêt du 30 Janvier 1630, rapporté par Brodeau sur Louet, *Lettre C. sommaire* 25 ; il a été jugé qu'un condamné à mort par Sentence confirmée par Arrêt, & exécuté, avoit été incapable de recueillir une succession échue, *medio tempore*, & le Brun *des Successions, liv.* 1, *chap.* 1, *section* 2, *nomb.* 7, dit même que l'on jugeroit en faveur de la famille, que le condamné est réputé mort du jour du crime. Mais si le condamné s'étoit tué avant l'exécution du Jugement emportant confiscation, tous les Auteurs conviennent qu'en ce cas la confiscation auroit lieu, suivant la Loi derniere, *in princ. ff. de bon. eor. qui ante sentent.* voyez Coquille, *question* 16, & Despeisses *tome* 3, *pag.* 124 *nombre* 22 ; mais pour cet effet il faudroit faire le procès au cadavre.

La contumace ne suffit pour la condamnation sans autre preuve.

21. On a fait une difficulté de sçavoir si la contumace suffit pour la condamnation d'un accusé auquel on a fait le procès par contumace, quand il n'y a point de preuve ; mais la négative de cette question est incontestable : il faut qu'il y ait preuve ; Basset en ses Arrêts, *tome* 1, *liv.* 6, *chap.* 3, en rapporte un Arrêt formel du Parlement de Grenoble, du 3 Mai 1638.

Des successions échues dans les cinq ans au contumax décédé après les cinq ans.

22. Un condamné à mort, & exécuté en effigie, étant décédé après les cinq ans, pour purger la contumace, a été incapable de recueillir une succession à lui échue dans l'intervalle des cinq ans qu'il avoit pour se représenter ; Arrêt du 13 Mai 1678, rapporté au *Journal du Palais*. Cependant par Arrêt du 23 Juin 1633, rapporté par Bardet, *tome* 2, *livre* 2, *chap.* 44, il a été jugé qu'un tel condamné avoit pû valablement faire Testament après cette prescription ; mais l'article 29 du titre 17 décide qui est réputé mort du jour de l'exécution de la Sentence de contumace ; voyez ci-après *nombre* 28.

Ainsi un coupable absent & en contumace sur l'instruction de son procès, & dont le crime mérite une condamnation aux Galeres à perpétuité, ou au bannissement perpétuel, ou au dernier supplice, n'est censé mort civilement que par la condamnation par contumace, & du jour du Jugement de contumace, & non du jour du crime commis, car la mort civile suppose la condamnation ; jusques-là le coupable n'est point retranché de la société civile, il peut recueillir une succession, & s'il vient à mourir avant la condamnation, ses héritiers légitimes lui succedent ; en un mot il est capable de tous effets civils : un Ecclésiastique pourroit même résigner & permuter ses Bénéfices.

Ce n'est pas l'absence d'un accusé qui le rend coupable, mais les preuves, & il ne faut pas toujours s'imaginer qu'un accusé qui s'absente sur la présomption ou sur le bruit public qu'il est l'auteur du crime qui donne lieu à l'accusation, est coupable par sa seule absence ; car quiconque voit que sa vie dépendra de la volonté d'autrui, & du témoignage de témoins qui peuvent être corrumpus, se met plutôt devant les yeux ce que des témoins peuvent dire, & ce que ses Juges peuvent faire, ce qu'il devroit faire pour justifier son innocence. Aussi l'Empereur Charlemagne fit une Loi, par laquelle il défendit absolument de condamner un accusé par contumace lorsque les crimes étoient capitaux ; il est vrai que la Jurisprudence a changé, & que l'on condamne un accusé contumace comme un accusé en état & prisonnier ; mais lorsque ce condamné se représente dans les cinq ans, son Jugement de condamnation est anéanti de plein droit, & il n'est non plus consideré que s'il n'avoit point été rendu ; il pourroit même aprés les cinq ans passés obtenir des lettres du Prince pour ester à droit comme on l'a ci-devant observé.

Deux autres sortes de contumace.

23. Il y a encore deux autres sortes de contumace, l'une lorsque l'Accusé qui a eu pour raison la suite du Conseil, Grand-Conseil, ou Parlement, ou le lieu de la Jurisdiction où s'instruit son procès, ou les chemins de la Jurisdiction où le lieu a été renvoyé, ne se présente point ; l'autre faute par l'Accusé de se réprésenter, soit dans les Prisons, soit aux pieds de la Cour ou autre Jurisdiction, lors du Jugement du procès qui a été instruit contre lui, avec lui, ou lors du Jugement de l'appel de la Sentence définitive sur une accusation où il y a eu originairement un decret de prise de corps, & dont l'appel est porté au grand criminel à la Tournelle ; on appelle cette contumace, une contumace faute de présence.

Ces deux sortes de contumace s'instruisent suivant la disposition de l'article 10 du titre 17 de l'Ordonnance de 1670 ; voyez ci-devant *nombre* 3.

De la désertion ou peremption.

24 En matiere civile, quoiqu'un appel ait été déclaré désert par défaut ; on peut de rechef appeller de la Sentence de condamnation de Paris, du 31 Mai 1672, rapporté au *Journal du Palais* ; ce qui doit aussi avoir lieu au petit Criminel, dont l'appel est porté aux Enquêtes ; mais au grand Criminel, il n'y a ni désertion, ni péremption.

On ne peut faire le procès par contumace à un Accusé sous le nom de quidam.

25. On peut bien rendre plainte, ou obtenir Monitoire contre un *quidam*, même decréter un Accusé sous le nom & qualification de *quidam* ; mais on ne peut faire le procès par contumace à un Accusé sous le nom de *quidam*, ni encore moins le juger sous la nom de *quidam* ; il faut sçavoir quel est l'Accusé & son nom.

De l'Accusé renvoyé à l'Audience.

26 Quoiqu'un Accusé & decrété en contumace, qui s'étant représenté, & mis en état pour purger sa contumace, eut été renvoyé par Sentence, Arrêt ou Jugement à l'Audience, sur son accusation, opposition, ou appel de la Procédure criminelle, cela n'empêcheroit pas que par le Jugement qui interviendroit sur la plaidoirie, on ne pût ordonner que le procès seroit fait & parfait à cet accusé, si l'accusation étoit grave, mais non si l'accusation étoit pour crime ou délit léger ; car en ce dernier cas on jugeroit le tout à l'Audience, le fonds & la procédure, en évoquant le principal ; c'est ce qui fut jugé en la Cause du sieur de Richoufftz de Vauchelles, Maître des Eaux & Forêts de Noyon, accusé de rapt d'une part, & le sieur de Sorel d'Hûny & Consors, intimés, d'autre part, par Arrêt du Parlement de Paris, rendu en la Chambre de la Tournelle, du Samedi 22 Mars 1722, sur les conclusions de M. Gilbert, Avocat général, M. le Président Portail prononçant ; & comme il y avoit un appel comme d'abus de la célébration du mariage du sieur de Richoufftz avec la demoiselle de la Fons, il fut ordonné par le même Arrêt, qu'avant faire droit sur ledit appel comme d'abus, le procès seroit fait & parfait par le premier Juge audit sieur de Richoufftz jusqu'à Sentence définitive inclusivement sur son accusation de rapt, sauf l'appel en la Cour, s'il y échoit.

Un contumax ne peut nullement être écouté dans sa défense, sans se mettre en état.

27. Un accusé contumax ne peut être écouté en sa défense & justification que par soi-même, en personne & en état, pas même par ses pere & mere, ses parens ou sa femme ; il ne pourroit pas même prendre à partie ou recuser le Juge qui a fait la Procédure criminelle, ou appeller comme de Juge incompétent, qu'il ne se fût rendu prisonnier, mis en état, & qu'il n'eût été écroué, par la raison ci-dessus remarquée, que toute Audience doit être déniée à un accusé, qu'il ne se soit préalablement mis en état ; mais dès qu'il s'est présenté & mis en état, il lui sera permis de faire tout ce que dessus, même d'attaquer la procédure de nullité, c'est-à-dire, la plainte, l'information & le recollement des témoins, fait pendant la contumace ; car quant au surplus de la procédure faite pendant la contumace pour l'instruction & jugement de la contumace, il seroit inutile de l'attaquer par aucune voie de droit, puisque cette procédure est tombée de plein droit par la représentation de l'accusé, sauf pour les dépens.

De quel jour est réputé mort civilement le contumax condamné à mort naturelle ou civile, qui ne s'est pas représenté dans les cinq ans.

28. Le condamné à mort par contumace qui ne s'est point représenté dans les cinq ans, est incapable de succéder après les cinq ans, même à ses pere & mere, quoiqu'il eût été depuis délivré de son crime par la prescription de vingt ans, & que la Sentence de condamnation n'eût pas été exécutée par effigie, suivant Basnage, sur

l'article 143 de la Coutume de Normandie, qui rapporte un Arrêt du Parlement de Rouen, du 23 Juin 1690, qui a ainsi décidé cette question. Mais cette décision est formellement contraire à l'art. 29, du titre 17 de l'Ordonnance de 1670, qui porte que celui qui aura été condamné par contumace, à mort, aux galeres perpétuelles, ou qui aura été banni à perpétuité du Royaume, qui décédera après les cinq années, sans s'être représenté, ou avoir été constitué prisonnier, sera réputé mort civilement du jour de l'exécution de la Sentence de contumace. Ainsi n'y ayant point eu d'exécution de la Sentence de contumace dans l'espéce proposée par Basnage, le condamné qui ne s'étoit pas représenté dans les cinq ans, n'a pû être réputé mort civilement après les cinq ans, ni par conséquent incapable de succéder après les cinq ans ; parce qu'une condamnation par contumace n'est censée Jugement & condamnation, que du jour de l'exécution ; ce qui est le fondement de cet article 29.

Si le contumax peut céder & donner quittance pendant les cinq ans.

29. Il y a un Arrêt du Parlement d'Aix, du 22 Décembre 1664, par lequel il a été jugé qu'un condamné à mort par contumace pouvoit valablement céder des dettes actives ; & exiger ses dettes dans les cinq ans de la condamnation ; cet Arrêt est rapporté par Boniface, *tome 2, liv. 1, titre 11.*

Un contumax peut appeller en se mettant en état ès prisons du Juge d'appel.

30. Il a été jugé par un Arrêt du Grand Conseil, du.... Juillet 1707, qu'un condamné à mort par contumace par Jugement Prévôtal & en dernier ressort, ou par un Jugement Présidial & en dernier ressort, avoit pû se pourvoir par appel du Jugement au Grand-Conseil, & se représenter & se constituer prisonnier dans les prisons du Grand-Conseil dans les cinq ans, pour purger sa contumace, & se faire faire son procès par ce Tribunal, afin de se procurer son absolution, sans avoir été obligé de se représenter & de se mettre en état devant le Prévôt de la Maréchaussée, ou devant les Juges du Présidial qui l'avoient condamné par contumace. Cet Arrêt est rapporté dans le Dictionnaire des Arrêts, que M[e]. Jacques Brillon nous a donné ; il dit même qu'il avoit fait un Mémoire pour l'Appellant.

Modele des Défauts & Coutumace contre l'Accusé, qui étant décrété de prise de corps, s'est absenté ou caché.

Procès-verbal de perquisition d'un Accusé décrété de prise de corps, faite dans les trois mois du crime commis, dans la maison où résidoit l'Accusé, dans l'étendue de la Jurisdiction où le crime aura été commis.

L'an .... en vertu du décret de prise de corps décerné contre .... par .... le .... & scellé, & à la requête de .... demeurant à .... qui a élu son domicile à .... Je .... Huissier ou Sergent, reçu à .... résidant à .... assisté de .... & de .... mes assistans *ou* Archers de la Maréchaussée de .... demeurant à .... me suis transporté en une maison, sise .... où residoit .... Accusé, dans les trois mois avant le crime commis, où etant entré avec mes assistans, ai demandé à .... où étoit ledit .... & quand il pouvoit être de retour, lequel m'a dit .... ensuite sommé & interpellé ledit .... de me faire ouverture de tous les appartemens, chambres & lieux dépendant de ladite maison, à quoi ledit .... ayant satisfait, je suis entré premiérement, &c. *spécifier tous les lieux de ladite maison*, j'ai fait une perquisition exacte de .... pour l'arrêter, & le mener prisonnier dans les prisons de .... en vertu dudit décret, & ne l'ayant point trouvé en ladite maison, je me suis enquis de .... *nommer deux ou trois proches voisins*, s'ils ne l'avoient point vû entrer ou sortir d'icelle maison, lesquels m'ont dit .... de tout quoi j'ai dressé le présent procès-verbal, pour servir & valoir ce que de raison, duquel j'ai laissé copie à .... parlant à sa personne.

Si l'Huissier ou Sergent craint un refus de portes, il se munira d'une Ordonnance du Juge, portant permission de les faire ouvrir par Serrurier & autres, en présence de deux ou trois voisins qui seront appellés, outre les assistans, pour y faire la perquisition, & ensuite faire refermer lesdites portes.

Procès-Verbal de perquisition par affiche à l'Auditoire, quand elle est faite pareillement dans les trois mois du crime commis, & que l'Accusé n'a point résidé dans l'étendue de la Jurisdiction où le crime a été commis.

L'an .... en vertu .... & à la requête de .... *comme dessus*, après m'être assuré que l'edit ...., n'a point resïdé dans les trois mois que le crime a été commis dans l'étendue de la Jurisdiction de .... de ce enquis me suis transporté au devant de la porte & principale entrée de .... de l'Auditoire de .... où étant, j'ai mis & affiché à icelle porte copie dudit décret, ensemble du présent procès-verbal suivant l'Ordonnance, pour valoir perquisition de la personne de .... dont Acte ....

Le procès-verbal de perquisition de l'Accusé par affiche à l'Auditoire, lorsque l'Accusé n'a point de domicile, soit qu'elle soit faite dans les trois mois du crime commis; ou après, se fait comme celui ci-dessus, à l'exception que l'on met: *Après m'être assuré que ledit .... Accusé n'a point de domicile, de ce enquis, me suis transporté, &c.*

Le procès-verbal de perquisition au domicile ordinaire de l'Accusé, quand elle est faite après les trois mois que le crime a été commis, se fait comme le premier procès-verbal ci-dessus.

Le procès-verbal de saisie & annotation des biens de l'Accusé après la perquisition de sa personne, se fait simplement en vertu du décret par rapport aux meubles & vente d'iceux en la forme prescrite par le titre 33 de l'Ordonnance de 1667, par rapport aux fruits des immeubles, pendans par racines, en la forme prescrite par le titre 19 de la même Ordonnance.

A l'égard des saisies & arrêts des revenus des biens incorporels de l'Accusé, elles se font entre les mains de ses débiteurs, en la maniere ordinaire.

Assignation à quinzaine, donné à l'Accusé dans les trois mois du jour du crime commis, lorsqu'il se trouve avoir une maison de résidence dans l'étendue de la Jurisdiction où le crime a été commis.

L'an .... en vertu du décret de prise de corps décerné par .... contre .... & à la requête de .... demeurant à .... qui a élu son domicile à .... en continuant le procès-verbal de perquisition, par moi fait, le .... j'ai .... Huissier *ou* Sergent, résident à .... reçu à .... me suis transporté en la maison où ledit .... faisoit sa résidence dans les trois mois du jour du crime commis, sise .... où étant, & parlant à .... donné assignation audit .... à comparoir dans quinzaine pardevant .... pour se mettre en état ès prisons de .... & satisfaire audit décret, & lui ai laissé copie du présent Exploit, parlant comme dessus.

Assignation à quinzaine, donnée dans les trois mois du crime commis par affiche à la porte de l'Auditoire, à l'Accusé qui n'a point résidé dans l'étendue de la Jurisdiction où le crime a été commis.

L'an, *&c. comme ci-dessus*, en continuant la perquisition par moi ci-devant faite, ai donné assignation audit .... à comparoir dans quinzaine, pardevant .... pour se mettre en état ès prisons dudit lieu, en vertu dudit décret; & afin que ledit .... Accusé n'en puisse prétendre cause d'ignorance, & que ladite assignation soit publique, j'ai affiché copie du présent Exploit à la principale porte de l'Auditoire de ....

Pour l'assignation à quinzaine, donnée après les trois mois du crime commis, au domicile ordinaire de l'Accusé, il faut suivre la premiere forme ci-dessus; mais il faut mettre au lieu de *à comparoir à quinzaine*, le délai d'un jour pour dix lieues, ajouté à la quinzaine.

Et pour l'assignation à quinzaine à l'Accusé qui n'avoit pas de domicile connu, laquelle se fait par affiche, à la porte de l'Auditoire; voyez la seconde forme ci-dessus.

Procès-verbal d'assignation par cri public à la huitaine.

L'an, *&c.* me suis transporté en la Place de .... le Marché tenant, accompagné de.... où étant, ledit .... ayant sonné de sa trompette, j'ai par cri public & à haute voix, assigné .... Accusé à comparoir à la huitaine, pardevant .... pour se mettre en état ès prisons dudit lieu, & satisfaire audit décret. Et à l'instant je me suis transporté au-devant de la porte, & principale entrée de l'Auditoire de .... où étant, ledit .... ayant sonné de sa trompette, j'ai par cri public & à haute & intelligible voix, fait pareille proclamation, & assigné ledit .... à comparoir à la huitaine pardevant .... pour se mettre en état ès prisons dudit lieu, & satisfaire audit décret, après quoi copie du présent procès verbal, signée dudit .... & de moi, a été par moi affichée à la prote dudit Auditoire, dont, & de tout ce que dessus, j'ai dressé le présent procès-verbal, pour servir ce que de raison.

Nota. Quand même l'Accusé auroit eu son domicile ou fait sa résidence ordinaire dans l'étendue de la Jurisdiction où il est poursuivi, il n'est point nécessaire de faire cette proclamation à cri public, au-devant de la porte de l'Accusé ; voyez la Déclaration du Roi du mois de Décembre 1680.

Et à l'égard de l'Accusé qui n'a pas de domicile, il semble, aux termes de cette Déclaration, qu'il n'est point nécessaire de faire de proclamation à cri public, ni au Marché, ni à la porte de l'Auditoire, & qu'il suffit que le décret & l'exploit d'assignation soient seulement affichés à la porte de l'Auditoire de la Jurisdiction ; mais il faut convenir que l'usage est contraire, & que dans ce cas, comme dans les autres, l'usage est de faire les proclamations par cri public & au son de la trompette ; au Marché & à la porte de l'Auditoire, comme aussi en la maison de domicile ou résidence de l'Accusé quand elle est connue ; ce qui est régulier, parce que cette Déclaration ne fait qu'ajouter aux articles 2, 3, 7 & 9 du titre 17 de l'Ordonnance ; mais il n'y déroge pas. L'on prend ensuite un défaut aux présentations après les délais expirés.

Jugement portant que les témoins seront recollés, & que le recollement vaudra confrontation.

Extrait des Registres de ....

Vû le défaut, *&c.* vû aussi la plainte, *&c.* Conclusions du Procureur du Roi sur lesdites procédures de contumace, Nous avons déclaré le défaut bien & dûement obtenu, & pour le profit, ordonnons que les témoins ouis en l'information, seront recollés en leurs dépositions, & vaudra ledit recollement pour confrontation à l'Accusé. Fait ce ....

Ordonnance pour assigner les Temoins.

De l'Ordonnance de Nous .... à la requête de .... Demandeur & Accusateur, le Procureur .... joint, soit donné assignation à .... à comparoir pardevant Nous à .... le .... heure de .... pour être recollés en leurs dépositions contenues en l'information par Nous faite à la requête de .... contre .... Fait ce ....

Pour la forme du recollement, voyez ci-devant, à la fin du chapitre 13.

Jugement définitif de condamnation par contumace, sur les conclusions définitives de la Partie publique.

Extrait des Registres de ....

Vû le procès criminel extraordinairement fait & instruit à la requête de .... le Procureur .... joint, contre .... Accusé, Défendeur & défaillant, la plainte, &c. *énoncer toute la procedure* : Conclusions définitives du Procureur .... auquel le tout a été communiqué. Nous avons déclaré la contumace bien instruite, contre .... accusé & adjugeant le profit d'icelle, le déclarons dûement atteint & convaincu de .... *expliquer le crime ;* pour réparation de quoi, condamnons ledit .... Accusé à .... &c. *l'on condamne aux dépens* seulement envers la Partie civile, quand il y en a une ; & si la condamnation est à mort naturelle, l'on ajoute : & sera la présente Sentence exécutée par effigie, en un tableau qui sera attaché dans la Place publique, par l'Exécuteur de la Haute-Justice. *Si la condamnation est des Galeres, amende honorable, bannissement perpétuel, flétrissure & du fouet, &c. l'on met :* & sera la présente Sentence transcrite dans un tableau attaché par l'Exécuteur, *comme ci-dessus.* Et s'il s'agit de toute autre condamnation par contumace, l'on met : & sera ladite Sentence signifiée & baillé copie au domicile ou résidence dudit .... si aucune il a dans le ressort de la présente Jurisdiction, sinon affichée à la porte de l'Auditoire.

Procès-verbal d'Exécution par Effigie.

L'an .... l'effigie mentionnée en la susdite Sentence a été attachée dans la Place publique, par .... Exécuteur de la Haute-Justice, conformément & en exécution dudit Jugement, fait les jour & an que dessus.

Quant à l'Exploit de signification à domicile ou résidence de l'Accusé du Jugement de contumace, & au procès-verbal d'affiche d'icelle à la porte de l'Auditoire, *voyez ci-dessus.*

Modele de la contumace, contre l'Accusé qui s'est évadé depuis son Interrogatoire.

Procès-verbal d'évasion dressé par le Juge.

L'an, &c. ayant été avertis que .... nous nous sommes transportés dans les prisons de .... où étant .... *mettre ici ce que les Géoliers & Guichetiers diront sur l'évasion, si cela a été sans fracture ou par bris de prisons ; & constater l'état des fractures, si aucune y a.*

Sur le procès-verbal d'évasion, il y a deux choses à faire, l'une est que la Partie publique doit rendre plainte de l'évasion contre l'Accusé évadé des prisons, sur quoi, permission d'informer, informations, Décrets, Interrogatoires, & Réglement à l'extraordinaire par recollement & confrontation, s'il y échoit, particuliérement s'il y a bris de prison.

L'autre chose à faire, est de mettre le premier procès criminel en état d'être jugé contre l'Accusé qui s'est évadé des prisons depuis son interrogatoire ; pour cet effet, il ne faut ni ajournement ni proclamation à cri public ; il suffit, si avant l'évasion il n'y avoit que l'interrogatoire de l'Accusé, de rendre un Jugement sur le vû de la plainte originaire, permission d'informer, Information, Decret, procès-verbal d'emprisonnement, Interrogatoire subi par l'Accusé, procès-verbal d'évasion, & conclusion de la Partie publique, portant que les témoins seront ouis, s'il y en a encore à entendre, & que ceux qui ont déja été entendus seront recollés en leurs dépositions, & que le recollement vaudra confrontation, (*voyez ci-devant le modele de ce Jugement,*) de l'Ordonnance pour assigner les témoins pour être recollés, du recollement. Ensuite le Juge, sur les conclusions de la Partie publique, ordonnera que les deux procès criminels seront joints ensemble & sur le vû de toutes les deux procédures, c'est-à-dire, sur le crime pour lequel l'Accusé a été originairement décrété, & sur l'évasion de l'Accusé & complices, le Juge rendra son Jugement définitif, sur les conclusions préalables & définitives de la Partie publique.

Voyez ci-devant, le Modele d'un Jugement définitif par contumace.

Si le recollement des témoins avoit été fait avant l'évasion de l'Accusé, sans bris de prison, il suffiroit d'ordonner que le recollement fait, vaudroit confrontation, & si la confrontation avoit été faite, il suffira d'ordonner qu'il sera passé outre au Jugement sur le vû du procès-verbal d'évasion, tant sur le premier procès que sur celui d'évasion ; mais s'il y avoit bris de prison, il faudroit en instruire la contumace.

Modele de la contumace contre l'Accusé, qui ayant pour prison la suite du Conseil, autre Cour ou Jurisdiction, ou les chemins de celle où il a été renvoyé, ne se représente pas.

Jugement en ce cas, sur les conclusions de la Partie publique, portant que l'Accusé sera assigné par une seule proclamation.

Extrait des Registres de . . . . . .

Vû la plainte rendue par . . . . contre . . . . . le . . . . . l'Ordonnance portant permission d'informer ; Information faite en conséquence, Decret de prise de corps décerné contre . . . . le . . . . Jugement du . . . . portant que l'Accusé aura pour prison la suite . . . . ou le chemin de . . . . conclusions du Procureur . . . .

Nous ordonnons que dans . . . . l'Accusé sera tenu de se représenter par devant Nous, *les Cours Souveraines mettent*, aux pieds de la Cour, *ou* de se mettre en état ès prisons de . . . . pour être procédé au Jugement dudit procès, sinon sera pris au corps, si pris & appréhendé peut être, sinon assigné par une seule proclamation à la porte de l'Auditoire, suivant l'Ordonnance. Fait ce . . . .

Assignation en conséquence à l'Accusé, par proclamation, à la porte de l'Auditoire.

L'An . . . . en vertu du Jugement du . . . . & la requête de . . . . demeurant à . . . . qui a élu son domicile, à . . . . je . . . . Huissier à . . . . ou Sergent . . . . soussigné, me suis transporté au-devant de la porte, & principale entrée de l'Auditoire de . . . . où étant j'ai à haute & intelligible voix, proclamé & assigné, à comparoir & se représenter d'hui en . . . . *mettre les délais de l'Ordonnance de 1667 pour les ajournemens*, pardevant . . . . *ou* aux pieds de la Cour, *ou* se mettre en état dans les Prisons de . . . . dans ledit délai, de satisfaire audit Jugement du . . . . de tout quoi j'ai dressé le présent procès-verbal, copie duquel ensemble du susdit Jugement du . . . . j'ai affiché à ladite porte dudit Auditoire, à ce qu'il n'en ignore, dont Acte.

Défaut aux présentations contre l'Accusé, faute de se représenter.

Extrait des Registres de . . . . .

Défaut à . . . . . Demandeur & Accusateur, le Procureur . . . . joint contre . . . . Accusé, Défendeur & Défaillant faute de se présenter, suivant l'assignation par proclamation, échue le . . . . après que lesdits délais portés par l'Ordonnance sont expirés.

Jugement de défaut, sur les conclusions de la Partie publique.

Extrait des Registres de . . . . .

Vû le défaut obtenu aux présentations le . . . . par . . . . Demandeur & Accusateur, le Procureur . . . . joint contre . . . . Accusé, Défendeur & Défaillant faute de se représenter, après que les délais portés par l'Ordonnance sont expirés ; vû aussi la plainte . . . . Ordonnance portant permission d'informer . . . . Informations . . . . Decret . . . . Jugement du . . . . portant . . . . autre Jugement du . . . . procès-verbal de proclamation . . . .

Nous avons déclaré le défaut bien & dûement obtenu, & pour le profit, ordonnons que les témoins ouis en l'information seront recollés, & que le recollement vaudra confrontation, &c. *Voyez ci-devant l'Ordonnance pour assigner les témoins pour être recollés, la forme du recollement, & du Jugement définitif.*

CHAPITRE XVII.

Des Muets & Sourds, & de ceux qui refusent de répondre avec le Stile.

CE Chapitre va être employé à enseigner la maniere d'instruire le procès à un Accusé qui est muet & sourd de naissance ou par accident, ou à un Accusé qui ne veut point répondre ; cette instruction n'est que par rapport aux interrogatoires & à la confrontation de l'Accusé, qui dans la regle génerale doit parler & entendre dans ces Actes Judiciaires.

Ce Chapitre aura donc deux parties ; l'une contiendra la forme d'instruire le procès à un Accusé muet ou sourd de naissance ou par accident ; l'autre renfermera la maniere d'instruire le procès à un Accusé qui n'est ni muet ni sourd, mais qui ne veut point parler ni répondre ; c'est ce qu'on appelle *muet volontaire ou sourd volontaire*.

Par rapport à la premiere partie, voici quelles sont les regles, aux termes de l'Ordonnance du mois d'Août 1670.

Ici *Muets & Sourds*, sont ceux qui le sont involontairement, soit naturellement, soit par accident; les premiers ne peuvent point parler, ni se faire entendre au Juge à cause de l'indisposition de leur langue ; les seconds ne peuvent entendre ce qu'on leur dit, & inutilement le Juge leur parle, parce qu'ils n'ont point l'organe de l'ouïe propre pour entendre.

Si donc l'Accusé est muet, ou tellement sourd qu'il ne puisse ouïr.

1°. Le Juge lui nommera d'office un Curateur qui sçaura lire & écrire. Un Accusé qui auroit seulement de la difficulté à parler ou à entendre, ne seroit point dans le cas dont nous parlons ; il faut qu'il soit totalement muet ou sourd. Le Juge doit bien prendre garde que celui qu'il nomme pour Curateur à cet Accusé, soit un honnête homme & homme de bien, autrement il lui seroit très facile d'exposer cet Accusé, quoiqu'innocent, à des peines afflictives ; même au dernier supplice ; c'est pourquoi cette instruction d'un procès criminel à pareils Accusés est bien délicate.

Forme d'instruire le procès à un Accusé, ou sourd de naissance ou par accident.

2°. Le Curateur fera serment de bien & fidélement défendre l'Accusé, dont il sera fait mention dans le procès verbal de prestation de serment, à peine de nullité.

3°. Le Curateur pourra s'instruire secretement avec l'Accusé, & sans que le Juge ou le Greffier puisse ou doive l'entendre, & cela par signes ou autrement ; car quelquefois lorsque la langue & l'ouïe manquent, les gestes, les mines & les signes parlent, mais cela n'est bon qu'entre l'Accusé & le Curateur, car quant au Juge, il ne peut instruire le procès à un tel Accusé par des gestes & signes ; tout ce que peut faire le Curateur, est de rapporter au Juge ce qu'il a pû recueillir des gestes & signes de l'Accusé.

4°. Si le muet ou sourd sçait écrire, il pourra écrire & signer toutes ses réponses, dires & reproches contre les témoins, avec le Curateur ; mais il faut toujours commencer par interroger le Curateur, & le faire parler dans la confrontation, sauf à l'Accusé à requérir le Juge par écrit, ou de bouche par rapport au sourd, de lui faire les interrogatoires par écrit, aux offres d'écrire & signer ses réponses, & quant aux reproches des témoins lors de la confrontation, l'Accusé pourra les donner par écrit & signés de lui, après que le Curateur lui aura fait entendre leurs dépositions ; car à la vûe & inspection des témoins, il pourroit avoir des reproches qui lui viendroient de leur seule personne, comme les connoissant pour ses ennemis, parens de la Partie civile, gens mal famés ; & autres reproches de cette qualité ; & il fera entendre ses reproches, soit par le ministere de son Curateur.

5°. Si l'Accusé muet ou sourd, ne sçait ou ne veut écrire ou signer, le Curateur répondra en sa présence, fournira des reproches contre les témoins, & sera reçu à faire tous Actes, ainsi que pourroit faire l'Accusé. Le Curateur assiste à toute l'instruction du procès ; comme feroit tout autre Accusé ; mais toujours avec l'Accusé, qui est la véritable Partie accusée : le Curateur ne le fait qu'assister pour la forme & régularité de la procédure ; cependant le Curateur ne peut être présent non plus que l'Accusé à l'audition & recollement des témoins. Au surplus ce Curateur, comme défenseur de l'Accusé, peut de soi-même proposer des moyens qu'il croira convenables pour la justification de l'Accusé; mais il faut que les faits soient conformes à la vérité.

6°. On doit garder les mêmes formalités pour l'instruction d'un procès criminel d'un Accusé sourd & muet, que dans l'instruction du procès de tout autre Accusé, à la réserve que le Curateur lors du dernier interrogatoire, ne sera pas sur la sellette, quand même il y auroit des conclusions de la part de la Partie publique à peine afflictive, il subira cet interrogatoire seulement derriere le Barreau, & nue tête.

7°. Il sera fait mention dans tous les Actes de la procédure, de l'Accusé & de l'assistance de son Curateur, & il faut qu'il y soit employé comme Curateur, soit que l'Accusé soit sourd ou muet, ou sourd & muet tout ensemble, à peine nullité de la procédure; il n'y a que dans le Jugement définitif où l'Accusé sera seul en qualité, sans être *assisté de son Curateur*, & sans y mettre le Curateur ni en nom ni qualité. Tout ce que dessus est conforme à la disposition des articles 1, 2, 3, 4, 5 & 6 du titre 8 de l'Ordonnance de 1670.

Muets & sourds ne peuvent être condamnés à la question.

En finissant cette premiere partie, on observera que les muets & sourds ne peuvent être condamnés ni appliqués à la question; il faudroit les interroger par signes & gestes, ce qui seroit une dérision, & qui d'ailleurs ne pourroit conduire à aucun éclaircissement, parce que la force des tourmens de la question ne seroit pas capable de faire parler un véritable muet, ni faire entendre un sourd, totalement sourd.

Quant à l'autre partie, voici ce que nous croyons devoir remarquer.

Il y a quelquefois des Accusés qui font les muets ou les sourds, quoiqu'ils ayent une bonne langue & de bonnes oreilles; on les appelle des Accusés *muets volontaires*, ou *sourds volontaires*, & on leur fait leur procès comme à des Accusés muets volontaires, ou sourds volontaires, parce qu'ils refusent de répondre; car il ne seroit pas juste que par cette obstination ils évitassent la punition de leur crime; c'est pour cela qu'on instruit le procès à un tel Accusé en sa présence; lui seul & sans Curateur. On sçait bien que par le refus de répondre, il ne se condamne & ne se justifie point; mais d'un autre côté, s'il se passe quelque chose à son désavantage, il doit se l'imputer à lui-même, à son opiniâtreté & à son silence affecté & volontaire, & même la chose est irréparable.

Forme d'instruire le procès à un muet ou sourd volontaire.

Voici comme le Juge se comportera dans cette occasion lorsqu'il s'agira d'instruire le procès à un Accusé, muet volontaire, ou sourd volontaire.

1°. Il ne faudra point lui nommer de Curateur d'office ni autrement, il faut qu'il se défende lui-même, lui seul & sans l'assistance d'un Curateur; son silence est volontaire, c'est une contumace de sa part de ne vouloir parler ni répondre, quoiqu'il ne soit ni muet ni sourd; il est par conséquent inexcusable dans son silence.

2°. Le Juge lui fera sur le champ trois interpellations de répondre, à chacune desquelles il lui déclarera que s'il ne répond pas, son procès lui sera fait comme à un muet volontaire, & qu'après il ne sera plus reçu à répondre sur ce qui aura été fait en sa présence pendant son refus de répondre; car son silence le fait regarder comme un muet volontaire; or si on fait le procès à un Accusé muet naturellement, à plus forte raison le fera-t-on à un muet volontaire par affectation, opiniâtreté & contumace; & afin de mettre cet Accusé encore plus dans son tort, & que le Juge n'ait rien à se reprocher dans cette instruction, il pourra, s'il le trouve à propos, donner un délai à ce muet volontaire pour s'aviser sur son opiniâtreté, & voir s'il ne doit pas répondre sur les interrogatoires qui lui seront faits, & fournir des reproches verbalement contre les témoins.

Quoique l'article 8 du titre 18 de l'Ordonnance de 1670, ne dise pas que le défaut de l'une de trois interpellations y exprimées emportera nullité, il faut tenir que si le Juge omettoit une de ces trois interpellations; cette omission opéreroit une nullité, ainsi qu'il a été jugé par un Arrêt du 26 Octobre 1684, rendu en vacation, qui a déclaré nulle une procédure faite par le Prévôt d'Andresy, sur le seul motif qu'il n'avoit fait à l'Accusé qu'une des trois interpellations prescrites par cet article.

3°. Si l'Accusé persiste en son refus, le Juge continuera l'instruction de son procès; non pas par rapport à la faute qu'il commet par son refus, désobéissance & obstination de ne vouloir point répondre; mais par rapport au crime dont il est accusé, sans qu'il soit besoin d'ordonner par aucun Jugement que cette instruction sera continuée.

4°. Il sera fait mention en chacun article des interrogatoires & autres procédures faites en la présence de l'Accusé, comme est la confrontation des témoins, *qu'il n'a point voulu répondre*, à peine de nullité des Actes où mention n'en aura pas été faite; mais si dans la suite de la procédure, l'Accusé veut répondre, ce qui lui sera permis, & à quoi il sera admis, tout ce qui aura été fait jusqu'à ses réponses subsistera, même la confrontation des témoins contre lesquels il n'aura pas voulu, par une continuation de son opiniâtreté, fournir de reproches, sans qu'il soit plus reçû à en fournir, à moins que ces reproches ne soient prouvés & justifiés par écrit; autrement ce seroit favoriser le refus que l'Accusé auroit fait obstinément, même par malice, jusqu'au jour qu'il se prête à répondre; c'est pourquoi toute la procédure antérieure demeure & subsiste en son entier.

5°. Et en dernier lieu, s'il arrive que l'Accusé ayant commencé à répondre, cesse de le vouloir faire; la procédure & l'instruction sera continuée comme auparavant, & dans la forme ci-dessus marquée, & cette continuation aura son cours, quand même l'Accusé interjetteroit appel, tant comme de Juge incompétent qu'autrement, qu'il formeroit un déclinatoire, récusation ou prise à partie, le tout sans préjudice à toutes ces voies ordinaires de droit, mais qui viendroient un peu tard dans cette rencontre, & qui pourroient passer pour une chicanne dans la personne d'un Accusé qui se seroit si mal comporté jusques là dans l'instruction de son procès avec autant d'opiniâtreté que de malice, en affectant d'être muet, & comme tel à ne vouloir point répondre; c'est tout ce que nous pouvons tirer de la disposition des articles 7, 8, 9, 10 & 11 *ibidem*.

Il y a encore des Accusés assez rusés ou malins pour faire les foux, comme prétendus insensés ou imbéciles, ou comme furieux; tout ce qu'un Juge peut & doit faire en pareille occurence, c'est d'ordonner & faire un sommaire information du passé touchant la conduite, gestes, faits & actions de l'Accusé, pour sçavoir s'il est tel qu'il affecte de paroître, & depuis quel tems cela est arrivé; il pourroit même l'interroger pour connoître s'il répondroit en foux; comme cette information faite d'office est pour ainsi dire un procès-verbal, il ne sera pas nécessaire de recoller les témoins ouis dans cette information, ni de les confronter à l'Accusé. *Des criminels qui font les foux.*

Après cet éclaircissement, le Juge jugera le procès ainsi & de la maniere qu'il croira bon être, suivant son honneur, ses lumieres & sa conscience; si l'Accusé est trouvé coupable, il sera puni comme son crime le mérite, & s'il se trouve véritablement fou, & entiérement privé de raison, le premier Juge ne peut se dispenser de le juger à la rigueur & suivant les Ordonnances, mais sur l'appel; quand les informations il se trouve un commencement de preuve de démence, les Cours ordonnent qu'il sera informé des vies, mœurs & comportemens de l'Accusé, tant en la Cour que sur sur les lieux, que ledit Accusé sera oui & interrogé, vû & visité par les Médecins & Chirurgiens de la Cour, en présence de l'un des Substituts du Procureur Général du Roi, & lorsque par les informations il se trouve constaté que l'Accusé étoit véritablement en démence du délit, on ordonne qu'il sera conduit à l'Hôpital pour y être traité comme les autres insensés.

Nomination de Curateur à l'Accusé muet ou sourd.

L'an .... Nous .... sur le réquisitoire de .... Demandeur & Accusateur, le Procureur .... joint, contre .... Accusé, Nous sommes transporté en la Chambre du Conseil de .... où étant y avons fait amener ledit .... Accusé; & voulant procéder à son interrogatoire, Nous avons reconnu que ledit .... Accusé est sourd & muet, *ou* sourd *ou* muet.

Sur quoi avons nommé d'office N .... pour Curateur audit .... Accusé, lequel sera assigné à comparoir pardevant Nous à *tel jour & heure*, pour faire serment de bien & fidélement défendre ledit .... Accusé lequel a été amené esdites prisons par le Géolier d'icelles. Fait les jour & an que dessus.

Et le .... jour .... heure .... Nous nous sommes transportés en la Chambre du Conseil, où étant, est comparu N .... Curateur par Nous nommé d'office à .... Accusé, lequel a accepté ladite charge, & fait serment de bien & fidélement défendre l'Accusé, & a signé.

Interrogatoire au Muet ou Sourd.

Et à l'inſtant avons mandé ledit .... Accuſé, qui a été amené par le Géolier des priſons, & avons procédé à l'interrogatoire dudit Accuſé, étant aſſiſté de N .... ſon Curateur, après que ledit N .... a fait ſerment audit nom de dire vérité, ainſi qu'il enſuit.

Interrogé l'Accuſé de ſon nom, *&c.*

Ledit N .... a dit que l'Accuſé ſe nomme, *&c.*

Interrogé s'il ſçait pourquoi il a été empriſonné.

Ledit N .... a dit, *&c.* Voyez ci-devant, *chapitre* II. la forme des interrogatoires.

Interrogatoire au Muet & Sourd qui ſçait & veut écrire ſes réponſes.

Et à l'inſtant avons mandé ledit .... Accuſé, qui a été amené par le Géolier des priſons, en la Chambre ..... où étant en préſence de N ..... ſon Curateur, ledit N .... nous ayant dit que l'Accuſé veut écrire & ſigner ſes réponſes à l'interrogatoire que nous lui ferons, nous avons fait mettre de l'encre & du papier devant ledit Accuſé, & lui ayant dit ces mots : *Levez la main, vous jurez & promettez à Dieu de dire vérité*, leſquels nous avons fait mettre par écrit ſur une feuille ſéparée du préſent interrogatoire, & l'Accuſé après en avoir pris lecture, a levé la main ; & écrit ſur ladite feuille : *Je jure & promets à Dieu de dire vérité* ; interrogé de ſes nom, ſurnom, âge, qualité & demeure, & fait mettre, *comme deſſus*, ledit interrogatoire en écrit, l'Accuſé après en avoir pris lecture ; a écrit ſur ladite feuille : Mon nom eſt .... je ſuis âgé de .... *ſa qualité* .... je demeure .... *& ainſi des autres* articles de l'interrogatoire.

Lecture faite à N .... dudit interrogatoire ; en préſence de l'Accuſé, qui après en avoir pris lecture lui-même ſur ladite feuille a écrit : Les réponſes que j'ai écrites ſont véritables & j'y perſiſte.

Ce fait, la feuille de papier ſur laquelle l'Accuſé a écrit ſes réponſes a été paraphé par Nous, par l'Accuſé, & par N .... Curateur, & avons ordonné qu'icelle feuille demeurera jointe au préſent interrogatoire. Fait les jour & an que deſſus, & ont ſigné.

Si l'Accuſé eſt ſeulement muet & non ſourd, il ſuffira de l'interroger verbalement, & lui faire écrire ſes réponſes, comme deſſus.

Si au contraire il eſt ſourd & non muet, il conviendra de faire écrire les interrogatoires, comme deſſus, pour qu'il en prenne lecture, & y répondre de vive voix en préſence de ſon Curateur ; il en faudra uſer de même à la confrontation.

Interrogatoire à un Muet volontaire, c'eſt-à-dire, qui fait refus de répondre.

L'an, *&c. comme ci-devant*, lui avons enjoint de lever la main, faire le ſerment de dire vérité, & nous déclarer ſes nom, ſurnom, âge, qualité & demeure, à quoi il n'a voulu ſatisfaire.

L'avons interpellé pour la premiere fois de répondre, & à lui déclaré qu'autrement ſon procès lui ſera par Nous fait comme à un muet volontaire, & qu'après il ne ſera plus reçu à répondre ſur ce qui aura été fait en ſa préſence, pendant ſon refus de répondre.

N'a voulu répondre.

Interpellé pour la ſeconde fois de répondre, *&c. comme ci-deſſus.*

N'a voulu répondre.

Interpellé pour la troiſieme fois, *comme deſſus.*

N'a voulu répondre.

Interrogé de ſes nom, ſurnom, âge, qualité & demeure.

N'a voulu répondre.

Et ainſi de tous les autres articles.

Lecture à lui faite du préſent interrogatoire, & interpellé de ſigner, a perſiſté dans ſes les refus de répondre, & n'a voulu signer ; de ce interpellé suivant l'Ordonnance. Fait les jour & an que dessus.

Ordonnance portant délai de vingt-quatre heures pour répondre, si le Juge trouve à propos de l'accorder à l'Accusé refusant.

L'an .... Nous .... nous sommes transportés .... avons fait amener par le Géolier des prisons .... Accusé, à l'effet de procéder à son interrogatoire sur les charges & informations contre lui faites à la requête .... & lui avons enjoint de lever la main, faire le serment de dire vérité, & de dire son nom, âge, qualité & demeure, lequel .... Accusé n'a voulu lever la main, ni répondre.

Sur quoi nous avons déclaré audit .... Accusé, que nous voulions bien lui donner vingt-quatre heures pour tout délai, pour s'aviser & répondre audit interrogatoire. Fait les jour & an que dessus.

CHAPITRE XVIII.

De la Question & Torture, & des Jugemens & Procès-verbaux de Question & Torture, avec le stile.

Peine de la question ; ce que c'est.

QUestion ou *Torture* est la même chose ; c'est une espece de peine prononcée contre un Accusé, non condamné définitivement, ou contre un condamné définitivement, non pas comme une peine par rapport au crime, mais à l'effet de l'obliger à avouer son crime ou à déclarer ses complices : *Quæstionem intelligere debemus tormenta & corporis dolorem ad eruendam veritatem, leg.* 13, §. 41, *ff. de injur. & eruenda crimina, & eruendos socios & participes fraudis & sceleris.* Godefroi, *in dict.* §. 41.

De combien de sortes.

Il y a deux sortes de questions, l'une préparatoire, & pour ainsi dire, interlocutoire ; l'autre est la question préalable : la premiere tend à faire avouer, s'il est possible à l'Accusé, le crime capital dont il est accusé parce qu'il n'y a pas au procès de preuves suffisantes pour l'en convaincre : la seconde est pour forcer le condamné de déclarer ses complices ; celle-ci ne peut jamais sauver la vie au condamné à la mort, qu'il dise ou ne dise pas, qu'il déclare ou qu'il ne déclare pas, il faut toujours qu'il périsse ; celle-là sauve la vie au condamné, s'il n'avoue pas son crime, & ne dit & ne déclare rien dans ses réponses, qui puisse le convaincre plus fortement d'avoir commis le crime dont il est accusé ; il pourra seulement être condamné à quelque peine afflictive, comme aux Galeres, *omnia citrà mortem* ; on ordonne un plus amplement informé pendant un an, pendant lequel tems l'Accusé tiendra prison ; & si pendant ce tems il ne survient pas de plus grandes charges contre l'Accusé prévenu de différens crimes on ordonne un plus amplement informé *usquequò*, c'est-à-dire pour toujours ; ce plus amplement informé est d'autant plus rigoureux que l'Accusé qui l'a sur son compte, est & demeure *in reatu* pendant toute sa vie ; l'on prétend néanmoins qu'un tel Accusé n'est pas incapable de legs, même de la part de l'homicide ; Marie-Marguerite Garnier, femme de Nicolas Durand, Tonnellier à Paris, donataire de Parfait Devaux, & sa Légataire universelle, ayant été accusée de l'avoir empoisonné, & son mari d'avoir acheté le poison, il fut ordonné par Arrêt de la Tournelle, du 19 Juin 1744, un plus amplement informé *usquequò* ensuite ladite Durand & son mari ayant demandé l'exécution de la donation & délivrance du legs universel ; par Arrêt de la Grand'Chambre du Lundi 8 Avril 1748, les Parties furent appointées au Conseil. M. le Bret, Avocat Général, avoit conclu à ce qu'en infirmant la Sentence dont étoit appel, il fût accordée à ladite Garnier la jouissance de sa donation, & qu'il lui fût fait délivrance de son legs universel, en donnant bonne & valable caution, tant pour le principal que pour la jouissance ; & par l'Arrêt définitif du Mardi 29 Juillet 1749, au rapport de M. Bochard, la Cour a confirmé purement & simplement la Sentence des Requêtes du Palais du 30 Janvier 1747, qui sans avoir égard aux demandes de Marie-Marguerite Garnier, dont elle a été déboutée *quant à présent*, a accordé aux héritiers présomptifs du défunt sieur Devaux la jouissance des biens de sa succession, même de ceux faisans l'objet de la donation, en donnant néanmoins par eux préalablement bonne & valable caution.

S'il s'étoit agi de bon & legs fait par tout autre que par l'homicide, il est à présumer que la Cour auroit ordonné l'exécution de la donation & du legs.

Au reste il faut observer qu'il n'y a que les Cours qui puissent prononcer un plus amplement informé *usquequò*.

Il faut que les preuves soient suffisantes ; car on ne doit jamais condamner sans preuve. De sorte que sans preuve suffisante, mais y ayant de grandes présomptions, l'on doit ordonner qu'il sera plus amplement informé pendant un an, ou autre moindre tems, & que cependant l'Accusé restera prisonnier, selon les circonstances & dans des cas graves.

Différens genres de question.

Le genre de la question est différent par rapport aux Tribunaux du Royaume ; à Paris & dans l'étendue du Parlement de Paris on fait boire de l'eau, ou on donne les brodequins.

La question à l'eau se donne en cette maniere ; l'Accusé ou condamné est étendu sur un banc, & attaché par les bras & les jambes à des boucles ou anneaux de fer, avec des cordes, & son corps étant tiré ne porte plus que sur les cordes auxquelles les pieds & les mains sont attachés, & l'Accusé ou condamné étant dans cette posture & dans cet état, on lui fait boire une certaine quantité d'eau par le moyen d'une grosse corne qu'on lui met par le bout dans la bouche.

La question des brodequins se donne en mettant les jambes de l'Accusé ou condamné dans des ais & des coins, pour serrer les jambes entre les deux ais à coups de maillet ; le tout est bien serré & garroté avec des cordes, & ensuite on frappe un certain nombre de coups de maillet.

En Normandie on donne la question en serrant le pouce ou autre doigt, ou une jambe, & quelquefois les deux, avec des valets de fer sur un établi de bois.

En Bretagne, c'est avec le feu, contre lequel on approche les pieds du patient par degrés, étant attaché dans une chaise de fer, ainsi des autres Provinces qui ont leurs manieres & leurs usages à cet égard.

La question, soit préparatoire, soit préalable ou définitive, se divise encore en deux especes ; la question ordinaire & question extraordinaire.

La question ordinaire à Paris va jusqu'à une certaine quantité de pots d'eau ; c'est la moitié de l'extraordinaire, comme quatre pots d'eau ; l'extraordinaire est lorsqu'après avoir fait passer le tréteau plus haut sous les mêmes cordes, on fait boire quatre autres pots d'eau au patient.

A l'égard des brodequins, on en place neuf, au lieu de quatre qu'on met dans la question ordinaire, le tout suivant la prudence du Commissaire qui fait donner la question ; ainsi à proportion pour les Provinces, suivant le genre de question.

On ne doit point condamner à la question préparatoire un Accusé 1°. S'il ne s'agit d'un crime capital, & qui aille à la mort. 2°. Si le crime n'est constant. 3°. S'il n'y a preuve considérable que l'Accusé ait commis le crime, article 1 du titre 19 de l'Ordonnance de 1670. Ces trois choses ou conditions doivent concourir, sans quoi il n'y auroit pas lieu à la question préparatoire : une ou deux conditions ne suffiroient pas.

De la question provisoire ; & en quel cas peut être ordonnée.

Il n'y a point de difficulté sur les deux premieres conditions, mais la difficulté est sur la troisieme, qui est de sçavoir de quelle maniere doit être cette preuve ; l'Ordonnance ne la définit point, elle dit seulement qu'il faut que la preuve soit considérable ; & qu'est-ce qu'il faut pour former une preuve considérable ? c'est la difficulté.

Voici ce qu'on peut dire à cet égard. 1°. Qu'un seul indice ne suffit pas, il faut des indices puissans contre l'Accusé ; ce ne seroit pas même assez qu'il y eût la déposition d'un seul témoin, si elle n'étoit accompagnée d'autres indices. 2°. Ni la confession ou déclaration de l'un des Accusés pour condamner un Coaccusé du même crime à la question. 3°. La confession ou déclaration faite par un condamné à mort, par laquelle il chargeroit quelqu'un, ne seroit pas encore suffisante, parce que ce condamné est incapable de porter témoignage, principalement s'il n'a pas été sur le champ, & avant de mourir, confronté à celui qu'il a chargé par sa déclaration. 4°. Ce ne seroit pas assez, que la seule déclaration faite par un blessé en mourant, qu'il a été assassiné ou tué par un tel qu'il nomme, & qui avoit été décrété & arrêté sur cette déclaration ; mais si ce blessé avoit déchargé l'Accusé en mourant, cette déclaration feroit disparoître & évanouir toutes les indices qui seroient contre l'Accusé, & sur lesquels il auroit pû être condamné à la question ; mais la confession de l'Accusé, quoique faite hors Jugement, ou devant un autre Juge que celui du délit, & depuis déniée par l'Accusé devant son véritable Juge, seroit suffisante, pour peu qu'elle fût aidée, pour faire condamner cet Accusé à la question provisoire ou interlocutoire ; mais outre cette condition, il faut toujours pour donner la question que *constet de corpore delicti*, & que le crime qui forme l'accusation mérite la mort : deux conditions essentielles pour la question provisoire.

Une déposition *de visu*, jointe à quelques indices, pourroit donner lieu à ordonner la question, mais de simples présomptions, soupçons, conjectures & autres indices de cette nature, ne pourroient pas produire cet effet.

Au milieu de tout cela, la résolution de la difficulté que nous agitons, dépend beaucoup de tout ce qui peut se trouver dans le procès, & des circonstances qui peuvent s'y rencontrer.

Voilà les principes généraux & les raisonnemens qu'on peut faire pour faire entendre qu'il ne faut point condamner légérement un Accusé à la question provisoire.

Quoique par le susdit article 1, du titre 19 de l'Ordonnance de 1670, il soit porté que tous Juges peuvent condamner à la question, néanmoins il est certain que les Juges d'Eglise n'y peuvent pas condamner, d'autant qu'ils ne peuvent condamner à aucune peine afflictive, & que la question peut conduire l'Accusé à la mort ou autre effusion de sang ; c'est pourquoi il y a lieu de dire que si un Juge d'Eglise condamnoit à la question, il y auroit abus : voyez ci-devant, part. 2, chap. 6, sect. 5. n. 2.

Si le Juge d'Eglise peut condamner à la question.

Dans la question préparatoire il est permis aux Juges qui y condamnent un Accusé d'arrêter par leur Jugement, qu'encore que l'Accusé n'avoue rien, *les preuves subsisteront en leur entier* ; c'est ce que nos Criminalistes appellent *indiciis manentibus*, pour pouvoir condamner l'Accusé à toutes sortes de peines afflictives ; excepté toutefois celle de la mort, *omnia citrà mortem*, si ce n'est qu'il survienne de nouvelles preuves depuis la question, capables & suffisantes avec celles qui sont au procès, pour faire condamner l'Accusé au dernier supplice.

De la question manentibus indiciis.

Il y a des cas où l'on condamne un Accusé à la question, & où l'on ajoute, *& si nihil ad omnia citrà mortem.* C'est lorsqu'un Accusé est prévenu & convaincu de différens crimes pour lesquels il seroit condamné à des peines très-graves ; & prévenu d'un autre pour lequel si l'on avoit son aveu, il seroit condamné à mort.

Le *manentibus indiciis* ne se prononce ordinairement que lorsque l'Accusé est prévenu de différens crimes, pour raison desquels il seroit condamné à différentes peines, même à celle de la mort s'il avouoit à la question, & ne se prononce jamais lorsqu'il n'y a qu'un seul chef d'accusation.

L'Accusé qui n'a rien avoué à la question, peut aussi être condamné en des sommes pécuniaires envers la Partie civile, s'il y en a une, par forme de réparation civile & intérêts civils, & à l'égard du Roi ou des Seigneurs, en quelque amende ou autre peine pécuniaire, suivant l'exigence des cas ; article 2 *ibidem.*

Quant aux peines auxquelles un tel Accusé pourroit être condamné, ce seroit par exemple les Galeres ou bannissement.

On ordonne quelquefois un plus amplement informé, *indiciis manentibus*, pendant un tems, comme d'un an ou de six mois, & que l'Accusé gardera prison pendant ce tems-là, sauf à l'Accusé après le tems fini de donner sa requête pour être renvoyé de l'accusation & mis hors des prisons ; ce qui lui est accordée, s'il n'est point survenu de nouvelles preuves & charges, ou une nouvelle accusation d'un crime capital, qu'il faudroit valablement instruire dans toutes les regles, & cette instruction arrêteroit son absolution pour l'ancien crime dont il avoit été accusé, & sa liberté, si le nouveau procès ne se trouvoit pas en état au bout du tems préfini pour le plus amplement informé.

Il y en a qui tiennent qu'il n'appartient qu'aux Cours Supérieures, & non aux Juges inférieurs Royaux ou Subalternes, de prononcer *les preuves tenantes* ; mais ce sentiment est contraire à la disposition précise de l'article 2 *ibidem*, qui porte expressément que tous Juges le peuvent ; & cette expression de l'art. 2. n'a point été reformée, nonobstant les observations qui furent faites lors des conférences tenues pour l'examen de l'Ordonnance de 1670.

Outre la question préparatoire, il y a la question préalable, qui est, lorsque par le

De la question préalable, & quand est ordonnée.

Jugement de mort il est ordonné que le condamné sera préalablement appliqué à la question pour avoir révélation par sa bouche, confession & déclaration de ses complices, & non pas pour avoir sa confession qu'il a commis le cime pour lequel il est condamné au dernier supplice ; car dès qu'il est condamné à mort, il ne s'agit plus de sçavoir s'il est coupable ; article 3 *ibidem*.

Cette question est bien importante, car elle découvre souvent des complices & des associés pour voler, tuer ou assassiner ; les condamnés au dernier supplice, qu'ils voyent qu'il n'y a plus d'espérance de sauver leur vie, & qu'il faut mourir, se laissent plus facilement convaincre par cette question, & parler & découvrir leurs complices & associés, que les accusés qui souffrent une question préparatoire, flattés & prévenus qu'ils sont, que n'avouant rien, ils auront au moins la vie sauve ; aussi ces accusés n'avouent presque jamais rien, de sorte que le plus souvent la question préparatoire ne produit aucun effet : les accusés souffrent les tourmens de la question sans rien avouer, & s'ils parlent, c'est pour tout nier ; & même nous voyons très-souvent, que dans la question préalable & définitive, les condamnés n'y avouent rien, & qu'ils attendent à parler & à faire des déclarations lorsqu'ils sont sur l'échafaut ou à la potence, au moment qu'ils vont être exécutés ; est-ce par malice ? est-ce en vûe de prolonger leur vie pour quelque moment, ou tout au plus de quelques heures ? c'est ce qu'on ne peut sçavoir que par imagination ou conjecture.

Il se fait quelquefois sur le champ une confrontation des complices révélés par des condamnés au dernier supplice ; confrontation qui est très-importante lorsqu'on peut amener ces complices dans le lieu de l'exécution, pour être présentés & confrontés à ce condamné avant que d'être exécuté ; mais on ne trouve pas toujours ces complices sous sa main ; aussi il est dit par l'article 4 *ibidem*, que si un condamné à mort par un Jugement Prévôtal & en dernier ressort, révélé, étant à la question préalable, aucun de ses complices, & qui soient arrêtés sur le champ, la confrontation en pourra être faite, quoique le Prévôt n'ait pas encore été déclaré compétent pour connoître de ces complices, sauf à lui à faire après juger sa compétence ; d'autant que cette confrontation est de la derniere conséquence, & qu'elle ne peut souffrir de retardement en un pareil cas.

De la présentation de l'Accusé à la question.

Les Juges inférieurs ne peuvent point ordonner qu'un accusé sera seulement présenté à la question, sans y être appliqué, il n'y a que les Cours Supérieures qui ayent ce pouvoir, article 5. *ibidem*, & encore le font-elles très-rararement, & toujours quant à la question préparatoire, & non quant à la question préalable ou définitive ; aussi cet article de l'Ordonnance se sert du mot *accusé*, & non du mot *condamné à mort*.

On remarque ordinairement deux cas dans lesquels les Cours ordonnent quelquefois que l'accusé sera présenté à la question sans y être appliqué ; l'un est quand une Cour Supérieure voyant qu'il n'y a pas assez de preuves au procès pour appliquer un accusé à la question préparatoire, alors pour tâcher de découvrir la vérité par terreur de la peine que l'accusé voit imminente, elle peut ordonner que l'accusé sera présenté à la question, sans y être appliqué ; l'autre est lorsque l'accusé est un impubere, un vieillard décrépit, un malade, un valétudinaire, ou autres, qui par des certaines incommodités ne pourroient souffrir la question sans danger de la vie.

Du Jugement qui condamne à la question.

Il est ordonné par l'article 4 *ibidem*, que le Jugement qui condamnera à la question sera dressé par le Greffier & signé par le Juge aussi-tôt qu'il aura été rendu, & que le Rapporteur du procès, assisté d'un Conseiller ou autre Juge, se transportera incontinent en la Chambre de la question pour le faire prononcer à l'accusé ; ce qui se doit entendre lorsque le Jugement de condamnation à la question préparatoire, est un Arrêt ou un Jugement en dernier ressort, parce que par l'article suivant qui est le septiéme du même titre, les Sentences de condamnation à la question préparatoire, ne peuvent être exécutées qu'elles n'aient été confirmées par Arrêt des Cours Supérieures, de sorte qu'on ne peut appliquer la disposition de l'article 6 que lorsque la condamnation à la question préparatoire ou préalable ou définitive, est portée par un Arrêt ou Jugement en dernier ressort ; mais quant aux premiers Juges, il faut que leur Sentence qui condamne à la question préparatoire ou au dernier supplice avec la question préalable, soit confirmée par un Arrêt du Parlement ou autre Cour ; car jamais une Sentence de condamnation à la question, ne s'exécute qu'elle n'ait été confirmée par Arrêt, soit que l'Accusé appelle ou qu'il n'appelle point, ou quand il renonceroit à tout appel, & qu'il consentiroit l'exécution de la Sentence ; cela est si vrai, qu'on ne prononce point à un accusé ou condamné une Sentence de condamnation à la question préparatoire ou au dernier supplice avec la question préalable, qu'elle n'ait été confirmée par Arrêt.

De l'exécution du Jugement qui condamne à la question.

Voici ce qui sera observé en faisant donner la question, soit préparatoire, soit préalable. 1°. L'accusé ou condamné sera interrogé après avoir prêté serment. 2°. On lui fera lecture de la Sentence confirmée, ou de l'Arrêt ou autre Jugement en dernier ressort, étant à genoux & tête nue, avant que de l'appliquer à la question. 3°. Il signera son interrogatoire, sinon sera fait mention de son refus. 4°. La question sera donnée en présence des Commissaires qui seront nommés par le Président ou le Juge en chef qui aura rendu la Sentence, Arrêt ou Jugement. 5°. Les Commissaires dresseront & rédigeront procès-verbal dressé par le Greffier de l'état de la question, & des réponses, confessions, dénégations & variations du patient à chacun article de son interrogatoire. 6°. Il sera loisible aux Commissaires de faire modérer & relâcher une partie des rigueurs de la question si l'accusé confesse ; & s'il varie & ne veut rien dire sur les interrogatoires qu'on lui fait, de le faire remettre dans les mêmes rigueurs de la question ; mais s'il a été délié & entierement ôté de la question, il ne pourra plus y être remis, parce que dans ce cas la question ne se réitére point & l'on ne donne point deux fois la question à un même accusé ou condamné, quelque nouvelle preuve qui pût survenir ; c'est la disposition des articles 8, 9, 10, 11 & 13 *ibidem*.

Après que l'accusé ou condamné aura été tiré de la question, il sera sur le champ interrogé par un des Commissaires, mais sans qu'il soit besoin de lui faire prêter nouveau serment, cet interrogatoire, étant une suite du premier, sur les déclarations & sur les faits par lui confessés ou déniés ; on lui fera même signer cet interrogatoire, sinon mention sera faite de son refus, article 11. *ibidem* : c'est ce qu'on appelle *interrogatoire prêté sur le matelas* ou sur *la paille*, suivant les usages des lieux. Cet interrogatoire se prête dans la chambre de la question sur le champ & sans déplacer dès que le patient est tiré de la question. Cet interrogatoire est de très-grande conséquence par rapport à la persévérance de l'accusé ou condamné dans ses confessions ou dénégations qu'il a faites dans la question ou pendant la question.

Il ne faut rien omettre, s'il est possible, en faisant donner la question, afin de pouvoir découvrir la vérité ; par exemple, en prenant garde à la contumace de l'accusé, à la couleur du visage, à ses discours avant que d'être appliqué à la question ; tout cela peut marquer l'intérieur de son esprit & de sa conscience, & autres choses de cette qualité.

Dans la question préparatoire le Jugement qui l'ordonne est un Jugement interlocutoire, & on fait pour ainsi dire l'accusé Juge en sa propre cause, par rapport à la peine de mort.

Réflexions sur la question provisoire.

On prendra la liberté de représenter aux Juges & Magistrats que de condamner un accusé à la question préparatoire, est chose bien délicate par les conséquences de cette tentative à tirer la vérité d'un crime par la bouche d'un accusé par la force des tourmens, & entr'autres l'état où est réduit un accusé par la question qu'il a soufferte sans rien avouer, il est souvent estropié pour toute sa vie, quoique par le Jugement définitif il ait été renvoyé de l'accusation ; & si un accusé d'un crime capital & énorme n'avoue rien dans cette question, il ne pourra point être condamné au dernier supplice, mais seulement à toutes autres peines *citrà mortem* ; d'ailleurs les déclarations faites par un appliqué à cette question, ne doivent pas toujours faire foi entiere ; c'est une remarque dont il faut se souvenir, *falsissimum est sæpè questionibus indicium, quia mentitur qui pati potest, mentitur & qui pati non potest, ille patientiâ aut obstinatione superat, hic infirmitate superatur ; semper anceps conjectura, quoniam vera confessis & falsa dicentibus idem doloris finis ostenditur* ; ce qui a fait dire à un ancien Criminaliste, que l'invention de la question préparatoire est plutôt un essai de patience que de vérité, & que c'est faire souffrir pour un fait incertain à l'accusé une peine certaine ; il y a sur cela un exemple qui nous est rapporté par Valere Maxime ; livre 8, chapitre 4, qui fait trembler : un Esclave de Marcus Avius ayant confessé à la question préparatoire qui lui avoit été donnée, avoit tué un autre esclave, nommé Alexandre, fut pendu pour raison de ce prétendu crime, & depuis l'exécution ledit Alexandre qu'on avoit crû mort & assassiné, revint à la maison de Faunius son Maître. Mais quant à la question préalable qu'on ordonne pour avoir révélation & déclaration des complices par la bouche d'un condamné à mort, il n'y a aucun inconvénient à l'ordonner, parce qu'on en tire souvent un grand bien pour la société civile, & qu'il n'y a pas grand ménagement à garder en la personne d'un condamné à mort, & qui va pour ainsi dire être exécuté.

Femme enceinte ne peut être condamnée à la question.

Non-seulement on ne peut condamner une femme grosse à une peine corporelle, du moins considérable, comme seroit le fouet ou le dernier supplice, mais encore à la question ; Julius Clarus estime même qu'on ne pourroit la condamner à la question, que quarante jours après son accouchement ; c'est dans sa question 64, *n.* 23.

On ne peut condamner à la question préparatoire que lorsque le crime ne peut être suffisamment prouvé autrement que par la question ; Julius Clarus ; *dictâ quæst.* 64, *n.* 6.

La déposition d'un seul témoin ne suffiroit pas pour appliquer un accusé à la question, à moins qu'il n'y eût en outre plusieurs violens indices, sinon dans le crime de Leze-Majesté, Divine ou Humaine.

La déclaration faite par un accusé appliqué à la question contre un autre déja accusé ou non accusé, ne suffiroit pas pour condamner celui qui est chargé par cette déclaration, à la question, encore moins à le condamner à la mort, à moins qu'il n'y eût d'autres charges ou de violens indices.

De l'Accusé qui n'a rien avoué à la question.

Un accusé qui à la question aura formellement nié avoir commis le crime dont il est accusé, doit, généralement parlant, être envoyé absous après la question soufferte, ou du moins après un plus amplement informé, au bout duquel il n'est point survenu de nouvelles charges ; mais si par le Jugement il est dit qu'avant faire doit, l'accusé sera appliqué à la question, ou les indices tenans, cet accusé pourra être condamné à quelque peine afflictive hors la mort, nonobstant qu'à la question il ait nié le crime, & persévéré dans cette dénégation, détaché de la question, à moins que sur le plus amplement informé il ne survint de nouvelles preuves & charges contre lui, auquel cas il pourroit être condamné au dernier supplice.

Du procès-verbal de la question.

Le procès-verbal de la question est la narration que fait le Juge de tout ce qui se passe depuis que le patient est appliqué à la question, jusqu'à ce qu'il en soit retiré, ou si l'on veut, c'est une description précise, véritable & naturelle de toutes les circonstances qui peuvent arriver & survenir dans tous le tems de la question, soit par les interrogatoires du Juge & les réponses de l'accusé, ou pour tout ce qui regarde l'état du patient ; on y compte même le nombre des pots d'eau ou des coins, ainsi de même suivant la maniere de donner la question dans les autres Provinces du Royaume ; il ne faut pas pareillement manquer à mettre dans ce procès-verbal, ce qui se passe à l'interrogatoire de l'accusé avant que d'être appliqué à la question.

Réflexions sur la peine de la question.

Quoiqu'on dise que le tourment de la question ne tend à proprement parler qu'à faire découvrir le crime, & non pas pour punir un accusé, néanmoins dans le dégré des peines, on la place immédiatement après la peine du dernier supplice, principalement, la question préparatoire, parce qu'elle expose l'accusé au dernier supplice, s'il avoue son crime ; encore a-t-on la vie sauve, en subissant la condamnation aux Galeres ; même à perpétuité ou au bannissement perpétuel ; ou au fouet, ou à l'amende honorable, ou au pilori ; ou au carcan, ou autres peines les plus infamantes.

Aussi avons-nous nombre d'Auteurs qui ont écrit contre la Question ou Torture ; & entr'autres M. Nicolas, Président au Parlement de Besançon, dans un Traité particulier qu'il a fait à ce sujet en 1681, où il rapporte tout ce qu'on peut dire pour montrer que la question est inutile ; cependant il faut convenir qu'elle est fort ancienne ; il y en a des vestiges dans l'Ancien Testament, & des dispositions précises dans le Droit Romain, comme nous le voyons dans le titre *de Quæstionibus*, au Digeste & au Code, quoiqu'il en soit, il faut convenir que du moins la question préalable & définitive produit très-souvent des effets merveilleux par rapport à la découverte des complices.

De l'Accusé qui étant hors la question dénie tout ce qu'il avoit déclaré.

La déclaration d'un accusé dans les tourmens de la question préparatoire, ne préjudicie point à l'accusé lorsque hors la question, étant sur le matelas ou paillasse, & interrogé d'abondant par le Juge, il persevére & insiste à dire tout ce qu'il a dit dans la question ; a été pour faire cesser les douleurs qu'il enduroit, même qu'il se désiste de tout ce que les tourmens lui ont fait dire & arraché de sa bouche, rien de tout cela n'étant vrai ; un procès-verbal de question de cette qualité, ne laisse pas d'être embarrassant pour le Jugement définitif de cet accusé ; mais la persévérence de l'accusé dans la confession par lui faite à la question de son crime, sur le matelas ou paillasse, n'est pas si embarrassante, puisqu'outre les preuves du procès, le Juge a une confession réitérée du crime par l'accusé, réiteration ou confrontation de la confession dans un tems libre & hors les tourmens & douleurs de la question.

Un seul indice, accompagné d'une déposition d'un témoin *de visu*, suffiroit pour condamner un accusé à la question préparatoire.

Un seul indice ne suffiroit pas pour condamner un Accusé à la question.

On donne la question à toutes sortes de personnes, & elles y peuvent être condamnées, soit de l'un & de l'autre sexe ; même sans distinction de qualité, Nobles ou Roturiers, Prêtres, Religieux & autres dans l'état Ecclésiastique, s'il y a lieu à la question, & s'il s'agit d'un crime privilégié, sans même qu'il soit besoin de les dégrader préalablement, pas même lorsqu'ils sont condamnés au dernier supplice ; car le seul crime capital & qui merite la mort, suivi d'une condamnation à mort, les dégrade *ipso facto & ipso jure* ; il ne se fait plus de dégradation par le ministere du Tribunal Ecclésiastique, comme il se pratiquoit autrefois. Joannes Gallus dans son Journal du Parlement de Paris depuis 1384 jusqu'en 1414, *quest.* 46, rapporte qu'en 1385 le sieur d'Argentone fut condamné à la question dont il prétendoit se défendre par sa qualité de Baron, à quoi les Juges n'eurent aucun égard ; ce qui fait connoître que la question étoit en usage en France, du moins dès le quatorziéme siécle. La note de du Moulin sur cette question, est qu'on ne doit pas si aisément appliquer une personne noble & qualifiée à la question, qu'une personne roturiere & vile.

Si l'on donne la question à toutes sortes de personnes.

L'usage ordinaire en donnant la question, est que s'il y a plusieurs condamnés à la question, on commence par les plus foibles, les femmes y seront appliquées avant les hommes, & les fils avant les peres, ainsi des autres desquels on croira tirer plus aisément la vérité.

Lorsqu'il y a plusieurs Accusés, on commence par les plus foibles.

On donne la question à jeun, mais les condamnés n'observent pas trop cette scrupuleuse exactitude ; car s'ils ne trouvent pas à manger, du moins attrapent-ils par adresse ou autrement quelque peu d'eau de vie ; les Géoliers & Guichetiers ont quelquefois cette complaisance pour ces sortes d'Accusés ; cependant ils n'en font pas mieux, & si le fait étoit avéré, ils seroient répréhensibles pour la conséquence. Il y a même quelques Auteurs qui disent qu'un condamné à la question ne doit ni boire ni manger dix heures avant d'être appliqué à la question.

La question se doit donner au condamné à jeun.

C'est une régle générale qu'un coupable dûement atteint & convaincu d'un crime capital, & condamné pour ce crime à la mort, ne doit point être condamné à être préalablement appliqué à la question, sinon dans le cas que le coupable condamné a eu des complices pour pouvoir commettre le crime, & que l'accusé ne veut ni nommer ni indiquer.

Dans les crimes graves & atroces il y a souvent de l'inconvénient à condamner l'accusé à la question préparatoire, parce que cet accusé en n'avouant rien à la question, comme il arrive ordinairement, il a du moins la vie sauve, & par-là il s'échappe du dernier supplice.

Cas auquel la question préparatoire est inutile.

Messieurs les Procureurs généraux, ou les Procureurs du Roi, ou Procureurs Fiscaux, ne peuvent assister à la question ; encore moins la Partie civile ; il n'y a que le Juge, le Greffier, le Questionnaire & le Patient : on y appelle aussi les Médecins & Chirurgiens ordinaires des Cours, Sieges & Tribunaux, sans cependant que ce soit une nécessité, & que le procès-verbal de question fût nul, pour n'y pas avoir appellé des Médecins & Chirurgiens ; mais il faut en cela suivre l'usage des lieux.

Quelles personnes peuvent assister à la question.

Les enfans d'un condamné à la question préparatoire, qui l'a soufferte sans rien avouer, qui est même mort incontinent après la question, & dont l'innocence a été avérée, ne peuvent prétendre des dommages & intérêt contre la Partie civile, s'il n'y avoit une calomnie évidente prouvée, & une subornation de témoins, ou autres dols & fraudes faites & pratiquées dans l'accusation & le cours du procès. Il y a sur cette question nombre d'Arrêts dans les livres, & on en voit plusieurs dans la Bibliothéque des Arrêts, *verbo* accusé, *nombre* 18 ; mais il y a principalement l'Arrêt qu'on appelle communément au Palais l'*Arrêt de l'Anglade*, rendu au Parlement de Paris, en la Chambre de la Tournelle, le 26 Juin 1693, qui l'a ainsi disertement jugé ; c'est un malheur pour l'accusé qu'il se soit trouvé assez de preuves au procès pour le faire condamner à la question préparatoire, quoiqu'il fut réellement & véritablement innocent, & que son innocence a été reconnue depuis la question, même depuis sa mort, causée peut-être par les tourmens de la question ; il suffit que la Partie civile ait eu un fondement légitime de rendre sa plainte, & de faire faire le procès à l'accusé ; il faudroit dire les

Si un condamné à la question préparatoire, n'ayant rien avoué, étant mort aussi-tôt après la question ses parens peuvent prétendre des dommages & intérêts contre la Partie civile.

contraire si la calomnie étoit évidente dans le tems de la plainte & de l'instruction du procès ; car si sans sujet on rend une plainte, & qu'on ne puisse prouver le titre de l'accusation, la Partie civile doit être condamnée en des intérêts civils ou dommages & intérêts envers l'accusé ou ses héritiers, s'il étoit décédé pendant la poursuite du procès ; c'est ce qui fut jugé par Arrêt du Parlement de Paris, en la Chambre de la Tournelle, du 20 Avril 1709, sur les conclusions de M. Joly de Fleury, Avocat Général, aujourd'hui ancien Procureur Général de ce Parlement.

¶ Les Juges qui président à une question doivent faire une grande distinction entre un accusé condamné à une question préparatoire & un accusé condamné à une question préalable.

Lors de la question préparatoire, ils doivent prendre garde que l'accusé ne reste estropié des tourmens qu'on lui fait souffrir ; mais lorsqu'il s'agit d'une question préalable, dans ce cas, comme c'est un corps acquis à la Justice, il dépend de leur humanité de faire souffrir l'accusé plus ou moins pour tâcher de tirer de lui la vérité des faits, & la révélation de ses complices.

Lorsqu'un accusé condamné à une question préalable déclare quelque complice, & que ce complice ne se trouve pas il faut recoller l'accusé sur ces déclarations.

Sentence portant que l'Accusé sera appliqué à la Question préalable.

Extrait des Regiſtres de ....

Vû le procès criminel extraordinairement fait & instruit, à la requête de .... &c. *viser la plainte, l'information, interrogatoire, recollement, confrontation, conclusions de la Partie publique, interrogatoire sur la sellette* ; oui le rapport de .... tout considéré, Nous .... avant que de procéder au Jugement définitif, ordonnons que l'accusé sera appliqué à la question ordinaire & extraordinaire, & interrogé sur les faits résultans du procès en présence de .... assisté de .... pour son interrogatoire fait, rapporté & communiqué au Procureur .... être ordonné ce que de raison.

Nota. L'on tient communément que dans un tel Jugement les Juges inférieurs ne doivent point séparer la question ordinaire & extraordinaire, sauf par des raisons particulieres en cas que l'Accusé soit trop foible ou estropié à mettre un *Retentum* au bas du Jugement en ces termes : arrêté, attendu .... que ledit Accusé sera seulement appliqué à la question ordinaire ; mais la plûpart des Criminalistes qui sont de cette opinion ne la prouvent d'aucune autorité ; l'Ordonnance n'en dit rien ; & il semble qu'un Juge qui peut condamner à la question extraordinaire, peut à plus forte raison condamner à la qustion ordinaire.

Procès-verbal de Queſtion.

L'an .... *marquer le jour & heure.* Nous .... nous étant transportés .... y avons fait mener .... Accusé, lequel étant assis sur la sellette, & après serment par lui fait de dire vérité, avons procédé à son interrogatoire, ainsi qu'il ensuit, &c. *Voyez ci-devant la forme des Interrogatoires.*

A l'instant l'Accusé s'étant mis à genoux tête nue, lui a été prononcé par notre Greffier, la Sentence .... confirmée par Arrêt du .... par laquelle avant que de procéder au Jugement définitif du procès, il a été ordonné ....

Ce fait l'Accusé a été deshabillé par le Questionnaire ; & après avoir été attaché .... en la maniere accoutumée, *si c'est la question avec l'eau, l'on ajoute :* & ayant été étendu & le premier tréteau passé sous les cordes attachées aux jambes de l'Accusé, a dit .... *ou si c'est avec les brodequins, l'on dit :* les jambes de l'Accusé ayant été mises entre les deux ais, serrés avec deux cordes, & mis un coin entre l'un des ais & la corde.

Au premier pot d'eau *ou* au premier coup de maillet sur le coin, donné par le Questionnaire, l'Accusé a dit .... au second a dit .... au troisieme a dit .... au quatrieme a dit ....

Si l'on donne aussi la question extraordinaire, l'on ajouse : Après quoi le Questionnaire

naire ayant passé le grand tréteau de l'extraordinaire sous les mêmes cordes, *ou* ayant mis un autre coin entre l'autre ais & la corde, l'Accusé a dit....

Au premier pot, *ou* premier coup de maillet, sur le nouveau coin, a dit... &c.

Et ensuite l'Accusé a été détaché & mis devant le feu sur un matelas *ou* sur une paillasse, *ou* sur de la paille, où étant, l'avons interrogé, &c.

Lecture faite, &c. Fait les jour & an que dessus.

CHAPITRE XIX.

De la Conversion des Procès civils en Procès criminels, & de la réception des Procès extraordinaires en Procès ordinaires, avec le Stile.

1. SUivant ce titre, un procès civil peut être converti en procès criminel, & un procès criminel peut être converti en procès civil; de sorte qu'un procès originairement civil, peut devenir un procès criminel & extraordinaire, & un procès originairement criminel & extraordinaire, peut devenir un procès civil & ordinaire, car il y a beaucoup de différence entre un procès civil & ordinaire, & un procès criminel & extraordinaire; le procès civil s'intente par action, le procès criminel s'intente par plainte & accusation, qui se poursuit extraordinairement, *quasi extra ordinem fit instructio.*

Procès civil peut être converti en procès criminel, & vice versâ.

Il y a deux sortes de procès criminels; les uns sont au grand Criminel, les autres au petit Criminel; au grand Criminel, telles sont toutes les accusations de crimes qui peuvent mériter des peines afflictives ou infamantes, comme la mort, la question, l'amende honorable, les Galeres, le bannissement, le fouet, la flétrissure, & le blâme; au petit Criminel, ce sont tous les délits dont la fin de l'accusation ne peut aller qu'à des réparations & condamnations civiles & pécuniaires, ou à donner quelque Acte au Greffe comme le Défenseur tient le Demandeur pour homme de bien & d'honneur, & non entaché des injures mentionnées dans la plainte, ou autre réparation.

Des procès au grand & au petit Criminel.

2. Ce n'est qu'en jugeant un procès que ces conversions se peuvent faire par les circonstances qui se rencontrent dans le procès; on trouve en jugeant un procès civil, que les circonstances particulieres passent les bornes d'une affaire purement civile, & qu'il y a du crime: alors on convertit le procès civil en procès criminel & extraordinaire, si au contraire en jugeant un procès criminel, on trouve qu'il n'y avoit pas lieu de faire une procédure extraordinaire, ou que la matiere de l'accusation ne méritoit point une pareille instruction, on convertit le procès criminel en procès civil & ordinaire, & les informations en enquêtes, sauf à l'Accusé à en faire de sa part; & quoiqu'on renvoye les Parties à procéder à fins civiles, le Lieutenant Criminel en reste toujours Juge. Le Réglement fait par Arrêt du Parlement de Paris du 29 Août 1579, pour le Siége du Mans porte expressément que si le Lieutenant Criminel reçoit un Accusé à procès ordinaire, ou qu'il civilise le procès, il en retient la connoissance. Cet Arrêt est rapporté par Joly, des Offices de France, tome 2, liv. 3, tit. 10, pag. 1104; & par Filleau & Chenu, tome 1, part. 2; tit. 1, chap. 12. Quelquefois on met seulement les Parties sur l'extraordinaire hors de Cour, sauf à elles à se pourvoir à fins civiles, ainsi qu'elles aviseront bon être; mais en ce cas s'il y avoit des informations, & que par le Jugement les informations ne fussent pas converties en enquêtes, la Partie qui auroit fait faire les informations, non-seulement ne pourroit faire aucun usage de ces informations, mais encore elle ne pourroit pas, & elle ne seroit pas recevable à demander en procédant au Civil, qu'il lui fût permis de faire faire une nouvelle enquête qui seroit composée ou des anciens témoins, ou de nouveaux, sauf au Défendeur à faire preuve au contraire de sa part, parce qu'on lui diroit que c'est une chose jugée dès que les informations n'avoient point été converties en enquête. On dit en ce cas *civiliser l'affaire*, c'est-à-dire, que l'accusation est descendue à l'action, ce qui se doit entendre lorsqu'il y a une Partie civile dans l'accusation; car lorsque le Procureur du Roi, ou le Procureur Fiscal, ou M. le Procureur Général est seule Partie, on n'admet point les Parties en procès civil & ordinaire, on juge l'Accusé, soit par condamnation,

Dans quel tems se peuvent faire ces conversions.

soit par absolution, sans aucune conversion ni réserve; mais ce qu'il faut bien remarquer, c'est qu'on peut convertir une information en enquête; mais on ne peut convertir une enquête en information, à peine de nullité de la Procédure; il y en a un Arrêt du Parlement de Paris en la Tournelle, du 31 Mars 1708.

3. Lorsqu'on convertit un procès criminel & extraordinaire en procès civil & ordinaire, on ajoute quelquefois ces mots, *sauf à reprendre l'extraordinaire, s'il y échoit*, cela dépend de la qualité de l'affaire civilisée; on ordonne aussi dans certaines circonstances que l'Accusé, dont le procès criminel a été civilisé, ne sera élargi & mis hors des Prisons qu'en donnant caution, pour répondre des condamnations pécuniaires qui pourroient intervenir contre lui par le Jugement sur le Civil.

De l'appel à minimâ par la Partie publique de la Sentence de conversion.

4. Les Sentences & Jugemens de conversion de procès criminels en procès civils, doivent être prononcés à la Partie civile & à l'Accusé, il est même permis à un Procureur du Roi ou Procureur Fiscal, ou à M. le Procureur Général, d'interjetter appel *à minimâ* d'une Sentence par laquelle les Parties auroient été reçues en procès civil & ordinaire, & cet appel arrêteroit la liberté de l'Accusé prisonnier, étant dénoncé au Greffier ou Géolier de la prison.

Nota. Il n'est point d'usage de prononcer à la Partie civile, ni à l'Accusé, les Jugemens de conversion des procès criminels en procès civils; cette formalité n'est portée par aucune Ordonnance.

Cas où l'on civilise un procès criminel.

5. Il y a un cas où il faut absolument civiliser une procès criminel, c'est l'accusation en recellés & divertissemens contre une Veuve, par elle prétendus commis dans la succession de son mari incontinent après sa mort, ou pendant la maladie dont il est décédé; car sur l'appel de cette Veuve, on met sur l'extraordinaire les Parties hors de Cour, on les renvoye à fins civiles, & on convertit les informations en enquêtes, tous dépens, dommages & intérêts reservés; on oblige quelquefois cette Veuve à subir interrogatoire avant d'être entendue sur son appel de la procédure extraordinaire, & cela afin de pouvoir tirer par sa bouche les éclaircissemens qu'on peut attendre d'un interrogatoire; mais quant aux Etrangers qui seroient accusés d'avoir été les complices des recellés & divertissemens, & qui se trouveroient dans l'accusation avec la Veuve, il faut distinguer, s'il y a preuve qu'ils ayent commis de recellés & divertissemens pour leur compte particulier, & pour en profiter, l'instruction criminelle continuera contr'eux, & on les jugera criminellement, parce qu'on regarde le fait comme un vol à leur égard; si au contraire ils n'ont fait que receller & divertir de l'ordre de la Veuve ou des héritiers, & pour le profit de la Veuve ou des héritiers, en ce cas ils sont aussi renvoyés à fins civiles; c'est ce qui a été jugé par l'Arrêt du 19 Avril 1698, rapporté au Journal des Audiences.

Ce qui arrive lorsqu'on civilise un procès criminel.

6. Les preuves faites dans un procès qui a été civilisé, & pour instruire le procès civilisé, restent & subsistent en leur entier au cas que par la suite il soit ordonné en jugeant le procès civil, que l'extraordinaire sera repris & jugé comme procès criminel & extraordinaire; parce que l'un dépend de l'autre, & qu'il n'en doit être fait qu'un seul & même procès, joint & accumulé, ensorte que les témoins nouvellement & dans l'instruction du procès civilisé, entendus dans une enquête, seront ouis dans l'information qui pourra être faite de nouveau, & les témoins recollés & confrontés; c'est-là la procédure qu'il faudra tenir, & non pas convertir les enquêtes en informations, ce qui feroit irrégulier, comme on l'a déja dit.

Si l'on peut civiliser deux fois une affaire criminelle.

7. On ne peut point civiliser deux fois une même affaire criminelle; sur ce principe il seroit très-irrégulier, après avoir repris l'extraordinaire dans un procès qui avoit été civilisé, de le convertir une seconde fois en procès civil & ordinaire; car il n'est pas possible qu'en jugeant ce procès criminel, il n'intervienne quelque condamnation grave ou légere, pécuniaire ou autre contre cet Accusé, puisque les Juges avoient fait d'un procès civil un procès criminel & extraordinaire; pareillement, comme après la conversion d'un procès criminel en procès civil & à l'ordinaire, on a prononcé sur le procès, on ne peut plus reprendre le procès extraordinaire, à moins que par le Jugement définitif cela ne soit formellement permis à la Partie civile; ce qui arrive rarement, parce que les Juges doivent, autant qu'il est possible, empêcher que des Parties ne retombent dans un nouveau procès.

La péremption a lieu dans les procès civilisés, même dans les procès au petit Criminel.

8. La péremption de trois ans, faute de poursuites & procédures, a lieu dans les procès civilisés à l'ordinaire, comme elle a lieu dans les procès, Instances & Causes

civiles; parce que dès qu'un procès criminel a été civilisé, c'est un procès purement civil & à l'ordinaire; la péremption a même lieu dans les instances & demandes au petit Criminel.

9. Il est permis aux Juges d'ordonner qu'un procès commencé par la voie civile, sera poursuivi extraordinairement, si en jugeant le procès civil ils connoissoient qu'il peut y avoir lieu à quelque peine afflictive, article 1 du titre 20 de l'Ordonnance de 1670. Les Juges peuvent ainsi l'ordonner d'office, sans demande ni réquisitoire de la Partie civile.

De la conversion du procès civil en procès criminel.

10. Le Procureur du Roi ou le Procureur Fiscal, ou M. le Procureur Général, en voyant le procès civil pour y donner des conclusions, pourroient requerir que le procès civil fût converti en procès criminel & extraordinaire; on peut même décréter dans le cours d'une procédure civile, soit d'assigné pour être oui, d'ajournement personnel, ou de decret de prise de corps, suivant la qualité de l'affaire & de la preuve article 2 *ibidem*; & alors l'instruction se fera à l'extraordinaire, & ce sera un procès tout nouveau, mais procès qui n'est plus civil & à l'ordinaire, mais criminel & extraordinaire: la Partie publique y est la Partie principale; cependant la Partie civile y reste, si elle le juge à propos.

11. Il est néanmoins à remarquer que lorsqu'on a deux actions, la civile & la criminelle, pour un même fait, & qu'on a pris une des deux, on ne peut pas poursuivre par action principale toutes les deux ensemble lorsqu'elles rendent à une même fin, car l'une exclud l'autre; c'est pourquoi quand on a pris la voie civile, on ne peut plus prendre la voie extraordinaire ou criminelle qu'en se désistant de la voie civile, ou bien laisser les Juges en jugeant le procès civil, convertir le procès civil en procès criminel & extraordinaire; comme pareillement il n'est pas permis, après avoir pris la voie extraordinaire, de prendre la voie civile & ordinaire, à moins qu'on ne se désiste de la poursuite extraordinaire; & on s'expose par-là aux dommages & intérêts & autres peines pécuniaires, ou à une réparation: il faut donc laisser juger le procès criminel, sauf aux Juges, s'ils le croyent à propos, de civiliser le procès criminel, ce qui paroît le plus prudent & le meilleur parti pour l'accusateur ou partie civile, parce que par son désistement volontaire, il reconnoît lui-même le peut de fondement & la témérité de son accusation.

Lorsqu'on a pris la voie civile, on ne peut point prendre la voie criminelle.

12. Quant aux procès criminels pour injures & autres cas légers, comme il n'est pas permis aux Juges d'instruire ces sortes d'affaires extraordinairement, pas même permettre d'en informer, il faut les renvoyer à l'Audience, & les juger sommairement sur les assignations qui seront données, & non en faire un procès extraordinaire, ni en jugeant le procès, le convertir en procès civil & à l'ordinaire; toute cette procédure & ce Jugement ne vaudroient rien dans les matieres legeres.

Des procès criminels pour injures & autres matieres légeres.

13. Il faut dire la même chose lorsqu'une information a été décrétée, & que l'Accusé après avoir subi interrogatoire a pris droit par les charges, ou la Partie civile par les réponses ou confessions de l'Accusé; car en ce cas, si le délit est léger, & qu'il ne mérite point de punition corporelle ni afflictive, il faut renvoyer les Parties à l'Audience sans plus ample instruction, & les juger définitivement sur le vû des charges, & ne pas convertir le procès criminel en procès civil.

Cas auquel on ne convertit point le procès criminel en procès civil.

14. Quant un Accusé en matiere réelle, comme en fait de chasse ou pêche, ne désavoue pas l'action qu'on lui impute, mais prétend être en droit de l'avoir faite, en disant *feci, sed jure feci*, alors on met les Parties sur l'extraordinaire hors de Cour, l'on convertit les informations en enquêtes, & l'on permet à l'Accusé de faire enquête de sa part; mais comme on l'a dit ci-devant, *nombre* 2, nonobstant cette civilisation, le Lieutenant Criminel reste toujours Juge de la contestation.

15. Dans tous les cas ci-dessus & autres semblables, principalement pour choses légeres, ou dans lesquelles il y a plus de question de droit que de fait, l'accusation est éteinte par le Jugement qui a prononcé sur la plainte, & elle ne peut se renoveller en permettant à un accusateur de reprendre la voie extraordinaire, ce seroit-là un circuit d'actions, qu'il faut éviter dans l'ordre judiciaire pour le bien de la Justice. En un mot, on peut bien civiliser un procès criminel, mais on ne peut pas permettre, quant le procès civilisé est jugé, de reprendre la même affaire criminellement & extraordinairement; voilà comment se doit entendre l'art. 5. du titre 20 de l'Ordonnance de

On ne peut après que le procès civilisé est jugé, reprendre la même affaire par la voie criminelle.

1670, qui permet aux Parties, après qu'elles auront été reçues en procès ordinaire, de reprendre la voie extraordinaire, si la matiere y est disposée.

Recollement & confrontation ne doit être ordonnée que dans les crimes graves.

16. C'est, à proprement parler, le recollement & la confrontation qui forme le procès extraordinaire & la procédure extraordinaire; cependant l'Ordonnance de 1670, art. 3 *ibidem*, semble vouloir faire entendre que ce n'est que lors & avant la confrontation que cela arrive; elle ne parle point de recollement dans cet article; elle dit que s'il paroît avant la confrontation des témoins, que l'affaire ne doit point être poursuivie criminellement, les Juges recevront les Parties en procès ordinaire, à l'effet de quoi les informations seront converties en enquêtes, & permis à l'Accusé d'en faire de sa part; cela dépend donc de la probité, des lumieres & prudence des Juges; mais ce qui les guidera, ce sera le titre de l'accusation & la qualité de l'affaire. Il ne faut ordonner le recollement & la confrontation des témoins que dans les crimes & cas graves, & principalement ceux qui méritent punition afflictive, & non pas dans des délits légers & affaires légeres; car les Juges dans des délits légers & affaires légeres, ne doivent pas ordonner que les témoins seront recollés & confrontés, ils sont tenus dans ces cas de renvoyer les parties à l'Audience, & s'ils ne le faisoient pas, & que par une Sentence ils ordonnassent le recollement & la confrontation, on seroit bien fondé à interjetter appel de la Sentence, & par l'Arrêt qui interviendroit, la Sentence seroit déclarée nulle, même le recollement & la confrontation s'ils avoient été faits, soit avant ou depuis l'appel; parce qu'en matiere criminelle, lorsque la procédure est nulle & vicieuse, il n'y a point de fin de non-recevoir à opposer contre les voies de droit, qu'on pourroit prendre pour s'en plaindre. Voyez l'Arrêt du 21 Août 1705; rapporté au Journal des Audiences, tome 5 de la derniere édition, livre 5, chapitre 69.

Dans quel tems la conversion du procès civil en procès criminel se doit faire.

17. Il est plus régulier de faire subir l'interrogatoire à l'Accusé avant que de convertir le procès criminel en procès civil, & de recevoir les parties en procès ordinaire avant le recollement & la confrontation, parce que c'est par l'interrogatoire que l'Accusé propose sa défense, & fait entendre que le cas qu'on lui impute, n'est pas criminel de sa nature, ou parce qu'un interrogatoire fait connoître comment & en quoi l'Accusé fait consister sa justification; il est donc très-important pour la partie civile, que l'Accusé subisse interrogatoire avant qu'on puisse recevoir les Parties à procéder en procès ordinaire.

De l'enquête à faire en cas de civilisation du procès.

18. Il est dit par l'article 3 du titre 20 de l'Ordonnance de 1670, que lorsqu'avant la confrontation des témoins, les Parties sont reçues en procès ordinaire, il sera permis à l'Accusé de faire enquête de sa part, & que cette enquête sera faite suivant les formes prescrites pour les enquêtes, c'est-à-dire par l'Ordonnance du mois d'Avril 1667, titre 22. Il sera même permis à la Partie civile de faire de nouvelles enquêtes, si elle le juge à propos; le Défendeur sera aussi bien fondé à demander que la Partie civile soit tenue de lui donner les noms, surnoms, âges, qualités & demeures des témoins entendus dans son information convertie en enquête, pour pouvoir fournir des reproches contre les témoins dans le tems de l'Ordonnance, s'il le croit à propos pour sa défense.

Tems auquel la civilisation ne peut plus se faire.

19. Dès que le recollement & la confrontation des témoins auront été faits, l'Accusé ne pourra plus être reçu en procès ordinaire, il faut que le procès soit continué dans toute l'instruction des procès extraordinaires & jugé comme procès extraordinaire, & avec conclusions de la Partie publique; le Juge est obligé de prononcer définitivement, ou par interlocutoire sur l'absolution ou condamnation de l'Accusé, article 4 *ibidem*. Il pourra aussi ordonner un plus amplement informé, mais c'est pour dire qu'il jugera le procès extraordinaire en l'état qu'il est, sans en pouvoir changer l'état, ni d'un procès extraordinaire en faire un procès civil à l'ordinaire; cependant il seroit permis, en jugeant le procès extraordinaire de renvoyer l'Accusé de l'accusation, ou de mettre sur l'accusation hors de Cour, sauf à la Partie civile de se pourvoir à fins civiles, ainsi qu'elle avisera bon être, les défenses de l'Accusé réservées au contraire; il n'y auroit rien d'irrégulier dans un pareil Jugement.

Procès conclu sur l'appel comme en procès par écrit, peut être renvoyé en la Tournelle.

20. Quoiqu'un procès ait été conclu comme en procès par écrit sur un appel d'une Sentence rendue par le Lieutenant Criminel, qui par sa Sentence avoit condamné la Partie civile en des dommages & intérêts & autres condamnations pécuniaires envers l'Accusé, cela n'empêche pas que la Chambre des Enquêtes, où le procès a été distribué, en jugeant ne renvoye le procès & les Parties à la Tournelle Criminelle, en

faisant appeller *à minimâ* par un des Conseillers, qui étoit des Juges du procès; c'est ce qui fut jugé par un Arrêt de la premiere Chambre des Enquêtes du 4 Août 1731; car en ce cas il n'y a point d'Arrêt, mais un simple Arrêté.

Le procès étoit entre la Demoiselle de Querbabu, d'une part, & le Marquis de Hautefort, d'autre: la Demoiselle de Querbabu étoit originairement l'Accusatrice ou Partie civile, & le Marquis de Hautefort étoit accusé; on reconnut dans le procès que l'accusation paroissoit bien fondée, mais que cette accusation qui pouvoit produire des intérêts civils ou dommages & intérêts, indépendamment de la vindicte publique, ne pouvoit être jugée aux Enquêtes, mais seulement à la Tournelle; & pour lever toute difficulté, on fit interjetter appel *à minimâ* de la Sentence. On pourroit faire la même chose si on trouvoit que l'Accusé méritoit d'autres peines que des peines pécuniaires; & c'est le Conseiller qui a rapporté le procès comme civil, qui va à la Tournelle rapporter tout de nouveau le procès, à moins que l'Accusé ne demande, à cause de sa qualité de Noble ou d'Ecclésiastique, d'être jugé les deux Chambres assemblées; sçavoir, la Grand'Chambre & la Chambre de la Tournelle; auquel cas c'est un Conseiller de la Grand'Chambre qui est nommé Rapporteur, & c'est M. le Premier Président du Parlement qui nomme ce Rapporteur, & non le Président de la Chambre la Tournelle.

21. Lorsqu'un procès criminel a été converti en procès civil, les informations converties en enquêtes, les informations ne sont plus des piéces secretes; elles doivent même être rendues par le Greffier qui seroit saisi de la grosse à l'occasion de l'appel qui auroit été interjetté de la procédure extraordinaire, & sur laquelle l'Arrêt ou Jugement de conversion avoit été rendu: le Greffier seroit tenu par corps de les rendre aux Parties, à la requête desquelles elles auroient été faites, ou à leur Procureur, en vertu de l'Arrêt ou Jugement de conversion, & sans qu'il fût besoin d'un autre Arrêt ou Jugement particulier, en déchargeant le Regiftre du Dépôt, quoi faisant le Greffier en seroit bien & valablement déchargé; en effet, des informations converties en enquêtes, deviennent tellement des piéces communes à toutes les Parties, qu'il faut non-seulement en donner copie, mais encore il est permis de fournir des reproches par écrit contre les témoins qui avoient été entendus dans les informations, sur le mémoire qui sera donné des noms, surnoms, qualités & demeures des témoins, mais non depuis & après que les informations converties en enquêtes, auront été signifiées & baillé copie d'icelles, tout comme en matiere civile. Dans ce cas la conversion des informations en enquêtes, il ne suffit pas au Demandeur de donner un extrait des noms, surnoms, qualités & demeures des témoins ouis aux informations, il doit encore donner copie de la plainte.

De quoi deviennent les informations en cas de civilisation d'un procès.

22. En finissant ce Chapitre, il est bon d'observer que la séparation de corps & de biens, ou de biens & d'habitation, ne peut être intentée ni demandée par une femme par la voie extraordinaire ou criminelle, mais seulement par la voie civile & pardevant le Juge Civil, quoique la demande en séparation ait été précédée de plaintes rendues par la femme en différens tems des excès, mauvais traitemens, sévices & autres faits capables de produire une séparation de corps & de biens, commis en sa personne par son mari: aussi la preuve de ces faits ne se fait point par informations, mais par enquête respective & qui se signifie; il n'y a point de decret contre le mari, point d'interrogatoire de sa part; rien en un mot, qui approche de la procédure criminelle.

Si la séparation de corps & de biens se peut poursuivre par la voie extraordinaire.

A l'occasion de cette maxime, il ne sera pas indifférent d'observer ici que la procédure civile sur les demandes en séparation de corps & de biens, se fait différemment dans la plûpart des Tribunaux du Royaume, & principalement aux Requêtes de l'Hôtel & Requêtes du Palais à Paris, & au Châtelet; mais voici présentement quelle est la procédure qu'il faut tenir à cet égard, suivant la derniere Jurisprudence du Parlement de Paris.

La femme qui veut poursuivre son mari en séparation de biens & d'habitation, présentera sa requête au Juge civil, expositive de ses faits, & concluera qu'il lui soit permis de faire assigner pardevant lui son mari, pour voir ordonner, qu'attendu les faits contenus en sa requête, & dont il lui sera permis de faire preuve au cas que son mari les dénie, elle sera & demeurera séparée de biens & d'habitation avec lui, à l'effet de laquelle demande elle sera autorisée par Justice.

Au pied de cette Requête le Juge mettra son Ordonnance, portant : *Soit partie assignée dans les délais de l'Ordonnance, aux fins de la Requête.*

Si la femme a quelques plaintes précédemment rendues, elle pourra les attacher à sa Requête, si mieux elle n'aime attendre à s'en servir dans le cours de la procédure, auquel cas elle en donnera copie à son mari après qu'il aura mis & constitué Procureur.

En conséquence de cette Ordonnance, la femme fera donner assignation à son mari aux fins de sa Requête, dans les délais de l'Ordonnance.

Sur cette assignation, le mari constituera Procureur, ou il n'en constituera pas.

S'il n'en constitue point, la femme levera & fera juger un défaut faute de comparoir, par lequel elle ne se fera pas adjuger ses fins & conclusions au principal ; mais elle fera seulement ordonner *qu'avant faire droit sur sa demande au principal, il lui sera permis de faire preuve par témoins des faits par elle articulés par sa Requête, pardevant tel Conseiller ou Commissaire, sauf au mari à faire preuve au contraire, pour les enquêtes faites & rapportées être par le Juge ordonné ce qu'il appartiendra.*

Si le mari continue à ne point constituer Procureur, & à laisser tout faire par défaut, la femme fera faire son Enquête, & ensuite sur le vû de son Enquête, supposé qu'elle soit concluante, elle se fera adjuger sa demande & ses conclusions au principal, par une Sentence définitive par défaut faute de comparoir.

Si au contraire le mari constitue Procureur sur l'assignation, & qu'il fournisse des défenses, la cause sera portée à l'Audience, ou si les faits contenus en la Requête sont trouvés capables de faire ordonner la séparation, il sera dit qu'*avant faire droit au principal, la femme fera preuve de ses faits, sauf au mari à faire preuve du contraire, pour les Enquêtes faites & rapportées être par le Juge ordonné ce qu'il appartiendra, dépens réservés.*

Les Enquêtes faites de part & d'autre, ou l'Enquête de la femme, si le mari n'en a point fait, rapportées, la cause sera portée à l'Audience, & sur la plaidoierie, il sera ordonné au principal ce qu'il appartiendra, si mieux n'aiment les Parties, pour éviter l'éclat d'une plaidoierie, passer entr'elles un appointement en droit.

Voilà quelle est la seule procédure qu'il faut à présent tenir, autrement elle seroit déclarée nulle au Parlement de Paris, si on en interjettoit appel.

De sorte que ; 1°. La permission de faire preuve, accordée par le Juge en son Hôtel, ne vaudroit rien ; cette permission ne se peut ordonner qu'à l'Audience, s'il y a Procureur de la part du mari, ou par une Sentence faute de comparoir, s'il n'a pas mis Procureur. 2°. On ne peut prendre d'appointement en droit sur la demande en séparation, avant que le mari ait fourni de défenses, à peine de nullité.

Mais le Parlement autorise par ses Arrêts les Ordonnaces du Juge, portant que les Parties seront préalablement entendues en son Hôtel, pour tâcher de les réunir.

Jugement qui reçoit les Parties en Procès ordinaire.

Extrait des Regiſtres de .....

Vû, *&c.* Nous avons reçu les Parties en Procès ordinaire ; ce faisant, l'information faite à la requête de.... convertie en Enquête, & en conséquence permis à ... d'en faire de sa part sur les faits contenus en la plainte & esdites informations, pardevant .... dans .... jours, & sera tenu le Demandeur de donner au Défendeur un extrait des noms, surnoms, âges, qualités, & demeures des témoins ouis en ladite information, pour fournir de reproche contre iceux, si bon leur semble, sauf à reprendre l'extraordinaire, s'il y échoit.

Ou, Nous avons sur le tout renvoyé les Parties à l'Audience.

CHAPITRE XX.

De la maniere de faire le Procès aux Communautés des Villes, Bourgs & Villages, Corps & Compagnies.

Communautés : ce qu'on entend sous ce mot.

Communautés ; ce mot est un terme générique qui comprend tous Corps & Communautés de la société civile ; mais il veut ici dire un Corps & Communauté d'Habitans qui demeurent & qui sont établis, assemblés, unis & restans dans une Ville, Bourg Village & Hameau, ou écart d'un Village, & le mot de *Compagnie* veut dire un Corps de plusieurs personnes, qui avec la permission du Roi, portée par des Lettres Patentes bien & dûement enregistrées, composent un tout, & ne sont qu'un seul & même Corps dans la société civile ; tels sont les Monasteres & Communautés de l'un & de l'autre sexe, & les Communautés des Corps & Métiers ; on dit encore une Compagnie de Magistrats & Juges, tant supérieurs qu'inférieurs.

Comme les Communautés ou Corps dont nous venons de parler, peuvent délinquer en commun & *nomine collectivo*, aussi a-t-il fallu faire des Loix & des Ordonnances pour les réprimer & les punir, & prescrire en même tems une forme pour faire leur procès, & c'est ce qui va faire la matiere de ce Chapitre ; mais encore un coup il faut se souvenir ici que tout ce que nous allons dire ne regarde aucunement la forme de faire le procès à aucun des Membres d'une Communauté, Corps & Compagnie, mais à toute la Communauté, Corps & Compagnie ensemble, pour un délit ou crime commis par tous ceux, ou la plus grande partie qui la composent.

De quelle maniere un Corps ou Communauté peut délinquer.

L'article premier du titre 21 de l'Ordonnance de 1670, marque spécialement deux cas qui peuvent former crimes ou délits dans une Communauté, Corps ou Compagnie, rébellion & violence, mais elle ajoute en même tems ces mots, *ou autre crime* ; ce qui comprend tous les autres crimes généralement quelconques, dans lesquels une Communauté, Corps ou Compagnie peuvent tomber en commun, comme émotion populaire, mutinerie, désobéissance aux ordres du Roi, soulevement, tumulte, assemblées illicites, clandestines ou ouvertes & publiques, faites par signes, tambours, trompettes ou tocsin, ou excès & mauvais traitemens faits & exercés en la personne des Commis & Préposés pour la lévée des deniers Royaux.

Formalité de procès fait à une Communauté, ou autre Corps.

Voici les formalités qui doivent être observées pour faire le procès à une Communauté, Corps & Compagnie qui a délinqué.

1°. Elle sera tenue de nommer un Syndic, ou un Député, suivant qu'il sera ordonné par le Juge qui aura droit par une compétence naturelle, ou qui sera chargé par le Roi de faire le procès à la Communauté, Corps ou Compagnie qui a délinqué, & si la Communauté, Corps ou Compagnie refuse de faire cette nomination ou députation, le Juge lui nommera d'office un Curateur après que la Communauté aura été mise en demeure de nommer un Syndic ou Député, en la personne duquel Syndic, Député, ou Curateur, on fera le procès à la Communauté, Corps & Compagnie dans les formes prescrites par l'Ordonnance pour faire instruire & juger le procès criminel & extraordinaire à chaque sujet du Roi en particulier, art. 2. *ibidem* ; mais il faut que ce Syndic ou Député soit nommé par une délibération spéciale, par rapport à une Communauté d'Habitans, faite à l'issue de la Messe Paroissiale ou de Vêpres, par les Habitans assemblés en Corps au son de la cloche ou tambour, & assistés par leur Syndic ou Procureur ; & à l'égard des autres Corps & Compagnies, par une délibération pareillement spéciale, faite dans les formes ordinaires que se font ces sortes de délibérations, & tout cela afin que cette Communauté, Corps ou Compagnie ne puisse pas un jour désavouer ce Syndic ou Député.

2°. Sur la plainte & les informations qui auront été faites, le Juge décrétera, non pas la Communauté, Corps ou Compagnie en général ni tous les Habitans ou autres qui la composent mais, seulement contre les Chefs, les principaux Habitans des autres Corps ou Compagnie, ou ceux qui étoient en charge & fonction lors du délit, mais non pas le Syndic, Député ou Curateur, qui ne paroîtra au procès que pour l'instruction du procès ; il faudroit même pour le mieux, nommer tel & tel dans le décret, & si on sçavoit & connoissoit quelques-uns des coupables, on les comprendroit nommément & en qualité dans le decret.

3°. Le Juge en conséquence du decret, fera subir interrogatoire au Syndic, Député ou Curateur, & non à tous les Habitans, ou autres qui composent la Communauté, Corps ou Compagnie, ni aux Chefs principaux ou qui étoient en charge lors du délit, quoique dénommés dans le décret ; ce qui est extraordinaire, parce que dans la regle générale, tout Accusé doit parler dans son interrogatoire par sa bouche, & non par autrui, Procureur, Tuteur, Curateur ou autres ; mais on a jugé à propos de s'écarter de cette regle dans le cas particulier à cause des difficultés qui arriveroient dans la confection d'un pareil procès ; ce sera pareillement le Syndic, Député ou Curateur qui subira la confrontation, & qui sera employé dans tous les Actes de la procédure du procès, au nom & pour la Communauté, Corps & Compagnie qu'il représente dans le procès ; il n'y aura que dans le dispositif du Jugement definitif où le Syndic, Député ou Curateur ne sera point employé ni en nom, ni en qualité ni autrement, mais seulement la Communauté, Corps ou Compagnie dont il est question, & contre laquelle se rend le Jugement de condamnation ou d'absolution.

4°. Par le Jugement de condamnation, s'il y a lieu de prononcer quelque peine, les condamnations ne pourront être que pécuniaires par forme de réparation civile, dommages & intérêts ou amendes, & non des peines corporelles ou afflictives ; & en ce cas la peine corporelle ou afflictive, qui naturellement seroit dûe à de tels coupables, est convertie par la Loi & l'Ordonnance en peine pécuniaire ; parce qu'il ne seroit pas possible de punir toute une Communauté d'Habitans d'une Ville, Bourg, Village ou Hameau, ou tous ceux qui composeroient un autre Corps ou Communauté, des peines corporelles ou afflictives : on a jugé à propos de les punir par la bourse, & ordinairement la condamnation est solidaire ; cependant par la même disposition de l'Ordonnance, on peut punir de pareils coupables de quelqu'autre punition qui marquera publiquement la peine que cette communauté, Corps ou Compagnie avoit encourue par leur crime, comme privation de ses priviléges, exemptions & immunités, articles 3 & 4 *ibidem*. Le Roi y ajoute quelquefois que les murailles de leur Ville & Bourg seront démolies, leur forteresse rasée, autres punitions exemplaires & publiques de cette nature, dont même il est fait un monument public en écriture sur pierre, marbre ou bois ; mais le Juge ne pourroit pas prononcer ces dernieres peines sans l'expresse permission du Roi.

Si dans les crimes commis par une Communauté, Corps ou Compagnie, il se trouvoit quelqu'un ou quelques uns qui en fussent les principaux auteurs ou complices : indépendemment du procès qui sera fait à la Communauté, Corps ou Compagnie, ces coupables ou complices pourront être poursuivis extraordinairement, & leur procès fait & parfait par une procédure particuliere, & ils seront punis personnellement, suivant l'exigence des cas à eux imputés, article 5 *ibidem*. Et il faut observer, suivant le même article, que s'ils sont condamnés en quelque peine pécuniaire, ils ne pourront être tenus de celles auxquelles les Communautés auront été condamnées.

CHAPITRE XXI.

De la maniere de faire le procès au Cadavre, ou à la mémoire d'un Défunt.

Par quelle raison l'on fait le procès au cadavre, ou à la mémoire d'un défunt.

IL est est aisé de comprendre que le mot de *Cadavre*, dont se sert l'Ordonnance, s'entend d'un corps mort d'un homme ou d'une femme qui s'est homicidé soi-même, & que le mot de *mémoire* est le souvenir qu'on pourroit avoir d'une personne.

On punit pour certain crime jusqu'au cadavre & la mémoire d'une personne morte ; ce qui paroît extraordinaire, en ce que c'est faire le procès à un mort, parce que dans la régle générale *per mortem extinguitur omne crimen* ; néanmoins on a trouvé qu'il étoit juste d'en user de la sorte, non pas pour punir le cadavre ou la mémoire d'un mort, mais parce que les vivans sont épouventés, tremblent & craignent en usant avec tant de rigueur contre un mort : *Malè tractando mortuos*, disoit Optatus, *terremus viventes* ;

tes; les Romains ne connoissoient point cette sorte de procés ; l'invention en est dûe aux Jurisconsultes François, & elle a passé en Loi par l'autorité des Législateurs, par la raison que les crimes pour lesquels cette dure Loi avoit été faite, étoient trop attroces pour n'en pas punir les coupables jusques après leur mort, dans leur cadavre & leur mémoire.

L'Ordonnance de 1670, article 1 du titre 22, fixe les crimes pour lesquels on fait le procès à un cadavre, ou à la mémoire d'une personne morte, à quatre. 1°. Pour crime de leze-Majesté, divine ou humaine. 2°. Pour duel. 3°. Pour homicide volontaire de soi-même. 4°. Pour rébellion à justice avec force ouverte, dans la rencontre de laquelle le mort a été tué.

Crimes pour lesquels on fait le procès au cadavre, ou à la mémoire d'un défunt.

Dans ces quatre cas on fait le procès au mort sur son propre cadavre, s'il est existant; & à son défaut; à la mémoire du mort; car si le cadavre existe, on fait seulement le procès au cadavre, & non à la mémoire; mais si le cadavre n'existe & ne paroît point; on fait le procès à la mémoire.

On peut donc punir un cadavre ou la mémoire d'un mort pour les quatre causes qui viennent d'être remarquées, & non pour autres.

Quant aux crimes de leze-Majesté divine ou humaine, c'est tant au premier qu'au second chef.

A l'égard de l'homicide de soi-même, il s'entend seulement de l'homicide volontaire, de volonté déterminée, & de pure délibération, mais non si c'est par folie ou maladie comme si une personne s'est jettée dans la riviere, ou s'est pendue & étranglée, ou s'est précipitée & jettée par une fenêtre, ou s'est poignardée ou tuée avec un couteau, poignard, razoir, épée ou autre ferrement, ou s'est tuée avec une arme à feu, par un mouvement d'un esprit égaré, par folie ou maladie; car dans ce cas on ne regarderoit pas cet homicide comme un homicide de soi-même & volontaire, mais comme un pur malheur & cruel accident, & l'homicide ne seroit pas sujet aux peines prononcées par l'Ordonnance, & on ne feroit pas le procès à son cadavre s'il existoit, ni à sa mémoire s'il n'existoit pas : un tel mort auroit fini toutes ses peines temporelles par la mort même, & son cadavre & sa mémoire seroient à couvert de toutes recherches & poursuites de la Justice des hommes.

Pour le duel il n'y a point de distinction à faire; dès qu'un homme s'est véritablement battu en duel, & qu'il a été tué dans le combat d'un duel, sans qu'on en puisse douter par les informations qui seront faites; suivie de la procédure ordinaire en pareil cas, son cadavre, s'il existe, sera puni suivant les peines de l'Ordonnance, & au défaut de son cadavre sa mémoire.

Enfin pour ce qui est du crine de rébellion à la Justice, il faut que celui qu'on veut punir dans son cadavre ou dans sa mémoire, ait été tué dans la rencontre même de la rébellion, & non hors & après la rencontre de la rébellion.

Ces observation générales ainsi présupposées, il faut expliquer les formalités prescrites pour faire dans ces cas le procès au cadavre de la personne qui s'est défaite, ou à la mémoire du mort.

Par rapport à une personne qui s'est défaite, 1°. Le Juge fera & dressera un procès-verbal du lieu ou le défunt a été trouvé s'être défait. 2°. Il visitera & fera visiter le corps mort par des Chirurgiens & Médecins qui dresseront leur rapport de ce qu'ils trouveront, & diront comme il s'est tué. 3°. Il informera sur requête du Procureur du Roi ou Procureur Fiscal, de la vie & mœurs du défunt, s'il étoit fou, insensé, furieux, ou malade, & de la cause pour laquelle il s'est homicidé. 4°. Il nommera d'office un Curateur au cadavre du défunt, si le cadavre est encore existant, sinon à sa mémoire; on ordonne quelquefois que le corps du mort qui avoit été enterré, sera exhumé; mais si un parent du défunt s'offre pour faire la fonction du Curateur, il sera préféré à tout autre, & en ce cas-là le Juge ne pourra en nommer un d'office, article 2 du titre 22 de l'Ordonnance de 1670, ce Curateur n'est nommé que pour la validité de la procédure. 5°. Il fera prêter serment à ce Curateur en la maniere accoutumée. 6°. Il faut que ce Curateur sçache lire & écrire. 7° La procédure extraordinaire & l'instruction du procès seront faites contre le Curateur suivant les formalités marquées par l'Ordonnance pour instruire les autres procès criminels extraordinaires, à la réserve que lors du dernier interrogatoire; le Curateur sera débouté & nue tête seulement, & non sur la sellete. 8°. Son nom & sa qualité de Curateur seront com-

Formalités du procès fait au cadavre, ou à la mémoire d'un défunt.

pris dans toute la procédure, mais non dans le Jugement de condamnation, laquelle sera seulement rendue contre le cadavre ou la mémoire du défunt, article 2 & 3 *ibidem* c'est tout comme dans le procès qu'on fait aux muets & sourds.

Après cette procédure le procès sera mis ès mains du Procureur du Roi, ou Procureur Fiscal ; & ensuite si le crime est suffisamment prouvé, il sera rendu un Jugement, par lequel il sera ordonné que le corps mort du défunt sera traîné sur une claie par telles & telles routes ou voies, & ensuite à être pendu par les pieds à une potence, ce fait, être traîné à la voirie, avec confiscation de biens.

Le Curateur pourra même interjetter appel de la Sentence rendue contre le cadavre ou la mémoire du défunt, par le conseil & instigation de quelqu'un des parens du défunt, même ce parent pourroit l'y obliger, en faisant & avançant les frais, article 4 *ibidem* ; le Curateur prendroit en ce cas un pouvoir du parent, afin qu'on ne lui imputât rien, & crainte de désaveu : le Juge pourroit aussi lui demander & lui faire représenter ce pouvoir, même le joindre au procès pour plus grande précaution ; & en cause d'appel ce Curateur restera en cause, sans que la Cour Supérieure où l'appel est pendant, puisse en nommer un autre, article 5 *ibidem*, à peine de nullité de la nouvelle nomination ; mais quand il n'y auroit point d'appel, cette Sentence de condamnation ne pourroit pas même être exécutée qu'elle ne fût confirmée par Arrêt sur le vû & examen du procès.

Punition des crimes pour lesquels on fait le procès au cadavre, ou à la mémoire d'un défunt.

La punition en ce cas peut être différente, suivant l'usage des Provinces du Royaume ; à Paris, c'est de faire traîner le cadavre la face en bas, dans les principales rues, sur une claie, par l'Exécuteur de la Haute-Justice, pour le duel on pend le cadavre par les pieds.

Ce que l'on doit faire avant que d'instruire le procès au cadavre.

Il faut observer ici que le Juge avant que d'instruire le procès, même avant que de nommer un Curateur au cadavre, doit se transporter sur le lieu, informer & dresser un procès-verbal de l'état auquel le corps a été trouvé ; il doit même lui appliquer son cachet ou celui de la Jurisdiction sur le front, afin qu'on ne puisse pas changer le cadavre & en supposer un autre à sa place ; voyez à la fin du présent Chapitre, la teneur de la Déclaration du Roi du 5 Septembre 1612. Il faut qu'il le fasse porter à la morgue, si fait n'a été, ou à la Géole, qu'il le fasse voir & visiter par les Chirurgiens Jurés & ordinaires du Siége, & qu'il s'informe du lieu de sa demeure ordinaire & de vie, moeurs & conduite, & si on ne s'est point apperçu de quelques actions de folie, démence, phrénésie ou fureur, ou du chagrin & désespoir, en un mot de tout ce qui pourra aller à charge & décharge par rapport à l'homicide volontaire de soi-même. Il est bien à présumer qu'une personne de bon sens, ne peut se résoudre à se tuer elle-même, prévenue qu'elle étoit, qu'elle alloit cesser de vivre, & deshonorer sa famille & la priver de ses biens, & d'ailleurs comme Chrétien, qu'elle perdroit son ame ; de sorte qu'on peut dire qu'un si cruel coup n'est dû qu'à la folie ou à la maladie ; ainsi pour condamner un cadavre à une pareille punition dans tous les cas marqués dans l'Ordonnance, il faut des preuves *luce clariores* du fait qui pouvoit y donner lieu ; & dans le doute il faut incliner pour faire échapper cette punition au cadavre, ou à la mémoire du défunt ; & épargner un pareil deshonneur à sa famille, sans parler de la perte de ses biens par la confiscation, qui a lieu au Parlement de Paris pour les Pays où elle est admise ; sans distinguer si le défunt s'est tué par la crainte de la peine ou autrement, pourvû qu'il n'ait pas été en démence ni maladie, comme l'atteste Bretonnier sur Henrys, tome 2, page 903 de l'Edition de 1708, contre la disposition du Droit, Coquille, question 16, & les Auteurs cités par Despeisses, tome 2, page 124, nombre 22. En effet la maxime pour les Pays de confiscation, est que, qui confisque le corps, confisque les biens. Et l'article 1 du titre 22 des Ordonnances de 1670, le procès doit être fait à l'homicide de soi-même ; & l'Ordonnance ne distingue point si celui qui s'est tué lui-même, l'a fait par crainte de la peine, ou non.

Il y en a qui prétendent que pour que la Justice puisse s'emparer d'un cadavre, il faut que l'Eglise, par le ministere d'un Prêtre, n'y ait pas mis la main, qu'en ce cas le bras séculier doit se retirer, & laisser porter ce misérable cadavre à la sépulture & dans la terre destinée par l'Eglise aux morts, & en laisser le Jugement à Dieu. Mais c'est une erreur, voyez ci-après la Déclaration du Roi du 5 Septembre 1712.

Une personne qui se seroit voulu défaire, & qui n'auroit pu y réussir par le secours qui seroit survenu, ne seroit pas punie pour cela, on la plaindroit plutôt que de la condamner.

Il semble que la connoissance de l'homicide volontaire de soi-même que commettroit un Prêtre ou autre Ecclésiastique, devroit appartenir au bras séculier, c'est-à-dire au Juge Royal, & non au Juge d'Eglise; que même pour faire le procès aux cadavres il ne seroit pas nécessaire de le faire conjointement avec le Juge d'Eglise, puisqu'il ne peut en ce cas prononcer aucune des peines canoniques & ordinaires pour délit commun. Voyez ci-devant, parties 2, chapitre 6, section 1, nombre 16.

Enfin lorsqu'on fait le procès à la mémoire d'un défunt pour crime de leze-Majesté humaine, principalement au premier chef, par exemple à un Noble, on le déclare roturier, lui & sa postérité, on fait abattre ses statues, s'il en a, briser ses armoiries, démolir son Château, couper ses arbres de haute-futaye, & supprimer son nom à jamais, & tout cela afin de laisser une note éternelle d'infamie à la postérité, du crime qui a donné lieu à ces différentes & honteuses punitions.

La Déclaration du Roi du 5 Septembre 1712, régistrée en Parlement le 3 Octobre de la même année, explique ce qui doit être observé par les Juges, lorsqu'il se trouvera des cadavres dans les rues de Paris, dans la riviere, & autres endroits, pour avoir connoissance de la cause de leur mort.

Déclaration du Roi concernant les cadavre trouvés dans les rues de Paris ou autres endroits.

Elle porte que lorsqu'il se trouvera dans la Ville & Fauxbourg de Paris, & dans les lieux circonvoisins des cadavres de personnes que l'on soupçonnera n'être pas mortes de mort naturelle, soit dans les maisons, dans les rues & autres lieux publics ou particuliers, soit dans les filets des Ponts, Vannes des Moulins & sous les bateaux qui sont sur les rivieres, les Propriétaires des maisons, s'ils y demeurent, sinon les principaux Locataires, les Aubergistes, les Voisins, les Maîtres des Ponts, les Meûniers, Bâteliers, & généralement tous ceux qui auront connoissance desdits cadavres, seront tenus d'en donner avis aussi-tôt, sçavoir dans la Ville & Fauxbourg de Paris, au Commissaire du quartier, & dans les lieux circonvoisins, aux Juges qui en doivent connoître: auxquels Juges & Commissaires il est enjoint de se transporter diligemment sur le lieu, de dresser procès-verbal de l'état auquel le corps aura été trouvé; de lui appliquer le scel sur le front, & le faire visiter par Chirurgiens en sa présence, d'informer, & entendre sur le champ ceux qui seront en état de déposer de la cause de la mort, du lieu & des vies & mœurs du défunt, & de tout ce qui pourra contribuer à la connoissance du fait, dont les Commissaires du Châtelet de Paris, feront rapport au Lieutenant Criminel pour y être par lui pourvû, ainsi que par les autres Juges des lieux à qui la connoissance en appartiendra en conformité des Ordonnances, & suivant la forme prescrite par l'Ordonnance du mois d'Août 1670 au titre 22. Fait défenses à toutes personnes de faire inhumer lesdits cadavres avant que lesdits Officiers ayent été avertis, que la visite en ait été faite, & l'inhumation ordonnée par les Juges, à peine d'amende contre les contrevenans à la présente Déclaration, même de punition corporelle, comme fauteurs & complices d'homicide, s'il y échoit; défend ausdits Juges de retarder l'inhumation, après l'exécution de ce que ci-dessus ordonné, sous prétexte de vacations par eux prétendues, à peine d'interdiction.

En suivant ce que l'on vient d'observer, & les formules ci-devant donnée, il sera facile de faire le procès à un cadavre ou à la mémoire d'un défunt.

CHAPITRE XXII.

De l'Abrogation des Appointemens, Ecritures & Forclusions en matiere criminelle, avec le Stile des Requêtes de l'Accusé, quand l'Accusateur differe de faire procéder à la Confrontation, ou de faire apprêter les Charges, & à fin de nullité & par attenuation, & de la Partie civile en réparation & intérêts civils.

LE mot d'*Abrogation* veut dire ici abolition, extinction & suppression de certaines procédures qui étoient en usage en matiere criminelle, comme les appointemens à ouir droit, produire, bâiller défenses & moyens de nullité, réponses, fournir de moyens

Procédure criminelle abrogée par l'Ordonnance de 1670.

d'obprétion, d'en informer, donner écriture, forclusions & conclusions civiles, & tous autres appointemens, comme aussi l'usage des défenses, avertissemens, inventaires contredits, causes & moyens de nullité, d'appel, griefs & réponses, commandement de produire ou contredire, pris à l'Audience, ou au Greffe ; tout cela est abrogé par l'Ordonnance de 1670, article 1 & 2 du titre 23 ; mais au lieu de tout cela l'Ordonnance dans l'article suivant permet aux Parties, tant à l'accusé qu'à la Partie civile, de présenter leur Requête contenant leurs défenses ou moyens d'atténuation ou de nullité & leurs conclusions : à laquelle Requête elles attacheront les piéces que bon leur semblera, dont elles donneront & feront signifier copie, sçavoir l'accusé à la Partie civile, s'il y en a une, ou à la Partie publique, à la Partie civile à l'accusé ; & si la Partie publique jugeoit à propos de donner quelque Requête dans le cours de l'instruction du procès ; elle seroit signée avec copie à l'accusé : on pourra même de part & d'autre répondre à ces sortes de Requêtes, mais par simple Requête, à laquelle on pourra attacher les piéces qu'on croira être nécessaires ou utiles pour sa défense ou pour demandes ; le tout pareillement signifié & copie baillée, sans néanmoins que ces différentes Requêtes puissent empêcher ni retarder le Jugement du procès, parce que toutes ces Requêtes seront seulement répondues d'une simple Ordonnance *en jugeant*.

Il est à remarquer que l'Ordonnance est prohibitive de toutes les différentes procédures qui se faisoient anciennement en matiere criminelle, & dont elle abroge expressément l'usage : le Juge & les parties, soit l'accusé, soit la partie civile ou la partie publique, ne doivent pas les faire, à peine de nullité.

Il est encore à présent d'usage, suivant l'Ordonnance, de déclarer dans les vingt-quatre heures qu'on ne veut point se rendre partie sur la plainte qu'on avoit rendue contre un accusé, sauf à la partie publique à prendre l'accusation en main, comme aussi n'admettre un plaignant à se rendre partie par un Acte subséquent, quoiqu'il eût déclaré par sa plainte qu'elle ne vouloit point se rendre partie ; même faire plaider à l'Audience des incidens par des Requêtes présentées à cet effet.

Des différentes Requêtes que peut donner l'Accusé.

Il est d'usage que l'on donne des Requêtes pour moyens d'atténuation, qui contiennent des moyens de nullité & de justification & des conclusions à fins civiles, mais toujours sans appointemens ; elles sont seulement répondué d'une Ordonnance portant *en jugeant ;* ou *jointes au procès pour y avoir tel égard que de raison* ; ce qui n'arrête, & ne suspend point le Jugement du procès.

Mais ce qu'il y a de vrai, c'est que toutes ces requêtes & les moyens qui y sont expliqués, ne font pas le plus souvent un grand effet. Ce sont les informations & les piéces du procès, qui décident en matiere criminelle, à moins qu'on n'y établisse des moyens de nullités peremptoires, & encore ces nullités n'iroient-elles tout au plus qu'à faire déclarer la procédure nulle, sans que l'accusé pût pour cela trouver sa justification : & être renvoyé par un pareil Jugement de son accusation : la procédure seroit seulement recommencée aux frais du Juge qui l'auroit faite ; c'est-là le plus souvent le sort des Ecclésiastiques appellans comme d'abus d'une procédure criminelle ou Sentence de leur Official, quand même il seroit dit par l'Arrêt qu'il y auroit abus. Ces écritures ne servent pas encore de grande chose en matiere criminelle.

On ne fait point de productions nouvelles dans le grand criminel, mais seulement dans le petit criminel, comme dans une instance appointée au Conseil au petit criminel, ou bien dans un procès conclu comme en procès par écrit aux Enquêtes sur un appel d'une Sentence rendue au petit criminel ; ces sortes d'appellations s'instruisent & se jugent comme les appellations en matiere civile.

Des moyens d'atténuation.

Les moyens ordinaires des Requêtes employées pour moyens d'atténuation, sont : 1°. Pour attaquer la procédure, si on y peut trouver quelques nullités. 2°. Pour combattre les dispositions des témoins par des reproches contre leur personnes, & en combattant leur témoignage par les raisons qu'on pourra avoir par exemple, en faisant voir que les dispositions se contredisent manifestement, & qu'il n'y a ni possibilité ni convenance dans les faits que les témoins ont avancés. 3°. Pour atténuer, s'il est possible, le crime ou délit, & autres moyens de cette qualité, que le conseil de l'Accusé pourra fournir, suivant les circonstances.

Tout cela est difficile dans les procès au grand Criminel, parce que tout ce qui compose le procès, est secret & caché à l'Accusé, plainte, informations, interrogatoires, recollement, confrontation & conclusions définitives de la Partie publique; un Accusé ne peut sçavoir que ce qu'il a pû recueillir dans le tems de l'instruction de son procès, soit dans les interrogatoires, soit à la confrontation, en se défendant comme il a pû par sa bouche; dans cette fâcheuse & triste extrémité comment un Accusé peut-il être défendu par autrui, même le plus éclairé, qui n'a rien par devers lui pour le défendre; ainsi un Accusé ne peut se défendre dans le grand Criminel que par lui-même & par sa bouche. Chez les Romains un Accusé avoit bien plus d'avantage, il étoit défendu par le ministere d'Avocats; c'est de-là que nous voyons ces grands & admirables Plaidoyers dans Cicéron en matiere criminelle: la cause se portoit à l'Audience & étoit plaidée; c'étoit aussi l'usage en France avant l'Ordonnance de 1539, qui a commencé à mettre & réduire la défense d'un Accusé dans la rigueur où elle est aujourd'hui, & c'est au Chancelier Poyet à qui nous devons cet usage. En Angleterre un Accusé se défend; & on défend un Accusé comme on le faisoit chez les Romains: le plus souvent l'Accusé y jouit même de sa liberté pendant l'instruction de son procès, en donnant caution de se représenter en tems & lieu, & c'est ce qu'on y appelle la Loi *habeas corpus*; ce qui est fort consolant pour un Accusé, & ce qui ne se pratique point parmi nous.

Il n'est pas douteux que la vûe & l'objet de l'Ordonnance en abrogeant toutes les différentes procédures mentionnées dans le titre 23, a été d'abroger la longueur des procès criminels, suivant en cela la Jurisprudence Romaine, qui vouloit que les procès criminels fussent jugés dans un certain tems, comme nous l'apprenons de la disposition des différentes Loix que nous trouvons dans le Code au titre, *Ut intrà certum tempus criminalis questio terminetur*; mais quelquefois il arrive que les Juges inférieurs n'entrent guères dans l'esprit des Loix & des Ordonnances: les procès criminels sont d'une longueur infinie, & le Public qui attend des exemples de la punition du crime, perd l'accusation de vûe, & s'imagine qu'un coupable a trouvé le moyen de se soustraire à la peine; c'est pourquoi les Parlemens & autres Cours ont soin de tenir la main, & de faire sur cela de tems à autre les injonctions nécessaires & convenables aux Juges de leur ressort, pour seconder les Loix & les Ordonnances sur la prompte expédition des affaires criminelles, principalement au grand Criminel.

Requête de l'Accusé, quand l'Accusateur differe de faire procéder à la Confrontation.

A..........

S. h.... disant qu'ayant été emprisonné en vertu du decret décerné par .... sur les prétendues charges & informations contre lui faites, à la requête de .... le suppliant a subi l'interrogatoire dès le .... depuis lequel tems ledit .... est en demeure de faire procéder à la confrontation du Suppliant aux témoins ouis dans ladite information, de crainte de faire connoître l'innocence du Suppliant:

Ce considéré .... il vous plaise, faute par ledit .... d'avoir fait confronter le Suppliant aux témoins ouis dans l'information, ordonner que le Suppliant sera déchargé & renvoyé absous de la calomnieuse accusation, en conséquence élargi ou relaxé & mis hors de prisons; à ce faire le Géolier contraint par corps, quoi faisant déchargé: ce faisant pour la calomnieuse accusation, condamner ledit ... *L'on peut conclure à des réparations, dommages, intérêts & dépens*, & vous ferez justice.

S'il n'y a que la Partie publique, l'on conclut à ce qu'il soit tenu dans tel détail de nommer son Dénonciateur, sinon condamné en son propre & privé nom.

Le Juge rend son Ordonnance au bas de cette requête, portant, soit montré *ou* communiqué au Procureur .... ensuite il rend un Jugement sur le vû de la procédure, qui ordonne que dans .... jours .... ledit .... sera tenu de faire recoller & confronter audit .... Accusé, les témoins ouis en l'information, sinon sera fait droit sur ladite requête.

Ce délai expiré, il se rend un autre Jugement qui ordonne que dans .... ledit .... sera tenu de faire recoller, confronter audit .... Accusé, les témoins, ouis en l'information, sinon & faute de ce faire dans ledit tems & icelui passé, en vertu du présent Jugement, & sans qu'il en soit besoin d'autre, lesdits témoins seront assignés à cet effet à la requête & diligence du Procureur .... frais dudit .... Partie civile, *l'on peut ajouter*: lequel audit cas sera tenu de consigner entre les mains du Greffier de .... la somme de .... pour faire venir les témoins, à quoi faire il sera contraint par toutes voies dûes & raisonnables même par corps.

Requête de l'Accusé, quand l'Accusateur differe de faire apprêter les charges.

A ......

S. h .... disant que depuis le .... qu'il a été confronté aux témoins ouis en l'information contre lui faite à la requête de .... ledit .... est négligent & differe de mettre le procès en état pour retenir le Suppliant plus long-tems dans les prisons.

Ce considéré .... il vous plaise faute par .... de mettre le procès en état d'être jugé, permettre au Suppliant de faire apprêter & lever les grosses des plaintes, information, recollement & confrontation, & d'en avancer les frais, dont il lui sera délivré exécutoire contre ledit ..... & vous ferez justice.

Sur l'Ordonnance de Soit montré *ou* communiqué à la partie publique, & sur le vû de ses conclusions, ensemble de toute la procédure, il se rend un Jugement, portant que dans .... pour tous délais, ledit .... sera tenu de mettre le procès en état de juger, sinon & à faute de ce faire dans ledit tems & icelui passé en vertu du présent Jugement, sans qu'il en soit besoin d'autre, permis audit .... Accusé de faire apprêter les grosses des plaintes, *&c.* & d'en avancer les frais, dont il lui sera délivré exécutoire contre ledit ....

S'il n'y a pas de Partie civile, l'Accusé peut, en se conformant à l'Ordonnance de 1667, titre 25, articles 3 & 4, faire les sommations au Procureur du Roi ou Fiscal, de donner ses conclusions définitives, & au Rapporteur de juger, ensuite appeller de déni de Justice, & faire intimer l'un & l'autre sur son appel *rectà* en la Cour, & même les prendre à partie, en vertu d'un Arrêt qui lui en ait accordé la permission, comme on l'a expliqué ci-devant pag. 199. & suiv. en parlant de la prise à partie.

Requête de la Partie civile en réparation & intérêts civils contre l'Accusé.

A ......

S. h .... disant qu'ayant rendu plainte, pour raison de .... il y a eu information, decret de .... contre .... qui a subi l'interrogatoire, & les témoins ont été recollés & confrontés, de sorte que le Suppliant a tout lieu de croire qu'il se trouvera suffisamment établi par les charges & informations que .... pour raison de quoi .... *expliquer les moyens & raisons qu'on a de demander des réparations & intérêts civils.*

Ce considéré .... il vous plaise déclarer .... dûement atteint & convaincu d'avoir .... *expliquer la nature du crime ou délit*, & autres cas mentionnés au procès, pour réparation desquels condamner ledit .... en .... livres d'intérêts civils envers le Suppliant & aux dépens du procès, sauf à M. le Procureur .... à prendre telles conclusions qu'il jugera à propos pour la vengeance publique, & vous ferez Justice.

Si la Partie civile a des pieces pour soutenir ses moyens, il doit ajouter, donner Acte au Suppliant de ce que pour justifier des faits contenus en la présente requête, il joint à icelle & employe .... pieces, la premiere, &c.

Ordonnance sur cette Requête.

Soient la Requête & pieces y jointes, communiquées, & d'icelles donné copie, pour en jugeant y faire droit, & Acte de l'emploi. Fait ce ...

Requête de l'Accusé en nullité & atténuation.

A ......

S. h .... disant que par la connoissance qu'il a eue à la confrontation, de la qualité des témoins & de leurs dépositions en l'information & recollement, il a reconnu, *&c. Expliquer les reproches contre chaque témoin ; contredire leurs dépositions par la variation, contradiction, contrariété, impossibilité, défaut de vraisemblance ; proposer les moyens pour faire connoître l'innocence de l'Accusé, comme aussi les nullités de la procédure, si aucune y a.*

Ce considéré .... il vous plaise décharger le Suppliant de la calomnieuse accusation contre lui intentée par .... & renvoyer le Suppliant absous, ordonner qu'il sera élargi ou relaxé & mis hors des prisons; à ce faire, le Géolier contraint par corps, quoi faisant déchargé, & que l'écroue de la personne du Suppliant sera rayé & biffé du Registre de la Géole, à côté duquel il sera fait mention de la Sentence qui interviendra; pour la calomnieuse accusation, condamner ledit .... en *telle* réparation, en .... livres de dommages & intérêts, & en tous les dépens; & pour la justification du contenu en la présente requête, permettre au Suppliant d'y joindre les pieces qui suivent la premiere, *&c.*

Quand il n'y a pas de Partie civile, l'Accusé doit demander que la Partie publique soit tenue de nommer son Dénonciateur, sinon condamné aux dommages, intérêts & dépens en son propre & privé nom.

Ordonnance.

Soient la requête & pieces communiquées & d'icelles donné copie pour en jugeant y être fait droit & Acte de l'emploi. Fait ce ...

CHAPITRE XXIII.

Des Conclusions définitives des Procureurs du Roi, des Procureurs Fiscaux ou d'office des Justices Seigneuriales, ou de Messieurs les Procureurs Généraux.

LES conclusions dont nous allons parler dans ce Chapitre, sont les conclusions définitives que la Partie publique après toute l'instruction faite & parfaite donne dans un procès criminel.

1. Les conclusions ne sont pas seulement l'avis ni le sentiment de ces Officiers publics, elles sont encore souvent des réquisitoires.

Comme en matiere criminelles les Procureurs du Roi ou ceux des Seigneurs, ou Messieurs les Procureurs Généraux, sont les principales Parties du procès par rapport à la vindicte publique, on ne peut, principalement au grand Criminel, instruire ni juger un procès criminel sans le ministere de ces Officiers, qui sont en cela la Partie publique; c'est pour cette raison que l'Ordonnance de 1670, veut dans le titre 26 que ces Officiers donnent des conclusions dans les procès criminels.

Procès criminel ne peut être jugé sans conclusions de la Partie publique.

Or ces conclusions sont de deux sortes; conclusions dans l'instruction du procès, conclusions définitives.

Il y a cinq cas où les Procureurs du Roi, Procureurs Fiscaux, ou Messieurs les Procureurs Généraux doivent nécessairement donner des conclusions dans l'instruction d'un procès criminel. 1°. Sur les informations avant que de décréter. 2°. Lors des élargissemens des Prisonniers. 3°. Après les interrogatoires des Accusés. 4°. Après les assignations sur la contumace de l'Accusé. 5°. Après le recollement des témoins lors de la contumace, sans y comprendre toutes les communications qui doivent être faites à ces Officiers dans le cours de l'instruction d'un procès criminel, soit de nouvelles pieces, ou en autres incidens qui surviennent quelquefois dans la procédure.

Des différentes sortes de conclusions de la Partie publique.

2. Il y a aussi les conclusions définitives que les Procureurs du Roi, Procureurs Fiscaux, ou Messieurs les Procureurs Généraux doivent donner dans les procès criminels, après que le procès aura été fait & parfait, sans y perdre de tems; article 1 du titre 24 de l'Ordonnance de 1670. Ces conclusions sont absolument nécessaires, sans quoi on ne pourroit point procéder au Jugement du procès.

3. Les conclusions définitives des Procureurs du Roi, Procureurs Fiscaux, ou de Messieurs les Procureurs Généraux, ne peuvent tendre qu'à l'absolution ou à la condamnation de l'Accusé, ou du moins à un interlocutoire, comme en concluant que l'Accusé avant faire droit sur l'accusation principale, sera appliqué à la question, qui est en ce cas une question préparatoire, ou qu'il sera plus amplement informé, ou autre interlocutoire, suivant l'exigence des cas; mais toujours ne peuvent-elles tendre

qu'à la vindicte publique & à la punition du coupable. Quant à la Partie civile, elle ne peut conclure qu'à des réparations civiles, intérêts civils ou dommages & intérêts; il n'y a que dans le crime d'adultere où il est permis à un mari de conclure à des peines afflictives contre sa femme, comme d'être conduite & mise à l'Hôpital, & là y être rasée pour y rester pendant toute sa vie, à quoi il peut joindre ses conclusions civiles, par rapport à son intérêt pécuniaire.

Formule des conclusions de la Partie publique.

4. La formule des conclusions des Procureurs du Roi ou des Procureurs Fiscaux, ou de Messieurs les Procureurs Généraux, lorsqu'elles vont à la condamnation de l'Accusé, est en ces termes : *Je requiers pour le Roi*, &c. & lorsqu'elles vont à la décharge, *Je n'empêche pour le Roi*, &c. & dans la regle il faut que ces conclusions soient précédées du vû & de l'énonciation des procédures qui ont précédé & de leurs dates.

Procureurs du Roi ne peuvent donner des conclusions sans la participation de l'Avocat du Roi.

5. Reguliérement un Procureur du Roi ne peut donner des conclusions définitives dans un procès criminel sans l'Avocat du Roi; ils voyent & examinent tous deux ensemble le procès, & rédigent ensemble les conclusions; mais il n'y a que le Procureur du Roi qui les signe, à moins qu'il ne fût absent, malade ou récusé; si l'usage étoit contraire en quelques lieux par concordats ou une possession, il faudroit s'y tenir.

Secùs, des Procureurs Généraux.

Quant à Messieurs les Procureurs Généraux des Parlemens & autres Cours, ils donnent & signent seuls Substituts, ou un de leurs conclusions, sans la participation de Messieurs les Avocats Généraux.

6. Les Juges ne sont point tenus de suivre les conclusions des Procureurs du Roi, ou Procureurs Fiscaux, ni même de Messieurs les Procureurs Généraux.

Des Regiſtres que les Procureurs du Roi sont obligés de tenir.

7. Les Procureurs du Roi sont tenus de faire Regiſtre de leurs conclusions, & d'en renvoyer autant à Messieurs les Procureurs Généraux, chacun dans son Ressort, tous les ans, pour leur faire apparoir de leurs diligences, & pour avoir recours à ce Regiſtre, si besoin est; ils sont même tenus de donner avis à Messieurs les Procureurs Généraux des grands crimes qui arrivent dans l'étendue de leurs Jurisdictions.

Si les Procureurs du Roi peuvent être pris à Partie.

8. Nous remarquerons au sujet des Procureurs du Roi, qu'ils ne peuvent pas moins être pris à partie que les autres Officiers de Judicature, tant par l'Accusé que par la Partie civile; lorsqu'il se trouve des causes légitimes de prise à partie, & après en avoir eu la permission par un Arrêt, sur les conclusions de M. le Procureur Général du Parlement ou autre Cour, & cela pour deux principales raisons; l'une, qu'il n'est pas juste que les Procureurs du Roi ayent plus de privilége & d'avantage que les Juges que l'on peut prendre à partie; l'autre, que par cette prise à partie la poursuite de l'accusation n'est pas interrompue ni retardée, puisqu'en ce cas l'Avocat du Roi feroit ses fonctions, & qu'on ne dise pas que les Procureurs du Roi ne jugent point; car comme ils sont le premier mobile de la Procédure criminelle, & qu'ils peuvent la faire aller promptement ou lentement, ainsi qu'il leur plaît, ils peuvent faire plus de mal ou de bien à l'Accusé ou à la partie civile, que les Juges qui sont obligés d'attendre pour pouvoir juger que le procès criminel soit en état d'être jugé; il faut dire la même chose des Procureurs Fiscaux.

Procureurs du Roi comment doivent donner leurs conclusions.

9. Il est défendu aux Procureurs du Roi, d'assister à la visite & Jugement du procès, n'y d'y donner leurs conclusions de vive voix, art. 2. *ibidem*; il faut étendre cette prohibition aux Procureurs Fiscaux. Le Procureur du Roi du Châtelet de Paris est conservé par l'Ordonnance de 1670, dans l'usage de donner ses conclusions de vive voix en matiere criminelle, cependant cela n'est point pratiqué, nul autre Procureur du Roi que lui, n'a cette faculté, suivant l'art. 2 du même titre.

10. Les Procureurs du Roi ou Procureurs Fiscaux, doivent donner leurs conclusions par écrit & cachetées, mais sans pouvoir dire ni énoncer les raisons sur lesquelles elles sont fondées, art. 3 *ibidem*; ils y mettent seulement le vû des piéces sur quoi il faut se souvenir que ce ne sont que les conclusions définitives qui doivent être cachetées, & non celles que ces Officiers donnent dans le cours de l'instruction du procès : or la raison pour laquelle les conclusions définitives des Procureurs du Roi ou Procureurs Fiscaux, même de Messieurs les Procureurs Généraux, doivent être cachetées, & afin qu'elles soient secretes, & qu'on ne les sçache que lors du Jugement du procès avant l'ouverture des opinions.

De l'interrogatoire derriere le Barreau.

11. Par Arrêt du Parlement de Paris en la Chambre de la Tournelle au grand Criminel, du 20 Septembre 1731, au Rapport de M. Simonet, Conseiller, une Sentence du

du Châtelet de Paris, rendue par le Lieutenant Criminel, a été déclarée nulle, faute par lui d'avoir fait subir le dernier interrogatoire aux Accusés derriere le Barreau, les conclusions du Procureur du Roi n'allant point à peine afflictive, & de n'avoir point instruit la contumace aux Accusé qui ne s'étoient point représentés lors du Jugement du procès; & par le même Arrêt ledit Lieutenant Criminel a été condamné à rendre les épices & à payer à la Partie civile le coût de la Sentence & les frais de la translation de l'un des Accusés, qui s'étoit rendu prisonnier sur l'appel en la Conciergerie du Palais, dans les prisons du Grand Châtelet; au surplus à lui enjoint de garder & observer la disposition de la Déclaration du Roi, du 13 Avril 1703; ce faisant que lesdits interrogatoires seront faits dans les cas & la maniere ci-dessus, & que lorsque les Accusés ne se représent point lors du Jugement du procès à l'effet de subir le dernier interrogatoire derriere le Barreau, il sera tenu d'instruire la contumace en la maniere accoutumée, avant que de procéder au Jugement du procès ausdits Accuses; le nommé Denis, Maître Maçon à Paris, & une femme, étoient accusés.

Les Modeles de Jugemens qui seront ci-après donnés à la fin du Chapitre suivant, apprendront la forme des différentes conclusions définitives qui doivent être données par la Partie publique; il suffit seulement d'observer, comme on l'a déja dit, que quand les conclusions vont à la décharge de l'Accusé, il faut mettre: *Je n'empêche pour le Roi*; & quand elles tendent à quelque condamnation contre l'Accusé, ou à quelque interlocutoire: *Je requiers pour le Roi.*

CHAPITRE XXIV.

Des Sentences, Jugemens & Arrêts, avec les formules.

SEntence ou *Jugement* est ici la même chose, & l'un & l'autre mot signifient en cet endroit une Sentence sujette à l'appel, comme *Arrêt* veut dire un Jugement souverain & en dernier ressort.

1. On peut bien faire l'instruction d'un procès criminel les jours de Fêtes & Dimanches, mais on ne peut juger un procès criminel un de ces jours-là, à peine de nullité des Sentences & Jugement ou Arrêt.

Si l'on peut juger les jours de Fêtes ou de Dimanches.

2. L'Official ne peut juger seul un Prêtre ou autre Ecclésiastique pour délit commun, il faut qu'il soit assisté d'autres Ecclésiastiques ou d'Avocats, Licenciés ou Gradués, au moins de trois, à peine de nullité de la Sentence; elle seroit même abusive & sujette à l'appel comme d'abus.

Juge d'Eglise ne peut juger seul, il faut qu'il y ait au moins trois Juges.

3. Les Juges Présidiaux ne peuvent juger qu'ils ne soient sept au moins; leur Jugement seroit nul.

Aux Présidiaux il faut sept Juges.

4. Les premiers Juges sont obligés de mettre dans le dispositif de leurs Sentences, les crimes & faits pour raison desquels le coupable est condamné aux peines portées par la Sentence.

Premiers Juges tenus d'énoncer dans leurs Sentences les crimes pour lesquels le coupable est condamné.

5. Il est enjoint par l'Ordonnance de 1670, article 1 du titre 25, à tous les Juges du Royaume, même aux Cours, de travailler à l'expédition des affaires criminelles par préférence à toutes autres; il n'est pas douteux que les Juges d'Eglise sont compris dans cette disposition, pour les affaires criminelles en délit commun; la raison de cette disposition est afin que les crimes soient punis promptement pour l'exemple, & aussi par rapport aux Accusés qui sont dans les prisons & cachots, & quelquefois dans les fers qui peuvent être innocens; il faut par conséquent expédier le procès criminels préférablement aux procès civils, quels qu'ils soient, même nonobstant toutes appellations, comme de Juge incompétent ou autres, ou récusation du Juge; car ni les appellations ni les récusations ne peuvent arrêter l'instruction ni le Jugement des procès criminels; & si les Accusés refusoient sous ce prétexte de répondre dans les Actes de la procédure, qui demandent leurs réponses, on leur feroit leur procès comme à des muets volontaires, jusques à Sentence définitive inclusivement, art. 2. *ibidem*; parce qu'autrement il n'y auroit point d'Accusé qui n'interjettât appel de la moindre procédure, même comme de Juge incompétent, & qui ne récusât son Juge; la prise à partie ne pour-

De la prompte expédition des affaires criminelles.

roit pas même produire l'effet qu'un Accusé se proposeroit; car si le Juge étoit poursuivi sur sa récusation ou prise à partie, un autre Juge du Siége instruiroit, & les autres Juges du Siége jugeroient; mais quant à l'incompétence, le Juge ne seroit point tenu d'y déférer.

Accusés condamnés par contumace ne peuvent se justifier qu'ils ne se soient mis en état.

6. Les Accusés condamnés par contumace ne peuvent ester à droit, ni présenter aucune Requête pour être entendus dans leur justification, soit en premiere instance, soit en cause d'appel, qu'ils ne se soient mis en état; cependant s'ils avoient quelques exoines à proposer, ils pourroient le faire, art. 4. *ibidem*, parce qu'en un mot il faut obéir à Justice, & on demeureroit long-tems dans cette désobéissance sans en pouvoir recevoir aucun soulagement, & encore moins un Accusé mettroit-il fin à ses malheurs par le tems & les années, puisque suivant les maximes, un Jugement par contumace, exécuté par effigie, ne se prescrit que par trente ans; nombre d'Arrêts nous annoncent cette Jurisprudence, mais il y en a un précis & formel du Parlement de Paris, du 11 Mars 1632; on le trouve dans le Recueil des *Arrêts de Bardet*, *tome* 1, *liv.* 3, *chapitre* 12.

Si l'on peut condamner un Accusé sans qu'il y ait eu des informations.

7. Il n'est pas toujours nécessaire qu'il y ait des informations dans un procès criminel pour convaincre & condamner un Accusé s'il y a d'ailleurs des preuves suffisantes, tant par les interrogatoires que par piéces authentiques ou reconnues par l'Accusé, & autres présomptions, indices, circonstances particulieres, du procès; car qu'importe, pourvû qu'il y ait preuve de crime de maniere ou d'autre, & que ces preuves soient suffisantes, soit par les informations, ou à leur défaut par les interrogatoires de l'Accusé, soit par des piéces incontestables, ou par les autres présomptions & circonstances particulieres du procès; celles-ci seroient foibles, si elles n'étoient soutenues par d'autres preuves; voyez l'art. 5. Il est néanmoins à observer que les Juges ne peuvent prononcer de Jugement qui emportent peine afflictive ou infamante, que lorsque le procès a été instruit par recollement & confrontation, il y en a un Arrêt du 6 Août 1722.

Juges ne doivent juger que secundùm allegata & probata.

8. On a demandé si lorsque le Juge a vû commettre le crime, & qu'il n'y eût point d'autres preuves, il pourroit condamner l'Accusé qui dénie formellement en avoir été l'auteur; il n'y a point deux avis différens à dire qu'il ne le pourroit pas; parce qu'encore que les Loix donnent beaucoup de pouvoir aux Juges en matiere criminelles, jusques à décider souverainement sur la vie ou sur la mort d'un Accusé, elles veulent pourtant qu'ils jugent *secundum allegata & probata*.

Si les procédures faites par l'Accusé depuis l'appel par lui interjetté pourroient lui être opposées comme des fins de non-recevoir.

9. Des procédures, quoique faites volontairement par l'Accusé, & sans aucunes protestations, depuis les appellations qu'il en avoit interjettées dans le cours de l'instruction du procès criminel, ne peuvent pas lui être opposées comme fins de non-recevoir, par exemple contre un appel qu'il interjetteroit comme de Juge incompétent, déni de renvoi ou déni de Justice; car en matiere criminelle on ne connoît guéres de fins de non-recevoir contre un Accusé, parce qu'il n'y a point de fins de non-recevoir contre l'innocence; des acquiescemens ou des consentemens donnés par un Accusé ne pourroient pas même lui être opposés comme fins de non-recevoir, c'est ce que le sens littéral & l'esprit de l'article; *ibidem*, fait évidemment entendre.

De l'effet de l'appel en matiere criminelle.

10. C'est un premier principe, qu'en matiere criminelle le seul appel suspend l'exécution de toutes sortes de Sentences définitives, soit qu'elles contiennent des peines corporelles ou afflictives, soit qu'elles ne contiennent que des peines pécuniaires & des réparations civiles, & même par Arrêt de la Tournelle Criminelle, du Vendredi 12 Avril 1709, rendu en forme de Réglement, sur les conclusions de M. Joly de Fleury, alors Avocat Général, & depuis Procureur Général, il a été fait défenses aux Officiers du Présidial d'Orléans, de prendre des épices sur les Jugemens définitifs des procès criminels qui n'auront point été instruits par recollement & confrontation, ordonné que celles prises seroient par eux & le Receveur des épices, restituées; comme aussi défenses à eux d'ordonner en matiere criminelle que leurs Sentences seront exécutées nonobstant l'appel. Différens Arrêts ont ordonné la même chose.

Par la Sentence du Présidial d'Orléans dont étoit appel, rendue sur productions des Parties, sans qu'il fût besoin de plus ample instruction, ni de passer outre au recollement & confrontation, il avoit été fait défenses au nommé Pierre Riviere de plus faire rébellion aux Huissiers, condamné par corps à payer le champart sur ses Terres en l'année lors présente, & celui des années précédentes, suivant les Mercuriales, & en 240 livres de dommages & intérêts envers les Sieurs du Chapitre de l'Eglise Cathédrale d'Orléans, & il avoit été ordonné que ladite Sentence seroit exécutée nonobstant oppositions ou appellations quelconques.

Par cet Arrêt, portant le susdit Réglement, la Cour a infirmé la Sentence & sur l'extraordinaire a mis les Parties hors de Cour; il est rapporté au *Journal des Audiences.*

Cependant suivant l'article 4 du titre 25 de l'Ordonnance de 1670, les Sentences des premiers Juges, qui ne contiendront que des condamnations pécuniaires, doivent être exécutées par maniere de provision, & nonobstant l'appel en donnant caution; si outre les dépens dans les Justices des Seigneurs, elle n'excedent la somme de quarante livres envers la Partie, & de vingt livres envers le Seigneur; dans les Justices Royales qui ne ressortissent nuemment au Parlement si elles n'excedent cinquante livres envers la Partie, & vingt-cinq livres envers le Roi; & dans les Bailliages & Sénéchaussées où il y a Présidial, Siéges des Duchés & Pairies, & autres ressortissans nuement ès Cours de Parlement, cent livres envers la Partie, & cinquante livres envers le Roi.

Et à cet effet l'article 7 porte que l'amende payée par provision en la maniere ci-dessus, ne portera aucune note d'infamie, si elle n'est confirmée par Arrêt.

Par l'article 8, il est même défendu aux Cours de donner aucunes défenses ou surséances d'exécuter les Sentences qui n'excéderont les sommes ci-dessus. Le Roi déclare nulles celles qui pourroient être données : veut sans qu'il soit besoin d'en demander main-levée, que les Sentences soient exécutées par provision, & que les Parties qui auront demandé des défenses ou surséances, & que les Procureurs qui auront signé les Requêtes, ou fait quelques autres poursuites, soient condamnés chacun en cent livres d'amende, qui ne pourra être remise ni modérée.

Ainsi le Réglement porté par l'Arrêt ci-dessus, du 12 Avril 1709, doit nécessairement être tempéré par la disposition du susdit article 4 de l'Ordonnance. Mais il faut que la Sentence étant exécutée nonobstant l'appel, ne contienne que de telles & simples condamnations pécuniaires de dommages, intérêts, & amendes seulement, sans aucune autre expression ni condamnation qui tende à infamie.

Au reste, il faut observer qu'il ne s'agit ici que des Sentences définitives; car à l'égard des Sentences de provision pour gésine, ou pensemens & médicamens, rien n'en peut arrêter ni suspendre l'exécution, non plus que des Sentences d'instruction.

¶ Il est encore à remarquer que l'appel en matiere criminelle est de plein droit; de sorte que les premiers Juges ne peuvent faire exécuter leurs Sentences portant condamnation à peine afflictive ou infamante, quand même le condamné y acquiesceroit; il y a plusieurs Arrêts qui ont fait injonction à des premiers Juges pour pareils cas, entr'autres un du 6 Octobre 1708, contre le Lieutenant Criminel de Saint Etienne en Forez; un autre du 12 Octobre 1712, qui a fait une pareille injonction au Juge de Lupy.

11. Il y a des procès criminels, que les Juges ne peuvent juger que le matin, & non de relevée; tels sont, 1°. tous les procès où il y échoit peines afflictives ou corporelles, depuis la peine de mort, jusques & compris le bannissement, soit perpétuels, soit à tems. 2°. Tous les procès sur lesquels le Procureur du Roi ou Procureur Fiscal, ou M. le Procureur Général a pris de conclusions à mort; mais quant aux procès où il n'échoit que le blâme, l'admonesté, réparations, peines pécuniaires ou autres condamnations de cette nature, aussi bien que toutes les affaires au petit Criminel, elles peuvent être jugées de relevée, article 9 *ibidem*; il y a cependant des Cours, comme le Parlement de Paris, dont l'usage est de juger les procès où il y échoit la peine du fouet, ou des Galeres, ou du bannissement, de relevée; l'Ordonnance n'a point abrogé cet usage des Cours; article 9 *ibidem.*

Procès criminels qui ne se peuvent juger de relevée.

¶ L'usage de la Tournelle criminelle du Parlement de Paris, est que les procès où il échoit condamnation des Galeres à perpétuité ou pour neuf ans, ne se jugent que le matin; Galeres jusques à cinq ans, de matin & de relevée.

Bannissement à perpétuité du Royaume, le matin; Amende honorable, le matin.

Condamnation à être flétri ou banni à tems ou à perpétuité du Ressort d'un Bailliage, le matin & de relevée.

Femme authentiqué, le matin.

Déclaration à génouil, abstention, le blâme, l'admonition, & autres piéces approchantes, le matin & de relevée.

Interdiction d'Officiers à tems ou à toujours, le matin & de relevée.

De même de la condamnation au Carcan.

De même encore du plus amplement informé, même, *usquequò*.

A l'égard de la condamnation à mort & la question, est de plein droit pour le matin.

Du nombre de Juges qui doivent assister aux Jugemens des procès criminels.

12. A l'égard du nombre des Juges qui doivent assister au Jugement d'un procès criminel auquel la Partie publique auroit donné des conclusions à peine afflictive, il faut en cela distinguer les Sentences de condamnation à la charge d'appel, & les Arrêts ou Jugemens de condamnation en dernier ressort; dans le premier cas il ne faut que trois Juges en titre d'office, si tant s'en trouve dans le Siége, soit Royal ou Subalterne, & à leur défaut deux Avocats ou Gradués, qui se transporteront dans le Siége & lieux où s'exerce la Justice, si l'Accusé est prisonnier; il faut même qu'ils assistent au dernier interrogatoire; mais dans le second cas il faut sept Juges en titre d'office au moins, sauf en cas d'absence, maladie, récusation ou prise à partie de quelqu'un des Officiers, à prendre des Avocats ou Gradués pour remplir le nombre de sept; il en seroit de même, si un des Officiers étoit obligé de s'abstenir du Jugement du procès pour causes jugées valables par le Siége; c'est la disposition des articles 10 & 11, *ibidem*; un Avocat ou Gradué, mineur de vingt-cinq ans, ne pourroit pas assister ni être un des Juges à ces sortes de Jugement, quand ce seroit des Sentences ou Jugemens à la charge de l'appel & soumis aux Parlemens ou autres Cours.

Avant le Jugement, il faut examiner s'il n'y a point de nullité dans la procédure.

13. Il est laissé à la religion & au devoir des Juges d'examiner avant le Jugement du procès criminel, s'il n'y a point de nullités dans la procédure, article 8 du titre 14 de l'Ordonnance de 1670; c'est pourquoi c'est un usage bien sage & bien raisonnable dans certains Siéges & Tribunaux, que le Conseiller ou autre des Juges qui a fait la procédure & l'instruction du procès, ne soit pas Rapporteur du procès. *Voyez ci-après nom.* 41.

Des voix des Juges en matiere criminelle.

14. Tout Jugement définitif ou provisoire ou d'instruction, doit passer à l'avis le plus doux, *in mitiorem*, disent les Criminalistes, si l'avis le plus sévere ne prévaut d'une voix dans les Jugemens des procès criminels qui se jugeront à la charge de l'appel, & de deux dans les procès qui se jugeront par Arrêt ou autre Jugement en dernier ressort; article 12. *ibidem*.

Il n'y a point de partage en matiere criminelle : c'est pourquoi lorsqu'il y a égalité de voix ou d'avis des Juges dans le Jugement des procès, les uns opinant pour une peine afflictive ou corporelle, les autres pour une simple peine pécuniaire, ou pour l'absolution, ou pour un plus amplement informé, ou pour une peine afflictive moins forte que celle où les avis des autres opinans vont & portent, l'avis des Juges qui auront opiné au plus doux, prévaudra *in æqualitate vocum & opinionum, opinio aut vox mitior vincit*.

Il faut donc pour que l'avis au plus sévere prévale, qu'il y ait une voix de plus dans les Jugemens à la charge de l'appel, & de deux dans les Arrêts ou Jugemens en dernier ressort; & s'il se trouve plusieurs & différens avis, l'usage est qu'on doit les réduire à deux, à l'un ou l'autre desquels tous les autres opinans sont obligés de se ranger, à commencer par ceux qui sont moins en nombre d'un même avis, lesquels doivent être les premiers à revenir.

Les voix des parens dans les degrés marqués par l'Ordonnance, soit qu'ils soient Juges en titre, ou qu'ils soient honoraires, ne seront comptées que pour une voix.

Ordre des peines.

15. Quant à l'ordre des peines, celle de la question avec réserve des preuves en leur entier, ce qu'on appelle, *indiciis manentibus*, est la peine la plus rigoureuse & la plus sévere après la peine de mort ou du dernier supplice, & au-dessus de celles des Galeres à perpétuité ou à tems, du bannissement perpétuel ou à tems, du fouet avec flétrissure ou sans flétrissure, de l'amende honorable, du pilori, ou carcan; c'est ce que l'Ordonnance de 1670 nous fait entendre dans l'article 13 du titre 25 qui regle l'ordre des peines.

Différence entre la question avec réserve des preuves en entier, & la question sans réserve.

16. Il y a beaucoup de différence contre la question avec réserve des preuves en entier, & la question sans réserve, en ce que dans le premier cas, quoique l'accusé ne dise rien & n'avoue point le crime dont il est accusé, il pourra être condamné à une peine afflictive, mais *citrà mortem*, comme la peine des Galeres ou du bannissement, ou un plus amplement informé, *indiciis manentibus*; mais dans le second cas, si l'ac-

cusé n'avoue rien à la question, il ne pourra être condamné à aucunes peines ; on mettra un hors de Cour sur son accusation, ou tout au plus un plus amplement informé pendans un tems, pendant lequel tems il gardera prison, & après ce tems s'il ne survient pas de charges, le prisonnier sera élargi & mis hors des prisons ; voilà quelle est la régle en matiere de condamnation à la question.

¶ *Citrà mortem* pour les hommes, est d'être fouetté par l'Exécuteur de la Haute-Justice dans tous les lieux & carrefours accoutumés du lieu où se fait l'exécution, ayant la corde au col, marqué d'un fer chaud en forme des Lettres G A L. sur les deux épaules, & condamné aux Galeres à perpétuité ; ce qui emporte confiscation.

Ce que l'on entend par omnia citrà mortem.

A l'égard des femmes, c'est d'être fouetté, ayant la corde au col, par l'Exécuteur de la Haute-Justice dans tous les lieux & carrefours accoutumés du lieu où se fait l'exécution, d'être marquées sur les deux épaules d'un fer chaud en forme de la Lettre V (si c'est pour vol), ou d'un fer chaud en forme de Fleurs de Lys s'il s'agit d'autres crimes, & d'être bannies à perpétuité du ressort du Parlement dans lequel elles ont commis les crimes, ce qui emporte pareillement confiscation à leur égard ; mais on ne les bannit pas hors du Royaume.

17. Toutes les preuves en matiere criminelle peuvent se réduire à trois ; la preuve littérale, la preuve testimoniale, & la preuve conjecturale.

Des preuves en matiere criminelle.

La preuve littérale, est lorsque le crime est évidemment prouvé par la foi & l'autorité des piéces ou Actes inconteslables qui sont au procès, par leur confection, teneur, lecture, & leur propre autorité, comme seroit une piéce fausse, faite & fabriquée par l'accusé, ou autres piéces du fait de l'accusé, qui iroient à sa conviction.

La preuve testimoniale se fait par témoins & par forme d'information ; les témoins *de visu* sont les plus importans, les témoins *de auditu*, c'est peu de chose, à moins que ce ne fut des ouis-dire de l'accusé même, comme ayant entendu dire par sa propre bouche les faits dont les témoins déposent ; dailleurs il faut donner beaucoup d'attention sur la qualité, probité & réputation des témoins ; voyez ce qu'on a dit à ce sujet au chapitre 4 ci-dessus, section deuxiéme.

En France il ne faut que deux témoins qui déposent affirmativement & précisément d'un fait, mais *de visu*, & étant sans réproche, pour que le fait demeure pour certain, & que le Juge puisse fonder un Jugement de condamnation

La preuve conjecturale est celle qui réside dans des présomptions, indices & conjectures ; c'est la moindre des preuves dont on se puisse servir contre un accusé, à moins que les indices ne fussent indubitables & reçus par la Loi, & même tels indices ne feroient tout au plus qu'une semi preuve.

Mais toujours il est certain que pour pouvoir justement & valablement condamner un accusé au dernier supplice, il faut que les preuves soient *luce clariores* ; c'est à quoi un Juge d'une entiere probité & véritablement éclairé, doit bien s'appliquer, puisque dans ce moment il décide sur la vie ou la mort d'un accusé.

18. Le Jugement rendu sur une accusation & dans un procès criminel, doit être signé par tous les Juges qui auront assisté au Jugement, soit que ce soit une Sentence à la charge de l'appel, soit que ce soit un Jugement en dernier ressort, comme sont les Jugement Prévôtaux ou Présidiaux ; l'usage des Parlemens & autres Cours, est contraire, il n'y a que le Président qui a présidé au Jugement, qui signe l'Arrêt avec le Rapporteur ; article 14 *ibidem*.

Jugement doit être signé de tous les Juges qui ont assisté.

Secùs, aux Parlemens.

19. Il y a encore cette différence entre les Sentences de condamnation, à la charge de l'appel, ou des Jugemens Prévôtaux ou Présidiaux & en dernier ressort, & les Arrêts de condamnation ; que dans les Sentences & jugemens Prévôtaux ou Présidiaux il faut y exprimer la cause de la condamnation ou celle d'absolution ; aussi toutes les fois que cela se rencontre, le Parlement ou autre Cour infirme la Sentence ou le Jugement, & prononce néanmoins la même chose que la Sentence ; mais à l'égard des Parlemens & Cours, ils ne sont point astraints à cette formalité, ont met seulement dans l'Arrêt, que l'accusé est condamné à telle peine *pour les cas résultans du procès.*

Les Parlemens ne sont point obligés d'énoncer dans le Jugement le crime pour lequel l'Accusé est condamné.

20. La maxime que *in criminalibus non bis in idem*, n'a lieu que lorsque celui qui a été renvoyé de l'accusation a été jugé *rectè* & *ritè*, pour se servir des termes des Auteurs en cette matiere, c'est-à-dire par un Jugement rendu sur une procédure réguliere & valable ; car en faisant déclarer la procédure nulle par opposition à la Sentence ou Jugement, ou par appel de la Sentence & procédure, on seroit bien fondé

De la regle non bis in idem.

à faire instruire de nouveau l'accusation, & la faire juger comme s'il n'y avoit point eu de Sentence ou Jugement d'absolution.

Du Jugement ex æquo & bono.

21. Il n'y a que les Parlemens & autres Cours Supérieures qui puissent quelquefois juger *ex æquo & bono*; quant aux premiers Juges, il faut qu'il jugent selon la rigueur de la Loi.

Accusé peut être déchargé d'une accusation en quatre cas.

22. Il faut observer qu'un accusé peut être déchargé d'une accusation en quatre cas. 1°. Faute de preuves suffisantes pour être condamné, avec cependant cette remarque *qu'un simple hors de Cour sur l'accusation* n'est pas si fort par rapport à la réputation, *qu'un déchargé & renvoyé absous de l'accusation*, parce que la prononciation d'*un hors de Cour* semble laisser dans l'esprit que les Juges ont trouvé dans le procès quelque soupçon, même quelque présomption ou indices du crime imputé, mais non des preuves assez violentes pour condamner l'accusé; au lieu que cette prononciation, *décharge & renvoye l'accusé de l'accusation & cas à lui imputés*, emporte totalement l'accusation du crime, même la suspicion & le doute sur l'entiere innocence de l'accusé. 2°. Si l'accusé ayant été condamné par contumace, se représente & se met en état, sauf à reprendre & continuer l'instruction du procès en la maniere requise en tel cas. 3°. Si un condamné au bannissement ou aux Galeres, obtient des Lettres de rappel & les fait entériner. 4°. Si un coupable obtient des Lettres de pardon, grace, rémission, ou abolition, & les fait entériner.

Jugement en matiere criminelle s'exécute par tout sans Pareatis.

23. Il ne faut ni permission ni *pareatis*, soit du Juge des lieux, soit en faisant sceller les Sentences au grand ou petit Sceau, comme on en use en matiere civile, pour faire exécuter les Sentences, Arrêts ou Jugemens en matiere criminelle, tant pour ce qui pourroit regarder les peines afflictives, que les peines pécuniaires; ces sortes de Jugemens portent avec eux leur exécution parée par tout & en tous lieux; article 15 *ibidem*.

Des frais des procès criminels.

24. Les Juges peuvent décerner exécutoire pour les fraix nécessaires pour l'instruction d'un procès-criminel, & pour l'exécution des Jugemens, mais non pour raison de leurs épices & vacations, ni pour les droits & salaires des Greffiers, sçavoir contre la Partie civile, s'il y en a une, sinon contre les Receveurs du Domaine du Roi, engagé ou non engagé, & contre les Seigneurs Hauts-Justiciers, chacun à son égard, article 16 & 17 *ibidem*. Il y a eu plusieurs Déclarations & Arrêts du Conseil à ce sujet, & contenant des explications & modifications pour raison de ces sortes d'exécutoires, entr'autres, ceux des 26 Octobre & 25 Novembre 1683, 5 Mai 1685, 23 Octobre 1694, & 12 Août 1710, & une Déclaration du 12 Juillet 1687. Par l'article 18 du titre 25 de l'Ordonnance de 1670, il est expressément ordonné aux Juges quels qu'ils soient, même des Cours, d'observer ces Ordonnances au sujet de ces exécutoires.

Quant à la condamnation des dépens & exécutoires d'iceux, il en sera usé comme en matiere civile, article 22 *ibidem*; ils ne vont même par corps; que quand l'exécutoire se monte à deux cens livres au moins, & après avoir obtenu un Arrêt d'*iteratò* après les quatre mois, tout comme en matiere civile; de même des dommages & intérêts. Mais quant aux intérêts civils, le condamné peut être emprisonné le même jour, même à l'instant de la prononciation d'un Arrêt ou Jugement en dernier ressort, ou autre jour qu'on pourra trouver ou rencontrer le condamné, sans autre délai, Arrêt ni Jugement.

Il est à observer que l'exécutoire des frais faits pour la Procédure faite par le Prévôt des Maréchaux, quand il n'y a pas de Partie civile, est décerné contre le Fermier du Domaine, par le Lieutenant Criminel, & visé par le Procureur du Roi.

Si un mari peut être contraint par corps à payer les intérêts civils adjugés à sa femme.

25. Une femme n'auroit point de contrainte par corps contre son mari pour intérêts civils ni dommages & intérêts, même après les quatre mois, soit en matiere criminelle, soit en matiere civile. Il a même été jugé au Parlement de Paris, qu'une femme n'avoit point la contrainte par corps contre son mari pour dépens à elle adjugés contre lui, & dont l'exécutoire alloit à huit cens livres; ils avoient été faits pour raison d'une séparation de corps & de biens; l'Arrêt est du 21 Juillet 1714: il fut rendu sur les conclusions de M. l'Avocat Général Chauvelin, en la Chambre de la Tournelle.

Si la femme est contraignable par corps pour condamnation de dommages & intérêts en matiere criminelle.

La femme est contraignable par corps pour condamnation d'intérêts civils ou dommage & intérêts en matiere criminelle; Arrêt du Parlement de Paris, du 5 Juin 1671. Il est rapporté dans le Journal du Palais; mais quant aux dépens en matiere criminelle, il y a diversité d'Arrêts; il y en a un du 10 Décembre 1621, du Parlement de Paris, qui a jugé que la femme y étoit contraignable, mais sans pouvoir exercer la contrainte par corps du vivant du mari; cet Arrêt est dans Bardet, tome 1, livre 1, chapitre 87. Il y en a un autre qui a décidé que la femme étoit contraignable par corps pour dépens en matiere criminelle, après l'Arrêt d'*iteratò*, sans autre restriction; il est du 5 Octobre 1691: on le trouve dans le Journal des Audiences; parce qu'une femme étant autorisée de droit pour plaider en matiere criminelle, sans avoir besoin de l'autorisation de son mari, il est juste que les condamnations pécuniaires intervenues contre elles, puissent se prendre sur sa personne, comme elles se prendroient sur les hommes, autrement elles pourroient journellement insulter un chacun par injures, calomnies, excès ou autrement, avec impunité, d'autant plus que ces sortes de condamnations ne peuvent être prises sur la communauté de biens, ni sur les revenus des biens de la femme, tant que la communauté de biens subsistera; ainsi jugé par Arrêt de la Chambre de la Tournelle du Parlement de Paris, du 17 Juillet 1709.

27. Les condamnations de dépens entre Coaccusés & condamnés ne sont point solidaires de droit, il faut que le Jugement porte le mot *solidairement*, sans quoi les condamnations ne sont que personnelles, & chaque condamné n'en est tenu que pour sa part & portion; mais quant à la condamnation d'amende ou d'aumône & d'intérêts civils, elle est solidaire, quoique le Jugement ne prononce point de solidité, *quantum ad mulctam pecuniarum pertinet, solent & debent fieri correi debendi per Sententiam ut invicem alius pro alio & condemnari possit & exigi*, Faber *in suo Cod. lib.* 7, *tit.* 21, *defin.* 1, *not.* 1. Si les condamnations pécuniaires contre plusieurs Accusés sont solidaires, quand le Jugement ne le porte pas.

28. Les Procureurs du Roi ou Procureurs Fiscaux sont tenus de poursuivre avec toute l'exactitude possible & sans relâche les prévenus de crimes capitaux ou de crimes auxquels il peut échoir peine afflictive, par rapport à la vindicte publique, sans pouvoir être arrêtés sous prétexte de transaction ou autres Actes passés entre les Accusés & les Parties civiles; il en seroit autrement par rapport à des transactions ou autres Actes faits & passés pour tous autres délits qui ne mériteroient point peine afflictive; art. 19 *ibidem*. Messieurs les Procureurs Généraux sont compris dans cet article. Transaction passée avec l'Accusé ne doit point empêcher la Partie publique de poursuivre.

29. On appelle *crime capital*, le crime qui ne peut & ne doit être expié que par une condamnation à la mort & au dernier supplice; le crime non capital, est le crime qui n'est point puni par une condamnation au dernier supplice; telles sont les peines aux Galeres, bannissement, fouet, amende honorable, pilori, carcan, blâme, admonesté & autres peines qui peuvent s'appliquer à un coupable d'un crime non capital, & qui ne mérite point la mort & le dernier supplice. Voyez *Supr.* part. 1, ch. 1, n. 11. Crime capital, ce que c'est?

30. Il est permis de transiger entre l'Accusateur & l'Accusé, sur excès, injures, libelles ou autres délits qui peuvent seulement concerner les Parties qui transigent, sans que la Partie publique puisse en faire aucune poursuite.

31. L'article 20 du même titre 25 de l'Ordonnance de 1670, porte que ce qui a été ordonné pour les dépens en matiere civile, sera exécuté en matiere criminelle; ainsi de même que suivant l'article 1 du titre 31 de l'Ordonnance de 1667, celui qui succombe en matiere civile doit être condamné aux dépens; il le doit aussi être en matiere criminelle, suivant la taxe & la maniere de la faire, prescrite par les autres articles du même titre 31 de l'Ordonnance de 1667, & les Juges Subalternes, tant royaux que des Seigneurs, sont tenus de liquider les dépens par la même Sentence, suivant l'article 33 & dernier dudit titre 31. Cas esquels la transaction passée avec l'Accusé empêche la Partie publique de poursuivre. Des dépens en matiere criminelle.

Mais à cet égard il faut observer que cette condamnation de dépens en matiere criminelle, ne doit jamais avoir lieu que quand il y a une Partie civile; car c'est une maxime constante, que quand les procès criminels sont poursuivis à la requête de la Partie publique, soit Procureur Général, Procureur du Roi, ou Procureur Fiscal, sans Partie civile, il n'y a aucune condamnation de dépens de part ni d'autre, *nam fiscus gratis litigat*, comme l'enseigne Bacquet en son Traité des Droits de Justice, chapitre 7, nombre 19 & suivans; seulement les délinquans peuvent être condamnés à l'amende envers le Roi, ou envers le Seigneur Haut-Justicier. Cependant en cas d'appel par l'Accusé d'un decret decerné contre lui, ou autre interlocutoire sur lequel il doit faire intimer le Haut-Justicier du Juge qui a rendu le décret ou interlocutoire, si l'Accusé succombe en son appel, il doit être condamné aux dépens envers le Haut-Justicier, comme il a été jugé par Arrêt du 15 Avril 1580, rapporté par Bacquet, *loc. cit.* nombre 21.

¶ Le Seigneur devant nécessairement les frais des procès criminels qui s'instruisent à la requête de son Procureur Fiscal, ne doit point réquérir, & le Juge ne peut point ordonner que les frais de Justice seront pris préalablement sur les biens déclarés confisqués; la Justice doit instruire *gratis* à la requête du Procureur Fiscal, la confiscation indemnise où est présumée indemniser le Seigneur qui doit faire les frais; c'est pourquoi il ne faut point par la Sentence définitive faire mention de ces mots (les frais de Justice préalablement pris sur iceux) ce qui suffiroit pour faire infirmer la Sentence, & donneroit occasion à la Cour de faire une injonction au Juge.

Nota. Suivant la Déclaration du Roi du 21 Mars 1671 concernant le contrôle des Exploits, les Exploits faits pour l'instruction & Jugement des procès où le procureur du Roi ou ses Substituts sont seuls Parties, sont exempts du contrôle.

Il est encore à propos d'observer ici à l'occasion des condamnations aux frais, dépens & peines pécuniaires, comme amendes & aumônes, qu'à ce sujet il est intervenu une Déclaration du Roi du même jour 21 Mars 1671, regîstrée au Parlement de Paris le 29 Avril suivant, laquelle est rapportée dans la quatrieme Partie de ce Traité.

Par autre Déclaration du Roi, du 21 Janvier 1685, aussi regîstrée au Parlement de Paris, le 12 Mars suivant, l'exécution de la précédente Déclaration est ordonnée; ce faisant; il est défendu aux Cours & Juges qui jugent en dernier ressort, en condamnant les Accusés en des amendes envers le Roi, de prononcer contr'eux aucunes condamnations d'aumônes pour employer en œuvres pies, si ce n'est dans le cas où il aura été commis sacrilege, & où ladite condamnation pour œuvres pies fera partie de la réparation. Il est néanmoins permis aux Cours & Juges, attendu qu'il n'échoit pas de condamnation d'amende contre les Porteurs de Lettres de Rémission, ou en autres cas où il n'échoit pas non plus d'amende envers le Roi, de condamner, s'il y échoit, selon qu'ils l'estimeront en leur conscience, lesdits Porteurs de rémission ou Accusés en des aumônes, lesquelles quant aux Porteurs de rémission, seront uniquement appliquées au pain des Prisonniers; & quant aux autres aumônes esquelles les Accusés pourront être condamnés, soit pour sacrileges, soit pour les autres cas où il n'échoit point d'amende, ne pourront lesdites aumônes être appliquées à autres usages qu'au pain des Prisonniers, ainsi qu'il est accoutumé, ou au profit des Hôtels-Dieu, Hôpitaux Généraux des lieux, Religieux & Religieuses mendians, & autres lieux pitoyables, à peine de désobéissance.

Et par autre Déclaration du Roi du 13 Juillet 1700, il est décidé que l'hypotéque du Roi en amende pour crime, n'a lieu que du jour de la condamnation & que les intérêts civils sont préférés.

De l'exécution du Jugement de condamnation.

32. Un Jugement qui ne peut être retracté ni par appel ni autrement, principalement un Jugement qui contient une condamnation au dernier supplice, doit réguliérement être exécuté le même jour qu'il a été prononcé au condamné; c'est la disposition de l'Ordonnance de 1670, art. 21, du titre 25. Mais il arrive quelquefois des incidens qui arrêtent cette exécution, peut être d'un jour, quelquefois plus long-tems; comme si une femme après être condamnée, déclare qu'elle est enceinte, il faudroit, aux termes de l'Ordonnance, retarder son exécution au dernier supplice, si le fait se trouve véritable, jusqu'à ce qu'elle soit accouchée, art. 23. *ibidem*, ce qui auroit même lieu pour les autres peines afflictives, comme le fouet; mais en ce cas on a la précaution de ne lire le Jugement au condamné que le jour que l'exécution doit être faite.

Quand elles se doivent faire.

33. Ces sortes d'exécutions doivent pareillement se faire de jour & non de nuit, parce que les peines n'ont pas seulement été ordonnées pour faire souffrir des criminels, mais encore afin que par leur exemple les autres soient détournés de commettre des crimes. On est néanmoins forcé de ne pas toujours suivre cette regle pour les causes qui l'empêchent, & c'est ce que nous avons vû de nos jours dans l'exécution de Cartouche & ceux de sa troupe, de Nivet & ses camarades, & de plusieurs autres à leur exemple, qui étant au pied de l'échaffaut ou de la potence, faisoient entendre qu'ils avoient beaucoup de choses à dire sur des complices qu'ils alloient déclarer; on ne pouvoit pas pour les conséquences des vols, des meurtres, des assassinats & autres crimes atroces qui se faisoient nuit & jour dans Paris, s'empêcher de les écouter; on les conduisoit à l'Hôtel de Ville, & là le Rapporteur avec le Greffier écoutoit tout ce qu'ils disoient; & même on rédigeoit les principaux faits en forme de procès-verbal: on faisoit venir les personnes de l'un & de l'autre sexe, qu'ils accusoient, & on les leur confrontoient sur le champ & sans déplacer; cela duroit quelquefois jusqu'au milieu de

de la nuit, il falloit les expédier au flambeau. D'autres sçavoient même filer le tems jusqu'au lendemain matin, ce qui leur prolongeoit la vie du soir au matin; tout cela est pour prouver ce que nous avons avancé, qu'il peut quelquefois arriver qu'on ne puisse pas faire exécution d'un Jugement ou Arrêt de condamnation au dernier supplice de jour; il n'y a gueres de regles qui ne souffrent leur exception par des conjonctures & des incidens qui peuvent survenir, & qui nous tirent de la regle générale & ordinaire.

Du refus par le condamné de prononcer les paroles de l'amande honorable.

34. Tout condamné à dire & proférer quelques paroles dans le moment de l'exécution de son Jugement; par exemple en faisant l'amende honorable, dire hautement & à intelligible voix, *qu'il demande pardon à Dieu, au Roi & Justice, d'avoir commis le crime pour lequel il est condamné;* ou autres termes portés par le Jugement, est indispensablement obligé, suivant l'Ordonnance de 1670, art. 22 du titre 25, de les dire & proférer, à peine de désobéissance à Justice; & si absolument il ne veut point obéir, on a coutume de lui faire par le Président ou le Juge trois injonctions de satisfaire à ce qu'il doit dire & proférer, faute de quoi la Justice sera obligée de sévir contre lui par des condamnations & de nouvelles peines encore plus rigoureuses que celle portée en son Jugement.

Nota. En ce cas, il faut dresser procès-verbal de l'interpellation & du refus fait par le condamné de faire & proférer ce qui est ordonné par le Jugement, communiquer ce procès-verbal au Procureur du Roi, qui donne ses conclusions, sur lesquelles on peut prononcer une plus grande peine.

Autrefois cette désobéissance, ce mépris & cette espece de contumace étoient punis très-rudement, puisqu'on convertissoit quelquefois la peine de l'amende honorable en peine de mort ou aux Galeres perpétuelles; un blâme, en une peine de bannissement avec une amende doublée: nos livres sont remplis de pareils exemples; mais à présent les Parlemens & Cours Supérieures, même les Juges inférieurs, se sont éloignés de cette rigueur; il y en a deux exemples du tems de M. le premier Président de Harlay, qui présidant à l'Audience de la Grand'Chambre du Parlement de Paris, fit entendre que les condamnés étoient assez à plaindre de faire des pareilles réparations, sans les punir plus rigoureusement, faute par eux de vouloir parler: on ne leur fit rien, on les ramena dans la Conciergerie.

Si l'on doit administrer le Sacrement de Confession & celui d'Eucharistie aux condamnés.

35. Le Sacrement de Confession doit être administré, ou du moins offert aux condamnés au dernier supplice, en secret & en particulier, mais non le Sacrement d'Eucharistie ou la Communion, ils sont même assistés d'un Prêtre ou Religieux jusqu'au lieu du supplice, pour les exhorter, sans les quitter que l'exécution n'ait été faite; art. 24 *ibidem.*

Avant l'Edit du mois de Février 1396, le Sacrement de Confession n'étoit point administré aux condamnés au dernier supplice, ce fut par cet Edit que cette grace leur fut accordée: auparavant le condamné faisoit seulement ses prieres à des croix de pierre ou de bois qui se trouvoient sur son chemin au gibet.

C'est au jour de l'exécution qu'on offre le Sacrement de Confession au Patient, quelques heures avant qu'il soit conduit au lieu de son supplice.

36. En France on ne fait guéres les exécutions que l'après-midi; ailleurs on les fait le matin.

De l'assistance du Juge aux exécutions des Jugemens de condamnation.

37. A Paris, le Lieutenant Criminel est indispensablement obligé d'aller en personne aux exécutions; quant à celles qui se font en vertu d'Arrêt du Parlement ou autres Cours Supérieures, le Conseiller-Rapporteur du procès ne va point sur le lieu de l'exécution; c'est le Greffier Criminel assisté de deux Huissiers de la Cour, d'où est émané l'Arrêt ou Jugement de condamnation: mais le Conseiller-Rapporteur se transporte à l'Hôtel de Ville ou dans une maison voisine du lieu où se fait l'exécution; pour recevoir les déclarations du condamné, & en dresser procès-verbal qu'il fait rédiger par le Greffier en presence du Patient: Nous avons vû de nos jours que cette sage précaution a produit de merveilleux effets.

Différence entre être renvoyé absous ou déchargé, & un hors de Cour.

38. Il faut observer qu'il y a une notable différence entre une Sentence, Arrêt ou Jugement, qui porte *qu'un Accusé est renvoyé quitte & absous de l'accusation* ou *déchargé de l'accusation*, & une Sentence, Arrêt ou Jugement, qui prononce seulement *un hors de Cour sur l'accusation;* car par la premiere prononciation l'Accusé est censé & déclaré véritablement innocent du crime & faits qu'on lui avoit imposés, ainsi & de la maniere qu'il l'étoit avant l'accusation; au lieu que par les termes & qualifications de la seconde

prononciation, il reste dans l'esprit quelque soupçon sur l'accusation, & que si l'Accusé en est sorti, ç'a été faute de preuves suffisantes, & même il y a des Auteurs qui disent que par une pareille prononciation, *sugillatur fama Rei*; cependant cet Accusé ne peut être recherché pour raison du crime & des faits qui avoient donné lieu à son procès, non plus que celui qui a été déchargé de l'accusation; la maxime n'a pas moins lieu dans le second cas que dans le premier; en un mot c'est une absolution finale pour l'un & pour l'autre. Au reste quand on prononce un *hors de Cour sur l'accusation*, on adjuge intérêts civils, ni dommages & intérêts, ni dépens, mais on les compense lorsqu'il y a partie civile.

De la galerie des Prisonniers au Palais.

39. Quuelquefois les Parlemens & autres Cours Supérieures ayant reconnu en jugeant le procès, qu'un Accusé avoit été mal & sans raison accusé, en le renvoyant de l'accusation, lui donnent sa pleine & entiere liberté, & le laissent aller de la Chambre du Conseil où il a été jugé, aussi-tôt après le Jugement, quoique l'Arrêt n'ait point encore été dressé, signé ni prononcé à l'Accusé, sans le faire descendre ni remettre en prison; sauf dans la suite à faire mention de l'Arrêt par le Greffier sur le Registre du Greffier de la Conciergerie ou Géole pour sa décharge; quand cela arrive au Parlement de Paris, on dit, *le prisonnier est sorti par la Galerie*; aussi appelle-t-on cette galerie, *la Galerie des prisonniers*.

Maniere de procéder au Jugement d'un procès criminel.

40. Quand un procès criminel est en état de juger, il faut procéder à la visite & examen de ce procès; mais avant cette visite au fond pour rendre le Jugement définitif, la regle est qu'il faut commencer par examiner s'il n'y a point de nullités dans la procédure, & si toutes les formalités prescrites par l'Ordonnance y ont été observées.

Après cet examen sur la validité de la procédure, si elle est trouvée valable, on doit encore juger les reproches des témoins avant que d'opiner sur le mérite du fond; pour cet effet un des Juges qui tient les informations, en lit le préambule d'une déposition, c'est-à-dire les noms, surnoms, âge, qualités, & demeure du premier témoin; un autre Juge qui tient en main la confrontation, lit les reproches de l'Accusé contre ce témoin, & les réponses du témoin; ensuite le Juge qui préside, qui doit avoir écrit le nom du témoin, & le sommaire des reproches & réponses, fait opiner ceux qui assistent au rapport, l'un après l'autre, sur la question de sçavoir si les reproches sont valables ou non, & en tient note, & ainsi de tous les autres témoins.

Cela étant fait, les dépositions des témoins dont les reproches auront été jugés pertinens, ne seront point lûes; & à l'égard des autres témoins, dont les reproches n'auront pas été jugés valables, l'on procede à la lecture de la dépositions de chacun d'eux, & de son recollement, après quoi l'Accusé est interrogé sur la sellette, ou derriere le barreau, selon les circonconstances ci-devant expliquées, & enfin l'on opine sur le fond & l'on juge définitivement.

Tous Juges doivent commencer par examiner si la procédure est réguliere.

41. Il reste à lever une difficulté que l'on pourroit faire au sujet des nullités qui peuvent se rencontrer dans la procédure.

L'on peut dire, à la bonne heure, que les Cours sur l'appel examinent si la procédure est réguliere, mais que les premiers Juges ne pouvant pas se reformer eux-mêmes, ne doivent point entrer dans cet examen. Mais ce raisonnement est contraire aux termes de l'Ordonnance, qui veut que les Juges indistinctement, commencent par examiner si la procédure est réguliere, & la conséquence en est assez sensible: les premiers Juges ne sont point dispensés d'observer cette regle, parce que le Juge qui a fait la procédure ne juge pas lui seul, & si sa procédure est nulle, elle doit être déclarée telle, & il faut ordonner qu'elle sera recommencée, & même aux frais du Juge qui l'a faite, si les nullités sont de son fait; lui étant plus avantageux qu'il concoure à réparer sa propre faute, que si la procédure étoit annullée par ses Supérieurs; ainsi les Juges inférieurs doivent avoir grand soin de se rendre justice sur ce point. *Voyez ci-devant*, *n.* 13.

Par l'Arrêt du 9 Janvier 1743, rapporté ci-devant, *chap.* 11, *nombre* 16, il a été enjoint à ***, Doyen des Conseillers du Bailliage & Siége présidial de Bourges, qui présidoit lors du Rapport du procès, conformément à l'article 7 du titre 14 de l'Ordonnance de 1670, d'examiner avant le Jugement s'il n'y a point de nullités dans la procédure.

Regles à observer, par rapport aux peines, dans les Jugemens définitifs.

42. Il a dans les Jugemens définitifs certaines regles à observer par rapport aux peines.

¶ Il faut ajouter que la peine du bannissement à perpétuité hors du parlement, prononcée contre une fille ou femme, emporte aussi confiscation de biens; car anciennement on les bannissoit hors du Royaume. Cette Jurisprudence a changée à cause de la décence qui ne permet pas qu'une femme se puisse aisément retirer hors du Royaume; mais bien entendu qu'en ne les bannissant que du ressort du Parlement, cette peine emporteroit la confiscation de biens; c'est ce qui a été jugé depuis longues années par tous les Arrêts qui se sont rendus à la Tournelle, & ce qui s'observe actuellement.

1°. La condamnation à mort, aux Galeres à perpétuité, ou au bannissement perpétuel, & hors du Royaume, emporte confiscation de bien où elle a lieu; & par rapport aux Pays où elle n'a pas lieu, le Juge doit prononcer une amende modique au profit du Roi ou du Seigneur.

Les Juges Royaux de même que les Juges Seigneuriaux, ne peuvent condamner au bannissement à tems, que hors l'étendue de leur ressort; mais ils peuvent condamner au bannissement à perpétuité hors du Royaume, parce que toute Justice dans le Royaume est exercée sous l'autorité du Roi, & que tout Juge qui peut infliger la peine de mort, peu condamner à de moindres peines, parce que qui peut le plus, peut le moins. Néanmoins il faut observer qu'on ne condamne point les femmes au bannissement hors du Royaume, mais seulement hors du Ressort du Parlement. *Propter sexus reverentiam.*

2°. Pour les peines de fouet, flétrissure, bannissement à tems, amende honorable, blâme, & autres peines afflictives & infamantes, l'Accusé doit être condamné seulement à l'amende.

3°. La flétrissure ne se donne point sans le fouet & bannissement.

4°. Lorsqu'il y a condamnation d'aumône, l'on ne condamne point en l'amende. Par la Déclaration du Roi, du 21 Janvier 1685, registrée au Parlement de Paris le 12 Mars suivant, il est défendu aux Cours & Juges qui jugent en dernier Ressort, en condamnant les Accusés en des amendes envers le Roi, de prononcer contr'eux aucunes condamnations d'aumônes pour employer en œuvres pies, si ce n'est dans le cas où il aura été commis sacrilege, & où ladite condamnation pour œuvres pies ferapartie de la réparation. Pourront néanmoins lesdites Cours & Juges, attendu qu'il n'échoit pas d'amende contre les Porteurs de Lettres de rémission, ou en outres cas où il n'échoit pas non plus d'amende envers le Roi, condamner s'il y échoit, selon qu'ils l'estimeront en leurs consciences, lesdits Porteurs de rémission ou Accusés, en des aumônes, lesquelles, quant aux Porteurs de rémission, seront uniquement appliquées au pain des prisonniers, & quant aux autres aumônes esquelles les Accusés pourront être condamnés, soit pour sacrileges, soit pour les autres cas auxquels il n'échoit point d'amendes, ne pourront lesdites aumônes être appliquées à autres usages qu'au pain des Prisonniers, ainsi qu'il est accoutumé, ou au profit des Hôtels-Dieu, Hôpitaux généraux des lieux, Religieux & Religieuses mendiantes, & autres lieux pitoyables, à peine de désobéissance.

Quoique cette Déclaration du Roi ne parle que des Cours & Juges qui jugent en dernier ressort, néanmoins par Arrêt de Réglement du 27 Juin 1708, rendu en la Tournelle criminelle du Parlement de Paris, il a été fait défenses au Lieutenant Criminel d'Auxerre de condamner à l'avenir les Accusés en l'amende, & conjointement en l'aumône, si ce n'est ès cas portés par ladite Déclaration du 21 Janvier 1685, & ordonné qu'à la diligence du Procureur Général du Roi, ledit présent Arrêt seroit lû & publié dans tous les Siéges, Bailliages & Sénéchaussées du Ressort, à l'issue des Messes Paroissiales.

5°. La condamnation aux Galeres à perpétuité emporte confiscation de biens & n'emporte point condamnation d'amende, sinon pour les Pays où il n'y a pas confiscation; la condamnation aux Galeres à tems n'emporte jamais d'amende, parce qu'il n'y a point lieu à la confiscation, & que l'Accusé paye de son corps.

Néanmoins quand un Accusé est condamné aux Galeres, par un Juge de Seigneur, ou par un Juge d'un Domaine engagé, on adjuge une amende au Seigneur pour l'indemniser des frais du procès & de la translation du prisonnier.

6°. Quand l'amende honorable est jointe à la peine de mort, elle doit être faite par l'Accusé devant l'Eglise, & non dans l'Auditoire, parce qu'un condamné à mort ne doit plus paroître devant ses Juges.

L'ordre des peines est ; 1°. La mort naturelle. 2°. La question avec reserve des preuves. 3°. Les Galeres perpétuelles. 4°. Le bannissement perpétuel. 5°. La question sans reserve de preuves 6°. Les Galeres à tems. 7°. Le fouet. 8°. L'amende honorable. 9°. Le bannissement à tems. 10°. Le blâme.

L'on a expliqué ci-devant dans la premiere Partie, de quelle peine chaque crime doit être puni. Quand les Ordonnonces du Royaume ne prononcent pas de peine contre un crime, le Juge peut arbitairement condamner le coupable selon les circonstances & la qualité des crimes. Cette question est solidement traitée au *Journal du Palais, tome 1, pag.* 990, & ainsi décidée.

Jugement portant condamnation à avoir le poing coupé & à être brûlé vif.

Extrait des Registres de.....

Vû le procès criminel, *&c. énonce & dater toute la procédure.* Nous avons ledit..... déclaré dûement atteint & convaincu d'avoir, *&c.* pour réparation de quoi, le condamnons à faire amende honorable, en chemise, nue tête, & la tête, & la corde au col, tenant en ses mains une torche de cire ardente du poids de deux livres, au devant de la principale porte & entrée de l'Eglise de.... où il sera mené & conduit dans un Tombereau, par l'Exécuteur de la Haute-Justice, qui attachera devant lui & derriere le dos, un placard où sera écrit en gros caractere (*Sacrilege* ;) & là étant à genoux, déclarer que méchamment il a....dont il se repent, & demande pardon à Dieu, au Roi & à la Justice. Ce fait, aura le poing coupé sur un poteau qui sera planté au-devant de ladite Eglise, après quoi sera mené par ledit Exécuteur, dans le même Tombereau, en la Place publique de.... pour y être attaché à un poteau avec une chaîne de de fer, & brûlé vif, son corps réduit en cendres, & icelles jettées au vent : déclarons tous ses biens situés en Pays de confiscations acquis & confisqués au Roi, ou à qui il appartiendra, sur iceux ou autres non sujets à confiscation, préalablement pris la somme de..... pour être employée à la fondation & entretien perpétuel d'une lampe ardente, qui sera mise au-devant de l'Autel de.... où ledit sacrilege a été commis ; le condamnons en.... livres d'amende envers le Roi, en cas que confiscation n'ait lieu au profit de Sa Majesté, *& s'il y a Partie civile, l'on ajoute* : & aux dépens du procès. Et sera la présente Sentence gravée sur une table d'airain, qui sera attachée au plus prochain pilier du même Autel, si mandons, *&c.* Ce fut fait & donné par Nous soussignés.....le.....

Condamnation à avoir la langue coupée, & pendu, & le cadavre brûlé.

Extrait des Registres de.....

Vû, *&c.* Nous avons déclaré ledit..... dûement atteint & convaincu d'avoir proféré des blasphêmes contre Dieu, la Sainte Vierge & les Saints ; pour réparation de quoi le condamnons à faire amende honorable, en chemise, nue tête, la corde au col, *&c. comme dessus*, déclarer que méchamment il a proféré des blasphêmes contre Dieu, la Sainte Vierge & les Saints, dont il se répent & en demande pardon à Dieu, au Roi & à la Justice. Ce fait, aura la langue coupée par ledit Exécuteur, au-devant d'icelle Eglise & ensuite mené dans le même Tombereau, en la Place de.... où il sera pendu & étranglé, *jusqu'à ce que mort s'ensuive*, à une potence qui sera dressée en la même Place, son corps mort jetté au feu, & réduit en cendres, qui seront jettées au vent ; déclarons ses biens situés en Pays de confiscation, acquis & confisqués au Roi ou à qui il appartiendra ; sur iceux ou autres non sujets à confiscation, préalablement pris la somme de..... livres d'amende, en cas que confiscation n'ait lieu, au profit de Sa Majesté, & le condamnons aux dépens du procès.

Nota. Il a été enjoint aux Juges de mettre dans leur Jugement de condamnation à mort, *tant que mort s'en suive.* Un accusé avoit été condamné à être pendu ; l'on exécuta la Sentence, mais le condamné ne fut pas étranglé ; & comme on l'alloit enlever, on apperçut qu'il étoit encore en vie ; une saignée le fit entiérement revenir. Le Prévôt des Maréchaux instruit de ce fait, se resaisit du condamné : il fut question de sçavoir si l'on devoit le faire reparoître devant les Juges ; l'on décida que les Juges ayant rendu leur Sentence, leur ministere étoit consommé, que c'étoit au Prévôt à faire mettre la Sentence à exécution ; en conséquence le condamné fut répendu sans autres formalités.

Rompu vif.

Nous avons ledit B.... déclaré dûement atteint & convaincu de vols, meurtres & assassinats par lui commis aux passans sur les grands chemins, avec armes ; pour réparation de quoi, le condamnons d'avoir les bras, jambes, cuisses & reins rompus vifs, sur un échafaud, qui pour cet effet sera en la Place de.... & mis sur une roue, la face tournée vers le Ciel, pour y finir ses jours ; ce fait, son corps mort porté par l'Exécuteur de la Haute-Justice, sur le chemin de.... ses biens acquis & confisqués, &c.

Lorsqu'il a été arrêté que l'Accusé ne sera pas rompu vif, ou qu'il n'en sentira que quelques coups, les Juges mettent un *Retentum* au bas de l'Arrêt ou Jugement dernier en ces termes.

Retentum.

A été arrêté que ledit B........ne sentira aucun coup vif, mais sera secretement étranglé.

Autre.

Arrêté qu'après que B............ aura senti trois coups vifs, il sera secretement étranglé.

Autre.

Arrêté qu'après que B...... aura senti tous les coups vifs, il sera secretement étranglé à l'entrée de la nuit. Il n'y a que les Cours, & Juges Souverains qui puissent donner de pareils *Retentum*.

Pendu, préalablement appliqué à la question ordinaire & extraordinaire.

Nous avons ledit B.... déclaré, & le déclarons dûement atteint & convaincu de...... pour réparation de quoi le condamnons à être pendu & étranglé jusqu'à ce que mort s'ensuive, à une potence, qui pour cet effet sera dressée en la Place de...... ledit B.... préalablement appliqué à la question ordinaire & extraordinaire ; déclarons tous & chacuns ses biens acquis & confisqués, &c. & le condamnons aux dépens du procès, s'il y a Partie civile ; car s'il n'y en a point, il ne peut pas y avoir de condamnation de dépens.

Amende honorable & pendu pour piéces falsifiées.

Nous avons ledit B...... déclaré suffisamment atteint & convaincu d'avoir faussement & malicieusement fabriqué l'acte du..... dont est question, lequel nous avons déclaré faux, pour réparation de quoi le condamnons à faire amende honorable, nud en chemise, la corde au col, tenant en ses mains une torche de cire ardente du poids de deux livres, au devant de la principale porte & entrée de l'Eglise de ...... où il sera mené par l'Exécuteur de la Haute-Justice, ayant écritaux devant & derriere avec ce mot (Faussaire) & là étant nue tête à genoux, déclarer que faussement & malicieusement il a fabriqué ladite piéce, dont il se répent, & demande pardon à Dieu, au Roi & à la Justice. Ordonnons que ladite piéce sera lacérée par ledit Exécuteur en présence de l'Accusé ; lequel nous condamnons en outre d'être pendu & étranglé jusqu'à ce que mort s'ensuive, à une potence qui pour cet effet sera dressée en la place de.... déclarons tous & chacuns ses biens situés en pays de confiscation, acquis & confisqués au Roi, ou à qui il appartiendra, sur iceux ou autres non sujets à confiscation, préalablement pris.... livres d'amende envers le Roi.... de réparation civile envers A.... & aux dépens.

Nota. Quand l'amende honorable est jointe à la peine de mort, elle doit être faite devant une Eglise.

Pendu pour fausse Monnoie.

Nous avons ledit B..... déclaré dûement atteint & convaincu d'avoir fait & fabriqué des especes de fausse monnoie, mentionnées au procès, pour réparation de quoi le condamnons d'être pendu, *&c.*

Contre les Adulteres.

Nous avons lesdits B.... & M.... déclarés dûement atteints & convaincus d'avoir commis entr'eux le crime d'adultere, pour réparation de quoi les condamnons; sçavoir ledit B.... à, *&c.* & à l'égard de ladite M.... d'être mise & recluse dans le Monastere des Filles Religieuses de.... pour y demeurer.... en habit séculier, pendant lesquelles A.... son mari la pourra voir, même la reprendre, si bon lui semble, & sinon ledit tems passé sera rasée & voilée, pour y demeurer le reste de ses jours, & y vivre en habit régulier comme les autres Religieuses, en payant par A.... auxdites Religieuses pour sadite femme.... livres de pension par chacun an, de quartier en quartier & par avance; laquelle pension sera prise sur les biens de A.... & dès-à-présent avons déclaré M.... déchue & privée de sa dot & conventions matrimoniales portées par son Contrat de mariage; ensemble de tous les avantages qui lui pourroient être faits à l'avenir, tant par succession, donation qu'autrement, lesquels demeureront aux enfans de A.... & d'elle; condamnons M.... solidairement avec B.... en la somme de.... de réparation civile, dépens, dommmages & intérêts envers A.... en.... d'amende envers le Roi, & aux dépens du procès.

Contre un cadavre, s'il est extant.

Nous avons ledit défunt B.... déclaré dûement atteint & convaincu de s'être défait & homicidé soi-même, s'étant donné un coup de pistolet dans la tête, dont il est mort; pour réparation de quoi, condamnons sa mémoire à perpétuité, & sera le cadavre dudit défunt, attaché par l'Exécuteur de la Haute-Justice au derriere d'une charrette, & traîné sur une claie la tête en bas, & la face contre terre par les rues de cette Ville jusqu'à la Place de.... où il sera pendu par les pieds à une potence, qui pour cet effet sera plantée audit lieu, & après qu'il y aura demeuré vingt-quatre heures, jetté à la voirie; déclarons tous & chacuns ses biens situés en pays de confiscation, acquis & confisqués, *&c.*

Contre la mémoire seulement, si le cadavre n'est pas extant.

Nous avons ledit B.... déclaré dûement atteint & convaincu de s'être défait & homicidé soi-même, s'étant pendu & étranglé, pour réparation de quoi condamnons sa mémoire à perpétuité, déclarons les biens dont il jouissoit au jour de sa mort, situés en pays de confiscation, acquis & confisqués, *&c.*

Si par l'information il y a preuve que le défunt n'ait pû se défaire soi-même, & qu'il soit innocent, la regle est de prononcer ainsi.

Décharge de la mémoire d'un défunt.

Nous..... attendu la preuve résultante des informations que défunt B.... n'a pû se défaire soi-même, & qu'il étoit innocent, avons déchargé sa mémoire de l'accusation, & en conséquence, ordonnons que le cadavre dudit défunt sera inhumé en la maniere accoutumée.

Si le défunt étoit en démence, la prononciation sera ainsi.

Jugement portant qu'il sera informé des vie & mœurs du défunt.

Nous, avant de faire droit, ordonnons qu'il sera informé des vie, mœurs & comportement dudit défunt, pardevant .... pour l'information faite, rapportée & communiquée au Procureur du Roi, être ordonné ce qu'il appartiendra.

S'il n'y a point de démence, & qu'il n'y ait point assez de preuves pour condamner l'Accusé, & qu'il y ait des preuves qui laissent les Juges en suspens, pour pouvoir absoudre ou condamner l'Accusé, la regle est de donner le Jugement qui suit.

Jugement portant qu'il sera plus amplement informé.

Nous, avant faire droit, ordonnons qu'il sera plus amplement informé des cas mentionnés au procès, dans .... mois, pour l'information faite, rapportée & communiquée au Procureur du Roi, être ordonné ce que de raison.

Et si la preuve de la démence vient, ou que par le plus amplement informé, il ne survienne point de nouvelles preuves, la regle est de décharger la mémoire.

Condamnation à avoir la tête tranchée.

Nous avons ledit B .... déclaré dûement atteint & convaincu du crime de rapt mentionné au procès; pour réparation de quoi, le condamnons d'avoir la tête tranchée sur un échafaud, qui pour cet effet sera dressé en la Place de .... déclarons tous & chacuns ses biens en pays de confiscation, acquis & confisqués, *&c.*

Condamnation aux Galeres à perpétuité.

Nous avons ledit B .... déclaré dûement atteint & convaincu de .... pour réparation de quoi, le condamnons à servir comme forçat dans les Galeres du Roi à perpétuité, en .... livres de réparation civile, dommages & intérêts envers ledit A .... & aux dépens du procès. Le surplus de ses biens situés en pays de confiscation, acquis & confisqués au Roi, ou à qui il appartiendra, *&c.* & sera ledit .... avant d'être conduit aux Galeres, flétri de trois lettres G A L.

Condamnation à faire amende honorable, avoir la langue percée, & aux Galeres.

Nous avons ledit B .... déclaré dûement atteint & convaincu d'avoir blasphêmé le saint nom de Dieu, pour réparation de quoi, le condamnons à faire amende honorable, nud en chemise, la corde au col, tenant en ses mains une torce de cire ardente du poids de deux livres, l'Audience tenante, & là étant nue tête & à genoux, dire & déclarer à haute & intelligible voix, que méchamment & comme mal-avisé, il a, ... dont il se répent, & en demande pardon à Dieu, au Roi & à la Justice; ce fait, aura la langue percée d'un fer chaud par l'Exécuteur de la Haute-Justice en la Place de .... & ensuite sera mené & conduit à la chaîne, pour y être attaché, & servir comme forçat dans les Galeres du Roi à perpétuité .... Et sera ledit .... avant d'être conduit aux Galeres, flétri de trois lettres G A L.

Bannissement à perpétuité.

Nous avons ledit B .... déclaré dûement atteint & convaincu des cas mentionnés au procès, pour réparation desquels l'avons banni à perpétuité de la Ville & Prévôté de .... à lui enjoint de garder son ban, sur les peines portées par l'Ordonnance, & par la Déclaration du Roi du 31 Mai 1682, dont lecture lui sera faite, *si c'est un homme; si c'est une femme, au lieu de la Déclaration du 31 Mai 1682, l'on met,* & par la Déclaration du Roi du 29 Avril 1687, le condamnons en .... livres de réparation civile, dommages & intérêts envers ledit A .... en livres d'amende envers le Roi, & aux dépens du procès, le bannissement à perpétuité hors du Royaume pour les hommes, & hors du reſſort de Paris pour les femmes, emporte mort civile, & par conſéquent confiſcation. On ne bannit point les femmes hors du Royaume.

Condamnation aux Galeres à tems.

Nous avons ledit B.... déclaré dûement atteint & convaincu d'avoir..... pour réparation de quoi, le condamnons à être mené & conduit aux Galeres du Roi, pour y ſervir comme forçat l'eſpace de.... ans, & ſera ledit.... avant d'être conduit aux Galeres, flétri de trois lettres G A L. le condamnons en outre.... livres de réparation civile, dommages & intérêts envers ledit A..... & aux dépens du procès.

Condamnation au fouet, flétri & banni.

Nous condamnons ledit B.... d'être battu & fuſtigé nud de verges, par l'Exécuteur de la Haute-Juſtice, dans les carrefours & lieux accoutumés de cette Ville de...., & à l'un d'iceux ſera flétri d'un fer chaud, marqué de.... ſur l'épaule dextre; ce fait, l'avons banni de la Ville & Prévôté de....

Condamnation au fouet.

Nous condamnons ledit B.... à être battu & fuſtigé nud de verges ſur les épaules, par l'Exécuteur de la Haute-Juſtice, aux carrefours & lieux accoutumés.... Ce fait, l'avons banni, &c.

Contre une Femme de mauvaiſe réputation, qui a été pluſieurs fois repriſe de Juſtice.

Nous avons ladite C.... déclarée dûement atteinte & convaincue de.... pour réparation de quoi, la condamnons d'être battue & fuſtigée nûe de verges, par l'Exécuteur de la Haute-Juſtice, ayant écriteau devant elle, où ſeront ces mots: *Maquerelle publique*, & un chapeau de paille ſur la tête, avec la corde au col, au devant de cet Auditoire, & par les carrefours accoutumés; & à l'un d'iceux ſera flétrie d'un fer chaux, marquée d'une fleur de lys ſur les deux épaules; ce fait l'avons bannie à perpétuité de la Ville de.... & ordonné qu'elle ſera miſe hors d'icelle, par l'Exécuteur de la Haute-Juſtice; enjoint à elle de garder ſon ban, ſur les peines portées par la Déclaration du Roi, & condamné en.... livres d'amende envers le Roi.

Condamnation à faire amende honorable.

Nous avons ledit B.... déclaré dûement atteint & convaincu de.... pour réparation de quoi, le condamnons à faire amende honorable, nud en chemiſe, la corde au col, tenant en ſes mains une torche de cire ardente du poids de deux livres l'Audience tenante, & là étant nue tête & à genoux, dire & déclarer à haute & intelligible voix; que méchamment & comme mal aviſé, il a.... dont il ſe repent, & en demande pardon à Dieu, au Roi & à la Juſtice; le condamnons en outre en.... livres de réparation civile, dommages & intérêts envers A..... en..... livres d'amende envers le Roi & aux dépens du procès.

Banniſſement à tems.

Nous avons ledit B.... déclaré dûement atteint & convaincu de.... pour réparation de quoi, l'avons banni pour ans.... de la Ville de.... à lui enjoint de garder ſon ban, ſur les peines portées par l'Ordonnance; le condamnons en.... livres de réparation civile, dommmages & intérêts envers A..... en.... liv. d'amende, & aux dépens du procès.

Condamnation au carcan.

Nous avons ledit B.... déclaré dûement atteint & convaincu de.... pour réparation de quoi, le condamnons à être appliqué au Carcan de la Place publique de cette Ville;

Ville, le jour de marché qui se tiendra en icelle, & y demeurer attaché par le col l'espace de.... heures; lui faisons défenses de récidiver, sur peine de punition corporelle : le condamnons en outre en..... livres d'amende envers le Roi, en.... livres de dommages & intérêts envers le Demandeur, & aux dépens du procès.

Réparation honorable.

Nous avons ledit B.... déclaré dûement atteint & convaincu des excès & voies de fait mentionnés au procès; pour réparation de quoi, sera mandé en la Chambre, le Conseil y étant; & là, nue tête & à genoux en présence dudit A.... & de dix personnes telles qu'il voudra choisir, ordonnons qu'il demandera pardon audit A.... des injures attroces qu'il a proférées contre sa réputation, le priera de les vouloir oublier, & le reconnoîtra pour homme d'honneur, & non entaché des injures contenues aux informations, & dont il lui donnera Acte au Greffe à ses dépens; lui faisons défenses de récidiver, ni d'user de pareilles voies, à peine de punition exemplaire; condamnons ledit B..... en..... livres de dommages & intérêts, & aux dépens du procès.

Condamnation à être blâmé.

Nous ordonnons que ledit B..... sera amandé en la Chambre, le Conseil y étant, pour être blâmé d'avoir commis les excès mentionnés au procès : lui faisons défenses de récidiver, sur telles peines que de raison; le condamnons en.... livres d'amende, en..... livres de réparation civile envers ledit A...., & aux dépens du procès.

Condamnation à être admonesté

Nous avons déclaré ledit B.... dûement atteint & convaincu des excès & voies de fait mentionnés au procès, pour réparation de quoi, sera amendé en la Chambre & admonesté; lui faisons défenses de récidiver, ni d'user de pareilles voies sur telles peines qu'il appartiendra : le condanons en.... livres de dommages & intérêts envers A.... & en.... livres d'aumône applicable aux pauvres de l'Hôpital de.... & aux dépens du procès.

Lorsqu'il y a aumône, on ne condamne pas en l'amende par le même Jugement.

Condamnation à donner Acte au Greffe.

Nous faisons défenses audit B.... de plus à l'avenir injurier, ni médire audit A.... à peine d'amende arbitraire, & de plus grande s'il y échoit; le condamnons à donner un Acte au Greffe à ses dépens audit A.... qu'il ne sçait que bien & honneur en personne, & qu'il n'est entaché des injures portées par les informations, & aux dépens.

Pour la célébration d'un Mariage.

Nous ordonnons que ledit B.... sera mené & conduit, sous bonne & sûre garde; en l'Eglise Paroissiale de S.... pour y être le mariage d'entre lui & ladite C.... célébré en la maniere accoutumée, sinon réintégré esdites prisons, pour lui être son procès fait & parfait selon la rigueur de l'Ordonnance.

Condamnation d'élever un enfant.

Nous condamnons ledit B.... de prendre l'enfant duquel ladite M.... est accouchée, & icelui faire nourrir, entretenir & élever en la Religion Catholique, Apostolique & Romaine, & en la crainte de Dieu, jusqu'à ce qu'il soit en âge de gagner sa vie & lui faire apprendre métier, dont il sera tenu rapporter Certificat au Procureur du Roi, de trois mois en trois mois; le condamnons aussi d'aumôner.... liv. au au pain des Prisonniers de la Conciergerie de ..... aux dommages & intérêts de ladite M.... & aux dépens du procès.

Lorsqu'il n'y a pas de preuve suffisante pour condamner un accusé, & que le crime n'est pas capital, on rend cette Sentence.

Sentence portant qu'il sera plus amplement informé, & cependant l'accusé relâché.

Nous ordonnons qu'il sera plus amplement informé des cas mentionnés au procès, contre B.... dans.... mois, & cependant qu'il sera relâché à sa caution juratoire, de se représenter à toutes assignations, quand il sera par Justice ordonné, à peine de conviction, élisant à cet effet domicile.

Si le crime est capital, la Sentence sera ainsi :

Nous ordonnons qu'il sera plus amplement informé des cas mentionnés au procès contre l'accusé, dans.... pendant lequel tems l'accusé tiendra prison.

Lorsque le chef d'accusation va à mort, le plus amplement informé doit être d'un an, pendant lequel tems l'accusé gardera prison.

Lorsque le chef d'accusation ne va pas à mort, mais mériteroit d'être puni d'une peine grave, telle que les Galeres à tems, le plus amplement informé doit être de six mois gardant prison, & pour les chefs d'accusation qui vont à moindre peines, le plus amplement informé ne se prononce que pour trois mois.

Il est rare que par une premiere Sentence qui prononce un premier plus amplement informé contre un accusé, on ordonne qu'il sera mis en liberté; il faut en ce cas qu'il n'y ait que des preuves bien légeres contre lui.

Renvoi de l'accusation.

Nous avons renvoyé ledit B..... absous de l'accusation à lui imposée; & en conséquence ordonnons qu'il sera relâché & mis hors des prisons, à ce faire le Géolier contraint par corps; ce faisant il en demeurera bien & valablement déchargé; sera l'écroue d'emprisonnement de la personne de B.... rayée & biffée, & mention faite de la présente sentence, en marge d'icelle, condamnons A..... aux dommages & intérêts dudit B.... & aux dépens du procès.

Toutes condamnations de dépens portées dans les modeles ci-dessus, n'ont lieu qu'en tant qu'il y a Partie civile; mais lorsqu'il n'y a d'autre Partie que la Partie publique, il ne peut y avoir de dépens envers elle, comme il ne peut y en avoir contre elle.

CHAPITRE XXV.

Des Appellations, avec le Stile du Testament de mort, & du procès-verbal d'exécutions.

L'Appel n'est pas moins une voie de droit en matiere criminelle qu'en matiere civile, soit de la part de la Partie civile, s'il y en a une, soit de la part des Procureurs du Roi ou Procureurs Fiscaux, ou de la part de Messieurs les Procureurs Généraux.

De l'appel à minimâ.

1. L'appel de la Partie publique, est un appel *à minimâ*, & c'est lorsqu'elle estime que l'accusé n'a pas été condamné par la Sentence à des peines proportionnées à son crime, & qu'il doit être puni plus rigoureusement & plus sévérement par l'Arrêt qui interviendra; cet appel n'est donc que par rapport à la vindicte publique, & à l'intérêt public; la Partie civile ne peut jamais interjetter appel *à minimâ*. Voyez l'art. 13 du tit. 26 de l'Ordonnance de 1670, *v. infr. n.* 23.

Quoiqu'un Procureur du Roi ou Procureur Fiscal ne puisse pas appeller *à minimâ* d'une sentence, lorsque les condamnations y portées sont conformes à ses conclusions, cependant Messieurs les Procureurs Généraux le peuvent faire.

2. Un accusé peut en outre interjetter appel comme d'abus dans certaines occur-

rences ; par exemple, un Ecclésiastique accusé peut interjetter appel comme d'abus, de la procédure ou Sentence d'un Official comme contraire à l'Ordonnance, aux Canons & aux Libertés de l'Eglise Gallicane, ou un Laïc accusé, de la publication d'un Monitoire.

C'est pourquoi si un Diocèse s'étend en divers Parlemens, les Evêques sont tenus d'établir des Officiaux particuliers dans les lieux hors de leur Ville Episcopale, afin d'éviter la confusion, que chaque sujet du Roi ne soit point distrait de son Parlement ; c'est la disposition de l'Ordonnance de Moulins, art 76 ; de celle de Blois, art. 61, & de l'art. 31 de l'Edit du mois d'Avril 1695. On appelle ces Officiaux *Forains* ou *Ruraux* ; leurs appellations vont à l'Evêque qui les a commis, & non au Métropolitain, à la différence des appellations simples interjettées des Sentences des autres Officiaux, qui vont au Métropolitain, & du Métropolitain au Primat, s'il y en a un, & enfin du Primat à Rome ; alors, & même dans de certains cas non provisoires, le Pape est tenu de nommer des Commissaires en France & François de nation, pour Juger la contestation ; car les Sujets du Roi ne plaident point hors du Royaume en France.

Des Officiaux Forains ou Ruraux.

Au reste il est à observer que dans une Officialité, il ne peut pas y avoir plusieurs Officiaux, par Arrêts des 4 Mars 1690 & 13 Août 1698, donnés en l'Audience de la Tournelle ; une procédure faite par plusieurs Officiaux dans l'Officialité de Bourges, où il y en avoit trois dénommés pour instruire chacun alternativement, a été déclaré nulle & abusive.

3. Un condamné par Sentence, soit interlocutoire, soit définitive, peut en appeller ; il y a cette différence entre l'appel en matiere criminelle, & l'appel en matiere civile, que celui-ci ne fait tout au plus que suspendre l'exécution provisoire de la Sentence, au lieu que celui-là, non-seulement suspend, mais encore *extinguit judicatum*, comme nous avons dit ailleurs ; de sorte qu'un accusé, *pendente appellatione*, peut valablement faire Testament, & s'il mouroit *pendente appellatione*, son crime seroit éteint, & son Testament seroit valable. Cependant le Testament d'un homme tué en duel, quoique fait trois ans auparavant, ne vaut rien, il est nul ; Bardet en rapporte un Arrêt du Parlement de paris, du dernier Mars 1635, rendu sur les conclusions de M. Bignon, Avocat Général ; il s'agissoit du Testament du Marquis de Pierre Bussiere, qui avoit été tué en duel, & après la mort duquel on trouva un Testament fait trois avant s'être battu ; mais c'est ici une exception à la maxime générale.

Différence entre l'appel en matiere criminelle & l'appel en matierre civille.

4. Un condamné à mort, ou aux Galeres à perpétuité, ou à un bannissement perpétuel par Sentence, & renvoyé absous par Arrêt, est capable de profiter d'un legs à lui faits par testament, quoique le Testateur fût décédé dans le tems que le Légataire étoit condamné par Sentence ; il est même capable de recueillir une succession à lui échue pendant ce tems-là, *quasi jure postlimini* ; M. Catellan en ses Arrêts, *tome* 1, *liv.* 1, *chap.* 68, en rapporte un Arrêt du Parlement de Toulouse, du 14 Février 1681 ; mais il en est autrement de la prescription du crime par vingt ans, si le coupable n'avoit poit été decreté, ou que le Jugement de contumace n'eût point été exécuté par effigie ou tacleau ; & par trente ans si le criminel avoit été décrété, ou que son Jugement de condamnation par contumace eût été exécuté par effigie ou tableau, la prescription n'auroit pas le même effet, par la raison que la prescription ne justifie point l'innocence du coupable, au contraire elle semble n'être que l'abolition de la peine ; c'est une judicieuse remarque de M. Catellan au même endroit.

Effet de l'appel en matiere criminelle.

5. Par Arrêt du Parlement de Paris en la Grand'Chambre, sur les conclusions de M. Bignon, Avocat Général, du 10 Janvier 1630, il a été jugé qu'un condamné à mort par Sentence, depuis confirmée par Arrêt étoit incapable d'avoir pû recueillir une succession à lui échue pendant l'appel de la Sentence de mort ; cet Arrêt est dans le *Journal des Audiences*.

6. Si celui qui à l'occasion de deux informations faites de part & d'autre, a été déclaré accusé, & l'autre plaignant, accusateur & Partie civile, appelle de la Sentence qui a jugé de la sorte, cet appel suspend totalement l'exécution de cette Sentence, & le Juge ne doit faire aucune instruction jusques à ce que l'appel ait été jugé ; sa procédure, au préjudice d'un appel dans telle circonstance, seroit nulle.

De l'appel de la Sentence rendue sur une récrimination.

7. Un Juge ne peut pareillement passer à l'instruction d'un procès criminel lorsqu'il y a appel de la Sentence par laquelle un accusé a été reçu en ses faits justifi-

catifs, ou quand les Parties ont été renvoyées à fin civile & en procès ordinaires ; parce qu'une Sentence de cette qualité, détruisant pour ainsi dire toutes les preuves d'un procès, ou en changeant l'état & la nature du procès, cet appel est entierement suspensif ; sans quoi on feroit un grief irréparable à l'Appellant.

Appellant comme d'abus ne peut être mis hors des prisons que sur le vû des charges & informations.

8. Un appellant comme d'abus d'une Sentence en matiere criminelle, ne peut être élargi & mis hors des prisons à la faveur de cet appel que sur le vû des charges & informations, s'il y en a, sinon sur le vû des autres pieces de l'accusation, art. 60. de l'Ordonnance de Blois ; à quoi l'art. 40 de l'Edit de 1695, sur la Jurisdiction Ecclésiastique est conforme.

S'il faut un relief d'appel en matiere criminelle.

9. Les appellations de Sentences au grand criminel ne se relevent point aux Parlemens & autres Cours par des Lettres de relief d'appel, on fait seulement conduire & transférer le prisonnier condamné par la Sentence, dans les prisons du Parlement ou autre Cour avec son procès, quand même le condamné ne déclareroit point qu'il seroit appellant de la Sentence, art. 6 *ibidem* ; & même si de plusieurs accusés il n'y en avoit qu'un qui fut jugé, tous les autres coaccusés seront envoyés aux Cours avec l'accusé jugé ; art. 7. *ibidem*.

Mais il en est autrement des appellations de Sentence au petit criminel, elles se relevent par Lettres de relief, obtenues en Chancellerie, comme les appellations en matiere civile, ou par un Arrêt de défense : or on appelle *Sentence au petit Criminel*, toute Sentence qui ne prononce point de peine afflictive, ou infamantes, & les appellations de ces sortes de Sentences s'instruisent & se jugent commes les appellations en matiere civile.

10. Dans le cas où l'appel d'une Sentence seroit suspensif, le Juge qui l'a rendue ne peut rien faire au préjudice de l'appel ; ce qu'il feroit seroit nul, comme fait par attentat à l'autorité du Juge d'appel ; il s'exposeroit même à une prise à partie.

11. En matiere criminelle toutes les appellations, comme de Juge incompétent, de déni de renvoi, de déni de Justice, même les folles intimations, ne peuvent être jugées que sur les conclusions de Messieurs les Avocats Généraux, parce que M. le Procureur Général est toujours censé la Partie principale & nécessaire dans les affaires criminelles.

Des différentes appellations, & où doivent être portées.

12. En cette matiere toutes les appellations des Sentences rendues par les premiers Juges, soit Royaux ou Subalternes, Sentences interlocutoires ou définitives, de quelque qualité qu'elles soient, doivent être directement portées aux Parlemens ou autres Cours Supérieures, chacune à son égard, dans les accusations pour crimes qui méritent peines afflictives ; & pour les autres crimes ou délits, les appellations des Sentences interlocutoires ou définitives, sont portées aux Parlemens & autres Cours, ou devant les Baillifs & Sénéchaux, au choix & option des accusés : article 1 du titre 26 de l'Ordonnance de 1670.

Quelles sont les peines afflictives.

13. Les peines corporelles ou afflictives sont ordinairement la peine du dernier supplice, question, amende honorable, Galeres, bannissement, fouet, même sous la custode, à être pendu sous les bras, pilori, carcan, langue coupée ou fendue, blâme & autres peines qui seroient afflictives ou infamantes. La condamnation à l'admonesté n'est point mise au nombre des peines afflictives & infamantes. L'aumône en matiere criminelle, n'est point infamantes. *Secùs* en matiere civile : & en matiere criminelle, l'amende par forme de réparation, emporte note d'infamie ; *Secùs* en matiere civile.

Des appellations *en petit Criminel*.

14. Quoique les accusés en petit criminel, c'est-à-dire dans les affaires criminelles où il n'échoit point peine afflictive ni infamante, ayent le choix & option de porter leurs appellations de Sentences du premier Juge, ou aux Parlemens & autres Cours, ou aux Baillifs & Sénéchaux Juges supérieurs immédiats, néanmoins il vaut mieux pour éviter un dégré de Jurisdiction & les fraix, passer par-dessus les Baillifs & Sénéchaux, & porter & relever l'appel *rectà*, & immédiatement aux Parlemens & autres Cours supérieures.

Les appellations verbales de ces sortes de Sentences se portent à l'Audience, & si les Sentences ont été rendues sur instance appointée & sur épices, l'appel en sera porté aux Enquêtes du Parlement, & les parties concluront sur l'appel comme en procès par écrit, pour le procès être instruit & jugé comme un procès civil.

Des appellations des décrets, &c.

15. Pour ce qui est des appellations de permission d'informer, informations & décrets quels qu'ils soient, assigné pour être oui, decret d'ajournement personnel ou de-

cret de prise de corps, & de toutes instructions en matiere criminelle, suivant l'article 2 du titre 26 de l'Ordonnance de 1670, elles doivent être portées & jugées à l'Audience, soit des Parlemens & autres Cours supérieures, soit des Baillifs & Sénéchaux, sans que par conséquent ces sortes d'appellations puissent être appointées. Et suivant l'article 5, les Parlemens ou autres Cours supérieures peuvent à l'occasion de l'appel de ces sortes d'Ordonnances ou Sentences, évoquer le principal, si par le vû des charges & informations ils connoissent que la matiere est légere & ne mériter plus ample instruction, pourvû néanmoins, & non autrement, qu'ils jugent le tout à l'Audience par un simple & même Arrêt, en faisant mention par ledit Arrêt des charges & informations ; le tout à peine de nullité.

Mais par la Déclaration du Roi, du 15 Mars 1673, registré au Parlement de Paris, le 24 du même mois, concernant les appointemens des appellations, tant en matiere civile que criminelle, il est dit qu'il sera pareillement fait des rôles pour la Tournelle criminelle, suivant l'usage ordinaire & accoutumé, dans lesquels seront mises toutes sortes de causes, & qu'après les rôles finis; elles demeureront appointées par un réglement général, à l'exception des appellations comme d'abus & Requêtes civiles, qui seront mises dans les rôles suivans.

La même Déclaration porte, que dans les appellations de decrets & de procédures ainsi appointées, *lorsque les affaires seront légeres & ne mériteront pas d'être instruites*, le principal pourra être évoqué en jugeant, pour y faire droit définitivement comme à l'Audience, après que les informations auront été communiquées à Messieurs les Procureurs Généraux, & l'instruction faite suivant l'Ordonnance de 1670 ; mais il n'y a que les Parlemens & autres Cours supérieures qui ayent le pouvoir d'user d'évocation en matiere criminelle sur les appellations de decrets & de procédures appointés, & non les Baillifs & Sénéchaux ; mais ils pourront les évoquer pour juger sur le champ à l'Audience, quoique l'article 5 du titre 26 de l'Ordonnance ne parle que des Cours, parce que l'évocation doit être d'autant plus permise en ce cas, que c'est le bien des Parties.

Au reste, il est important d'observer que ces termes de la Déclaration du 15 Mars 1673, qui porte que les appellations de decrets & de procédures appointées, pourront être évoquées en jugeant, pour y faire droit définitivement, *lorsque les affaires seront légeres & ne mériteront pas d'être instruites*, peuvent être prises conjointement & séparément, c'est-à-dire, que lorsque le titre d'accusation sera léger, & que par conséquent l'affaire ne méritera pas d'être instruite, elle pourra être évoquée : que pareillement elle pourra être évoquée, quoique le titre d'accusation soit grave, s'il n'y a point de charges contre l'Accusé, ou si y en ayant, les faits contenus dans les dépositions des témoins se trouvent faux & supposés, & sont prouvés tels par des preuves actuelles & littérales ; parce qu'alors il n'y a point lieu de régler à l'extraordinaire, ni de faire une instruction par recollement & confrontation, & que ce sont non pas de simples faits justificatifs, mais des exceptions péremptoires.

16. Par Arrêt de Réglement du 18 Février 1699, rapporté au *Journal des Audiences*, il est fait défenses aux Procureurs de former incidemment aux appellations des procédures extraordinaires aucunes demandes, ni souffrir qu'il en soit formé aucunes, pour voir déclarer les Arrêts communs contre des Accusés qui ne sont point appellans, quoique compris dans les mêmes procédures faites devant les premiers Juges, desquelles d'autres Accusés auront interjetté appel, à peine de nullité des procédures faite de part & d'autre sur lesdites demandes, & des dommages & intérêts des Parties.

Procureurs ne peuvent point demander que des Arrêts soient déclarés communs contre des Accusés qui ne sont point appellans.

17. Le simple appel d'Ordonnance de permission d'informer, information, decret, instruction & Sentences d'instruction, ne peut en arrêter l'exécution : il faut un Arrêt de défenses ; & encore en matiere de decret de prise de corps, les Parlemens & autres Cours supérieures ne peuvent donner ni accorder des défenses que sur le vû des charges & informations, s'il y en a, sinon sur le vû des autres pieces qui composent l'accusation, art. 3 & 4 *ibidem* ; mais quant aux assignés pour être ouis, & aux ajournemens personnels, on peut donner des défenses de les mettre à exécution sans voir les charges & informations, supposé qu'il y en eût ; ces défenses se donnent & s'accordent sur la requête à laquelle le decret est attaché & sur les conclusions du Procureur Général du Roi, à moins qu'il ne s'agit de crime de faux, ou d'une accusation de Juges pour le fait & les fonctions de leurs Charges, ou lorsque ces decrets auront été décernés

Appel d'un decret n'en arrête point l'exécution.

par les Juges d'Eglise, ou lorsqu'il y a d'autres Accusés contre lesquels il a été décreté de prise de corps par la même Sentence de decret; Déclaration du Roi, du mois de Décembre 1680.

Où doit être porté l'appel d'une Sentence rendue par un Juge purement civil, sur une plainte à lui rendue.

18. Un appel d'une Sentence ou Ordonnance rendue par un Juge purement Civil par sa charge, portant permission d'informer sur une plainte à lui rendue, ou de Sentence qui auroit, par exemple, converti une information en enquête, comme en recelés ou divertissemens, ou pour fait de banqueroute ou faillite, ou sur un faux incident, doit être porté en la Chambre Criminelle du Parlement du ressort, & non au Civil, soit en la Grand'Chambre, soit aux Enquêtes; bien entendu si l'appel est interjetté en ce que ce Juge a reçu la plainte, & permis d'informer, ou a reçu l'instruction, ou converti l'information en enquête, & renvoyé les Parties à procéder à fin civile, ou reçu la plainte, & permis d'informer en fait de banqueroute, ou reçu l'inscription de faux & instruit le faux; parce qu'en ce cas c'est la matiere, & non la qualité de Juge, qui détermine le Tribunal où doit être porté l'appel.

Lorsque de deux condamnés il y en a un d'absent.

19. Si de deux condamnés par une seule & même Sentence, il y en a un qui soit absent ou jugé par contumace, en transférant le Prisonnier dans les Prisons du Parlement ou autre Cour, sur son appel ou autrement, le procès du condamné par contumace sera en même tems porté avec l'autre au Greffe Criminel de la Cour, pour y être fait droit conjointement par un seul & même Arrêt; article 8 *ibidem*.

Du condamné transferé sur l'appel dans les prisons du Parlement.

20. Dès qu'un Prisonnier condamné par Sentence est arrivé dans les Prisons du Parlement ou autre Cour, avec son procès, le Greffier de la Prison, ou le Géolier, remettra le procès au Greffe Criminel, & le Greffier en avertira le Président de la Chambre, pour le distribuer à un des Conseillers, afin d'en faire son rapport, article 9 *ibidem*; le Rapporteur est obligé de rapporter le procès le plûtôt qu'il sera possible, même les affaires civiles dont il est chargé, cessantes; car le Jugement des affaires criminelles est préférable au Jugement des affaires civiles.

Des affaires sujettes aux conclusions de la Partie publique.

21. Lorsqu'il faut avoir des conclusions de Messieurs les Procureurs Généraux en matiere criminelle, & dans les cas où leurs conclusions sont absolument nécessaires, il faut distinguer: ou l'affaire doit être portée à l'Audience pour y être fait droit & jugée, ou elle ne sera point jugée à l'Audience; au premier cas, les charges & informations seront mise ès mains de l'un de Messieurs les Avocats Généraux, pour en faire le récit & la lecture lors de la Plaidorie de la Cause, & ce sera son Secrétaire qui s'en chargera au Greffe; mais dans le second cas, les informations, procédures & procès seront distribués par M. le Procureur Général à l'un de ses Substituts, qui lui en fera ensuite son rapport, pour y donner ses conclusions; sans cette distribution les Substituts ne peuvent rien faire à cet égard, ils ne peuvent pas même prendre aucunes information ni aucun procès criminel au Greffe, ils ne le peuvent faire que par la voie de la distribution de M. le Procureur Général; article 10 *ibidem*. En matiere civile ce sont Messieurs les Conseillers-Rapporteurs qui mettent les procès ès mains des Substituts, pour sur leur rapport avoir des conclusions de M. le Procureur Général.

De l'appel des Sentences qui ne portent point de condamnation à peines afflictives.

22. Dans le cas des appellations de Sentences qui ne portent point de condamnation à peines afflictives, rendues sur des charges, informations, & autres piéces secrettes, le procès sera renvoyé par le Greffier au Greffe des Cours dans les délais de l'Ordonnance, article 11 *ibidem*, sans pouvoir le confier à la Partie civile; & si les procès de cette qualité sont introduits en premiere instance au Parlement ou autre Cour supérieure, ils y seront distribués ainsi que les procès civils s'y distribuent; article 12 *ibidem*.

De l'appel à minimâ, de la Partie publique.

23. Il est permis aux Procureurs du Roi ou Procureurs Fiscaux d'interjetter appel *à minimâ* des Sentences dont ils estimeroient les condamnations n'être pas proportionnées à la qualité & gravité du crime, ni n'être pas en cela conformes à leurs conclusions; en ce cas les Prisonniers ne pourront être élargis & mis hors des Prisons, nonobstant cet appel, quand même la Sentence renvoyeroit l'Accusé absous de l'accusation, ou ne prononceroit que des condamnations pécuniaires, & le Prisonnier sera transféré dans les Prisons du Parlement ou autre Cour, avec son procès qui sera incontinent porté au Greffe Criminel; & si l'appel *à minimâ* n'avoit été interjetté qu'après que le Prisonnier auroit été élargi & mis hors des Prisons à l'instant de la prononciation de la Sentence, le Prisonnier seroit tenu de se rendre en état & se mettre Prisonnier lors du Jugement du procès, dans un délai compétent; article 13 *ibidem*.

L'appel *à minimâ* doit être mis par la Partie publique au bas de la Sence, & nedoit être fait par un Acte séparé ; Arrêt du 30 Décembre 1677. Loix Criminelles, tome 1, page 314.

24. Messieurs les Procureurs Généraux pourroient de leur chef interjetter appel *à minimâ* au défaut de leurs Substituts, & en ce cas ils pourroient même faire informer par addition & autre instruction ; il y a plus, c'est qu'il est d'usage dans les Chambres de la Tournelle, que Messieurs en procédant au Jugement du procès criminel, reconnoissant que l'Accusé n'auroit pas été condamné à des peines proportionnées à son crime, quoiqu'il n'y ait point d'appel *à minimâ* de la Sentence de condamnation, celui des Conseillers qui opine le premier à peine plus grave, est censé interjetter appel *à minimâ* pour le Procureur Général, & sur cet appel on juge le procès sans le renvoyer au Parquet de M. le Procureur Général, & cela pour abréger matiere, & juger le procès sur le champ.

De l'appel *à minimâ* interjetté par un des Conseillers.

25. C'est la Partie civile, s'il y en a une, qui doit les frais de la translation & conduite des Prisonniers & du port de leur procès, & s'il n'y a point de Partie civile, ou qu'y en ayant elle soit hors d'état de fournir aux frais, ces frais tombent sur les Receveurs du Domaine du Roi, engagé ou non engagé, ou sur le Domaine des Seigneurs Hauts-Justiciers.

Des frais de la translation du Prisonnier.

Or il y a dans cette occasion deux exécutoires, l'un pour la conduite & translation du Prisonnier, l'autre pour le port du procès, l'un & l'autre payable au Messager ou autre qui aura fait la conduite du Prisonnier & apporté le procès, article 14 *ibidem* ; jamais ces frais ne tombent sur l'Accusé ; & à l'égard des frais pour le port des procès jugés sur informations, mais dont les Sentences ne contiendront point de peines afflictives, ils seront payés par la Partie civile au Messager ou autre qui aura apporté le procès au Greffe de la Cour qui jugera l'appel.

¶ Il faut observer à ce sujet, que suivant le Reglement du 10 Juillet 1665, art. 42, que les Greffiers qui envoyent aux Greffes de la Cour les grosses des procès criminels, ne peuvent grossoyer autres pieces que les secrettes ; sçavoir la plainte, les informations, interrogatoires, recollemens, confrontations & conclusions du Procureur Général & rapports en Chirurgie, de la grosse desquelles pieces seulement il peut être délivré exécutoire, sans pouvoir grossoyer les Requêtes, Ordonnances, & autres pieces servant seulement à l'instruction.

L'exécution de ce Reglement a été ordonné par Arrêt du 13 Mai 1709, qui a enjoint à Jean Neveu, Greffier de la Justice du Duché de Roannes, de s'y conformer ; & a ordonné qu'il seroit tenu de rendre les sommes par lui touchées pour les piéces grossoyées en contravention de ce Reglement.

26. Outre l'appel d'un Accusé, ou l'appel *à minimâ* par la Partie publique, la Partie civile peut de son côté appeller de la même Sentence, en ce qu'il ne lui a pas été adjugé assez de réparation civile, intérêts civils, ou dommages & intérêts ; cet appel n'a rien de commun ni rien de contraire à l'appel de l'Accusé ou à celui de la Partie publique : celui de l'Accusé tend à son absolution : celui de la Partie publique à la punition du coupable & à la vindicte publique, & l'objet de l'appel de la Partie civile est d'obtenir des condamnations pécuniaires, si on ne lui en a pas accordé, ou plus fortes & plus considérables que celles qui lui ont été accordées par la Sentence dont elle se plaint.

De l'appel interjetté par la Partie civile.

27. On prononce une condamnation d'amende contre un Appellant de la Sentence portant condamnation à peine corporelle ou afflictive, ou infamante, quand son appel ne réussit point, & que la Sentence est confirmée tout comme à l'égard des Appellans d'autres Sentences en matiere civile : l'ancien usage étoit contraire ; aujourd'hui la Cour par son Arrêt met ces termes : *mal & sans grief appellé, & l'Appellant amendera*, ou bien *l'appellation au néant avec amende* ; ce qui est conforme à la Déclaration du Roi du 21 Mars 1671.

De l'amende prononcée contre l'appellant qui succombe en matiere criminelle.

28. Si les Gentilshommes & les Prêtres & autres Ecclésiastiques *in Sacris*, sont appellans de quelque Sentence au grand Criminel ou en premiere instance, ils peuvent demander d'être jugés les Chambres assemblées, c'est-à-dire, la Grand'Chambre & la Chambre de la Tournelle ; voyez *Supr.* part. 2, chap. 2, n. 20. Mais il faut qu'ils le demandent, sans quoi ils seroient jugés à l'ordinaire ; & ils peuvent faire cette demande, quand même on auroit commencé la visitation du procès, ou que l'Accusé seroit à son dernier interrogatoire sur la sellette, derriere le Barreau, suivant la qualité des

Du privilége des Gentilshommes, & des Ecclésiastiques d'être jugés la Grand'Chambre assemblée.

conclusions du Procureur du Roi, ou de M. le Procureur Général ; car ce sont le conclusions de la Partie publique qui déterminent la maniere en laquelle le dernier interrogatoire de l'Accusé doit être subi par l'Accusé, ou sur la sellette, ou derriere le Barreau, ou la qualité des condamnations portées par la Sentence dont il s'agit de juger l'appel, suivant l'article 21 du titre 14. *des Interrogatoires des Accusés.* Voyez *Supr.* part. 3, chap. 11, n. 8.

De l'interrogatoire sur la sellette.

29. L'interrogatoire sur la sellette doit précéder le Jugement définitif, & doit être fait après l'examen du procès; cet état est des plus mortifians & des plus honteux pour un Accusé : Papon, *livre* 4, *titre* 10, en rapporte un Arrêt du Parlement de Paris, du 2 Septembre 1566, en la Chambre de la Tournelle, par lequel un Gentilhomme n'ayant point voulu s'asseoir sur la sellette, après avoir été sommé de le faire, fut condamné à l'instant à être battu de verges par la main du Bourreau dans la Conciergerie du Palais; cette désobéissance à Justice étoit bien rigoureuse, on ne pense pas que le Parlement ou autre Cour en vînt aujourd'hui à cette extrêmité, d'autant plus qu'on tient à présent qu'une personne noble ne peut & ne doit être condamnée à la peine du fouet; il y en a un exemple à l'égard d'une Demoiselle, & reconnue noble, qui ayant été condamnée au fouet au Châtelet, par Arrêt la Sentence fut infirmée, & l'Accusée condamnée seulement au bannissement à tems; elle avoit cependant fait des bassesses, elle voloit des pieces d'étoffes de soie, sous prétexte d'en acheter chez les Marchands.

Arrêts en matiere criminelle ne font point de préjugés.

30. C'est un principe certain qu'en matiere criminelle les Arrêts ne font point de préjugé, principalement sur les peines; ce sont les faits particuliers qui déterminent sur le genre de la peine qui doit être portée sur un coupable.

De la confirmation pure & simple de la sentence dont est appel.

31. Il faut observer en dernier lieu que si la Sentence de condamnation à des peines afflictives, est confirmée purement & simplement par l'Arrêt intervenu & rendu sur l'appel, le condamné sera renvoyé sur les lieux sous bonne & sûre garde & aux frais de qui il appartiendra, pour y être exécuté dans le genre de peine portée par la Sentence; cependant cette regle n'est pas toujours suivie à la lettre : il est permis aux Cours Supérieures de faire faire l'exécution dans la Ville où est le Siége de cette Cour, pour des considérations particulieres, article 16 *ibidem*, comme si on appréhende que le condamné ne soit recouru & enlevé par force & violence dans les chemins en le ramenant sur les lieux, ou autres raisons & motifs que les Cours pourroient avoir; mais il faut que ces raisons & motifs soient considérables, parce que pour l'exemple il faut que le criminel expie sa peine dans le lieu où il a commis le crime, afin de détourner les autres d'en faire autant.

Testament de mort.

L'an .... Nous ..... étant en la place .... pour faire exécuter .... portant condamnation à mort, contre .... l'Exécuteur de la Haute-Justice nous a fait avertir que ledit .... souhaitoit de nous faire quelque déclaration pour la décharge de sa conscience, & nous requéroit de le recevoir, suivant lequel avis, nous avons ordonné de faire descendre ledit .... de l'échelle *ou* de l'échafaud où il étoit monté, & de le faire conduire en .... *ou* étant descendu de l'échelle, *ou* nous étant approché de l'échafaud avec notre Greffier, après serment fait par ledit .... de dire vérité, il nous a déclaré ..... lecture à lui faite du présent procès-verbal, a dit que sa déclaration contient vérité, y a persisté, & a signé, *ou* déclaré ne sçavoir écrire ni signer, de ce enquis, *ou* a fait refus de signer; de ce interpellé, & a été ledit .... remis ès mains de l'Exécuteur de la Haute-Justice. Fait les jour & an que dessus.

Procès-verbal de l'exécution d'un Jugement portant condamnation à mort.

L'an .... le Jugement *ou* l'Arrêt ci-dessus a été prononcé par moi Greffier ..... soussigné en la Chambre de .... à .... où il a été amené. Et après que le Sacrement de Confession a été administré audit .... par .... Prêtre, icelui .... a été mis entre les mains d .... Exécuteur de la Haute-Justice, qui l'a conduit le même jour .... heures de relevée, en la Place de .... & a exécuté ledit Jugement, selon sa forme & teneur. Fait les jour & an que dessus.

CHAPITRE

CHAPITRE XXVI.

Des Procédures à l'effet de purger la mémoire d'un défunt.

PAr le titre de ce Chapitre, il faut entendre la forme particuliere qu'il faut observer pour purger la mémoire d'un défunt injustement condamné par contumace, à l'effet de la rendre bonne, innocente & sans tâche; se sont ordinairement des enfans, parens & héritiers ou non héritiers, ou une veuve du défunt, qui entreprennent cette poursuite.

Or les formalités pour purger la mémoire d'un défunt, qui avoit été condamné par Sentence ou par Arrêt par contumace à des peines afflictives ou infamantes, sont différentes; ou ce condamné seroit mort dans les cinq ans de la contumace, & avant l'expiration des cinq ans, à compter du jour que la Sentence ou Arrêt a été exécuté par effigie ou autrement, ou il est décédé après les cinq ans depuis son Jugement de contumace, à compter aussi du jour de l'exécution d'icelui par effigie ou autrement; car dans l'un & second cas le délai court de ce jour-là, & non pas du jour & date de la Sentence, Arrêt ou Jugement, comme on l'a ci-devant observé. Formalités pour purger la mémoire d'un défunt sont différentes.

Dans le premier cas, il faudra interjetter appel de la Sentence de condamnation & de tout ce qui s'en est ensuivi; & si la condamnation de contumace a été par Arrêt ou Jugement en dernier ressort, il faudra se pourvoir pardevant les mêmes Juges qui l'auront rendu, article 1 du titre 27 de l'Ordonnance de 1670. Du cas où le condamné par contumace est mort dans les cinq ans.

Mais dans le second cas, c'est-à-dire, si le défunt condamné par contumace est mort après les cinq années de la contumace expirées, voici ce qu'il faudra faire en vertu & en conséquence des Lettres, à l'effet de purger la mémoire du défunt, sans lesquelles on n'y seroit pas recevable. Du cas où il est mort après les cinq ans.

1°. Il faudra assigner le Procureur du Roi *ou* M. le Procureur Général, selon les différens cas, & la Partie civile, s'il y en a une, en vertu des Lettres, pour procéder avec eux pour parvenir à purger la mémoire, & faire rendre le Jugement qui purgera la mémoire du défunt.

2°. Il faudra donner copie des Lettres par l'assignation.

3°. On observera les délais sur l'assignation, tels que ceux qui sont prescrits par l'Ordonnance dans les affaires civiles.

4°. La Partie qui fera cette poursuite sera tenue de rembourser préalablement, & avant de faire aucune procédure, les frais de Justice à la Partie civile, s'il y en a une, & consigner l'amende adjugée par la Sentence, Arrêt ou Jugement; art. 3 & 4 *ibidem*.

Les Lettres pour purger la mémoire s'obtiennent un grand Sceau; elles ne sont nécessaires que dans le cas que le condamné soit mort après les cinq ans, & non si le condamné est mort dans les cinq ans; ces Lettres sont, à proprement parler, des Lettres de relevement de laps de temps. En quel cas il faut obtenir des Lettres pour purger la mémoire d'un défunt.

Le Jugement sur l'instance à l'effet de juger la mémoire d'un défunt, soit qu'il soit décédé dans les cinq ans, soit qu'il soit mort après les cinq ans, sera rendu sur le vû & le mérite des charges & informations, procédure & piéces sur lesquelles la condamnation par contumace étoit intervenue, sans préjudice aux Parties de pouvoir produire respectivement & de nouveau telles piéces que bon leur semblera, auxquelles on pourra répondre de part & d'autre, par simple requête qui sera signifiée avec baillé copie; art. 6 & 7 *ibidem*. Sur quelles pieces doit être rendu le Jugement.

Il n'est pas nécessaire d'être héritier pour pouvoir être reçu à purger la mémoire d'un défunt, il suffira d'être son parent, la veuve même le pourroit, mais non un étranger de la famille. Si un étranger pourroit demander à purger la mémoire d'un défunt.

Quoique l'Ordonnance dans l'article premier du titre 27 semble fixer la voie de droit pour purger la mémoire d'un défunt, dans le cas qu'il eût été condamné par contumace, il seroit juste d'étendre sa disposition à un condamné en état, Prisonnier, & exécuté; mais il faudroit pour cela obtenir des Lettres à l'effet de purger la mémoire d'un Si l'on peut aussi purger la mémoire d'un homme qui a été exécuté.

tel mort : il y en des Arrêts dans Papon en son Recueil d'Arrêts, livre 22, titre 3; & la Rocheflavin est de ce sentiment : il rapporte dans le titre 2 des exemples dans notre Histoire, & ent'autres sous le regne de Charles VI. & Henri II.

A présent lorsque le condamné est mort dans les cinq ans du jour de l'exécution du Jugement de condamnation, ses enfans, ses parens ou sa Veuve, seroient recevables à purger la mémoire dans trente ans du jours de l'exécution du Jugement de condamnation, sans avoir besoin de Lettres à l'effet de purger sa mémoire; mais s'il étoit mort après les cinq ans, on seroit à la vérité recevable à purger sa mémoire dans les trente ans du jour du Jugement de condamnation, mais il faudroit en ce cas obtenir du Roi des Lettres au grand Sceau à l'effet de purger la mémoire de ce mort.

Lorsqu'il n'y a eu que la Partie publique dans la condamnation, il n'y a point de frais à rembourser; ce remboursement se fait seulement à la Partie civile, qui a pour suivi le procès, & par conséquent s'il n'y a point eu de Partie civile, il n'y a point de remboursement à faire des frais du procès; mais il est toujours vrai qu'avant qu'on puisse forcer à faire ce remboursement, il faut que les frais soient taxés, & que pendant la taxe on ne laissera pas d'instruire l'instance.

De la demande à consigner.

Quant à l'amende adjugée par le Jugement de condamnation, il faut absolument & préalablement à toute chose la consigner, sans quoi toute audience sera déniée, parce que la somme est certaine, & même il faudra attacher à la Requête introductive de l'instance la quittance ou le recepissé du dépositaire de l'amende.

A quel Fermier doit appartenir cette amende.

L'on peut faire ici une question, de sçavoir à qui appartiendroit cette amende au cas qu'on ne réussit pas dans l'instance à l'effet de purger la mémoire du défunt; seroit-ce au Fermier des amendes au tems de la condamnation par contumace, ou au Fermier au tems du Jugement qui auroit débouté de la Requête à fin de purger la mémoire du défunt ?

Il n'est pas douteux que cette amende appartiendroit au Fermier des amendes au jour du Jugement de condamnation du défunt, & non à celui qui est Receveur des amendes au jour du Jugement qui a débouté de la Requête à fin de purger la mémoire; cela est si vrai, que cette amende n'est aux termes de l'Ordonnance que consignée, à l'effet de la payer à celui à qui elle étoit acquise au jour du Jugement de condamnation, au cas que le Demandeur à purger la mémoire de son pere, ou parent, ou veuve, soit débouté de sa demande par le Jugement définitif.

A quel Fermier appartient l'amende en matiere criminelle.

Cette question nous peut conduire à une autre; on a demandé auquel des Fermiers appartient l'amende en matiere criminelle, si c'est à celui qui étoit Fermier au tems du crime commis, ou à celui qui étoit Fermier au jour du Jugement, qui en condamnant le coupable à des peines afflictives l'a condamné à une amende envers le Roi, ou envers le Seigneur Haut-Justicier.

Il faut décider que l'amende appartient à celui qui étoit Fermier au jour du Jugement de condamnation, & non à celui qui étoit Fermier au jour du crime commis; parce que ce n'est que par le Jugement de condamnation que l'amende est dûe & a commencé d'être dûe; car tant que l'Accusé n'étoit point condamné, il n'y avoit ni peine ni amende contre lui, & ce n'est point ici le cas de dire que le Jugement de condamnation ne condamne pas tant qu'il est déclaratif; c'est aussi le sentiment de nos meilleurs Auteurs, entr'autres de Dumoulin sur le septieme Conseil d'Alexandre, volume 3, de Guipape, décision 535, & de M. le Prêtre, *Cent.* 1, *chap.* 41. Coquille dans ses questions, *quest.* 14, estime qu'il faut en excepter l'amende adjugée pour crime de Leze-Majesté, auquel cas il dit que l'amende appartient au Fermier au jour du crime commis, & non au Fermier au jour de l'Arrêt de condandamnation.

De l'amende en petit Criminel.

Pour les amendes adjugées en petit Criminel, nul doute qu'elles appartiennent au Fermier qui est Fermier au jour du Jugement qui a condamné le délinquant à l'amende.

De l'hypothéque de l'amende adjugée au Roi.

Il n'y a point de privilege pour le payement de l'amende adjugée au Roi, ou au Seigneur Haut-Justicier sur les biens du condamné, mais seulement une hypotéque du jour de la condamnation, suivant la Déclaration du Roi du 13 Juillet 1700, registrée au Parlement le 4 Août suivant, d'où l'on doit conclure que les intérêts civils sont préférés à l'amende; c'est l'esprit de cette Déclaration, conforme à la Jurisprudence antérieure, comme il a été jugé par Arrêt du 10 Mars 1660, *Journ. des Aud.* D'ailleurs dans les grands crimes l'on juge que l'hypothéque des intérêts civils a lieu du jour du crime, comme l'écrit Boucevret en sa note sur l'article 10, du tit. *de Donationib.* aux Loix civiles dans le *Legum delectus.*

CHAPITRE XXVII.

Des Faits justificatifs, avec le Stile de la procédure.

CEs mots *Faits justificatifs*, s'entendent de certains faits proposés & mis en avant pour un Accusé pour justifier son innocence, & pour prouver la fausseté de son accusation; car la justification est naturelle & tellement opposée à l'accusation, qu'elle la détruit & anéantit dès qu'elle est bien établie; elle est aussi ancienne que l'accusation, parce que s'il n'y a point d'accusation, il ne faut point de justification, ce qui fait que tout Accusé n'est pas criminel, d'autant qu'un Accusé peut se justifier; en un mot la justification est une exception à l'accusation. Faits justificatifs; ce que c'est?

Heureux celui qui peut repousser les coups qu'on lui porte dans l'instruction de son procès, soit de la part des témoins séduits, gagnés & subornés, soit par des présomptions & indices mal entendus; mais malheureux celui qui est coupable & qui se sent coupable, parce que tôt ou tard ses prétendus faits justificatifs s'évanouiront & viendront se briser à la vûe & aux approches de la vérité: il est rare qu'un criminel échappe à la punition de son crime, parce qu'il est accablé par des preuves évidentes qui s'élevent & parlent contre lui.

Mais d'un autre côté un innocent peut quelquefois périr, parce qu'il ne peut pas pénétrer jusques au fond de l'injustice de son accusation, & en manifester la fausseté & la calomnie; c'est cependant où il peut arriver, principalement par des faits justificatifs, quoiqu'ils ne soient proposés qu'après avoir essuyé une instruction entiere de son accusation; mais il ne le pouvoit pas plutôt faire, la Loi lui fermoit sa bouche sur cela jusques à un certain tems, c'est-à-dire, jusques après la visite de son procès: jusques-là il est muet, & le silence lui est imposé sur la preuve qu'il voudroit avec empressement faire des faits justificatifs qu'il prétend avoir contre son acusation, même faire entendre des témoins dont la déposition détruiroit totalement tout ce que les témoins produits par son accusateur avoient dit contre lui; il est accusé, il ne lui est pas permis de se servir de ces sortes d'armes que son procès ne soit entiérement istruit, & même que ses Juges n'ayent vû & examiné son procès pour le juger.

Mais comme tout ce qui peut servir à la justification d'un Accusé ne peut être rejetté par le Juge, le Juge est obligé d'admettre l'Accusé à ses faits justificatifs, s'il les trouve pertinens & admissibles: il ne pourroit pas les rejetter même du consentement de l'Accusé, parce qu'un pareil consentement seroit regardé comme une espece de folie ou d'imbécillité, à laquelle le Juge n'auroit aucun égard; cet Accusé seroit regardé *tanquam perire volens.*

Au reste, il est important de ne pas confondre les faits justificatifs, avec les exceptions péremptoires. Les faits justificatifs sont ceux dont la preuve n'est point actuelle & par écrit, & qui en opérant la décharge de l'Accusé, quand ils seront prouvés, laissent néanmoins subsister le crime qui fait le sujet de l'accusation. Par exemple, un homme est tué, le cadavre constate le corps du délit; mais non, qui en est coupable? L'Accusé demande à prouver son *alibi*, ou autres faits propres à justifier qu'il n'a point commis le crime, & que par conséquent il n'en peut point être présumé coupable: voilà des faits justificatifs, & qui tombent dans le cas de la prohibition portée par l'article 1 du titre 28 de l'Ordonnance de 1670. Différence entre les faits justificatifs & les exceptions péremptoires.

Au contraire, les exceptions péremptoires sont fondées sur des preuves existantes & actuelles qui détruisent le corps du délit. Un homme a disparu; le bruit public est qu'il a été tué. Les soupçons du crime tombent sur un particulier; on l'arrête, on informe. Dans le cours du procès, soit avant ou après le réglement à l'Extraordinaire, l'homme prétendu tué se représente; sa représentation favorise une exception péremptoire à l'Accusé. Ce n'est point là un simple fait justificatif; c'est une exception qui en anéantissant le délit, arrête dans l'instant le cours de l'instruction, & autorise l'Accusé à intenter une action de calomnie.

Les exceptions péremptoires sont aussi fondées sur des preuves par écrit qui détruisent les charges, & doivent par conséquent empêcher le réglement à l'Extraordinaire, le recollement & la confrontation, comme il résulte de l'article 1 du titre 15, & de l'article 3 du titre 20 de notre Ordonnance de 1670.

Les subornations de témoins doivent aussi être regardées comme des exceptions péremptoires, qui ne tombent pas non plus dans le cas de la prohibition portée par ledit article premier du titre 28 de l'Ordonnance de 1670, & dont la preuve ne doit point être retardée. Voyez ci-devant, *chapitre* 13, *nombre* 20, *in fin.* l'Arrêt du 18 Mars 1712.

En quel cas on doit admettre un Accusé à ses faits justificatifs.

2. Il faut remarquer qu'on ne doit admettre des faits justificatifs de la part d'un Accusé que lorsqu'il paroît innocent, & pour aider à manifester son innocence, & non pas en faveur d'un coupable dont le crime est avéré dans son procès; car en ce cas, sa demande à être admis à ses frais justificatifs, seroit un faux-fuyant pour tâcher de se dérober à la punition, ou du moins à prolonger sa condamnation.

3. Comme un fait négatif ou un fait impossible ne peut tomber en preuve, le Juge ne doit point admettre un tel fait pour fait justificatif, ni en admettre la preuve.

De l'alibi.

4. L'*alibi* est le plus puissant, le plus fort & le plus péremptoire de tous les faits justificatifs qu'un Accusé puisse proposer, en ce que par l'effet de l'*alibi* il y a impossibilité physique que l'Accusé ait fait le crime dont il est accusé; par exemple, on accuse un particulier d'avoir tué un homme à Paris tel jour, lorsqu'il met en fait & demande à prouver qu'il étoit le même jour en la Ville de Lyon: le fait seroit impossible, il seroit donc juste, & on ne pourroit s'empêcher d'admettre ce fait justificatif & d'en permettre la preuve, tant par titres que par témoins; car proposer un *alibi*, c'est lorsqu'un Accusé met en fait, & articule qu'il étoit dans un lieu bien éloigné du lieu où l'on dit qu'il a commis le crime dont on l'accuse.

Alibi & *ailleurs*, c'est la même chose; mais enfin, il faut que la distance des deux lieux forme une impossibilité physique dans l'action, & démontre que l'Accusé ne pouvoit pas être dans le lieu où le fait est arrivé, lorsqu'il fait connoître plus clair que le Soleil, qu'il étoit le même jour & à la même heure dans un autre endroit; il faudroit au moins une distance de vingt à trente lieues; car les simples présomptions ne peuvent pas former un *alibi*.

Homicide à son corps défendant est un fait justificatif admissible.

5. Bruneau en son Traité des Matieres Criminelles, *partie* 1, *titre* 30, *max.* 10, dit que la provocation de celui qui auroit été tué par l'Accusé, avec le fait articulé par l'Accusé qu'il ne l'a tué qu'à son corps défendant, ne seroit pas un fait justificatif à proposer, parce qu'avouant & confessant avoir fait l'homicide, il n'y a point d'autre ressource que d'obtenir des Lettres de rémission, dans lesquelles il employera ces sortes de faits; mais cet Auteur se contredit, *ibidem*, *Max.* 2. Cela dépend des circonstances; par exemple, si l'Accusé convenoit d'avoir tué l'homme qui se trouve mort, mais qu'en même tems il déclarât dans ses interrogatoires ou à la confrontation, que c'étoit un voleur qui l'avoit attaqué sur un chemin, ou qui étoit entré nuitamment chez lui avec armes pour le voler ou pour le tuer, un pareil fait justificatif seroit sans doute admissible.

D'ailleurs quand il ne s'agiroit que d'une simple aggression avec armes pour tuer ou maltraiter l'Accusé, ce seroit toujours un fait important dont la vérification devroit être admissible: quand elle ne serviroit que pour diminuer la réparation civile & les intérêts civils envers les enfans, héritiers ou la veuve du mort, même l'aumône en cas de Lettres de rémission.

En quel tems l'Accusé peut proposer ses faits justificatifs.

6. L'Accusé qui proposeroit des faits justificatifs dans le cours de l'instruction du procès, même avant la visite & l'examen du procès, ne seroit pas recevable en sa demande, ou du moins sa Requête seroit jointe au procès: il ne le peut faire qu'après que le procès a été mis sur le Bureau, & a été vû & examiné par les Juges, & même ce n'est que dans ce moment que les Juges, même les Cours, peuvent admettre les faits justificatifs, comme pertinens & admissibles, & en permettre la preuve à l'Accusé, & de faire entendre des témoins pour établir ses faits justificatifs; article 1 du titre 28 de l'Ordonnance de 1670. Avant ce tems-là la seule qualité d'Accusé rend cette voie de droit prématurée; d'ailleurs il n'aura peut-être pas besoin de ce secours pour

établir son innocence, se pouvant faire que par les informations, pieces & procédures du procès, il ne se trouvera point chargé; pourquoi donc s'engager prématurément à prouver des faits justificatifs & les reproches qu'il avoit proposés contre les témoins lors de la confrontation?

Il ne faut pas d'un autre côté que l'Accusé attende que le procès soit jugé pour donner ses faits justificatifs & à demander à en faire la preuve, il n'y seroit plus recevable, on lui diroit : *Chose jugée, vous venez à tard.*

7. Un Accusé ne sera reçu à faire preuve d'aucuns faits justificatifs autres que ceux qui auront été choisis par les Juges du nombre de ceux que l'Accusé aura articulés dans les interrogatoires & confrontations; art. 2. *ibidem*; car se pouvant faire que tous les faits articulés par un Accusé pour servir de justification, ne seroient pas pertinens & admissibles, le Juge est obligé de faire extrait de ceux qui ont cette qualité, & de les choisir pour en être seulement fait preuve, tous les autres doivent être rejettées; c'est à quoi les Accusés qui ont des faits justificatifs à proposer doivent faire mention.

De la preuve des faits justificatifs.

Cependant si un Accusé avoit omis d'articuler dans ses interrogatoires ou lors de la confrontation des témoins, un fait justificatif, qui seroit pertinent & admissible, même péremptoire, comme seroit un *alibi* tel que doit être un *alibi* régulier & conforme aux maximes, il pourront néanmoins l'articuler dans un autre tems & en tout état de cause, mais toujours avant le Jugement du procès; parce qu'il est contre le droit naturel, le droit des gens & les Loix, la Justice, & l'équité d'opposer dans cette occasion une fin de non-recevoir à un Accusé qui vient par un moyen victorieux se justifier & prouver son innocence.

8. Il y a de certaines formes à observer, pour articuler des faits justificatifs, les recevoir & en faire la preuve; cette forme est prescrite par l'Ordonnance de 1670; art. 3, 4, 5 & 6 du titre 28.

Formalités à observer pour articuler des faits justificatifs, les recevoir & en faire la preuve.

1°. Les faits seront articulés, inserés & détaillés dans le Jugement qui en ordonnera la preuve; il ne suffiroit pas que le Jugement portât, *permis à l'Accusé* ou *au Demandeur* de faire preuve *des faits justificatifs par lui articulés*; cette expression seroit trop vague; & ne satisferoit pas à l'Ordonnance.

2°. Le Jugement qui ordonnera la preuve des faits justificatifs, sera incessament & incontinent qu'il aura été rendu, prononcé par le Juge à l'Accusé, & au plus tard dans les vingt-quatre heures; car la longueur d'un plus long délai seroit préjudiciable à l'Accusé & à l'Accusateur; de plus, ce Jugement ne doit pas être prononcé par le Greffier à l'Accusé : c'est le Juge qui le doit prononcer lui-même à l'Accusé mandé pour cet effet en la Chambre du Conseil.

3°. L'Accusé sera interpellé par le Juge de nommer les témoins par lesquels il entend prouver ses faits justificatifs, & cela sur le champ, autrement il n'y seroit plus recevable; ce délai est bien court; c'est pourquoi le Juge pourroit en connoissance de cause en donner un moins court; c'est la remarque que M. Bourdin a faite dans son Commentaire sur l'Ordonnance de 1539, qui ne donnoit que ce bref délai à l'Accusé, & qui a été rappellé dans l'Ordonnance de 1670; le Chancelier Poyet éprouva lui-même dans son procès la rigueur de cette disposition.

4°. Après que l'Accusé aura une fois nommé les témoins dont il veut se servir pour faire sa preuve, il ne pourra plus en nommer d'autres; c'est encore là une grande rigueur & bien restreindre la preuve d'un Accusé, puisqu'il se pourroit faire qu'un Accusé n'ayant pas tous les témoins qui pourroient établir sa preuve présens à son esprit & sa mémoire, il seroit exclus de prouver par de nouveaux témoins la vérité de ses faits justificatifs; ne seroit-il pas permis à un Juge de ne pas suivre en connoissance de cause en suivant les circonstances particulieres de l'incident, littéralement le sens de l'Ordonnance? mais on pourroit lui dire : *Dura lex, sed scripta.*

5°. L'Accusé ne pourra point être élargi pendant l'instruction de la preuve de ses faits justificatifs, parce qu'il est toujours *in reatu*, & qu'il doit rester au même état qu'il étoit au jour de sa requête, afin d'être admis à ses faits justificatifs, & qu'il lui seroit permis d'en faire la preuve.

Quoique l'Ordonnance ne parle que d'admission à la preuve testimoniale, néanmoins l'on verra ci-après que l'Accusé n'est point exclus de joindre au procès après son enquête, les pieces qu'il peut avoir pour former sa preuve littérale.

6°. Et en dernier lieu, ce ne sera pas à la requête de l'Accusé que se fera cette preuve, ce sera à la requête du Procureur du Roi, ou de M. le Procureur Général, ou Procureur Fiscal; c'est pourquoi les témoins seront assignés à la requête de la Partie publique, & ils seront entendus d'office par le Juge; c'est ainsi que se fera toute cette procédure, rien à la requête de l'Accusé qui a pour ainsi dire les mains liées dans les moyens de parvenir à la preuve de ses faits justificatifs, il faut qu'il s'en repose sur ministere public; cette preuve pourroit moins être faite à la requête de la Partie civile.

De la consignation à faire par l'Accusé admis à ses faits justificatifs.

9. L'Accusé admis à ses faits justificatifs, doit consigner au Greffe la somme qui sera ordonnée par les Juges pour fournir à la preuve d'iceux; s'il peut le faire; autrement ces frais doivent être avancés par la Partie civile, s'il y en a, sinon par le Roi ou par les Engagistes du Domaine du Roi, ou par les Seigneurs Hauts-Justiciers, chacun à son égard; art. 7.

Comment se fait la preuve des faits justificatifs.

10. Cette preuve fait en enquête, & non par information; cela est si véritable, que dans l'article 8 du titre 28, il est dit que l'enquête étant achevée, elle sera communiquée à la Partie publique pour y donner des conclusions, même à la Partie civile, s'il en a une; mais l'Ordonnance ne dit point que l'enquête sera communiquée à l'Accusé, c'est donc une information à son égard, c'est une procédure secrette pour lui; aussi la jonction s'en fait au procès sans la lui communiquer; de sorte que la Partie publique & la Partie civile sçavent le contenu de cette enquête, & l'Accusé n'en sçait rien.

Quoique l'Ordonnance parle d'enquête, qui de droit commun doit être respective, néanmoins ici elle ne l'est point, la Partie civile ni la Partie publique ne doivent point être admis à faire la preuve contraire des faits justificatifs articulés par l'Accusé.

Mais par l'article 9 il a été pourvû à cet inconvénient; par cet article il est permis aux Parties, c'est-à-dire à l'Accusé & à la Partie civile, s'il y en a une, sinon à la Partie publique, de présenter & donner des requêtes avec pieces, s'ils en ont, elles seront attachées à la requête, & non par production, contenant les moyens qu'ils croiront convenir à l'affaire, soit pour augmenter la justification de l'Accusé dans la preuve de ses faits justificatifs, soit pour diminuer cette preuve, mais toujours moyens & pieces qui ne s'éloignent point de la preuve portée par l'enquête; il faudra même que les requêtes soient signées de part & d'autre avec copie de pieces; ces requêtes ne seront répondues que d'une Ordonnance *en jugeant* sans aucun autre réglement ni autre instruction.

11. Il seroit permis à un Accusé pour la preuve de ses faits justificatifs, de s'aider des témoignages de serviteurs, domestiques, parens ou alliés de la Partie civile, s'il y en avoit une, & même des témoins qu'il avoit reprochés dans la confrontation, sans pour cela se départir de ses reproches.

12. Les témoins nommés par l'Accusé & ouis par le Juge sur les faits justificatifs, ne peuvent être par lui reprochés; mais ils pourroient être reprochés par la Partie, s'il y en a une, ou par la Partie publique, avant leur audition.

Un Accusé admis à ses faits justificatifs ne peut demander à en faire preuve par la voie du Monitoire.

13. Un Accusé qui auroit été admis à ses faits justificatifs, ne seroit pas recevable à demander qu'il lui fût permis d'obtenir Monitoire pour en avoir la preuve par révélation, ni encore moins pour avoir révélation de la subornation des témoins entendus contre lui dans les informations; Bouvot en rapporte un Arrêt du Parlement de Dijon, du 5 Avril 1609, tome 2, *verbo* Minitions, quest. 6 & 12; cette décision est fondée sur la disposition des articles 4 & 5 *ibidem*, qui veulent que l'Accusé soit tenu de nommer sur le champ témoins par lesquels il entend se justifier, sans qu'ensuite il en puisse nommer d'autres.

14. Une procédure que feroit un Accusé contre un témoin dans le dessein de se préparer un fait justificatif, seroit nulle.

Motifs des formalités établies sur cette matiere.

15. Comme le desir naturel des Accusés, même coupables, est de cacher, s'il est possible, les preuves de leur crime, & de parvenir à leur absolution, il n'est rien qu'ils ne s'imaginent pour se montrer innocens: l'Ordonnance a voulu dans ce titre les mettre hors d'état d'abuser des moyens par eux allégués & proposés par des faits justificatifs, en mettant cette voie de droit dans des bornes étroites; aussi l'exécution de l'Ordonnance doit être à cet égard rigoureusement maintenue par les Juges, & il faut que les faits justificatifs soient bien péremptoires pour pouvoir être admis.

Si l'appel des Sentences qui admettent aux faits justificatifs, est suspensif.

16. L'appel des Sentences qui admettent aux fraits justificatifs en suspend de droit l'exécution; on en cite plusieurs anciens Arrêts dans les Loix criminelles *tome* 2, *page* 280, & un plus récent du premier Avril 1703, par lequel la Cour en déclarant nulle l'enquête faite au prejudice de l'appel sur fraits justificatifs, a enjoint au Lieutenant

Criminel de Cognac de déférer à l'appel des Sentences par lesquelles les Accusés auront été reçus à la preuve des faits justificatifs, lui fait défense & au Substitut du Procureur Général de passer outre.

Jugement qui reçoit l'Accusé à faire preuve de ses faits justificatifs

Extrait des Registres de ....

Vû le procès criminel par Nous extraordinairement fait & instruit à la Requête de.... Demandeur & complaignant, le Procureur Général *ou* du Roi *ou* Fiscal joint, contre.... prisonnier ès prisons de.... Défendeur & Accusé : la plainte du.... information du..., decret de prise de corps décerné contre l'Accusé le.... interrogatoire par lui subi le.... contenant ses reconnoissances, déclarations, confessions, dénégations & réquisitions, réglement à l'extraordinaire du.... recollement des témoins en leurs dépositions du.... confrontation d'iceux à l'Accusé des.... Conclusions du Procureur Général, Procureur du Roi, *ou* Procureur Fiscal; tout considéré. Nous avons reçu ledit.... Accusé à faire preuve des faits justificatifs, & de reproches par lui allégués & articulés au procès ; sçavoir, par son interrogatoire du.... & par la confrontation qui lui a été faite le.... des témoins ouis en l'information que.... *exprimer les faits que le Juge aura admis*; en conséquence, ordonnons que l'Accusé sera tenu après la prononciation qui lui aura été faite de la présente Sentence, de nommer sur le champ les témoins dont il entend se servir, autrement il ne sera plus reçu à en nommer d'autres. lesquels témoins seront assignés à la Requête du Procureur Général du Roi *ou* Fiscal, & par nous ouis d'Office ; & sera l'enquête communiquée au Procureur Général du Roi, *ou* Fiscal, & la Partie civile, *si aucune y a*; à l'effet de quoi ledit.... Accusé sera tenu de consigner entre les mains du Greffier la somme de.... pour fournir aux frais de la preuve desdits faits justificatifs, s'il est en état de ce faire, sinon lesdits frais seront avancés par ledit... Partie civile *; s'il n'y a point de Partie civile, l'on dit :* sinon lesdits frais seront avancés par Nous ; (c'est-à-dire, par les Receveurs de notre Domaine,) *ou* par.... Engagiste de nos Domaines, *ou* par le Seigneur de la présente Haute-Justice.

Procès-verbal de prononciation du susdit Jugemens à l'accusé.

L'an.... Nous.... étant en la Chambre.... y avons fait amener.... accusé, prisonnier ès prisons de.... auquel a été prononcé le Jugement par Nous rendu le.... par lequel il a été reçu à faire preuve des faits justificatifs & des reproches y mentionnés ; & l'avons sommé & interpellé de nommer sur le champ les témoins par lesquels il entend les justifier, sinon, & à faute de ce faire, lui avons déclaré qu'il n'y sera plus reçu, lequel dit.... accusé, après serment par lui fait de dire vérité, a dit qu'il nomme pour témoin.... *marquer les noms des témoins, qualités & demeures.* Lecture à lui faite du présent procès-verbal, a persisté en la nomination desdits témoins, & a signé *ou* déclare ne sçavoir signer ; de ce enquis, & a été l'accusé remis ès mains du Géolier pour être ramené en prison. Fait les jour & an que dessus.

PRONONCIATIONS D'ARRÊTS

Qui se rendent en la Chambre de la Tournelle du Parlement de Paris, lesquelles pourront servir de MODELES aux Juges & Officiers de Provinces, pour rédiger leurs Jugemens en cas pareils.

Pour faire opporter des Informations, à l'effet d'obtenir des défenses contre un Décret de prise de corps.

» LA COUR a reçu le Suppliant appellant, l'a tenu pour bien relevé, lui permet » faire intimer sur ledit appel qui bon lui semblera, sur lequel les Parties auront au- » dience au premier jour. Seront les informations & autres procedures apportées au » Greffe criminel de la Cour, à ce faire le Greffier contraints par corps, lui enjoint » d'obéir au premier commandement, à peine de 60 livres d'amende & d'interdiction.

Si le Greffier n'obéit dans un délai compétent, suivant la distance des lieux, la Cour donne un second Arrêt qui porte, » que le premier sera exécuté, & suivant » icelui, qu'itératif commendement sera fait au Greffier d'apporter au Greffe criminel » de la Cour lesdites informations, lui enjoint d'obéir, à peine de 300 livres. Et pour » n'avoir pas satisfait un premier Arrêt, déclare la peine de 60 livres y portée encourue » contre lui au profit du Suppliant, au payement de laquelle somme il sera contraint » par corps, en vertu du présent Arrêt, & sans qu'il en soit besoin d'autre; & jus- » qu'à ce qu'il ait obéi, l'a interdit de l'exercice & fonctions de sa charge.

Comme cette désobéissance est affectée, pour donner tems aux Juges d'instruire ou juger le procès, soit par contumace ou contradictoirement, quand les accusés sont prisonniers, on ajoute souvent à ces Arrêts : » Cependant fait défenses de passer ou- » tre à aucun Jugement définitif, jusqu'à ce qu'autrement par la Cour en ait été or- » donné. » Cela ne fait point de torr au cours de la Justice, puisque cela ne fait que différer le Jugement pour quelque tems, jusqu'à ce que les informations ayent été vûes, & n'empêche point l'instruction.

Lorsque les Greffiers s'opposent au dernier de ces Arrêts & demandent d'être dé- chargé de la peine de 60 livres, la Cour les déboute très-souvent de leur opposition avec dépens.

Quand les informations sont apportées au Greffe de la Cour, M. le Procureur Gé- néral les distribue à l'un de ses Substituts, qui s'en vient charger au Greffe, & auquel le Procureur donne sa requête pour avoir des conclusions, pendant lequel tems M. le Président les distribue à un des Messieurs, entre les mains duquel on met les infor- mations, après qu'il s'en est chargé sur le registre, & qu'il y a eu des conclusions sur la Requête, afin de défenses, ensuite de quoi il fait son rapport, & intervient un Arrêt qui joint les défenses de l'appel, c'est-à-dire, renvoye devant le premier Juge pour faire le procès en état de prise de corps.

Ou bien, la Cour fait défenses d'exécuter le décret de prise de corps, ni attenter à la personne & biens du Suppliant ; ». A la charge par lui de se représenter à toutes » assignations en état d'ajournement personnel, pardevant ledit Juge de .... pour » l'instruction du procès, qui sera par lui continué jusquà Sentence définitive inclusi- » vement, sauf l'exécution, s'il en est appellé. »

Quelquefois par des raisons de suspicion, elle renvoye pardevant d'autres Juges ; & quand l'affaire est un peu grave, elle ajoute : » Sauf au Juge à décreter de nouveau, » s'il survient de nouvelles charges.

Si on a saisi ou annotés les biens, en vertu du decret de prise de corps, la Cour en fait main levée. Quand l'accusé seroit même prisonnier, & qu'on lui auroit refusé la liberté, on ne lui refuse pas la main levée des choses sur lui saisies en vertu du décret,

décret, autre que celles qui pourroient servir à conviction, parce que la maxime est qu'on ne retient point le corps & les biens, pourvû toutefois que la saisie ne soit faite pour quelque provision.

Mais pour les affaires légeres, la Cour dit : » Cependant fait défenses de passer outre » faire poursuites ailleurs qu'en la Cour, & de mettre ledit decret de prise de corps » à exécution, ni attenter à la personne & biens du Suppliant, à peine de mille li- » vres d'amende. » *S'il y a quelque provision & que la Cour trouve qu'elle soit trop forte, elle prononce.* « Et la Cour a » moderé la provision à.... livres. » *S'il n'y a pas eu lieu d'en adjuger*, la Cour fait défenses de la mettre à exécution, sur le vû des charges, rapport en Chirurgie & conclusions, par le même Arrêt qui fait défenses d'exécuter le decret de prise de corps, suivant l'article 8 du titre 12 de l'Ordonnance criminelle.

On avoit introduit il y a quelques années, de mettre à la fin des Arrêts de défenses d'exécuter des decrets de prise de corps, *à la charge d'être présent à l'Audience, lors de la Plaidoirie de la cause ;* parce que l'ancienne Jurisprudence étoit que tous accusés, qui ont été originairement en decret de prise de corps, étoient obligés d'y être présens, & quand ils ne s'y trouvoient pas, on prenoit avantage contr'eux en présence de leurs Avocats ; cela étoit établi qu'on faire payer les réparations civiles sur le champ, en les arrêtant paisonniers à l'Audience, ou bien pour leur faire leur procès, si la procédure étoit confirmée ; mais aujourd'hui cette forme de procédure n'est plus d'usage.

Défenses d'exécuter un Décret d'ajournement personnel & conversion en Décret de prise de corps, qui se donnent sans vû de charges, mais sur les conclusions de M. le Procureur Général.

La Cour a reçu le Suppliant appellant, l'a tenu pour bien relevé ; lui permet de faire intimer sur ledit appel qui bon lui semblera, sur lequel les Parties auront audiences au premier jour. Seront les informations & autres procédures apportées au Greffe criminel de la Cour, à ce faire le Greffier contraint par corps, lui enjoint d'obéir au premier commandement qui lui sera fait, à peine de 60 livres & d'interdiction, cependant fait défenses de passer outre, faire poursuites ailleurs qu'en la Cour, & de mettre ledit decret d'ajournement personnel & conversion d'icelui en prise de corps, si aucune y a, à exécution, ni d'attenter à la personne & biens du Suppliant à peine de mille livres d'amende.

Si ce n'est qu'un assigné pour être oui, on prononce : Fait défenses de mettre ledit décret d'assigné pour être oui, conversion d'icelui ou ajournement personnel, ou en prise de cors, si aucune y a, à exécution, &c.

Nota. Qu'aux termes de la Déclaration du Roi, du mois de Décembre 1680, vérifiée en Parlement le 10 Janvier 1681, la Cour ne peut donner des défenses d'exécuter des decrets d'ajournement personnel, qu'après avoir vû les informations, lorsque lesdits decrets auront été décernes par les Juges Ecclésiastiques, & par les Juges ordinaires, Royaux & des Seigneurs, pour faussetés, pour malversations d'Officiers dans l'exercice de leurs Charges, ou lorsqu'il y aura d'autres accusés contre lesquels il aura été décreté de prise de corps.

Comme le decret d'ajournement personnel emporte interdiction contre un Officier, l'usage est, en lui accordant des défenses, de lui permettre de continuer l'exercice & fonctions de sa Charge.

Pour l'élargissement d'un Prisonnier, arrêté en vertu d'une conversion d'ajournement personnel en prise de corps.

Si l'Appellant se trouve prisonnier, en vertu de la conversion d'ajournement personnel en decret de prise de corps, il est des régles, en faisant défenses de passer outre & de mettre le decret d'ajournement personnel à exécution, d'ordonner qu'il sera élargi & mis hors des prisons & en liberté, pourvû qu'il ne soit détenu pour autre cause qu'en vertu de ladite conversion d'ajournement personnel en prise de corps, ce qui s'accoade sur simple Requête & sur les conclusions de M. le Procureur Général.

Défenses d'exécuter une Sentence définitive, ou un Exécutoire de dépens.

La Cour a reçu le Suppliant appellant, l'a tenu pour bien relevé, lui permet faire intimer sur ledit appel qui bon lui semblera, sur lequel les Parties auront audience au premier jour. *Si la Sentence a été rendue sur un procès par écrit, au lieu de ces mots,* auront audience, *on met*, sur lequel les Parties procéderont en la maniere accoutumée, *par que c'est un procès à conclure aux Enquêtes;* cependant fait défenses de faire poursuites ailleurs qu'en la Cour, mettre ladite Sentence définitive & exécutoire de dépens à exécution, ni d'attenter à la personne & biens du Suppliant, auquel fait main-levée des choses sur lui saisies, à la représentation les gardiens & dépositaires contraints par corps; quoi faisant déchargés.

Nota. Qu'à l'égard des Sentences définitives, qui font entre autres choses des défenses de récidiver, de plus user de telles voies, ou autres choses approchantes, quoique les peines pécuniaires soient médiocres & se dûssent exécuter, nonobstant l'appel, en baillant caution, suivant l'Ordonnance Criminelle, néanmoins à cause des défenses portées par la Sentence, qui font une espéce de note, ce qui est une peine qui l'emporte sur la peine pécuniaire, la Cour fait toujours des défenses de mettre ces sortes de Sentences à exécution.

Mais lorsque les Juges se sont renfermés à ne prononcer que des peines pécuniaires seulement, qui n'excedent point leur pouvoir, suivant l'article 6, titre 26, de l'Ordonnance Criminelle, la Cour n'y touche point; mais elle donne seulement des défenses d'exécuter la Sentence définitive au chef de la condamnation de dépens, & elle ajoute : » Au surplus ne pourra ladite Sentence définitive être exécutée qu'en baillant » par la Partie civile bonne & suffisante caution, qui sera reçue avec le Suppliant, » pardevant le plus prochain Juge Royal des lieux, autre que celui dont est appel. « S'il y en a d'autre dans le même Siége, cela va à celui qui suit immédiatement le Juge qui a rendu la Sentence.

Il y a plusieurs autres sortes de condamnations qui ne peuvent s'exécuter, nonobstant l'appel, & contre lesquelles on donne pareillement des défenses, comme lorsqu'elles adjugent des réparations civiles ou des dommages & intérêts trop forts, ou bien qu'elles ordonnent la restitution des provisions, en renvoyant les Accusés de l'accusation, ou qu'elles portent condamnation d'admonition, bailler Acte au Greffe, quelque déclaration à l'Audience ou à la Chambre du Conseil, avec aumônes, amendes, réparations civiles, dommages, intérêts & dépens, ou autres peines approchantes, à l'exception des peines infamantes.

Si l'Accusé est prisonnier, & qu'il ne soit condamné qu'en des peines semblables à celles ci-dessus spécifiées, la Cour, en faisant des défenses d'exécuter la Sentence définitive, ordonne qu'il sera élargi & mis hors des Prisons, en donnant par lui bonne & suffisante caution de payer ce qui sera jugé en fin de cause, qui sera reçue avec Partie pardevant le Conseiller-Rapporteur, *si c'est de Paris*, ou bien devant le Juge des lieux; *quelquefois on ajoute :* Pourvû qu'il ne soit detenu pour autre cause.

Défenses à un Juge supérieur qui a sursis sur une simple Requête, & sans connoissance de cause, un Décret décerné par le Juge à quo, *en ordonnant que les Informations seront apportées en son Greffe.*

La Cour a reçu le Suppliant appellant, l'a tenu pour bien relevé; lui permet faire intimer sur ledit appel qui bon lui semblera, sur lequel les Parties auront audience au premier jour; cependant fait défenses audit Juge de ..... de passer outre & de mettre l'Ordonnance par lui rendue à exécution, & en conséquence ordonne que la procédure encommencée par le Juge *à quo*, sera parachevée jusqu'à Sentence définitive inclusivement, sauf l'appel.

Ces sortes de défenses sont fondées sur le Réglement de la Cour, du 10 Juillet 1665, qui fait défenses aux Lieutenans Criminels & Présidiaux, d'évoquer les procès criminels commencés dans les Justices Royales, ou celles des Seigneurs Hauts-Justiciers; de surseoir les décrets qui en seront émanés, mais prononcer par bien ou mal jugé, sinon que les affaires soient jugées sur le champ & sans appointement: & aussi sur l'Ordonnance criminelle qui ne leur donne pouvoir de surseoir les décrets, mais aux Cours seulement, & ne leur est permis que de connoître des appellations des décrets où il n'échoit peine afflictive, à la charge de les porter à l'Audience pour les juger sur le champ; & toutes les fois qu'ils rendent de pareilles Sentences ou Ordonnances, la Cour est dans l'usage de donner des défenses de les exécuter. Voyez l'art. 19, tit. 10; l'art. 1, tit. 26; les art. 2 & 4 du même titre de l'Ordonnance Criminelle.

Ce n'est pas que ces Arrêts ôtent à l'Accusé la voie de se pourvoir de nouveau par appel en la Cour, comme il avoit fait en premier lieu devant le Juge supérieur, pouvant y demander des défenses, comme s'il n'avoit rien fait devant le Juge supérieur. C'est un mauvais conseil qu'on donne aux Accusés de se pourvoir ainsi par appel devant les Lieutenans Criminels des Présidiaux, au lieu de venir *rectà* en la Cour, pour éviter un degré de Jurisdiction.

Défenses d'élargir un Prisonnier, qu'en vertu d'Arrêt contradictoire.

La Cour a reçu le Suppliant appellant, l'a tenu pour bien relevé; lui permet faire intimer sur ledit appel qui bon lui semblera, sur lequel les Parties auront audience au premier jour. Seront les informations apportées au Greffe Criminel de la Cour, &c. cependant fait défenses au Géolier des prisons de... de mettre en liberté ledit tel... sinon qu'en vertu d'Arrêt contradictoire donné avec le Suppliant, à peine d'en répondre en son propre & privé nom.

Pour ordonner qu'un Juge sera tenu de faire le procès à un Accusé.

La Cour ordonne que dans.... après la signification du présent Arrêt faite à la personne ou domicile de la Partie civile, elle sera tenue de faire parachever & juger le procès au Suppliant, même lui fait prononcer la Sentence qui interviendra; autrement & à faute de ce faire, sera fait droit. Enjoint audit Juge de.... & au Substitut du Procureur Général du Roi audit Siege, d'y tenir la main, à peine d'en répondre en leurs propres & privés noms, & de tous dépens, dommages & intérêts.

Pour permettre d'informer devant un de Messieurs, ou autre Juge.

La Cour permet au Suppliant de faire informer des faits contenus audit procès-verbal de rébellion, ou en sa requête, circonstances & dépendances, pardevant le Conseiller-Rapporteur du présent Arrêt, ou bien pardevant tel Juge.... pour l'information faite, rapportée & communiquée au Procureur Général du Roi, & vûe par la Cour, être ordonné ce que de raison.

S'il y a des témoins en cette Ville & sur les lieux, on permet d'informer; sçavoir, pour les témoins qui sont en Ville, pardevant le Conseiller-Rapporteur, & pour ceux qui sont sur les lieux, pardevant le Juge de....

S'il y a des témoins en différens endroits & très-éloignés les uns des autres, on dit, *pardevant les plus prochains Juges Royaux de leurs demeures.*

Pour permettre d'informer par addition, quand la Cour est saisie des Appellatioos, au moyen des Arrêts de défenses obtenus par l'Accusé; ce qui s'accorde à l'Accusateur sans retardation du Jugemens des Appellations.

La Cour permet au Suppliant de faire informer par addition des faits contenus en sa plainte ou requête, circonstances & dépendances, pardevant le Conseiller-Rapporteur, si c'est de Paris, ou bien le Juge de.... pour l'information faite rapportée, être jointe à la cause d'appel, pour en jugeant y avoir tel égard que de raison, sans retardation du Jugement d'icelle.

Pour renvoyer une Requête à un Juge, afin de permission d'informer, ce qui s'accorde souvent à cause que le Juge ordinaire est parent de la Partie plaignante ou des Accusés, ou qu'il y a d'autres parens ou raisons particulieres qui l'obligent à demander un Juge à la Cour.

La Cour renvoie ladite Requête pardevant le Lieutenant Criminel, ou Juge Royal de .... pour y être pourvû, ainsi que de raison.

Aux termes de cet Arrêt, le Juge a pouvoir d'instruire les procès jusqu'à Sentence définitive inclusivement, sauf l'exécution s'il en est appellé.

Quelquefois il arrive que ces Juges ainsi commis, renvoient l'information au Parlement pour la décréter, mais la Cour la leur renvoie pour y être pourvû, de même que la requête, parce que la Cour ne connoît que des informations qui lui doivent être rapportées, suivant la disposition des précédens Arrêts, & qu'elle n'évoque point pour l'instruction.

Nota. Qu'un Seigneur en doit user de même, ne pouvant procéder devant son Juge; & s'il avoit informé, il ne doit pas passer outre, étant nécessaire de faire renvoyer la plainte & l'information devant un autre Juge Royal pour continuer la procédure.

Pour décréter en la Cour des Informations, en renvoyant l'Instruction au Juge qui a fait l'Information; sçavoir, de prise de corps contre aucuns des Accusés, & d'ajournement personnel contre les autres.

La Cour ordonne que tel & tel seront pris au corps & amenés prisonniers ès prisons de .... les autres ajournés à comparoir en personnes pardevant le Juge de .... pour être tous ouis & interrogés sur les faits résultans desdites informations, & le procès à eux fait par ledit Juge jusqu'à Sentence définitive exclusivement, pour ce fait, rapporté & le tout communiqué au Procureur Général du Roi, être ordonné ce que de raison; & ou ceux en décret de prise de corps ne pourroient être appréhendés, seront assignés suivant l'Ordonnance, leurs biens saisis & annotés, & Commissaires établis jusqu'à ce qu'ils aient obéi.

Nota. Qu'il n'est au pouvoir des Juges, aux termes de l'Arrêt ci-dessus, d'élargir les Accusés qui sont dans les prisons; il faut se pourvoir en la Cour.

Quelquefois on décrete sans donner pouvoir au Juge d'instruire, mais seulement d'interroger les Accusés, & l'on dit: *Pour les Interrogatoires faits, rapportés & communiqués au Procureur Général du Roi, être ordonné ce que de raison;* parce que souvent, sur le vû des informations & interrogatoires, la Cour renvoie les Parties à l'Audience, attendu que l'affaire ne mérite pas d'être plus approfondie & qu'on peut sortir les Parties d'affaire à l'Audience.

Pour ordonner une Confrontation littérale de Témoins décédés depuis leur recollement, pendant la contumace.

La Cour ordonne que les dépositions & recollemens desdits .... seront lûs & publiés ausdits tels .... avant laquelle lecture ils pourront fournir de reproches, si bon leur semble, pardevant Me..... Conseilleur, ci-devant Commis, pour ce fait, & le tout communiqué au Procureur Général du Roi & vû, être ordonné ce que de raison.

Il faut faire mention Extraits mortuaires des témoins.

Il ne peut être fait confrontation littérale des témoins qui sont décédés depuis la représentation de l'Accusé.

Quelques-uns prétendent que l'Article de l'Ordonnance ne s'entend que lorsqu'il y a eu Jugement de contumace, & qu'on ne peut faire confrontation littérale des témoins décédés avant le Jugement, parce qu'il n'y a que le Jugement qui regle la contumace.

D'autres, au contraire, soutiennent qu'il suffit que les témoins recollés soient décédés pendant l'instruction de la contumace & avant le Jugement de contumace; & ainsi, que le décès soit arrivé devant ou après le Jugement de contumace, que confrontation littérale s'en doit faire ; mais la véritable maxime à laquelle on se doit tenir, c'est qu'il faut qu'il y ait eu un Jugement, portant que les témoins seront recollés, pour que le recollement puisse valoir confrontation.

Il y a pour cet avis un Arrêt du 3 Mai 1689, obtenu par la Dame de Lauraire, qui l'a permis à l'égard d'un témoin recollé & décédé avant l'Arrêt de contumace rendu contre François Vidal de Commine & sa femme, auquel s'étant opposés, ils ont été déboutés de leur opposition par Arrêt contradictoire du 10 Juin 1684 ; & s'étant pourvûs en cassation au Conseil contre ces deux Arrêts, fondés sur ce qu'ils les prétendoient rendus contre la disposition de l'Ordonnance, qui ne s'entendoit que lorsqu'il y avoit eu un Jugement de contumace, ils ont été déboutés de leur demande en cassation, par Arrêt du 10 Mars 1690.

Pour faire des défenses sans vû de charges, lorsqu'un Accusé a été arrêté en vertu d'un Décret de prise de corps, après qu'il a subi interrogatoire & a été élargi, soit à sa caution juratoire, soit en baillant caution de se représenter, lesquelles s'accordent sur les conclusions de M. le Procureur Général, parce que le Décret a été purgé, & que la liberté à lui donnée marque que la matiere est legere.

La Cour a reçu le Suppliant appellant, l'a tenu pour bien relevé ; lui permet faire intimer sur ledit appel qui bon lui semblera, sur lequel les Parties auront audience au premier jour. Seront les informations & autres procédures apportées au Greffe Criminel de la Cour, à ce faire le Greffier contraint par corps ; lui enjoint d'obéir au premier commandement, à peine de 60 livres & d'interdiction ; cependant, en conséquence de ce que le Suppliant a subi interrogatoire & a été élargi, fait défenses de passer outre, faire poursuites ailleurs qu'en la Cour, & d'attenter à la personne & biens du Suppliant, à peine de 1000 liv. d'amende.

Pour accorder du tems à un Banni, pour demeurer dans les lieux de son bannissement.

La Cour permet au Suppliant de demeurer dans les lieux de son bannissement pendant deux ou trois mois, pour vaquer à ses affaires, pendant lequel tems fait défenses d'attenter à sa personne, & icelui passé lui enjoint de garder son ban ; sous les peines portées par la Déclaration du Roi.

Nota. Autrefois pareils Arrêts se donnoient sans conclusions de M. le Procureur Général, mais y en ayant eu un qui avoit été donné les deux Chambres assemblées, sans conclusions, ainsi qu'il s'étoit pratiqué de tout tems, la Partie civile s'étant pourvûe au Conseil, elle le fit casser sur ce seul fondement ; depuis il ne s'en est plus donné sans conclusions.

Quand ce tems est fini, s'il y a raison valable, on leur donne encore du tems en prorogeant le délai.

La Cour a prorogé le délai porté par l'Arrêt du . . . . . si la Cour n'en veut plus donner que le second, elle prononce :

La Cour, de grace & sans espérance d'autre délai, a prorogé celui porté par l'Arrêt du . . . . pour . . . . mois.

Pour renvoyer les Causes mues & à mouvoir d'un Siége à un autre pendant un tems, ce qui s'accorde, attendu les procès & différens qui sont entre le Suppliant & les Officiers dont il est justiciable, ou autres causes légitimes qui l'empêchent d'y procéder.

La Cour renvoie les procès & différens du Suppliant, sa femme, enfans, Domestiques & Fermiers, & contr'eux mûs & à mouvoir, tant en matiere civile que criminelle, pardevant les Officiers de . . . . pendant tel tems, pour y procéder en premiere instance en la maniere accoutumée, à la charge de l'appel en la Cour ; & en conséquence fait défenses aux Officiers de . . . . d'en prendre connoissance, à peine de nullité, 1000 liv. d'amende, & de tous dépens, dommages & intérêts.

Pour mettre en liberté un Prisonnier qui infecte les prisons par sa maladie.

Il est d'usage avant de prononcer sur la liberté, d'ordonner que le Prisonnier sera vû & visité par les Médecin & Chirurgien de la Cour, & que le rapport soit communiqué à M. le Procureur Général. Ce n'est pas qu'il y en a eu qui ont été donnés sur le rapport fait à la Cour par celui de Messieurs commis à la visite des Prisonniers où le Prisonnier étoit détenu, sans conclusions de M. le Procureur Général, & notamment un le 27 Octobre 1694, jour de séance, pour le nommé Parmentier, qui étoit prisonnier à S. Martin des Champs, tellement que sur le vû du rapport, la maniere est de prononcer.

» La Cour, en conséquence du rapport des Médecins & Chirurgien de la Cour, » ordonne que ledit .... sera mis en liberté, pour se faire panser & médicamenter, » à ce faire le Géolier contraint par corps, quoi faisant déchargé; sauf à ... de le faire » réintégrer, si bon lui semble, après qu'il aura recouvré sa santé. »

Défenses de contracter Mariage, en renvoyant devant un Juge afin de permission d'informer pour raison du rapt & séduction; ce qui s'accorde pour éviter un Mariage qui est préjudiciable à une famille, & ne peut se réparer en définitive.

La Cour renvoie ladite Requête devant tel Juge, pour y être pourvû; cependant fait défenses à ladite fille & audit .... de passer outre à aucun mariage, à tous Notaires d'en passer Contrat, & à tous Prêtres, Curés, ou Vicaires de procéder à la célébration d'icelui, sous les peines portées par l'Ordonnance, ou plutôt à peine de nullité & d'être procédé extraordinairement contre les contrevenans, suivant la rigueur des Ordonnances. Permet au Suppliant de reprendre ladite .... sa fille, par-tout où elle sera trouvée, pour être conduite en sa maison & y demeurer jusqu'à ce qu'autrement en ait été ordoné, ou bien pour être conduite dans un Monastere tel qu'il voudra choisir, & y demeurer, &c.

Si celui qui demande son renvoie aux deux Chambres n'attache à sa Requête Pieces justificatives de sa noblesse, la regle est de donner un pareil Arrêt.

La Cour ordonne que dans trois jours, pour toute préfixion & délai, le Suppliant justifiera de ses Titres de noblesse, autrement sera fait droit. *Quelquefois, sans donner un second Arrêt, on prononce:* Autrement & faute de ce faire, sera passé outre au Jugement du procès en la Chambre de la Tournelle, en la maniere accoutumée.

Il arrive aussi quelquefois que l'Accusé demandant un nouveau délai pour faire apporter ses Titres ne noblesse, attendu son éloignement de cette Ville, la Cour n'y a aucun égard en prononçant ce qui suit:

» La Cour, sans avoir égard à la Requête, ordonne qu'il sera procédé au Jugement » du Procès en la Chambre de la Tournelle, en la maniere accoutumée. »

Pour ordonner qu'un Exécutoire de translation & port de procès sera exécuté contre un Seigneur, attendu la pauvreté de la Partie civile, dont on fait apparoir par un procès-verbal qui contient le Commandement; ce qui s'accorde sur les conclusions de M. le Procureur Général.

La Cour, en conséquence du Procès-verbal de .... ordonne que ledit Exécutoire du tel jour, sera exécuté par provision contre les les Receveurs, Fermiers & Sous-Fermiers de .... nonobstant toutes appellations quelconques, & sans préjudice d'icelle; sauf leurs recours contre la Partie civile, suivant l'Ordonnance.

Pour permettre à une Partie civile d'avancer aux Témoins quelque argent pour faire leur voyage, attendu leur pauvreté & éloignement, pour être ouis, recollés & confrontés.

La Cour, attendu l'éloignement & l'indigence des témoins, permet au Suppliant de fournir à chacun d'eux la somme de 15 livres, ou plus grande, s'il y échoit, pour subvenir à leur dépense pour leur transport en cette Ville de Paris, à l'effet de rendre leurs dépositions, ou desdits recollemens & confrontations, en déduction de la taxe qui leur sera faite pour leurs salaires.

L'on doit prendre cette précaution, pour éviter les reproches qu'on pourroit donner contre les témoins, si la Partie leur avoit d'elle même fourni les deniers pour faire leurs voyages, qui seroient indubitables, pour anéantir leur déposition, du moins les affoiblir beaucoup. Il y en a un Arrêt du 30 Avril 1692.

Pour permettre à un Seigneur de faire instruire & juger par son Juge un procès par lui commencé en la Conciergerie, attendu que ses prisons ne sont pas sûres, & qu'il ne peut avoir de Gradués.

La Cour a permis & permet au Suppliant de faire instruire & juger le procès desdits.... en la Conciergerie, par ledit Juge de.... & à cet effet qu'ils y seront transférés sous bonne & sûre garde, à la charge par ledit Juge de se faire assister de Gradués pour le Jugement dudit procès, suivant l'Ordonnance.

Il y en a plusieurs exemples, même un de l'ordre verbal de feu M. le Président de Mesmes.

Pour donner pouvoir à un Juge commis par la Cour, de délivrer Commission rogatoire à un Juge éloigné pour entendre des Témoins, pour éviter le transport du premier Juge, qui mettroit les Parties en frais.

La Cour ordonne que par ledit Juge commis, Commission rogatoire sera délivrée adressante au Juge Royal de.... pour l'exécution dudit Arrêt; à l'égard des témoins qui sont dans la Ville de.... ou dans l'étendue de son ressort, pour ce fait, rapporté, joint aux informations faites par le premier Juge, être ordonné ce que de raison; ou bien, la Cour ordonne qu'à la diligence du Suppliant, ou du Substitut du Procureur Général du Roi au Siége de.... les témoins qui seront trop éloignés de la Ville de.... (qui est le premier Juge) seront entendus, recollés & confrontés audit.... par le plus prochain Juge Royal du domicile desdits témoins, qui sera délégué par le Lieutenant Criminel de.... (qui est le premier Juge commis par la Cour,) pour cet fait, rapporté & joint au procès, servir & valoir ce que de raison.

Pour permettre à un Accusé de consiner le total des intérêts civils en quoi lui & d'autres Accusés ont été condamnés solidairement, en le subrogeant, & permis à lui de recommander son compagnon.

Ladite Cour a ordonné & ordonne, qu'en payant par le Suppliant la somme.... à laquelle il a été condamné solidairement avec lesdits.... il demeurera subrogé aux droits de la Partie civile. Ce faisant, permet au Suppliant de faire arrêter & recommander ledit.... pour la moitié de la somme de.... *On peut ajouter*: Et en conséquence sera le Suppliant élargi & mis hors des Prisons.

Pareil Arrêt a été obtenu le 5 Avril 1686, par Magdeleine Lutra, femme du Sieur Dauzy, contre le nommé d'Allemagne, son condamné en une somme de 2000 livres de réparation civile, auquel ledit d'Allemagne s'étant opposé, par Arrêt contradictoire rendu en la séance le 9 Avril suivant, il a été débouté de son opposition, avec dépens.

Il y a un pareil Arrêt du 22 Janvier 1687, au profit de Michel Langlois.

Arrêt qui nomme un Interpréte à un Accusé qui n'entend pas la Langue Françoise.

Vû par la Cour la Requête présentée par le Procureur Général du Roi, contenant qu'au procès pendant sur l'appel de ladite Cour, plusieurs Accusés au nombre de.... d'une Sentence rendue en l'Amirauté de la Rochelle, il y en a plusieurs qui sont étrangers & n'entendent pas la Langue Françoise: requerroit qu'il plût à ladite Cour commettre d'office un Interpréte, pour leur expliquer les interrogatoires qui leur seront faits en la Chambre du Conseil, lors du Jugement du procès, & à la Cour les réponses qui y seront par eux faites : Oui le rapport de Me. . . . . Conseiller ; tout considéré. Ladite Cour a nommé d'office Me. . . . . . pour interpréter & expliquer ausdits . . . . les interrogatoires qui leur seront faits en la Chambre du Conseil, lors du Jugement du procès, & à la Cour les réponses desdits . . . . Et sera ledit . . . . assiné pour accepter ladite Commission & prêter serment de bien & fidélement procéder. Fait en Parlement le premier Décembre 1699.

Autre pareil Arrêt qui nomme un Interpréte à un Accusé Etranger.

Vû par la Cour la Requête présentée par le Procureur Général du Roi, contenant qu'il y a un procès pendant en la Cour, sur l'appel interjetté par . . . . d'une Sentence rendue par le . . . . le . . . . par laquelle Sentence ledit . . . . a été condamné à mort, & les nommés tels . . . . renvoyés absous de l'accusation. Et d'autant que lesdits tels ont été amenés dans les Prisons de la Concierge du Palais, n'entendant pas la Langue Françoise, & que l'Interpréte qui a été commis par ledit Prévôt de . . . . pour l'instruction & Jugement du procès, n'est point demeurant en cette Ville de Paris, & qu'il est nécessaire, pour parvenir à l'instruction & Jugement du procès, de commettre un autre Interpréte : requerroit ledit Procureur Général qu'il plût à la Cour nommer tel Interpréte qu'il lui plairoit, pour expliquer ausdits . . . . les interrogatoires qui leur seront faits en la Chambre du Conseil, & à la Cour les réponses qui seront faites par lesdits . . . . à l'effet de quoi celui qui seroit commis par la Cour, sera assigné en icelle pour prêter serment : Oui le rapport de Me. . . . . Conseiller ; tout considéré. Ladite Cour a nommé d'office Me. . . . pour Interpréte & expliquer ausdits . . . . . les interrogatoires qui leur seront faits en la Chambre du Conseil, lors du Jugement du procès, & à la Cour les réponses desdits . . . . & à cet effet ordonne que ledit . . . . sera assigné pardevant le Conseiller-Rapporteur du présent Arrêt, pour accepter ladite Commission & prêter serment de bien & fidélement procéder en ladite qualité. Fait en Parlement le 10 Décembre 1700.

Pour donner main-forte à un Juge, à l'effet de faire exécuter une Sentence par effigie.

Vû par la Cour la Requête présentée par . . . . Juge de . . . . & les autres Officiers de la Jurisdiction, contenant que pour s'acquitter du devoir de leurs Charges, ils ont informé du crime commis dans le détroit de leur Jurisdiction, le . . . . & instruit le procès aux nommés . . . . & par Sentence du . . . . lesdit . . . . ont été déclarés dûement atteint & convaincus d'avoir tué, &c. & ordonné que la Sentence seroit exécutée par effigie un jour de marché, laquelle ils n'ont pû faire exécuter à cause des oppositions & violences des parens : requerroient qu'il plût à la Cour faire défenses ausdits . . . & à tous autres de faire aucune violence, sédition ou émotion populaire, pour empêcher l'exécution de ladite Sentence ; & en cas de contravention, permettre aux Supplians d'en informer ; enjoindre au Prévôt des Maréchaux de donner main-forte aux Supplians pour l'exécution de ladite Sentence. Vû aussi copie d'icelle attachée à la Requête, signée . . . . Oui le rapport de Me. . . . Conseiller ; tout considéré. Ladite Cour permet aux Supplians de faire exécuter ladite Sentence de contumace par effigie, suivant l'Ordonnance : fait défenses à toutes personnes de les y troubler ; enjoint au Prévôt des Maréchaux & autres Officiers de Justice sur ce requis, d'y tenir la main, à peine de répondre en leur propre & privé nom. Fait en Parlement.

Arrêt qui a ordonné que des Témoins seront de nouveau recollés & confrontés par un Official, conjointement avec le Lieutenant Criminel, sur la simple Requête du Chapitre de Langres, sans voir la procédure, parce qu'il y avoit une premiere accusation dont la procédure avoit été déclarée abusive & renvoyée au même Juge comme la seconde accusation étoit une récidive, il étoit de nécessité de l'instruire conjointement avec la premiere, à la charge d'interroger de nouveau l'accusé, & recoller & confronter aussi de nouveau les Témoins qui l'avoient déja été par l'Official, ce qui ne se pouvoit faire que par autorité de la Cour.

En l'année 1702, le Sieur P.... Prébendier en l'Eglise Cathédrale de Langres, étant tombé en débauche avec une fille, qui avoit été sa servante, qui étant devenue grosse, on avoit prétendu qu'elle avoit caché sa grossesse & défait son enfant, pour raison de quoi le Juge de Police de Langres en auroit informé & décrété contre la fille, & instruit & jugé le procès; & d'autre côté l'Official du Chapitre de Langres auroit informé, décrété & fait le procès à l'accusé, pendant laquelle instruction le Procureur du Roi au Bailliage de Langres auroit sommé le Promoteur de lui communiquer la procédure, pour connoître s'il n'y avoit pas de cas privilégié; ce que le Promoteur ayant refusé, sous prétexte qu'il n'y avoit aucun cas privilégié; sur cela appel comme d'abus de la part dudit Procureur du Roi de toute la procédure faite par l'Official. En cet état l'accusée, qui avoit été jugée par le Juge de Police de Langres, quoique ce ne fut point un fait de Police, fut transférée à la Conciergerie du Palais, & M. le Procureur Général se fit apporter la procédure faite par l'Official, sur quoi il prit des conclusions à ce qu'il fut reçu appellant de la procédure & Sentence du Juge de Police, & appellant comme d'abus de la procédure de l'Official; faisant droit sur son appel, que la procédure fût déclarée nulle & abusive: que le procès seroit refait de nouveau à l'accusé par le Lieutenant Criminel de Langres, aux frais & dépens du Juge de Police; & audit P.... par un autre Official qui seroit nommé par ledit Chapitre, pour le délit commun, à la charge du cas privilégié, pour lequel assistera le Lieutenant Criminel, &c.

Sur quoi Arrêt conforme aux conclusions, le 18 Janvier 1703.

En conséquence de cet Arrêt; les procédures ont été renvoyées à l'Officialité de Langres, pour servir de Mémoire seulement, lequel Arrêt n'ayant été mis à exécution, il seroit arrivé que ledit P.... seroit retombé dans un nouveau crime en l'année 1704, en ce qu'on l'auroit surpris être en mauvais commerce avec une autre fille, qui auroit causé grand scandale dans la Ville de Langres; pour raison de quoi le même Official qui avoit instruit la premiere procédure, auroit informé & décrété de prise de corps contre P.... qui auroit été emprisonné, subi l'interrogatoire, recollé & confronté les témoins. En cet état le Procureur du Roi auroit fait sommer le Promoteur de lui communiquer les procédures faites sur la nouvelle accusation; & les Sieurs du Chapitre prévoyant que le Procureur du Roi voudroit prétendre qu'il y eût cas privilégié, ils ont, pour le démouvoir, présenté requête, afin d'instruire cette nouvelle accusation, conjointement avec la premiere, tant par l'Official que par le Lieutenant Criminel; & à cette fin, que les témoins que l'Official avoit recollés & confrontés, fussent de nouveau recollés & confrontés, &c. Sur laquelle requête est intervenu Arrêt, le 25 Octobre 1704, portant ce qui ensuit.

» La Chambre ordonne que ledit Arrêt du 18 Janvier 1703, sera exécuté selon sa » forme & teneur, & en conséquence que ledit procès sera fait & parfait audit P... » par l'Official qui a été nommé, en exécution dudit Arrêt, pour le délit commun, » tant sur la premiere que sur la seconde accusation, conjointement avec le Lieutenant » Criminel de Langres, pour le cas privilégié; & à cette fin, que les témoins ouis » sur la premiere accusation seront de nouveau entendus, & ledit P.... oui & interrogé de nouveau, tant sur l'information qui sera nouvellement refaite, que sur celle » qui a été faite en l'Officialité sur la seconde accusation, & les témoins, pour raison » des deux accusations, de nouveau recollés en leurs dépositions & confrontés audit » P.... par ledit Official qui a été nommé conformément audit Arrêt, aussi conjointement avec ledit Lieutenant Criminel, au Greffe duquel sera portée une expédition » de l'information faite en ladite Officialité sur la seconde accusation, pour, après ledit

» procès instruit, être passé outre séparement par ledit Official au Jugement du délit » commun sur les deux accusations, par une seule & même Sentence, & ensuite par » ledit Lieutenant Criminel, au Jugement du cas privilégié, sur lesdites deux accusa» tions, aussi par un seul & même Jugement.

Pour recommencer une procédure faite par un Seigneur devant son Juge, en renvoyant devant un Juge Royal, sur la simple Requête du Seigneur & conclusions de M. le Procureur Général.

Vû par la Cour la Requête présentée par Messire Gabriel Sebastien, Comte de Romadec, héritier par bénéfice d'inventaire de défunt Messire Marc Hyacinthe, Comte de Rocheux, son oncle, Chef d'Escadre des Armées Navales du Roi; contenant que pour raison des soustractions, recellés & divertissemens des effets, meubles, vaisselle d'argent, bijoux, porcelaines, étoffes des Indes, & autres choses, étant dans le Château dudit Rocheux, il en auroit fait informer & décréter contre le sieur C... Prêtre, & autres, pardevant le Juge de Rocheux; mais comme ils se pourroient faire un moyen dans la forme de cette procédure, sous prétexte qu'elle est faite par le propre Juge du Suppliant, requerroit qu'il plût à la Cour, pour informer des recellés, soustractions & divertissemens, commettre le plus prochain Juge Royal des lieux, même lui permettre d'obtenir & faire publier Monitoire en forme de droit, & les procédures faites par le Juge de Rocheux, portées au Greffe du Juge qui sera commis, &c. ladite Requête signée *La Fouasse*. Conclusions du Procureur Général : oui le rapport de Me. Thomas Dreux, Conseiller; tout considéré. Ladite Cour a renvoyé & renvoye ladite Requête pardevant le Juge Royal de Vendôme, pour y être pourvû, & par lui les témoins ouis par ledit Juge de Rocheux, entendus de nouveau, & le procès fait & parfait à ceux qui se trouveront coupables, jusqu'à Sentence définitive inclusivement, sauf l'exécution, s'il en est appellé. Seront les informations faites par ledit Juge de Rocheux, ensemble les révélations, si aucunes y a, portées au Greffe dudit Juge de Vendôme, pour lesdites informations du Juge de Rocheux servir de Mémoire seulement, à ce faire le Greffier de Rocheux & les Curés & Vicaires qui ont reçu les révélations contraints; leur enjoint d'obéir au premier commandement, à peine de soixante livres & d'interdiction contre le Greffier, & de saisie du revenu temporel contre lesdits Curés & Vicaires. Fait en Parlement le 26 Février 1707. M. le Président Potier. M. Dreux, Rapporteur.

Pareil Arrêt est intervenu le 18 Août 1708, au rapport de M. Gaudart. Autre le 31 Juillet 1713, au rapport de M. le Feron.

Président à Mortier au Parlement de Bretagne, qui s'est voulu soustraire de la Jurisdiction du Lieutenant Criminel d'Angers, pour un fait arrivé dans l'étendue de sa Jurisdiction, sous prétexte qu'il est privilégié & qu'il a dû être renvoyé à son Parlement, ce qui n'est pas, n'y ayant que le Parlement de Paris qui ait ce privilege, le Parlement assemblé.

Par Arrêt sur Requête, présentée par Me. René Aubin, Substitut du Procureur Général du Roi en la Sénéchaussée & Siege Présidial d'Angers, sur l'exposé qu'il auroit fait informer par le Lieutenant Criminel dudit Siege, contre plusieurs Accusés, dont l'un ayant été arrêté prisonnier auroit chargé Messire ***, Président à Mortier au Parlement de Bretagne, il auroit été décerné décret d'assigné pour être oui contre lui, lequel s'étant pourvû audit Parlement, il auroit fait casser sa procédure, & même ayant obtenu deux Arrêts de la Cour, il les avoit fait casser & annuller audit Parlement, & même auroit fait juger définitivement audit Parlement en l'interdisant pour trois mois de ses fonctions, & le condamnant en cinq cens livres de réparations vers la Partie civile & aux dépens. Par cet Arrêt rendu sur les conclusions de M. le Procureur Général, la Cour, sans s'arrêter audit Arrêt du Parlement de Bretagne du 20 Décembre 1706, a ordonné que les Arrêts de la Cour des 31 Août & premier Décembre 1706, seroient exécutés selon leur forme & teneur; ce faisant, qu'il seroit procédé en ladite Sénéchaussée d'Angers au Jugement définitif du procès criminel instruit en ladite Sénéchausée contre ledit *** & autres Accusés, sauf l'Appel en la Cour. Fait en Parlement le 16 Mars 1707. M. le Président Potier. M. Huguet, Rapporteur.

Autre Arrêt qui prouve que Messieurs les Présidens à Mortier, autres que ceux de Paris, n'ont aucuns privileges pour être renvoyés à leur Parlement, & qu'on peut informer & décréter contr'eux dans les Justices ordinaires.

Par Arrêt sur Requête, présentée par Mathurin Bongler, Prévôt de la Justice de Vernouillet, (du ressort de la Cour) expositive que Me. *** Président à Mortier au Parlement de Normandie, avoit fait enlever de force & de violence par ses gens, & deux de la Dame de ***, toutes les Pieces, Titres & Papiers que le Suppliant avoit sur sa table & dans le cabinet de l'appartement que le Suppliant a toujours occupé dans la Maison Seigneuriale de Vernouillet ; pour raison de quoi en ayant rendu sa plainte au Châtelet le Lieutenant Criminel auroit apposé au bas de sa Requête son Ordonnance, portant, qu'attendu la qualité du Sieur ***, le Suppliant se pourvoiroit en la Cour, & auroit requis qu'il lui fût permis de faire informer desdits faits, soit pardevant un de Messieurs, soit pardevant le Lieutenant Criminel du Châtelet, ou tel autre Juge qu'il plaira à la Cour commettre ; même l'obtenir & faire publier Monitoire en forme de droit, & cependant de faire saisir & revendiquer lesdits Titres & Papiers par-tout où ils se pourront trouver ; & sur les conclusions de M. le Procureur Général, qui tendent à renvoyer la Requête devant le Lieutenant Criminel du Châtelet, pour y être pourvû, Partie présente ou dûement appellée, ainsi qu'il appartiendra par raison, ledit Arrêt renvoye la Requête devant ledit Lieutenant Criminel du Châtelet pour y être pourvû ainsi qu'il appartiendra par raison. Fait en Parlement le 23 Mai 1707.

M. Portail a rapporté la Requête à la Chambre, où Messieurs ont arrêté qu'il ne falloit mettre ces mots (Partie présente ou dûement appellée) n'ayant coutume d'appeller la Partie pour sçavoir si on informera, ou si on civilisera, étant de la prudence du Juge d'examiner s'il y a lieu d'informer ou non, par le renvoi de la Requête que la Cour lui fait, pour y être pourvû ainsi qu'il appartiendra.

Procédures faites par un Juge dans les prisons d'un autre Juge, ordonnées être refaites par le même Juge dans son Siege, avec pouvoir de se transporter hors son ressort pour l'instruction du procès, si besoin est.

Par Arrêt du 13 Décembre 1709, sur Requête présentée par Anne Bonnette, veuve Augustin le Civier, ès noms, & autres expositive qu'ayant fait informer & décreter en la Justice de Lye, contre Pierre Charron, qui ayant été arrêté & conduit dans les Prisons de Saint-Aignan, celles de Lye n'étant pas pour lors en état ni sures, y ayant été interrogé & décrété sur l'intérrogatoire contre ses complices ; comme ses Accusés se vantant de faire déclarer la procédure nulle, comme ayant été faite hors l'étendue de sa Justice, auroient requis Acte de ce qu'ils s'en désistoient, & le procès encommencé en la Justice de Lye continué ; ladite Requête signée *Bargault*. Conclusions du Procureur Général du Roi ; Oui le rapport de Me. Thomas Dreux, Conseiller ; tout considéré. Ladite Cour ordonne que les procédures faites par le Châtelain de Lye hors son Territoire, seront par lui refaites de nouveau dans son Siege, & le procès par lui fait & parfait audit Charron & autres Accusés, à la Requête des Supplians, jusqu'à Sentence définitive inclusivement, sauf l'exécution, s'il en est appellé ; & à cet effet que les témoins, si aucuns ont été entendus hors son Territoire, seront par lui ouis de nouveau, & par ledit Juge pourvû de tel décret qu'il avisera bon être, contre les complices dudit Charron ; & en conséquence que les procédures qui ont été par lui faites, serviront de Mémoire seulement : pourra néanmoins ledit Juge se transporter hors son ressort, si besoin est, pour l'instruction dudit procès. Fait en Parlement le 13 Décembre 1709. M. le Président de Longueil. M. Dreux, Rapporteur.

Renvoi des causes d'un Particulier absous, devant d'autres Juges que ceux qui l'avoient condamné.

Vû par la Chambre des Vacations la Requête présentée par Abraham Beatrix, Marchand, & ci-devant Grammairien à Orléans, contenant qu'à l'occasion d'un procès civil, qu'il a poursuivi en la Prévôté d'Orléans, contre Paul Chabard & sa femme, pour raison du payement de la somme de trois cens & tant de livres, le Suppliant auroit été decreté de prise de corps, emprisonné & condamné par les Officiers de la Prevôté d'Orléans, comme convaincu du crime d'usure, à être admonesté; de laquelle Sentence ayant interjetté appel, le Suppliant a été renvoyé de l'accusation, son emprisonnement déclaré injurieux, son écrou rayé & biffé; ordonné que la grosse de ladite Obligation & son Livre journal lui seroient rendus, & l'Arrêt imprimé, publié & affiché. Et d'autant qu'il ne peut plus procéder devant les Officiers de la Prevôté d'Orléans pour ses affaires particulieres, requerroit qu'en conséquence dudit Arrêt, il plût à la Cour renvoyer les Parties au Bailliage d'Orleans, ou tel autre Siege Royal qu'il plaira à la Cour; ladite Requête signée *Audinot*. Conclusions du Procureur Général du Roi: Oui le rapport de Me. Charles d'Averdoin, Conseiller; tout considéré. Ladite Chambre renvoye toutes les Causes du Suppliant, tant civiles que criminelles, mues & à mouvoir, tant en demandant que défendant, au Bailliage & Siege Présidial d'Orléans, pour y procéder en premiere instance & par appel en la Cour. Fait en Vacations le 24 Octobre 1713.

Il n'est pas permis à un Juge commis par la Cour, pour faire une Instruction, de permettre d'obtenir Monitoire, quand la Cour ne l'a pas permis; il faut que la Partie civile se pourvoye en la Cour pour l'obtenir.

Vû par la Cour la Requête présentée, par Me. Jacques d'Auzecourt, Avocat au Bailliage d'Auzecourt, accusé d'avoir fait mettre dans la copie d'un Arrêt d'informations apportées, *cependant toutes choses demeurant en état*, & pour raison de quoi s'étant mis en état en la Conciergerie, pour purger la contumace contre lui instruite & Jugée en la Cour, il auroit été renvoyé devant le Lieutenant Criminel de Saint Dizier, pour lui être les témoins recollés & confrontés, même ceux qui pourroient être ouis de nouveau, à la Requête du Sieur Evêque de Toul, Partie civile, lequel, sur Requête, auroit obtenu une Ordonnance du Juge commis, portant permission d'obtenir Monitoire, ce qui excede son pouvoir, requerroit d'être reçu appellant de ladite Ordonnance, avec défenses de l'exécuter. Conclusions du Procureur Général du Roi conformes à l'Arrêt. La Cour a reçu le Suppliant appellant, l'a tenu pour bien relevé; lui permet faire intimer qui bon lui semblera sur ledit appel, sur lequel les Parties auront audience au premier jour; cependant fait défenses de passer outre la publication dudit Monitoire, sauf audit Evêque à se pourvoir en la Cour pour en obtenir la permission, s'il y échoit. Fait en Parlement le 20 Septembre 1716.

Filles condamnées à être enfermées à l'Hôpital pour mauvaise vie, exemptes d'y être conduites, attendu que deux garçons ont bien voulu les épouser ce qui a été fait à Saint Barthelemy, en exécution de l'Arrêt sur Requête donné sans conclusions.

Vû par la Cour la Requête présentée par Joachim Guigne, Marie-Anne-marie Duvivier; dite Beaurepaire, Antoine Phelipe, & Reine Dupré, contenant qu'en exécution des Arrêts de la Cour des 3 & 7 du présent mois de Mars, les Supplians ont fait publier un ban dans leur Paroisse & celle de Saint Barthelemy & obtenu une dispense des deux autres, & permission de se marier, pendant le Carême, des Archevêque de Paris & Evêque de Macon, les 14 & 16 du present mois, de sorte qu'il ne reste plus que la célébration de leur mariage, pour à laquelle parvenir, les Supplians ont été conseillés d'avoir recours à l'autorité de la Cour; requeroient les Supplians &c. Vû aussi les Publications de bans, Dispenses & autres Pieces attachées à ladite Requête signée desdits. Oui le rapport de Me de Tourmont, Conseiller; tout considéré: Ladite Cour ayant égard à la Requête desdits Joachim Guigne, &c. ordonne de leur consentement, qu'il sera passé outre la célébration de mariage dudit Joachim Guigne avec ladite Duvivier, & ledit Phelipe avec ladite Dupré, en l'Eglise de Saint Barthelemy, par le Curé, Vicaire ou premier Prêtre de ladite Paroisse sur ce requis, à cette fin seront lesdites Marie-Anne Duvivier & Reine Dupré, conduites sous bonne & sûre garde, par l'Huissier Roseau, des Prisons de la Conciergerie du Palais, en ladite Eglise de Saint Barthelemy, pour en sa présence être procédé à la célébration desdits mariages; après lesquelles célébrations accomplies, seront lesdites Duvivier & Dupré remises entre les mains de leurs maris; quoi faisant, ledit Roseau, Huissier, en demeurera déchargé, & en cas de refus par lesdits Guigne & Duvivier, Phelipe & Dupré de contracter leurs mariages, seront lesdites Duvivier & Dupré ramenées en la Conciergerie du Palais, pour être statué par la Cour ce que de raison. Fait en Parlement le 17 Mars 1716. M. le Président Portail. M. de Tourmont, Rapporteur.

Pareil Arrêt a été rendu pour une Veuve condamnée à être renfermée pour débauche; au rapport de M. de Lamouche, Conseiller, le 20 Juillet 1716.

Pour surseoir des Contraintes par corps, & empêcher qu'on ne fasse des recommandations sur le Suppliant, dans le tems qu'il se rendra prisonnier en la Conciergerie, pour l'entérinement des Lettres de pardon par lui obtenues.

Vû par la Cour la Requête présentée par Jacques Caye, Banquier à Lyon, à ce qu'Acte lui soit donné de ses offres de se mettre en état ès prisons de la Conciergerie du Palais, pour parvenir à l'entérinement des Lettres de pardon qu'il a plû au Roi de lui accorder le 8 Septembre dernier, & sous la protection & sauve-garde de la Cour, pendant tout le tems nécessaire pour l'entérinement d'icelles, & le réintegrer dans sa maison, & que défenses soient faites à tous ses créanciers d'attenter à sa personne & biens, & à tous Greffiers & autres de recevoir aucunes recommandations de sa personne, tant qu'il demeurera sous la protection & sauve-garde de la Cour, à peine de nullité, cassations des procédures, & de toutes pertes, dépens, dommages & intérêts; ladite Requête signée *Defresne*. Oui le rapport de Me Thomas, Dreux, Conseiller: tout considéré. Ladite Cour ordonne que par l'Huissier Favereau, Jacques Caye sera amené en la Conciergerie du Palais, sous bonne & sûre garde, pour être procédé à l'entérinement des Lettres de pardon par lui obtenues; pour ce fait être remené par ledit Huissier en sa maison sans que ses créanciers puissent faire aucune recommandation sur lui pendant ledit tems; & à cet effet fait défenses d'attenter à sa personne, à peine de nullité, mille livres d'amende, & de tous dépens, dommages & intérêts. Fait en Parlement le 14 Décembre 1718. M. Dreux, Rapporteur.

ARRÊT DE REGLEMENT SOLEMNEL,

Pour l'exercice des Greffes Civil & Criminel de la Cour de Parlement, pour sçavoir en quel desdits Greffes il se faut adresser pour faire les Expéditions de toutes sortes de procès, & les Instructions d'iceux.

Du 3 Mars 1635.

EXTRAIT DES REGISTRES DE PARLEMENT.

Entre Maîtres Jean Fenel & René Vincent, Commis au Greffe de la Cour, & ayant la charge & gardes des Sacs, Procès & Depôts d'icelle, demandeurs en exécution d'Arrêts des 13 Mars 1665, 5 Mai 1636, 8 Octobre 1556, 30 Janvier & 26 Avril 1625, suivant leurs Requêtes des 10 Mars & 31 Mai audit an 1625 & 14 Mai 1626, & défendeurs, d'une part; & M. Jacques de la Roche, Commis au Greffe Criminel de ladite Cour, & ayant la garde des Sacs, procès & dépôts d'icelui, défendeur & demandeur en autres Requêtes des 18 & 22 Août 1625 & 13

Mai 1629, d'autre; & encore entre ledit de la Roche, demandeur en autre Requête du 12 Octobre 1629, & défendeur, d'une part; & M. Pierre Drouet, Avocat en ladite Cour & Commis en la garde des Sacs dudit Greffe criminel, défendeur & demandeur en autre Requête du 28 Février 1630, d'autre; & entre M. Jean Richer, tuteur des enfans mineurs de feu M. Daniel Voisin, vivant Greffier criminel de ladite Cour, & ayant repris le procès au lieu de M. Jacques Daniel, ci devant tuteur desdits mineurs; M. Jean Tillet, Seigneur de la Bussiere, Conseiller, Protonotaire & Secretaire du Roi, & Greffier de ladite Cour; & les Clercs du criminel intervenans; & lesdits Fenel, Vincent, de la Roche, M. Gilles Boileau, Commis au Greffe civil de ladite Cour, & les autres Commis & Clercs dudit Greffe, défendeurs, d'autre; & encore entre ledit Richer, demandeur en Requête du 5 Décembre 1633, d'une part; & lesdits Fenel & Vincent, défendeurs, d'autre; & entre M. François Voisin, Greffier criminel de ladite Cour, & ayant repris le procès au lieu dudit Richer son tuteur, demandeur en Requête du 3 Février 1634, d'une autre part; & lesdits Fenel & Vincent, défendeurs, d'autre. Vû par la Cour lesdites Requêtes des 10 Mars & dernier Mai 1625, à ce qu'en exécutant ledit Arrêt du 13 Mars 1535, & autres donnés en conséquence, ledit de la Roche fut condamné leur rendre & restituer les procès & autres sacs mentionnés ès demandes & sommations à lui faites, avec les émolumens par lui perçus; leur payer les 48 liv. parisis de peine par lui encourue, suivant ledit Arrêt du 26 Avril 1625, pour chacune contravention par lui faite audit Réglement, avec restitution des émolumens par lui perçus, dommages, intérêts & dépens; défenses de récidiver, sur peine de cinq cens livres d'amende. Autre Requête des 18 & 22 Août 1625, & demande dudit de la Roche, à ce que tous procès par écrit, informations, interrogatoires; enquêtes, recollemens, confrontations, productions, défauts, congés, piéces maintenues de faux, moyens de faux, incidens, & toutes autres procédures criminelles, desquelles les présentations se doivent faire audit Greffe criminel, en exécution de l'Arrêt de ladite Cour du 23 Décembre 1622, fussent portés audit Greffe criminel, avec défenses ausdits Vincent & Fenel d'y contrevenir, à peine de mille livres d'amende, dommages, intérêts & dépens, & condamnés à la restitution des émolumens par eux perçus. Procès-verbal du 2 Octobre 1625, & autres jours suivans, fait par le Conseiller commis, contenant les contestations des Parties, pour sur lesquelles faire droit, icelui Conseiller auroit ordonné que sondit procès-verbal & ce que bon sembleroit à icelles parties, seront mis pardevers lui, pour en faire rapport. Productions & contredits desdites Parties, suivant l'Arrêt du 19 Mars 1626. Addition de production dudit de la Roche, contredits contre icelle. Moyens d'intervention & production dudit Daniel audit nom. Réponses & productions desdits Fenel, Vincent, de la Roche, & desdits Commis du Greffe criminel sur ladite intervention. Requête du 27 Octobre 1632, employés par les Clercs dudit Greffe civil, pour toutes écritures & production sur ladite intervention. Contredits desdits de la Roche, Fenel, Vincent, & Commis du Greffe criminel, suivant l'Arrêt du 5 Mars 1630. Forclusions d'en fournir par lesdits Daniel & Commis du Greffe civil. Moyens d'intervention & production dudit Tillet, reçu Partie intervenante esdites instances, par Arrêt du 5 Mars 1629. Autres productions desdits Daniel & de la Roche sur ladite intervention, contredits contre icelles. Lesdites requêtes des 14 & 15 Mai 1629, & demande desdits Fenel & Vincent, à ce que par provision pendant le procès ledit Arrêt de Réglement du 13 Mars 1535 fut exécuté. Autre demande dudit de la Roche, à ce que pendant ledit procès l'Arrêt du 23 Décembre 1622 fût aussi exécuté par provision. Arrêt du 14 Juillet 1629, par lequel en plaidant sur lesdites requêtes, les Parties auroient été appointées en droit & joint. Productions & contredits desdites Parties, suivant l'Arrêt du 15 Janvier 1633. Requête du 18 Juillet 1629, employée pour moyen d'intervention. Ecritures & productions par ledit Daniel audit nom, reçu Partie intervenante esdites instances de provision. Autres productions esdits de la Roche, Fenel & Vincent sur ladite intervention, contredits contre icelles. Ladite Requête du 12 Octobre 1629, & demande dudit de la Roche, à ce que l'Arrêt qui interviendroit esdites instances fut déclaré commun avec ledit Drouet. Autre requête dudit Drouet du 28 Février 1630, à ce que ladite requête du 12 Octobre 1629 fût jointe à l'instance de requête civile, obtenue par ledit de la Roche, contre l'Arrêt du 14 Août 1620. Défenses; appointemens en droit, & joint. Avertissemens & productions desdites Parties. Acte du 4 Avril 1630, de reprise desdites instances, par ledit

Richer audit nom, au lieu dudit défunt Daniel. Ladite requête du 5 Décembre 1633, & demande dudit Richer, à ce qu'il fût reçu opposant à l'exécution des Arrêts de 30 Janvier & 16 Avril 1625, & 26 Février 1626; & ce faisant, lesdits Fenel & Vincent condamnés remettre audit Greffe criminel les procès mentionnés esdits Arrêts, avec restitution des émolumens par eux perçus. Autre requête du 3 Février 1634, présentée par ledit Voisin, à ce que les Arrêts des 18 Décembre 1568, 22 Février 1584, & 22 Avril 1622, fussent exécutés. Défenses, appointemens en droit, & joint. Avertissemens & productions desdites Parties. Arrêt du 11 Avril 1654, par lequel les Clercs dudit Greffe criminel auroient été reçus Parties intervenantes esdites instances, & Acte donné aux Parties, de ce que pour toutes écritures & productions elles auroient respectivement employé ce qu'elles avoient écrit & produit esdites instances. Conclusions du Procureur Général du Roi, & tout consideré: DIT, a été que la Cour faisant droit sur le tout, ordonne que tous procès criminels commencés & instruits criminellement, tant en la Cour, ou en tous Siéges & Jurisdictions ressortissans en icelle, même les informations, moyens de faux, & autres procédures dépendantes desdits procès, congés, défauts & instances appointées sur les rôles ou sur avenir, ou autrement, seront portés & produits au dépôt du Greffe criminel.

Fors & excepté les procès criminels où il y aura Sentence confirmative d'autre Sentence de reception en procès ordinaire & enquête; & encore les procès & instances, informations, & autres piéces concernans les dégradations de bois, spoliations, reventdications, réintégrandes, banqueroutes, & autres semblables différends, qui par Sentence seront reduits à des amendes pécuniaires, restitutions, dommages & intérêts & dépens, quoique le Procureur Général ou ses Substituts y soient Parties & que l'instruction en a été faite extraordinairement, lesquels seront mis & portés au dépôt du Greffe civil, tenu par lesdits Fenel & Vincent; à la charge néanmoins que si l'on reprend l'extraordinaire séparément, ou que par lesdites Sentences y ait peine afflictive, ou à faire déclaration nue tête, blâmé ou admonesté en la Chambre, seront portés au Greffe criminel. Et pour les autres condamnations esquelles les peines seront moindres que ci-dessus, appartiendront au civil. Que s'il est fait un procès criminel à un Banqueroutier séparément, appartiendra audit Greffe criminel. Toutefois si on juge conjointement la déconfiture de ses effets & biens avec ses créanciers, femmes & enfans, seront portés au Greffe civil.

Les informations qui seront faites en vertu d'Ordonnance ou Arrêts de ladite Cour, sur faussetés, subornations de témoins ou autres crimes qui interviendront incidemment ès procès & matieres civiles, comme aussi sur les rébellions & désobéissances qui seroient faites aux exécuteurs des Arrêts donnés esdites matieres civiles, ou sur la contravention desdits Arrêts ou attentats, seront portés audit Greffe civil de ladite Cour, pour y être enregistrés & distribués. Toutefois où esdites rébellions, résistances, contraventions aux exécuteurs & exécutions desdits Arrêts de la Cour, y auroit force publique, ports d'armes & assemblées illicites, meurtres, homicides, mutilations de membres ou autres grands excès, requerans impositions de grandes & extraordinaires peines, audit cas lesdites informations seront renvoyées audit Greffe criminel.

Et où esdites matieres de faussetés ou autres crimes qui interviendront incidemment esdits procès civils pendans en ladite Cour, en premiere instance, ou par appel, esquels après la matiere civile jugée, ensemble l'instance criminelle incidente pour le regard de la fin civile, ladite Cour verroit le crime incidemment intervenu, requerir la punition ordinaire, défaut ou subornation, & pour cette cause renvoyeroit ladite instance criminelle en la Tournelle, ou en la Grand'Chambre, pardevant les Conseillers laïcs, pour y être jugée; audit cas lesdits procès criminels incidemment intervenus esdites matieres civiles seront mis & apportés audits Greffe criminel, pour y être enregistrées & distribuées, & les expéditions qui s'en ensuivront y être faites.

Les déclarations de dépens dont y aura appel, adjugés par Sentence ou Arrêts donnés ès matieres criminelles, seront portées au Greffe civil, avec leurs dépendances; excepté celles qui seront jointes aux appellations des Sentences, portant adjudication d'iceux ou requêtes civiles, si aucunes y a, lesquelles en ce cas appartiendront audit Greffe criminel.

Tous procès de séparation de corps & de biens, seront portés au Greffe civil, pourvû qu'il n'y ait condamnations des peines ci-dessus déclarées, & que esdits procès

& instances il n'y ait accusation de bénéfice ou d'attentat, esquels cas seront portés audit Greffe criminel, comme aussi tous procès de rapt, pourvû que l'action n'ait commencé civilement, pour dot, alimens, pensions, ou dommages & intérêts, auquel cas seront portés & mis audit Greffe civil.

Et sur les restitutions respectivement prétendues par les Parties, les a mis & met hors de Cour ; ordonne néanmoins que tous sacs & procès de la qualité de ceux ci-dessus adjugés ausdits Fenel, Vincent & de la Roche, seront par eux respectivement rendus l'un à l'autre, & ce dans huitaine après la prononciation du présent Arrêt, sur les peines portées par les précédens Arrêts, & autres plus grandes, s'il y échoit ; le tout sans préjudicier aux Arrêts des 29 Avril 1617, 4 Août 1710, 29 Avril & 23 Décembre 1622, & 12 Mars 1633, lesquels seront exécutés selon leur forme & teneur.

Fait inhibitions & défenses aux Parties, Procureurs, Clercs, Messagers & autres, de contrevenir à iceux, à peine d'amende arbitraire : & à cette fin sera le présent Arrêt signifié aux Procureurs de la Communauté, & copie dûement collationnée d'icelui envoyée ès Greffes des Jurisdictions ressortissantes en ladite Cour. Condamne ledit de la Roche en la moitié des dépens vers lesdits Vincent & Fenel, liquidés à quatre cent livres parisis, l'autre moitié compensée, sans dépens entre les autres Parties. Prononcé troisieme jour de Mars 1635.

Signé, DU TILLET.

Collationné à son Original par moi Conseiller, Notaire & Secrétaire du Roi & de sa Cour de Parlement.

ARRÊT

ARREST DE LA COUR DE PARLEMENT,

Portant Réglement pour la Police & la sûreté de la Ville de Paris.

Du 7 Septembre 1725.

EXTRAIT DES REGISTRES DU PARLEMENT.

VU par la Cour la Requête à elle présentée par le Procureur Général du Roi, contenant que, quoique la Cour ait fait différens Réglemens au sujet de la sûreté de la Ville de Paris, & du service du Guet, & qu'elle ait pourvû en particulier par l'Arrêt du dix-neuf Février mil six cent quatre-vingt-onze, à tout ce qui doit être observé par les Officiers & Archers du Guet, pour arrêter les personnes qui commettent quelques désordres pendant la nuit, & à la forme de laquelle les Officiers du Châtelet doivent faire l'examen de ceux qui ont été arrêtés, on voit avec peine que cette partie si importante de l'ordre public a été non-seulement négligée, par les Officiers du Châtelet, mais qu'il est arrivé même qu'on s'est écarté en quelques occasions de la disposition de cet Arrêt, jusqu'à vouloir exiger des Officiers & Archers du Guet de suivre une forme différente : Que sans entrer dans ce qui peut avoir été pratiqué par le passé de contraire aux dispositions de Réglemens aussi sages & aussi nécessaires pour la manutention de l'ordre public, qu'on ne pourroit regarder que comme nul & attentatoire à l'autorité de la Cour, & sur quoi elle pourra pourvoir dans les cas particuliers ; le Procureur Général du Roi a crû qu'il n'y avoit point de voie plus efficace pour établir la regle dans une matiere aussi importante, dont dépend la tranquillité de cette grande Ville, que de renouveller la disposition des Réglemens & dudit Arrêt du 19 Février 1691, en y ajoutant de nouvelles précautions qui puissent ôter tous les doutes qu'on pourroit former sur son exécution, & prévenir toutes les contraventions qu'on pourroit craindre à l'avenir. A CES CAUSES, requerroit le Procureur Général du Roi qu'il plût à ladite Cour ordonner que les Ordonnances, Edits, Déclarations du Roi, Arrêts & Réglemens de ladite Cour au sujet de la sûreté de cette dite Ville de Paris, & le guet qu'on y doit faire, seront exécutés selon leur forme & teneur, & notamment ledit Arrêt dudit jour 19 Février 1691 ; ce faisant, ordonner que les Officiers & Archers du Guet arrêteront ceux qui auront commis quelque désordre durant la nuit, & les conduiront dans les Prisons du grand Châtelet, sans les pouvoir conduire en aucune maison particuliere, si ce n'est chez les Commissaires, au Châtelet de Paris, dans les cas, & ainsi qu'il sera dit ci-après ; & que si l'heure ou l'éloignement du lieu où ils auront été arrêtés, les obligeoient de les conduire dans quelques autres Prisons, ils seront tenus de les amener en celles du grand Châtelet avant huit heures du matin, sans qu'ils puissent les relâcher, sous quelque prétexte que ce puisse être. Que lesdits Officiers & Archers du Guet seront tenus de faire & de signer les rapports de toutes lesdites captures dans l'instant de chacune d'icelles, ou au moins tous les matins avant huit heures, & ce sur un seul Registre qui sera cotté & paraphé par premiere & derniere par le Lieutenant Criminel du Châtelet, sur lequel Registre ils seront obligés de faire mention à chaque rapport des circonstances de la capture, du crime ou désordre qui y aura donné lieu, & de toutes les autres circonstances dont ils auront eu connoissance ; ensemble des épées, bâtons & autres armes, & des effets trouvés sur les Accusés ou autrement, pouvant servir à conviction ; qu'ils seront pareillement tenus de faire leur rapport sur ledit Registre de tous crimes & désordres dont ils auront eu connoissance pendant la nuit & des circonstances, quand bien même il n'y auroit point eu de capture : auquel effet ledit Registre du Guet demeurera pendant la nuit dans les Prisons du grand Châtelet, & dans le Greffe dudit Châtelet pendant le jour. Enjoindre ausdits Officiers & Archers du Guet, lorsqu'ils arrêteront pendant la nuit des personnes chargées de meurtres, vols ou autres crimes graves, de faire avertir dans l'instant le Commissaire dans le quartier duquel lesdites captures auront été faires, même de les conduire sur le champ dans la maison dudit Commissaire avec les témoins, si on peut le faire avec sûreté, à l'effet par lui d'interroger lesdits Accusés sur le champ, s'il le juge à propos, & d'entendre les témoins; ensemble de faire toutes les procédures nécessaires pour assurer la preuve des faits, même d'en donner avis sur le champ au Lieutenant Criminel, & au Substitut du Procureur-Général du Roi, s'il est nécessaire. Enjoindre pareillement aux Officiers & Archers du Guet, lorsqu'ils conduiront des personnes dans les Prisons, de déposer à la Géole les armes, bâtons, épées ou effets servans à conviction, sans pouvoir les garder ni les déposer ailleurs, à peine d'interdiction, desquels, comme dit est, ils feront mention dans leur rapport, à l'exception néanmoins des cas de crimes graves où ils auront été obligés d'appeller les Commissaires au Châtelet, ou de se transporter dans les Maisons desdits Commissaires, auquel cas lesdites armes, épées, bâtons & effets seront déposés & laissés ès mains desdits Commissaires, s'il est par eux jugé à propos, dont dans tous les cas ils feront mention dans leur procès-verbal, qu'ils porteront au Greffe du Châtelet, dans le lendemain matin qui suivra la capture; comme aussi que lesdits Commissaires seront tenus de remettre audit Greffe toutes les plaintes, informations & procédures par eux faites dans les vingt-quatre heures, dont ils feront faire mention par le Greffier, au bas de leur expédition, & si c'est avant ou après midi, conformément à l'article 5 du titre 3 de l'Ordonnance de 1670; ordonner que le Lieutenant Criminel du Châtelet, si des occupations plus pressées ne l'en empêchent, & les Officiers du Châtelet qui font de service au Criminel seront tenus de s'assembler tous les matins à huit heures précises dans la Chambre Criminelle, pour par ceux qui s'y trouveront au nombre de cinq à ladite heure, examiner par préférence à toutes autres affaires les rapports de la nuit précédente qui seront sur le Registre du Guet, & ce en présence du Substitut du Procureur Général du Roi, ou en son absence, de l'un des Avocats du Roi audit Châtelet, à l'effet d'élargir sur le champ par le contre-huys, les Prisonniers qui auront été arrêtés pour causes légeres, sans écroue & sans aucuns frais, à peine d'interdiction contre ceux qui en auroient exigé; & à l'égard de ceux qui se trouveroient prévenus de crimes qui mériteroient punition, qu'ils seroient écroués dans les Prisons, pour être procédé à l'instruction de leur procès en la maniere accoutumée: & s'il se trouvoit quelqu'un d'iceux de la compétence du Lieutenant Général de Police, qu'il seroit écroué à la requête du Substitut du Procureur Général du Roi, sans qu'il puisse être élargi que de l'ordonnance dudit Lieutenant Général de Police; & qu'à cet effet il sera mis à la marge dudit Registre du Guet, & à côté de chaque nom desdits Prisonniers, de la main du Lieutenant Criminel ou de l'ancien Officier en son absence, ces mots, SORTI *ou* ECROUÉ; & qu'en cas que le lendemain de la capture soit un jour de Dimanche ou Fête, ou un tems de vacations où il ne se trouvât nombre de Juges suffisant, pourra l'examen des rapports du Guet être fait par le Lieutenant Criminel seul, ou en son absence par l'un des Lieutenans particuliers, en présence du Substitut du Procureur Général du Roi au Châtelet, ou en son absence, de l'un des Avocats dudit Seigneur Roi, & qu'il seroit statué sur l'élargissement ou la détention desdits Prisonniers, suivant la forme ci-dessus prescrite. Enjoindre aux Géoliers & Greffiers des Géoles de porter incessamment & dans les vingt-quatre heures pour le plus tard, au Substitut du Procureur Géneral du Roi, copie des écroues & recommandations pour crimes, suivant & conformément à l'article 15 du titre 13 de l'Ordonnance de 1670. Enjoindre au surplus aufdits Officiers & Archers du Guet de se rendre ponctuellement aux assignations qui leur seront données en la maniere accoutumée, à la requête du Substitut du Procureur Général du Roi, pour déposer, même pardevant les Commissaires audit Châtelet, lorsqu'il seront témoins nécessaires, & que le bien de la Justice l'exigera. Leur enjoindre pareillement de faire avertir lesdits Commissaires, lorsqu'ils verront quelque incendie, & d'y demeurer en nombre suffisant pour empêcher les vols & les désordres qui arrivent ordinairement dans ces occasions, & de donner aufdits Commissaires l'aide & le secours dont ils auront besoin pour faire exécuter tout ce qu'ils estimeront à propos d'ordonner, tant pour l'extinction du feu que pour toutes les autres choses qu'ils jugeront nécessaires. Ordonner en outre que l'Arrêt qui interviendra sur la requête du Procureur Général du Roi, sera lû, publié au Châtelet l'Audience tenant, & registré au Greffe dudit Siege. Enjoindre aux Officiers du Châtelet de s'y conformer à l'avenir, nonobstant tout ce qui pourroit avoir été fait au contraire, qui sera par la Cour, en tant que besoin seroit, déclaré nul. Enjoindre pareillement au Substitut du Procureur Général du Roi audit Châtelet d'y tenir la main, & de certifier la Cour dans huitaine desdits lecture, publication & enregistrement, ladite requête signée du Procureur Général du Roi : Oui le rapport de Maître Louis de Vienne, Conseiller, la matiere mise en délibération.

LA COUR a ordonné & ordonne que les Ordonnances, Edits, Déclarations du Roi, Arrêts & réglemens de la Cour, au sujet de la sûreté de cette Ville de Paris & le guet qu'on y doit faire, seront exécutés selon leur forme & teneur, & notamment l'Arrêt du 19 Féveier 1691 ; ce faisant, ordonne que les Officiers & Archers du Guet arrêteront ceux qui auront commis quelques désordres durant la nuit, & les conduiront dans les Prisons du grand Châtelet, sans les pouvoir conduire en aucunes maisons particulieres, si ce n'est chez les Commissaires au Châtelet de Paris, dans les cas, & ainsi qu'il sera dit ci-après ; & que si l'heure ou l'éloignement du lieu où ils auront été arrêtés, les obligeoient de les conduire dans quelques autres Prisons, ils seront tenus de les amener en celles du grand Châtelet avant huit heures du matin, sans qu'ils puissent les relâcher, sous quelque prétexte que ce puisse être. Que lesdits Officiers & Archers du Guet seront tenus de faire & de signer les rapports de toutes lesdites captures dans l'instant de chacune d'icelles, au moins tous les matins avant huit heures, & ce sur un seul Registre, qui sera cotté & paraphé par premiere & derniere par le Lieutenant Criminel au Châtelet ; sur lequel registre ils seront obligés de faire mention à chaque rapport des circonstances de la capture, du crime ou désordre qui y aura donné lieu, & de toutes les autres circonstances dont ils auront eu connoissance ; ensemble des épées, bâtons & autres armes, & des effets trouvés sur les Accusés ou autrement, pouvant servir à conviction ; qu'ils seront pareillement tenus de faire leur rapport sur ledit Registre, de tous crimes & désordres dont ils auront eu connoissance pendant la nuit, & des circonstances, quand bien même il n'y auroit point eu de capture ; auquel effet ledit registre du Guet demeurera pendant la nuit dans les Prisons du grand Châtelet, & dans le Greffe dudit Châtelet pendant le jour. Enjoint auxdits Officiers & Archers du Guet, lorsqu'ils arrêteront pendant la nuit des personnes chargées de meurtres, vols ou autres crimes graves, de faire avertir dans l'instant le Commissaire dans le quartier duquel lesdites captures auront été faites, même de les conduire sur le champ dans la maison dudit Commissaire, avec les témoins, si on peut le faire avec sûreté ; à l'effet par lui d'interroger lesdits Accusés sur le champ, s'il le juge à propos, & d'entendre les témoins ; ensemble de faire toutes les procédures nécessaires pour assurer la preuve des faits, même d'en donner avis sur le champ au Lieutenant Criminel & au Substitut du Procureur Général du Roi, s'il est nécessaire. Enjoint pareillement aux Officiers & Archers du Guet, lorsqu'ils conduiront des personnes dans les Prisons, de déposer à la Géole les armes, bâtons ; épées, ou effets servans à conviction, sans pouvoir les garder ni les déposer ailleurs, à peine d'interdiction ; desquels, comme dit est, ils feront mention dans leur rapport, à l'exception néanmoins des crimes graves où ils auront été obligés d'appeller les Commissaires au Châtelet, ou de se transporter dans les maisons desdits Commissaires, ausquels cas lesdits armes, épées, bâtons & effets seront déposés ès mains desdits Commissaires, s'il est par eux jugé à propos, dont dans tous les cas ils feront mention dans leur Procès-verbal qu'ils porteront au Greffe du Châtelet dans le lendemain matin qui suivra la capture. Comme aussi que lesdits Commissaires seront tenus de remettre au Greffe toutes les plaintes, informations & procédures par eux faites dans les vingt-quatre heures, dont ils feront faire mention par le Greffier au bas de leur expédition, & si c'est avant ou après midi, conformément à l'article 3 du titre 3 de l'Ordonnance de 1670. Ordonne que le Lieutenant Criminel du Châtelet, si des occupations plus pressées ne l'en empêchent, & les Officiers du Châtelet qui sont de service au Criminel, seront tenus de s'assembler tous les matins à huit heures précises dans la Chambre Criminelle, pour par ceux qui s'y trouveront au nombre de cinq à ladite heure, examiner par préférence à toutes autres affaires les rapports de la nuit précédente qui seront sur le Registre du Guet, & ce en présence du Substitut du Procureur Général du Roi, ou en son absence, en présence de l'un des Avocats du Roi audit Châtelet, à l'effet d'élargir sur le champ par le contre-huys les Prisonniers qui auront été arrêtés pour causes légeres, sans écroue & sans aucuns frais, à peine d'interdiction contre ceux qui en auroient exigé; & à l'égard de ceux qui se trouveront prévenus de crimes qui mériteront punition, ils seront écroués dans les Prisons, pour être procédé à l'instruction de leur procès en la maniere accoutumée; & s'il se trouve quelqu'un desdits Prisonniers de la compétence du Lieutenant Général de Police, ordonne qu'il sera écroué à la Requête du Substitut du Procureur Général du Roi audit Châtelet, sans qu'il puisse être élargi que de l'Ordonnance dudit Lieutenant Général de Police; & qu'à cet effet il sera mis à la marge dudit Regiftre du Guet, & à côté de chaque écroue desdits Prisonniers, de la main du Lieutenant Criminel, ou de l'ancien Officier en son absence, ces mots : SORTI *ou* ECROUE'. Et en cas que le lendemain de la capture soit un jour de Dimanche ou de Fête, ou un tems de vacations où il ne se trouveroit nombre de Juges suffisans, pourra l'examen des rapports du Guet être fait par le Lieutenant Criminel seul, ou en son absence, par l'un des Lieutenans Particuliers, en présence du Substitut du Procureur Général du Roi au Châtelet, ou en son absence, en présence de l'un des Avocats du Roi audit Châtelet, & qu'il sera statué sur l'élargissement ou la détention desdits Prisonniers suivant la forme ci-dessus prescrite. Enjoint aux Géoliers & Greffiers des Géoles, de porter incessamment & dans les vingt-quatre heures pour le plus tard, au Substitut du Procureur Général du Roi au Châtelet, copie de écroues & recommandations pour crimes, suivant & conformément à l'article 15 du titre 13 de l'Ordonnance de 1670. Enjoint au surplus ausdits Officiers & Archers du Guet de se rendre ponctuellement aux Assignations qui leur seront données en la maniere accoutumée, à la Requête du Substitut du Procureur Général du Roi audit Châtelet, pour déposer même pardevant les Commissaires audit Châtelet, lorsqu'ils seront témoins nécessaires, & que le bien de la Justice l'exigera. Leur enjoint pareillement de faire avertir lesdits Commissaires, lorsqu'ils verront quelque incendie, & d'y demeurer en nombre suffisant, pour empêcher les vols & les désordres qui arrivent ordinairement dans ces occasions, & de donner ausdits Commissaires l'aide & le secours dont ils auront besoin pour faire exécuter tout ce qu'ils estimeront à propos d'ordonner, tant pour l'extinction du feu que pour toutes les autres choses qu'ils jugeront nécessaires. Ordonne que le présent Arrêt sera lû, publié au Châtelet, l'Audience y tenant, & Registré au Greffe dudit Siége. Enjoint aux Officiers dudit Châtelet de s'y conformer à l'avenir, nonobstant tout ce qui peut avoir été fait au contraire, que la Cour en tant que besoin seroit, a déclaré nul. Enjoint pareillement au Substitut du Procureur Général du Roi audit Châtelet d'y tenir la main, & de certifier la Cour dans huitaine desdite lecture, publication & enrégistrement. Fait en Parlement le septieme Septembre mil sept cent vingt-cinq.

Signé, DUFRANC.

CONSULTATION

Sur la Question de sçavoir, Si l'Admonition, & même une Amende y jointe, peuvent emporter infamie ?

LE Conseil soussigné, est d'avis qu'un Jugement qui prononce une Admonition contre un Officier de Justice, quoiqu'il soit accompagné d'une condamnation d'amende, n'emporte point note d'infamie, ni par conséquent privation de l'exercice de son Office : la Loi *Verbum* 17, *Cod. ex quibus causis infamia irrogatur* est précise, pour dire que l'admonition du Juge ne rend point infamie, & elle le décide dans un cas où les termes qui accompagnoient l'Admonition étoient bien griefs, puisqu'il y a dans le Texte de la Loi, *Gravatus & Admonetus.* La Loi *Capitulum* 28, §, *solent*, *ff. de Pœnis*, suppose même que l'Admonition n'est pas une peine publique. Dans notre Langue l'Admonition n'est qu'un terme de charité & de bonté, & non pas une expression pénale ; c'est, suivant les Canonistes, une émanation de l'Evangile qui exhorte de s'avertir l'un l'autre fraternellement. Mornac, sur la Loi 16, *Cod. ex quibus causis infamia irrogatur*, parle de ce cas où le Juge ne fait que la fonction d'instruire comme un Docteur particulier, en parlant à un Accusé debout : *Infames eos non facere apud quas privatum sese, quasi Doctorem præstarit Judex nimirum de plano.* Nous nous servons du mot d'*Avertissement*, par rapport aux Juges, pour intituler les écritures qu'on fait dans les appointemens en Droit ; or Avertissement & Admonition c'est la même chose. Les procès sur lesquels les Sentences qui ne contiennent qu'une Admonition sont intervenues, se portent aux enquêtes par appel, comme ne renfermant pas une peine infamante qui oblige d'aller à la Tournelle : les arrêtés des Mercuriales des 1 Février 1609 ; & 12 Janvier 1611, y sont précis, & cela a été confirmé par un Arrêt de Réglement du 6 Août 1620, à quoi il faut joindre le Réglement du 3 Semptembre 1667. On ne trouve dans aucun de ces Réglemens l'Admonesté au nombre des prononciations infamantes. Un Arrêt du 30 Juillet 1625, portoit une Admonition à de la Roche, l'un des principaux Commis en titre au Greffe Criminel du Parlement, & lui fit des injonctions de ne plus contrevenir aux Réglemens sur le fait de sa Charge à peine de trois mille livres d'amende ; & cette prononciation supposoit expressément que l'Admonition ne l'empêcheroit pas de continuer les fonctions de sa charge. Le 26 Mai 1671, par Arrêt, le Prévôt d'Auxerre fut admonesté, avec injonction de ne plus juger en sa Maison. Le 12 Décembre de la même année le Cointre, Greffier Criminel du Châtelet, fut admonesté par Arrêt, sans qu'il ait discontinué l'exercice de sa Charge. Le 14 Avril 1682, le Prieur des Carmes de Paris fut admonesté par Arrêt, sans qu'il ait reçu la moindre note, & sans que l'instruction ait été continuée après son interrogatoire. Le 27 Janvier 1683, un Huissier, pour avoir signifié une Bulle Latine qu'il n'entendoit pas, fut admonesté par Arrêt, avec défenses d'en signifier de pareilles, ce qui supposoit qu'il continueroit ses fonctions. Le 8 Juin 1683, le Doyen d'une Collégiale fut admonesté, sans qu'il y eût d'instruction criminelle. Le 7 Avril 1691, un Procureur du Parlement fut admonesté par Arrêt, sans qu'il ait discontinué son Office. Le 29 Novembre 1692, le Prévôt de la Maréchaussée d'Auvergne fut admonesté & renvoyé par le même Arrêt à ses fonctions. Le 27 Juillet 1703, un Exempt de Tours fut admonesté & interdit seulement pour un an. Il en fut de même pour un Sergent, le 8 Janvier 1706, & le 4 Janvier 1706, un Prêtre trop zélé pour la correction fraternelle, fut admonesté en la Grand'Chambre, sans qu'il y eût procès instruit par recollement & confrontation.

L'Amende jointe à une Admonition, ne peut opérer plus que l'Admonition même.

Loiseau en son Traité des Offices, liv. 1, chap. 13, fait voir que l'amende, en matiere criminelle, n'est pas infamante par elle-même, & que le payement ne peut porter d'infamie, que quand il est joint à la condamnation à une peine qui de soi est infamante : c'est-là le vrai sens de l'article 7 du titre 25 de l'Ordonnance de 1670. Il est même défendu aux Juges, en prononçant l'Admonition, d'y joindre le mot d'Amende, comme on le voit dans les Arrêts du 20 Juin 1708, 26 Août 1709, & 3 Septembre 1712 ; ainsi on doit présumer que c'est par inadvertance que le mot d'amende s'est glissé dans un Jugement avec une Admonition, & ce seroit donner lieu de toucher au Jugement, que de soutenir que le mot d'Amende qui y a échappé emporte note d'infamie : ce qu'on peut dire de plus digne des Juges en pareil cas, est qu'une telle amende est une restitution envers les Parties interessées, comme cela est arrivé en fait d'Eaux & Forêts, & des Fermes du Roi, ce qui n'a jamais eu le moindre caractere infamant.

Délibéré à Paris, ce 11 Janvier 1741, *Signé*, PREVOST & SARASIN.

Fin de la troisieme Partie.

ÉDITS,
DECLARATIONS,
ARRÊTS ET REGLEMENS,
CONCERNANT
LES MATIERES CRIMINELLES,
SUIVANT LEUR ORDRE CHRONOLOGIQUE.

QUATRIEME PARTIE.

ÉDITS, DECLARATIONS, ARRÊTS ET REGLEMENS,

CONCERNANT LES MATIERES Criminelles, suivant leur ordre Chronologique.

QUATRIEME PARTIE.

EDIT DU ROI HENRI II.

Sur le fait des Femmes grosses, & des Enfans morts nés ; avec l'Arrêt de Reglement de la Cour de Parlement, pour la publication dudit Edit du 12 Mars 1698.

Du mois de Février 1556.

HENRI, par la Grace de Dieu, Roi de France : A tous présens & à venir ; SALUT. Comme nos Prédécesseurs & prégéniteurs Très-Chrétiens Rois de France ayent par Actes vertueux & Catholiques, chacun en son endroit, montré par leurs très-louables effets qu'à droit & bonne raison, ledit nom Très-Chrétien, comme à eux propres & péculier, leur avoit été attribué : En quoi les voulant imiter, & suivre, ayons par plusieurs bons & salutaires exemples témoigné la dévotion que nous avons à conserver & garder ce tant célébre & excellent titre, duquel les principaux effets sont de faire imiter les créatures que Dieu envoye sur terre en notre Royaume, Pays, Terres

& Seigneuries de notre obéissance, aux Sacremens par lui ordonnés : Et quand il lui plaît les rappeller à soi, leur procurer curieusement les autres Sacremens pour ce institués, avec les derniers honneurs de sépulture. Et étant dûement avertis d'un crime très-énorme & exécrable, fréquent en notre Royaume, qui est, que plusieurs femmes ayant conçues enfans par les moyens deshonnêtes ou autrement, persuadées par mauvais vouloir & conseil, déguisent, occultent & cachent leurs grossesses, sans en rien découvrir & déclarer : Et avenant le tems de leur part, & délivrance de leur fruit, occultement s'en délivrent, puis le suffoquent, meurdrissent, & autrement suppriment, sans leur avoir fait impartir le S. Sacrement de Baptême : Ce fait les jettent en lieux secrets & immondes, ou enfouissent en terre profane, les privant par tel moyen de la sépulture coutumiere des Chrétiens. De quoi étant prévenues & accusées par devant nos Juges, s'excusent disant avoir eu honte de déclarer leur vice, & que leurs enfans sont sortis de leurs ventres morts, & sans aucune apparence ou espérance de vie : tellement que par faute d'autre preuve, les Gens tenans tant nos Cours de Parlemens, qu'autres nos Juges, voulant procéder au jugement des procès criminels fait à l'encontre de telles femmes, sont tombés & entrés en diverses opinions : les uns concluans au supplice de mort, les autres à question extraordinaire ; afin de sçavoir & entendre par leur bouche si à la vérité le fruit issu de leur ventre, étoit mort ou vif. Après laquelle question endurée, pour n'avoir aucune chose voulu confesser, leur sont les prisons le plus souvent ouvertes, qui a été & est cause de les faire retomber, récidiver & commettre tels & semblables délits, à notre très-grand regret & scandale de nos Sujets : A quoi pour l'avenir, Nous avons bien voulu pourvoir.

Sçavoir faisons, que Nous desirans extirper & du tout faire cesser lesdits exécrables & énormes crimes, vices, iniquités, & délits qui se commettent en notredit Royaume, & ôter les occasions & racines d'iceux dorénavant commettre, avons [pour à ce obvier] dit, statué & ordonné, & par Edit perpétuel, Loi générale & irrévocable, de notre propre mouvement, pleine puissance & autorité Royale, disons, statuons, voulons, ordonnons & nous plaît, que toute femme qui se trouvera dûement atteinte & convaincue d'avoir celé, couvert & occulté, tant sa grossesse que son enfantement, sans avoir déclaré l'un ou l'autre, & avoir pris de l'un ou de l'autre témoignage suffisant, mêmes de la vie ou mort de son enfant, lors de l'issue de son ventre, & qu'après se trouve l'enfant avoir été privé, tant du Saint Sacrement de Baptême, que sépulture publique & accoutumée, soit telle femme tenue & réputée d'avoir homicidé son enfant. Et pour réparation, punie de mort & dernier supplice, & de telle rigueur que la qualité particuliere du cas le méritera : afin que ce soit exemple à tous, & que ci-après n'y soit aucun doute ni difficulté. Si donnons en mandement par ces Présentes à nos amés & féaux Conseillers les Gens tenans nos Cours de Parlement, Prévôt de Paris, Baillifs, Sénéchaux, & autres nos Officiers & Justiciers, ou à leurs Lieutenans & à chacun d'eux, que cette présente Ordonnance, Edit, Loi, Statut, ils fassent chacun en droit soi, lire, publier & enregistrer, & incontinent après la reception d'icelui, publier à son de trompe & cri public, par les carrefours & lieux publics, à faire cris & proclamations, tant de notre Ville de Paris, qu'autres lieux de notre Royaume, & aussi par les Officiers des Seigneurs Hauts-Justiciers en leurs Seigneuries & Justices, en maniere qu'aucun n'en puisse prétendre cause d'ignorance, & de trois en trois mois. Et outre qu'il soit lû & publié aux Prônes des Messes Paroissiales desdites Villes, Pays, Terres & Seigneuries de notre obéissance, par les Curés ou Vicaires d'icelles ; & icelui Edit gardent & observent, & fassent garder & observer de point en point selon sa forme & teneur, sans y contrevenir. Et pour ce que de cesd. Présentes l'on pourra avoir affaire en plusieurs lieux, nous voulons qu'au *vidimus* d'icelles, fait sous scel Royal, foi soit ajoûtée comme à ce présent Original ; auquel en témoin de ce, afin que ce soit chose ferme & stable, nous avons fait mettre notre Scel. Donné à Paris au mois de Fevrier, l'an de grace mil cinq cent cinquante-six, & de notre Regne le dixiéme. Ainsi signé sur le repli, par le Roi en son Conseil, CLAUSSE.

Lecta, publicata & registrata, audito & requirente Procuratore Generali Regis, Parisiis in Parlamento quarto die Martii, anno Domini millesimo quingentesimo sexto. Sic signatum, DU TILLET. Collation est faite à l'Original, ainsi signé, DU TILLET.

ARRET DE LA COUR DE PARLEMENT.

Du dix-neuf Mars 1698.

Qui ordonne que l'Edit du Roi Henri II. du mois de Fevrier 1556, concernant les femmes grosses, sera lû & publié de trois en trois mois aux Prônes des Messes Paroissiales.

EXTRAIT DES REGISTRES DE PARLEMENT.

VU par la Cour le procès criminel fait par le Bailli de la Ville & Comté de Sancerre, à la Requête du Procureur Fiscal, Demandeur & Accusateur, contre Marguerite Tolleron, servante domestique de Léonard Desclouzeaux, Manœuvre, demeurant au Village de Marolle, défenderesse, accusée, prisonniere ès Prisons de la Conciergerie du Palais, appellante de la Sentence contr'elle rendue par ledit Juge le 21 Fevrier dernier, par laquelle ladite Tolleron auroit été déclarée dûement atteinte & convaincue d'avoir celé & couvert sa grossesse & son enfantement, lattité son part, & enterré dans un Jardin hors la sépulture publique & accoutumée, sans avoir pris aucun témoignage de la vie & mort d'icelui, même de lui avoir causé & procuré la mort; pour réparation de quoi condamnée d'être pendue & étranglée jusqu'à ce que mort s'ensuive à une potence, qui seroit pour cet effet dressée par l'Exécuteur de la Haute Justice, en la place publique dudit Sancerre à jour & heure du marché, pour l'exécution faite, le corps de ladite Tolleron rester exposé à ladite potence une demi-heure durant, & ensuite enterré en Terre Sainte, & ses biens déclarés acquis & confisqués au profit du Sieur dudit lieu, & autres qu'il appartiendroit, & où confiscation auroit lieu; & pour obvier autant que faire se peut à tels accidens, & empêcher que semblable malheur n'arrive à l'avenir, ordonné que conformément à l'Ordonnance de Henri III. de l'année 1586, celle de Henri II. de l'année 1556, concernant les femmes qui recellent leur grossesse & enfantement, seroient lûes & publiées par les Curés de la Ville de Sancerre, & de la Paroisse de Gardefort, aux Prônes de leurs Messes Paroissiales, de trois en trois mois, à quoi ledit Procureur Fiscal sera tenu de tenir la main, & d'en certifier quand besoin seroit, à la prononciation de laquelle Sentence ledit Procureur Général du Roi, oüie & interrogée ladite Tolleron accusée sur la cause d'appel, & cas à elle imposés: Tout considéré LADITE COUR en tant que touche l'appel interjetté par ladite Tolleron, a mis & met l'appellation & Sentence de laquelle a été appellée au néant, émandant pour réparation des cas mentionnés au procès, condamne ladite Tolleron d'être battue & fustigée nüe de verges, ayant la corde au col, par les carrefours & lieux accoutumés dudit lieu, & à l'un d'iceux flétrie d'un fer chaud sur l'épaule dextre, marqué d'une Fleur-de-Lys; ce fait bannie du Ressort du Parlement à perpétuité, lui enjoint de garder son ban aux peines portées par la Déclaration du Roi. Déclare tous ses biens situés en pays de confiscation acquis & confisqués à qui il appartiendra, sur iceux & autres non sujets à confiscation préalablement pris la somme de deux cens livres d'amende vers le Sieur dudit lieu, & en conséquence sur l'appel *à minimâ* interjetté par ledit Procureur Fiscal, les Parties hors de Cour & de procès; & faisant droit sur les conclusions du Procureur Général du Roi, ordonné que suivant la Déclaration du Roi Henri II. du mois de Fevrier 1556. concernant les femmes & Filles qui recellent leur grossesse & enfantement, & la teneur du mandement porté en bas d'icelle; ladite Déclaration sera lûe & publiée de trois en trois mois aux Prônes des Messes Paroissiales, par les Curés de toutes les Paroisses du Ressort de la Cour, ensemble le présent Arrêt. Enjoint aux Substituts dudit Procureur Général de tenir la main à l'exécution d'icelui, & d'en certifier ladite Cour au mois; & pour l'exécution du présent Arrêt, ladite Cour a renvoyé & renvoye ladite Tolleron prisonniere pardevant ledit Juge, auquel enjoint pareillement de faire publier ladite Ordonnance, & de faire mention dans les Sentences de la publication de ladite Déclaration. Fait en Parlement le dix-neuvieme Mars mil six cens quatre vingt dix-huit. *Signé* par collation DE LA BAUNE.

EDIT DU ROI,

Du mois de Juin 1643. sur les Duels.

Vérifié en Parlement le 11. Août audit an.

DUELS. LOUIS, par la grace de Dieu, Roi de France & de Navarre : A tous présens & à venir : SALUT. Quand nous considérerions seulement comme Roi, le sang de notre Noblesse répandu par la fureur des Duels, Nous ne pourrions sans être touchés d'une extrême douleur, voir les tragiques effets d'une passion si brutale & si préjudiciable à la France : Mais la qualité de Roi Très-Chrétien nous obligeant d'être infiniment plus sensibles aux intérêts de Dieu, qu'aux nôtres, nous ne sçaurions penser sans horreur à ce crime détestable, qui, en violant tout ensemble le respect qui nous est dû par nos Sujets, comme à leur Souverain, & l'obéissance qu'ils doivent à Dieu, comme à leur Créateur & à leur Juge, les pousse par une manie prodigieuse à sacrifier leurs corps & leurs ames à cette idole de vanité, qu'ils adorent, au mépris de leur salut, & qui n'est autre que le démon, qui se présentant à eux sous le voile d'un faux honneur, les éblouit de telle sorte, qu'ils aiment mieux se précipiter dans un malheur éternel, que de souffrir une honte purement imaginaire. Leur rage ne passe à cet excès, que pour se porter à ces combats abominables, il n'est pas besoin d'avoir été outragé, ni d'avoir reçu la moindre offense ; il suffit d'y être engagé par ceux que l'on ne vit jamais, & souvent contre les personnes que l'on aime davantage. Ce funeste moment unit si étroitement ensemble par un lien sacrilége ceux même qui ne sont point unis par affection, qu'ils exposent non-seulement leurs vies, mais aussi leurs amis, les uns pour les autres, & divise quelquefois d'une si étrange maniere ceux qui s'aiment, que surpassant en fureur les plus cruels ennemis, ils s'arrachent par une double mort, & la vie du corps, & la vie de l'ame. Mais ce qui montre encore clairement, que c'est l'artifice de cet immortel & capital ennemi des hommes, qui répand un aveuglement si déplorable dans l'esprit de notre Noblesse ; c'est que généralement tous les Gentilshommes s'estimeroient deshonorés, s'ils refusoient de renoncer, par des actions plus que barbares, à toutes les espérances du Christianisme ; & plusieurs d'entr'eux ne croyent pas manquer à leur honneur, en manquant à se trouver dans nos Armées, pour y maintenir par la justice de nos armes contre nos ennemis, la réputation de notre Couronne, & participer à cette véritable gloire, qui s'acquiert en servant son Prince & sa Patrie, dans une guerre légitime. Il faut bien que le Démon les ait charmés, pour leur faire établir le plus haut point de la valeur en des combats de Gladiateurs, qui n'étoient autrefois pratiqués, que par les plus misérables de tous les Esclaves, & que l'on voit encore aujourd'hui l'être souvent par ceux qui sont dans la plus basse de toutes les conditions serviles ; au lieu que c'est en soutenant avec une constance invincible, les travaux & les périls de la guerre, que l'on témoigne la grandeur & la fermeté de son courage. Ce sont ces sages généreux que nous réputons véritablement vaillans, & véritablement dignes de nos bienfaits & de notre estime, & non pas ces furieux, qui comme des victimes malheureuses, souillant la terre d'un sang criminel, descendent dans l'abîme chargés des malédictions de Dieu & des anathêmes de toute l'Eglise pour remedier à ce plus important de tous les désordres, le Roi Henri le Grand ayant assemblé les Princes de son Sang, les Officiers de sa Couronne, & les Principaux de son Conseil, fit après plusieurs grandes délibérations son Edit du mois de Juin 1609, lequel le feu Roi notre très-honoré Seigneur & Pere, depuis son avénement à la Couronne, a fait renouveller & publier de tems en tems, & y a fait même ajouter diverses clauses par ses Déclarations des premier Juillet 1611, 18 Janvier & 14 Mars 1613, 1 Octobre 1614, 14 Juillet 1617. Edit du mois d'Août 1623, & Déclaration du 26 Juin 1624. Mais d'autant que les peines qui y sont portées, quoique très-justes, sembloient un peu rudes à ceux qui ne considéroient pas assez attentivement, qu'elle est l'énormité d'un tel crime, & que cela faisoit prendre la liberté aux personnes les plus considérables, & à celles qui avoient l'honneur de l'approcher, de le supplier en diverses occasions d'en modérer la rigueur : Il résolut par son Edit du mois de Fevrier 1626, sans révoquer néanmoins les précédens, d'établir de nouvelles peines plus douces que les premieres, afin que ne restant aucun prétexte de l'importuner, son intention fût plus religieusement exécutée. Mais la violence d'un mal si opiniâtre s'aigrillant contre les remedes, il n'a pu être arrêté, ni par les exemples de sa Justice, ni par les effets de sa clémence. L'expérience néanmoins a fait voir, que pour la reprimer, la sévérité est beaucoup plus propre que la douceur; ainsi que le défunt Roi notre très-honoré Seigneur & Pere le reconnut, lorsque dans l'extrême joye qu'il plût à Dieu de lui donner, en exauçant les vœux de toute la France, lorsque nous vînmes au monde, & dans le ressentiment des services que la plûpart de la Noblesse lui rendoit dans ses Armées, avec tant de zéle & de fidélité, il se relâcha d'accorder des abolitions à quelqu'un de ceux qui avoient contrevenu à ses Edits, espérant par cette grace de les rendre tout désormais plus retenus dans leur devoir. Mais au contraire, comme si cette facilité de pardon pour le passé, leur avoit donné l'espérance d'une immunité entiere pour l'avenir, ils s'emporterent, & continuerent de s'emporter avec tant de licence à ces combats impies, qu'il ne s'est jamais fait en autant de tems un plus grand nombre de Duels; il semble qu'ils ayent pris plaisir à fouler aux pieds plus hardiment que jamais notre autorité Souveraine, & que par un insolent mépris de la bonté de leurs Rois, ils ayent voulu triompher d'elle. Que s'ils ont oublié que Dieu s'étant réservé la vengeance, c'est à lui qu'ils sont obligés de la demander lorsqu'ils se croyent offensés; ils devroient au moins se souvenir de s'adresser à Nous, comme à son Image vivante, & à qui il lui a plû de donner à l'égard des Peuples qu'il nous a soumis, quelque participation de sa puissance. Mais ils veulent, en violant toutes les Loix divines & humaines, se faire justice eux-mêmes, & se rendre indépendans en la chose du monde où ils sont les plus obligés de se soumettre. Ce que ne pouvant souffrir, sans nous témoigner indignes de porter le Sceptre du premier Royaume de la Chrétienneté, & n'ayant rien de plus cher que la conservation de notre Noblesse, dont la valeur si célébre & rédoutable par toute la Terre, n'est ternie que par les déréglemens d'une si monstrueuse frénésie. Après avoir demandé à Dieu, comme nous faisons & ferons toujours de tout notre cœur, qu'il veuille lui ouvrir les yeux, pour dissiper ces damnables illusions, qui la transportent de l'amour d'une fausse gloire: Nous nous sommes résolus, avec l'avis de la Reine Régente notre très-honorée Dame & Mere, de notre très-cher & très-amé Oncle le Duc d'Orléans, de notre très-cher & très-amé Cousin le Prince de Condé, autres Princes, Ducs, Pairs, Officiers de notre Couronne, & principaux de notre Couronne, & principaux de notre Conseil, de faire revoir exactement tous les susdits Edits & Déclarations, afin d'en tirer ce que l'usage a fait juger le plus propre pour déraciner de nos Royaumes, avec l'assistance du Ciel, un mal si pernicieux & si détestable, & de former un nouvel Edit, en révoquant les précédens; afin que n'étant plus permis aux Juges d'y avoir recours, & de s'arrêter chacun selon son sens particulier, à ce qu'il y avoit de plus doux ou de plus sévére, ils soient obligés de faire exactement celui-ci, où toutes choses sont si clairement exprimées, qu'ils n'auront lieu quelconque de douter de notre volonté pour un effet si juste & salutaire. Mais d'autant que les meilleures Loix sont inutiles, si elles ne sont bien observées, & que nous ne sçaurions être déchargés devant la Justice Divine des malheurs qui arrivent par les Duels, qu'en employant tout notre pouvoir pour en arrêter le cours, & en demeurant infléxible dans une résolution si sainte: Nous défendons très-expressément à toutes personnes de quelque qualité & condition qu'elles soient, & même à notre très-cher & très-amé Frere le duc d'Anjou, lorsqu'il sera en âge; à notre très-cher & très-amé Oncle le Duc d'Orléans; aux Princes de notre Sang; aux autres Princes, & autres Officiers de notre Couronne, & à nos principaux & plus spéciaux Officiers & Serviteurs, de nous faire aucune priere contraire au présent Edit, sur peine de nous déplaire. Et afin qu'après le serment le plus solemnel & le plus inviolable de tous, nul ne prenne la hardiesse de nous supplier d'y contrevenir; Nous jurons & protestons par le Dieu vivant de n'accorder jamais aucune grace dérogeante au présent Edit, & de ne dispenser jamais personne des peines qui y sont contenues, en faveur de qui que ce soit, ni pour quelque considération, cause ou prétexte que ce puisse être. A CES CAUSES, sçavoir faisons: Qu'en révoquant, ainsi qu'il est dit ci-dessus, tous les précédens Edits & Déclarations faits sur le sujet des Duels & Rencontres, Nous avons par le présent Edit perpétuel & irrévocable, dit, déclaré, statué & ordonné; disons, déclarons, statuons & ordonnons ce qui s'ensuit.

ARTICLE PREMIER.

Nous enjoignons à tous nos Sujets de quelque qualité & condition qu'ils soient, de vivre à l'avenir les uns avec les autres en paix, union & concorde, sans s'offenser, injurier, ni

DUELS. provoquer à haine & inimitié, sur peine d'encourir notre indignation, & d'être châtiés exemplairement. Leur ordonnons d'honorer & respecter les personnes, qui par les avantages que leur donne la Nature, ou par les charges & dignités dont nous les avons pourvûs, méritent d'être distingués des autres, ainsi que nous entendons qu'elles le soient; & que ceux qui manqueront à ce devoir & à ce respect soient châtiés, eu égard à la qualité de la personne offensée. Lesdites personnes avantagées par la Nature, ou par leur qualité, s'abstiendront aussi d'offenser les autres, & les contraindre de perdre le respect qui leur est dû; & s'ils y manquent, ils seront tenus de les réparer, ainsi qu'il leur sera ordonné.

II. Tous différends intervenans entre nos Sujets, dont la demande & décision peut & doit être faite en Justice, seront terminés par les voies ordinaires de droit établies en notre Royaume, & nous défendons aux Parties d'en former une querelle, sur peine à l'agresseur de la perte entiere de la chose contentieuse, laquelle dès-à-présent, comme pour lors, nous adjugeons à sa Partie.

III. Et d'autant que par l'indiscrétion & malice des uns, les autres sont quelquefois tellement outragés, qu'ils croyent n'en pouvoir tirer réparation qui les satisfasse en leur honneur, que par la voie des armes, laquelle leur étant défendue par nos Edits, ils la recherchent par eux-mêmes, ou par leurs amis, & au mépris de nos loix & de notre autorité en viennent au combat, d'où naissent les crimes si fréquens, que nous voulons à présent réprimer: Nous ordonnons, que pour y remédier, à tous ceux qui s'estimeront offensés en leur réputation, de s'en plaindre à Nous, ou à nos très-chers & bien amés Cousins les Maréchaux de France, afin que l'injure qu'ils auront reçue soit réparée de telle sorte, qu'ils ne soient pleinement satisfaits en leur honneur.

IV. Ceux qui seront en nos Provinces s'adresseront en pareil cas aux Gouverneurs d'icelles; ou en leur absence, à nos Lieutenans Généraux, & en leur défaut, aux Gouverneurs & Lieutenans Généraux des Provinces les plus proches, pour leur faire leurs plaintes comme dessus: Lesquels Gouverneurs ou Lieutenans Généraux décideront aussi-tôt lesd. différends, si faire se peut! & s'ils sont de telle qualité, qu'ils ne le puissent terminer, ils nous en avertiront, pour faire exécuter ensuite nos commandemens sur ce sujet.

V. Celui qui aura offensé sera tenu de comparoître pardevant Nous, ou lesdits Maréchaux de France, ainsi que pardevant lesdits Gouverneurs ou Lieutenans Généraux en la forme susdite, lorsqu'il lui aura été ordonné par Nous ou par eux, & que notre commandement ou le leur aura été signifié à sa personne, ou à son domicile, jusqu'à deux fois, avec la plainte de l'offensé; à quoi défaillant, il sera ajourné à trois briefs jours; & ne comparoissant point, sera suspendu de son honneur, déclaré incapable de porter les armes, & renvoyé aux Gens tenans nos Cours de Parlemens, chacun en son ressort, pour être punis comme réfractaire à nos Ordonnances, sur quoi nous enjoignons à nosdites Cours de faire leur devoir.

VI. Si l'une des Parties a juste sujet de récuser les susdits Juges ausquels il lui est enjoint d'adresser ses plaintes, elle aura recours à Nous, & nous y pourvoirons: Mais si les causes pour lesquelles elle prétendra cette récusation sont trouvées légeres & frivoles, & partant indignes d'être admises, elle sera renvoyée avec blâme pardevant lesdits Juges.

VII. Si quelques-uns de ceux qui sont offensés, ou croyent l'être, se laissent tellement aveugler par la violence de leur ressentiment, que contre toute sorte de raison, ils s'imaginent qui leur seroit honteux de demander, comme dessus, réparation des injures qu'ils prétendront avoir reçues; Nous enjoignons en ce cas, à nosdits Cousins les Maréchaux de France soit qu'ils soient en notre suite, ou en nos Provinces, que sur l'avis qu'ils auront des différends survenus entre ceux qui feront profession des armes, ils mandent & fassent aussi-tôt comparoître devant eux les deux Parties, ausquelles ils défendront de notre part d'en venir au combat, ni de rien entreprendre l'une contre l'autre par voie de fait, directement ou indirectement, sur peine de la vie: Et après les avoir oüis en présence des Seigneurs & Gentilshommes qui se rencontreront sur les lieux, & autres qui seront par eux appellés, bien qu'il se trouve que l'offense, ne soit pas fort grande, ils ordonneront une satisfaction si avantageuse à l'offensé, qu'il aura sujet d'en demeurer content; étant nécessaire, pour empêcher l'insolence de ceux qui offensent mal à propos, de les châtier par des réparations aussi rigoureuses à ceux qui les font, qu'honorables à ceux qui les reçoivent. Si l'injure faite par l'offensant est jugée par nosd. Cousins les Maréchaux de France, toucher à l'honneur, ledit offensant sera privé pour six ans de Charges, Offices, honneurs, dignités & pensions qu'il posséde; & n'y pourra être rétabli avant ledit tems, ni après, sans

sans nous demander pardon, avoir satisfait à sa Partie, ainsi qu'il aura été ordonné, & pris de Nous nouvelles Provisions & Déclarations de notre volonté, pour rentrer ausdites Charges; & il ne pourra aussi, durant ledit tems, se trouver à dix lieues de notre Cour. Si ledit offensant à l'honneur n'a ni Offices, ni Charges, ni dignités, ni pension, il perdra durant ledit tems de six ans, le tiers du revenu annuel de tout le bien dont il jouira, lequel tiers sera pris par préférence à toutes charges, dettes & hypotéques quelconques, & appliqué à l'Hôpital Royal, dont il sera parlé ci-après en l'article quatorziéme. Si le tiers du revenu dudit offensant à l'honneur, ne monte pas à deux cens livres, il tiendra prison deux ans entiers, où nous l'ordonnerons. Et si les offenses sont faites en lieu de respect, outre les peines ci-dessus, dont nous protestons de ne dispenser jamais personne: Nous voulons que ceux qui commettront lesdites offenses, soient punis de plus sévere & rigoureux châtimens portés par les Loix & Ordonnances anciennes & modernes de notre Royaume.

VIII. Nous ordonnons très-expressément, comme dessus, aux Gouverneurs & Lieutenans Généraux de nos Provinces, de faire venir pardevant eux ceux qui auront offensé, pour, avec l'avis de quelques Gentilshommes sages & judicieux, exécuter entiérement contre lesdits offensans le contenu au précédent article, selon tous les divers cas, qui y sont mentionnés: & s'il arrive, que l'un ou l'autre de ceux qui auront différend, ne veuille déférer à ce qui aura été par eux ordonné; ils seront par lesdits Gouverneurs ou Lieutenans Généraux de nos Provinces, renvoyés pardevant nosdits Cousins les Maréchaux de France, étant près de notre Personne, ou ès Provinces dans lesquelles tels cas seront arrivés: Donnant, comme nous donnons de nouveau à nosdits Cousins toute autorité de décider & juger absolument tous différends concernant le point d'honneur, & réparation d'offenser, soit qu'ils soient arrivés à notre Cour, ou en quelques lieux de nos Royaumes que ce puisse être.

IX. Si les offensés ou prétendans l'être, vouloient pour raison de réparations desdites offenses, soit à leur honneur, biens ou autre intérêt, se pourvoir pardevant nos Juges ordinaires; Nous n'entendons nullement qu'en vertu des précédens articles, ils en puissent être empêchés ni assignés pour ce sujet à la requête des offensans pardevant nosd. Cousins les Maréchaux de France, Gouverneurs, ou leurs Lieutenans Généraux de nos Provinces, devant lesquels ils seront seulement tenus de répondre aux plaintes que l'on vouloit faire d'eux, sans préjudice de leurs actions juridiques.

X. Et en cas que les parties offensantes refusent de subir le jugement de nosdits Cousins les Maréchaux de France; Nous ordonnons à nosdits Cousins, de les faire arrêter par leurs Prévôts, & mettre & retenir en prison jusqu'à ce qu'ils ayent satisfait; & même qu'ils les condamnent à l'amende, & autres peines qu'ils jugeront raisonnables, pour la réparation de leur désobéissance; Nous ordonnons aux Gouverneurs & Lieutenans Généraux de nos Provinces, de faire le semblable contre les Parties offensantes, qui refuseront de subir leurs Jugemens ou de se pourvoir sur le renvoi pardevant nosdits Cousins les Maréchaux de France.

XI. Et pour donner moyen à nosdits Cousins les Maréchaux de France, & aux Gouverneurs & Lieutenans Généraux de nos Provinces, de terminer plus facilement tous les différends, & de faire réparer toutes les injures; Nous nous obligeons d'accorder sur leur avis tout ce que notre conscience nous pourra permettre, pour la satisfaction des offenses: Voulons que ce qu'ils prononceront touchant le point d'honneur, & réparation des offenses, soit si religieusement exécuté de toutes parts, que si quelques-unes des Parties osent y contrevenir, outre les susdites peines de prison, & autres qu'ils leur pourront imposer, ils soient déchus des priviléges de la Noblesse. Enjoignans pour cet effet à nos Elûs, Officiers & Assesseurs des Tailles, de les comprendre au Rolle desdites Tailles, & les taxer selon leurs facultés, sans user d'aucun retardement, sitôt que les Jugemens rendu par nosdits Cousins les Maréchaux de France & Gouverneurs, ou Lieutenans Généraux de nos Provinces leur auront été signifiés, sur peine ausdits Elûs & autres Officiers de nosdites Tailles, de privation de leurs Charges, & d'en répondre en leur propre & privé nom, le tout comme il est dit ci-dessus, sans préjudice des actions civiles & juridiques, que les offensans ou offensés pourront avoir à intenter pardevant les Juges ordinaires; lesquelles néanmoins nous exhortons nosdits Cousins & Gouverneurs, & Lieutenans Généraux de nos Provinces & autres, qui en leur absence pourront être employés au Jugement des querelles & offenses, de composer & accorder amiablement autant qu'il se pourra, afin d'ôter toute occasion au renouvellement des aigreurs & animosités que produisent des actions si funestes. Et afin que les Jugemens de nosdits Cousins les Maréchaux de France, & des Gouverneur & Lieute-

DUELS. nans Généraux de nos Provinces, soient exécutés selon notre intention : Nous voulons qu'ils soient lûs & publiés aux lieux où ils seront rendus, en présence des Seigneurs & Gentilshommes qui s'y trouveront ; & aussi en l'Auditoire de notredit Hôtel, si c'est à notre suite ou en ceux de nos Justices ordinaires, aux Greffes desquels, ou de ladite Prévôté, ils seront enregistrés.

XII. Et combien que nos Sujets ne puissent sans crime être estimés avoir manqué à leur honneur en obéissant à notre présent Edit, & recevant en la forme susdite la réparation & satisfaction qu'il leur sera ordonnée par nosdits Cousins les Maréchaux de France, ou Gouverneurs, ou Lieutenans Généraux de nos Provinces ; néanmoins afin qu'il ne puisse rester aucun scrupule en l'esprit même des plus pointilleux : Nous déclarons que nous prenons sur nous tout ce que l'on pourroit imputer pour ce regard à celui qui étant offensé n'auroit pas fait appeller son ennemi au combat, ou qui étant appellé, aura par la considération de ce qu'il doit à Dieu, & à Nous, refusé d'y aller, & de se rendre coupable d'une désobéissance Divine & humaine.

XIII. La qualité qui nous est si chere, de Protecteur de l'honneur & de la réputation de notre Noblesse, nous ayant fait rechercher avec tant de soin, comme il paroît par les précédens articles, tous les moyens que nous estimons les plus propres pour éteindre les querelles dans leur naissance, & rejetter sur ceux qui offensent, le blâme & la honte qu'ils méritent : Nous voulons espérer qu'il n'y en aura point d'assez insolens & téméraires, pour attirer sur eux notre juste indignation, en osant contrevenir aux défenses si expresses que nous leur faisons, d'entreprendre de se venger eux-mêmes. Mais si nous ne sommes pas si heureux que d'obtenir l'effet d'un souhait que nous faisons avec tant d'ardeur, ils apprendront par les peines suivantes, dont nous avons juré si solemnellement de ne dispenser jamais personne, que leurs crimes seront suivis de punitions inévitables.

XIV. Celui qui s'estimant offensé ne voudra pas s'adresser à ceux que nous avons ci-dessus ordonnés, pour lui faire faire réparation de son honneur, & appellera pour lui-même quelqu'un au combat, sera déchu de pouvoir jamais obtenir réparation de l'offense qu'il prétendra avoir reçue, sera privé dès-lors, nonobstant quelques lettres de grace, ou pardon qu'il puisse après obtenir de Nous par surprise, de toutes les Charges, Offices, honneurs, dignités, pensions, & autres qu'il tiendra de nous ; sans espérance de les recouvrer jamais ; sera banni pour trois ans hors de nos Royaumes, & perdra la moitié de son bien, le fonds de laquelle moitié, si elle est noble, nous voulons être mise en roture, & toutes les Seigneuries & Titres, comme Baronies, Marquisats, Comtés & autres, être réunis, ainsi que par le présent, comme pour lors, Nous les déclarons réunis à notre Domaine, sans qu'il soit besoin pour cela d'aucune Déclaration particuliere, ni que pour quelque cause & occasion que ce soit, ils en puissent jamais être désunis. Déclarons en outre, que toutes les Maisons Seigneuriales & Châteaux appartenans auxdits appellans, seront réputés être compris dans la moitié que nous confisquons, & ensuite de cela rasés rès pierre, rès terre & les fossés comblés pour une marque perpétuelle de leur désobéissance, & de notre Justice. Et quant au fonds de ladite moitié ainsi confisquée, dont les terres seront reduites en rotures, Nous la donnons dès-à-présent, comme dès-lors en propre & à perpétuité à l'Hôpital Royal que nous avons résolu de faire construire auprès de notre bonne Ville de Paris. Voulons qu'entre-ci & le tems qu'il sera établi, le revenu desdites confiscations soit administré par les Maîtres de l'Hôtel-Dieu de notredite bonne Ville de Paris, & employé à la nourriture des pauvres dudit Hôtel-Dieu, dont nous chargeons nos Procureurs Généraux, leurs Substituts, & ceux qui auront l'administration desdits Hôpitaux, de faire soigneuse recherche & poursuite. Ordonnons que leur action dure pour le tems & espace de vingt ans, quand même ils ne feroient aucune poursuite qui la pût proroger. Et quant à l'autre moitié du bien dudit appellant, laquelle lui demeurera, elle sera aussi réduite en roture, sans pouvoir jamais en être tirée pour quelque cause ou prétexte que ce soit ; sauf en tout ce que dessus, des droits des Seigneurs de Fiefs, ausquels il sera par Nous pourvu. Et au cas que lesdits coupables fussent trouvés dans notre Royaume durant les trois ans de leur bannissement, Nous voulons pour la peine de ladite contravention & infraction de leur ban, qu'un troisieme quart de leur bien soit encore confisqué comme dessus, & applicable audit Hôpital, & qu'à la diligence de nos Procureurs Généraux, ou leurs Substituts, sur les premiers avis qu'ils auront desdites infractions de ban, les coupables soient mis & retenus prisonniers jusqu'à la fin dudit bannissement ; enjoignant pour cet effet aux Gouverneurs & Lieutenans Généraux de nos Provinces, Baillifs, Sénéchaux, Gouverneurs particuliers de nos Villes & Prévôts des Maréchaux, de leur prêter main-forte pour l'exécution de ce que dessus toutes fois & quantes qu'ils en seront requis. Que si lesdits appellans pour eux-mêmes possédent des biens à vie seulement, sans aucun droit de proprieté ils seront, outre les peines ci-dessus de perte de toutes charges, dignités, pensions & bannissement, privés pour cinq ans des deux tiers de leur revenu, applicable audit Hôpital, comme dessus, sans préjudice de plus grande peine, si le cas le mérite. Et s'il se rencontre que lesdits appellans pour eux-mêmes soient enfans de famille, & que par conséquent on ne les puisse punir en leurs biens : outre la privation de toutes lesdites charges, dignités & pensions qu'ils pourroient lors posseder, Nous les déclarons incapables d'en tenir à l'avenir, & au lieu des trois ans de bannissement porté ci-dessus, Nous voulons qu'ils soient retenus autant de tems étroitement prisonniers.

XV. Or bien que le susdit crime d'appeller & provoquer au combat soit détestable en toutes sortes de personnes, puisque c'est une contravention si grande & si manifeste aux Loix divines & humaines : y en ayant néanmoins en qui par diverses considérations il est plus horrible, & requiert par conséquent une peine plus rigoureuse : comme lorsque les appellans s'attaquent à ceux qui les ont nourris & élevés, qui ont été leurs tuteurs, qui sont leurs Seigneurs de fief, qui ont été leurs Chefs, & leur ont commandé, & spécialement quand leurs querelles naissent par des sujets de commandement, de châtiment, ou autre action passée durant qu'ils étoient sous leur charge ; Nous voulons & ordonnons que ceux qui tomberont dans cet excès, soient, sans diminution des peines ci-dessus, punis aussi en leurs personnes, suivant la rigueur de nos Ordonnances.

XVI. Nous ordonnons & enjoignons très-expressément à ceux qui seront appellés, de nous en donner avis, ou à nosdits Cousins les Maréchaux de France, ou bien ausdits Gouverneurs & nos Lieutenans Généraux en nos Provinces, auquel cas Nous accordons dès-à-présent, comme pour lors ausdits appellés, toutes les Charges, Offices & pensions des appellans, pourvû qu'il y ait preuve suffisante. Et d'autant que ce faux point d'honneur, qui par l'artifice du Démon a passé jusques-ici dans l'esprit de notre Noblesse pour une inévitable, quoique cruelle, néceffité, est cause de la maudite honte qu'ils ont de refuser ces Duels abominables, comme s'il pouvoit y avoir de la honte d'obéir aux Loix les plus saintes de Dieu & de son Eglise, & aux Ordonnances les plus justes de leur Prince & de leur Patrie ; Nous déclarons & protestons solemnellement que nous tiendrons non-seulement pour impies & pour criminels, mais aussi pour lâches & sans courage, ceux qui n'auront pas assez de générosité, & de vertu, pour surmonter ces foibles opinions, qu'un abus détestable a établies contre toute sorte de droit & justice, & de conscience, & que nous réputerons pour la plus grande injure qui puisse être faite à notre autorité, & même à notre personne, cet insolent mépris du pouvoir que Dieu nous a donné, d'être en ce monde le souverain Juge de l'honneur de nos Sujets, qui ne peuvent s'en rendre Juges eux-mêmes, comme ils font par ces combats sacriléges, sans entreprendre sur la partie la plus élevée, & la plus auguste de notre puissance Royale. Comme au contraire, pour récompenser le mérite & la sagesse de ceux, qui étant conduits par la crainte de Dieu, & par un désir religieux d'obéir à nos commandemens, refuseront le Duel, étant appellés, & se réserveront à employer leur courage aux occasions légitimes qui s'offriront pour le bien de notre service, & l'avantage de notre Etat. Nous déclarons que nous tenons & tiendrons toujours tels refus pour une preuve certaine d'une valeur bien conduite & digne d'être employée par Nous dans la guerre, & aux plus honorables & importantes charges ; comme Nous promettons & jurons devant Dieu, que cette considération jointe à leurs services, nous augmentera toujours la volonté de les en gratifier.

XVII. Que si nonobstant nos très-expresses défenses, & des considérations si justes & si saintes, ceux qui seront appellés sont si foibles, & si lâches que d'accepter le combat ; Nous voulons & ordonnons, que nonobstant toutes Lettres de grace ou de pardon qu'ils pourroient obtenir de Nous par surprise, ils demeureront dès-lors privés de toutes Charges qu'ils auront, ausquelles sera à l'instant par Nous pourvû, & pareillement déchus de toutes pensions & autres graces qu'ils tiendront de Nous, sans espérance de les recouvrer jamais ; comme aussi que le tiers de leur bien, dans lequel tiers seront compris tous leurs Châteaux & Maisons Seigneuriales, soit confisqué au profit du susdit Hôpital, & lesdites Maisons & Châteaux rasés, & généralement toutes les autres clauses portées par le quatorziéme article du présent Edit, exécutées à leur égard tout ainsi que contre les appellans ; avec cette seule différence, que les uns ne perdront que le tiers, & les autres la moitié de leur bien. Nous voulons & entendons en outre, que lesdits appellés qui auront accepté le combat, soient aussi bannis pour trois ans hors de notre Royaume ; & qu'en cas qu'ils ne gardent leur

DUELS. ban, ils soient punis des mêmes peines portées pour ce sujet au susdit article 14. contre les appellans; & qu'au lieu de la perte du tiers de leur bien, ils en perdent la moitié, applicable, comme dessus, audit Hôpital, & avec les mêmes clauses & conditions. Si lesdits appellés qui accepteront le combat, possédent des biens à vie seulement, ils seront, outre les peines ci-dessus, de perte de toutes charges, dignités, pensions, & de banissement, privés pour cinq ans de la moitié de leur revenu, applicable audit Hôpital, comme dessus, sans préjudice de plus grande peine, si le cas le mérite: Et s'il se rencontre que lesdits appellans qui accepteront le combat, soient enfans de famille, outre la privation de toutes lesdites charges, dignités & pensions, qu'ils pourroient pour lors posséder, Nous voulons qu'au lieu de trois ans de bannissement, portés ci-dessus, ils soient tenus deux ans étroitement prisonniers.

XVIII. Si contre les très-expresses défenses portées par notre présent Edit, l'appellant & l'appellé s'étant battus, l'un d'eux, ou tous deux sont tués; en ce cas, outre la moitié ou le tiers de leur bien en fonds, laquelle dès-à-présent, comme pour lors, Nous confisquons au profit dudit Hôpital, aux mêmes clauses & conditions mentionnées ci-dessus en l'article 14. Nous voulons, & nous plaît, que le procès criminel & extraordinaire soit fait contre la mémoire des morts, comme criminels de Leze-Majesté Divine & humaine, & que leurs corps soient traînés à la voirie: Défendant à tous Curés, leurs Vicaires, & autres Ecclésiastiques de les enterrer, ni souffrir être enterrés en terre sainte. Si l'un de ceux qui sera tué ou tous deux n'ont aucuns biens, leurs enfans, s'ils en ont, seront déclarés roturiers & taillables pour dix ans; & s'ils étoient déja taillables, ils seront déclarés indignes d'être jamais Nobles, ni de tenir aucune Charge, Dignité ou Office Royal. Que s'il n'y a que l'un d'eux qui soit tué, en ce cas, outre la susdite confiscation de la moitié ou du tiers du bien, le survivant qui aura tué, sera irrémissiblement puni de mort.

XIX. Et afin que notre présent Edit soit plus inviolablement observé, Nous voulons que tous ceux qui pour la seconde fois viendront à le violer, comme appellans; soit que la premiere fois ils ayent été appellans, ou appellés, de quelque qualité ou condition qu'ils puissent être, outre la confiscation de la moitié de leur bien, applicable en la maniere & condition ci-déclarée au quatorziéme article, soient aussi irrémissiblement punis de mort, encore qu'ils n'ayent pas tué leur ennemi; nulle peine ne pouvant être trop grande, pour réprimer l'insolence & l'opiniâtreté de ceux qui feroient gloire de fouler aux pieds de cette sorte notre autorité & leur devoir.

XX. Si ceux qui tombant aux cas mentionnés aux articles 14 & 17, Nous aurons contraint de les priver de leurs Charges, s'en ressentent contre ceux que nous aurons pourvûs, & les appellent ou excitent au combat, soit par eux-mêmes, ou par autrui, par rencontre ou autrement; Nous voulons, pour châtier l'excès d'une telle audace, qu'eux, & ceux dont ils se serviront, soient dégradés de Noblesse, déclarés infames, & punis de mort, sans pouvoir jamais être relevés par aucune de nos Lettres, ausquelles nous défendons très-expressément à nos Officiers d'avoir égard, s'il arrivoit que par surprise, ou autrement, ils vinssent à en obtenir.

XXI. Bien que nous espérions que la publication de notre présent Edit, que nous voulons à l'avenir être inviolable, empêchera tous nos Sujets de plus tomber en telles fautes: S'il arrivoit toutefois qu'il y en eût de si misérables, que de ne pas s'en abstenir, & que non contens de commettre des crimes si énormes devant Dieu & devant les hommes, ils y engageassent encore d'autres personnes dont ils se serviroient pour seconds, tiers, ou autre plus grand nombre, ce qu'ils ne pourroient faire, que pour chercher lâchement dans l'adresse & le courage d'autrui la sûreté de leurs personnes, qu'ils n'exposeroient pas par vanité contre leur devoir, que sur cette seule confiance: Nous voulons outre toutes les peines ordonnées ci-dessus contre les appellans, que ceux qui à l'avenir, soit appellans ou appellés, se rendroient coupables d'une si criminelle & si prodigieuse lacheté, soient non-seulement sans rémission punis de mort, quand même il n'y auroit personne de tué dans ces combats fait avec des seconds; mais que leurs armes soient noircies & brisées publiquement par l'Exécuteur de la Haute Justice, qu'ils soient dégradés de Noblesse, & déclarés eux & leur postérité roturiers, & incapables pour jamais de tenir aucune Charge; sans que Nous ni les Rois nos successeurs les puissent rétablir, ni leur ôter la note d'infamie qu'ils auront justement encourue, tant par l'infraction du présent Edit, que par lâcheté; & ce nonobstant toutes Lettres de grace & abolitions qu'ils pourroient obtenir par surprise, ou autrement, ausquelles nous défendons à tous Juges d'avoir égard. Quant ausdits seconds & tiers, Nous voulons qu'ils souffrent les mêmes peines portées en l'article 14. contre les appellans, si ce n'est qu'ils eussent fait l'appel, ou qu'ils eussent tué; auquel cas ils seront irrémissiblement punis de mort, & de toutes les autres peines portées en l'article 18 contre les appellans pour eux-mêmes, qui auront tué, nul châtiment ne pouvant être trop grand pour punir ceux qui se laissent engager dans ces combats exécrables, & pour couvrir d'horreur & de honte ceux qui sont si cruels & si lâches, que de faire périr leurs amis avec eux, par la défiance qu'ils ont de leur propre courage.

XXII. Nous voulons que tous ceux qui porteront les billets pour faire appel, ou conduiront au combat, soit au fait des rencontres ou des Duels, Laquais ou autres, de quelque condition qu'ils puissent être soient punis de mort, sans que nos Cours Souveraines ou autres Juges aient aucun égard aux graces & rémissions qui pourroient être obtenues par surprise.

XXIII. Quant à ceux qui auront été spectateurs d'un Duel, s'ils s'y sont rendus exprès pour ce sujet; Nous voulons qu'ils soient dégradés des armes, & privés pour toujours de charges, dignités, & pensions qu'ils posséderont, les réputant avec raison pour complices d'un crime si détestable, puisqu'ils y auront donné leur consentement.

XXIV. Et à cause qu'il est souvent arrivé, que pour éviter la sévérité des peines si saintement ordonnées par les précédens Edits contre la fureur de ces combats sacriléges, quelques-uns ont recherché l'occasion de se rencontrer, pour couvrir leur dessein prémédité qu'ils avoient de se battre: Nous voulons & ordonnons, que si ceux qui auront auparavant eu différend, querelle, ou reçu quelque prétendue offense, viennent à se rencontrer ou à se battre seuls, ou en pareil état & nombre de part & d'autre, à pied ou à cheval, ils soient sujets aux mêmes peines que si c'étoit un Duel; sauf si en d'autres il arrivoit combat de nombre inégal & sans aigreur précédente, à procéder contre les seuls aggresseurs & coupables, & les punir par les voies ordinaires.

XXV. D'autant aussi qu'il s'est trouvé d'autres de nos Sujets, qui ayant pris querelle dans nos Royaumes, & s'étant donnés rendez-vous pour se battre hors de nos Etats, ou sur les frontieres, ont cru de pouvoir éluder par ce moyen l'effet de nos Edits: Nous voulons que tous ceux qui tomberont en telles fautes, soient poursuivis tant en leurs biens durant leur absence, qu'en leurs personnes après leur retour; tout ainsi & en la même sorte que ceux qui contreviendront au présent Edit, sans sortir de nosdits Royaumes, les jugeant même plus punissables, en ce que le tems leur donnant davantage le loisir de reconnoître la grandeur de leur faute; la surprise des premiers mouvemens qu'on a dans la chaleur d'une offense nouvellement reçue, les rend encore beaucoup moins excusables.

XXVI. Et à cause que la diligence importe extrêmement pour la punition des crimes que Nous voulons châtier par notre présent Edit: Nous ordonnons très-expressément, au regard de ceux qui se commettront en l'enceinte, & aux environs de notre bonne Ville de Paris, tant aux Huissiers de notre Cour de Parlement, Commissaire du Châtelet, Prévôt de la Connétablie, Lieutenans de Robe-Courte, Prévôt de l'Isle, Chevalier du Guet, & leurs Lieutenans & Archers, à peine d'en répondre en leurs propres & privés noms; Et pour ce qui est des Provinces, Nous enjoignons, sur mêmes peines, à tous Prévôts de nos Cousins les Maréchaux de France, Vice-Baillifs, Vice-Sénéchaux, leurs Lieutenans & Archers, chacun en leur ressort, que sur le bruit d'un combat arrivé, ils se transportent à l'instant sur les lieux pour arrêter les coupables, & les constituer prisonnier: Sçavoir, pour ce qui est de Paris, dans la Conciergerie de notre Palais; & pour ce qui est des Provinces, dans les principales & plus proches prisons Royales: Voulant que pour chacune capture, il leur soit payé la somme de quinze cens livres, à prendre avec les autres frais de Justice qui seront faits, pour faire & parfaire leur procès, sur le bien le plus clair des coupables, sans diminution desdites confiscations que nous avons ordonnées ci-dessus.

XXVII. Et d'autant que les coupables, pour éviter de tomber entre les mains de la Justice, se retirent d'ordinaire chez les Grands de notre Royaume; Nous défendons très-expressément à tous Princes, soit de notre Sang ou autre, & autres Officiers de notre Couronne, de donner aux contrevenans à notre présent Edit, support & assistance quelconque, ni retraite en leurs Maisons ou Châteaux; Leur enjoignant au contraire, de les remettre ès mains de la Justice, si-tôt qu'ils en seront requis, de donner pour cela à nos Officiers l'assistance & la force qui leur seront nécessaires. Voulant que pour ce sujet les portes de leursdites maisons & Châteaux leur soient ouvertes, sans difficulté, afin d'y faire perquisition, & se saisir des coupables. Et en cas de refus, Nous commandons à tous nos susdits Officiers d'en faire faire ouverture, & se faire assister pour cela de suffisant nombre d'hommes: Enjoignons aux Bourgeois & Habitans de nos Villes, Bourgs, ou Villages, & à la premiere interpellation qui leur en sera faite,

DUELS. de s'aſſembler au ſon du tocſin, & prendre les armes pour aſſiſter noſdits Officiers; enſorte que la force nous demeure, & à notre Juſtice. Que ſi après ce refus les coupables ſont trouvés dans les Maiſons ou Châteaux, Nous voulons que celui qui les aura retirés, ſoit Princes ou Officiers de notre Couronne, Gouverneurs ou leurs Lieutenans Généraux de nos Provinces, ſoient tenus de s'abſenter de notre Cour pour un an, en faiſant de leurs Maiſons des aſiles contre Nous & notre Juſtice, & entreprenant par un ſi audacieux attentat, ſur le droit le plus auguſte de la Monarchie, qui nous rend auſſi abſolus ſur les plus relevés, que ſur les moindres de nos Sujets, ainſi que Dieu l'eſt également ſur les Rois & ſur le reſte des hommes. Nous faiſons pareilles défenſes à tous nos autres Sujets de quelque qualité & condition qu'ils puiſſent être, d'aſſiſter ou retirer chez eux les contrevenans à notre préſent Edit; Leur enjoignons très-expreſſément, comme deſſus, de les remettre entre les mains des Officiers de notre Juſtice, ſi-tôt qu'ils en ſeront requis: Et en cas de refus, & qu'ils ſoient trouvés dans leurs maiſons, Nous voulons qu'ils ſoient bannis pour deux ans de notre Cour, & que leurſdites Maiſons ſoient raſées, afin que les autres apprennent par leur exemple la révérence qu'ils doivent aux Loix & aux puiſſances Souveraines établies de Dieu, pour le repréſenter en terre.

XXVIII. Lorſqu'après toutes les perquiſitions & recherches ordonnées par les articles précédens, les coupables ne pourront être trouvés, Nous voulons & ordonnons, que ſur les procès-verbaux qui ſeront rapportés deſdites recherches, & même ſur la ſimple notoriété, il ſoit, à la requête de nos Procureurs Généraux, ou de leurs Subſtituts décreté decret de priſe de corps contre les abſens, en vertu duquel, à faute de les pouvoir appréhender, tous leurs biens ſeront ſaiſis, & eux ajournés à trois briefs jours conſécutifs, & ſur iceux défauts donnés à noſdits Procureurs Généraux, ou leurs Subſtituts, pour en être le profit adjugé, ſans autre forme ni figure de procès, dans la huitaine après le crime commis.

XXIX. Afin d'empêcher les ſurpriſes de ceux qui pour obtenir des graces nous déguiſeroient la vérité des combats arrivés, au préjudice des défenſes portées par notre préſent Edit, & mettroient en avant des faux faits, pour faire croire que leſdits combats ſeroient ſurvenus inopinément, & enſuite de querelles priſes ſur le champ: Nous ordonnons que nul ne ſera reçu à pourſuivre aucune grace, qu'il ne ſoit actuellement priſonnier à notre ſuite, ou dans une priſon Royale, où étant vérifié qu'il n'a contrevenu en aucune ſorte à notre préſent Edit, il pourra obtenir des Lettres de rémiſſion, en connoiſſance de cauſe.

XXX. Sçachant que les Loix, quelques bonnes & ſaintes qu'elles ſoient en elles-mêmes ſont ſouvent plus dommageables qu'utiles au Public, ſi elles ne ſont entiérement & religieuſement obſervées: Nous enjoignons & commandons très-expreſſément à noſdits Couſins les Maréchaux de France, auſquels appartient, ſous notre autorité, la connoiſſance & déciſion de contentions & querelles qui concernent l'honneur & réputation de nos Sujets, de tenir très-expreſſément & très-ſoigneuſement la main à l'obſervation de notre préſent Edit, ſans y apporter aucune modération, ni permettre que par faveur, connivence, ou autrement, il y ſoit contrevenu en aucune ſorte, nonobſtant toutes Lettres cloſes & Patentes, & tous autres commandemens qu'ils pourroient recevoir de Nous, auſquels nous leur défendons de s'arrêter ſur tant qu'ils déſirent de nous obéir & de nous plaire. Nous faiſons auſſi pareil commandement & défenſe aux autres Officiers de notre Couronne & aux Gouverneurs & Lieutenans Généraux de nos Provinces.

XXXI. S'il arrive que nonobſtant les défenſes ſi expreſſes portées par notre préſent Edit, il y ait eû appel, Duel ou Combat, en ce cas Nous ne voulons plus que la connoiſſance & jugement en appartienne à noſdits Couſins les Maréchaux de France, ni aux Gouverneurs & Lieutenans Généraux de nos Provinces: Mais nous les avons attribués & attribuons à nos Cours de Parlements pour ce qui arrivera dans l'enceinte & ès environs des Villes où elles ſont ſéantes, ou bien plus loin, entre les perſonnes de telle qualité & importance, qu'ils jugent y devoir interpoſer leur autorité; & hors ce cas nous faiſons ladite attribution à nos Juges ordinaires, à la charge de l'appel, avec défenſes à notre Grand Prévôt, ſes Lieutenans, & tous autres Prévôts, Lieutenans de Robe-Courte, & autres Juges extraordinaires d'en connoître, quelque attribution & adreſſe qui leur en pût être faite, déclarant dès-à-préſent telles procédures nulles & de nul effet.

XXXII. Afin de remédier aux abus qui ſe pourroient commettre pour affoiblir l'effet de notre préſent Edit; Nous déclarons toutes diſpoſitions faite en fraude évidente dudit Edit, ſix mois auparavant le crime commis, ou depuis ledit crime, en quelque maniere que ce ſoit, nulles & de nul effet, & voulons qu'en ce cas, outre les peines ſuſdites, nos Juges ordonnent telle récompenſe qu'ils eſtimeront être raiſonnable à ceux qui auront découvert leſdites fraudes, afin que dans un crime public, & si désagréable à Dieu, chacun soit invité à la dénonciation.

XXXIII. Bien qu'après le serment si grand & si solemnel que Nous avons fait ci-dessus, de n'accorder jamais aucunes graces des peines contenues au présent Edit, il n'y ait pas lieu de douter que Nous ne l'observions inviolablement; néanmoins afin de faire connoître à tout le monde jusqu'à quel point Nous nous sommes résolus, pour l'acquit de notre conscience envers Dieu, & de notre soin paternel envers nos Sujets, de Nous démettre en cette occasion de notre souveraine puissance, pour nous ôter le moyen de contrevenir à un dessein si digne d'un Roi Très-Chrétien, & du Fils aîné de l'Eglise: Nous avons fait jurer en nos mains aux Secretaires de nos Commandemens de ne signer jamais aucunes Lettres, qui directement ou indirectement soient contraires à notre présent Edit, & à notre très-cher & féal Chancelier, de n'en point sceller, quelques exprès commandemens qu'ils en pussent recevoir de notre part; mais de refuser absolument tous ceux qui poursuivroient de telles graces. Déclarons aussi devant Dieu & devant les hommes, que nous réputerons pour infractèur de nos Loix, ennemis de notre réputation, & par conséquent indignes de nos bonnes graces, tant ceux qui médiatement ou immédiatement entreprendroient de nous faire relâcher d'une résolution si sainte. Que si, nonobstant toutes les précautions que nous apportons par cet article, à ce qu'il ne s'expédie jamais de Lettres contraires à aucunes des clauses du présent Edit, il arrivoit par surprise qu'il s'en expédiât quelqu'unes, Nous voulons & entendons qu'elles soient nulles & de nul effet, comme données contre notre intention & notre foi; faisant très-expresses inhibitions & défenses à nos Cours Souveraines & autres Juges, ausquels elles seront adressées d'y avoir aucun égard, comme étant contraires à notre volonté, quelques clauses de notre propre mouvement, ou autre dérogatoire qui y puissent être apportées.

XXXIV. Et afin de n'oublier rien de tout ce qui peut dépendre de Nous, pour déraciner de nos Royaumes un crime si abominable, & qui renverse tous les fondemens de la Religion Chrétienne, Nous protestons non-seulement de ne souffrir jamais, en faveur de qui ce soit, la moindre contravention au présent Edit: Mais Nous nous réservons d'y ajouter de nouvelles peines encore plus grandes & plus sévéres, si cette damnable fureur ne peut être arrêtée par celles que Nous établissons maintenant; ce que Nous voulons espérer qui n'aviendra pas, & que Dieu benira nos justes intentions dans une occasion si sainte & si importante pour sa gloire. Si donnons en mandement à nos amés & féaux les Gens tenans nos Cours de Parlemens, Baillifs Sénéchaux, & autres nos Justiciers & Officiers qu'il appartiendra, que le contenu en ces Présentes ils fassent lire, publier & enregistrer, garder & observer, gardent & observent inviolablement, & sans l'enfraindre: Car tel est notre plaisir. Et afin que ce soit chose ferme & stable à toujours, Nous avons signé ces Présentes de notre main, & à icelles fait mettre & apposer notre scel, sauf en autres choses notre droit, & l'autrui en toutes. Donné à Paris au mois de Juin l'an de grace mil six cens quarante-trois: Et de notre Régne le premier. *Signé*, LOUIS: & à côté, *Visa*. Et plus bas; Par le Roi, la Reine Régente sa Mere présente, DE GUENEGAUD. Et scellé du grand Sceau de cire verte, sur lacs de soie rouge & verte.

DECLARATION DU ROI,

Du 11 Mai 1644.

Portant itératives défenses à toutes personnes, de se provoquer & battre en Duel, par rencontre ou autrement, ni de contrevenir aux Edits & Déclarations, sous les peines portées par les Ordonnances.

Vérifiée en Parlement le 9e. jour de Juin audit an.

LOUIS, par la grace de Dieu, Roi de France & de Navarre: A tous ceux qui ces Présentes Lettres verront, SALUT. Nous avions cru que le dernier Edit qui a été renvoyé en notre Cour de Parlement sur le fait des Duels, seroit un remede assez puissant pour arrêter le cours de ce mal, qui dès si long-tems travaille notre état, & par sa fureur épuise le sang de notre Noblesse, qui seroit plus honorablement répandu dans nos Armées; mais l'expérience nous a fait connoître qu'il n'y a point de Loi si saintement établie, dont on ne trompe les bonnes & justes intentions par les

DUELS. fraudes & les déguisemens qu'on y apporte, pour les rendre inutiles & sans effet. Car on peut dire, que depuis les défenses qui ont été publiées, on a vû plus de Duels qu'il n'en avoit été fait long-tems auparavant; ce qui ne procéde d'ailleurs que des prétextes qu'on recherche, & de la confiance que l'on prend de les pouvoir facilement faire passer pour des rencontres. A CES CAUSES, désirant d'ôter tous moyens & retrancher tous les artifices qui peuvent apporter l'impunité à un si grand crime, & faire qu'à l'avenir les défenses soient plus exactement observées: Nous avons, de l'avis de la Reine Régente, notre très-honorée Dame & Mere, de notre très-cher & très-amé Oncle le Duc d'Orléans, & de notre très-cher & très-amé Cousin le Prince de Condé : Dit & déclaré, disons & déclarons, par ces Présentes, signées de notre main : Que tous combats qui se feront ci-après par rencontre ou autrement, seront pris & réputés pour Duels; & sera procédé contre ceux qui les auront faits, par les mêmes peines qui sont ordonnées contre ceux qui se sont battus en Duel, si ce n'est qu'ils se mettent en état dans les prisons de nos Cours de Parlemens, dans le ressorts desquelles les combats auront été faits, & qu'ils justifient par bonnes & valables preuves qu'ils ont été faits par rencontre, & sans aucun dessein prémédité, hors laquelle condition Nous voulons qu'à la diligence de notre Procureur Général en nosdites Cours de Parlemens, il soit incessamment procédé contre tous ceux qui se sont battus, pour être punis selon la rigueur des mêmes peines qui sont ordonnées par notre Edit, qui a été publié sur le fait des Duels. Si donnons en mandement à nos amés & féaux Conseillers, les Gens tenans notre Cour de Parlement de Paris, Baillifs, Sénéchaux, Juges ou leurs Lieutenans, & à tous autres nos Justiciers & Officiers qu'il appartiendra, que ces Présentes ils fassent lire, publier, registrer, exécuter, garder & observer selon leur forme & teneur. Enjoignons à nos Procureurs Généraux, leurs Substituts présens & à venir d'y tenir la main, & faire les diligences requises & nécessaires pour ladite exécution : Car tel est notre plaisir : En témoin de quoi Nous avons fait mettre notre scel à cesdites Présentes. Donné à Paris le onziéme jour de Mai, l'an de grace mil six cent quarante-quatre : Et de notre Régne le premier; *Signé*, LOUIS. Et sur le repli, Par le Roi, la Reine Régente sa Mere présente, DE GUENEGAUD. Et scellée sur double queue du grand sceau de cire jaune.

DECLARATION DU ROI,

Du 13. Mars 1646.

Sur la défense des Querelles, Duels, Appels & Rencontres, portant confirmation & augmentation des peines contenues aux Edits, Déclarations & Réglemens sur ce sujet.

Publiée en Parlement le 20 Mars audit an.

LOUIS, par la grace de Dieu, Roi de France & de Navarre : A tous ceux que ces Présentes Lettres verront : SALUT. Nous croyons que les graces que nous avions faites à ceux de notre Noblesse, qui étoient tombés dans le crime des Duels & Rencontres, & les peines que Nous avions ordonnées par notre Edit, à l'entrée de notre Régne, auroient servi de puissans moyens pour retenir nos Sujets dans le respect qu'ils doivent à nos commandemens: Mais tant s'en faut que toutes ces justes obligations ayent fait aucun effet, qu'au contraire, il semble que la bonté dont nous avons usé, n'ait servi qu'à augmenter la licence de commettre ce crime, par une espérance d'impunité; en sorte que le mal est venu à une telle extrémité, que nos très-chers & bien amés Cousins les Maréchaux de France, Nous ont fait connoître que leur autorité venoit en tel mépris, que quelque soin qu'ils apportent pour prévenir ces combats, leur travail demeure sans fruit. Ce nous est un extrême déplaisir de voir l'innocence de notre âge, & la justice de notre Régne, blessé par un crime si détestable, qui offense également la Majesté divine & celle des Rois, & que lorsque Dieu versant ses bénédictions sur notre Régne, il donne la force à nos armes, & nous rend victorieux de nos ennemis: nos Sujets, par un mépris insupportable, s'élevent au-dessus des Loix divines & humaines, & triomphent en quelque façon de notre autorité. Il seroit à craindre, que si Nous n'employons tous nos soins pour arrêter le cours de cette injustice, que Dieu enfin ne retirât ses bénédictions qu'il nous a jusques ici si abondamment départies. Ce qui nous a fait résoudre, par l'avis

DUELS.

l'avis de la Reine Régente notre très-honorée Dame & Mere, de renouveller nos défenses sur le sujet des Duels, ajouter quelques réglemens que Nous avons jugés nécessaires, pour s'opposer aux violentes entreprises contre notre autorité. Et comme jusqu'ici l'impunité de ce crime a donné plus d'audace de l'entreprendre, ce qui est arrivé par le défaut de preuves, que ceux qui sont intéressés détournent; Nous avons estimé à propos d'ordonner, que sur la réquisition simple qui sera faite par notre Procureur Général, il soit ordonné par nos Cours, que ceux qu'ils accuseront de s'être battus en Duel, soient obligés de se rendre aux prisons des Cours de Parlement, pour répondre aux conclusions qu'ils entendront prendre contr'eux. A CES CAUSES, de l'avis de la Reine Régente notre très-honorée Dame & Mere, de notre très-cher & très-amé Oncle le Duc d'Orléans, notre très-cher & très-amé Cousin le Prince de Condé, notre très-cher & très-amé Cousin le Cardinal Mazarin, & d'autres notables Personnages de notre Conseil, Nous avons dit, déclaré & ordonné, disons, déclarons & ordonnons; qu'à l'avenir, nos Procureurs Généraux en nos Cours de Parlemens, sur l'avis qu'ils auront des combats qui auront été faits, fassent leurs réquisitions contre ceux qui par notoriété en seront estimés coupables; & que conformément à icelles, nosdites Cours, sans autre preuve, ordonnent que dans les délais qu'elles jugeront à propos, ils seront tenus de se rendre en leurs prisons, pour se justifier & répondre sur les réquisitions de nosdits Procureurs Généraux; & à faute dans ledit tems, de satisfaire aux Arrêts qui seront signifiés à leurs domiciles, voulons qu'ils soient déclarés atteints & convaincus des cas à eux imposés, & comme tels qu'ils soient condamnés aux peines portées par nos Edits: Enjoignons à nosdits Procureurs Généraux, de nous tenir avertis des condamnations qui seront rendues, & des diligences qu'ils apporteront pour l'exécution d'icelles, & d'en envoyer les procédures à notre très-cher & féal le Chancelier de France. Et afin que ceux qui seront offensés, ne recherchent de tirer leur satisfaction par la voie des armes; Nous voulons & ordonnons que nos très-chers & bien amés Cousins les Maréchaux de France, prennent un soin particulier de terminer les différends & querelles qui naîtront entre nos Sujets Nobles & portant les armes, & de faire faire les satisfactions proportionnées aux injures reçues: & ce qui sera par eux ordonné sur ce fait, sera exécuté comme si c'étoit par Nous-même, leur permettant, en cas de refus & de désobéissance aux ordres qu'ils auront donnés sur les querelles, de faire mettre en prison ceux qui seront refusans d'obéir: Et en cas que ceux qui auront été appellés devant eux, pour être ouis sur leurs différends, ne se présentent, ou bien s'étant présentés, s'ils rompent les gardes qui leur auroient été donnés; Nous entendons, qu'encore que le combat ne s'en soit ensuivi, que nosdits Cousins les Maréchaux de France les fassent arrêter, & condamner à une prison, pour tel tems qu'ils jugeront à propos, Nous réservant d'ordonner à l'encontre d'eux plus grande peine, s'il y échoit. Défendons néanmoins à nosdits Cousins les Maréchaux de France, d'entendre devant eux ceux qui auront querelle, lorsqu'il y aura eu appel, que premiérement les Parties ne soient actuellement dans les prisons qu'ils leur ordonneront; & avant que de procéder à leur accord, ils nous en donneront avis, pour recevoir sur ce nos commandemens. Faisons très-expresses inhibitions & défenses à toutes personnes, de quelque qualité & condition qu'elles soient, de recevoir dans leurs Hôtels & Maisons ceux qui auront contrevenu à notre Déclaration sur le fait des Duels & Rencontres: Voulons & entendons qu'elle soit exactement observée & entretenue en tous ses points selon sa forme & teneur, sans qu'il puisse être dérogé en quelque façon & maniere que ce soit: Défendant à toutes personnes de quelque qualité & condition qu'elles soient, de nous proposer d'accorder aucune grace à ceux qui auront contrevenu à nos Réglemens, à peine de notre indignation, & aux Secretaires d'Etat & de nos Commandemens d'en signer aucune; & à notre très-cher & féal Chancelier de France, de les sceller; déclarant dès-à-présent toutes celles qui pourroient être expédiées, nulles & de nul effet: Défendons à nos Cours de Parlemens, & autres nos Justiciers & Officiers, ausquels elles seront adressées, d'y avoir aucun égard. Si donnons en Mandement à nos amés & féaux Conseillers les Gens tenans nos Cours de Parlemens, Baillifs, Sénéchaux, Prévôts, Juges, ou leurs Lieutenans, & à tous autres nos Justiciers & Officiers qu'il appartiendra, que ces Présentes nos Lettres de Déclaration ils ayent à faire lire, publier & enregistrer, & le contenu en icelle garder & observer inviolablement, selon leur forme & teneur, sans permettre qu'il y soit contrevenu en aucune sorte & maniere que ce soit; Car telle est notre plaisir. En témoin de quoi nous avons fait mettre notre scel à cesdites Présentes. Donné à Paris le treiziéme jour de Mars l'an de grace mil six cens quarante-six: Et de notre Régne le troisiéme. *Signé*, LOUIS. Et plus bas, Par le Roi, la Reine Régente sa Mere présente, DE GUENEGAUD. Et scellé du grand sceau de cire jaune.

EDIT DU ROI,

Du mois de Septembre 1651, contre les Duels.

Vérifié en Parlement, le Roi y séant audit mois & an.

LOUIS, par la grace de Dieu, Roi de France & de Navarre : A tous présens & à venir ; SALUT. Nous estimons ne pouvoir plus efficacement attirer les graces & bénédictions du Ciel sur Nous & sur nos Etats, qu'en commençant nos actions à l'entrée de notre Majorité, par une forte & sévére opposition aux pernicieux désordres des Duels & combats par rencontres, dont l'usage est non-seulement contraire aux Loix de la Religion Chrétienne & aux nôtres, mais très-préjudiciable à nos Sujets, & spécialement à notre Noblesse, dont la conservation nous est aussi chere, qu'elle est importante à l'Etat. Et bien que nous ayons, à l'exemple des Rois nos Prédécesseurs, fait tout notre possible depuis notre avenement à cette Couronne, pour réprimer un mal, dont les effets sont si funestes au général & aux principales familles du Royaume, ayant par divers Edits, Déclarations & Réglemens, & sous de notables peines, prohibé tous les combats singuliers & autres entre nos Sujets pour quelque cause, & sous quelque prétexte qu'ils puissent être entrepris : Néanmoins nos soins n'ont pas eu le succès que Nous en espérions, voyant avec une extrême déplaisir que par la longueur de la guerre que nous avons été obligé de soutenir contre la Couronne d'Espagne, après avoir été justement entreprise par le feu Roi notre très-honoré Seigneur & Pere de glorieuse mémoire, que Dieu absolve ; ou par les mouvemens intestins arrivés depuis quelques années, que Nous avons heureusement appaisés ; & encore par la douceur qu'il a convenu exercer pendant notre Minorité ; cette licence s'est accrue à tel point, qu'elle se rendroit irrémédiable, si nous ne prenions une ferme résolution, comme Nous faisons présentement, d'empêcher avec une justice très-sévére, & par toutes les voies raisonnables, les contraventions faites à nos Edits & Ordonnances en une matiere de si grande conséquence. A CES CAUSES, & autres bonnes & grandes considérations à ce Nous mouvans ; de l'avis de notre Conseil, où étoient la Reine notre très-honorée Dame & Mere, notre très-cher & très-amé Oncle le Duc d'Orléans, nos très-chers & très-amés Cousins les Princes de Condé & de Conty, & autres Princes, Ducs, Pairs & Officiers de notre Couronne, & principaux de notredit Conseil ; & après avoir examiné en icelui ce que nos très-chers & bien amés Cousins les Maréchaux de France, qui se sont assemblés plusieurs fois sur ce sujet par notre exprès commandement, nous ont représentés des causes de cette licence, & des moyens de la réprimer, & faire cesser à l'avenir : Nous avons, en renouvellant les défenses portées par les Edits & Ordonnances des Rois nos prédécesseurs, & en y ajoutant ce que nous avons jugé nécessaires, sans néanmoins les révoquer ni annuller : Dit, déclaré, statué & ordonné ; disons, déclarons, statuons & ordonnons par notre présent Edit perpétuel & irrévocable, Voulons & nous plaît ce qui s'ensuit.

ARTICLE PREMIER.

Premiérement ; nous exhortons tous nos Sujets, & leurs enjoignons de vivre à l'avenir les uns avec les autres dans la paix, l'union & la concorde nécessaire pour leur conservation, celle de leurs familles, & celle de l'Etat, à peine d'encourir notre indignation, & de châtiment exemplaire : Nous leur ordonnons aussi de garder le respect convenable à chacun selon sa qualité, sa dignité & son rang, & d'apporter mutuellement les uns avec les autres tout ce qui dépendra d'eux pour prévenir tous différends, débats & querelles, notamment celles qui peuvent être suivies des voies de fait ; de se donner les uns aux autres sincérement & de bonne foi tous les éclaircissemens nécessaires sur les plaintes & mauvaises satisfactions qui pourront survenir entr'eux, & d'empêcher que l'on ne vienne aux mains en quelque maniere que ce soit. Déclarons que nous réputerons ce procédé pour un effet de l'obéissance qui nous est dûe, & que nous tenons plus conforme aux maximes du véritable honneur, aussi-bien qu'à celles du Christianisme, aucun ne pouvant se dispenser de cette mutuelle charité, sans contrevenir aux Commandemens de Dieu aussi bien qu'aux nôtres.

II. Et d'autant qu'il n'y a rien si honnête, ni qui gagne davantage les affections du public &

des particuliers, que d'arrêter le cours des querelles en leur source : Nous ordonnons à nos très-chers & bien amés Cousins les Maréchaux de France, & aux Gouverneurs & nos Lieutenans Généraux en nos Provinces, de s'employer eux-mêmes très-soigneusement & incessamment à terminer tous les différends qui pourront arriver entre nos Sujets par les voies, & ainsi qu'il leur en est donné pouvoir par lesdits Edits & Ordonnances des Rois nos prédécesseurs : Et en outre Nous donnons pouvoir à nosdits Cousins de commettre en chacun des Bailliages ou Sénéchaussées de notre Royaume, ou un ou plusieurs Gentilshommes selon l'étendue d'icelles, qui soient de qualité, d'âge & capacité requises pour recevoir les avis des différends qui surviendront entre les Gentilshommes, Gens de guerre, & autres nos Sujets, les renvoyer à nosdits Cousins les Maréchaux de France ou au plus ancien d'eux ? ou aux Gouverneurs, ou à nos Lieutenans Généraux aux Gouvernemens de nos Provinces, lorsqu'ils y seront présens ; Et donnons pouvoir ausdits Gentilshommes qui seront ainsi commis, de faire venir pardevant eux, en l'absence desdits Gouverneurs & nosdits Lieutenans Généraux, tous ceux qui auront quelque différend pour les accorder, ou les renvoyer pardevant nosdits Cousins les Maréchaux de France, au cas que quelqu'une des Parties se trouve lézée par l'accord desdits Gentilshommes. Et pour cette fin Nous enjoignons très-expressément à tous Prévôts des Maréchaux, Vice-Baillifs, Vice-Sénéchaux, leurs Lieutenans, Exempts, Greffiers & Archers, d'obéir promptement & fidélement, sur peine de suspension de leurs Charges, & de privation de leurs gages, ausdits Gentilshommes commis sur le fait desdits différends, soit qu'il faille assigner ceux qui ont querellé, les constituer prisonniers, saisir & annoter leurs biens, ou faire tous autres Actes nécessaires pour empêcher les voies de fait, & pour l'exécution des ordres desdits Gentilshommes ainsi commis ; le tout aux frais & dépens des Parties.

III. Nous déclarons en outre que tous ceux qui assisteront ou se rencontreront, quoiqu'inopinement, aux lieux où se commettront des offenses à l'honneur, soit par des rapports ou discours injurieux, soit par manquement de promesse, ou paroles données, soit par démentis, coup de main, ou autres outrages, de quelque nature qu'ils soient, seront à l'avenir obligés d'en avertir nos Cousins les Maréchaux de France, ou les Gentilshommes commis par lesdits Maréchaux, sur peine d'être réputés complices desdites offenses, & d'être poursuivis comme y ayant tacitement contribué, pour ne s'être pas mis en devoir d'en empêcher les mauvaises suites. Voulons pareillement & nous plaît, que ceux qui auront connoissance de quelques commencemens de querelles & animosités, causés par des procès qui seroient sur le point d'être intentés entre Gentilshommes, pour quelques intérêts d'importance, soient obligés à l'avenir d'en avertir nosdits Cousins les Maréchaux de France, ou les Gouverneurs, ou nos Lieutenans Généraux en nos Provinces, ou en leur absence les Gentilshommes commis dans les Bailliages, afin qu'ils empêchent de tout leur pouvoir, que les Parties ne sortent des voies civiles & ordinaires, pour venir à celles de fait.

IV. Lorsque nosdits Cousins les Maréchaux de France, les Gouverneurs, ou nos Lieutenans Généraux en nos Provinces, ou les Gentilshommes commis, auront eu avis de quelque différend entre les Gentilshommes, & entre tous ceux qui font profession des armes dans notre Royaume & pays de notre obéissance, lequel procédant de paroles outrageuses, ou autre cause touchant l'honneur, semblera devoir les porter à quelque ressentiment extraordinaire, nosdits Cousins les Maréchaux de France envoyeront aussi-tôt des défenses très-expresses aux Parties de se rien demander par les voies de fait directement ou indirectement, les feront assigner à comparoir incessamment pardevant eux, pour y être réglées. Que s'ils appréhendent que lesdites Parties soient tellement animées, qu'elles n'apportent pas tout le respect & la déférence qu'elles doivent à leurs ordres, ils leur envoyeront incontinent des Archers des Gardes de la Connétablie & Maréchaussée de France, pour se tenir près de leurs personnes aux frais & dépens desdites Parties, jusqu'à ce qu'elles se soient rendues pardevant eux. Ce qui sera aussi pratiqué par les Gouverneurs, ou Lieutenans Généraux en nos Provinces dans l'étendue de leurs Gouvernemens & Charges, en faisant assigner pardevant eux ceux qui auront querelle, ou leur envoyant de leurs Gardes, ou quelques autres personnes qui se tiendront près d'eux pour les empêcher de venir aux voies de fait : Et nous donnons pouvoir aux Gentilshommes commis dans chaque Bailliage, de tenir en l'absence des Maréchaux de France, Gouverneurs & Lieutenans Généraux aux Provinces, la même procédure envers ceux qui auront querelle, & se servir des Prévôts des Maréchaux & leurs Lieutenans, Exempts & Archers, pour l'exécution de leurs ordres.

V. Ceux qui auront querelle, étant comparus pardevant nos Cousins les Maréchaux de France, ou Gouverneurs, ou nos Lieutenans Généraux en nos Provinces, ou en leur absence devant lesdits Gentilshommes, s'il apparoît de quelque injure atroce, qui ait été faite avec avantage,

DUELS. soit de dessein prémédité, ou de gayeté de cœur : Nous voulons & entendons que la Partie offensée en reçoive une réparation & une satisfaction si avantageuse, qu'elle ait tout sujet d'en demeurer contente ; confirmant en tant que besoin est, par notre présent Edit, l'autorité attribuée par les feux Rois nos très-honorés Ayeul & Pere à nosdits Cousins les Maréchaux de France, de juger & décider par Jugemens souverains, tous différends concernans le point d'honneur & réparation d'offense ; soit qu'ils arrivent dans notre Cour, ou en quelque autre lieu de nos Provinces, où ils se trouveront ; & ausdits Gouverneurs ou Lieutenans Généraux, le pouvoir qu'ils leur ont donné pour même fin, chacun en l'étendue de sa Charge.

VI. Et parce qu'il se commet quelquefois des offenses si importantes à l'honneur, que non-seulement les personnes qui les reçoivent en sont touchées, mais aussi le respect qui est dû à nos Loix & Ordonnances y est manifestement violé : Nous voulons que ceux qui auront fait de semblables offenses, outre les satisfactions ordonnées à l'égard des personnes offensées, soient encore condamnés par les Juges du point d'honneur, à souffrir prison, bannissement & amendes. Considerant aussi qu'il n'y a rien de si déraisonnable, ni de si contraire à la profession d'honneur, que l'outrage qui se feroit pour le sujet de quelque intérêt civil, ou de quelque procès qui seroit intenté pardevant les Juges ordinaires : Nous voulons que dans les accommodemens des offenses provenues de semblables causes, lesdits Juges du point d'honneur tiennent toute la rigueur qu'ils verront raisonnable pour la satisfaction de la Partie offensée, & pour la réparation de notre autorité blessée ; qu'ils ordonnent ou la prison durant l'espace de trois mois au moins, ou le bannissement pour autant de tems des lieux où l'offensant fera sa résidence, ou la privation du revenu d'une année ou deux, de la chose contestée, icelui applicable à l'Hôpital de la Ville où le procès sera intenté.

VII. Comme il arrive beaucoup de différends entre les Gentilshommes, à cause des chasses, des droits honorifiques des Eglises, & autres prééminences des Fiefs & Seigneuries, pour être fort mêlées avec le point d'honneur ; Nous voulons & entendons que nosdits Cousins les Maréchaux de France, les Gouverneurs, ou nos Lieutenans Généraux en nos Provinces, & les Gentilshommes commis dans les Bailliages ou Sénéchaussées apportent tout ce qui dépendra d'eux, pour faire que les Parties conviennent d'Arbitres, qui jugent souverainement avec eux, sans aucunes consignations ni épices, les fonds de semblables différends, à la charge de l'appel en nos Cours de Parlement, lorsque l'une des Parties se croira lézée par la Sentence arbitrale.

VIII. Au cas qu'un Gentilhomme refuse ou différe, sans aucune cause légitime, d'obéir à nosdits Cousins les Maréchaux de France, ou à ceux des autres Juges du point d'honneur, comme de comparoître pardevant eux lorsqu'il aura été assigné, par Acte signifié à lui ou à son domicile, & aussi lorsqu'il n'aura pas subi le bannissement ordonné contre lui, il y sera incessamment contraint, après un certain tems que lesdits Juges lui prescriront, soit par garnison qui sera posée dans sa maison, ou par emprisonnement de sa personne : Ce qui sera soigneusement exécuté par les Prévôts de nosdits Cousins les Maréchaux, Vice-Baillifs, Vice-Sénéchaux, leurs Lieutenans, Exempts & Archers, sur peine de suspension de leurs Charges & privation de leurs gages, suivant les Ordonnances desdits Juges ; & ladite exécution sera faite aux frais & dépens de la Partie désobéissante & infractaire. Que si lesdits Prévôts, Vice-Baillifs, Vice-Sénéchaux, leurs Lieutenans, Exempts & Archers ne peuvent exécuter ledit emprisonnement, ils saisiront & annoteront tous les revenus dudit banni, ou désobéissant, pour être appliqués & demeurés acquis durant tout le tems de sa désobéissance ; sçavoir, la moitié à l'Hôpital de la Ville où il y a Parlement établi, & l'autre moitié à l'Hôpital du lieu où il y a Siége Royal, dans le ressort duquel Parlement & Siége Royal, les biens dudit banni ou désobéissant se trouveront ; afin que s'entr'aidans dans la poursuite, l'un puisse fournir l'avis & la preuve, & l'autre interposer notre autorité par celle de la Justice pour l'effet de notre intention : Et au cas qu'il y ait des dettes précédentes, qui empêchent la perception de ce revenu applicable au profit desdits Hôpitaux, la somme à quoi il pourra monter, vaudra une dette hypotéquée sur tous les biens, meubles & immeubles du banni, pour être payée, & acquittée sans son ordre, du jour de la condamnation qui interviendra contre lui.

IX. Nous ordonnons en outre, en conséquence de notre Déclaration de l'an 1646, publiée & enregistrée en notre Cour de Parlement ; que ceux qui auront eu des Gardes de nos Cousins les Maréchaux de France, des Gouverneurs, ou nos Lieutenans Généraux dans nos Provinces, ou desdits Gentilshommes commis, & qui s'en seront dégagés en quelque maniere que ce puisse être, soient punis avec rigueur, & ne puisse être reçus à l'accommodement sur le point d'honneur, que les coupables de ladite garde enfrainte n'ayent tenu prison, & qu'à la requête de notre Procureur à la Connétablie, & des Substituts aux autres Maréchaussées de France, le procès ne leur ait été fait selon les formes requises par nos Ordonnances : Voulons & nous plaît, que sur le procès-verbal, ou rapport des gardes qui seront ordonnés près d'eux, il soit sans autre information, décreté contr'eux à la requête desdits Substituts, & leur procès sommairement fait.

X. Bien que le soin que nous prenons de l'honneur & de la réputation de notre Noblesse, paroisse assez par le contenu aux articles précédens, & par la soigneuse recherche que nous faisons des moyens estimés les plus propres pour éteindre les querelles dans leur naissance, & rejetter sur ceux qui offensent, le blâme & la honte qu'ils méritent; néanmoins appréhendant qu'il ne se trouve encore des gens assez osés pour contrevenir à nos volontés si expressément expliquées, & qui présument d'avoir raison, en cherchant à se venger; Nous voulons & ordonnons, que celui qui s'estimant offensé, fera un appel à qui que ce soit pour soi-même, demeure déchû de pouvoir jamais avoir satisfaction de l'offense, qu'il prétendra avoir reçûe; qu'il soit banni de notre Cour, ou de son Pays durant l'espace de deux ans pour le moins; qu'il soit suspendu de toutes les Charges, & privé du revenu d'icelles durant trois ans; ou bien qu'il soit tenu prisonnier six mois entiers, & condamné de payer une amende à l'Hôpital du lieu de sa demeure, ou de la Ville la plus prochaine, qui ne pourra être de moindre valeur, que le quart de tout son revenu d'une année: Permettons à tous Juges d'augmenter lesdites peines, selon que les conditions des personnes, les sujets des querelles, comme procès intentés, ou autres intérêts civils, les défenses ou gardes enfreintes ou violées, les circonstances des lieux & des tems rendront l'Appel plus punissable. Que si celui qui est appellé au lieu de refuser l'Appel, & d'en donner avis à nos Cousins les Maréchaux de France, ou aux Gouverneurs, ou nos Lieutenans Généraux en nos Provinces, ou aux Gentilshommes commis, ainsi que nous lui enjoignons de faire, va sur le lieu de l'assignation, ou fait effort pour cet effet, il soit puni des mêmes peines de l'Appellant.

XI. Et d'autant qu'outre le blâme & le crime que doivent encourir ceux qui appelleront, il y a de certaines personnes qui méritent doublement d'en être châtiés & réprimés, comme lorsqu'ils s'attaquent à ceux qui sont leurs Bienfaiteurs, Supérieurs, ou Seigneurs, & personnes de commandement, & relevées par leur qualité & Charge; & spécialement quand les querelles naissent pour des actions d'obéissance, ausquelles une condition charge ou emploi subalterne les ont soumises, ou pour des châtimens qu'ils ont subi par l'autorité de ceux qui ont le pouvoir de les y assujettir; Considérant qu'il n'y a rien de plus nécessaire pour le maintien de la discipline, même entre ceux qui font profession des armes, que le respect envers ceux qui les commandent: Nous voulons & ordonnons, que ceux qui s'emporteront à cet excès, & notamment qui appelleront leurs Chefs, ou autres qui ont droit de leur commander, soient suspendus ou privés de toutes leurs Charges, & de tout le revenu d'icelles durant six ans; qu'ils soient bannis de notre Cour ou de leur pays pour quatre ans, ou retenus prisonniers un an entier, & condamnés de payer une amende aux Hôpitaux des lieux, ou des plus voisins, laquelle ne pourra être de moindre valeur que la moitié de tous les revenus. Enjoignant très-expressément à nosdits Cousins les Maréchaux de France; & singuliérement aux Généraux de nos Armées, dans lesquelles ce désordre est plus fréquent qu'en nul autre lieu, de tenir la main à l'exacte & sévére exécution du présent article. Que si les Chefs, ou Officiers supérieurs, & les Seigneurs qui auront été appellés reçoivent l'appel, & se mettent en état de satisfaire les Appellans, ils seront punis des mêmes peines de bannissement, suspension de leurs Charges & revenus d'icelles, prisons & amendes ci-dessus spécifiées, sans qu'ils puissent en être dispensés, quelques instances & supplications qu'ils nous en fassent.

XII. Si ceux que nous aurons été contraints de priver de leurs Charges, pour les cas ci-dessus mentionnés, s'en ressentent contre ceux que nous en auront pourvûs, en les appellant ou excitant au combat par eux-mêmes, ou par autrui, par rencontre ou autrement: Nous voulons qu'eux, & ceux dont ils se seront servis, soient dégradés de Noblesse, destitués pour jamais de toutes leurs Charges, bannis de notre Cour, & de leur pays pour six ans, ou retenus prisonniers deux ans entiers, & condamnés de payer aux Hôpitaux, comme dit est, trois années de leur revenu, sans pouvoir jamais être relevés desdites peines: Et généralement que ceux qui viendront pour la seconde fois à violer notre présent Edit, comme appellans, & notamment ceux qui se seront servis de seconds, pour porter leurs appels, soient punis des mêmes peines d'infamie, destitution de charges, bannissemens, prisons & amendes, encore qu'il ne s'en soit ensuivi aucun combat.

XIII. Si contre les défenses portées par notre présent Edit, l'Appellant & l'Appellé venoient au combat actuel: Nous voulons & ordonnons qu'encore qu'il n'y ait eu aucun de

DUELS. bleſſé, ou tué, le procès criminel & extraordinaire ſoit fait contr'eux ; qu'ils ſoient ſans rémiſſion punis de mort ; que tous leurs biens meubles & immeubles nous ſoient confiſqués, le tiers d'iceux applicable à l'Hôpital de la Ville où eſt le Parlement, dans le reſſort duquel le crime aura été commis, & conjointement à l'Hôpital du Siége Royal le plus proche du lieu du délit ; & les deux autres tiers, tant aux frais des captures & de la Juſtice, qu'en ce que les Juges trouveront équitable d'adjuger aux femmes & enfans, ſi aucun y a, pour leur nourriture & entretenement, ſeulement leur vie durant : Que ſi le crime ſe trouve commis dans les Provinces où la confiſcation n'a point lieu : Nous voulons & entendons, qu'au lieu de ladite confiſcation, il ſoit pris ſur les biens des criminels, au profit deſdits Hôpitaux, une amende dont la valeur ne pourra être moindre que le tiers des biens des criminels. Ordonnons & enjoignons à nos Procureurs Généraux, leurs Subſtituts, & ceux qui auront l'adminiſtration deſdits Hôpitaux, de faire de ſoigneuſes recherches & pourſuites deſdites ſommes & confiſcations, pour leſquelles leur action pourra durer pendant le tems & eſpace de vingt ans, quand même ils ne feroient aucunes pourſuites qui la pût proroger ; leſquelles ſommes & confiſcations ne pourront être remiſes, ni diverties pour quelques cauſes & prétextes que ce ſoit : Dérogeant par le préſent Edit à toutes les Lettres que nous pourrions accorder pour cet effet, auſquelles nous défendons très-expreſſément d'avoir aucun égard, comme ayant été obtenues par ſurpriſe, & contre notre intention. Que ſi l'un des combattans, ou tous les deux ſont tués, Nous voulons & ordonnons, que le procès criminel ſoit fait contre la mémoire des morts, comme contre criminels de leze-Majeſté Divine & humaine, que leur corps ſoient privés de la ſépulture ; défendant à tous Curés, leurs Vicaires & autres Eccléſiaſtiques de les enterrer, ni ſouffrir être enterrés en terre ſainte ; confiſquant en outre, comme deſſus, tous leurs biens, meubles, & immeubles : & quant au ſurvivant qui aura tué, outre la ſuſdite confiſcation de tous ſes biens, il ſera irrémiſſiblement puni de mort, ſuivant la diſpoſition des Ordonnances.

XIV. Encore que nous eſpérions que nos défenſes, & des peines ſi juſtement ordonnées contre les Duels retiendront dorénavant tous nos Sujets d'y tomber ; néanmoins s'il s'en rencontroit encore d'aſſez téméraires pour oſer contrevenir à nos volontés, non-ſeulement en ſe faiſant raiſon par eux-mêmes, mais en engageant de plus en plus dans leurs querelles & reſſentimens des ſeconds, tiers, ou autre plus grand nombre de perſonnes, ce qui ne ſe peut faire que par une lâcheté artificieuſe, qui fait chercher à ceux qui ſentent leur foibleſſe la ſûreté dont ils ont beſoin dans l'adreſſe & le courage d'autrui : Nous voulons que ceux qui ſe trouveront coupables, d'une ſi criminelle & ſi lâche contravention à notre préſent Edit, ſoient ſans rémiſſion punis de mort, quand même il n'y auroit aucun de bleſſé ni de tué dans ces combats avec des ſeconds ; que tous leurs biens ſoient confiſqués comme deſſus ; que leurs armes ſoient noircies & briſées publiquement par l'Exécuteur de la Haute-Juſtice ; qu'ils ſoient dégradés de Nobleſſe, & déclarés eux & leurs deſcendans roturiers, incapables de tenir jamais aucunes Charges, ſans que Nous ni les Rois nos ſucceſſeurs les puiſſent rétablir, ni leur ôter la note d'infamie qu'ils auront juſtement encourue, tant par l'infraction du préſent Edit, que par leur lâche artifice, & nonobſtant toutes Lettres de grace & abolition qu'ils pourroient obtenir de Nous auſquelles nous défendons à tous Juges d'avoir aucun égard. Et comme nul châtiment ne peut être aſſez grand pour punir ceux qui s'engagent ſi légérement, & ſi criminellement dans des reſſentimens d'offenſes où ils n'ont aucune part, & dont ils devroient plutôt procurer l'accommodement pour la conſervation & ſatisfaction de leurs amis, que d'en pourſuivre la vengeance par des voyes auſſi deſtituées de véritable valeur & courage, comme elles le ſont de charité & d'amitié chrétienne ; Nous voulons que tous ceux qui tomberont dans le crime d'être ſeconds ou tiers, ſoient punis des mêmes peines que nous avons ordonnées contre ceux qui les employeront.

XV. D'autant qu'il ſe trouve des gens de naiſſance ignoble, & qui n'ont jamais porté les armes, qui ſont aſſez inſolens pour appeller des Gentilshommes, leſquels refuſans de leur faire raiſon, à cauſe de la différence des conditions, ces mêmes perſonnes ſuſcitent & oppoſent contre ceux qu'ils ont appellés d'autres Gentilshommes ; d'où il s'enſuit quelquefois des meurtres d'autant plus déteſtables, qu'ils proviennent d'une cauſe abjecte : Nous voulons & ordonnons qu'en tel cas d'appel ou de combat, principalement s'ils ſont ſuivis de quelques grandes bleſſures, ou de mort, leſdits ignobles ou roturiers, qui ſeront dûement atteints & convaincus d'avoir cauſé & promû ſemblables déſordres, ſoient ſans remiſſion pendus & étranglés, tous leurs biens, meubles & immeubles confiſqués, les deux tiers aux Hôpitaux des lieux, ou des plus prochains, & l'autre tiers employé aux frais de la Justice, à la nourriture & entretenement des veuves & enfans des défunts, si aucuns y a, permettant en outre aux Juges desdits crimes d'ordonner sur les biens confisqués telles récompenses qu'ils aviseront raisonnable aux dénonciateurs & autres qui auront découvert lesdits cas, afin que dans un crime si punissable chacun soit invité à la dénonciation d'icelui : Et quant aux Gentilshommes qui se seront ainsi battus pour des sujets & contre des personnes indignes, Nous voulons qu'ils souffrent les mêmes peines que Nous avons ordonnées contre les seconds, s'ils peuvent être appréhendés, sinon il sera procédé contr'eux par défaut & contumace, suivant la rigueur des Ordonnances.

XVI. Nous voulons que tous ceux qui porteront sciemment des billets d'appel, ou qui conduiront aux lieux des Duels ou Rencontres, comme laquais & autres domestiques, soient punis du fouet & de la fleur-de-lys, pour la premiere fois, du bannissement & des galéres à perpétuité, s'ils retombent dans la même faute, sans que nos Cours Souveraines ou autres Juges ayent aucun égard aux graces & rémissions qui pourroient être obtenues en leur faveur : Et quant à ceux qui auront été spectateurs d'un Duel, s'ils s'y sont rendus exprès pour ce sujet, Nous voulons qu'ils soient privés pour toujours des charges, dignités & pensions qu'ils possédent ; que s'ils n'ont aucunes charges, le quart de leurs biens soit confisqué & appliqué aux Hôpitaux ; & si le délit a été commis en quelque Province où la confiscation n'ait point lieu, qu'ils soient condamnés à une amende au profit desdits Hôpitaux, laquelle ne pourra être de moindre valeur que le quart des biens desdits spectateurs, que nous réputons avec raison complices d'un crime si détestable, puisqu'ils y assistent, & ne l'empêchent pas, tant qu'ils peuvent, comme ils y sont obligés par les Loix divines & humaines.

XVII. Et d'autant qu'il est souvent arrivé que pour éviter la rigueur des peines ordonnées par tant d'Edits contre les Duels, plusieurs ont recherché les occasions de se rencontrer, pour couvrir le dessein prémédité qu'ils avoient de se battre : Nous voulons & ordonnons que ceux qui prétendront avoir reçu quelque offense, & qui n'en auront point donné avis aux susdits Juges du point d'honneur, & qui viendront à se rencontrer & se battre seuls, ou en pareil état & nombre, avec armes égales de part & d'autre, à pied ou à cheval, soient sujets aux mêmes peines que si c'étoit un Duel. Et pour ce qui s'est encore trouvé de nos Sujets, qui ayant pris querelle dans nos Etats, & s'étant donné rendez-vous pour se battre hors d'iceux ou sur nos Frontieres, ont cru par ce moyen pouvoir éluder l'effet de nos Edits : Nous voulons que tous ceux qui en useront ainsi, soient poursuivis tant en leur bien durant leur absence, qu'en leurs personnes après leur retour, comme s'ils avoient contrevenu au présent Edit dans l'étendue & sans sortir de nos Provinces, les jugeant d'autant plus criminels & punissables, que les premiers mouvemens dans la chaleur de nouveauté de l'offense, ne les peuvent plus excuser, & qu'ils ont eu assez de loisir pour modérer leur ressentiment & s'abstenir d'une vengeance si défendue.

XVIII. Toutes les Loix, pour bonnes & saintes qu'elles soient, deviennent inutiles au public, si elles ne sont observées & exécutées : pour cet effet, Nous enjoignons & commandons très-expressément à nos Cousins les Maréchaux de France, ausquels appartient, sous notre autorité, la connoissance & décision de contentions & querelles qui concernent l'honneur & la réputation de nos Sujets, de tenir la main exactement & diligemment à l'observation de notre présent Edit, sans y apporter aucune modération, ni permettre que par faveur, connivence ou autre voie, il y soit contrevenu en aucune maniere, nonobstant toutes Lettres clauses & patentes, & tous autres commandemens qu'ils pourroient recevoir de Nous, ausquels nous leur défendons d'avoir aucun égard, sur tant qu'ils désirent nous obéir & complaire. Et pour donner d'autant plus de moyen & de pouvoir à nosdits Cousins les Maréchaux de France, d'empêcher & réprimer cette licence effrénée des Duels & Rencontres : considérant d'ailleurs que la diligence importe grandement pour la punition de tels crimes, & que les Prévôts de nosdits Cousins les Maréchaux, les Vice-Baillifs, Vice-Sénéchaux & Lieutenans Criminels de Robe-Courte, se trouvant le plus souvent à cheval pour notre service, pourront être plus prompts & plus propres pour procéder contre les coupables des Duels & Rencontres : Nous, en conséquence de notre Déclaration vérifiée en notre Cour de Parlement le 9 Septembre 1647, par laquelle nous leur avons attribué la Jurisdiction ordinaire, avons de nouveau attribué & attribuons l'exécution du présent Edit, tant dans l'enclos des Villes que hors d'icelles, aux Officiers de la Connétablie & Maréchaussée de France, Prévôts Généraux de ladite Connétablie, de l'Isle de France & des Monnoyes, à tous les autres Prévôts Généraux,

DUELS. Provinciaux & particuliers, Vice-Baillifs, Vice-Sénéchaux & Lieutenans Criminels de Robe-Courte, concurremment avec nos Juges ordinaires, & à la charge de l'appel en nos Cours de Parlement, aufquelles il doit reffortir; dérogeant pour ce regard à toutes les Déclarations & Edits à ce contraires, & portant défenfes aufdits Prévôts de connoître des Duels & Rencontres.

XIX. Et d'autant qu'il arrive affez fouvent que lefdits Prévôts, Vice-Baillifs, Vice-Sénéchaux & Lieutenans Criminels de Robe-Courte, font négligens dans l'exécution des ordres de nofdits Coufins les Maréchaux de France: Nous voulons & ordonnons, que fi lefdits Officiers manquent d'obéir au premier mandement de nofdits Coufins les Maréchaux de France, ou de l'un d'eux, ou autres Juges du point d'honneur, de fommer ceux qui auront querelle, de comparoître au jour affigné, de les faifir & arrêter, en cas de refus & de défobéiffance; & finalement d'exécuter de point en point, & toutes affaires ceffantes, ce qui leur fera mandé & ordonné par nofdits Coufins les Maréchaux de France & Juges du point d'honneur; ils foient par nofdits Coufins punis & châtiés de leur négligence, par fufpenfion de leurs Charges & privation de leurs gages: lefquels pourront être réellement arrêtés & faifis fur la fimple ordonnance de nofdits Coufins les Maréchaux de France, ou de l'un d'eux, fignifié à la perfonne, ou au domicile du Tréforier de l'ordinaire de nos Guerres qui fera en année. Nous ordonnons en outre aufdits Prévôts, Vice-Baillifs, Vice-Sénéchaux, leurs Lieutenans & Archers, chacun en leur reffort, fur les mêmes peines de fufpenfion & privation de leurs gages, que fur le bruit d'un combat arrivé, ils fe tranfportent à l'inftant fur les lieux pour arrêter les coupables, & les conftituer prifonniers dans les Prifons Royales & les plus prochaines du lieu du délit; Voulant que pour chacune capture, il leur foit payé la fomme de quinze cens livres, à prendre avec les autres frais de Juftice, fur le bien le plus clair des coupables, préférablement aux confifcations & amendes que Nous avons ordonnées ci-deffus. Et pour n'omettre rien de ce qui peut fervir à une exacte & févère recherche des coupables des Duels & Rencontres, Nous enjoignons très-expreffément aufdits Prévôts, Vice-Baillifs, Vice-Sénéchaux, Lieutenans Criminels de Robe-Courte & autres Officiers de la Connétablie & Maréchauffée de France, de tenir foigneufement avertis de trois en trois mois nofdits Coufins les Maréchaux de France, des contraventions à notre préfent Edit, afin qu'ils nous en puiffent informer & recevoir fur ce nos commandemens & ordres.

XX. Et comme les coupables pour éviter de tomber entre les mains de la Juftice, fe retirent d'ordinaire chez les Grands de notre Royaume, Nous faifons très-expreffes inhibitions & défenfes à toutes perfonnes de quelque qualité & condition qu'elles foient, de recevoir dans leurs Hôtels & Maifons, ceux qui auront contrevenu à notre préfent Edit. Et au cas qu'il s'en trouve quelques-uns qui leur donnent afile, & qui refufent les remettre entre les mains de la Juftice, fi-tôt qu'ils en feront requis: Nous voulons que les procès-verbaux qui en feront dreffés & dûement atteftés par lefdits Prévôts des Maréchaux & autres Juges, foient incontinent & inceffamment envoyés aux Procureurs Généraux de nos Cours de Parlement, & à nofdits Coufins les Maréchaux, afin qu'ayant pris avis d'eux, nous faffions rigoureufement procéder à la punition de ceux qui protégent de fi criminels défordres.

XXI. Que fi nonobftant tous les foins & diligences prefcrites par les articles précédens, le crédit & l'autorité des perfonnes intéreffées dans ces crimes, en détournoient les preuves par menaces ou artifice, Nous ordonnons que fur la fimple réquifition qui fera faite par nos Procureurs Généraux ou leurs Subftituts, il foit décerné Monitoires par les Officiaux des Evêques des lieux, lefquels feront publiés & fulminés felon les formes canoniques, contre ceux qui refuferont de venir à révélation de ce qu'ils fçauront, touchant les Duels & Rencontres arrivées. Nous ordonnons en outre, & conformément à notre Déclaration de l'année 1646, vérifié en notre Cour de Parlement de Paris, qu'à l'avenir nos Procureurs Généraux en nos Cours de Parlemens, fur l'avis qu'ils auront des combats qui auront été faits, feront leurs réquifitions contre qui par notoriété en feront eftimés coupables: & conformément à icelles nofdites Cours, fans autres preuves, ordonnent que dans le délais qu'elles jugeront à propos, ils feront tenus de fe rendre dans les prifons pour fe juftifier & répondre fur les réquifitions de nofdits Procureurs Généraux. Et à faute dans ledit tems de fatisfaire aux Arrêts qui feront fignifiés à leurs domiciles, Nous voulons qu'ils foient déclarés atteints & convaincus des cas à eux impofés; & comme tels qu'ils foient condamnés aux peines portées par nos Edits. Enjoignons à nofdits Procureurs Généraux de nous tenir avertis des condamnations qui feront rendues, & des diligences qu'ils apporteront pour l'exécution d'icelles, & d'en envoyer les procédures à notre très-cher & féal le Chancelier de France.

XXII.

XXII. Nous voulons pareillement & ordonnons, que dans les lieux éloignés des Villes où nos Cours de Parlement seront séantes, lorsqu'après toutes les perquisitions & recherches susdites, les coupables des Duels & Rencontres ne pourront être trouvés, il soit à la requête des Substituts de nos Procureurs Généraux, sur la simple notoriété du fait, décerné prise de corps contre les absens, & qu'à faute de les pouvoir appréhender, en vertu du decret, tous leurs biens soient saisis, & qu'ils soient ajournés à trois briefs jours consécutifs; & sur iceux les défauts soient mis ès mains de nos Procureurs Généraux, ou à leurs Substituts pour en être le profit adjugé, sans autre forme ni figure de procès, dans huitaine après le crime commis.

XXIII. Et enfin d'empêcher les surprises de ceux qui, pour obtenir des graces, nous déguiseroient la vérité des combats arrivés, & mettroient en avant de faux faits, pour faire croire que lesdits combats seroient survenus inopinément, & ensuite des querelles prises sur le champ, Nous ordonnons que nul ne pourra poursuivre au Sceau l'expédition d'aucune grace ès cas où il y aura soupçon de Duel ou Rencontre prémédité, qu'il ne soit actuellement prisonnier à notre suite, ou bien dans la principale prison du Parlement, dans le ressort duquel le combat aura été fait, où étant vérifié, qu'il n'a contrevenu en aucune sorte à notre présent Edit, après avoir sur ce pris l'avis de nos Cousins les Maréchaux de France, nous pourrons lui accorder des Lettres de rémission en connoissance de cause.

XXIV. Toutes les peines contenues dans le présent Edit, pour la punition des contrevenans à nos volontés, seroient inutiles & de nul effet, si par les motifs d'une justice & fermeté inflexible, nous ne maintenions les Loix que nous avons établies. A cette fin, Nous jurons & promettons en foi & parole de Roi, de n'exempter à l'avenir aucune personne pour quelque cause & considération que ce soit, de la rigueur du présent Edit, & de n'accorder aucune rémission, pardon, ou abolition à ceux qui se trouveront prevenus desdits crimes de Duels & Rencontres prémédités. Et si aucunes en sont présentées à nos Cours Souveraines, ausquelles seules Nous entendons, que dorénavant toutes rémissions de combat & meurtres soient adressées, Nous voulons qu'elles n'y ayent aucun égard, quelque clause de notre propre mouvement & autre dérogatoire qui puisse y être apposée. Défendons très-expressément à tous Princes & Seigneurs d'intercéder près de nous, & faire aucune priere pour les coupables desdits crimes, sur peine d'encourir notre indignation. Protestons de rechef, que ni en faveur d'aucun mariage de Prince ou Princesse de notre Sang, ni pour les naissances du Dauphin & Prince qui pourront arriver durant notre Regne, ni dans la cérémonie & joie universelle de notre Sacre & Couronnement, ni pour quelqu'autre considération générale & particuliere qui puisse être, Nous ne permettrons sciemment être expédié aucunes Lettres contraires au présent Edit, duquel Nous avons résolu de jurer expressément & solemnellement l'observation au jour de notre prochain Sacre & Couronnement, afin de rendre plus autentique, & plus inviolable une Loi si chrétienne, si juste, & si nécessaire. Si donnons en mandement à nos amés & féaux les Gens tenans nos Cours de Parlement, Baillifs, Sénéchaux, & tous autres nos Justiciers & Officiers qu'il appartiendra, chacun en droit soi, que le présent Edit ils fassent lire, publier, & enregistrer, & le contenu en icelui garder & observer inviolablement, sans y contrevenir, ni permettre qu'il y soit contrevenu en aucune maniere: Car tel est notre plaisir. Et afin que ce soit chose ferme & stable à toujours, Nous avons fait mettre notre scel à cesdites Présentes, sauf en autre chose notre droit, & l'autrui en toutes. Donné à Paris au mois de Septembre, l'an de grace mil six cent cinquante-un. Et de notre Regne le neuviéme; *Signé*, LOUIS. A côté, *Visa*. Et plus bas, Par le Roi, DE GUENEGAUD. Et scellé du Grand Sceau de cire verte, sur lacs de soie rouge & verte.

DECLARATION DU ROI,

Du mois de Mars 1653.

Qui ordonne l'éxécution de l'Edit de 1651 au sujet des Duels,

Vérifiée en Parlement le 29 Juillet audit an.

LOUIS, par la grace de Dieu, Roi de France & de Navarre: A tous présens & à venir; SALUT. Le soin Paternel & Chrétien que Nous sommes obligés de prendre pour la conservation de notre Noblesse, & de tous nos Sujets faisant profession des armes, Nous

DUELS. ayant fait rechercher tous les moyens que Nous aurions jugés les plus efficaces pour empêcher & punir le pernicieux usage des Duels, Nous en aurions fait dresser un nouvel & plus ample Edit que tous les précédens, lequel auroit été lû, publié, & registré en notre Parlement de Paris, Nous y séant, le septiéme Septembre mil six cent cinquante-un. Mais comme depuis il nous a été représenté qu'il y avoit quelques articles dont l'exécution seroit difficile, s'il n'y étoit ajouté quelques points nécessaires, tant pour l'ampliation que pour l'interprétation d'iceux, & sur-tout en ce qui regarde les amendes & confiscations que Nous entendons devoir être prises sur les biens des coupables, & dont la perception donneroit de la peine, s'il n'y étoit pourvû par des ordres & dispositions plus expresses; comme aussi sur ce qu'il n'y a rien qui puisse davantage réprimer ce désordre, que de rendre vaines toutes les collusions, par lesquelles on tâcheroit de mettre à couvert les biens des coupables, ausquels il est encore nécessaire de susciter le plus de Parties civiles qu'il sera possible, afin que leur punition en devienne plus inévitable : Nous aurions de rechef fait voir lesdits articles en notre Conseil, où étoient notre très-honorée Dame & Mere, nos chers Cousins les Maréchaux de France, plusieurs autres grands & notables Personnages; de l'avis desquels, & de notre certaine science, pleine puissance & autorité Royale, Nous avons dit & déclaré, disons & déclarons, voulons & nous plaît, que notre Edit contre les Duels du mois de Septembre 1651, lû, publié & registré dans notre Parlement de Paris le 7 du même mois, soit observé & exécuté dans toutes les Provinces de notre obéissance, sans aucune exception ni réserve. Et quant aux amendes & confiscations dont il est fait mention dans ledit Edit, Nous déclarons notre intention & volonté avoir été & être, que lorsqu'un Gentilhomme aura refusé & différé, sans aucune cause légitime, d'obéir aux ordres de nos Cousins les Maréchaux de France, & qu'il aura encouru les peines & amendes portées par le huitiéme article dudit Edit, il en sera à l'instant donné avis par nos Cousins les Maréchaux de France, à nos Procureurs Généraux, ou à leurs Substituts, qui seront tenus, ainsi que Nous leur enjoignons très-expressément par ces Présentes de procéder par saisie des biens du désobéissant, chacun dans son ressort, & tiendra ladite saisie jusqu'à ce qu'il ait satisfait & obéi : Et au cas qu'il néglige de le faire par l'espace de trois mois, après iceux passés, les fruits demeureront en pure perte, sans espérance de restitution, & seront appliqués aux Hôpitaux, ainsi qu'il est ordonné par le même article, tant ceux desdits fruits qui seront échus durant ledit tems de trois mois, que ceux qui courront puis après, jusques à l'entiere satisfaction & obéissance; desquelles saisies & pertes de fruits les Substituts de nos Procureurs Généraux donneront avis à nos Procureurs Généraux & à nos Cousins les Maréchaux de France. Et quant aux amendes & confiscations encourues par le crime actuellement commis d'appel, combat ou rencontre prémédité, Nous ordonnons & enjoignons de rechef à nos Procureurs Généraux, & à leurs Substituts de se joindre incessamment aux Administrateurs des Hôpitaux, au profit desquels lesdites amendes & confiscations auront été adjugées, pour en être fait une prompte & réelle perception. Voulons toutefois que ce que Nous ordonnons aux Prévôts de nosdits Cousins les Maréchaux de France pour chacune capture, soit pris avec les autres frais de Justice sur le bien le plus clair des coupables, & préférablement aux confiscations & amendes susdites, à la charge que lesdits Prévôts, incontinent après l'avis reçû de quelque Duel ou combat arrivé, se transporteront incessamment au lieu dudit combat, en informeront soigneusement, & avertiront nos Procureurs Généraux ou leurs Substituts, ensemble nos Cousins les Maréchaux de France de leurs diligences & procédures; Et afin que toutes les fraudes & suppositions qui pourroient être employées pour conserver les biens des coupables, ne puissent produire aucun effet au préjudice desdites amendes & confiscations : Nous défendons très-expressément à tous Juges de crimes d'Appel, Duel ou Rencontre prémédité, d'avoir aucun égard aux contrats, testamens, donations, autres actes ou dispositions frauduleuses qui auroient été faites par les coupables sous des dates supposées auparavant les crimes commis. Et quant à ce qui est contenu dans l'article treiziéme, pour la punition des combattans, dont il y aura eu quelqu'un de tué : Nous permettons en outre aux parens du mort de se rendre Parties dans trois mois, pour tout délai, après le délit commis, contre celui qui aura tué. Et au cas qu'ils le poursuivent si vivement, qu'il soit atteint, convaincu & puni dudit crime, Nous leur faisons don & remise de la confiscation du bien de leurs parens, sans qu'il soit besoin de leur en expédier d'autres Lettres que les Présentes. Et pour ce que notre intention dans les peines que nous avons ordonnées contre les contrevenans à notre Edit, est de les rendre encore plus praticables que séveres, Nous voulons & entendons que les dégradations de Noblesse, dont il est fait mention dans le douziéme &

quatorziéme articles, soient personnelles, & n'ayent lieu que contre ceux qui auront violé notre Edit, sans qu'elles passent à leur postérité, laquelle n'étant point coupable du crime, ne doit point aussi avoir part à la punition. Et d'autant que le cinquiéme article concernant les satisfactions qui doivent être ordonnées par nos Cousins les Maréchaux de France aux personnes offensées à l'honneur, semble conçu en des termes trop généraux, & que la protestation expresse faite long-tems devant notre dernier Edit, & l'engagement par écrit de plusieurs Gentilshommes qualifiés de notre Royaume, de ne recevoir à l'avenir aucun appel, requiert qu'il soit pleinement & avantageusement pourvû à la réparation des offenses qui pourroient être faites à leur réparation, & à celle de ceux qui s'abstiendront à l'avenir d'en tirer raison pour eux-mêmes, & qui auront recours à ceux que Nous avons établis pour leur rendre la Justice; Nous voulons & Nous plaît, que nosdits Cousins les Maréchaux de France s'assemblent incessamment, pour dresser un Réglement le plus exact & distinct qu'il se pourra, sur les diverses satisfactions & réparations d'honneur, qu'ils jugeront devoir être ordonnées, suivant les divers degrés d'offenses; & de telle sorte que la punition contre l'agresseur, & la satisfaction à l'offensé soient si grandes & si proportionnées à l'injure reçue, qu'il n'en puisse renaître aucune plainte ou querelle nouvelle, lequel Réglement sera inviolablement suivi & observé à l'avenir par tous ceux qui seront employés aux accommodemens des différends qui toucheront le point d'honneur & la réputation des Gentilshommes. Si donnons en Mandement à nos amés & féaux les Gens tenans nos Cours de Parlement, Baillifs, Sénéchaux, & tous autres nos Justiciers & Officiers qu'il appartiendra, chacun en droit soi, que ces Présentes nos Lettres de Déclaration ils fassent lire, publier & enregistrer, garder & observer inviolablement, ensemble le contenu en notre Edit contre les Duels vérifié en nosdites Cours, sans permettre qu'il y soit aucunement contrevenu. Enjoignons à nos amés & féaux nos Avocats & Procureurs Généraux d'y tenir la main, & nous avertir des contraventions qui pourroient y être faites: Car tel est notre plaisir, nonobstant toutes Ordonnances & Lettres à ce contraires. Et afin que ce soit chose ferme & stable à toujours, Nous avons fait mettre notre Scel à cesdites Présentes: sauf en autre chose notre droit, & l'autrui en toutes. Donné à Paris au mois de Mai, l'an de grace 1653, & de notre Régne l'onziéme. *Signé*, LOUIS; Et plus bas, Par le Roi, DE GUENEGAUD.

REGLEMENT

De Messieurs les Maréchaux de France, sur les diverses satisfactions, & réparations d'honneur.

Du 22. Août 1653.

SUR ce qui nous a été ordonné par ordre exprès du Roi, & notamment par la Déclaration de Sa Majesté contre les Duels, lûe, publiée & registrée au Parlement de Paris le 29 de Juillet dernier, *de nous assembler incessamment pour dresser un Réglement le plus exact & distinct qu'il se pourra sur les diverses satisfactions & réparations d'honneur que nous jugerons devoir être ordonnées, suivant les divers degrés d'offenses: & de telle sorte que la punition contre l'agresseur & la satisfaction à l'offensé, soient si grandes & si proportionnées à l'injure reçue, qu'il n'en puisse renaître aucune plainte ou querelle nouvelle: pour être ledit Réglement inviolablement suivi & observé à l'avenir par tous ceux qui seront employés aux accommodemens des différends qui toucheront le point d'honneur & la réputation des Gentilshommes.* Nous, après avoir vû & examiné les propositions de plusieurs Gentilshommes de qualité de ce Royaume, qui ont eu ensemble diverses conférences sur ce sujet, en conséquence de l'ordre qui leur a été donné par Nous dès le premier Juillet 1651, lesquels Nous ont présenté dans notre Assemblée lesdites propositions rédigées par écrit & signées de leurs mains, avons, après une mûre délibération, conclu & arrêté les Articles suivans.

Satisfactions d'honneur.

ARTICLE PREMIER.

Que dans toutes les occasions & sujets qui peuvent causer des querelles & ressentimens, nul Gentilhomme ne doit estimer contraire à l'honneur tout ce qui peut donner entier & sincere éclaircissement à la vérité.

Satisfactions d'honneur.

II. Qu'entre les Gentilshommes, plusieurs ayant déjà protesté solemnellement par écrit, de refuser toutes sortes d'appels, & de ne se battre jamais en Duel pour quelque cause que ce soit : ceux-ci sont d'autant plus obligés à donner ces éclaircissemens, que sans cela ils contreviendroient formellement à leur écrit, & seroient par conséquent plus dignes de répréhension & châtiment dans les accommodemens des querelles qui surviendroient par faute d'éclaircissemens.

III. Que si le prétendu offensé est si peu raisonnable, que de ne se pas contenter de l'éclaircissement qu'on lui aura donné de bonne foi, & qu'il veuille obliger celui de qui il croira avoir été offensé, à se battre contre lui : celui qui aura renoncé au Duel pourra lui répondre en ce sens, ou autre semblable : *Qu'il s'étonne bien que sçachant les derniers Edits du Roi, & particuliérement la Déclaration de plusieurs Gentilshommes, dans laquelle il s'est engagé publiquement de ne se point battre, il ne veuille pas se contenter des éclaircissemens qu'il lui donne, & qu'il ne considére pas qu'il ne peut, ni ne doit donner ou recevoir aucun lieu pour se battre, ni même lui marquer les endroits où il le pourroit rencontrer ; mais qu'il ne changera rien de sa façon ordinaire de vivre.* Et généralement tous les autres Gentilshommes pourront répondre : *Que si on les attaque, ils se défendrons, mais qu'ils ne croient pas que leur honneur les oblige à s'aller battre de sang froid, & contrevenir ainsi aux Edits de sa Majesté, aux Loix de la Religion & à leur conscience.*

IV. Lorsqu'il y aura eu quelque démêlé entre les Gentilshommes, dont les uns auront promis & signé de ne se point battre, & les autres, non : ces derniers seront toujours réputés agresseurs, si ce n'est que le contraire paroisse par des preuves bien expresses.

V. Et parce qu'on pourroit aisément prévenir les voies de fait, si Nous, les Gouverneurs ou Lieutenans Généraux des Provinces, n'étions soigneusement avertis de toutes les causes & commencemens de querelles : Nous avons avisé & arrêté, conformément au pouvoir qui nous est attribué par le dernier Edit de Sa Majesté, enregistré au Parlement, le Roi y séant, le 7 Septembre 1651, de nommer & commettre incessamment à chaque Bailliage & Sénéchaussée de ce Royaume, un ou plusieurs Gentilshommes de qualité, âge & suffisance requise, pour recevoir les avis des différends des Gentilshommes, & Nous les envoyer ou aux Gouverneurs & Lieutenans Généraux des Provinces, lorsqu'ils y seront résidens, & pour être généralement fait par lesdits Gentilshommes commis, ce qui est prescrit par le second article dudit Edit.

Et Nous ordonnons en conformité du même Edit, à tous nos Prévôts, Vice-Baillifs, Vice-Sénéchaux, Lieutenans Criminels de Robe-Courte & autres Officiers des Maréchaussées, d'obéir promptement & fidélement ausdits Gentilshommes commis pour l'exécution de leurs ordres.

VI. Et afin de pouvoir être encore plus soigneusement avertis des différends des Gentilshommes, Nous déclarons, suivant le troisieme Article du même Edit, que tous ceux qui se rencontreront, quoiqu'inopinément, aux lieux où se commettront des offenses, soit par rapports, discours ou paroles injurieuses ; soit par manquement de paroles données, soit par démentis, menaces, soufflets, coup de bâton, ou autres outrages à l'honneur, de quelque nature qu'ils soient, seront à l'avenir obligés de nous en avertir, ou les Gouverneurs ou Lieutenans Généraux des Provinces, ou les Gentilshommes commis, sur peine d'être réputés complices desdites offenses, & d'être poursuivis comme y ayant tacitement contribué ; & que ceux qui auront connoissance des procès qui seront sur le point d'être intentés entre Gentilshommes pour quelque intérêts d'importance, seront aussi obligés, suivant le même Article troisieme dudit Edit, de nous en donner avis, ou aux Gouverneurs ou Lieutenans Généraux des Provinces, ou aux Gentilshommes commis dans les Bailliages, afin de pourvoir aux moyens d'empêcher que les Parties ne sortent des voies de la Justice ordinaire pour en venir à celle de fait, & se faire raison par elles-mêmes.

VII. Et parce que dans toutes les offenses qu'on peut recevoir, il est nécessaire d'établir quelques Régles générales pour les satisfactions, lesquelles répareront suffisamment l'honneur dès qu'elles seront reçues & pratiquées, puisqu'il n'est que trop constant, que c'est l'opinion qui a établi la plûpart des maximes du point d'honneur ; & considérant que dans les offenses, il faut regarder avant toutes choses, si elles ont été faites sans sujet, & si elles n'ont point été repoussées par quelques reparties ou revanches plus atroces ; Nous déclarons, que dans celles qui auront été ainsi faites sans sujet, & qui n'auront point été repoussées, si elles consistent en paroles injurieuses, comme *de Sot*, *Lâche*, *Traître*, & semblables, on pourra ordonner pour punition, que l'offensant tiendra prison durant un mois, sans que le tems en puisse être diminué par le crédit, ou priere de qui que ce soit, ni même par l'indulgence de la personne offensée ; & qu'après qu'il sera sorti de la prison, il déclarera à l'offensé : *Que mal à propos & impertinemment il l'a offensé par des paroles outrageuses, qu'il reconnoît être fausses, & lui en demande pardon.* Satisfactions d'honneur.

VIII. Pour le démenti ou menace de coups de main ou de bâton, on ordonnera deux mois de prison, dont le tems ne pourra être diminué non plus que ci-dessus ; & après que l'offensant sera sorti de prison, il demandera pardon à l'offensé avec des paroles encore plus satisfaisantes que les susdites, & qui seront particuliérement spécifiées par les Juges du point d'honneur.

IX. Pour les offenses actuelles de coups de main & autres semblables, on ordonnera pour punition que l'offensant tiendra prison durant six mois, dont le tems ne pourra être diminué non plus que ci-dessus, si ce n'est que l'offensant requiere qu'on commue seulement la moitié du tems de ladite prison en une amende, qui ne pourra être moindre de quinze cens livres, applicable à l'Hôpital le plus du lieu proche de la demeure de l'offensé, laquelle sera payée avant que ledit offensant sorte de prison. Et après même qu'il en sera sorti, il se soumettra encore de recevoir de la main de l'offensé des coups pareils à ceux qu'il aura donnés, & déclarera de paroles & par écrit ; *qu'il l'a frappé brutalement, & le supplie de lui pardonner & oublier cette offense.*

X. Pour les coups de bâton, ou autres pareils outrages, l'offensant tiendra prison un an entier, & ce tems ne pourra être modéré, sinon de six mois ; en payant trois mille livres d'amende, payable & applicable en la maniere ci-dessus. Et après qu'il sera sorti de prison, il demandera pardon à l'offensé le genou en terre, se soumettra en cet état de recevoir de pareils coups : le remerciera très-humblement, s'il ne lui donne pas, comme il le pourroit faire, & déclarera en outre de parole & par écrit ; *Qu'il l'a offensé brutalement ; qu'il le supplie de l'oublier, & que s'il étoit en sa place, il se contenteroit des mêmes satisfactions.* Et dans toutes les offenses de coups de main, de bâton, ou autres semblables, outre les susdites punitions & satisfactions, on pourra obliger l'offensé de châtier l'offensant par les mêmes coups qu'il aura reçus, quand même il auroit la générosité de ne les vouloir pas donner ; & cela au cas seulement que l'offense soit jugée si atroce par les circonstances, qu'elle mérite qu'on réduise l'offensé à cette nécessité.

XI. Et lorsque les accommodemens se feront en tous les cas susdits, les Juges du point d'honneur pourront ordonner tel nombre d'amis de l'offensé qu'il leur plaira, pour voir faire les satisfactions qui seront ordonnées, & les rendre plus notoires.

XII. Pour les offenses & outrages à l'honneur qui se feront à un Gentilhomme pour le sujet de quelqu'intérêt civil, ou de quelque procès qui seroit déjà intenté pardevant les Juges ordinaires : on ne pourra dans les offenses ainsi survenues être trop rigoureux dans les satisfactions. Et ceux qui régleront semblables différends, pourront, outre les punitions spécifiées ci-dessus en chaque espéce d'offense, ordonner encore le bannissement, pour autant de tems qu'ils jugeront à propos, des lieux où l'offensant fait sa résidence ordinaire. Et lorsqu'il sera constant par notoriété de fait ou autres preuves, qu'un Gentilhomme se soit mis en possession de quelque chose par les voies de fait ou par surprise, on ne pourra faire aucun accommodement, même touchant le point d'honneur, que la chose contestée n'ait été préalablement mise dans l'état où elle étoit devant la violence ou la surprise.

XIII. Et pour ce qu'outre les susdites causes des différends, les paroles qu'on prétend avoir été données & violées, en produisent une infinité d'autres : Nous déclarons qu'un Gentilhomme qui aura tiré parole d'un autre, sur quelque affaire que ce soit, ne pourra y faire à l'avenir aucun fondement, ni se plaindre qu'elle ait été violée, si on ne la lui a donnée par écrit, ou en présence d'un ou plusieurs Gentilshommes. Et ainsi tous Gentilshommes seront désormais obligés de prendre cette précaution, non-seulement pour obéir à nos Réglemens, mais encore pour l'intérêt qu'un chacun a de conserver l'amitié de celui qui lui aura donné sa parole, & de n'être pas déclaré agresseur, ainsi qu'il sera dorénavant dans tous les démêlés qui arriveront ensuite d'une parole donnée sans écrit ni témoin, & qu'il prétendra n'avoir pas été observée.

XIV. Si la parole donnée par écrit ou pardevant d'autres Gentilshommes se trouve violée, l'intéressé sera tenu d'en demander justice à Nous, aux Gouverneurs, ou Lieutenans Généraux des Provinces, ou aux Gentilshommes commis : à faute de quoi il sera réputé agresseur dans tous les démêlés qui pourront arriver en conséquence de ladite parole violée, comme aussi tous les témoins de ladite parole violée qui n'en auront point donné avis, seront res-

Satisfactions d'honneur.

ponsables de tous les désordres qui en pourront arriver. Et quant à ce qui regarde lesdits manquemens de parole, les réparations & satisfactions seront ordonnées suivant l'importance de la chose.

XV. Si par le rapport des présens; ou par d'autres preuves, il paroît qu'une injure ait été faite de dessein prémédité, de gayeté de cœur, & avec avantage, Nous déclarons que selon les loix de l'honneur, l'offensé peut poursuivre l'agresseur & ses complices pardevant les Juges ordinaires comme s'il avoit été assassiné. Et ce procédé ne doit point sembler étrange, puisque celui qui offense un autre avec avantage, se rend par cette action indigne d'être traité en Gentilhomme, si toutefois la personne offensée n'aime mieux se rapporter à notre Jugement, ou à celui des autres Juges du point d'honneur, pour sa satisfaction, & pour le châtiment de l'agresseur, lequel doit être beaucoup plus grand que tous les précédens, qui ne regardent que les offenses qui se font dans les querelles inopinées.

XVI. Au cas qu'un Gentilhomme refuse ou différe sans aucune cause légitime, d'obéir à nos ordres, ou à ceux des autres Juges du point d'honneur, comme de se rendre pardevant Nous ou eux, lorsqu'il aura été assigné par Acte signifié à lui ou à son domicile, & aussi lorsqu'il n'aura pas subi les peines ordonnées contre lui, il y sera incessamment contraint, après un certain tems prescrit, par garnison dans sa maison, ou emprisonnement, conformément au huitiéme article dudit Edit. Ce qui sera soigneusement exécuté par nos Prévôts, Vice-Baillifs, Vice-Sénéchaux, Lieutenans Criminels de Robe-Courte, & autres Lieutenans, Exempts, Archers des Maréchaussées, sur peine de suspension de leurs Charges, & privation de leurs gages: & ladite exécution se fera aux frais & dépens de la Partie désobéissante & réfractaire.

XVII. Et suivant le même article huitiéme dudit Edit, si nos Prévôts, Vice-Baillifs, Vice-Sénéchaux, Lieutenans Criminels de Robe-Courte & autres Officiers des Maréchaussées ne peuvent exécuter lesdits emprisonnemens, ils saisiront & annoteront tous les revenus desdits désobéissans, donneront avis desdites saisies à Messieurs les Procureurs Généraux, ou à leurs Substituts, suivant la derniere Déclaration contre les Duels, enregistrée au Parlement de Paris, le 29 de Juillet dernier, pour être lesdits revenus appliqués & demeurer acquis durant tout le tems de la désobéissance, à l'Hôpital de la Ville où sera le Parlement, dans le ressort duquel seront les biens des désobéissans, conjointement avec l'Hôpital du Siége Royal, d'où ils dépendront aussi; afin que s'entr'aidant dans la poursuite, l'on puisse fournir l'avis & la preuve, l'autre la justice & l'autorité. Et au cas qu'il y ait des dettes précédentes qui empêchent la perception du revenu confisqué au profit desdits Hôpitaux, la somme à quoi pourra monter ledit revenu, deviendra une dette hypotéquée sur tous les biens, meubles & immeubles du désobéissant, pour être payée & acquittée en son ordre, suivant le même article 8 dudit Edit.

XVIII. Si ceux à qui Nous & les autres Juges du point d'honneur auront donné des Gardes, s'en sont dégagés, l'accommodement ne sera point fait qu'ils n'ayent tenu prison durant le tems qu'il sera ordonné.

XIX. Et généralement dans toutes les autres différences d'offenses, qui n'ont point été ci-dessus spécifiées, & dont la variété est infinie, comme si elles ont été faites avec sujet, & si elles ont été repoussées par quelques reparties plus atroces: ou si par de paroles outrageuses l'offensant s'est attiré un démenti, ou quelque coup de main, & en un mot dans toutes les autres rencontres d'injures insensiblement aggravées: Nous remettons aux Juges du point d'honneur d'ordonner les punitions & satisfactions, telles que les cas & les circonstances le requéreront; les exhortant de faire toujours une particuliere considération sur celui qui aura été l'agresseur, & la premiere cause de l'offense, & de renvoyer pardevant Nous tous ceux qui voudront nous représenter leurs raisons, conformément au second article du dernier Edit de Sa Majesté, enregistré, comme dit est, au Parlement le 7 Septembre 1651.

Fait à Paris le vingt-deuxiéme jour d'Août 1653. *Signé* D'ESTRÉE, DE GRAMMONT, LA MOTTE; L'HOSPITAL, PLESSIS-PRASLIN, VILLEROY, DE GRANCE, D'ALBRET, DE CLEREMBAULT. *Et plus bas*, QUILLET.

EDIT DU ROI,

Du mois d'Août 1679.

Portant Réglement général ſur les Duels.

Regiſtré en Parlement le premier Septembre 1679.

DUELS.

LOUIS, par la grace de Dieu, Roi de France & de Navarre : A tous préſens & à venir ; Comme nous reconnoiſſons que l'une des plus grandes graces que nous ayons reçu de Dieu dans le Gouvernement & conduite de notre Etat, conſiſte en la fermeté qu'il lui a plû de Nous donner pour maintenir les défenſes des Duels & Combats particuliers, & punir ſévérement ceux qui ont contrevenu à une Loi ſi juſte & ſi néceſſaire pour la conſervation de notre Nobleſſe : Nous ſommes bien réſolus de cultiver avec ſoin une grace ſi particuliere : qui Nous donne lieu d'eſpérer de pouvoir parvenir pendant notre Regne à l'abolition de ce crime, après avoir été inutilement tentés par les Rois nos prédéceſſeurs. Pour cet effet, Nous nous ſommes appliqués de nouveau à bien examiner tous les Edits & Réglemens faits contre les Duels, & tout ce qui s'eſt fait en conſéquence, auſquels Nous avons eſtimé néceſſaire d'ajouter divers articles. A CES CAUSES, & autres bonnes & grandes conſidérations à ce Nous mouvans, de l'avis de notre Conſeil, & de notre certaine ſcience, pleine puiſſance & autorité Royale, après avoir examiné en notredit Conſeil, ce que nos très-chers & bien amés Couſins les Maréchaux de France, qui ſe ſont aſſemblés pluſieurs fois ſur ce ſujet, Nous ont propoſé, Nous avons, en renouvellant les défenſes portées par nos Edits & Ordonnances ; & celles des Rois nos Prédéceſſeurs, & en y ajoutant ce que Nous avons jugé néceſſaire, dit, déclaré, ſtatué & ordonné, diſons, déclarons, ſtatuons & ordonnons par notre préſent Edit, perpétuel & irrévocable, voulons & Nous plaît.

ARTICLE PREMIER.

Nous exhortons tous nos ſujets & leur enjoignons de vivre à l'avenir enſemble dans la paix, l'union & la concorde néceſſaire pour leur conſervation, celle de leurs familles & celle de l'État, à peine d'encourir notre indignation & de châtiment exemplaire. Nous leur ordonnons auſſi de garder le reſpect convenable à chacun ſelon ſa qualité, ſa dignité & ſon rang, & d'apporter mutuellement les uns avec les autres tout ce qui dépendra d'eux, pour prévenir tous différends, débats & querelles, notamment celles qui peuvent être ſuivies des voies de fait, de ſe donner les uns aux autres ſincérement & de bonne foi, tous les éclairciſſemens néceſſaires ſur les plaintes & mauvaiſes ſatisfactions qui pourront ſurvenir entr'eux ; d'empêcher qu'on ne vienne aux mains, en quelque maniere que ce ſoit, déclarant que nous réputerons ce procedé pour un effet de l'obéiſſance qui nous eſt due, & que nous tenons être plus conforme aux maximes du véritable honneur, auſſi bien qu'à celles du Chriſtianiſme, aucuns ne pouvant ſe diſpenſer de cette mutuelle charité, ſans contrevenir aux Commandemens de Dieu, auſſi bien qu'aux nôtres.

II. Et d'autant qu'il n'y a rien de ſi honnête, ni qui gagne davantage les affections du public & des particuliers, que d'arrêter le cours des querelles en leur ſource, Nous ordonnons à nos très-chers & bien amés Couſins les Maréchaux de France, ſoit qu'ils ſoient en notre ſuite ou en nos Provinces, & en leur abſence à nos Lieutenans Généraux en icelles, de s'employer eux-mêmes très-ſoigneuſement & inceſſamment à terminer tous les différends qui pourront arriver entre nos Sujets, par les voies & ainſi qu'il leur en eſt donné pouvoir par les Édits & Ordonnances des Rois nos Prédéceſſeurs. Et en outre nous donnons pouvoir à noſdits Couſins de commettre en chacun des Bailliages ou Sénéchauſſées de notre Royaume, un ou pluſieurs Gentilshommes, ſelon l'étendue d'icelles, qui ſoient de qualité, d'âge & capacité requiſe pour recevoir les avis des différends qui ſurviendront entre les Gentilshommes, Gens de Guerre & autres nos Sujets, les renvoyer à noſdits Couſins les Maréchaux de France, ou au plus ancien d'eux ou aux Gouverneurs Généraux de nos Provinces, & nos Lieutenans Généraux en icelles, lorſqu'ils y ſeront préſens, & donnons pouvoir aux Gentilshommes qui ſeront ainſi commis, de faire venir par devant eux, en l'abſence des Gouverneurs & noſdits Lieutenans Généraux, tous ceux qui auront quelque différend pour les accorder, ou les renvoyer pardevant noſdits

DUELS. Cousins les Maréchaux de France, au cas que quelqu'une des Parties se trouve lézée par l'accord desdits Gentilshommes, on ne veuille pas se soumettre à leurs jugemens. Même lorsque lesdits Gouverneurs Généraux de nos Provinces, & nos Lieutenans Généraux en icelles, seront dans les Provinces, en cas que les querelles qui surviendront requierent un prompt reméde pour en empêcher les suites, & que les Gouverneurs fussent absens du lieu où le différend sera survenu : Nous voulons que lesdits Gentilshommes commis y pourvoient sur le champ, & fassent exécuter le contenu aux articles du présent Edit, dont ils donneront avis à l'instant ausdits Gouverneurs Généraux de nos Provinces, ou en leur absence aux Lieutenans Généraux en icelles, pour travailler incessamment à l'accommodement : & pour cette fin nous enjoignons très-expressément à tous les Prévôts des Maréchaux, Vice-Baillifs, Vice-Sénéchaux, leurs Lieutenans, Exempts, Greffiers & Archers, d'obéir promptement & fidélement, sur peine de suspension de leurs charges & privation de leurs gages, ausdits Gentilshommes commis sur le fait desdits différends, soit qu'ils fassent assigner ceux qui auront querelle, constituer prisonnier, saisir & annoter leurs biens, ou faire tous autres actes nécessaires pour empêcher les voies de fait, & pour l'exécution des ordres desdits Gentilshommes ainsi commis, le tout aux frais & dépens des Parties.

III. Nous déclarons en outre que tous ceux qui assisteront, ou se rencontreront, quoiqu'inopinément, aux lieux où se commettront des offenses à l'honneur, soit par des rapports ou discours injurieux, soit par manquement de promesse ou parole donnée, soit par démentis, coups de main, ou autres outrages, de quelque nature qu'ils soient, seront à l'avenir obligés d'en avertir nos Cousins les Maréchaux de France, ou lesdits Gouverneurs Généraux de nos Provinces & nos Lieutenans Généraux en icelles, ou les Gentilshommes commis par nosdits Cousins, sur peine d'être réputés complices desdites offenses, & d'être poursuivis, comme y ayant tacitement contribué, pour ne s'être pas mis en devoir d'en empêcher les mauvaises suites. Voulons pareillement & Nous plaît, que ceux qui auront connoissance de quelque commencement de querelles & animosités causées par les procès, qui seroient sur le point d'être intentés entre Gentilshommes, pour quelque intérêt d'importance, soient obligés à l'avenir d'en avertir nosdits Cousins les Maréchaux de France, ou les Gouverneurs Généraux de nosdites Provinces, & Lieutenans Généraux en icelles, ou en leur absence, les Gentilshommes commis dans les Bailliages, afin qu'ils empêchent de tout leur pouvoir que les Parties sortent des voies civiles & ordinaires pour venir à celles de fait. Et pour être d'autant mieux informé de tous Duels & Combats qui se font dans nos Provinces, Nous enjoignons aux Gouverneurs Généraux & Lieutenans Généraux en icelles, de donner avis aux Secretaires d'Etat, chacun en son département, de tous les Duels & Combats qui arriveront dans l'étendue de leurs Charges : aux premiers Présidens de nos Cours de Parlement, & à nos Procureurs Généraux en icelles, de donner pareillement avis à notre très-cher & féal le Sieur le Tellier, Chancellier de France ; & aux Gentilshommes commis, & Officiers des Maréchaussées, aux Maréchaux de France, pour Nous en informer chacun à leur égard. Ordonnons encore à tous nos Sujets de Nous en donner avis par telles voies que bon leur semblera, promettant de récompenser ceux qui donneront avis des Combats arrivés dans les Provinces, dont nous n'aurons point reçu d'avis d'ailleurs, avec les moyens d'en avoir la preuve.

IV. Lorsque nosdits Cousins les Maréchaux de France, les Gouverneurs Généraux de nos Provinces, & nos Lieutenans Généraux en icelles en leur absence, ou les Gentilshommes commis auront eu avis de quelque différend entre les Gentilshommes, & entre tous ceux qui font profession des armes dans notre Royaume & Pays de notre obéissance, lequel procédant de paroles outrageuses, ou autres causes touchant l'honneur, semblera devoir les porter à quelque ressentiment extraordinaire : nosdits Cousins les Maréchaux de France envoyeront aussitôt des défenses très-expresses aux Parties de se rien demander par les voies de fait, directement ou indirectement, & les feront assigner à comparoir incessamment pardevant eux pour y être réglé. Que s'ils appréhendent que lesdites Parties soient tellement animées, qu'elles n'apportent pas tout le respect & la déference qu'elles doivent à leurs ordres ; ils leurs envoyeront incontinent les Archers & Gardes de la Connétablie & Maréchaussée de France, pour se tenir prêt de leur personne, aux frais & dépens desdites Parties, jusqu'à ce qu'elles se soient rendues par devant eux : ce qui sera ainsi pratiqué par les Gouverneurs Généraux de nos Provinces, & nos Lieutenans Généraux en icelles, dans l'étendue de leurs Gouvernemens & Charges ; en faisant assigner par devant eux ceux qui auront querelle ; ou leur envoyant de leurs Gardes, ou quelques autres personnes qui se tiendront près-d'eux, pour les empêcher d'en venir aux voies de fait : & Nous donnons pouvoir aux Gentilshommes commis dans chaque

chaque Bailliage de tenir, en l'absence des Maréchaux de France, Gouverneurs Généraux en icelles, la même procédure envers ceux qui auront querelle, & se servir des Prévôts des Maréchaux, leurs Lieutenans, Exemts & Archers, pour l'exécution de leurs ordres.

V. Ceux qui auront querelle, étant comparus devant nos Cousins les Maréchaux de France, ou Gouverneurs Généraux de nos Provinces, & Lieutenans en icelles, ou en leur absence devant lesdits Gentilshommes; s'il apparoît de quelque injure atroce qui ait été faite avec avantage, soit de dessein prémédité, ou de gayeté de cœur, Nous voulons & entendons que la Partie offensée en reçoive une réparation & satisfaction si avantageuse, qu'elle ait tout sujet d'en demeurer contente; confirmant en tant que besoin est par notre présent Edit, l'autorité attribuée par les feus Rois nos très-honorés Ayeul & Pere à nosdits Cousins les Maréchaux de France, de juger & décider par Jugement souverain, tous différends concernant le point d'honneur & réparation d'offense; soit qu'ils arrivent dans notre Cour, ou en quelque autre lieu de nos Provinces, où ils se trouveront; & ausdits Gouverneurs ou Lieutenans Généraux, le pouvoir qu'ils leur ont aussi donné pour même fin, chacun en l'étendue de sa Charge.

VI. Et parce qu'il se commet quelquefois des offenses si importantes à l'honneur, que non-seulement les personnes qui les reçoivent en sont touchées, mais aussi le respect qui est dû à nos Loix & Ordonnances, y est manifestement violé: Nous voulons que ceux qui auront fait de semblables offenses, outre les satisfactions ordonnées à l'égard des personnes offensées, soient encore condamnés par lesdits Juges du point d'honneur, à souffrir prison, bannissement & amende. Considérant aussi qu'il n'y a rien qui soit si déraisonnable, ni de si contraire à la profession d'honneur, que l'outrage qui se feroit pour le sujet de quelque intérêt civil, ou de quelque procès qui seroit intenté pardevant les Juges ordinaires, Nous voulons que dans les accommodemens des offenses provenus de semblables causes, lesdits Juges du point d'honneur, tiennent toute la rigueur qu'ils verront raisonnable pour la satisfaction de la partie offensée; & que pour la réparation de notre autorité blessée, ils ordonnent ou la prison durant l'espace de trois mois au moins, ou le bannissement pour autant de tems des lieux où l'offensant fera sa résidence, ou la privation du revenu d'une année ou deux de la chose contestée.

VII. Comme il arrive beaucoup de différends entre lesdits Gentilshommes, à cause des Chasses; des Droits honorifiques des Eglises, & autres prééminences des Fiefs & Seigneuries, pour être fort mêlées avec le point d'honneur, Nous voulons & entendons que nosdits Cousins les Maréchaux de France, les Gouverneurs de nos Provinces & nos Lieutenans en icelles, & les Gentilshommes commis dans lesdits Bailliages ou Sénéchaussées apportent tout ce qui dépendra d'eux, pour obliger les Parties de convenir d'arbitres, qui jugent sommairement avec eux, sans aucune consignation, ni épices, le fond de semblables différends, à la charge de l'appel en nos Cours de Parlement, lorsqu'une des Parties se trouvera lézée par la Sentence arbitrale.

VIII. Au cas qu'un Gentilhomme refuse ou différe sans aucune cause légitime d'obéir aux ordres de nos Cousins les Maréchaux de France, ou à ceux des autres Juges du point d'honneur, comme de comparoître pardevant eux, lorsqu'il aura été assigné par Acte signifié à lui ou à son domicile, & aussi lorsqu'il n'aura pas subi le bannissement ordonné contre lui, il y sera incessamment contraint, après un certain tems que lesdits Juges lui prescriront, soit par garnison qui sera posée dans sa maison, ou par l'emprisonnement de sa personne; ce qui sera soigneusement exécuté par les Prévôts de nosdits Cousins les Maréchaux de France, Vice-Baillifs, Vice-Sénéchaux, leurs Lieutenans, Exemts & Archers, sur peine de suspension de leurs Charges & privation de leurs gages, suivant les Ordonnances desdits Juges; & ladite exécution sera faite aux frais & dépens de la Partie désobéissante ou réfractaire. Que si lesdits Prévôts, Vice-Baillifs, Vice-Sénéchaux, leurs Lieutenans, Exemts & Archers, ne peuvent exécuter ledit emprisonnement, ils saisiront & annoteront tous les revenus dudit banni ou désobéissant, pour être appliqué & demeurer acquis durant tout le tems de sa désobéissance: sçavoir, la moitié à l'Hôpital de la Ville où il y a Parlement établi, & l'autre moitié à l'Hôpital du lieu où il y a Siége Royal, dans le ressort duquel Parlement, ou Siége Royal, les biens dudit banni, ou désobéissant, se trouveront, afin que s'entraidant dans la poursuite, on puisse fournir l'avis & la preuve, & l'autre interposer notre autorité par celle de la Justice, pour l'effet de notre intention: Et au cas qu'il y ait des dettes précédentes, qui empêchent la perception de ce revenu applicable au profit desdits Hôpitaux, la somme à quoi il pourra monter, vaudra une dette hypotéquée sur tous les biens, meubles & immeubles dudit banni, pour être payée, & acquittée dans son ordre, du jour de la condamnation qui interviendra contre lui.

DUELS. IX. Nous ordonnons en outre, que ceux qui auront eu des Gardes de nos Cousins les Maréchaux de France, des Gouverneurs Généraux de nos Provinces ou nos Lieutenans en icelles, ou desdits Gentilshommes commis, & qui s'en seront dégagés en quelque maniere que ce puisse être, soient punis avec rigueur, & ne puissent être reçûs à l'accommodement sur le point d'honneur, que les coupables de ladite garde enfrainte n'ayent tenu prison, & qu'à la requête de notre Procureur à la Connétablie, & des Substituts aux autres Maréchaussées de France, le procès ne leur ait été fait selon les formes requises par nos Ordonnances : Voulons & nous plaît, que sur le procès-verbal, ou rapport des Gardes qui seront ordonnés près d'eux, il soit sans autre information décreté contr'eux à la requête desdits Substituts, & leur procès sommairement fait.

X. Bien que le soin que Nous prenons de l'honneur de notre Noblesse, paroisse assez par le contenu aux articles précédens, & par la soigneuse recherche que Nous faisons des moyens estimés les plus propres pour éteindre les querelles dans leur naissance, & rejetter sur ceux qui offensent le blâme & la honte qu'ils méritent ; néanmoins appréhendant qu'il ne se trouve encore des gens assez osés pour contrevenir à nos volontés si expressément expliquées, & qui présument d'avoir raison, en cherchant à se venger ; Nous voulons & ordonnons, que celui qui s'estimant offensé, fera un appel à qui que ce soit pour soi-même, demeure déchû de pouvoir jamais avoir satisfaction de l'offense, qu'il prétendra avoir reçue ; qu'il tienne prison pendant deux ans, & soit condamné à une amende envers l'Hôpital de la Ville la plus proche de sa demeure, laquelle ne pourra être de moindre valeur, que de la moitié du revenu d'une année de ses biens, & de plus, qu'il soit suspendu de toutes les Charges, & privé du revenu d'icelles durant trois ans. Permettons à tous Juges d'augmenter lesdites peines, selon que les conditions des personnes, les sujets des querelles, comme procès intentés, ou autres intérêts civils, les défenses ou gardes enfraintes ou violées, les circonstances des lieux & des tems rendront l'Appel plus punissable. Que si celui qui est appellé au lieu de refuser l'Appel, & d'en donner avis à nos Cousins les Maréchaux de France, ou aux Gouverneurs Généraux de nos Provinces & nos Lieutenans en icelles, ou aux Gentilshommes commis, ainsi que Nous lui enjoignons de faire, va sur le lieu de l'assignation, ou fait effort pour cet effet, il soit puni des mêmes peines de l'Appellant. Nous voulons de plus, que ceux qui auront appellé pour un autre, ou qui auront accepté l'Appel, sans en avoir donné avis auparavant, soient punis des mêmes peines.

XI. Et d'autant qu'outre la peine que doivent encourir ceux qui appelleront, il y en a qui méritent doublement d'en être châtiés & réprimés, comme lorsqu'ils s'attaquent à ceux qui sont leurs Bienfaiteurs, Supérieurs, ou Seigneurs, & personnes de commandement, & relevées par leur qualité & Charges, & spécialement quand les querelles naissent pour des actions d'obéissance, ausquelles une condition, charge ou emploi subalterne les ont soumis, ou pour des châtimens qu'ils ont subi par l'autorité de ceux qui ont le pouvoir de les y assujettir ; Considérant qu'il n'y a rien de plus nécessaire pour le maintien de la discipline, particuliérement entre ceux qui font profession des armes, que le respect envers ceux qui les commandent, Nous voulons & ordonnons que ceux qui s'emporteront à cet excès, notamment qui appelleront leurs Chefs ou autres qui ont droit de leur commander, tiennent prison pendant quatre ans, soient privés de l'exercice de leurs Charges pendant ledit tems ; ensemble des gages & appointemens y attribués, qui seront donnés à l'Hôpital Général de la Ville la plus prochaine ; & en cas que ce soit un inférieur contre un Supérieur ou Seigneur, il tiendra prison pendant les mêmes quatre années, & sera condamné en une amende qui ne pourra être moindre qu'une année de son revenu ; Enjoignons très-expressément à nosdits Cousins les Maréchaux de France, Gouverneurs Généraux de nos Provinces, & Lieutenans Généraux en icelles, & Gentilshommes commis, & singuliérement aux Généraux de nos Armées, dans lesquelles ce désordre peut être plus fréquent qu'en nul autre lieu, de tenir la main à l'exacte & sévére exécution du présent article. Que si les Chefs ou Officiers Supérieurs & les Seigneurs qui auront été appellés reçoivent l'Appel, & se mettent en état de satisfaire les Appellans, ils seront punis des mêmes peines de prison, de suspension de leurs Charges & revenus d'icelles, & amendes ci-dessus spécifiées, sans qu'ils puissent en être dispensés, quelques instances & supplications qu'ils Nous en fassent.

XII. Et d'autant que Nous avons résolu de casser & priver entiérement de leurs Charges tous ceux qui se trouveront coupables dudit crime, même par notoriété : si ceux qui auront été ainsi cassés & privés de leursdites Charges, s'en ressentent contre ceux que nous en aurons pourvûs, en les appellant ou excitant au Combat par eux-mêmes, ou par autrui, par rencontre ou autrement, Nous voulons qu'eux, & ceux deſquels ils ſe ſeront ſervis, tiennent priſon pendant ſix ans, & ſoient condamnés à l'amende de ſix années de leurs revenus, ſans pouvoir jamais être relevés deſdites peines, & généralement que tous ceux qui viendront pour la ſeconde fois à violer notre préſent Edit, comme Appellans, notamment à ceux qui ſe ſeront ſervis de ſeconds pour porter leurs Appels, ſoient punis de mêmes peines de priſon, deſtitution de Charges & amendes, encore qu'il ne s'en ſoit enſuivi aucun combat.

XIII. Si contre les défenſes portées par notre préſent Edit, l'Appellant & l'Appellé viennent au combat actuel, Nous voulons & ordonnons qu'encore qu'il n'y ait aucun de bleſſé ou de tué, le procès - criminel & extraordinaire ſoit fait contr'eux; qu'ils ſoient ſans rémiſſion punis de mort; que tous leurs meubles & immeubles Nous ſoient confiſqués: le tiers d'iceux applicable à l'Hôpital de la Ville où eſt le Parlement, dans le reſſort duquel le crime aura été commis, & conjointement à l'Hôpital du Siége Royal le plus proche du lieu du délit; & les deux autres tiers, tant aux frais des captures & de la Juſtice, qu'en ce que les Juges trouveront équitable d'adjuger aux femmes & enfans, ſi aucun y a, pour leur nourriture & entretenement, ſeulement leur vie durant. Que ſi le crime ſe trouve commis dans les Provinces où la confiſcation n'a point de lieu, Nous voulons & entendons, qu'au lieu de ladite confiſcation, il ſoit pris ſur les biens des criminels, au profit deſdits Hôpitaux, une amende dont la valeur ne pourra être moindre que la moitié des biens des criminels. Ordonnons & enjoignons à nos Procureurs Généraux, leurs Subſtituts, & ceux qui auront l'adminiſtration deſdits Hôpitaux, de faire de ſoigneuſes recherches & pourſuites deſdites ſommes & confiſcations, pour leſquelles leur action pourra durer pendant le tems & eſpace de vingt ans, quand même ils ne feroient aucunes pourſuites qui la pût proroger; leſquelles ſommes & confiſcations ne pourront être remiſes, ni diverties pour quelque cauſe & prétexte que ce ſoit. Que ſi l'un des combattans, ou tous les deux ſont tués, Nous voulons & ordonnons, que le procès criminel ſoit fait contre la mémoire des morts, comme contre criminels de leze-Majeſté divine & humaine, & que leurs corps ſoient privés de la ſépulture; défendant à tous Curés, leurs Vicaires & autres Eccléſiaſtiques de les enterrer, ni ſouffrir être enterrés en terre ſainte; confiſquant en outre, comme deſſus, tous leurs biens, meubles, & immeubles. Et quant au ſurvivant qui aura tué, outre la ſuſdite confiſcation de tous ſes biens, ou amende de la moitié de la valeur d'iceux dans les pays où la confiſcation n'a point lieu, il ſera irrémiſſiblement puni de mort, ſuivant la diſpoſition des Ordonnances.

XIV. Les biens de celui qui aura été tué, & du ſurvivant, ſeront régis par les Adminiſtrateurs des Hôpitaux, pendant l'inſtruction du procès qualifié pour Duel, & les revenus employés aux frais des pourſuites.

XV. Encore que nous eſpérions que nos défenſes, & des peines ſi juſtement ordonnées contre les Duels retiendront dorénavant tous nos Sujets d'y tomber; néanmoins s'il s'en rencontroit encore d'aſſez téméraires pour oſer contrevenir à nos volontés, non - ſeulement en ſe faiſant raiſon par eux - mêmes, mais en y engageant de plus dans leurs querelles & reſſentimens des ſeconds, tiers, ou autre plus grand nombre de perſonnes, ce qui ne ſe peut faire que par une lâcheté artificieuſe, qui fait chercher à ceux qui ſentent leur foibleſſe la ſûreté dont ils ont beſoin dans l'adreſſe & le courage d'autrui: Nous voulons que ceux qui ſe trouveront coupables, d'une ſi criminelle & ſi lâche contravention à notre préſent Edit, ſoient ſans rémiſſion punis de mort, quand même il n'y auroit aucun de bleſſé ni de tué dans ces combats: que tous leurs biens ſoient confiſqués comme deſſus; qu'ils ſoient dégradés de Nobleſſe, & déclarés Roturiers, incapables de tenir jamais aucune Charge, leurs armes noircies & briſées publiquement par l'Exécuteur de la Haute-Juſtice; Enjoignons à leurs ſucceſſeurs de changer leurs Armes & en prendre des nouvelles, pour leſquels ils obtiendront nos Lettres à ce néceſſaire; & en cas qu'ils repriſſent les mêmes Armes elles ſeront de nouveau noircies & briſées par l'Exécuteur de la Haute-Juſtice, & eux condamnés à l'amende de deux années de leurs revenus, applicable moitié à l'Hôpital Général de la Ville la plus proche, & l'autre moitié à la volonté des Juges. Et comme nul châtiment ne peut être aſſez grand pour punir ceux qui s'engagent ſi légérement & ſi criminellement dans le reſſentiment d'offenſe où ils n'ont aucune part, & dont ils devroient plutôt procurer l'accommodement pour la conſervation & ſatisfaction de leurs amis, que d'en pourſuivre la vengeance par des voyes auſſi deſtituées de véritable valeur & courage, comme elles le ſont de charité & d'amitié chrétienne; Nous voulons que tous ceux qui tomberont dans les crimes des ſeconds, tiers, ou autre nombre également, ſoient punis des mêmes peines que Nous avons ordonnées contre ceux qui les employeront.

DUELS. XVI. D'autant qu'il se trouve des gens de naissance ignoble, & qui n'ont jamais porté les armes, qui sont assez insolens pour appeller des Gentilshommes, lesquels refusans de leur faire raison, à cause de la différence des conditions, ces mêmes personnes suscitent contre ceux qu'ils ont appellés d'autres Gentilshommes; d'où il s'ensuit quelquefois des meurtres d'autant plus détestables, qu'ils proviennent d'une cause abjecte: Nous voulons & ordonnons qu'en tel cas d'appel ou de combat, principalement s'ils sont suivis de quelque grande blessure, ou de mort, lesdits ignobles ou roturiers, qui seront dûement atteints & convaincus d'avoir causé & promû semblables désordres, soient sans rémission pendus & étranglés, tous leurs biens, meubles & immeubles confisqués, les deux tiers aux Hôpitaux des lieux, ou des plus prochains, & l'autre tiers employé aux frais de la Justice, à la nourriture & entretenement des veuves & enfans des défunts, si aucun y a, permettant en outre aux Juges desdits crimes d'ordonner sur les biens confisqués telles récompenses. qu'ils aviseront raisonnable aux dénonciateurs & autres qui auront découvert lesdits cas, afin que dans un crime si punissable chacun soit invité à la dénonciation d'icelui: Et quant aux Gentilshommes qui se seront ainsi battus pour des sujets & contre des personnes indignes, Nous voulons qu'ils souffrent les mêmes peines que Nous avons ordonnées contre les seconds, s'ils peuvent être appréhendés, sinon il sera procédé contr'eux par défaut & contumace, suivant la rigueur des Ordonnances.

XVII. Nous voulons que tous ceux qui porteront sciemment des billets d'appel, ou qui conduiront aux lieux des Duels ou Rencontres, comme laquais ou autres domestiques, soient punis du fouet & de la fleur-de-lys, pour la premiere fois, & s'ils retombent dans la même faute, des galéres à perpétuité. Et quant à ceux qui auront été spectateurs d'un Duel, s'ils s'y sont rendus exprès pour ce sujet, Nous voulons qu'ils soient privés pour toujours des charges, dignités & pensions qu'ils possédent; que s'ils n'ont aucune charge, le quart de leurs biens soit confisqué & appliqué aux Hôpitaux; & si le délit a été commis en quelque Province où la confiscation n'a point de lieu, qu'ils soient condamnés à une amende au profit desdits Hôpitaux, laquelle ne pourra être de moindre valeur que le quart des biens desdits spectateurs, que nous réputons avec raison complices d'un crime si détestable, puisqu'ils y assistent, & ne l'empêchent pas tant qu'ils peuvent, comme ils y sont obligés par les Loix divines & humaines.

XVIII. Et d'autant qu'il est souvent arrivé que pour éviter la rigueur des peines ordonnées par tant d'Edits contre les Duels, plusieurs ont recherché les occasions de se rencontrer, Nous voulons & ordonnons que ceux qui prétendront avoir reçu quelque offense, & qui n'en auront point donné avis aux susdits Juges du point d'honneur, & qui viendront à se rencontrer ou à se battre seuls, ou en pareil état & nombre, avec armes égales de part & d'autre, à pied ou à cheval, soient sujets aux mêmes peines que si c'étoit un Duel. Et pour ce qui s'est encore trouvé de nos Sujets qui ayant pris querelle dans nos Etats, & s'étant donnés rendez-vous pour se combattre hors d'iceux, ou sur nos Frontieres, ont crû par ce moyen pouvoir éluder l'effet de nos Edits, Nous voulons que tous ceux qui en useront ainsi, soient poursuivis criminellement, s'ils peuvent être pris, sinon par contumace, & qu'ils soient condamnés aux mêmes peines, & leurs biens confisqués, comme s'ils avoient contrevenu au présent Edit dans l'étendue & sans sortir de nos Provinces, les jugeant d'autant plus criminels & punissables, que les premiers mouvemens dans la chaleur & nouveauté de l'offense ne les peuvent plus excuser, & qu'ils ont eu assez de loisir pour modérer leur ressentiment, & s'abstenir d'une vengeance si défendue, sans qu'ès deux cas mentionnés au présent Article, les prévenus puissent alléguer le cas fortuit, auquel nous défendons à nos Juges d'avoir aucun égard.

XIX. Et pour éviter qu'une Loi si sainte & si utile à nos Etats ne devienne utile au Public, faute d'observation d'icelle, Nous enjoignons & commandons très-expressément à nos Cousins les Maréchaux de France, ausquels appartient sous notre autorité la connoissance & décision des contentions & querelles qui concernent l'honneur & la réputation de nos Sujets, de tenir la main exactement & diligemment à l'observation de notre présent Edit, sans y apporter aucune modération, ni permettre que par faveur, connivence ou autre voie, il y soit contrevenu en aucune maniere. Et pour donner d'autant plus de moyen & de pouvoir à nosdits Cousins les Maréchaux de France, d'empêcher & réprimer cette licence effrénée des Duels & Rencontres; considérant d'ailleurs que la diligence importe grandement pour la punition de tels crimes, & que les Prévôts de nosdits Cousins les Maréchaux de France, les Vice-Baillifs, Vice-Sénéchaux & Lieutenans Criminels de Robe-Courte, se trouvant le plus souvent à cheval pour notre service, pour être plus prompts & plus propres pour procéder contre les coupables des Duels & Rencontres : Nous avons de nouveau attribué & attribuons l'exécution du présent Edit, tant dans l'enclos des Villes que hors d'icelles, aux Officiers de la Connétablie & Maréchaussée de France, Prévôts Généraux de ladite Connétablie, de l'Isle de France & des Monnoyes, & tous les autres Prévôts Généraux, Provinciaux & particuliers, Vice-Baillifs & Vice-Sénéchaux & Lieutenans Criminels de Robe-Courte concurremment avec nos Juges ordinaires, & à la charge de l'appel en nos Cours de Parlement, ausquelles il doit ressortir ; dérogeant pour ce regard à toutes les Déclarations & Edits à ce contraires, portant défenses ausdits Prévôts de connoître des Duels & Rencontres.

XX. Les Juges ou autres Officiers, qui auront supprimé & changé les informations, seront destitués & privés de leurs Charges, & châtiés comme faussaires.

XXI. Et d'autant qu'il arrive assez souvent que lesdits Prévôts, Vice-Baillifs, Vice-Sénéchaux & Lieutenans Criminels de Robe-Courte, sont négligens dans l'exécution des ordres de nosdits Cousins les Maréchaux de France : Nous voulons & ordonnons, que si lesdits Officiers manquent d'obéir au mandement de nosdits Cousins les Maréchaux, ou de l'un d'eux, ou autres Juges du point d'honneur, de sommer ceux qui auront querelle de comparoître au jour assigné, de les saisir & arrêter, en cas de refus & de désobéissance, & finalement d'exécuter de point en point, & toutes affaires cessantes, ce qui leur sera mandé & ordonné par nosdits Cousins les Maréchaux de France & Juges du point d'honneur, ils soient par nosdits Cousins punis & châtiés de leur négligence, par suspension de leurs Charges & privation de leurs gages : lesquels pourront être réellement arrêtés & saisis sur la simple Ordonnance de nosdits Cousins les Maréchaux de France, ou de l'un d'eux, signifié à la personne, ou au domicile du Trésorier de l'Ordinaire de nos Guerres qui sera en exercice. Nous ordonnons en outre ausdits Prévôts, Vice-Baillifs, Vice-Sénéchaux, leurs Lieutenans & Archers, chacun en leur ressort, sur les mêmes peines de suspension de privation de leurs gages, que sur le bruit d'un Combat arrivé, ils se transportent à l'instant sur les lieux pour arrêter les coupables, & les constituer prisonniers dans les Prisons Royales les plus proches du lieu du délit ; Voulant que pour chacune capture, il leur soit payé la somme de quinze cens livres, à prendre avec les autres frais de Justice sur le bien le plus clair des coupables, & préférablement aux confiscations & amendes que Nous avons ordonnées ci-dessus.

XXII. Et comme les coupables pour éviter de tomber entre les mains de la Justice, se retirent d'ordinaire chez les grands de notre Royaume, nous faisons très-expresses inhibitions & défenses à toutes personnes de quelque qualité & condition qu'elles soient, de recevoir dans leurs Hôtels & Maisons, ceux qui auront contrevenu à notre présent Edit. Et au cas qu'il se trouve quelques-uns qui leur donnent asile, & qui refusent de les remettre entre les mains de la Justice, si-tôt qu'ils en seront requis : Nous voulons que les procès verbaux qui en seront dressés & duement arrêtés par lesdits Prévôts des Maréchaux & autres Juges, soient incontinent & incessamment envoyés aux Secretaires d'Etat, & de nos Commandemens chacun en son département, ensemble aux Procureurs Généraux de nos Cours de Parlement ; & à nosdits Cousins les Maréchaux, afin qu'ayant pris avis d'eux, nous fassions rigoureusement procéder à la punition de ceux qui protégent de si criminels désordres.

XXIII. Que si nonobstant tous les soins & diligences prescrites par les articles précédens, le crédit & l'autorité des personnes intéressées dans ces crimes, en détournoient les preuves par ménaces ou artifice, Nous ordonnons que sur la simple réquisition qui sera faite par nos Procureurs Généraux ou leurs Substituts, il soit décerné des Monitoires par les Officiaux des Evêques des lieux, lesquels seront publiés & fulminés selon les formes canoniques, contre ceux qui refuseront de venir à réclamation de ce qu'ils sçauront touchant les Duels & Rencontres arrivés. Nous ordonnons en outre qu'à l'avenir nos Procureurs Généraux en nos Cours de Parlement & leurs Substituts, sur l'avis qu'ils auront des Combats qui auront été faits, feront leurs réquisitions contre ceux qui par notoriété en seront estimés coupables, & que conformément à icelles, nosdites Cours, sans autres preuves, ordonnent que dans les délais qu'elles jugeront à propos, ils seront tenus de se rendre dans les Prisons pour se justifier & répondre sur les réquisitions de nosdits Procureurs Généraux ; & à faute dans ledit tems de satisfaire aux Arrêts qui seront signifié à leurs domiciles, Nous voulons qu'il soit procedé contr'eux par défaut & contumace ; qu'ils soient déclarés atteints & convaincus des cas à eux imposés, & comme tels qu'ils soient condamnés aux peines portées par nos Edits, & leurs biens à nous acquis & confisqués, & mis en nos mains, & sans attendre que les cinq années des défauts & contumaces soient expirées : que toutes leurs maisons soient rasées, & leurs bois de haute futaye coupés jusqu'à certaine hauteur, suivant les

DUELS. ordres que nous en donnerons, & eux déclarés infâmes & dégradés de Noblesse, sans qu'ils puissent à l'avenir entrer en aucune Charge. Défendons à toutes nos Cours de Parlement & nos autres Juges de les recevoir en leur justification après les Arrêts de condamnation, même après les cinq années de la contumace, qu'auparavant ils n'ayent obtenu nos lettres portant permission de se représenter, & qu'ils n'ayent payé les amendes ausquelles ils seront condamnés; & ce nonobstant l'Article dix-huit du Titre sept de notre Ordonnance Criminelle, auquel Nous avons dérogé & dérogeons pour ce regard, & sans tirer à conséquence.

XXIV. Et lors même que les prévenus auront été arrêtés & mis dans les prisons, ou qu'ils s'y seront mis, Nous voulons qu'en cas que nos Procureurs Généraux trouvent difficulté à administrer la preuve desdits Combats, nos Cours leur donnent les délais qu'ils requereront, remettant à l'honneur & conscience de nosdits Procureurs Généraux de n'en user que pour le bien de la Justice.

XXV. Pendant le tems que les Accusés ou prévenus desdits crimes ne se rendront point prisonniers, Nous voulons que la Justice de leurs Terres soient exercée en notre nom, & nous pourvoirons pendant ledit tems aux Offices & Bénéfices, dont la disposition appartiendra auxdits Accusés ou prévenus.

XXVI. Et pour éviter que pendant le tems de l'instruction des défauts & contumaces, les prévenus ne puissent se servir des moyens qu'ils ont accoutumés de pratiquer pour détourner les preuves de leurs crimes, en intimidant les témoins, ou les obligeant de se retracter dans leurs récollemens: Nous voulons que nonobstant l'Article troisiéme du titre quinze de notre Ordonnance du mois d'Août 1670, auquel Nous avons dérogé & dérogeons pour ce regard dans les crimes de Duels seulement, il soit procedé par les Officiers de nos Cours & leurs Lieutenans Criminels des Bailliages où il y a Siége Présidial, au récollement des témoins dans les vingt-quatre heures, & le plutôt qu'il se pourra, après qu'ils auront été entendus dans les informations, & ce avant qu'il y ait un Jugement qui l'ordonne, sans toutefois que les récollemens puisse valoir confrontation, qu'après qu'il aura été ainsi ordonné par le Jugement de défaut & de contumace.

XXVII. Nous déclarons les condamnés par contumace, incapables & indignes de toutes successions qui pourroient leur échoir depuis la condamnation, encore qu'ils soient dans les cinq années, & qu'ils se fussent ensuite restitués contre la contumace. Si les successions sont échues avant la restitution, la Seigneurie & la Justice des Terres sera exercée en notre nom, & les fruits attribués aux Hôpitaux, sans espérance de restitution, à compter du jour de la condamnation par contumace.

XXVIII. Nous voulons pareillement & ordonnons que dans les lieux éloignés des Villes où nos Cours de Parlement sont séantes, lorsqu'après toutes les perquisitions & recherches susdites, les coupables des Duels & Rencontres ne pourront être trouvés, il soit à la requête des Substituts de nos Procureurs Généraux, sur la simple notoriété du fait, décerné prise de corps contre les absens, & qu'à faute de les pouvoir appréhender en vertu du Décret, tous leurs biens soient saisis, & qu'ils soient ajournés à trois briefs jours consécutifs, & sur iceux les défauts soient mis ès mains de nos Procureurs Généraux ou leurs Substituts, pour en être le profit adjugé sans autre forme ni figure de procès dans huitaine après le crime commis, & sans que nosdits Procureurs Généraux ou leurs Substituts, soient obligés d'informer & faire preuve de la notoriété.

XXIX. Quand le titre de l'accusation sera pour crime de Duel, il ne pourra être formé aucun Réglement de Justice, nonobstant tout prétexte de prévention, assassinat ou autrement, & le procès ne pourra être poursuivis que pardevant les Juges du crime de Duel.

XXX. Et afin d'empêcher les surprises de ceux qui, pour obtenir des graces, nous déguiseroient la vérité des Combats arrivés, & mettroient en avant de faux faits, pour faire croire que lesdits Combats seroient survenus inopinément, & ensuite de querelle prise sur le champ, Nous ordonnons que nul ne pourra poursuivre au Sceau l'expédition d'aucune grace ès cas où il y aura soupçon de Duel ou Rencontre prémédité qu'il ne soit actuellement prisonnier à notre suite, ou bien dans la principale prison du Parlement, dans le ressort duquel le Combat aura été fait; & après qu'il aura été vérifié qu'il n'a contrevenu en aucune sorte à notre présent Edit, & avoir sur ce pris l'avis de nos Cousins les Maréchaux de France, Nous pourrons lui accorder des Lettres de rémission en connoissance de cause.

XXXI. Et d'autant qu'en conséquence de nos Ordres, nos Cousins les Maréchaux de France se sont assemblés pour revoir & examiner de nouveau le Réglement fait par eux sur diverses satisfactions & réparations d'honneur, auquel par nos Ordres ils ont ajouté des peines plus sévéres contre les agresseurs : Nous voulons que ledit nouveau Réglement, en date du 22 jour du présent mois, ensemble celui du 22 Août 1653, ci-attaché sous le contre scel de notre Chancellerie, soient inviolablement suivis & observés à l'avenir par tous ceux qui seront employés aux accommodemens des différends qui touchent le point d'honneur & la réputation des Gentilshommes.

XXXII. Et d'autant que quelquefois les Administrateurs des Hôpitaux ont négligé le recouvrement desdites amendes & confiscations, Nous voulons que le recouvrement des amendes & confiscations adjugées ausdits Hôpitaux & autres personnes qui auront été négligées pendant un an, à compter du jour des Arrêts de condamnation, soit fait par le Receveur Général de nos Domaines, auquel la moitié desdites confiscations & amendes appartiendra pour les frais de recouvrement, Nous réservant de disposer de l'autre moitié en faveur de tel Hôpital qu'il nous plaira, autre que celui auquel elles auront été adjugées.

XXXIII. Voulons de plus que lorsque les Gentilshommes n'auront pas déféré aux ordres des Maréchaux de France, & qu'ils auront encouru les amendes & confiscations portées par le présent Edit & le Réglement desdits Maréchaux de France, il en soit à l'instant donné avis par lesdits Maréchaux de France à nos Procureurs Généraux en nos Cours de Parlement, ou à leurs Substituts, ausquels Nous enjoignons de procéder incessamment à la saisie des biens, jusqu'à ce que lesdits Gentilshommes prévenus ayent obéi ; & en cas qu'ils n'obéissent dans trois mois, les fruits seront en pure perte appliqués aux Hôpitaux jusqu'à ce qu'ils ayent obéi, les frais des Prévôts, de procédure, de garnison & autres, pris par préférence ; par cet effet Nous voulons que les Directeurs & Administrateurs desdits Hôpitaux, soient mis en possession & jouissance actuelle desdits biens. Enjoignons à nosdits Procureurs Généraux, leurs Substituts, de se joindre ausdits Directeurs & Administrateurs, pour être fait une prompte & réelle perception desdites amendes. Faisons très-expresses défenses aux Juges d'avoir aucun égard aux Contrats, Testamens & autres Actes faits six mois avant les crimes commis.

XXXIV. Lorsque dans les Combats il y aura eu quelqu'un de tué, Nous permettons aux parens du mort de se rendre parties, dans trois mois pour tout délai contre celui qui aura tué ; & en cas qu'il soit convaincu du crime, condamné & exécuté, Nous faisons remise de la confiscation du mort, au profit de celui qui aura poursuivi, sans qu'il soit tenu d'obtenir d'autres de don que le présent Edit. A l'égard de celui des parens, au profit duquel Nous faisons remise de la confiscation, Nous voulons que le plus proche soit préféré au plus éloigné, pourvû qu'ils se soient rendus parties dans les trois mois, à condition de rembourser les frais qui auront été faits.

XXXV. Le crime de Duel ne pourra être éteint ni par la mort, ni par aucune prescription de vingt ni de trente ans, ni aucune autre, à moins qu'il n'y ait ni exécution, ni condamnation, ni plainte, & pourra être poursuivi après quelque laps de tems que ce soit contre la personne ou contre sa mémoire : même ceux qui se trouveront coupable de Duel depuis notre Edit de 1651, registré en notre Cour de Parlement de Paris au mois de Septembre de la même année, pourront être recherchés pour les autres crimes par eux commis auparavant ou depuis, nonobstant ladite prescription de vingt & de trente ans, pourvû que le procès leur soit fait en même tems pour crime de Duel, & par les mêmes Juges, & qu'ils en demeurent convaincus.

XXXVI. Toutes les peines contenues dans le présent Edit, pour la punition des contrevenans à nos volontés, seroient inutiles & de nul effet, si par les motifs d'une Justice & d'une fermeté inflexible, Nous ne maintenions les Loix que Nous avons établies. A cette fin, Nous jurons & promettons en foi & parole de Roi, de n'exempter à l'avenir aucune personne, pour quelque cause & considération que ce soit, de la rigueur du présent Edit ; qu'il ne sera par Nous accordé aucune rémission, pardon & abolition à ceux qui se trouveront prévenus desdits crimes de Duels & Rencontres. Défendons très-expressément à tous Princes & Seigneurs près de Nous de faire aucunes prieres pour les coupables desdits crimes, sur peine d'encourir notre indignation. Protestons derechef, que ni en faveur d'aucun mariage de Prince ou Princesse de notre Sang, ni pour les naissances des Princes & Enfans de France qui pourront arriver durant notre Regne, ni pour quelqu'autre considération générale & particuliere qui puisse être, Nous ne permettrons sciemment être expédié aucunes Lettres contraire à notre présente volonté, l'exécution de laquelle Nous avons juré expressément & solemnellement au jour de notre Sacre & Couronnement, afin de rendre plus authentique & plus inviolable une Loi Chrétienne, si juste & si nécessaire. Si donnons en mandement, &c.

NOUVEAU REGLEMENT

DE MESSIEURS LES MARECHAUX DE FRANCE.

Du 22. Août 1679.

Qui confirme & augmente celui du 22. Août 1653.

Maréchaux de France.

LE ROI Nous ayant ordonné de nous assembler & examiner de nouveau le Réglement que nous avons fait par ordre exprès de Sa Majesté, en datte du 22. Août 1653, sur les Satisfactions & Réparations d'honneur entre les Gentilshommes; l'intention de Sa Majesté étant d'augmenter les peines & satisfactions, ensorte qu'elles soient égales & proportionnées aux injures. Pour obéir aux Ordres de Sa Majesté, Nous avons estimé sous son bon plaisir :

Que les Articles 1, 2, 3, 4 & 5 dudit Réglement doivent être exécutés.

Sur le 6, Nous estimons que ceux qui auront été présens aux offenses, & qui n'en auront pas donné les avis, doivent être punis de six mois de prison.

Sur l'Article 7, au lieu d'un mois de prison pour celui qui aura offensé, Nous sommes d'avis qu'il tienne prison deux mois, & que le surplus de l'Article soit exécuté.

Sur l'Article 8, Nous estimons que l'offensant doit tenir prison quatre mois au lieu de deux, & après que l'offensant sera sorti de prison, en demandera pardon à l'offensé.

Sur l'Article 9, Nous estimons que pour les offenses actuelles de soufflet ou coup de main commis dans la chaleur des démêlés, si le soufflet ou coup de main a été précédé d'un démenti, celui qui aura frappé tiendra prison pendant un an; & s'il n'a point été précédé d'un démenti, il tiendra prison pendant deux ans, sans que le tems puisse être diminué pour quelque cause que ce soit, quand même l'offensé le demanderoit; & après que l'offensant sera sorti de prison, il se soumettra encore de recevoir de la main de l'offensé des coups pareils à ceux qu'il aura donné, & déclarera de parole & par écrit, *qu'il l'a frappé brutalement, & le supplie de lui pardonner & oublier cette offense.*

Sur le 10e. Article, à l'égard des coups de bâton & autres pareils outrages donnés dans la chaleur des démêlés, en cas qu'ils ayent été donnés après un soufflet ou coup de main, celui qui aura frappé du bâton ou autrement, tiendra prison pendant deux ans; & en cas qu'il n'ait point été frappé auparavant, il tiendra prison pendant quatre ans, & après qu'il sera sorti, il demandera pardon à l'offensé.

Sur les Articles 11, 12, 13 & 14, Nous estimons qu'ils doivent être exécutés, & qu'il n'y doit être rien changé.

Sur le 15e. Article, Nous estimons que si par le rapport des présens; par notoriété ou par autre preuve, il paroît qu'un injure de coups de bâton, cane, ou autre de pareille nature, ait été faite de dessein prémédité, par surprise ou avec avantage, celui qui aura frappé seul & pardevant, doit tenir prison pendant quinze ans; & celui qui aura frappé par derriere, quoique seul ou avec avantage, soit en se faisant accompagner ou autrement, doit tenir prison pendant vingt années entieres, & ce dans une Ville, Citadelle, ou Forteresse éloignée au moins de trente lieues du lieu où l'offensé fera sa demeure ordinaire: & que défenses soient faites par Sa Majesté à l'offensant de se sauver de prison, à peine de la vie, & à l'offensé d'approcher de ladite prison de dix lieues, à peine de désobéissance.

Sur les Articles 16, 17, 18 & 19, Nous n'estimons pas qu'il y doive être rien changé. Fait à Saint Germain en Laye, &c.

DECLARATION

DECLARATION DU ROI,

En interprétation de l'Edit du mois d'Août 1679, sur le fait des Duels.

Donné à Saint Germain en Laye, le 14 Décembre 1679.

LOUIS, par la grace de Dieu, Roi de France & de Navarre : A tous ceux qui ces présentes Lettres verront; SALUT. Par notre Edit du mois d'Août dernier, Nous avons expliqué nos intentions pour la punition du crime de Duel; & afin que cette punition puisse être prompte, Nous en avons attribué la connoissance aux Prévôts de nos Cousins les Maréchaux de France, Vice-Baillifs, Vice-Sénéchaux & Lieutenans Criminels de Robe-Courte, concurremment avec nos Juges ordinaires, à la charge d'appel en nos Cours de Parlement. Et bien que Nous ayons tout sujet d'espérer que lesdits Juges voyant les soins & les précautions que Nous prenons pour empêcher que nos Sujets ne tombent dans un crime si détestable, se porteront, chacun à son égard, avec zéle & sans jalousie, à exécuter ce qui lui est prescrit; néanmoins parce qu'il pourroit arriver souvent des conflits entre lesdits Juges commis pour ledit crime de Duel, sous prétexte de prévention ou autrement, & qu'auparavant que nos Cours de Parlement les eussent réglés, il se passeroit beaucoup de tems, ou que nosdits Juges ou Prévôts des Maréchaux en procédant ainsi concurremment, notre Grand-Conseil ignorant le titre de l'accusation, pourroit donner des commissions & autres Actes préparatoires qui seront faits, soit par lesdits Prévôts des Maréchaux, & par nosdits Juges, à raison dudit crime de Duel, Notre Procureur ou autre accusateur, à la requête duquel ils seront donnés, soit qualifié Demandeur & Accusateur en crime de Duel: Et en conséquence Voulons que dorénavant il ne puisse être donné en notre Grand-Conseil aucune Commission en Réglement de Juges, entre les Prévôts de nos Cousins les Maréchaux de France & autres Officiers de Robe-Courte & nos Juges ordinaires, sous quelque prétexte que ce puisse être, lorsqu'il apparoîtra qu'aucun desdits Juges aura pris connoissance du fait pour crime de Duel; pourra néanmoins notre Grand-Conseil continuer à juger les conflits d'entre lesdits Prévôts & Officiers de Robe-Courte, & nosdits Juges ordinaires, en tous cas, fors ceux de Duel, à condition que dans les Arrêts, ou commissions, ou Réglement des Juges qui seront donnés à cet effet par icelui notre Grand-Conseil, il sera inséré la clause, que l'instruction sera continuée par icelui des Juges, entre lesquels sera le conflit que notre Grand-Conseil estimera à propos, jusqu'à jugement définitif exclusivement, & que le Réglement de Juges ait été jugé & terminé, à peine de nullité desdits Arrêts ou Commission en Réglement des Juges; Et parce qu'il n'est pas moins important, après avoir pourvu à ce que Nous avons cru utile pour empêcher les conflits desdits Juges, de pourvoir particuliérement à l'abréviation des procédures contre les absens: Voulons & ordonnons que lorsque les coupables des Duels ou Rencontres ne pourront être trouvés, il soit à la requête de nos Procureurs Généraux ou de leurs Substituts, sur la simple notoriété du fait décerné prise de corps contre les absens. Et qu'à faute de les pouvoir appréhender en vertu du décret tous leurs biens soient saisis, & soit procédé contr'eux; suivant ce qui est porté par notre Ordonnance du mois d'Août 1670, au titre 17 des Défauts & Contumaces: Et sans que nosdits Procureurs Généraux & leurs Substituts, soient obligés d'informer & faire preuve de la notoriété; & ce faisant, Nous avons dérogé à l'article 28 dudit Edit du mois d'Août dernier Voulons au surplus que nos Cours de Parlement connoissent en premiere instance des cas portés par notre Edit, quand ils seront arrivés dans l'enceinte ou ès environs des Villes, où nosdites Cours sont séantes, ou bien plus loin entre les personnes de telle qualité & importance que nosdites Cours jugent y devoir interposer leur autorité. Et hors ces cas les Juges susdits à la charge de l'appel, ainsi qu'il est porté par notre Edit: Si donnons en Mandement à nos amés & féaux les Gens tenans notre Cour de Parlement à Paris, que ces Présentes ils fassent lire, publier & registrer, & le contenu en icelles garder, faire garder & observer inviolablement, sans y contrevenir, ni souffrir qu'il y soit contrevenu, en quelque sorte & maniere que ce soit: Car tel est notre plaisir. En témoin de quoi Nous avons fait mettre notre Scel à cesdites Présentes. Donnée à S. Germain en Laye le 14e. jour de Décembre, l'an de grace 1679, & de notre Regne le trente-sept, LOUIS, par le Roi, PHELYPEAUX, Signé.

Registrée en Parlement le 22 Décembre 1679. Signé, JACQUES.

DUELS.

DECLARATION DU ROI,

Contenant ampliation sur l'Edit des Duels & Combats, par Rencontres, & Réglement au sujet de la Prévention entre les Lieutenans Criminels & les autres Juges.

Du 30 Décembre 1679.

LOUIS, &c. En amplifiant notre Edit du mois d'Août dernier, avons dit & déclaré, disons & déclarons par ces Présentes, signées de notre main, Voulons & Nous plaît, que lorsqu'il sera procédé pour crime de Duel par l'un desdits Juges commis par ledit Edit, soit d'Office, ou à la requête des Parens de celui qui aura été tué, il soit sursis à toutes autres procédures faites ou commencées par quelqu'autres Juges que ce soit pour d'autres actions qui seroient passées entre les mêmes Parties, & qui auroient rapport à celle du Duel; lesquelles procédures Nous voulons être portées au Greffe dudit Juge qui instruira le procès pour Duel, sur le premier commandement qui sera fait au Greffier à la requête de notre Procureur, ou desdits Parens, sauf à être renvoyées ausdits Juges, ou y être autrement pourvû après le Jugement dudit procès instruit pour Duel, ainsi que de raison: Voulons en outre que celui desdits Juges pour crime de Duel, lequel aura arrêté les accusés lui-même, ou par lesdits Officiers dans le tems de six mois, connoisse du crime, & fasse le procès aux coupables, préférablement & privativement aux autres Juges, les procédures desquels, si aucunes ont été faites, seront pareillement portées à son Greffier sur la premiere signification qui en sera faite aux Greffiers de l'écroue desdits Accusés, de l'Ordonnance du Juge qui aura arrêté ou fait arrêter: Voulons néanmoins que les diligences de nosdits Juges, lorsqu'elles seront égales, & que les Lieutenans Criminels de nos Baillifs & Sénéchaussées principales se trouveront avoir informé & décrété dans les trois premiers jours, ils fassent le procès préférablement aux autres Officiers ordinaires, & les Prévôts des Marchands aussi préférablement aux Lieutenans Criminels de Robe-Courte; le tout néanmoins si après que les informations faites de part & d'autre auront été vûes par nos Cours de Parlement, il n'en est autrement ordonné: Voulons & entendons qu'en tous Décrets, Commissions & autres Actes préparatoires qui seront faits par lesdits Prévôts des Maréchaux, & par nosdits Juges, à raison du crime de Duel, notre Procureur ou autre Accusateur, à la requête duquel ils seront donnés, soit qualifié Demandeur & Accusateur en crime de Duel; & en conséquence, Voulons que dorénavant il ne puisse être donné en notre Grand-Conseil aucune Commission ou Réglement de Juges entre les Prévôts de nos Cousins les Maréchaux de France, & autres Officiers de Robe-Courte, & nos Juges ordinaires, sous quelque prétexte que ce puisse être, lorsqu'il apparoîtra qu'aucun des Juges aura pris connoissance pour crime de Duel; pourra néanmoins notre Grand-Conseil continuer à juger les conflits d'entre lesdits Prévôts, Officiers de Robe-Courte, & nosdits Juges ordinaires, en tout cas, fors ceux du Duel; à condition que dans lesdits Arrêts ou Commissions en Réglement des Juges, qui seront donnés à cet effet par icelui notre Grand-Conseil, il sera inseré la clause que l'instruction sera continuée par celui des Juges, entre lesquels sera le conflit que notredit Grand-Conseil estimera à propos, jusqu'au Jugement définitif, exclusivement, & que le Réglement des Juges ait été jugé & terminé, à peine de nullité desdits Arrêts & Commissions en Réglement de Juges. Et parce qu'il n'est pas moins important, après avoir pourvû à ce que Nous avons crû utile, pour empêcher les conflits desdits Juges, de pourvoir pareillement à l'abréviation des procédures contre les absens: Voulons & ordonnons que lorsque les coupables des Duels ou Rencontres ne pourront être trouvés, il soit (à la requête de nos Procureurs Généraux ou leurs Substituts, sur la simple notoriété du fait) décerné prise de corps contre les absens, & qu'à faute de les pouvoir appréhender en vertu du Décret, tous leurs biens soient saisis, & soit procédé contr'eux suivant ce qui est porté par notre Ordonnance du mois d'Août 1670, au titre 13 des Défauts & Contumaces, & sans que nosdits Procureurs Généraux ou leurs Substituts soient obligés d'informer, & faire preuve de la notoriété; & ce faisant: Nous avons dérogé à l'article 28 dudit Edit du mois d'Août dernier; Voulons au surplus que nos Cours de Parlement connoissent en premiere instance des cas portés par notre Edit, quand ils seroient arrivés dans l'enceinte ou ès environs des Villes où nosdites Cours sont séantes, ou bien plus loin entre les personnes de telle qualité & importance que nosdites Cours jugent y devoir interposer leur autorité; & hors ces cas les Juges susdits, & la charge de l'appel, ainsi qu'il est porté par notredit Edit. Si donnons en Mandement, &c.

DECLARATION DU ROI,

Du 28 Octobre 1711.

Qui adjuge aux Hôpitaux les biens de ceux qui sont condamnés pour Duel.

Registré en Parlement, le 9 Décembre 1711.

LOUIS, &c. Le succès qu'il a plû à Dieu de donner aux soins que Nous avons pris pour l'abolition des Duels dans toute l'étendue de notre Royaume, Nous oblige à redoubler de plus en plus notre application pour rendre ce crime encore moins fréquent qu'il ne l'est présentement; & comme la crainte des peines personnelles prononcées contre les coupables, quelques rigoureuses qu'elles soient, fait quelquefois moins d'impression, & qu'elle est même souvent beaucoup moins capable de détourner du crime, que la vûe de tous les malheurs dont leur famille doit être accablée par leur juste punition, Nous avons résolu d'ôter à nos Juges le droit que Nous leur avons attribué par l'Article 13 de notre Edit du mois d'Août 1679. d'adjuger sur les deux tiers des biens des condamnés pour Duel, ce qui leur paroîtroit équitable pour la nourriture & entretenement de leurs femmes & de leurs enfans, afin que ceux qui ne pourroient être arrêtés par les peines qui les regardent, & que leur fureur emportera jusqu'au point de n'être pas touchés de leur propre malheur, soient du moins sensibles à celui des personnes qui leur sont aussi proches, lorsqu'ils les verront privés de toutes espérances de trouver dans l'indulgence & dans la commisération de leurs Juges, une ressource dans leur disgrace; & ces mêmes considérations Nous ont porté à augmenter jusqu'aux deux tiers de la valeur des biens des condamnés, l'amende qui sera adjugée sur ce qu'ils se trouveront posséder dans les Provinces où la confiscation n'a pas lieu, & afin qu'on ne puisse même se flater, que par les dispositions que nous pourrions faire desdites confiscations & amendes, il en pût jamais rien revenir aux femmes & aux enfans des condamnés pour Duels, Nous avons résolu d'en faire dès-à-présent, & par ces Présentes, la disposition en son entier, en donnant la totalité aux Hôpitaux, croyant ne pouvoir en faire un meilleur usage que de les destiner au soulagement des pauvres. A CES CAUSES, & autres à ce Nous mouvans, de notre certaine science, pleine puissance & autorité Royale, Nous avons par ces présentes signées de notre main, dit, déclaré & ordonné, disons, déclarons & ordonnons, Voulons & Nous plaît, que nos Juges ne puissent plus dorénavant rien adjuger sur les biens des condamnés pour Duel, à leurs femmes ni à leurs enfans, pour leur nourriture & entretenement, pour quelque cause & sous quelque prétexte que ce soit; Voulons que sur la totalité des biens, meubles & immeubles, desdits condamnés qui Nous seront confisqués, il en soit pris un tiers pour l'Hôtel-Dieu de notre bonne Ville de Paris, un tiers pour l'Hôpital Général de la même Ville, & un autre tiers, tant pour l'Hôpital de la Ville où est le Parlement, dans le ressort duquel le crime aura été commis, que pour l'Hôpital du Siége Royal le plus proche du lieu du délit, lequel tiers sera partagé également entre lesdits deux Hôpitaux: Entendons néanmoins que lorsque Nous serons redevables de quelque chose que ce puisse être envers lesdits condamnés, Nous en demeurerons quittes & déchargés; & que s'il se trouve dans leurs biens des Marquisats, Comtés ou Terres titrées relevantes immédiatement de notre Couronne, elles soient réunies de plein droit à notre Domaine, ensemble les autres biens qu'ils posséderont qui en auront été aliénés, sans qu'ils puissent en être distraits à l'avenir, ni que lesdits Hôpitaux puissent y rien prétendre, en vertu de notre présente Déclaration; & si les condamnés pour ledit crime de Duel, possédent des biens dans les Provinces de notre Royaume, où la confiscation n'a pas de lieu, Voulons qu'il soit pris sur lesdits biens, au profit des Hôpitaux, une amende qui ne pourra être moindre que des deux tiers de la valeur desdits biens, laquelle amende sera partagée entre ledit Hôtel-Dieu & lesdits Hôpitaux pour les mêmes portions que Nous avons marquées pour lesdits biens confisqués. Voulons que les frais de capture & de Justice, soient payés & prélevés préférablement sur la totalité desdits biens & amendes, & qu'au surplus notre Edit du mois d'Août 1679. soit exécuté en ce qu'il n'y est pas dérogé par ces Présentes. Si donnons en Mandement, &c.

EDIT DU ROI,

Du Mois de Février 1723.

Contre les Duels.

Regiſtré en Parlement le 22 Février 1723.

LOUIS, par la grace de Dieu, Roi de France & de Navarre : A tous préſens & à venir ; SALUT. Les Rois nos Prédéceſſeurs, n'ont rien eu plus à cœur que d'abolir dans ce Royaume le pernicieux uſage des Duels, également contraire aux Loix de la Religion & au bien de leur Etat. Le Roi Henri IV. donna pour cet effet pluſieurs Edits & Déclarations, dont les diſpoſitions furent non-ſeulement confirmées, mais conſidérablement étendues par le Roi Louis XIII. ſon Succeſſeur. Le feu Roi, notre très-honoré Seigneur & Biſayeul y a pourvû encore plus efficacement par les différens Edits & Déclarations qu'il a données ſur cette matiere pendant le cours de ſon Régne, & notamment par ſon Edit du mois d'Août 1679, & ſes Déclarations du 14 Décembre de la même année, & du 28 Octobre 1711. Et Nous avons crû qu'étant parvenu à notre Majorité, Nous devions, en ſuivant un auſſi grand exemple, porter nos premiers ſoins à confirmer des Loix auſſi ſages & auſſi néceſſaires pour la conſervation de la Nobleſſe, qui eſt le plus ferme appui de notre Royaume ; & que la fureur des Duels ne pourroient qu'affoiblir inutilement pour l'Etat. C'eſt dans la vûe d'accomplir un deſſein ſi important, que lors de notre Sacre & Couronnement, Nous avons juré par le Grand Dieu vivant, que Nous n'exempterions perſonne de la rigueur des peines ordonnées contre les Duels. Et comme l'expérience a fait connoître qu'il n'y a point de Loi ſi préciſe ni ſi ſimple, que l'on ne trouve le moyen d'éluder ; pour prévenir déſormais les fauſſes interprétations que l'on s'eſt déja efforcé de donner à quelques Articles de l'Edit du mois d'Août 1679, contre les intentions du feu Roi & les nôtres, nous avons jugé à propos d'y ajouter quelques nouvelles diſpoſitions qui ont paru néceſſaires ; enſorte qu'à l'avenir ceux qui oſeroient contrevenir à cette Loi ne puiſſent échapper à la juſte punition qu'ils auront méritée. A CES CAUSES, & autres grandes conſidérations à ce Nous mouvans, de l'avis de notre Conſeil, & de notre certaine ſcience, puiſſance & autorité Royale, Nous avons dit, ſtatué & ordonné, diſons, ſtatuons & ordonnons, Voulons & Nous plaît ce qui ſuit.

ARTICLE PREMIER.

Les Ordonnances des Rois nos Prédéceſſeurs, & notamment l'Edit du feu Roi, du mois d'Août 1679, & ſes Déclarations des 14 Décembre de la même année, & 28 Octobre 1711, ſur le fait des Duels, feront exécutés en tous leurs points ſelon leur forme & teneur.

II. Voulons conformément à l'Article 18 dudit Edit du mois d'Août 1679, que tous Gentilshommes, Gens de guerre, & autres nos Sujets ayant droit de porter des armes de quelque qualité & condition qu'ils ſoient, entre leſquels il y aura eu querelle & démêlé, pour quelque ſujet que ce ſoit, dont l'un ou l'autre puiſſe ſe croire offenſé, ſoient tenus reſpectivement d'en donner avis à nos Couſins les Maréchaux de France, ou autres Juges du point d'honneur, pour y être par eux pourvû ſuivant l'exigence des cas.

III. Si ceux qui auront eu querelle ou démêlé, dont ils n'auront point donné avis à nos Couſins les Maréchaux de France, ou autres Juges du point d'honneur, ſe rencontrent & en viennent à un combat. Voulons que ſur la preuve de ladite querelle, ils ſoient également punis de mort, comme coupable du crime de Duel.

IV. Et au cas qu'ils euſſent donné avis de leur querelle à noſdits Couſins les Maréchaux de France, ou autres Juges du point d'honneur, s'il y a preuve d'agreſſion de part ou d'autre ; & qu'il ſoit clairement juſtifié que la rencontre n'a point été préméditée, l'Agreſſeur ſera ſeul puni de mort, pourvû que celui qui aura été attaqué ſoit demeuré dans les termes d'une légitime défenſe.

V. Ordonnons que l'Edit du mois de Décembre 1704, portant établiſſement de peines contre les Officiers de Robe, & autres qui uſeront des voies de fait ou outrages défendus par les

Ordonnances, ensemble les Réglemens des 22 Août 1653, & 22 Août 1679, faits de l'ordre exprès du feu Roi par nos Cousins les Maréchaux de France, pour les satisfactions & réparations d'honneur, seront pareillement exécutés selon leur forme & teneur. DUELS.

VI. Ceux qui seront prévenus de crimes de Duel par notoriété, ne pourront être renvoyés absous, qu'après un plus amplement informé d'une année, pendant lequel tems ils tiendront prison.

VII. Enjoignons à tous Officiers de nos Justices ordinaires, même à tous Prévôts de nosdits Cousins les Maréchaux de France, ou leurs Lieutenans, à peine d'interdiction, d'informer des querelles, outrages, insultes & voies de fait, dont ils auront avis ou connoissance par quelque voie que ce soit, & d'envoyer leurs procès-verbaux & informations à nosdits Cousins les Maréchaux de France, pour être par eux procédé contre les coupables, suivant la rigueur de notredit Edit, & conformément ausdits Réglemens.

VIII. Et attendu que les peines portées par lesdits Réglemens n'ont pas été jusqu'à présent suffisantes pour arrêter le cours de semblables désordres, enjoignons à nosdits Cousins les Maréchaux de France, & autres Juges du point d'honneur, de prononcer suivant l'exigence des cas, telles peines qu'ils aviseront au-delà de celles portées par lesdits Réglemens; & Voulons que celui qui en aura frappé un autre dans quelque cas ou circonstance que ce soit, soit puni par dégradation des Armes & de Noblesse personnelle, & quinze ans de prison, après lequel tems il n'en pourra sortir qu'en vertu de nos Ordres expédiés sur l'avis de nosdits Cousins les Maréchaux de France.

IX. Et afin que nos Sujets soient encore plus assurés de nos intentions sur l'exécution des dispositions contenues au présent Edit, & en ceux des Rois nos prédécesseurs, Nous jurons & promettons en foi & parole de Roi, en renouvellant le serment que Nous avons déjà fait lors de notre Sacre & Couronnement, de n'exempter à l'avenir aucune personne pour quelque cause & considération que ce puisse être, de la rigueur du présent Edit & des précédens; qu'il ne sera par Nous accordé aucune rémission, pardon ni abolition à ceux qui se trouveront prévenus dudit crime de Duel. Défendons très-expressément à tous Princes & Seigneurs près de Nous, d'employer aucunes prieres ou sollicitations en faveur des coupables dudit crime, sur peine d'encourir notre indignation. Protestons de rechef que ni en faveur d'aucun mariage des Princes ou Princesses de notre Sang, ni pour les naissances des Princes & Enfans de France, qui pourront arriver durant notre Régne, ni pour quelqu'autre considération générale ou particuliere que ce puisse être, Nous ne permettons sciemment être expédiées aucunes Lettres contraires à notre présente volonté. Si donnons en Mandement, &c.

DECLARATION DU ROI,

Du 12 Avril 1723.

Concernant les peines & réparations d'honneur, pour injures & menaces entre Gentilshommes & autres.

Registrée en Parlement le 4. Mai 1723.

LOUIS, par la grace de Dieu, Roi de France & de Navarre. A tous ceux qui ces présentes Lettres verront; SALUT. Par notre Edit du mois de Février dernier, registré en notre Parlement de Paris, Nous y séant en notre Lit de Justice, le 22 dudit mois, avons confirmé les Ordonnances des Rois nos Prédécesseurs touchant les Duels; & Nous avons établi de nouvelles peines, pour empêcher que par des détours affectés, aucuns de nos Sujets ne puissent colorer la témérité qu'ils auroient de contrevenir à des Loix si saintes: mais voulant faire d'autant plus connoître notre intention d'employer tout le pouvoir que Dieu nous a donné pour arrêter dans leurs principes les conséquences d'un tel abus, Nous avons ordonné à nos très-chers & bien-amés Cousins les Maréchaux de France, de s'assembler pour délibérer sur les satisfactions & réparations d'honneur à l'occasion des injures qui en sont la source, entre les Gentilshommes, Gens de Guerre & autres ayant droit de porter les armes pour notre service; & nosdits Cousins Nous ayant présenté ce qu'ils auroient arrêté à ce sujet dans leur Réparations d'honneur.

Réparations d'honneur

assemblée du 8 de ce mois, Nous avons jugé à propos d'en ordonner l'exécution. A CES CAUSES, & autres, à ce Nous mouvans, de l'avis de notre Conseil, & de notre certaine science, pleine puissance & autorité Royale, Nous avons dit, déclaré & ordonné, & par ces Présentes signées de notre main, disons, déclarons & ordonnons, Voulons & Nous plaît.

ARTICLE PREMIER.

Que dans les offenses faites sans sujet par paroles injurieuses, comme celles de sot, lâche, traître & autres semblables, si elles n'ont pas été repoussées par des réparties plus atroces, celui qui aura proféré de telles injures, soit condamné en six mois de prison; & à demander pardon avant d'y entrer à l'offensé, à la forme marquée par l'Article 7 du Réglement de nosdits Cousins; de l'année 1653.

II. Si l'offensé a repliqué par injures pareilles ou plus fortes, il sera condamné à trois mois de prison, sans qu'il lui soit demandé pardon par l'agresseur, qui n'en sera pas moins condamné à six mois de prison.

III. Les démentis & menaces de coups de main ou de bâton, par paroles, ou par gestes, seront punis de deux ans de prison, & l'agresseur avant d'y entrer, demandera pardon à l'offensé.

IV. En cas que les démentis ou menaces de coups ayent été repoussés par coups de main ou de bâton, celui qui aura donné le démenti ou fait les menaces, sera condamné comme agresseur à deux ans de prison, & celui qui aura frappé, sera puni des peines portées par notre Edit du mois de Février dernier. Si donnons en Mandement, &c.

DECLARATION DU ROI,

Contre les Jureurs & Blasphémateurs du Saint Nom de Dieu, de la Vierge & des Saints.

Du 30 Juillet 1666.

Blasphême.

LOUIS par la grace de Dieu, Roi de France & de Navarre; SALUT. Considérant qu'il n'y a rien qui puisse attirer davantage la bénédiction du Ciel sur notre Personne & sur notre Etat, que de garder & faire garder les Saints Commandemens inviolablement, & faire punir avec sévérité ceux qui s'emportent avec cet excès de mépris, que de jurer & détester son Saint Nom: Nous aurions lors de l'entrée à notre majorité, & à l'imitation des Rois nos prédécesseurs, fait expédier une Déclaration le 7 Septembre 1651, enregistrée en nos Cours de Parlement, portant défenses sous de Sévéres peines de blasphémer, jurer, détester la divine Majesté, & de proférer aucune parole contre l'honneur de la très-sacrée Vierge sa Mere & des Saints; mais ayant appris avec déplaisir, qu'au mépris desdites défenses, au scandale de l'Eglise & à la ruine du Salut d'aucuns de nos Sujets, ce crime régne presque dans tous les endroits des Provinces de notre Royaume, ce qui procéde particuliérement de l'impunité de ceux qui le commettent: Nous nous estimerions indignes du titre que nous portons de Roi très-Chrétien, si Nous n'apportions le soin possible pour réprimer un crime si détestable; & qui offense & attaque directement, & au premier chef la divine Majesté. A CES CAUSES, sçavoir faisons; qu'après avoir fait mettre cette affaire en délibération en notre Conseil, de l'avis d'icelui & de notre puissance & autorité Royale; Nous avons en confirmant & autorisant les Ordonnances des Rois nos prédécesseurs, même notredite Déclaration dudit jour 7 Septembre 1651, défendu & défendons très-expressément à tous nos Sujets, de quelque qualité & condition qu'ils soient, de blasphémer, jurer & détester le Saint Nom de Dieu, ni proférer aucune parole contre l'honneur de la très-sacrée Vierge sa Mere & des Saints, Voulons & nous plaît, que tous ceux qui se trouveront convaincus d'avoir juré, blasphémé le Nom de Dieu & de sa très-sainte Mere & des Saints, soient condamnés pour la premiere fois en une amende pécuniaire, selon leurs biens, grandeur & énormité du serment blasphémé, les deux tiers de l'amende applicables aux Hôpitaux des lieux, & où il n'y en aura pas à l'Eglise, & l'autre tiers au dénonciateur: & si ceux qui auront été ainsi punis retombent à faire lesdits sermens, seront pour la seconde, tierce & quatriéme fois condamnés en une amende double, triple & quadruple: & pour cinquiéme fois seront mis au carcan aux jours de Fêtes & Dimanches ou autre, & y demeureront depuis huit heures du matin jusqu'à une heure après midi, sujets à toutes injures & opprobres, & en outre condamnés en une grosse amende; pour la sixiéme fois seront menés & conduits au Pilori, & là auront la lévre de dessus coupée d'un fer chaud. Et si par obstination & mauvaise coutume invétérée ils continuent, après toutes ces peines, à proférer lesdits juremens & blasphêmes, Voulons & Ordonnons qu'ils ayent la langue coupée toute juste, afin qu'à l'avenir ils ne puissent plus proférer lesdits juremens & blaphêmes; & en cas que ceux qui se trouveront convaincus n'ayent de quoi payer lesdites amendes, ils tiendront prison pendant un mois au pain & à l'eau ou plus long tems, ainsi que les Juges le trouveront à propos, selon la qualité & énormité desdits blasphêmes: & afin que l'on puisse avoir connoissance de ceux qui retomberont ausdits blasphêmes, sera fait Registre particulier de ceux qui auront été condamnés: Voulons que tous ceux qui auront oüi lesdits blasphêmes ayent à les révéler aux Juges des lieux dans 24 heures ensuivant, à peine de soixante sols parisis d'amende & plus grande s'il y échoit. Déclarons néanmoins que Nous n'entendons comprendre les énormes blasphêmes, qui selon la Théologie appartiennent au genre d'infidélité, & dérogent à la bonté & grandeur de Dieu, & les autres attributs: Voulons que lesdits crimes soient punis de plus grandes peines que celles que dessus, à l'arbitrage des Juges, selon leur énormité. Si donnons en mandement à nos amés & féaux Conseillers les gens tenans notre Cour de Parlement à Paris, & à tous Baillifs, Sénéchaux, Prévôts & autres Officiers qu'il appartiendra, que notre présente Déclaration, ils fassent lire, publier & registrer par tous les lieux & endroits de leur ressort, & Jurisdiction, & icelle faire garder & observer, & à notre Procureur Général en Notredite Cour, & à ses Substituts de tenir la main à l'exécution & de faire pour ce toutes les réquisitions & diligences nécessaires, ensorte qu'il n'y fût contrevenu. Car tel est notre plaisir: En témoin de quoi Nous avons fait mettre notre scel à ces présentes. Données à Fontainebleau le trente Juillet, l'an de grace mil six cens soixante-six. Et de notre régne le vingt quatre. *Signé* LOUIS, *Et sur le repli*, Par le Roi. DE GUENEGAUD, & scellées du grand Sceau de cire jaune. Blasphême.

Registrées en Parlement, oui & ce requerant le Procureur Général du Roi pour être exécuté selon sa forme & teneur.

DECLARATION DU ROI,

Du 21 Mars 1671.

Concernant les Condamnations & Consignations d'amende.

Registrée en Parlement le 29 Avril 1671.

LOUIS, par la grace de Dieu, Roi de France & de Navarre: A tous ceux qui ces présentes Lettres verront; SALUT. Ayant par notre Déclaration du 13 Août 1699, en confirmant les Ordonnances de nos Prédécesseurs Rois de 1539 & 1548, celles de Roussillon, & du mois de Décembre 1649, pour de bonnes & justes considérations à ce Nous mouvant, établi de grosses amendes contre les téméraires plaideurs, afin de les empêcher de s'engager en des appellations, oppositions, requêtes civiles, & inscriptions en faux frivoles: Nous avons néanmoins appris avec déplaisir, que l'on cherche toutes sortes de moyens pour en éluder l'exécution, sous prétexte qu'il y a de cas qui ne sont pas assez exprimés par notre Déclaration, & par les précédentes Ordonnances: A quoi voulant pourvoir, de l'avis de notre Conseil qui a vû les articles 115, 118 & 128, de l'Ordonnance de 1539, celle du 26 Novembre 1548, l'article 23 de l'Ordonnance de Roussillon, les Déclarations des premier Juillet 1554, & du mois de Décembre 1639, l'article 16 du titre 35 & autres articles concernant le fait des amendes, de notre Ordonnance du mois d'Avril 1667, notredite Déclaration du 13 Août 1669, & les Arrêts & Réglemens de notre Parlement de Paris, des 5 Mars 1646, 7 Juillet 1649, 6 Août 1650, 30 Mai 1654, 9 Août 1660, 8 Mai 1665, & 7 Septembre 1667, & autres donnés sur le fait des amendes, & autres condamnations à Nous adjugées, & pour le recouvrement d'icelles par préférence à tous créanciers. Amende.

Nous avons ordonné & déclaré, & par ces présentes signées de notre main, ordonnons,

Amende. déclarons, Voulons & Nous plaît, que toutes les amendes qui feront confignées par les appellations qui feront relevées en nos Cours de Parlement & autres Cours fupérieures, ne pourront être moindres de douze livres, foit que les appellations foient verbales ou par écrit, & qu'elles foient interjettées des Sentences des Juges fubalternes & de Pairies, Sentences arbitrales, Ordonnances de Police, & autres appellations de quelques Juges & Juftices que ce puiffe être, & de fix livres pour les appellations qui feront relevées aux Siéges Préfidiaux ès cas efquels ils jugent préfidialement & en dernier reffort, fans qu'une même partie foit tenue de configner plus qu'une amende de douze livres ou de fix livres, encore que par la fuite de l'affaire elle interjettât d'autres appellations incidentes.

Enjoignons néanmoins à nos Cours de Parlement & autres Compagnies qui jugent en dernier reffort de ne prononcer en toutes caufes & procès d'appel, que par bien ou mal-jugé, avec l'adjudication de l'amende de foixante-quinze livres du fol appel, fous ce tempérament toutefois, que fi pour de bonnes & de juftes confidérations il fe trouvoit à propos de prononcer l'appellation au néant, ou hors de Cour & de procès fur l'appel, l'appellant qui fuccombera, foit toujours condamné en une amende qui ne pourra être moindre de douze livres, même des acquiefcemens qui feront vuidés par expédient ou autrement, fans que fous quelque prétexte que ce foit, ni en quelque maniere que la prononciation foit conçue, les appellans en puiffent être déchargés.

Enjoignons pareillement à tous nos autres Juges, de condamner ceux qui fuccomberont en leur appel en celles de fix livres, ès cas efquels ils jugent en dernier reffort, à peine d'en répandre en leurs noms : Comme auffi à nofdites Cours & Juges inférieurs de condamner en l'amende les oppofans & tiers oppofans qui feront déboutés de leurs oppofitions, fuivant & conformément à notre Déclaration du mois d'Avril 1667.

Ordonnons que tous Demandeurs en Requêtes civiles, foit qu'ils ayent été Parties dans les Arrêts contre lefquels les Requêtes civiles feront obtenues ou non, feront tenus de configner la fomme de quatre cens cinquante livres; fçavoir trois cens livres pour nous, & cent cinquante livres pour la Partie; & pour les Arrêts donnés par défaut ou forclufion, celle de deux cens vingt-cinq livres; fçavoir cent cinquante livres pour Nous, & foixante-quinze livres pour la Partie; & à l'égard des infcriptions en faux, que la configuation fera de cent livres, ou plus grande, s'il y échet, ès caufes, procès & inftances qui feront pendantes en nofdites Cours de Parlement, Grand-Confeil, Cour des Aydes, Requêtes de notre Hôtel & du Palais, de foixante livres aux Préfidiaux & autres Juftices reffortiffantes immédiatement à nofdites Cours, & de vingt livres dans les autres Juftices; le tout auparavant que les Demandeurs en Requêtes civiles, & les infcrivans en faux, y puiffent être reçus, lefquelles feront reçues par le Fermier de nos Domaines ou fes Commis à la recette de nofdites amendes, qui s'en chargeront comme dépofitaires fans aucun droit ni frais; pour après le jugement des appellations, Requêtes civiles & infcriptions en faux, être lefdites amendes rendues & délivrées auffi fans frais à qui il appartiendra.

Voulons & ordonnons, que de quelque maniere qu'il foit prononcé, quand les pourfuivans fuccomberont dans leurs Requêtes civiles, infcription de faux ou oppofitions, foit par débouté, fans avoir égard, fans s'arrêter, ou hors de Cours, même en cas d'acquiefcement; l'amende nous foit acquife, quand même les Lettres en forme de Requête civile auroient été obtenues avant notre Ordonnance de 1667, fans que lefdites Cours & Juges en puiffent ordonner la remife ou modération, & fans qu'ils puiffent faire application d'aucunes amendes civiles & criminelles, à quelques fommes qu'elles fe puiffent monter, foit pour réparations, pain des prifonniers, néceffité du Palais à l'Ordonnance de la Cour, ou fous quelqu'autres prétexte que ce foit, lefquelles nous appartiendront entiérement, attendu que par les états arrêté en notre Confeil, Nous pourvoyons au payement de toutes les Charges ordinaires & extraordinaires qui doivent être prifes fur lefdites amendes; Pourront néanmoins condamner les accufés en quelque fommes applicables en œuvres pies dans les cas où il y aura été commis facrilége, où ladite condamnation d'œuvre pie fera partie de la réparation.

Défendons à tous Procureurs poftulans de nofdites Cours & Siéges Préfidiaux, ès cas efquels ils jugent en dernier reffort, de mettre aucunes appellations aux Rolles ordinaires & extraordinaires, tant en matiere civile que criminelle, ni d'en pourfuivre l'Audience fur placets, foit aux grandes Audiences ou à huit clos, ni de conclure en aucuns procès par écrit, que les amendes n'ayent été configuées, & la quittance du Receveur defdites amendes fignifiée & rapportée : Voulons qu'il foit fait mention fur les Placets & Arrêts de conclufion de la date de la quittance fous le nom & paraphe des Procureurs qui en demeureront refponfables en leurs noms.

Et en cas que les Appellans soient en demeure de consigner l'amende, l'Intimé pourra, si bon lui semble, faire ladite consignation, sauf à la répéter en fin de cause contre l'Appellant, & jusqu'à ce toute Audience déniée à l'une & à l'autre des Parties; & en cas que l'Intimé consigne l'amende de douze livres pour l'Appellant, & que par l'Arrêt l'Appellant soit condamné en l'amende de soixante quinze livres, l'Intimé employera les douze livres par lui consignées dans la déclaration des dépens qui lui seront adjugés, & le surplus sera recouvré par ledit Fermier du Domaine ou ses Commis contre la Partie condamnée. Amende.

Et pour faciliter le recouvrement des amendes qui ont été ou seront adjugées à notre profit: Nous ordonnons que les Procureurs de nosdites Cours & des Siéges Présidiaux qui mettront à l'avenir des causes aux Rolles, ou en poursuivront des Audiences sur Placets, seront tenus chacun à leur égard, de faire signifier aux Procureurs des Parties adverses les qualités des Arrêts & Jugemens intervenus au profit, dans le jour qu'ils auront été rendus, & d'y comprendre les noms, surnoms, qualités & demeures desdites Parties condamnées, & de les mettre dans trois jours après qu'elles auront été signifiées ès mains des Greffiers qui auront reçû lesdits Arrêts, Sentences & Jugemens: comme aussi qu'ils employeront la même chose dans les qualités des Arrêts d'appointé au Conseil, de Conclusion, Acquiescement, Appointemens, Réglemens, Congés, Défauts, Sentences & Jugemens: Ausquels Greffiers Nous ordonnons de faire les extraits desdites amendes, & délivrer tous les Lundis de chacune semaine aux Fermiers de nosdits Domaines ou ses Commis à la recette d'icelle; & défendons aux Greffiers de délivrer aucuns Arrêts, Sentences ou Jugemens où il y aura condamnation des amendes qui doivent être consignées qu'ils n'ayent vû la quittance du Fermier ou son Commis, & coté sur la minute la date de la quittance, & par qui l'amende aura été payée, & fait mention d'icelle sur leurs Registres.

Tout ce que dessus, à peine de payer par les contrevenans chacun en droit soi lesdites amendes en leur propre & privé nom; & outre de cinq cens livres d'amende contre chacun Greffier des Cours & Siéges, & Procureur contrevenant pour chacune contravention pour la premiere fois, & d'interdiction en cas de récidive: & au payement seront les contrevenans contraints par corps à leurs frais & dépens en vertu des Présentes.

Toutes lesquelles amendes à nous appartenantes, Nous voulons & ordonnons être payées ès mains dudit Fermier de nos Domaines ou ses Commis à la recette d'icelles, sur les biens, meubles & immeubles & autres effets des condamnés par préférence & privilége à tous créanciers, tant par les Fermiers conventionnels & judiciaires, Receveurs des Consignations, Commissaires des Saisies réelles, Payeurs de gages d'Officiers, que tous autres débiteurs des condamnés esdites amendes, lesquels y seront contraints comme dépositaires, nonobstant toutes saisies, & arrêts, oppositions ou appellations, ou autres empêchemens quelconques; encore que ledit Fermier ou ses Commis ne se soient opposés au décret des biens des condamnés, ni saisi iceux, sans qu'ils soient obligés de faire dire & ordonner avec les créanciers, parties saisies, saisissans & opposans.

Et en cas que les Greffiers des Géoles & Concierges reçoivent des amendes pour faciliter l'élargissement des prisonniers condamnés en icelles, ils seront tenus de le déclarer, & en fournir les deniers audit Fermier de nos Domaines ou ses Commis tous les Lundis de chacune semaine, à peine d'y être contraints à leurs frais & dépens, & de cent livres d'amende.

Les deniers de toutes lesquelles amendes consignées des affaires qui n'auront été jugées, seront de trois mois en trois mois mis & délivrés par les Commis à la recette d'icelles ès mains dudit Fermier de nos Domaines & ses Sous-Fermiers, chacun en droit soi, pour en demeurer dépositaires, & les rendre jour à jour aux appellans & autres qui auront consigné, qui obtiendront gain de cause, sans aucuns frais ni droits: Et seront lesdits Fermiers & Sous-Fermiers tenus à la fin de leurs baux de fournir l'état desdites amendes consignées des affaires qui n'auront été jugées, & de remettre les deniers aux Fermiers & Sous-Fermiers qui entreront en leur place, qui s'en chargeront pour en faire le payement aussi sans aucuns frais ni droits, à ceux & ainsi qu'il sera ordonné, & rendre audit précédent Fermier celles qui nous seront adjugées, à proportion que les instances seront jugées; & en demeureront les cautions dudit Fermier & Sous-Fermiers tenus & responsables en leurs privés noms. Si donnons en Mandement, &c.

DECLARATION DU ROI,

Du 21 Avril 1671.

Portant défenses aux Parties de se pourvoir contre les Arrêts, que par Requête civile; à ses Cours de rétracter lesdits Arrêts, & d'en changer les dispositions; & à tous Juges de commettre d'autres personnes que les Greffiers pour écrire les Procédures criminelles. *

Retractations d'Arrêts.

LOUIS, par la grace de Dieu, Roi de France & de Navarre : A tous ceux qui ces Présentes verront : SALUT. Les nouvelles Ordonnances que Nous avons faites pour remédier aux désordres qui s'étoient glissés, par la malice & l'opiniâtreté des Plaideurs dans les Procédures, Procès & Instances, tant civiles que criminelles, & les soins que nous prenons pour les faire exactement observer, font assez connoître le desir que nous avons de les réformer. Et combien que les Juges & Magistrats ausquels nous avons commis l'administration de la Justice; & que Nous avons, en ce faisant, honorés d'une des principales parties de notre autorité, dûssent encourir avec Nous en ce louable dessein : Nous apprenons qu'en quelques-unes de nos Cours & Jurisdictions de leur ressort, on s'efforce de détruire & anéantir nos bonnes & sinceres intentions, en inventant de nouveaux moyens, par lesquels, bien loin d'éteindre l'ardeur de plaider, qui n'est que trop répandue dans les esprits, on la fomente, rendant les procès immortels : Ayant été bien informés, qu'encore que par le premier Article du titre des Requêtes civiles de notre Ordonnance du mois d'Avril 1667, Nous ayons précisément ordonné que les Arrêts & Jugemens en dernier ressort, ne pourront être retractés que par Lettres en forme de Requête civile, à l'égard de ceux qui auront été Parties, ou dûement appellés, & de leurs héritiers, successeurs & ayans cause; que pour empêcher que les Particuliers n'entreprennent d'obtenir lesdites Requêtes civiles sans cause légitime, Nous y avons établi des conditions avec quelque sévérité : l'on donne néanmoins la facilité aux Parties de se pourvoir contre lesdits Arrêts & Jugemens par de simples Requêtes, en interpretation d'iceux, & sous ce prétexte & divers autres, l'on fait revivre les procès, en remettant en question les choses déja jugées : Comme aussi quoique Nous ayons par les articles six & sept du titre des Informations de notre Ordonnance du mois d'Août 1670 pour les matieres criminelles, ordonné que les Juges, même ceux de nos Cours, ne pourront commettre leurs Clercs, ou autres personnes, pour écrire les Informations qu'ils feront dedans ou dehors leurs Siéges, s'il y a un Greffier ou un Commis à l'exercice du Greffe, si ce n'est qu'ils fussent absens, malades, ou qu'ils eussent quelqu'autre légitime empêchement; à l'exception toutefois de ceux qui exécuteront des Commissions émanées de Nous, lesquels pourront commettre telles personnes qu'ils aviseront, ausquelles ils feront prêter le serment. Néanmoins plusieurs Juges & Officiers de nosdites Cours & Jurisdictions se servent de leurs Clercs, ou autres personnes, pour écrire les Informations, Interrogatoires, Procès-verbaux, Recollemens, Confrontations, & tous autres, Actes & Procédures en matiere criminelle, quoiqu'il y ait des Greffiers ou des Commis à l'exercice des Greffes, & qu'ils ne soient malades ni absens, & autorisent leur entreprise, de ce que par notredite Ordonnance, Nous avons seulement exprimé les Informations; d'où ils veulent inférer qu'ils ne peuvent se servir de leurs Clercs & autres pour lesdites Interrogatoires, Procès-verbaux, Recollemens, Confrontations & autres Actes : A quoi voulant pourvoir. A CES CAUSES, de l'avis de notre Conseil, Nous avons par ces Présentes signées de notre main, déclaré & ordonné, déclarons & ordonnons, Voulons & Nous plaît; Que l'article premier du titre des Requêtes civiles de notre Ordonnance du mois d'Avril 1667 soit exécuté, conformément à icelle; Ordonnons, que les Arrêts & Jugemens en dernier ressort, ne pourront être retractés, que par Lettres en forme de Requête civile, à l'égard de ceux qui auront été Parties, ou dûement appellés, & de leurs héritiers successeurs & ayans cause; faisons défenses aux Parties, de se pourvoir contre lesdits Arrêts par Requêtes, à fin d'interprétation d'iceux, ni autrement que par Requête civile, à peine de

* Comme les abus mentionnés en cette Déclaration ne se pratiquent point à Paris, on n'a envoyé ladite Déclaration au Parlement, ni autres Cours supérieures.

cinq cens livres d'amende, qui ne pourra être remise ni modérée, & à toutes nos Cours de retracter lesdits Arrêts, & d'en changer les dispositions par maniere d'interprétation, ou autre voie ; à peine d'en répondre par les Présidens & Rapporteurs en leurs noms : Comme aussi en interprétant les articles six & sept du titre des informations de notre Ordonnance du mois d'Août dernier, donnée sur la procédure criminelle ; défendons à tous Juges, même de nos Cours, de commettre leurs Clercs, ou autres personnes, pour écrire les Informations, Interrogatoires, Procès-verbaux, Recollemens, Confrontations, & tous autres Actes & Procédures en matiere criminelle, dedans ou dehors leur Siége, s'il y a un Greffier ou un Commis à l'exercice du Greffe : si ce n'est qu'ils fussent absens, malades, ou qu'ils eussent quelqu'autre légitime empêchement ; sans néanmoins que ceux qui exécuteront des Commissions émanées de Nous, puissent être empêchés de commettre telles personnes qu'ils aviseront, ausquelles ils feront prêter le Serment. Si donnons en Mandement à nos amés & féaux Conseillers, les Gens tenans notre Cour, qu'ils fassent registrer ces Présentes, & le contenu en icelles, &c.

DECLARATION DU ROI,

Portant que les Visites des blessés seront faites par les deux Chirurgiens commis par le premier Médecin, suivant l'ancien usage.

Registrée en Parlement de Paris le premier Septembre 1679.

LOUIS, par la grace de Dieu, Roi de France & de Navarre : A tous ceux que ces Présentes Lettres verront ; SALUT. Nous avons été informés que sous prétexte que par notre Ordonnance du mois d'Août de l'année derniere pour les matieres criminelles, titre 5, article 3, il est porté, qu'à tous les Rapports qui seront ordonnés en Justice pour la visite des personnes blessées, assistera au moins un des Chirurgiens commis par notre premier Médecin, à peine de nullité des Rapports ; & sous prétexte pareillement que par divers Edits & Déclarations, & nommément par celle du mois de Janvier 1606, & Arrêts de notre Conseil rendus en conséquence, il est permis à nos premiers Médecins de nommer en toutes les Villes de notre Royaume où il y a Parlement ou Siége Présidial, deux Chirurgiens capables, à tous les rapports & visitations des morts, blessés & autres qui se feront par autorité de Justice, on a depuis peu prétendu étendre cette permission au-delà de l'intention desdites Déclarations & de l'usage, à quoi étant nécessaire de pourvoir. A CES CAUSES, de l'avis de notre Conseil, qui a vû lesdits Edits, Déclarations & Arrêts ensemble l'article 3 du titre des rapports des Médecins & Chirurgiens, de notre certaine science, pleine puissance & autorité Royale, Nous avons dit & déclaré, & par ces Présentes signées de notre main, & en interprétant, en tant que de besoin seroit ledit Article 3, disons & déclarons, Voulons & Nous plaît, que les Chirurgiens commis par nos premiers Médecins jouissent des droits & priviléges à eux attribués par lesdits Edits & Déclarations, ainsi qu'ils en ont bien & dûement joui, & comme ils auroient pû faire auparavant notredite Ordonnance, & sans que sous prétexte du contenu audit article 3 du titre 5 de notredite Ordonnance, il soit par notre premier Médecin, ni par les Chirurgiens par lui commis, rien changé ou innové à l'ancien usage, que Nous voulons être gardé & observé. Si donnons en Mandement, &c. Donnée à Fontainebleau le vingt-deuxiéme jour du mois d'Août l'an degrace mil six cent soixante-onze, & de notre Régne le vingt-neuviéme. *Signé*, LOUIS ; *Et sur le repli*, Par le Roi, COLBERT. Visites.

DECLARATION DU ROI,

Du 15 Mars 1673.

Pour les Appointemens des Appellations, & sur les Evocations du principal.

Regiſtrée en Parlement le 24 Mars 1673.

Appointemens. LOUIS, &c. SALUT. L'expérience ayant fait connoître, que le nombre des affaires qui ſont portés à l'Audience de notre Cour de Parlement de Paris eſt ſi grand, qu'il eſt impoſſible de les expédier toutes par la plaidorie; & la prompte exécution, étant une partie eſſentielle de la Juſtice, & qui contribue le plus au ſoulagement de nos Sujets, Nous avons cru être obligés d'y pourvoir.

A CES CAUSES, & autres conſidérations à ce Nous mouvans, de l'avis de notre Conſeil, & de notre certaine ſcience, pleine puiſſance & autorité Royale, Nous avons dit & déclaré, & par ces préſentes ſignées de notre main, diſons, déclarons, Voulons & Nous plaît: que ſuivant l'uſage de notre Cour de Parlement de Paris, il ſoit fait des Rôles où ſeront miſes toutes les appellations verbales, tant ſimples que comme d'abus, Requêtes civiles, demandes en exécution d'Arrêts, & autres demandes principales qui ne ſont point de la compétence de la Tournelle civile, pour être plaidée les Lundi, Mardi, & Jeudi matin, & les Mardi & Vendredi de relevée de chaque ſemaine, dans leſquels Rôles des Mardi & Vendredi de relevée, ne pourront être néanmoins être miſes les Requêtes civiles, Régales, Appellations comme d'abus, Matieres Bénéficiales, celles qui concernent l'état des perſonnes, la Police, notre Domaine, & autres qui n'ont point accoûtumé d'y être plaidées. Et après le tems de chaque Rôle fini, les cauſes qui reſteront à plaider, à l'exception toutefois des appellations comme d'abus, Régales, Requêtes civiles, appellations de ſimples Appointemens en droit, ſoit qu'il y ait Requête à fin d'évocation du principal ou non, & des cauſes qui doivent être terminées par expédient, demeureront appointées au Conſeil, & en droit par un Réglement général; à moins que par Arrêt il ſoit ordonné qu'elles ſoient miſes dans un autre Rôle, ſi ce n'eſt à l'égard des Requêtes civiles, que les défendeurs requiſſent qu'elles fuſſent appointées; ce qu'ils ſeront tenus faire dans le mois: auquel cas elles ſeront compriſes dans l'appointement général: autrement elles ſeront miſes au Rôle ſuivant, ſans qu'il ſoit fait pour raiſon de ce aucune interpellation ni ſommation. Et ſeront les appointemens expédiés au Greffe ſur les qualités du Rôle, pour enſuite l'inſtruction en être faite ſuivant la forme preſcrite par notre Ordonnance du mois d'Avril 1667. Et néanmoins, parce qu'il y a préſentement dans les Rôles un très-grand nombre de Requêtes civiles; Voulons que toutes celles qui ſe trouveront dans les Rôles juſqu'au quatorziéme Août de la préſente année ſeulement, demeurent appointées comme le reſte des cauſes; à la charge que les Requêtes civiles qui auront été ainſi appointées, ſeront renvoyées aux chambres où les Arrêts contre leſquels elles ſont obtenues auront été rendus pour y être jugées & terminées.

Les Audiences des Mardi & Vendredi de relevée ſeront tenues nonobſtant qu'il ſoit veille de Fête, ſans qu'on puiſſe ces jours-là travailler de grands Commiſſaires en notre Grand'Chambre.

Défendons d'intervertir l'ordre des Rôles, ſoit par placets, avenirs, ou autrement, en quelque ſorte que ce ſoit, ſinon que le Vendredi de relevée ſeulement; que le Préſident qui préſidera pourra donner des Audiences ſur placets dans les affaires qu'il jugera requérir célérité; & lorſque les clauſes n'auront point été miſes aux Rôles.

Voulons que les Mercredi & Samedi matin de chaque ſemaine il ſoit donné des Audiences à huit clos en la Grand'Chambre pour toutes les affaires proviſoires d'inſtructions, oppoſitions à l'exécution des Arrêts, défenſes & autres qui ſe trouveront requérir célérité, leſquelles ſeront plaidées par les Procureurs, ſans aucun miniſtère d'Avocats, ſi ce n'eſt qu'il ait été autrement ordonné. Et pour en faciliter l'expédition, ſeront par chacune quinzaine faits des Rôles en papier par le premier Préſident en notre Cour de Parlement, & de lui ſeulement ſignés; leſquels Rôles ſeront publiés à la Barre de notre Cour, deux jours au moins avant que d'être plaidés, par le premier Huiſſier, & par lui communiqués en la forme ordinaire, & enſuite mis entre les mains de l'un des Huiſſiers de ſervice. Le tout ſans autres frais ni droits que ceux que l'on a accoutumé de taxer aux Huissiers pour appeller les causes à la Barre. Et en cas qu'il soit Fête le Samedi, l'Audience sera tenue le Vendredi précédent, sans que les causes qui resteront à plaider de ces Rôles puissent être appointées par aucun appointement général; mais seront remises dans les suivans. Et après que ces Rôles auront été ainsi publiés, les défauts & congés qui seront donnés contre les défaillans, ne pourront être rabatus dans la huitaine, ni les Parties se pourvoir par opposition, ni autrement, que par Requête civile.

Appointemens.

Seront notre Ordonnance du mois d'Avril 1667, & notre Déclaration du 11 Août 1669. exécutées. Ce faisant, défendons de prendre aucuns appointemens à mettre, s'ils n'ont été prononcés à l'Audience avec connoissance de cause, & après avoir été contradictoirement plaidés, & non par défaut, & seulement sur les matieres dont on plaidera aux Audiences à huit clos, à peine de cent livres d'amende contre le Procureur qui l'aura requis, & pareille somme contre le Greffier qui l'aura expédié. Enjoignons à nos Avocats & Procureurs Généraux de Nous donner avis des contraventions qui y seront faites. Et en conséquence faisons défenses de prononcer aucuns appointemens à mettre aux Audiences publiques, si ce n'est incidemment lorsqu'en appointement au Conseil, ou en droit sur le principal il y aura demande pour quelque provision.

La réception des appointemens avisés au Parquet ou à l'expédient sera poursuivie seulement aux Audiences des Mercredi & Samedi. Et pour cet effet, les placets en seront mis dans les Mémoires ou Rôles en papier qui seront faits par le Premier Président. Pourront néanmoins les Avocats & Procureurs des Parties proposer verbalement aux Audiences publiques les appointemens dont ils seront tous demeurés d'accord, qu'ils auront tous signés. Mais en cas de contestation sur la réception, les Parties seront renvoyées aux Audiences des Mercredis & Samedis.

Défendons aux Procureurs de poursuivre aux Audiences des Mercredis & Samedis aucunes appellations, requêtes civiles, demandes principales & autres causes qui doivent être plaidées aux Audiences publiques aucunes requêtes, instructions, provisions, oppositions, & autres matieres qui doivent être plaidées les Mercredis & Samedis; à la réserve des causes de Régale, dont l'instruction sera faite aux Audiences publiques, ainsi qu'il est accoutumé.

Pourront néanmoins être données des Audiences à huit clos sur placets le Vendredi matin, & même les autres matinées dans affaires qui requerront célérité, pourvû que ce soit avant l'heure des Audiences ordinaires, & sans qu'elles en soient empêchées ni retardées.

A l'égard des clauses qui seront remises par Arrêt pour être plaidées après le 15 Août jusques à la fin du Parlement; Voulons qu'il en soit usé en la maniere accoutumée, & que les causes dont la plaidorie se trouvera commencée au jour de l'enregistrement de notre présente Déclaration soient achevées comme elles l'eussent été auparavant.

Seront pareillement faits des Rôles pour la Tournelle criminelle, suivant l'usage ordinaire & accoutumé, dans lesquels seront mises toutes sortes de causes, & après les Rôles finis, elles demeureront appointées par un Réglement général; à l'exception des appellations comme d'abus & Requêtes civiles, qui seront mises dans les Rôles suivans. Voulons que dans les appellations de décret & de procédures ainsi appointées, lorsque les affaires seront légeres & ne mériteront pas d'être instruites, le principal puisse être évoqué en jugeant pour y faire droit définitivement comme à l'Audience, après que les informations auront été communiquées à notre Procureur Général, & l'instruction faite suivant notre Ordonnance du mois d'Août 1670.

Déclarons que Nous n'entendons rien innover à l'établissement de la Tournelle civile. Défendons d'appointer les causes de sa compétence à la fin des Rôles. Voulons que celles qui n'auront point été plaidées soient mises dans les Rôles suivans, ainsi qu'il est porté dans nos Déclarations des 18 Avril 1667, & 11 Août 1669, que Nous ordonnons être exécutées selon leur forme & teneur.

Si donnons en Mandement à nos amés & féaux Conseillers, les Gens tenans notre Cour de Parlement de Paris, que ces Présentes ils ayent à faire publier & registrer, & leur contenu garder. & observer selon sa forme & teneur, nonobstant tous Edits, Réglemens & Usages à ce contraires, ausquels nous avons dérogé & dérogeons par cesdites Présentes: Car tel est notre plaisir En témoin de quoi Nous avons fait mettre notre scel à cesdites Présentes. Données à Versailles le 25 jour de Mars 1673. Et de notre Régne le trentiéme. *Signé*, LOUIS; Et plus bas; Par le Roi, COLBERT. Et scellées du grand sceau de cire jaune.

DECLARATION DU ROI,

Du 4 Septembre 1675.

Portant que la Chambre des Vacations [laquelle représente la Tournelle] peut recevoir les appellations comme d'abus, & les plaintes pour crime de rapt.

Regiſtrée en Parlement, le 7 Septembre 1675.

Chambre des Vacations.

LOUIS, par la grace de Dieu, Roi de France & de Navarre : A tous ceux qui ces préſentes Lettres verront ; SALUT. Ayant par notre Edit du mois d'Août 1669, excepté les appellations comme d'abus, & le crime de rapt, des matieres dont Nous avons attribué la connoiſſance à la Chambre par Nous ordonnée durant le tems des Vacations de notre Cour de Parlement de Paris, Nous avons été informé qu'il s'y étoit préſenté pluſieurs appellations comme d'abus, auſquelles il auroit été néceſſaire de pourvoir, ſoit pour la conſervation de l'autorité de la puiſſance légitime des Prélats dans les bornes preſcrites par les ſaints Décrets, & par nos Ordonnances ; que d'ailleurs il y avoit eu des accuſations de rapt où l'autorité des premiers Juges n'étant pas ſuffiſante, il auroit fallu avoir recours à celle de ladite Chambre pour y apporter les remédes néceſſaires : & déſirant que nos Sujets y puiſſent trouver promptement le ſecours dont ils ont beſoin, particuliérement dans les matieres qui ne peuvent très-ſouvent ſouffrir aucun retardement ſans des préjudices irréparables. A CES CAUSES, & autres bonnes conſidérations à ce Nous mouvans : Nous, par ces Préſentes ſignées de notre main, avons dit & déclaré, diſons & déclarons, Voulons & Nous plaît, que la Chambre établie pendant les Vacations de notre Parlement de Paris, puiſſe recevoir toutes les appellations comme d'abus qui y ſont portées, & rendre ſur icelles tous Arrêts proviſoires, ainſi & en la même maniere que notre Cour de Parlement le fait & peut faire pendant le tems de ſa ſéance, ſans néanmoins qu'elle les puiſſe juger définitivement, & que pareillement elle puiſſe recevoir toutes plaintes de crime de rapt, donner les Arrêts de défenſes, & autres qu'elle eſtimera néceſſaires, tant pour empêcher la célébration des Mariages que l'on voudroit faire par telle voie que pour la punition des raviſſeurs, leurs fauteurs & complices, de même que la Chambre de la Tournelle Criminelle de notre Parlement le pourroit faire ; à la réſerve des Arrêts définitifs ſur le procès inſtruit ſur ces accuſations. Car tel eſt notre plaiſir ; en témoin de quoi avons fait mettre notre ſcel à ceſdites Préſentes. Données à Fontainebleau le quatriéme jour de Septembre, l'an de grace mil ſix cent ſoixante-quinze, & de notre Régne le trente-troiſiéme. *Signé*, LOUIS ; *Et ſur le repli*, Par le Roi, COLBERT. Et ſcellées du grand Sceau de cire jaune.

DECLARATION DU ROI,

Concernant le Privilége des Officiers qui peuvent demander d'être jugés en la Grand'Chambre.

Du 26 Mars 1676.

LOUIS par la grace de Dieu, Roi de France & de Navarre : A tous ceux, &c. Le Roi François I, deſirant procurer une prompte expédition des procès criminels, auroit par ſon Edit du moi d'Avril 1514, établi perpétuelle une Chambre établie quelques années auparavant en notre Cour de Parlement de Paris, pour ſoulager la Grand'Chambre, pendant qu'elle donnoit Audience du Jugement des procès inſtruits pour des crimes qui ne méritoient pas la mort, & ordonné que cette Chambre connoîtroit de tous procès criminels à la réſerve de ceux où il s'agiroit de Cléricature, ou des crimes commis par des Gentils-hommes ou autres perſonnages d'Etat ; & comme il ſurvint dans la ſuite quelques conteſtations ſur ce ſujet entre les Grands'Chambres & celles des Tournelles établies en notredite Cour & dans nos autres Parlemens, le Roi Charles IX. expliqua les derniers termes de cet Edit de 1514, en faveur des Officiers Royaux, & ordonna entr'autres choses par l'Article 38 de son Ordonnance faite à Moulins en 1566, que les procès criminels qui leur pourroient être faits, seroient instruits & jugés par les Grands'Chambres de nos Parlemens lorsqu'ils le demanderoient; & d'autant qu'il ne seroit pas juste que tous les Officiers de Judicature, dont le nombre est beaucoup augmenté depuis ce tems, jouissent indifféremment de ce Privilége, sous prétexte des termes généraux dans lesquels cette Ordonnance est conçue, & que d'ailleurs la Grand'Chambre de notre Parlement de Paris se trouvant chargée de plusieurs procès civils où les Audiences ne pourroient pas donner le tems nécessaire pour l'expédition de tous les procès criminels où nos Officiers pourroient être accusés, Nous avons jugé à propos & estimé de régler par une Loi précise ceux de nos Officiers de Judicature qui auroient cet avantage, & voulant aussi rendre les poursuites & le jugement des procès criminels instruit à la requête de notre Procureur Général du Parlement de Paris, plus solemnels, comme étant la plûpart importans à notre service & au bien de la Justice : A CES CAUSES, de l'avis de notre Conseil, certaine science, pleine puissance & autorité Souveraine & Royale, Nous avons dit & déclaré, disons & déclarons par ces Présentes, signées de notre main, Voulons & Nous plaît que les procès criminels qui seront instruits contre les Trésoriers de France, Présidens des Présidiaux, Lieutenans Généraux, Lieutenans Criminels ou Particuliers, nos Avocats & Procureurs des Bailliages, Sénéchaussées, & Siéges Royaux, ressortissans duement en nos Cours de Parlement, & les Prévôts Royaux, Juges ordinaires qui ont séance & voix délibérative dans les Bailliages, Sénéchaussées, & introduits en premiere Instance en notre Cour de Parlement de Paris soient introduits & jugés en la Grand'Chambre, si faire se peut, & que les Appellations des Instructions & Jugemens définitifs prononcés contr'eux, y soient pareillement jugés, le tout si les accusés le requierent, sans quoi lesdits procès seront instruits & jugés en la Chambre de la Tournelle : Voulons que les procès criminels qui sont & seront ci-après poursuivis à la requête de notre Procureur Général, soient instruits & jugés à la Grand'Chambre, lorsqu'il estimera à propos de le demander. Si donnons en Mandement à nos amés & féaux Conseillers les Gens tenans notre Cour de Parlement, que ces Présentes ils ayent à faire lire, publier & registrer, & le contenu en icelle garder & observer, sans qu'il y soit contrevenu pour quelque cause & prétexte que ce puisse être : Car tel est notre plaisir, en foi de quoi Nous avons fait mettre notre Scel à ces Présentes. Donné à Saint-Germain en Laye le vingt-sixiéme jour de Mars, l'an de grace 1676, & de notre Régne le trente-troisiéme. Registré en Parlement le.... Avril 1676.

DECLARATION DU ROI,

Du 15 Janvier 1677.

Portant peine de mort contre ceux qui voleront dans les Maisons Royales.

Vols dans les Maisons Royales.

LOUIS, par la grace de Dieu, Roi de France & de Navarre : A tous ceux qui ces présentes Lettres verront ; SALUT. Le Procureur pour Nous en la Prévôté de notre Hôtel, Nous ayant remontré qu'il s'est fait depuis plusieurs années, & qu'il se fait encore journellement divers vols dans nos Maisons Royales, & dans tous les lieux où Nous logeons ; & que quelque application que lui & les Officiers de la Prévôté de notre Hôtel, ayent eu jusqu'à présent à rechercher, informer, & punir les auteurs, coupables & complices de ces vols ; l'effluence de gens de toutes sortes, fainéans, & sans aveu, qui abordent de toutes parts à notre Cour, ne leur a pas permis jusqu'à présent d'empêcher la suite de ce mal, d'autant plus que les peines établies pour la punition de ces sortes de crimes, ne sont pas assez sévéres pour empêcher ceux qui s'adonnent à ces vols, de continuer & récidiver, par le profit & la facilité qu'ils y trouvent, & qu'il est impossible de réprimer cette licence que par la sévérité des peines, en renouvellant à cet effet, & faisant exécuter la Déclaration du Roi François Premier, du premier jour du mois de Novembre mil cinq cent trente, par laquelle il auroit ordonné, que ceux qui seroient convaincus desdits larcins seroient punis de mort. A CES CAUSES, & autres considérations à ce Nous mouvans, de l'avis de notre Conseil, & de notre certaine science, pleine puissance & autorité Royale ; Nous avons dit & déclaré, disons, & déclarons par ces Présentes, signées de notre main, Voulons & Nous plaît que

Vols dans les maiſons Royales.

ladite Déclaration du premier jour de Novembre mil cinq cent trente, dont copie eſt ci-attachée ſous le contre-ſcel de notre Chancellerie, ſoit exécutée ſelon ſa forme & teneur; ce faiſant, Nous voulons que les autres coupables & complices des vols & larcins qui ſeront faits dorénavant dans l'enclos de la Maiſon où notre Perſonne ſera logée, ou de celles qui ſerviront à nos Offices & Ecuries, ſoient punis de mort, quoique pour ſemblables cas ils n'euſſent jamais été repris ni punis, & ſans avoir égard à la valeur & eſtimation de ce qu'ils pourront avoir volé. Si donnons en Mandement à nos amés & féaux Conſeillers les Gens tenans notre Grand-Conſeil, Maîtres des Requêtes ordinaires de notre Hôtel, & Grand-Prévôt de France, chacun dans leur Juriſdiction, que ces Préſentes ils ayent à faire lire, publier & regiſtrer, & le contenu en icelles garder & obſerver ſelon ſa forme & teneur; car tel eſt notre plaiſir: En témoin de quoi Nous avons fait mettre notre ſcel à ceſdites Préſentes. Données à Saint Germain en Laye, le quinziéme Janvier, l'an de grace mil ſix cent ſoixante & dix-ſept: Et de notre Régne le trente-quatriéme. *Signé*, LOUIS, *Et ſur le repli*, Par le Roi, COLBERT, & ſcellées de cire jaune.

DECLARATION DU ROI,

En interprétation de celle ci-deſſus, portant peine de mort contre ceux qui voleront dans les Maiſons Royales.

Du 7 Décembre 1682.

Chambre des Vacations.

LOUIS par la grace de Dieu, Roi de France & de Navarre: A tous ceux qui ces préſentes Lettres verront, SALUT. Les vols & larcins qui ont été ſouvent faits dans nos Maiſons par la facilité que les coupables ont trouvé à s'y introduire, Nous auroit porté à établir la peine de mort contre ceux qui ſeroient auteurs, coupables & complices de pareils vols dans l'enclos de la maiſon où notre Perſonne ſeroit logée, ou de celles qui ſerviroient à nos Offices & Ecuries; & d'autant que depuis ladite Déclaration s'étant rencontré des coupables de ſemblables vols, qui ſuivant ladite Déclaration auroient dû être punis de mort, nos Officiers qui ont jugé leſdits coupables, n'ont pas cru, aux termes de ladite Déclaration, devoir les condamner à cette peine pour des vols faits dans l'avant cour de notre Château de Verſailles. Nous avons eſtimé néceſſaire d'interpréter ladite Déclaration, afin qu'il ne reſte aucun doute auſdits Juges. A CES CAUSES, en confirmant notredite Déclaration du quinziéme jour de Janvier mil ſix cent ſoixante dix-ſept, dont copie collationnée eſt ci-attachée ſous le contre ſcel de notre Chancellerie, & interprétant icelle en tant que beſoin; Nous avons dit & déclaré, diſons & déclarons par ces Préſentes ſignées de notre main, Voulons & Nous plaît, que les auteurs, coupables & complices des vols & larcins qui ſeront faits à l'avenir dans nos Maiſons Royales, Cours, avant-Cours, Cours des Cuiſines, Offices, Ecuries & d'icelles, ou des autres Maiſons où Nous ſerons logés, qui ſerviront à noſdits Offices & Ecuries, ſeront punis de mort, quoique pour ſemblables cas ils n'euſſent jamais été repris ni punis; & ſans avoir égard à la valeur & eſtimation de ce qu'ils pourront avoir volé. Si donnons en Mandement à nos amés & féaux Conſeillers les Gens tenans notre Grand-Conſeil, & au Prévôt de notre Hôtel, que ces Préſentes ils ayent à faire regiſtrer, & icelles exécuter ſelon leur forme & teneur; Car tel eſt notre plaiſir: En témoin de quoi Nous avons fait mettre notre ſcel à ceſdites Préſentes. Donnée à Verſailles le ſeptiéme jour de Décembre, l'an de grace mil ſix cent quatre-vingt-deux; Et de notre Régne le quarantiéme. *Signé*, LOUIS. *Et ſur le repli*, Par le Roi, COLBERT.

Extrait des Regiſtres du Grand-Conſeil du Roi.

Du 15 Décembre 1682.

VU par le Conſeil l'Edit en forme de Déclaration du Roi, portant confirmation d'une Déclaration du Roi du quinziéme Janvier mil ſix cent ſoixante-dix-ſept, & interprétant icelle en tant que beſoin. Que leſdits auteurs, coupables & complices de vols & larcins qui ſeront faits à l'avenir dans les Maiſons Royales, Cours, avant-Cours, Cours de Cuiſines, Offices

Offices & Ecuries d'icelles, ou des autres Maisons Royales où le Roi sera logé, & qui serviront auxdits Offices & Ecuries, seront punis de mort, quoique pour semblable cas ils n'eussent jamais été repris ni punis, & sans avoir égard à la valeur & estimation de ce qu'ils pourront avoir volé; données à Versailles au mois de Décembre dernier, signées, LOUIS, & sur le repli, par le Roi, COLBERT, & scellées du grand Sceau de cire jaune; Conclusions du Procureur Général du Roi. Le Conseil a ordonné que lesdites Lettres seront lûes & publiées en l'Audience du Conseil, & registrées ès Registres d'icelui, pour être exécutées, gardées & observées selon leur forme & teneur, & que copie collationnée d'icelles sera renvoyée en la Prévôté de l'Hôtel pour y être pareillement lûes, publiées, & enregistrées ès Registres de ladite Prévôté, gardées & observées, exécutées selon leur forme & teneur. Enjoint au Substitut du Procureur Général du Roi d'y tenir la main, & d'en certifier le Conseil dans huitaine. Fait au Conseil à Paris le quinziéme Décembre mil six cent quatre-vingt-deux. Signé, LENORMAND.

Collationné aux Originaux par Nous Conseiller-Sécrétaire du Roi, Maison, Couronne de France, & de ses Finances.

DECLARATION DU ROI,

Portant peine de mort contre ceux qui voleront dans les Maisons Royales.

Du 11 Septembre 1706.

LOUIS, par la grace de Dieu, Roi de France & de Navarre: A tous ceux qui ces présentes Lettres verront; SALUT. Les vols & les larcins qui ont été souvent faits dans nos Maisons, par la facilité que les coupables ont trouvée à s'y introduire, Nous ont porté à établir par notre Déclaration du 15 Janvier 1677, la peine de mort contre les auteurs coupables & complices de pareils vols dans l'enclos de la Maison où notre personne seroit logée, ou de celles qui serviroient à nos Offices & Ecuries, en quoi Nous n'avons fait que suivre l'exemple du Roi François Premier, qui avoit fait une Loi semblable en l'année 1530. Et depuis par notre Déclaration du 7 Décembre 1682. Nous avons en interprétant notre premiere Déclaration, ordonné que la même peine auroit lieu contre ceux qui commettroient des vols ou larcins dans l'étendue des Cours, avant-Cours, Cours des Cuisines, Offices & Ecuries de nos Maisons Royales, ou des autres Maisons où Nous serions logés, & qui serviroient à nosdits Offices & Ecuries; mais comme ces deux Déclarations n'ont point été adressées à notre Cour de Parlement de Paris, & que plusieurs de nos Officiers en ladite Cour doutent s'ils peuvent prononcer la peine de mort contre les coupables de ce crime, jusqu'à ce que nosdites Déclarations y ayent été registrées, Nous avons jugé à propos de faire cesser absolument cette difficulté, afin que rien ne puisse empêcher l'exécution d'une Loi rigoureuse, mais nécessaire pour reprimer la licence de ceux que notre présence même ne peut contenir dans leur devoir. A CES CAUSES, Nous avons dit & déclaré, disons & déclarons par ces Présentes signées de notre main, Voulons & Nous plaît, que nos Déclarations des 15 Janvier 1677, & 7 Décembre 1682. soient exécutées selon leur forme & teneur, & en conséquence que les auteurs coupables & complices des vols & larcins qui seront faits à l'avenir dans nos Maisons Royales, Cours, avant-Cours, Cours des Cuisines, Offices & Ecuries d'icelles, ou des autres Maisons où Nous serons logés, & qui serviront à nosdits Offices & Ecuries, soient punis de mort, quoique pour semblables cas ils n'eussent jamais été repris ni punis, & sans avoir égard à la valeur & estimation de ce qu'ils pourront avoir volé. Si donnons en Mandement à nos amés & féaux Conseillers, les Gens tenant notre Cour de Parlement à Paris, que ces Présentes ils ayent à faire registrer, même en Vacations, & le contenu en icelles, faire garder & observer selon leur forme & teneur: Car tel est notre plaisir; en témoin de quoi Nous avons fait mettre notre Scel à cesdites Présentes. Donné à Versailles le onziéme jour de Septembre, l'an de grace mil sept cent six; & de notre Régne le soixante-quatriéme. *Signé* LOUIS; *Et sur le repli*, Par le Roi; PHELIPEAUX. Et scellé du grand Sceau de cire jaune.

Vols dans les Maisons Royales

Registrées, oui, & ce requerant le Procureur Général du Roi, pour être exécutées selon leur forme & teneur, & copies collationnées envoyées aux Bailliages & Sénéchaussées du Ressort, pour y être lûes, publiées & registrées; Enjoint aux Substituts du Procureur Général du Roi d'y tenir la main, & d'en certifier la Cour dans un mois, suivant l'Arrêt de ce jour. A Paris en Parlement en Vacations le dix-huit Septembre mil sept cent six. Signé DU TILLET.

DECLARATION DU ROI,

Du 4 Septembre 1677.

Portant peine de mort contre ceux qui étant condamnés aux Galéres auront mutilé leurs membres.

Registrée en Parlement le 4 Février 1678.

Condamnés aux Galéres

LOUIS, par la grace de Dieu, Roi de France & de Navarre: A tous ceux qui ces présentes Lettres verront: SALUT. Nous avons été informés que plusieurs criminels condamnés à servir sur les Galéres comme Forçats, ont porté leur fureur à tels excès, qu'ils ont mutilé leurs propres membres, pour éviter d'être attachés à la chaîne, & se mettre hors d'état de subir la peine dûe à leur crime; Et d'autant que si ce désordre étoit toleré, ce seroit le moyen facile d'éluder la justice de nos Loix, & établir l'impunité des crimes qui ne sont point sujets à la peine de mort; considérant d'ailleurs que cet excès de fureur blesse également les Loix Divines & humaines, Nous avons estimé nécessaires d'établir des peines séveres contre ceux qui tombent dans un pareil aveuglement. A CES CAUSES, & autres bonnes & justes considérations, à ce Nous mouvans, de l'avis de notre Conseil, & de notre certaine science, pleine puissance & autorité Royale, Nous avons dit, déclaré & ordonné, & par ces Présentes signées de notre main, disons, déclarons & ordonnons, Voulons & Nous plaît, que les criminels condamnés à servir sur nos Galéres comme Forçats, lesquels après leurs jugemens auront mutilé ou fait mutiler leurs membres, soient punis de mort pour réparation de leurs crimes: Si donnons en Mandement, à nos amés & féaux Conseillers les Gens tenans notre Cour de Parlement à Paris, que ces Présentes ils ayent à faire registrer, & le contenu en icelles garder & observer, nonobstant tous Edits, Ordonnances, Réglemens & usages à ce contraires, ausquels Nous avons dérogé & dérogeons pour cet égard: Car tel est notre plaisir; en témoin de quoi Nous avons fait mettre notre Scel à cesdites Présentes. Données à Fontainebleau le 4 Septembre 1677, & de notre Régne le 35. Signé, LOUIS, *Et sur le repli*, Par le Roi, COLBERT. Et Scellées du grand Sceau de cire jaune.

EDIT DU ROI,

Du mois de Février 1678.

Pour faire exécuter l'Article 22 de l'Edit de Melun, concernant les Procès criminels qui se font aux Ecclésiastiques.

Registré en Parlement le 29 Août 1684.

LOUIS, par la grace de Dieu, Roi de France & de Navarre: A tous présens & à venir, SALUT. Comme il n'y a rien de plus nécessaire pour maintenir la Police des Etats que d'établir un bon ordre dans l'administration de la Justice, & de prescrire ce qui doit être de la connoissance de chacun de ceux qui sont préposés pour la rendre; Nous aurions par nos Ordonnances des années 1667 & 1670. réglé particuliérement la compétence des Juges, & par les articles 11 & 12 du titre de ladite compétence de celle de l'année 1670, ordonné que nos Baillifs, Sénéchaux, les Prévôts de nos Cousins les Maréchaux de France, Lieutenans Criminels de Robe-Courte, Vice-Baillifs, & Vice-Sénéchaux connoîtront des crimes y énoncés. Et par l'article 13 de la même Ordonnance Nous aurions déclaré que Nous n'entendions déroger par lesdits articles 11 & 12 aux priviléges dont les Ecclésiastiques avoient accoutumé de jouir. Et parce que Nous avons été informé que ledit article 13 est diversement interprêté & exécuté dans quelques-unes de nos Cours de Parlement, & par autres nos Juges; les uns voulans, en exécution d'icelui, suivre ce qui est porté par le 39 article de l'Ordonnance de Moulins du mois de Février 1566 & les autres, l'article 22 de l'Édit de Mélun du mois de Février 1580, ce qui fait que les Ecclésiastiques se trouvent en diverses occasions troublés en la jouissance de leurs priviléges & immunités, & fournit le sujet de plusieurs différends, particuliérement dans les Diocèses enclavés dans le ressort de divers Parlemens, & donne en même-tems à des personnes privilégiées l'occasion de trouver l'impunité de leurs crimes dans ces différentes contestations. A quoi voulant remédier, & pourvoir à ces inconvéniens en établissant sur ce une Loi commune & générale, & une Jurisprudence uniforme : Sçavoir faisons, que notre certaine science, pleine puissance & autorité Royale Nous avons dit, statué & ordonné, disons, statuons & ordonnons par ces Présentes signées de notre main, Voulons & Nous plaît, que l'article 22 de l'Édit de Mélun concernant les procès criminels qui se font aux Ecclésiastiques soit exécuté selon sa forme & teneur dans tout notre Royaume, pays & Terres de notre obéissance : ce faisant que l'Instruction desdits procès, pour les cas privilégiés, sera faite conjointement, tant par les Juges d'Église que par nos Juges dans le ressort desquels sont situés les Officialités; & seront tenus pour cet effet nosdits Juges d'aller au Siége de la Jurisdiction Ecclésiastique, situé dans leur ressort, sans aucune difficulté, pour y étant, faire rediger les dépositions des témoins, interrogatoires, recollemens & confrontations par leurs Greffiers, en des cahiers séparés de ceux des Greffiers des Officiaux, pour être le procès instruit, jugé par nosdits Juges sur les procédures rédigées par leurs Greffiers, sans que sous quelque prétexte que ce puisse être lesdits Juges puissent juger lesdits Ecclésiastiques sur les procédures faites par les Officiaux pour raison du délit commun. N'entendons néanmoins annuler les informations faites par les Officiaux auparavant que nos Officiers ayent été appellés pour le cas privilégié; lesquelles premieres informations subsisteront en leur force & vertu, à la charge de recoller les témoins par nosdits Officiers. Voulons pareillement qu'en cas que lesdits Ecclésiastiques eussent été accusés devant nos Juges & vinssent à être revendiqués par les Promoteurs des Officialités, ou renvoyés pour le délit commun; en ce cas les informations & autres procédures faites par nosdits Juges subsisteront selon leur forme & teneur, pour être le procès fait, parachevé & jugé contre lesdits Ecclésiastiques pour raison dudit délit commun, sur ce qui aura été fait par nos Juges du renvoi & déclinatoire. Et en cas que le procès s'instruisît auxdits Ecclésiastiques en l'une de nos Cours de Parlement; Voulons que les Evêques Supérieurs desdits Ecclésiastiques soient tenus de donner leur Vicariat à l'un des Conseillers Clercs desdits Parlemens pour conjointement avec celui des Conseillers Laïcs desdites Cours, qui sera pour cet effet commis, être le procès fait & parfait aux Ecclésiastiques accusés; & seront tenus, tant nosdits Juges que les Vicaires & Officiaux des Evêques observer le contenu en notre présente Ordonnance, à peine de nullité des procédures, qui seront refaites aux dépens des contrevenans, & de tous dépens, dommages & intérêts. Ordonnons en outre que lorsque dans l'instruction des procès qui se feront aux Ecclésiastiques les Officiaux connoîtront que les crimes dont ils seront accusés & prévenus, seront de la nature de ceux pour lesquels il échoit de renvoyer à nos Juges pour le cas privilégié, lesdits Officiaux seront tenus d'en avertir incessamment les Substituts de nos Procureurs Généraux du ressort où le crime aura été commis; à peine contre lesdits Officiaux de tous dépens, dommages & intérêts, même d'être la procédure refaite à leurs dépens. Si donnons en Mandement, à nos amés & féaux les gens tenans nos Cours de Parlement à Paris, Baillifs, Sénéchaux ou leurs Lieutenans, & tous autres nos Officiers qu'il appartiendra, que cesdites Présentes ils ayent à faire lire, publier & enregistrer, purement & simplement, & le contenu en icelles garder, observer & exécuter selon leur forme & teneur, sans souffrir y être contrevenu en aucune maniere. Car tel est notre plaisir. Et afin que ce soit chose ferme & stable à toujours, Nous avons fait mettre notre scel à ces présentes, sauf en autres choses notre droit & l'autrui en toutes. Donné à Saint Germain en Laye au mois de Février, l'an de grace 1678. & de notre Régne le trente-cinquiéme. Signé, LOUIS. *Et sur le repli*, Par le Roi, COLBERT. *Visa*, LE TELLIER, & scellé du grand Sceau de cire verte, en lacs de soye rouge & verte.

Registrées, oüi & ce requerant le Procureur général du Roi, pour être exécutées selon leur forme & teneur; & copies collationnées envoyées aux Bailliages & Sénéchaussées au ressort, pour y être lûes, publiées & registrées, suivant l'Arrêt de ce jour. A Paris en Parlement le vingt-neuviéme Août mil six cent quatre-vingt-quatre. Signé, JACQUES.

DECLARATION DU ROI,

Du mois de Juillet 1684.

Pour l'explication de celle du mois de Février 1678, fur les Procès criminels des Eccléfiaftiques.

Regiftré en Parlement le 29 Août 1684.

LOUIS, par la grace de Dieu, Roi de France & de Navarre; à tous préfens & à venir, SALUT. Le foin que nous avons de maintenir la difcipline de l'Églife, & de conferver à fes Miniftres la Jurifdiction qu'ils exercent fous notre protection; Nous ayant obligé d'ordonner entr'autres chofes par notre Déclaration donnée à Saint Germain en Laye au mois de Février 1678, que tous nos Officiers qui affifteroient à l'inftruction des procès criminels des Eccléfiaftiques, accufés des crimes que l'on appelle ordinairement cas privilégiés, garderoient la forme prefcrite par l'article 22 de l'Edit de Mélun, Nous avons été informés qu'il s'étoit trouvé de la difficulté entre quelques-uns de nofdits Officiers pour fçavoir fi ce feroit le Juge du lieu, dans lequel on prétendoit que le crime a été commis, ou celui dans le reffort duquel eft fitué le Siége de l'Officialité, qui inftruiroit lefdits procès; & en auroit connoiffance; & comme il eft néceffaire pour le bien de la Juftice de prevenir toutes les difficultés qui peuvent retarder l'inftruction des procès criminels, & particuliérement de ceux des Eccléfiaftiques, qui fcandalifent ainfi par leurs déréglemens ceux qu'ils devroient inftruire & édifier par leurs bons exemples. A CES CAUSES, & autres à ce Nous mouvans, de notre propre mouvement, certaine fcience, pleine puiffance & autorité Royale, Nous avons dit, ftatué & ordonné, difons, ftatuons & ordonnons par ces Préfentes fignées de notre main, que notre Déclaration du mois de Février 1678, ci-attachée fous le contre fcel de notre Chancellerie fera exécutée felon fa forme & teneur, & qu'à cet effet lorfque nos Baillifs, Sénéchaux, ou leurs Lieutenans Criminels inftruiront le procès criminel à des Eccléfiaftiques, & qu'ils accorderont leur renvoi pardevant l'Official dont ils font Jufticiables, pour le délit commun, foit fur la requête des Accufés, foit fur celle du Promoteur en l'Officialité, nos Procureurs efdits Siéges en donneront avis à l'Official, afin qu'il fe tranfporte fur les lieux pour l'inftruction du procès, s'il l'eftime à propos pour le bien de la Juftice; & en cas qu'il déclare qu'il entend inftruire ledit procès dans le Siége de l'Officialité, ordonnons que lefdits Accufés feront transferés dans les prifons de l'Officialité, dans huitaine après ladite Déclaration, aux frais & à la diligence de la Partie civile s'il y en a; & en cas qu'il n'y en ait pas, à la pourfuite de nos Procureurs, & aux frais de nos Domaines; & que le Lieutenant Criminel, & à fon défaut un autre Officier dudit Siége dans lequel le procès a été commencé, fe tranfporte dans le même tems de huitaine dans le lieu où eft le Siége de l'Officialité, quand même il feroit hors le reffort dudit Siége, pour y achever l'inftruction dudit procès conjointement avec l'Official; attribuant à cet effet à nofdits Officiers toute Cour, Jurifdiction & connoiffance, & fans qu'ils foient obligés de demander territoire, ni prendre *pareatis* des Officiers ordinaires des lieux: & qu'après que le procès inftruit pour le délit commun aura été jugé en ladite Officialité, l'Accufé fera ramené dans les prifons dudit Siége Royal, où il aura été commencé, pour y être jugé à l'égard du cas privilégié. Et en cas que ledit Lieutenant Criminel, & à fon défaut un autre Officier dudit Siége Royal, ne fe rende pas dans ledit délai de huitaine au Siége de l'Officialité où l'Accufé aura été tranferé, Voulons en ce cas que le procès foit inftruit conjointement avec ledit Official par le Lieutenant Criminel, ou en fon abfence ou légitime empêchement, par l'un des Officiers du Bailliage ou Sénéchauffée, fuivant l'ordre du Tableau dans le reffort duquel le Siége de l'Officialité eft fitué, pour être enfuite jugé au même Siége, auquel Nous en attribuons toute Cour, Jurifdiction & connoiffance. Voulons que le même ordre foit obfervé dans les procès qui auront été commencés dans les Officialités, & que les Officiaux foient tenus d'en avertir les Lieutenans Criminels de nos Baillifs & Sénéchaux, dans le reffort defquels les crimes ou cas privilégiés, dont lefdits Eccléfiaftiques feront accufés auront été commis. Enjoignons aufdits Lieutenans Criminels, ou en leur abfence & légitime empêchement, aux autres Officiers desdits Siéges, suivant l'ordre du Tableau, de se transporter dans les lieux où sont les Siéges desdites Officialités, dans huitaine après la sommation qui leur en aura été faite à la requête des Promoteurs, pour être par eux procédé à l'instruction & Jugement desdits procès, pour le cas privilégié en la forme expliquée ci-dessus; & à faute par lesdits Juges de se rendre dans ledit délai dans les lieux où sont lesdites Officialités, lesdits procès seront instruits & jugés par les Officiers du Bailliage ou Sénéchaussée, dans le ressort duquel est le Siége de l'Officialité; le tout sans préjudice à nos Cours de commettre d'autres de nos Officiers pour lesdites instructions, & de renvoyer en d'autres Siéges le jugement desdits procès lorsqu'elles l'estimeront à propos, pour des raisons que nous laissons à leur arbitrage. Si donnons en Mandement à nos amés & féaux les Gens tenans notre Cour de Parlement à Paris, que ces Présentes, ensemble notredite Déclaration du mois de Février 1678, ils ayent à faire lire, publier & enregistrer, & le contenu en icelles entretenir, & faire entretenir, garder & observer, nonobstant la surannation de celle dudit mois de Février 1678 sans y contrevenir, ni souffrir qu'il y soit contrevenu en quelque sorte & maniere que ce soit. Car tel est notre plaisir. Et afin que ce soit chose ferme & stable à toujours, Nous avons fait mettre notre scel à cesdites Présentes. Donné à Versailles au mois de Juillet, l'an de grace mil six cent quatre-vingt-quatre, & de notre Régne le quarante-deuxième. Signé, LOUIS, *Et sur le repli*, Par le Roi, COLBERT. *Visa*, LE TELLIER. Et scellée du grand Sceau de cire verte, sur lacs de soye rouge & verte.

Registrées, oui, & ce requerant le Procureur Général du Roi, pour être exécutées selon leur forme & teneur, & copies collationnées envoyées aux Bailliages & Sénéchaussées du ressort, pour y être lûes, publiées & registrées suivant l'Arrêt de ce jour. A Paris en Parlement ce 29 Août 1684. Signé, JACQUES.

DECLARATION DU ROI,

Du 23 Septembre 1678.

En forme de Réglement, sur les Récusations, Jugemens de Compétence, & cassation des Sentences & Procédures & des Prévôts des Maréchaux.

Registrée au Grand-Conseil le 19 Octobre 1678.

Prévôts des Maréchaux.

LOUIS, &c. Une bonne expérience ayant fait connoître qu'on ne pouvoit purger le Royaume des vagabonds & voleurs qui troublent la sûreté publique, que par une punition qui ne pût être retardée par plusieurs dégrés de Jurisdiction; les Rois nos Prédécesseurs auroient fait divers Edits & Déclarations par lesquels ils auroient attribué aux Prévôts de nos Cousins les Maréchaux de France, & aux Officiers Présidiaux, le pouvoir de faire le procès & de juger par Jugement en dernier ressort les personnes & les crimes de la qualité y mentionnée, sans que l'instruction desdits procès, ni l'exécution des Jugemens, pût être différée sous quelque prétexte que ce fut, réservant seulement aux veuves, enfans & héritiers des condamnés la liberté de s'adresser à Nous, ou à nos très-chers & féaux Chancelier & Garde des Sceaux, pour leur pourvoir: Et depuis notre avénement à la Couronne, nous avons toujours maintenu la Jurisdiction desdits Prévôts & desdits Présidiaux, sans souffrir que nos Cours de Parlement ayent donné aucune atteinte, ce que nous avons encore confirmé par notre Ordonnance du mois d'Août 1670, sur les matieres criminelles; cependant Nous avons été informé, que plusieurs de ceux qui sont poursuivis pardevant lesdits Prévôts des Maréchaux, ou Juges Présidiaux, pour sujets au Jugement en dernier ressort, s'adressent aux Gens tenans notre Grand-Conseil, sous prétexte de contravention à nos Ordonnances, & que lesdits Prévôts ont instrumenté hors leur ressort, ou détenu les prisonniers en Chartre privée, auxquels notre Grand-Conseil accorde des Commissions en cassation, par le moyen desquelles non-seulement l'instruction & le Jugement des crimes se trouvent retardés; mais aussi les preuves dépérissent: il est même souvent arrivé, que n'y ayant point de partie civile contre les coupables, nos Procureurs desdites Maréchaussées ou Présidiaux ont négligé de comparoir audit Grand-Conseil, sur les assignations qui leur

Prévôts des Maréchaux.

ont été données en vertu desdites Commissions, en sorte que lesdites cassations sont demeurées sans poursuites, ou les Accusés ont obtenu par défaut leurs fins & conclusions; Sur quoi après avoir entendu notre Procureur Général en notre Grand-Conseil, & désirant pourvoir à nos Sujets & au bien de la Justice : Sçavoir faisons, que Nous pour ces causes, & autres à ce Nous mouvans, de l'avis de notre Conseil, & de notre certaine science, pleine puissance & autorité Royale, avons dit, déclaré & ordonné, disons, déclarons & ordonnons par ces Présentes signées de notre main, Voulons & Nous plaît, que les Accusés contre lesquels les Prévôts de nos Cousins les Maréchaux de France auront reçu plainte, informé & décreté, ne puissent se pourvoir auparavant le Jugement de la compétence, sous prétexte de prise à partie ou autrement contre lesdits Prévôts, soit pour avoir instrumenté hors leur ressort, ou pour avoir fait Chartre privée, que pardevant les Gens tenans le Présidial qui devra juger la compétence desdits Prévôts, auquel Présidial ils pourront proposer lesdits deux cas, comme moyens de récusation, pour y être jugés conformément à l'article 16 du titre 2 de notre Ordonnance de 1670. Et au cas que lesdits Présidiaux en jugeant lesdites récusations, trouvent que lesdits Prévôts ayent contrevenu à cet égard à l'Ordonnance, & que par la qualité des crimes ou celle de la personne, les Accusés soient sujets au Jugement en dernier ressort; Nous ordonnons auxdits Présidiaux de renvoyer lesdits Accusés & les charges & informations au Présidial, dans le ressort duquel le délit aura été commis, pour y être le procès instruit & jugé par le Jugement dernier, conformément à nos Ordonnances, sans que le Prévôt des Maréchaux ainsi récusé, en puisse plus connoître. Et d'autant que dans les Jugemens de compétence, & dans les procédures & instructions faites en conséquence par les Prévôts ou Juges Présidiaux, il pourroit y avoir des contraventions à nos Ordonnances, contre lesquelles Nous voulons donner à nos Sujets moyen de se pourvoir, Nous par provision, & jusqu'à ce qu'autrement en ait été ordonné, voulons & entendons que notre Grand-Conseil, puisse recevoir les Requêtes en cassation des Jugemens de compétence des autres procédures faites depuis par lesdits Prévôts des Maréchaux, ou Juges Présidiaux & accorder des Commissions sur icelles, à la charge que les Accusés, qui présenteront lesdites Requêtes, rapporteront les copies qui leur auront été signifiées desdits Jugemens de compétence que lesdits Accusés seront effectivement prisonniers, écroués dans les Prisons desdits Prévôts, Présidiaux ou autres Siéges, où le procès criminel sera pendant, & qu'ils rapporteront les écroues en bonne forme, attestées par le Juge ordinaire du lieu où ils seront détenus, & signifiés aux Parties ou à leurs Procureurs sur les lieux, dont sera fait mention dans la Commission qui sera délivrée, à peine de nullité & d'en répondre par le Greffier de notredit Grand-Conseil. Sera aussi expressément porté dans ladite Commission, qu'elle ne pourra empêcher que l'instruction ne soit continuée par le Juge, de la procédure duquel on demande la cassation, jusqu'à Jugement définitif exclusivement. Voulons en outre que le demandeur en cassation soit tenu, en faisant signifier la Commission, de faire donner les assignations par un seul & même exploit, les délais desquelles assignations seront énoncés dans la Commission, & réglés suivant la derniere Ordonnance; & qu'à faute de ce faire, les défenses de passer outre au Jugement définitif soient levées & ôtées, sans qu'il soit besoin d'autres Arrêts ni Lettres. Et pour donner moyen aux Accusés qui auront à se plaindre de rapporter les Sentences des Présidiaux qui auront jugé la compétence, voulons & Nous plaît, conformément à l'article 20 du titre 2 de l'Ordonnance criminelle, que lesdites Sentences soient prononcées & signifiées & d'icelles baillé copie sur le champ aux Accusés, à la diligence de nos Procureurs èsdits Siéges, dont Nous les chargeons expressément, à peine de répondre en leurs propres & privés noms des dommages & intérêts que souffriront les Accusés, faute de pouvoir rapporter lesdites Sentences, & d'interdiction de leurs Charges. N'entendons néanmoins que notredit Grand-Conseil puisse en aucun cas, & sous quelque prétexte que ce soit, même d'avoir par lesdits Prévôts des Maréchaux instrumenté hors de leur détroit, ou fait Chartre privée des prisonniers, accorder des Commissions en cassation des procédures faites par lesdits Prévôts des Maréchaux, ou Présidiaux, avant le Jugement de la compétence, ni connoître aussi des Jugemens définitifs qui seront donnés par lesdits Prévôts des Maréchaux ou Présidiaux, lui en défendant toute Cour, & connoissance, si ce n'est qu'elle lui ait été renvoyée par Nous ou par notre Conseil, à peine de nullité. Si donnons en Mandement, &c.

DECLARATION DU ROI,

Du 10 Janvier 1680.

Portant Réglement sur le fait des emprisonnemens, recommandations, nourritures par les Parties civiles & élargissement des Prisonniers.

Registrée en Parlement le 19 Janvier 1680.

LOUIS, par la grace de Dieu, Roi de France & de Navarre : A tous ceux qui ces présentes Lettres verront ; SALUT. Par notre Ordonnance du mois d'Août 1670, titre 13, article 23. Nous avons ordonné que les Créanciers qui auront fait arrêter & constituer prisonniers, ou recommander leurs débiteurs, seront tenus leur fournir la nourriture, suivant la taxe qui en sera faite par le Juge, & contraints solidairement, sauf leur recours contr'eux ; ce qui auroit lieu à leur égard de prisonniers pour crimes, détenus seulement pour intérêts civils, après le Jugement & qu'il seroit délivré exécutoire aux Créanciers, & à la Partie civile, pour être remboursés sur les biens du prisonnier par préférence à tous Créanciers ; & par l'article 24, Nous avons ordonné que sur deux sommations faites à différens jours aux Créanciers qui seront en demeure de fournir la nourriture aux prisonniers, & trois jours après la derniere, il seroit fait droit sur l'élargissement, Partie présente ou dûement appellée : Mais l'expérience nous a fait connoître que les prisonniers ne tirent pas de notre Ordonnance l'avantage que nous leur avons voulu procurer : parce qu'ils sont pour la plûpart dans l'impuissance de fournir aux frais nécessaires pour faire les sommations & obtenir en connoissances de cause leur élargissement, à quoi étant nécessaire de pourvoir. A CES CAUSES, de notre certaine science, pleine puissance & autorité Royale, Nous avons dit & déclaré, disons & déclarons, en ajoutant à notredite Ordonnance par ces Présentes signées de notre main, voulons & Nous plaît ce qui ensuit.

Prisonnier.

ARTICLE PREMIER.

Défendons à tous Huissiers & autres Officiers de Justice, d'emprisonner aucun de nos Sujets pour dettes, de quelque qualité & nature qu'elles soient, sans consigner entre les mains du Greffier de la prison ou du Géolier, la somme nécessaire pour la nourriture du prisonnier pendant un mois, suivant les Réglemens qui ont été ou seront faits par les Juges des lieux, à peine d'interdiction.

II. Leur défendons sur même peine de recommander aucun prisonnier sans consigner pareille somme, en cas toutefois qu'elle n'ait été consignée par celui qui aura fait emprisonner, ou par ceux qui auront précédemment fait recommander le prisonnier.

III. Faisons pareilles défenses aux Greffiers des prisons & aux Géoliers, de recevoir aucuns prisonniers pour dettes, ni aucune recommandation, que les sommes mentionnées ès Articles précédens ne leur ayent été délivrés, à peine d'être contrains en leurs noms de les payer au prisonnier, comme s'ils les avoient reçûs, sauf leur recours contre les Créanciers ; & se chargeront les Greffiers & Géoliers desdites sommes, sur un Registre particulier qu'ils tiendront à cet effet, lesquelles sommes ils remettront tous les deux jours entre les mains des prisonniers, pour être employées à l'achat des alimens nécessaires pour leur nourriture, ainsi qu'ils aviseront.

IV. Enjoignons sur pareilles peines aux Huissiers ou autres Officiers, qui feront les emprisonnemens & les recommandations, d'avertir ceux à la requête desquels ils seront faits, de continuer à payer par chacun mois pareille somme par avance, duquel avertissement & du payement de la somme ils feront mention dans le procès-verbal d'emprisonnement, ou dans l'acte de recommandation.

V. Après l'expiration de premiers quinze jours du mois, pour lequel la somme nécessaire aux alimens du prisonnier n'aura point été payée, les Conseillers de nos Cours commis pour la visite des prisonniers, ou les Juges des lieux, ordonneront l'élargissement du prisonnier, sur la simple réquisition, sans autre procédure, en rapportant le certificat du Greffier ou Géolier, que la somme pour la continuation des alimens n'a point été payée, & qu'il ne lui reste aucun fonds entre les mains pour lesdits alimens, pourvû & non autrement que les causes de l'emprisonnement & des recommandations n'excédent point la somme de deux mille livres ; & en cas que la somme soit plus grande, le prisonnier se pourvoira par Requête, qui sera rapportée dans les Cours & Siéges, sur laquelle les Cours & Siéges, sur laquelle les Cours ou Juges prononceront son élargissement, & dans l'un & l'autre cas mention sera faite du certificat dans l'Ordonnance de décharge, Sentence ou Arrêt d'élargissement.

VI. Le prisonnier qui aura été une fois élargi à faute de payer les sommes nécessaires pour ses alimens, ne pourra être une seconde fois emprisonné, ou recommandé à la requête des mêmes Créanciers pour les mêmes causes, qu'en payant par eux-mêmes les alimens par avance pour six mois, sinon qu'il en soit autrement ordonné par Jugement contradictoire.

VII. Enjoignons aux Greffiers des prisons & aux Géoliers, de délivrer gratuitement les certificats de la cessation des payemens à la premiere requisition qui leur en sera faite par le prisonnier ; comme aussi de délivrer les quittances des payemens aux Créanciers, en payant par lesdits Créanciers cinq sols seulement pour chaque quittance de quelque somme qu'elle puisse être, sans que lesdits Greffiers & Géoliers puissent exiger plus grands droits, ni retenir aucune somme sur celles qui seront consignées pour les alimens des prisonniers.

VIII. Seront tenus les Greffiers ou Géoliers de rendre compte des sommes consignées en leurs mains pour lesdits alimens, toutes les fois qu'ils en seront requis par le prisonnier, ou ses Créanciers, qui les auront payées, & en cas de décès où d'élargissement du prisonnier de rendre ce qui en restera à ceux qui les auront avancées.

IX. Les sommes consignées seront rendues aux Créanciers un mois après la consignation, en cas que le prisonnier déclare sur le Registre qui sera tenu par lesdits Greffiers ou Géoliers, qu'il n'entend recevoir de ses Créanciers aucun denier pour alimens ; pourra néanmoins le prisonnier révoquer dans la suite la Déclaration par lui faite, & demander ses alimens par une seule sommation qu'il sera tenu de faire à ces Créanciers au domicile élu par l'écroue, dont mention sera faite sur ledit Registre ; & en cas de refus, ou de demeure de la part des Créanciers, il sera pourvû à son élargissement, ainsi qu'il est porté par les articles précédens.

X. Ceux qui auront été condamnés en matiere criminelle en des amendes envers Nous, ou envers les Seigneurs Hauts-Justiciers & en des dommages & intérêts, & réparations civiles envers les parties civiles, seront mis hors les prisons en la maniere ci-devant prescrite, à faute de fournir des alimens par les Receveurs des amendes, Seigneurs Hauts-Justiciers, & Parties civiles chacun à leur égard, huit jours après la sommation qui en sera faite à personne ou domicile ; & à cet effet seront tenus lesdits Receveurs des amendes, Seigneurs Hauts-Justiciers, & parties civiles, & en cas d'appel des Sentences sur procès criminels, d'élire domicile en la maison d'un Procureur de la Jurisdiction où l'appel ressortit, dont sera fait mention par la prononciation, ou signification desdites Sentences aux accusés ; & à faute d'élire domicile, il sera pourvû à leur élargissement par les Juges des lieux où ils seront détenus. Si donnons en Mandement, &c.

EDIT DU ROI,

Du mois de Mars 1680.

Portant peine de contre les Faussaires.

Registré en Parlement le 24 Mai 1680.

Faussaires.

LOUIS, &c. Le Roi François I, l'un de nos Prédécesseurs, auroit par son Edit du mois de Mars 1531, ordonné la peine de mort contre tous ceux qui seroient atteints & convaincus par Justice, d'avoir fait & passé de faux Contrats & porté faux témoignages, croyant pouvoir par la sévérité de son Ordonnance, & l'appréhension que les Officiers qui sont les premiers dépositaires de la Foi publique auroient du châtiment, reprimer dans sa source la fréquence d'un crime qui attaque singuliérement la société civile, & qui trouble le repos de la sureté des familles. Néanmoins comme il est vrai que les Notaires ne sont pas les seuls qui soient les dépositaires de la Foi publique, puisqu'on ne contracte pas moins en Justice que pardevant eux, & qu'il est aussi important d'empêcher que les autres Officiers & Ministres, ausquels Nous avons confié notre autorité, en conservent religieusement le dépôt soient détournés

détournés d'en abuser ; & que cependant quelques-uns de nos Juges ont été persuadés que l'Ordonnance comprenant seulement les Notaires & les témoins, ne leur laissoit pas la liberté de condamner à mort les Officiers & Ministres qui sont convaincus d'avoir commis fausseté, ce qui auroit causé beaucoup de diversité dans leurs Jugemens, & donné espérance d'impunité aux coupables : A quoi étant nécessaire de pourvoir, & d'arrêter le cours d'un mal qui seroit plus à craindre, s'il n'étoit prévenu par la rigueur de la peine. A CES CAUSES, & autres considérations à ce Nous mouvans, de l'avis de notre Conseil, qui a vû ladite Ordonnance du mois de Mars 1531, & de notre certaine science, pleine puissance & autorité Royale, Nous avons dit, statué & ordonné, & par ces Présentes signées de notre main, disons, statuons & ordonnons, Voulons & Nous plaît, que ladite Ordonnance du mois de Mars 1551 soit observée ponctuellement selon sa forme & teneur ; & y ajoutant, que tous Juges Greffiers, Ministres de Justice, de Police & de Finances de toutes nos Cours & Jurisdictions, comme aussi ceux des Officialités & des Justices des Seigneurs, les Officiers & Ministres des Chancelleries, les Gardes des Livres & Registres des Chambres des Comptes, & des Bureaux des Finances, & ceux des Hôtels de Ville, les Archiviers, & généralement toutes personnes faisant fonction publique par Office, Commission ou Subdélégation, leurs Clercs ou Commis qui seront atteints & convaincus d'avoir commis faussetés dans la fonction de leurs Offices, Commissions & Emplois ; seront punis de mort, telle que les Juges l'arbitreront, selon l'exigence des cas. Et à l'égard de ceux qui n'étant Officiers, & qui n'ayant aucune fonction ou ministere public, Commission ou Emploi de la qualité ci-dessus, auront commis quelques faussetés, ou qui étant Officiers les auront commises hors la fonction de leurs Offices, Commissions ou Emplois, les Juges pourront les condamner à telles peines qu'ils jugeront, même de mort ; selon l'exigence des cas & la qualité des crimes : Voulons en outre que tous ceux qui auront falsifié les Lettres de notre Grande Chancellerie, & de celles qui sont établies près de nos Cours de Parlement, imité, contrefait, appliqué ou supposé nos grands & petits Sceaux, soit qu'ils soient Officiers, Ministres ou Commis de nosdites Chancelleries, ou non, soient punis de mort. Si donnons en Mandement, &c. Faussaires.

EDIT DU ROI,

Du mois de Décembre 1680.

Concernant les délais de Procédures en matiere criminelle, pour les Défauts & Contumaces.

Registré en Parlement le 10 Janvier 1681.

LOUIS, &c. Nous avons été informés qu'aucuns de nos Officiers procédans au Jugement des Défauts & Contumaces contre les Accusés de crimes, ont trouvé quelque difficulté dans l'explication des Articles 2, 3, 7 & 9 de notre Ordonnance du mois d'Août 1670, au titre 17 des Défauts & Contumaces, en ce qui regarde les lieux où la perquisition des Accusés doit être faite, & les assignations données. Nous avons aussi vû en plusieurs occasions, divers inconvéniens qui sont arrivés dans les procédures de Contumaces, faites par les Prévôts des Maréchaux & Officiers de Robe-Courte, faute d'avoir fait juger leur compétence, & étant important au bien de la justice, que ces difficultés & inconvéniens ne puissent différer la punition des crimes, Nous avons résolu d'expliquer plus particuliérement nos intentions, ensorte qu'il n'en puisse plus arriver à l'avenir. Sçavoir faisons, que Nous pour ces causes à ce Nous mouvans, de notre propre mouvement, certaine science, pleine puissance & autorité Royale, en interprétant & ajoutant ausdits articles 2, 3, 7 & 9 du titre 17 de l'Ordonnance Criminelle du mois d'Août 1670, avons dit & ordonné, disons & ordonnons par ces Présentes signées de notre main, Voulons & Nous plaît, que lorsque dans les trois mois du jour qu'un crime aura été commis, l'Accusateur en voudra poursuivre & faire instruire la Contumace, la perquisition de l'Accusé pourra y être valablement faite dans la maison où résidoit l'Accusé dans l'étendue de la Jurisdiction où le crime aura été commis, & sera laissé copie du procès verbal de perquisition. Qu'il en sera usé de même pour l'assignation à comparoir à quinzaine, laquelle sera aussi valablement donnée à l'Accusé, en la Maison où il résidoit ainsi que dit est, copie aussi laissée de l'exploit d'assignation ; & si ledit Accusé Contumaces.

Contumaces. n'a point résidé dans l'étendue de la Jurisdiction où le crime a été commis, la perquisition sera faite & les assignations données suivant l'article 3 de ladite Ordonnance, titre 17, sans qu'il soit nécessaire de faire lesdites perquisitions, & donner les assignations au lieu où demeuroit l'Accusé avant qu'il eut commis le crime. A faute de comparoir dans ladite quinzaine, l'assignation à huitaine, laquelle doit être donnée par un seul cri public, conformément à l'article 8 du même titre, sera faite & donnée à son de trompe, suivant l'usage, à la Place publique, & à la porte de la Jurisdiction où se fera l'instruction du procès. Si après les trois mois échus depuis que le crime aura été commis, l'Accusateur veut poursuivre & faire instruire la Contumace, la perquisition de l'Accusé sera faite, & les assignations données au domicile ordinaire de l'Accusé, laquelle assignation sera à quinzaine; & outre ce, lui sera donné le délai d'un jour pour chaque dix lieues de distance de son domicile, jusqu'au lieu de la Jurisdiction où il sera assigné; à faute de comparoir dans les délais ci-dessus, il sera crié à son de trompe par un cri public à huitaine, dans le lieu de la Jurisdiction où se fera le procès, & ledit cri & proclamation affichés à la porte de l'Auditoire de ladite Jurisdiction. A l'égard de l'Accusé qui n'aura point de domicile, soit qu'il soit poursuivi avant ou depuis les trois mois échus, à compter du jour que le crime aura été commis, la copie du décret, ensemble de l'Exploit d'assignation seront seulement affichés à la porte de l'Audience de la Jurisdiction. Les Prévôts des Maréchaux voulant instruire la Contumace des Accusés, contre lesquels ils auront décrété pour quelque crime que ce soit, seront tenus avant que de commencer aucune procédure pour cet effet, de faire juger leur compétence au Siége Présidial, dans le Ressort duquel lesdits crimes auront été commis; & en cas que lesdits Accusés soient arrêtés avant ou depuis le Jugement de Contumace, ou qu'ils se représentent volontairement pour juger ladite Contumace, lesdits Prévôts des Maréchaux seront tenus de faire juger de nouveau leur compétence, après que lesdits Accusés auront été ouis en la forme portée par l'article 19 du titre 2 de l'Ordonnance de 1670. Et ne pourra à l'avenir l'adresse d'aucune Rémission être faite aux Siéges Présidiaux où la compétence aura été jugée, suivant ce qui est porté par l'Article 14 de ladite Ordonnance de 1670 au titre des Rémissions, que l'Accusé n'ait été oui lors du Jugement de compétence, & l'écroue attachés sous le contre-scel desdites Lettres. Si donnons, &c.

EDIT DU ROI,

Du mois de Décembre 1680.

Qui régle les cas où il faut voir les Charges pour donner des défenses contre les Ajournemens personnels.

Regiſtré en Parlement le 10 Janvier 1681.

Ajournement personnel. LOUIS, &c. L'application continuelle que Nous donnons à faire rendre la Justice à nos Sujets, nous a fait reconnoître les divers préjudices qu'elle reçoit dans les défenses que nos Cours accordent de passer outre à l'exécution des Décrets d'ajournement personnel, suivant l'article 4 du titre 26 de notre Ordonnance Criminelle de 1670. Ces inconvéniens s'étendent, à l'égard des Décrets décernés, tant par les Juges Ecclésiastiques que par les Juges ordinaires, en ce que lesdits Juges Ecclésiastiques, se servant simplement de ces voies pour faire venir les Accusés, sans ordonner des Décrets de prise de corps, il arrive que sans aucune connoissance de cause, & sur toutes sortes d'affaires les procédures desdits Juges Ecclésiastiques sont sursises, que par cette surséance les coupables demeurent sans châtiment; l'inconvénient desdites défenses n'est pas moins grand à l'égard des Décrets, décernés par les Juges ordinaires pour crime de faux, pour malversations d'Officiers dans l'exercice de leurs Charges, ou quand c'est contre ceux qui ont des Coaccusés, à l'égard desquels il y a des Décrets de prise de corps; arrivant par ce moyen, qu'avant que la Partie civile ait obtenu la levée desdites défenses, la plûpart des preuves dépérissent. Et voulant y remédier, & contribuer toujours de ce qui peut dépendre de Nous pour faire rendre à nos Sujets une prompte Justice: Sçavoir faisons, que Nous pour ces causes & autres à ce nous mouvans, de notre propre mouvement, pleine puissance & autorité Royale, avons dit, déclaré & ordonné, disons, déclarons & ordonnons, par ces Présentes, signées de notre main,

Voulons & Nous plaît, que nos Cours ne puissent à l'avenir donner aucun Arrêt de défenses d'exécuter les Décrets d'ajournement personnel, qu'après avoir vû les informations, lorsque lesdits Décrets auront été décernés par les Juges Ecclésiastiques, & par les Juges ordinaires Royaux, & des Seigneurs, pour fausseté, pour malversations d'Officiers dans l'exercice de leur Charges, ou lorsqu'il y aura d'autres Coaccusés contre lesquels aura été décreté prise de corps: Et afin que notre intention puisse être exécutée sans difficulté, Voulons que les Accusés qui demanderont ainsi des défenses, soient tenus d'attacher à leur Requête la copie du Décret qui leur aura été signifié: Que tous Juges Royaux & des Seigneurs, soient tenus d'exprimer à l'avenir dans les ajournemens personnels qu'ils décerneront, le titre de l'accusation pour laquelle ils décreteront, à peine contre lesdits Juges ordinaires & des Seigneurs d'interdiction de leurs Charges; & que toutes les Requêtes tendent ainsi à fin de défenses d'exécuter les Décrets d'ajournement personnel, soient communiquées à notre Procureur Général, pour veiller au bien de la Justice, & y faire ce qui dépendra de sa Charge. Et d'autant que les Accusés qui auroient été décretés d'ajournement personnel pour d'autres cas que ceux exprimés ci-dessus, pourroient prétendre que nosdites Cours seroient obligées de leur donner des Arrêts de défenses lorsqu'ils les en requereroient, Nous voulons & entendons que nosdites Cours puissent refuser lesdits Arrêts de défenses, selon que par le titre de l'accusation, il leur paroîtra convenable au bien de la Justice. Si donnons en Mandement, &c.

Ajournement personnel.

DECLARATION DU ROI,

Qui régle les cas où les Accusés doivent être entendus derriere le Barreau.

Du 12 Janvier 1681.

LOUIS, par la grace de Dieu, Roi de France & de Navarre, Dauphin de Viennois, Comte du Valentinois & de Dyois: A tous ceux qui ces présentes Lettres verront, SALUT. Nous avons été informés qu'en plusieurs Jurisdictions ordinaires de notre Royaume, & même dans aucunes de nos Cours, & particuliérement en celle de Grenoble, lorsqu'on procéde au Jugement des affaires criminelles par recollement & confrontation, l'on n'entend point les Accusés, quand il n'y a point de condamnation des premiers Juges, ou des conclusions à peine afflictive. Et comme notre intention n'a point été en réglant par le 21e article du titre 14 de notre Ordonnance de 1670, que les Accusés contre lesquels il y auroit conclusions ou condamnations à peine afflictive, seront interrogés sur la sellete, de priver nos Sujets accusés d'autres cas, à raison desquels il n'échoit pas peine afflictive, du secours qu'ils peuvent tirer en se défendant par leur bouche, ni ôter aux Juges des moyens de s'éclaircir par cette voie, des circonstances des actions pour lesquelles on procéde contre les Accusés. Sçavoir faisons, que Nous par ces causes, & autres à ce Nous mouvans, de notre certaine science, pleine puissance & autorité Royale, en ajoutant audit article 21 du titre 14 de l'Ordonnance de 1670, avons déclaré & ordonné, & déclarons & ordonnons par ces Présentes signées de notre main, Voulons & Nous plaît, que tous les procès criminels qui se poursuivront, soit pardevant les Juges des Seigneurs, ou Juges Royaux Subalternes, ou dans nos Cours, lesquels auront été réglés à l'extraordinaire, & instruits par recollement & confrontations, les Accusés seront entendus par leur bouche dans la Chambre du Conseil derriere le Barreau, lorsqu'il n'y aura point de condamnations, ou des conclusions à peine afflictive, & à cet effet avons abrogé & abrogeons tous usages à ce contraires, ledit article 21 du titre 14 de l'Ordonnance de 1670, sortissant au surplus son plein & entier effet. Si donnons en Mandement, &c.

Entendre derriere le Barreau.

DECLARATION DU ROI,

Du 13 Avril 1703.

Concernant les cas où les Accusés doivent être interrogés derriere le Barreau.

Registrée en Parlement le 28 Avril 1703.

Interrogatoires.

LOUIS, par la grace de Dieu, Roi de France & de Navarre : A tous ceux qui ces présentes Lettres verront, SALUT. Nous avons ordonné par notre Déclaration du 11 Janvier 1681, qu'en tous les procès criminels qui se poursuivroient pardevant les Juges des Seigneurs, ou les Juges Royaux Subalternes, ou dans nos Cours, qui auroient été réglés à l'extraordinaire, & instruits par recollement & confrontation, les Accusés seroient entendus par leur bouche dans la Chambre du Conseil, derriere le Barreau, lorsqu'il n'y auroit pas de conclusions à peine afflictive, ce que nous aurions principalement ordonné pour remédier à un abus qui s'étoit introduit dans notre Parlement de Grenoble, & dans les Siéges de son ressort, de ne point entendre les Accusés lorsqu'il n'y avoit pas de condamnation des premiers Juges, ou de conclusions à peine afflictive ; ayant été depuis informés que le même abus s'est introduit dans quelques-unes de nos Cours, & dans les Jurisdictions en dépendantes ; ce qui auroit donné lieu à plusieurs instances en cassation en notre Conseil contre différens Arrêts, par lesquels sur le fondement d'un usage aussi abusif, ou sous prétexte que notre Déclaration de 1681 ne regardoit que le Parlement de Grenoble & les Siéges de son ressort, on auroit condamné des Accusés sans les entendre ; & comme rien n'est plus contraire à notre intention, & même à l'esprit de notre Ordonnance de 1670, qui n'a jamais été de priver les Accusés dans aucun cas, du droit naturel qu'ils ont de se défendre par leur bouche, ni d'ôter aux Juges les moyens de s'éclaircir par ces voies de circonstances des actions qui se poursuivent extraordinairement, Nous avons résolu de remédier à ce désordre, par une Déclaration générale qui soit exécutée dans toute l'étendue de notre Royaume. A CES CAUSES, & autres à ce Nous mouvans, de notre certaine science, pleine puissance & autorité Royale, Nous avons dit, & déclaré & ordonné, disons, déclarons & ordonnons par ces Présentes signées de notre main, Voulons & Nous plaît, que notre Déclaration du 11 Janvier 1681 soit exécutée selon sa forme & teneur dans tout notre Royaume ; & en conséquence, en expliquant & interprétant en tant que besoin seroit l'article 21 du titre 14 de notre Ordonnance de 1670, qu'en tous les procès qui se poursuivront, soit pardevant les Juges des Seigneurs, ou les Juges Royaux Subalternes, ou de nos Cours, qui auront été réglés à l'extraordinaire, & instruits par recollement & confrontation, les Accusés seront entendus par leur bouche dans la Chambre du Conseil, derriere le Barreau, lorsqu'il n'y aura pas de conclusions, ou de condamnation à peine afflictive ; ce faisant, avons dérogé & dérogeons à tous usages à ce contraires ; ledit article 21 du titre 14 de notre Ordonnance de 1670, sortissant au surplus son plein & entier effet. Si donnons en Mandement, &c.

DECLARATION DU ROI,

Portant que sept des Officiers des Siéges Présidiaux resteront pendant les Vacations, ès lieux où lesdits Siéges sont établis pour juger les Compétences.

Du 30 Janvier 1682.

LOUIS, &c. Nous avons reconnu par le compte que Nous nous faisons rendre incessamment de ce qui regarde l'administration de la Justice, que la punition des crimes dans les cas Prévôtaux est souvent retardée dans le tems des Vacations, parce que la plûpart des Officiers Présidiaux allant à la campagne, il reste dans les Villes où lesdits Siéges sont établies peu ou point de Juges pour juger les Compétences, soit des Prévôts de Maréchaux, ou des Lieutenans Criminels, pour des cas sujets à jugement dernier. A quoi étant nécessaire de pourvoir. A CES CAUSES, sçavoir faisons, que de notre certaine science, pleine puissance & autorité Royale, Nous avons dit, déclaré & ordonné, disons, déclarons & ordonnons par ces Présentes signées de notre main, Voulons & Nous plaît; Que depuis le premier jour de Septembre jusqu'à Noël, il réside actuellement dans les Villes esquelles nos Siéges Présidiaux sont établies, le nombre de sept Juges d'entr'eux, sans en pouvoir désemparer pour quelque cause & occasion que ce puisse être, sur peine de désobéissance; Et afin que lesdits Officiers Présidiaux ayent le tems de vaquer à leurs affaires particulieres, Voulons qu'ils se partagent entr'eux de semaine en semaine; en sorte qu'après qu'un Officier aura servi la semaine, il puisse aller chez lui, sans que le service en soit retardé. Si donnons en Mandement à nos amés & féaux les Gens tenans notre Grand-Conseil, que ces Présentes ils ayent à faire enregistrer, & le contenu en icelles entretenir & faire entretenir, lire & publier ès Siéges Présidiaux, à ce qu'aucun n'en prétende cause d'ignorance: Car tel est notre plaisir. En témoin de quoi Nous avons fait mettre notre Scel à cesdites Présentes. Donnée à Saint Germain en Laye, le treiziéme jour de Janvier, l'an de grace mil six cent quatre-vingt-deux; & de notre Régne le trente-neuviéme. *Signé*, LOUIS, *Et sur le repli*, Par le Roi, COLBERT.

Enregistrées ès Registres du Grand-Conseil du Roi, pour être exécutées, gardées & observées selon leur forme & teneur, & copies collationnées d'icelles, envoyées en tous les Siéges Présidiaux du Royaume, pour y être lûes, publiées, enregistrées, & exécutées selon leur forme & teneur; Enjoint aux Substituts du Procureur Général du Roi, d'y tenir la main, & d'en certifier le Conseil dans trois mois, suivant l'Arrêt dudit Conseil, du vingt-trois Janvier mil six cens quatre-vingt-deux. Signé, LENORMANT.

DECLARATION DU ROI,

Du 31 Mai 1682.

Contre ceux qui ne garderont pas leur Ban, les Vagabonds & gens sans aveu.

Registrée en Parlement, le 17 Juin 1682.

LOUIS, &c. Nous avons été informés que la plûpart des voleurs & autres gens de mauvaise vie, qui ont été repris de Justice, & bannis, n'étant pas intimidés par cette peine, non-seulement retournent dans les Pays & lieux d'où ils ont été chassés, mais continuent à vivre dans les mêmes crimes, à quoi ils sont excités par le relâchement des Juges qui n'ont pas exercé à leur égard le châtiment sévére qu'ils ont encouru, suivant les anciennes Ordonnances; & d'autant que Nous ne pouvons prendre trop de soin pour assurer le repos de nos Sujets, & leur donner moyen de vaquer à leur commerce en liberté, Nous avons résolu d'y pourvoir. A CES CAUSES, & autres à ce Nous mouvans, de notre certaine science, pleine puissance & autorité Royale, Nous avons par ces Présentes, signées de notre main, dit, déclaré & ordonné, disons, déclarons & ordonnons, Voulons & Nous plaît, que tous ceux qui ont été bannis par Sentence Prévôtale, ou Jugement Présidial rendu en dernier ressort, & qui seront repris, quand même ce ne seroit que faute d'avoir gardé leur Ban seulement, soient condamnés aux Galéres, sans qu'il soit en la liberté des Juges de modérer cette peine, mais bien de l'arbitrer à tems ou à perpétuité, selon qu'ils l'estimeront à propos; & quant à ceux qui auront été bannis par des Arrêts de nos Cours, & qui seront pareillement repris pour n'avoir gardé leur Ban, Nous laissons à nosdites Cours & autres nos Juges, ayant pouvoir de juger en dernier ressort, la liberté d'ordonner de leur châtiment, eu égard à la qualité des crimes pour lesquels ils auront été bannis, & à la condition des personnes. Voulons au surplus que les Ordonnances contre les Vagabonds & gens sans aveu, soient exécutées selon leur forme & teneur. Si donnons en Mandement, &c.

DECLARATION DU ROI,

Du 29 Avril 1687.

Contre les femmes qui ne garderont pas leur Ban.

Regiſtrée en Parlement le 28 Mai 1687.

Ban. LOUIS, &c. Sur les avis qui nous avoient été donnés, que les voleurs & autres gens de mauvaiſe vie qui ont été repris de Juſtice & bannis, n'étoient pas intimidés par cette peine, & retournoient dans les Pays d'où ils avoient été chaſſés, où ils commettoient les mêmes crimes, Nous aurions par notre Déclaration du 31 Mai 1682, ordonné que ceux qui auroient été bannis par Sentence Prévôtale ou Jugement Préſidial rendu en dernier reſſort, & qui ſeroient repris, quand même ce ne ſeroit que faute d'avoir gardé leur Ban, ſeroit condamnés aux Galéres à tems ou à perpétuité, ainſi que les Juges l'eſtimeroient à propos; & à l'égard de ceux qui auroient été condamnés par des Arrêts de nos Cours, Nous aurions laiſſé à noſdites Cours & autres Juges ayant pouvoir de juger en dernier reſſort la liberté d'ordonner de leur châtiment, eu égard à la qualité des crimes & la condition des perſonnes: Nous avons appris qu'au moyen de cette diſpoſition, la plûpart des Villes & lieux de notre Royaume ont été purgés des voleurs & gens repris de Juſtice; mais comme cette peine ne peut être appliquée qu'aux hommes, & que les femmes & filles condamnées au banniſſement, continuent leurs vols & autres crimes, en retournant dans les lieux d'où elles ont été bannies, particuliérement dans notre bonne Ville de Paris, où il y a un grand nombre de ces femmes qui ſervent de receleuſes à ceux qu'elles engagent par leur mauvais exemple & par leur débauche à commettre des vols. Nous avons jugé à propos de punir celles qui ne garderont leur Ban d'une peine, laquelle quoiqu'elle ne ſoit proportionnée à leur faute, procurera au moins au Public le bien d'en être déchargé, & mettra fin à leur dangereux commerce. A CES CAUSES, Nous avons dit & déclaré, diſons & déclarons, par ces Préſentes ſignées de notre main, Voulons & Nous plaît, que les femmes & filles qui auront été bannies par Sentence Prévôtale ou Jugement Préſidial rendu en dernier reſſort, & qui ſeront repriſes, quand même ce ne ſeroit que faute d'avoir gardé leur Ban, ſoient condamnées à être enfermées dans les Hôpitaux Généraux les plus prochains; ce que Nous voulons en particulier être obſervé dans la Maiſon de Force de l'Hôpital Général de notre bonne Ville de Paris, où les femmes & filles de la qualité ſuſdite ſeront enfermées & traitées conformément au Réglement ſur ce fait, ſans qu'il ſoit en la liberté des Juges de modérer cette peine, mais bien de l'arbitrer à tems ou à perpétuité, ſelon qu'ils l'eſtimeront à propos; & quant à celles qui auront été bannies par des Arrêts de nos Cours, & qui ſeront pareillement repriſes pour n'avoir gardé leur Ban, Nous laiſſons à noſdites Cours la liberté d'ordonner de leur châtiment, eu égard à la qualité des crimes pour leſquels elles auront été condamnées, & à l'âge & condition des perſonnes. Si donnons en Mandement, &c.

DECLARATION DU ROI,

Du 27 Août 1701.

Concernant les Vagabonds.

Regiſtrée en Parlement, le 2 Septembre 1701.

Vagabonds. LOUIS, par la grace de Dieu, Roi de France & de Navarre: A tous ceux qui ces préſentes Lettres verront; SALUT. Nous aurions enjoint par notre Déclaration du 25 Juillet de l'année derniere, à tous Mendians, Fainéans, Vagabonds ſans condition & ſans emploi de ſortir des Villes & autres lieux où ils mandient, & de ſe retirer dans ceux de leur naiſſance, pour y travailler aux ouvrages dont ils peuvent être capables, avec défenſes de mendier, ſous les peines qui y ſont contenues; mais Nous ſommes informés, qu'il y a dans notre bonne Ville de Paris, & à la suite de notre Cour, une autre espéce de Fainéans encore plus dangereux, qui n'ont d'autre occupation & d'autre subsistance que celle que leur libertinage leur procure, & qui donne lieu par leurs déréglemens à beaucoup de querelles, de désordres & de crimes; & quoique les Rois nos Prédécesseurs ayent tâché d'y pourvoir par leurs Ordonnances, & que nous l'ayons aussi fait par les nôtres du mois de Décembre 1666 & Décembre 1661. Nous avons trouvé qu'elles sont demeurées depuis long-tems sans exécution, soit parce que la licence des Guerres, soit par la qualité de ces sortes de gens, ni les peines qui leur doivent être imposées, ni la Jurisdiction des Juges qui en doivent connoître, n'ayent pas été suffisamment déterminées, nos Juges ont été embarrassés dans les jugemens qu'ils avoient à rendre contre eux, faute d'une Loi certaine & précise. Nous avons été pareillement informés qu'un grand nombre de ceux qui ont été bannis de quelques-unes des Villes ou Provinces de notre Royaume, viennent se réfugier dans notre bonne Ville de Paris, ou à la suite de notre Cour, pour y cacher la honte de leurs premiers crimes, & souvent pour en commettre de nouveaux; & comme l'expérience a fait connoître que ces sortes de personnes passent aisément de l'état de Bannis à celui de Vagabonds, & que d'ailleurs il n'est pas juste que ceux qui sont proscrits de leur patrie, puissent demeurer impunément à notre suite, ni dans la Capitale de notre Royaume, que Nous regardons comme la Patrie commune de nos Sujets, Nous avons jugé à propos d'y pourvoir par une loi particuliere, qui comprenne également les Vagabonds & les Bannis. A CES CAUSES, de notre propre mouvement, pleine puissance & autorité Royale.

Vagabonds.

PREMIEREMENT.

Nous avons enjoint, & par ces Présentes signées de notre main, enjoignons à tous Vagabonds qui sont dans notre bonne Ville de Paris, Fauxbourgs & Banlieues d'icelle, de prendre des emplois, de se mettre en condition pour y servir, ou d'aller travailler à la culture des Terres, ou aux Ouvrages & Métiers ausquels ils peuvent être propres, dans un mois après la publication des Présentes.

II. Déclarons Vagabonds & gens sans aveu ceux qui n'ont ni profession, ni métier, ni domicile certain, ni bien pour subsister, & qui ne sont avoués, & ne peuvent faire certifier de leurs bonne vie & mœurs, par personnes dignes de foi.

III. Et faute par lesdits Vagabonds d'avoir satisfait dans ledit tems, d'un mois, à notre présente Déclaration, Voulons qu'en vertu d'une simple Ordonnance de nos Officiers ci-après nommés, rendue sur la Requête de notre Procureur au Châtelet, ou sur les procès-verbaux des Huissiers, Sergens, Archers & autres Ministres de Justice, & Conclusions de notredit Procureur au Châtelet, tous ceux de la qualité ci-dessus exprimée, soient arrêtés, & que le procès leur soit fait & parfait par le Lieutenant Général de Police de notredite Ville de Paris, pour être ensuite lesdits procès criminels par lui jugés en dernier Ressort, avec les Officiers du Châtelet, au nombre de sept au moins.

IV. Pourra aussi le Lieutenant criminel de Robe-Courte de notre Châtelet de Paris, faire arrêter en la forme ci-dessus prescrite lesdits Vagabonds, leur faire & parfaire leur procès, & les juger en dernier Ressort avec nosdits Officiers au Châtelet de Paris, à la charge de faire juger sa Compétence, & de satisfaire aux autres formalités prescrites par nos Ordonnances, sans néanmoins qu'ils puissent prendre connoissance des Vagabonds, contre lesquels le Lieutenant Général de Police aura décreté, avant lui ou le même jour, & en cas de contestations pour raison de ce entre lesdits Officiers, elles seront réglées par notre Cour de Parlement de Paris, sans que lesdits Officiers puissent se pourvoir en notre Grand-Conseil ni ailleurs.

V. Ordonnons que lesdits Vagabonds soient condamnés pour la premiere fois, à être bannis du Ressort de la Prévôté & Vicomté de Paris, & pour la seconde aux Galéres pour trois ans.

VI. Et en cas que lesdits Vagabonds ayent déjà été condamnés pour d'autres crimes à peine corporelle, Bannissement ou Amende honorable, Voulons qu'ils soient condamnés, même pour la premiere fois, aux Galéres pour trois ans.

VII. Voulons aussi que si lesdits Vagabonds sont accusés d'autres crimes, le Lieutenant Général de Police soit tenu d'en laisser la connoissance aux Juges qui en doivent connoître suivant nos Ordonnances, ce que le Lieutenant Criminel de Robe-Courte sera pareillement tenu de faire dans les cas qui ne sont pas de sa compétence.

VIII. Défendons à tous ceux qui ont été & seront ci-après condamnés au Bannissement

Vagabonds. à tems, par quelques Juges & quelques lieux que ce puisse être, de se retirer pendant le tems de leur Bannissement dans notredite Ville, Prévôté & Vicomté de Paris. Enjoignons à ceux qui y sont actuellement d'en sortir dans un mois, sinon à faute de ce faire dans ledit tems & icelui passé, Voulons qu'ils soient condamnés aux peines portées par nos Déclarations de 31 Mai 1682, & 29 Avril 1687, contre ceux & celles qui ne gardent pas leur Ban, & qu'à cet effet le procès leur soit fait par le Lieutenant Général de Police ou le Lieutenant Criminel de Robe-Courte, ainsi que nous avons ordonné ci-dessus pour les Vagabonds, si ce n'est que lesdits Bannis eussent été condamnés au Bannissement, soit de notredite Ville, Prévôté & Vicomté de Paris ou du Ressort de notredite Cour, auquel cas lesdits Lieutenant Général de Police, ou Lieutenant Criminel de Robe-Courte, seront tenus d'en laisser la connoissance à notredite Cour ou aux Juges qui auront prononcé lesdites condamnations.

IX. Défendons pareillement à tous ceux qui ont été & seront ci-après condamnés au Bannissement à tems de demeurer pendant le tems de leur Bannissement à la suite de notre Cour, enjoignons à ceux qui y sont actuellement, ensemble à tous Vagabonds & gens sans aveu d'en sortir dans un mois après la publication des Présentes, sinon & à faute de ce faire dans ledit tems & icelui passé, Voulons qu'ils soient condamnés aux peines portées par notre présente Déclaration, & qu'à cet effet leur procès leur soit fait & parfait par le Prévôt de notre Hôtel & Grand Prévôt de France ou ses Lieutenans, en observant par eux les formalités prescrites à leur égard par les Ordonnances. Si donnons en Mandement à nos amés & féaux Conseillers les Gens tenans notre Cour de Parlement à Paris, que ces Présentes ils ayent à faire lire, publier & registrer, & le contenu en icelles garder & observer, selon sa forme & teneur: Car tel est notre plaisir; en témoin de quoi Nous avons fait mettre notre Scel à cesdites Présentes. Donné à Versailles le 27 Août, l'an de grace 1601, & de notre Régne le cinquante-neuviéme. *Signé* LOUIS; *Et plus bas*, par le Roi, PHELYPEAUX. Et scellé du grand Sceau de cire jaune.

DECLARATION DU ROI,

Du 8 Janvier 1719.

Qui régle les Compétences entre le Lieutenant de Police & le Lieutenant de Robe-Courte de Paris, sur les Condamnés aux Galéres, Bannis & Vagabonds.

Registrée en Parlement, le 20 Janvier 1719.

Compétence. LOUIS, par la grace de Dieu, Roi de France & de Navarre: A tous ceux qui ces présentes Lettres verront; SALUT. L'étendue de notre bonne Ville de Paris, & le nombre des personnes qui y abordent de toutes les Provinces de notre Royaume, obligeant à veiller plus particuliérement sur tous ceux qui pourroient troubler la sûreté ou la tranquillité publique; les Rois nos Prédécesseurs ont eu dans tous les tems une attention singuliere à en éloigner les Vagabonds, qui n'ont d'autre occupation que celle que leur libertinage leur procure, & qui ne tient souvent leur subsistance que des crimes où la débauche les entraîne; c'est dans cette vûe que le feu Roi, notre très-honoré Seigneur & Bisayeul, marqua par la Déclaration du 27 Août 1701, la véritable qualité des Vagabonds & gens sans aveu, qu'il leur enjoignit de nouveau de sortir de Paris dans un certain tems, qu'il prononça des peines contre ceux qui n'y satisferoient pas, & qu'il détermina les Juges qui prendroient connoissance de contraventions; il crut même devoir comprendre dans la disposition de cette Loi ceux qui ayant été bannis de quelqu'unes des Villes ou Provinces du Royaume, étoient indignes de venir s'établir dans la Ville Capitale, pendant le tems qu'ils étoient exclus de leur propre Patrie & dont les crimes passés donnoient un juste sujet d'en craindre de nouveaux, & c'est par ces motifs qu'il leur fut fait défenses de se retirer dans notre bonne Ville, Prévôté & Vicomté de Paris, sous les peines portées par les Déclarations des 31 Mai 1682, & 29 Avril 1687, contre ceux & celles qui ne gardent pas leur Ban. Mais l'expérience ayant fait connoître que ceux qui sont accoutumés au crime, ne sont pas moins à craindre après le tems de leur condamnation, que pendant le tems même porté par le Jugement qui les

les condamne ; Nous avons jugé à propos, en renouvellant les Loix si nécessaires pour maintenir le bon ordre dans notre bonne Ville de Paris, de faire les mêmes défenses à tous ceux qui auroient été condamnés aux Galéres ou au Bannissement, même après le tems de leur condamnation expiré, en limitant cependant ces défenses à notre bonne Ville de Paris, Fauxbourgs & Banlieue d'icelle, & en y comprenant par rapport aux bannis, que ceux dont la conduite Nous a paru trop suspecte, & l'état trop peu favorable pour les souffrir dans la premiere Ville de notre Royaume, & si près de notre Personne ; ou comme d'ailleurs Nous sommes dans la nécessité d'envoyer des hommes dans nos Colonies pour y servir comme engagés, & travailler à la culture des terres, & aux autres ouvrages, sans lesquels notre Royaume ne tireroit aucun fruit du commerce de ces Pays soumis à notre domination, Nous avons crû ne pouvoir rien faire de plus convenable au bien de notre Etat, que d'établir contre les hommes qui contreviendroient tant à la présente Déclaration, qu'à celles des 31 Mai 1682, 29 Avril 1687, & 27 Août 1701, soient exécutées selon leur forme & teneur. Permettons néanmoins à toutes nos Cours & Juges, suivant l'exigence des cas, d'ordonner que dans les cas prescrits par lesdites Déclarations contre ceux qui ne gardent pas leur ban, & contre les Vagabonds & gens sans aveu ; les hommes seront transportés dans nos Colonies, pour y servir comme engagés, & travailler à la culture des terres, ou autres ouvrages ausquels ils seront employés, sans que ladite peine puisse être regardée comme une mort civile, ni emporter confiscation. Voulons en outre que tous ceux qui auront été ou seront ci-après condamnés aux Galéres ou au bannissement, par quelques Juges, & de quelques lieux que ce puisse être, ne puissent en aucun tems, ni en aucun cas, même après le tems de leur condamnation expiré, se retirer dans notre bonne Ville de Paris, Fauxbourgs & Banlieues d'icelle ; ce qui n'aura lieu cependant par rapport aux bannis, dont le tems de la condamnation seroit expiré, que pour ceux qui auroient été condamnés au Carcan ou à d'autres peines corporelles, pour ceux qui auroient été condamnés deux fois au bannissement, ou qui auroient subi quelqu'autre condamnation, faute d'avoir gardé leur ban : Enjoignons à cet effet à tous ceux & celles qui ont été ci-devant condamnés aux peines ci-dessus énoncées, de se retirer desdits lieux dans un mois du jour de la publication des Présentes, sinon, & à faute de ce faire dans ledit tems, & icelui passé, ils seront condamnés, ensemble ceux qui contreviendront à l'avenir à la présente Déclaration ; sçavoir, les hommes, à être envoyés dans nos Colonies pour y servir comme engagés, & les femmes à être renfermées à l'Hôpital Général de notre bonne Ville de Paris, pendant le tems que nos Juges estimerons convenable, à l'effet de quoi leur procès leur sera fait & parfait par le Lieutenant Général de Police, ou le Lieutenant Criminel de Robe-Courte, concurremment, & par prévention, & le Jugement par eux rendu en dernier ressort avec les Officiers du Châtelet, au nombre de sept au moins, sans que le Lieutenant Criminel de Robe-Courte puisse connoître de ceux contre lesquels le Lieutenant Général de Police aura décreté avant lui ou le même jour : Voulons qu'en cas de contestations entre lesdits Officiers pour la compétence, elle soit réglée par notre Cour de Parlement de Paris, sans qu'ils puissent se pourvoir au Grand Conseil, ni ailleurs : Ne pourront néanmoins lesdits Officiers connoître desdites contraventions, si les Jugemens de condamnation ont été rendus par notre Cour de Parlement de Paris, soit en infirmant ou confirmant les Sentences des premiers Juges, même lorsque l'exécution des Sentences auroit été renvoyée devant lesdits Juges ; dans tous lesquels cas, le procès sera fait aux contrevenans par notredite Cour, & lesdits Lieutenant Général de Police, & le Lieutenant Criminel de Robe-Courte seront tenus de lui en délaisser la connoissance ; & si les coupables avoient été arrêtés dans les prisons du Châtelet ; ils seront tenus de les faire transférer dans les prisons de la Conciergerie, pour procès leur être fait & parfait à la requête de notre Procureur Général. Voulons que ceux qui auront été condamnés à être envoyés dans nos Colonies, conformément aux présentes, soient incessamment renfermés dans l'Hôpital Général de notre bonne Ville de Paris, pour y être nourris & gardés, jusqu'à ce qu'ils soient conduits dans nos Ports, pour y être embarqués & transportés dans nos Colonies. Voulons en outre que ceux, qui après y avoir été transportés en vertu desdites condamnations, seroient depuis rentrés dans notre Royaume, soient condamnés au Carcan ou aux Galéres à perpétuité, ou à tems, par les mêmes Juges, & en la même forme prescrite par la présente Déclaration si nos Juges ne jugent plus à propos d'ordonner qu'ils soient transportés de nouveau dans nos Colonies. Si donnons en Mandement, &c.

Compétence.

DECLARATION DU ROI,

Du 5 Juillet 1722.

Contre les Vagabonds, Gens sans aveu & bannis.

Registrée en Parlement le 26 Août audit an.

Vagabonds. LOUIS, par la grace de Dieu, Roi de France & de Navarre : A tous ceux qui ces présentes Lettres verront ; SALUT. Le feu Roi notre très-honoré Seigneur & Bisayeul a fixé par plusieurs Déclarations & notamment par celles des 25 Juillet 1700, & 27 Août 1701, les différentes peines qui devoient être prononcées contre les Vagabonds & gens sans aveu, contre les Mendians, & contre ceux qui pendant le tems de leur bannissement se retireroient dans notre Ville, Prévôté & Vicomté de Paris, ou à la suite de notre Cour. Le besoin que nous avons eu de faire passer des Habitans dans nos Colonies, nous avoit porté à permettre à nos Cours & Juges, par nos Déclarations des 8 Janvier & 12 Mars 1719, d'ordonner que les hommes seroient transportés dans nos Colonies, pour y servir comme engagés au défrichement & à la culture des terres dans les cas où les Ordonnances, Edits & Déclarations avoient prononcé la peine des Galéres, contre lesdits Vagabonds & bannis, ce que nous avons permis aussi par la Déclaration du 8 Janvier 1719, par rapport aux hommes, qui seroient repris faute d'avoir gardé leur ban, & pareillement pour ceux qui ayant été condamnés aux Galéres ou au bannissement, se retireroient dans notre bonne Ville de Paris & Fauxbourgs d'icelle, même après le tems de leur condamnation expiré ; mais les Colonies se trouvant à présent peuplées par un grand nombre de familles, qui y ont passé volontairement, plus propres à entretenir un bon commerce avec les naturels du Pays que ces sortes de gens, qui y portoient avec eux la fainéantise & leurs mauvaises mœurs, nous avons estimé à propos, tant pour le bon ordre de notre Royaume, que pour le plus grand avantage des Colonies, de rétablir à cet égard l'exécution des Déclarations de 25 Juillet 1700, & 27 Août 1701, & des Déclarations données contre ceux qui ne garderont pas leur ban. A CES CAUSES, de l'avis de notre très-cher & très-amé Oncle le Duc d'Orléans, Petit-Fils de France, Régent ; de notre très-cher & très-amé Oncle le Duc de Chartres, Prince de notre Sang ; de notre très-cher & très-amé Cousin le Duc de Bourbon, de notre très-cher & très-amé Cousin le Comte de Charolois ; de notre très-cher & très-amé Cousin le Prince de Conty, Princes de notre Sang ; de notre très-cher & très-amé Oncle le Comte de Toulouse Prince légitimé, & autres Grands & Notables Personnages de notre Royaume, & de notre certaine science, pleine puissance & autorité Royale : Nous avons dit, déclaré & ordonné, & par ces Présentes signées de Notre main, disons, déclarons & ordonnons, voulons & Nous plaît, que les Déclarations des 31 Mai 1682, & 29 Avril 1687, contre ceux ou celles qui ne gardent pas leur ban, ensemble celles des 25 Juillet 1700, & 27 Août 1701, contre les Mendians & Vagabonds soient exécutées selon leur forme & teneur, sans qu'il puisse être permis à l'avenir à nos Cours & Juges d'ordonner que les contrevenans ausdites Déclarations soient transportés dans nos Colonies, révoquant à cet égard nos Déclarations des 8 Janvier & 12 Mars 1719. Enjoignons à nos Cours & Juges de condamner à la peine des Galéres ceux qui contreviendront ausdites Déclarations des 31 Mai 1682, 25 Juillet 1700, & 27 Août 1701, dans les cas & suivant les formes y prescrites. Voulons au surplus que notre Déclaration du 8 Janvier 1719 soit exécutée selon sa forme & teneur ; & en conséquence faisons défenses à tous ceux & celles qui ont été ou seront ci-après condamnés aux Galéres ou au bannissement par quelques Juges & de quelques lieux que ce puisse être, de se retirer en aucun cas ni en aucun tems, même après le tems de leur condamnation expiré, dans notre bonne Ville de Paris, Fauxbourgs & Banlieues d'icelle, ni à la suite de notre Cour, qui n'aura lieu cependant par rapport aux bannis, dont le tems de la condamnation seroit expiré, qu'au cas qu'ils eussent été aussi condamnés au carcan, ou à d'autres peines corporelles, ou qu'ils eussent subi deux fois la condamnation du bannissement, ou quelqu'autre condamnation, faute d'avoir gardé leur ban, le tout sous les peines portées par la Déclaration des 31 Mai 1682, & 29 Avril 1687, données contre ceux ou celles qui ne gardent pas leur ban ; & en la forme prescrite par notre Déclaration du 8 Janvier 1719. Si donnons en Mandement à nos amés & féaux Conseillers les Gens tenans nos Cours de Parlement & Cours des Aydes à Paris, & à tous autres Officiers & Justiciers qu'il appartiendra, que ces Présentes, ils ayent à faire lire, publier & enrégistrer, & le contenu en icelles garder, & observer de point en point selon sa forme & teneur: Car tel est notre plaisir. En témoin de quoi Nous avons fait mettre notre scel à cesdites Présentes. Donnée à Versailles le cinquieme jour de Juillet, l'an de grace mil sept cens vingt-deux, & de notre Regne le septieme. *Signé*, LOUIS; & plus bas, par le Roi; LE DUC D'ORLEANS, Régent, présent, PHELYPEAUX. Et scellée du grand sceau de cire jaune.

DECLARATION DU ROI,

Du 18 Juillet 1724.

Concernant les Mendians & Vagabonds

Registrée en Parlement le 26 Juillet 1724.

LOUIS, par la grace de Dieu, Roi de France & de Navarre. A tous ceux qui ces présentes Lettres verront; SALUT. Nous avons toujours vû avec une peine extrême depuis notre avenement à la Couronne, la grande quantité de mendians de l'un & de l'autre sexe qui sont répandus dans Paris, & dans les autres Villes & lieux de notre Royaume, & dont le nombre augmente tous les jours; l'amour que nous avons pour nos peuples nous a fait chercher des expédiens les plus convenables pour secourir ceux qui ne sont reduits à la mendicité, que parce que leur grand âge ou leurs infirmités les met hors d'état de gagner leur vie & notre intention pour l'ordre public & le bien général de notre Royaume, Nous engage à empêcher par des Réglemens sévéres, que ceux qui sont en état de subsister par leur travail, mendient par pure fainéantise, & parce qu'ils trouvent une ressource plus sûre & plus abondante dans les aumônes des personnes charitables, que dans ce qu'ils pourroient gagner en travaillant; ils sont en cela d'autant plus punissables, qu'ils volent le pain des véritables pauvres, en s'attribuant les charités qui leur seroient destinées; & l'ordre public y est d'autant plus interessé, que l'oisiveté criminelle dans laquelle ils vivent, prive les Villes & les Campagnes d'une infinité d'Ouvriers nécessaires pour la culture des Terres, & pour les Manufactures, & que la dissolution & la débauche, qui sont la suite de cette même oisiveté, les portent insensiblement aux plus grands crimes, pour arrêter le progrès d'un si grand mal auquel on a voulu remedier dans tous les tems, mais sans succès jusqu'à présent, Nous avons fait examiner en notre Conseil les différens Réglemens faits par les Rois nos Prédécesseurs, & ceux faits par différens Princes & Puissances de l'Europe, sur une matiere qu'on a toujours regardée comme un objet principal dans tous les Etats bien policés, & Nous avons reconnu que ce qui avoit pû empêcher le succès du grand nombre de Réglemens ci-devant faits à ce sujet, & que l'exécution n'en avoit pas été générale dans tout le Royaume, est que les Mendians chassés des principales Villes ayant eu la facilité de se retirer ailleurs, ils auroient continué dans le même libertinage, ce qui les auroit mis à portée de revenir bientôt dans les lieux même d'où ils avoient été chassés; que l'on n'avoit pas pourvû suffisamment à l'entretien des Hôpitaux, ce qui avoit obligé dans différens endroits les Directeurs des Hôpitaux à ouvrir les portes à ceux qui y étoient renfermés; que l'on n'avoit point offert de travail & de retraite aux Mendians valides, qui ne pouvoient en trouver, ce qui leur avoit fourni un prétexte de transgresser la Loi par l'impossibilité où ils avoient prétendu être de l'exécuter, faute de travail & de subsistance, & qu'enfin les peines prononcées n'étant pas assez sévéres, ni aucun ordre établi pour reconnoitre ceux qui auroient été arrêtés plusieurs fois, & les punir plus sévérement pour la récidive: la trop grande facilité de se soustraire à la disposition de la Loi, & le peu de danger d'être convaincu, à cause de la légéreté de la peine, en auroit fait totalement négliger les dispositions; pour prévenir ces mêmes inconvéniens, Nous avons pris les moyens qui nous ont paru les plus sûrs, pour que notre présente Déclaration fût également exécutée dans toute l'étendue du Royaume; Nous donnerons les ordres nécessaires pour la subsistance des Hôpitaux, & où leurs revenus ne se trouveroient pas suffisans, Nous y suppléerons de nos propres deniers, & nous espérons même que nos peuples contribueront volontairement par leurs charités à une

Mendians.

Mendians. œuvre si sainte & si avantageuse à l'Etat, & qui leur sera si peu à charge, que quand même chaque particulier ne donneroit par aumône aux Hôpitaux chaque année que la moitié de ce qu'il distribueroit manuellement aux Mendians, ce seul secours seroit plus que suffisant pour les besoins de tous les Hôpitaux du Royaume, & en proposant une subsistance & un travail assuré à ceux des Mendians valides qui n'en auront pû trouver, Nous leur ôtons toute excuse de désobéir à la Loi, & Nous sommes par-là en état d'établir des peines plus sévéres, puisqu'ils sont entiérement les maîtres de les éviter; Nous avons même jugé à propos de mettre différens degrés à ces peines, en les prononçant plus légéres pour la premiere contravention, plus sévéres pour la seconde, & faisant porter toute la rigueur de la Loi contre la troisieme contravention, qui ne peut mériter ni excuse ni compassion; & Nous prenons en même tems les précautions les plus exactes pour reconnoître, malgré leurs artifices & leurs déguisemens, ceux qui étant arrêtés pour une seconde fois, voudroient cacher leur premiere détention: Nous espérons par ces justes mesures, & par la fermeté que Nous apporterons à l'exécution de notre présente Déclaration, de faire cesser un si grand désordre, distinguer le véritable pauvre qui mérite tout secours & compassion, d'avec celui qui se couvre faussement de son nom pour lui voler sa subsistance, & de rendre utiles à l'Etat un grand nombre de Citoyens qui lui avoient eté à charge jusqu'à présent. A CES CAUSES, & autres à ce Nous mouvans, de l'avis de notre Conseil, & de notre certaine science, pleine puissance & autorité Royale, Nous avons dit, déclaré & ordonné, & par ces Présentes signées de notre main, disons, déclarons & ordonnons, Voulons & Nous plaît ce qui suit.

ARTICLE PREMIER.

Enjoignons à tous Mendians, tant hommes que femmes, valides & capables de gagner leur vie par leur travail, de prendre un emploi pour subsister de leur travail, soit en se mettant en condition pour servir, ou en travaillant à la culture des terres ou autres ouvrages, ou métiers dont ils peuvent être capables, & ce dans quinzaine, du jour de la publication de la présente Déclaration. Enjoignons pareillement aux Mendians invalides, ou qui par leur grand âge, sont hors d'état de gagner leur vie par leur travail, même aux enfans, nourrices & femmes grosses, qui mendient faute de moyen de subsister, de se présenter pendant ledit tems dans les Hôpitaux les plus prochains de leur demeure: où ils seront reçus gratuitement, & employés au profit des Hôpitaux, à des ouvrages proportionnés à leur âge & leur force, pour fournir du moins en partie à leur entretien & à leur subsistance, & à l'égard du surplus, dans le cas où les revenus des Hôpitaux ne seroient pas suffisans, Nous fournirons les secours nécessaires à cet effet.

II. Et pour ôter tout prétexte aux Mendians valides qui voudroient excuser leur fainéantise & leur mendicité, sur ce qu'ils n'ont pas pû trouver de travail pour gagner leur vie, Nous permettons à tous Mendians valides qui n'auront point trouvé d'ouvrage dans ledit délai de quinzaine de s'engager aux Hôpitaux, qui au moyen dudit engagement, seront tenus de leur fournir la subsistance & l'entretien. Ces engagés seront distribués en Compagnie de vingt hommes chacune, sous le commandement d'un Sergent qui les conduira tous les jours à l'ouvrage, & sans la permission duquel ils ne pourront s'absenter; ils seront employés aux ouvrages des Ponts & Chaussées, ou autres travaux publics, & autres sortes d'ouvrages qui seront jugés convenables; leurs journées seront payées entre les mains du Sergent, au profit de l'Hôpital, sur le pied qui aura été convenu avec les Directeurs qui leur donneront toutes les semaines une gratification sur le montant de leurs journées, qui sera au moins du sixiéme du produit, & même un peu plus forte, s'ils se sont bien acquittés de leur travail. Si quelqu'un desdits engagés trouve dans la suite un emploi pour subsister; les Directeurs pourront, en connoissance de cause, lui accorder son congé; ils l'accorderont pareillement à ceux qui voudront entrer dans nos Troupes; & ceux desdits engagés qui quitteront le service des Hôpitaux sans congé, ou pour aller servir ailleurs, ou pour reprendre leur premier état de fainéantise & de mendicité, seront poursuivis extraordinairement, & condamnés en cinq années de Galéres.

III. Voulons en conséquence qu'après ledit délai de quinzaine expiré, les hommes & femmes valides qui seront trouvés Mendians dans notre bonne Ville de Paris, & autres Villes & lieux de notre Royaume, même les Mendians ou Mendiantes invalides & enfans, soient arrêtés, & conduits dans les Hôpitaux Généraux les plus proches des lieux où ils auront été arrêtés, & dans lesquels les Mendians invalides seront nourris pendant leur vie, les enfans jusqu'à ce qu'ils ayent atteint l'âge suffisant pour gagner leur vie par leur travail ; & à l'égard des femmes grosses & des nourrices, elles seront gardées pendant le tems qui sera jugé convenable par les Directeurs desdits Hôpitaux ; & quant aux hommes & femmes valides, ils seront renfermés & nourris au pain & à l'eau pendant le tems qui sera jugé à propos par les Directeurs & Administrateurs desdits Hôpitaux, qui ne pourra être moindre de deux mois ; & au cas qu'ils soient arrêtés une seconde fois en mendians, soit dans les mêmes lieux où ils auront été arrêtés ou renfermés, soit en quelqu'autre lieu de notre Royaume, les invalides seront retenus dans lesdits Hôpitaux pendant leur vie, pour y être nourris, & les hommes & femmes valides condamnés par les Officiers ci-après nommés, à être renfermés dans lesdits Hôpitaux pour le tems & espace de trois mois au moins, & en outre marqués avant leur élargissement d'une marque en forme de la Lettre M. au bras, & ce dans l'intérieur de la Prison ou Hôpital, sans que cette marque emporte infamie ; & au cas que les uns ou les autres soient arrêtés mendians une troisiéme fois en quelque lieu que ce puisse être, les femmes valides soient condamnées par les Officiers ci-après nommés à être renfermées dans les Hôpitaux Généraux, pendant le tems qui sera jugé convenable, qui ne pourra être moindre de cinq années, même à perpétuité, s'il y échoit, & les hommes valides aux Galéres pour cinq années au moins ; & à l'égard des hommes & femmes invalides, & hors d'état de travailler, ils seront tenus dans lesdits Hôpitaux, pour être les hommes & femmes invalides, nourris & alimentés pendant leur vie, & employés au profit de l'Hôpital, aux ouvrages dont ils pourront être capables, eu égard à leur âge & leurs infirmités.

Mendians.

IV. Permettons à ceux desdits Mendians qui voudront se retirer dans le lieu de leur naissance ou domicile, de se présenter dans ledit tems de quinzaine à l'Hôpital Général le plus proche du lieu où ils sont actuellement, où leur sera donné un congé ou passeport qui fera mention de leur nom, surnom, âge, naissance & domicile, de leur signalement, & des principaux lieux de leur route, ensemble du lieu où ils voudront se retirer, dans lequel ils seront tenus de se rendre dans un délai qui ne pourra être plus long que celui qui est nécessaire pour faire le voyage, à raison de quatre lieues par jour, dont sera fait mention dans le congé ou passeport qu'ils seront tenus de faire viser par les Officiers municipaux de tous les lieux où ils passeront ; moyennant quoi, & pendant ledit tems seulement, ils ne pourront être inquiétés ni arrêtés, pourvû qu'ils ne soient pas attroupés en plus grand nombre que celui de quatre, non compris les Enfans.

V. Et pour connoître plus facilement ceux qui auront déja été arrêtés une premiere fois, ou contre lesquels il y auroit d'ailleurs des plaintes ou autres faits qui méritent d'être approfondis, Nous voulons & ordonnons qu'il soit établi à l'Hôpital Général de Paris, un Bureau général de correspondance avec tous les autres Hôpitaux du Royaume : on y tiendra un Registre exact de tous les Mendians qui seront arrêtés, contenant leurs noms, surnoms, âges & Pays, ainsi qu'il aura été par eux declaré, avec les autres circonstances principales qu'on aura pû tirer de leurs interrogatoires, & les principaux signalemens de leurs personnes ; & tous les Hôpitaux des Provinces tiendront un pareil Registre des Mendians amenés en leur maison, dont ils envoyeront une copie toutes les semaines au Bureau général à Paris, sur lesquelles copies on formera au Bureau le Registre général de tous les Mendians arrêtés dans toute l'étendue du Royaume, sur lequel on portera au nom de chaque Mendiant, les notes & observations résultantes de leurs interrogatoires, & ce que l'on aura pû découvrir à leur sujet dans les copies des Registres des autres Hôpitaux ; on y tiendra aussi un Registre alphabétique du nombre de tous lesdits Mendians : on fera imprimer à la fin de chaque semaine la copie de ce qui aura été porté pendant le cours de la semaine sur le Registre général & sur le Registre alphabétique les Officiers de Police, & de [illegible] des Mendians arrêtés dans toute l'étendue du Royaume, [illegible] enseignemens nécessaires des Mendians arrêtés pour une premiere fois, auront été mendier dans sera facilement ceux qui ayant été arrêtés pour une premiere fois, auront été mendier dans d'autres Provinces dans l'espérance de n'y être pas reconnus, ou ceux contre lesquels il y aura d'autres sujets de plainte qui méritent un châtiment plus sévére.

VI. Les Mendians qui seront arrêtés, demandant l'aumône avec insolence ; ceux qui se diront faussement Soldats, qui sont porteurs de congés qui ne seroient pas véritables : ceux qui, lorsqu'ils auront été arrêtés & conduits à l'Hôpital, auront déguisé leurs noms & surnoms, & le lieu de leur naissance ; ensemble ceux qui seront arrêtés, contrefaisans les estropiés, ou qui feindroient des maladies qu'ils n'auroient pas, ceux qui se seroient attroupés au-dessus du nombre de quatre, non compris les enfans ; soit dans les Villes ou dans les Campagnes,

Mendians. ou qui auroient été trouvés armés de fusils, pistolets, épées, bâtons ferrés, ou autres armes, & ceux qui se trouveroient flétris d'une Fleur-de-Lys, ou la Lettre *V*, ou autre marque infamante, seront condamnés, quoiqu'arrêtés Mendians pour la premiere fois; sçavoir, les hommes valides aux Galéres, au moins pour cinq années; & à l'égard des femmes ou des hommes invalides, au fouet dans l'intérieur de l'Hôpital, & une détention à l'Hôpital Général, à tems ou à perpétuité, suivant l'exigence des cas, laissant au surplus à la prudence des Juges de prononcer de plus grandes peines, s'il y échoit.

VII. Le procès sera fait ausdits Mendians, en cas qu'il échoit, de prononcer la marque pour la premiere récidive, ou en cas de la seconde récidive; ou de l'article précédent; sçavoir, s'ils sont arrêtés dans les Villes où il y a des Lieutenans Généraux de Police établis, Fauxbourgs & Banlieues d'icelles, par lesdits Lieutenans Généraux de Police, & en cas d'absence, maladie ou autre légitime empêchement, le procès leur sera fait & parfait dans notre bonne Ville de Paris, par l'un des Lieutenans Particuliers au Châtelet, & dans les autres Villes par les Lieutenans Criminels, sur le procès-verbal de capture & affirmation d'icelui, par voie d'information, ou sur la déposition de deux témoins, extraite des Registres des Hôpitaux pour ceux qui y auroient été enfermés ensemble sur les interrogatoires des accusés, recollemens & confrontations, & seront les condamnations prononcées en dernier ressort & sans appel, par lesdits Officiers, assistés des autres Officiers des Siéges Présidiaux, Bailliages ou Sénéchaussées Royales du lieu de leur établissement au nombre de sept, & ce conformément aux Déclarations des 16 Avril 1685, 10 Février 1699, 25 Janvier 1700, & 27 Août 1701. Enjoignons à nos Lieutenans Criminels de Robe-Courte & Chevalier du Guet de notre bonne Ville de Paris, Prévôts de l'Isle de France & autres Officiers, & généralement à tous nos Prévôts & Officiers de Maréchaussées & Archers, Commissaires, Huissiers & autres Officiers de Police, Officiers & Archers des Hôpitaux, de faire recherche & perquisition desdits Mendians & Vagabonds, d'arrêter & faire arrêter tous ceux de la qualité ci-dessus exprimée, tant dans les Villes que dans les Campagnes, grands chemins, Fermes & autres lieux, & de prêter main-forte ausdits Lieutenans Généraux de Police & aux Archers des Pauvres. Enjoignons ausdits Archers & Huissiers d'exécuter ce qui leur sera ordonné pour l'exécution de la présente Déclaration.

VIII. Pourront aussi le Lieutenant Criminel de Robe-Courte de notre bonne Ville de Paris, ensemble les Prévôts Généraux de nos Cousins les Maréchaux de France, & leurs Lieutenans, instruire les procès desdits Mendians & Vagabonds qu'ils auront arrêtés dans les Villes & lieux où il y auroit des Lieutenans Généraux de Police, Fauxbourgs & Banlieues d'icelles, & les juger aussi en dernier ressort, pourvû qu'ils ayent décreté avant lesdits Lieutenans Généraux de Police, à la charge de faire juger leur compétence, & de satisfaire aux autres formalités prescrites par les Ordonnances, & de se faire assister des Officiers des Siéges Présidiaux, Bailliages ou Sénéchaussées Royales au nombre de sept au moins; & en cas de contestation, pour raison de la compétence, entre lesdits Lieutenans Généraux de Police d'une part, & le Lieutenant Criminel de Robe-Courte de notre bonne Ville de Paris, ou les Prévôts de nos Cousins les Maréchaux de France, ou leurs Lieutenans, d'autre, elles seront réglées par nos Cours de Parlement, sans que lesdits Officiers, ni lesdits Accusés puissent se pourvoir au Grand Conseil, ni ailleurs, comme il est porté par la Déclaration du 27 Août 1701, & à l'égard de ceux que lesdits Prévôts ou Lieutenans, Officiers ou Archers arrêteront dans les Villes où il n'y auroit de Lieutenant Général de Police établi, ou dans [illegible] principal Siége Royal, en la maniere lesdits Prévôts ou Lieutenans pourront suivant & conformément à ladite Déclaration du 25 Juillet 1700, & avec les formalités accoutumées.

IX. N'entendons comprendre dans les articles précédens, en ce qui concerne la Jurisdiction des Lieutenans Général de Police & Lieutenant Criminel de Robe-Courte de notre bonne Ville de Paris, les Mendians & Vagabonds de la qualité ci-dessus marquée, qui seront arrêtés dans les Cours, Salles & Galeries de notre Palais à Paris, contre lesquels il sera procédé par le Lieutenant Général au Bailliage dudit Palais aussi en dernier ressort, & sans appel, en la forme ci-dessus prescrite, & avec le nombre de sept Juges au moins.

X. Faisons défenses à toutes sortes de personnes de troubler directement ou indirectement nosdits Officiers, ni les Officiers des Archers des Hôpitaux Généraux, lorsqu'ils arrêteront lesdits Mendians & Vagabonds; & en cas de rébellion, soit par eux ou par autres qui leur donneroient asyle & protection pour empêcher qu'on ne les arrête, il sera procédé contre les coupables, & le procès leur sera fait & parfait suivant la rigueur des Ordonnances. Mendians.

XI. Voulons qu'au cas que ceux qui seront arrêtés comme contrevenans à la présente Déclaration, se trouvent accusés d'autres crimes qui ne soient pas de la compétence des Lieutenans Généraux de Police & autres Officiers ci-dessus nommés, ils soient tenus d'en délaisser la connoissance aux Juges qui doivent connoître, suivant nos Ordonnances, à la charge néanmoins par lesdits Juges de prononcer contre les Accusés qui auroient contrevenu à la présente Déclaration, les peines portées par icelle, au cas qu'il n'échoit pas de prononcer contr'eux de plus grande peine.

XII. N'entendons néanmoins, que sous prétexte de la présente Déclaration, il puisse être apporté aucun trouble ou obstacle aux Habitans de nos Pays de Normandie, Limosin, Auvergne, Dauphiné, Bourgogne & autres, même des Pays Etrangers qui ont accoutumé de venir, soit pour faire la récolte des foins, ou des moissons, ou pour travailler ou faire commerce dans nos Villes & autres lieux de notre Royaume: Défendons aux Prévôts de nos Cousins les Maréchaux de France, leurs Officiers & Archers, & à tous autres, d'apporter aucun empêchement à leur passage, notre intention étant qu'il ne soit porté aucun trouble à tous nos sujets, même aux Etrangers qui viendront pour travailler dans les Villes ou Provinces de notre Royaume, ni à toutes autres personnes allans & venans dans nosdites Provinces, s'ils ne sont trouvés Mendians contre les défenses portées par notre présente Déclaration. Si donnons en Mandement, &c.

EDIT DU ROI,

Du mois de Juillet 1682.

Contre les Devins, Magiciens, Empoisonneurs, & qui regle ceux qui peuvent vendre ou employer les Drogues dangereuses; & à qui il est permis d'avoir des fourneaux & Laboratoires.

Regiſtré en Parlement le 30 Août 1682.

LOUIS, par la grace de Dieu, Roi de France & de Navarre: A tous présens & à venir; SALUT. L'exécution des Ordonnances des Rois nos Prédécesseurs, contre ceux qui se disent Devins, Magiciens, & Enchanteurs, ayant été négligée depuis long-tems, & ce relâchement ayant attiré des Pays étrangers dans notre Royaume plusieurs de ces imposteurs, il seroit arrivé que sous prétexte d'horoscope & de divination, & par le moyen des prestiges, des opérations, des prétendues magies & autres illusions semblables, dont cette sorte de gens ont accoutumé de se servir, ils auroient surpris diverses personnes ignorantes ou crédules, qui s'étoient insensiblement engagées avec eux en passant des vaines curiosités aux superstitions, & des superstitions aux impiétés & aux sacriléges; & par une funeste suite d'engagemens, ceux qui se sont les plus abandonnés à la conduite de ces Séducteurs, se seroient portés à cette extrêmité criminelle d'ajouter le maléfice & le poison aux impiétés & aux sacriléges, pour obtenir l'effet des promesses desdits Séducteurs, & pour l'accomplissement de leurs méchantes prédictions. Ces pratiques étant venues à notre connoissance, Nous aurions employés tous les soins possibles pour en faire cesser, & pour arrêter par des moyens convenables le progrès de ces détestables abominations: Et bien qu'après la punition qui a été faite des principaux auteurs & complices de ces crimes, Nous dussions espérer que ces sortes de gens seroient pour toujours bannis de nos Etats, & nos Sujets garantis de leurs surprises; néanmoins comme l'expérience du passé nous a fait connoître combien il est dangereux de souffrir les moindres abus qui portent aux crimes de cette qualité, & combien il est difficile de les déraciner, lorsque par la dissimulation ou par le nombre des coupables ils sont devenus des crimes publics; ne voulant d'ailleurs rien omettre de ce qui peut être de la plus grande gloire de Dieu, & de la sûreté de nos Sujets, Nous avons jugé nécessaire de renouveller les anciennes Ordonnances, & de prendre encore en y ajoutant de nouvelles précautions, tant à l'égard de tous ceux qui usent de maléfices & de poisons, que de ceux qui sous la vaine profession de Devins, Magiciens, Sorciers ou autres noms semblables, condamnés par les Loix divines & humaines, infectent & corrompent l'esprit des peuples par leurs discours & pratiques, & par la profanation de ce que la Religion a de plus saint. Sçavoir faisons, que Nous pour ces Empoisonneurs.

Empoisonneurs.

causes & autres à ce nous mouvans, & de notre propre mouvement, certaine science, pleine puissance & autorité Royale, avons dit, déclaré & ordonné, disons, déclarons & ordonnons par ces Présentes, signées de notre main, ce qui ensuit.

ARTICLE PREMIER.

Que toutes personnes se mêlant de deviner, & se disant Devins ou Devineresses, vuideront incessamment le Royaume, après la publication de notre présente Déclaration, à peine de punition corporelle.

II. Défendons toutes pratiques superstitieuses, de fait, par écrit, ou par parole, soit en abusant des termes de l'Ecriture-Sainte, ou des Prieres de l'Eglise, soit en disant ou en faisant choses qui n'ont aucun rapport aux causes naturelles; Voulons que ceux qui se trouveront les avoir enseignées, ensemble ceux qui les auront mises en usage, & qui s'en seront servis pour quelque fin que ce puisse être, soient punis exemplairement, suivant l'exigence des cas.

III. Et s'il se trouvoit à l'avenir des personnes assez méchantes pour ajouter & joindre à la superstition l'impiété & le sacrilége, sous prétexte d'opération de prétendues magies, ou autre prétexte de pareille qualité, nous voulons que celles qui s'en trouveront convaincues soient punies de mort.

IV. Seront punis de semblables peines tous ceux qui seront convaincus de s'être servis de vénéfices & de poison, soit que la mort s'en soit ensuivie ou non, comme aussi ceux qui seront convaincus d'avoir composé ou distribué du poison, pour empoisonner. Et parce que les crimes qui se commettent par le poison, sont non-seulement les plus détestables & les plus dangereux de tous, mais les plus difficiles à découvrir, nous voulons que tous ceux, sans exception, qui auront connoissance qu'il aura été travaillé à faire du poison, qu'il en aura été demandé ou donné, soient tenus de dénoncer incessamment ce qu'ils en sçauront à nos Procureurs Généraux, ou à leurs Substituts, & en cas d'absence au premier Officier public des lieux, à peine d'être extraordinairement procédé contr'eux, & punis selon les circonstances & l'exigence des cas, comme fauteurs & complices desdits crimes, & sans que les dénonciateurs soient sujets à aucune peine, ni même aux intérêts civils, lorsqu'ils auront déclaré & articulé des faits ou des indices considérables qui seront trouvés véritables & conformes à leur dénonciation, quoique dans la suite les personnes comprises dans lesdites dénonciations soient déchargées des accusations; dérogeant à cet effet à l'article 73 de l'Ordonnance d'Orléans, pour l'effet du vénéfice & du poison seulement, sauf à punir les calomniateurs selon la rigueur de ladite Ordonnance.

V. Ceux qui seront convaincus d'avoir attenté à la vie de quelqu'un par vénéfice & poison, ensorte qu'il n'ait pas tenu à eux que ce crime n'ait été consommé, seront punis de mort.

VI. Seront réputés au nombre des poisons non-seulement ceux qui peuvent causer une mort prompte & violente, mais aussi ceux qui en altérant peu à peu la santé causent des maladies, soit que lesdits poisons soient simples, naturels, ou composés, & faits de main d'artiste, & en conséquence défendons à toutes sortes de personnes à peine de la vie, même aux Médecins, Apoticaires & Chirurgiens, à peine de punition corporelle, d'avoir & garder de tels poisons simples & préparés, qui retenant toujours leur qualité de venin, & n'entrant en aucune composition ordinaire, ne peuvent servir qu'à nuire, & sont de leur nature pernicieux & mortels.

VII. A l'égard de l'Arsenic, du Réagale, l'Orpiment, & du Sublimé, quoiqu'ils soient poisons dangereux de toute leur substance, comme ils entrent & sont employés en plusieurs compositions nécessaires, Nous voulons, afin d'empêcher à l'avenir la trop grande facilité qu'il y a eu jusqu'ici d'en abuser, qu'il ne soit permis qu'aux Marchands qui demeurent dans les Villes d'en vendre & d'en livrer eux-mêmes seulement aux Médecins, Apoticaires, Chirurgiens, Orfévres, Teinturiers, Maréchaux & autres personnes publiques, qui par leur profession sont obligés d'en employer, lesquelles néanmoins écriront en les prenant sur un Régistre particulier, tenu pour cet effet, par lesdits Marchands, leurs noms, qualités & demeures, ensemble la quantité qu'ils auront pris desdits minéraux, & si au nombre desdits Artisans qui s'en servent, il s'en trouve qui ne sçache écrire, lesdits Marchands écriront pour eux; quant aux personnes inconnues ausdits Marchands, comme peuvent être les Chirurgiens & Maréchaux des Bourgs & Villages, ils apporteront des Certificats en bonne forme, contenant leurs noms, demeures & professions, signées du Juge des lieux, ou d'un Notaire, & de deux Témoins, ou ou du Curé & de deux principaux Habitans ; lesquels Certificats & attestations demeureront chez lesdits Marchands pour leur décharge. Seront aussi les Epiciers, Merciers & autres Marchands demeurans dans lesdits Bourgs & Villages, tenus de remettre incessamment ce qu'ils auront desdits minéraux entre les mains des Syndics, Gardes ou anciens Marchands Epiciers ou Apoticaires des Villes plus prochaines des lieux où ils demeureront, lesquels leur en rendront le prix, le tout à peine de trois mille livres d'amende, en cas de contravention, même de punition corporelle, s'il y échoit. Empoisonneurs.

VIII. Enjoignons à tous ceux qui ont droit par leurs Professions & Métiers, de vendre ou d'acheter des susdits minéraux, de les tenir en des lieux sûrs, dont ils garderont eux-mêmes la clef. Comme aussi leur enjoignons d'écrire sur un Registre particulier, la qualité des remédes où ils auront employé desdits minéraux, le nom de ceux pour qui ils auront été faits, & la quantité qu'ils y auront employé, & d'arrêter à la fin de chaque année sur lesdits Registres ce qui leur en restera, le tout à peine de mille livres d'amende pour la premiere fois, & de plus grande, s'il y échoit.

IX. Défendons aux Médecins, Chirurgiens, Apoticaires, Epiciers-Droguistes, Orfévres, Teinturiers, Maréchaux & tous autres, de distribuer desdits minéraux en substance à quelque personne que ce puisse être, & sous quelque prétexte que ce soit, sur peine d'être punis corporellement, & seront tenus de composer eux-mêmes, ou de faire composer en leur présence par leurs garçons, les remédes où il devra entrer nécessairement desdits minéraux, qu'ils donneront après cela à ceux qui leur en demanderont pour s'en servir aux usages ordinaires.

X. Défenses sont aussi faites à toutes personnes autres qu'aux Médecins & Apoticaires, d'employer aucuns insectes venimeux, comme serpens, crapaux, viperes & autres semblables, sous prétexte de s'en servir à des médicamens ou à faire des expériences, & sous quelqu'autre prétexte que ce puisse être, s'ils n'en ont la permission expresse & par écrit.

XI. Faisons très-expresses défenses à toutes personnes de quelque profession & condition qu'elles soient, excepté aux Médecins approuvés, & dans le lieu de leur résidence, aux Professeurs en Chimie, & aux Maîtres Apoticaires d'avoir aucuns laboratoires, & d'y travailler à aucunes préparations de drogues ou distillations, sous prétexte de remédes chimiques, secrets particuliers, recherche de la pierre philosophale, conversion, multiplication ou rafinement des métaux, confection de cristaux ou pierre de couleur, & autres semblables prétextes sans avoir auparavant obtenu de Nous par Lettres du grand Sceau la permission d'avoir lesdits laboratoires, présenté lesdites Lettres & fait Déclaration en conséquence à nos Juges & Officiers de Police des lieux. Défendons pareillement à tous Distillateurs, Vendeurs d'Eau-de-Vie, de faire autre distillation que celle de l'Eau-de-vie & de l'Esprit-de-Vin, sauf à être choisi d'entr'eux le nombre qui sera jugé nécessaire pour la confection des Eaux-Fortes, dont l'usage est permis ; lesquelles ne pourront néanmoins y travailler qu'en vertu de nosdites Lettres, & après en avoir fait leurs Déclarations, à peine de punition exemplaire. Si donnons, &c.

DECLARATION DU ROI,

Contre les Bohêmiens, leurs Femmes, & autres qui leur donnent retraite.

Du 11 Juillet 1682.

LOUIS, par la grace de Dieu, Roi de France & de Navarre : A tous ceux qui ces présentes Lettres verront, SALUT. Quelques soins que les Rois nos Prédécesseurs ayent pris pour purger leur Etat de Vagabonds, & Gens appellés Bohêmes, ayant enjoint par leurs Ordonnances aux Prévôts des Maréchaux & autres Juges d'envoyer lesdits Bohêmes aux Galéres sans autre forme de Procès, néanmoins il a été impossible de chasser entiérement du Royaume ces Voleurs, par la protection qu'ils ont de tout tems trouvée & qu'ils trouvent encore journellement auprès des Gentils-hommes & Seigneurs Justiciers qui leur donnent retraite dans leurs Châteaux & Maisons, nonobstant les Arrêts du Parlement qui le leur défendent expressément à peine de privation de leurs Justices & d'amende arbitraire, ce désordre étant commun dans la plûpart des Provinces de notre Royaume, & d'autant qu'il importe au repos de nos Sujets, & à la tranquillité publique de renouveller les anciennes Ordonnances à l'égard desdits Bohêmes, & d'en établir de nouvelles contre leurs Femmes, & contre ceux qui leur donnent retraite, & qui par ces moyens se rendent complices de leurs crimes. A CES CAUSES, & autres considérables à ce Nous mouvans, de l'avis de notre Conseil, & de notre certaine science, pleine puissance & autorité Royale; nous avons dit & déclaré, disons & déclarons par ces Présentes signées de notre main, Voulons & Nous plaît, que les anciennes Ordonnances faites au sujet desdits Bohêmes soient exécutées selon leur forme & teneur; & ce faisant, enjoignons auxdits Baillifs, Sénéchaux, leurs Lieutenans, comme aux Prévôts des Maréchaux, Vice-Baillifs & Vice-Sénéchaux, d'arrêter & faire arrêter tous ceux qui s'appellent Bohémiens ou Egyptiens, leurs femmes, enfans & autres leurs suites, de faire attacher les hommes à la chaîne des Forçats, pour être conduits dans nos Galéres, & y servir à perpétuité. Et à l'égard de leurs femmes & filles, Ordonnons à nosdits Juges de les faire raser la premiere fois qu'elles auront été trouvées menant la vie de Bohémiens, & de faire conduire dans les Hôpitaux les plus prochains des lieux les enfans qui ne seront pas en état de servir dans nos Galéres, pour y être nourris & élevé comme les autres enfans qui y sont enfermés, & en cas que lesdites femmes continuent de vaguer & de vivre en Bohémiennes, de les faire fustiger & bannir hors du Royaume: le tout sans autre forme ni figure de procès. Faisons défenses à tous Gentilshommes, Seigneurs Hauts-Justiciers de Fiefs, de donner retraite dans leurs Châteaux & Maisons auxdits Bohêmes & à leurs femmes; & en cas de contravention, voulons que lesdits Gentils-hommes & Seigneurs Hauts-Justiciers soient privés de leurs Justices, & que leurs Fiefs soient réunis à notre Domaine, même qu'il soit procédé contr'eux extraordinairement, pour être punis d'une plus grande peine, si le cas y échoit, & sans qu'il soit en la liberté de nos Juges de modérer ces peines. Si donnons en Mandement à nos amés & féaux les Gens tenans notre Cour de Parlement de Metz, que ces Présentes ils ayent à faire lire publier & enregistrer, même dans les Sénéchaussées & Bailliages de son ressort, & le contenu en icelles entretenir & faire entretenir & observer selon leur forme & teneur, sans y contrevenir ni souffrir qu'il y soit contrevenu en quelque sorte & maniere que ce soit: Car tel est notre plaisir. En témoin de quoi nous avons fait mettre notre Scel à cesdites Présentes. Donné à Versailles le onziéme jour de Juillet, l'an de grace mil six cent quatre-vingt-deux, & de notre Régne le quarantiéme. *Signé*, LOUIS. *Et sur le repli*, Par le Roi, LE TELLIER, Et scellées du grand Sceau en cire jaune, pendant à double queue de parchemin.

LUe, publiée & registrée, oui, & ce requerant le Procureur Général du Roi, Ordonnons que copies collationnées à l'Original seront envoyées au Présidial de Sedan, Bailliages, Prévôtés, & autres Siéges du Ressort, pour y être pareillement lûe, publiée & registrée, gardée, exécutée & observée selon sa forme & teneur. Enjoint aux Substituts du Procureur Général du Roi d'y tenir la main & d'en certifier la Cour au mois. Fait à Metz en Parlement le vingt-quatriéme jour d'Août 1682. *signé*, DUBREUIL.

---

* DECLARATION DU ROI,

Contre les Vagabonds & gens appellés Bohêmes & Bohémiennes, & ceux qui leur donnent retraite.

Registrée en Parlement le 4 Août 1682.

LOUIS, par la grace de Dieu, Roi de France & de Navarre: à tous ceux qui ces présentes Lettres verront, SALUT. Quelques soins que les Rois nos Prédécesseurs ayent pris pour purger leurs Etats de Vagabonds & gens appellés Bohêmes, ayant enjoint par leurs Ordonnances aux Prévôts des Maréchaux, & autres Juges, d'envoyer lesdits Bohêmes aux Galéres, sans autre forme de procès; néanmoins il a été impossible de chasser entiérement du Royaume ces Voleurs, par la protection qu'ils ont de tout tems trouvée, & qu'ils trouvent encore journellement auprès des Gentilshommes & Seigneurs Justiciers, qui leur donnent retraite dans leurs Châteaux & maisons, nonobstant les Arrêts des Parlemens, qui le leur défendent expressément, à peine de privation de leurs Justices, & d'amende arbitraire, ce désordre étant commun dans la plûpart des Provinces de notre Royaume. Et d'autant qu'il importe au repos de nos Sujets, & à sa tranquillité publique, de renouveller les anciennes Ordonnances, à l'égard desdits Bohêmes, & d'en établir de nouvelles contre leurs femmes, & contre ceux qui leur donnent retraite, & qui par ce moyen se rendent complices de leurs crimes. A CES CAUSES, & autres considérations à ce Nous mouvans, de l'avis de notre Conseil, & de notre certaine science, pleine puissance & autorité Royale, Nous avons dit & déclaré, disons & déclarons par ces Présentes signées de notre main, Voulons & nous plaît que les anciennes Ordonnances faites au sujet desdits Bohêmes, soient exécutées selon leur forme & teneur; Et ce faisant, enjoignons à nos Baillifs, Sénéchaux leurs Lieutenans; comme aussi aux Prévôts des Maréchaux, Vice-Baillifs, Vice-Sénéchaux, d'arrêter & faire arrêter tous ceux qui s'appellent Bohêmes ou Egyptiens, leurs femmes, enfans, & autres de leur suite, de faire attacher les hommes à la chaîne des Forçats, pour être conduits dans nos Galéres, & y servir à perpétuité; Et à l'égard de leurs femmes & filles, ordonnons à nosdits Juges de les faire raser la premiere fois qu'elles auront été trouvées menant la vie des Bohémiennes, & de faire conduire dans les Hôpitaux les plus prochains des lieux les enfans qui ne seront pas en état de servir dans nos Galéres, pour y être nourris & élevés comme les autres enfans qui y sont enfermés. Et en cas que lesdites femmes continuent de vaguer, & de vivre en Bohémiennes, de les faire fustiger, & bannir hors du Royaume, le tout sans autre forme ni figure de procès. Faisons défenses à tous Gentilshommes, Seigneurs & Hauts-Justiciers & des Fiefs, de donner retraite dans leurs Châteaux & maisons ausdits Bohêmes & à leurs femmes; & en cas de contravention, Voulons que lesdits Gentilshommes, Seigneurs & Hauts-Justiciers, soient privés de leur Justice, & que leurs Fiefs soient réunis à notre Domaine, même qu'il soit procédé contr'eux extraordinairement, pour être punis d'une plus grande peine, si le cas y échoit, sans qu'il soit en la liberté de nos Juges de modérer ces peines. Si donnons en Mandement à nos amés & féaux les Gens tenans notre Cour de Parlement de Paris, que ces Présentes ils ayent à faire lire, publier & enregistrer, même dans les Sénéchaussées & Bailliages de son Ressort, & le contenu en icelles entretenir & faire entretenir & observer selon leur forme & teneur, sans y contrevenir, ni souffrir qu'il y soit contrevenu en quelque sorte & maniere que ce soit: Car tel est notre plaisir. Et en témoin de quoi, Nous avons fait mettre le Scel à cesdites Présentes. Donnée à Versailles le onziéme jour du mois de Juillet, l'an de grace mil six cent quatre-vingt-deux, & de notre Régne le quarantiéme. Signé LOUIS; *Et sur le repli*, Par le Roi, COLBERT, & scellé du grand Sceau de cire jaune.

Registrées, oui, & ce requerant le Procureur Général du Roi, pour être exécutées selon leur forme & teneur, suivant l'Arrêt de ce jour. A Paris en Parlement le 4 Août 1682, Signé, DONGOIS.

---

* EDIT DU ROI,

Du mois de Juillet 1682.

Pour la punition des différens crimes.

Registré en Parlement le 21 Août 1682.

LOUIS, par la grace de Dieu, Roi de France & de Navarre: à tous présens & à venir, SALUT. L'exécution des Ordonnances des Rois nos Prédécesseurs contre ceux qui se disent Devins, Magiciens & Enchanteurs, ayant été négligée depuis long-tems, & ce relâchement ayant attiré des Pays étrangers dans notre Royaume plusieurs de ces imposteurs, il seroit arrivé que sous prétexte d'horoscope & de devination, & par le moyen des prestiges des opérations des prétendues magies & autres illusions semblables, dont cette sorte de gens ont accoutumé de se servir, ils auroient surpris diverses personnes ignorantes ou crédules qui s'étoient insensiblement engagées avec eux en passant des vaines curiosités aux superstitions, & des superstitions aux impiétés & aux sacriléges; & par une funeste suite d'engagemens, ceux qui se sont les plus abandonnés à la conduite de ces Séducteurs, se seroient portés à cette extrêmité criminelle d'ajouter le maléfice & poison aux impiétés & aux sacriléges, pour obtenir l'effet des promesses desdits Séducteurs, & pour l'accomplissement de leurs méchantes prédictions. Ces pratiques étant venues à notre connoissance, Nous aurions employé tous les soins possibles pour en faire cesser, & pour arrêter par des moyens convenables les progrès de ces détestables abominations : Et bien qu'après la punition qui a été faite des principaux Auteurs & Complices de ces crimes, nous dussions espérer que ces sortes de gens seroient pour toujours bannis de nos Etats, & nos Sujets garantis de leurs surprises : néanmoins comme l'expérience du passé nous a fait connoître combien il est dangereux de souffrir les moindres abus qui portent aux crimes de cette qualité, & combien il est difficile de les déraciner lorsque par la dissimulation ou par le nombre de coupables ils sont devenus crimes publics, ne voulant d'ailleurs rien obmettre de ce qui peut être de la plus grande gloire de Dieu, & de la sûreté de nos Sujets, Nous avons jugé nécessaire de renouveller les anciennes Ordonnances, & de prendre encore en y ajoutant de nouvelles précautions, tant à l'égard de tous ceux qui usent de maléfices & de poisons, que de ceux qui sous la vaine profession de Devins, Magiciens, Sorciers ou autres non semblables, condamnés par les Loix divines & humaines infectent & corrompent l'esprit des peuples par leurs discours & pratiques, & par la profanation de ce que la Religion a de plus saint. Sçavoir faisons, que Nous pour ces causes & autres à ce Nous mouvant, & de notre propre mouvement, certaine science, pleine puissance & autorité Royale, avons dit, déclaré & ordonné, disons, déclarons & ordonnons par ces présentes, signées de notre main, ce qui ensuit.

ARTICLE PREMIER.

Que toutes personnes se mêlant de deviner, & se disant Devins ou Devineresses, vuideront incessamment le Royaume après la publication de notre présente Déclaration, à peine de punition corporelle.

II. Défendons toutes pratiques superstitieuses, de fait, par écrit ou par parole, soit en abusant des termes de l'Ecriture Sainte, ou des Prieres de l'Eglise, soit en disant ou en faisant des choses qui n'ont aucun rapport aux causes naturelles, Voulons que ceux qui se trouveront les avoir enseignées, ensemble ceux qui les auront mises en usage, & qui s'en sont servis pour quelque fin que ce puisse être, soient punis exemplairement, & suivant l'exigence des cas.

III. Et s'il se trouvoit à l'avenir des personnes assez méchantes pour ajouter & joindre à la superstition l'impiété & le sacrilége, sous prétexte d'opérations de prétendues magies, ou autre prétexte de pareille qualité, Nous voulons que celles qui s'en trouveront convaincues, soient punies de mort.

IV. Seront punis de semblables peines tous ceux qui seront convaincus de s'être servis de vénéfices & de poison, soit que la mort s'en soit ensuivie ou non, comme aussi ceux qui seront convaincus d'avoir composé ou distribué de poison pour empoisonner. Et parce que les crimes qui se commettent par le poison, sont non-seulement les plus détestables & les plus dangereux de tous, mais encore les plus difficiles à découvrir. Nous voulons que tous ceux, sans exception, qui auront connoissance qu'il aura été travaillé à faire du poison, qu'il en aura été demandé ou donné, soient tenus de dénoncer incessamment ce qu'ils en sçauront à nos Procureurs Généraux ou à leurs Substituts, & en cas d'absence au premier Officier public des lieux, à peine d'être extraordinairement procédé contr'eux, & punis selon les circonstances, & l'exigence des cas, comme fauteurs & complices desdits crimes, & sans que les dénonciateurs soient sujets à aucune peine, ni même aux intérêts civils, lorsqu'ils auront déclaré & articulé des faits, ou des indices considérables qui seront trouvés véritables, & conformes à leur dénonciation, quoique dans la suite les personnes comprises dans lesdites dénonciations soient déchargées des accusations, dérogeant à cet effet à l'article 73 de l'Ordonnance d'Orléans pour l'effet du vénéfice & du poison seulement, sauf à punir les calomniateurs selon la rigueur de ladite Ordonnance.

V. Ceux qui seront convaincus d'avoir attenté à la vie de quelqu'un par vénéfice & poison, ensorte qu'il n'ait pas tenu à eux que ce crime n'ait été consommé, seront punis de mort.

VI. Seront réputés au nombre des poisons, non-seulement ceux qui peuvent causer une mort prompte & violente, mais aussi ceux qui en altérant peu à peu la santé, causent des maladies, soit que lesdits poisons soient simples, naturels, ou composés, & faits de main d'artiste, & en conséquence défendons à toutes sortes de personnes à peine de la vie, même aux Médecins, Apoticaires & Chirurgiens, à peine de punition corporelle, d'avoir & garder de tels poisons simples ou préparés, qui retenant toujours leur qualité de venin, & n'entrant en aucune composition ordinaire, ne peuvent servir qu'à nuire, & sont de leur nature pernicieux & mortels.

VII. A l'égard de l'Arcenit, de Réagale, de l'Orpiment & du Sublimé, quoiqu'ils soient poisons dangereux de toute leur substance, comme ils entrent & sont employés en plusieurs compositions nécessaires, Nous voulons afin d'empêcher à l'avenir la trop grande facilité qu'il y a eu jusques ici d'en abuser, qu'il ne soit permis qu'aux Marchands qui demeurent dans les Villes d'en vendre, & d'en livrer eux-mêmes seulement aux Médecins, Apoticaires, Chirurgiens, Orfévres, Teinturiers, Maréchaux & autres personnes publiques, qui par leurs professions sont obligés d'en employer, lesquelles néanmoins écriront en les prenant sur un registre particulier, tenu pour cet effet par lesdits Marchands, leurs noms, qualités & demeures, ensemble la quantité qu'ils auront pris desdits minéraux, & si au nombre desdits artisans qui s'en servent, il s'en trouve qui ne sçache écrire, lesdits Marchands écriront pour eux; quant aux personnes inconnues ausdits Marchands, comme peuvent être les Chirurgiens & Maréchaux des Bourgs & Villages, ils apporteront des Certificats en bonne forme, contenant leurs noms, demeures & professions, signés du Juge des lieux, ou d'un Notaire, & de deux témoins, ou du Curé & de deux principaux habitans, lesquels certificats & attestations demeureront chez lesdits Marchands pour leur décharge. Seront aussi les Epiciers, Merciers & autres Marchands demeurans dans lesdits Bourgs & Villages tenus de remettre incessamment ce qu'ils auront desdits minéraux entre les mains des Syndics, Gardes ou anciens Marchands Epiciers ou Apoticaires des Villes plus prochaines des lieux où ils demeureront, lesquels leur en rendront le prix, le tout à peine de trois mille livres d'amende, & en cas de contravention, même de punition corporelle, s'il y échoit.

VIII. Enjoignons à tous ceux qui ont droit par leurs professions & métiers de vendre ou d'acheter des susdits minéraux de les tenir en des lieux sûrs, dont ils garderont eux-mêmes la clef. Comme aussi leur enjoignons d'écrire sur un registre particulier, la qualité des remédes où ils auront employé desdits minéraux, les noms de ceux pour qui ils auront été faits, & la quantité qu'ils y auront employé, & d'arrêter à la fin de chaque année sur leursdits registres ce qui leur en restera, le tout à peine de mille livres d'amende pour la premiere fois, & de plus grande, s'il y échoit.

IX. Défendons aux Médecins, Chirurgiens, Apoticaires, Epiciers-Droguistes, Orfévres, Teinturiers, Maréchaux & tous autres de distribuer desdits minéraux en substance à quelque personne que ce puisse être, & sous quelque prétexte que ce soit, sur peine d'être punis corporellement, & seront tenus de composer eux-mêmes, ou de faire composer en leur présence par leurs garçons les remédes, où il devra entrer nécessairement desdits minéraux, qu'ils donneront après cela à ceux qui leur en demanderont pour s'en servir aux usages ordinaires.

X. Défenses sont aussi faites à toutes personnes autres qu'aux Médecins & Apoticaires d'employer aucuns insectes vénimeux, comme serpens, crapaux, viperes & autres semblables, sous prétexte que ce puisse être, s'ils n'en ont la permission expresse & par écrit.

XI. Faisons très-expresses défenses à toutes personnes de quelque profession & condition qu'elles soient, excepté aux Médecins approuvés, & dans le lieu de leur résidence, aux Professeurs en Chimie, & aux Maîtres Apoticaires d'avoir aucuns laboratoires, & d'y travailler à aucunes préparations de drogues ou distillations, sous prétexte de remédes chimiques, expériences, secrets particuliers, recherche de la pierre Philosophale, conversion, multiplication ou rafinement des métaux, confection de cristaux ou pierre de couleur, & autres semblables prétextes, sans avoir auparavant obtenu de nous par Lettres du grand Sceau la permission d'avoir lesdits laboratoires, présenté lesdites Lettres & fait Déclaration en conséquence à nos Juges & Officiers de Police des lieux. Défendons pareillement à tous Distillateurs, Vendeurs d'Eau-de-Vie, de faire autre distillation que celle de l'Eau-de-Vie, & de l'Esprit-de-Vin, sauf à être choisi d'entr'eux le nombre qui sera jugé nécessaire pour la confection des Eaux-Fortes, dont l'usage est permis; lesquels ne pourront néanmoins y travailler qu'en vertu de nosdites Lettres, & après en avoir fait leurs Déclarations, à peine de punition exemplaire. Si donnons en Mandement à nos amés & féaux les Gens tenant notre Cour de Parlement de Paris, que ces présentes ils ayent à faire publier & enregistrer, & icelles exécuter selon leur forme & teneur, sans souffrir qu'il y soit contrevenu en quelque sorte & maniere que ce soit: Car tel est notre plaisir. Et afin que ce soit chose ferme & stable à toujours, Nous avons fait mettre notre Scel à cesdites présentes. Donné à Versailles au mois de Juillet, l'an de grace mil six cent quatre-vingt-deux. Et de notre Régne le quarantiéme. Signé, LOUIS, *Et plus bas*, Par le Roi, COLBERT. *Visa* LE TELLIER.

Registrées, oüi, & sur ce requerant le Procureur Général du Roi, pour être exécutées selon leur forme & teneur, suivant l'Arrêt de ce jour. A Paris en Parlement le trente-un Août mil six cent quatre-vingt-deux. Signé, DONGOIS.

DECLARATION DU ROI,

Du 22 Novembre 1683.

Sur les Rémissions.

Registrée en la Cour des Aydes, le 4 Septembre 1683.

LOUIS, &c. Nous avons été informés qu'en procédant par nos Cours au Jugement des Rémissions que nous estimons à propos d'accorder à nos Sujets, & qui sont signées de Nous, contresignées par l'un de nos Sécrétaires d'Etat & de nos Commandemens, & scellées de notre grand Sceau, nosdites Cours déboutent non-seulement les impétrans de l'entérinement desdites Lettres, mais les condamnent en des peines afflictives, quand les cas énoncés dans lesdites Lettres ne sont pas des homicides involontaires, ou commis dans une légitime défense de la vie, bien même que l'exposé desdites Lettres se trouve conforme aux charges & informations, nosdites Cours étant persuadées qu'elles se conforment en ce faisant à ce qui est porté par les articles 2 & 27 du titre 16 de notre Ordonnance Criminelle du mois d'Août 1670. Et d'ailleurs, parce que le terme d'abolition (au moyen duquel nosdites Cours estiment qu'il n'y a pas lieu d'examiner les charges) ne se trouvent pas énoncés dans lesdites Lettres, il n'y a pas lieu aussi d'avoir égard aux Rémissions, dans lesquelles ces termes n'ont pas été employés. Et comme lesdits articles 2 & 27 ne doivent s'entendre que pour les Rémissions qui s'expédient ès Chancelleries près nos Cours seulement ; que notre intention n'a point été non plus d'affoiblir les graces que Nous faisons à nos Sujets, en n'usant pas des termes d'abolition, lesquels même n'ôtent pas à nos Cours & Juges, la liberté d'examiner si l'exposé des Lettres est conforme aux charges & informations ; A quoi étant nécessaire de pourvoir, en sorte que la puissance que Dieu a mis en nos mains ne soit pas inutile à nos Sujets, envers lesquels Nous voulons bien user de clémence ; Sçavoir faisons, que pour ces causes & autres à ce Nous mouvans, de notre propre mouvement, pleine puissance & autorité Royale, Nous avons par ces Présentes signées de notre main, dit, déclaré & ordonné, disons, déclarons & ordonnons, Voulons & Nous plaît, que les articles 2 & 27 du titre 16, de notre Ordonnance Criminelle du mois d'Août 1670, soient exécutées selon leur forme & teneur, & ayent lieu seulement pour les Chancelleries étant près de nos Cours ; & ce faisant, défendons aux Maîtres des Requêtes & Gardes-Scels desdites Chancelleries, de sceller aucune Rémission, si ce n'est pour les homicides involontaires, ou pour ceux qui seront commis dans une légitime défense de la vie, & quand l'impétrant aura couru risque de la perdre, sans qu'en autre cas il en puisse être expédiée, à peine de nullité ; & en conséquence défendons à nos Cours & Juges de procéder à l'entérinement des Lettres de Rémission, expédiées esdites Chancelleries pour autre cas que ceux exprimés ci-dessus, quand même l'exposé se trouveroit conforme aux charges. Et quant aux Rémissions que Nous aurons estimé à propos d'accorder pour d'autres crimes, & qu'à cet effet Nous en aurons signé & fait contresigner les Lettres par un de nos Sécrétaires d'Etat, & de nos Commandemens, & sceller de notre grand Sceau : Voulons & ordonnons que nos Cours & Juges, ausquels il échoira d'en faire l'adresse, ayent à procéder l'entérinement d'icelles, quand l'exposé que l'impétrant Nous aura fait par lesdites Lettres, se trouvera conforme aux charges & informations, ou que les circonstances ne seront pas tellement différentes, qu'elles changent la qualité de l'action, & ce suivant ce qui est porté par l'article premier du titre seize de notre Ordonnance de 1670, nonobstant qu'en nosdites Lettres le mot d'abolition n'y soit pas employé, ce que Nous ne voulons pouvoir nuire ni préjudicier ausdits impétrans, nonobstant aussi tous usages à ce contraires, sauf à nosdites Cours, après ledit entérinement fait, à Nous faire des remontrances, & à nos autres Juges à représenter à notre Chancelier ; ce qu'ils trouveront à propos sur l'atrocité des crimes, pour y faire pour l'avenir la considération convenable. Si donnons en Mandement, &c.

DECLARATION DU ROI,

Concernant l'entérinement des Lettres de Rémiſſion.

Du 10 Août 1686.

Lettres de Rémiſſion.

LOUIS, &c. SALUT. Ayant par une Déclaration du 22 Novembre 1683, entr'autres choſes, ordonné que les articles 2 & 27 du titre 16 de notre Ordonnance Criminelle du mois d'Août 1670, feroient exécutées ſelon leur forme & teneur ; & qu'à l'égard des Rémiſſions dont nous aurions ſigné & fait contreſigner les Lettres par un de nos Sécrétaires d'Etat & de nos Commandemens, & ſceller de notre Sceau : les Juges auſquels ils écheroit d'en faire l'adreſſe, euſſent à procéder à l'entérinement, quand l'expoſé que l'Impétrant nous auroit fait par les Lettres, ſe trouveroit conforme aux charges & informations, ou que les circonſtances ne feroient pas tellement différentes, qu'elles changeâſſent la qualité de l'action, & depuis ayant été informés que par une mauvaiſe interprétation donnée à ladite Déclaration, en procédant par nos Cours au Jugement de quelques Rémiſſions, il en auroit été regiſtré, dont les circonſtances changeoient tout-à-fait, non-ſeulement la qualité & l'action, mais même la nature du crime, dont par ce moyen pluſieurs ſont demeurés impunis contre notre intention. Sçavoir faiſons, qu'à ces cauſes & autres à ce Nous mouvans, de notre propre ſcience, pleine puiſſance & autorité Royale, Nous avons par ces Préſentes ſignées de notre main, dit, déclaré & ordonné, diſons, déclarons & ordonnons, Voulons & Nous plaît, que dans les Rémiſſions que Nous avons fait ſceller de notre grand Sceau, ſi les circonſtances réſultantes des charges & informations ſe trouvent différentes de celles portées par l'expoſé de nos Lettres, en ſorte qu'elles changent la qualité de l'action ou la nature du crime ; en ce cas nos Cours & nos Juges auſquels l'adreſſe en aura été faite, ayent à en ſurſeoir le Jugement & l'entérinement jusqu'à ce qu'ils ayent reçu des nouveaux ordres de Nous ; ſur les informations que Nous voulons être inceſſamment envoyées à notre Chancelier par nos Procureurs Généraux dans nos Cours, & par nos autres Juriſdictions, avec les Lettres qui auroient été par Nous accordées, pendant lequel tems leur défendons de faire aucunes procédures, ni d'élargir les Impétrans ; Voulons au ſurplus que notre Déclaration du mois d'Octobre 1683, ſoit exécutée ſelon ſa forme & teneur, en ce qui n'y eſt dérogé par ces Préſentes. Si donnons en Mandement, &c.

DECLARATION DU ROI,

Du 27 Février 1703.

Sur l'adreſſe des Lettres de Rémiſſion & Pardon.

Regiſtrée en Parlement le 7 Mars 1730.

Lettres de Rémiſſion.

LOUIS, par la grace de Dieu, Roi de France & de Navarre : A tous ceux qui ces préſentes Lettres verront ; SALUT. Par notre Déclaration du 29 Mai 1702. Nous avons entr'autres choſes ordonné que le pouvoir attribué aux Juges Préſidiaux de connoître en dernier reſſort des cas Prévôtaux, n'auroit lieu que pour les crimes commis dans l'étendue des Bailliages, & Sénéchauſſées où les Siéges Préſidiaux ſont établis. Mais nous apprenons que cette Déclaration a fait naître une nouvelle conteſtation entre les ſimples Bailliages & Sénéchauſſées, reſſortiſſans nuement en nos Cours de Parlement, & les Bailliages & Sénéchauſſées, auſquelles les Siéges Préſidiaux ſont unis ; les uns ſoutenans que la Juriſdiction des Préſidiaux en matiere criminelle étant à préſent renfermée dans ſes anciennes & ſes véritables bornes, les Bailliages & Sénéchauſſées des lieux où il y a Siége Préſidial, ne doivent plus connoître de l'entérinement des Lettres de Rémiſſion, de Pardon & autres de ſemblables qualités, obtenues par des perſonnes de condition roturiere, que lorſque le crime pour lequel elles ſont obtenues a été commis dans le reſſort des Bailliages & Sénéchauſſées ; & les autres prétendant au contraire que l'article 13 du titre 16 de notre Ordonnance du mois d'Août 1670, leur attribuent purement & ſimplement la connoiſſance de l'entérinement des Lettres obtenues par des personnes de qualité roturiere, on ne peut admettre la nouvelle distinction proposée par les simples Bailliages & Sénéchaussées, sans attaquer la disposition de notre Ordonnance. Et quoiqu'en effet la Lettre de cet article semble favoriser la prétention des Bailliages & Sénéchaussées, ausquels les Siéges Présidiaux sont unis ; Nous avons cru néanmoins que ces Siéges ne pouvant plus exercer aucune Jurisdiction en matiere criminelle, hors le ressort de leur Bailliage ou Sénéchaussée, ils n'avoient plus aucun prétexte de demander que les Lettres de Rémission leur fussent adressées, lorsqu'il s'agit des crimes commis dans le ressort d'un autre Bailliage ou Sénéchaussée ; parce qu'en ce cas ils ne sont ni Juges naturels du crime, de quelque qualité qu'il soit, ni Juges Supérieurs en cette partie de ceux ausquels la connoissance en appartient. Nous avons d'ailleurs considéré que l'ordre du crime public, & le bien de la Justice, demandent également que le Juge soit aussi (autant qu'il est possible) le Juge de l'entérinement de la grace qu'il Nous plaît accorder au Criminel, & que cette régle ne doit jamais souffrir d'exception, que lorsque le caractere du Juge n'est pas assez élevé pour recevoir l'adresse de nos Lettres de Rémission, ou que celui de l'Accusé l'exempte en ce cas de la Jurisdiction des premiers Juges, pour le soumettre à celles de nos Cours de Parlement. Ainsi Nous avons jugé à propos, en Nous conformant à l'esprit de l'Ordonnance de Moulins, & à la disposition expresse de celle de Blois, de rétablir l'ancien ordre des Jurisdictions, & de ne pas priver de la connoissance d'un cas Royal, des Officiers, qui suivant la régle établie par les anciennes & par les nouvelles Ordonnances de notre Royaume, sont Juges de tous les cas Royaux sans aucune distinction. A CES CAUSES, de notre certaine science, pleine puissance & autorité Royale, Nous avons par ces Présentes signées de notre main, dit, déclaré, disons, déclarons, Voulons & Nous plaît, que l'article 35 de l'Ordonnance de Moulins, & l'article 199 de l'Ordonnance de Blois, soient exécutées selon leur forme & teneur ; & en conséquence, que conformément ausdits articles, l'adresse des Lettres de Rémission, Pardon, & autres de semblables qualités, obtenues par des personnes de condition roturiere, soit faite à nos Baillifs & Sénéchaux ressortissans nuement en nos Cours de Parlement, dans le ressort desquels le crime a été commis, sans que nos Baillifs & Sénéchaux des lieux où il y a Siége Présidial, puissent prétendre que l'adresse leur en doive être faite, si ce n'est lorsque le crime aura été commis dans le ressort de leur Bailliage ou Sénéchaussée, dérogeant à cet égard, en tant que besoin seroit à la disposition de l'article 13 du titre 17 de notre Ordonnance du mois d'Août 1670, & de tous autres Edits & Déclarations à ce contraires ; Voulons néanmoins que dans les cas où le crédit des Accusés seroit à craindre dans le Bailliage dans le ressort duquel le crime aura été commis, les Lettres de Rémissions & autres de semblable nature, puissent être adressées au Bailliage, ou à la Sénéchaussée la plus prochaine non suspecte ; ce que Nous n'entendons avoir lieu qu'à l'égard des Lettres qui doivent être scellées en notre grande Chancellerie. Si donnons en Mandement, &c.

---

*RECLEMENS,

Que le Roi veut être exécutés dans l'Hôpital Général de Paris, pour la correction des enfans de famille, & pour la punition des femmes débauchées, qui y seront renfermées.

Registrés le 29 Avril 1684.

LEs enfans, soit garçons au-dessous de vingt-cinq ans, soit filles des artisans & des pauvres habitans de la Ville & Fauxbourgs de Paris, qui y exercent un métier ou qui y ont quelque emploi, lesquels maltraiteront leurs peres ou meres, ceux qui ne voudroient pas travailler par libertinage ou par paresse, & les filles qui y auront été débauchées, & celles qui seront en péril évident de l'être seront enfermées dans les lieux destinés à cet effet ; sçavoir les garçons dans la maison de Bicêtre, & les filles dans celles de la Salpetriere.

Les peres, meres, tuteurs ou curateurs des enfans de famille, leurs oncles, ou autres plus proches parens, en cas que leurs peres & leurs meres soient morts, mêmes les Curés des Paroisses où ils demeurent, pourront s'adresser au Bureau de l'Hôpital Général, qui se tient pour la réception des pauvres, ou celui qui se trouvera y présider, commettra un ou deux des Directeurs pour s'informer de la vérité des plaintes : Et sur le rapport qu'ils en feront au au jour auquel on reçoit les pauvres, on leur délivrera un ordre signé de celui qui présidera, & de quatre Directeurs, adressant aux Officiers desdites Maisons, pour y recevoir les enfans lorsqu'ils y seront amenés.

Ceux qui auront obtenu lesdits ordres pourront se pourvoir, s'il est nécessaire, par devant les Lieutenans du Prévôt de Paris, afin d'en obtenir la permission en la maniere accoutumée, pour faire arrêter lesdits enfans, s'il est nécessaire, & les conduire ensuite dans les Maisons dudit Hôpital.

Lorsque les peres ou meres, qui se plaindront de la conduite de leurs enfans du premier lit, seront mariés en secondes nôces, ou qu'ils auront d'autres enfans d'un second mariage, quoique le pere ou la mere desdits enfans nés d'un second mariage soit mort, lesdits Directeurs commis pour s'informer de la vérité des plaintes, entendront les plus proches parens desdits enfans ou des personnes dignes de foi avant de faire leur rapport.

Lesdits enfans demeureront aussi long-tems dans lesdites Maisons de correction, que les Directeurs qui seront commis pour en avoir soin le trouveront à propos; & les ordres pour les faire sortir seront signés au moins par quatre d'entr'eux, & par celui qui présidera au Bureau lorsqu'ils en feront leur rapport.

Les garçons & filles entendront la Messe les Dimanches & les Fêtes, prieront Dieu un quart d'heure tous les matins & autant les soirs, seront instruits soigneusement dans le Catéchisme & entendront la lecture de quelques livres de piété pendant leur travail.

On les fera travailler le plus long-tems & aux ouvrages les plus rudes que leurs forces & les lieux où ils seront le pourront permettre; & en cas qu'ils donnent sujet par leur conduite de juger qu'ils veulent se corriger, on leur fera apprendre, autant qu'il sera possible, des métiers convenables à leur sexe & à leur inclination, & propres à gagner leur vie, & ils seront traités avec douceur, à mesure qu'ils donneront des preuves de leur changement.

Lesdits enfans, garçons & filles seront vêtus de Tiretaine & auront des sabots comme les autres pauvres dudit Hôpital, ils auront une paillasse, des draps; & une couverture pour se coucher & du pain, du potage & de l'eau pour leur nourriture; si ce n'est qu'ils gagnent par le travail auquel on les appliquera dans la suite de quoi acheter une demi-livre de bœuf aux jours où l'on peut manger de la viande, ou quelque fruit ou autres rafraîchissemens, lorsque les Directeurs qui en auront soin trouveront à propos de leur permettre.

Leur paresse & leurs autres fautes seront punies par le retranchement du potage, par l'augmentation du travail, par la prison & autres peines usitées dans ledit Hôpital, ainsi que les Directeurs l'estimeront raisonnable.

Si quelque pauvre fille de Paris veut se retirer du déréglement dans lequel elle auroit eu la foiblesse de tomber, elle sera reçue & traitée charitablement dans ledit lieu, & l'on lui fera apprendre ce qui lui sera le plus avantageux pour gagner sa vie, & l'on pourra la garder jusques à ce qu'on trouve à la pourvoir. Fait à Versailles le vingtiéme Avril 1684. Signé LOUIS. *Et plus bas*, par le Roi, COLBERT.

Registré, oüi & ce requerant le Procureur Général du Roi, pour être exécuté selon sa forme & teneur, suivant l'Arrêt de ce jour. A Paris en Parlement le vingt-neuviéme jour d'Avril mil six cent quatre-vingt-quatre. Signé, DONGOIS.

DECLARATION DU ROI,

Du 21 Janvier 1685.

Concernant les condamnations d'Amendes & d'Aumônes.

Registrée en Parlement, le 22 Mars 1685.

LOUIS, &c. SALUT. Notre amé Maître Jean Fauconnet, Fermier Général des Domaines, Nous a très-humblement représenté que la plûpart de nos Cours & Juges en dernier ressort, en jugeant les Accusés de crimes, & les condamnant en l'amende envers Nous, les condamnent pareillement, selon l'usage, en des aumônes applicables à des œuvres pies, sans faire distinction des cas auxquels ils ont la liberté de prononcer lesdites condamnations, suivant notre Déclaration du mois de Mars 1671, d'où il arrive que les amendes sont diminuées d'autant, & que le Fermier est privé d'une partie du bénéfice que Nous avons prétendu lui accorder, & à raison de quoi il est obligé de nous demander des diminutions du prix de sa Ferme : & par ce Nous sommes d'ailleurs bien informés que lesdites aumônes sont souvent appliquées, sous prétexte d'œuvres pies, au profit des Communautés de Religieuses, non mendiantes, au préjudice des Hôpitaux, Religieux mendians & lieux pitoyables, ausquels ces sortes d'aumônes doivent être seulement appliquées ; à quoi étant nécessaire de pourvoir.

A CES CAUSES, & autres à ce Nous mouvans, de notre propre mouvement, certaine science, pleine puissance & autorité Royale, Nous avons par ces Présentes, signées de notre main, dit, déclaré & ordonné, disons, déclarons & ordonnons, Voulons & Nous plaît, que notredite Déclaration du mois de Mars 1671, soit exécutée selon sa forme & teneur; & ce faisant, défendons à nos Cours & Juges, qui jugent en dernier ressort, en condamnant les Accusés en des amendes envers Nous, de prononcer contr'eux aucunes condamnations d'aumônes pour employer en œuvres pies, si ce n'est dans le cas où il aura été commis sacrilége, & où ladite condamnation pour œuvres pies fera partie de la réparation. Pourront néanmoins nosdites Cours & Juges, attendu qu'il n'échoit pas d'amendes contre les porteurs de nos Lettres de Rémission, ou en autre cas où il n'échoit pas non plus d'amendes envers Nous, condamner, s'il y échoit, selon qu'ils l'estimeront en leurs consciences, lesdits porteurs de Rémission ou Accusés, en des Aumônes, lesquelles (quant aux porteurs de Rémission) seront uniquement appliquées au pain des prisonniers ; & quant aux autres aumônes esquelles les Accusés pourront être condamnés, soit pour sacriléges, soit pour les autres cas esquels il n'échoit point d'amende, ne pourront lesdites aumônes être appliquées à autres usages qu'au pain des prisonniers, ainsi qu'il est accoutumé, ou au profit des Hôtels-Dieu, Hôpitaux généraux des lieux, Religieux ou Religieuses mendiantes & autres lieux pitoyables, à peine de désobéissance.

Si donnons en Mandement, à nos amés & féaux les Gens tenans notre Cour de Parlement à Paris, que ces Présentes ils ayent à faire lire, publier & enregistrer, & le contenu en icelles entretenir, garder & observer, sans y contrevenir, ni souffrir qu'il y soit contrevenu en quelque sorte & maniere que ce soit, nonobstant tous usages à ce contraires : Car tel est notre plaisir. En témoin de quoi nous avons fait mettre notre Scel à cesdites Présentes. Donné à Versailles le vingt-uniéme jour de Janvier, l'an de grace 1685, & de notre Régne le quarante-deuxiéme. *Signé*, LOUIS. *Et sur le repli*, Par le Roi, COLBERT. Et scellée du grand Sceau de cire jaune.

*DECLARATION DU ROI,

Concernant l'ordre des Hâteliers publics, & la punition des Mendians valides & Fainéans.

Registrée en Parlement le 16 Avril 1685.

LOUIS, par la grace de Dieu, Roi de France & de Navarre : A tous ceux qui ces présentes Lettres verront ; SALUT. La bonté que nous avons pour tous nos Sujets, Nous engageant à procurer les moyens de gagner leur vie, à ceux qui ont la volonté de s'employer aux Ouvrages dont ils sont capables, & le bon ordre que Nous désirons maintenir dans notre Royaume, obligeant de contraindre à travailler ceux qui par fainéantise & par déréglement, ne veulent pas se servir utilement pour eux & pour leur Patrie, des forces qu'il a plû à Dieu de leur donner ; Nous avons fait commencer différens Ouvrages dans les Provinces de notre Etat ; & Nous avons appris avec beaucoup de plaisir le succès que ces entreprises ont eu jusqu'à cette heure ; Et comme il est juste que ceux de nos Sujets de notre bonne Ville de Paris & de ses environs, qui n'ont pas de métier, reçoivent la même grace, & que rien ne peut être plus efficace pour entretenir une bonne Police, que d'occuper ainsi les Fainéans que sa grandeur y attire, Nous avons ordonné à nos chers & bien amés les Prévôt des Marchands & Echevins d'icelle, d'y faire continuer les Ouvrages qui ont été commencés pour son embellissement & sa commodité ; mais comme il seroit impossible que ce dessein pût réussir aussi avantageusement que Nous le desirons, si nous n'établissons un ordre certain pour son exécution, & d'ailleurs la paresse de ceux qui ne voudroient pas y travailler dans un tems

Mendians.

où nous leur procurons les moyens de le faire avec utilité, méritant encore une punition plus févére ; Nous avons eſtimé néceſſaire d'y pourvoir par un Réglement qui aura lieu ſeulement durant que les Hâteliers publics y ſeront ouverts. A CES CAUSES, & autres à ce Nous mouvans ; de l'avis de notre Conſeil, & de notre certaine ſcience, pleine Puiſſance & autorité Royale, Nous avons dit, ſtatué & ordonné, diſons, ſtatuons & ordonnons par ces Préſentes, ſignées de notre main : Voulons, & Nous plaît, que tous Mendians valides, encore qu'ils ayent un métier, & tous Fainéans & Vagabonds ſans métier, ſans condition, & ſans emploi, leſquels ne ſont pas natifs de notre bonne Ville de Paris, de ſes Fauxbourgs, & de douze lieues aux environs, ayent à en ſortir dans trois jours après que la publication de ces Préſentes aura été faite par les Carrefours d'icelle, & autres lieux accoutumés, & de ſe retirer dans leurs Pays, pour y travailler dans les Hâteliers que Nous avons fait établir, ou ailleurs, aux ouvrages dont ils ſont capables, à peine d'être enfermés durant un mois dans les lieux qui ſont deſtinés à cet effet, dans les Maiſons de Bicêtre & de la Salpetriere, pour la premiere fois, & pour la ſeconde des Galéres durant cinq ans, à l'égard des hommes; & du fouet & du carcan à l'égard des femmes, qui ſeront agés les uns & les autres de quinze ans & au-deſſus, & du fouet, & de plus longue détention dans leſdites Maiſons de Bicêtre & de la Salpetriere. Pour les garçons & filles qui auront moins de quinze ans, enjoignons à tous Mendians valides, tant hommes, femmes, qu'enfans au-deſſus de douze ans, natifs de notredite Ville de Paris & de douze lieues aux environs, ou qui s'y ſont habitués depuis trois ans, & qui auront la ſanté & la force néceſſaire pour travailler aux ouvrages publics, ſoit qu'ils ayent un métier, ſoit qu'ils n'en ayent pas, d'aller travailler aux Hâteliers qui ont été ouverts, & de s'enrôler à cet effet ſur le regiſtre qui ſera tenu en l'Hôtel de Ville par le Greffier ou autre Officier qui ſera commis par le Prévôt des Marchands ; ordonnons Lieutenant Criminel de Robe-Courte, au Chevalier du Guet ; Commiſſaires, Huiſſiers & Sergens du Châtelet de faire arrêter & d'arrêter tous ceux de la qualité exprimée ci-deſſus, qui ſeront trouvés mendians en notredite Ville de Paris & ſes Fauxbourgs, pour être procedé ſuivant la diſpoſition de ces préſentes à la punition de ceux qui n'y ſeront pas nés ou habitués depuis trois ans, par le Lieutenant de Police, & par le Lieutenant au Bailliage du Palais, à l'égard de ceux qui ſeront arrêtés dans les Cours, Salles & Galeries du Palais ; & ce ſans aucune forme ni figure de procès en dernier reſſort & ſans appel, & pour conduire à l'Hôtel de notredite Ville ceux deſdits Mendians valides qui en ſeront natifs, & de douze lieues aux environs, ou qui y ſeront habitués depuis trois ans, afin d'y être enrôlés pour travailler aux Ouvrages publics ; comme auſſi Ordonnons aux Directeurs de l'Hôpital Général d'envoyer aux priſons du Châtelet ou en la Conciergerie du Palais, ou audit Bureau de l'Hôtel de Ville les perſonnes deſdites qualités qui ſeront priſes mendiantes par les Archers des pauvres, & même les enfans de douze ans & au-deſſus qui ſont dans ledit Hôpital, & qui n'auront pas une grande diſpoſition pour apprendre les métiers auſquels on eſt accoutumé de les inſtruire : Défendons très-expreſſément à ceux qui ſeront enrôlés pour travailler auſdits Ouvrages, de vaquer par la Ville durant les heures qui ſeront réglées pour le travail par le Prévôt des Marchands & Echevins, & de quitter leſdits Hâteliers ſans un congé exprès d'un Officier qui ſera prépoſé pour cet effet par leſdits Prévôt des Marchands & Echevins, à peine d'être mis au carcan dans l'Hâtelier ou punis d'autres ou moindres peines, ainſi qu'il ſera ordonné par leſdits Prévôt des Marchands & Echevins, ſur le rapport qui leur en ſera fait par l'Officier qui ſera prépoſé pour la conduite des Hâteliers ; ſans aucune forme ni figure de procès ni ſans appel ; comme auſſi défendons à ceux qui ſeront ainſi enrôlés de mendier par la Ville & Fauxbourgs, à peine pour la premiere fois d'être enfermés durant un mois dans la Maiſon de Bicêtre & de la Salpetriere deſtinées à cette fin, & pour la ſeconde fois des Galéres durant cinq ans à l'égard des hommes, & à l'égard des femmes du fouet, & d'être raſées & enfermées pendant un mois dans ladite Maiſon de la Salpetriere, & du fouet par un Correcteur à l'égard des garçons & filles au-deſſous de quinze ans, & d'être enfermés & corrigés dans les maiſons de l'Hôpital Général durant le tems qui ſera jugé convenable, le tout par le jugement du Lieutenant de Police, & en ſon abſence de l'un des deux Lieutenans Particuliers, à commencer par l'ancien, & du Lieutenant au Bailliage du Palais dans le cas ci-deſſus exprimé, & ce ſans autre forme ni figure de procès que la repréſentation de l'acte de leur enrôlement ſigné de l'Officier qui l'aura reçu, l'extrait des regiſtres de l'Hôpital Général, & le procès verbal de leur capture ſigné & affirmé pardevant leſdits Juges par deux Officiers ou Archers qui l'auront fait, l'interrogatoire deſdits Mendians & Concluſions de notre Procureur & ſans appel. Ordonnons que l'Officier qui recevra les enrôlemens à l'Hôtel de Ville, fera lecture à ceux qui ſeront enrôlés des peines établies par ces préſentes, & qu'il en fera mention dans l'acte d'enrôlement ; que l'on en fera pareillement

Mendians. lecture dans les Maisons de Bicêtre & de la Salpetriere à ceux qui auront été enfermés pour y avoir contrevenu, & qu'elles seront publiées dans notredite Ville de Paris une fois chaque mois durant que les Hâteliers seront ouverts ; qu'il en sera affiché des copies dans lesdits Hâteliers, dans les prisons où l'on menera lesdits Mendians, & dans les Maisons de Bicêtre & de la Salpetriere, aussi bien que dans les autres lieux publics. Si donnons en Mandement à nos amés & féaux Conseillers les gens tenant notre Cour de Parlement à Paris, & à tous autres Officiers qu'il appartiendra, que ces présentes ils ayent à faire lire, publier & enregistrer, & le contenu en icelles garder, observer & exécuter de point en point, selon leur forme & teneur, sans permettre qu'il y soit contrevenu en aucune sorte & maniere que ce soit. Car tel est notre plaisir : En témoin de quoi Nous y avons fait mettre notre scel. Donné à Versailles le treiziéme jour d'Avril, l'an de grace mil six cent quatre-vingt-cinq, & de notre Régne le quarante-deuxiéme. *Signé*, LOUIS. *Et sur le repli*, Par le Roi, COLBERT. Et scellées du grand Sceau de cire jaune.

Vu au Conseil, LE PELLETIER.

Registrées, oüi, & ce requerant le Procureur Général du Roi, pour être exécutées selon leur forme & teneur, suivant l'Arrêt de ce jour. A Paris en Parlemens ce 16 Août 1685. Signé, DONGOIS.

DECLARATION DU ROI,

Du 28 Janvier 1687.

Qui attribue aux Baillifs & Sénéchaux la connoissance des Mendians valides, repris pour la troisiéme fois.

Registrée en Parlement, le 14 Janvier 1687.

LOUIS, &c. Les désordres considérables que cause l'oisiveté de ceux qui pouvant s'appliquer à des ouvrages convenables, & subsister par leur travail s'adonnent à la mendicité, Nous auroit porté à renouveller les défenses de mendier, faites par nos Ordonnances, & celles des Rois nos Prédécesseurs, & à établir contre les Mendians valides la peine des Galéres, par notre Déclaration du 12 Octobre dernier ; & d'autant que cette Déclaration n'établit aucune peine contre les femmes, qui ne sont pas moins punissables de leur oisiveté, lorsqu'étant en état de travailler, & s'adonnent à la mendicité, & que d'ailleurs il s'est trouvé quelques difficultés dans l'exécution de cette Déclaration, au sujet de la compétence des Juges qui en doivent connoître, & de la qualité de ceux qui sont sujets à la peine portée par icelles, Nous avons voulu expliquer plus amplement nos intentions à cet égard. A CES CAUSES, & autres à ce Nous mouvans, en confirmant notredite Déclaration du 12 Octobre dernier, Nous avons fait & faisons par ces Présentes signées de notre main, très-expresses inhibitions & défenses à toutes personnes de l'un & de l'autre sexe qui sont valides, de mendier sous quelque prétexte que ce soit ; & en cas qu'aucuns soient trouvés mendians, Voulons que ceux qui sont vagabonds & sans domicile, soient pris & condamnés par les Prévôts de nos Cousins les Maréchaux ; sçavoir, les hommes à servir sur nos Galéres à perpétuité, & les femmes à être fustigées, flétries & bannies ; & quant à ceux & celles qui sont domiciliés, & qui seront trouvés mendians dans les Villes ou à la Campagne, Voulons qu'ils soient arrêtés de l'Ordonnance de nos Baillifs & Sénéchaux, ou leurs Lieutenans, & que leur procès leur soit par eux fait, sauf l'appel ; & qu'aux femmes & filles il soit fait pour la premiere fois défenses de récidiver ; & en cas de récidive, qu'elles soient condamnées à être fustigées, flétries & bannies du Ressort de la Jurisdiction ; & à l'égard des hommes, qu'il leur soit fait pour la premiere fois pareilles défenses de récidiver ; & en cas de récidive, qu'ils soient aussi condamnés à être fustigés, flétris & bannis du Ressort de la Jurisdiction ; & pour la troisiéme fois, qu'ils soient condamnés pas nosdits Juges en dernier Ressort, & sans appel au nombre de Juges ou gradués requis par nos Ordonnances, à servir sur nos Galéres à perpétuité : Enjoignons ausdits Prévôts de nos Cousins les Maréchaux de France, qui trouveront à la Campagne des Mendians domiciliés, de les arrêter & conduire dans les prisons de la Ville la plus prochaine du lieu de la capture, pour être jugés par nos Baillifs & Sénéchaux, suivant la disposition de la Déclaration. Si donnons en Mandement, &c.

* DECLARATION DU ROI,

Du 14 Février 1687.

Concernant les Mendians valides.

Regiſtrée en Parlement le 14 Février 1687.

LOUIS, par la grace de Dieu, Roi de France & de Navarre : A tous ceux qui ces Préſentes Lettres verront ; SALUT. Les déſordres conſidérables que cauſe l'oiſiveté de ceux qui pouvant s'appliquer à des ouvrages convenables, & ſubſiſter par leur travail, s'adonnent à la mendicité, nous auroient porté à renouveller les défenſes de mendier faites par nos Ordonnances, & celles des Rois nos Prédéceſſeurs, & à établir contre les Mendians valides la peine des Galéres par notre Déclaration, n'établit aucune peine contre les femmes qui ne ſont pas moins puniſſables de leur oiſiveté, lorſqu'étant en état de travailler, elles s'adonnent à la mendicité, & que d'ailleurs il s'eſt trouvé quelques difficultés dans l'exécution de cette Déclaration, au ſujet de la compétence des Juges qui en doivent connoître, & de la qualité de ceux qui ſont ſujets à la peine portée par icelle ; Nous avons voulu expliquer plus amplement nos intentions à cet égard. A CES CAUSES, & autres à ce Nous mouvant, en confirmant notredite Déclaration du douze Octobre dernier, Nous avons fait & faiſons par ces préſentes ſignées de notre main, très-expreſſes inhibitions & défenſes à toutes perſonnes de l'un & l'autre ſexe qui ſont valides, de mendier ſous quelque prétexte que ce ſoit ; & en cas qu'aucuns ſoient trouvés mendiant, Voulons que ceux qui ſont vagabonds, & ſans domicile, ſoient pris & condamnés par les Prévôts de nos Couſins les Maréchaux ; ſçavoir les hommes à ſervir ſur nos Galéres à perpétuité, & les femmes à être fuſtigées, flétries & bannies ; & quant à ceux & celles qui ſont domiciliés, & qui feront trouvés mendiant dans les Villes ou à la Campagne, Voulons qu'ils ſoient arrêtés de l'Ordonnance de nos Baillifs & Sénéchaux, ou leurs Lieutenans, & que leur procès leur ſoit par eux fait, ſauf l'appel, & qu'aux femmes & filles, il ſoit fait pour la premiere fois défenſes de récidiver, & en cas de récidive, qu'elles ſoient condamnées à être fuſtigées, flétries & bannies du reſſort de la Juriſdiction : & à l'égard des hommes, qu'il leur ſoit fait pour la premiere fois pareilles défenſes de récidiver, & en cas de récidive, qu'ils ſoient auſſi condamnés à être fuſtigés, flétris & bannis du reſſort de la Juriſdiction, & pour la troiſiéme fois, qu'ils ſoient condamnés par noſdits Juges en dernier reſſort, & ſans appel au nombre de Juges ou gradués requis par nos Ordonnances, à ſervir ſur nos Galéres à perpétuité : Enjoignons auſdits Prévôts de nos Couſins les Maréchaux de France qui trouveront à la Campagne des Mendians domiciliés, de les arrêter & conduire dans les priſons de la Ville la plus prochaine du lieu de la capture, pour être jugés par nos Baillifs & Sénéchaux, ſuivant la diſpoſition de la préſente Déclaration. Si donnons en Mandement à nos amés & féaux Conſeillers les Gens tenant notre Cour de Parlement de Paris, que ces Preſentes ils ayent à faire lire, publier & regiſtrer, & icelles exécuter ſelon leur forme & teneur : Car tel eſt notre plaiſir. En témoin de quoi nous avons fait mettre notre ſcel à ceſdites Préſentes. Donnée à Verſailles le vingt-huitiéme jour de Janvier, l'an de grace mil ſix cent quatre-vingt-ſept, & de notre Régne le quarante-quatriéme. *Signé*, LOUIS, *Et ſur le repli*, Par le Roi, COLBERT, & ſcellée du grand ſceau de cire jaune. Mendians.

Regiſtrées, oüi & ce requérant le Procureur général du Roi, pour être exécutées ſelon leur forme & teneur ; & copies collationnées envoyées aux Bailliages & Sénéchauſſées du reſſort, pour y être lûes, & publiées. Enjoint aux Subſtituts du Procureur Général du Roi d'y tenir la main & d'en certifier la Cour dans trois mois, ſuivant l'Arrêt de ce jour. A Paris en Parlement *le quatorziéme Février* 1687. Signé, JACQUES.

DECLARATION DU ROI,

Du 12 Juillet 1687.

Portant Réglement pour le payement des exécutoires des frais de Justice, conduites ou translations des Prisonniers, Charges locales, Fiefs, aumônes, rentes, gages d'Officiers, réparations & autres Charges sur les Domaines.

Regîstrée en la Chambre des Comptes le 20 Août 1687.

Exécutoires. LOUIS, &c. SALUT. Nous avons, par notre Edit du mois d'Avril 1685 créé & érigé en titre d'Office formé héréditaire, un Receveur général de nos Domaines & Bois en chaque Province & Généralité de notre Royaume, pour recevoir à l'avenir des Fermiers des Domaines qui sont en nos mains, les fonds des charges locales assignées tant sur nosdits Domaines, que sur les amendes qui y sont jointes, & des Engagistes, les fonds des Charges locales assignées sur les Domaines dont ils jouissent, & faire ensuite le payement de toutes lesdites Charges sur les lieux aux assignés; comme aussi des frais de Justice & des réparations à faire à nos Domaines, dont les fonds leur seroient à cet effet pareillement remis par lesdits Fermiers.

Mais comme lesdits Fermiers & Engagistes ont eux-mêmes acquitté lesdites Charges jusqu'à présent, Nous avons jugé à propos, tous lesdits Offices se trouvant remplis, de prévenir les contestations qui pourroient survenir pour raison de ce entr'eux, & lesdits Receveurs Généraux; auquel effet Nous avons par Arrêt de notre Conseil du premier du présent mois de Juillet, expliqué de quelle maniere Nous voulons que lesd. Charges & autres dépenses soient à l'avenir acquittées, tant par lesdits Receveurs ou par les Fermiers de nos Domaines, que par les Engagistes, pour être du tout compté par lesdits Receveurs Généraux, en nos Chambres des Comptes, conformément audit Arrêt, par lequel nous avons aussi réglé toutes les autres fonctions desdits Receveurs Généraux même de quelle maniere ceux d'entr'eux qui ont été pourvûs en l'année derniere, ou les particuliers que Nous avons commis à aucun desdits Offices, lesquels n'étoient pas encore remplis, doivent rendre leurs comptes pour ladite année derniere.

A CES CAUSES, & autres à ce Nous mouvans, de l'avis de notre Conseil qui a vû ledit Arrêt, dont copie collationnée est ci-attachée sous le contre-scel de notre Chancellerie, & de notre certaine science, pleine puissance & autorité Royale, Nous avons par ces Présentes signées de notre main, en interprétant ledit Edit du mois d'Avril 1685, dit & ordonné, disons & ordonnons; Voulons & Nous plaît, qu'à l'avenir, & à commencer du premier Janvier de la présente année, les Fermiers de nos Domaines continueront d'acquitter, ainsi qu'ils ont fait jusqu'à présent, de six mois en six mois sur les lieux, à la réserve de ceux où les Receveurs Généraux desdits Domaines auront établi leurs domiciles, toutes les Charges locales, fiefs, aumônes, rentes, gages d'Officiers, redevances en deniers, grains & autres espéces assignées, tant sur les Domaines dont ils jouissent, que sur les amendes jointes à la ferme générale de nosdits Domaines, suivant les états qui en ont été ou seront pour cet effet arrêtés par chacun an en notre Conseil, dont ils rapporteront les acquits six semaines après l'échéance de chaque terme entre les mains desdits Receveurs généraux, lesquels leur en délivreront leurs quittances comptables, que lesdits Fermiers seront tenus de faire contrôler à leurs frais dans les tems ordinaires; & pour le droit de contrôle de chacune desdites quittances, il sera payé dix sols; & à l'égard des Charges comprises dans nosdits Etats, lesquelles seront payables dans les lieux où lesdits Receveurs Généraux auront établi leurs domiciles, le fonds leur en sera remis de six mois en six mois, en deniers, grains & autres espéces par lesdits Fermiers, pour être délivrés aux assignés, conformément à nosdits Etats, par lesdits Receveurs Généraux, lesquels faute par lesdits Fermiers de remettre lesdits acquits ou les fonds en deniers ou espéces dans les termes ci-dessus, pourront décerner leurs contraintes contr'eux, lesquelles ne pourront néanmoins être exécutées qu'après qu'elles auront été visées par les

Tréforiers de France de la Généralité, & par les Sieurs Intendans dans les Provinces où il n'y a point de Bureaux des Finances établis. Comme aussi Voulons que les exécutoires pour frais de Justice soient décernés par les Juges, tant de nos Cours qu'autres Jurisdictions Royales, ainsi qu'il a été pratiqué jusqu'à présent contre les Fermiers ou arriere-Fermiers de nos Domaines, lesquels payeront le contenu ausdits exécutoires, après qu'ils auront été visés par les Sieurs Intendans & Commissaires départis dans lesdites Généralités, suivant & aux termes portés par les Arrêts de notre Conseil des 18 Octobre & 25 Novembre 1683, à l'exception de ceux qui seront causés pour frais d'exécution, conduite ou translation de Prisonniers, ou de condamnés aux Galères, & pour autres dépenses urgentes & nécessaires, dont ils seront tenus de faire le payement sur le champ, & sans attendre que lesdits exécutoires ayent été visés; à la charge néanmoins de les faire viser dans l'espace de trois mois après qu'ils en auront fait le payement; de tous lesquels frais lesdits Fermiers & arriere-Fermiers seront tenus de remettre les acquits, comme ci-dessus, en bonne forme de six mois en six mois, entre les mains desdits Receveurs Généraux avec lesdits exécutoires visés, & les états en détail desdits frais dressés & certifiés par le Juge & notre Procureur en chacun Siége, & arrêtés par les Sieurs Intendans & Commissaires départis, moyennant quoi lesdits Receveurs Généraux leur délivreront leurs quittances comptables des sommes ausquelles monteront lesdits frais, & rapporteront lesdits acquits dans la dépense de leurs comptes. Exécutoires.

Voulons en outre, conformément audit Arrêt de notre Conseil du 16 Octobre 1683, que les sommes contenues ausdits exécutoires soient reprises sur la portion qui se trouvera Nous appartenir, suivant la réserve portée par les Baux de nos Domaines sur les biens des condamnés & qu'à cet effet les Arrêts & Jugemens en dernier ressort, portant confiscation desdits biens, soient mis ès mains desdits Receveurs Généraux, pour en vertu d'iceux poursuivre ledit recouvrement; desquelles sommes ainsi recouvrées ils feront recette dans leurs comptes en même tems qu'ils y employeront en dépenses les sommes contenues esdits exécutoires. Voulons aussi que les dépenses que Nous ordonnerons être faites pour l'entretien & réparations de nos Domaines, soient pareillement payées sur les lieux par les Fermiers ou arriere-Fermiers desdits Domaines, ainsi qu'il est accoutumé, suivant les Mandemens qui en seront délivrés sur eux par les Ordonnateurs, & seront lesdits Fermiers tenus de remettre de six en six mois, ou au plus tard à la fin de chaque année, les devis, adjudications & réceptions des ouvrages, ensemble les Ordonnances des payemens & quittances des ouvriers, le tout en bonne forme ès mains desdits Receveurs Généraux, lesquels délivreront aux Fermiers ou arriere-Fermiers leurs quittances comptables des sommes ausquelles auront monté lesdites dépenses, pour en être par eux compté.

Et à l'égard des charges assignées sur les Domaines engagés, dont les Engagistes seront tenus par leurs contrats d'aliénation, & suivant les Etats qui en ont été & seront arrêtés en notredit Conseil, Nous ordonnons qu'elles seront acquittées par eux ou leurs Fermiers sur les lieux, de six mois en six mois, & que lesdits frais de Justice & de réparations seront aussi par eux payés en la maniere ordinaire; de toutes lesquelles dépenses lesdits Engagistes seront tenus de remettre un mois après la fin de chacune année, les acquits bons & valables, ès mains desdits Receveurs Généraux, ensemble les revenances desdites charges & frais, s'il y en a, pour du tout leur être délivré par lesdits Receveurs Généraux de simples quittances non contrôlées, & lesdits acquits rapportés dans la dépense de leurs comptes. Tous lesquels acquits, ensemble ceux qui seront rapportés par lesdits Fermiers ou arriere-Fermiers, tant desdites charges locales, que des frais de Justice ou de réparations, seront passés & alloués dans les comptes desdits Receveurs Généraux, nonobstant qu'ils soient conçus ou libellés sous les noms desdits Fermiers ou arriere-Fermiers, desdits Engagistes ou leurs Fermiers, à l'effet de quoi Nous avons dès-à-présent validé & validons lesdits acquits, à la charge desdits Receveurs Généraux.

Voulons que les droits de lods & ventes, qui nous seront dûs sur les biens en roture, soient perçus en la maniere accoutumée par les Fermiers de nos Domaines, lesquels à commencer du premier Janvier prochain 1688, seront tenus de payer ausdits Receveurs Généraux le sol pour livre, qui leur en est attribué sur le pied de la totalité des droits, soit qu'ils en ayent fait remise, composition ou non; & à l'égard desdits droits féodaux & autres droits casuels, ils seront payés en entier ausdits Receveurs Généraux; lesquels s'en chargeront en recette dans leurs comptes, & retiendront pareillement sur la totalité d'iceux ledit sol pour livre, & délivreront ausdits Fermiers la portion qui leur en appartiendra, suivant leurs Baux, & le surplus sera par eux porté en notre Trésor Royal, ou distribué ainsi qu'il sera par Nous ordonné,

Exécutoires. Permettons en outre aufdits Receveurs Généraux d'affifter fi bon leur femble, foit en perfonne ou par Procureur à l'appofition & levée des fcellés qui feront mis pour la confervation des droits concernant nos Domaines; comme auffi aux ventes & adjudications des bois de nos Forêts.

Voulons auffi que lefdits Receveurs Généraux ayent l'entrée libre dans les Archives pour prendre communication des titres, fans frais & fans déplacer; & lorfqu'ils auront befoin d'en tirer quelques copies, les Officiers des Bureaux les leur pourront délivrer fur leur Récepiffés; ou en donner des extraits: comme auffi que les Notaires & Greffiers foient tenus, à peine de cent livres d'amende, de délivrer aufdits Receveurs des Domaines, lorfqu'ils en feront requis, des extraits fommaires des contrats & autres actes portant tranflation de propriété des biens fitués dans notre mouvance & directe, & même de leur en donner communication dans leurs Etudes; lefquels contrats leur feront à cet effet cottés par lefd. Receveurs: lefdits extraits contenant la date du contrat, les noms des Contractans, la qualité & confiftance en gros, le lieu de la fituation, la mouvance & le prix de l'héritage; pour chacun defquels extraits leur fera payé cinq fols. Ordonnons en outre que les exploits qui feront fait à la requête de nos Procureurs Généraux ou particuliers, pourfuite & diligence defdits Receveurs Généraux, pour les affaires concernant les Domaines, feront contrôlés gratuitement, à quoi faire les commis aufdits contrôlés feront contraints. Et à l'égard des exploits qui feront auffi faits à la requête defdits Receveurs Généraux, pour raifon des deniers ou acquits qui leur doivent être remis, les droits de contrôle ne feront par eux payés, fauf à s'en faire rembourfer par ceux contre lefquels lefdits exploits auront été faits. Comme auffi que les fonds des charges affignées fur les Domaines & amendes qui ont dû être payées, tant par les Fermiers ou arriere-Fermiers defdits Domaines, que par les Engagiftes ou leurs Fermiers pendant l'année derniere 1686, feront par eux remis inceffamment en deniers, grains & autres efpéces ou quittances, ès mains des Receveurs Généraux defdits Domaines ou Commis à l'exercice defdites Charges fuivant les états qui en ont été arrêtés en notredit Confeil pendant ladite année; enfemble les acquits des frais de Juftice & réparations que lefdits Receveurs Généraux ou leurs Commis feront tenus de prendre, pour être du tout par eux délivré des quittances à la décharge defdits Fermiers ou Engagiftes en la forme & maniere ci-deffus, & en être enfuite par eux compté conformément à l'Edit de création; & à cet effet Nous avons validé & validons tous lefdits acquits pour fervir à la décharge defdits Receveurs Généraux, nonobftant qu'ils y ayent été conçus & libellés fur les noms defdits Fermiers & Engagiftes.

Si donnons en Mandement, à nos amés & féaux Confeillers, les Gens tenans notre Chambre des Comptes à Paris, Tréforiers de France au Bureau de nos Finances, & autres Officiers qu'il appartiendra, que ces Préfentes ils ayent à enregiftrer, & le contenu en icelles faire exécuter de point en point felon leur forme & teneur, nonobftant tous Edits, Déclarations, Arrêts & Réglemens à ce contraires, aufquelles Nous avons dérogé & dérogeons par ces Préfentes. Et d'autant que d'icelles on aura befoin en plufieurs lieux, Voulons qu'aux copies collationnées dudit Arrêt de notre Confeil, & des Préfentes, par l'un de nos Confeillers-Sécrétaires, foi foit ajoutée comme aux Originaux. Car tel eft notre plaifir: En témoin de quoi Nous y avons fait mettre notre fcel. Donné à Verfailles le 12 Juillet, l'an de grace 1687. Et de notre Régne le quarante-cinquiéme. *Signé*, LOUIS, Par le Roi, COLBERT. *Et plus bas*; Vû au Confeil, LE PELLETIER. Scellé du grand Sceau de cire jaune. *Signé*, RICHER.

DECLARATION DU ROI,

Portant peine de mort contre les Commis aux Recettes générales & particulieres & autres ayant le maniement des deniers des Fermes du Roi, lefquels feront convaincus de les avoir emportés.

Du 5 Mai 1690.

LOUIS, par la grace de Dieu, Roi de France & de Navarre: A tous ceux qui ces Préfentes Lettres verront; SALUT. Par nos Ordonnances des mois de Mai & Juin 1680, Juillet 1681, & Février 1687, Nous avons fuffifamment établi la fûreté des Droits de nos

nos Fermes contre les redevables, en imposant des peines proportionnées aux différens cas des fraudes qu'ils commettent; mais il Nous reste à pourvoir à ce que les commis de nos Fermiers qui en reçoivent les deniers, ne puissent à l'avenir les divertir & les emporter, ainsi qu'ils ont fait dans les Baux précédens, sans crainte d'en être punis, sous prétexte que nos dernieres Ordonnances sur le fait de nos Fermiers, n'ont point renouvellé à leur égard les peines capitales portées contre les Banqueroutiers par l'Ordonnance de François I. du premier Mai 1545, par l'article 142 de l'Ordonnance d'Orléans, par l'article 205 de celle de Blois, & par l'Edit d'Henri IV. du mois de Mai 1609, donné nommément contre lesdits Commis rétentionnaires. A CES CAUSES, de l'avis de notre Conseil, & de notre certaine science, pleine puissance & autorité Royale, Nous avons par ces Présentes signées de notre main, dit, statué & ordonné, disons, statuons & ordonnons, Voulons & Nous plaît, que conformément ausdites Ordonnances & Edits, tous Commis aux Recettes générales & particulieres, Caissiers & autres ayant en maniement les deniers des Fermes, lesquels seront convaincus de les avoir emportés, seront punis de mort, lorsque le divertissement sera de trois mille livres & au-dessus, & de telles autres peines afflictives que nos Juges arbitreront lorsqu'il sera au-dessous de trois mille livres. Défendons à toutes personnes de favoriser leurs divertissemens & retraites, à peine d'être responsables solidairement des deniers emportés, dommages & intérêts de nos Fermiers. Lorsqu'un Receveur ce sera absenté, le Scellé sera mis sur ses effets & papiers, & levé dans la huitaine au plus tard par le Juge auquel la connoissance en appartiendra, & à son défaut par le plus prochain Juge des lieux. L'Inventaire fait, les comptes dressés sur les Acquits & Registres qui se trouveront sous le Scellé, les états finaux posés, & les débets formés, sur lesquels interviendra le Jugement desdits comptes, le tout en la présence & sur les conclusions de notre Procureur ou son Substitut. Faisons pareillement défenses à tous Juges de recevoir & arrêter les comptes desdits Commis sur les assignations qu'ils en feroient donner à nos Fermiers, desquelles Nous les déchargeons de plein droit: Voulons que lesdits comptes soient présentés à nosdits Fermiers, & arrêtés par eux ou leurs Procureurs sauf ausdits Juges Commis de se pourvoir pardevant les Juges qui en doivent connoître, pour raison des griefs qu'ils articuleront, & qu'ils ne pourront proposer qu'après avoir payé par provision entre les mains de nos Fermiers & à leurs Cautions, les débets clairs portés par les arrêtés de leursdits comptes. Si donnons en Mandement à nos amés & féaux Conseillers, les Gens tenans notre Cour des Aydes à Paris, que ces Présentes ils ayent à faire lire, publier & registrer, & le contenu en icelles faire exécuter selon leur forme & teneur, cessant & faisant cesser tous troubles & empêchemens qui pourroient être mis ou formés, nonobstant toutes autres choses à ce contraires, ausquelles Nous avons dérogé & dérogeons par cesdites Présentes: Car tel est notre plaisir; En témoin de quoi Nous avons fait mettre notre Scel. Donnée à Versailles le cinquiéme jour de Mai, l'an de grace mil six cent quatre-vingt-dix, & de notre Régne le quarante-septiéme. *Signé*, LOUIS. *Et plus bas*, Par le Roi, COLBERT. Et scellées du grand Sceau de cire jaune.

Registrées en la Cour des Aydes, oüi, ce requerant & consentant le Procureur Général du Roi, pour être exécutées selon leur forme & teneur; & ordonné que copies collationnées des présentes Lettres en seront incessamment envoyées à la diligence dudit Procureur Général ès Siéges des Elections & Greniers à Sel au Ressort de ladite Cour, pour y être lûes, publiées & registrées, l'Audience tenant. Enjoint aux Substituts du Procureur Général du Roi, d'y tenir la main, & de certifier la Cour de leur diligence au mois. A Paris, les Chambres assemblées, le 26 Mai 1690. Signé, DU MOULIN.

DECLARATION DU ROI,

Du 3 Octobre 1694.

Concernant les Procès criminels faits par les Prévôts des Maréchaux, en conformité de l'article 24 du titre 2 de l'Ordonnance du mois d'Août 1670.

LOUIS, par la grace de Dieu, Roi de France & de Navarre; A tous ceux qui ces Présentes verront; SALUT. Quelque application que Nous ayons apporté par Notre Ordonnance du mois d'Août 1670, à régler l'instruction criminelle, & celle qui regarde les procédures particulieres des Prévôts de nos Cousins les Maréchaux de France, Vice-Baillifs, Vice-Sénéchaux, & Lieutenans Criminels de Robe-Courte: Nous avons été informés que bien que par l'article 24 du titre 2 de notredite Ordonnance, il soit expressément porté, qu'aucune Sentence Prévôtale, préparatoire, interlocutoire ou définitive, ne pourroit être rendue qu'au nombre de sept au moins, Officiers ou Gradués, en cas qu'il ne se trouve au Siége nombre suffisant de Juges, à peine de nullité: Néanmoins lesdits Prévôts de nosdits Cousins les Maréchaux de France, rendent seuls & sans l'assistance d'aucuns Juges, des Jugemens, portant que les témoins seront recollés & confrontés aux Accusés, & se dispensent d'observer ledit article, sous prétexte que le Réglement à l'extraordinaire n'est qu'une simple instruction pour laquelle il ne convient pas d'assembler le nombre des Juges requis par notredite Ordonnance. Et d'autant qu'il importe à nos Sujets que ledit article 24 soit gardé & observé par lesdits Prévôts des Maréchaux, & qu'il seroit d'une dangereuse conséquence de les laisser Maîtres seuls de cette procédure, le Réglement à l'extraordinaire étant un Jugement qui doit être rendu aux termes dudit article, au nombre des Juges réglés par notredite Ordonnance. A CES CAUSES, de l'avis de notre Conseil, & de notre certaine science, pleine puissance & autorité Royale; Nous avons dit, déclaré & ordonné, disons, déclarons & ordonnons; Voulons & Nous plaît, que ledit article 24 du titre deuxieme de notredite Ordonnance du mois d'Août 1670, soit gardé & observé dans toutes les Sentences Prévôtales, préparatoires, interlocutoires, ou définitives, même celles portant que les témoins seront recollés & confrontés aux Accusés, par les Lieutenans Criminels, Prévôts de nos Cousins les Maréchaux de France, Vice-Baillifs, Vice-Sénéchaux, & autres nos Juges; lesquelles Sentences ne pourront être rendues qu'au nombre de sept au moins, Officiers, ou Gradués, en cas qu'il ne se trouve au Siége nombre suffisant de Juges: Et seront tenus ceux qui auront assisté de signer la minute, le tout à peine de nullité. Si donnons en Mandement à nos amés & féaux Conseillers les Gens tenans notre Grand-Conseil, que ces Présentes ils ayent à faire lire, publier & registrer, & le contenu en icelles faire exécuter selon leur forme & teneur: Car tel est notre plaisir. Donné à Fontainebleau le troisiéme jour d'Octobre, l'an de grace mil six cent quatre-vingt-quatorze, & de notre Régne le cinquante-deuxiéme. Signé, LOUIS; *Et sur le repli*, Par le Roi, PHELYPEAUX. Et scellé du grand Sceau de cire jaune.

Lües & publiées en l'Audience du Grand-Conseil du Roi; Oüi, ce requerant le Procureur Général du Roi le douzieme Novembre 1694, & enregistrées ès Registres dudit Grand-Conseil, pour être exécutées selon leur forme & teneur, & copies collationnées d'icelles envoyées en tous les Siéges Présidiaux & Maréchaussées du Royaume, pour y être pareillement lües, publiées, registrées & exécutées selon leur forme & teneur. Enjoint aux Substituts du Procureur Général du Roi d'y tenir la main, & d'en certifier le Conseil au mois, suivant l'Arrêt rendu audit Conseil les huit desdits mois & an.

DECLARATION DU ROI,

Du 10 Août 1699.

Portant peine de mort contre ceux qui contreferont les signatures des Sécrétaires d'Etat, dans les choses qui concernent les fonctions de leurs Charges.

Registrée en Parlement, le 2 Septembre 1699.

Fausse signature.

LOUIS, par la grace de Dieu, Roi de France & de Navarre : A tous ceux qui ces Présentes Lettres verront ; SALUT. Par nôtre Edit du mois de Mars 1680, donné pour l'exécution de l'Ordonnance du mois de Mars 1631, Nous avons ordonné que tous Juges, Greffiers, Ministres de Justice, Police & de Finances, tant de nos Cours & Justices Subalternes ; comme aussi ceux des Officialités & des Justices des Seigneurs, les Officiers & Ministres des Chancelleries, les Gardes des Livres & Registres des Chambres des Comptes & des Bureaux des Finances, & ceux des Hôtels de Villes, les Archivistes, & généralement toutes personnes faisant fonction publique par Office, Commission ou Subdélégation, leurs Clercs ou Commis qui seront atteints & convaincus d'avoir commis fausseté dans la fonction de leurs Offices, Commission & Emploi, seront punis de mort : & à l'égard de ceux qui n'étant Officiers & qui n'ayant aucune fonction ni ministere public, Commission ou Emploi de la qualité ci-dessus, auront commis quelques faussetés, ou qui étant Officiers les auront commises hors la fonction de leurs Offices, Commissions ou Emplois ; Nous avons par le même Edit ordonné, que les Juges les pourront condamner à telles peines qu'ils le jugeront, même de mort, selon l'exigence des cas & la qualité des crimes : & que tous ceux qui auront falsifié les Lettres de notre grande Chancellerie, & de celles établies près nos Cours, imité, contrefait, appliqué ou supposé un grand ou petit Sceau, soient qu'ils soient Officiers, Ministres ou Commis de nosdites Chancelleries ou non, soient aussi punis de mort.

Mais ayant été informés que quelques-uns de nos Sujets n'ont condamné qu'aux Galéres ceux qui avoient contrefait la signature des Sécrétaires d'Etat, & de nos commandemens, sous prétexte que ladite Ordonnance de 1531, & l'Edit du mois de Mars 1680, ne contiennent aucune disposition expresse à cet égard, Nous avons cru sur ce fait devoir expliquer notre intention.

A CES CAUSES, de l'avis de notre Conseil, & de notre certaine science, pleine puissance & autorité Royale, Nous avons dit, statué & ordonné, & par ces Présentes signées de notre main, disons, statuons & ordonnons, Voulons & Nous plaît, que tous ceux qui contreferont les signatures de nos Conseillers en tous nos Conseils, Sécrétaires d'Etat & de nos Commandemens, ès choses qui concerneront la fonction des Charges de nos Sécrétaires d'Etat, soient punis de mort.

Si donnons en Mandement à nos amés & féaux les Gens tenans notre Cour de Parlement à Rouen, que ces Présentes ils ayent à faire registrer, & le contenu en icelles garder & observer selon leur forme & teneur, sans y contrevenir, ni souffrir qu'il y soit contrevenu en aucune sorte & maniere que ce soit : Car tel est notre plaisir. En témoin de quoi Nous avons fait mettre notre Scel à cesdites Présentes. Donnée à Versailles le 10 jour d'Août, l'an de grace 1699, & de notre Régne le cinquante-septiéme. *Signé*, LOUIS. *Et sur le repli*, Par le Roi, PHELYPEAUX. Et scellées du grand Sceau de cire jaune.

Lûe & publiée à l'Audience de la Chambre de Vacations, séante à Rouen, en Parlement, le 17 jour d'Octobre 1699. Signé, BREANT.

DECLARATION DU ROI,

Du 25 Juillet 1700.

Qui regle ce que doivent obſerver les Officiers de Maréchauſſée, lorſqu'ils arrêteront des Mendians valides dans les Villes où il n'y a pas de Lieutenant de Police.

Regiſtrée en Parlement, le 30 Juillet.

ARTICLE XII.

Mendians. ENJOIGNONS aux Lieutenans Criminels de Robe-Courte, Chevalier du Guet, Officiers & Archers de leurs Compagnies & autres, de prêter main forte auſdits Lieutenans Généraux de Police, & auſdits Archers d'exécuter à peine d'interdiction, les ordres qu'ils leur donneront pour l'exécution de notre préſente Déclaration.

XIII. Enjoignons pareillement aux Prévôts de nos Couſins les Maréchaux de France, Vice-Sénéchaux, leurs Lieutenans & autres Officiers de leurs Compagnies, d'arrêter dans la Campagne, & ſur les grands chemins leſdits Mendians, qui ſe trouveront contrevenans à notre préſente Déclaration, & auſdits Prévôts & Vice-Sénéchaux d'inſtruire leurs procès, & de les juger en dernier reſſort avec les Officiers du plus prochain Préſidial ou principal Siége Royal, en la maniere & avec les formalités accoutumées. Si donnons en Mandement, &c.

DECLARATION DU ROI,

Du 3 Juin 1701.

Concernant les Receveurs, Tréſoriers & autres, prépoſés pour le maniement des Droits du Roi.

Regiſtrée en Parlement, le 6 Juin 1701.

Procès Criminels. LOUIS, &c. A CES CAUSES, &c. Et pour empêcher à l'avenir les divertiſſemens qui pourroient être faits par les Receveurs, Tréſoriers & autres prépoſés pour le maniement de nos deniers, Voulons, que ceux qui auront employé à leur uſage particulier ou détourné les deniers de leurs Caiſſes, ſoient punis de mort, ſans que la peine puiſſe être modérée par les Juges qui en devroient connoître, à peine d'interdiction, & de répondre en leurs propres & privés noms des dommages & intérêts. Si donnons en Mandement, &c.

DECLARATION DU ROI,

Du 29 Mai 1702.

Concernant les Procès Criminels dans tout le Royaume.

Regiſtrée en Parlement le 16 Juin 1702.

LOUIS, par la grace de Dieu, Roi de France & de Navarre: A tous ceux qui ces préſentes Lettres verront; SALUT. Quelques avantages que notre Province de Bourgogne ait déjà reçus de la création des Siéges Préſidiaux, que Nous y avons établis par notre Édit du mois de Janvier 1696. Nous apprennons néanmoins que le public ne jouit pas encôté de toute l'utilité qu'il doit attendre de ce nouvel établissement, par la multitude de conflits qui se sont formés entre les simples Bailliages & les Présidiaux de cette Province, & qui détournant également les anciens & les nouveaux Officiers de leurs fonctions, ne peuvent être favorables qu'aux criminels, dont ils suspendent toujours, & dont il est à craindre qu'ils n'empêchent quelquefois la punition. Dans le grand nombre de ces conflits qui ont été portés en notre Grand Conseil, Nous avons été informés qu'il y en a un distingué de tous les autres par son importance, dans lequel d'un côté les Officiers du Bailliage de Beaune, ont soutenu que toute la Jurisdiction Criminelle des Siéges Présidiaux, est renfermée dans les bornes des Bailliages & Sénéchaussées dans lesquels ils sont établis; & qu'à l'égard des crimes Prévôtaux qui se commettent dans l'étendue des simples Bailliages, la connoissance en doit appartenir à nos Baillifs & Sénéchaux, sans que les Présidiaux puissent en connoître en aucuns cas, attendu qu'ils ne sont ni Juges ordinaires, ni Juges d'attribution dans le Territoire des simples Bailliages de leur Ressort, mais seulement Juges d'appel en matiere Civile dans les cas de l'Edit des Présidiaux. D'un autre côté, les Officiers du Présidial de Dijon ont prétendu que leur Jurisdiction attachée par notre Ordonnance du mois d'Août 1670, à la qualité de Juges Présidiaux, ne devoit avoir d'autres limites que celles de leur Présidial, & que la même Ordonnance leur ayant accordé la préférence sur les Prévôts des Maréchaux, ils devoient à plus forte raison l'obtenir sur les Baillifs & Sénéchaux qui étoient obligés de céder aux Prévôts des Maréchaux. En cet état, & au milieu des interprétations absolument opposées, mais presque également apparentes, que les Officiers du Bailliage & ceux du Présidial ont voulu donner de part & d'autre aux articles 4, 12, 15 & 17. du titre premier de notre Ordonnance du mois d'Août 1670, notre Grand-Conseil ne trouvant dans cette Loi aucune disposition précise, qui pût être le fondement solide de sa décision, il a crû avec raison être dans le cas où la Loi manquant, il est nécessaire d'avoir recours à la Justice & à l'autorité du Législateur; & il Nous a supplié d'expliquer nos intentions sur cette question, qui nous a paru d'autant plus importante, que Nous avons appris que les usages de nos Siéges Présidiaux sont différens; les uns prétendant être en possession de connoître des cas Prévôtaux dans toute l'étendue de leur Ressort, & les autres convenant au contraire, qu'ils n'ont pas acquis une semblable possession; & comme rien ne prouve mieux la nécessité de la Loi, que la contrariété, ou la diversité des usages dans une matiere où ils devroient être entiérement uniformes, Nous avons résolu de fixer la Jurisprudence sur ce point, tant dans notre Province de Bourgogne, que dans le reste de notre Royaume, par une Déclaration générale, qui rétablisse ou qui confirme l'ancien ordre des Jurisdictions, qui prévenant (autant qu'il est possible) toute sorte de conflits, entre ceux qui sont chargés de la plus pénible & de la plus importante fonction de notre Justice, ne laisse subsister entr'eux qu'une émulation aussi honorable pour eux, qu'avantageuse au public, qui les excite à se prévenir & se surpasser les uns & les autres dans la découverte, dans la poursuite & dans la vengeance des crimes. A CES CAUSES, de l'avis de notre Conseil, qui a vû l'Arrêt rendu en notre Grand Conseil le 31 Décembre 1701, entre les Officiers du Bailliage de Beaune & ceux du Présidial de Dijon, & de notre certaine science, pleine puissance & autorité Royale, Nous avons dit & déclaré, disons & déclarons, par ces Présentes signées de notre main, Voulons & Nous plaît, que le pouvoir attribué par l'art. 15. du titre premier de notre Ordonnance du mois d'Août 1670, à nos Juges Présidiaux de connoître en dernier ressort, des personnes & crimes mentionnés en l'article 12 du même titre, n'ait lieu que pour les crimes commis dans l'étendue des Bailliages & Sénéchaussées où les Siéges Présidiaux sont établis, sans qu'en aucuns cas, même de prévention, ou de concurrence avec les Prévôts de nos Cousins les Maréchaux de France, Lieutenans Criminels de Robe-Courte, Vice-Baillifs & Vice-Sénéchaux, nos Juges Présidiaux puissent prendre connoissance des crimes commis dans l'étendue des simples Bailliages & Sénéchaussées, qui ressortissent par appel en leurs Siéges dans le cas de l'Edit des Présidiaux; mais seulement connoître de la compétence des Prévôts des Maréchaux conformément à nos Ordonnances.

Procès Criminels.

Et en conséquence avons ordonné & ordonnons, que suivant la disposition de l'article 72 de l'Ordonnance d'Orléans, nos Baillifs & Sénéchaux connoissent chacun dans son Ressort, à la charge de l'appel en nos Cours de Parlement, des cas énoncés dans l'article 12 du titre premier de notre Ordonnance du mois d'Août 1670, concurremment avec les Prévôts des Maréchaux, les Lieutenans Criminels de Robe-Courte, les Vice-Baillifs, & Vice-Sénéchaux, & préférablement à eux, s'ils ont informé ou décrété avant eux, ou le même jour.

Procès criminels.

Et à l'égard des crimes qui ne font du nombre des cas Royaux ou Prévôtaux, mais qui auront été commis par des perfonnes de qualité exprimée dans le même article; Voulons que conformément à l'article 117 de l'Ordonnance d'Orléans, & l'article 304 de l'Ordonnance de Blois, nos Prévôts, Châtelains, & autres nos Juges ordinaires des lieux, même ceux des Hauts-Jufticiers, chacun dans l'étendue de fa Juftice, puiffent en prendre connoiffance, à la charge de l'appel en nos Cours de Parlement, concurremment & par prévention avec les Prévôts des Maréchaux, Lieutenans Criminels de Robe-Courte, Vice-Baillifs & Vice-Sénéchaux, fans être tenus d'en faire le renvoi, en cas qu'ils ayent informé & décrété avant eux ou le même jour.

N'entendons au furplus déroger à la Jurifdiction que Nous avons attribuée en dernier reffort aux Prévôts des Maréchaux, Lieutenans Criminels de Robe-Courte, Vice-Baillifs & Vice-Sénéchaux, laquelle ils continueront d'exercer conformément à nos Ordonnances; fans néanmoins que fous prétexte de la concurrence établie entr'eux & les Juges ordinaires, ils puiffent prendre connoiffance des crimes commis dans les Villes de leur réfidence, ni pareillement entreprendre fur la Jurifdiction de nos Baillifs & Sénéchaux, ou leurs Lieutenans Criminels dans le cas de l'Article 17 du titre premier de notre Ordonnance du mois d'Août 1670, dans le Reffort defquels il aura été commis, préférablement & privativement aux Prévôts des Maréchaux. Si donnons en Mandement, &c.

DECLARATION DU ROI,

Du 18 Novembre 1702.

Concernant les Faillites & Banqueroutes.

Regiftrée en Parlement, le 19 du même mois.

Faillite.

LOUIS, par la grace de Dieu, Roi de France & de Navarre: A tous ceux qui ces préfentes Lettres verront; SALUT. L'application que Nous avons continuellement à tout ce qui peut être avantageux au Commerce de notre Royaume, auroit donné lieu aux Négocians de Nous repréfenter que rien ne peut contribuer plus efficaffement à rendre le Commerce floriffant que la fidélité & la bonne foi; & quoique Nous ayons fait plufieurs Réglemens fur ce fujet, & principalement par notre Edit du mois de Mars 1673, portant Réglement pour le Commerce des Marchands & Négocians tant en gros qu'en détail, ne laiffe pas de fe commettre fouvent de très-grands abus dans les Faillites des Marchands, par des Ceffions, Tranfports, Obligations & autres Actes frauduleux, foit d'intelligence avec quelques-uns de leurs Créanciers, ou pour fuppofer de nouvelles dettes, & par des Sentences qu'ils laiffent rendre contre eux à la veille de leur faillite, à l'effet de donner hypotéque & préférence aux uns au préjudice des autres, ce qui caufe des procès entre les véritables & anciens Créanciers, & les nouveaux ou prétendus Créanciers hypotéquaires, fur la validité de leurs Titres & fait perdre en tout ou en partie aux Créanciers légitimes ce qui leur eft dû, ou les oblige à faire des accommodemens ruineux; que les Négocians de la Ville de Lyon, pour obvier à ces inconvéniens, ont propofé plufieurs Articles en forme de Réglemens, qui ont été autorifés & homologués par Arrêt du Confeil, du 7 Juillet 1667, par lefquels il eft porté entr'autres chofes que toutes Ceffions & Tranfports fur les effets des Faillites feront nuls, s'ils ne font faits dix jours au moins avant la Faillite publiquement connue: que la difpofition de cet Article qui eft le 13 dudit Réglement, explique l'article 4 de notre Edit du mois de Mars 1673, appellé le Code Marchand, au titre des Faillites, & prévient toutes les difficultés & conteftations aufquelles l'article du Code, donne lieu quelquefois fur la validité des Ceffions, Tranfports, & autres Actes qui fe font à la veille des Faillites: que ces difficultés cefferoient, & qu'il y auroit moins de lieu à la fraude, s'il y avoit une régle uniforme pour tout le Royaume, & un tems prefcrit, dans lequel les Ceffions, Tranfports & tous autres Actes qui fe feroient par les Marchands débiteurs feroient déclarés nuls, même les fentences qui feroient rendues contre eux. A CES CAUSES, & autres à ce Nous mouvans, de l'avis de notre Confeil, de notre certaine fcience, pleine puiffance & autorité Royale, Nous avons dit, déclaré & ordonné, & par ces Préfentes fignées de notre main, difons, déclarons, ordonnons, Voulons & Nous plaît, que toutes Ceffions & Tranfports fur les biens des Marchands qui font faillite, seront nuls & de nulle valeur, s'ils ne sont faits dix jours au moins avant la faillite publiquement connue ; comme aussi que les Actes & Obligations qu'ils passeront pardevant Notaires, au profit de quelques-uns de leurs Créanciers, ou pour contracter de nouvelles dettes, ensemble les Sentences qui seroient rendues contr'eux, n'acqueront aucune hypotéque ni préférence sur les Créanciers chirographaires, si lesdits Actes & Obligations ne sont passés, & si lesdites Sentences ne sont rendues pareillement dix jours au moins avant la faillite publiquement connue. Voulons & entendons en outre que notre Edit du mois de Mars 1673, demeure dans sa force & vertu, & soit exécuté selon sa forme & teneur. Si donnons en Mandement, &c. Faillite.

DECLARATION DU ROI,

Du 11 Janvier 1176.

Concernant les Faillites & Banqueroutes.

Registrée en Parlement le 6 Février 1716.

LOUIS, par la grace de Dieu, Roi de France & de Navarre : A tous ceux qui ces présentes Lettres verront ; SALUT. Nous avons par notre Déclaration du 7 Décembre 1715, continué jusqu'au premier Juillet prochain l'attribution de tous les procès & différends civils mûs & à mouvoir pour raison de Faillites & Banqueroutes, que le feu Roi de glorieuse mémoire, notre très-honoré Seigneur & Bisayeul, avoit précédemment accordée aux Juges & Consuls par sa Déclaration du 10 Juin 1715. Nous avons été depuis informés que quelques particuliers abusoient du bénéfice de ces Déclarations, en supposant des créances feintes ou simulées, ou faisant revivre des dettes par eux acquittées, au moyen desquelles ils forçoient leurs Créanciers de passer des Contrats sous des conditions très-injustes & onéreuses, & se mettoient à l'abri des procédures criminelles qui pouvoient être faites contr'eux comme Banqueroutiers frauduleux ; & attendu que Nous n'avons eu d'autre vûe que celle de prévenir la ruine des Marchands & Négocians que Nous avons crû être par leur seule imprudence, ou par des pertes imprévûes, hors d'état de payer réguliérement leurs dettes, & que nous n'avons jamais eu intention de procurer l'impunité de ceux qui par des voyes frauduleuses cherchent à frustrer leurs Créanciers & se garantir des poursuites extraordinaires qui doivent être faites contr'eux. A CES CAUSES, de l'avis de notre très-cher & très-amé Oncle le Duc d'Orléans, Régent, de notre très-cher & très-amé Oncle le Duc du Maine, de notre très-amé Oncle le Comte de Toulouse & autres Pairs de France, grands & notables personnages de notre Royaume, & de notre certaine science, pleine puissance & autorité Royale, Nous avons dit & déclaré, & par ces Présentes signées de notre main, disons & déclarons, Voulons & Nous plaît que tous ceux qui ont fait faillite ou la feront ci-après, ne puissent tirer aucun avantage de l'attribution accordée aux Juges & Consuls, & des autres dispositions contenues aux Déclarations des 10 Juin, 30 Juillet & 7 Décembre 1715, ni d'aucune délibération ou d'aucun Contrat signé par la plus grande partie de leurs Créanciers, que Nous avons déclaré nuls & de nul effet, même à l'égard des Créanciers qui les auront signés, s'ils sont accusés d'avoir dans l'état de leurs dettes, ou autrement employé, ou fait paroître des créances feintes ou simulées, & d'en avoir fait revivre d'acquittées, ou d'avoir supposé des transports, ventes & donations de leurs effets, en fraude del eurs Créanciers ; Voulons qu'ils puissent être poursuivis extraordinairement comme Banqueroutiers frauduleux pardevant nos Juges ordinaires, ou autres Juges qui en doivent connoître, à la requête de leurs Créanciers, qui auront affirmé leurs créances en la forme qui sera ci-après expliquée, pourvû que leurs Créanciers composent le quart du total des dettes ; & que lesdits Banqueroutiers soient punis de mort suivant la disposition de l'Article 12 du titre 11 de l'Ordonnance de 1673. Défendons à toutes personnes de prêter leurs noms pour aider ou favoriser les Banqueroutes frauduleuses en divertissant les effets, acceptant des transports, ventes ou donations simulées, & qu'ils sçauront être en fraude des Créanciers, en se déclarant Créanciers ne l'étant pas, ou pour plus grande somme que celle qui leur est dûe, ou en quelque sorte & maniere que ce puisse être : Voulons qu'aucun particulier ne se puisse dire & prétendre Créancier, & en cette qualité assister aux assemblées, former opposition aux scellés & inventaires, signer aucune Délibération ni aucun Contrat d'atermoyement, qu'après avoir affirmé dans l'étendue de la Ville, Prévôté & Vicomté de Paris,

Faillite. pardevant le Prévôt de Paris, ou son Lieutenant, & pardevant les Juges & Consuls dans les autres Villes du Royaume, où il y en a d'établis, que leurs créances leur sont bien & légitimement dûes en entier, & qu'ils ne prêtent leurs noms directement ni indirectement au débiteur commun, le tout sans frais : Voulons aussi que ceux desdits prétendus créanciers qui contreviendront aux défenses portées par ces Présentes, soient condamnés aux Galéres à perpétuité ou à tems, suivant l'exigence des cas, outre les peines pécuniaires contenues dans ladite Ordonnance de 1673, & que les femmes soient, outre lesdites peines exprimées par ladite Ordonnance, condamnées au bannissement perpétuel ou à tems : Voulons que le contenu en la présente Déclaration soit exécuté jusqu'au terme porté par celle du 7 Septembre dernier pour toutes les Faillites & Banqueroutes qui ont été ouvertes depuis le premier Avril mil sept cent quinze, ou le seront dans la suite. Si donnons en Mandement, &c.

AURTE DECLARATION DU ROI,

Du 13 Juin 1716.

Sur les Faillites & Banqueroutes.

Regiſtrée en Parlement, le 8 Juillet 1716.

LOUIS, par la grace de Dieu, Roi de France & de Navarre : A tous ceux qui ces présentes Lettres verront ; SALUT. Le feu Roi de glorieuse mémoire, notre très-honoré Seigneur & Bisayeul, auroit estimé nécessaire pour les causes contenues en sa Déclaration du 10 Juin 1715, d'attribuer aux Juges & Consuls la connoissance des Faillites & Banqueroutes jusqu'au premier Janvier 1716, & Nous en avons depuis prorogé l'exécution par nos Déclarations des 7 Décembre 1715 & 10 de ce mois ; mais comme nous avions été informés que ce qui avoit été accordé en faveur des seuls Négocians de bonne foi, avoit servi de prétexte à d'autres pour engager par des voies frauduleuses leurs Créanciers à souffrir des pertes très-considérables par les Contrats d'attermoyement ou autres Actes, Nous aurions pris par notre Déclaration du 11 Janvier dernier, quelques précautions capables d'arrêter le cours de ces abus si contraires au bien du Commerce. C'est par les mêmes considérations que Nous avons pensé que le plus sûr moyen pour faire cesser les fraudes qui ont été ou pourroient être pratiquées, & d'obliger ceux qui ont fait faillite, de donner à leurs Créanciers une parfaite connoissance de l'état de leurs affaires, afin que ceux-ci ne puissent par erreur accorder à leurs débiteurs des accommodemens, que sous des conditions où aucunes des Parties ne puissent être lésées, & où elles trouvent un avantage mutuel & reciproque. A CES CAUSES, de l'avis de notre très-cher & très-amé Oncle le Duc d'Orléans, Regent, de notre très-cher & très-amé Cousin le Duc de Bourbon, de notre très-cher & très-amé Oncle le Duc du Maine, de notre très-cher & très-amé Oncle le Comte de Toulouse, & autres Pairs de France, grands & notables personnages de notre Royaume, & de notre certaine science, pleine puissance & autorité Royale, Nous avons dit & déclaré, & par ces Présentes signées de notre main, disons & déclarons, Voulons & Nous plaît, que tous Marchands, Négocians, Banquiers & autres qui ont fait, ou feront faillite, soient tenus de déposer un état exact, détaillé & certifié véritable de tous leurs effets mobiliers & immobiliers, & de leurs dettes, comme aussi Livres & Registres aux Greffes de la Jurisdiction Consulaire dudit lieu ou la plus prochaine, & que faute de ce ils ne puissent être reçus à passer avec leurs Créanciers aucun Contrat d'Attermoyement, Concordat, Transaction ou autres Actes, ni d'obtenir aucune Sentence ou Arrêt d'homologation d'iceux, ni de se prévaloir d'aucun sauf-conduit accordé par leurs Créanciers ; & voulons qu'à l'avenir lesdits Contrats & autres Actes, Sentences & Arrêts d'homologation, & saufs-conduits soient nuls & de nul effet, & que lesdits débiteurs puissent être poursuivis extraordinairement comme Banqueroutiers frauduleux par nos Procureurs Généraux ou leurs Substituts, ou par un seul Créancier, sans le consentement des autres, quand même il auroit signé lesdits Contrats, Actes ou saufs-conduits, ou qu'ils auroient été homologués avec lui. Voulons aussi que ceux qui ont précédemment passé quelques Contrats ou Actes avec leurs Créanciers, ou en ont obtenu de saufs-conduits, ne puissent s'en aider & prévaloir, ni des Sentences ou Arrêts d'homologation intervenus en conséquence : Défendons à nos Juges d'y avoir aucun

aucun égard, si dans la quinzaine pour tout délai, à compter du jour de la publication des Présentes, les Débiteurs ne déposent leurs Etats, Livres & Registres en la forme ci-dessus ordonnées & sous les peines y contenues, au cas qu'ils n'y ayent ci-devant satisfaits : & pour faciliter à ceux qui ont fait ou feront faillite le moyen de dresser leursdits Etats, Voulons qu'en cas d'apposition de scellé sur leurs bien & effets, leurs Livres & Registres leur soient remis & délivrés, après néanmoins qu'ils auront été paraphés par le Juge ou autre Officier commis par le Juge qui apposera lesdits scellés, & par un des Créanciers qui y assisteront, & que les feuillets blancs, si aucun y a, auront été bâtonnés par ledit Juge ou autre Officier, à la charge qu'au plus tard après l'expiration dudit délai de quinzaine, lesdits Livres & Registres, & l'état des effets & passifs, seront déposés au Greffe de la Jurisdiction Consulaire, ou chez un Notaire, par celui qui aura fait faillite ; sinon, Voulons qu'il soit censé réputé Banqueroutier frauduleux, & comme tel poursuivi, suivant qu'il a été précédemment ordonné. Déclarons nulles & de nul effet toutes Lettres de Repi, qui pourroient être ci-après obtenues, si ledit état des effets & dettes n'est attaché sous le contrescel avec un certificat du Greffe de la Jurisdiction Consulaire ou du Notaire, entre les mains duquel ledit état avec les Livres & Registres aura été déposé. N'entendons néanmoins par ces Présentes déroger en aucune maniere aux usages & priviléges de la Jurisdiction de la Conservation de Lyon, que Nous voulons être observés comme ils l'ont été précédemment. Si donnons, &c.

Faillite.

DECLARATION DU ROI,

Du 5 Août 1721.

Concernant les Faillites & Banqueroutes.

Registrée en Parlement, le 30 du même mois.

LOUIS, par la grace de Dieu, Roi de France & de Navarre : A tous ceux qui ces présentes Lettres verront ; SALUT. Nous avons été informés que les différens changemens qui sont arrivés dans la maniere de payer les dettes entre Marchands & Négocians, en mettant plusieurs hors d'état de les acquitter en espéces, & les exposent au danger de tomber en faillite, sans qu'on puisse en attribuer la cause, ou à leur mauvaise foi, ou à l'imprudence de leur conduite ; que le désordre arrivé dans les affaires de quelques-uns, est capable d'en causer une pareille dans la fortune d'un grand nombre d'autres, & de donner lieu par-là à des faillites successives ; que si les uns & les autres restoient exposés aux poursuites rigoureuses de leurs Créanciers, & que la connoissance de ces faillites fût portée en différentes Jurisdictions, les conflits, la longueur, l'embarras & les frais des procédures acheveroient de ruiner les Marchands & Négocians, contre lesquels elles seroient faites, & causeroient une perte certaine, tant aux Débiteurs qu'aux Créanciers ; Nous avons estimé que le bien public, & celui des particuliers exigeoient que Nous eussions recours aux moyens ci-devant pratiqués par la Déclaration du feu Roi de glorieuse mémoire, notre très-honoré Seigneur & Bisayeul, du 10 Juin 1715, & par autres Déclarations par Nous données depuis pour en proroger l'exécution, afin d'arrêter & prévenir les suites dangereuses du dérangement qui est actuellement dans le Commerce, c'est pour apporter à ce mal un remêde efficace, & pour ménager également les intérêts des Créanciers & Débiteurs que Nous avons résolu d'attribuer dans ces circonstances, pendant un tems limité, la connoissance des procès & différends nés & à naître à l'occasion des faillites survenues, ou qui surviendront dans la suite, à des Juges, qui par leur profession, sont particuliérement instruits des affaires du Commerce, & qui administrant la Justice gratuitement & avec des tempéramens convenables, facilitent aux Débiteurs les moyens de se libérer, sans faire aucun préjudice à la sûreté des Créanciers. Et néanmoins, attendu que les abus contraires au bien du Commerce, qui ont donné lieu à nos Déclarations du 11 Janvier, 10 & 13 Juin 1716, peuvent se commettre de nouveau, s'il n'y étoit par Nous pourvû, & que ce que Nous voulons bien accorder en faveur des seuls Négocians de bonne foi, pourroit servir de prétexte à d'autres, pour causer par des voies frauduleuses des pertes considérables à leurs Créanciers, en passant des Contrats d'atermoyement ou autres Actes, Nous avons cru indispensable de renouveller en même tems les précautions que Nous avons ci-devant prises par les-

Faillite.

dites Déclarations, pour empêcher & arrêter ces abus. A CES CAUSES, de l'avis de notre très-cher & très-amé Oncle le Duc d'Orléans, Petit-Fils de France, Régent ; de notre très-cher & très-amé Oncle le Duc de Chartres, Premier Prince de notre Sang ; de notre très-cher & très-amé Cousin le Duc de Bourbon ; de notre très-cher & très-amé Cousin le Comte de Charolois ; & notre très-cher & très-amé Cousin le Prince de Conty, Princes de notre Sang ; de notre très-cher & très-amé Oncle le Comte de Toulouse, Prince légitimé, & autres Pairs de France, Grands & Notables Personnages de notre Royaume, & de notre certaine science, pleine puissance & autorité Royale, Nous avons par ces Présentes, signées de notre main, dit & ordonné, disons & ordonnons, Voulons, & Nous plaît.

ARTICLE PREMIER.

Que tous les procès & différends civils, mûs & à mouvoir pour raison des faillites & banqueroutes qui sont ouvertes depuis le premier Janvier de la présente année 1721, ou qui s'ouvriront dans la suite, soient jusqu'au premier de Juillet de l'année 1722, portées pardevant les Juges & Consuls de la Ville, où celui qui aura fait faillite sera demeurant, & pour cet effet, Nous avons évoqué & évoquons tous ceux desdits procès & différends qui sont actuellement pendans & indécis pardevant nos Juges ordinaires, ou autres Juges inférieurs, ausquels Nous faisons très-expresses inhibitions & défenses d'en connoître, à peine de nullité, & iceux procès & différends, avec leurs circonstances & dépendances, Nous avons renvoyé & renvoyons pardevant lesdits Juges & Consuls, ausquels Nous en attribuons toute Cour, Jurisdiction & connoissance, sauf l'appel au Parlement dans le ressort duquel lesdits Juges & Consuls sont établis.

II. Voulons que nonobstant ledit appel, & sans préjudice d'icelui lesdits Juges & Consuls continuent leurs procédures, & que leurs Jugemens soient exécutés par provision.

III. Voulons pareillement que jusqu'audit jour 1 Juillet 1722, il soit par lesdits Juges & Consuls, à l'exclusion de tous autres Juges & Officiers de Justice, procédé à l'apposition des scellés & confection des inventaires de ceux qui ont fait ou feront faillite ; & au cas qu'ils eussent des effets dans d'autres lieux que celui de leur demeure, Nous donnons pouvoir ausdits Juges & Consuls, de commettre telle personne que bon leur semblera, pour lesdits scellés & inventaires, qui seront apportés au Greffe de la Jurisdiction Consulaire, & joints à ceux faits par lesdits Juges-Consuls.

IV. Voulons aussi que les demandes à fin d'homologation des délibérations des Créanciers, Contrats d'attermoyement, & autres Actes passés à l'occasion desdites faillites, soient portés pardevant lesdits Juges & Consuls pour être homologués, si faire se doit, & que lesdits Juges & Consuls puissent ordonner la vente des meubles, & le recouvrement des effets mobiliers, connoissent des saisies mobiliaires, oppositions, revendications, contributions, & généralement de toutes autres contestations qui seront formées en conséquence desdites faillites & banqueroutes.

V. N'entendons néanmoins empêcher qu'il puisse être procédé à la saisie réelle, & aux criées des immeubles, pardevant les Juges ordinaires, ou autres qui en doivent connoître, jusqu'au bail judiciaire exclusivement, sans préjudice de l'exécution & du renouvellement des baux judiciaires précédemment adjugés, & sans qu'il puisse être fait aucune autre poursuite ni procédure, si ce n'est en conséquence des délibérations prises à la pluralité des voix par les Créanciers, dont les créances excédent la moitié du total des dettes.

VI. Voulons en outre que jusqu'audit jour 1 Juillet 1722, aucune plainte ne puisse être rendue, ni Requête donnée à fin criminelle contre ceux qui auront fait faillite, & défendons très-expressément à nos Juges ordinaires, & autres Officiers de Justice, de les recevoir, si elles ne sont accompagnées de délibérations, & du consentement des Créanciers, dont les créances excédent la moitié de la totalité des dettes : & quant aux procédures criminelles commencées avant la date des Présentes, & depuis ledit jour 26 Décembre 1720, Voulons qu'elles soient continuées, & que néanmoins nos Juges ordinaires & autres Officiers de Justices, soient tenus d'en surseoir la poursuite & le Jugement sur la simple réquisition des Créanciers, dont les créances excéderont pareillement la moitié du total de ce qui est dû par ceux qui ont fait faillite, & en conséquence des délibérations par eux prises & annexées à la requête.

VII. N'entendons néanmoins que tous ceux qui ont fait faillite, ou la feront ci-après, puissent tirer aucun avantage de l'attribution accordée aux Juges & Consuls, & des autres dispositions contenues en la présente Déclaration, ni d'aucune délibération, ou d'aucun Contrat signé par la plus grande partie de leurs Créanciers, que Nous avons déclaré nuls & de nul effet, même à l'égard des Créanciers qui les auront signés, si les faillis sont accusés dans l'état de leurs dettes, ou autrement employé, ou fait paroître des créances feintes & simulées, ou d'en avoir fait revivre d'acquittées, ou d'avoir supposé des transports, ventes & donations de leurs effets en fraude de leurs Créanciers : Voulons qu'ils puissent être poursuivis extraordinairement comme Banqueroutiers frauduleux, pardevant nos Juges ordinaires, ou autres Juges qui en doivent connoître, à la requête de leurs Créanciers qui auront affirmé leur créance en la forme qui sera ci-après expliquée, pourvû que leurs Créanciers composent le quart du total des dettes, & que lesdits Banqueroutiers soient punis de mort, suivant la disposition de l'Article 12 du titre 11 de l'Ordonnance de 1673. Faillite.

VIII. Défendons à toutes personnes de prêter leurs noms pour aider ou favoriser les banqueroutes frauduleuses, en divertissant les effets, acceptant les transports, ventes ou donations simulées, & qu'ils sçauront être en fraude des Créanciers, en se déclarant Créanciers ne l'étant pas, ou pour plus grande somme que celle qui leur est dûe, ou en quelque sorte & maniere que ce puisse être.

IX. Voulons qu'aucun particulier ne se puisse dire & prétendre Créancier, & en cette qualité assister aux assemblées, former opposition aux scellés & inventaires, signer aucune délibération, ni aucun Contrat d'attermoyement, qu'après avoir affirmé ; sçavoir, dans l'étendue de la Ville, Prévôté & Vicomté de Paris, pardevant le Prévôt de Paris ou son Lieutenant, & pardevant les Juges & Consuls dans les autres Villes du Royaume où il y en a d'établis, que leurs créances leur sont bien & légitimement dûes en entier & qu'ils ne prêtent leurs noms directement ni indirectement au Débiteur commun, le tout sans frais.

X. Voulons aussi que ceux desdits prétendus Créanciers qui contreviendront aux défenses portées par ces Présentes, soient condamnés aux Galéres à perpétuité ou à tems, suivant l'exigence des cas, outre les peines pécuniaires contenues en ladite Ordonnance de 1673, & que les femmes soient outre lesdites peines exprimées par ladite Ordonnance, condamnées au bannissement perpétuel ou à tems.

XI. Voulons que tous Marchands, Négocians, Banquiers & autres qui ont fait ou feront faillite, soient tenus de déposer un état exact, détaillé & certifié véritable, de tous leurs effets mobiliers & immobiliers de leurs dettes ; comme aussi leurs Livres & Registres, au Greffe de la Jurisdiction Consulaire dudit lieu ou la plus prochaine, & que faute de ce ils ne puissent être reçus à passer avec leurs Créanciers, aucun Contrat d'attermoyement, Concordat, Transaction ou autre Acte, ni obtenir aucune Sentence, ou Arrêt d'homologation d'iceux, ni se prévaloir d'aucun sauf-conduit accordé par leurs Créanciers ; & Voulons qu'à l'avenir lesdits Contrats & autres Actes, Sentences & Arrêts d'homologation, saufs-conduits, soient nuls & de nul effet, & que lesd. Débiteurs puissent être poursuivis extraordinairement comme Banqueroutiers frauduleux par nos Procureurs Généraux ou leurs Substituts, ou par un seul Créancier, sans consentement des autres, quand même il auroit signé lesdits Contrats, Actes ou saufs-conduits, ou qu'ils auroient été homologués avec lui.

XII. Voulons aussi que ceux qui ont précédemment passé quelques Contrats ou Actes avec leurs Créanciers ou en ont obtenu des saufs-conduits, ne puissent s'en aider & prévaloir, ni les Sentences ou Arrêts d'homologation intervenus en conséquence. Défendons à nos Juges d'y avoir aucun égard, si dans quinzaine pour tout délai, à compter du jour de la publication des Présentes, les Débiteurs ne déposent leurs Etats, Livres & Registres en la forme ci-dessus ordonné & sous les mêmes peines y contenues, au cas qu'il n'y ait ci-devant satisfait.

XIII. Et pour faciliter à ceux qui ont fait ou feront faillite, le moyen de dresser leursdits états, Voulons qu'en cas d'apposition de scellé sur leurs effets, leurs Livres & Registres leur soient remis & délivrés, après néanmoins qu'ils auront été paraphés par le Juge ou autre Officier commis par le Juge qui apposera lesdits scellés, & par un desdits Créanciers qui y assisteront, & que les feuillets blancs, si aucun y a, auront été bâtonnés par ledit Juge ou autre Officier, à la charge qu'au plus tard après l'expiration dudit délai de quinzaine, lesdits Livres & Registres & états des effets actifs & passifs seront déposés au Greffe de la Jurisdiction Consulaire ou chez un Notaire, par celui qui aura fait faillite ; sinon, Voulons qu'il soit censé & réputé Banqueroutier frauduleux, & comme tel poursuivi suivant qu'il a été précédemment ordonné.

XIV. Déclarons nulles & de nul effet, toutes Lettres de répi qui pourront être ci-après obtenues, si ledit état des effets & dettes, n'est attaché sous le contre-scel, avec un cer-

Faillite. tificat du Greffier de la Jurisdiction Consulaire ou d'un Notaire, entre les mains duquel ledit Etat avec les Livres & Registres aura été déposé, le tout sans déroger aux usages & privileges de la Jurisdiction de la Conservation de Lyon, ni à la Déclaration du 30 Juillet 1715, intervenue pour le Châtelet de notre bonne Ville de Paris. Si donnons en Mandement, &c.

DECLARATION DU ROI,

Du 13 Septembre 1739.

Concernant les Faillites & Banqueroutes.

Registrée en Parlement, le 18 Décembre 1739.

LOUIS, par la grace de Dieu, Roi de France & de Navarre : A tous ceux qui ces présentes Lettres verront; SALUT. Les abus & les fraudes qui se sont introduits depuis quelques années dans les Bilans des Négocians, Banquiers & autres qui ont fait faillite, au préjudice des sages dispositions de notre Ordonnance de 1673 & de nos différentes Déclarations rendues à ce sujet, ayant causé dans le commerce un dérangement notable, Nous avons crû devoir chercher l'origine de ce désordre, pour en arrêter le progrès, soit de la part du Créancier, soit de celle du Débiteur, l'un étant souvent simulé, & l'autre, par des manœuvres aussi odieuses que criminelles, forçant les vrais Créanciers à signer & accepter des propositions injustes. Et comme Nous avons reconnu que ces abus viennent principalement de ce que par les Procédures qui se font à l'occasion des faillites, les faux Créanciers compris dans les Bilans avec les légitimaires, s'exposent plus volontiers à faire leur affirmation, parce qu'ils ne sont point connus des Juges ; au lieu que s'ils paroissoient devant les Juges & Consuls, qui, par leur état, sont plus particuliérement instruits des affaires du Commerce, & de la réputation de ceux qui se disent Créanciers, les Bilans seroient examinés d'une maniere à être affranchis de toute fraude ; à quoi étant nécessaire de remédier, afin qu'en assurant de plus en plus la foi publique, si nécessaire d'ailleurs dans le Commerce, les Créanciers puissent traiter avec leurs Débiteurs, & que ces derniers n'en imposent jamais dans les états qu'ils sont obligés de donner de leurs effets actifs & passifs. A CES CAUSES, & autres à ce Nous mouvans, de l'avis de notre Conseil, & de notre certaine science, pleine puissance & autorité Royale, Nous avons par ces Présentes signées de notre main, dit, déclaré & ordonné, disons, déclarons & ordonnons, Voulons & Nous plaît, que dans toutes les faillites & banqueroutes ouvertes, ou qui s'ouvriront à l'avenir, il ne soit reçû l'affirmation d'aucun Créancier, ni procédé à l'homologation d'un Contrat d'atermoyement, sans qu'au préalable les Parties se soient retirées devers les Juges & Consuls, ausquels les Bilans, titres & piéces seront remis, pour être vûs & examinés sans frais par eux, ou par des anciens Consuls & Commerçans qu'ils commettront à cet effet, du nombre desquels il y en aura toujours un du même commerce que celui qui aura fait faillite, & devant lesquels les Créanciers de ceux qui seront en faillites ou Banqueroutes, seront tenus, ainsi que le Débiteur, de comparoître & de répondre en personne, ou en cas de maladie, absence ou légitime empêchement, par un fondé de procuration spéciale, dont du tout sera dressé procès-verbal sans frais par les Juges & Consuls, ou ceux qui seront commis par eux, la minute duquel restera jointe au Bilan du Failli, qui sera déposé au Greffe des Jurisdictions Consulaires, suivant l'article 3 du titre 11 de notre Ordonnance du mois de Mars 1673, & la copie d'icelui procès-verbal, remise au Failli ou Créancier, pour être annexée à la Requête qui sera présentée pour l'homologation des Contrats d'atermoyement & autres Actes : Voulons que faute par les Créanciers & Débiteurs de se conformer à ces Présentes, ainsi qu'aux autres dispositions portées par notre Ordonnance du mois de Mars 1673, & Déclarations intervenues en conséquence, ausquelles n'est dérogé, les Créanciers soient déchus de leurs créances, & les Débiteurs poursuivis extraordinairement comme Banqueroutiers frauduleux, suivant la rigueur de nos Ordonnances. Si donnons en Mandement à nos amés & féaux les Gens tenans notre Cour de Parlement de Paris, que ces Présentes ils ayent à faire lire, publier & registrer [même en tems de vacation] & le contenu en icelles garder & exécuter selon leur forme & teneur, nonobstant toutes Ordonnances, Edits, Déclarations & autres choses à ce contraires, ausquelles Nous avons dérogé

& dérogeons par ces Présentes; aux copies desquelles, collationnées par l'un de nos amés & féaux Conseillers-Secrétaires, Voulons que foi soit ajoutée comme à l'Original: Car tel est notre plaisir. En témoin de quoi Nous avons fait mettre notre Scel à cesdites Présentes. Donné à Marly, le treiziéme jour de Septembre, l'an de grace mil six cent trente-neuf, & de notre Régne le vingt-cinquiéme. *Signé*, LOUIS, *Et plus bas*, Par le Roi, PHELYPEAUX. Vû au Conseil, ORRY. Et Scellé du grand Sceau de cire jaune.

EDIT DU ROI,

Du mois de Décembre 1704.

Concernant les voies de fait commises par les Officiers de Robe & autres.

Registré en Parlement le 31 Décembre 1704.

LOUIS, par la grace de Dieu, Roi de France & de Navarre: A tous présens & à venir: SALUT. Les Rois Henri IV. & Louis XIII. notre très-honoré Seigneur & Pere, de glorieuse mémoire, ayant par différens Edits & Déclarations données en conséquence, défendu sous les peines y contenues, les combats en duel & rencontres préméditées, Nous avons confirmé dès les premiéres années de notre Régne des Loix si pieuses & si nécessaires pour la conservation de la Noblesse de notre Royaume, qui en fait la principale force; Nous y avons ajouté dans la suite toutes les précautions que Nous avons estimé les plus efficaces pour les faire observer dans toute leur étendue: Et nos Cousins les Maréchaux de France, Nous ayant proposé de leur part différentes peines pour prévenir les querelles entre les Gentilshommes & autres qui font profession des armes, en punissant sévérement ceux qui en offenseroient d'autres par des paroles outrageantes, par des coups de main & par d'autres coups, Nous en avons ordonné l'exécution; & Dieu a donné une si grande bénédiction sur les soins différens que Nous avons continué de prendre pour les faire exécuter, que le succès ayant répondu aux espérances que Nous avions eu lieu d'en concevoir, Nous avons eu la satisfaction de voir presqu'entiérement cesser sous notre Régne, ces funestes combats qui se pratiquoient dans notre Royaume, par une opinion invétérée qui régnoit depuis tant de siécles dans l'esprit de la nation, contre le respect qui est dû aux Commandemens de Dieu & à notre autorité; mais comme il se pourroit trouver dans la suite quelques personnes même du nombre des Officiers qui font profession de la Robe, qui s'oublieroient jusqu'au point d'outrager en différentes manieres des Gentilshommes & autres personnes qui font profession des armes, & que les Juges établis dans notre Royaume pour juger & punir en leurs personnes les crimes de cette nature qu'ils pourroient commettre, ne pourroient pas prononcer contr'eux les peines & les satisfactions convenables à telles offenses, si elles n'étoient établies auparavant par notre autorité. A CES CAUSES, & voulant prévenir des excès qui méritent une punition encore plus sévére en leurs personnes que dans celle des autres, Nous avons dit & déclaré, disons & déclarons par ces Présentes signées de notre main, ce qui suit. Voies de fait.

ARTICLE PREMIER.

Que celui de nos Officiers ou autre personne qui fera profession de Robe, qui aura proféré sans sujet de paroles injurieuses contre quelqu'un, comme sot, lâche, traître, ou autres semblables, sans que lesdites paroles ayent été repoussées par d'autres semblables ou plus graves, puissent être condamné à tenir prison pendant deux mois; & qu'après qu'il en sera sorti, il soit tenu de déclarer à l'offensé, que mal-à-propos & impertinemment il l'a offensé par des paroles outrageantes, qu'il les reconnoît fausses, & lui en demande pardon.

II. Que celui qui aura donné un démenti, menacé de coup de main ou de bâton, tienne prison durant quatre mois; & qu'aprés qu'il en sera sorti, il en demande pardon à l'offensé, avec les paroles les plus capables de le satisfaire.

III. Que celui qui aura frappé d'un coup de main, ou autre semblable, tienne prison pendant deux ans; si le soufflet ou coup de main n'a point été précédé d'un démenti, & qu'en ce cas il demeure en prison durant un an seulement, & que dans l'un ou l'autre cas il se soumette

Voies de fait. à recevoir des coups semblables de l'offensé, & qu'il lui demande pardon.

IV. Que celui qui aura frappé de coups de bâton, après avoir reçu un soufflet ou coup de main, tiendra prison durant deux ans ; & s'il n'a point été frappé auparavant, qu'il y sera détenu durant quatre ans ; & qu'après qu'il en sera sorti, il demande pardon à l'offensé.

V. Que les Juges puissent ordonner en tous les cas ci-dessus, que lesdites satisfactions se feront en présence de telles personnes, & seront exécutées en présence d'un Greffier ou autre Officier qu'ils estimeront à propos de nommer & de commettre, dont il sera dressé procès-verbal.

VI. Celui qui aura offensé & outragé sa Partie, à l'occasion d'un procès intenté & poursuivi devant les Juges ordinaires, pourra outre les peines spécifiées ci-dessus, être encore condamné au bannissement, ou à s'abstenir pendant le tems que les Juges estimeront à propos, des lieux où il fait sa résidence ordinaire.

VII. Celui qui aura frappé seul & pardevant, de coups de bâton, canne ou autre instrument de pareille nature, de dessein prémédité, par surprise ou avec avantage, sera condamné à tenir prison pendant quinze ans ; & celui qui l'aura fait par derriere, (quoique seul ou avec avantage,) en se faisant accompagner ou autrement, sera enfermé dans une prison durant vingt ans dans les lieux éloignés de trente lieues de celui où l'offensé fera sa demeure ordinaire. Si donnons en Mandement, &c.

---

*DECLARATION DU ROI,

Du 5 Septembre 1712.

Qui explique ce qui sera observé par les Juges, lorsqu'il se trouvera des Cadavres dans les rues de Paris, dans la Riviere & autres endroits, pour avoir connoissance de la cause de leur mort.

Registrée en Parlement, le 3 Octobre 1712.

Cadavres. LOUIS, &c. SALUT. Nous avons été informés qu'il se trouve fréquemment dans notre bonne Ville de Paris, dans ses Fauxbourgs, & dans les lieux circonvoisins, principalement dans ceux qui sont situés près de la Riviere, des Cadavres de personnes qui ne sont pas mortes de mort naturelle, & qui peuvent même être soupçonnées de s'être défaites elles-mêmes ; que les crimes qui causent ces morts demeurent très-souvent impunis, soit par le défaut des avertissemens qui devroient être donnés aux Officiers de Justice par ceux qui en ont connoissance, soit par la négligence ou dissimulation de ces mêmes Officiers ; & que les personnes qui ont intérêt d'empêcher que les causes & les circonstances de ces morts soient connues, contribuent par des inhumations qu'ils font faire secrétement & précipitamment, à cacher ces événemens, en supposant aux Ecclésiastiques des faits contre la vérité. L'énormité de plusieurs cas qui sont arrivés, Nous a fait connoître la nécessité qu'il y a d'établir une disposition formelle & expresse qui puisse empêcher à l'avenir de pareils inconvéniens.

A CES CAUSES, & autres à ce Nous mouvans, de notre certaine science, pleine puissance & autorité Royale, Nous avons dit & déclaré, disons & déclarons par ces Présentes signées de notre main, Voulons & Nous plaît, que lorsqu'il se trouvera dans notre bonne Ville & Fauxbourgs de Paris, ou dans les lieux circonvoisins, des cadavres de personnes que l'on soupçonnera n'être pas mortes de mort naturelle, soit dans les maisons, dans les rues, & autres lieux publics ou particuliers, soit dans les filets des Ponts, vannes de moulins, & sous les bâteaux qui sont sur la Riviere ; les Propriétaires des maisons, s'ils y demeurent, sinon les principaux locataires, les aubergistes, les voisins, les maîtres des Ponts, les meûniers, les bâteliers, & généralement tous ceux qui auront connoissance desdits Cadavres, soient tenus d'en donner avis aussitôt ; sçavoir, dans notre Ville & Fauxbourgs de Paris, au Commissaire du quartier, & dans les lieux circonvoisins aux Juges qui en doivent connoître, ausquels Juges & Commissaires Nous enjoignons de se transporter diligemment sur le lieu, de dresser procès-verbal de l'état auquel le corps aura été trouvé, & de lui appliquer le scel sur le front, & le faire visiter par Chirurgiens en leur présence, d'informer & entendre sur le champ ceux qui seront en état de déposer de la cause de leur mort, du lieu & des vie & mœurs du défunt, &

de tout ce qui pourra contribuer à la connoissance du fait, dont les Commissaires en notre Châtelet de Paris, feront rapport au Lieutenant Criminel pour y être par lui pourvu, ainsi que par les autres Juges des lieux, à qui la connoissance en appartiendra, en conformité de nos Ordonnances, & suivant la forme prescrite par notre Ordonnance du mois d'Août 1670, au titre 13. Faisons défenses à toutes personnes de faire inhumer lesdits Cadavres avant que lesdits Officiers ayent été avertis, que la visite en ait été faite, & l'inhumation ordonnée par les Juges, à peine d'amende contre les contrevenans à la présente Déclaration, même de punition corporelle, comme fauteurs & complices d'homicide, s'il y échoit; défendons ausdits Juges de retarder l'inhumation, après l'exécution de ce qui est ci-dessus ordonné, sous prétexte de vacations par eux prétendues, à peine d'interdiction. Si donnons en Mandement, à nos amés & féaux les Gens tenans notre Cour de Parlement à Paris, que ces Présentes ils ayent à faire lire, publier & registrer, même en vacations, garder & observer, selon leur forme & teneur: Car tel est notre plaisir. En témoin de quoi nous avons fait mettre notre Scel à cesdites Présentes. Donnée à Fontainebleau le 5e. jour de Septembre, l'an de grace 1702, & de notre Régne le soixante-dixiéme. *Signé*, LOUIS. *Et sur le repli*, Par le Roi, PHELYPEAUX. Et scellée du grand Sceau de cire jaune.

Cadavres.

DECLARATION DU ROI,

Du 26 Juillet 1713.

Concernant la correction des Femmes & Filles de mauvaise vie.

Registrée en Parlement le 9 Août 1713.

Femmes & Filles de mauvaise vie.

LOUIS, par la grace de Dieu, Roi de France & de Navarre: à tous ceux qui ces présentes Lettres verront: SALUT. Le soin de reprimer la licence & la corruption des moeurs, qui semblent faire tous les jours de nouveaux progrès, étant un des principaux objets de la vigilance des Officiers de Police de notre bonne Ville de Paris, il n'est pas moins nécessaire de régler la forme des procédures qu'ils doivent faire, pour assurer la preuve des déréglemens qu'ils doivent punir, & prévenir par-là les inconvéniens des plaintes téméraires, ou des délations inspirées par la haine des particuliers, plutôt que par l'amour du bien public; & comme jusqu'à présent il n'y a point eu de loi précise qui ait établi un ordre absolument certain dans cette partie importante de la Police, Nous avons cru devoir y donner une forme aussi simple que réguliére, qui puisse faire en même tems la conviction des coupables, la sûreté des innocens, & la décharge des Officiers que leur ministere oblige à veiller à la recherche & à la poursuite de cette espéce de crimes. A CES CAUSES, de notre certaine science, pleine puissance & autorité Royale, Nous avons dit & déclaré, disons & déclarons par ces Présentes, signées de notre main, Voulons & Nous plaît, que dans le cas de débauche publique & vie scandaleuse de filles ou femmes, où il n'échoira de prononcer que des condamnations d'amendes ou d'aumônes, ou des injonctions à vuider les lieux, ou même la Ville, & d'ordonner que les meubles desdites filles ou femmes seront jettés sur le carreau, & confisqués au profit des pauvres de l'Hôpital Général, les Commissaires du Châtelet, puissent chacun dans leur quartier recevoir les Déclarations qui leur en seront faites, & signées par les voisins ausquels ils feront prêter serment, avant que de recevoir lesdites Déclarations, dont ils seront tenus de faire mention, à peine de nullité, dans le procès-verbal qui sera par eux dressé. Le rapport des faits contenus dans ledit procès-verbal sera fait par lesdits Commissaires ou Lieutenant Général de Police, les jours ordinaires des Audiences de Police, ausquelles les Parties intéressées seront assignées en la maniere accoutumée, pour y être pourvû contradictoirement ou par défaut, ainsi qu'il appartiendra sur les conclusions de celui de nos Avocats au Châtelet, qui sera présent à l'Audience, & entre les mains duquel lesdites Déclarations seront remises, pour faire connoître au Lieutenant Général de Police les noms & les qualités des voisins qui les auront faites. Et en cas que lesdites Parties dénient les faits contenus ausdites Déclarations, le Lieutenant Général de Police pourra, s'il le juge à propos, pour la suspicion des voisins, ou pour autres considérations, ordonner qu'il sera informé desdits faits devant l'un desdits Commissaires à la requête du Substitut de notre Procureur Général au Châtelet, pour y être

Femmes & filles de mauvaise vie.

statué ensuite définitivement, ou autrement, par ledit Lieutenant Général de Police, sur le recit des informations qui sera fait à l'Audience par l'un de nos Avocats, ou en cas qu'il juge à propos d'en délibérer sur le Registre, sur les conclusions par écrit de notre Procureur audit Siége, le tout à la décharge de l'appel en notre Cour de Parlement : Voulons que sur ledit appel, soit que l'affaire ait été jugée sur le simple procès-verbal du Commissaire, ou sur le recit ou le vû des informations, les Parties procédent en la Grand'Chambre de ladite Cour, encore qu'il y ait eu un décret sur lesdites informations, & que la suite de la procédure ait obligé ledit Lieutenant Général de Police à ordonner que lesdites femmes ou filles seront enfermées pour un tems dans la Maison de force de l'Hôpital Général ; en cas de Maquerelage, prostitution publique & autres, où il échoira peine afflictive, ou infamante, ledit Lieutenant Général de Police sera tenu d'instruire le procès aux Accusés ou Accusées, par récollement ou confrontation, suivant nos Ordonnances & les Arrêts & Réglemens de notre Cour, auquel cas l'appel sera porté en la Chambre de la Tournelle, à quelque genre de peine que les Accusés ou Accusées ayent été condamnés, le tout sans préjudice de la Jurisdiction du Lieutenant Criminel du Châtelet, qui pourra exercer en cas de Maquerelage, concurremment avec le Lieutenant Général de Police, auquel néanmoins la préférence appartiendra, lorsqu'il aura informé & décreté avant le Lieutenant Criminel ou le même jour. Si donnons en Mandement, &c.

DECLARATION DU ROI,

Du 28 Mars 1720.

Concernant les Prévôts des Maréchaux.

Registrée en Parlement, le 28 Mars 1720.

Prévôts des Maréchaux.

LOUIS, par la grace de Dieu, Roi de France & de Navarre : A tous ceux qui ces présentes Lettres verront ; SALUT. Ayant par notre Edit du présent mois de Mars éteint & supprimé les anciennes Compagnies des Maréchaussées, & en ayant formé & établi de nouvelles, qui, par le service uniforme qu'elles rendront continuellement dans toute l'étendue de notre Royaume, assureront la tranquillité publique ; Nous avons jugé nécessaire de pourvoir à ce qui peut convenir pour que cet établissement ait l'effet que Nous nous sommes proposé. A CES CAUSES, & autres à ce Nous mouvant, de l'avis de notre très-cher & très-amé Oncle le Duc d'Orléans, Petit-Fils de France, Régent, de notre très-cher & très-amé Oncle le Duc de Chartres Premier Prince de notre Sang, de notre très-cher & très-amé Cousin le Duc de Bourbon, de notre très-cher & très-amé le Prince de Conty, Princes de notre Sang, de notre très-cher & très-amé Oncle le Comte de Toulouse, Prince légitimé, & autres Pairs de France, Grands & Notables Personnages de Notre Royaume, & de notre certaine science, pleine puissance & autorité Royale, Nous avons dit, déclaré & ordonné & par ces Présentes signées de notre main, disons, déclarons & ordonnons, Voulons & Nous plaît ce qui suit.

ARTICLE PREMIER.

Nous avons dispensé & dispensons les Prévôts & Lieutenans pourvûs d'Offices supprimés, & qui seront par Nous choisis pour remplir les Offices créés par notre Edit du présent mois de Mars, de se faire recevoir de nouveau ; Voulons qu'ils exercent sur leurs anciennes provisions, en faisant néanmoins enregistrer au Greffe de la Maréchaussée le Brevet de nomination que Nous en feront expédier, avec leurs anciennes provisions, & qu'ils prennent la même séance qu'ils avoient dans nos Présidiaux & ailleurs.

II. Les Prévôts & Lieutenans connoîtront des personnes & crimes dont la connoissance est attribuée par nos Ordonnances aux Officiers des Maréchaussées ; Voulons audit cas, que lorsque les captures auront été faites par lesdits Officiers des Maréchaussées, par prévention, les procès soient instruits & jugés Prévôtablement, nonobstant que les Officiers de nos Siéges Présidiaux eussent décreté les Accusés avant ceux des Maréchaussées, ou le même jour, si ce n'est dans les Villes seulement où les Siéges Présidiaux sont établis ; & à cet effet, avons en tant que besoin, dérogé à l'article 15 du titre premier de l'Ordonnance de 1670.

III.

 Prévôts des Maréchaux.

III. Les Assesseurs seront tenus, après la compétence jugée, de se transporter sans aucun délai, avec lesdits Prévôts & Lieutenans, dans les lieux où l'instruction sera faite par lesdits Prévôts ou Lieutenans, toutes & quante fois qu'ils en seront requis par eux ou par nos Procureurs, sous peine de destitution; & d'autant qu'il est important de ne point différer l'instruction des Jugemens des procès Prévôtaux, Voulons en cas de refus par lesdits Assesseurs de se transporter avec lesdits Prévôts & Lieutenans, qu'ils en dressent les procès verbaux, qu'ils feront signer par nos Procureurs, & qu'ils puissent commettre pour cette fois aux fonctions d'Assesseurs, ou autres Officiers du même Siége, pour assister à l'instruction du procès dont il s'agira; & seront tenus lesdits Prévôts & Lieutenans d'envoyer incontinent à notre Procureur Général du Grand-Conseil, autant du procès-verbal de refus desdits Assesseurs, qui contiendra le nom de celui qu'ils auront commis, pour sur iceux être ordonné ce qu'il appartiendra.

IV. Les Jugemens préparatoires, interlocutoires ou définitifs, après la compétence jugée, seront intitulés au nom du Prévôt Général dans tous les Siéges, & sera fait mention à la fin dudit Jugement qu'il aura été donné par le Lieutenant de résidence qui aura fait l'instruction.

V. Avons attribué & attribuons aux Archers, après leur prestation de serment & enregistrement de leurs Commissions, scellées en notre grande Chancellerie, le pouvoir de donner les assignations aux témoins, & de faire les significations dans les instructions & procédures des procès Prévôtaux, soit interlocutoires, préparatoires ou définitifs, & tous Actes concernant les affaires de la compétence desdits Prévôts, même d'écrouer, arrêter & recommander les personnes qui auront été décretées par lesdits Prévôts, sans néanmoins que lesdits Archers puissent exploiter dans aucunes autres affaires, de quelque nature & qualité qu'elles soient, à peine de faux & des Galéres pour neufs ans, à l'effet de quoi Nous avons déclaré & déclarons les fonctions d'Huissiers ou Sergens Royaux & Subalternes, incompatibles avec les places d'Archers, sans que sous quelque prétexte que ce soit, il puisse être obtenu aucunes Lettres de compatibilité; & si aucunes étoient surprises au préjudice des Présentes, défendons à tous Juges d'y avoir égard, & ausdits Archers de s'en servir, sous même peines de faux & des Galéres.

VI. Les Greffiers des Maréchaussées ne prendront pour enregistrement des provisions, Actes de réception & commissions des Prévôts & Lieutenans que la somme de six livres; pour ceux des Assesseurs & nos Procureurs & Exempts, que quatre livres; pour ceux des Brigadiers, sous-Brigadiers & Archers, que deux livres.

VII. Et d'autant qu'il est nécessaire d'accélerer l'instruction des procès Prévôtaux & la punition des coupables, que dans plusieurs occasions ceux qui sont assignés pour déposer, différent d'obéir, sous prétexte qu'ils ne sont pas en état de quitter le travail qui les fait subsister, Voulons que les salaires desdits témoins soient payés sans aucun retard sur les produits des impositions de chaque Généralité ou Département.

VIII. L'Equipage, argent & effets de ceux qui seront prévenus des crimes qui peuvent emporter peine de bannissement à perpétuité, des Galéres à perpétuité, ou de mort, dont ils seront trouvés saisis lors de leur capture, seront remis entre les mains du Greffier; les chevaux, s'il y en a, seront vendus par autorité de Justice, & les deniers pareillement remis entre les mains du Greffier, pour y demeurer avec les autres effets jusqu'au Jugement définitif du procès, trois mois après, pendant lequel tems s'ils sont reclamés & que la reclamation soit jugée bonne & valable par Prévôt ou son Lieutenant, & les Officiers du Siége où le procès aura été jugé, ils seront rendus, sans que sur iceux ils puisse être pris aucuns frais ni épices du procès, ce qui aura lieu même à l'égard des reclamans qui ne seront pas déclarés parties au procès.

IX. Ne seront les gages & soldes attribués aux Officiers, Archers & Trompettes desdites Compagnies des Maréchaussées, sujets à aucunes saisies, attendu le service continuel pour lequel lesdits gages & soldes seront accordées, si ce n'est pour dettes contractées à l'occasion de leurs montures, nourriture & équipage, auquel cas pourra seulement être fait retenue de la moitié de la solde; & à l'égard des Prévôts Généraux & leurs Lieutenans, pourront seulement les gages être retenus pour dettes dont les deniers auront été employés à l'acquisition de leurs Offices. Si donnons en Mandement à nos amés & féaux Conseillers les Gens tenans notre Grand-Conseil, que ces Présentes en forme de Réglement, ils ayent à faire lire, publier & registrer, & le contenant en icelles entretenir, & faire entretenir, garder & observer selon leur forme & teneur, sans y contrevenir ni souffrir qu'il y soit contrevenu en quelque maniere que ce soit, nonobstant tous Edits, Déclarations, Ordonnances, Réglemens & autres choses à ce contraires, ausquelles nous avons dérogé & dérogeons par cesdites Présentes, aux copies desquelles dûement collationnées par l'un de nos amés & féaux Conseillers-Secrétaires, Maison, Couronne de

Procès criminels. France & de nos Finances, Voulons que foi soit ajoutée comme au présent Original : Car tel est notre plaisir ; En témoin de quoi Nous avons fait mettre notre Scel à cesdites Présentes. Donnée à Paris le vingt-huitiéme jour de Mars l'an de grace mil sept cent vingt, & de notre Régne le cinquiéme. Signé, LOUIS, *Et plus bas*, par le Roi, LE DUC D'ORLÉANS, Régent, présent. LE BLANC. Et scellée du grand Sceau de cire jaune.

DECLARATION DU ROI,

Portant que ceux qui seront convaincus d'avoir imité, contrefait, falsifié ou altéré les Papiers Royaux seront punis de mort.

Du 4 Mai 1720.

Faux. LOUIS, par la grace de Dieu, Roi de France & de Navarre : A tous ceux qui ces présentes Lettres verront ; SALUT. Par Ordonnance du Roi François Premier du mois de Mars 1531, il est expressément porté, que tous ceux qui seront convaincus d'avoir fait & passé de faux Contrats, seront punis de mort, laquelle disposition notre très-honoré Seigneur & Bisayeul par son Edit du mois de Mars 1680, a étendu à nos Juges, Greffiers, Ministres de Justice, Police & Finances, tant de nos Cours & Justices Royales ou des Seigneurs, qu'à ceux des Officialités & des Chancelleries, ainsi qu'aux Gardes des Livres & Registres des Chambres des Comptes & des Bureaux des Finances, aux Officiers des Hôtels de Villes, aux Archivistes, & généralement, à toutes personnes faisant fonctions publiques par Offices, Commission ou subdélégation, leurs Clercs ou Commis, laissant à l'arbitrage des Juges de punir de mort ceux qui auroient commis des faussetés en tous autres cas, ainsi qu'ils le jugeroient à propos ; au préjudice de laquelle Déclaration notredit Seigneur & Bisayeul ayant été informé que quelques particuliers qui avoient contrefait la signature des Secrétaires d'Etat, avoient été seulement condamnés aux Galéres, sous prétexte que ladite Ordonnance de 1531, ni l'Edit du mois de Mars 1680, ne contenoient aucune disposition précise à cet égard, il auroit expressément ordonné par sa Déclaration du 29 Août 1699, que ceux qui contreferoient les signatures desdits Secrétaires d'Etat & de nos Commandemens, dans les choses qui concernent la fonction de leurs Charges seroient punis de mort ; ce qui a donné lieu à plusieurs Arrêts qui ont condamné au dernier supplice les faussaires de cette espéce & quelques personnes ayant entrepris de falsifier les Billets de monnoye, soit dans les sommes, elles ont subi une semblable condamnation, qui a été aussi prononcée par l'article 7 de nos Lettres-Patentes du 2 Mai 1716, regiftrées en notre Cour de Parlement de Paris, le 4 du même mois, contre tous ceux qui fabriqueroient ou falsifieroient les Billets de la Banque en contreferoient le cachet ou les planches sur lesquelles lesdits Billets seroient gravés : cependant la malice des faussaires, & l'espérance d'un gain considérable les ayant portés à chercher de nouveaux moyens, non-seulement pour imiter, contrefaire, falsifier ou altérer les Récépissés du Trésor Royal & autres Papiers publics, mais aussi à contrefaire, altérer ou changer, soit dans les sommes, soit dans les dates & les numeros, les Ordonnances tirées sur notre Trésor Royal, ainsi que les autres Expéditions qui émanent, Nous avons crû qu'il importoit au bien général du Royaume, à la sûreté du Commerce, & à l'intérêt de nos Sujets, d'ordonner que tous les faussaires de cette qualité, seroient aussi punis du dernier supplice, ainsi que ceux qui seroient convaincus d'avoir falsifié ou altéré les Registres, Quittances & autres expéditions de nos revenus casuels, Trésoriers Généraux de l'Extraordinaire des Guerres, Receveur des Consignations ou des Epices, Commissaires aux Saisies Réelles, des Préposés à la Recette de nos Fermes, ou de nos Finances, Receveurs & Trésoriers de nos Pays d'Etat, & tous autres qui sont chargés par Commission ou autrement de la Recette, du payement ou du maniement des fonds qui entrent dans les Caisses Royales ou publiques, sans que ladite peine puisse être modérée, sous prétexte que les articles desdits Registres altérés ou falsifiés, ni lesdites Ordonnances, quittances ou expéditions seroient pour des sommes très-modiques, ainsi qu'il a été ordonné par la Déclaration du feu Roi notre très-honoré Seigneur & Bisayeul, du 11 Septembre 1706, à l'égard des vols qui se commettroient dans nos Maisons Royales ; A CES CAUSES, & autres à ce Nous mouvans, de l'avis de notre très-cher & très-amé Oncle le Duc d'Orléans Petit Fils de France, Régent de notre très-cher & très-amé Oncle le Duc de

Chartres, Premier Prince de notre Sang, de notre très-cher & très-amé Cousin le Duc de Bourbon, de notre très-cher & très-amé Cousin le Prince de Conty, Princes de notre Sang; de notre très-cher & très-amé Oncle le Comte de Toulouse Prince légitimé, & autres Pairs de France, Grands & Notables Personnages de notre Royaume, Nous & de notre certaine science, pléine puissance & autorité Royale avons par ces présentes signées de notre main, dit & ordonné, disons & ordonnons, Voulons & Nous plaît.

Faux.

ARTICLE PREMIER.

Que lesdites Ordonnances, Edits & Déclarations du mois de Mars 1531, du mois de Mars 1680, Déclaration du 20 Août 1699, l'article 7 desdites Lettres du 2 Mai 1726 seront exécutées selon leur forme & teneur; & en y ajoutant, ordonnons que tous ceux qui seront convaincus d'avoir imité, contrefait, falsifié ou altéré en quelque sorte & maniere que ce puisse être, les Ordonnances tirées sur notre Trésor Royal, les états ou extraits de distributions, ainsi que les rescriptions, récepissés, ou autres expéditions qui émanent de notre Trésor Royal, seront condamnés à mort par nos Juges, sans qu'ils puissent modérer ladite peine, quoique pour semblable cas, ils n'eussent jamais été repris ou punis, & sans avoir égard à la valeur ou à la modicité du préjudice que lesdites falsifications, altérations, ou changemens auroient pû causer.

II. Voulons pareillement que tous ceux qui seront convaincus d'avoir falsifié ou altéré les Registres, Quittances ou Expéditions du Trésorier de nos Revenus casuels, Trésoriers Généraux de l'Extraordinaire des Guerres, Receveurs des Consignations ou des Epices, Commissaires aux Saisies-réelles, ensemble des Préposés à la Recette de nos Fermes ou de nos Finances, Receveurs ou Trésoriers de nos Pays d'Etats, & tous autres qui sont chargés par Commission ou autrement de la Recette, du maniement ou du payement des fonds qui entrent dans les Caisses Royales, ou publiques, soient punis de mort, sans que ladite peine puisse être modérée pour quelque cause ou occasion que ce puisse être.

III. Ordonnons aussi que tous ceux qui seront convaincus d'avoir altéré, changé, ou falsifié tous Papiers Royaux ou publics, soient condamnés au dernier supplice, sans que les Juges puissent avoir égard à la modicité des sommes, ni au plus ou moins de dommage que lesdites falsifications, altérations, ou changemens pourroient causer. Si donnons en Mandement à nos amés & féaux Conseillers les Gens tenans notre Cour de Parlement à Paris, que ces Présentes ils ayent à faire lire, publier & registrer, & le contenu en icelles, garder & exécuter selon leur forme & teneur. Car tel est notre plaisir; en témoin de quoi Nous avons fait mettre notre Scel à cesdites Présentes. Donné à Paris le quatriéme jour de Mai, l'an de grace mil sept cent vingt, & de notre Régne le cinquiéme, *Signé*, LOUIS; *Et plus bas*, Par le Roi, LE DUC D'ORLÉANS Régent, présent. PHELYPEAUX. Vû au Conseil, LAW. Et scellée du grand Sceau de cire jaune.

Registrées, oüi ce requerant le Procureur Général du Roi, pour être exécutées selon leur forme & teneur; & copies collationnées envoyées aux Bailliages & Sénéchaussées du ressort, pour y être lûes, publiées & registrées: Enjoint aux Substituts du Procureur Général du Roi d'y tenir la main, & d'en certifier la Cour dans un mois, suivant l'Arrêt de ce jour. A Paris en Parlement, le dixiéme Juin mil sept cent vingt. Signé, GILBERT.

DECLARATION DU ROI,

Qui régle le rang & Séance des Prévôts Généraux des Maréchaux, & de leurs Lieutenans.

Du 30 Octobre 1720.

LOUIS, par la grace de Dieu, Roi de France & de Navarre: A tous ceux qui ces Présentes Lettres verront, SALUT. Par notre Edit du mois de Mars dernier, & nos Déclarations des 28 dudit mois de Mars & 9 Avril suivant, Nous avons créé & établi des Prévôts Généraux & des Lieutenans sous eux pour remplir les mêmes fonctions dans les Jugemens des procès Prévôtaux, que celles qui étoient attribuées aux Officiers des Maréchauffées fupprimées; & étant informé les Officiers de quelques Siéges & Préfidiaux refufent aux Prévôts Généraux la féance après que celui qui préfide, même la voix délibérative à ceux defdits Prévôts qui ne font pas gradués; que d'autres prétendent que les Lieutenans ne doivent point avoir voix délibérative, encore que fuivant nofdits Edits & Déclarations ils foient établis à la place des Prévôts particuliers que Nous avons fupprimés. Et d'autant que Nous avons accordé par préférence les Charges de Prévôts & Lieutenans à des perfonnes expérimentées au fait des armes qui ne font pas graduées, & que notre intention a été de les faire jouir des mêmes féances & voix délibératives dont jouiffoient les Officiers des Maréchauffées fupprimées: A CES CAUSES, & autres à ce Nous mouvans, de l'avis de notre très-cher & très-amé Oncle le Duc de Chartres, premier Prince du Sang; de notre très-cher & très-amé Coufin le Duc de Bourbon; de notre très-cher & très-amé Coufin le Prince de Conty, Princes de notre Sang; de notre très-cher & très-amé Oncle le Comte de Touloufe Prince légitimé, & autres Pairs de France, Grands & Notables Perfonnages de notre Royaume, & de notre certaine fcience, pleine puiffance & autorité Royale, Nous avons dit, déclaré & ordonné & par ces Préfentes fignées de notre main, difons, déclarons & ordonnons, Voulons & Nous plaît ce qui enfuit. Que les Prévôts Généraux créés par Edit du mois de Mars dernier, ayent rang, féance & voix délibérative dans la Chambre du Confeil après celui qui préfidera, & leurs Lieutenans après le Doyen des Confeillers, foit qu'il préfide ou non. Ordonnons que lefdits Prévôts & Lieutenans auront voix délibérative dans les procès dont la connoiffance leur eft attribuée, quand même ils ne feroient pas gradués; fans néanmoins que les Lieutenans puiffent avoir voix délibérative lorfque les Prévôts Généraux affifteront au Jugement defdits procès, dérogeant à cet effet à tous Edits & Déclarations à ce contraires. Si donnons en Mandement à nos amés & féaux Confeillers les Gens tenans notre Grand Confeil, que ces préfentes nos Lettres en forme de Réglement, ils ayent à faire lire, publier & regiftrer, & le contenu en icelles, entretenir & faire entretenir, garder & obferver felon leur forme & teneur, fans y contrevenir ni fouffrir qu'il y foit contrevenu en quelque forte & maniere que ce foit, nonobftant tous Edits, Déclarations, Ordonnances, Réglemens, & autres chofes à ce contraires, aufquels Nous avons dérogé & dérogeons par cefdites Préfentes; aux copies defquelles dûement collationnées par l'un de nos amés & féaux Confeillers-Secrétaires, Maifon, Couronne de France & de nos Finances, Voulons que foi foit ajoutée comme au préfent original: Car tel eft notre plaifir. Donnée à Paris le trentiéme d'Octobre, l'an de grace mil fept cent vingt, & de notre Régne le fixiéme. *Signé*, LOUIS. *Et plus bas*, par le Roi. Le DUC D'ORLÉANS. Régent; préfent. LE BLANC. Et fcellée du grand Sceau de cire jaune.

Lûe & publiée en l'Audience & enregiftrée ès Regiftres du Grand-Confeil du Roi, pour être gardée, obfervée, & exécutée felon fa forme & teneur: oüi, & ce requerant le Procureur Général du Roi, & copie d'icelles envoyées aux Préfidiaux, Bailliages & Sénéchauffées du Royaume, pour y être pareillement lûe, publiée & enregiftrée; Enjoint aux Subftituts du Procureur Général du Roi d'y tenir la main, & d'en certifier le Confeil dans un mois, fuivant l'Arrêt dudit Confeil de cejourd'hui quatorze Novembre mil fept cent vingt. Signé VERDUC.

DECLARATION DU ROI,

Du 4 Mars 1724.

Concernant la punition des Voleurs.

Regiftrée en Parlement, le 31 Mars 1724.

Voleurs. LOUIS, par la grace de Dieu, Roi de France & de Navarre: A tous ceux qui ces Préfentes Lettres verront; SALUT. L'attention & les foins que notre Parlement de Paris a apportés par nos ordres dans les dernieres années de notre minorité, à la pourfuite & à la punition d'un grand nombre de gens fans aveu & prevenus de crimes qui s'étoient répandus, tant dans notre bonne Ville de Paris, que dans nos Provinces, ont purgé notre Royaume de la plus grande partie de ces scélérats ; mais l'expérience ayant fait connoître à nos Juges, qu'on ne vient aux plus grands crimes que par dégrés, & que le peu de sévérité que les Loix ont apporté jusqu'à présent à punir les moindres crimes, est la source qui produit les plus grands, Nous avons résolu d'y pourvoir. A CES CAUSES, de l'avis de notre Conseil, certaine science, pleine puissance & autorité Royale, Voulons & Nous plaît ce qui suit. Voleurs.

ARTICLE PREMIER.

Ceux & celles qui se trouveront à l'avenir convaincus de vol & de larcins faits dans les Eglises, ne pourront être punis de moindre peine, que ; sçavoir les hommes, de celles des Galéres à tems ou à perpétuité ; & les femmes flétries d'une marque en forme de la lettre V. & enfermées à tems ou pour leur vie dans la Maison de force, le tout sans préjudice de la peine de mort, s'il y échoit, suivant l'exigence des cas.

II. Le vol domestique sera puni de mort.

III. Ceux ou celles qui n'ayant encore été repris de Justice, se trouveront pour la premiere fois convaincus de vol, autre que ceux commis dans les Eglises, ou vol domestique, ne pourront être condamnés à moindre peine que celle du fouet & d'être flétris d'une marque en forme de la lettre V, sans préjudice de plus grande peine, s'il y échoit, suivant l'exigence des cas.

IV. Ceux & celles qui après avoir été condamnés pour vol, ou flétris pour quelqu'autre crime que ce soit, seront convaincus de récidive en crime de vol, ne pourront être condamnés à moindre peine, que ; sçavoir, les hommes aux Galeres à tems ou à perpétuité, & les femmes à être de nouveau flétries d'un double W. si c'est pour récidive de vol, ou d'un simple V. si la premiere flétrissure a été encourue pour autre crime, & enfermées à tems ou pour leur vie dans les Maisons de force, le tout sans préjudice de la peine de mort, s'il y échoit, suivant l'exigence des cas.

V. Ceux qui seront condamnés aux Galéres, à tems ou à perpétuité pour quelque crime que ce puisse être, seront flétris avant d'y être conduits, de trois lettres *G. A. L.* pour en cas de récidive en crime qui mérite peine afflictive, être punis de mort.

VI. Seront les deux articles précédens exécutés, encore que les Accusés eussent obtenus de Nous des Lettres de rappel de Ban ou de Galéres, ou de commutation de peine pour précédens vols ou autres crimes. Si donnons en Mandement.

DECLARATION DU ROI,

Du 14 Mai 1724.

Concernant la Religion P. R.

Registrée en Parlement, le 31 du même mois.

LOUIS, par la grace de Dieu, Roi de France & de Navarre : A tous ceux qui ces présentes Lettres verront ; SALUT. De tous les grands desseins que feu Roi notre très-honoré Seigneur & Bisayeul a formé dans le cours de son régne, il n'y en a point que Nous ayons plus à cœur de suivre & d'exécuter, que celui qu'il avoit conçu, d'éteindre entiérement l'hérésie dans son Royaume, à quoi il a donné une application infatigable jusqu'au dernier moment de sa vie. Dans la vûe de soutenir un ouvrage si digne de son zéle & de sa piété, aussi-tôt que nous sommes parvenus à la Majorité, notre premier soin a été de Nous faire représenter les Edits, Déclarations & Arrêts du Conseil qui ont été rendus sur ce sujet, pour en renouveller les dispositions & enjoindre à tous nos Officiers de les faire observer avec la derniere exactitude ; mais Nous avons été informés que l'exécution en a été ralentie depuis plusieurs années, sur-tout dans les Provinces qui ont été affligées de la contagion, & dans lesquelles il se trouve un plus grand nombre de nos Sujets qui ont ci-devant fait profession de la Religion prétendue réformée, par les fausses & dangereuses impressions que quelques-uns d'entr'eux, peu sincérement réunis à la Religion Catholique, Apostolique & Romaine, & excités par des mouvemens étrangers, ont voulu insinuer secrétement pendant notre minorité ; ce qui Nous ayant engagé à donner une nouvelle attention à un objet si important, nous avons reconnu que les Religion P. R.

Religion P. R. principaux abus qui se sont glissés & qui demandent un prompt remede, regardent principalement les Assemblées illicites, l'éducation des enfans, l'obligation pour tous ceux qui exercent quelques fonctions publiques, de professer la Religion Catholique, Apostolique & Romaine, les peines ordonnées contre les relaps & la célébration des Mariages ; sur quoi Nous avons résolu d'expliquer bien distertement nos intentions. A CES CAUSES, de l'avis de notre Conseil, & de notre spéciale, pleine puissance & autorité Royale, Nous avons dit & ordonné, & par ces Présentes signées de notre main, disons & ordonnons, Voulons & Nous plaît.

ARTICLE PREMIER.

Edit du mois d'Oct. 1685, art. 2. 3. Déclaration du 1. Juillet 1686, art. 5. Déclaration du 13. Décembre 1698.

Que la Religion Catholique, Apostolique & Romaine soit seule exercée dans notre Royaume, Pays & Terre de notre obéissance ; défendons à tous nos Sujets, de quelque état, qualité & condition qu'ils soient, de faire aucun exercice de Religion, autre que ladite Religion Catholique, & de s'assembler pour cet effet en aucun lieu & sous quelque prétexte que ce puisse être ; à peine contre les hommes des Galéres perpétuelles, & contre les femmes d'être rasées & enfermées pour toujours dans les lieux que nos Juges estimeront à propos, avec confiscation des biens des uns & des autres ; même peine de mort contre ceux qui se seront assemblés en armes.

II. Etant informé qu'il s'est élevé & s'éleve journellement dans notre Royaume plusieurs Prédicans qui ne sont occupés qu'à exciter les peuples à la révolte, & les détourner des exercices de la Religion Catholique, Apostolique & Romaine, ordonnons que tous les Prédicans qui auront convoqué des Assemblées, qui y auront prêché, ou fait aucunes fonctions, soient punis de mort ; ainsi que la Déclaration du mois de Juillet 1686 l'ordonne pour les Ministres de la Religion prétendue réformée, sans que ladite peine de mort puisse à l'avenir être réputée comminatoire. Défendons à tous nos Sujets de recevoir lesdits Ministres ou Prédicans, de leur donner retraite, secours & assistance, d'avoir directement ou indirectement aucun commerce avec eux. Enjoignons à ceux qui en auront connoissance, de les dénoncer aux Officiers des lieux ; le tout à peine, en cas de contravention, contre les hommes, des Galéres à perpétuité, & contre les femmes d'être rasées & enfermées pour le reste de leurs jours dans les lieux que nos Juges estimeront à propos, & de confiscation des biens des uns & des autres.

Déclaration du 1. Juillet 1686, art. 2. Déclaration du 13. Décembre 1698.

III. Ordonnons à tous nos Sujets, & notamment à ceux qui ont ci-devant professé la Religion prétendue réformée, ou qui sont nés de parens qui en ont fait profession, de faire baptiser leurs enfans dans les Eglises des Paroisses où ils demeurent, dans les vingt-quatre heures après leur naissance, si ce n'est qu'ils ayent obtenu la permission des Archevêques ou Evêques Diocésains de différer les cérémonies du Baptême, pour des raisons considérables. Enjoignons aux Sages-femmes & autres personnes qui assistent les femmes dans leurs accouchemens, d'avertir les Curés des lieux de la naissance des enfans, & à nos Officiers & à ceux des Sieurs qui ont la Haute-Justice d'y tenir la main, & de punir les contrevenans par des condamnations d'amendes, même par des plus grandes peines, suivant l'exigence des cas.

IV. Quant à l'éducation des enfans de ceux qui ont ci-devant professé la Religion prétendue réformée, ou qui sont nés des parens qui en ont fait profession, Voulons que l'Edit du mois de Janvier 1686, & les Déclarations des 13 Décembre 1698, & 16 Octobre 1700, soient exécutées en tout ce qu'elles contiennent, & en y ajoutant, Nous défendons à tous nosdits Sujets d'envoyer élever leurs enfans hors du Royaume ; à moins qu'ils n'en ayent obtenu de Nous la permission par écrit, signée de l'un de nos Secrétaires d'Etat, laquelle Nous n'accorderons qu'après que Nous aurons été suffisamment informés de la catholicité des peres & meres ; & ce à peine, en cas de contravention, d'une amende, laquelle sera réglée à proportion des biens & facultés des peres & meres desdits enfans, & néanmoins ne pourra être moindre que la somme de six mille livres, & sera continuée par chaque année que leursdits enfans demeureroient en Pays étrangers, au préjudice de nos défenses ; à quoi Nous enjoignons à nos Juges de tenir exactement la main.

V. Voulons qu'il soit établi, autant qu'il sera possible, des Maîtres & Maîtresses d'École dans toutes les Paroisses où il n'y en a point, pour instruire tous les enfans de l'un & de l'autre sexe, des principaux mysteres & devoir de la Religion Catholique, Apostolique & Romaine, les conduire à la Messe tous les jours ouvriers autant qu'il sera possible, leur donner les instructions dont ils ont besoin sur ce sujet, & avoir soin qu'ils assistent au Service divin les Dimanches & les Fêtes, comme aussi pour y apprendre à lire, & même à écrire à ceux qui pourroient en avoir besoin, le tout ainsi qu'il sera ordonné par les Archevêques & Evêques en conformité de l'article 25 de l'Edit de 1695, concernant la Jurisdiction Ecclésiastique : Voulons à cet effet, que dans les lieux où il n'y aura pas d'autres fonds, il puisse être imposé sur tous les habitans, la somme qui manquera pour l'établissement desdits Maîtres & Maîtresses, jusqu'à celle de cent cinquante livres par an pour les Maîtres, & de cent livres pour les Maîtresses, & que les Lettres sur ce nécessaires, soient expédiées sans frais, sur les avis que les Archevêques & Evêques Diocésains, & les Commissaires départis dans nos Provinces pour l'exécution de nos ordres, Nous en donneront. Religion P. R.

VI. Enjoignons à tous les peres, meres, tuteurs, & autres personnes qui sont chargées de l'éducation des enfans, & nommément de ceux dont les peres ou meres ont fait profession de la Religion prétendue réformée, ou sont nés de parens Religionnaires, de les envoyer aux Ecoles & aux Catéchismes jusqu'à l'âge de quatorze ans, même pour ceux qui sont au-dessus de cet âge jusqu'à celui de vingt ans, aux instructions qui se font les Dimanches & les Fêtes; si ce n'est que ce soient des personnes de telle condition qu'elles puissent, & qu'elles doivent les faire instruire chez elles, ou les envoyer au Collége, ou les mettre dans des Monasteres ou Communautés Régulieres : Enjoignons aux Curés de veiller avec une attention particuliere sur l'instruction desdits enfans dans leurs Paroisses, même à l'égard de ceux qui n'iront pas aux Ecoles : Exhortons & néanmoins enjoignons aux Archevêques & Evêques de s'en informer soigneusement; ordonnons aux peres & autres qui en ont l'éducation, & particuliérement aux personnes les plus considérables par leur naissance ou leurs emplois, de leur représenter les enfans qu'ils ont chez eux, lorsque les Archevêques ou Evêques l'ordonneront dans le cours de leurs visites; pour leur rendre compte de l'instruction qu'ils auront reçue touchant la Religion, & à nos Juges, Procureurs, & à ceux des Sieurs qui ont la Haute-Justice, de faire toutes les diligences, perquisitions, & Ordonnances nécessaires pour l'exécution de notre volonté à cet égard, & de punir ceux qui seroient négligens d'y satisfaire, ou qui auroient la témérité d'y contrevenir, de quelque maniere que ce puisse être par des condamnations d'amende qui seront exécutées par provisions, nonobstant l'appel, à telles sommes qu'elles puissent monter.

VII. Pour assurer encore plus l'exécution de l'article précédent Voulons que nos Procureurs, & ceux des Sieurs Hauts-Justiciers se fassent remettre tous les mois par les Curés, Vicaires, Maîtres ou Maîtresses d'Ecoles, ou autres, qu'ils chargeront de ce soin, un état exact de tous les enfans qui n'iront pas aux Ecoles ou aux Catéchismes & instructions, de leurs noms, âges, sexes, & des noms de leurs peres & meres, pour faire ensuite les poursuites nécessaires contre les peres & meres, tuteurs, ou curateurs, ou autres chargés de leur éducation, & qu'ils ayent soin de rendre compte au moins tous les six mois, à nos Procureurs Généraux; chacun dans leur ressort, des diligences qu'ils auront faites à cet égard, pour recevoir d'eux les ordres & les instructions nécessaires.

VIII. Les secours spirituels n'étant en aucun tems plus nécessaires, sur-tout à ceux de nos Sujets qui sont nouvellement réunis à l'Eglise, que dans les occasions de maladies où leur vie & leur salut sont également en danger, Voulons que les Médecins, & à leur défaut les Apoticaires & Chirurgiens qui seront appellés pour visiter les malades, soient tenus d'en donner avis aux Curés & Vicaires des Paroisses, dans lesquelles lesdits malades demeureront, aussitôt qu'ils jugeront que la maladie pourroit être dangereuse, s'ils ne voyent qu'on les y ait appellés d'ailleurs, afin que lesdits malades, & nommément nos Sujets nouvellement réunis à l'Eglise, puissent en recevoir les avis & les consolations spirituelles dont ils auront besoin, & le secours des Sacremens, lorsque lesdits Curés ou Vicaires trouveront lesdits malades en état de le recevoir : Enjoignons aux parens, serviteurs, autres personnes qui seront auprès desdits malades, de les faire entrer auprès d'eux, & de les recevoir avec la bienséance convenable à leur caractere; & Voulons que ceux desdits Médecins, Apoticaires & Chirurgiens qui auront négligé de ce qui est de leur devoir à cet égard, & pareillement les parens, serviteurs & autres qui sont auprès desdits malades, qui auront refusé ausdits Curés ou Vicaires, ou Prêtres envoyés par eux, de leur faire voir lesdits malades, soient condamnés en telle amende qu'il appartiendra, même les Médecins, Apoticaires, Chirurgiens, interdits en cas de récidive, le tout suivant l'exigence des cas.

IX. Enjoignons pareillement à tous Curés, Vicaires & autres, qui ont la charge des ames, de visiter soigneusement les malades, de quelque état & qualité qu'ils soient, notamment ceux qui ont ci-devant professé la Religion prétendue réformée, ou qui sont nés de parens qui en ont fait profession, de les exhorter en particulier & sans témoins à recevoir les Sacremens de l'Eglise, en leur donnant à cet effet toutes les instructions nécessaires avec la prudence & la charité qui convient à leur ministere, & en cas qu'au mépris de leurs exhortations & avis salutaires, Déclaration des 19 Septembre 1680, 19 Avril 1686, & 8 Mars 1751.

Religion P. R. lesdits malades refusent de recevoir les Sacremens qui leur seront par eux offerts, & déclarent ensuite publiquement qu'ils veulent mourir dans la Religion prétendue réformée, & qu'ils persistent dans la Déclaration qu'ils en auront faite pendant leur maladie, Voulons que s'ils viennent à recouvrer la santé, le procès leur soit fait & parfait par nos Baillifs & Sénéchaux à la requête de nos Procureurs, & qu'ils soient condamnés au bannissement à perpétuité, avec confiscation de leurs biens, & dans les Pays où la confiscation n'a pas lieu, en une amende qui ne pourra être moindre que la valeur de la moitié de leurs biens; si au contraire ils meurent dans cette malheureuse disposition, Nous ordonnons que le procès sera fait à leur mémoire par nosdits Baillifs & Sénéchaux, à la requête de nos Procureurs, en la forme prescrite par les articles du titre 22 de notre Ordonnance du mois d'Août 1670, pour être leurdite mémoire condamnée avec confiscation de leurs biens, dérogeant aux autres peines portées par la Déclaration du 29 Avril 1686, & celles du 8 Mars 1715, lesquelles seront au surplus exécutées en ce qui ne se trouvera contraire au présent article; & en cas qu'il n'y ait point de Bailliage Royal dans le lieu où le fait sera arrivé, nos Prévôts & Juges Royaux, & s'il n'y en a pas, les Juges des Sieurs qui y ont la Haute-Justice, en informeront & envoyeront les informations par eux faites aux Greffes des Bailliages & Sénéchaussées d'où ressortissent lesdits Juges, qui ont la connoissance des cas Royaux dans l'étendue desdites Justices, pour y être procédé à l'instruction & au Jugement du procès, à la charge de l'appel en nos Cours de Parlement.

X. Voulons que le contenu au précédent article soit exécuté, sans qu'il soit besoin d'autre preuve pour établir le crime de relaps, que le refus qui aura été fait par le malade des Sacremens de l'Eglise, offerts par les Curés, Vicaires, ou autres ayant la charge des ames, & la Déclaration qu'il aura faite publiquement comme ci-dessus, & sera la preuve dudit refus & de ladite Déclaration publique établie par la déposition desdits Curés, Vicaires ou autres ayant la charge des ames, & de ceux qui auront été présens lors de ladite Déclaration, sans qu'il soit nécessaire que les Juges du lieu se soient transportés dans la maison desdits malades, pour y dresser procès-verbal de leurs refus & Déclaration, & sans que lesdits Curés ou Vicaires, qui auront visité lesdits malades, soient tenus de requerir le transport desdits Officiers, ni de leur dénoncer le refus & la Déclaration qui leur aura été faite, dérogeant à cet égard aux Déclarations des 29 Avril 1686 & 8 Mars 1715, en ce qui pourra être contraire au présent article & au précédent.

XI. Et attendu que Nous sommes informés que ce qui contribue le plus à confirmer ou à faire tomber lesdits malades dans leurs anciennes erreurs, est la présence & les exhortations de quelques Religionnaires cachés, qui les assistent secrétement en cet état, & abusent des préventions de leur enfance & de la foiblesse où la maladie les reduit, pour les faire mourir hors du sein de l'Eglise, Nous Ordonnons que le procès soit fait & parfait par nos Baillifs & Sénéchaux, ainsi qu'il est dit ci-dessus, à ceux qui se trouveront coupables de ce crime, dont nos Prévôts & autres Juges Royaux pourront informer, même les Juges des Sieurs qui auroient la Haute-Justice, dans les lieux où le fait seroit arrivé, s'il n'y a point de Bailliage ou Sénéchaussée Royale dans lesdits lieux; à la charge d'envoyer les informations au Bailliage Royal comme dessus, pour être le procès continué par nos Baillifs & Sénéchaux; & les coupables condamnés; sçavoir, les hommes aux Galéres perpétuelles ou à tems, selon que les Juges l'estimeront à propos; & les femmes à être rasées & enfermées dans les lieux que nos Juges ordonneront, à perpétuité ou à tems, ce que Nous laissons pareillement à leur prudence.

XII. Ordonnons que suivant les anciennes Ordonnances des Rois nos prédécesseurs, & l'usage observé dans notre Royaume, nul de nos Sujets ne pourra être reçû en aucune Charge de Judicature dans nos Cours, Bailliages, Sénéchaussées, Prévôtés & Justices, ni dans celle des Hauts-Justiciers, même dans les places des Maires & Echevins, & autres Officiers des Hôtels de Ville, soit qu'ils soient érigés en titre d'Office, ou qu'il y soit pourvû par élection ou autrement, ensemble dans celles des Greffiers, Procureurs, Notaires, Huissiers & Sergens, de quelque Jurisdiction que ce puisse être, & généralement dans aucun Office ou fonction publique, soit en titre ou par commission, même dans les Offices de notre Maison & Maisons Royales, sans avoir une attestation du Curé, ou en son absence, du Vicaire de la Paroisse dans laquelle ils demeurent, de leurs bonne vie & mœurs, ensemble de l'exercice actuel qu'ils font de la Religion Catholique, Apostolique & Romaine.

Déclaration du 13 Décembre 1698, article 13.

XIII. Voulons pareillement que les licences ne puissent être accordées dans les Universités du Royaume, à ceux qui auront étudié en Droit ou en Médecine, que sur des attestations semblables que les Curés leur donneront, & qui seront par eux représentées à ceux qui leur doivent donner lesdites licences; desquelles attestations il sera fait mention dans les Lettres de licence

Déclaration du 14 Décembre 1698, article 14.

licence qui leur seront expédiées, à peine de nullité; n'entendons néanmoins assujettir à cette règle les étrangers qui viendront étudier & prendre des degrés dans les Universités de notre Royaume, à la charge que conformément à la Déclaration du 26 Février 1680, & à l'Edit du mois de Mars 1707, les degrés par eux obtenus ne pourront leur servir dans notre Royaume.

Religion P. R.

XIV. Les Médecins, Chirurgiens, Apoticaires, & les Sages-Femmes, ensemble les Libraires & Imprimeurs ne pourront être aussi admis à exercer leur art & profession dans aucun lieu de notre Royaume, sans rapporter une pareille attestation, de laquelle il sera fait mention dans les Lettres qui leur seront expédiées, même dans la Sentence des Juges, à l'égard de ceux qui doivent prêter serment devant eux, le tout à peine de nullité.

Déclaration du 20 Février 1680. Arrêt du Conseil du 15 Septembre 1685.

XV. Voulons que les Ordonnances, Edits & Déclarations des Rois, nos Prédécesseurs sur le fait des mariages, & nommément l'Edit du mois de Mars 1667, & la Déclaration du 15 Juin de la même année, soient exécutées selon leur forme & teneur par nos Sujets nouvellement réunis à la Foi Catholique, comme par tous nos autres Sujets: leur enjoignons d'observer dans les mariages qu'ils voudront contracter les solemnités prescrites tant par les saints Canons, reçus & observés dans ce Royaume, que par lesdites Ordonnances, Edits & Déclarations, le tout sous les peines qui y sont portées, & même de punition exemplaire, suivant l'exigence des cas.

Déclaration du 13 Décembre 1698, article 7.

XVI. Les Enfans mineurs, dont les peres & meres, tuteurs ou curateurs sont sortis de notre Royaume, & se sont retirés dans les Pays étrangers pour cause de Religion, pourront valablement contracter mariage, sans attendre ni demander le consentement de leursdits peres & meres, tuteurs ou curateurs absens, à condition néanmoins de prendre le consentement & avis de leurs Tuteurs ou Curateurs, s'ils en ont dans le Royaume, sinon, il leur en sera créé à cet effet, ensemble de leurs parens ou alliés, s'ils en ont, ou au défaut des parens & alliés, de leurs amis ou voisins: Voulons à cet effet qu'avant de passer outre au contrat & célébration de leur mariage, il soit fait devant le Juge Royal des lieux où ils ont leur domicile, en présence de notre Procureur, & s'il n'y a point de Juge Royal, devant le Juge ordinaire desdits lieux, le Procureur Fiscal de la Justice présent, une assemblée de six des plus proches parens ou alliés, tant paternels que maternels, faisant l'exercice de la Religion Catholique, Apostolique & Romaine, outre le tuteur, ou le curateur desdits mineurs; & au défaut de parens ou alliés, de six amis ou voisins; de la même qualité, pour donner leur avis & consentement, s'il y échoit, & seront les Actes pour ce nécessaires expédiés sans aucuns frais, tant de Justice que de Sceau, Contrôle, Insinuations ou autres; & en cas qu'il n'y ait que le pere ou la mere desdits enfans mineurs qui soient sortis du Royaume, il suffira d'assembler trois parens ou alliés du côté de celui qui sera hors du Royaume, ou à leur défaut, trois voisins ou amis, lesquels avec le pere ou la mere qui se trouvera présent, & le tuteur ou curateur, s'il y en a autre que le pere ou la mere, donneront leur avis & consentement, s'il y échoit, pour le mariage proposé, duquel consentement dans tous les cas ci-dessus marqués, il sera fait mention sommaire dans le contrat de mariage qui sera signé par lesdits pere ou mere, Tuteur ou Curateur, parens, alliés, voisins ou amis, comme aussi sur le registre de la Paroisse, où se fera la célébration dudit mariage; le tout sans que lesdits enfans audit cas, puissent encourir les peines portées par les Ordonnances contre les enfans de famille qui se marient sans le consentement de leurs pere & mere; à l'effet de quoi Nous avons dérogé & dérogeons pour ce regard seulement ausdites Ordonnances, lesquelles seront au surplus exécutées selon leur forme & teneur.

Déclaration du 6 Août 1686.

XVII. Défendons à tous nos Sujets, de quelque qualité & condition qu'ils soient, de consentir & approuver que leurs enfans & ceux dont ils seront Tuteurs ou Curateurs se marient en Pays étrangers, soit en signant les Contrats qui pourroient être faits pour parvenir ausdits mariages, soit par Acte antérieur ou postérieur, pour quelque cause & sous quelque prétexte que ce puisse être, sans notre permission expresse & par écrit, signée par l'un de nos Secrétaires d'Etat & de nos Commandemens, à peine des Galéres à perpétuité contre les hommes, & de bannissement perpétuel contre les femmes, & en outre de confiscation des biens des uns & des autres, & où confiscation n'auroit pas lieu, d'une amende qui ne pourra être moindre que de la moitié de leurs biens.

Déclaration du 16 Juin 1685.

XVIII. Voulons que dans tous les Arrêts & Jugemens qui ordonneront la confiscation des biens de ceux qui l'auront encourue, suivant les différentes dispositions de notre présente Déclaration, nos Cours & autres nos Juges ordonnent que sur les biens situés dans les Pays où la confiscation n'a pas lieu, ou sur ceux non sujets à confiscation, ou qui ne seront pas

Religion P. R. confisqués à notre profit, il sera pris une amende qui ne pourra être moindre que de la valeur de la moitié desdits biens, laquelle amende tombera ainsi que les biens confisqués, dans la Régie des biens des Religionnaires absens, pour être employés avec le revenu desdits biens à la subsistance de ceux de nos Sujets nouvellement réunis qui auront besoin de ce secours, ce qui aura lieu pareillement à l'égard de toutes les amendes, de quelque nature qu'elles soient, qui seront prononcées contre les contrevenans à notre présente Déclaration, sans que les Receveurs ou Fermiers de notre Domaine y puissent rien prétendre. Si donnons en Mandement, &c.

DECLARATION DU ROI,

Du 11 Septembre 1724.

Qui attribue au Lieutenant Général de Police la connoissance des rébellions à l'occasion des Mendians.

Registrée en Parlement, en Vacation, le 27 Septembre 1724.

Mendians. LOUIS, par la grace de Dieu, Roi de France & de Navarre : A tous ceux qui ces Présentes Lettres verront ; SALUT. Nous avons ordonné par notre Déclaration du 18 Juillet dernier, registrée au Parlement le 26 du même mois, que tous les Mendians & Gens sans aveu se retireroient dans leurs pays ; à peine d'être arrêtés & conduits à l'Hôpital Général pour la premiere fois, & des Galeres pour la seconde récidive ; & quoique nous eussions tout lieu d'espérer que les Bourgeois de notre bonne Ville de Paris concourroient unanimément à l'exécution de cette Déclaration, si utile pour l'ordre public & le bien général de notre Royaume, à cependant nous sommes informés qu'il est arrivé plusieurs rebellions dans la Ville de Paris, à l'occasion de la capture & de la conduite desdits Mendians & Vagabonds, dont la connoissance & instruction ont été portées devant le Lieutenant Criminel du Châtelet de Paris, quoiqu'elles ne soient qu'une suite & une dépendance de notre Déclaration du 18 Juillet dernier, dont la connoissance est attribuée en dernier ressort & sans appel au Lieutenant Général de Police du Châtelet : & voulant lever le doute qui pourroit rester sur la compétence du Lieutenant Général de Police, au sujet de l'entiere exécution de ladite Déclaration, circonstances & dépendances. A CES CAUSES, & autres à ce Nous mouvans, de l'avis de notre Conseil, & de notre certaine science, pleine puissance & autorité Royale, Nous avons dit, déclaré & ordonné, & par ces Présentes signées de notre main, disons, déclarons & ordonnons, Voulons & Nous plaît ce qui suit.

ARTICLE PREMIER.

Faisons très-expresses inhibitions & défenses à toutes personnes de quelque qualité & condition qu'elles soient, de troubler les Officiers établis par notre Déclaration du 18 Juillet dernier, dans les fonctions de leur Commission, à peine contre les contrevenans d'être poursuivis extraordinairement, & d'être punis suivant la rigueur des Ordonnances.

II. Ordonnons que le procès sera fait & parfait par le Lieutenant Général de Police de notre bonne Ville de Paris, à ceux qui seront prévenus d'avoir insulté ou troublé en quelque sorte & maniere que ce soit, lesdits Officiers & Archers, lorsqu'ils seront employés à observer les Mendians, ou à la conduite & capture d'iceux, & ce sur les procès-verbaux desdits Officiers & Archers, dans lesquels ils seront répétés par forme de déposition sur les interrogatoires des Accusés : les récollemens & confrontations desdits Officiers & Archers, & des témoins qui auront été entendus dans les informations.

III. Voulons à cet effet, que les Brigadiers & Sous-Brigadiers des Archers commis à la capture des Mendians, soient tenus de faire dans le jour leur rapport en forme, du trouble qui leur aura été apporté dans l'exécution de leurs fonctions, sur un Registre qui sera déposé au Greffe de la Police du Châtelet, après qu'il aura été cotté & paraphé dans toutes ses pages par le Lieutenant Général de Police. Si donnons en Mandement, &c.

DECLARATION DU ROI,

Concernant le port des Armes.

Du 23 Mars 1728.

LOUIS, par la grace de Dieu, Roi de France & de Navarre: A tous ceux qui ces Présentes verront; SALUT. Les différens accidens qui sont arrivés de l'usage & du port des Couteaux en forme de Poignard, de Bayonnettes & Pistolets de poches, ont donné lieu à différens Réglemens, notamment à la Déclaration du 18 Septembre 1660, & à l'Edit du mois de Décembre 1666. Néanmoins quelques expresses que soient les défenses à cet égard, l'usage & le port de ces sortes d'Armes paroît se renouveller; & comme il importe à la sûreté publique que les anciens Réglemens qui concernent cet abus, soient exactement observés, Nous avons crû devoir les remettre en vigueur. A CES CAUSES, Nous avons dit & déclaré, disons & déclarons par ces Présentes, signées de notre main, Voulons & nous plaît, que la Déclaration du 18 Décembre 1660, au sujet de la fabrique du port d'Armes, soit exécutée selon sa forme & teneur. Ordonnons en conséquence qu'à l'avenir toute fabrique, commerce, vente, débit, achat, port & usage des Poignards, Couteaux en forme de Poignards, soit de poche, soit de fusil, de Bayonnettes, Pistolets de poche, Epées en bâtons, bâtons à ferremens autres que ceux qui sont ferrés par le bout, & autres Armes offensives cachées & secrettes, soient & demeurent pour toujours généralement abolis & défendus; Enjoignons à tous Couteliers, Fourbisseurs, Armuriers & Marchands, de les rompre & briser incessamment après l'enregistrement des Présentes, si mieux ils n'aiment faire rompre & arrondir la pointe des Couteaux, ensorte qu'il n'en puisse arriver d'inconvéniens, à peine contre les Armuriers, Couteliers, Fourbisseurs & Marchands trouvés en contravention, de confiscation pour la premiere fois, d'amende de cent livres, & interdiction de leur Maîtrise pour un an, de privation d'icelle en cas de récidive, même de peine corporelle, s'il y échoit; & contre les Garçons qui travailleront en chambre, d'être fustigés & flétris pour la premiere fois, & pour la seconde d'être condamnés aux Galéres & à l'égard de ceux qui porteront sur eux lesdits Couteaux, Bayonnettes, Pistolets & autres Armes offensives, cachées & secrettes, ils seront condamnés en six mois de prison, & en cent cinq livres d'amende; N'entendons néanmoins comprendre en ces Présentes défenses, les Bayonnettes à ressort qui se mettent au bout des Armes à feu pour l'usage de la Geurre, à condition que les Ouvriers qui les fabriqueront seront tenus d'en faire déclaration au Juge de Police du lieu, & sans qu'ils puissent les vendre ni débiter qu'aux Officiers de nos Troupes qui leur en délivreront certificat, dont lesdits ouvriers tiendront Registre paraphé par nosdits Juges de Police. Si donnons en Mandement à nos amés & féaux Conseillers les Gens tenans notre Cour de Parlement de Paris, à tous autres Officiers & Justiciers qu'il appartiendra, que ces Présentes ils ayent à faire lire, publier & registrer, & le contenu en icelles, garder & exécuter selon sa forme & teneur: Cal tel est notre plaisir; En témoin de quoi Nous avons fait mettre notre Scel à cesdites Présentes. Donnée à Versailles le vingt-troisiéme jour de Mars, l'an de grace mil sept cent vingt-huit, & de notre Régne le treiziéme, *Signé*, LOUIS; *Et plus bas*, Par le Roi, PHELYPEAUX. Et scellée du grand Sceau de cire jaune.

Registrée, oüi, & sur ce requerant le Procureur Général du Roi, pour être exécutée selon sa forme & teneur, & copies collationnées envoyées aux Bailliages & Sénéchaussées du Ressort, pour y être lûes, publiées & registrées; Enjoint aux Substituts du Procureur Général du Roi d'y tenir la main, & d'en certifier la Cour dans un mois suivant l'Arrêt de ce jour. A Paris en Parlement, le vingt Avril mil sept cent vingt-huit. Signé, DUFRANC.

* DECLARATION EN FORME D'EDIT.

Donnée à Marly au mois de Juin 1730.

Concernant les Procédures Criminelles.

Registrée en la Chambre des Comptes, le 2 Août 1730.

LOUIS, par la grace de Dieu, Roi de France & de Navarre : A tous présens & à venir ; SALUT. Nous aurions par nos Lettres en forme d'Edit du mois de Décembre 1680, en interprétant & ajoutant aux articles 2, 3, 7 & 9, du titre 17 de l'Ordonnance Criminelle du mois d'Août, 1670, ordonné que lorsque dans les trois mois du jour qu'un crime auroit été commis, l'Accusateur en voudroit poursuivre & faire instruire la Contumace, la perquisition de l'Accusé pourroit être valablement faite dans la maison où résidoit l'Accusé dans l'étendue de la Jurisdiction où le crime auroit été commis, & qu'il seroit laissé copie du procès-verbal de perquisition; qu'il en seroit usé de même pour l'Assignation à comparoir à la quinzaine, laquelle seroit aussi valablement donnée à l'Accusé en la maison où il résidoit, ainsi que dit est, & copie aussi laissée de l'Exploit d'Assignation ; & si ledit Accusé n'avoit point résidé dans l'étendue de la Jurisdiction où le crime auroit été commis, perquisition seroit faite, & ces Assignations données suivant l'article de ladite Ordonnance, titre 17, sans qu'il fut nécessaire de faire lesdites perquisitions, & donné les Assignations au lieu où demeureroit l'Accusé avant qu'il eut commis le crime ; qu'à faute de comparoir dans ladite quinzaine, l'Assignation à huitaine, laquelle devoit être donnée par un seul cri public, conformément à l'article 8 du même titre, seroit faite & donnée à son de trompe, suivant l'usage, à la Place publique & à la porte de la Jurisdiction où se feroit l'instruction du procès ; que si après les trois mois échûs depuis que le crime auroit été commis, l'Accusateur vouloit poursuivre & faire instruire la Contumace, la perquisition de l'Accusé seroit faite, & ces Assignations données au domicile ordinaire de l'Accusé, laquelle Assignation seroit à quinzaine, & outre ce, qu'il lui seroit donné le délai d'un jour pour chaque dix lieues de distance de son domicile, jusqu'au lieu de la Jurisdiction où il seroit assigné ; qu'à faute de comparoir dans le délai ci-dessus, il seroit crié à son de trompe par un cri public à huitaine dans le lieu de la Jurisdiction où se feroit le procès, & ledit cri & proclamation affichés à la porte de l'Auditoire de ladite Jurisdiction ; qu'à l'égard de l'Accusé qui n'auroit pas de domicile, soit qu'il fut poursuivi avant ou depuis les trois mois échûs, à compter du jour que le crime auroit été commis, la copie du Decret, ensemble de l'Exploit d'Assignation seroient seulement affichés à la porte de l'Auditoire de la Jurisdiction ; que les Prévôts des Maréchaux voulant instruire la Contumace des Accusés contre lesquels ils auroient decreté pour quelque crime que ce fût, seroient tenus, avant que de commencer aucune procédure pour cet effet, de faire juger leur compétance au Siége Présidial, dans le Ressort duquel lesdits crimes auroient été commis ; & en cas que lesdits Accusés fussent arrêtés avant ou depuis le Jugement de Contumace, ou qu'ils se représentassent volontairement pour juger ladite Contumace, lesdits Prévôts des Maréchaux seroient tenus de faire juger de nouveau leur compétance, après que lesdits Accusés auroient été oüis en la forme portée par l'article 10 du titre 2 de l'Ordonnance de 1670, & que l'adresse d'aucune Remission ne pourroit être faite à l'avenir aux Siéges Présidiaux où la compétance auroit été jugée, suivant ce qui est porté par l'article 19 de ladite Ordonnance de 1670, au titre des Remissions, que l'Accusé n'eût été oüi lors du Jugement de sa compétance, & qu'il ne fut actuellement prisonnier, & qu'à cet effet le Jugement de compétance & l'écroue seroient attachés sous le contre-scel desdites Lettres ; & comme on auroit omis d'adresser lesdites Lettres en forme d'Edit à notre Chambre des Comptes à Paris, quoiqu'elles fussent une loi générale qui doit être observée dans toutes les Cours & Jurisdictions de notre Royaume. A CES CAUSES, & autres à ce Nous mouvans, de notre certaine science, pleine puissance & autorité Royale, renouvellons, & confirmons en tant que besoin seroit les dispositions de nosdites Lettres en forme d'Edit du mois de Décembre 1680. Nous avons par ces Présentes signées de notre main, dit, ordonné, disons, ordonnons, Voulons & Nous plaît, que lorsque dans les trois mois du jour qu'un crime aura été commis, l'Accusateur en voudra poursuivre & faire instruire la Contumace, la perquisition de l'Accusé pourra être valablement faite dans la maison où résidoit l'Accusé dans l'étendue de la Jurisdiction où le crime aura été commis, & sera laissé copie du procès-verbal de perquisition, qu'il en sera usé de même pour l'Assignation à comparoir à la quinzaine, laquelle sera aussi valablement donnée à l'Accusé à la maison où il résidoit, ainsi que dit est, & copie aussi laissée de l'Exploit d'Assignation ; & si ledit Accusé n'a point résidé dans l'étendue de la Jurisdiction où le crime a été commis, la perquisition sera faite, & les Assignations aussi données suivant l'Article 3 de ladite Ordonnance Criminelle du mois d'Août 1670, titre 17, sans qu'il soit nécessaire de faire lesdites perquisitions, & de donner les Assignations au lieu où demeuroit l'Accusé avant qu'il eut commis le crime, à faute de comparoir dans ladite quinzaine, l'Assignation à huitaine, laquelle doit être donnée par un seul cri public, conformément à l'article 8 du même titre, sera faite & donnée à son de trompe, suivant l'usage, à la Place publique & à la porte de la Jurisdiction où se fera l'instruction du procès ; si après les trois mois échûs depuis que le crime aura été commis, l'Accusateur veut poursuivre, & faire instruire la Contumace, la perquisition de l'Accusé sera faite, & les Assignations données au domicile ordinaire de l'Accusé, laquelle Assignation sera à quinzaine, & outre ce, lui sera donné le délai d'un jour pour chaque dix lieues de distance de son domicile, jusqu'au lieu de la Jurisdiction où il sera assigné à faute de comparoir dans les délais ci-dessus, il sera crié à son de trompe, par un cri public à huitaine, dans le lieu de la Jurisdiction où se fera le procès, & ledit cri & proclamation affichés à la porte de l'Auditoire de ladite Jurisdiction ; à l'égard de l'Accusé qui n'aura pas de domicile, soit qu'il soit poursuivi avant ou depuis les trois mois échûs, à compter du jour que le crime aura été commis, la copie du Décret, ensemble de l'Exploit d'Assignation, seront seulement affichées à la porte de l'Auditoire de la Jurisdiction ; les Prévôts des Maréchaux voulant instruire la Contumace des Accusés contre lesquels ils auront décreté pour quelque crime que ce soit, seront tenus, avant que de commencer aucune procédure pour cet effet, de faire juger leur compétance au Siége Présidial dans le Ressort duquel lesdits crimes auroient été commis ; & en cas que lesdits Accusés soient arrêtés avant ou depuis le Jugement de Contumace, ou qu'ils se représentent volontairement pour juger ladite Contumace, lesdits Prévôts des Maréchaux seront tenus de faire juger de nouveau leur compétance, après que lesdits Accusés auront été oüis en la forme portée par l'article 19 du titre 2 de l'Ordonnance de 1670 ; & ne pourra à l'avenir l'adresse d'aucune Remission être faite aux Siéges Présidiaux où la compétance aura été jugée, suivant ce qu'il est porté par l'article 19 de ladite Ordonnance de 1670, titre des Remissions, que l'Accusé n'ait été oüi lors du Jugement de la compétance, & qu'il ne soit actuellement prisonnier ; & seront à cet effet le Jugement de compétance, & l'écroue attachés sous le contre-scel desdites Lettres. Si donnons en Mandement à nos amés & féaux Conseillers les Gens tenans notre Chambre des Comptes à Paris, que ces Présentes ils ayent à faire lire, publier & enregistrer, & le contenu en icelles exécuter selon sa forme & teneur : Car tel est notre plaisir ; & afin que ce soit chose ferme & stable à toujours, Nous avons fait mettre notre Scel à cesdites Présentes. Donné à Marly au mois de Juin l'an de grace mil sept cent trente, & de notre Régne le quinziéme. *Signé*, LOUIS, Par le Roi, PHELYPEAUX ; *Visa*, CHAUVELIN.

Regiſtrées en la Chambre des Comptes, oüi, ce requerant le Procureur Général du Roi, pour être exécutées selon leur forme & teneur, les Bureaux aſſemblés, le 2 Août 1730. Collationné, Signé, DU CORNET.

DECLARATION DU ROI,

Concernant le Rapt de séduction.

Donnée à Marly, le 22 Novembre 1730.

LOUIS, par la grace de Dieu, Roi de France & de Navarre : A tous ceux qui ces présentes Lettres verront ; SALUT. Toutes les Ordonnances qui ont été faites par les Rois nos Prédécesseurs, pour prévenir ou pour punir le Rapt de séduction, ont eu principalement en vûe d'affermir l'autorité des peres sur leurs enfans, d'assurer l'honneur & la liberté des mariages, & d'empêcher que des alliances indignes par la corruption des mœurs, encore plus que par l'inégalité des conditions, ne flétrissent l'honneur de plusieurs familles illustres, & ne deviennent souvent la cause de leur ruine : C'est par des traits si marqués, que les loix ont pris soin de caractériser ce genre de crime, qu'elles ont appellé Rapt de séduction. Et comme la subornation peut venir également de l'un ou de l'autre côté, & que celle qui vient de la part du sexe le plus foible est souvent la plus dangereuse, les Ordonnances n'ont mis aucune distinction à cet égard, entre les fils & les filles, & elles les ont assujettis également à la peine de mort, selon que les uns ou les autres seroient convaincus d'avoir été les auteurs de la subornation. Telle est la disposition de l'article 42 de l'Ordonnance de Blois ; la Coutume de Bretagne réformée peu de tems après cette Ordonnance, s'y étoit conformée dans l'article 487 ; & s'il restoit quelque doute sur le sens de cet article, c'étoit par les Ordonnances postérieures que les Juges auroient dû en expliquer la disposition. Nous sçavons cependant que par un ancien usage, contraire au véritable objet des Ordonnances, & même de la Loi municipale, on a confondu en Bretagne tout commerce criminel, avec le Rapt de séduction, & l'on y a donné un si grand avantage à un sexe sur l'autre, que la seule plainte de la fille, qui prétend avoir été subornée, & la preuve d'une simple fréquentation, y sont regardées comme un motif suffisant pour condamner l'accusé au dernier supplice. Mais cet excès de rigueur est bientôt suivi d'un excès d'indulgence : Sur la requête de la fille, qui demande à épouser celui qu'elle appelle son suborneur, & sur le consentement que la crainte de la mort arrache toujours au condamné, un Commissaire du Parlement le conduit les fers aux pieds, pendant que la fille est en liberté ; & c'est-là, que sans la publication de bans, sans le consentement du propre Curé, sans la permission de l'Evêque, & par la seule autorité du Juge séculier, se consomme un engagement dont la débauche a été le principe, & dont les suites, presque toujours tristes, ont rendu cette Jurisprudence odieuse à ceux mêmes qui la suivent sur la foi de l'exemple de leurs peres. Nous apprenons d'ailleurs, qu'il y a d'autres Parlemens dont l'usage ne differe de celui du Parlement de Bretagne, qu'en ce que le mariage ordonné par la Justice, y prévient & y empêche la condamnation de l'Accusé, au lieu qu'en Bretagne il ne fait que la suivre. Mais plus cette Jurisprudence a fait de progrès dans une partie considérable de notre Royaume, plus Nous sommes obligés d'en retrancher l'excès, & de la renfermer dans ses véritables bornes ; Nous le devons à la sainteté de la Religion, pour empêcher qu'on n'abuse d'un grand Sacrement, en unissant deux coupables par un lien forcé, sans observer les solemnités prescrites par les Loix de l'Eglise & de l'Etat ; Nous ne le devons pas moins à la conservation de notre autorité, qui est blessée par une Jurisprudence, où les Juges exerçant un pouvoir dont Nous nous sommes privés nous-même, font grace à celui qu'ils ont regardé comme coupable d'un crime que les Loix déclarent irrémissible ; Enfin le bien public & l'intérêt commun des familles, réclame notre secours contre un usage qui donne souvent lieu d'appliquer la peine de la séduction à celui qui a été séduit, & la récompense à la séductrice ; en sorte que contre l'intention des Loix, une sévérité apparente ne sert qu'à donner un nouvel appas au crime ; & qu'au lieu que le véritable Rapt de séduction doit mettre un obstacle au mariage, la débauche à laquelle on donne le nom de Rapt, devient un dégré pour y parvenir : C'est par des considérations si puissantes, que Nous jugeons à propos de déférer aux représentations que les Etats de notre Province de Bretagne Nous ont faites sur ce sujet ; & Nous nous portons d'autant plus volontiers à leur donner cette nouvelle marque de notre protection ; que ce sont eux qui auront l'honneur de nous avoir excité par leurs vœux, à faire le bien aux autres Provinces, où le même abus s'étoit introduit. A CES CAUSES, & autres à ce Nous mouvans, de l'avis de notre Conseil, & de notre certaine science, pleine puissance & autorité Royale, Nous avons par notre présente Déclaration, statué & ordonné, statuons & ordonnons ; Voulons & Nous plaît ce qui suit.

ARTICLE PREMIER.

Les Ordonnances, Edits & Déclarations des Rois nos Prédécesseurs, qui concernent le Rapt de séduction, notamment l'article 32 de l'Ordonnance de Blois, & la Déclaration du 26 Novembre 1639, seront exécutés selon leur forme & teneur, dans toute l'étendue de notre Royaume, Pays, Terres & Seigneuries de notre obéissance : Ordonnons en conséquence qu'à la requête des Parties intéressées, ou à celle de nos Procureurs Généraux & de leurs Substituts, le procès soit fait & parfait suivant la rigueur des Ordonnances, à tous ceux ou celles qui seront accusés d'avoir séduit & suborné par artifices, intrigues ou autres mauvaises voies, des fils ou filles (même des veuves) mineurs de vingt-cinq ans, pour parvenir à un mariage à l'insçu ou sans le consentement des peres, meres, tuteurs ou curateurs, & parens sous la puissance ou autorité desquels ils sont.

II. Voulons que ceux ou celles qui seront convaincus dudit Rapt de séduction, soient condamnés à la peine de mort, sans qu'il puisse être ordonné qu'ils subiront cette peine, s'ils n'aiment mieux épouser la personne ravie; ni pareillement que les Juges puissent permettre la célébration du mariage, avant ou après la condamnation, pour exempter l'Accusé de la peine prononcée par les Ordonnances; ce qui aura lieu, quand même la personne ravie & ses pere & mere, tuteur ou curateur, requerroient expressément le mariage.

III. Les personnes majeures ou mineures, qui n'étant point dans les circonstances ci-dessus marquées, se trouveront seulement coupables d'un commerce illicite, seront condamnées à telles peines qu'il appartiendra, selon l'exigence des cas, sans néanmoins que les Juges puissent prononcer contre elle la peine de mort; si ce n'est que par l'attrocité des circonstances, par la qualité & l'indignité des coupables, le crime parût mériter le dernier supplice; ce que Nous laissons à l'honneur & à la conscience des Juges, qui ne pourront en aucun cas décharger l'Accusé de la peine de mort, sous la condition ou sur l'offre faites par les Parties de s'unir par le lien du mariage, le tout ainsi qu'il est porté par l'article second de notre présente Déclaration, dans le cas du Rapt de séduction.

IV. Voulons au surplus, que toutes les Ordonnances, Edits & Déclarations qui concernent le Rapt de violence, & pareillement toutes celles qui ont été faites sur les solemnités nécessaires pour la célébration des mariages, notamment sur la publication des bans, & sur la présence du propre Curé, soient exactement & inviolablement observées selon leur forme & teneur.

Si donnons en Mandement à nos amés & féaux les Gens tenans notre Cour de Parlement de Bretagne, que ces Présentes ils ayent à faire lire, publier & enregistrer, & le contenu en icelles faire exécuter selon sa forme & teneur: Car tel est notre plaisir. En témoin de quoi Nous avons fait mettre notre Scel à cesdites Présentes. Donnée à Marly, le vingt-deuxiéme jour de Novembre, l'an de grace mil sept cent trente, & de notre Régne le seiziéme. *Signé*, LOUIS; *Et plus bas*. Par le Roi, PHELYPEAUX.

Lûe, publiée à l'Audience publique de la Cour, & enregistrée au Greffe d'icelle, oüi, & ce requerant le Procureur Général du Roi, pour avoir effet suivant la volonté de Sa Majesté: Ordonne ladite Cour, que copies de ladite Déclaration seront, à la diligence du Procureur Général du Roi, envoyées aux Siéges Présidiaux & Royaux de ce Ressort, pour à la diligence de ses Substituts, y être pareillement lûes, publiées & enregistrées, à ce que personne n'en ignore, & du devoir qu'ils en auront fait, d'en certifier la Cour dans le mois. Fait en Parlement à Rennes, le neuf Avril mil sept cent trente-un, Signé, C. M. PICQUET.

DECLARATION DU ROI,

Du 5 Février 1731.

Sur les cas Prévôtaux & Présidiaux.

Registrée en Parlement, le 16 Février 1731.

LOUIS, par la grace de Dieu, Roi de France & de Navarre: A tous ceux qui ces présentes Lettres verront; SALUT. Un des principaux objets de l'Ordonnance que le feu Roi notre très-honoré Seigneur & Bisayeul, fit en l'année 1670, sur la procédure Criminelle, fut de marquer des bornes certaines entre les Juges ordinaires & les Prévôts des Maréchaux, pour prévenir des conflits de Jurisdiction, dont les coupables abusent si souvent pour se procurer l'impunité, & qui retardent au moins un Exemple qu'on ne sçauroit rendre trop prompt. C'est dans cette vûe, qu'après avoir fait le dénombrement de tous les Cas Prévôtaux dans l'article 12 du titre premier de cette Ordonnance, le feu Roi y ajouta plusieurs dispositions dans le même titre & suivant, tant à l'égard du Jugement de Compétence, que par rapport à celui du Procès même, & des accusations de cas ordinaires qui pourroient survenir pendant le cours de l'instruction. Les difficultés qui se sont élevées depuis l'Ordonnance de 1670, ont été réglées en différens tems, par des Edits particuliers & par des Déclarations, qui ont expliqué Prévôts.

Prévôts.

le véritable esprit de cette Loi, ou qui ont décidé les cas qu'elle n'avoit pas prévus expressément; mais l'expérience fait voir qu'il reste encore plusieurs points importans, qui font naître tous les jours des sujets de contestations entre la Justice ordinaire & les Juges des Cas Prévôtaux. Et comme d'ailleurs le nouvel ordre qui a été établi par notre autorité sur le nombre & service des Officiers de Maréchaussée, semble exiger aussi que Nous leur donnions des régles encore plus claires & plus précises sur la Jurisdiction qu'ils doivent exercer, Nous avons jugé à propos de réunir dans une seule Loi toutes les dispositions des Loix précédentes sur les cas Prévôtaux, & sur le pouvoir des Officiers qui en ont la connoissance; Nous y ajouterons plusieurs dispositions nouvelles, soit pour expliquer plus exactement, & la qualité des personnes, & la nature des crimes qui sont de la compétance des Prévôts des Maréchaux, soit pour décider les questions qui se sont souvent présentées sur le concours du cas Prévôtal & du cas ordinaire, ou sur d'autres points également dignes de notre attention; en sorte que tous les Officiers qui doivent contribuer chacun de leur part à la sûreté commune de nos Sujets, trouvant dans la même Loi, la décision des difficultés qui arrêtoient auparavant le cours de la Justice, ne soient plus occupés qu'à Nous donner par une utile émulation, de plus grandes preuves de leur zéle pour le bien de notre service, & pour le maintien de la tranquillité publique. A CES CAUSES, & autres à ce Nous mouvans, de l'avis de notre Conseil, & de notre certaine science, pleine puissance & autorité Royale, Nous avons dit, déclaré & ordonné par ces Présentes signées de notre main, disons, déclarons & ordonnons, Voulons & Nous plaît ce qui suit.

ARTICLE PREMIER.

Les Prévôts de nos Cousins les Maréchaux de France, connoîtront de tous crimes commis par vagabonds & gens sans aveu, & ne seront réputés vagabonds & gens sans aveu, que ceux qui n'ayant ni profession, ni métier, ni domicile certain, ni bien pour subsister, ne peuvent être avoués, ni faire certifier de leurs bonnes vie & mœurs, par personnes dignes de foi. Enjoignons auxdits Prévôts des Maréchaux, d'arrêter ceux ou celles qui seront de la qualité susdite, encore qu'ils ne fussent prévenus d'aucun autre crime ou délit, pour leur être leur procès fait & parfait, conformément aux Ordonnances, seront pareillement tenus lesdits Prévôts des Maréchaux, d'arrêter les Mendians valides qui seront de la même qualité, pour procéder contr'eux, suivant les Edits & Déclarations qui ont été donnés sur le fait de mendicité.

II. Lesdits Prévôts des Maréchaux connoîtront aussi de tous crimes commis par ceux qui auront été condamnés à peine corporelle, bannissement ou amende honorable: ne pourront néanmoins prendre connoissance de la simple infraction de ban, que lorsque la peine du bannissement aura été par eux prononcée: Voulons que dans les autres cas, les Juges qui auront prononcé la condamnation, connoissent de ladite infraction de ban, si ce n'est que la peine du bannissement ait été prononcée par Arret de nos Cours de Parlement soit en infirmant ou en confirmant les Sentences des premiers Juges, & quand même l'exécution auroit été renvoyée auxdits Juges; auquel cas le procès ne pourra être fait & parfait à ceux qui auront été accusés de ladite infraction de Ban, que par nosdites Cours de Parlement, Voulons au surplus, que nos Déclarations des 8 Janvier 1719, & 5 Juillet 1722, soient exécutées selon leur forme & teneur, en ce qui concerne notre bonne Ville de Paris.

III. Lesdits Prévôts des Maréchaux auront aussi la connoissance de tous excès, oppressions, ou autres crimes commis par gens de Guerre, tant dans leur marche, que dans les lieux d'Etapes ou d'assemblées, ou de séjour pendant leur marche, des Déserteurs d'Armées, de ceux qui les auroient subornés, ou qui auroient favorisé ladite désertion, & ce, quand même les Accusés de ce crime ne seroient point gens de Guerre.

IV. Tous les cas énoncés dans les trois Articles précédens, & qui ne sont réputés Prévôtaux, que par la qualité des personnes accusées, seront de la compétance des Prévôts des Maréchaux, quand même il s'agiroit de crimes commis dans les Villes de leur résidence.

V. Ils connoîtront en outre de tous les cas qui sont Prévôtaux par la nature du crime; Sçavoir, du vol sur les grands chemins, sans que les rues des Villes & Fauxbourgs puissent être censées comprises à cet égard, sous le nom de grands chemins: Des vols faits avec effraction, lorsqu'ils seront accompagnés de port d'armes & violence publique, ou lorsque l'effraction se trouvera avoir été faite dans les murs de clôture ou toîts des maisons, & fenêtres extérieures, & ce, quand même il n'y auroit eu ni port d'armes, ni violence publique; des sacriléges facriléges accompagnés des circonstances ci-dessus marquées à l'égard du vol commis avec effraction; des séditions, émotions populaires, attroupement & assemblées illicites, avec port d'armes; de levées de gens de Guerre sans commission émanée de Nous; de la fabrication ou exposition de fausse Monnoie: le tout sans qu'aucuns autres crimes, que ceux de la qualité ci-dessus marquée, puissent être réputés cas Prévôtaux par leur nature. Prévôts.

VI. Ne pourront néanmoins lesdits Prévôts des Maréchaux, connoître des crimes mentionnés dans l'Article précédent, lorsque lesdits crimes auront été commis dans les Villes & Fauxbourgs du lieu, où lesdits Prévôts ou leurs Lieutenans font leur résidence.

VII. Nos Juges Présidiaux connoîtront aussi en dernier ressort, des personnes & crimes dont il est fait mention dans les articles précédens, à l'exception néanmoins de ce qui concerne les Déserteurs, Subornateurs & Fauteurs desdits Déserteurs, dont les Prévôts des Maréchaux connoîtront seuls à l'exclusion de tous Juges ordinaires.

VIII. Les Siéges Présidiaux ne prendront connoissance des cas qui sont Prévôtaux par la qualité des Accusés, ou par la nature du crime, que lorsqu'il s'agira de crime commis dans la Sénéchaussée ou Bailliage dans lequel le Siége Présidial est établi: Et à l'égard de ceux qui auront été commis dans d'autres Sénéchaussées ou Bailliages, quoique ressortissans audit Siége Présidial dans les deux cas de l'Edit des Présidiaux, nos Baillifs & Sénéchaux en connoîtront, à la charge de l'appel en nos Cours de Parlement, conformément à la Déclaration du 29 Mai 1702.

IX. En cas de concurrence de procédures, les Présidiaux, même les Baillifs & Sénéchaux, auront la préférence sur les Prévôts des Maréchaux, s'ils ont informé ou décreté avant eux, ou le même jour.

X. Nos Prévôts, Châtelains & autres nos Juges ordinaires, même ceux des Hauts-Justiciers, connoîtront, à la charge de l'appel en nos Cours de Parlement, des crimes qui ne sont pas du nombre des cas Royaux ou Prévôtaux par la nature, & qui auront été commis dans l'étendue de leur Siége & Justice, par les personnes mentionnées dans les articles 1 & 2 de la présente Déclaration, même de la contravention aux Edits & Déclarations sur le fait de la mendicité, & ce concurremment & par prévention avec lesdits Prévôts des Maréchaux; & préférablement à eux, s'ils ont informé & décreté avant eux, ou le même jour.

XI. Les Ecclésiastiques ne seront sujets en aucun cas, ni pour quelque crime que ce puisse être, à la Jurisdiction des Prévôts des Maréchaux ou Juges Présidiaux, en dernier ressort.

XII. Voulons qu'à l'avenir, les Gentilshommes jouissent du même privilége, si ce n'est qu'ils s'en fussent rendus indignes par quelque condamnation qu'ils eussent subie, soit de peine corporelle, bannissement ou amende-honorable.

XIII. Nos Secrétaires, & nos Officiers de Judicature, du nombre de ceux dont les procès criminels ont accoutumé d'être portés à la Grande ou premiere Chambre de nos Cours de Parlement, ne pourront aussi être jugés en aucun cas par les Prévôts des Maréchaux, ou Juges Présidiaux, en dernier ressort.

XIV. Si dans le nombre de ceux qui seront accusés du même crime, il s'en trouve un seul qui ait l'une des qualités marquée par les trois Articles précédens, les Prévôts des Maréchaux n'en pourront connoître, & seront tenus d'en délaisser la connoissance aux Juges à qui elle appartiendra, quand même la compétance auroit été jugée en leur faveur: & ne pourront aussi nos Juges Présidiaux en connoître, qu'à la charge de l'appel.

XV. Pourront néanmoins les Prévôts des Maréchaux, informer contre les personnes mentionnées dans les articles 11, 12 & 13, même décreter contr'eux & les arrêter; à la charge de renvoyer les procédures par eux faites aux Bailliages ou Sénéchaussées, dans l'étendue desquelles le crime aura été commis, pour y être le procès fait & parfait ausdits Accusés, ainsi qu'il appartiendra, à la charge de l'appel en nos Cours de Parlement.

XVI. Ne pourront pareillement les Prévôts des Maréchaux, ni les Juges Présidiaux, connoître d'aucuns crimes, quoique Prévôtaux, lorsqu'il s'agira de crimes commis dans l'étendue des Villes où nos Cours de Parlement sont établies, & Fauxbourgs desdites Villes; & ce, quand même lesdits Prévôts des Maréchaux ou leurs Lieutenans, n'y feroient pas leur résidence; le tout à l'exception des cas qui ne sont Prévôtaux que par la qualité des Accusés, suivant les articles 1. & 2. des Présentes, desquels cas lesdits Prévôts des Maréchaux ou Présidiaux, pourront continuer de connoître, même dans les Villes où nosdites Cours ont leur séance, à la charge de se conformer par eux à la disposition de l'article 2 de la présente Déclaration, en ce qui concerne l'infraction du Ban.

Prévôts. XVII. Si les mêmes Accusés se trouvent poursuivis pour des cas ordinaires, soit pardevant nos Baillifs ou Sénéchaux, soit pardevant nos Prévôts, Châtelains, ou autres nos Juges, même ceux des Hauts-Justiciers, & qu'ils soient aussi prévenus de cas qui soient Prévôtaux par leur nature, & qui ayant donné lieu aux Prévôts des Maréchaux ou aux Officiers Présidiaux de commencer des procédures contr'eux, la connoissance des deux accusations appartiendra ausdits Baillifs & Sénéchaux, à l'exclusion des Prévôts, Châtelains ou autres Juges subalternes, & préférablement ausdits Prévôts des Maréchaux & Juges Présidiaux, si lesdits Baillifs & Sénéchaux ou autres Juges à eux subordonnés ont informé & décreté avant lesdits Prévôts des Maréchaux & Juges Présidiaux, ou le même jour : & lorsque le crime dont le Prévôt des Maréchaux aura connu, n'aura pas été commis dans le ressort des Bailliages & Sénéchaussées, où les cas ordinaires seront arrivés, il en sera donné avis à nos Procureurs Généraux par leurs Substituts, tant ausdits Bailliages & Sénéchaussées, que dans la Jurisdiction du Prévôt des Maréchaux, pour y être pourvû par nos Cours de Parlement, sur la réquisition de nosdits Procureurs Généraux, par Arrêt de renvoi des deux accusations, dans tel Siége ressortissant nuement en nosdites Cours qu'il appartiendra.

XVIII. Voulons réciproquement, que si dans le cas de l'Article précédent, les Prévôts des Maréchaux, ou les Juges Présidiaux ont informé & décreté pour le crime qui est de leur compétance, avant que les autres Juges nommés dans ledit Article, ayent informé & décreté pour le cas ordinaire, la connoissance des deux accusations appartienne en entier ausdits Prévôts des Maréchaux, ou ausdits Siéges Présidiaux, pour être instruites & jugées par eux, même pour ce qui regarde les cas ordinaires : Et lorsque lesdits cas ne seront pas arrivés dans le Département du Prévôt des Maréchaux qui aura connu des cas Prévôtaux, Nous nous réservons d'y pourvoir, sur l'avis qui en sera donné à notre amé & féal Chancelier de France, en renvoyant les deux accusations pardevant tel Présidial ou Prévôts des Maréchaux qu'il appartiendra. N'entendons comprendre dans la disposition du présent Article, les accusations dont l'instruction seroit pendante en nos Cours, contre des coupables prévenus de crimes Prévôtaux; auquel cas, en tout état de cause, seront toutes les accusations jointes & portées en nosdites Cours.

XIX. En procédant au Jugement des accusations qui auront été instruites conjointement par lesdits Prévôts des Maréchaux ou Juges Présidiaux, au cas de l'article précédent, les Juges seront tenus de marquer distinctement les cas dont l'accusé sera déclaré atteint & convaincu; au moyen de quoi sera le Jugement exécuté en dernier ressort, si l'accusé est déclaré atteint & convaincu du cas Prévôtal ; sinon, ledit Jugement ne sera rendu qu'à la charge de l'appel, dont il sera fait mention expresse dans la Sentence, le tout à peine de nullité, même d'interdiction contre les Juges qui auroient contrevenu au présent Article.

XX. Si dans le même procès criminel, il y a plusieurs accusés, dont les uns soient poursuivis pour un cas ordinaire, & dont les autres soient chargés d'un crime Prévôtal, la connoissance des deux accusations appartiendra à nos Baillifs & Sénéchaux préférablement aux Prévôts des Maréchaux & Siéges Présidiaux, soit que les Juges qui auront informé & décreté pour le cas ordinaire, ayent prévenu lesdits Prévôts des Maréchaux ou Juges Présidiaux, soit qu'ils ayent été prévenus par eux; & si les Juges Présidiaux s'en trouvent saisis, ils n'en pourront connoître qu'à la charge de l'appel. Voulons qu'il en soit usé de même, s'il se trouve plusieurs Accusés, dont les uns soient de la qualité marquée dans les articles 1 & 2 des Présentes, & dont les autres ne soient pas de ladite qualité.

XXI. Voulons que tous les Juges du lieu du délit, Royaux ou autres, puissent informer, décreter & interroger tous les Accusés, quand même il s'agiroit de cas Royaux, ou de cas Prévôtaux, leur enjoignons d'y procéder aussi-tôt qu'ils auront eu connoissance desdits crimes, à la charge d'en avertir incessamment nos Baillifs & Sénéchaux, dans le ressort desquels ils exercent leur Justice, par Acte dénoncé au Greffe Criminel desdits Baillifs & Sénéchaux, lesquels seront tenus d'envoyer querir aussi incessamment les procédures & les Accusés. Pourront pareillement lesdits Prévôts des Maréchaux, informer de tous cas ordinaires commis dans l'étendue de leur Ressort même décreter les Accusés, & les interroger, à la charge d'en avertir incessamment nos Baillifs & Sénéchaux, ainsi qu'il a été dit ci-dessus, & de leur remettre les procédures & les Accusés, sans attendre même qu'ils en soient requis.

XXII. Interprétant en tant que besoin seroit l'article 16 du titre 14 de l'Ordonnance de 1670, Voulons que si les coupables d'un cas Royal ou Prévôtal ont été pris, soit en flagrant délit, ou en exécution d'un décret décerné par le Juge ordinaire des lieux, avant que le Prévôt des Maréchaux ait décerné un pareil décret contr'eux, le Lieutenant Criminel de la Sénéchaussée ou du Bailliage supérieur soit censé avoir prévenu ledit Prévôt des Maréchaux, par la diligence du Juge inférieur. Prévôts.

XXIII. Le tems de vingt-quatre heures dans lequel les Prévôts des Maréchaux sont tenus, suivant l'article 14 du titre 2 de l'Ordonnance de 1670, de délaisser au Juge ordinaire du lieu du délit, la connoissance des crimes qui ne sont pas de leur compétance, sans être obligés de prendre sur ce l'avis des Présidiaux, ne commencera à courir que du jour du premier interrogatoire, auquel ils seront tenus de procéder dans les vingt-quatre heures de la capture.

XXIV. Les Prévôts des Maréchaux, Lieutenans Criminels de Robe-Courte, & les Officiers des Siéges Présidiaux, seront tenus de déclarer à l'Accusé au commencement du premier interrogatoire, qu'ils entendent le juger en dernier ressort, & d'en faire mention dans ledit interrogatoire; le tout sous les peines portées par l'article 13 du titre 2 de l'Ordonnance de 1670, & faute par eux d'avoir satisfait à ladite formalité, Voulons que les Procès ne puissent être jugés qu'à la charge de l'appel, à l'effet de quoi il sera porté au Siége de la Sénéchaussée ou du Bailliage, dans le ressort duquel le crime aura été commis, pour y être instruit & jugé ainsi qu'il appartiendra.

XXV. Lorsque les Prévôts des Maréchaux ou autres Officiers qui sont obligés de faire juger leur compétance auront été déclarés compétans par Sentence du Présidial à qui il appartiendra d'en connoître, ladite Sentence sera prononcée sur le champ à l'Accusé, en présence de tous les Juges; & mention sera faite par le Greffier de ladite prononciation au bas de la Sentence; laquelle mention sera signée de tous ceux qui auront assisté au Jugement, ensemble de l'Accusé s'il sçait & veut signer, sinon sera fait mention de sa déclaration qu'il ne sçait signer, ou de son refus; le tout à peine de nullité, & sans préjudice de l'exécution des autres dispositions de l'article 20 du titre 2 de l'Ordonnance de 1670.

XXVI. Lorsque les Prévôts des Maréchaux & autres Juges en dernier ressort, qui sont obligés de faire juger leur compétance, auront été déclarés incompétans par Sentence des Juges Présidiaux, ni les parties civiles, ni lesdits Officiers ou nos Procureurs aux Siéges Présidiaux ou aux Maréchaussées, ne pourront se pourvoir, en quelque maniere que ce soit, contre les Jugemens, par lesquels lesdits Prévôts des Maréchaux, ou autres Juges en dernier ressort, auront été déclarés incompétans, ni demander que l'Accusé soit renvoyé pardevant eux; mais sera ladite Sentence exécutée irrévocablement à l'égard du procès sur lequel elle sera intervenue: N'entendons néanmoins, empêcher, que si lesdits Officiers prétendent que ledit Jugement donne atteinte aux droits de leur Jurisdiction, & peut être tiré à conséquence contr'eux dans d'autres cas, ils nous en portent leurs plaintes, pour y être par Nous pourvû ainsi qu'il appartiendra.

XXVII. Dans les accusations de Duel, que les Prévôts des Maréchaux ne peuvent juger qu'à la charge de l'appel, suivant l'article 19 de l'Edit du mois d'Août, 1679, ils ne déclareront point à l'Accusé; qu'ils entendent le juger en dernier ressort, & il ne sera donné aucun Jugement de compétance: ne pourra être aussi formé aucun Réglement de Juges à cet égard, sauf en cas de contestation entre différens Siéges sur la compétance, à y être pourvû par nos Cours de Parlement, sur la Requête des Accusés, ou sur celle de nos Procureurs ausdits Siéges, ou sur la réquisition de nos Procureurs Généraux.

XXVIII. Les Prévôts des Maréchaux, même dans les cas de Duel, seront tenus de se faire assister de l'Assesseur en la Maréchaussée, ou en l'absence dudit Assesseur, de tel autre Officier de Robe-longue qui sera commis par le Siége, où ce sera l'instruction du procès; & ce, tant pour les interrogatoires des Accusés, que pour ladite instruction, le tout conformément aux articles 21 & 22 du titre 2 de l'Ordonnance de 1670, à l'exception néanmoins de l'interrogatoire fait au moment ou dans les vingt-quatre heures de la capture qui pourra être fait sans l'Assesseur suivant ledit article 12. Ne pourront audit cas de Duels, les Jugemens préparatoires, interlocutoires ou définitifs, être rendus qu'au nombre de cinq Juges au moins; & il sera fait deux Minutes desdits Jugemens, conformément à l'article 25 du même titre.

XXIX. L'Article 19 du titre 6 de l'Ordonnance de 1670, sera exécuté selon sa forme & teneur; & en y ajoûtant, Voulons que les Greffiers des Bailliages, Sénéchaussées soient tenus d'envoyer tous les six mois, en nos Cours de Parlement, chacun dans leur ressort, un extrait de leur Registre ou Dépôt signé d'eux, & visé tant par les Lieutenans Criminels, que par nosdits Procureurs ausdits Bailliages, Sénéchaussées & Siéges Présidiaux; dans lequel extrait ils seront tenus d'insérer en entier, la copie des Jugemens de compétance rendus pendant les six mois précédens, & de la prononciation d'iceux, en la forme prescrite par l'article 24 ci-dessus; le tout à peine d'interdiction, ou de telle amende qu'il appartiendra, & sans préjudice de l'exécution des autres dispositions contenues dans ledit article 19 du titre 6 de l'Ordonnance de 1670.

Prévôts. XXX. Voulons que la présente Déclaration soit exécutée selon sa forme & teneur, dans tous les Pays, Terres & Seigneuries de notre obéissance, dérogeant à cet effet à toutes Loix, Ordonnances, Edits, Déclarations & Usages, même à ceux de notre Châtelet de Paris, en ce qu'ils pourroient avoir de contraire aux dispositions des Présentes. Si donnons en Mandement à nos amés & féaux Conseillers les Gens tenans notre Cour de Parlement à Paris, que ces Présentes ils fassent lire, publier & enregistrer; & le contenu en icelles garder & observer selon leur forme & teneur, nonobstant tous Edits, Déclarations, Arrêts & autres choses à ce contraires, auxquelles Nous avons dérogé & dérogeons par ces Présentes. Car tel est notre plaisir, &c.

DECLARATION DU ROI,

Du 4 Janvier 1734.

Concernant les frais de Justice sur le Domaine pour le Jugement des Procès Criminels.

Registrée en la Chambre des Comptes, le 19 Janvier 1734.

Frais de Justice. LOUIS, par la grace de Dieu, Roi de France & de Navarre : A tous ceux qui ces Présentes Lettres verront; SALUT. La punition des crimes étant un de nos devoirs les plus importans pour procurer la tranquillité de nos Sujets, Nous faisons exactement payer sur les revenus de nos Domaines, les frais des poursuites qui sont faites dans l'étendue de nos Justices, lorsqu'il n'y a point de Parties Civiles; mais il arrive souvent que les Parties Civiles elles-mêmes, les Engagistes & les Seigneurs Hauts-Justiciers, trouvent des moyens pour éluder le payement des frais, dont ils sont tenus, lesquels sont pris & avancés sur notre Domaine, sans qu'il s'en fasse aucune répétition, ni contre ceux qui en sont tenus, ni sur les biens des condamnés, sous prétexte que par l'article 3 de l'Edit du mois de Décembre 1601, portant création des Officiers de Receveurs Généraux alternatifs de nos Domaines & Bois, nosdits Receveurs Généraux ont été déchargés de justifier de la discussion des biens des condamnés, & qu'il ne leur a été ordonné que de compter de ce qui aura été par eux reçû, ou de rapporter, en cas d'insolvabilité, des certificats de carence de biens, le soin de la discussion ayant été laissé par ledit Edit à nos Procureurs Généraux & à leurs Substituts, que Nous sommes informés n'être pas en état d'y vaquer; ensorte que tout ce qui est induement pris sur nos Domaines pour les frais des Procès criminels, demeure en pure perte pour Nous. A CES CAUSES, & autres à ce Nous mouvans, de l'avis de notre Conseil, & de notre certaine science, pleine puissance & autorité Royale, Nous avons par ces Présentes signées de notre main, dit, déclaré & ordonné, disons, déclarons & ordonnons, Voulons & Nous plaît, que les Receveurs Généraux de nos Domaines & Bois, soient tenus de faire à l'avenir toutes les poursuites nécessaires contre les Parties Civiles, les Engagistes de nos Domaines, & les Seigneurs Hauts-Justiciers, ensemble sur les biens des condamnés, à l'effet de faire porter en notre Trésor Royal les frais qui pourront être répété, ou qui auront été induement pris sur les revenus de nos Domaines, pour la poursuite & le Jugement des procès criminels, le tout sur les états de recouvrement qui en seront arrêtés en notre Conseil, qui leur seront remis à cet effet, dont Nous voulons qu'il soit par eux compté en nos Chambres des Comptes, en même tems qu'ils compteront de leurs exercices, sans qu'ils en puissent être déchargés, qu'en rapportant des certificats de carence de biens, des Lieutenans Criminels, & de nos Procureurs des Jurisdictions où les procès auront été jugés, & sans qu'ils soient tenus de rapporter aucunes autres piéces justificatives de leur recette, que lesdits états qui seront arrêtés en notre Conseil; & pour indemniser nosdits Receveurs Généraux de leurs peines & soins dudit recouvrement, Nous leur attribuons quatre sols pour livre de toutes les sommes qu'ils feront rentrer à notre profit, que Nous voulons leur être alloués en dépense dans leurs comptes, sans qu'il leur puisse être passé aucun frais ni autre dépense pour raison dudit recouvrement, sous quelque prétexte que ce soit, dérogeant en tant que besoin, à toutes choses, à ces présentes Lettres contraires. Si donnons en Mandement, &c.

DECLARATION DU ROI,

Qui ordonne que les Notaires, Tabellions, Greffiers & autres ayant faculté de passer des Actes & Contrats, qui seront convaincus d'avoir faussement fait mention sur les Expéditions par eux délivrées des Actes qu'ils auront passés, que les Minutes auront été contrôlées, seront poursuivis extraordinairement, & punis comme faussaires.

Du 28 Décembre 1734.

LOUIS, par la grace de Dieu, Roi de France & de Navarre : A tous ceux qui ces présentes Lettres verront ; SALUT. L'établissement du contrôle des Actes des Notaires a eu pour principal objet l'utilité de nos Sujets, en assurant la date des contrats, & Nous avions lieu d'espérer que les différens réglemens qui ont été faits sur cette matiere, y avoient suffisamment pourvû : cependant Nous sommes informés que plusieurs Notaires, dans la vûe d'appliquer à leur profit les droits qui Nous appartiennent, & abusant de la confiance publique, font mention du contrôle sur les expéditions qu'ils délivrent, quoique les minutes n'ayent pas été contrôlées ; & que ces contraventions demeurent souvent impunies, par la difficulté que font nos Juges & ceux des Hauts-Justiciers, de poursuivre extraordinairement lesdits Notaires, sous prétexte que les Déclarations ci-devant intervenues, n'ont prononcé en ce cas, pour la premiere contravention, qu'une amende de deux cent livres. Mais comme une pareille prévarication, indépendamment de la contravention aux Edits & Déclarations sur le fait du contrôle, ne peut être regardée que comme une fausseté qui mérite, par cette raison, d'être reprimée par les peines prononcées par les Ordonnances, contre les Officiers publics qui se rendent coupables du crime de faux dans la fonction de leurs Offices. A CES CAUSES, & autres à ce Nous mouvans, de l'avis de notre Conseil, & de notre certaine science, pleine puissance & autorité Royale, Nous avons par ces Présentes, signées de notre main, statué & ordonné, statuons & ordonnons, voulons & Nous plaît, que les Notaires, Tabellions, Greffiers, ou autres, ayant faculté de passer des actes & contrats, qui seront convaincus d'avoir faussement fait mention dans les expéditions par eux délivrées, des actes qu'ils auront passés, que les minutes auront été contrôlées, soient poursuivis extraordinairement, même pour la premiere fois, & puissent être condamnés aux peines prononcées par les Ordonnances contre les faussaires. Enjoignons à cet effet à tous nos Fermiers, Sous-Fermiers, leurs Commis & autres, de remettre à la premiere réquisition, aux Substituts de nos Procureurs Généraux, & aux Promoteurs des Hauts-Justiciers, les extraits des Registres des Contrôles, même de déposer les Registres, s'il est ordonné par les Juges, aux Greffes des Justices, pour être ensuite rendus au Commis au Jugement du procès. Si donnons en Mandement à nos amés & féaux Conseillers les gens tenans notre Cour de Parlement à Paris, que ces Présentes ils ayent à faire enregistrer, & le contenu en icelles garder & observer selon leur forme & teneur, nonobstant tous Edits, Déclarations, Ordonnances, Réglemens & autres choses à ce contraires, ausquels Nous avons dérogé & dérogeons par ces Présentes : Car tel est notre plaisir. En témoin de quoi Nous avons fait mettre notre scel à cesdites présentes. Donné à Versailles le vingt-huitiéme jour de Décembre, l'an de grace mil sept cent trente-quatre, & de notre Régne le vingtiéme. *Signé*, LOUIS, *Et plus bas*, Par le Roi, PHELYPEAUX. Vû au Conseil, ORRY. Et scellé du grand Sceau de cire jaune.

Registrées, oüi & ce requerant le Procureur Général du Roi, pour être exécutées selon leur forme & teneur, & copies callationnées envoyées aux Bailliages & Sénéchaussées du ressort, pour y être lûes, publiées & registrées. Enjoint aux Substituts du Procureur Général du Roi, d'y tenir la main, & d'en certifier la Cour dans un mois, suivant l'Arrêt de ce jour. A Paris en Parlement, le quinziéme Janvier mil sept cent trente-cinq. Signé DUFRANC.

ORDONNANCE DE LOUIS XV.

Du mois de Juillet 1737.

Concernant le Faux Principal & le Faux Incident, & la Reconnoissance des Ecritures & Signatures en matiere criminelle.

Regiſtrée en Parlement, le 22 Décembre 1737.

Faux. LOUIS, par la grace de Dieu, Roi de France & de Navarre : A tous préſens & à venir : SALUT. Le feu Roi notre très-honoré Seigneur & Bisayeul, crut ne pouvoir rien faire de plus avantageux pour ſes Sujets, que de renfermer dans un Corps de Loix toutes les régles de la procédure civile & criminelle, & cet Ouvrage a été regardé comme un de ceux qui ont le plus contribué à immortaliſer la gloire de ſon Régne. Les difficultés qui ſe préſenterent dans l'exécution de ſes Ordonnances, ne ſervirent qu'à redoubler ſon attention pour ſuppléer à ce qui pouvoit y manquer, & pour les porter, par des Déclarations poſtérieures, à une plus grande perfection. Mais outre que ces Loix particulieres n'ont pas été réunies juſqu'à préſent, pour ne former qu'un ſeul tout avec les Loix générales, & devenir par-là encore plus connues & plus utiles, Nous ſçavons que la diverſité des opinions, & la différente maniere d'expliquer les mêmes diſpoſitions, ont produit une ſi grande variété dans les uſages de pluſieurs Tribunaux, que des procédures qui paroiſſent aux uns régulieres & ſuffiſantes, ſont regardées par d'autres comme nulles & défectueuſes. Le reméde qu'on eſt obligé d'y apporter, en faiſant recommencer ce qui a été déclaré nul, eſt ſouvent preſque auſſi fâcheux que le mal même, l'expérience ayant appris que cette voie onéreuſe aux Officiers qui en ſupportent les frais, favorable quelquefois au coupable, & au plaideur téméraire, a toujours le grand inconvénient de prolonger les procès, & ſouvent de retarder les exemples néceſſaires. Des conſidérations ſi importantes, Nous ont fait croire qu'au lieu de ſe contenter de réparer les défauts de procédure, à meſure qu'ils ſe préſentent, il étoit beaucoup plus convenable d'en tarir la ſource par une nouvelle Loi, qui renfermât en même tems & le ſupplément & l'interprétation des Ordonnances précédentes. Mais dans la néceſſité où nous ſommes, de partager un Ouvrage d'une ſi grande étendue, Nous avons crû que la réviſion de l'Ordonnance de 1670 ſur la procédure criminelle, devoit occuper d'abord toute notre attention ; & dans cette Ordonnance même, Nous avons jugé à propos de faire un choix, en commençant un Ouvrage ſi utile, par les titres *de la Reconnoiſſance des Ecritures ou Signatures privées, & du Faux principal & incident.* Les différens ſujets de ces deux titres y ont été tellement mêlés, que les Juges ont eu de la peine à en faire un juſte diſcernement ; & qu'il leur eſt ſouvent arrivé, ou de ſéparer ce qui devoit être réuni, ou de confondre ce qu'il auroit fallu diſtinguer. C'eſt donc pour remédier à cet inconvénient par un ordre plus naturel, que Nous avons jugé à propos d'établir, d'abord dans un premier titre, les régles qui ſeront obſervées dans la pourſuite du Faux principal, de fixer enſuite dans un ſecond titre, celles qui auront lieu à l'égard du Faux incident ; & d'y ajouter enfin un dernier titre, ſur ce qui concerne ſeulement la reconnoiſſance des écritures & ſignatures privées ; en ſorte que l'on puiſſe connoître aiſément dans chaque titre, les formalités qui ſont propres à chacune de ces trois procédures, & celles qui leur ſont communes. Nous y laiſſerons beaucoup moins à ſuppléer à l'attention de ceux qui ſont chargés de l'inſtruction des procès criminels, que l'on n'avoit fait par l'Ordonnance de 1670 ; & ſi Nous ſommes obligés par-là d'entrer dans un détail beaucoup plus exact ſur ce qui regarde chaque acte de la procédure, Nous eſperons que l'inconvénient de la longueur preſque inſéparable de cette exactitude, ſera avantageuſement compenſé par le bien que Nous ferons à la juſtice, en mettant devant les yeux des Juges une ſuite de régles claires & préciſes, qui dirige ſûrement toutes leurs démarches, en les conduiſant par dégrés, & comme pas-à-pas dans tout le cours de l'inſtruction. Il ne Nous reſte donc plus, après Nous être fait rendre un compte exact des différens uſages de nos Parlemens, & avoir reçu les mémoires des principaux Magiſtrats de ces Compagnies, que de faire publier une Loi ſi néceſſaire, pour parvenir à cette uniformité parfaite, qui n'eſt pas moins deſirable, & qu'il eſt encore plus facile d'établir dans la forme de la procédure, que dans le fond des Jugemens : Elle y ſera d'autant plus utile à nos Sujets, que les difficultés qui regardent l'ordre judiciaire, naissent beaucoup plus souvent que les questions de Jurisprudence qui partagent les Tribunaux ; & que les fonds même de la Justice est en danger, lorsque les voies qui y conduisent, sont obscures ou incertaines. A CES CAUSES, & autres à ce Nous mouvans, de l'avis de notre Conseil, & de notre certaine science, pleine puissance & autorité Royale, Nous avons par ces Présentes, signées de notre main, dit, déclaré & ordonné, disons, déclarons & ordonnons, Voulons & Nous plaît ce qui suit. Faux.

Titre du Faux principal.

ARTICLE PREMIER.

Les plaintes, dénonciations & accusations de Faux principal, se feront en la même forme que celle des autres crimes, sans consignation d'amende, sans inscription en faux, sommation ni autres procédures, avec celui contre lequel l'accusation sera formée.

II. L'accusation de Faux pourra être admise, s'il y échoit, encore que les piéces prétendues fausses ayent été vérifiées, même avant le plaignant, à d'autres fins que celles d'une poursuite de Faux principal ou incident, & qu'en conséquence il seroit survenu un Jugement sur le fondement desdites piéces comme véritables.

III. Sur la requête ou plainte de la Partie publique ou de la Partie civile, à laquelle elles seront tenues de joindre les piéces prétendues fausses, si elles sont en leur possession, il sera ordonné qu'il sera informé des faits portés par ladite requête ou plainte, & ce, tant par titres que par témoins, comme aussi par Experts, ensemble par comparaison d'Ecritures ou de signatures, le tout, selon que le cas le requerra ; & lorsque le Juge n'aura pas ordonné en même tems ces différens genres de preuves, il pourra y être suppléé, s'il y échoit, par une Ordonnance ou un Jugement postérieur.

IV. Ledit Jugement ou Ordonnance contiendra en outre, qu'il sera dressé procès verbal de l'état des piéces prétendues fausses, lesquelles à cet effet seront remises au Greffe, si elles sont jointes à la requête ou plainte, sinon apportées audit Greffe, ainsi qu'il sera dit ci-après.

V. En cas que lesdites piéces ne soient pas en la possession de la Partie publique ou de la Partie civile, & qu'elles n'ayent pû les joindre à leur requête ou plainte, il sera ordonné par le même Jugement ou Ordonnance qui permettra d'informer, qu'elles seront remises au Greffe par ceux qui les auront entre les mains, & qu'à cet effet ils seront contraints ; sçavoir, les Dépositaires publics par corps, ou s'ils sont Ecclésiastiques, par saisie de leur temporel ; & ceux qui ne sont pas Dépositaires publics, par toutes voies dûes & raisonnables, sauf à être ordonné, s'il y échoit, qu'ils y seront contraints par les mêmes voies que les Dépositaires publics.

VI. Le délai pour l'apport & la remise desdites piéces, courra du jour de la signification de ladite Ordonnance du Jugement, au domicile de ceux qui les auront en leur possession : & sera ledit délai de trois jours, s'ils sont dans le lieu de la Jurisdiction ; de huitaine, s'ils sont dans les dix lieues ; & en cas de plus grande distance, le délai sera augmenté d'un jour par dix lieues, de tel autre tems que les Juges estimeront nécessaire, eu égard à la difficulté des chemins, & à la longueur des lieues ; sans néanmoins qu'en aucun cas le délai puisse être réglé sur le pied de plus de deux jours par dix lieues.

VII. Ne pourront être entendus aucuns Témoins, avant que les piéces prétendues fausses ayent été déposées au Greffe ; ce qui sera observé à peine de nullité, si ce n'est qu'il ait été ordonné expressément, soit en accordant la permission d'informer, soit par une Ordonnance ou Jugement postérieur, que les témoins pourront être entendus avant le dépôt desdites piéces ; ce que Nous laissons à la prudence des Juges : comme aussi de statuer, ainsi qu'il appartiendra, suivant l'exigence des cas, lorsque les piéces prétendues fausses se trouveront avoir été soustraites ou être perdues, ou lorsqu'elles seront entre les mains de celui qui sera prévenu de crime de Faux.

VIII. Lorsque l'information par Experts aura été ordonnée, suivant ce qui est porté par l'article 3 desdits Experts, seront toujours nommés d'Office, à peine de nullité ; & la nomination en sera faite par l'Ordonnance ou Jugement qui ordonnera ladite information, si ce n'est que ladite information ait été renvoyée à un Juge commis sur les lieux pour procéder à ladite information, lequel Juge commis fera pareillement d'office ladite nomination.

IX. Défendons aux Juges de recevoir de l'Accusé aucune Requête en récusation contre les Experts, à peine de nullité, sauf audit Accusé à fournir ses reproches, si aucuns y a, contre

Faux. lesdits Experts, en la même forme, & dans le même tems, que contre les autres témoins.

X. Le procès-verbal de l'état des pieces prétendues fausses, ratures, surcharges, interlignes & autres circonstances du même genre, qui pourroient s'y trouver, sera dressé au Greffe ou autre lieu du Siége destiné aux instructions, en présence, tant de notre Procureur, ou de celui des Hauts-Justiciers, que de la Partie civile, s'il y en a, à peine de nullité, & l'Accusé ne sera point appellé au procès-verbal.

XI. Lesdites pieces seront paraphées lors dudit procès-verbal, tant par le Juge que par la Partie civile, si elle ne peut les parapher, sinon il en sera fait mention ensemble par notre Procureur ou celui des Hauts-Justiciers, le tout à peine de nullité, après quoi elles seront remises au Greffe.

XII. Lorsque la preuve par comparaison d'écritures, aura été ordonnée, nos Procureurs ou ceux des Hauts-Justiciers, & la Partie civile, s'il y en a, pourront seuls fournir les pieces de comparaison, sans que l'Accusé puisse être reçu à en présenter de sa part, si ce n'est dans le tems, & ainsi qu'il sera dit par les articles 46 & 54 ci-après; & le contenu au présent article sera observé à peine de nullité.

XIII. Ne pourront être admises pour pieces de comparaison, que celles qui sont autentiques par elles-mêmes, & seront regardées comme telles les signatures apposées aux Actes passés devant Notaires ou autres personnes publiques, tant Séculieres qu'Ecclésiastiques, dans les cas où elles ont droit de recevoir des Actes en ladite qualité; comme aussi les signatures étant aux Actes judiciaires faits en présence du Juge, ou du Greffier, & pareillement les pieces écrites & signées par celui dont il s'agit de comparer l'écriture en qualité de Juge, Greffier, Notaire, Procureur, Huissier, Sergent, & en général comme faisant, à quelque titre que ce soit, fonction de personnes publiques.

XIV. Pourront néanmoins être admises pour pieces de comparaison les écritures ou signatures privées qui auront été reconnues par l'Accusé, sans qu'en aucun autre cas lesdites écritures ou signatures privées, puissent être reçues pour pieces de comparaison, quand même elles auroient été vérifiées avec ledit Accusé, sur la dénégation qu'il en auroit faite, ce qui sera exécuté à peine de nullité.

XV. Laissons à la prudence des Juges, suivant l'exigence des cas, & notamment lorsque l'accusation de faux ne tombera que sur un endroit de la piece qu'on prétendra être faux ou falsifié, d'ordonner que le surplus de ladite piece servira de comparaison.

XVI. Si les pieces indiquées pour pieces de comparaison sont entre les mains des dépositaires publics ou autres, le Juge ordonnera qu'elles seront apportées, suivant ce qui est prescrit par les articles 4 & 6 à l'égard des pieces prétendues fausses & les pieces qui auront été admises pour pieces de comparaison, demeureront au Greffe pour servir à l'instruction; & ce, quand même les Dépositaires d'icelles offriroient de les apporter toutes les fois qu'il seroit nécessaire, sauf aux Juges à y pourvoir autrement, s'il y échoit, pour ce qui concerne les Registres des Baptêmes, Mariages, Sépultures & autres, dont les Dépositaires auroient besoin continuellement pour le service du public.

XVII. Sur la présentation des pieces de comparaison, qui sera faite par la Partie publique, ou par la Partie civile, sans qu'il soit donné aucune Requête à cet effet, il sera dressé procès-verbal desdites pieces au Greffe ou autre lieu du Siége destiné aux instructions en présence de ladite Partie publique, ensemble de la Partie civile, s'il y en a, à peine de nullité.

XVIII. L'Accusé ne pourra être présent au procès-verbal de présentation de pieces de comparaison; ce qui sera pareillement observé, à peine de nullité.

XIX. A la fin dudit procès-verbal, & sur la réquisition ou sur les conclusions de la Partie publique, le Juge réglera ce qu'il appartiendra, sur l'admission ou le rejet desdites pieces, si ce n'est qu'il juge à propos d'ordonner qu'il en sera par lui référé aux autres Officiers du Siége; auquel cas il y sera pourvû par délibération du Conseil, après que ledit procès-verbal aura été communiqué à notre Procureur ou à celui des Hauts-Justiciers, & à la Partie civile.

XX. S'il est ordonné que les pieces de comparaison seront rejettées, la Partie civile, s'il y en a, ou nos Procureurs, ou ceux des Hauts-Justiciers, seront tenus d'en rapporter ou d'en indiquer d'autres dans le délai qui sera prescrit, sinon il y sera pourvû, ainsi qu'il appartiendra; & sera au surplus observé sur le rapport desdites pieces, le contenu en l'article 16 ci-dessus.

XXI. Dans tous les cas, où les pieces de comparaison sont admises, elles seront paraphées, tant par le Juge que par nos Procureurs, & par ceux des Hauts-Justiciers, & par la Partie civile, s'il y en a, & si elle peut signer, sinon il en sera fait mention, le tout à peine de nullité.

XXII. Dans toutes les informations qui seront faites par Experts, ils seront toujours entendus séparément, & par forme de déposition, ainsi que les autres témoins, sans qu'il puisse être ordonné en aucun cas, que lesdits Experts feront leur rapport sur les pieces prétendues fausses, ou qu'il sera procédé préalablement à la vérification d'icelles, ce que Nous défendons, à peine de nullité. Faux.

XXIII. En procédant à ladite information, la plainte ou requête contenant l'accusation de faux & la permission d'informer donnée en conséquence, les pieces prétendues fausses, & le procès-verbal de l'état d'icelles, les pieces de comparaison, lorsqu'il en aura été fourni, ensemble le procès-verbal de présentation d'icelles, & l'Ordonnance ou Jugement par lequel elles auront été reçues, seront remis à chacun des Experts pour les voir & examiner séparément & en particulier, sans déplacer; & sera fait mention de la remise & examen desdites pieces, dans la déposition de chacun des Experts, sans qu'il en soit dressé aucun procès-verbal, lesquels Experts parapheront les pieces prétendues fausses, le tout à peine de nullité.

XXIV. Seront en outre entendus comme témoins, ceux qui auront connoissance de la fabrication, altération, & en général de la fausseté desdites pieces, ou des faits qui pourront servir à en établir la preuve; à l'effet de quoi sera permis d'obtenir s'il y échoit, & faire publier des Mémoires; ce qui pourra être ordonné en tout état de cause.

XXV. En procédant à l'audition desdits témoins, les pieces prétendues fausses leur seront représentées, si elles sont au Greffe; & en cas qu'elles n'y fussent pas, la représentation en sera faite lors du recollement; & si elle n'étoit pas au Greffe même audit tems, la représentation s'en fera lors de la confrontation.

XXVI. Lesdits témoins parapheront lesdites pieces lors de la présentation qui leur en sera faite, s'ils peuvent ou veulent le parapher, sinon il en sera fait mention.

XXVII. Les pieces servant à conviction qui auroient été remises au Greffe, seront pareillement représentées à ceux desdits témoins qui en auront connoissance, & par eux paraphées, ainsi qu'il est porté par l'article précédent.

XXVIII. Voulons néanmoins qu'en cas d'omission de la présentation & du paraphe ci-dessus ordonnés, des pieces prétendues fausses ou servantes à conviction, qui seroient au Greffe lors de la déposition desdits témoins, il puisse y être suppléé lors du recollement; & s'il a été omis alors d'y satisfaire, il y sera suppléé en procédant à la confrontation, à peine de nullité de ladite confrontation, ainsi qu'il sera dit par l'article 45 ci-après.

XXIX. A l'égard des pieces de comparaison, & d'autres qui doivent être représentées aux Experts suivant l'article 23, elles ne seront point représentées aux autres témoins, si ce n'est que le Juge en procédant, soit à l'information, soit au recollement ou à la confrontation desdits témoins, estime à propos de leur représenter lesdites pieces ou quelques-unes d'icelles, auquel cas elles seront par eux paraphées, ainsi qu'il est ci-dessus prescrit.

XXX. Sur le vû de l'information, soit par Experts ou autres témoins, il sera décerné, s'il y échoit, tel décret qu'il appartiendra; ce que les Juges pourront pareillement faire sans information, en cas qu'il y ait d'ailleurs des charges suffisantes pour décreter, le tout sur les conclusions de nos Procureurs, ou de nos Hauts-Justiciers.

XXXI. Lors de l'interrogatoire des Accusés, les pieces prétendues fausses, comme aussi les pieces servantes à conviction, qui seront actuellement au Greffe, leur seront représentées & par eux paraphées, s'ils peuvent ou veulent le faire, sinon il en sera fait mention, & en cas d'omission de ladite représentation & paraphe, il y sera suppléé par un nouvel interrogatoire, à peine de nullité du Jugement qui seroit intervenu sans avoir réparé ladite omission.

XXXII. Les pieces de comparaison ou autres qui doivent être présentées aux Experts, suivant l'article 23, ne pourront être représentées ausdits Accusés avant la confrontation.

XXXIII. En tout état de cause, même après le Réglement à l'extraordinaire, les Juges pourront ordonner, s'il y échoit, à la requête de la Partie civile, & sur le requisitoire de la Partie publique, ou même d'office, que l'Accusé sera tenu de faire un corps d'écriture, tel qu'il lui sera dicté par les Experts.

XXXIV. Lorsque ledit corps d'écriture aura été ordonné, il y sera procédé au Greffe, ou autre lieu du Siége destiné aux instructions, en présence de nos Procureurs ou de ceux des Hauts-Justiciers; ensemble de la Partie civile, s'il y en a, ou elle dûement appellée à la requête de la Partie publique: sera ledit corps d'écriture paraphé, tant par le Juge, les Experts & nosdits Procureurs ou ceux des Hauts-Justiciers, que la Partie civile, si elle peut & veut le faire, sinon il en sera fait mention; ensemble par l'Accusé, s'il veut le parapher, & ce en présence desdits Experts; & en cas qu'il refuse de le faire, il en sera fait mention, le tout à peine de nullité.

Faux. XXXV. A la fin dudit procès-verbal, & sans qu'il soit besoin d'autre Jugement, le Juge ordonnera, s'il y échoit, que ledit corps d'Ecriture sera reçu pour piece de comparaison, que les Experts seront entendus par voie de déposition, en la forme prescrite par l'article 23, sur ce qui peut résulter dudit corps d'écriture, comparé avec les pieces prétendues fausses; ce qui aura lieu encore qu'ils eussent déjà déposé sur d'autres pieces de comparaison: sans préjudice au Juge, s'il y échoit, d'en nommer d'autres, ou d'en ajouter de nouveaux aux premiers; ce qu'il ne pourra faire néanmoins que par délibération du Conseil, à l'effet de quoi il en sera par lui référé aux autres Juges.

XXXVI. Laissons à la prudence des Juges, en cas de diversité dans la déposition des Experts, ou de doute sur la maniere dont ils se seront expliqués, d'ordonner sur la requisition de la Partie publique, ou même d'office, qu'il sera entendu de nouveaux Experts en la forme prescrite par les articles 22 & 23; même qu'il sera fourni de nouvelles pieces de comparaison: ce qu'ils pourront ordonner, s'il y échoit, avant que de décreter, ou après le décret, jusqu'au Réglement à l'extraordinaire; après quoi ils ne pourront plus l'ordonner, que lorsque l'instruction sera achevée, & en jugeant le procès; & en cas que ce soit l'Accusé qui fasse une pareille demande, sera observé ce qui est prescrit par les articles 44 & 54 ci-après.

XXXVII. Lors du recollement des Experts, les pieces prétendues fausses, & les pieces de comparaison, seront représentées ausdits Experts, & tant à eux qu'aux Accusés, lors de la confrontation, à peine de nullité; au surplus, le recollement & la confrontation desdits Experts se feront en la même forme que le recollement & la confrontation des autres témoins, sans néanmoins qu'il soit besoin d'interpeller lesdits Experts, de déclarer si c'est de l'Accusé présent qu'ils ont entendu parler dans leur déposition & recollement, à moins qu'ils n'ayent déposé des faits personnels audit Accusé.

XXXVIII. En procédant au recollement des témoins, autres que les Experts, les pieces prétendues fausses seront représentées ausdits témoins, comme aussi les pieces servantes à conviction, & en général toutes celles qui leur auront été représentées lors de leur déposition; & en cas que lesdites pieces prétendues fausses n'ayent été remises au Greffe depuis leur déposition, elles leur seront représentées, & par eux paraphées lors dudit recollement, suivant ce qui est prescrit par les articles 25 & 26; ce qui aura lieu pareillement par les pieces servantes à conviction, dont lesdits témoins auroient connoissance, & qui auroient été remises au Greffe depuis leur déposition; comme aussi pour celles dont la représentation auroit été omise lors de l'audition desdits témoins, suivant ce qui est porté par l'article 28.

XXXIX. Toutes les pieces qui auront été représentées ausdits témoins, tant lors de leur déposition, que lors du recollement, leur seront représentées, ainsi qu'à l'Accusé, lors de leur confrontation; & en cas que les pieces n'ayent été remises au Greffe que depuis ledit recollement, elles seront représentées ausdits témoins, & par eux paraphées lors de ladite confrontation, suivant ce qui est prescrit par les articles 25 & 26; ce qui aura lieu pareillement pour les pieces servantes à conviction, dont lesdits témoins auroient connoissance, & qui n'auroient été remises au Greffe que depuis ledit recollement, comme aussi pour celles dont la représentation auroit été omise lors de la déposition & du recollement, suivant ce qui est porté par l'article 28.

XL. Si les témoins représentent quelques pieces, soit lors de leur déposition ou du recollement, ou de la confrontation, elles y demeureront jointes après avoir été paraphées, tant par les Juges que par lesdits témoins, s'ils peuvent ou veulent le faire, sinon il en sera fait mention; & si lesdites pieces servent à conviction, elles seront représentées aux témoins qui en auroient connoissance, & qui seroient entendus, recollés ou confrontés depuis la remise desdites pieces; & elles seront par eux paraphées, le tout suivant ce qui est prescrit par les articles 27 & 28 ci-dessus.

XLI. Si l'Accusé représente des pieces lors de ses interrogatoires, elles y demeureront jointes, après avoir été paraphées, tant par le Juge que par ledit l'Accusé, s'il peut ou veut les parapher, sinon il en sera fait mention, & elles seront représentées aux témoins, s'il y échoit: auquel cas elles seront par eux paraphées, s'ils peuvent ou veulent le faire, sinon il en sera fait mention.

XLII. Si l'Accusé représente les pieces lors de la confrontation, elles y demeureront pareillement jointes, après avoir été paraphées, tant par le Juge que par l'Accusé, & par le témoin confronté avec ledit Accusé: & si ledit Accusé & ledit témoin ne peuvent ou ne veulent les parapher, il en sera fait mention, le tout à peine de nullité de ladite confrontation: & seront lesdites pieces représentées, s'il y échoit, aux témoins qui seroient confrontés depuis, & par eux paraphées, ainsi qu'il est porté par l'article précédent.

XLIII. Lorsqu'il aura été ordonné que les Accusés seront recollés sur les interrogatoires & confrontés les uns aux autres, les pieces qui auront été représentées à chaque Accusé, ou qu'il aura rapportées lors de ses interrogatoires, lui seront pareillement représentées lors de son recollement, & tant à lui qu'aux autres Accusés lors de la confrontation : & sera au surplus observé sur ladite représentation, & sur la paraphe desdites pieces, ce qui est prescrit par les articles 38, 39, 40 & 41. Faux.

XLIV. Dans tous les cas où il a été ordonné par les articles précédens, que les pieces prétendues fausses, ou autres pieces, seront paraphées, soit par le Juge, soit par les Experts ou autres témoins, soit par les Accusés, ou qu'il sera fait mention à l'égard desdits témoins ou Accusés, qu'ils n'ont pu ou n'ont voulu les parapher, il suffira de faire parapher lesdites pieces, ou de faire ladite mention dans le premier Acte lors duquel lesdites pieces seront représentées, sans qu'il soit besoin de réïtérer ladite paraphe ou ladite mention, lorsque les mêmes pieces seront de nouveau représentées.

XLV. Desirant expliquer plus particulierement nos intentions sur les cas où la peine de nullité sera prononcée par le défaut de représentation aux témoins, autres que les Experts, des pieces prétendues fausses ou servantes à conviction, & de paraphe desdites pieces, Voulons que ladite peine ne puisse avoir lieu qu'à l'égard de la confrontation, lorsque l'on y aura pas suppléé à l'omission de représentation ou de paraphe desdites pieces, auquel cas les Juges ordonneront, s'il y échoit, qu'il sera procédé à une nouvelle confrontation, lors de laquelle lesdites pieces seront représentées ausdits témoins, & par eux paraphées en la forme ci-dessus prescrite ; ce qui sera pareillement observé à l'égard des Accusés, lorsqu'il aura été ordonné qu'ils seront recollés & confrontés les uns aux autres.

XLVI. En cas que l'Accusé présente une Requête pour demander qu'il soit remis de nouvelles pieces de comparaison entre les mains des Experts, les Juges ne pourront y avoir égard, qu'après l'instruction achevée, & par délibération de Conseil sur le vû du procès, à peine de nullité.

XLVII. Si la Requête de l'Accusé est admise, le Jugement lui sera prononcé dans vingt-quatre heures au plus tard, & il sera interpellé par le Juge d'indiquer lesdites pieces, ce qu'il sera tenu de faire sur le champ. Laissons néanmoins à la prudence des Juges, de lui accorder un délai, suivant l'exigence des cas, pour indiquer lesdites pieces, sans que ledit délai puisse être prorogé, & ne pourra l'Accusé présenter dans la suite d'autres pieces que celles qu'il aura indiquées : le tout, sans préjudice à la Partie civile ou à la Partie publique de contester lesdites pieces.

XLVIII. Les écritures ou signatures privées de l'Accusé, ne pourront être reçues pour pieces de comparaison (encore qu'elles eussent été par lui reconnues, ou vérifiées avec lui) si ce n'est du consentement, tant de la Partie civile, s'il y en a ; ce qui sera observé, à peine de nullité.

XLIX. Les dispositions des articles 13 & 16 seront observées, tant par rapport à la qualité desdites nouvelles pieces de comparaison, qu'en ce qui concerne l'apport & remise au Greffe d'icelles, lequel apport & remise se feront à la requête de la Partie publique.

L. Le procès-verbal de présentation de nouvelles pieces de comparaison indiquées par l'Accusé, sera fait à la requête de la Partie publique, & dressé en présence dudit Accusé, lequel paraphera les pieces qui seront reçues, s'il peut ou veut les parapher, sinon il en sera fait mention, le tout à peine de nullité : & en cas que l'Accusé ne soit pas dans les prisons, & ne se présente point pour assister audit procès-verbal, il y sera procédé en absence, après qu'il aura été dûement appellé à la requête de la Partie publique : sera au surplus observé tout ce qui a été ci-dessus prescrit par rapport au procès-verbal de présentation des pieces de comparaison, rejet ou admission d'icelles, & procédures à faire en conséquence.

LI. En cas que les pieces de comparaison soient admises, il sera procédé à une nouvelle information sur ce qui peut résulter desdites pieces dans la forme prescrite par les articles 22 & 23, & ce, à la requête de la partie publique, & par les mêmes Experts qui auront été déja entendus, à moins qu'il n'en ait été autrement ordonné : seront les anciennes pieces de comparaison remises entre les mains des Experts, ainsi que les nouvelles, ensemble les procès-verbaux de présentation, & les Ordonnances ou Jugement de reception de toutes lesdites pieces.

LII. N'entendons empêcher que la Partie civile ou la Partie publique, ne puisse être admises à produire de nouvelles pieces de comparaison, & ce, en tout état de cause, même dans les cas où il n'auroit pas été permis à l'Accusé d'indiquer de nouvelles pieces de comparaison, le tout à la charge de se conformer aux dispositions des articles 13 & suivans, notamment en

Faux. ce qu'il y est porté, que l'Accusé ne sera point présent au procès-verbal de présentation des pieces de comparaison, rapportées par la Partie publique ou la Partie civile.

LIII. Lorsqu'à l'occasion des nouvelles pieces de comparaison indiquées par l'Accusé, la Partie publique ou la Partie civile, s'il y en a, en auront aussi produit de leur part, les Juges pourront après que lesdites pieces auront été reçues en la forme ci-dessus marquée, ordonner, s'il y échoit, que sur les unes & les autres il sera procédé à une seule & même information par Experts.

LIV. Si l'Accusé demande qu'il soit entendu de nouveaux Experts, soit sur les anciennes pieces de comparaison, ou sur de nouvelles, les Juges ne pourront l'ordonner, s'il y échoit, qu'après l'instruction achevée, & par délibération de Conseil, sur le vû du procès; ce qui sera observé à peine de nullité.

LV. S'il est ordonné qu'il sera procédé à une information par de nouveaux Experts, ils seront toujours nommés d'office, & entendus en la forme prescrite par les articles 22 & 23, le tout à peine de nullité.

LVI. Dans tous les cas marqués par les Articles 36, 46, 47, 52, 53, 54 & 55, où il aura été procédé à une nouvelle information, soit sur de nouvelles pieces de comparaison, ou par de nouveaux Experts, les Juges pourront la joindre au procès, pour en jugeant, y avoir tel égard que de raison, ou décerner de nouveaux décrets, s'il y échoit, ou ordonner sans décret, que les Experts entendus dans ladite information, seront recollés & confrontés, ou y statuer autrement, suivant l'exigence des cas, ce que nous laissons à leur prudence.

LVII. Dans tous les procès-verbaux où la présence de la Partie civile est requise suivant ce qui a été réglé ci-dessus, il sera permis à ladite Partie civile d'y faire assister, au lieu d'elle, le porteur de sa procuration qui ne sera admise qu'en cas qu'elle soit spéciale, & passée devant Notaire.

LVIII. Ladite procuration sera annexée à la minute de l'acte pour lequel elle aura été ordonnée, si elle ne concerne qu'un seul acte: & si elle en concerne plusieurs, elle sera annexée à la minute du premier acte, lors duquel elle aura été présentée: & sera paraphée, tant par le Juge que par le porteur d'icelle, lequel paraphera en outre toutes les pieces qui devroient être paraphées par ladite Partie civile, si elle étoit présente; & en cas qu'il refuse de les parapher, il y sera pourvû par les Juges, sur les conclusions de la Partie publique, ainsi qu'il appartiendra.

LIX. Lorsque les premiers Juges auront ordonné la suppression, ou lacération, ou la radiation en tout ou en partie, même la réformation ou le rétablissement des pieces par eux déclarées fausses, il sera sursis à l'exécution de ce chef de leur Jugement, jusqu'à ce que par nos Cours, sur le vû du procès & sur les conclusions de nos Procureurs Généraux, il y ait été pourvû ainsi qu'il appartiendra: ce qui aura lieu, encore que la Sentence fut de nature à pouvoir être exécutée sans avoir été confirmée par Arrêt, & qu'il n'y en eût aucun appel ou que l'Accusé y eut acquiescé, dans les cas où il peut le faire.

LX. N'entendons néanmoins empêcher que ledit Accusé ne soit mis en liberté, dans ledit cas d'acquiescement de sa part à la Sentence, lorsqu'il n'y aura point d'appel *à minimâ*, interjetté par nos Procureurs Généraux ou leurs Substituts, ou par les Procureurs des Hauts-Justiciers.

LXI. En cas que le Jugement soit rendu par Contumace contre les Accusés ou aucun d'eux, la surséance portée par l'article 59 aura lieu, tant que les Accusés Contumaces ne se représenteront pas, ou ne seront point arrêtés, ce qui sera observé même après l'expiration de cinq années: & en cas que les Contumaces se représentent ou qu'ils soient arrêtés, ladite surséance aura pareillement lieu, si le Jugement qui interviendra contradictoirement avec eux contient à l'égard des pieces fausses, quelqu'une des dispositions mentionnées audit article 59.

LXII. L'exécution des Arrêts de nos Cours, qui contiendront quelqu'une des dépositions mentionnées dans l'article 59, sera pareillement sursise lorsque lesdits Accusés ou chacun d'eux, auront été condamnés par Contumace: si ce n'est que dans la suite il en soit autrement ordonné par nosdites Cours, s'il y échoit, & ce, sur les conclusions de nos Procureurs Généraux, ce que Nous laissons à leur prudence suivant l'exigence des cas.

LXIII. Par le Jugement de condamnation ou d'absolution, qui interviendra sur le vû du procès, il sera statué, ainsi qu'il appartiendra sur la remise des pieces, soit à la Partie civile, ou aux témoins, ou aux Accusés qui les auront fournies, ou représentées; ce qui aura lieu, même à l'égard des pieces prétendues fausses lorsqu'elles ne seront pas jugées telles: & à l'égard des pieces qui auront été tirées d'un dépôt public, il sera ordonné qu'elles seront remises ou renvoyées par les Greffiers aux dépositaires d'icelles, par voies en tel cas requises & accoutumées; le tout sans qu'il soit rendu séparément un autre Jugement sur la remise desdites pieces, laquelle néanmoins ne pourra être faite que dans le tems & ainsi qu'il sera ci-après marqué.

Faux.

LXIV. Lorsque les procès seront de nature à être portés en nos Cours, sans même qu'il y ait appel de la Sentence des premiers Juges, suivant les dispositions de l'Ordonnance de 1670, & pareillement lorsqu'il y aura appel de ladite Sentence, les pieces dont la remise y aura été ordonnée, ne pourront être retirées du Greffe, jusqu'à ce qu'il y ait été pourvû par nosdites Cours.

LXV. Si les procès ne sont pas de la nature marquée par l'article précédent, Voulons qu'encore qu'il n'y eut point d'appel de la Sentence, ou que l'Accusé y eût acquiescé, aucune desdites pieces ne puissent être retirées du Greffe, que six mois après ladite Sentence; Enjoignons aux Substituts de nos Procureurs Généraux, ou aux Procureurs d'Office, d'informer diligemment nosdits Procureurs Généraux de contenu aux Jugemens rendus dans leur Siége en matiere de faux, même par Contumace, pour être par nosdits Procureurs Généraux fait en conséquence telles requisitions qu'ils jugeront nécessaires.

LXVI. Lorsque le procès pour crime de faux aura été instruit en nos Cours, ou qu'il y aura été porté, suivant ce qui a été dit ci-dessus, lesdites pieces ne pourront être retirées du Greffe, qu'après l'Arrêt définitif qui en aura ordonné la remise.

LXVII. Dans les cas portés par les articles 59, 61 & 62, où il doit être sursis à l'exécution des Sentences ou Arrêts qui contiendroient, à l'égard des pieces déclarées fausses, quelqu'une des dispositions mentionnées ausd. articles, il sera pareillement sursis à la remise des pieces de comparaison ou autres pieces, si ce n'est qu'il en soit autrement ordonné par nos Cours, sur la Requête des Dépositaires desdites pieces, ou des Parties qui auroient intérêt d'en demander la remise; & sur les conclusions de nos Procureurs Généraux en nosdites Cours.

LXVIII. Enjoignons aux Greffiers de se conformer exactement aux articles précédens, en ce qui les regarde, à peine d'interdiction, d'amende arbitraire applicable à Nous, ou aux Hauts-Justiciers, & des dommages & intérêts des Parties, même d'être procédé extraordinairement contr'eux, s'il y échoit.

LXIX. Pendant que lesdites pieces demeureront au Greffe, les Greffiers ne pourront délivrer aucunes copies ni expéditions des pieces prétendues fausses, ou servantes à conviction, si ce n'est en vertu d'un Jugement, qui ne pourra être rendu que sur les conclusions de nos Procureurs Généraux ou de leurs Substituts, ou des Procureurs d'Offices: & à l'égard des Actes dont les originaux ou minutes auront été remis au Greffe, & notamment des registres sur lesquels il y auroit des Actes non argués de faux, lesdits Greffiers pourront en délivrer des expéditions aux Parties qui auront droit d'en demander, sans qu'ils puissent prétendre de plus grands droits que ceux qui seront dûs aux Dépositaires desdits originaux ou minutes: & sera le présent Article exécuté sous les peines portées par l'Article précédent.

Titre du faux incident.

ARTICLE PREMIER.

La poursuite du faux incident aura lieu lorsqu'une des Parties ayant signifié, communiqué, ou produit quelque piece que ce puisse être, dans le cours de la procédure, l'autre Partie prétendra que ladite piece est faussée ou falsifiée.

II. Ladite poursuite pourra être reçue, s'il y échoit, encore que les pieces prétendues fausses ayent été vérifiées, même avec les demandeurs en faux, à d'autres fins que celles d'une poursuite de faux principal ou incident, & qu'en conséquence il soit intervenu un Jugement sur le fondement desdites pieces comme véritables.

III. La Partie qui voudra former la demande en faux incident, présentera une Requête, tendante à ce qu'il lui soit permis de s'inscrire en faux contre les pieces qui y seront indiquées & à ce que le défendeur soit tenu de déclarer s'il entend se servir desdites pieces: sera ladite Requête signée du demandeur ou du porteur de sa procuration spéciale, à peine de nullité, & sera ladite procuration attachée à la Requête.

IV. Le demandeur en faux sera tenu de consigner; sçavoir, en nos Cours des Requêtes de notre Hôtel & du Palais, cent livres; aux Bailliages, Sénéchaussées, Siéges Présidiaux ou autres Siéges ressortissans immédiatement en nosdites Cours, soixante livres, & vingt livres dans tous les autres Siéges, sans qu'il soit consigné plus d'une amende quel que soit le nombre des demandeurs, ou des pieces arguées de faux, pourvû que l'inscription soit formée conjointement & par le même Acte.

Faux. V. Lorsque la Requête à fin de permission de s'inscrire en faux, sera donnée en nos Cours dans les six semaines antérieures au tems auquel elles finissent leurs séances, ou pour les Compagnies semestres, dans les six semaines antérieures à la fin de chaque semestre, le demandeur en faux sera tenu de consigner la somme de trois cent livres, même plus grande somme, si les Juges estiment à propos de l'ordonner.

VI. Les sommes qui seront consignées pour les inscriptions en faux, seront reçues sans aucuns droits ni frais par le Receveur des amendes en titre, ou par commission, s'il y en a, sinon par le Greffier du Siége où l'inscription sera formée.

VII. La quittance de consignation d'amende, sera attachée à la Requête du demandeur, & visée dans l'Ordonnance qui sera rendue sur ladite Requête.

VIII. Ladite Ordonnance portera que l'inscription sera faite au Greffe par le demandeur, & qu'il sera tenu à cet effet dans trois jours au plus tard de sommer le défendeur de déclarer s'il veut se servir de la piece maintenue fausse; ce que ledit demandeur sera tenu de faire dans ledit tems de trois jours, à compter du jour de ladite Ordonnance, sinon sera déclaré déchû de sa demande en inscription de faux.

IX. La sommation sera faite au défendeur, au domicile de son Procureur, auquel sera donné copie par le même acte, de la quittance d'amende, du pouvoir spécial, si aucun y a, de la Requête du demandeur, & de l'Ordonnance du Juge, le tout à peine de nullité, & sera le défendeur interpellé par ladite sommation, de faire sa déclaration dans le délai ci-après marqué.

X. Ledit délai courra du jour de ladite sommation, & sera de trois jours, si le défendeur demeure dans le lieu de la Jurisdiction; & s'il demeure dans un autre lieu, le délai pour lui donner connoissance de ladite sommation, & le mettre en état d'y répondre, sera de huitaine, s'il demeure dans les dix lieues; & en cas de plus grande distance, le délai sera augmenté de deux jours par dix lieues; sauf aux Juges à le prolonger, eu égard à la difficulté des chemins, & la longueur des lieues; sans néanmoins que ledit délai puisse être plus grand en aucun cas, que de quatre jours par dix lieues.

XI. Le défendeur sera tenu dans ledit délai, de faire sa déclaration précise, s'il entend, ou s'il n'entend pas se servir de la piece maintenue fausse; & sera ladite déclaration signée de lui ou du porteur de sa procuration spéciale, & signifié au Procureur du demandeur; ensemble ladite Procuration, si le défenseur n'a pas signé lui-même ladite déclaration.

XII. Faute par le défendeur d'avoir satisfait à tout ce qui est porté par l'article précédent, le demandeur en faux pourra se pourvoir à l'Audience, pour faire ordonner que la piece maintenue fausse sera rejettée de la cause ou du procès, par rapport au défendeur: sauf au demandeur à en tirer telles inductions ou conséquences qu'il jugera à propos, ou à former telles demandes qu'il avisera, pour ses dommages & intérêts; même en matiere bénéficiale, pour faire déclarer le défendeur déchû du bénéfice contentieux, s'il a fait ou fait faire la piece fausse, ou s'il en a connu la fausseté: ce qui pourra être aussi ordonné sur la seule requisition de nos Procureurs Généraux ou de leurs Substituts.

XIII. La disposition de l'Article précédent aura lieu pareillement, en cas que le défendeur déclare qu'il ne veut pas se servir de ladite piece.

XIV. Si le défendeur déclare qu'il veut se servir de la piece arguée de faux, il sera tenu de la remettre au Greffe dans vingt-quatre heures, à compter du jour que sa déclaration aura été signifiée, & dans les vingt-quatre heures après il sera pareillement tenu de donner copie au demandeur, au domicile de son Procureur, de l'acte démis au Greffe, sinon le demandeur pourra se pourvoir à l'Audience, pour faire statuer sur le rejet de ladite piece, suivant ce qui est porté par l'article 12, si mieux n'aime demander qu'il lui soit permis de faire remettre ladite piece au Greffe à ses frais, dont il sera remboursé par le défendeur, comme de frais préjudiciaux, à l'effet de quoi il lui en sera délivré exécutoire.

XV. Dans vingt-quatre heures au plus tard après la signification faite au demandeur, de l'Acte mis au Greffe, ou dans les vingt-quatre heures après la remise de la piece audit Greffe, si elle y a été mise par le demandeur, il sera tenu d'y former son inscription en faux, & ce en personne, ou par son Procureur fondé de sa procuration spéciale, faute de quoi le défendeur pourra se pourvoir à l'Audience, pour faire ordonner que, sans s'arrêter à la requête dudit demandeur, il sera passé outre au Jugement de la cause, ou du procès.

XVI. En cas qu'il y ait minute de la piece inscrite de faux, il sera ordonné, s'il y échoit, sur la Requête du demandeur, ou même d'office, que le défendeur sera tenu, dans le tems qu'il lui sera prescrit, de faire apporter ladite minute au Greffe, & que les dépositaires d'icelle y feront contraints par les voies & dans les délais marqués par les articles 5 & 6 du titre du faux principal. Laiffons à la prudence des Juges d'ordonner, s'il y échoit, fans attendre l'apport de ladite minute, qu'il fera procédé à la continuation de la pourfuite du faux; comme auffi de ftatuer ce qu'il appartiendra, en cas que ladite minute ne pût être rapportée, ou qu'il fût fuffifamment juftifié, qu'elle a été fouftraite, ou qu'elle eft perdue. Faux.

XVII. Dans tous les cas où il échoira de faire apporter ladite minute, le délai qui aura été prefcrit à cet effet au défendeur, courra du jour de la fignification de l'Ordonnance ou Jugement, au domicile de fon Procureur, & faute par le défendeur d'avoir fait les diligences néceffaires pour l'apport de ladite minute dans ledit délai, le demandeur pourra fe pourvoir à l'Audience, pour faire ordonner le rejet de la piece maintenue fauffe, s'il y échoit, fuivant ce qui eft porté en l'article 12, fi mieux n'aime demander qu'il lui foit permis de faire apporter ladite minute à fes frais, dont il fera rembourfé par le défendeur, comme de frais préjudiciaux, & il lui en fera délivré exécutoire à cet effet.

XVIII. Le rejet de la piece arguée de faux, ne pourra être ordonné en aucun cas, que fur les conclufions de nos Procureurs Généraux ou de leurs Subftituts, ou des Procureurs des Hauts-Jufticiers, à peine de nullité du Jugement qui feroit rendu à cet égard, & fauf à y être ftatué de nouveau fur lefdites conclufions, ainfi qu'il appartiendra.

XIX. Dans les cas mentionnés aux articles 12, 13, 14 & 16, dans lefquels, par le fait du défendeur, le rejet de ladite piece auroit été ordonné; il fera permis au demandeur de prendre la voie du faux principal, fans retardation néanmoins de l'inftruction & du Jugement de la conteftation à laquelle ladite infcription de faux étoit incidente, fi ce n'eft que par les Juges il en foit autrement ordonné.

XX. Et à l'égard des cas portés par l'article 15, & par les articles 27 & 37 ci-après, ou par le fait du demandeur, il auroit été ordonné, que fans s'arrêter à la Requête ou à l'infcription en faux, il feroit paffé outre à l'inftruction ou Jugement de la caufe ou du procès; ledit demandeur ne pourra être reçu à former l'accufation de faux principal, qu'après le Jugement de ladite caufe ou dudit procès.

XXI. La diftinction portée par les deux articles précédens, n'aura lieu à l'égard de nos Procureurs ou de ceux des Hauts-Jufticiers, lefquels pourront en tout tems & dans tous les cas, pourfuivre le faux principal, fi bon leur femble, fans que, fous ce prétexte, il foit furfis à l'inftruction ou au Jugement de la conteftation à laquelle l'infcription de faux étoit incidente, fi ce n'eft que fur leurs conclufions, & avec les parties intéreffées, il en foit autrement ordonné.

XXII. L'accufation de faux principal, qui fera formée dans les cas marqués par les trois articles précédens, foit à la requête du demandeur en faux incident, foit à la requête de la Partie publique, fera portée dans la Cour ou Jurifdiction qui avoit été faifie de la pourfuite de faux incident; pour être ladite accufation de faux principal, inftruite & jugée par la Chambre, ou par les Juges à qui la connoiffance des matieres criminelles eft attribuée dans ladite Cour ou Jurifdiction.

XXIII. Il fera dreffé procès-verbal de l'état des pieces prétendues fauffes, trois jours après la fignification qui aura été faite au demandeur, au domicile de fon Procureur, de la remife defdites pieces au Greffe, ou trois jours après que le demandeur y aura fait remettre lefdites pieces, fuivant ce qui eft porté par l'article 14.

XXIV. S'il a été ordonné que les minutes defdites pieces feront apportées, le procès-verbal fera dreffé conjointement, tant defdites pieces, que des minutes, & le délai de trois jours ne courra, audit cas, que du jour de la fignification qui fera faite au demandeur, au domicile de fon Procureur, de l'apport defdites minutes au Greffe, ou du jour que le demandeur les y auroit fait apporter, fuivant l'article 17. Laiffons néanmoins à la prudence des Juges d'ordonner, fuivant l'exigence des cas, qu'il fera dreffé d'abord procès-verbal de l'état defquelles il fera, en ce cas, dreffé procès-verbal féparément, dans le délai ci-deffus marqué.

XXV. Le procès-verbal mentionné dans les articles précédens, fera fait fuivant ce qui eft prefcrit par les articles 10 & 11 du titre du Faux principal, en y appellant néanmoins le défendeur outre le demandeur, & notre Procureur, ou celui des Hauts-Jufticiers; & les pieces dont fera dreffé procès-verbal, feront paraphées par ledit défendeur, s'il peut ou veut les parapher (finon il en fera fait mention) & pareillement par le demandeur & autres dénommés aufdits articles, le tout à peine de nullité; à l'effet de quoi ledit défendeur fera fommé, par Acte fignifié au domicile de fon Procureur, de comparoître audit procès-verbal dans vingt-

Faux. quatre heures ; & faute par lui d'y satisfaire, il sera donné défaut & passé outre sur le champ audit procès-verbal.

XXVI. Le demandeur en faux, ou son conseil, pourra prendre communication en tout état de causes des pieces arguées de faux, & ce, par les mains du Greffier ou du Rapporteur, sans déplacer & sans retardation.

XXVII. Les moyens de faux seront mis au Greffe par le demandeur, dans les trois jours après que le procès-verbal aura été dressé, sinon le défendeur pourra se pourvoir à l'Audience pour faire ordonner, s'il y échoit, que le demandeur demeurera déchu de son inscription en faux ; Voulons néanmoins que lorsqu'il aura été fait deux procès-verbaux différens, l'un de l'état desdites pieces, le délai de trois jours ci-dessus marqué, ne courre que du jour que le dernier desdits procès-verbaux aura été fait.

XXVIII. En aucun cas il ne sera donné copie ni communication des moyens de faux au défendeur.

XXIX. Sur les conclusions de nos Procureurs ou de ceux des Hauts-Justiciers, il sera rendu tel Jugement qu'il appartiendra, pour admettre ou pour rejetter les moyens de faux, en tout ou en partie, ou pour ordonner, s'il y échoit, que lesdits moyens, ou aucun d'iceux, demeureront joints, soit à l'incident de faux ; si quelques-uns desdits moyens ont été admis, soit à la cause, ou au procès principal ; le tout selon la qualité desdits moyens & l'exigence des cas.

XXX. En cas que lesdits moyens ou aucun d'iceux, soient jugés pertinens & admissible, le Jugement portera qu'il en sera informé, tant par titres, que par témoins comme aussi par Experts & par comparaison d'écriture, ou signature ; le tout selon que le cas le requerra, sans qu'il puisse être ordonné que les Experts feront leur rapport sur les pieces prétendues fausses, ou qu'il sera procédé préalablement à la vérification d'icelles, ce que Nous défendons à peine de nullité.

XXXI. Les moyens de faux qui seront déclarés pertinens & admissibles, seront marqués expressément dans le dispositif du Jugement qui permettra d'en informer, & ne sera informé d'aucuns autres moyens. Pourront néanmoins les Experts faire les observations dépendantes de leur art, qu'ils jugeront à propos, sur les pieces prétendues fausses, sauf aux Juges à y avoir tel égard que de raison.

XXXII. Voulons au surplus que les dispositions des articles 8 & 9 du titre du faux principal, au sujet desdits Experts, soient pareillement observées dans la poursuite du faux incident.

XXXIII. Les pieces de comparaison seront fournies par le demandeur, sans que celles qui seroient présentées par le défendeur puissent être reçues, si ce n'est du consentement du demandeur & de nos Procureurs, ou de ceux des Hauts-Justiciers, le tout à peine de nullité, sauf aux Juges, après l'instruction achevée, à ordonner, s'il y échoit, que ledit défendeur sera reçu à fournir de nouvelles pieces de comparaison, & ce, conformément à l'article 46 du titre de Faux principal ; seront observés au surplus les articles 13, 14, 15, 16 dudit titre, sur la qualité des pieces de comparaison, & sur l'apport desdites pieces.

XXXIV. Le procès-verbal de présentation des pieces de comparaison, se fera en la forme prescrite par les articles 17 & 19 du titre du faux principal, en y appellant néanmoins le défendeur, outre le demandeur, & notre Procureur, ou celui des Hauts-Justiciers ; & les pieces de comparaison qui seront admises, seront paraphées par ledit défendeur, s'il peut ou veut les parapher (sinon il en sera fait mention) comme aussi par le demandeur & autres dénommés, ausdits articles, le tout à peine de nullité : à l'effet de quoi le demandeur sera sommé de comparoir audit procès-verbal, dans trois jours, par Acte signifié au domicile de son Procureur ; & faute par lui d'y satisfaire, il sera donné défaut par le Juge, & passé outre à la présentation des pieces de comparaison, même à la reception d'icelles, s'il y échoit.

XXXV. Lors dudit procès-verbal les pieces de comparaison seront représentées au défendeur, s'il y comparoît, pour convenir desdites pieces ou les contester, sans que pour raison de ce, il lui soit donné délai ni conseil.

XXXVI. Si les pieces de comparaison sont contestées par le défendeur, ou s'il refuse d'en convenir, le Juge en fera mention, pour y être pourvû, ainsi qu'il appartiendra, sur les conclusions de nos Procureurs ou de ceux des Hauts-Justiciers, & ce, dans la forme prescrite par ledit article 19 du faux principal.

XXXVII. En cas que les pieces de comparaison ne soient pas reçues, il sera ordonné que le demandeur en rapportera d'autres dans le délai qui sera prescrit par le Jugement qui interviendra sur

sur le vû du procès-verbal ; & faute par le demandeur d'y avoir satisfait, les Juges ordonneront, s'il y échoit, que sans s'arrêter à l'inscription de faux, il sera passé outre à l'instruction & au Jugement de la contestation principale : laissons à leur prudence de l'ordonner ainsi, par le Jugement même qui portera que ledit demandeur sera tenu de fournir d'autres pieces de comparaison. Faux.

XXXVIII. Dans les procès-verbaux qui doivent être faits en présence du demandeur & du défendeur en faux, suivant ce qui a été dit ci-dessus, il sera permis à l'un & à l'autre d'y comparoir par le porteur de leur procuration spéciale, & sera observé à cet égard le contenu aux articles 57 & 58 du titre du Faux principal. Pourront néanmoins les Juges ordonner, s'ils l'estiment à propos, que lesdites Parties, ou l'une d'elles, seront tenues de comparoître en personne audit procès-verbal.

XXXIX. En procédant à l'audition des Experts, la Requête à fin de permission de s'inscrire en faux, l'Ordonnance ou Jugement intervenus sur icelle, l'acte d'inscription en faux, les pieces prétendues fausses, & le procès-verbal de l'état d'icelles, les moyens de faux, ensemble le Jugement qui les aura admis, & qui aura ordonné l'information par Experts, les pieces de comparaison, lorsqu'il en aura été fourni, le procès-verbal de présentation d'icelles, & l'Ordonnance ou le Jugement par lequel elles auront été reçues, seront remises à chacun des Experts pour les examiner, sans déplacer ; & sera en outre observé tout ce qui est prescrit par les articles 22 & 23 du titre du Faux principal.

XL. Lorsqu'il aura été ordonné aux termes de l'article 30 du présent titre, qu'il sera informé, tant par titres que par témoins, seront entendus les témoins qui auroient connoissance de la fabrication, altération, & en général de la fausseté des pieces inscrites de faux, ou de faits qui pourroient servir à en établir la preuve ; à l'effet de quoi pourra être permis, en tout état de cause, d'obtenir & faire publier Monitoires.

XLI. Toutes les dispositions des articles 25, 26, 27, 28 & 29 du titre du Faux principal, concernant la représentation des pieces y mentionnées ausdits témoins, le paraphe desdites pieces, & les actes dans lesquels on peut suppléer à l'omission de ladite représentation & dudit paraphe, si l'on n'y a pas satisfait lors de la déposition desdits témoins, seront aussi exécutés dans le Faux incident ; & si lesdits témoins représentent quelques pieces lors de leur déposition, il sera observé ce qui est prescrit par l'article 11 du même titre.

XLII. La disposition de l'article 30 dudit titre aura lieu pareillement dans le Faux incident, par rapport aux décrets qui pourront être prononcés, tant contre le défendeur que contre d'autres, encore qu'ils ne fussent Parties dans la cause ou procès. Laissons à la prudence des Juges, lorsqu'il n'y aura point de charges suffisantes pour décreter, d'ordonner que l'information sera jointe à la cause ou au procès, ou de statuer ainsi qu'il appartiendra, suivant l'exigence des cas.

XLIII. Seront aussi observées dans le Faux incident les dispositions des articles 31, 32 & 41 du titre du Faux principal, concernant les pieces qui doivent être représentées aux Accusés, & par eux paraphées lors de leurs interrogatoires, & celles qui ne doivent l'être qu'à la confrontation ; comme aussi les pieces qu'ils représenteroient lors de leursdits interrogatoires.

XLIV. Le contenu aux articles 33, 34, 35 & 36 dudit titre, aura lieu pareillement dans le faux incident, tant par rapport au corps d'écriture que le défendeur en faux ou autre Accusé sera tenu de faire, s'il est ainsi ordonné par les Juges, que par rapport au cas où ils peuvent ordonner, avant le Réglement à l'extraordinaire, qu'il sera entendu de nouveaux Experts, ou qu'il sera fourni de nouvelles pieces de comparaison.

XLV. Après le Réglement à l'extraordinaire, lorsqu'il y aura lieu de le donner, toute l'instruction du Faux incident se fera en la même forme que celle du Faux principal, & ainsi qu'il est prescrit par les articles 37, 38, 39, 40, 41, 42, 43, 44 & 45 du titre précédent de la présente Ordonnance.

XLVI. Si le défendeur ou autre accusé demande qu'il lui soit permis de fournir de nouvelles pieces de comparaison, ou qu'il soit entendu de nouveaux Experts, il ne pourra y être statué que dans le tems & ainsi qu'il est prescrit par les articles 46, 47, 48, 49, 50, 51, 52, 53, 54, & 55 du titre Faux principal. Sera aussi observé la disposition de l'article 56 du titre au sujet de ce qui pourra être ordonné dans tous les cas où il auroit été procédé à une nouvelle information, soit sur de nouvelles pieces de comparaison, ou par de nouveaux Experts.

XLVII. Lorsque le faux incident aura été jugé, après avoir été instruit par recollement & confrontation, sera observé tout ce qui est prescrit par les articles 59, 60, 61 & 62 dudit titre du Faux principal, concernant l'exécution des Sentences & Arrêts qui contiendroient, à l'égard des pieces déclarées fausses, quelqu'une des dispositions mentionnées ausdits articles, comme

Faux. aussi ce qui est porté par les articles 63, 64, 65, 66, 67 & 68 dudit titre, sur la remise ou le renvoi des pieces prétendues fausses & autres déposées au Greffe; & le tems auquel elles pourront en être retirées, si ce n'est qu'il en ait été autrement ordonné à l'égard de celles desdites pieces qui peuvent servir au Jugement de la contestation à laquelle la poursuite du Faux étoit incidente.

XLVIII. Lorsqu'il n'y aura point eu de Réglement à l'extraordinaire, les Juges statueront, ainsi qu'il appartiendra, sur la remise ou le renvoi des pieces inscrites de faux, & autres qui auront été déposées au Greffe; ce qu'ils ne pourront faire, que sur les conclusions de nos Procureurs ou de ceux des Hauts-Justiciers, sans néanmoins que les Sentences des premiers Juges à cet égard puissent être exécutées au préjudice de l'appel qui en seroit interjetté.

XLIX. Le demandeur en faux qui succombera, sera condamné en une amende applicable, les deux tiers à Nous ou aux Hauts-Justiciers, & l'autre tiers à la Partie; laquelle amende, y compris les sommes consignées lors de l'inscription en faux, sera de trois cent livres dans nos Cours, ou aux Requêtes de notre Hôtel & au Palais, de cent livres aux Siéges qui ressortissent immédiatement en nosdites Cours, & aux autres de soixante livres, & seront lesdites amendes réglées suivant la qualité de la Jurisdiction où l'inscription en faux aura été formée, quoiqu'elle soit jugée dans un autre, même supérieure à la premiere. Permettons à tous Juges d'augmenter ladite amende, ainsi qu'ils l'estimeront à propos, suivant l'exigence des cas.

L. La condamnation d'amende aura lieu toutes les fois que l'inscription en faux ayant été faite au Greffe, le demandeur s'en sera désisté volontairement, ou aura succombé, ou que les Parties auront été mises hors de Cour, soit par le défaut de moyens ou de preuves suffisantes, soit faute d'avoir satisfait de la part du demandeur aux diligences & formalités ci-dessus prescrites; ce qui aura lieu en quelques termes que la prononciation soit conçue, & encore que le Jugement ne portât pas expressément la condamnation d'amende; le tout, quand même le demandeur offriroit de poursuivre le faux comme principal.

LI. La condamnation d'amende ne pourra avoir lieu, lorsque la piece ou l'une des pieces arguées de faux aura été déclarée fausse en tout ou en partie, ou lorsqu'elle aura été rejettée de la cause ou du procès; comme aussi lorsque la demande à fin de s'inscrire en faux n'aura pas été admise, ou suivie d'inscription formée au Greffe: & ce, de quelques termes que les Juges se soient servis pour rejetter ladite demande, ou pour n'y avoir pas d'égard; dans tous lesquels cas, la somme consignée par le demandeur pour raison de ladite amende, lui sera rendue, quand même le Jugement n'en ordonneroit pas expressément la restitution.

LII. Il ne pourra être rendu aucuns Jugemens sur la condamnation ou la restitution de l'amende; que sur les conclusions de nos Procureurs, ou de ceux des Hauts-Justiciers; & aucunes transactions, soit sur l'accusation de faux principal, ou sur la poursuite de faux incident, ne pourront être exécutées, si elles n'ont été homologuées en Justice, après avoir été communiquées à nosdits Procureurs, ou à ceux des Hauts-Justiciers, lesquels pourront faire à ce sujet telles requisitions qu'ils jugeront à propos, & sera le présent article exécuté, à peine de nullité.

LIII. Voulons au surplus que les dispositions de l'article 69 du titre du faux principal, sur les expéditions des pieces qui auront été déposées au Greffe, soient pareillement exécutées dans le faux incident.

Titre de la Reconnoissance des Ecritures & Signatures en matiere criminelle.

Article Premier.

Les Ecritures & Signatures privées, qui pourront servir à l'instruction & à la preuve de quelque crime que ce soit, seront représentées aux Accusés, après serment par eux prêté, & ils seront interpellés de déclarer s'ils les ont écrites ou signées, ou s'ils les reconnoissent véritables; après quoi elles seront paraphées par le Juge & par l'Accusé, s'il peut ou veut les parapher, sinon il en sera fait mention, le tout à peine de nullité.

II. La représentation & interpellation mentionnées dans l'article précédent, pourront être faites aux Accusés, soit lors de leurs interrogatoires, ou dans un procès-verbal qui sera dressé à cet effet; & les pieces à eux représentées demeureront jointes à la procédure criminelle.

III. Si l'Accusé convient avoir écrit ou signé lesdites pieces, ou si lesdites pieces étant d'une main étrangere, il les reconnoît véritables, elles feront foi contre lui, sans qu'il en soit fait aucune vérification. Faux.

IV. Si l'Accusé déclare n'avoir écrit ou signé lesdites pieces, ou s'il refuse de les reconnoître, ou de répondre à cet égard, il sera ordonné qu'elles seront vérifiées sur pieces de comparaison, ce qui sera pareillement ordonné, s'il y échoit, à l'égard des Accusés qui seront en défaut ou Contumace, encore que lesdites pieces n'ayent pû leur être représentées.

V. Le procès-verbal de présentation des pieces de comparaison sera fait en présence de nos Procureurs ou de ceux des Hauts-Justiciers, ensemble de la Partie civile, s'il y en a, & de l'Accusé; à l'effet de quoi, s'il est dans les prisons, il sera amené par ordre du Juge, pour assister audit procès-verbal, sans aucune sommation ou signification préalable; & pareillement il n'en sera fait aucune, lorsque l'Accusé étant absent, la Contumace aura été instruite contre lui.

VI. Si l'Accusé n'est pas dans les prisons, & si la Contumace n'est pas instruite à son égard, il sera sommé de comparoître audit procès-verbal, dans le délai porté par l'article 4 du titre du Faux principal; à l'effet de quoi la sommation lui en sera faite par Acte signifié, dans la forme & aux lieux prescrits par l'Edit du mois de Décembre 1680, concernant l'instruction de la Contumace; & faute par l'Accusé d'y comparoître dans le délai, il sera passé outre audit procès-verbal.

VII. En procédant audit procès-verbal, lorsque l'Accusé y sera présent, les pieces de comparaison lui seront représentées, pour en convenir ou les contester, sans qu'il lui soit donné pour raison de ce, délai ni conseil; & celles qui seront admises, seront par lui paraphées, s'il peut ou veut le faire, sinon il en sera fait mention; & soit que ledit Accusé soit présent ou absent lors dudit procès-verbal, les pieces qui seront reçues seront paraphées par le Juge, notre Procureur ou celui des Hauts-Justiciers, ensemble par la Partie civile, si elle peut ou veut les parapher, sinon il en sera fait mention, le tout à peine de nullité.

VIII. Sera observé au surplus tout ce qui est prescrit au sujet des pieces de comparaison par les articles 12, 13, 14, 16, 17 & 19, du titre du Faux principal, & par l'article 26 du titre du Faux incident.

IX. En cas que les pieces de comparaison ne soient point reçues, la Partie civile s'il y en a, ou nos Procureurs, ou ceux des Hauts-Justiciers, seront tenus d'en rapporter d'autres dans le délai qui sera prescrit, autrement les Juges ordonneront, s'il y échoit, qu'il sera passé outre à l'instruction & au Jugement du procès, sauf, en cas qu'avant le Jugement, ladite Partie civile ou la Partie publique rapportent des pieces de comparaison, à y être pourvû par les Juges, ainsi qu'il appartiendra.

X. Les Experts qui procéderont à la vérification seront nommés d'Office, & entendus séparément par forme de déposition, sans qu'il puisse être ordonné que lesdits Experts feront préalablement leur rapport sur lesdites pieces, ce que Nous défendons à peine de nullité; & sera observé par rapport ausdits Experts, ce qui est prescrit par les articles 8 & 9 du titre du Faux principal.

XI. En procédant à l'audition desdits Experts, les pieces qu'il s'agira de vérifier, & le Jugement qui en aura ordonné la vérification, les pieces de comparaison, ensemble le procès-verbal de présentation d'icelle, & l'Ordonnance ou Jugement par lequel elles auront été reçues, seront remises à chacun desdits Experts; & sera au surplus observé tout ce qui a été réglé par l'article 23 du titre du Faux principal.

XII. Pourront en outre être entendus comme témoins ceux qui auront vû écrire ou signer lesdites écritures ou signatures privées, ou qui auront connoissance en quelqu'autre maniere, des faits qui puissent servir à en établir la vérité.

XIII. En procédant à l'audition desdits témoins, lesdites écritures ou signatures privées leur seront représentées, & par eux paraphées, ainsi qu'il a été ordonné pour les pieces prétendues fausses, par les articles 25 & 26 du titre du Faux principal; & sera aussi observé tout ce qui est porté par les articles 27, 28 & 29 du titre concernant la présentation des pieces y mentionnées ausdits témoins, la paraphe desdites pieces, & les actes dans lesquels on pourra suppléer à l'omission de la représentation & de la paraphe, soit desdites écritures ou signatures privées, ou des autres pieces, si l'on n'y a pas satisfait lors de la déposition desdits témoins, & s'ils représentent quelques pieces lors de leurs dépositions, il sera observé ce qui est prescrit par l'article 9 du même titre.

XIV. Sur le vû de l'information, soit par Experts ou par autres témoins, il sera dé-

Faux. cerné tel decret qu'il sera jugé à propos, & même contre d'autres que l'Accusé, s'il y échoit; ou sera rendu telle Ordonnance qu'il appartiendra.

XV. Seront au surplus observées les dispositions des articles 31, 32 & 41 du titre du Faux principal, concernant les pieces qui doivent être représentées aux Accusés, & par eux paraphées lors de leurs interrogatoires; & celles qui ne doivent l'être qu'à la confrontation; comme aussi les pieces qu'ils représenteroient lors de leursdits interrogatoires.

XVI. Le contenu des articles 33, 34, 35 & 36 dudit titre, sera pareillement exécuté, tant par rapport au corps d'écriture que l'Accusé sera tenu de faire, s'il est ainsi ordonné par les Juges, que par rapport au cas où ils pourront ordonner avant le Réglement à l'extraordinaire, qu'il sera entendu de nouveaux Experts, ou qu'il sera fourni de nouvelles pieces de comparaison.

XVII. Lors du recollement & de la confrontation des Experts & autres témoins, ou du recollement des Accusés, & de la confrontation des uns aux autres, il sera observé ce qui est prescrit par les articles 37, 38, 39, 40, 42, 43, 44 & 45 du titre du Faux principal.

XVIII. Si l'Accusé demande qu'il soit admis à fournir de nouvelles pieces de comparaison, ou qu'il soit entendus de nouveaux Experts, il ne pourra y être statué que dans le tems & ainsi qu'il est prescrit par les articles 46, 47, 48, 49, 50, 51, 52, 53, 54 & 55 dudit titre: Sera aussi observé la disposition de l'article 51 du même titre, au sujet de ce qui pourra être ordonné dans tous les cas où il auroit été procédé à une nouvelle information, soit sur de nouvelles pieces, ou par de nouveaux Experts.

XIX. Toutes les dispositions des articles 57, 58, 59, 60, 61, 62, 63, 64, 65, 66, 67, 68 & 69 du titre du Faux principal, concernant les Procurations qui peuvent être données par la Partie civile, l'exécution des Sentences & Arrêts qui contiendroient les dispositions mentionnées dans ledit article 59, la remise ou le renvoi des pieces déposées au Greffe, & les expéditions qui pourront en être délivrées, seront exécutées par rapport ausdites écritures ou signatures privées, ou autres pieces qui auroient servi à l'instruction.

XX. Dans tous les délais prescrits pour les procédures mentionnées au présent titre, & aux deux précédens, ne seront compris le jour de l'assignation ou signification, ni celui de l'échéance; & à l'égard de ceux desdits délais seulement, qui ont été fixés à trois jours ou au-dessous, les jours fériés ausquels il n'est pas d'usage de faire de significations, n'y seront point compris.

Voulons que la présente Ordonnance, à compter du jour de la publication qui en sera faite, soit gardée & observée dans toute l'étendue de notre Royaume, Terres & Pays de notre obéissance, pour y tenir lieu à l'avenir des dispositions contenues dans les titres 8 & 9 de l'Ordonnance du mois d'Août 1670, ausquels à cet effet Nous avons dérogé & dérogeons en tant que besoin seroit: abrogeons pareillement toutes Ordonnances, Loix, Coutumes, Statuts, Réglemens, Stiles & Usages différens, ou qui seroient contraires à notre présente Ordonnance, sans néanmoins que les procédures qui auroient été faites avant sa publication, suivant les régles établies par ladite Ordonnance du mois d'Août 1670, puissent être déclarées nulles, sous prétexte qu'elles ne seroient pas conformes à ce qui a été ordonné de nouveau par ces Présentes.

Si donnons en Mandement à nos amés & féaux les Gens tenans nos Cours de Parlement, Grand-Conseil, Chambre des Comptes, Cours des Aydes, Baillifs, Sénéchaux, & tous autres nos Officiers, que ces Présentes ils gardent, observent, entretiennent, fassent garder, observer & entretenir; & pour les rendre notoires à nos Sujets, les fassent lire, publier & regiltrer: Car tel est notre plaisir. Et afin que ce soit chose ferme & stable à toujours, Nous y avons fait mettre notre Scel. Donné à Versailles, &c.

ORDONNANCE DE LOUIS XV.

Du mois d'Août 1737.

Concernant les Evocations & les Réglemens des Juges en matiere criminelle.

Registrée en Parlement, le 11 Décembre 1737.

LOUIS, par la grace de Dieu, Roi de France & de Navarre : A tous présens & à venir ; SALUT. La forme de procéder sur les demandes en Evocation ou en Réglement des Juges, soit en matiere civile, ou en matiere criminelle, avoit été réglée si exactement par le feu Roi notre très-honoré Seigneur & Bisayeul, dans les trois premiers titres de son Ordonnance du mois d'Août 1669, qui ne sembloit pas qu'on pût desirer une nouvelle Loi sur ces matieres. Mais la mauvaise foi, ou l'artifice des Plaideurs ayant inventé de nouveaux détours, pour éluder l'exécution de cette Ordonnance, il a fallu y opposer de nouvelles précautions par des Déclarations postérieures. Et ayant jugé à propos de les faire revoir dans notre Conseil, Nous avons reconnu que pour le bien commun de nos Sujets, & pour la conservation de l'ordre des Jurisdictions, il étoit nécessaire non-seulement de réunir les dispositions de ces Déclarations à celles de l'Ordonnance de 1669, pour ne former qu'une seule Loi, mais d'y suppléer tout ce qui pouvoit y avoir été obmis, & d'y éclaircir tout ce qui avoit paru mériter une plus grande explication, afin que rien ne manquât à la perfection & l'utilité d'une Loi, qui, n'ayant pour objet que des contestations préliminaires, où il ne s'agit que de donner ou de conserver des Juges certains aux Parties, ne sçauroit être trop simple & trop facile à entendre & à observer. Evocation, &c.

A CES CAUSES, de l'avis de notre Conseil, & de notre certaine science, pleine puissance & autorité Royale, Nous avons dit, déclaré & ordonné, disons, déclarons & ordonnons, Voulons & Nous plaît ce qui suit.

TITRE PREMIER.

Des Evocations.

ARTICLE PREMIER.

Aucune évocation générale ne sera accordée à l'avenir, si ce n'est pour de très-grandes & importantes considérations, qui auront été jugées par Nous en notre Conseil.

II. On pourra évoquer du chef des parens ou alliés en ligne directe ascendante ou descendante, même en collatérale, à l'égard de ceux qui représentent les parens ou alliés en ligne directe, comme oncles, grands oncles, neveux & petits neveux, le tout en quelque degré qu'ils soient.

III. Il sera pareillement permis d'évoquer du chef des parens ou alliés en ligne collatérale jusqu'au troisiéme degré inclusivement, & seront en ce cas les degrés comptés en ligne transversale ; sçavoir les freres & sœurs, beau-freres & belles-sœurs, pour le premier degré ; les cousins germains, pour le second, les issus des germains pour le troisiéme.

IV. Et où il se trouveroit des parentés ou alliances d'un degré plus proche à un degré plus éloigné, elles seront comptées sur le pied du degré le plus éloigné.

V. Les alliés ne pourront être comptés au nombre de ceux du chef desquels il sera permis d'évoquer, lorsque le mariage qui avoit produit l'alliance ne subsistera plus, & qu'il n'y en aura point d'enfans existans lors de l'évocation.

VI. Lorsque l'évoqué & l'Officier du chef duquel l'évocation sera demandée se trouveront avoir épousé les deux sœurs, ledit Officier ne pourra être compté au nombre des alliés de l'évoqué, qu'en cas que les deux mariages subsistent dans le tems de l'évocation, ou qu'il y ait des enfans de l'un desdits deux mariages, qu'ils soient vivans audit tems, encore que les deux sœurs soient décedées, ou l'un d'elles.

VII. Lorsque la Partie évoquée sera du corps du Parlement dont l'évocation sera demandée,

Evocation, &c.

le nombre des parens & alliés aux degrés ci-dessus marqués, du chef desquels on pourra évoquer, sera & demeurera fixé à l'avenir; sçavoir,

Pour le Parlement de Paris, au nombre de dix.

Pour le Parlement de Toulouse, Bourdeaux, Rouen & Bretagne, au nombre de six.

Pour les Parlemens de Dijon, Grenoble, Aix, Pau, Metz & Besançon, au nombre de cinq.

Et lorsque la Partie évoquée ne sera pas du corps dont l'évocation sera demandée, le nombre desdits parens & alliés sera fixe.

Pour le Parlement de Paris, à celui de douze.

Pour ceux de Toulouse, Bourdeaux, Rouen & Bretagne, au nombre de huit.

Et pour les Parlemens de Grenoble, Aix, Dijon, Pau, Metz & Besançon, au nombre de six.

VIII. Le nombre des parens & alliés aux degrés ci-dessus marqués, du chef desquels on pourra évoquer de notre Grand-Conseil, demeurera fixé à quatre pour ceux qui seront du corps, & à six pour ceux qui n'en seront pas.

IX. Les procès & différends pendans en la Cour des Aydes de Paris, ne pourront en être évoqués que lorsque l'une des Parties, étant du corps, y aura quatre parens & alliés aux degrés ci-dessus marqués, ou que n'étant pas du corps, elle en aura six.

X. Quant aux autres Cours des Aydes, l'évocation ne pourra avoir lieu que lorsque l'une des Parties sera du corps, & qu'elle y aura trois parens ou alliés aux degrés ci-dessus marqués, & que n'étant pas du corps, elle en aura quatre; & le renvoi de l'affaire évoquée sera fait, dans le cas du présent article & du précédent, en une autre Cour des Aydes la plus proche, & non suspecte, ainsi qu'il sera marqué par l'article 35 ci-dessous.

XI. N'entendons comprendre dans les articles précédens, sous le nom d'Officiers du corps de nos Cours ou autres Compagnies, que ceux qui auront séance & voix délibérative, ensemble nos Avocats & Procureurs Généraux, ce qui sera pareillement observé par rapport aux Officiers du chef desquels l'évocation sera demandée, & sans qu'elle puisse avoir lieu, sous prétexte de parenté ou alliance avec d'autres Officiers que ceux qui sont ci-dessus mentionnés, encore qu'ils eussent le privilége d'être réputé Officiers du corps dans d'autres matieres.

XII. Les procès ou contestations ne pourront être évoqués, si dans le nombre de ceux dont les parens ou alliances seront articulées, il n'y en a au moins les deux tiers qui soient titulaires, pourvûs & revêtus de leurs Offices.

XIII. Les Ducs & Pairs, les Conseillers d'honneur, & les Officiers honoraires ou vétérans, en quelque nombre qu'ils soient, ne seront comptés que pour un tiers de parens nécessaires pour l'évocation, c'est-à-dire, pour un seul parent dans les Cours où il en faut trois, quatre ou cinq pour évoquer; pour deux dans celles où il en faut six ou huit; pour trois, quand il en faut dix, & pour quatre quand il en faut douze.

XIV. Ne pourront les parentés & alliances des Ducs & Pairs, Conseillers d'honneur & autres Officiers, qui en vertu du même titre, ont séance non-seulement en notre Parlement de Paris, mais en d'autres Compagnies, être articulées ni reçues pour évoquer d'aucune desdites Cours, si ce n'est de notre Parlement de Paris.

XV. Les parentés & alliances des Maîtres des Requêtes ordinaires de notre Hôtel, ne pourront être articulées, ni reçues pour évoquer d'aucune autre Cour que de notre Parlement de Paris, & de notre Grand-Conseil.

XVI. Il ne sera permis à aucune des Parties d'évoquer du chef de ses parens ou alliés, lorsqu'ils ne le seront pas aussi des autres Parties, ou de l'une d'elles, auquel cas sera observé ce qui est porté par l'article suivant.

XVII. Les parentés ou alliances communes aux Parties ne pourront donner lieu à l'évocation, lorsqu'elles seront en égal degré, ou lorsque les parens ou alliés, du chef desquels l'évocation sera demandée, le seront dans un degré plus proche de celui qui évoque, que des autres Parties, sans qu'en aucun cas il puisse être fait aucune différence à cet égard, entre l'alliance & la parenté.

XVIII. En jugeant les évocations, on n'aura aucun égard aux parentés ou alliances des Officiers qui seront décédés, ou qui se seront démis de leur Office, ou dont l'intérêt aura cessé depuis l'évocation demandée, pourvû que la preuve en ait été rapportée avant le Jugement, sans néanmoins qu'en ce cas l'évoquant puisse être condamné à aucune amende, ni aux dépens.

XIX. Voulons néanmoins que dans les cas où indépendamment du décès de la démission, ou de a cessation d'intérêt des Officiers, du chef desquels l'évocation avoit été demandée, il sera jugé que l'affaire par sa nature, ou par l'état de la contestation, n'étoit pas sujette à l'évocation, comme aussi quand il se trouvera que l'Officier décédé, ou qu'il se sera démis, & dont l'intérêt aura cessé, n'étoit parent ni allié de l'évoqué, ou qu'il ne l'étoit pas à un des degrés ci-dessus marqués, l'évoquant soit condamné en l'amende & aux dépens. Evocation, &c.

XX. Aucune évocation ne sera accordée sur les parentés & alliances de Syndics ou Directeurs, Tuteurs ou Curateurs, ou autres Administrateurs, ni pareillement sur celles des membres, des Corps ou Communautés; pourvû que dans la contestation dont l'évocation sera demandée, les uns ni les autres ne soient Parties en leur nom, indépendamment de leurs qualités ci-dessus marquées, & pour un intérêt personnel, distinct & séparé de celui des personnes qui sont sous leur direction ou administration, ou desdits Corps & Communautés, auquel cas l'évocation ne pourra avoir lieu que pour des demandes & contestations qui concerneront leurdit intérêt personnel seulement, & non celui desdites personnes, Corps ou Communautés.

XXI. Les Causes & Procès, tant civils que criminels, pendantes en nos Cours des Aides, qui concerneront les droits de nos Fermes, & l'exécution des Baux, circonstances & dépendances, même tous procès de nos Fermiers en noms collectifs, ou des Adjudicataires de nos Fermes, contre leur Commis, en matiere civile ou criminelle, ne pourront être évoqués sur les parentés & alliances des Officiers de nos Cours des Aydes, avec aucuns des intéressés en nosdites Fermes, en quelque degrés que ce soit, le tout sans préjudice des évocations du chef de ceux desdits intéressés, ou de leurs Commis, qui seroient Parties en leur propre & privé nom, & pour un intérêt personnel autre que celui de nos Fermes.

XXII. Les affaires concernant notre Domaine, ne pourront être évoquées, ni pareillement celles des Pairs, où il s'agira du titre ou de la propriété de la Pairie ou des droits qui en dépendent, quand le fonds desdits droits sera contesté.

XXIII. Aucune évocation ne pourra être demandée du chef des parens alliés de nos Procureurs Généraux, lorsqu'ils ne seront Parties que comme exerçant le ministere public.

XXIV. Ne pourront pareillement être évoquées les Causes & Procès dont la connoissance appartient à nos Chambres des Eaux & Forêts ou Table de Marbre, établies auprès de nos Cours de Parlement; & ce, de quelque nature que soient lesdites affaires, & de quelque maniere que lesdites Chambres se trouvent composées.

XXV. Les décrets, les poursuites des criées, & les ordres ne pourront être évoqués, ni pareillement les oppositions aux saisies-réelles, de quelque nature qu'elles puissent être, ni aucune des contestations qui pourront survenir, soit à l'occasion des Contrats d'union, de direction ou autres semblables entre les créanciers & les débiteurs, soit au sujet desdits décrets & ordres.

XXVI. Voulons que s'il étoit signifié aucunes cédules évocatoires dans les cas portés par les quatre articles précédens, il soit passé outre par nos Cours, à l'instruction & au Jugement des Causes, Instances ou Procès, sans avoir égard ausdites cédules évocatoires, qui seront regardées comme nulles & de nul effet.

XXVII. Les Causes & Instances où il s'agira de l'entérinement de Lettres de Requête civile, ou de révision, ou de demandes en exécution d'Arrêts ou Jugemens en dernier ressort, ne pourront être évoquées par ceux qui auront été Parties aux procès & contestations sur lesquels lesdits Arrêts ou Jugemens auront été rendus, si ce n'est que depuis il a été contracté quelque alliance, ou qu'il soit survenu quelqu'autre fait qui puisse donner lieu à l'évocation.

XXVIII. Les Causes & les Procès dans la plaidoirie ou le rapport auront été commencés, ne pourront être évoqués, sous prétexte de parentés ou alliances; & lorsque l'affaire sera en cet état lors de l'évocation, l'évoqué rapportera pour le justifier; sçavoir à l'égard des Causes d'Audience, un Certificat du Greffier, portant que la plaidoirie a été commencée; & pour les procès par écrit, un Arrêt sur Requête, qui sera rendu par la Chambre où le procès sera pendant, lequel portera que le rapport du procès a été commencé: & en conséquence, sur la simple Requête de l'évoqué, à laquelle ledit Certificat ou ledit Arrêt sera attaché, il sera ordonné en notre Conseil, qu'il sera passé outre au Jugement de la Cause ou du Procès, & l'évoquant condamné en l'amende & aux dépens.

XXIX. L'évocation ne pourra être demandée par celui qui aura été reçu partie intervenante en Cause d'appel seulement, ni de son chef ou de celui de ses parens & alliés, si ce n'est que ses droits n'eussent pas encore été ouverts, & que lui ou ses auteurs n'eussent pû agir avant le Jugement rendu en cause principale.

XXX. L'évocation de la demande principale ne pourra être demandée par celui ou du chef de celui qui aura été assigné en garantie, ou pour voir déclarer l'Arrêt commun, ni pareillement du chef de ses parens & alliés, qu'en cas que la Cause, si l'affaire est à l'Audience, ait été

Evocation, &c. remise au rôle avec l'assigné en garantie, ou pour voir déclarer l'Arrêt commun & les autres Parties, ou que le premier acte pour venir plaider avec toutes les Parties, lui ait été signifié lorsque l'Audience sera poursuivie par Placet. Et si la demande principale a été appointée, l'évocation ne pourra avoir lieu, qu'en cas que ladite demande en garantie, ou pour voir déclarer l'Arrêt commun, ait été réglée par le même Arrêt, ou par un Arrêt de jonction, sauf au Demandeur en garantie à évoquer la contestation sur la garantie seulement, auquel cas il pourra être passé outre au Jugement de la demande principale.

XXXI. Ne pourra néanmoins l'évocation de la demande principale être admise, même dans les cas où elle peut avoir lieu, suivant l'article précédent si la cédule évocatoire n'a été signifiée dans six semaines, à compter du jour que la Cause aura été mise au rôle avec l'assigné en garantie, ou pour voir déclarer l'Arrêt commun, & les autres Parties, ou que le premier acte pour venir plaider avec toutes les Parties, lui aura été signifié, ou du jour de la signification de l'Arrêt qui aura joint au principal la demande en garantie, ou pour voir déclarer l'Arrêt commun: après lesquels délais ladite évocation ne sera plus reçue. Voulons qu'en justifiant par la Partie évoquée, que lesdits délais étoient expirés le jour de la signification de la cédule évocatoire, il soit sur sa simple Requête, rendu Arrêt en notre Conseil, portant qu'il sera passé outre au Jugement de la Cause ou du Procès, comme on auroit pû faire avant la signification de ladite cédule évocatoire.

XXXII. Si dans ledit délai de six semaines, l'assigné en garantie, ou pour voir déclarer l'Arrêt commun, étoit mis hors de cause, ou si le Demandeur étoit débouté de sa demande en jonction desdites demandes ou procès principal, ou qu'après avoir été jointes, elles eussent été disjointes par Arrêt contradictoire avant la signification de la cédule évocatoire, l'évocation ne pourra être demandée: Voulons que si au préjudice de la présente disposition, il étoit signifié une cédule évocatoire, il soit accordé au Défendeur un Arrêt de notre Conseil, suivant ce qui est porté par l'article précédent.

XXXIII. Dans le cas où il y aura lieu à l'évocation d'un Parlement à un autre, le renvoi sera fait dans l'ordre suivant; sçavoir,

De notre Parlement de Paris, à notre Grand-Conseil, ou au Parlement de Rouen.
De notre Parlement de Rouen, à celui de Bretagne.
De notre Parlement de Bretagne, à celui de Bourdeaux.
De notre Parlement de Bourdeaux, à celui de Toulouse.
De notre Parlement de Pau, à celui de Bourdeaux.
De notre Parlement de Toulouse, à celui de Pau ou à celui d'Aix.
De notre Parlement d'Aix, à celui de Grenoble.
De notre Parlement de Grenoble, à celui de Dijon.
De notre Parlement de Dijon, à celui de Besançon.
De notre Parlement de Besançon, à celui de Metz.
Et de notre Parlement de Metz, à celui de Paris.

Et à l'égard des Causes & Procès qui seront évoqués de notre Grand-Conseil, le renvoi en sera fait en notre Parlement de Paris.

XXXIV. Les Procès qui seront évoqués de nos Parlemens, pourront être renvoyés en notre Grand-Conseil, quand les Parlemens plus proches seront valablement exceptés.

XXXV. Dans les cas où il y aura lieu à l'évocation d'une Cour des Aydes, ou d'un Parlement ou autre Cour exerçant la même Jurisdiction, en une autre Cour semblable, le renvoi en sera fait dans l'ordre suivant; sçavoir,

De notre Cour des Aydes de Paris, à celle de Rouen ou de Clermont.
De celle de Rouen, au Parlement de Bretagne.
De celle de Clermont, à celle de Paris.
Du Parlement de Bretagne, à la Cour des Aydes de Bourdeaux.
De celle de Bourdeaux, à celle de Montauban.
De celle de Montauban, à celle de Montpellier.
Du Parlement de Pau, à la Cour des Aydes de Montpellier.
De celle de Montpellier, à celle d'Aix.
De celle d'Aix, au Parlement de Grenoble.
Du Parlement de Grenoble, au Parlement de Dijon.
Du Parlement de Dijon, à la Cour des Aydes de Dol.
De celle de Dol, au Parlement de Metz.
Et du Parlement de Metz, à la Cour des Aydes de Paris.

XXXVI.

XXXVI. N'entendons préjudicier par les trois articles précédens, aux exceptions particulieres qui pourroient être proposées par les Parties contre celles desdites Cours auxquelles le renvoi doit être fait suivant lesdits articles; & en cas que lesdites exceptions soient jugées valables, Nous nous reservons d'ordonner dans notre Conseil, le renvoi à une autre Cour non suspecte, ainsi qu'il appartiendra. Evocation, &c.

XXXVII. Les Parties qui prétendront évoquer sur parentés & alliances, seront tenus de faire signifier au domicile du Procureur de la Partie évoquée, une cédule évocatoire, contenant la qualité & l'état du procès, les noms & surnoms des parens & alliés, & leur degré de parenté & alliance, avec sommation de les reconnoître & de consentir à l'évocation & au renvoi à celles des Cours qui sont marquées par les articles 33, 34 & 35 ci-dessus: & en cas d'exception de ladite Cour de la part de l'évoquant, il sera tenu d'en marquer les causes & moyens dans la cédule évocatoire, à peine de nullité.

XXXVIII. Défendons à tous Procureurs de faire signifier aucunes cédules évocatoires, pour raison de parentés & alliances, sans avoir une procuration spéciale, passée à cet effet pardevant Notaires, & de laquelle il restera minute, dont ils seront tenus de joindre la copie à la signification desdites cédules évocatoires: ce qui sera observé, à peine de nullité, & de 60 liv. d'amende, dépens, dommages & intérêts, à quoi lesdits Procureurs, seront condamnés en leur nom, sans néanmoins que ladite Procuration spéciale soit nécessaire, lorsque leurs Parties seront présentes & signeront avec eux l'original & la copie de la cédule évocatoire.

XXXIX. Voulons que faute d'avoir satisfait aux formalités prescrites par l'article précédent, il soit passé outre par nos Cours, à l'instruction & au Jugement des procès qui y sont pendans, nonobstant les cédules évocatoires qui auront été signifiées.

XL. On ne pourra faire signifier aucunes cédules évocatoires, quinzaine avant la fin des séances de nos Cours & de celles des Semestres, pour les Compagnies qui servent par Semestres: & si aucunes cédules évocatoires étoient signifiées dans le cours de ladite quinzaine, il sera pareillement passé outre sans s'y arrêter, à l'instruction & au Jugement des causes & procès.

XLI Le défendeur en évocation sera tenu quinzaine après la signification de la cédule évocatoire, de reconnoître ou dénier précisément les parentés & alliances qui auront été articulées: & en cas que la Cour en laquelle le renvoi doit être fait suivant les articles 33, 34 & 35 ci-dessus, ou celle qui aura été indiquée par la cédule évocatoire, lui soient suspectes, il sera aussi tenu de déclarer ses causes & moyens d'exception: & sera la réponse dudit défendeur pareillement signifiée au domicile du Procureur du demandeur en évocation; le tout sans préjudice audit défendeur, d'alléguer tels autres moyens de droit, ou de fait contre l'évocation, qu'il avisera bon être.

XLII. Si le demandeur en évocation ne fait pas signifier sa réponse dans le terme porté par l'article précédent, la signification de la cédule évocatoire lui sera réïtérée dans la forme prescrite par les articles 37 & 38 de la présente Ordonnance: & faute d'y répondre quinzaine après la seconde signification, les faits seront tenus pour avérés ou reconnus; & en conséquence, les évocations seront accordées pour celle de nos Cours à laquelle le renvoi doit être fait suivant les articles 33, 34 & 35 ci-dessus, sans que ledit défendeur puisse être reçu après ledit délai, à contester lesdites évocations en aucun cas, & sous quelque prétexte que ce soit.

XLIII. Et où ledit défendeur auroit employé dans sa réponse à la cédule évocatoire, des moyens indépendans des parentés & alliances articulées, sans avoir précisément dénié lesdites parentés & alliances par ladite réponse & dans lesdits délais, elles seront regardées comme reconnues, & il ne sera plus reçu à les contester sous quelque prétexte que ce puisse être, sans préjudice néanmoins de ses autres moyens contre ladite évocation, sur lesquels il sera statué en notre Conseil ainsi qu'il appartiendra.

XLIV. L'évocation sera accordée, si toutes les Parties consentent par écrit, tant à ladite évocation qu'au renvoi dans la même Cour.

XLV. Dans tous les cas où l'évocation doit avoir lieu suivant les articles ci-dessus, soit par la reconnoissance ou le silence du défendeur, soit par le consentement par écrit de toutes les Parties, l'évoquant se pourvoira en notre Grande Chancellerie, pour obtenir des Lettres d'évocation consentie, avec attribution de Jurisdiction à la Cour à laquelle le renvoi devra être fait ou aura été consenti; ce que ledit évoquant sera tenu de faire dans deux mois, pour les affaires pendantes aux Parlemens & autres Cours de Languedoc, Guyenne, Grenoble, Aix, Pau, Besançon & Rennes, dans un mois, pour les affaires pendantes aux Parlemens & autres Cours de Paris, Rouen, Dijon & Metz; le tout, à compter du jour de la reconnoissance

Evocation, &c.

des parentés ou alliances, ou de l'expiration du terme dans laquelle elles doivent être reconnues ou déniées, suivant ce qui est porté ci-dessus, ou du consentement donné par écrit à l'évocation & au renvoi; & seront lesdites Lettres évocatoires consenties, expédiees en rapportant préalablement la cédule d'évocation, la réponse à ladite cédule, si aucune y a été faite, ou le consentement par écrit des Parties, ou les significations dont les dattes justifieront que les délais ci-dessus prescrits seront expirés, lesquelles pieces demeureront attachées sous le contrescel desdites Lettres.

XLVI. Faute par l'évoquant d'avoir satisfait à l'article précédent, dans l'un ou l'autre des délais qui y sont marqués; il sera loisible à l'évoqué, d'obtenir, aux frais de l'évoquant des Lettres d'évocation consentie; lesquelles ausdits cas, contiendront une clause en forme d'exécutoire pour la somme qui sera réglée par lesdites Lettres.

XLVII. Lorsque l'évoqué aura contesté en tout ou en partie, le nombre & les degrés des parentés & alliances articulées, l'évoquant sera tenu, trois jours après la signification de la réponse du défendeur, contenant sa dénégation, de présenter Requête au premier Maître des Requêtes ordinaires de notre Hôtel, trouvé sur les lieux; sinon, au premier ou en son absence, au plus ancien Officier du Bailliage, ou de la Sénéchaussée du lieu où la Cour dont on voudra évoquer sera établie, aux fins de faire Enquête desdites parentés & alliances, à laquelle Requête seront attachées la cédule évocatoire, la signification qui en aura été faite, & la réponse du défendeur.

XLVIII. Ne sera fait preuve que des parentés & alliances qui auront été déniées, & les autres demeureront pour reconnues, sans qu'il soit besoin d'aucune autre preuve.

XLIX. L'évoqué pourra faire faire de sa part une contre-Enquête, & seront observées dans les confections des Enquêtes & contre-Enquêtes, les formalités prescrites par l'Ordonnance de 1667, au titre des Enquêtes.

L. Pourront aussi les Parties se faire interroger respectivement sur faits & articles communiqués, & ce, pardevant le Commissaire ci-dessus nommé, le tout, sans retardation de la procédure, & à la charge de se conformer pour ce qui concerne lesdits interrogatoires, à ce qui est prescrit par le titre 10 de l'Ordonnance de 1667, à l'exception néanmoins de ce qui regarde l'assignation pour répondre sur faits & articles, laquelle sera donnée dans le cas du présent article, au domicile du Procureur, sauf, en cas d'absence de la Partie, à lui être accordé, s'il y échoit, par le Commissaire ci-dessus nommé, un délai compétant pour répondre pardevant lui, ou autres Juges par lui commis, sur lesdits faits & articles.

LI. Les Enquêtes, contre-Enquêtes & Interrogatoires, seront faits dans quinzaine, à compter du jour que la réponse du défendeur, contenant sa dénégation de parentés & alliances, aura été signifiées; sans qu'après ce délai expiré, il puisse être accordé aux Parties, qu'un seul renouvellement de délai, qui ne pourra être que de quinzaine, ni que pour procéder aux Enquêtes, Interrogatoires sur faits & articles, il soit besoin d'obtenir Lettres, Arrêts, ou autre permission que celle qui sera accordée par le Commissaire.

LII. Défendons aux Parties de faire à l'occasion des cédules évocatoires, aucunes procédures, autres que celles qui sont ci-dessus marquées; & aux Juges mentionnés dans l'article 47, de dresser à cette occasion aucun procès-verbal des dires & contestations des Parties, à peine de nullité & de tous dépens, dommages & intérêts; dérogeant, à cet effet, à tous usages contraires.

LIII. Soit que le défendeur à l'évocation, ait dénié les parentés & alliances, ainsi qu'il a été dit ci-dessus, soit qu'en les contestant, ou même sans les contester, il ait soutenu dans sa réponse à la cédule évocatoire, que l'affaire n'est pas sujette à l'évocation; la Partie la plus diligente pourra faire donner assignation à l'autre Partie en notre Conseil dans les délais portés par l'article 45, sans attendre qu'il ait été procédé à l'Enquête ou à la contre-Enquête, dans les cas où il échoira d'en faire: & sera ladite assignation donnée au domicile du Procureur de la Partie assignée, par exploit libellé qui sera mis au bas de la copie de la cédule évocatoire, sans qu'il soit besoin d'Arrêt, Lettres, ni autre Commission ou Permission à cet effet, & ce, nonobstant la disposition de l'article 8 du titre des Ajournemens, de l'Ordonnance de 1667.

LIV. Si le défendeur n'a point soutenu que l'affaire n'est pas sujette à l'évocation, ni que les parentés & alliances ayent été mal articulées, & qu'il se soit reduit à proposer des exceptions contre la Cour où le renvoi est requis par la cédule évocatoire, ou contre celle où le renvoi doit être fait suivant les articles 33, 34, & 35 ci-dessus; il sera pareillement donné assignation en notre Conseil, ainsi qu'il est porté par l'article précédent, pour y être statué sur lesdites exceptions seulement, & sans qu'en ce cas ledit défendeur puisse être reçu à proposer d'autres moyens sur le fond de l'évocation. Evocation, &c.

LV. Dans le cas où il y aura lieu de faire des Enquêtes ou contre-Enquêtes, & après l'expiration des termes prescrits pour y procéder, Voulons que sans attendre que les assignations mentionnées dans l'article précédent, soient données ou échues, les évoquans soient tenus de faire apporter au Greffe du Conseil, les Enquêtes & autres procédures faites à leur Requête, suivant ce qui a été dit ci-dessus, & ce, dans un mois au plus tard; à compter du jour que le délai donné pour faire lesdites Enquêtes & procédures, aura été expiré.

LVI. Faute, par les évoquans d'avoir fait apporter, dans lesdits délais, leurs Enquêtes au Greffe du Conseil, les évoqués, pourront, huit jours après, obtenir la levée des défenses, & faire débouter les évoquans de leur évocation par Arrêt sur Requête, en rapportant un certificat du Greffier, portant qu'il n'a été remis au Greffe du Conseil, aucune Enquête ou autre procédure; & en conséquence dudit Arrêt, toutes les assignations, si aucunes ont été données par l'évoquant, demeureront nulles & de nul effet.

LVII. Les évoquans ne seront reçus à se pourvoir par voie d'opposition ni de restitution, contre les Arrêts ainsi rendus.

LVIII. Après l'expiration des délais des assignations, s'il y a lieu d'instruire le procès en notre Conseil, l'instruction sera faite sommairement dans les formes prescrites par les Réglemens de notredit Conseil; & les Parties qui auront laissé juger lesdits procès par défaut ou Congé, ne seront reçues à se pourvoir par opposition ou restitution contre lesdits Arrêts, sauf à les attaquer par la voie de la cassation, s'il y échoit, dans les formes prescrites par ledit Réglement; & sans qu'elles puissent alléguer pour moyen de cassation, que lesdits Arrêts ont été rendus par défaut ou par congé.

LIX. Les régles & formalités ci-dessus établies pour les évocations des affaires civiles, auront lieu pareillement pour celles qui seront demandées en matiere criminelle, lorsqu'il y aura une Partie civile, à l'exception néanmoins de ce qui sera dit dans les articles suivans.

LX. Les Accusés, contre lesquels il y aura un décret de prise de corps subsistant & non purgé, ne pourront signifier aucune cédule évocatoire, ni s'en servir, sur quelque prétexte que ce soit, s'ils ne sont actuellement en état dans les prisons des Juges dont le décret est émané, ou dans celles de la Cour dont ils veulent évoquer; & il en sera fait mention dans les cédules évocatoires, avec lesquelles il sera donné copie de l'écroue, qui sera attesté par le Juge ordinaire des lieux, quand l'Accusé se sera remis dans d'autres prisons que celle de la Cour d'où il prétend évoquer: seront pareillement tenus lesdits Accusés, de faire apparoir dudit écroue au Juge qui fera l'Enquête, en cas qu'il y soit procédé. Voulons que jusqu'à ce qu'ils ayent satisfait au contenu dans le présent article, il ne puisse être procédé à aucunes poursuites ni procédures sur l'évocation, & qu'il soit passé outre à l'instruction & au Jugement des procès criminels, sans que les Accusés puissent se pourvoir en notre Conseil par voie de cassation ou autrement, contre les Arrêts même définitifs, qui seroient intervenus sur lesdits procès, lesquels, audit cas, ne pourront être réputés attentatoires.

LXI. Les procès criminels ne pourront être évoqués du chef des parens & alliés de nos Procureurs Généraux, lorsqu'ils ne seront Parties que comme exerçant le ministere public.

LXII. Aucun Accusé ne pourra évoquer du chef des parens ou alliés de ceux qui ne seront point Parties au procès, encore qu'ils fussent intéressés à la punition du crime ou du délit.

LXIII. Ne pourront pareillement les Accusés évoquer du chef des parens & allies de leurs complices, ni du chef des parens & alliés des Cessionnaires des intérêts civils.

LXIV. Déclarons nulles & de nul effet toutes les cédules évocatoires qui seroient signifiées dans quelqu'un des cas portés par les trois articles précédens: Voulant que sans y avoir égard, il soit passé outre par nos Cours, à l'instruction & au Jugement des procès criminels, comme avant la signification desdites cédules évocatoires.

LXV. Dans les procès criminels qui pourront être sujets à évocation, à cause des parentés & alliances de la Partie, les évoquans seront tenus de faire signifier à nos Procureurs Généraux, dans les Cours dont l'évocation sera demandée, leurs cédules évocatoires; comme aussi de leur faire faire une sommation d'assister à l'Enquête, en cas qu'il y soit procédé, & de leur faire signifier ladite Enquête dès qu'elle sera faite; le tout à peine de nullité desdites cédules

Evocation, &c.

évocatoires ; Enjoignons à nos Procureurs Généraux d'envoyer à notre Chancelier, dans quinzaine du jour de la signification desdites cédules évocatoires, dans les cas où il n'auroit été procédé à l'Enquête, leur consentement ausdites évocations, ou leurs moyens pour empêcher; le tout par forme d'avis, & sans qu'ils puissent être assignés & rendus Parties dans lesdites instances d'évocation : & faute par eux d'envoyer ledit avis dans ledit délai, il y sera pourvû par notre Conseil, ainsi qu'il appartiendra.

LXVI. Les Lettres d'évocation consentie, ne pourront pareillement être expédiées nonobstant l'acquiescement par écrit des Accusés & des Parties civiles, que sur le vû du consentement aussi donné par écrit, de nos Procureurs Généraux, ou de leurs avis ; suivant ce qui est porté par l'article précédent.

LXVII. L'instruction des procès criminels, dans les cas même où ils peuvent être sujets à l'évocation, sera continuée jusqu'au Jugement définitif exclusivement, nonobstant toutes cédules évocatoires signifiées ; ce qui aura lieu pareillement pendant le cours de l'instance, d'évocation, sans que ladite instruction puisse être suspendue ni retardée, ni que les procès criminels puissent être civilisés avant qu'il ait été statué sur l'évocation.

LXVIII. Aucun Officier de nos Cours, étant du nombre de ceux qui sont mentionnés en l'article 11 de la présente Ordonnance, ne pourra être réputé avoir fait son fait propre d'une cause ou d'un procès qui y sera pendant, s'il n'a sollicité les Juges de la Compagnie en personne, consulté & fourni aux frais de ladite cause ou dudit procès. Voulons que la Partie qui demandera à en faire la preuve, pour évoquer sur ce fondement, du chef dudit Officier, ne puisse être admise, si elle n'articule en même-tems lesdites trois circonstances dans sa Requête ; & que ledit Officier, ne puisse être jugé avoir fait son fait propre de ladite affaire, si la preuve desdites trois circonstances n'est rapportée lors du Jugement de l'instance d'évocation.

LXIX. La demande à fin d'être reçu à faire la preuve du fait propre ne pourra être admise que par Arrêt rendu sur Requête délibérée en notre Conseil, sans que nos Cours, où le procès sera pendant, puissent, sous quelque prétexte que ce soit, accorder aucun délai pour obtenir cet Arrêt ; ni que sur la simple allégation du fait propre, il puisse être signifié aucune cédule évocatoire du chef dudit Officier, avant que ledit Arrêt ait été obtenu, s'il y échoit.

LXX. Seront énoncées dans ledit Arrêt, lorsqu'il y aura lieu de l'accorder, tous les faits articulés pour établir le fait propre, notamment les trois circonstances marquées par l'article 68, & jusqu'à ce que ledit Arrêt ait été rendu & signifié avec ladite cédule évocatoire, nos Cours pourront passer outre à l'instruction & au Jugement du procès.

LXXI. Lorsqu'il y aura lieu de recevoir l'allégation du fait propre, la preuve par Témoins en sera ordonnée ; & par le même Arrêt qui interviendra à cet effet il sera permis aux Parties qui ont intérêt d'empêcher l'évocation du chef de l'Officier, contre lequel le fait propre est allégué, de faire la preuve du contraire, si bon leur semble, laquelle preuve pourra aussi être admise en faveur dudit Officier, pourvû qu'il présente sa Requête à notre Conseil, dans le mois du jour de la signification faite à la Partie, de l'Arrêt qui aura ordonné la preuve dudit fait propre.

LXXII. Après la signification dudit Arrêt, ensemble la cédule évocatoire du chef dudit Officier, qui sera signifiée en même tems, à peine de nullité, toutes poursuites & procédures cesseront dans la Cour où le procès sera pendant, si ce n'est dans les cas ci-dessus marqués, où nos Cours peuvent passer outre à l'instruction & au Jugement du procès, nonobstant toutes cédules évocatoires.

LXXIII. Voulons que celui qui aura été admis à la preuve du fait propre, soit tenu de la rapporter, quand même sa Partie adverse garderoit le silence, & ne dénieroit point les faits articulés par le demandeur ; lequel ne pourra être dispensé d'en faire la preuve, qu'en cas que le défendeur reconnoisse expressément par écrit la vérité desdits faits.

LXXIV. Lorsque le fait propre aura été prouvé, les mêmes régles & formalités qui ont été établies sur les évocations du chef d'une Partie qui seroit Officier de la Cour, dont l'évocation est demandée, & de ses parens & alliés, seront observées par rapport à l'évocation du chef de celui dont le fait propre aura été prouvé, & de ses parens & alliés.

LXXV. Dans tous les cas, autres que ceux où il est permis de passer outre à l'instruction & au Jugement, nonobstant toutes significations de cédules évocatoires, suivant ce qui est porté par les articles 26, 39, 40, 60, 64 & 70 ci-dessus, & par les articles 77, 78 & 80 ci-après, si les procédures étoient continuées en matieres civiles, ou le procès jugé définitivement en matiere criminelle, au préjudice de la cédule évocatoire dûement signifiée, il y sera pourvû en notredit Conseil dans les formes ordinaires. Evocation, &c.

LXXVI. Lorsque l'évocation aura été demandée & acceptée par écrit de la part de toutes les Parties, aussi-bien que le renvoi en une autre Cour, il ne leur sera plus permis de varier, & elles seront tenues de procéder en celle de nos Cours dont elles seront convenues.

LXXVII. Ceux qui auront été déboutés de leur demande en évocation, par Arrêt de notre Conseil, ou qui ayant seulement fait signifier une cédule évocatoire, se trouveront dans un des cas ci-dessus marqués, où il y a lieu de passer outre, nonobstant toutes cédules évocatoires, ne pourront en faire signifier aucune autre dans la même affaire & entre les mêmes Parties: faisons défenses à nos Cours d'avoir égard auxdites nouvelles cédules évocatoires, que Nous déclarons nulles & de nul effet, Voulant qu'il soit passé outre à l'instruction & Jugement, ainsi que nosdites Cours l'auroient pû faire avant la signification desdites nouvelles cédules évocatoires, pour raison de quoi elles pourront condamner les Evoquans en l'amende telle qu'elle sera réglée ci-après, & en tous les dépens, dommages & intérêts.

LXXVIII. N'entendons néanmoins empêcher, que si dans les affaires susceptibles d'évocation, il étoit survenu de nouvelles parentés & alliances à l'égard des mêmes Parties, ou de celles qui auroient été depuis reçues Parties intervenantes, il ne puisse être signifié une nouvelle cédule évocatoire, même de la Partie qui aura succombé dans la premiere évocation; & seront nos Cours tenues d'y déférer, pourvû que la nouvelle cédule évocatoire fasse mention expresse des nouvelles parentés & alliances, faute de quoi nosdites Cours pourront passer outre à l'instruction & au Jugement ainsi qu'il a été dit ci-dessus.

LXXIX. L'Evoquant qui succombera en matiere civile ou criminelle, de quelque maniere ou en quelques termes que la prononciation soit conçûe, & pareillement celui qui se désistera de son évocation, sans qu'il soit survenu de nouveau aucune des causes portées en l'article 18 de la présente Ordonnance, seront condamnés en tous les dépens, en trois cens livres d'amende envers Nous, & en cent cinquante livres envers la Partie, lesquelles amendes ne pourront être remises ni modérées.

LXXX. Lorsque le désistement porté par l'article précédent aura été signifié, avant qu'il y ait eu aucune assignation donnée en notre Conseil, en conséquence de la cédule évocatoire, les dépens qui auront été faits à cette occasion, seront taxés par la Cour, où le procès sera pendant; & l'amende portée par ledit article sera censée encourue en vertu de la présente Ordonnance, sans qu'il soit rendu aucun Jugement; & en conséquence elle sera employée dans ladite taxe, & il sera, audit cas, passé outre à l'instruction & au Jugement dudit procès en ladite Cour, sans qu'il soit besoin d'obtenir aucunes Lettres ni Arrêt.

LXXXI. En cas que ledit désistement n'ait été signé que depuis les assignations données en notre Conseil sur l'évocation, lesdits dépens seront liquidés par l'Arrêt de notredit Conseil, qui en conséquence du désistement renvoyera les Parties en la Cour où le procès sera pendant, pour y procéder comme avant la cédule évocatoire, lequel Arrêt condamnera en outre l'Evoquant en l'amende portée par l'article 79.

LXXXII. Ceux qui voudront articuler le fait propre d'un des Officiers de nos Cours, ainsi qu'il a été dit ci-dessus, seront tenus de consigner préalablement la somme de cent cinquante livres, & d'en joindre la quittance à leur Requête; défendons à tous Avocats au Conseil, à peine d'être condamnés en cent livres d'amende, de signer de pareilles Requêtes, à moins que ladite quittance n'y soit attachée; & en cas que la preuve du fait propre n'y soit pas admise, ou qu'elle ne soit pas rapportée, ou qu'elle soit jugée insuffisante, le demandeur sera condamné en quatre cens cinquante livres d'amende, y compris les cens cinquante livres consignées; le tout applicable suivant l'article 79, & à tous les dépens, même en telles réparations & dommages & intérêts qu'il sera jugé nécessaire, soit envers la Partie, ou à l'égard de l'Officier, dont le fait propre aura été allégué sans fondement.

LXXXIII. Voulons que les condamnations d'amende qui seront prononcées en notre Conseil, puissent être augmentées, notamment dans les cas de l'article précédent, lorsque les Evoquans paroîtront meriter une condamnation plus rigoureuse pour indue vexation.

LXXXIV. Le Receveur des amendes ou du Domaine se chargera comme Dépositaire, & sans aucuns droits ni frais, de celles qui auront été consignées, sans qu'il puisse les employer en recette, jusqu'au Jugement définitif, après lequel elles seront rendues ou délivrées à qui il appartiendra.

LXXXV. Lorsque dans les Compagnies Semestres, ou dans nos Parlemens ou Cours des Aydes, qui sont composées de plusieurs Chambres, un de ceux qui ont une cause ou un

Evocation, &c.

procès pendant en l'un des Semestres ou en l'une des Chambres, y sera Président ou Conseiller, ou que sans être Officier dans ledit Semestre ou dans ladite Chambre, il y aura son pere, beau-pere, fils, gendre, beau-fils, frere, oncle, neveu, ou cousin germain, soit Président ou Conseiller, lesdites causes ou procès seront renvoyés en un autre Semestre ou en une autre Chambre de la même Cour, sur la simple Requête qui sera présentée à ladite Cour par le demandeur en renvoi, après que la communication en aura été donnée à l'autre Partie pour y répondre dans trois jours; & sur la réponse qui y sera faite, ou faute de la faire, il sera statué sur le renvoi dans les trois jours suivans; ce qui aura lieu pareillement lorsque dans le même Semestre ou dans la même Chambre, une des Parties aura deux parens au troisieme degré, ou trois jusqu'au quatrieme inclusivement.

LXXXVI. Les dispositions de la présente Ordonnance, au sujet des parens qui peuvent donner lieu à l'évocation de nos Cours, & des cas où il n'y aura lieu à l'évocation, seront pareillement observées pour les renvois d'un Semestre à un autre Semestre, ou d'une Chambre à une autre Chambre de la même Cour.

LXXXVII. On ne pourra évoquer des Présidiaux, que dans les cas seulement où les Ordonnances les autorisent à juger en dernier ressort; ausquels cas l'évocation pourra être demandée, si l'une des Parties est Officier dans le Présidial, ou si elle y a son pere, son fils, ou son frere, sans qu'aucun des alliés ni aucun autre parent puissent donner lieu à ladite évocation.

LXXXVIII. Ladite évocation sera demandée par une simple Requête qui sera signifiée à l'autre Partie, pour y être ensuite statué sans autre formalité, sauf l'appel au Parlement du ressort: & si ladite évocation se trouve bien fondée, la contestation sera renvoyée au plus prochain Présidial non suspect.

LXXXIX. Seront au surplus suivies & exécutées pour lesdites évocations des Présidiaux, toutes les régles prescrites par la présente Ordonnance, soit sur ceux qui ne peuvent donner lieu à l'évocation, soit sur la nature des affaires qui se peuvent évoquer, soit sur les différens cas où les évocations ne peuvent être admises.

XC. A l'égard des affaires qui ne sont pas de nature à être jugées en dernier ressort par les Présidiaux où elles auroient été portées, ou qui seroient pendantes dans un simple Bailliage ou Sénéchaussée, ou Prévôté, & autre Siége inférieur, n'entendons empêcher que le renvoi n'en puisse être fait par nos Cours dans d'autres Jurisdictions, lorsque, par le nombre des parens & alliés de l'une des Parties, ou par d'autres circonstances, il y aura des suspicions qui seront jugées suffisantes, ce que nous laissons à la prudence de nosdites Cours.

XCI. Lorsqu'à cause des partages des opinions, ou à cause des récusations, il ne restera pas dans les Compagnies Semestres un nombre suffisant de Juges, pour vuider le partage, ou pour juger le procès, ledit partage ou Jugement seront dévolus de plein droit au Semestre qui n'en aura pas connu; lequel pourra s'assembler, même hors du tems ordinaire de son service, sans qu'il soit besoin d'obtenir nos Lettres à cet effet.

XCII. Les causes & procès évoqués, seront jugés par les Cours ausquels le renvoi en aura été fait, suivant les Loix, Coutumes & Usages des lieux d'où ils auront été évoqués, à peine de nullité des Jugemens & Arrêts qui seroient rendus au contraire, pour raison de quoi les Parties pourront se pourvoir pardevers Nous en notre Conseil.

TITRE II.

Des Réglemens de Juges en matiere civile.

ARTICLE PREMIER.

Lorsque deux de nos Cours, ou deux Jurisdictions inférieures indépendantes l'une de l'autre, & non ressortissantes en même Cour, seront saisies d'un même différend, les Parties pourront se pourvoir en réglement de Juges, & sur le vû des exploits qui leur auront été donnés dans lesdites Cours ou Jurisdictions, il leur sera expédié des Lettres en notre Chancellerie, portant permission de faire assigner les autres Parties en notre Conseil, ou accordé un Arrêt sur leur Requête, par lequel il sera ordonné que ladite Requête, sera communiquée ausdites Parties, pour être statué sur le Réglement de Juges, ainsi qu'il appartiendra.

II. Lesdites Lettres, ou ledit Arrêt pourront être accordés, encore que celui qui les demande, ne rapporte point d'Arrêt qui le décharge de l'assignation à lui donnée dans la Cour ou Jurisdiction qu'il décline.

III. Si néanmoins les délais d'assignation donnée par ledit demandeur en la Cour ou Jurisdiction qu'il prétend être compétant, n'étoient pas encore expirés, lorsqu'il a obtenu & fait signifier lesdites Lettres & ledit Arrêt, & que la Partie assignée déclare avant ladite signification, ou lors d'icelle, qu'il consent de procéder en ladite Cour ou Jurisdiction, ledit demandeur ne pourra répéter contr'elles les frais de l'obtention & signification desdites Lettres, ou dudit Arrêt. Evocation, &c.

IV. Lorsque la même Partie aura été assignée à la requête de deux autres Parties, dans deux différentes Cours, ou dans deux Jurisdictions de différens ressorts, pour la même contestation, elle ne pourra se pourvoir en Réglement de Juges qu'après avoir dénoncé ausdites Parties les poursuites faites contr'elles en différens Tribunaux, avec sommation de les réunir dans un seul, au moyen de laquelle dénonciation, & un mois après qu'elle aura été faite, elle pourra obtenir des Lettres ou un Arrêt pour former le réglement de Juges.

V. Les Lettres seront rapportées au sceau par les Maîtres des Requêtes ordinaires de notre Hôtel, ou par les grands Rapporteurs; & il y sera fait mention du nom de celui qui les aura rapportées, lequel le signera en queue, après qu'elles auront été accordées.

VI. Faisons défenses à nos Secrétaires de signer aucunes Lettres de réglement de Juges, & de les présenter au sceau, si elles ne contiennent élection de domicile en la personne de l'un des Avocats en nos Conseils, qui sera chargé d'occuper pour l'impétrant, à peine de nullité des Lettres, & d'être nosdits Secrétaires responsables en leur nom, de tous les dépens, dommages & intérêts des Parties, laquelle élection de domicile sera pareillement faite dans les Requêtes présentées pour former le réglement de Juges par Arrêt, & seront lesdites Requêtes signées de l'Avocat qui se constituera; le tout à peine de nullité.

VII. Les Lettres ou Arrêts qui introduiront le réglement de Juges, feront mention des assignations ou des Jugemens sur lesquels le conflit aura été formé, & seront lesdites pieces attachées sous le contrescel desdites Lettres, ou de la Commission prise sur ledit Arrêt, pour en être laissé copie à la Partie; le tout à peine de nullité.

VIII. Les Lettres, ou l'Arrêt, porteront clause de surséance à toutes poursuites & procédures, dans les Jurisdictions saisies du différend des Parties.

IX. Lesdites Lettres, ou ledit Arrêt, seront signifiés dans les délais ci-après marqués; sçavoir, de deux mois à l'égard des Parties domiciliées dans le ressort de nos Parlemens & autres Cours de Languedoc, Pau, Guyenne, Aix, Grenoble, Besançon, Metz & Bretagne, ou Conseils Supérieurs de Roussillon & d'Alsace, & d'un mois pour les Parties domiciliées dans les ressorts des Parlemens & autres Cours de Paris, Rouen, Dijon, Douay & Conseil Provincial d'Artois, en ce qui concerne la Jurisdiction criminelle dans les cas où il a droit de connoître en dernier ressort; à la reserve toutefois des Parties domiciliées dans l'étendue de la Ville de Paris, ou dans les dix lieues à la ronde, à l'égard desquelles le délai de l'assignation ne sera que de quinzaine.

X. Tous les délais marqués par l'article précédent, courront du jour & date des Lettres ou de l'Arrêt.

XI. En procédant à la signification des Lettres en réglement de Juges, celui qui les aura obtenues, sera tenu de faire donner assignation en notre Conseil par le même exploit, & il en sera inséré une clause expresse dans lesdites Lettres; le tout à peine de nullité.

XII. Lorsque le Réglement du Juge aura été formé par Arrêt, la signification qui sera faite dudit Arrêt dans les délais ci-dessus marqués, tiendra lieu d'assignation en notre Conseil, & en conséquence les Parties seront tenues d'y procéder en la maniere accoutumée.

XIII. Faute par le demandeur d'avoir satisfait à ce qui est porté par les quatre articles précédens, il demeurera déchû de plein droit desdites Lettres ou dudit Arrêt qui seront regardés comme non avenus; & les Parties contre lesquelles ils auront été obtenus, pourront continuer leurs poursuites dans le Tribunal qu'elles avoient saisi de leur contestation, ainsi qu'elles l'auroient pû faire avant lesdites Lettres ou ledit Arrêt, sans qu'il soit besoin de le faire ordonner ainsi par Arrêt de notre Conseil.

XIV. Lorsque le demandeur se sera conformé à la disposition desdits articles 9, 10, 11 & 12, toutes poursuites demeureront sursises dans toutes les Jurisdictions qui seront saisies des différends des Parties, à compter du jour de la signification des Lettres ou de l'Arrêt dans la forme ci-dessus marquée, & ladite surséance aura lieu, à peine de nullité, cassation des procédures, soixante & quinze livres d'amende envers la Partie, & de tous dépens, dommages & intérêts.

XV. En cas que le demandeur en Réglement de Juges se trouve avoir fait quelques poursuites

Evocation &c.

ou procédures depuis la date des Lettres ou de l'Arrêt par lui obtenus pour l'introduire, & avant la signification desdites Lettres ou dudit Arrêt ; le défendeur pourra en tout état de Cause, se pourvoir en notre Conseil pour en demander la nullité, & il y sera statué sur sa Requête, ainsi qu'il appartiendra.

XVI. N'entendons comprendre sous le nom des poursuites & procédures mentionnées dans les deux articles précédens, les Actes ou procédures purement conservatoires, tels que les reprises d'instance, les saisies en vertu de titres exécutoires, oppositions aux décrets, scellés, ou autres Actes de pareille nature & qualité qui pourront être faits, nonobstant la signification des Lettres ou de l'Arrêt qui auront introduit le Réglement de Juges, même pendant l'instruction de l'Instance en notre Conseil, sans que la cassation en puisse être demandée comme de procédures attentatoires.

XVII. Les défendeurs en Réglement de Juges pourront se présenter sans attendre l'échéance des délais, & procéder avec l'Avocat au Conseil nommé dans les Lettres ou dans l'Arrêt qui sera tenu d'occuper, & le présent article sera observé, tant en matiere civile, qu'en matiere criminelle.

XVIII. Les Réglemens de Juges seront instruits & jugés sommairement, en la forme prescrite par les Réglemens, sur les procédures qui se font en notre Conseil.

XIX. La partie qui aura été déboutée du déclinatoire par elle proposé dans la Cour ou dans la Jurisdiction qu'elle prétendra être incompétante, & de sa demande en renvoi dans une autre Cour ou dans une Jurisdiction d'un autre Ressort, pourra se pourvoir en notre Grande Chancellerie ou en notre Conseil, en rapportant le Jugement rendu contr'elle, & les pieces justificatives de son déclinatoire, moyennant quoi il lui sera accordé des Lettres ou un Arrêt, ainsi qu'il a été dit ci-dessus.

XX. La disposition de l'article précédent aura lieu, encore que sur l'appel interjetté par le Demandeur en déclinatoire de la Sentence qui l'en a débouté, ladite Sentence aura été confirmée par Arrêt.

XXI. Lorsque sur le déclinatoire proposé par l'une des Parties, les premiers Juges se seront dépouillés de la connoissance de la contestation, le Défendeur au déclinatoire ne pourra être reçu à se pourvoir en notre Conseil pour être réglé de Juges, sauf à lui à interjetter appel de la Sentence qui aura eu égard au déclinatoire, ou à se pourvoir en notre Conseil contre l'Arrêt qui l'aura confirmé. Voulons que l'appel de toutes Sentences rendues sur le déclinatoire, soit porté immédiatement dans nos Cours, chacune dans son ressort.

XXII. Les dispositions des articles 5, 6, 7, 8, 9, 10, 11, 12, 13, 14, 15, 16, 17 & 18 du présent titre, seront pareillement observées à l'égard des Lettres ou Arrêts obtenus dans le cas de l'article 12, ensemble des poursuites, procédures, & instructions qui se feront en conséquence.

XXIII. Pour régler les conflits de Jurisdiction qui se formeront entre nos Cours de Parlement & nos Cours des Aydes qui seront établies dans la même Ville, nos Avocats & nos Procureurs Généraux dans chacune desdites Cours s'assembleront au Parquet de nosdites Cours de Parlement, tous les mois, à jours certains, ou plus souvent, s'ils en sont requis, pour conférer & convenir sur la compétance de l'une ou de l'autre Cour ; & en conséquence des résolutions qui seront prises entr'eux, sera donné Arrêt dans la Cour qui sera jugée incompétante sur l'avis de nos Avocats & Procureurs Généraux en ladite Cour, portant renvoi de la contestation en la Cour qui sera jugée compétante ; & en cas de diversité, ils délivreront leurs avis avec les motifs aux Parties, pour leur être fait droit sur le tout en notre Conseil, en la forme ordinaire ; ce qui sera pareillement observé en matiere criminelle.

XXIV. Les conflits de Jurisdiction qui se formeront entre les Cours qui ne sont pas établies dans la même Ville, ne pouvant se terminer par voie de conférence entre nos Avocats & Procureurs Généraux des deux Compagnies, il y sera pourvû en notre Conseil, à l'effet de quoi les Parties qui y seront intéressées, pourront obtenir des Lettres ou un Arrêt, pour y porter, & y faire instruire & juger leurs demandes en Réglement des Juges, ainsi & de la même maniere qu'il a été réglé par les dix-neuf premiers articles du présent titre.

XXV. entendons néanmoins que dans tous les conflits de Jurisdiction où il n'y aura point d'autres Parties que nos Procureurs Généraux, ils puissent envoyer chacun de leur côté, un Mémoire à notre Chancelier, avec les pieces qu'ils jugeront à propos d'y joindre, pour soutenir la compétance de leurs Compagnies, sans être tenus d'obtenir des Lettres ou un Arrêt pour introduire l'instance de Réglement de Juges en notre Conseil, ni de la poursuivre dans les formes ordinaires. Voulons qu'après que les Mémoires par eux envoyés, pieces qui y seront jointes, auront

auront été communiquées à chacun de nosdits Procureurs Généraux, & sur la réponse qu'ils y auront faite de part & d'autre, il soit rendu sans autre instruction un Arrêt en notre Conseil, par lequel l'affaire qui aura fait naître le conflit de Jurisdiction, sera renvoyée dans le Tribunal qui sera jugé compétant pour en connoître.

Evocation, &c.

XXVI. Les conflits de Jurisdiction qui naîtront entre nos Cours de Parlement & les Siéges Présidiaux de leur ressort, pour raison des cas que lesdits Siéges jugent sans appel, suivant l'Edit de leur création, seront jugés & réglés en notre Grand-Conseil, sans que, pour raison de ce, il puisse être formé aucun Réglement de Juges entre nos Parlemens & notre Grand-Conseil, ni que nosdits Parlemens puissent, au préjudice des Commissions qui auront été décernées par notre Grand-Conseil, prendre connoissance du différend des Parties, ni contrevenir aux Arrêts rendus pour raison de ce par le même Tribunal, à peine de nullité & cassation des procédures. Faisons défenses aux Parties de faire audit cas, aucunes poursuites en nos Parlemens, ni de se servir des Arrêts qui seront intervenus à cet égard, à peine de trois cens livres d'amende, applicable moitié à Nous, & l'autre moitié à la Partie.

XXVII. Les conflits de Jurisdiction qui se formeront en matiere civile ou criminelle, entre les premiers Juges ressortissans en la même Cour, y seront réglés & jugés par voie d'appel, & sur les conclusions de notre Procureur Général en ladite Cour, ou sur la requisition qu'il pourra faire, lors même qu'il n'y aura point d'appel interjetté par les Parties, le tout en observant les régles & formalités en tels cas requises & accoûtumées.

XXVIII. Faisons au surplus très-expresses inhibitions & défenses à toutes nos Cours, de prononcer ni faire exécuter aucunes condamnations d'amende, pour distraction ou transport de Jurisdiction, ni de souffrir qu'il en soit pononcée aucune par les Juges qui leur sont subordonnés, le tout à peine de nullité desdites condamnations, contraintes & procédures faites en conséquence.

XXIX. Desirant néanmoins empêcher l'abus que plusieurs Parties font des Instances & Réglemens de Juges qu'elles introduisent en notre Conseil, ou ausquelles elles donnent lieu, dans la seule vûe d'éloigner le Jugement du fond de leur contestation, Voulons que ceux qui succomberont dans lesdites Instances, puissent être condamnés en notre Conseil, s'il y échoit, en la même amende, & applicable de la même maniere que les Evoquans qui succombent dans leurs demandes, suivant ce qui est porté par l'article 79 de notre présente Ordonnance, au titre des Evocations, & en outre aux dépens, dommages & intérêts de leurs Parties, laquelle amende pourra même être augmentée dans les cas qui le mériteront, ainsi qu'il sera jugé à propos en notre Conseil.

TITRE III.

Des Réglemens de Juges en matiere criminelle.

ARTICLE PREMIER.

Le Réglement de Juges aura lieu en matiere criminelle, lorsque deux de nos Cours, où deux Jurisdictions indépendantes l'une de l'autre, & non ressortissantes en la même Cour, auront informé & décrété pour raison du même fait, contre les mêmes Parties.

II. Les Lettres ou Arrêts de Réglement de Juges, porteront que l'instruction qui sera continuée en la Jurisdiction qui sera commise par lesdites Lettres ou Arrêts, jusqu'à Jugement définitif exclusivement, en attendant que le Réglement de Juges ait été terminé & jugé : seront au surplus lesdites Lettres & Arrêts expédiés en la même forme & maniere, & avec les mêmes clauses qu'en matiere civile.

III. Ne pourront néanmoins les Accusés qui auront été déboutés des déclinatoires par eux proposés, se pourvoir en Réglement de Juges, si ce n'est qu'il ait été informé & décrété pour le même fait, par une autre Cour ou Jurisdiction d'un autre ressort ; le tout, sans préjudice ausdits Accusés, de se pourvoir par les voies de droit, contre les Arrêts ou Jugemens rendus en dernier ressort, qui les auront déboutés de leur déclinatoire ; ce qu'ils pourront faire lors même qu'aucune autre Jurisdiction n'aura informé & décrété contr'eux pour le même fait.

IV. Aucunes Lettres ou Arrêts de Réglement de Juges ne seront accordés en matiere criminelle aux accusés contre lesquels il y aura un décret de prise de corps subsistant s'ils ne sont actuellement prisonniers, dans les prisons des Juges qui auront rendu des décrets, ou des

Cours supérieures ausdits Juges ; & s'ils n'en rapportent l'écroue en bonne forme, & attesté par le Juge ordinaire des lieux, en cas que l'Accusé ne soit remis dans d'autres prisons que celles desdites Cours, lequel écroue sera signifié aux Parties civiles, si aucunes y a, ou à leurs Procureurs & nos Procureurs Généraux, ou à leurs Substituts dans les Jurisdictions Royales, dans lesquelles le Procès sera pendant, ou au Procureur des Hauts-Justiciers dans la Justice desquels ils seront poursuivis, le tout à peine de nullité.

V. Ledit acte d'écroue sera attaché sous le contre-scel des Lettres en Réglement de Juges, ou de la Commission expédiée sur l'Arrêt ; faute de quoi l'Accusé demeurera déchu de plein droit desdites Lettres ou Arrêts, qui seront regardés comme non avenus, & il sera passé outre à l'instruction & au Jugement du procès, comme avant icelles, sans qu'il soit besoin de le faire ordonner ainsi par Arrêt de notre Conseil.

VI. La connoissance des conflits de Jurisdiction qui naîtront entre les Lieutenans Criminels & les Prévôts des Maréchaux, pour sçavoir auquel desdits Officiers la connoissance d'un crime qui doit être jugé présidialement ou prévôtalement, sera renvoyée pour être jugée en dernier ressort, appartiendra en notre Grand-Conseil, auquel nous faisons défenses de faire expédier aucunes Commissions, ni de donner audience aux Accusés, contre lesquels il y aura un décret de prise de corps subsistant, à moins qu'ils ne soient actuellement en état, soit dans les prisons des Juges qui les auront décrétés, ou dans celles dudit Grand-Conseil, & qu'il ne lui en ait apparu des extraits tirés du Registre de la Géole, en bonne forme, attestés & signifiés ainsi qu'il a été dit ci-dessus dans l'article 4, le tout à peine de nullité.

VII. Les dispositions des articles, 17, 18, 23, 24, 28 & 29 du titre précédent, seront pareillement observées à l'égard des Réglemens des Juges, qui se conformeront en matiere criminelle, & ils seront instruits & jugés en notre Conseil, en la forme & maniere que les Réglemens de Juges en matiere civile.

Voulons que la présente Ordonnance, à compter du jour de la publication qui sera faite, soit gardée & observée dans toute l'étendue de notre Royaume, Terres & Pays de notre obéissance, pour y tenir lieu à l'avenir des dispositions contenues dans les titres 1, 2 & 3 de l'Ordonnance du mois d'Août 1669, ausquels à cet effet Nous avons dérogé & dérogeons, en tant que besoin seroit. Abrogeons pareillement toutes Ordonnances, Loix, Coutumes, Statuts, Réglemens, Stiles & Usages différens, & qui seront contraires à notre présente Ordonnance, sans néanmoins que les procédures qui auroient été faites avant la publication, suivant les régles établies par les titres de l'Ordonnance du mois d'Août 1669, puissent être déclarées nulles, sous prétexte qu'elles ne seroient pas conformes aux dispositions nouvelles des Présentes. Si donnons en Mandement, &c.

DECLARATION DU ROI,

Du 25 Septembre 1742.

Qui Prononce des peines corporelles & afflictives contre les Commis & Employés dans les Postes, qui seront convaincus de prévarications.

Registrée en Parlement le 14 Décembre 1742.

LOUIS, par la grace de Dieu, Roi de France & de Navarre : A tous ceux qui ces présentes Lettres verront ; SALUT. Le grand avantage que l'établissement des Postes procure à notre Royaume, pour la facilité & la promptitude du Commerce, a porté les Rois nos prédécesseurs, & Nous a engagé Nous-mêmes à protéger & à favoriser cet établissement par les Edits & Déclarations qui en ont réglé la régie & l'administration ; mais il Nous a été représenté, qu'il n'y avoit eû aucune Loi qui eût fixé le genre & le degré de la peine que méritent ceux qui sont convaincus d'une infidélité criminelle dans l'exercice des Emplois ou fonctions, dont le principal objet est de veiller à la sûreté & à la distribution exacte des Lettres ou Paquets qui leur sont confiés ; Nous sçavons même que c'est le défaut d'une Loi si nécessaire qui a jetté les Juges dans l'incertitude, sur la condamnation qu'ils devoient prononcer contre des Commis ou Employés dans les Postes, qui avoient intercepté des Lettres ou Paquets pour s'approprier des effets qu'ils soupçonnoient y être renfermés, ou qui s'étoient laissés corrompre pour les livrer à d'autres qu'à ceux à qui ils devoient être remis ; Et comme le violement d'un dépôt si important, & qui peut être regardé comme devenu nécessaire au Public, est une prévarication qui mérite d'être comparée au crime de ceux qui divertissent les deniers publics dont ils sont dépositaires, ou dont ils ont le maniement, il Nous a paru juste de mettre les Juges en état d'appliquer aux uns la peine de mort, & qui a été établie par différentes Loix contre les autres, afin de reprimer au moins par la crainte du dernier supplice, ceux qui seroient coupables d'une espéce de trahison, à laquelle la fortune & l'honneur même de nos Sujets peuvent être intéressés. A CES CAUSES, & autres à ce Nous mouvans, de l'avis de notre Conseil, & de notre certaine science, pleine puissance & autorité Royale, Nous avons par notre présente Déclaration, dit, statué & ordonné, disons, statuons & ordonnons, Voulons & Nous plaît, que tous les Courriers, Commis, Facteurs, Distributeurs, ou autres Employés dans l'Apport ou dans la Distribution des Lettres ou Paquets envoyés par la Poste qui seront convaincus de prévarications ou de larcin commis pour eux ou pour d'autres, en interceptant & décachetant frauduleusement des Lettres ou Paquets pour prendre les Billets, Lettres de Change, ou Lettres d'avis, Quittances & autres Effets renfermés dans lesdites Lettres ou Paquets, & recevoir eux-mêmes en argent ou en marchandises, la valeur desdits Effets actifs, ou la faire recevoir par d'autres que par ceux à qui ils appartiennent, ou supprimer lesdits Billets, Lettres de Change, Lettres d'avis, Quittances ou autres Effets, soient condamnés à la peine de mort ; & à l'égard de ceux qui auroient seulement intercepté ou soustrait, ouvert ou décacheté lesdits Paquets, & retenu ou détourné les Effets qui y étoient renfermés, sans être cependant convaincus d'en avoir abusé pour eux ou pour d'autres, suivant ce qui a été dit ci-dessus, Voulons qu'ils soient condamnés à la peine des Galéres, à tems ou à perpétuité, ou à celle du bannissement, ou du blâme, selon la différence des cas ou des circonstances. Si donnons en Mandement à nos amés & féaux les Gens tenans notre Cour de Parlement à Paris, Baillifs, Sénéchaux, & tous autres nos Officiers & Justiciers qu'il appartiendra ; que ces présentes ils ayent à faire registrer, lire, publier, & le contenu en icelles, garder & observer, & exécuter selon sa forme & teneur, (même en tems de vacations :) Car tel est notre plaisir. En témoin de quoi Nous avons fait mettre notre Scel à cesdites Présentes. Donné à Versailles le vingt-cinquieme jour de Septembre, l'an de grace mil sept cent quarante-deux, & de notre Régne le vingt-huitieme. *Signé* LOUIS ; *Et plus bas*, par le Roi, PHELYPEAUX. Et scellée du grand Sceau de cire jaune.

Evocation, &c.

DECLARATION DU ROI,

Du 27 Avril 1743.

Qui ordonne que les différentes Affaires pendantes devant les Juges de la Chambre de la Tournelle Criminelle, continueront d'y être instruites & jugées, nonobstant le changement de leur service.

Registrée en Parlement, le 9 Mai suivant.

LOUIS, par la grace de Dieu, Roi de France & de Navarre : A nos amés & féaux Conseillers les Gens tenans notre Cour de Parlement à Paris ; SALUT. Nous avons été informés par notre Procureur Général en notre Cour de Parlement à Paris, qu'il avoit été porté devant Vous à la Chambre de la Tournelle Criminelle un procès criminel sur une accusation instruite & jugée au Bureau de notre bonne Ville de Paris, contre le nommé Desfeves & Complices ; & que le rapport du Procès ayant été fait, & la visite continuée pendant plusieurs Séances, il n'avoit pû être jugé avant le changement de Service qui est fixé à la Fête de Pâques : qu'à la vérité l'usage a toujours été en de pareilles occasions, que les Juges qui avoient assisté à la plaidoirie des affaires d'Audience, ou au commencement de la visite des procès, continuassent d'y vaquer, même après le tems de leur service à la Chambre de la Tournelle ; & que le Bien de la Justice, & la nécessité d'une prompte expédition dans les matieres Criminelles, exigent que l'on continue de suivre un usage si favorable ; mais qu'une partie des Juges y faisant quelque difficulté dans l'affaire présente, il étoit important que Nous voulussions bien y pourvoir par notre autorité, tant pour le passé que pour l'avenir. A CES CAUSES,

& autres considérations à ce Nous mouvans, de l'avis de notre Conseil, de notre certaine science, pleine puissance & autorité Royale, Nous avons par ces Présentes signées de notre main, permis en tant que besoin seroit, à nos Conseillers tant de notre Grand'Chambre, que de celles des Enquêtes qui ont assisté en la Chambre de la Tournelle au rapport & visite du procès criminel qui a été poursuivi, au sujet de l'accusation dudit Desfeves & Complices: de continuer à y servir, pour raison du rapport, visite & Jugement dudit procès seulement; Voulons qu'à l'avenir, lorsqu'il se trouvera quelque affaire d'Audience dont les plaidoiries auroient été commencées, ou quelque procès criminel dont le rapport & la visite l'auroient été avant les Fêtes de la Chandeleur, de Pâques & de Saint Jean, ausquels termes les Conseillers des Chambres des Enquêtes, changent le service en ladite Tournelle Criminelle, ainsi que ceux de notre Grand'Chambre à la Fête de Pâques seulement, nosdits Conseillers de la Grand'-Chambre puissent se rassembler après ladite Fête de Pâques, & ceux de nos Chambres des Enquêtes, après lesdites Fêtes de la Chandeleur, de Pâques & de Saint Jean, pour raison seulement de la continuation, soit des Plaidoiries, pour lesdites affaires d'Audience, soit du rapport & visite desdits procès criminels, & du Jugement d'iceux, ce qui n'aura lieu néanmoins, que lorsqu'il en aura été délibéré en notredite Chambre de la Tournelle, & qu'elle l'aura ainsi arrêté. Si vous mandons que ces Présentes vous ayez à faire registrer, & le contenu en icelles garder & observer selon leur forme & teneur, en témoin de quoi Nous avons fait mettre notre Scel à cesdites Présentes. Donnée à Versailles le vingt-septiéme jour d'Avril, l'an de grace mil sept cent quarante-trois, & de notre Régne le vingt-huitiéme. *Signé*, LOUIS, *Et plus bas.* Par le Roi, PHELYPEAUX. Et scellée du grand Sceau de cire jaune.

DECLARATION DU ROI,

Portant que les condamnations à la peine du Pilori & à celle du Carcan, qui seront prononcées par contumace, seront transcrites dans un Tableau, & ce Tableau attaché dans la Place publique.

Donnée à Compiegne le 11 Juillet 1749.

LOUIS, par la grace de Dieu, Roi de France & de Navarre: à tous ceux qui ces présentes Lettres verront; SALUT. Le feu Roi notre très-honoré Seigneur & Bisayeul avoit ordonné par l'article 16 du titre 17 de l'Ordonnance du mois d'Août 1670, que les seules condamnations de mort naturelle seroient exécutées par effigie; que celles des Galéres seroient écrites seulement dans un Tableau, sans aucune effigie, lequel seroit attaché dans la Place publique, & qu'à l'égard de toutes les autres condamnations par contumace, elles seroient seulement signifiées au domicile du condamné, si aucun y avoit dans le lieu de la Jurisdiction, sinon affichées à la porte de l'Auditoire. Mais nous apprennons qu'il y a des Siéges où l'on a cru pouvoir étendre à la peine du Pilori & à celle du Carcan, ce qui avoit été prescrit par l'Ordonnance à l'égard des condamnations qui doivent seulement être écrites dans un Tableau exposé à la vûe du Public, & ils ont fondé leur opinion sur ce que la peine du Pilori & du Carcan pouvoit être comparée à celle de l'Amende-honorable & du Fouet. Quoique la lettre de la Loi soit contraire à une pareille extension, Nous avons cru cependant, que sans s'éloigner de son esprit, on pourroit y appliquer des motifs presque semblables à ceux qui ont servi de fondement à sa disposition. Nous avons d'ailleurs consideré d'un côté, que la peine du Pilori étant ordinairement celle qu'on prononce contre les Banqueroutiers frauduleux, on ne pouvoit faire un exemple trop public sur un genre de crime si pernicieux à la Société, si contraire au bien général du Commerce, que Nous honorons d'une protection particuliére; & de l'autre qu'il étoit aussi important que la peine du Carcan, qui approche fort d'une véritable flétrissure, ne fût pas moins notoire dans les lieux où elle doit être exécutée. C'est par ces considérations que, sans approuver une addition à l'Ordonnance de 1670, que les Juges n'étoient pas en droit de faire d'eux-mêmes, Nous avons jugé à propos de suppléer à ce qui manquoit à leur pouvoir, en autorisant le fonds de leur sentiment par une déclaration expresse de notre volonté. A CES CAUSES, de l'avis de notre Conseil & de notre certaine science, pleine puissance & autorité Royale, Nous avons par ces Présentes, signées de notre main, dit, statué & ordonné, disons, statuons & ordonnons, Voulons & Nous plaît;

en ajoutant à la disposition de l'article 16 du titre 17 de l'Ordonnance de 1670, que les condamnations à la peine du Pilori & à celle du Carcan, qui seront à l'avenir prononcées contre les Accusés contumaces, soient transcrites dans un Tableau, & ledit Tableau attaché dans la Place publique, ainsi qu'il est ordonné par ledit article à l'égard de l'Amende-honorable & autres peines comprises dans la même disposition. Si donnons en Mandement à nos amés & féaux Conseillers, les Gens tenans notre Cour de Parlement à Paris, & tous autres nos Officiers & Justiciers qu'il appartiendra, que ces Présentes ils ayent à faire lire, publier & regiftrer, & le contenu en icelles faire garder, observer & exécuter selon leur forme & teneur, sans permettre qu'il y soit contrevenu en aucune sorte & maniere que ce soit, & ce nonobstant toute chose qui pourroit être à ce contraires : Car tel est notre plaisir. En témoin de quoi Nous avons fait mettre notre scel à cesdites présentes. Donnée à Compiegne le onziéme Juillet, l'an de grace mil sept cent quarante-neuf, & de notre Régne le trente-quatriéme. *Signé*, LOUIS, *Et plus bas*, Par le Roi, M. P. de Voyer d'ARGENSON. Et scellée du grand Sceau de cire jaune.

Enregistrée au Parlement, le 11 Août 1749.

ARRÊTS.

ARRÊT DU PARLEMENT.

Du 23 Juillet 1683.

Portant Réglement pour les Taxes des Grosses des Procédures Criminelles.

Extrait des Registres du Parlement.

ENTRE Pierre Fortin, appellant de la Permission d'informer, information, décret de prise de corps contre lui décerné au Siége de Poitiers le vingt-cinq Juillet 1682, & de tout ce qui s'en est ensuivi, d'une part : Et Philippes Couppe, intimé, d'autre part : Après que Robert Avocat de l'Intimé, a demandé congé à tour de Rôle, & pour le profit l'Appellant déclaré déchu de l'appel, avec amende & dépens, & que Talon pour le Procureur Général du Roi, a été oüi ; LA COUR ORDONNE, que sur l'appel les Parties en viendront au premier jour, & sera l'Accusé tenu d'être présent à l'Audience lors de la plaidoirie de la Cause, Et faisant droit sur les conclusions du Procureur Général du Roi, ordonne que les Arrêts & Réglemens de la Cour, & entr'autres ceux des dix Juillet mil six cent soixante-cinq, & trois Septembre mil six cent soixante-sept, seront exécutés selon leur forme & teneur : Fait défenses aux Greffiers du Siége de Poitiers, & à tous autres d'y contrevenir, à peine de deux cens livres d'amende contre les contrevenans, & conformément à iceux, leur enjoint de mettre dans les Expéditions en parchemin, vingt-deux lignes à chaque page, & quinze syllabes à la ligne ; & pour les Expéditions & Grosses en papier douze lignes au moins à la page, & huit syllabes à la ligne. Leur fait aussi défenses de mettre dans les Grosses qu'ils envoyeront au Greffe de la Cour les Exploits d'assignations données aux Témoins, & seulement inséreront la date d'iceux en la maniere accoutumée, ni même de grossoyer autres pieces que celles qui seront nécessaires. Ordonne qu'à commencer le lendemain de Quasimodo prochain, il ne sera délivré aucun exécutoire ausdits Greffiers, que les Grosses ne soient conformes ausdits Réglemens : Et à cette fin ne pourront les Greffiers, Garde-Sacs de la Cour, faire signer lesdits Exécutoires, qu'ils n'ayent vérifié lesdites Grosses ; & en cas que par surprise il en soit délivré aucun contraire esdits Réglemens, les Parties seront reçues opposantes à l'exécution d'iceux. Et sera le présent Arrêt lû & publié en l'Audience de chacun des Siéges du ressort de la Cour, à la diligence des Substituts du Procureur Général du Roi, qui seront tenus d'en certifier la Cour au mois. Fait en Parlement le vingt-trois Janvier mil six cent quatre-vingt-trois. *Signé*, DELABAUME.

ARRÊT DU PARLEMENT,

Du 31 Août 1683.

Concernant le Jugement des Procès Criminels.

Extrait des Registres du Parlement.

VU par la Cour d'Arrêt d'icelle du vingt-sept du présent mois d'Août, rendu sur le procès criminel fait par le Lieutenant Civil du nouveau Châtelet, à la requête de Messire Gabriel Bizet, Chevalier, Seigneur de la Baroire, Conseiller du Roi, Président en sa Cour de Parlement, demandeur & accusateur contre Antoine Thevenot, défendeur & accusé. Par lequel Arrêt, entr'autres choses auroit été ordonné que Guerton, Greffier du Châtelet, seroit ajourné à comparoir en personne en ladite Cour pour être ouï & interrogé, & répondre aux Conclusions que le Procureur Général du Roi voudroit contre lui prendre. Interrogatoire fait en conséquence audit Guerton le vingt-huit dudit mois, par le Conseiller commis, contenant ses réponses, confessions & dénégations. Requête dudit Guerton, à ce qu'attendu qu'il auroit subi ledit Interrogatoire, & que par icelui il paroît qu'il est innocent, il plût à la Cour de le renvoyer en l'exercice & fonction de sa Charge, ladite Requête, signée Borthon. Conclusions du Procureur Général du Roi. Oüi le rapport dudit Conseiller commis. Tout considéré. Ladite Cour a renvoyé & renvoye ledit Suppliant à l'exercice & fonction de sa Charge, Ordonne que les Ordonnances, Arrêts & Réglemens de la Cour seront exécutés. Ce faisant les Juges au rapport desquels les procès auront été jugés tenus de mettre au Greffe incessamment les dictums des Sentences & les procès, & le Greffier de faire mention sur les dictums du jour qu'ils lui auront été mis; pour par ledit Greffier prononcer aux prisonniers lesdites Sentences vingt-quatre heures après; soit qu'il y ait Parties civiles ou non, & que les Epices n'en ayent été payées. Ordonne en outre que trois jours après la prononciation, les Parties civiles ou le Substitut du Procureur Général du Roi, seront tenus de faire transférer les prisonniers en la Conciergerie du Palais, & le Greffier d'envoyer dans le même tems les procès, & autant de la Sentence signée de lui, & faire mention des Epices qui auront été taxées. Enjoint au Greffier de la Géole du Châtelet, d'observer les Ordonnances, Arrêts & Réglemens de la Cour, concernant la décharge des prisonniers, & aux Officiers tant de l'ancien que du nouveau Châtelet, de tenir la main à l'exécution du présent Arrêt; à peine contre lesdits Greffiers de trois cens livres d'amende & d'interdiction de leurs Charges. Et sera le présent Arrêt lû & publié ès Siéges du Châtelet l'Audience tenante, à la diligence des Substituts du Procureur Général, & d'en certifier la Cour dans quinzaine. Fait en Parlement le trente-un Août mil six cent quatre-vingt-trois. Collationné.

ARRÊT DU CONSEIL D'ETAT DU ROI,

Des 26 Octobre & 25 Novembre 1683, & 5 Mai 1685.

Portant Réglement pour la Taxe des frais des Procès Criminels, où il n'y aura point de Partie Civile, & ausquels les Procureurs de Sa Majesté seront seuls Parties.

Extrait des Registres du Conseil d'Etat.

LE Roi s'étant fait représenter en son Conseil les Arrêts rendus en icelui les 3 Février 1672, 11 Mai 1677, 5 Mai 1679, 1 Avril & 8 Août 1682, par lesquels, entr'autres choses, il est fait défenses à tous Officiers des Justices & Jurisdictions du Royaume de décerner aucunes contraintes contre les Fermiers du Domaine, pour les frais de Justice au-dessus des sommes employées dans les états des Charges assignées sur les amendes ; à peine d'être contraints en leurs noms à la restitution, & que lesdits frais de Justice seront pris sur la moitié du provenu des amendes seulement. Et Sa Majesté ayant été informée que la moitié du provenu des amendes n'est pas suffisante en beaucoup de Jurisdictions pour acquitter les frais de Justice, ce qui est cause que les criminels demeurent impunis, par le manque du fonds nécessaire pour l'instruction & Jugement des procès criminels, l'exécution des Jugemens, & pour la conduite des Prisonniers. A quoi voulant pourvoir, & faire exactement rendre la Justice dans son Royaume : Vû les articles 16 & 17 du titre 25 de l'Ordonnance criminelle de 1670. Oui le Rapport du sieur le Pelletier, Conseiller ordinaire au Conseil Royal, Contrôleur Général des Finances : SA MAJESTÉ ÉTANT EN SON CONSEIL, a ordonné & ordonne que les articles 16 & 17 du titre 25, de l'Ordonnance criminelle de 1670, seront exécutés ; en conséquence, que les frais qu'il conviendra faire pour l'instruction des procès criminels & exécution des Jugemens qui interviendront sur iceux, auxquels il n'y aura point de Partie civile & dont Sa Majesté est tenue, seront pris sur le revenu de ses Domaines, & payés par les Fermiers d'iceux, sur les exécutoires des Juges, visés par les sieurs Intendans & Commissaires départis dans les Provinces : dans lesquels exécutoires ne pourront être compris aucunes épices, droits & vacations des Juges, ni les droits & salaires des Greffiers, mais seulement la simple nourriture & frais de voiture des Juges & Officiers qui se transporteront hors de leur résidence à l'effet desdites instructions ; desquels nourriture & frais de voiture, Sa Majesté a réglé par provision, & jusqu'à ce qu'Elle en ait autrement ordonné ; sçavoir, 15 liv. à un Président ou Conseiller de Cour Supérieure ; 10 liv. au Substitut du Procureur Général ; 7 liv 10 sols au Greffier ou principal Commis, moyennant quoi il sera tenu de fournir les expéditions, papier & parchemin timbrés, & 5 liv. à l'Huissier le tout par jour. Et quant aux Officiers inférieurs, 7 liv. 10 sols aux Lieutenant Général ou Criminel, Conseiller ou Assesseur ; cent sols au Procureur du Roi ; 4 liv. 15 sols au Greffier, qui sera tenu comme ci-dessus de fournir les expéditions & papier timbré, & 3 liv. à l'Huissier. Seront en outre compris dans lesdits exécutoires le pain, médicamens & conduite des Prisons, les salaires des Sergens & Archers qui feront la conduite ou capture, ou assigneront les témoins, les salaires & voyages des témoins, & les frais des exécutions ; & ce faisant, seront les sommes contenues esdits exécutoires, pour les dépenses exprimées ci-dessus, & tous autres, visés desdits Intendans ou Commissaires départis, passées & allouées aux Fermiers desdits Domaines dans la dépense de leurs comptes sur le prix de leurs Baux. Veut néanmoins Sa Majesté que les sommes contenues esdits exécutoires soient reprises sur deux tiers des biens confisqués des condamnés & exécutés, dont Sa Majesté s'est reservé la disposition par la Déclaration donnée sur le fait du Domaine au mois d'Août 1669 ; & qu'à cet effet les Arrêts & les Jugemens en dernier ressort, portant confiscation desdits biens soient mis ès mains desdits Fermiers, pour en vertu d'iceux poursuivre ledit recouvrement à la requête des Procureurs Généraux de Sa Majesté, ou de leurs Substituts, desquelles sommes ainsi recouvrées ils feront recette dans leurs comptes en même-tems qu'ils employeront en dépenses les sommes contenues esdits exécutoires qu'ils auront payées. Enjoint Sa Majesté ausdits Intendans ou Commissaires départis d'examiner les exécutoires qui leur seront présentés, & de rejetter & rayer les articles qui seroient contraires à ce qui est porté par le présent Arrêt, tant en ce qui concerne la nature des dépenses, que celles qui ne devront pas être portés par le Domaine de Sa Majesté ; de viser ensuite les exécutoires sans aucun délai, pour ne retarder la Justice, & d'en envoyer incessamment des copies au sieur le Pelletier, Contrôleur Général des Finances, pour en rendre compte à Sa Majesté. FAIT au Conseil d'Etat du Roi, Sa Majesté y étant, tenu à Versailles le vingt-sixième jour d'Octobre mil six cent quatre-vingt-trois. *Signé*, COLBERT.

LOUIS, par la grace de Dieu, Roi de France & de Navarre, Dauphin de Viennois, Comte de Valentinois & Diois, Comte de Provence, Forcalquier & Terres adjacentes : A nos amés & féaux Conseillers en nos Conseils, Maîtres des Requêtes ordinaires de notre Hôtel, les Sieurs Intendans & Commissaires départis pour l'exécution de nos Ordres dans les Provinces & Généralités de notre Royaume, SALUT. Vous mandons & ordonnons par ces Présentes, signées de notre main, de tenir chacun en droit soi, la main à l'exécution de l'Arrêt dont l'extrait est ci attaché sous le contre-scel de notre Chancellerie, ce jourd'hui donné en notre Conseil d'Etat Nous y étant, lequel Nous commandons au premier notre Huissier ou Sergent sur ce requis, de signifier à tous qu'il appartiendra, à ce que nul n'en prétende cause d'ignorance, & de faire pour son entier exécution tous commandemens, sommations, & autres actes & exploits nécessaires sans autre permission. Et sera ajouté foi comme aux Originaux, aux copies dudit Arrêt & des Présentes, collationnées par l'un de nos amés & féaux Conseillers & Secrétaires : CAR tel est notre plaisir. DONNÉ à Versailles le vingt-sixiéme jour d'Octobre, l'an de grace mil six cent quatre-vingt-trois, & de notre Régne le quarante-uniéme. *Signé*, LOUIS. *Et plus bas*, Par le Roi Dauphin, Comte de Provence. COLBERT. Et scellé.

ARRÊT DU CONSEIL D'ETAT DU ROI,

En exécution de celui du 26 Octobre dernier.

Du 25 *Novembre* 1683.

VU par le Roi, étant en son Conseil, l'Arrêt rendu en icelui le 26 Octobre dernier, par lequel Sa Majesté auroit, entr'autres choses, ordonné que les frais qu'il conviendra faire pour l'instruction des procès criminels & exécution des Jugemens qui interviendront sur iceux, ausquels il n'y auroit point de Partie civile, & dont Sa Majesté est tenue, seront pris sur les revenus de ses Domaines, & payés par les Fermiers d'iceux sur les Exécutoires des Juges, visés par les Sieurs Intendans & Commissaires départis dans les Provinces, dans lesquels Exécutoires ne pourront être compris aucunes épices, droits & vacations des Juges, ni les droits & salaires des Greffiers, mais seulement la simple nourriture & frais de voiture des Juges & Officiers qui se transporteront hors de leur résidence à l'effet desdites instructions ; lesquels nourriture & frais de voiture, Sa Majesté auroit réglé par provision, & jusqu'à ce qu'elle en ait autrement ordonné, ainsi qu'il est au long porté par ledit Arrêt. Et bien que Sa Majesté soit persuadée qu'on n'usera de la liberté qu'elle donne en cela aux Juges qu'avec toute la circonspection possible dans les occasions pressantes pour le bien de la Justice, & pour des crimes graves ; cependant comme on pourroit douter des intentions de Sa Majesté, parce qu'elles n'ont pas été expliquées, & qu'il ne seroit convenable qu'on pût toucher ainsi aux revenus de son Domaine pour des crimes légers : OUI le rapport du Sieur le Pelletier, Conseiller ordinaire au Conseiller Royal, & Contrôleur Général des Finances. Et tout considéré : SA MAJESTÉ ÉTANT EN SON CONSEIL, expliquant l'Arrêt du Conseil dudit jour 26 Octobre dernier, a ordonné & ordonne qu'il ne pourra être délivré d'Exécutoire par les Juges pour les frais de l'instruction des procès criminels, & exécution de Jugemens qui interviendront sur iceux, ausquels il n'y aura point de Partie civile, & dont Sa Majesté est tenue, que lorsqu'il sera question de punition des meurtres, vols, incendies, vols de grand chemin, & autres de cette nature, sans qu'il puisse être expédié aucuns Exécutoires pour les frais qui seroient à faire pour les cas qui ne seroient pas de la qualité susdite. Et sera au surplus ledit Arrêt du 26 Octobre dernier exécuté selon la forme & teneur. FAIT au Conseil d'Etat du Roi, Sa Majesté y étant, tenu à Versailles le vingt-cinquiéme jour du mois de Novembre 1683. *Signé*, COLBERT.

LOUIS, par la grace de Dieu, Roi de France & de Navarre : Dauphin de Viennois, Comte de Valentinois & Diois, Comte de Provence, Forcalquier, & Terres adjacentes : A nos amés & féaux Conseillers en nos Conseils, Maîtres des Requêtes ordinaires de notre Hôtel, les Sieurs Intendans & Commissaires départis pour l'exécution de nos Ordres dans les Provinces & Généralités de notre Royaume ; SALUT. Nous vous mandons & ordonnons par ces Présentes signées de notre main, de tenir la main, chacun à votre égard, à l'exécution de l'Arrêt dont l'extrait est ci attaché sous le contre-scel de notre Chancellerie, cejourd'hui donné en notre Conseil d'Etat, Nous y étant, lequel nous commandons au premier notre Huissier ou Sergent, sur ce requis, de signifier à tous qu'il appartiendra, à ce que nul n'en prétende cause d'ignorance, & de faire pour son entiere exécution tous commandemens, sommations, & autres actes & exploits nécessaires sans autre permission. Et sera ajouté foi comme aux Originaux, aux copies dudit Arrêt, & des Présentes collationnées par l'un de nos amés & féaux Conseillers & Secrétaires ; CAR tel est notre plaisir. DONNÉ à Versailles le vingt-cinquiéme jour de Novembre, l'an de grace 1683, & de notre Régne le quarante-uniéme. *Signé*, LOUIS. *Et plus bas*, Par le Roi Dauphin, Comte de Provence. COLBERT. Et scellé.

ARRÊT DU CONSEIL D'ETAT DU ROI,

Du 5 Mai 1685.

Qui ordonne, en ajoutant aux Arrêts des 25 Novembre 1683, que les frais qu'il conviendra faire pour l'instruction des Procès Criminels où il n'y aura point de partie, & dont Sa Majesté est tenue, lesquels seront faits par les Prévôts des Maréchaux & Officiers de Robe-Courte, & pour l'exécution des Jugemens qui interviendront, seront pris sur le revenu des Domaines de Sa Majesté.

Extrait des Registres du Conseil d'Eta t.

LE Roi s'étant fait représenter en son Conseil l'Arrêt rendu en icelui le 26 Octobre 1683, par lequel il a été ordonné que les frais qu'il sera nécessaire de faire pour l'instruction des Procès criminels & exécution des Jugemens qui interviendront sur iceux, ausquels il n'y aura point de Partie civile, seront pris sur les revenus des Domaines, & payés par les Fermiers sur les Exécutoires des Juges visés par les Sieurs Intendans & Commissaires départis dans les Provinces. Sa Majesté s'étant pareillement fait représenter l'Arrêt du 25 Novembre de la même année, par lequel Sa Majesté a declaré la qualité des crimes de la poursuite desquels Sa Majesté veut que les frais de l'instruction se prennent sur les revenus de son Domaine : Et d'autant que n'étant fait aucune mention dans ledit Arrêt du 26 Octobre, des frais de Justice que font les Prévôts des Maréchaux, & autres Officiers de Robe-Courte dans les procès qu'ils instruisent, les Intendans & Commissaires départis font difficulté, avec fondement, de viser les Exécutoires que décernent lesdits Prévôts & Officiers de Robe-Courte, & les Fermiers particuliers des Domaines refusent aussi de les acquitter; que même aucuns de ceux-ci qui ont eu la facilité de payer des Exécutoires ainsi décernés par lesdits Prévôts, se sont pourvû au Conseil en répétition des sommes qu'ils leur ont payées sur ce que le Fermier général a refusé ausdits Fermiers particuliers de leur allouer ces dépenses, outre celles qu'ils ont encore avancées pour l'instruction des procès criminels faits dans les Justices ordinaires au-delà de ce qui est employé dans les Etats de Sa Majesté. A quoi étant nécessaire de pourvoir, ensorte que rien ne puisse Arrêter ou retarder la punition des vagabonds & malfaiteurs, à la recherche desquels lesdits Prévôts des Maréchaux & Officiers de Robe-Courte sont paticuliérement obligés de s'appliquer par le dû de leurs charges : OUI le Rapport du Sieur le Peletier, Conseiller ordinaire du Roi en tous ses Conseils, & au Conseil Royal, Contrôleur-Général des Finances. Tout considéré : SA MAJESTÉ ÉTANT EN SON CONSEIL, a ordonné & ordonne, que les Arrêts du Conseil desdits jours 26 Octobre & 25 Novembre 1683, seront exécutés selon leur forme & teneur ; & ajoutaut, que les frais qu'il conviendra faire pour l'instruction des procès criminels où il n'y aura point de partie, & dont Sa Majesté est tenue, lesquels seront faits par les Prévôts des Maréchaux & Officiers de Robe-Courte, & pour l'exécution des Jugemens qui interviendront, seront pris sur le revenu des Domaines de Sa Majesté; & ce faisant, que lesdits frais seront payés par les Fermiers des Domaines; sçavoir, quant aux Procès pour lesquels le Prévôt aura été déclaré incompétant, sur les Exécutoires qui seront décernés par les Lieutenant Criminel & Procureur du Roi des Siéges où ladite compétance aura été jugée ; & à l'égard des procès pour lesquels le Prévôt aura été déclaré compétant sur les Exécutoires des Lieutenant Criminel & Procureur du Roi des Siéges dans lesquels le Prévôt aura jugé les procès ; seront à cet effet lesdits Exécutoires visés par les Intendans & Commissaires départis dans les Provinces, à condition que dans tous lesdits Exécutoires ne seront compris que les simples voyages & salaires des témoins, le pain & les médicamens des Prisonniers, & les frais des Exécutions : Et en conséquence, seront lesdits Prévôts des Maréchaux & Officiers de Robe-Courte, qui prétendent leur remboursement des avances par eux faites jusqu'à présent pour les frais desdits procès, tenus de rapporter ausdits Intendans & Commissaires départis des Exécutoires expédiés en la maniere & sur le pied ci-dessus, pour être visés par lesdits Intendans, & leur être ensuite le payement fait du contenu en iceux par lesdits Fermiers du Domaine :

Et sur la répétition prétendue par lesdits Fermiers contre lesdits Prévôts de ce qu'il leur ont payé, les a Sa Majesté, renvoyé & renvoye auxdits Intendans & Commissaires départis, pour ordonner de ladite répétition, s'il y échoit, contre lesdits Prévôts, suivant & ainsi qu'il est réglé ci-dessus, leur en attribuant toute Jurisdiction & connoissance. Et quant au remboursement prétendu par lesdits Fermiers de ce qu'ils ont payé pour les frais de Justice, au-delà de ce qui est porté par lesdits états de Sa Majesté, il y sera par Elle pourvû, ainsi qu'il appartiendra, sur les avis desdits Intendans & Commissaires départis, auquel effet lesdits Fermiers leur représenteront les mémoires & pieces justificatives de leur prétention. FAIT au Conseil d'Etat du Roi, Sa Majesté y étant, tenu à Versailles le cinquième jour de Mai mil six cent quatre-vingt-cinq. *Signé*, COLBERT.

LOUIS, par la grace de Dieu, Roi de France & de Navarre, Dauphin de Viennois, Comte de Valentinois & Diois, Comte de Provence, Forcalquier, & Terres adjacentes: A nos amés & féaux Conseillers en nos Conseils, Maîtres des Requêtes ordinaires de notre Hôtel, les Sieurs Intendans & Commissaires départis pour l'exécution de nos Ordres dans les Provinces & Généralités de notre Royaume; SALUT. Nous vous mandons & ordonnons par ces Présentes signées de notre main, de tenir chacun en droit soi, la main à l'exécution de l'Arrêt dont l'extrait est ci-attaché sous le contre-scel de notre Chancellerie, cejourd'hui donné en notre Conseil d'Etat, Nous y étant, lequel Nous commandons au premier notre Huissier ou Sergent sur ce requis, de signifier à tous qu'il appartiendra, à ce que nul n'en prétende cause d'ignorance, & de faire pour son entiere exécution tous commandemens, sommations & autres Actes & exploits nécessaires, sans autre permission. Voulons qu'aux copies dudit Arrêt, & des Présentes collationnées par l'un de nos amés & féaux Conseillers & Secrétaires, foi soit ajoutée comme aux Originaux: Car tel est notre plaisir. Donné à Versailles le cinquième jour de Mai, l'an de grace mil six cent quatre-vingt-cinq, & de notre Régne le quarante-deuxième. *Signé*, LOUIS. *Et plus bas*, par le Roi Dauphin, Comte de Provence. COLBERT. Et scellé.

Collationné aux Originaux, par Nous Conseillers-Secrétaires du Roi, Maison, Couronne de France & de ses Finances.

ARRÊT DE LA COUR DE PARLEMENT.

Du 12 Mars 1685.

Portant faire prononcer, à ceux qui sont condamnés au Bannissement, la Déclaration du Roi du 31 Mai 1682, contre ceux qui ne le gardent pas.

Extrait des Registres du Parlement.

VU par la Cour le procès criminel fait par le Juge de Chevreuse, à la Requête du Procureur Fiscal de ladite Justice, Demandeur & Accusateur, contre Claude Cornu, Défendeur, Accusé, prisonnier ès prisons de la Conciergerie du Palais. Sentence rendue par ledit Juge, le 6 Juin 1684, par laquelle ledit Cornu auroit été condamné à servir le Roi en ses Galéres pendant cinq ans. Arrêt du 22 dudit mois, donné sur l'Appel interjetté par ledit Cornu de ladite Sentence, par lequel la Cour auroit mis l'Appellation & Sentence au néant, émendant ledit Cornu banni pour neuf ans du Ressort du Parlement, à lui enjoint de garder son ban aux peines portées par la Déclaration du Roi. Ordonnance portant élargissement dudit Cornu des prisons de la Conciergerie du Palais, du 26 Juillet audit an. Procès-verbal d'emprisonnement dudit Cornu, trouvé à Saint Clair près Chartres, & l'écroue dudit Cornu esdites prisons de la Conciergerie, du 18 Février dernier. Arrêt du 27 dudit mois, portant que ledit Cornu seroit interrogé pardevant Maître René de Maupeou, Conseiller en la Cour, sur la contravention par lui faite audit Arrêt du 22 Juin 1684. Interrogatoire subi en conséquence par ledit Cornu, le premier du mois de Mars, pardevant le Conseiller commis. Conclusions du Procureur Général du Roi. Ouï & interrogé en ladite Cour ledit Cornu sur les faits à lui imposés: Tout considéré, dit a été que ladite Cour pour avoir par ledit Cornu contrevenu à l'Arrêt du 22 Juin 1684, & suivant icelui n'avoit gardé son ban, l'a condamné & condamne à être mené & conduit aux Galéres du Roi, pour en icelles être détenu, & servir ledit Seigneur Roi comme forçat, le tems & espace de trois ans. Enjoint à tous Juges du Ressort du Parlement, lorsqu'ils prononceront des Sentences de bannissement, qui seront par eux tenues en dernier ressort, & autres auxquelles les Accusés auront acquiescé: Ensemble les Arrêts de la Cour qui contiendront la même peine, dont l'exécution leur sera renvoyée, de faire lecture aux Accusés de la Déclaration du Roi du 31 Mai 1682, faite contre ceux qui ne garderont pas leur ban; ce qui sera observé par les Greffiers de la Cour, lorsqu'ils feront semblables prononciations, à ce qu'aucuns n'en prétendent cause d'ignorance; & sera le présent Arrêt envoyé dans tous les Siéges & Bailliages dudit Ressort du Parlement, à la diligence du Procureur Général du Roi. FAIT en Parlement le 12 Mars mil six cent quatre-vingt-cinq. Collationné. *Signé*, DE LA BAUNE.

ARRÊT DU PARLEMENT,

Concernant les Recommandaresses, Meneuses & Nourrices.

Du 17 Août 1686.

A Tous ceux qui ces présentes Lettres verront: Charles Denis de Bullion, Chevalier, Marquis de Gallardon, Conseiller du Roi en ses Conseils, Prévôt de la Ville, Prévôté & Vicomté de Paris, SALUT; sçavoir faisons. Que vû le procès criminel mû & pendant en Jugement devant Nous, en la Chambre Criminelle du Châtelet de Paris, à la requête du Procureur du Roi, Demandeur & Accusateur, à l'encontre de Marguerite Deshayes, femme de Jean Louviers & Marguerite Meusnier, femme de Claude Huart, prisonnieres ès prisons du grand Châtelet, Défenderesses & Accusées. Interrogatoires pris par Nous desdites Marguerite Deshayes & Marguerite Meusnier, du 27 Juillet 1685. Notre Ordonnance du vingt-huitiéme dudit mois, portant qu'il seroit plus amplement informé des faits y contenus; & cependant lesdites Meusnier & Deshayes arrêtées & recommandées. Information faite par le Commissaire Guyenet, du 31 dudit mois de Juillet, le tout & ainsi qu'il est plus au long mentionné en ladite information. Sentence du septiéme jour d'Août audit an, portant que les Témoins seront recollés & confrontés. Recollement & confrontation du onziéme dudit mois d'Août. Conclusions sur ce prises & baillées par écrit par le Procureur du Roi, auquel le tout auroit été montré & communiqué; CONSIDÉRÉ, après que lesdites Deshayes & Meusnier ont été derechef oüies & interrogées en la Chambre & présence du Conseil sur les faits résultans du procès, & cas à Elles imposés, NOUS DISONS par délibération de Conseil, oüi sur ce le Procureur du Roi, que ladite Marguerite Deshayes est déclarée dûement atteinte & convaincue de s'être présentée au Bureau des Enfans-Trouvés pour y prendre & recevoir un Nourriçon, quoiqu'elle se fût déja chargée de la Nourriture d'un Enfant d'un Bourgeois de cette Ville de Paris, qui lui avoit été mis entre les mains; pour réparation de quoi condamnée d'être mandée en la Chambre le Conseil y étant, pour y être blâmée; défenses à ladite Deshayes de récidiver, user de pareilles voies, à peine de punition corporelle, & en six livres d'amende à prendre sur ses biens: Et à l'égard de ladite Marguerite Meusnier sur l'accusation contr'elle intentée, les Parties sont mises hors de Cour; & pour remédier aux désordres & abus qu'on a découvert être commis journellement, tant de la part des Nourrices des Villages éloignés de cette Ville qui viennent y prendre des Enfans, que de certaines femmes appellées Meneuses de Nourrices qui les y conduisent; ordonné que les Nourrices qui viendront en cette Ville de Paris pour y prendre des Nourriçons, seront tenues d'apporter un certificat du Curé de leurs Paroisses, contenant leurs noms, surnoms, vie, mœurs, Religion, si elles sont veuves ou mariées, si leurs Enfans sont morts ou vivans, & leurs âges; lequel Certificat sera par elles représenté & mis ès mains de l'une des quatre Jurées Recommandaresses, pour être registré dans un Registre de Nous paraphé, & qui demeurera ès mains de l'une desdites Recommandaresses pour y avoir recours quand besoin sera; duquel enregistrement sera délivré un extrait ausdites Nourrices pour être représenté ausdits Curés; & défenses faites ausdites femmes appellées Meneuses de Nourrices, de les conduire & adresser ailleurs qu'aux Bureaux desdites Recommandaresses, pour ce établies pour y être louées. Défenses aux Sages-Femmes & autres personnes de les retirer, recevoir & coucher, même les louer, le tout à peine de cinquante livres d'amende, & de prison pour la premiere fois, & de punition corporelle pour la seconde, suivant & conformément aux Arrêts des 29 Janvier & neuvieme Mars 1611, 19 Novembre 1622, & autres Arrêts & Réglemens de la Cour, lesquels seront exécutés selon leur forme & teneur; & à l'égard des Nourrices qui déclareront être venues en cette Ville pour y prendre & nourrir des Enfans-Trouvés, elles seront conduites par lesdites Recommandaresses au Bureau des Enfans-Trouvés, pareillement sans aucuns frais, où elles représenteront & mettront ès mains des personnes qui y seront préposées, les Certificats desdits Curés pour y être aussi registrés, & à Elles extrait délivré dudit enregistrement, pour être icelui remis ès mains de leursdits Curés. Enjoignons ausdites Recommandaresses de tenir la main à l'exécution de notre présent Réglement, lequel, à ce qu'aucun n'en prétende cause d'ignorance, sera lû, publié & affiché par-tout où besoin sera; même lecture faite d'icelui aux Prônes des Paroisses des Lieux, & exécuté nonobstant opposition ou appellation quelconques, & sans préjudice d'icelles. Jugé le dix-septieme Août mil six cent quatre-vingt-cinq. *Signé*, GALLYOT.

ARRÊT DE LA COUR DU PARLEMENT,

Du 23 Mai 1690.

Portant Réglement pour les Messagers & Conducteurs des Prisonniers.

Extrait des Registres du Parlement.

VU par la Cour l'Information faite de l'Ordonnance d'icelle par Me. Marc Bertheau, Avocat en ladite Cour, & au Siége de la Ville & Châtellerie d'Yenville, expédiant & exerçant la Justice pour la Vacance de la Charge de Lieutenant Civil & Criminel audit Siége le vingt-quatre Février dernier, à la requête du Procureur Général du Roi, pour raison de l'évasion du nommé Bertrand, contre Louis Courinault Conducteur de la Messagerie de Niort à Paris; Arrêt du onze Mars présent mois, par lequel auroit été ordonné que ledit Courinault seroit ajourné à comparoir en personne en la Cour, pour être oüi & interrogé sur les Faits résultans de ladite Information; Interrogatoire à lui fait en conséquence par le Conseiller commis le treize dudit présent mois, contenant ses réponses, confessions & dénégations: Conclusions du Procureur Général du Roi, oüi le rapport de Me. Gaudart Conseiller, & tout considéré, ladite Cour a ordonné & ordonne, que dans trois mois ledit Courinault sera tenu constituer prisonnier ledit Bertrand ès prisons de la Conciergerie du Palais, sinon, & ledit tems passé, y sera contraint par corps: lui enjoint lorsqu'il sera chargé de la conduite des prisonniers, de les mener avec une escorte suffisante, & de marcher entre deux soleils, à peine d'en répondre; & en outre, que les Messagers & autres Conducteurs de prisonniers qui seront tenus d'observer les Arrêts & Réglemens de la Cour; ce faisant que ceux qui ameneront des prisonniers en la Conciergerie du Palais, prendront leur décharge au Greffe de la Géole de ladite Conciergerie, pour la remettre dans les mois ès mains des Greffiers des Siéges & Jurisdictions des Prisons desquelles lesdits prisonniers auront été transférés; & que ceux qui transféreront des prisonniers des prisons de la Conciergerie, en celles des autres Siéges, s'en chargeront sur le registre de la Géole de la Conciergerie, & seront tenus de rapporter dans le mois au Greffier de ladite Géole un certificat des Géoliers des prisons desdits Siéges, visé par le Juge de la prison, & du Substitut du Procureur Général du Roi ou du Procureur Fiscal, faisant mention du jour que lesdits prisonniers auront été amenés en leurs prisons, pour ledit Certificat remis ès mains dudit Procureur Général du Roi: le tout à peine de cinquante livres d'amende pour chacune contravention, au payement de laquelle lesdits Messagers & Conducteurs seront contraints par corps, sur le Rôle qui en sera délivré au Receveur des amendes, & certifié par les Greffiers des Siéges, ou de la Géole de la Conciergerie, chacun à leur égard. Et sera le présent Arrêt lû & publié, l'Audience tenant, dans les Bailliages, Sénéchaussées & autres Siéges Royaux du Ressort de la Cour, & registré au Greffe d'iceux. Fait en Parlement, le vingt Mars mil six cent quatre-vingt-dix, *Signé*, DONGOIS.

ARRÊT DU CONSEIL D'ETAT DU ROI,

Du 23 Octobre 1694.

Concernant les Exécutoires pour frais de Justice.

Extrait des Registres du Parlement.

LE Roi ayant été informé des abus que commettent aucuns Juges en décernant les Exécutoires pour frais de Justice, dont Sa Majesté est tenue, pour des sommes beaucoup plus fortes que celles portées par les Arrêts & Réglemens du Conseil, dont ils profitent conjointement avec les Commis des Fermiers des Domaines, & particuliérement dans les cas dans lesquels pour dépenses urgentes, & pour ne point suspendre le cours de la Justice & la punition des Criminels, Sa Majesté a ordonné par sa Déclaration du 12 Juillet 1687, que lesdits Exécutoires seroient payés sur le champ, sans attendre qu'ils ayent été visés par les Sieurs Intendans & Commissaires départis: A quoi Sa Majesté voulant pourvoir, & empêcher la continuation de ces abus, qui consomment la meilleure partie du revenu de la Ferme de ses Domaines; Oüi le rapport du Sieur Phelypeaux de Ponchartrain, Conseiller Ordinaire au Conseil Royal, Contrôleur Général des Finances: SA MAJESTÉ ÉTANT EN SON CONSEIL, a ordonné & ordonne, que les Exécutoires pour les faits de Justice, dont Sa Majesté est tenue, lesquels seront décernés par les Juges pour dépenses urgentes & nécessaires, continueront d'être payés, conformément à ladite Déclaration du 12 Juillet 1687 sur le champ, & sans attendre qu'ils ayent été visés, à la charge par lesdits Fermiers desdits Domaines de les faire viser dans l'espace de trois mois après qu'ils en auront fait le payement: Et fait Sa Majesté défenses à tous Juges de comprendre dans lesdits Exécutoires, & autres qu'ils décerneront pour lesdits frais de Justice dont Sa Majesté est tenue, autres & plus grandes sommes que celles portées par les Arrêts & Réglemens du Conseil, à peine de demeurer responsables en leurs propres & privés noms, de la restitution desdites sommes excédentes, en cas qu'elles ayent été payées par lesdits Fermiers des Domaines. Enjoint Sa Majesté ausdits Sieurs Intendans & Commissaires départis, de reduire les sommes contenues ausdits Exécutoires, soit qu'elles ayent été payées ou non, à celles portées par lesdits Réglemens, lorsque les Exécutoires leur seront présentés pour être visés; & en cas que le payement en ait été fait, d'ordonner la restitution de l'excédent sur les ordonnateurs & parties prenantes solidairement. Et sera le présent Arrêt exécuté nonobstant oppositions ou empêchemens quelconques, dont si aucun intervient. Sa Majesté s'est réservé la connoissance, & icelle interdite à toutes ses autres Cours & Juges. Fait au Conseil d'Etat du Roi, Sa Majesté y étant, tenu à Fontainebleau, le vingt-troisieme jour d'Octobre mil six cent quatre-vingt-quatorze. *Signé*, PHELYPEAUX.

LOUIS, par la grace de Dieu, Roi de France & de Navarre, Dauphin de Viennois, Comte de Valentinois & Diois, Comte de Provence, Forcalquier, & terres adjacentes: A nos amés & féaux Conseillers en nos Conseils, les Sieurs Intendans & Commissaires départis dans les Provinces & Généralités de notre Royaume, SALUT. Nous vous mandons & ordonnons par ces Présentes signées de Nous, de tenir chacun en droit soi la main à l'exécution de l'Arrêt ci-attaché sous le contre-scel de notre Chancellerie, cejourd'hui donné en notre Conseil d'Etat, Nous y étant. Commandons au premier notre Huissier ou Sergent sur ce requis, de signifier ledit Arrêt à tous qu'il appartiendra, à ce qu'aucun n'en ignore, & de faire pour son entiere exécution tous actes & exploits nécessaires sans autre permission, nonobstant clameur de Haro, Charte Normande, & choses à ce contraires. Voulons qu'aux copies dudit Arrêt & des Présentes collationnées par l'un de nos amés & féaux Conseillers Secrétaires, foi soit ajoutée comme aux Originaux: CAR tel est notre plaisir. DONNÉ à Fontainebleau le vingt-troisieme jour d'Octobre, l'an de grace mil six cent quatre-vingt-quatorze, & de notre Régne le cinquante-deuzieme. *Signé*, LOUIS; *Et plus bas*, Par le Roi Dauphin, Comte de Provence, PHELYPEAUX. Et scellé.

Collationné aux Originaux par Nous Conseiller-Secrétaire du Roi, Maison, Couronne de France & de ses Finances.

ARRÊT DU CONSEIL D'ETAT DU ROI,

Du 12 Août 1710.

QUI ordonne que les Sieurs Intendans & Commissaires départis dans les Provinces & Généralités du Royaume, ne pourront viser aucuns Arrêts Exécutoires, qu'il ne leur ait apparu des procédures sur lesquelles ils auront été décernés, pour connoître si les crimes dont il s'agit sont de la qualité portée par l'Arrêt du 25 Novembre 1683, conformément aux Arrêts & Déclarations rendus en différens tems sur ce sujet.

Extrait des Registres du Conseil d'Etat.

SUR ce qui a été représenté au Roi en son Conseil, que les frais de Justice qui se payent par les Fermiers ou Receveurs Généraux des Domaines sur les Exécutoires décernés par les Juges, tant des Cours Supérieures que des Jurisdictions Royales, visés par les Sieurs Commissaires départis, ont tellement augmenté depuis le Bail courant d'année en année, qu'il y a des Généralités où ils ont doublé & même triplé en quelques-unes, au moyen de quoi ce qui avoit accoutumé de revenir à Sa Majesté de la Ferme des Domaines, les charges locales payées, se trouve consommé & au-delà; & qu'encore bien que les circonstances des tems ayent pû causer une partie de cette dépense extraordinaire, il y a néanmoins lieu de croire qu'elle procéde en partie de ce que l'on n'observe point réguliérement les Arrêts des vingt-six Octobre, vingt-cinq Novembre 1683, & cinq Mai 1685, par lesquels Sa Majesté a ordonné; sçavoir, par celui du vingt-six Octobre 1683, que les frais qu'il conviendra faire pour l'instruction des procès criminels & exécution des Jugemens qui interviendront sur iceux, ausquels il n'y aura point de Partie civile, &, dont Sa Majesté est tenue, seront pris sur le revenu de ses Domaines, & payés par les Fermiers d'iceux sur l'Exécutoire des Juges, visés par les Sieurs Intendans & Commissaires départis dans les Provinces, lesquels frais Sa Majesté a réglé par ledit Arrêt par provision, jusqu'à ce qu'elle en ait autrement ordonné, avec défenses d'y comprendre aucuns Epices, Droits, ni Vacations de Juges: A l'effet de quoi Sa Majesté enjoint ausdits Sieurs Intendans & Commissaires départis, d'examiner les Exécutoires qui leur seront présentés, & de rejetter & rayer les articles qui seront contraires audit Arrêt, tant en ce qui concerne la nature des dépenses, que celles qui ne doivent pas être portées par le Domaine: par celui du 25 Novembre 1683, qu'il ne seroit décerné aucun Exécutoire que pour la punition des meurtres, viols, incendies, vols de grand chemin, & autres crimes de cette nature, sans qu'il puisse être expédié aucuns Exécutoires pour les frais qui auroient été faits pour les cas qui ne seroient pas de la qualité susdite. Et par celui du 5 Mai 1685, rendu au sujet des procès faits par les Prévôts des Maréchaux & Officiers de Robe-Courte, Sa Majesté auroit ordonné que les Exécutoires seroient visés, à condition de n'y comprendre que les simples voyages & salaires des témoins, les pains & médicamens des prisonniers, & les frais de Justice, au préjudice desquels Arrêts Sa Majesté a été informé qu'il y a eu plusieurs Exécutoires visés pour les procès où il ne s'agissoit point de crimes de la qualité ci-dessus, d'autres frais desquels Sa Majesté n'étoit point tenue, y ayant des Parties civiles, où les frais devant être supportés par des Seigneurs particuliers & Hauts-Justiciers; & enfin, qu'il arrivoit souvent qu'on comprenoit dans lesdits Exécutoires des frais en-delà de ce qui est permis par ledit Arrêt du 26 Octobre 1683. Et Sa Majesté desirant remédier à cet abus: Oüi le rapport du Sieur Desmaretz, Conseiller ordinaire au Conseil Royal, Contrôleur Général des Finances: SA MAJESTÉ EN SON CONSEIL, a ordonné & ordonne que les Arrêts rendus en icelui le 26 Octobre, 25 Novembre 1683, & 5 Mai 1685; ensemble la Déclaration du mois de Juillet 1687, seront exécutées selon leur forme & teneur; & en conséquence, que les Sieurs Intendans & Commissaires départis dans les Provinces & Généralités du Royaume, ne pourront viser aucun Exécutoire qu'il ne leur ait apparu des procédures sur lesquelles ils auront été décernés, pour connoître si les crimes dont il s'agit sont de la qualité portée par l'Arrêt du 25 Novembre 1683, & qu'il n'y ait un Mémoire joint à chaque exécutoire, contenant la taxe des frais en détail, partie par partie, certifié & signé des Juges, pour sçavoir s'il n'y en a point d'autres que ceux qui doivent être payés suivant l'Arrêt du 26 Octobre 1683, & même se feront lesdits Sieurs Commissaires départis, rapporter les Originaux des procédures qu'ils jugeront à propos pour le même effet : Et en cas qu'ils trouvent que ces Exécutoires ayent été décernés contre ce qui est porté audit Arrêt du 26 Octobre 1683, ils ne les viseront point ; ou s'il y a des frais autres que ceux réglés par l'Arrêt du 25 Novembre 1685, ils réduiront lesd. Exécutoires à ce qui doit être payé conformément à icelui. Et attendu qu'il arrive souvent que l'on décerne des Exécutoires pour des crimes commis dans les districts des Seigneurs Hauts-Justiciers, & des Engagistes qui sont tenus de faire les frais des procès, à l'exception des cas Royaux, ordonne Sa Majesté que lesdits Sieurs Commissaires départis n'auront aucun égard aux Exécutoires de cette nature, sauf à ceux qui en sont porteurs de se pourvoir contre lesdits Seigneurs Hauts-Justiciers & Engagistes, dans le ressort desquels le délit a été commis, & l'instruction du procès a dû être faite. Veut en outre Sa Majesté, à l'égard des Exécutoires déja visés par lesdits Sieurs Commissaires départis, qu'ils ne puissent être mis à exécution contre les Fermiers des Domaines & leurs commis, que les porteurs n'en ayent obtenu la permission par écrit desdits Sieurs Commissaires départis, qui s'accorderont après qu'il leur sera apparu qu'il y a des fonds pour les payer ; ce qui sera aussi observé pour les Exécutoires qui seront visés à l'avenir. Enjoint Sa Majesté auxdits Sieurs Intendans & Commissaires départis dans les Provinces & Généralités du Royaume, de tenir la main à l'exécution du présent Arrêt. Fait au Conseil d'Etat du Roi, tenu à Versailles le douzieme jour d'Août mil sept cent dix. Collationné. *Signé*, RANCHIN.

LOUIS, par la grace de Dieu, Roi de France & de Navarre, Dauphin de Viennois, Comte de Valentinois, Diois, Provence, Forcalquier, & Terres adjacentes, à nos amés & féaux Conseillers, les Sieurs Intendans & Commissaires départis pour l'exécution de nos ordres dans les Provinces & Généralités de notre Royaume : SALUT. Nous vous mandons & enjoignons de tenir la main à l'exécution de l'Arrêt dont l'Extrait est ci-attaché sous le contre-scel de notre Chancellerie, cejourd'hui donné en notre Conseil d'Etat pour les causes y contenues. Commandons au premier notre Huissier ou Sergent sur ce requis, de signifier ledit Arrêt à tous qu'il appartiendra, à ce qu'aucun n'en ignore, & de faire en outre pour l'entiere exécution d'icelui tous Commandemens, Sommations, & autres Actes & Exploits nécessaires, sans autre permission, nonobstant Clameur de Haro, Charte Normande, & Lettres à ce contraires. Voulons qu'aux copies dudit Arrêt & des Présentes collationnées par l'un de nos amés & féaux Conseillers-Secrétaires foi soit ajoutée comme aux Originaux : CAR tel est notre plaisir. DONNÉ à Versailles le douziéme jour d'Août, l'an de grace mil sept cent dix, & de notre Régne le soixante-huitiéme. Par le Roi Dauphin, Comte de Provence en son Conseil, *Signé*, RANCHIN.

Collationné aux Originaux par nous Ecuyer, Conseiller-Secrétaire du Roi, Maison, Couronne de France & de ses Finances.

ARRÊT DE LA COUR DE PARLEMENT,

Du 16 Mai 1711.

RENDU EN LA CHAMBRE DE LA TOURNELLE.

Qui fait défenses aux Commissaires du Châtelet de Paris de faire faire aucuns emprisonnemens qu'en vertu de Décret donné sur le vû des charges & informations, & les conclusions du Substitut du Procureur Général du Roi, si ce n'est dans les cas portés par l'Ordonnance.

Extrait des Registres de Parlement.

ENtre Me. Mathurin Janneau, Avocat en la Cour, Me. Joseph Janneau Notaire Royal à Angers, & Michel Malineau, Ecuyer Sieur de la Peraye héritier de défunt Me. François Ogier, Avocat en la Cour, Appellans suivant les Arrêts de la Cour des premier &

5 Juillet dernier, (portant élargissement de leurs personnes) des emprisonnemens faits de leurs personnes le 28 Juin précédent ès prisons du Fort-l'Evêque, grand & petit Châtelet, ensemble de l'Ordonnance du Commissaire le François ci-après nommé du même jour, en vertu de laquelle ils ont été emprisonnés, & des plainte & permission d'informer ; Information & Ordonnance de recommandations contr'eux décernée par le Lieutenant Criminel du Châtelet, le premier Juillet audit an d'une part ; Et Messire Christophe-François de Bragelongne, Conseiller en la Cour, & François-Bernard Loüet son Clerc, Intimés d'autre ; Et entre lesdits Janneau & Malineau Demandeurs aux fins de l'Exploit & de l'Arrêt de la Cour, & d'un autre Exploit des 11 dudit mois de Juillet, 26 & 30 Mars dernier, & en Requête du 28 Avril aussi dernier, à ce qu'il plût à la Cour, en prononçant sur lesdites appellations, & sur la prise à partie, mettre lesdites appellations & ce au néant, déclarer leurs emprisonnemens & procédures nuls & injurieux, & ordonner que les écroues & recommandations de leurs personnes seront rayés & biffés ; ce faisant condamner solidairement M. de Bragelongne & lesdits Loüets & Commissaire le François en tels dommages, intérêts & réparations qu'il appartiendra à la Cour, & aussi solidairement en tous les dépens ; & ledit Messire Christophe-François Intimés d'autre ; Et entre lesdits Janneau & Malineau Demandeurs en Requête du 21 Août 1710, à fin d'opposition à l'exécution de l'Arrêt surpris sur Requête non communiquée le même jour par ledit Loüet, & ledit Loüet Défendeur d'autre ; Et entre ledit Loüet Demandeur en Requête du quinze Avril dernier à ce que ledit Arrêt du onze Août soit exécuté, & lesdits Janneau & Malineau Défendeur d'autre ; Et entre ledit Messire Christophe-François de Bragelongne, Conseiller en la Cour, Demandeur en Requête, du 15 Mai présent mois, à ce qu'en procédant sur lesdites appellations & confirmant la procédure criminelle, il fût ordonné que le Libelle en forme de Mémoire imprimé demeureroit supprimé, & les termes injurieux & offensans biffés & rayés par le Greffier de la Cour, & condamner lesdits Janneau & Malineau en telles réparations qu'il plairoit à la Cour, & solidairement aux dépens d'une part, & lesdits Janneau & Malineau Défendeurs d'autre, sans que les qualités puissent préjudicier aux Parties. Après que Begon Avocat desdits Janneau & Malineau, Tartarin Avocat dudit de Bragelongne, Riviere Avocat dudit Loüet, & Gondoüin Avocat pour le Commissaire le François ont été oüis pendant deux Audiences, ensemble Chauvelin pour le Procureur Général du Roi qui a fait recit des informations. La Cour reçoit les Parties de Begon opposante à l'exécution de l'Arrêt du 21 Août 1710 & au principal, sans s'arrêter aux Requêtes des Parties de Tartarin, de Riviere & de Gondoüin, ayant aucunement égard à celles des Parties de Begon, a mis & met les appellations & ce dont a été appellé au néant, émendant évoque le principal, y faisant droit renvoye les Parties de Begon des accusations contr'elles intentées, déclare les emprisonnemens faits de leurs personnes injurieux, tortionnaires & déraisonnables ; ordonne que leurs écroues seront rayés & biffés, déclare la Partie de Gondoüin bien intimée & prise à partie, condamne les Parties de Tartarin & de Gondoüin solidairement en six cent livres de dommages & intérêts vers les Parties de Begon, desquels néanmoins, pour le recours entr'eux, la Partie de Gondoüin n'en portera que cent livres, & la Partie de Tartarin cinq cens livres, & en tous les dépens faits à leur égard aussi solidairement, condamne pareillement la Partie de Riviere en tous les dépens faits à son égard pour dommages & intérêts vers les Parties de Begon ; & faisant droit sur les conclusions du Procureur Général du Roi, fait défenses aux Commissaires de faire aucuns emprisonnemens qu'en vertu de décret donné sur le vû des charges, informations & les conclusions du Substitut du Procureur Général du Roi, si ce n'est dans les cas portés par l'Ordonnance. Fait en Parlement le 16 Mai 1711. Collationné. *Signé*, DE LA BAUNE. Paraphé, trente livres, reçu pour droit de Contrôle, de Syndic, trente livres, ce vingt-deux Mai 1711. *Signé*, DESNOYERS.

Le vingt-trois Mai 1711, *signifié & baillé copie à Maîtres Tissier, Beuvillon, & Denisart, Procureur, en leurs domiciles parlant à leurs Clercs.* Signé, LE VIEIL.

ARRET

ARRÊT DE LA COUR DE PARLEMENT,

Portant Réglement général pour les Prisons de la Ville de Paris ; droits & fonctions des Greffiers des Géoles, Géoliers & Guichetiers desdites prisons, avec le tarif des droits attribués ausdits Géoliers.

Du 18 Juin 1704.

VU par la Cour les Arrêts d'icelle, des 6 Juillet 1663, 20 Décembre 1666, 5 Février 1672, 28 Mars 1684, 11 Février 1690, & 11 Décembre 1697. Conclusions du Procureur Général du Roi, oüi le Rapport de Maître Louis de Vienne, Conseiller. Tout considéré. Prisonniers.

LA COUR ordonne que les Ordonnances, Edits & déclarations du Roi, Arrêts & Réglemens de la Cour seront exécutés, ce faisant :

1. On dira tous les jours la Messe dans les Chapelles des prisons depuis la Saint Remy jusqu'à Pâques, à neuf heures, & la Priere du soir à quatre heures ; & depuis Pâques jusqu'à la Saint Remy, la Messe à huit heures, & la Priere du soir à cinq heures ; les prisonniers tant hommes que femmes, même de la pension & de quelque condition qu'ils soient, seront tenus d'y assister tous les jours, à peine contre ceux qui n'iront point à la Messe d'être privés pendant trois jours de parler aux personnes qui les viendront voir, pour la premiere contravention, & du cachot pour la seconde pendant trois jours au moins, & plus en cas de récidive : Enjoint aux Géoliers de les y faire assister, & d'empêcher qu'ils vaquent & se promenent pendant le service divin. Fait défenses aux Géoliers & Cabaretiers des Prisons, de recevoir dans leurs cabarets qui que ce soit durant ce tems, à peine de dix livres d'amende, à laquelle ils seront condamnés par le Commissaire de la prison, & ce sur un simple procès-verbal contenant la Déclaration de deux témoins au moins.

2. Les Dimanches & Fêtes durant la Messe, le Sermon & les Vêpres, les Géoliers feront fermer les chambres & cachots, même celles de la pension, & ne laisseront entrer aucune personne dans la prison pendant le tems ; leur fait défenses & auxdits Cabaretiers de vendre ou fournir aucuns vivres ou poissons aux prisonniers avant la Messe, & durant tout le service divin desdits jours, sous pareille peine.

3. Les chambres & cachots clairs seront ouverts à sept heures du matin, depuis la Toussaint jusqu'à Pâques, & à six heures depuis Pâques jusqu'à la Toussaint ; & les prisonniers seront renfermés à six heures du soir, depuis la Toussaint jusqu'à Pâques, & à sept heures depuis Pâques jusqu'à la Toussaint, à l'exception néanmoins des prisonniers de la pension, lesquels ne seront renfermés qu'à sept heures du soir, depuis la Toussaint jusqu'à Pâques, & à huit heures depuis Pâques jusqu'à la Toussaint, ce que les Géoliers feront observer sous pareilles peines.

4. Lorsqu'un prisonnier arrivera dans la prison, ou sera tiré des cachots noirs, il ne pourra être gardé à la morgue pendant plus de deux heures ; fait défenses aux Géoliers & Guichetiers de les y garder plus long-tems, sous prétexte de droits d'entrée, gîtes & géolages ou autrement, à peine de dix livres d'amende.

5. Les Géoliers auront soin de mettre ensemble les prisonniers d'honnête condition, & d'observer que chacun suivant son ancienneté, ait la chambre ou la place la plus commode ; défenses à eux de recevoir de l'argent des prisonniers pour les mettre dans une Chambre plutôt que dans une autre, le tout à peine de restitution du quadruple, & de destitution s'il y échoit ; & après qu'un prisonnier aura été mis dans une des chambres ou cachots, il sera tenu de la balayer & tenir propre jusqu'à ce qu'il y survienne un autre prisonnier.

6. Les femmes & filles prisonnieres seront mises dans les chambres séparées & éloignées de celles des hommes prisonniers, & ne pourront parler aux hommes que par les fenêtres de leur chambre, ou à la morgue en présence du Géolier ; elles auront la liberté d'aller sur le préau ou dans la cour de la prison tous les jours depuis midi jusqu'à deux heures, & pendant ce tems les hommes prisonniers seront renfermés.

7. Fait défenses aux Géoliers & Guichetiers, à peine de destitution, de laisser entrer dans

Prisonniers. les prisons aucunes femmes ou filles, ou autres que les meres, femmes, filles ou sœurs des prisonniers, lesquelles ne pourront leur parler dans leur chambre ou cachot, même dans les chambres de la pension, ni en aucun autre endroit & lieu, que sur le préau ou dans la cour, en présence du Guichetier, à l'exception des femmes des prisonniers, lesquelles pourront entrer dans la Chambre de leur mari seulement ; & à l'égard des autres femmes & filles, elles ne pourront parler aux prisonniers qu'à la morgue, & en présence d'un Guichetier, & non sur le préau.

8. Fait défenses au Prévôt & autres anciens prisonniers, d'exiger ou de prendre aucune chose de nouveaux venus en argent, vivres ou autrement, sous prétexte de bien-venue, chandelles, balais, & généralement sous quelque prétexte que ce puisse être, quand même il leur seroit volontairement offert, ni de cacher leurs hardes ou de les maltraiter, à peine d'être enfermés dans un cachot noir pendant quinze jours, & d'être mis ensuite dans une autre chambre ou cabinet que celui où ils étoient Prévôts, pour y servir comme les derniers venus, & même de punition corporelle s'il y échoit, à l'effet de quoi leur procès sera fait & parfait extraordinairement.

9. Enjoint auxdits Prévôts & autres prisonniers de dénoncer ceux de leur chambre ou cachot qui auront juré le Saint Nom de Dieu, ou fait des exactions ou violences, à peine d'être punis comme complices, & aux Géoliers & Guichetiers de s'en enquérir soigneusement & en donner avis à l'instant au Procureur Général du Roi, ou ses Substituts, à peine de destitution.

10. Les Géoliers conduiront les personnes qui viendront faire des charités dans les lieux de la prison où elles desireront les distribuer, ce qu'elles pourront faire elles-mêmes sur le préau ou dans la cour ; mais les aumônes ne pourront être distribuées dans les cachots noirs que par les mains du Géolier, en présence des personnes qui les porteront.

11. Les prisonniers qui couchent sur la paille, ne payeront aucun droit d'entrée ni de sortie de la prison ; mais payeront seulement un sol par jour aux Géoliers qui seront tenus de fournir par jour à chacun desdits prisonniers un pain de bonne qualité de bled, & du poids au moins d'une livre & demie, & seront aussi tenus de leur fournir de la paille fraîche, & de vuider & brûler toute la vieille ; tous les premiers jours de chaque mois, pour ce qui est des cachots clairs ; & à l'égard des cachots noirs, tous les premiers & quinzieme jours de chaque mois.

12. Ceux qui voudront coucher dans les chambres & dans les lits, payeront dix sols pour l'entrée en la prison, dix sols pour la sortie, & cinq sols par jour s'ils couchent seuls, & chacun trois sols s'ils couchent deux dans un même lit, en leur fournissant par les Géoliers des draps blancs de trois semaines en trois semaines pendant l'été, & tous les mois en hyver.

13. Les prisonniers qui seront à la pension ou table des Géoliers & coucheront seuls dans un lit, payeront au plus trois livres par jour, sans aucun droit d'entrée & sortie, & s'ils veulent avoir une chambre à eux seuls, ils payeront vingt sols de plus si elle est à cheminée ; & quinze sols si elle est sans cheminée.

14. Si toutes les chambres de la pension ne sont pas occupées par des pensionnaires, les prisonniers qui voudront y loger sans être à la table du Géolier, payeront quinze sols par jour s'ils couchent seuls, ou cinq sols de moins s'ils couchent deux dans un même lit ; & si quelqu'un d'eux veut occuper seul une chambre, trente sols par jour pour une chambre à cheminée & vingt sols pour une chambre sans cheminée, & y pourront rester jusqu'à ce qu'il survienne des pensionnaires.

15. Ceux qui seront à la pension ou qui logeront dans les chambres destinées à la pension, seront servis par les domestiques du Géolier, lequel sera tenu de leur fournir des draps blancs de quinzaine en quinzaine en été, & de trois semaines en trois semaines en hyver, & une chandelle des huit à la livre par jour pour chaque chambre, depuis la Toussaint jusqu'à Pâques, & une des dix à la livre, depuis Pâques jusqu'à la Toussaint, & de l'eau, sans qu'il puisse faire payer auxdits prisonniers les droits d'entrée & de sortie, ni exiger aucune chose pour les domestiques.

16. Fait défenses auxdits Géoliers de recevoir aucune desdites sommes par avance, ou au cas qu'on leur en ait ci-devant avancé aucune, de retenir plus que ce qui leur sera légitimement dû, lorsque le prisonnier sortira, à proportion des jours qu'il aura demeuré dans la prison, de prendre de plus grandes sommes que celles marquées dans les articles précédens, sous prétexte de demi pension, ou de donner au prisonnier la chambre destinée au Géolier, sous quelqu'autre prétexte que ce soit, & de faire d'autres conventions avec les prisonniers, à peine de concussion.

17. Enjoint auſdits Géoliers d'avoir un Regiſtre particulier, relié, cotté & paraphé par le Commiſſaire de la Priſon, dans lequel ils écriront de leur main, ſans y laiſſer aucun blanc, les jours d'entrées & ſorties des priſonniers, & tout ce qu'ils recevront chaque jour de chacun, pour gîte, géolages & nourritures, dont ils donneront quittances, le tout à peine de dix livres d'amende par chacune contravention. Priſonniers.

18. Permet auſdits Géoliers, de faire paſſer à la paille les priſonniers de la penſion & des chambres, huit jours après qu'ils ſeront en demeure de payer leur gîte & nourriture.

19. Tous les Géoliers ſeront tenus de nourrir leurs Guichetiers, & de leur donner à chacun au moins cent livres de gages par an, aux quatre termes accoutumés, en préſence des Subſtituts du Procureur-Général du Roi, qui viſeront les quittances deſdits gages, à peine de nullité deſdites quittances. Fait défenſes auſdits Guichetiers, à peine de reſtitution du double, & d'être privés pour toujours de leur emploi, même de punition corporelle s'il y échoit, d'exiger, demander ou accepter aucune choſe en quelque maniere, & ſous quelque prétexte que ce ſoit, tant des priſonniers lorſqu'ils entrent en la priſon, & qu'ils ſont à la morgue, montent pour l'inſtruction ou le Jugement de leur procès, que de ceux qui les amenent, écrouent, recommandent ou déchargent, les viennent viſiter, leur font des aumônes ou les délivrent par charité.

20. Fait défenſes auſdits Géoliers, Guichetiers ou Gabaretiers des Priſons, d'injurier, battre ou maltraiter les priſonniers, de leur laiſſer prendre du vin ou de l'eau-de-vie par excès, à peine d'en répondre en leur propre & privé nom, & de leur vendre aucune marchandiſe ou denrée, qu'elle ne ſoit des poids, meſures & qualités requiſes par les Ordonnances de Police.

21. Les Greffiers des Géoles ou les Géoliers & Concierges dans les Priſons où il n'y a point de Greffiers établis, ſe tiendront dans leur Greffe entre la Saint Remy & Pâques, depuis ſept heures du matin juſqu'à midi, & depuis deux heures de relevée juſqu'à cinq; & entre Pâques & la Saint Remy, depuis ſix heures du matin juſqu'à midi, & depuis deux heures juſqu'à ſix heures du ſoir; ils exerceront leur emploi en perſonne, écriront eux-mêmes leurs expéditions, & n'auront aucuns Commis, à peine d'interdiction & de dix livres d'amende.

22. Leſdits Greffiers & Géoliers ſeront tenus d'avoir un Regiſtre relié, cotté & paraphé par premier & dernier dans tous ſes feuillets par le Commiſſaire de la priſon; tous les feuillets dudit Regiſtre ſeront ſéparés en deux colonnes, l'une pour les écroues & recommandations, & l'autre pour les élargiſſemens & décharges; & ils ne pourront laiſſer aucun blanc dans ledit Regiſtre.

23. Les écroues, recommandations & décharges feront mention des Arrêts, Jugemens & Actes, en vertu deſquels ils ſeront faits, & de leurs dates, de la Juriſdiction dont ils ſeront émanés, ou des Notaires qui les auront reçus, comme auſſi du nom, ſurnom & qualité du Priſonnier, de ceux de la Partie qui fera faire les écroues & recommandations, & du domicile qui ſera par elle élû au lieu où la priſon eſt ſituée, à peine de nullité, & ne pourra être fait qu'une écroue, encore qu'il y ait pluſieurs cauſes de l'empriſonnement.

24. Leſdits Officiers & Huiſſiers donneront eux-mêmes en main-propre à ceux qu'ils conſtitueront priſonniers, ou qu'ils recommanderont, des copies liſibles & en bonne forme, de leurs écroues & recommandations, à l'effet de quoi leſdits priſonniers ſeront amenés entre les deux guichets en préſence deſdits Greffiers ou Géoliers, qui ſeront tenus d'en mettre leur certificat ſur leur Regiſtre à la fin de chacun deſdits écroues & recommandations; à peine d'interdiction contre les Huiſſiers pour la premiere fois, & de privation de leurs Charges pour la ſeconde, & contre leſdits Greffiers & Géoliers de vingt livres d'amende pour chacune contravention, & de tous dépens, dommages & intérêts, même de plus grande peine s'il y échoit.

25. Fait défenſes auſdits Greffiers & Géoliers, de faire paſſer aucun priſonnier à la morgue ou dans les Chambres & cachots de leur priſon, qu'ils n'ayent été premierement écroués à la maniere portée par les deux articles précédens, & que la date des écroues, le nom, qualité, & demeure de l'Officier qui les aura faits, n'ayent été écrits ſur le Regiſtre de la Géole, & copie du tout laiſſée au priſonnier.

26. Sera payé au Greffier des Géoles, vingt ſols pour l'écroue des priſonniers appellans & la décharge des conducteurs, & pour l'écroue des autres priſonniers quinze ſols, & dix ſols pour chaque recommandation, le tout en donnant un extrait de l'un & de l'autre

Prisonniers. aux parties qui les feront faire, & dix sols pour chacun extrait desdites écroues & recommandations qui sera levé dans la suite.

27. Ils auront pareillement vingt sols pour les décharges des écroues, dix sols pour celles des recommandations, & dix sols pour les extraits qu'ils en délivreront : leur fait défenses de prendre plus d'un droit d'écroue, recommandation, décharge, quoiqu'il y ait plusieurs prisonniers, lorsqu'ils seront arrêtés, recommandés ou élargis par même Jugement ou pour même cause.

28. Ils ne pourront recevoir plus de cinq sols pour chaque quittance des sommes qui seront mises entre leurs mains pour les alimens d'un ou de plusieurs prisonniers arrêtés pour même cause & par même Jugement, quand même la consignation seroit faite pour un ou plusieurs mois, pour les enregistremens des saisies & oppositions, Actes d'élection, & révocation de domicile; certificat du décès des prisonniers, ou qu'un Accusé en décret de prise de corps n'est point prisonnier, & pour tous autres certificats à l'exception de ceux de cessation de payement des alimens, lesquels ils délivreront gratuitement à la premiere requisition qui leur en sera faite par les prisonniers.

29. Les Géoliers des prisons où il n'y a point de Greffier établi, ne pourront prendre plus de dix sols pour chaque écroue, cinq sols pour chaque recommandation, en donnant un extrait de l'un & de l'autre aux Parties qui les feront faire, & cinq sols pour chaque extrait desdites écroues & recommandations qui sera levé dans la suite. Ne pourront pareillement prendre pour la décharge des écroues plus de dix sols; cinq sols pour celles des recommandations, & cinq sols pour les extraits desdites décharges.

30. Fait défenses ausdits Greffiers & Géoliers, faisant fonction de Greffiers, de prendre aucuns autres & plus grands droits que ceux mentionnés ci-dessus & portés par le Tarif ci-joint, sous prétexte de vacations, & d'autres heures que celles portées ci-dessus, d'enregistrement des Jugemens qui ordonnent l'élargissement des prisonniers, consignations de deniers, droits de recherche, & généralement sous quelque prétexte que ce puisse être.

31. Leur enjoint en outre d'écrire de leur main, sans chiffre ou abréviation, tant sur le registre de la géole, à côté de chaque Acte, qu'au bas de toutes les expéditions qu'ils délivreront, les sommes qu'ils auront reçues pour leurs droits, en présence de ceux qui les payeront, & de leur en donner quittance, ou d'écrire que le droit leur est dû, & qu'ils n'en ont rien reçu, à peine d'interdiction pendant trois mois pour la premiere contravention, & d'être obligés de se défaire de leur Charge pour la seconde, sans que lesdites peines puissent être modérées.

32. Le Registre des Greffiers de la géole & des Géoliers, s'il n'y a point de Greffier établi, & le Registre particulier du Géolier, contenant ce qu'il a reçu des prisonniers pour gîtes, géolages & nourriture, seront par eux représentés lors de chacune visite & séance qui sera faite dans les prisons.

33. Fait défenses à tous Huissiers de rien exiger de ceux qu'ils arrêteront, soit pour crime ou pour cause civile même, sous prétexte d'avoir fourni un carrosse pour les avoir amenés dans la prison, à peine de restitution du quadruple de ce qu'ils auront reçu, & de vingt livres d'amende en la maniere portée par le premier article ci-dessus, sauf à eux de s'en faire payer par la Partie, à la requête de laquelle l'emprisonnement aura été fait.

34. Fait pareillement défenses sous les mêmes peines ausdits Huissiers, même aux Exempts du Lieutenant Criminel de Robe-Courte & autres Officiers de Justice, & aux Guichetiers, sous la même peine, de rien exiger des prisonniers qu'ils transférent d'une prison dans une autre, pour l'instruction des procès & autre cause; soit dans la même Ville ou ailleurs, sauf à se faire payer par les Parties, à la requête desquelles ils les transféreront; & néanmoins en cas que les prisonniers pour dettes demandent d'être transférés d'une prison dans une autre, ils seront tenus de payer les frais de leur translation, qui seront réglés par la même Ordonnance, pour laquelle la translation aura été ordonnée.

35. Lorsqu'un prisonnier sera obligé de faire des significations, ou d'obtenir des Jugemens ou Arrêts contre ses créanciers, pour être payé de ses alimens, les Greffiers des géoles ou Géoliers ne recevront les créanciers à consigner les alimens pour l'avenir, qu'en consignant en même tems ceux qui n'ont point été payés, & en remboursant le prisonnier des frais desdites significations & Jugemens qui seront liquidés sans procédures par les Conseillers de la Cour, commis pour la visite des prisons, à peine contre lesdits Greffiers ou Géoliers, de payer de leurs deniers, ce qui pourra être dû au prisonnier, tant pour ses alimens, que pour les frais qu'il aura fait pour en être payé.

36. Lesdits Greffiers & Géoliers n'exigeront des prisonniers pour crime, qui n'ont point de Partie civile, aucun des droits à eux attribués pour l'entrée ou pour la sortie desdits prisonniers, ni pareillement pour la décharge des écroues, & recommandations faits en vertu de décret de prise de corps, sans préjudice à eux de recevoir les droits ci-dessus marqués pour les décharges des recommandations qui pourront être faites pour causes civiles, ou à la requête des Parties civiles, & sans qu'en aucun cas ils puissent appliquer au payement de ce qui leur est dû les sommes données par charité pour la délivrance des prisonniers, ni retenir les hardes des prisonniers pour leurs droits, nourritures & autres frais qu'ils leur pourront devoir, mais seront tenus de se contenter d'une obligation pour se pourvoir sur leurs biens seulement, laquelle ne pourra leur être refusée par le prisonnier. Prisonniers.

37. L'article 29 du titre 13 de l'Ordonnance du mois d'Août 1670, registrée en la Cour le 26 desdits mois & an, sera exécuté, & en conséquence les Greffiers de la Jurisdiction où le procès criminel aura été jugé, seront tenus de leur prononcer les Arrêts, Sentences & Jugemens d'élargissement le même jour qu'ils auront été rendus; & s'il n'y a point d'appel par les Substituts du Procureur Général du Roi dans les vingt-quatre heures, de mettre les Accusés hors des prisons, & l'écrire sur le Registre de la géole, comme aussi ceux qui n'auront été condamnés qu'en des peines & réparations pécuniaires, en consignant entre les mains du Greffier les sommes adjugées pour amendes, aumônes & intérêts civils, sans que faute de payement des épices, ou d'avoir levé les Arrêts, les prononciations, ou les élargissemens puissent être différés, à peine contre lesdits Greffiers d'interdiction, de trois cens livres d'amende, & tous dépens, dommages & intérêts des Parties, sans néanmoins que lesdits Prisonniers puissent être mis hors de prisons, s'ils sont détenus pour autre cause: Seront aussi tenus lesdits Greffiers de transcrire le dispositif desdits Arrêts, Sentences & Jugemens, sur le Registre de la géole le même jour qu'ils auront été rendus, & d'en délivrer des extraits, lorsqu'ils en seront requis par les prisonniers, en payant quinze sols pour chacun extrait.

38. Les visites & séances seront faites par les Conseillers commis par la Cour avec les Substituts du Procureur Général du Roi par lui nommés, dans les prisons ordinaires de cette Ville de Paris, & même en celle de l'Hôtel de Ville, & dans les maisons de Saint Lazare & des Freres de la Charité de Charenton, & autres lieux où il y aura des personnes détenues par correction; sçavoir avant les Fêtes de Noël, Pâques & Pentecôte, & de Saint Simon & Saint Jude, & en outre avant la Notre-Dame d'Août, sans préjudice des visites particulieres qui seront faites dans lesdites prisons & maisons par le Procureur Général du Roi ou ses Substituts par lui commis.

39. Seront au surplus les articles du titre 13 de ladite Ordonnance du mois d'Août 1671, touchant les prisons, Greffiers des géoles, Géoliers & Guichetiers, la Déclaration du mois de Janvier 1680, registrée en la Cour le 19 dudit mois de Janvier, concernant les alimens des prisonniers exécutés, lesquels ensemble le présent Arrêt, seront lûs dans les Chapelles des prisons tous les premiers Dimanches de chaque mois, en présence de tous les prisonniers, & affichés à la porte desdites Chapelles, & à celles des prisons, dans les Greffes des géoles, à la morgue, sur le préau, & dans les lieux les plus apparens desdites prisons, & les affiches renouvellées tous les ans à la Saint Martin & à Pâques, même plus souvent s'il est nécessaire, le tout à la diligence des Chapelains, Greffiers & Géoliers conjointement, ausquels à cet effet, ou à l'un d'eux, seront données des copies imprimées du présent Arrêt, & ne pourront les Payeurs & Receveurs, à peine de radiation dans leurs comptes, leur payer aucuns honoraires, gages, salaires ou gratifications, qu'ils ne leur ayent fait apparoir qu'ils ont satisfait à ce que dessus, par un certificat signé d'eux tous & de six témoins, visé par les Substituts du Procureur Général du Roi: Fait défenses aux prisonniers, & à toutes autres personnes, d'enlever ou déchirer lesdites affiches, à peine de punition corporelle, & aux Greffiers, Géoliers & Guichetiers de le souffrir, à peine de vingt livres d'amende contre les Greffiers & Géoliers; & contre les Guichetiers d'être congédiés. Fait en Parlement le dix-huit Juin mil sept cent dix-sept.

ARRÊT DE LA COUR DE PARLEMENT,

Portant Réglement général pour les Prisons des Provinces, Droits & Fonctions des Greffiers des Géoles, Géoliers & Guichetiers desdites Prisons.

Du 1 Septembre 1717.

Prisonniers. VU par la Cour, la Requête à Elle présentée par le Procureur Général du Roi, contenant que la Cour a pourvû par plusieurs Arrêts de Réglement à la Police des Prisons, & notamment par Arrêt du 18 Juin de la présente année; mais que la plus grande partie de ses Arrêts n'ayant eu pour objet que les Prisons de cette Ville, n'ont point été envoyés ni connus dans les Provinces; ce qui donne lieu à des plaintes fréquentes qu'il reçoit tous les jours du peu d'ordre & de discipline qui s'observent dans les prisons du ressort de la Cour; & que comme ces prisons qui ne sont point sous l'inspection directe & immédiate des premiers Magistrats, ont un besoin encore plus grand & plus pressant de quelque Réglement qui puisse établir ou conserver le bon ordre qui doit regner dans les lieux où le relâchement n'est que trop à craindre, il a cru qu'il étoit du devoir de son Ministere de proposer à la Cour quelques articles de Réglement pour les prisons du Ressort situées hors de la Ville de Paris, dans lesquels en conservant le même esprit qui a regné dans les précédens Arrêts, il a cru devoir ajouter seulement ce qui peut être plus particuliérement nécessaire pour les prisons des Provinces, & retrancher aussi ce qui dans les premiers Arrêts ne pouvoit y être appliqué, ou ne pouvoit pas y être observé, requerant qu'il plût à la Cour y pourvoir, suivant les conclusions prises par ladite Requête signée de lui Procureur Général du Roi; Vû aussi les Arrêts des 6 Juillet 1663, 20 Février 1666, 5 Février 1672, 28 Mai 1684, 11 Février 1690, 11 Décembre 1697 & 18 Juin dernier: Oüi le Rapport de Maître de Vienne, Conseiller, la matiere mise en délibération.

LA COUR, faisant droit sur la Requête du Procureur Général du Roi ordonne que les Ordonnances, Edits & Déclarations du Roi, Arrêts & Réglemens de la Cour seront exécutés; ce faisant.

1. On dira la Messe dans les Prisons depuis la Saint Remy jusqu'à Pâques à neuf heures, & la priere du soir à quatre heures, & depuis Pâques jusqu'à la Saint Remy, la Messe à huit heures, & la Priere du soir à cinq heures; tous les prisonniers, tant hommes que femmes, & de quelque condition qu'ils soient, seront tenus d'y assister, à peine contre ceux qui n'y assisteront pas d'être privés pendant trois jours de parler aux personnes qui les viendront voir, pour la premiere contravention, & du cachot pour la seconde pendant trois jours au moins, & plus en cas de récidive: Enjoint aux Géoliers de les y faire assister, & d'empêcher qu'ils vaguent, ou se promenent durant le Service Divin. Fait défenses aux Géoliers & autres de donner à boire & à manger à qui que ce soit durant ce tems, à peine de dix livres d'amende, à laquelle ils seront condamnés par le Lieutenant Général, ou autre premier Officier du Siége, & ce sur un simple procès-verbal contenant la Déclaration de deux témoins au moins.

2. Les Dimanches & Fêtes durant la Messe & Service Divin, les Géoliers feront fermer les chambres & cachots, & ne laisseront entrer aucune personne dans les prisons pendant ledit tems; leur fait défenses & à tous autres de vendre ou fournir aucuns vivres & boissons aux prisonniers avant la Messe, & durant tout le Service Divin.

3. Les chambres seront ouvertes à sept heures du matin depuis la Toussaint jusqu'à Pâques, & à six heures depuis Pâques jusqu'à la Toussaint, & les prisonniers seront renfermés à six heures du soir, depuis la Toussaint jusqu'à Pâques, & à sept heures depuis Pâques jusqu'à la Toussaint, ce que les Géoliers feront observer sous pareille peine.

4. Lorsqu'un prisonnier arrivera dans la prison, ou sera tiré des cachots, il ne pourra être gardé à la morgue, ou autre lieu étant à l'entrée de la prison, pendant plus de deux heures; défenses aux Géoliers & Guichetiers de les y garder plus long-tems; sous prétexte des droits d'entrée, gîtes, ou géolages ou autrement, à peine de dix livres d'amende.

5. Les Géoliers auront soin de mettre ensemble les prisonniers d'honnête condition, & d'observer que chacun suivant son ancienneté ait la chambre ou la place la plus commode,

défenses à eux de recevoir de l'argent des prisonniers pour les mettre dans une chambre plutôt que dans une autre, le tout à peine de restitution du quadruple, & de restitution s'il y échoit, & après qu'un prisonnier aura été mis dans une des chambres, il sera tenu de la balayer & tenir propre jusqu'a ce qu'il y survienne un autre prisonnier. Prisonniers.

6. Les femmes & filles prisonnieres seront mises dans des chambres séparées & éloignées de celles des hommes prisonniers, & ne pourront parler aux hommes que par la fenêtre de leur chambre, ou la morgue ou entrée de la prison, en présence du Géolier; elles auront la liberté d'aller sur le préau, ou dans la Cour de la prison tous les jours depuis midi jusqu'à deux heures, & pendant ce tems les hommes prisonniers seront renfermés.

7. Fait défenses aux Géoliers & Guichetiers, à peine de destitution, de laisser entrer dans les prisons aucunes femmes ou filles autres que les meres, femmes, filles ou sœurs des prisonniers, lesquelles ne pourront leur parler dans leur chambre ou cachot, ni en aucun autre lieu que sur le préau ou dans la Cour, en présence du Géolier, ou d'un Guichetier, à l'exception des femmes des prisonniers, lesquelles pourront entrer dans la chambre de leur mari seulement; à l'égard des autres femmes ou filles, elles ne pourront parler aux prisonniers ou autres qu'à la morgue ou entrées de la prison, & en présence d'un Géolier ou Guichetier, & non sur le préau.

8. Fait défenses au Prevôt ou ancien prisonnier de la prison, ou de chaque chambre, d'exiger, ou de prendre aucune chose des nouveaux venus en argent, vivres ou autrement sous prétexte de bien-venue, chandelles, balais, & généralement sous quelque prétexte que ce puisse être, quand même il leur seroit volontairement offert, ni de cacher leurs hardes ou les maltraiter à peine d'être renfermé dans un cachot pendant quinze jours, & d'être mis ensuite dans une autre chambre ou cachot que celui où ils étoient Prévôts ou anciens, pour y servir comme les derniers venus, & même de punition corporelle s'il y échoit, à l'effet de quoi leur procès sera fait & parfait extraordinairement.

9. Enjoint auxdits Prévôts ou anciens prisonniers de dénoncer ceux de leur chambre ou cachot qui auront juré le Saint Nom de Dieu, ou fait des exactions ou violences, à peine d'être punis comme complices, & aux Géoliers & Guichetiers de s'en enquérir soigneusement & en donner avis à l'instant aux Substituts du Procureur Général du Roi ou Procureurs des Hauts-Justiciers, à peine de destitution.

10. Les Géoliers conduiront les personnes qui voudront faire des charités dans les lieux de la prison, où elles desireront les distribuer, ce qu'elles pourront faire elles-mêmes sur le préau ou dans la Cour, mais les aumônes ne pourront être distribuées dans les cachots que par les mains du Géolier, en présence des personnes qui les porteront.

11. Les prisonniers qui couchent sur la paille ne payeront aucun droit d'entrée ni de sortie de la prison, mais payeront seulement un sol par jour aux Géoliers qui seront tenus de leur fournir de la paille fraiche, & de vuider & bruler toute la vieille tous les premiers & quinziemes jours de chaque mois, & à l'égard des autres prisonniers, les Lieutenans Généraux, ou autres premiers Officiers des Bailliages ou Sénéchaussées du Ressort, & des Justices Seigneuriales ressortissant en la Cour, ensemble les Substituts du Procureur Général ausdits Siéges, & Procureurs Fiscaux desdites Justices, envoyeront au Greffe de la Cour dans trois mois au plus tard, des mémoires des sommes que les Géoliers sont en usage de prendre pour les chambres & nourritures des prisonniers, & y joindront leur avis pour y être fait droit par la Cour ainsi qu'il appartiendra.

12. Fait défenses ausdits Géoliers de recevoir aucune somme par avance, pour nourriture, gîte, géolage ou autrement, ou en cas qu'on leur en ait ci-devant avancé aucune, de retenir plus que ce qu'il sera légitimement dû, lorsque le prisonnier sortira, à proportion des jours qu'il aura demeuré dans la prison, de prendre plus grande somme que celle marquée dans l'article précédent, pour les prisonniers à la paille, ou qui seront fixées à l'avenir pour les autres, sous aucun prétexte, même sous celui de donner au prisonnier la chambre destinée au Géolier, & sous quelqu'autre prétexte que ce soit, & faire d'autres conventions avec les prisonniers, à peine de concussion.

13. Enjoint ausdits Géoliers d'avoir un Registre relié, cotté & paraphé par le Lieutenant Général, ou autre premier Officier du Siége, dans lequel ils écriront de leur main, sans y laisser aucun blanc, les jours d'entrée & sortie des prisonniers, & tout ce qu'ils recevront de chacun, chaque jour, pour gîtes & géolages & nourritures, dont ils donneront leur quittance le tout à peine de dix livres d'amende pour chacune contravention.

14. Seront tenus tous les Géoliers de nourrir leurs Guichetiers, & de leur payer à chacun

Prisonniers. les gages accoutumés en présence des Substituts du Procureur Général du Roi, ou des Procureurs des Hauts-Justiciers, qui visiteront les quittances desdits gages, à peine de nullité desdites quittances : Fait défenses ausdits Guichetiers, à peine de restitution du double, & d'être privé pour toujours de leur emploi, même de punition corporelle s'il y échoit, d'exiger, demander ou accepter aucune chose en quelque maniere & sous quelque prétexte que ce soit, tant des prisonniers lorsqu'ils entrent en la prison, & qu'ils sont à la morgue, ou entrée de ladite prison, lorsqu'ils montent pour l'instruction ou le Jugement de leur procès, que de ceux qui les amenent, écrouent, recommandent, ou déchargent, les viennent visiter, leur font des aumônes ou les délivrent par charité.

15. Fait défenses ausdits Géoliers, Guichetiers des prisons & autres, d'injurier, battre ou maltraiter les prisonniers, de leur laisser prendre du vin ou de l'eau-de-vie par excès, à peine d'en répondre en leur propre & privé nom, & de leur vendre aucune marchandise ou denrée, qu'elle ne soit des poids, mesure & qualité requises par les Ordonnances de Police.

16. Les Greffiers des géoles, ou les Géoliers & Concierges dans les prisons où il n'y a point de Greffiers établis, se tiendroient dans leur Greffe entre la St. Remy & Pâques, depuis sept heures du matin jusqu'à midi, & depuis deux heures de relevée jusqu'à cinq; & entre Pâques & la Saint Remy, depuis six heures du matin jusqu'à midi, & depuis deux heures jusqu'à six heures du soir, ils exerceront leur emploi en personne, écriront eux-mêmes leurs expéditions, & n'auront aucuns Commis, à peine d'interdiction & de dix livres d'amende.

17. Lesdits Greffiers & Géoliers seront tenus d'avoir un Registre relié, cotté & paraphé par premier & dernier dans tous ses feuillets par le Lieutenant Général, ou autre premier Officier du Siége; tous les feuillets dudit Registre seront séparés en deux colonnes, l'une pour les écroues & recommandations, & l'autre pour les élargissemens & décharges, & ils ne pourront laisser aucun blanc dans ledit Registre.

18. Les écroues, recommandations & décharges feront mention des Arrêts, Jugemens & Actes, en vertu desquels ils seront faits, & de leurs dates, de la Jurisdiction dont ils seront émanés, ou des Notaires qui les auront reçûs; comme aussi du Nom, surnom & qualité du prisonnier, de ceux de la Partie qui fera faire les écroues & recommandations, & du domicile qui sera par elle élû au lieu où la prison est situé, à peine de nullité, & ne pourra être fait qu'un écroue, encore qu'il y ait plusieurs causes de l'emprisonnement.

19. Les Officiers & Huissiers donneront eux-mêmes en main propre à ceux qu'ils constitueront prisonniers, ou qu'ils recommanderont, des copies lisibles & en bonne forme de leurs écroues & recommandations, à l'effet de quoi lesdits prisonniers seront amenés entre lesdits guichets, en présence desdits Greffiers ou Géoliers, qui seront tenus d'en mettre leurs certificats sur leur Registre à la fin de chacun desdits écroues & recommandations, & de les signer sur le champ ensuite desdits Actes d'écroues & recommandations, à peine d'interdiction contre les Huissiers pour la premiere fois, & de privation de leurs charges pour la seconde, & contre lesdits Greffiers & Géoliers de vingt livres d'amende pour chacune contravention, & de tous dépens, dommages & intérêts, même de plus grande peine, s'il y échoit.

20. Fait défenses ausdits Greffiers & Géoliers de faire passer aucun prisonnier à la morgue ou entrée de la prison, ou dans les chambres & cachots, qu'ils n'ayent été premierement écroués en la maniere portée par les deux articles précédens, & que la date des écroues, le nom, qualité & demeure de l'Officier qui les aura faits, n'ayent été écrits sur le Registre de la géole, & copie du tout laissée au prisonnier.

21. Enjoint aux Greffiers & Géoliers faisant fonction de Greffier, d'écrire de leur main, sans chiffre ou abréviation, tant sur le Registre de la Géole, à côté de chaque acte, qu'au bas de toutes les expéditions qu'ils délivreront, les sommes qu'ils auront reçûes pour leurs droits, en présence de ceux qui les payeront, & de leur en donner quittances, ou d'écrire que le droit leur est dû, & qu'ils n'en ont rien reçû, à peine d'interdiction pendant trois mois pour la premiere contravention, & d'être obligés de se défaire de leurs charges pour la seconde, sans que lesdites peines puissent être moderées.

22. Le Registre des Greffiers de la géole ou des Géoliers, s'il n'y a point de Greffiers établis, & le Registre particulier du Géolier contenant ce qu'il a reçu des prisonniers pour gîtes, géolages & nourritures, seront par eux représentés lors de chaque visite qui sera faite dans les prisons par les Substituts du Procureur Général & Procureur des Hauts-Justiciers.

23. Fait défenses à tous Huissiers de rien exiger de ceux qu'ils arrêteront, soit pour crime ou

ou pour cause civile, sous quelque prétexte que ce puisse être, à peine de restitution du quadruple de ce qu'ils auront reçû, & de vingt livres d'amende, en laquelle ils seront condamnés en la forme & maniere portée par le premier article ci-dessus : sauf à eux de s'en faire payer par la Partie, à la requête de laquelle l'emprisonnement aura été fait. Prisonniers.

24. Fait pareillement défenses sous les mêmes peines ausdits Huissiers, Prévôts des Maréchaux, Archers & autres Officiers de Justice, & aux Guichetiers de rien exiger des prisonniers qu'ils transféreront d'une prison dans une autre pour l'instruction des procès & autres causes, soit dans la même Ville ou ailleurs, sauf à se faire payer par les Parties, à la requête desquelles ils les transféreront ; & néanmoins, en cas que les prisonniers pour dettes demandent d'être transférés d'une prison dans une autre, ils seront tenus de payer les frais de leur translation, qui seront réglés par la même Ordonnance, par laquelle la translation aura été ordonnée.

25. Lorsqu'un prisonnier sera obligé de faire des significations ou obtenir des Jugemens & Arrêts contre ses créanciers pour être payé de ses alimens, les Greffiers des Géoles ou Géoliers ne recevront les créanciers à consigner les alimens pour l'avenir, qu'en consignant en même tems ceux qui n'avoient point été payés ; & en remboursant le prisonnier des frais desdites significations & jugemens, qui seront liquidés sans procédures par le Lieutenant Général, ou autre premier Officier du Siége ordinaire des lieux où les prisons sont situées, à peine contre lesdits Greffiers ou Géoliers de payer de leurs deniers ce qui pourra être dû au prisonnier tant pour ses alimens que pour les frais qu'il aura faits pour en être payé.

26. Lesdits Greffiers & Géoliers n'exigeront des prisonniers pour crimes qui n'ont point de Partie civile, aucuns droits, sous quelque prétexte que ce puisse être, pour raison de leur emprisonnement ou autre acte regardant ledit crime, sans préjudice de ce qui pourroit leur être dû pour autre cause, & sans qu'en aucun cas ils puissent appliquer au payement de ce qui leur est dû les sommes données par charité pour la délivrance des prisonniers, ni retenir les hardes desdits prisonniers pour leurs droits, nourritures & autres frais qu'ils leur pourroient devoir, mais seront tenus de se contenter d'une obligation pour se pourvoir sur leurs biens seulement, laquelle ne pourra leur être refusée par le prisonnier.

27. L'article 29 du titre 13 de l'Ordonnance du mois d'Août 1670, registré en la Cour le 26 desdits mois & an, sera exécuté, & en conséquence, les Greffiers de la Jurisdiction où le procès criminel aura été jugé, seront tenus de leur prononcer les Sentences & Jugemens d'élargissement le même jour qu'ils auront été rendus, & s'il n'y a point d'appel par les Substituts du Procureur Général, ou les Procureurs des Hauts-Justiciers dans les vingt-quatre heures après la prononciation qui leur en aura été faite, lesdits Géoliers seront tenus de mettre les Accusés hors des prisons, & l'écrire sur le Registre de la Géole, comme aussi ceux qui n'auront été condamnés qu'en des peines & réparations pécuniaires, en consignant entre les mains du Greffier de la Géole ou du Géolier pour les prisons où il n'y a point de Greffier les sommes adjugées pour amendes, aumônes & intérêts civils, sans que faute de payement des épices ou d'avoir levé les jugemens, les prononciations desdits jugemens ou les élargissemens puissent être différés, à peine contre les Greffiers des Jurisdictions, les Greffiers des Géoles ou Géoliers d'interdiction, de trois cens livres d'amende, & de tous dépens, dommages & intérêts des Parties, sans néanmoins que lesdits prisonniers puissent être mis hors des prisons, s'ils sont détenus pour autre cause ; seront aussi tenus les Greffiers des Jurisdictions de transcrire le dispositif desdites Sentences & Jugemens sur le Registre de la Géole le même jour qu'ils auront été rendus, & les Greffiers des Géoles ou Géoliers d'en délivrer des extraits lorsqu'ils en seront requis par les prisonniers.

28. Enjoint aux Substituts du Procureur Général & aux Procureurs des Sieurs Hauts-Justiciers d'avoir intention à ce que le pain soit fourni aux prisonniers de bonne qualité & du poids d'une livre & demie au moins par jour, de visiter leurs prisons au moins une fois chaque semaine, & d'entendre lesdits prisonniers, sans que lesdits Greffiers, Géoliers & Guichetiers soient présens, pour sçavoir si les Ordonnances, Arrêts & Réglemens de la Cour sont exécutés ; leur enjoint pareillement de se faire représenter les Registres du Greffier de la Géole & du Géolier, de recevoir les plaintes des prisonniers, faire visiter les malades par les Médecins & Chirurgiens ordinaires de la prison, & faire transférer sur leur avis dans les infirmeries les malades qui en auront besoin.

29. Les Lieutenans Généraux ou autres premiers Officiers des Siéges Royaux & des Justices Seigneuriales, seront tenus de régler tous les ans le dernier jour du mois de Décembre, sur les conclusions des Substituts du Procureur Général, ou des Procureurs Fiscaux, la somme à laquelle devront être fixés les alimens qui seront fournis par mois aux prisonniers détenus pour

Prisonniers. causes civiles, eu égard aux prix courant des vivres & denrées, & seront les Ordonnances rendues à cet égard, publiées le 2 Janvier de chaque année à l'Audience desdits Siéges & Justices, & affichées dans les prisons pour être exécutées pendant le tems d'une année, sauf à y être pourvû extraordinairement dans les cas imprévus qui pourront mériter quelque changement.

30. Seront aussi tenus lesdits Juges, ensemble les Substituts du Procureur Général des Bailliages & Sénéchaussées, & les Procureurs Fiscaux des Justices Seigneuriales ressortissantes en la Cour, d'envoyer au Greffe de la Cour dans trois mois, au plus tard, des Mémoires exacts des droits de quelque nature qu'ils soient, que les Greffiers des Géoles ou Géoliers dans les prisons où il n'y a point de Greffiers ont perçu jusqu'à présent, sur lesquels ils donneront leur avis, pour, sur ledit avis & lesdits mémoires, y être pourvû par la Cour, ainsi qu'il appartiendra.

31. Les Lieutenans Généraux des Sénéchaussées & Bailliages Royaux, & autres premiers Juges des Justices ordinaires du ressort de la Cour, chacun en ce qui concerne les prisons dépendantes de sa Jurisdiction, procéderont à l'avenir, le cas échéant, à la réception des Géoliers préposés ausdites prisons, & des Greffiers d'icelles où il y en a d'établis, même coteront & parapheront sans frais par première & dernière les Registres desdites Prisons, que lesdits Greffiers & Géoliers sont obligés de tenir chacun en droit soi en la forme prescrite par l'Ordonnance du mois d'Août 1670, & par les articles 13 & 17 du présent Arrêt, & au défaut des Lieutenans Généraux & premiers Juges, ces mêmes fonctions touchant la réception des Greffiers & Géoliers, & le paraphe desdits Registres, seront faites & remplies par les Lieutenans Criminels ou autres premiers Officiers de chaque Jurisdiction, dont dépendent lesdites prisons, à commencer par le plus ancien selon l'ordre du Tableau, sans au surplus préjudicier aux droits & jurisdictions des Juges pour ce qui peut regarder les bris des prisons, les évasions des prisonniers, & les crimes commis par les prisonniers dans les prisons, pour quoi en sera usé dans chaque Siége comme par le passé, sans rien innover à cet égard non plus qu'à la Jurisdiction particulière, civile & criminelle, telle que peuvent & doivent avoir les Juges sur les prisonniers détenus de leur ordonnance, soit pour empêcher leur communication avec d'autres personnes, ou leur donner un conseil dans les cas portés par l'Ordonnance, soit pour statuer sur leur liberté & réintégrande, radiation, ou décharge de leurs écroues, ou pour les faire recommander de nouveau, & pourvoir autrement ausdits prisonniers arrêtés de leur ordonnance, ainsi qu'il appartiendra par raison, sans toutefois qu'à l'occasion de la détention des prisonniers les Juges de l'ordonnance desquels ils sont détenus, puissent prendre aucune connoissance de ce qui concerne la police des prisons en général, au préjudice des Lieutenans Généraux & autres premiers Officiers des Siéges, ausquels il appartient d'en connoître.

32. Les Sieurs Hauts-Justiciers du ressort de la Cour seront tenus d'avoir des prisons au rès de chaussée en bon & suffisant état, & d'y mettre des Géoliers de la qualité requise par l'Ordonnance, si fait n'a été, dans trois mois, autrement seront construites & rétablies à la diligence des Substituts du Procureur Général du Roi des Siéges Royaux où les appellations des Justices desdits Hauts-Justiciers ressortissent médiatement ou immédiatement ; & à l'égard des Hautes-Justices ressortissantes nuëment en la Cour, à la diligence des Substituts du Procureur Général des Siéges Royaux les plus prochains, qui sont en droit de connoître des cas Royaux dans l'étendue desd. Hautes-Justices, dont sera délivré Exécutoire de l'autorité des Juges desdits Siéges Royaux, contre les Receveurs des Terres & Seigneuries d'où dépendent lesdites Hautes-Justices.

33. Seront au surplus exécutés les articles du titre 13 de ladite Ordonnance du mois d'Août 1670 touchant les prisons, Greffiers des Géoles, Géoliers & Guichetiers, la Déclaration du mois de Janvier 1680, régistrée en la Cour le concernant les alimens des prisonniers, lesquels, ensemble le présent Arrêt, seront lûs dans les prisons, tous les premiers Dimanches de chaque mois en présence de tous les prisonniers, & affichés à la porte de la prison, dans les Greffes des Géoles, à la morgue ou entrée de la prison, sur le préau dans les lieux les plus apparens desd. prisons, & les affiches renouvellées tous les ans à la Saint Martin & à Pâques ; même plus souvent s'il est nécessaire, le tout à la diligence des Chapelains, Greffiers & Géoliers conjointement, ausquels à cet effet, ou à l'un deux, seront données des copies imprimées du présent Arrêt, & ne pourront les Payeurs & Receveurs, à peine de radiation dans leur compte, leur payer aucuns honoraires, gages, salaires ou gratifications, qu'ils ne leur ayent fait apparoir qu'ils ont satisfait à ce que dessus, par un certificat signé d'eux tous, & de quatre témoins, visé par les Substituts du Procureur Général, ou des Procureurs Fiscaux. Fait défenses aux prisonniers, & à toutes autres personnes, d'enlever ou déchirer lesdites

affiches, à peine de punition corporelle; & aux Greffiers, Géoliers & Guichetiers de le souffrir, à peine de vingt livres d'amende contre les Greffiers & Géoliers & contre les Guichetiers d'être congédiés, & copies du présent Arrêt seront envoyées aux Bailliages & Sénéchaussées du ressort, pour y être lues, publiées & registrées. Enjoint aux Substituts du Procureur Général du Roi d'y tenir la main, & d'en certifier la Cour dans un mois. Fait en Parlement le premier Septembre mil sept cent dix-sept. *Signé*, GILBERT.

Sur la plainte faite par le Procureur Général du Roi, que les prisonniers détenus en la Conciergerie attentoient jour & nuit par effraction des portes & des murailles, & autres voies illicites, s'évader des prisons; & se trouvoient garnis à cet effet de plusieurs instrumens & ferremens propres à ce; outre qu'ils outrageoient les uns & les autres, ils poussoient leur insolence jusques à battre ceux qui alloient visiter aucun d'eux, avec tel excès qu'il s'en trouve en danger de leurs personnes, à quoi il a requis être pourvu. La matiere mise en délibération, la Cour a fait & fait inhibitions & défenses à tous prisonniers, d'attenter, sortir des prisons par escalade, effraction, ou autre voie illicite, en quelque sorte que ce soit, & à toutes personnes leur bailler ou porter aucuns ferremens & instrumens propres à faire effraction, leur aider & assister à évader desdites prisons, sur peine d'être atteints & convaincus de crime capital; Enjoint aux Géoliers de faire exacte visite par chacun jour des lits, paillasses & coffres de prisonniers, & aux prisonniers de souffrir lesdites visites, sans y faire résistance, ni entreprendre sur le Concierge, ses gens & Guichetiers; & en cas que aucuns prisonniers soient surpris faisant effraction aux murailles ou portes, seront pendus sans autre forme ni figure de procès, à une potence qui pour cet effet sera plantée au milieu du préau de la Conciergerie; fait défenses ausdits prisonniers de se battre ni s'outrager les uns & les autres, ni ceux qui viendront en ladite Conciergerie, ni même extorquer bienvenue des prisonniers nouvellement amenés esdites prisons sous peine du fouet, & de plus grande s'il y échoit. Et sera le présent Arrêt affiché, &c. Fait en Parlement, le 4 Mars 1608. *Signé*, VOISIN.

ARRÊT DU CONSEIL D'ETAT DU ROI,

Du 12 Août 1737.

Concernant le payement des salaires des Témoins.

Extrait des Registres du Conseil d'Etat.

LE Roi s'étant fait représenter en son Conseil la Déclaration du 12 Juillet 1685 & l'Arrêt du Conseil du 23 Octobre 1694, rendu en conformité, par lequel il a été ordonné que les Exécutoires pour frais de Justice, dans les cas où Sa Majesté en est tenue, qui seront décernés par les Juges pour dépenses urgentes, seront payés sur le champ par les Fermiers des Domaines, sans attendre qu'ils ayent été visés, à la charge par lesdits Fermiers, de les faire viser dans l'espace de trois mois, après qu'ils en auront fait le payement; avec défenses à tous Juges, de comprendre dans lesdits Exécutoires autres & plus grandes sommes que celles portées par les Arrêts & Réglemens, à peine de demeurer responsables en leurs propres & privés noms, de la restitution des sommes excédentes qui auroient été payées par lesdits Fermiers. Et Sa Majesté étant informée qu'on s'est écarté de la disposition de ces Réglemens, & que cependant il est d'une nécessité absolue de payer promptement les salaires des Témoins, ce qui ne peut être fait qu'en assurant aux Sous-Fermiers de ses Domaines & autres droits joints, & à leurs Commis, dans les lieux où il y a Jurisdiction Royale, l'allocation des sommes qui auront été par eux ainsi payées, & ce nonobstant la disposition des Réglemens qui défendent de payer aucuns frais de Justice, autrement que sur des Exécutoires qui soient visés par les Sieurs Intendans & Commissaires départis, après qu'il leur est apparu des procédures sur lesquelles ils ont été décernés avec des mémoires joints à chaque Exécutoire, contenant en détail la taxe desdits frais partie par partie, certifiés & signés des Juges, à l'effet de connoître non-seulement s'il n'y a point été compris d'autres frais que ceux qui doivent être payés, mais encore si les crimes pour lesquels lesdits frais auront été faits, sont de la nature de ceux dont la punition doit être poursuivie aux

Prisonniers. dépens de Sa Majesté, le tout conformément aux Arrêts du Conseil des 26 Octobre & 25 Novembre 1683, 12 Août 1710, & autres intervenus à ce sujet, à quoi Sa Majesté voulant pourvoir. Oüi le rapport du Sieur Orry, Conseiller d'Etat, & ordinaire au Conseil Royal, Contrôleur Général des Finances, SA MAJESTÉ ÉTANT EN SON CONSEIL, a ordonné & ordonne, que les Fermiers des Domaines & autres droits joints, ou leurs Commis, dans les lieux où il y a Jurisdiction Royale, payeront sur le champ ou sans aucun retard, aux Témoins entendus dans les procès criminels de la qualité de ceux dont suivant les Réglemens Sa Majesté doit supporter les frais, les sommes qui leur seront dûes pour leurs salaires, suivant la taxe qui en aura été faite par les Juges; desquelles sommes lesdits témoins, s'ils sçavent signer, donneront leurs reçus ensuite des taxes transcrites par les Juges ou le Greffier, sur les copies des exploits d'assignation, en conformité de celles insérées sur la minute des dépositions, recollemens, confrontations, & autres actes; & où lesdits témoins auroient déclarés ne sçavoir signer, il en sera fait mention dans lesdites taxes. Ordonne pareillement Sa Majesté, que tous les mois il sera par les Juges de chaque Siége, en la présence du Procureur du Roi, arrêté des états des sommes qui auroient été payées ausdits témoins dans chaque procès, sur la représentation qui sera faite par les Fermiers ou leurs Commis, des exploits taxés, & des reçus desdits témoins s'ils sçavent signer, sinon les seules copies des exploits avec les taxes sur iceux; du montant desquels états il sera délivré auxdits Fermiers ou à leurs Commis des Exécutoires de trois mois en trois mois, en la forme ordinaire, dans lesquels sera expliquée la qualité de l'accusation; pour, lesdits Exécutoires visés par les Sieurs Intendans & Commissaires départis dans les Provinces & Généralités du Royaume, en être tenu compte ausdits Fermiers ou leurs Commis: fait Sa Majesté défenses à tous Juges & Greffiers, & à tous Fermiers ou leurs Commis, de prendre pour lesdits états & Exécutoires, & pour les reçus ou quittances des témoins, aucune somme à peine de concussion. Ordonne en outre Sa Majesté, que les Arrêts des 26 Octobre & 25 Novembre 1683, & 12 Août 1710, & autres Arrêts & Réglemens, seront exécutés selon leur forme & teneur, jusqu'à ce que par Sa Majesté il en ait été autrement ordonné. Fait au Conseil d'Etat du Roi, Sa Majesté y étant, tenu à Versailles le douze Août mil sept cent trente-deux. *Signé*, PHELYPEAUX.

ARRÊT DU CONSEIL D'ETAT DU ROI,

Du 24 Novembre 1733.

Concernant les frais des Procès criminels qui s'instruisent à la Requête des Procureurs de Sa Majesté.

Extrait des Registres du Conseil d'Etat.

LE Roi s'étant fait représenter en son Conseil, les Arrêts rendus au sujet des frais des procès criminels qui sont poursuivis à la requête de ses Procureurs, a trouvé nécessaire d'y ajouter quelques dispositions, pour empêcher l'excès dans la taxe de ces frais, & pour en faire faire la répétition sur ceux qui en peuvent être tenus, dans les cas où ne devant point être à la charge de Sa Majesté, l'avance en aura été faite sur son Domaine: sur quoi, Oüi le rapport du Sieur Orry, Conseiller d'Etat, & ordinaire au Conseil Royal, Contrôleur Général des Finances, LE ROI ÉTANT EN SON CONSEIL, a ordonné & ordonne.

ARTICLE PREMIER.

Que les Juges, en délivrant les Exécutoires des frais des procès criminels, seront tenus d'y joindre un mémoire en détail des articles des frais qui composeront l'Exécutoire, avec le procès verbal de capture, contenant les effets dont les Accusés étoient saisis, ou qui auront été trouvés dans leur domicile, pour être lesdites pieces remises aux Sieurs Intendans & Commissaires départis dans les Provinces, lorsque les Exécutoires leur seront présentés pour être par eux visés.

II. Que lesdits Sieurs Intendans & Commissaires départis, envoyeront tous les six mois au Sieur Contrôleur Général des Finances, des copies Exécutoires qu'ils auront visés, avec le mémoire en détail des frais qui composeront chaque Exécutoire, & le procès-verbal de capture qui leur auront été remis.

III. Que sur lesdites pieces il sera arrêté au Conseil, des états de recouvrement desdits frais qui auront été avancés sur le Domaine, pour être répétés, dans les cas où il échoira, contre les Parties civiles, les Engagistes, les Seigneurs Hauts-Justiciers, ou sur les biens des condamnés, ainsi qu'il appartiendra.

IV. Que lesdits états seront remis aux Receveurs Généraux des Domaines & bois de chaque Généralité, pour être le recouvrement fait à leur diligence, & compter du tout aux Chambres des Comptes, en même tems qu'ils compteront de leurs exercices.

V. Que les poursuites qu'ils feront pour raison dudit recouvrement, seront portées aux Bureaux des Finances, sans obtenir de commission ni d'ordonnance de permission, & que leurs demandes seront jugées à l'Audience ou sur le délibéré, sans pouvoir être appointées; & à l'égard des Provinces où il n'y a point de Bureaux des Finances, lesdites poursuites, seront portées devant les Sieurs Intendans & Commissaires départis.

VI. Qu'ils ne payeront pour les poursuites qu'ils feront, aucuns droits de contrôle d'exploits, de présentations, congés, défauts ni autres, si ce n'est aux Greffiers, les simples droits d'expédition.

VII. Que cependant lesdits droits entreront en taxe, & seront payés par les Parties qui succomberont, ausdits Receveurs Généraux des Domaines, comme s'ils les avoient avancés, pour les indemniser d'une partie de leurs frais.

VIII. Qu'en cas que les Parties civiles & les condamnés, dans les cas où elles peuvent être tenues des frais, se trouvent insolvables, les Receveurs Généraux demeureront déchargés du recouvrement, en rapportant un certificat des Lieutenans Criminels & des Procureurs du Roi, de carence de bien.

IX. Que l'appel des Jugemens qui interviendront à la requête desdits Receveurs Généraux du Domaine, pour raison dudit recouvrement, sera porté au Conseil, Sa Majesté s'en réservant expressément la connoissance.

X. Accorde Sa Majesté ausdits Receveurs Généraux des Domaines, quatre sols pour livre du recouvrement qui sera par eux fait, à condition de ne pouvoir employer dans leurs comptes aucunes dépenses pour raison de leurs poursuites. FAIT au Conseil d'Etat, Sa Majesté y étant, tenu à Fontainebleau, le vingt-quatre Novembre mil sept cent trente-trois.

Signé, PHELYPEAUX.

Collationné à l'Original par Nous Ecuyer, Conseiller-Secrétaire du Roi, Maison, Couronne de France & de ses Finances.

ARRET DE LA COUR DE PARLEMENT,

Concernant les Taxes & salaires pour la conduite des Prisonniers, & pour le port de Procédures.

Du 12 Septembre 1742.

LOUIS, par la grace de Dieu, Roi de France & de Navarre : Au premier Huissier de notre Cour de Parlement, ou autre sur ce requis. Sçavoir faisons; Que vû par notre Cour la requête à elle présentée par notre Procureur Général, contenant, que par différens Arrêts rendus en différens tems, il avoit été permis par provision d'augmenter d'un quart les taxes & salaires pour raison de la conduite des prisonniers, & pour le port des procès, & ce attendu la cherté des vivres & des fourrages; mais que ces raisons ne subsistent plus à présent, notre Procureur Général a cru que notredite Cour voudroit bien employer son autorité pour révoquer cette augmentation dont le motif n'a plus d'objet. A CES CAUSES, requeroit notre Procureur Général qu'il plût à notredite Cour ordonner qu'à l'avenir, & à commencer du jour de l'Arrêt qui interviendroit sur sa présente Requête, les taxes & salaires pour la conduite des prisonniers, seroient reduites à l'ancienne fixation de quatorze livres par jour pour chaque prisonnier, à raison de huit lieues en Hyver, & de dix lieues en été, & comme avant l'Arrêt de notredite Cour du 31 Août 1723, & autres rendus en conséquence; que pareillement le port des procédures qui seroient apportées, ou qui seroient portées dudit Greffe, quand il n'y a point de prisonniers, seroit taxé comme il étoit avant lesdits Arrêts, sauf néanmoins à augmenter selon la qualité des prisonniers, pour lesquels il seroit besoin d'une escorte plus considérable que celle accoutumée, lequel excédent ne pourroit être taxé & ordonné qu'en vertu d'Arrêt sur pieces communiquées à notre Procureur Général; ladite Requête signée de notre Procureur Général, oüi le rapport de Maître Anne-Louis Pinon Conseiller: Tout considéré.

NOTREDITE COUR ordonne qu'à l'avenir, & à commencer du jour du présent Arrêt, les taxes & salaires pour la conduite des prisonniers, seront reduites à l'ancienne fixation de quatorze livres par jour pour chaque prisonnier, à raison de huit lieues en Hyver, & de dix lieues en Été, & ce comme avant l'Arrêt de notredite Cour du 31 Août 1723, & autres rendus en conséquence, & que pareillement le port des procédures qui seront apportées au Greffe, quand il n'y a point de prisonniers, sera taxé comme il l'étoit avant lesdits Arrêts, sauf néanmoins à augmenter selon la qualité & condition des prisonniers pour lesquels il seroit besoin d'une escorte plus considérable que celle accoutumée; lequel excédent ne pourra être taxé & ordonné qu'en vertu d'Arrêt sur pieces communiquées à nôtre Procureur Général. Te mandons mettre le présent Arrêt à exécution. FAIT en Parlement le douze Janvier mil sept cent trente-sept, & de notre Régne le vingt-deuzieme. Par la Chambre. *Signé*, YSABEAU.

ARRÊT DE LA COUR DU PARLEMENT,

Du 2 Décembre 1737, & 31 Janvier 1749.

Pour l'instruction des Procès aux Cadavres.

Extrait des Registres du Parlement.

VUE par la Cour la Requête présentée par le Procureur Général du Roi, contenant: Qu'un conflit de Jurisdiction entre les Officiers du Bailliage d'Orléans, & ceux de la Prévôté de la même Ville, l'oblige d'avoir recours à l'autorité de la Cour pour y être pourvû; le fait qui y donne lieu s'explique en peu de paroles. Louis Martin, au mois d'Octobre de la présente année 1737, fut arrêté pour vol par la Maréchaussée d'Orléans, & mené prisonnier dans les prisons d'Orléans; après huit jours de détention, il fut trouvé dans son cachot pendu & étranglé avec une corde faite de la paille de son lit, attachée à une fente qui étoit au haut dudit cachot; les Officiers de ladite Maréchaussée en dresserent leur procès-verbal, firent saler le Cadavre; & comme il n'étoit plus question d'instruire les accusations de vol, ils délaisserent la connoissance de l'accusation d'homicide de soi-même, aux Officiers du Bailliage d'Orléans. C'est alors que c'est élevé le conflit de Jurisdiction entre les Officiers de la Prévôté d'Orléans & ceux dudit Bailliage. Le Prévôt a prétendu, qu'en qualité de premier Juge & de Juge ordinaire, c'étoit à lui à en connoître; & effectivement il a instruit l'accusation & a fait la procédure requise en pareil cas. Les Officiers du Bailliage ont aussi instruit, & le Jugement est arrêté de part & d'autre par la contestation née entre ces deux Jurisdictions sur la compétance: d'un côté, le Prévôt se fonde sur ce qu'il prétend que le crime d'homicide de soi-même n'est pas un Cas Royal, mais un crime ordinaire, dont la connoissance appartient par conséquent, aux termes de l'Ordonnance, aux Prévôts & aux autres Juges ordinaires; d'un autre côté, le Bailliage l'a réclamé comme ayant la Police de la prison. Pendant ce tems-là le Cadavre n'est point inhumé; il est encore actuellement en dépôt en une des Tours de la Ville, où il a été mis à cause de l'infection qu'il causoit dans la Prison. En cet état, il paroît d'abord que ce qu'il y a de provisoire est de statuer sur l'inhumation du Cadavre, & le Procureur Général du Roi ne croit pas que la Cour fasse difficulté de l'ordonner. Dans ces sortes d'accusations la présence du Cadavre n'est principalement nécessaire que pour constater le corps du délit; & ce délit une fois constaté, rien ne paroît pouvoir empêcher l'inhumation du Cadavre; il est vrai, que dans le cas où le procès peut être en peu de tems instruit & jugé, on conserve souvent le Cadavre pour lui faire en quelque sorte supporter la peine dûe à un si grand crime; mais cet usage n'est pas fondé sur le principe que le Cadavre soit absolument nécessaire pour toute l'instruction & pour le Jugement du procès: les peines qui se prononcent dans ces sortes de crimes, ne s'exécutent sur le Cadavre que pour l'exemple, & afin de détourner de commettre de pareils crimes par l'horreur du spectacle; mais lorsque quelque raison, comme celle de l'infection que le Cadavre peut causer, empêche de garder le Cadavre, alors la Loi, qui n'exige rien d'impossible, n'assujettit point à conserver le Cadavre; son esprit est rempli en faisant le procès à la mémoire. C'est ce que nous marque bien précisément l'Ordonnance dans l'article 2 du titre de l'Ordonnance de 1670. Le Juge nommera, dit-elle, d'office un Curateur au Cadavre dudit défunt, s'il est encore existant, sinon à sa mémoire. C'est la mémoire principalement que l'Ordonnance veut qui soit flétrie: aussi dans le cas que le Cadavre est encore existant, cette punition n'est-elle que la figure du déshonneur & de l'affront imprimé sur la mémoire par la condamnation. Ici le corps du délit a été constaté; il y a un procès-verbal fait en Justice de l'état où le Cadavre a été trouvé. Les Médecins & Chirurgiens ont fait leur rapport de la cause de sa mort. Ce Cadavre pouvoit donc être inhumé dès le commencement de l'instruction: il le devoit être, à bien plus forte raison, depuis la contestation survenue entre les Juges sur leur compétance qui arrêtoit le Jugement du procès. Le Procureur Général du Roi, se persuade donc que la Cour ne fera point de difficulté d'ordonner l'inhumation du Cadavre en question. A l'égard de la compétance, il est vrai qu'il ne paroît pas que les Ordonnances ayent mis le crime d'homicide de soi-même au nombre des Cas Royaux. Ce n'est pas toujours l'atrocité d'un crime qui le rend Cas Royal: & il faut convenir que celui-ci ne paroît pas en avoir le caractère. Par cette raison, la connoissance sembleroit devoir appartenir au Prévôt, comme premier Juge; mais d'un autre côté, il est de principe que la Police des prisons appartient aux Officiers des Bailliages; & par une conséquence toute naturelle, la connoissance des crimes commis par les prisonniers; c'est la disposition de tous les Réglemens: quelques-uns de ces Réglemens paroissent à la vérité excepter quelquefois le cas où le prisonnier est arrêté de l'ordonnance du Prévôt, & dans ce cas ils accordent au Prévôt le droit de connoître du crime du prisonnier, comme par une sorte de droit de suite de la main-mise que le Juge a fait sur le prisonnier: mais il faut pour cela que le Prévôt se trouve dans le cas précis de l'exception. Ici la Police de la Prison ne paroît pas pouvoir être contestée aux Officiers du Bailliage d'Orléans; le crime dont est question a été commis par un homme qui étoit détenu dans les prisons. Le Prévôt d'Orléans n'est pas dans le cas de l'exception des Réglemens. L'homme en question n'étoit point arrêté de l'Ordonnance du Prévôt, par conséquent la connoissance du crime que cet homme a commis sur lui-même, ne paroît pas pouvoir appartenir au Prévôt, mais aux Officiers du Bailliage. Il y a même plus; quand l'homme en question auroit été arrêté de l'Ordonnance & en vertu d'un Décret du Prévôt d'Orléans, le Procureur Général du Roi auroit encore peine à croire que ce Juge pût prétendre la connoissance du crime en question; l'exception des Réglemens qui laisse aux Prévôts la connoissance des crimes commis par les prisonniers arrêtés de leur Ordonnance, est fondée, comme l'a remarqué le Procureur Général du Roi, sur ce que le Juge ayant acquis par son Décret une sorte de droit sur la personne & sur les Actions du prisonnier, lorsqu'il est de sa compétance, il paroît juste de réunir dans le même Siége qui se trouve le Siége de la Justice ordinaire, tous les chefs d'accusations qu'il peut y avoir contre un même Accusé, lorsque les nouvelles accusations sont aussi de la compétance du Juge qui se trouve légitimement saisi de la premiere accusation; mais ce droit du Juge sur la personne du prisonnier, ne peut durer qu'autant que dure l'affaire ou l'instruction du procès qui a mis le prisonnier sous sa main; ainsi si un prisonnier venoit à commettre un crime après le Jugement définitif du procès rendu par le Prévôt, il n'y a pas d'apparence que le Prévôt fût en droit de réclamer la connoissance de ce crime; il semble que par un retour au Droit commun elle devroit appartenir aux Officiers du Bailliage. Or la mort paroît devoir faire le même effet; elle fait plus même, elle éteint la poursuite de tous les crimes, elle la termine absolument pour réserver la vengeance de ces crimes au Souverain Juge. Dès-là le motifs de la réunion des contestations cesse; dès-là le premier Juge n'a plus aucun droit sur celui qui étoit auparavant prisonnier de son autorité; la mort qui a brisé les liens du prisonnier, c'est cela même qui fait son crime, ce n'est plus le prisonnier qu'il s'agit de punir, c'est un Cadavre, c'est une mémoire, sur lequel le premier Juge n'a jamais eu aucun droit, qu'il s'agit de flétrir ; & c'est un crime nouveau qui ne peut être regardé comme une suite des premiers, parce que ces premiers sont éteints par la mort, & qu'il n'en reste plus de trace : ainsi les premiers crimes ne peuvent acquerir au Juge un droit de suite pour ce second. De quelque côté donc qu'on envisage l'accusation dont il s'agit, rien ne paroît parler pour le Prévôt d'Orléans, les principes & les faits paroissent au contraire en faveur des Officiers du Bailliage. Reste une difficulté qui paroît arrêter les Officiers du Bailliage d'Orléans, qui est de sçavoir, si la Sentence qu'ils rendront dans le cas où elle porteroit les peines ordinaires du crime, de l'homicide de soi-même, peut être exécutée sans être confirmée par Arrêt, mais le principe à cet égard paroît certain, la condamnation d'une mémoire équivaut à une mort naturelle, & par conséquent ne peut s'exécuter sans être confirmée par Arrêt. Les condamnations contre les mémoires ne sont point de condamnations par contumace : l'instruction pour ces sortes de crimes se fait toujours avec des Curateurs, elle se fait par recollement & confrontation : en un mot, elles ne sont pas plus regardées comme des condamnations par contumace, que les condamnations contre les muets & les sourds : aussi ne voit-on pas qu'elles s'exécutent par effigie. Il est vrai que l'article 4 du titre 22 de l'Ordonnance de 1670, semble faire naître un doute à cet égard : cet article porte, que le Curateur pourra interjetter appel de la Sentence rendue contre le Cadavre ou la mémoire du défunt : il va même jusqu'à autoriser les parens du défunt à forcer le Curateur d'interjetter cet appel : si le Curateur n'est autorisé à interjetter appel de la Sentence de condamnation de la mémoire qu'en vertu d'une faculté que l'Ordonnance lui donne ; cet appel n'est donc pas de droit : & dans le cas ou le Curateur, ou les parens ne l'interjetteroit pas, la Sentence pourroit donc être exécutée. Telle est la conséquence qui paroîtroit suivre les termes de l'article ; mais il est difficile de se persuader que ce soit là l'esprit de l'Ordonnance : il y a bien plus lieu de croire que son intention n'a été que d'autoriser le même Curateur à défendre en cause d'appel la mémoire du défunt, comme il a fait en cause principale ; on auroit pû penser que la fonction de ce Curateur étoit finie par la Sentence de condamnation, & qu'il n'étoit pas en état d'en suivre l'événement : ç'a été apparemment, pour lever ce doute que l'Ordonnance a permis au Curateur d'interjetter appel de la Sentence rendue contre la mémoire, donner un autre sens à l'article de l'Ordonnance, ce seroit aller contre son esprit, qui ne peut jamais permettre d'exécuter une Sentence, qui, en même tems qu'elle couvre d'infamie la mémoire d'un défunt, enleve à ses héritiers irrévocablement, par la confiscation qu'elle emporte, un bien que la nature & la Loi même, cessant la condamnation, leur défére ; aussi toutes les fois que les premiers Juges se sont ingérés de faire exécuter ces sortes de Sentences avant qu'elles eussent été confirmées par Arrêt, la Cour a-t-elle, par les défenses qu'elle leur a faites, réprimé leur témérité. Le Procureur Général du Roi ne fatiguera point la Cour de la citation de ces Arrêts, il croit en avoir assez dit pour l'établissement d'une maxime qui trouve sa source dans les principes les plus communs de l'Ordonnance, & dans la raison & l'équité même. A CES CAUSES, requiert le Procureur Général du Roi, qu'il plaise à la Cour, sans préjudice des droits de Jurisdiction des Officiers de la Prévôté & du Bailliage d'Orléans, en autres causes, que le procès encommencé contre le Cadavre dudit Louis Martin par les Officiers dudit Bailliage, sera continué, fait & parfait à sa mémoire par le Lieutenant Criminel dudit Bailliage jusqu'à Sentence définitive inclusivement, sauf l'exécution, si la Sentence porte quelque peine contre ladite mémoire, laquelle ne pourra être faite qu'après, & au cas que sur le vû du procès, ladite Sentence aura été confirmée par Arrêt, & cependant ordonner que ledit Cadavre sera enterré en terre profane, jusqu'à ce qu'autrement par la Cour en ait été ordonné en jugeant ledit procès, ladite Requête signé Joly de Fleury. Oüi le Rapport de Me. Nicolas-René Nau, Conseiller : Tout considéré,

LADITE COUR ordonne, sans préjudice des droits des Jurisdictions des Officiers de la Prévôté & du Bailliage d'Orléans en autres causes, que le procès encommencé contre le Cadavre dudit Louis Martin par les Officiers dudit Bailliage, sera continué, fait & parfait à sa mémoire par le Lieutenant Criminel dudit Bailliage jusqu'à Sentence définitive inclusivement, sauf l'exécution, si la Sentence porte quelque peine contre ladite mémoire, laquelle ne pourra être faite qu'après & au cas, que, sur le vû du procès, ladite Sentence aura été confirmée par Arrêt ; & cependant ordonne que ledit Cadavre sera enterré en terre profane, jusqu'à ce qu'autrement par la Cour en ait été ordonné en jugeant ledit procès. FAIT en Parlement le deuzieme Décembre mil sept cent trente-sept. Collationné, FOENARD, *Signé*, RICHARD.

EXTRAIT DES REGISTRES *du Parlement.*

Du trente - un Janvier 1749.

VU par la Cour le procès criminel fait par le Lieutenant Criminel de Chaumont en Bassigny, à la requête du Substitut du Procureur Général du Roi, Demandeur & Accusateur, contre François Gaudin; Curateur nommé d'office au Cadavre d'Hubert Portier. La Sentence rendue sur ledit procès le 27 Janvier 1749, de laquelle le Substitut du Procureur Général du Roi, auroit déclaré être appellant *à minimâ*, pour laquelle ledit Hubert Portier auroit été déclaré dûement atteint & convaincu de s'être homicidé & étranglé soi-même le 20 dudit mois dans son cachot, où il étoit détenu pour crime de vol & d'assassinat prémédité; pour réparation auroit condamné sa mémoire à perpétuité, & seroit le Cadavre dudit défunt Portier attaché par l'Exécuteur de la Haute Justice au derriere d'une charrette, & traîné sur une Claie, la tête en bas, & la face tournée contre terre, par les rues de ladite Ville, depuis les prisons jusqu'à la Place publique où il seroit pendu par les pieds à une potence qui seroit pour cet effet plantée audit lieu; & après y avoir demeuré 24 heures, jetté à la voirie, ses biens acquis & confisqués à qui il appartiendra, sur lesquels seroit pris la somme de cent livres d'amende au profit du sieur Engagiste. Conclusions du Procureur Général du Roi: Oüi & interroger en la Cour Nicolas Huart, Guichetier de la Conciergerie du Palais, Curateur nommé d'office au lieu & place dudit Gaudin, au Cadavre dudit Hubert Portier; de lui préalablement pris le serment, sur les faits résultans dudit procès & cas à lui imposés. Tout considéré, LADITE COUR ordonne que la Sentence sortira son plein & entier effet, en conséquence, sur l'appel *à minimâ*, met les Parties hors de Cour; faisant droit sur les Conclusions du Procureur Général du Roi, ordonne que les Ordonnances, Arrêts & Réglemens de la Cour concernant les Cadavres des personnes qui se seront homicidées elles-mêmes, seront exécutées selon leur forme & teneur, & que l'Arrêt du 2 Décembre 1737, rendu pour les Prévôté & Bailliage d'Orléans, sera envoyé au Bailliage de Chaumont, & aux autres Bailliages du ressort de la Cour, pour être lû & publié aux Audiences desdits Bailliages, & enregistré aux Greffes desdits Siéges. Fait en Parlement le 31 Janvier 1749. *Signé*, DUFRANC. Collationné, FOESNARD.

ARRÊT DU CONSEIL D'ETAT DU ROI,

Du 23 Janvier 1742.

Qui régle le pied sur lequel seront taxés les salaires des Témoins, Médecins, Chirurgiens & autres qui seront entendus, dont le Ministere sera nécessaire dans les procédures qui seront instruites aux frais de Sa Majesté.

Extrait des Registres du Conseil d'Etat.

LE Roi s'étant informé que les salaires des Témoins entendus dans les procédures criminelles qui s'instruisent à la requête des Procureurs de Sa Majesté, seuls parties, ensemble les taxes des salaires, passées aux Médecins, Chirurgiens, Experts, Interprétes & autres dont le ministére est nécessaire pour l'instruction desdites procédures, sont réglés diversement dans les differens Siéges où lesdites affaires sont portées: Et Sa Majesté voulant établir à cet égard une régle uniforme, Elle a fait dresser un Tarif du pied sur lequel lesdits salaires & frais seront dorénavant réglés, eu égard à l'indemnité qui leur est dûe seulement pour la perte de leur tems ou frais de leurs voyages. Sur quoi, Oüi le rapport du Sieur Orry, Conseiller d'Etat & ordinaire au Conseil Royal, Contrôleur Général des Finances, LE

ROI ÉTANT EN SON CONSEIL, a ordonné & ordonne, que le Tarif qui demeureroit joint à la minute du présent Arrêt, sera exécuté selon sa forme & teneur. Fait défenses Sa Majesté à tous les Officiers des Siéges Royaux, & autres Juges, de taxer les salaires des Témoins & autres dénommés au présent Tarif, & de les employer dans les Exécutoires qu'ils décerneront sur le Domaine, sur un pied plus fort que celui qui y est porté, à peine d'en demeurer responsables en leur propre & privé nom; à l'effet de quoi l'excédant desdites taxes qu'ils auroient induement taxées, sera répété sur eux en vertu des rôles qui seront arrêtés en son Conseil. Enjoint Sa Majesté aux Sieurs Intendans & Commissaires départis dans les Généralités du Royaume, de tenir la main à l'exécution du présent Arrêt, & de reduire sur le pied dudit Tarif tous les Exécutoires sans exception, qui leur seront présentés pour être par eux visés. Et sera le présent Arrêt, lû, publié & affiché par tout où besoin sera. FAIT au Conseil d'Etat du Roi, Sa Majesté y étant, tenu à Versailles le vingt-trois Janvier mil sept cent quarante-deux. Signé, PHELYPEAUX.

TARIF des salaires qui seront taxés aux Témoins qui seront entendus dans les procédures qui seront faites à la requête des Procureurs Généraux & des Procureurs de Sa Majesté, seuls parties, lorsque lesdits Témoins requereront taxe; & aux Médecins, Chirurgiens, Experts & autres dont le ministere sera nécessaire pour l'instruction desdites procédures.

SÇAVOIR:

1°. Aux Gentilshommes, Officiers des Troupes de Sa Majesté, Officiers des Siéges Royaux ayant caractère de Juges & Gens du Roi desdits Siéges, pour chaque jour de voyage & séjour, cinq livres, ci . . . . 5 liv.

2°. Aux Curés, Prêtres, Ecclésiastiques, vivant cléricalement, Avocats, Procureurs, Notaires, Greffiers, & autres Ministres des Justices Royales, & autres Officiers des Justices Seigneuriales, Officiers Municipaux des villes, négocians & autres notables bourgeois, trois livres dix sols, ci . . . . . . 3 liv. 10 sols.

3°. Aux cavaliers & soldats des troupes de Sa Majesté, bourgeois des villes ou campagnes, marchands & artisans principaux, trente sols, ci . . . 1 10.

4°. Aux laboureurs, vignerons, manouvriers, petits artisans & compagnons ouvriers de ville & de campagne, vingt-cinq sols, ci . . . . 1 5.

5°. Ceux qui ne sont point dénommés dans les quatre classes ci-dessus, seront taxés sur le même pied que ceux qui s'y trouveront dénommés, & qui sont de la qualité approchante de la leur.

6°. Les femmes & les filles de tous les dénommés au présent Tarif, seront payées sur le même pied que leur mari & leur pere.

7°. Il ne sera payé aucuns salaires aux témoins des trois premieres classes, qui étant domiciliés dans le lieu même où se fait la procédure, ou dans la banlieue, peuvent venir comparoître en Justice sans qu'il leur en coûte aucuns frais.

A l'égard de ceux de la derniere classe, ils seront taxés s'ils le requierent, sur le pied du tems qu'ils auront perdu, sans néanmoins qu'ils puissent être taxés à plus de quinze sols pour chaque comparution.

8°. Il ne pourra être passé qu'une seule journée à ceux qui viendront de trois lieues ou plus près, à moins qu'ils n'ayent été obligés de faire séjour dans le lieu où se fait l'instruction, ce dont il sera fait mention expresse dans la taxe du Juge.

Il sera passé deux jours aux témoins qui seront plus éloignés de trois lieues, & moins éloignés de huit, du lieu où se fait l'instruction, & ainsi des autres, à compter un jour par quatre lieues de distance qui font huit lieues de voyage, en comptant l'aller & le retour.

9°. Les Médecins seront payés des voyages qu'ils feront pour faire leur rapport en Justice, sur le pied de cinq livres par jour, compris leur rapport, ci.... 5 liv. 0 sols.

Et pour leur visite & rapport dans le lieu même de leur résidence, cinquante sols, ci 2 10

10°. Les Chirurgiens pour leur voyage, y compris leur rapport quatre livres, ci 4

Pour leurs rapport & simple visite dans le lieu de leur résidence, quarante sols, ci 2

Et lorsqu'il y aura une exhumation à faire, ouverture du cadavre, ou autre opération plus difficile que la simple visite, il sera payé aux Chirurgiens, outre leur visite s'il y en a, quatre livres, ci 4

11°. Ne pourront les Juges en aucuns cas, ordonner qu'il soit fait de rapport par plus d'un Médecin & un Chirurgien, ou deux Chirurgiens au plus sans Médecin.

12°. Les Experts, Interprétes, Sages-Femmes, & autres dont le transport, visite & rapport seront nécessaires pour l'instruction des procès criminels, seront payés sur le même pied que les Chirurgiens.

FAIT & arrêté au Conseil d'Etat du Roi, Sa Majesté y étant, tenu à Versailles le vingt-troisieme jour de Janvier mil sept cent quarante-deux. *Signé*, PHELYPEAUX.

ARRÊT DE LA COUR DU PARLEMENT.

Rendu en la Chambre de la Tournelle Criminelle, le 7 Septembre 1743, sur les Conclusions de M. d'Ormesson, Avocat Général.

Entre le Sieur de Goussancourt, Seigneur de Grivel, prenant le fait & cause de ses Officiers, Appellant.

Et les Officiers du Siége Criminel du Bailliage de Mondidier, Intimés, qui juge que le crime de poison n'est pas cas Royal.

L'Appel étoit de la procédure extraordinaire faite à la requête du Substitut du Procureur Général, au sujet du crime de Poison commis en la personne d'un Habitant de Grivel.

Sur l'Appel le Seigneur a prétendu que l'instruction & la connoissance du crime appartenoit à ses Officiers; de la part des Officiers de Mondidier, il a été soutenu qu'ils avoient prevenu dans les vingt-quatre heures, & qu'en tout cas le crime de Poison étant un cas Royal, il n'y avoit qu'eux seuls qui en pouvoient connoître.

Par l'Arrêt il a été jugé que le Poison n'étoit point un cas Royal, & s'étant trouvé sur le vû des informations respéctives, qu'il n'y avoit point lieu à la prévention, la procédure faite à la Requête des Officiers de Mondidier a été déclarée nulle, dépens compensés.

ARRÊT DU CONSEIL D'ETAT PRIVE',

Du 7 Janvier 1744.

Portant en interprétation de l'article 12 du titre 25 de l'Ordonnance de 1670, qui juge que la Régle *in mitiorem*, portée par cet article, doit avoir lieu en faveur de l'Accusé incidemment, dans l'instruction ou Jugement de l'accusation incidente contre lui intentée, quoique les Parties soient respectivement Accusés & Accusateurs.

Voici la Consultation qui contient les Faits & les Moyens respectifs, sur lesquels cet Arrêt a été rendu.

LE Conseil soussigné qui a lû les Mémoires signifiés, tant de la part du sieur Astier, Commis pour la distribution du Tabac en la Ville de Briançon en Dauphiné, que de la part de Me. Blanchard, Avocat en Parlement, ci-devant premier Consul, Juge de Police de la même Ville de Briançon, est d'avis qu'il y a lieu de débouter le sieur Astier de son opposition à l'Arrêt du Conseil du 2 Janvier 1736, qui a ordonné, que sur la demande de Voyron & Blanchard en cassation de l'Arrêt du Parlement de Grenoble du 29 Mars 1732, il sera mis au Néant; & que sans s'arrêter à la rédaction ni à l'expédition de l'Arrêt dudit Parlement du 28 Mars 1733, la minute de ce dernier Arrêt sera effacée & supprimée, & qu'au lieu & place, il y sera substitué en marge une minute d'Arrêt conforme à l'avis le plus doux; par lequel Arrêt sur l'inscription de faux, les Parties sont mises hors de Cour, & pour être fait droit aux Parties, sur leurs demandes à fin de dommages, intérêts & dépens, renvoye les Parties au Parlement de Paris.

Il paroît dans le fait, que le premier Septembre 1731, le sieur Blanchard, alors premier Consul & Juge de Police de la Ville de Briançon, se transportera avec le sieur Voyron & autres Juges de Police ses Assistans, chez le sieur Astier, pour y faire la visite des poids dont il se servoit pour le débit du Tabac, les ayant échantillonnés, vérifiés, & remarqué la situation de la Balance, & trouvé le tout défectueux, ils firent porter ces poids à l'Hôtel de Ville, & du tout il fut dressé procès-verbal.

Astier a appellé de ce procès-verbal au Parlement de Grenoble, & intimé les sieurs Blanchard, Voyron & autres pour y procéder sur son appel, voir déclarer ce procès-verbal nul, & être condamnés en mille livres de dommages, intérêts, & aux dépens.

Il a ensuite pris une autre voie; incidemment à son appel, il s'est inscrit en faux contre ce procès-verbal; & ayant donné ses moyens de faux, ils ont été déclarés pertinens & admissibles par Arrêt du 29 Mars 1732.

Jusques-là les Parties procédoient au Civil, Astier étoit Appellant & Demandeur, & les sieurs Blanchard & Voyron simples Défendeurs; nonobstant le faux incident, qui ne devient procès extraordinaire, que quand on a pris la voie du faux principal. Mais sur le vû des informations, faites à la requête d'Astier sur ses moyens de faux, les sieurs Blanchard & Voyron ayant été décrétés d'ajournement personnel, & subi l'interrogatoire, ils sont devenus Accusés, & Astier Accusateur & Partie civile.

Le procès sur ce faux incident devenu principal contre les sieurs Blanchard & Voyron, a été réglé à l'extraordinaire, il a en conséquence été procédé aux recollement & confrontation.

Après cette instruction de procès criminel fait aux sieurs Blanchard & Voyron, il s'est agi de statuer sur cette accusation contr'eux faite par Astier, & de juger ce procès criminel. Du nombre de sept Juges, trois ont été d'avis simplement de mettre hors de Cour sur l'inscription en faux, & l'avis de quatre autres a été de déclarer le procès-verbal faux & nul, comme tel le casser & révoquer; ordonner qu'il seroit rayé & biffé du Registre des Délibérations de la Ville de Briançon; en marge duquel Registre & à côté duquel procès-verbal seroit fait mention de l'Arrêt; condamner Voyron & Blanchard en 3000 liv. de dommages & intérêts envers Astier, à une interdiction de toutes fonctions municipales pendant six mois, & aux dépens.

La rédaction de l'Arrêt a été faite, en conformité de ce dernier avis, le 28 Mars 1733. Les sieurs Blanchard & Voyron s'étant pourvus en cassation contre ces deux Arrêts, le Conseil par un premier Arrêt sur leur Requête du 28 Juin 1734, a ordonné qu'envoi seroit fait au Greffe du Conseil des motifs de ces deux Arrêts du Parlement de Grenoble, & que dans ces motifs seroient déclarés précisément quels avoient été les différens avis qui avoient été pris sur le fonds & sur les dépens; quel nombre de Juges avoient été pour chaque avis; & supposé qu'il y eût eu trois avis, il seroit déclaré si celui ou ceux qui avoient été du troisieme, étoient revenus à l'un des deux autres, & auquel des deux ils étoient revenus. Le même Arrêt ordonne aussi l'envoi des charges, informations & procédures, toutes choses demeurant en état.

C'est sur le vû de tous ces motifs, charges, informations & procédures, que le Conseil, en pleine connoissance de cause, a rendu le second Arrêt du 2 Juin 1736, dont on a ci-devant rapporté le Dispositif, auquel Astier a formé opposition.

Dans ces circonstances, pour décider du mérite de l'opposition d'Astier, il faut d'abord observer que, suivant la disposition de l'art. 12 du tit. 25 de l'Ordonnance de 1670, les Jugemens définitifs ou d'instruction, passeront à l'avis le plus doux, si le plus sévère ne prévaut de deux voix dans les procès qui se jugeront en dernier ressort.

La disposition de cet article d'Ordonnance est indéfinie & absolue. Il n'y a jamais de partage en matiere criminelle. Quand même l'un des deux avis des Juges en dernier ressort ne prévaudroit que d'une seule voix, soit en Jugement définitif ou d'instruction, le Jugement doit passer à l'avis le plus doux, & c'est cet avis qui forme le Jugement. Desorte qu'en ce cas le droit de chose jugée, suivant l'avis le plus doux, est tellement acquis à l'Accusé, que si le Jugement n'est pas rédigé suivant cet avis, le Conseil ne prend point la voie de la cassation pour réformer ce prétendu Jugement, qui n'en est pas un, mais il ordonne que l'avis le plus doux qui a formé le Jugement, sera substitué à la place du prétendu Jugement qui a été rédigé & expédié.

C'est en effet ce qu'on voit qui a été fait par l'Arrêt du Conseil du 2 Janvier 1736. Le sieur Astier pour soutenir son opposition à cet Arrêt, a voulu faire naître un problême sur l'application de la disposition de l'art. 12 du tit. 25 de l'Ordonnance de 1670, à l'espéce dont il s'agit, il veut même l'appliquer uniquement en sa faveur. Tous ses moyens se réduisent à dire qu'il a été accusé par les Juges de Police, de vendre à faux poids; que pour faits justificatifs, il s'est inscrit en faux contre leur procès-verbal; que le faux dont il est accusé par le procès-verbal est l'accusation principale; & que son inscription de faux contre ce procès-verbal, n'est qu'une accusation incidente contre les Juges de Police; que toute la faveur est pour l'Accusé dans ses faits justificatifs; que si on suit l'avis qui va à déclarer le procès-verbal faux, il se trouve déchargé de l'accusation d'avoir vendu à faux poids; si au contraire on suit l'avis qui va à mettre les Parties hors de Cour, sur son inscription de faux, il se trouve coupable d'avoir vendu à faux poids, ou que du moins quoique cet avis ne le condamne pas, il laisse son état indécis. Qu'ainsi l'avis de trois Juges, qui a été de mettre hors de Cour sur son inscription de faux, est sans contredit le plus sévère pour lui; que par conséquent il est seul dans le cas de profiter de la régle *in mitiorem*, & que c'est avec raison que le Jugement a été rédigé suivant l'avis de quatre autres Juges, qui a été que le procès-verbal fût déclaré faux & nul.

Mais dans l'espéce présente, il paroît qu'il n'y a nul problême dans l'application à faire du bénéfice de la régle *in mitiorem*; la maxime constante est qu'elle doit s'appliquer *en faveur de l'Accusé*, contre qui il s'agit d'instruire, ou de juger le procès sur l'accusation contre lui intentée.

En suivant cette maxime incontestable, qui résulte des termes de l'Ordonnance, la régle *in mitiorem* doit s'appliquer en faveur des sieurs Blanchard & Voyron seulement, & non en faveur du sieur Astier, puisque c'est contre les sieurs Blanchard & Voyron seuls comme Accusés, que le procès a été instruit au Parlement de Grenoble, & qu'il s'est agi d'y juger ce procès.

A l'égard d'Astier, bien loin qu'il se soit agi d'instruction ni de Jugement de procès-criminel contre lui, lui-même étoit l'Accusateur & la Partie civile; il n'a point eu la qualité d'Accusé; ainsi la régle *in mitiorem*, n'a pas pû être appliquée en sa faveur.

Il est vrai que l'application de la régle *in mitiorem*, étant faite en faveur des sieurs Blanchard & Voyron, cela réfléchit indirectement contre Astier, & fait qu'il se trouve avoir un moyen de moins, pour attaquer le procès-verbal fait contre lui; mais il n'y a jamais eu d'accusation intentée contre lui en conséquence de ce procès-verbal, il ne pouvoit pas même y en avoir; car suivant l'usage, ces sortes de contraventions se réduisent *de plano*, à une foible condamnation d'amende pécuniaire.

Quand même on supposeroit qu'Astier auroit pû être assujetti à un procès criminel comme Accusé, en conséquence de ce procès-verbal: allons plus loin, quand on supposeroit aussi qu'Astier eût été accusé en forme sur les faits résultans de ce procès-verbal. Dans ces présuppositions, pour donner lieu au problême sur l'application de la régle *in mitiorem*, & pour qu'il eût pû l'invoquer en sa faveur, de même que le sieur Blanchard & Voyron, il auroit fallu que les procès respectifs eussent été joints, & qu'il se fût agi de juger l'un & l'autre procès, conjointement par le même Jugement, auquel cas les Parties auroient été respectivement accusées, si au contraire les deux procès n'avoient pas été joints, il n'y auroit point eu de difficulté, en jugeant séparément chacun de ces procès; on auroit dû appliquer à chacun séparément la régle *in mitiorem*.

Mais enfin en écartant toutes ces présuppositions, & en se renfermant dans les circonstances du fait ci-devant rapportées, il en résulte bien évidemment qu'Astier étoit Accusateur & partie civile; que les sieurs Blanchard & Voyron étoient les seuls Accusés, les seuls contre qui le procès criminel eût été instruit; qui s'agissoit uniquement de juger ce procès; conséquemment que la régle *in mitiorem*, ne pouvoit être appliquée qu'en leur faveur.

Au reste, quelque favorable que soit un Accusé dans ses faits justificatifs il n'est pas possible de s'écarter de la maxime invariable, que l'application de la régle *in mitiorem*, se doit toujours faire en faveur de l'Accusé dont on instruit le procès ou dont il s'agit de juger définitivement le procès. Ainsi, si en procédant à l'instruction des faits justificatifs de l'Accusé, il arrive que l'Accusateur originaire se trouve Accusé lui-même, & qu'il s'agisse de juger le procès séparément sur cette accusation incidente, il faut sans contredit appliquer en faveur de l'Accusateur originaire, mais Accusé incidemment, la régle *in mitiorem*; sauf en jugeant le procès contre l'Accusé originaire, à appliquer la même régle en sa faveur.

Cette maxime sur l'application de la régle *in mitiorem*, en faveur uniquement de l'Accusé dont il s'agit d'instruire le procès, ou de le juger, est si certaine, que le Conseil par son Arrêt du 2 Janvier 1736, en a ordonné l'exécution, sur le vû des informations & de toute la procédure, ensemble des motifs de l'Arrêt du Parlement de Grenoble du 28 Mars 1733, par lesquels il est à présumer que les quatre Juges des sept, suivant l'avis desquels cet Arrêt a été rédigé, ont employé les mêmes moyens dont Astier se sert aujourd'hui pour soutenir son opposition à l'Arrêt du Conseil du 2 Janvier 1736.

Desorte que cet Arrêt du Conseil a été rendu en très-grande connoissance de toutes les circonstances; que le Conseil en le rendant, avoit sous les yeux tous les moyens dont Astier se sert aujourd'hui; que si cet Arrêt est sujet à l'opposition dans la forme, il a au fond tout le mérite d'un Arrêt contradictoire.

Délibéré à Paris, ce 23 Décembre 1743. *Signé*, DE LA COMBE, Avocat.

Par Arrêt du Conseil d'Etat privé du Mardi 7 Janvier 1744, rendu au rapport de M. de la Bourdonnaye de Blossac, Maître des Requêtes, le sieur Astier a été débouté de son opposition au précédent Arrêt du Conseil du 2 Janvier 1736, avec dépens.

La même décision doit avoir lieu dans les procès qui se jugent à charge de l'appel, à l'égard desquels le même article 12 du tit. 15 de l'Ordonnance de 1670 porte, que les Jugemens, soit définitifs, ou d'instruction, passeront à l'avis le plus doux, si le plus sévére ne prévaut d'une voix.

ARRÊT DE LA COUR DE PARLEMENT.

Portant Réglement pour les Exécutoires pour frais des Procès criminels, ausquels il y a des Parties civiles qui se trouvent insolvables.

Du 23 Août 1745.

LOUIS, par la grace de Dieu, Roi de France & de Navarre : au premier des Huissiers de notre Cour de Parlement, ou autre sur ce requis : sçavoir faisons. Que vû par notre Cour la Requête à elle présentée par notre Procureur Général, contenant que rien n'étoit plus capable d'accélerer l'expédition des procès criminels, que de veiller à ce que les frais ordinaires pour l'instruction soient exactement & promptement payés. Toutes les Ordonnances se sont particuliérement attaché à pourvoir au payement de ces frais; lorsque les procès s'instruisent à la requête de la partie publique seulement, les Exécutoires des frais se délivrent contre les Receveurs de nos Domaines, ou contre ceux des Hauts-Justiciers, si le procès s'instruit dans une Haute-Justice : mais lorsqu'il y a Parties civiles, il est juste que ces Parties, prenant la partie sur leur compte, elles soient aussi chargées des frais, & alors les Exécutoires se délivrent contre elles; au premier cas le payement de ces Exécutions ne souffre pas d'ordinaire de difficulté; la Justice des Rois y a pourvû, en assignant dans le cas où leur Domaine n'est pas engagé, un fond pour le payement des frais des procès criminels; & dans les cas où leur Domaine est engagé, en ordonnant que les Engagistes Receveurs ou Fermiers, seront contraints au payement même au-dessus du fond destiné pour les frais de Justice. Les Ordonnances veulent pareillement, que dans les Justices des Hauts-Justiciers, eux & leurs Receveurs & Fermiers, soient aussi contraints au payement des frais des procès qui s'instruisent dans leurs Justices, & cela s'exécute lorsque les Procureurs Fiscaux sont seuls Parties. Mais il n'en est pas de même, lorsque les frais sont à prendre sur les Parties civiles. Les Parties d'ordinaire fort animées, lorsqu'il s'agit d'entreprendre un procès criminel, ne marquent pas le même empressement lorsqu'il s'agit d'en payer les frais; on est souvent obligé d'en venir à des poursuites & à des contraintes contre elles; ces poursuites opérent quelquefois le payement, mais souvent elles sont infructueuses, les Parties se trouvent insolvables. Les Ordonnances ont encore prévû ce cas, & elles veulent que lorsque les Parties civiles sont hors d'état de satisfaire aux Exécutoires délivrés contre elles, il en soit décerné d'autres contre les Receveurs de notre Domaine. Cet expédient fourni par l'Ordonnance est sans doute digne de la Justice des Rois; mais il est juste aussi de ne l'employer que dans les cas où véritablement les Parties civiles sont insolvables. La difficulté est de constater cette insolvabilité. L'usage a introduit de délivrer de nouveaux Exécutoires sur les procès-verbaux de créance des Biens, dressés par les Huissiers qui ont été chargés des poursuites; mais l'expérience apprend que rien n'est plus illusoire que ces procès-verbaux: le cas le plus fréquent, & celui qui passe le plus souvent sous les yeux de notre Procureur Général, est celui des Exécutoires qui se délivrent en notredite Cour aux Messagers pour l'apport des procès criminels, & aux Greffiers des Justices subalternes, pour les frais des Expéditions des procédures; ces Exécutoires se remettent par les Messagers ou les Greffiers entre les mains d'Huissiers, pour en poursuivre le payement: mais ces Huissiers souvent par collusion avec les Parties civiles, quelquefois même de concert avec les Messagers & les Greffiers, ou ne font aucune poursuite, & cependant déclarent en avoir fait, ou s'ils en font, ils les font si superficiellement, & avec si peu d'exactitude & de fidélité, qu'elles n'opérent point le payement; les Messagers & les Greffiers se font délivrer par ces Huissiers des procès-verbaux de carence & d'insolvabilité, & avec ces procès-verbaux, ils reviennent en notredite Cour, & obtiennent d'autres Exécutoires sur notre Domaine. L'abus de ces Exécutoires dans ces cas est sensible; car enfin si d'un côté il est juste que dans les cas d'insolvabilité réelle & effective, ces Messagers & ces Greffiers soient payés sur notre Domaine, des frais qui leurs sont attribués par l'Ordonnance, il n'est pas juste d'un autre côté de faire supporter à nos Domaines des frais qui sont à la charge d'une partie qui est en état de les payer. L'objet de notre Procureur Général dans cette Requête, est donc de proposer à notredite Cour un moyen, qui, en le mettant à portée de rendre justice à ces Messagers, & à ces Greffiers, dans le cas d'une insolvabilité notoire & avérée des Parties civiles, lui donne une sorte d'assurance contre la surprise qui pourroit être faite à sa religion par la présentation des procès-verbaux infidéles, & souvent même faux: Il est d'autant plus important de remédier aux abus & aux fraudes qui se commettent en cette matiere, qu'il n'est que trop ordinaire de voir les Messagers & les Greffiers se prêter eux-mêmes à la prévarication des Huissiers par la plus grande facilité qu'ils trouvent à se faire payer, en vertu de ces nouveaux Exécutoires, qu'en vertu de ceux qui leur sont délivrés comme les Parties civiles. Notre Procureur Général ne proposera point à notredite Cour de supprimer l'usage des procès-verbaux de carence qui se font par les Huissiers chargés des poursuites; le ministere de ces Officiers paroît absolument nécessaire dans ces occasions; ils seront les premiers témoins des faits qu'ils attestent dans leurs Exploits, & il est dû une sorte de foi à leur Déclaration: mais notredite Cour sçait que la foi que l'on ajoute à leur témoignage, n'est pas sans borne; que dans les vrais principes, l'Office de Sergent ne gît que dans un pur ministere, & dans l'exécution de ce qui lui est commandé, qu'il n'est cru qu'à son Exploit, & que tout ce qui excéde les bornes de l'Exploit & de la Citation excéde en quelque sorte son ministere & ses fonctions. L'Ordonnance va même plus loin dans nombre d'occasions, & surtout dans celles où il n'est pas en quelque sorte possible d'avoir d'autres témoignages que celui de l'Huissier, elle ne veut que foi soit ajoutée à l'Exploit de l'Huissier, qu'autant que le sceau & l'autorité du Juge y intervient. L'Ordonnance de 1667, tit. 2 article 4, dans le cas où l'Huissier ne trouve personne au domicile de celui qu'il assigne, & qu'il n'y a aucun voisin, veut que l'Huissier fasse parapher son Exploit, & dater le jour du paraphe par le Juge du lieu. L'article 9 du même titre dans le cas où un homme qui est assigné, n'a eu & n'a aucun domicile, veut pareillement que l'assignation, qui en ce cas doit être donnée à cri public, soit paraphée par le Juge des lieux; la raison de l'Ordonnance a été sans doute, que la vérité de l'Exploit ne doit pas dépendre de la seule Déclaration de l'Huissier, & que dans ce cas-là, elle en dépendoit, si elle ne prenoit pas quelques mesures pour s'en assurer d'ailleurs, & elle a pensé que le meilleur moyen de s'en assurer, étoit de faire attester l'Exploit par le Juge. Notre Procureur Général ne croit pas pouvoir mieux faire que de proposer à notredite Cour, pour s'assurer de la fidélité des procès-verbaux de carence, la même précaution que l'Ordonnance a prise dans certains cas pour constater la vérité des Exploits; il proposera donc à notredite Cour d'assujettir les Huissiers à faire certifier ces procès-verbaux de carence, par les premiers Officiers des Siéges des lieux où se feront les exécutions, pour raison du payement des Exécutoires délivrés contre les Parties civiles; il y a tout lieu de penser que des Officiers des premiers Offices de Judicature de leurs Siéges ne certifieront des procès-verbaux, qu'après avoir fait les informations & perquisitions nécessaires pour s'assurer de la vérité. Le caractère de l'Officier qui certifiera le procès-verbal de l'Huissier, lui donnera l'autenticité qui pourroit lui manquer, il n'y aura plus, ou il y aura beaucoup moins de surprise à craindre, & notre Domaine ne courra plus le même risque de payer pour un débiteur bon & solvable. Mais si pour accélerer l'instruction des procès criminels, Nous avons bien voulu dans le cas où les Parties civiles ne sont point en état de satisfaire aux Exécutoires délivrés contr'elles, qu'il en fût délivré d'autres sur nos Domaines, il est juste que le Receveur de notre Domaine puisse avoir son recours contre les Parties, ausquelles il pourroit découvrir quelques Biens : Mais par un deuxieme abus que notre Procureur Général a remarqué dans l'usage de ces Exécutoires, c'est que ce recours devient presque impossible dans l'exécution, les Messagers & les Greffiers obtiennent différens Exécutoires contre différentes Parties civiles, ils laissent accumuler ces Exécutoires, & ensuite sous prétexte d'insolvabilité de ces Parties civiles, ils obtiennent en notredite Cour un seul & même Exécutoire sur notre Domaine des sommes comprises dans les premiers Exécutoires, sans désigner le montant de chacun de ces premiers Exécutoires ; ensorte que lorsque le Fermier de notre Domaine veut exercer son recours contre celles desdites Parties civiles qui peuvent être solvables, il ne lui est pas possible de les poursuivre, faute de sçavoir & de pouvoir fixer les sommes dont chacune des Parties civiles peuvent être tenues, au moyen de quoi ces nouveaux Exécutoires tombent pour la plus grande partie en pure perte sur notre Domaine, quoique les Parties soient solvables. Il paroît aisé à remédier à cet abus, en ordonnant que dans le cas où il ne seroit délivré qu'un seul & même Exécutoire sur notre Domaine, pour différentes sommes comprises dans des premiers Exécutoires obtenus contre différentes Parties civiles, ce nouvel Exécutoire contiendra en détail les noms des personnes contre lesquelles les premiers Exécutoires auront été obtenus, & les sommes pour lesquelles chacun desdits Exécutoires aura été obtenu. Un troisieme abus que notre Procureur Général a remarqué, c'est que les Messagers & les Greffiers ne commencent souvent leurs poursuites, pour le payement des Exécutoires qu'ils ont obtenus contre les Parties civiles, que long-tems après la date de l'obtention de ces Exécutoires ; pendant ce tems d'inaction de leur part, les Parties deviennent insolvables, & ne pouvant parvenir à se faire payer, ils obtiennent d'autres Exécutoires sur notre Domaine, sous prétexte d'insolvabilité : par ce moyen ils profitent de leur négligence, & ils rendent le recours du Receveur de notre Domaine infructueux ; il se peut même faire, que le retard à se faire payer par les Parties civiles de leurs Exécutoires, soit l'effet de leurs collusions avec les Parties civiles : enfin on peut même présumer, après un si long-tems, que ces Messagers & Greffiers ont été payés de leurs Exécutoires par les Parties civiles, & qu'ils cherchent à s'en faire payer une seconde fois par notre Domaine. Dans l'un ou dans l'autre cas, leur négligence ou leur faute ne doivent pas leur profiter, ils ne doivent pas être les maîtres de faire supporter à notre Domaine des frais dont ils auroient pû se faire payer, en faisant leurs diligences dans un tems convenable, ou dont ils ont été véritablement payés. Notre Procureur Général proposera donc à notredite Cour de fixer un tems, pendant lequel les Messagers & Greffiers seront tenus de faire leurs diligences contre les Parties civiles, pour se faire payer des Exécutoires qu'ils auront obtenus contre notre Domaine : mais ce n'est pas seulement à l'occasion des Exécutoires qui se délivrent dans les Justices du Ressort de notredite Cour, que les abus dont notre Procureur Général vient de rendre compte à notredite Cour, se pratiquent, il reçoit les mêmes plaintes à l'égard de ceux qui se délivrent dans les Justices du Ressort de notredite Cour sur nos Domaines, & les Justices Seigneuriales, dans les Domaines des Hauts-Justiciers. Notre Procureur Général requerera donc que l'Arrêt qui interviendra sur sa Requête, soit envoyé dans les Bailliages du Ressort de notredite Cour, afin que les Juges ayent à s'y conformer. A CES CAUSES, requiert notre Procureur Général, qu'il plaise à notredite Cour ordonner qu'il ne sera délivré à l'avenir, soit en notredite Cour, soit par les Juges du Ressort de notredite Cour, aucun Exécutoire en matiere criminelle sur nos Domaines, ni sur les Domaines des Hauts-Justiciers pour cause d'insolvabilité des Parties civiles, que sur un procès-verbal de carence fait par l'Huissier qui aura été chargé des poursuites des premiers Exécutoires délivrés contre les Parties civiles, duquel procès-verbal la vérité sera attestée par le premier Officier civil, ou autre plus ancien Officier, suivant l'ordre du Tableau du Siége du lieu où les poursuites auront été faites, & du domicile de la Partie civile, & par les Substituts de notre Procureur Général, ou par le Procureur Fiscal audit Siége ; comme aussi que dans le cas où il ne seroit délivré qu'un seul Exécutoire sur notre Domaine, ou ou sur le Domaine des Hauts-Justiciers, pour différens Exécutoires délivrés contre différentes Parties civiles, le nouvel Exécutoire contiendra en détail les noms des Parties civiles, contre lesquelles les premiers Exécutoires auront été obtenus, & les sommes pour lesquelles chacun desdits Exécutoires aura été obtenu, & pareillement que les Messagers & Greffiers ausquels il aura été délivré des Exécutoires contre des Parties civiles, seront tenus dans six mois de la date desdits Exécutoires, de faire leurs diligences contre les Parties civiles, pour s'en procurer le payement, & dans autres six mois de la date de leurs dernieres diligences, de se pourvoir pour obtenir d'autres Exécutoires sur notre Domaine, & sur les Domaines des Hauts-Justiciers, sinon, & ledit tems passé, qu'il ne pourra leur être délivré de nouveaux Exécutoires sur notre Domaine, & sur celui des Hauts-Justiciers : Ordonnons que l'Arrêt qui interviendra sur ladite Requête, sera imprimé, lû & publié à l'Audience du Châtelet de Paris, & envoyé aux Bailliages du Ressort de notredite Cour, pour y être pareillement lû & publié : ladite Requête signée de notre Procureur Général. OUI le Rapport de Me. Elie Bochard, Conseiller : Tout considéré. NOTREDITE COUR ordonne qu'il ne sera délivré à l'avenir, soit en notredite Cour, soit par les Juges du ressort d'icelles, aucun Exécutoire en matiere criminelle sur nos Domaines, ni sur les Domaines des Hauts-Justiciers, pour cause d'insolvabilité des Parties civiles, que sur un procès-verbal de carence, fait par l'Huissier qui aura été chargé des poursuites des premiers Exécutoires délivrés contre les Parties civiles, duquel procès-verbal la vérité sera attestée par le premier Officier civil, ou autres plus anciens Officiers suivant l'ordre du Tableau du Siége du lieu où les poursuites auront été faites, & du domicile de la Partie civile, & par le Substitut de notre Procureur Général, ou par le Procureur Fiscal audit Siége ; comme aussi que dans le cas où il ne seroit délivré qu'un seul & même Exécutoire sur notre Domaine, ou sur le Domaine d'un Haut-Justicier, pour différentes sommes comprises dans différens Exécutoires délivrés contre différentes Parties civiles, le nouvel Exécutoire contiendra en détail les noms des Parties civiles contre lesquels les premiers Exécutoires auront été obtenus, & les sommes pour lesquelles chacun desdits Exécutoires aura été obtenu ; & pareillement que les Messagers & Greffiers ausquels il aura été délivré des Exécutoires contre des Parties civiles, seront tenus, dans six mois de la date desdits Exécutoires, de faire leurs diligences contre les Parties civiles, pour s'en procurer le payement, & dans autres six mois de la date de leurs dernieres diligences, de se pouvoir pour obtenir d'autres Exécutoires sur notre Domaine, ou sur les Domaines des Hauts-Justiciers ; sinon, & ledit tems passé, qu'il ne pourra leur être délivré de nouveaux Exécutoires sur notre Domaine, & sur celui des Hauts-Justiciers : Ordonne que le présent Arrêt sera imprimé, lû & publié à l'Audience du Châtelet de Paris, & envoyé aux Bailliages du Ressort de notredite Cour, pour y être pareillement lû & publié. MANDONS mettre le présent Arrêt à exécution, de ce faire, te donnons pouvoir. DONNÉ en Parlement le 23 Août, l'an de grace mil sept cent quarante-cinq, & de notre Régne le trentiéme. *Collationné.* HUBERT DURIEUX. Par la Chambre. *Signé*, DUFRANC.

DECLARATION DU ROI,

Concernant les Mendians.

Donnée à Fontainebleau le 20 Octobre 1750.

LOUIS, par la grace de Dieu, Roi de France & de Navarre : A tous ceux qui ces présentes Lettres verront ; SALUT. Nous avons été informés que notre Déclaration du 18 Juillet 1724, dans laquelle Nous nous étions proposé de bannir la mendicité de nos Etats, n'ayant pas été aussi bien exécutée depuis le commencement des dernieres Guerres, qu'elle l'avoit été pendant plusieurs années, le nombre des Mendians s'étoit tellement augmenté, qu'il étoit à propos d'y apporter des remédes encore plus efficaces que ceux qui ont été employés jusqu'à présent ; & comme, en attendant le Réglement général que Nous avons résolu de faire sur cette matiere, il est nécessaire de reprimer promptement la licence avec laquelle les Mendians se répandent dans les Villes & Campagnes de notre Royaume, Nous avons jugé à propos, d'expliquer, par provision, nos intentions à cet égard. A CES CAUSES, & autres considérations à ce Nous mouvantes, de l'avis de notre Conseil, & de notre certaine science, pleine puissance & autorité Royale, Nous avons par ces Présentes signées de notre main, dit, statué & ordonné, disons, statuons & ordonnons, voulons & nous plaît ce qui suit.

I. Enjoignons à tous Mendians, tant hommes que femmes, de prendre incessamment un emploi pour subsister, si mieux ils n'aiment se retirer dans le lieu de leur naissance ou de leur domicile, dans un mois, à compter du jour de la publication des Présentes, après lequel tems, lesdits Mendians valides ou invalides, qui seront trouvés mendians dans notre bonne Ville de Paris, & autres Villes & lieux de notre Royaume, seront arrêtés & conduits dans les Hôpitaux Généraux les plus proches des lieux où ils auront été arrêtés, pour y être nourris & gardés pendant le tems qui sera jugé convenable par les Directeurs desdits Hôpitaux, pendant lequel tems nous ferons pourvoir à leur subsistance.

II. Au cas qu'il n'y ait point d'Hôpital Général dans la distance de quatre lieues du lieu où lesdits Mendians auroient été arrêtés, voulons qu'ils soient conduits dans les prisons les plus prochaines, d'où ils seront ensuite transférés dans l'Hôpital Général le plus proche; & sera pourvû, par nos ordres, à leur subsistance pendant le tems qu'ils seront détenus dans lesdites prisons, & aux frais de leur translation dans lesdits Hôpitaux.

III. Les Mendians qui seront arrêtés demandans l'aumône avec insolence, ceux qui se diront faussement Soldats, qui seront porteurs de Congés qui ne seroient pas véritables, ceux, qui, lorsqu'ils auront été arrêtés & conduits à l'Hôpital, auront déguisé leurs noms & surnoms, & le lieu de leur naissance; ensemble ceux qui seroient arrêtés contrefaisant les estropiés, ou qui feindroient des maladies qu'ils n'auroient pas, ceux qui se seroient attroupés au-dessus du nombre de quatre, non compris les enfans, soit dans les Villes ou dans les Campagnes, ou qui auroient été trouvés armé de fusils, pistolets, épées, bâtons ferrés ou autres armes; & ceux qui se trouveront flétris d'une fleur de Lys ou de la lettre V. ou autre marque infamante, seront condamnés, quoiqu'arrêtés mendians pour la premiere fois; sçavoir, les hommes valides aux Galéres au moins pour cinq années, & à l'égard des femmes ou des hommes invalides, au fouet dans l'intérieur de l'Hôpital Général, & à une détention dans ledit Hôpital à tems ou à perpétuité, suivant l'exigence des cas. Voulons, conformément à l'article 10 de la Déclaration de 1724, qu'en cas de rébellion desdits Mendians, soit par eux, ou par autres qui leur donneroient asyle & protection pour empêcher qu'on ne les arrête, il soit procédé contre les coupables, & le procès à eux fait & parfait suivant la rigueur des Ordonnances.

IV. Voulons au surplus que les articles 6, 7, 8, 9 & 11 de notre Déclaration du 18 Juillet 1724, soit pour la peine des Mendians dont est fait mention dans l'article 6, soit pour la compétance & la forme des Procédures mentionnées ès articles 7, 8, & 11 soient exécutés selon leur forme & teneur.

V. N'entendons néanmoins que, sous prétexte de la présente Déclaration, il puisse être apporté aucun trouble ou obstacle aux Habitans de nos Pays de Normandie, Limosin, Auvergne, Dauphiné, Bourgogne & autre, même des Pays étrangers qui ont accoutumé de venir, soit pour faire la recolte des foins, ou des moissons, ou pour travailler ou faire commerce dans nos Villes ou autres lieux de notre Royaume; défendons aux Prévôts de nos Cousins les Maréchaux de France, leurs Officiers & Archers, & à tous autres d'apporter aucun empêchement à leur passage, notre intention étant qu'il ne soit apporté aucun trouble à tous nos Sujets, même aux Etrangers qui viendront pour travailler dans les Villes ou Provinces de notre Royaume, ni à toutes autres personnes, allant ou venant dans nosdites Provinces, s'ils ne sont trouvés mendians contre les défenses portées par notre présente Déclaration. Si donnons en Mandement à nos amés & féaux Conseillers, les Gens tenans notre Cour de Parlement à Paris, & à tous autres nos Officiers & Justiciers qu'il appartiendra, que ces Présentes ils fassent lire, publier & registrer, même en tems de Vacations, & le contenu en icelles faire garder, observer & exécuter selon leur forme & teneur, nonobstant tout ce qui pourroit être à ce contraire. CAR tel est notre plaisir; en témoin de quoi Nous avons fait mettre notre Scel à cesdites présentes. DONNÉE à Fontainebleau le vingtieme jour d'Octobre, l'an de grace mil sept cent cinquante, & de notre Régne le trente-sixieme. *Signé*, LOUIS. *Et plus bas*; Par le Roi, DE VOYER D'ARGENSON. Vû au Conseil, MACHAULT. Et scellée du grand Sceau de cire jaune.

Registrées, oüi ce requerant le Procureur Général du Roi, pour être exécutée selon sa forme & teneur; & copies collationnées envoyées aux Bailliages & Sénéchaussées du ressort, pour y être lûes, publiées & registrées: Enjoint aux Substituts du Procureur Général du Roi d'y tenir la main, & d'en certifier la Cour dans le mois; & à la charge que l'enregistrement de ladite Déclaration sera réiteré au lendemain de Saint Martin, suivant l'Arrêt de ce jour. A Paris en Parlement, en Vacation, le vingt-quatre Octobre mil sept cent cinquante. Signé YSABEAU.

ARRÊT DE LA COUR DE PARLEMENT,

Contre ROBERT-FRANÇOIS DAMIENS, par lequel il est déclaré dûement atteint & convaincu du crime de Parricide par lui commis sur la Personne du ROI.

Du 26 Mars 1757.

VU Par la Cour, la Grand'Chambre assemblée, le Procès Criminel encommencé en la Prévôté de l'Hôtel du Roi à Versailles, & depuis continué en la Cour, fait & parfait par les Présidens de la Cour, & par les Conseillers Commissaires nommés par les Arrêts des 18 Janvier & 19 Février 1757, en vertu des Lettres Patentes du 15 Janvier dernier, enregistrées le 17 dudit mois, à la requête du Procureur Général du Roi, Demandeur & Accusateur contre Robert-François Damiens, Domestique sans condition, Julien le Guerinays, dit Saint Julien, aussi Domestique sans condition, Elizabeth Molerienne, femme dudit Robert-François Damiens, Marie-Elizabeth Damiens, fille dudit Damiens & de ladite Molerienne, Pierre-Joseph Damiens, pere dudit Robert-François Damiens, Louis Damiens, frere dudit Robert-François Damiens, & Elizabeth Schoirtz sa femme, Catherine Damiens, veuve Cottel, Maître Charpentier à Saint Omer, Antoine-Joseph Damiens, Peigneur de Laine à Saint Omer, & Marie-Jeanne Pauvret sa femme, & Perine-Joseph-René Macé, femme de Chambre, tous Défendeurs & Accusés, prisonniers ès prisons de la Conciergerie du Palais à Paris, & encore contre un Quidam aussi accusé Contumax; l'interrogatoire subi par ledit Robert-François Damiens, devant le Lieutenant de ladite Prévôté de l'Hôtel du Roi, le 5 Janvier 1757, au bas duquel est l'Ordonnance de soit communiqué; la plainte rendue en ladite Prévôté de l'Hôtel le 6 dudit mois; au bas est l'Ordonnance dudit Juge du même jour, qui donne acte de la plainte, & permet d'informer des faits y contenus, circonstances & dépendances; l'information faite en conséquence par ledit Juge ledit jour 6 Janvier, ensuite de laquelle est l'Ordonnance de soit communiqué; le Décret de prise de corps décerné par ledit Juge contre ledit Robert-François Damiens ledit jour 6 Janvier, le procès-verbal d'écroue fait de sa personne ès prisons de Versailles ledit jour 6 Janvier: Deuxiéme interrogatoire subi par ledit Robert-François Damiens le 7 dudit mois de Janvier devant ledit Juge, au bas duquel est l'Ordonnance dudit Juge, portant soit communiqué: autre Ordonnance dudit Juge du même jour 7 Janvier, qui commet Antoine Gardiennet pour Greffier; continuation d'information faite par ledit Juge ledit jour 7 Janvier contre le dénommé en la plainte, les auteurs, complices & adhérans, au bas est l'Ordonnance de soit communiqué; & autre Ordonnance à l'effet de continuer l'information: deuxiéme continuation d'information en forme de rapport, faite par ledit Juge le 9 dudit mois de Janvier, au bas de laquelle est encore l'Ordonnance de soit communiqué: troisiéme continuation d'information faite les 9 & 10 dudit mois de Janvier par ledit Juge, au bas de laquelle sont ses Ordonnances, l'une de soit communiqué, & l'autre que ledit Robert-François Damiens seroit de nouveau oüi & interrogé, & néanmoins que l'information seroit continuée, ladite Ordonnance portant en outre Décret de prise de corps contre un Quidam y désigné, troisiéme interrogatoire subi par ledit Damiens le 9 dudit mois de Janvier, ensuite duquel est l'Ordonnance dudit Juge de soit communiqué: quatriéme interrogatoire subi par ledit Damiens devant ledit Juge le 11 dudit mois de Janvier, ensuite duquel est l'Ordonnance dudit Juge de soit communiqué: cinquiéme interrogatoire subi par ledit Damiens devant ledit Juge le douziéme dudit mois de Janvier, au bas duquel est le décret de prise de corps décerné par ledit Juge contre Julien le Guerinays, dit Saint Julien, ledit jour 12: quatriéme continuation d'information faite par ledit Juge, ledit jour douze Janvier, au bas de laquelle est son Ordonnance de soit communiqué, & le décret de prise de corps décerné par ledit Juge sur conclusions ledit jour 12 Janvier contre le nommé Saint Jean, Domestique désigné audit décret, & il est ordonné en outre que l'information seroit continuée: cinquiéme continuation d'information faite par ledit Juge le 13 dudit mois de Janvier, ensuite de laquelle est l'Ordonnance de soit communiqué, & le décret de prise de corps décerné le même jour 13 Janvier, contre la femme dudit Damiens, & la nommée Marie-Elizabeth Damiens: l'interrogatoire subi le 14 dudit mois devant ledit Juge, par Julien le Guerinays au bas duquel est l'Ordonnance dudit Juge, portant soit communiqué; le Procès-verbal d'écroue du nommé Aubrais, dit Saint Jean, Domestique, ès Prisons de Versailles le 15 dudit mois de Janvier : l'interrogatoire subi par ledit Aubrais, dit Saint Jean, ledit jour 15 Janvier, au bas duquel est l'Ordonnance dudit Juge, portant soit communiqué, & le décret de prise de corps décerné par ledit Juge contre le nommé Condé, Domestique, & la nommée Chevalier, Cuisiniere : sixieme interrogatoire subi par ledit Damiens le 16 dudit mois de Janvier ; la requête présentée audit Juge par ledit Aubrais, afin de liberté provisoire de sa personne, au bas de laquelle est l'Ordonnance dudit Juge, rendue sur conclusions, le 17 dudit mois de Janvier, qui a ordonné que ledit Aubrais seroit mis en liberté, à la charge de se représenter en état d'ajournement personnel à toutes assignations, & d'élire domicile, ensuite est le procès-verbal de mis en liberté contenant ses soumissions & élection de domicile : le procès-verbal d'écroue de Quentin Ferard, dit Condé, Domestique dans les Prisons de Versailles, du 16 dudit mois de Janvier : l'interrogatoire subi par ledit Quentin Ferard, dit Condé, devant ledit Juge, ledit jour 16 Janvier, au bas duquel est l'Ordonnance dudit Juge de soit communiqué ; la Requête présentée audit Juge le 17 dudit mois de Janvier, par ledit Quentin Ferard, dit Condé, afin de liberté provisoire de sa personne, au bas de laquelle est l'Ordonnance dudit Juge, rendue sur conclusions, par laquelle il est ordonné que ledit Quentin Ferard, dit Condé, sera mis en liberté, à la charge de se représenter en état d'ajournement personnel à toutes les assignations qui lui seront données, élisant à cet effet domicile ; ensuite est le procès-verbal de mis en liberté, contenant les soumissions dudit Quentin Ferard, dit Condé, de se représenter : le procès-verbal d'écroue de Noël Selim, femme de Jean Chevalier, Domestique, ès prisons de Versailles, du 16 dudit mois de Janvier ; l'interrogatoire subi par ladite femme Chevalier, devant ledit Juge au bas duquel est son Ordonnance de soit communiqué, & le décret de prise de corps décerné sur conclusions, contre un Quidam désigné audit décret ; la Requête présentée audit Juge le 17 Janvier par ladite Selim, femme Chevalier, afin de liberté provisoire de sa personne, au bas de laquelle est l'Ordonnance dudit Juge, portant soit communiqué, & celle rendue sur conclusions, qui ordonne la liberté provisoire de ladite Selim, femme Chevalier, à la charge par elle de se représenter en état d'ajournement personnel à toutes assignations ; ensuite est le procès-verbal de mis en liberté, contenant ses soumissions de se représenter, & son élection de domicile : procès-verbal d'écroue de Noël Roi, Domestique, ès prisons de Versailles, du 17 dudit mois de Janvier, arrêté sous la désignation du Quidam décrété de prise de corps le 16 dudit mois : l'interrogatoire subi par ledit Noël Roi devant ledit Juge, ledit jour 17 Janvier, au bas duquel est l'Ordonnance de soit communiqué ; la Requête dudit Noël Roi, dit Roi, présentée audit Juge afin de liberté provisoire de sa personne, au bas de laquelle Requête est l'Ordonnance dudit Juge de soit communiqué, & celle rendue sur conclusions, qui ordonne que ledit Noël Roi, dit Roi, sera mis en liberté, à la charge de se représenter en état d'ajournement personnel à toutes les assignations qui lui seront données, ensuite duquel est le procès-verbal de liberté dudit Roi, contenant ses soumissions de se représenter, & à cet effet son élection de domicile : les Lettres Patentes du Roi données à Versailles le 15 Janvier 1757, enregistrées en la Cour le 17 desdits mois & an, qui, entr'autres choses, ont ordonné que le procès encommencé par le Grand Prévôt de l'Hôtel du Roi, pour raison de l'attentat commis sur la Personne du Roi, seroit continué, instruit & jugé, tant contre le coupable que contre tous complices & adhérans, suivant les derniers erremens, par la Grand'Chambre assemblée du Parlement, séant à la Grand'Chambre : l'Arrêt du 18 Janvier audit an, qui a ordonné que lesdites Lettres-Patentes & Arrêts d'enregistrement d'icelles, seront exécutés selon leur forme & teneur, ce faisant que les charges & informations & autres procédures faites par le Grand Prévôt de l'Hôtel du Roi, & pieces de conviction, si aucunes y a, seront apportées au Greffe Criminel de la Cour, à ce faire tous Greffiers contraints par corps, quoi faisant déchargés ; autre Arrêt dudit jour dix-huit Janvier, par lequel il est encore ordonné que lesdites Lettres-Patentes & Arrêts d'enregistrement d'icelles, seront exécutés selon leur forme & teneur, ce faisant que ledit Robert-François Damiens sera arrêté & recommandé à la requête du Procureur Général du Roi, ès prisons de la Conciergerie du Palais ; oüi & interrogé sur les faits de l'attentat commis sur la personne du Roi, circonstances & dépendances, pardevant MM. René-Charles de Maupeou, & Mathieu-François Molé, premier & second Présidens de la Cour, & pardevant Mes. *Aymé-Jean-Jacques* Severt, & Denis-Louis Pasquier, Conseillers Rapporteurs, pour, l'interrogatoire fait, communiqué au Procureur Général du Roi, & vû par la Cour, être ordonné ce que de raison : le procès-verbal de recommandation de la personne dudit Damiens ès prisons de la Conciergerie, fait ledit jour 18 Janvier ; l'interrogatoire subi par ledit Damiens pardevant lesdits Présidens & Conseillers ledit jour 18 Janvier & jours suivans ; l'Arrêt du 22 Janvier 1757, qui a ordonné que Julien le Guerinays, dit Saint-Julien, seroit arrêté & recommandé à la requête du Procureur Général du Roi, ès prisons de la Conciergerie du Palais, oüi & interrogé sur les faits de l'attentat commis sur la personne du Roi, circonstances & dépendances, pardevant les Présidens & Conseillers de la Cour commis par l'Arrêt du 18 Janvier 1757, pour ledit interrogatoire fait, communiqué au Procureur Général du Roi, & vû par la Cour, être ordonné ce que de raison ; le Procès-verbal de recommandation de la personne dudit le Guerinays sur le registre de la Géole des Prisons de la Conciergerie du Palais, fait ledit jour 22 Janvier ; l'interrogatoire subi par ledit le Guerinays, ledit jour vingt-deux Janvier devant lesdits Présidens & Conseillers Commissaires nommés par ledit Arrêt du 18 Janvier ; autre Arrêt dudit jour 22 Janvier audit an, par lequel il a été donné acte au Procureur Général du Roi de la plainte qu'il rend de l'attentat mentionné en sa requête, tant contre les auteurs que contre les complices, fauteurs & adhérans, circonstances & dépendances, il lui est permis de faire informer par addition des faits contenus en sa Requête, circonstances & dépendances, pardevant les Présidens & Conseillers de la Cour commis par l'Arrêt du 18. Janvier 1757, pour l'information faite, communiquée au Procureur Général du Roi, & vûe par la Cour, être ordonné ce que de raison ; l'information par addition faite en conséquence ledit jour 22 Janvier & jours suivans, pardevant lesdits Présidens & Conseillers nommés par ledit Arrêt du 18 Janvier ; Arrêt du 29 Janvier audit an, par lequel il est ordonné que l'expédition du Procès-verbal du Commissaire Rochebrune, du 22 Janvier 1757, & les deux enveloppes mentionnées en icelui, & paraphées par ledit Commissaire, jointes à la requête du Procureur Général du Roi, en seront détachées pour être déposées au Greffe Criminel de la Cour : il est pareillement ordonné que le sac mentionné audit Procès-verbal, le cordon de fil qui le nouoit, ensemble les espéces y renfermées, seront portés au Greffe Criminel de la Cour, & y demeureront déposés, & sera de tout dressé procès-verbal en présence de l'un des Substituts du Procureur Général du Roi, pardevant les Présidens & Conseillers Commissaires nommés par l'Arrêt du 18 Janvier 1757, il est donné Acte au Procureur Général du Roi de ce que pour addition de plainte il employe le contenu au Procès-verbal du Commissaire Rochebrune ; il lui est permis d'en faire informer, circonstances & dépendances, pardevant les Présidens & Conseillers Commissaires susdits, pour le tout fait, communiqué au Procureur Général du Roi, & vû par la Cour, être ordonné ce que de raison ; le Procès-verbal fait en exécution dudit Arrêt, par lesdits Présidens & Conseillers Commissaires, en présence de Me. Pierron, l'un des Substituts du Procureur Général du Roi, le 31 dudit mois de Janvier, contenant l'état & description des pieces mentionnées audit Arrêt, l'information faite pardevant lesdits Présidens & Conseillers Commissaires, le 1 Février 1757 & jours suivans, en exécution dudit Arrêt du vingt-neuf Janvier audit an ; l'Arrêt du 5 Février audit an 1757, qui a ordonné qu'Elizabeth Molerienne, femme de Robert-François Damiens, & Marie Elizabeth Damiens sa fille, seront arrêtées & recommandées à la requête du Procureur Général du Roi ès prisons de la Conciergerie du Palais, oüies & interrogées sur les faits de l'attentat commis sur la personne du Roi, circonstances & dépendances, pardevant les Présidens & Conseillers Commissaires nommés par l'Arrêt du 18 Janvier 1757, pour les interrogatoires faits, communiqués au Procureur Général du Roi, & vûs par la Cour, être ordonné ce que de raison ; le procès-verbal de recommandation fait ledit jour 5 Février desdites Molerienne & Marie Elizabeth Damiens, sur le registre de la Géole des Prisons de la Conciergerie du Palais ; les interrogatoires subis par lesdites Elizabeth Molerienne & Marie-Elizabeth Damiens devant lesdits Présidens & Conseillers de la Cour, ledit jour 5 Février & jours suivans, en exécution de l'Arrêt dudit jour : l'Arrêt du 12 Février audit an, qui ordonne que Pierre-Joseph Damiens, pere de Robert-François Damiens, Portier de la Prévôté d'Arc, Antoine-Joseph Damiens, frere dudit Robert-François Damiens, Peigneur de Laine à Saint-Omer, & Marie-Jeanne Pauvret sa femme, Louis Damiens, autre frere de Robert-François Damiens, Domestique à Paris, & Elizabeth Schoirtz sa femme, Catherine Damiens, veuve Cottel, Maître Charpentier demeurant à Saint-Omer, sœur dudit Robert-François Damiens, & Perine-Joseph-René Macé, femme de Chambre, seront pris au corps & amenés prisonniers ès prisons de la Conciergerie du Palais, pour être oüis & interrogés sur les faits résultans des charges & informations, & autres sur lesquels le Procureur Général du Roi voudra les faire oüir pardevant les Présidens & Conseillers Commissaires susdits, sinon, après perquisitions faites de leurs personnes, seront assignés à quinzaine, leurs biens saisis & annotés, & à iceux Commissaires établis jusqu'à ce qu'ils ayent obéi suivant l'Ordonnance, pour les interrogatoires faits, communiqués au Procureur Général du Roi, & vûs par la Cour, être ordonné ce que de raison; le procès-verbal de recommandation desdits accusés dudit jour, les interrogatoires subis par lesdits Pierre-Joseph Damiens, pere, Louis Damiens, frere dudit Robert-Francois Damiens, Elizabeth Schoirtz, sa femme, Catherine Damiens, veuve Cottel, Antoine-Joseph Damiens, Marie-Jeanne Pauvret, sa femme, & Perine-Joseph-René Macé, les 15 & 16 dudit mois de Février, devant lesdits Présidens & Conseillers de la Cour, Commissaires nommés par ledit Arrêt du 18 Janvier 1757, lesdits interrogatoires faits en exécution dudit Arrêt du 12 Février audit an; l'Arrêt du 19 Février audit an, par lequel il a été ordonné que la déposition de Louis Gabriel L'aîné, sixiéme témoin de l'information du 22 Janvier 1757, sera & demeurera rejettée du Procès, & que pardevant les Présidens de la Cour, nommés Commissaires par l'Arrêt du 18 Janvier 1757, & pardevant Mes. Jean-Baptiste-Corentin Lambelin, & Pierre-Barthelemy Rolland, Conseillers, les témoins oüis ès informations faites en la Prévôté de l'Hôtel & en la Cour, ensemble ceux qui pourront être entendus de nouveau, seront recollées en leurs dépositions, & si besoin est confrontés aux Accusés, & lesdits Accusés recollés en leurs interrogatoires, & si besoin est confrontés les uns aux autres, pour ce fait, communiqué au Procureur Général du Roi, & vû par la Cour, être ordonné ce que de raison; les recollemens dans leurs dépositions des témoins oüis ès informations faites tant en la Prévôté de l'Hôtel du Roi à Versailles qu'en la Cour, faits tant pardevant les Présidens de la Cour, commis par l'Arrêt du 18 Janvier 1757, que pardevant les Conseillers Commissaires nommés par celui du dix-neuf Février audit an, les recollemens desdits Robert-François Damiens, Julien le Guerinays, de la femme & de la fille dudit Robert-François Damiens, de Pierre-Joseph Damiens, d'Antoine-Joseph Damiens, François Damiens, Marie-Jeanne Pauvret, Louis Damiens, Elizabeth Schoirtz, Catherine Damiens, & Perrine-Joseph-René Macé en leurs interrogatoires faits devant lesdits Présidens & Commissaires susdits, le 28 Février & jours suivans, en exécution dudit Arrêt du 19 Février audit an; les confrontations des témoins oüis ès informations faites tant en ladite Prévôté de l'Hôtel qu'en la Cour, audit Robert-François Damiens, le premier Mars & jours suivans, pardevant lesdits Présidens & Conseillers Commissaires susdits, en exécution dudit Arrêt du dix-neuf Février dernier; autres confrontations faites audit Robert-François Damiens, Accusé, le sept Mars & jours suivans, pardevant lesdits Présidens, Conseillers Commissaires susdits, des nommés Julien le Guerinays, Elizabeth Molerienne, Marie Elizabeth Damiens, Pierre-Joseph Damiens, Louis Damiens, Elizabeth Schoirtz, Catherine Damiens, Antoine-Joseph Damiens, Marie-Jeanne Pauvret, & Perine-Joseph-René Macé, aussi accusés; l'Arrêt du 8 Mars 1757, qui ordonne que pardevant les Commissaires nommés par l'Arrêt du 18 Janvier audit an, & en présence de l'un des Substituts du Procureur Général du Roi, il sera fait ouverture d'un ballot ou valise appartenante audit Robert-François Damiens, & Procès-verbal dressé des pieces, papiers & effets y renfermées: le procès-verbal fait en conséquence le 12 dudit mois de Mars, les assignations à quinzaine audit Quidam décrété de prise de corps le 10 Janvier 1757, par le Lieutenant de la Prévôté de l'Hôtel du Roi, ledit Quidam âgé de trente-cinq à quarante ans, taille de cinq pieds au plus, cheveux en bourse, portant un habit brun assez usé, un chapeau uni sur la tête, des 10 & 11 Février dernier, le défaut levé sur lesdites assignations par le Procureur Général du Roi contre ledit Quidam, le 28 dudit mois de Février, par lequel il est ordonné que ledit Quidam sera réassigné à la huitaine; les assignations données en conséquence à huitaine, à cri public & son de trompe, tant à Versailles qu'à Paris, les 3 & 5 du présent mois de Mars; le défaut levé au Greffe de la Cour sur lesdites assignations par le Procureur Général du Roi, le 14 du présent mois de Mars; délivré ledit jour: l'Arrêt du 21 dudit mois de Mars, qui a déclaré la contumace bien & valablement instruite contre ledit Quidam, & qui, avant d'en adjuger le profit, a ordonné que les recollemens des témoins en leurs dépositions, vaudront confrontation audit Quidam accusé: Arrêt du 17 Mars 1757, qui a ordonné que ledit Robert-François Damiens sera de nouveau oüi & interrogé sur aucuns faits résultans du Procès, pardevant les Présidens & Conseillers, Commissaires de la Cour, nommés par l'Arrêt du 18 Janvier 1757, pour l'interrogatoire fait, communiqué au Procureur Général du Roi, & vû par la Cour, être ordonné ce que de raison; l'interrogatoire subi en conséquence par ledit Damiens, devant lesdits Commissaires, ledit jour 17 Mars: Arrêt du 18 dudit mois de Mars, qui ordonne que ledit Damiens sera de nouveau oüi & interrogé sur aucuns faits du procès, & que ledit Damiens sera recollé sur ledit interrogatoire, ensemble sur celui du 17 dudit mois: l'interrogatoire subi par ledit Damiens le 18 dudit mois devant lesdits Commissaires, le recollement fait devant lesd. Commissaires nommés par les Arrêts des 18 Janvier & 19 Février 1757, dudit Damiens en ses interrogatoires ledit jour 18 Mars ; l'Arrêt du 19 Février 1757, qui donne acte au Procureur Général du Roi de la plainte qu'il rend des propos énoncés dans sa Requête de plainte, lui permet d'en faire informer, circonstances & dépendances, pardevant les Présidens & Conseillers, Commissaires nommés par l'Arrêt du 18 Janvier 1757, pour l'information faite, communiquée au Procureur Général du Roi, & vûe par la Cour, être ordonné ce que de raison, l'information faite le 14 du présent mois de Mars, pardevant lesdits Présidens & Commissaires, en exécution dudit Arrêt, les recollemens des témoins en leurs dépositions, faits ledit jour devant lesdits Présidens & Conseillers Commissaires nommés par lesdits Arrêts des 18 Janvier & 19 Février derniers ; les confrontations d'iceux faites devant lesdits Commissaires, auxdits Quentin Ferard, dit Condé, Noël Selim, Noël Roi, dit Roi, & à Jean Aubrais, dit Saint Jean, les recollemens des accusés en leurs interrogatoires, & les confrontations respectives desdits accusés les uns aux autres, le tout dudit jour 14 Mars présent mois ; la déclaration faite par le Sieur Michel, Négociant à Petersbourg, au Commissaire Laumonier, au sujet d'un vol à lui fait, ladite déclaration du 7 Juillet 1756, la permission d'informer, l'information faite par ledit Commissaire à la requête du Substitut du Procureur Général du Roi au Châtelet de Paris, le 15 Juillet, le décret de prise de corps décerné par le Lieutenant Criminel du Châtelet de Paris, le 17 Juillet dernier, contre ledit Robert-François Damiens, sous les noms de Flamand & Damiens : Arrêt du 17 Février 1757, par lequel il est ordonné que sans retardation de l'accusation principale, le décret décerné au Châtelet de Paris le 17 Juillet dernier, contre un Quidam, Domestique, qui s'étoit fait appeller des noms de Flamand & Damiens, sera exécuté en la Cour contre Robert-François Damiens, & que pour raison dudit Décret, ledit Robert-François Damiens sera arrêté & recommandé dans les prisons de la Conciergerie du Palais, oüi & interrogé sur les faits dudit vol, circonstances & dépendances, par les Présidens & Conseillers de la Cour, commis par l'Arrêt du 18 Janvier dernier, pour ce fait ; communiqué au Procureur Général du Roi, & vû par la Cour, être ordonné ce que de raison ; le procès-verbal de recommandation dudit Damiens ès prisons de la Conciergerie du Palais dudit jour 17 Février dernier ; l'interrogatoire subi par ledit Damiens le 18 dudit mois de Février, devant lesdits Présidens & Conseillers, Commissaires nommés par l'Arrêt du 18 Janvier dernier : l'Arrêt du 26 Février dernier, qui a ordonné que pardevant les Présidens de la Cour, Commissaires nommés par l'Arrêt du 18 Janvier 1757 & pardevant les Conseillers commis par l'Arrêt du 19 Février audit an, ledit Michel entendu en déposition devant Laumonier, Commissaire au Châtelet, & autres témoins qui pourront être entendus de nouveau, seront recollés en leurs dépositions, & si besoin est, confrontés audit Robert-François Damiens, & autres ces complices, ledit Robert-François Damiens sera recollé en son interrogatoire, & confronté, si besoin est, aux autres Accusés & Complices, pour le tout fait, communiqué au Procureur Général du Roi, & vû par la Cour, être ordonné ce que de raison ; le recollement dudit Michel en sa déposition, & sa confrontation audit Robert-François Damiens, le recollement dudit Damiens en son interrogatoire, le tout du premier Mars présent mois, faits devant lesdits Présidens & Conseillers, Commissaires nommés par les Arrêts des 18 Janvier & 19 Février 1757 ; Arrêt du 23 du présent mois de Mars, par lequel il a été ordonné que Quentin Ferard dit Condé, Noël Roi, dit Roi, Noël Selim femme Chevalier, & Julien Aubrais dit Saint Jean, seront tenus de se représenter le lendemain Jeudi 24 du présent mois de Mars, huit heures précises du matin, & jours suivans, aux pieds de la Cour ; pour le jugement de leur procès, sinon & à faute de ce faire, seroient pris au corps & amenés prisonniers ès prisons de la Conciergerie du Palais ; & où ils ne pourroient être pris au corps après perquisition faite de leurs personnes, seront assignés par une seule proclamation, leurs biens saisis & annotés, & à iceux Commissaires établis, jusqu'à ce qu'ils ayent obéi suivant l'Ordonnance ; Conclusions du Procureur Général du Roi : Oüi le Rapport de Me. Aimé-Jean-Jacques Severt & de Me. Denis Louis Pasquier, Conseillers ; oüis & interrogés en la Cour lesdits Robert-François Damiens, Julien le Guerinays dit Saint Julien, Elizabeth Molerienne, Marie Elizabeth Damiens, Pierre-Joseph Damiens, Louis Damiens, Elizabeth Schoirtz, Catherine Damiens, Antoine-Joseph Damiens, Marie-Jeanne Pauvret, Perine-Joseph-René Macé, Quentin Ferard, Noël Roi, Noël Selim, & Julien Aubrais sur les frais résultans du Procès, & cas à eux imposés : Tout considéré.

LA COUR, suffisamment garnie de Princes & de Pairs, ordonne que l'instruction commencée en la Prévôté de l'Hôtel, & continuée en la Cour contre Quentin Ferard, dit Condé, Noël Roi, dit Roi, Noël Selim, femme de Jean Chevalier, Julien Aubrais dit Saint-Jean, en exécution de l'Arrêt du 19 Février 1757, sera disjointe du Procès dudit Robert-François Damiens, pour être jugée séparément dudit procès : & faisant droit sur l'accusation contre ledit Robert-François Damiens, déclare ledit Robert-François Damiens dûement atteint & convaincu du crime de léze-Majesté divine & humaine au premier chef, pour le très-méchant, très-abominable & très-détestable Parricide commis sur la personne du Roi ; & pour réparation condamne ledit Damiens à faire amende-honorable devant la principale porte de l'Eglise de Paris, où il sera mené & conduit dans un tombereau nud en chemise, tenant une torche de cire ardente, du poids de deux livres ; & là, à genoux, dire & déclarer que méchamment & proditoirement il a commis ledit très-méchant, très-abominable & très-détestable Parricide, & blessé le Roi d'un coup de couteau dans le côté droit, dont il se repent & demande pardon à Dieu, au Roi & à la Justice ; ce fait, mené & conduit dans ledit tombereau à la place de Greve, & sur un échafaud qui y sera dressé, tenaillé aux mammelles, bras, cuisses & gras de jambes, sa main droite tenant en icelle le couteau dont il a commis ledit Parricide, brûlée de feu de soufre, & sur les endroits où il sera tenaillé jetté du plomb fondu, de l'huile bouillante, de la poix-résine brûlante, de la cire & soufre fondus ensemble, & ensuite son corps tiré & démembré à quatre chevaux, & ses membres & corps consumés au feu, reduits en cendres, & ses cendres jettées au vent ; déclare tous ses biens, meubles & immeubles en quelques lieux qu'ils soient situés, confisqués au Roi ; ordonne qu'avant ladite exécution, ledit Damiens sera appliqué à la question ordinaire & extraordinaire, pour avoir révélation de ses complices ; ordonne que la maison où il est né sera démolie, celui à qui elle appartient préalablement indemnisé, sans que sur le fonds de ladite maison, puisse à l'avenir puisse être fait autre bâtiment; déclare la contumace bien & valablement instruite contre le Quidam âgé de trente-cinq à quarante ans, taille de cinq pieds au plus, cheveux en bourse, portant un habit brun assez usé, un chapeau uni sur la tête ; a sursis à adjuger le profit d'icelle, & à faire droit à l'égard de Julien le Guerinays, dit Saint-Julien, Elizabeth Molerienne, femme dudit Robert-François Damiens, Marie-Elizabeth Damiens sa fille, Pierre-Joseph Damiens, pere dudit Robert-François Damiens, Louis Damiens, frere dudit Robert-François Damiens & Elizabeth Schoirtz sa femme, Catherine Damiens, veuve Cottel, sœur dudit Robert-François Damiens, Antoine-Joseph Damiens, autre frere dudit Robert-François Damiens, & Marie-Jeanne Pauvret sa femme, & Perine-Joseph-René Macé, jusqu'après l'exécution du présent Arrêt contre ledit Robert-François Damiens. FAIT en Parlement, la Grand'Chambre assemblée, le ving-six Mars mil sept cent cinquante sept. Collationné, VAURY. *Signé*, RICHARD.

ARRÊT DE LA COUR DE PARLEMENT,

Contre la Famille de Robert-François Damiens.

Du 29 Mars 1757.

VU par la Cour, la Grand'Chambre assemblée, l'Arrêt d'icelle rendu le 26 Mars 1757 présent mois, contre Robert-François Damiens, natif de la Tieullois, Hameau de la Paroisse de Monchy-Breton, près Saint Pol en Artois, le procès-verbal de question & exécution dudit Damiens, du 28 desdits mois & an ; Conclusions du Procureur Général du Roi, oüi le rapport de Mes. Aimé-Jean-Jacques Severt, & Denis-Louis Pasquier, Conseillers : Tout considéré.

LA COUR, les Princes & Pairs y séans, pour les cas résultans du procès, ordonne que dans quinzaine après la publication de l'Arrêt du 26 Mars présent mois, & du présent, à son de trompe & cri public en cette Ville de Paris, en celle d'Arras, & en celle de Saint-Omer, Elizabeth Molerienne, femme dudit Robert-François Damiens, Marie Elizabeth Damiens sa fille, & Pierre-Joseph Damiens son pere, seront tenus de vuider le Royaume, avec défenses à eux d'y jamais revenir, à peine d'être pendus & étranglés sans forme ni figure de procès : fait défenses à Louis Damiens, frere dudit Robert-François Damiens, & à Elizabeth Schoirtz, femme dudit Louis Damiens, à Catherine Damiens, veuve Cottel, sœur dudit Robert-François Damiens, à Antoine Joseph Damiens, autre frere dudit Robert-François Damiens, & à Marie Jeanne Pauvret, femme dudit Antoine Joseph Damiens, ensemble aux autres personnes de la famille, si aucuns y a, portant le nom de Damiens, de porter à l'avenir ledit nom, leur enjoint de le changer en un autre sur les mêmes peines : adjugeant le profit de la contumace contre le Quidam âgé de trente-cinq à quarante ans, taille de cinq pieds au plus, cheveux en bourse, portant un habit brun assez usé, un chapeau uni sur la tête, ordonne qu'à la requête du Procureur Général du Roi, & pardevant les Présidens & Conseillers de la Cour Commissaires nommés par l'Arrêt du 18 Janvier 1757, il sera plus amplement informé contre ledit Quidam des faits mentionnés

au

au procès, circonstances & dépendances, pour, ladite information faite, communiquée au Procureur Général du Roi, & vûe par la Cour, être ordonné ce que de raison; renvoye Julien le Guerinays, dit Saint Julien, & Perine-Joseph-René Macé de l'accusation contr'eux intentée, ordonne qu'ils seront mis en liberté, que leurs écrous seront rayés & biffés, à ce faire les Greffiers & Géoliers contraints par corps, quoi faisant déchargés; ordonne en outre qu'à la diligence des Substituts du Procureur Général du Roi au Conseil Provincial d'Artois, & au Bailliage de Saint-Omer, chacun à leur égard, l'Arrêt du 26 Mars présent mois, ensemble le présent, seront lûs, publiés, affichés & exécutés dans tous les carrefours desdites Villes d'Arras & de Saint-Omer, à peine de s'en prendre à eux, sauf au Procureur Général du Roi, à prendre sur aucuns des faits du procès-verbal de question dudit Robert-François Damiens telles conclusions qu'il appartiendra. FAIT en Parlement, la Grand'Chambre assemblée, le vingt-neuf Mars mil sept cent cinquante-sept. Collationné, VAURY. Signé, RICHARD.

ARRÊT DE LA COUR DE PARLEMENT.

Qui condamne différens Libelles à être lacérés & brûlés dans la Cour du Palais, par l'Exécuteur de la Haute-Justice.

Du 30 Mars 1757.

CE jour, les Gens du Roi sont entrés, & Me. Omer Joly de Fleuri, Avocat dudit Seigneur Roi, portant la parole, ont dit: MESSIEURS,

Les intérets de la vérité trahis, l'honneur de la Magistrature offensé, le devoir de notre Ministere, sont autant de motifs dont la voix puissante s'éleve hautement contre les trois Libelles que nous déférons à la Cour.

A peine rassurés sur le danger auquel le meilleur des Rois fut exposé, encore tremblans au seul souvenir du coup funeste porté par une main sacrilége, nous desirions que la mémoire de cet horrible attentat pérît avec le Parricide.

Faut-il que du sein de l'obscurité des Ecrivains également infidéles & téméraires, se chargent de le transmettre à nos descendans, sous les traits odieux que leur prêtent la passion, le mensonge & l'esprit de parti?

Dans les circonstances présentes, il ne devroit être permis à la douleur de rompre le silence que pour peindre le deuil de la Nation entiere, que pour déplorer la honte de notre siécle, & dans le témoignage public de l'attachement le plus tendre & le plus respectueux, laisser à la postérité un monument autentique de notre fidélité; opposer au crime d'un seul l'image sensible & l'expression réelle des sentimens de notre amour; réparer, s'il est possible, le malheur de nos jours, & faire douter à l'avenir s'il a pû exister un Monstre capable d'attenter à la vie d'un Prince, à qui nos suffrages & nos cœurs ont déféré le titre de Bien-Aimé.

Jamais Prince mérita-t-il mieux ce nom qui caractérise & la bonté du Souverain qui l'a reçu, & la tendresse des Sujets qui le lui ont donné? Roi & Pere de la Patrie, la premiere de ces qualités n'est à ses yeux qu'un titre de grandeur & de magnificence; la seconde seule lui est chere, parce qu'elle annonce & son amour & ses bienfaits.

Les Perses adoroient leurs Maîtres, les Romains déifioient leurs Empereurs, les uns & les autres ne sçavoient que les craindre: le François aime son Roi, & la Religion en le délivrant de la superstition de ces Peuples, n'a fait que consacrer & rendre par-là plus inviolable encore la soumission qu'il doit & qu'il rend à son Souverain.

Et quand ce Souverain ne desire, avec un des Rois d'Israël, que de voir *la paix & la vérité régner sous son empire* *, tout Sujet, qui, refusant de répondre à ses desirs, ose présenter aux Citoyens un tissu de fables, d'impostures & de calomnies, ne se rend-t'il pas criminel & digne de toute votre sévérité?

* Quatrieme Livre des Rois, ch. 20 v. 19.

Telle est, Messieurs, la nature du délit dont se sont rendus coupables les Auteurs des trois Libelles. Par quelle autorité s'érigent-ils en arbitres d'un Procès dont la connoissance vous appartient? Quelle est leur qualité pour s'arroger celle de vous donner des Conseils? Par quel droit nouveau prétendent-ils soumettre l'examen des procédures & des instructions différentes que vous avez cru devoir admettre ou rejetter, au jugement du Public qui doit toujours attendre dans un silence respectueux, les décisions que vous inspirent la vérité, votre sagesse & vos lumieres?

Et à qui les intérêts du Prince & de la Nation peuvent-ils être plus sûrement confiés qu'à cette Cour, à qui le Souverain même abandonne la connoissance du forfait? & qui, selon Charles VII, *est & doit être vraie lumiere & exemplaire à toutes les autres de bonne équité & droiture.* * Sa fidélité tant de fois éprouvée, toujours constante, ne répond-elle pas à la postérité de la scrupuleuse exactitude avec laquelle vous avez traité cette affaire importante?

* Ordon. du Oct. 1445. [...]gistrée le 12 [No]v. suivant.

Quelle témérité de s'ériger en censeur de ses Juges mêmes! L'oubli des principes est-il donc aujourd'hui si commun, qu'il fasse disparoître les Loix & les sentimens qu'imposent le devoir & la soumission?

Il n'appartient qu'à l'esprit de vertige & d'iniquité de secouer avec tant d'audace le joug d'une subordination légitime, de chercher à rendre suspect les soins, la droiture & l'intégrité des premiers Magistrats, de citer au tribunal du Public ceux qui par état sont établis ses Juges, comme si dans la dispensation que vous faites de la Justice, vous en étiez comptables à d'autres qu'au Souverain qui dépose en vos mains ses droits & son autorité.

Que ces Ouvrages de ténébres que la passion enfante, que seme la licence, que la sagesse réprouve & désavoue, périssent au milieu des flammes qu'ils cherchent à répandre: que flétris par votre autorité ils s'effacent s'il se peut de la mémoire des hommes. Puissent nos recherches sévéres nous mettre à portée de vous livrer les coupables, afin qu'un exemple rigoureux, mais salutaire, contienne au moins ceux que l'amour du bien n'est pas capable de retenir dans les bornes de leur devoir!

Eux retirés.

Vû trois Libelles imprimés *in*-12 sans noms d'Auteurs ni d'Imprimeurs, ni lieu de l'impression, le premier intitulé: *Réflexions sur l'attentat commis le 5 Janvier contre la vie du Roi*, contenant 35 pages, daté du 5 Mars 1757. Le second intitulé: *Lettre d'un Patriote*, &c. contenant 66 pages, daté du 11 Mars 1757, avec un *Postscriptum* après la page 66 jusqu'à la page 72 & le troisieme intitulé: *Déclaration de guerre*, &c. contenant 88 pages, & daté du 22 Mars 1757: ensemble les Conclusions du Procureur Général du Roi; oüi le rapport de Me. Claude Tudert, Conseiller, la matiere mise en délibération:

LA COUR ordonne que lesdits trois Libelles seront lacérés & brûlés en la Cour du Palais, au pied du grand escalier d'icelui, par l'Exécuteur de la Haute-Justice, comme *contenant des faits calomnieux, faux dans leur substance, dans leur énoncé & dans leurs circonstances, tendans à émouvoir les esprits, contraires au respect dû à la Magistrature, & composés dans le dessein criminel d'altérer la juste confiance qui lui est dûe.* Fait très-expresses inhibitions & défenses à tous Libraires, Imprimeurs, Colporteurs & à tous autres, de les imprimer, vendre & débiter, ou autrement distribuer, en quelque maniere que ce puisse être, sous peine de punition corporelle. Enjoint à tous ceux qui en auroient des exemplaires de les remettre incessamment au Greffe de la Cour pour y être supprimés: ordonne qu'à la requête du Procureur Général du Roi il sera informé pardevant le Conseiller Rapporteur que la Cour a commis, contre ceux qui ont composé, imprimé, vendu & débité, ou distribué lesdits Libelles, ou qui pourroient les imprimer, vendre, débiter ou distribuer en quelque sorte & maniere que ce puisse être. Enjoint aux Officiers de Police du Châtelet & au Baillif du Palais de tenir la main à l'exécution du présent Arrêt, & à cet effet qu'il sera fait perquisition dans le jour chez tous les Imprimeurs & Libraires, sçavoir dans l'enclos du Palais par le Baillif du Palais, & dans l'étendue de la Ville par les Syndics & Adjoints de la Communauté des Libraires & Imprimeurs, assistés d'un Commissaire en la maniere accoutumée. Ordonne en outre que le présent Arrêt sera imprimé, publié & affiché partout où besoin sera. FAIT en Parlement le trente Mars mil sept cent cinquante sept. Signé, YSABEAU.

Et le mercredi 30 Mars audit an 1757, à la levée de la Cour, les trois Libelles énoncés en l'Arrêt ci-dessus, ayant pour titres; le premier: Réflexions sur l'attentat commis le 5 Janvier contre la vie du Roi; *le second:* Lettre d'un Patriote, &c. *& le troisieme:* Déclaration de guerre, &c. *ont été lacérés & brûlés au pied du grand escalier du Palais par l'Exécuteur de la Haute-Justice, en présence de nous Etienne Henri Ysabeau, l'un des trois Greffiers de la Grand'Chambre, assisté de deux Huissiers de la Cour.* Signé, YSABEAU.

Fin de la quatrieme Partie.

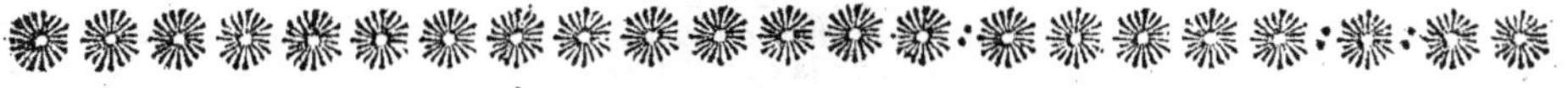

TABLE DES MATIERES

Contenues en ce Volume.

B

C

Condamnations

Voyez

F

Groſſes

L

M

N

O

P

Q

R

S

FIN DE LA TABLE DES MATIERES.

APPROBATION.

J'AI lu par ordre de Monſeigneur le Chancelier, une cinquieme Edition du *Traité des Matieres Criminelles*, de M. GUY DU ROUSSEAU DE LA COMBE, Avocat au Parlement ; j'eſtime que les nouvelles additions & corrections faites à l'Ouvrage, dans cette derniere Edition, acheveront de le rendre un guide aſſuré, ſoit pour l'inſtruction, ſoit pour le Jugement des Procès Criminels. A Paris ce 21 Juillet 1752.

ROUSSELET.

PRIVILEGE DU ROI.

LOUIS, par la grace de Dieu, Roi de France & de Navarre : A nos amés & féaux Conſeillers, les Gens tenans nos Cours de Parlement, Maîtres des Requêtes ordinaires de notre Hôtel, Grand Conſeil, Prévôt de Paris, Baillifs, Sénéchaux, leurs Lieutenans Civils & autres nos Juſticiers qu'il appartiendra : SALUT. Notre bien amé le Sieur THEODORE LE GRAS, ancien Syndic, Nous a fait expoſer qu'il deſireroit faire imprimer & donner au Public un Ouvrage qui a pour titre : *Traité des Matieres Criminelles* par M. GUY DU ROUSSEAU DE LA COMBE, s'il Nous plaiſoit lui accorder nos Lettres de Privilége pour ce néceſſaires ; A ces cauſes, voulant favorablement traiter l'Expoſant, Nous lui avons permis & permettons par ces Préſentes de faire réimprimer ledit Ouvrage autant de fois que bon lui ſemblera ; & de le faire vendre & débiter par tout notre Royaume, pendant le tems de ſix années conſécutives, à compter du jour de la date des Préſentes. Faiſons défenſes à tous Imprimeurs Libraires & autres perſonnes de quelque qualité & condition qu'elles ſoient, d'en introduire d'impreſſion étrangere dans aucun lieu de notre obéiſſance, comme auſſi d'imprimer ou faire imprimer, vendre, faire vendre, débiter ni contrefaire ledit Ouvrage, ni d'en faire aucuns extraits, ſous quelque prétexte que ce ſoit d'augmentation, correction, changemens ou autres, ſans la permiſſion expreſſe & par écrit dudit Expoſant ou de ceux qui auront droit de lui, à peine de confiſcation des Exemplaires contrefaits, de trois mille livres d'amende contre chacun des Contrevenans, dont un tiers à Nous, un tiers à l'Hôtel-Dieu de Paris, l'autre tiers audit Expoſant ou de ceux qui auront droit de lui, & de tous dépens, dommages & intérêts : A la charge que ces Préſentes ſeront enregiſtrées tout au long ſur le Regiſtre de la Communauté des Imprimeurs & Libraires de Paris, dans trois mois de la date d'icelles ; que l'impreſſion dudit Ouvrage ſera faite dans notre Royaume, & non ailleurs, en bon papier & beaux caracteres, conformément à la feuille imprimée & attachée pour modéle, ſous le contre-ſcel des Préſentes : & que l'Impétrant ſe conformera en tout aux Réglemens de la Librairie, & notamment à celui du 10 Avril 1725 ; qu'avant de l'expoſer en vente, le Manuſcrit qui aura ſervi de copie à l'impreſſion dud. Ouvrage ſera remis dans le même état où l'Approbation y aura été donnée, ès mains de notre très-cher & féal Chevalier, le Sieur de Lamoignon, & qu'il en ſera enſuite remis deux Exemplaires dans notre Bibliotheque publique, un dans celle de notre Château du Louvre, un dans celle de notredit très-cher & féal Chancelier de France, le Sieur de Lamoignon, & un dans celle de notre très-cher & féal Chevalier Garde des Sceaux de France, le Sieur de Machault, Commandeur de nos Ordres ; le tout à peine de nullité des Préſentes. Du contenu deſquelles vous mandons & enjoignons de faire jouir led. Expoſant ou ſes ayans cauſes pleinement & paiſiblement, ſans ſouffrir qu'il leur ſoit fait aucun trouble ou empêchement. Voulons que la copie des Préſentes, qui ſera imprimée tout au long au commencement ou à la fin dudit Ouvrage, ſoit tenue pour dûement ſignifiée, & qu'aux copies collationnées par l'un de nos amés & féaux Conſeillers Secrétaires, foi ſoit ajoutée comme à l'Original. Commandons au premier notre Huiſſier ou Sergent, ſur ce requis de faire pour l'exécution d'icelles, tous Actes requis & néceſſaires, ſans demander autre permiſſion, & nonobſtant clameur de Haro, Charte Normande & Lettres à ce contraires. CAR tel eſt notre plaiſir. Donné à Verſailles le vingt-ſixieme jour d'Avril, l'an de grace mil ſept cent cinquante-ſix, & de notre Régne le quarante-unieme. Par le Roi en ſon Conſeil. LE BEGUE.

Regiſtré ſur le Regiſtre XIV. de la Chambre Royale des Libraires & Imprimeurs de Paris, N°. 57. fol. 60. conformément aux anciens Réglemens, confirmés par celui du 28. Février 1723. A Paris le 21. Mai 1756.

Signé, DIDOT, *Syndic*.